DAS GROSSE GEBURTSTAGSBUCH

ASTROLOGISCHE EINFLÜSSE,
EREIGNISSE, PERSÖNLICHKEITEN

GEHEIMNISSE AUS GLAUBENS- UND VORHERSAGESYSTEMEN MIT CHARAKTERPROFILEN, EINFLÜSSEN UND BEMERKENSWERTEN EREIGNISSEN ZU JEDEM TAG •

DAS GROSSE GEBURTSTAGSBUCH

Astrologische Einflüsse, Ereignisse, Persönlichkeiten

CLARE GIBSON

h.f.ullmann

Coverfoto: © The Bridgeman Art Library/Getty Images
Coverdesign: Marlies Müller/Simone Sticker

Originalausgabe © 2001:
Saraband (Scotland) Limited
Design © Ziga Design

Originaltitel: *The Ultimate Birthday Book*

© 2005/2007 für die deutsche Ausgabe:
Tandem Verlag GmbH
h.f.ullmann ist ein Imprint der Tandem Verlag GmbH

Übersetzung aus dem Amerikanischen:
Astrid Ogbeiwi, Angela Schumitz,
Susanne Lück (Kölner Grafik Büro);
Inga-Brita Thiele
Redaktion und Satz: Kölner Grafik Büro

Projektkoordination: Dorit Esser

Printed in Korea

ISBN 978-3-8331-4559-9

10 9 8 7 6 5 4 3 2 1
X IX VIII VII VI V IV III II I

Für Mike Haworth-Maden

INHALT

VORWORT

Die westliche Astrologie ist in zwei grundsätzlich unvereinbare Lager gespalten: eines, das die akademischen Weihen der Professionalität auf seine Fahnen schreibt, und ein anderes, das die Interessen der großen Allgemeinheit für sich beansprucht. Die „Qualitäts"-Seite wird von Universitätsastrologen angeführt, die ihr Fach als anspruchsvolle Disziplin betrachten, welche jahrelange Studien voraussetzt. Sie sind überzeugt, ein Horoskop brauche gar nicht erst erstellt zu werden, wenn man nicht sämtliche Planeten, Aspekte und Häuser detailliert berücksichtige. Die „Quantitäts"-Seite, die via Zeitungs- und Zeitschriftenkolumnen an ihre Interessentenschaft vermittelt wird, hält dagegen, daß niemandem der Zugang zur Astrologie verwehrt werden dürfe und neben dem Informations- auch ein gewisser Unterhaltungswert zähle.

Mit diesem Buch schließt sich die Kluft zwischen beiden Schulen. Es vermittelt Ihnen speziell an Sie gerichtete Informationen, weil es sich anstatt auf das weite Feld des Monatssternzeichens ganz auf den einen Zeitpunkt Ihres Geburtstages konzentriert. Dennoch bleiben die Erkenntnisse, wie detailliert sie auch präsentiert werden, allen Lesern verständlich – jeder kennt schließlich sein Geburtsdatum. Zu den Deutungen jedes Tages gehören akademische, technische und mystische Aspekte, die mit Wissenswertem über Prominente mit dem gleichen Geburtsdatum und bedeutenden Ereignissen dieses besonderen Tages ergänzt werden. Mit großem Interesse habe ich gelesen, daß der Schriftsteller F. Scott Fitzgerald an meinem Geburtstag (dem 24. September) geboren wurde. Lange bevor ich mich für Astrologie zu interessieren begann, hatte ich eine meiner wichtigsten Abschlußarbeiten an der Universität über Fitzgeralds autobiographische Kurzgeschichten verfaßt. Damals waren mir die Parallelen zu meinem eigenen Leben aufgefallen. Seine Lebensgeschichte berührte mich zutiefst, der Grund dafür aber erschließt sich mir erst heute. Wenn Sie näheres über die Persönlichkeiten und Ereignisse erfahren, die Ihren Geburtstag prägen, geht es Ihnen vermutlich ähnlich.

Schon beim ersten Durchblättern wundert man sich unwillkürlich darüber, wie oft die großen Tagesereignisse den Einfluß des Sonnenzeichens (des Sternzeichens also, in dem die Sonne gerade stand) widerzuspiegeln scheinen. Eine grundsätzliche Tendenz läßt sich fast immer feststellen. Warum sonst sind die Börsenkurse immer dann so stark umgeschwenkt oder gar ganz zusammengebrochen, wenn die Sonne in den Skorpion wechselte – das einzige Zeichen, das mit dem Geld anderer in Verbindung steht? Warum haben so viele bedeutende Weiterentwicklungen oder Katastrophen stattgefunden, als die Sonne die Zeichen der Veränderung – die Zwillinge oder den Schützen – erreichte? In früheren Zeiten haben wir noch dem Rhythmus der Natur gehorcht, doch heute hat diese Taktvorgabe für unseren modernen urbanen Lebensstil an Relevanz verloren. Zu Beginn des dritten Jahrtausends sollten wir uns nun wieder auf die natürlichen Kreisläufe menschlichen Erlebens besinnen.

ROBERT CURREY, LONDON 1998

MCCCLXIV – MCD
Copernicus mortuus
nata scientia
DE REVOLUTIONIBUS
ORBIUM COELESTUM
LIBRI

EINFÜHRUNG

Die Sterne sind's, die Sterne über uns, Die unsre Sinnesart bestimmen.

WILLIAM SHAKESPEARE, *King Lear* (1605–1606), 4. Akt, 3. Szene

Seit unvordenklichen Zeiten üben die Gestirne – leuchtende Himmelskörper, Planeten und Sterne – eine geheimnisvolle Faszination auf uns irdische Beobachter aus. Auch heute noch, da die wissenschaftlichen Erkenntnisse der Astronomie alle jahrtausendelang herrschenden astrologischen Anschauungen in den Schatten zu stellen scheinen, bleiben ihre ätherische Schönheit und die verheißungsvolle Ahnung unentdeckter Welten, die sie uns vermitteln, unerreicht. Schon die ersten Himmelsbeobachter, denen es zum exakten Studium der Gestirne noch an Instrumenten wie dem Teleskop mangelte, erkannten, daß sich bestimmte Himmelskörper in festen Formationen auf berechenbaren Bahnen über den Nachthimmel bewegen. Sie glaubten an ein geozentrisches Universum, in dem die Positionen und Verläufe von Sonne, Mond, Planeten und Sternen das Leben der Menschen und aller Ereignisse auf Erden beeinflußten. Eben diesen Gedanken umfaßt der Begriff „Astrologie", der sich aus dem griechischen *astron* („Stern") and *logos* („Lehre") zusammensetzt. Erst mit der bahnbrechenden Arbeit späterer Astronomen wie Nikolaus Kopernikus (1473–1543) oder Galileo Galilei (1564–1642) begann diese Überzeugung langsam der Erkenntnis zu weichen, daß die Erde keineswegs den Mittelpunkt des Universums bildete, sondern sich um die eigene Achse drehte und gleichzeitig die Sonne umrundete. Doch das dauerte seine Zeit – der Vatikan beispielsweise erkannte die Gültigkeit von Galileis Feststellungen erst 1992 offiziell an. Die Nachfolger dieser Pioniere bauten ihre Arbeit auf deren grundlegenden Werken auf und brachten uns damit ein bis dahin unvorstellbares Wissen. Nach allen neuen Erkenntnissen über unser Universum und die Himmelskörper darin wissen wir heute, daß viele Aspekte der astrologischen Überzeugungen unserer Vorväter durchaus korrekt waren. Ebenso wissen wir, daß unzählige kosmische Wahrheiten uns nach wie vor verborgen bleiben. Die Astronomie gilt heute als akademischer Fachbereich, der strikt von der Astrologie getrennt wird, welche viele Wissenschaftler als ein naives Wahrsagesystem abtun. Doch die Astrologie behauptet sich hartnäckig. Warum sonst könnten noch die überzeugtesten Skeptiker so oft einem heimlichen Blick in ihr Tageshoroskop nicht widerstehen? Die menschliche Psyche besitzt durch das kollektive Unbewußte, das uns allen gemein ist, eine tiefe und komplexe Beziehung zu den Sternen. Wollen wir die Gründe dieser unterschwelligen Anziehungskraft verstehen, müssen wir die Geschichte der Astrologie bis zu ihren Ursprüngen zurückverfolgen.

***Seite 8:** Der polnisch gebürtige Astronom und Mathematiker Nikolaus Kopernikus begann mit seinen Studien über Sonne, Mond und die Planeten im Jahr 1497. Seine Resultate ließen ihn das ptolemäische Weltbild verwerfen und statt dessen sein revolutionäres heliozentrisches System vorstellen, in dem die Erde sich täglich um die eigene Achse dreht und gemeinsam mit den anderen Planeten um die Sonne kreist.*

Ursprünge der westlichen Astrologie

Dank unseres segensreichen Erbes jahrtausendelangen menschlichen Denkens, Experimentierens und Entdeckens ist der gegenwärtige Stand unserer geistigen Fähigkeiten und Erkenntnisse in der Geschichte der Menschheit unerreicht. Der wissenschaftliche Fortschritt hat unser Leben und unser Wissen bereichert, uns aber auch in mancher Hinsicht die Ehrfurcht genommen, mit der unsere Ahnen der natürlichen Welt begegneten. Besonders rätselhaft erschienen ihnen die Himmelskörper: die lebenspendende und doch zugleich zerstörerische Kraft der hell strahlenden Sonne; die magische Fähigkeit ihres nächtlichen Gegenstücks, des Mondes, Ebbe und Flut der Meeresgezeiten zu bestimmen; und die regelmäßigen Zyklen der Gestirne und Sternbilder, an denen die Menschen den Ablauf der Zeit messen konnten – Tag und Nacht, Monate und Jahre. So ist seit Urzeiten bekannt, daß die regelmäßigen Bewegungen der Sterne und Planeten mit dem Lauf der Jahreszeiten in Verbindung stehen.

Bei dem Versuch, den Einfluß der Gestirne auf das Leben auf der Erde zu erfassen, schrieben viele Kulturen Sonne und Mond, später auch Planeten und Sternen, übernatürliche Kräfte zu. Und so war ihre Personifizierung als Götter die logische Folge. Sternenverehrung (auch Astrolatrie oder Sabaismus genannt) betrieben in unterschiedlichem Ausmaß fast alle frühen Kulturen der Welt, besonders, wenn sie auf Landwirtschaft basierten. So verehrten die Alten Ägypter den Sonnengott Re, von dem man glaubte, daß er in einem Sonnenboot über den Himmel führe. Auch Bauwerke wie die Megalithkonstruktionen in Nordeuropa (viele auf die Position der aufgehenden Sonne zur Winter- und Sommersonnenwende ausgerichtet), die Medizinräder der amerikanischen Ursprungsbevölkerung, die Pyramiden des Alten Ägypten und die Zikkurats in Mesoamerika und Mesopotamien zeugen von einer weit verbreiteten Verehrung der Himmelskörper.

Historiker sind der Auffassung, daß die Wurzeln der westlichen Astrologie in Mesopotamien liegen – dem biblischen Zweistromland zwischen Euphrat und Tigris im Nahen Osten, das zunächst von den Sumerern, später von den Babyloniern und dann von den Assyrern beherrscht wurde. Jede nachfolgende Zivilisation übernahm Elemente aus der Kultur ihrer Vorgänger, und obwohl die Babylonier viele religiöse Vorstellungen der Sumerer übernahmen, gelten sie gemeinhin als die ersten, die astrologische Beobachtungen aufzeichneten. (Es ist allerdings umstritten, ob das Verdienst erster astrologischer Erkenntnisse den Babyloniern oder den Chaldäern zukommt. Chaldäa war ein Teil Südbabyloniens, und römische und griechische Quellen verwenden die Begriffe synonym. Tatsächlich gibt es Grund zu der Annahme, daß die chaldäischen Astrologen und Baalspriester besonders berühmt waren. Selbst die Bibel erwähnt die astrologischen Fähigkeiten der Chaldäer, und in der Klassik wurden alle Astrologen als Chaldäer bezeichnet.)

GESCHICHTE UND GRUNDSÄTZE DER ASTROLOGIE

Man schätzt, daß die Babylonier um 3000 v. Chr. glaubten, ihr Sonnengott Shamash, ihre Mondgöttin Sin und die Göttin des Morgensterns Ishtar besäßen die besondere Macht, das Leben auf der Erde zu steuern. Um ihren Lauf verfolgen zu können, bauten die Babylonier gestufte Türme, die Zikkurats, die Tempel und Observatorium zugleich waren. Bis etwa 500 v. Chr. dehnten die Babylonier ihre Vorstellung vom Einfluß der Sterne auch auf den einzelnen Menschen aus: Sie entwickelten die Theorie, daß die Konstellation der Himmelslichter, der Planeten und Sterne, im Augenblick der Geburt eines Menschen unmittelbare Bedeutung für den Verlauf seines Lebens hat. Es sollte jedoch noch geraume Zeit dauern, bis sich die Aufgabe der Astrologie von der führenden Weissagungsmethode für politische Entscheidungen – man verwendete sie z. B. zur Bestimmung des vielversprechendsten Zeitpunktes für einen Feldzug – zu einem Vorhersagesystem über das Schicksal einzelner Menschen wandeln würde.

Von Mesopotamien aus verbreitete sich die Astrologie nach Osten, bis Indien und weiter. Dabei spaltete sie sich in verschiedene astrologische Schulen. Für die westliche Astrologie erlangten babylonische Traditionen die größte Bedeutung, und zwar weil die Griechen sie zur Entwicklung eigener astrologischer Konzepte übernahmen und sie auch an ihre Nachbarländer rund ums Mittelmeer und von dort aus an andere Ländern des europäischen Kontinents weitergaben. Man schätzt, daß die Griechen – die viele eigene Orakel besaßen – die babylonischen astrologischen Lehren zwischen 600 und 500 v. Chr. aufnahmen. Den ersten schriftlichen Hinweis auf die Astrologie lieferte ein Jahrhundert später der Philosoph Platon. Über hellenistische Einflüsse kam die Astrologie nach Mazedonien und von dort mit den Eroberungszügen Alexanders des Großen nach Ägypten und ins Römische Reich, wo sie um 250 v. Chr. durch griechische Sklaven eingeführt wurde.

Die griechisch-römische Ausprägung astrologischer Ideen verlieh dem System eine Form, die auch heute noch zu erkennen ist: Die Römer übernahmen das griechische Pantheon olympischer Götter nahezu vollständig, auch wenn sie ihnen lateinische Namen gaben. So erhielten die wichtigsten griechischen Gottheiten, deren Namen mit den Planeten verbunden waren, folgende neue Bezeichnungen: Zeus wurde zu Jupiter, Ares zu Mars, Aphrodite zu Venus, Hermes zu Merkur und Kronos zu Saturn. Die Himmelslichter hingegen wurden nicht bloß übersetzt. Der Mond und seine Phasen wurden abwechselnd unter anderem mit Diana, Selene und Luna verbunden, während Apollo, Sol Invictus (die „unbesiegbare Sonne") und Mithras die Sonne unter sich aufteilen mußten.

Unten: *Der mysteriöse Steinkreis Stonehenge in Südengland – man glaubt, daß er für druidische Zwecke gebaut und dabei nach den Sternen, der Sonnenwende und der Mondlaufbahn ausgerichtet wurde.*

***Oben:** Das aus zwölf Himmelssymbolen bestehende Zodiaksystem der westlichen Astrologie ist seit dem 2. Jh. bekannt, wie etwa dieser arabischer Zodiak illustriert.*

Im Römischen Reich erlebte die Astrologie eine Blütezeit und verbreitete sich rasch auch bis zu den Außenposten des Imperiums – ein riesiges Staatsgebilde, das den größten Teil Europas, den Nahen Osten und Nordafrika umfaßte. Erst das aufkeimende Christentum läutete den Niedergang der Astrologie ein, denn die Betonung des freien Willens des Menschen und seiner letzten Erlösung widersprach astrologischen Prinzipien – insbesondere der Überzeugung, das Schicksal des einzelnen sei vorherbestimmt, es „stehe in den Sternen". Konstantin, der erste christliche Kaiser (274–337), erklärte die Astrologie im Jahre 333 für „Teufelswerk". Von da an gingen der Aufstieg des Christentums und der Niedergang der Astrologie in Europa Hand in Hand. Aber nicht alle Teile Europas wurden christianisiert. Einige Regionen standen unter islamischem Einfluß – insbesondere Spanien, das 711 von arabischen Mauren eingenommen und 1250 durch christliche Heere zurückerobert wurde (bis auf Granada, das bis 1492 islamisch blieb).

Es gibt viele Gründe, warum die Astrologie in islamischen Ländern intensiv und ernstlich weiterbetrieben wurde, zunächst auf der Grundlage des übersetzten „al-magisti" (Almagest), des astronomischen Handbuchs des Ptolemäus, in dem er sein Weltsystem entwirft. Zwischen dem achten und neunten Jahrhundert wurden auch astrologische Werke aus Indien, Persien, Syrien und Griechenland ins Arabische übersetzt. Wissenschaftliche Erkenntnis galt als Mittel zur Erlangung von *Tawhid*, im Islam zugleich die höchste Stufe menschlicher Entwicklung und die monotheistische Einheit Allahs. Die gleichzeitige Blüte mathematischer Disziplinen wie der Trigonometrie ermöglichte den arabischen Astrologen große Fortschritte in der „Wissenschaft von den Gesetzen der Sterne". So wurden 1259 in Maraga in Aserbaidschan und im 15. Jahrhundert in Samarkand Observatorien gebaut. Dort arbeiteten Astronomen mit höchster Präzision dank Instrumenten wie dem Astrolabium und dem Quadranten.

Als das arabische Granada wieder an die spanischen Monarchen Ferdinand und Isabella zurückfiel, lernten an den gefeierten maurischen Universitäten der Stadt auch Christen die Astrologie wieder kennen. Zum Teil geht das auf den Einfluß spanisch-jüdischer Gelehrter zurück, die viele astrologische Prinzipien mit ihrem eigenen mystischen Glaubenssystem, der Kabbala, vereinbaren konnten. Vom 15. Jahrhundert an erlebte die Astrologie in Europa eine ungeahnte Renaissance. Sie wurde als Wissenschaft an Universitäten gelehrt und galt als elementare Quelle medizinischer Erkenntnis und Behandlung. Denn nach dem Makro-Mikrokosmos-Prinzip der Melothesie war der menschliche Körper ein Mikrokosmos des himmlischen Makrokosmos oder ein *imago mundi* (ein „Abbild der Welt [oder des Universums]"). Daher unterstand jeder Körperteil dem Einfluß des Planeten, dem er zugeordnet war. Die Astrologie galt auch als Weissagungssystem, daher zählten Astrologen wie John Dee (1527–1608) und Nostradamus zu den Günstlingen der englischen Königin Elisabeth I. und der französischen Königin Katharina de Medici und ihres Sohnes Karl IX. Auch gewöhnliche Bürger konsultierten bekannte Astrologen wie den Engländer William Lilly (der die Londoner Pest von 1665 und das Feuer von 1666 vorhergesagt haben soll), und die Nachfrage nach astrologischen Almanachen war groß.

Selbst die vormals ablehnende römisch-katholische Kirche akzeptierte jetzt das System, das sie zuvor so rigoros verurteilt hatte. Der Zeitpunkt päpstlicher Krönungen wurde nach den Vorzeichen aus den Sternen gewählt, Tierkreissymbole schmückten Kirchen, wobei ihre Bedeutung geschickt christlich neu interpretiert wurde (die Jungfrau beispielsweise stand für die Jungfrau Maria, die Fische für Christus als Menschenfischer). Die Rolle der gefährlich heidnischen Planeten wurde heruntergespielt.

Interessant ist, daß viele Kommentatoren faszinierende Parallelen zwischen Ereignissen der Bibel und möglichen astrologischen Geschehnissen vermuten. Der Stern über Bethlehem aus dem Matthäusevangelium z. B., der die Heiligen Drei Könige aus dem Morgenland an den Geburtsort Christi führt (2, 1–12), wurde als Supernova, als Halleyscher Komet (der um das Jahr 11 v. Chr. am Himmel sichtbar gewesen sein müßte), als Konjunktion von Jupiter und Saturn im Sternbild Fische (die sich um 7 v. Chr. ereignet haben soll) oder als der „Hundsstern“ interpretiert. Damit verbunden ist eine Theorie, daß die Heiligen Drei Könige Astrologen aus Persien waren und dem Stern folgten, weil er die unmittelbare Erfüllung einer Prophezeiung Zarathustras (ca. 628–551 v. Chr.) verhieß. Eine andere astrologische Schule entdeckt Übereinstimmungen zwischen den Zeichen des Tierkreises, die nach diesem System jeweils über einen Zeitraum von 2000 Jahren herrschen, und dem Verhalten der Menschen, insbesondere der jüdisch-christlichen Kultur. So kennzeichnet die Anbetung des Goldenen Kalbs das Zeitalter des Stiers (etwa von 4000–2000 v. Chr.) und die Bereitschaft Abrahams, seinen Sohn Isaak zu opfern, der schließlich durch einen Widder ersetzt werden durfte, das des Widders (bis etwa zum Jahr 0). Diese Episoden spielen sich im Alten Testament ab; die Geburt Christi jedoch kündigte das Zeitalter der Fische an, das um das Jahr 2000 zu Ende gehen soll. Weil sich das Frühjahrsäquinoktium im Laufe der Jahrtausende verschoben hat, wird der Beginn des Wassermannzeitalters für einen unbestimmten Zeitpunkt zwischen 1904 und 2160 errechnet.

Die Erkenntnisse so bedeutender Astronomen wie Nikolaus Kopernikus, Tycho Brahe, Galileo Galilei, Johannes Kepler und Isaac Newton führten unweigerlich zur Aufspaltung des Studiums der Himmelskörper in zwei getrennte Bereiche. Die Astronomie galt als „wissenschaftlich“, die Astrologie hingegen als dubiose Weissagungsmethode. Die Entdeckung dreier Planeten, die den Sternkundigen der Antike noch unbekannt waren – Uranus (1781), Neptun (1846) und Pluto (1930) – schien astrologische Prinzipien erneut in Frage zu stellen. Moderne Astrologen konnten diese Feststellungen jedoch mit traditionellen Prinzipien vereinbaren (womit zugleich bisher verwirrende Unregelmäßigkeiten geklärt waren).

Oben: *Der französische Astrologe Michel de Notredame, der als Nostradamus berühmt wurde, war im 16. Jh. Berater der grpßen Monarchen. Er veröffentlichte seine in Reimform gehaltenen Prophezeiungen 1555 als Buch.*

Astrologie neu bewertet

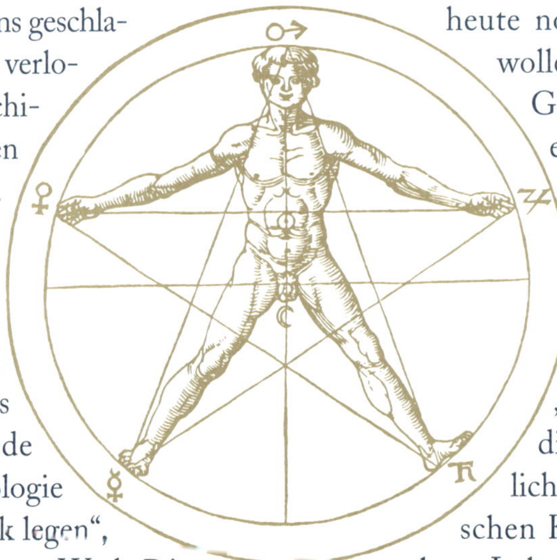

***Rechts:** Die Darstellung des Kosmischen Menschen veranschaulicht die pythagoräische Theorie, daß die Fünf die perfekte Verkörperung des Menschen als Mikrokosmos im Universum bedeute. Das Rad, das die Figur umgibt, trägt die Zeichen der fünf Planeten, die den frühen Astronomen neben der Erde bekannt waren.*

Im 20. Jahrhundert erfuhr die Astrologie, in Verbindung mit der Entstehung der Psychologie, einen Bedeutungswandel. Durch die Arbeit des amerikanischen Astrologen Marc Jones (1888–1980) wurden die Sabischen Symbole (1925 durch ein Medium gefunden) populär. Sie ordnen jedem Grad des Tierkreises ein symbolisches Bild zu und ermöglichen so Inspiration und Erkenntnisgewinn durch freies Assoziieren und Meditation. So gesehen „werden die Schlachten des Lebens geschlagen, gewonnen oder verloren, in den rein psychischen, nicht faßbaren Ebenen des Seins ... Hier, in der Fähigkeit des Menschen, nach freiem Willen zu kreieren, liegt die Dynamik seines Seins ... Hierauf muß jede wirkungsvolle Astrologie ihr Hauptaugenmerk legen“, schrieb Jones in seinem Werk *Die Sabischen Symbole in der Astrologie* (1953).

Der Psychoanalytiker Carl Gustav Jung (1875–1961), der sich zugleich intensiv mit Alchimie und Mythologie beschäftigte, hielt die Astrologie und ihre Symbole für einen integralen Bestandteil des kollektiven Unbewußten der Menschheit – des Teils der menschlichen Psyche, in dem die Archetypen enthalten sind, die universalen Blaupausen menschlichen Erlebens. Beim Studium der Horoskope bestimmter Klienten entwickelte er die Idee der Synchronizität, eines nichtkausalen Zusammenhangprinzips zwischen Ereignissen, das sich in der Gleichzeitigkeit äußerer und innerer Ereignisse zeigt. Nach Auswertung der Horoskope von ca. 500 Ehepaaren, die daraufhin untersucht worden waren, ob gegenseitige Harmonie von astrologischen Einflüssen bestimmt wurde, stellte er fest: „Das statistische Material zeigt, daß eine praktische und zugleich theoretisch unwahrscheinliche Zufallsverbindung von Sternen auftrat, die sich auf höchst bemerkenswerte Weise mit traditionellen astrologischen Erwartungen deckt.“ Es gibt Wissenschaftler, die auch heute noch nicht abstreiten wollen, daß astrologische Grundsätze Wahrheit enthalten können. Der Astrologe und Psychologe Reinhold Ebertin führte eine neue Disziplin ein: die Kosmobiologie, „eine Wissenschaft, die sich mit den möglichen Beziehungen zwischen Kosmos und organischem Leben und den Effekten kosmischer Rhythmen und Sternenbewegungen auf den Menschen befaßt.“ Unbestritten hat die Anziehungskraft des Mondes Auswirkungen auf die Gezeiten. So erfolgen die abnehmenden apogäischen Gezeiten zum Zeitpunkt der größten Erdferne des Mondes, während sich die zunehmenden perigäischen Gezeiten zum Zeitpunkt seiner größten Erdnähe ereignen. Seit Anbeginn der Zeit wird beobachtet, daß der Mond das Verhalten von

Menschen beeinflußt. Statistiken deuten darauf hin, daß die Zahl der Gewaltverbrechen bei Vollmond zunimmt. Warum sollten dann die anderen Planeten nicht ähnlichen Einfluß haben?

Tatsächlich gelang in vielen wissenschaftlichen Studien der Nachweis, daß es einen makrokosmischen Einfluß der anderen Planeten auf die Erde gibt. So stellte der Seismologe Rudolf Tomascheck z. B. fest, daß sich zuweilen schwere Erdbeben ereignen, wenn Uranus innerhalb 15° zum Meridian steht, ein Phänomen, das sich mit der Gravitationseinwirkung des Uranus auf den flüssigen Erdkern erklären läßt. Und obwohl der französische Psychologe und Statistiker Michel Gauquelin nach Abschluß einer 1949 begonnenen Testreihe viele astrologische Vorstellungen widerlegt zu haben glaubte, entdeckte er bei der Auswertung der Geburtsdaten bestimmter Ärzte, Sportler und anderer beruflich erfolgreicher Menschen eine seltsam regelmäßige Reihe von „Zufällen", die er als den „Marseffekt" bezeichnete. Eingedenk des häufigen Auftretens einer gemeinsamen Sonne oder eines gemeinsamen Mondes oder Aszendenten bei Eltern und ihren Kindern vermutete er auch, daß die Menschen biologisch auf himmlische Kräfte eingestellt sein könnten und der Fötus sich womöglich unbewußt den Augenblick seiner Geburt selbst „wählt".

In seiner Studie *Astrologie : Beweise der Wissenschaft* (Verlag Zweitausendundeins, 1992) kommt der Astronom Dr. Percy Seymour zu dem Schluß: „Nach meiner Theorie werden wir (im Mutterleib) genetisch darauf eingestellt, einen individuellen ‚Melodiensatz' aus der magnetischen ‚Symphonie' des Sonnensystems empfangen zu können." Und weiter stellt er fest: „... der Kosmos kann unsere ererbten Charakterzüge nicht ändern, aber über den Auslöser für den tatsächlichen Geburtsmoment (wird unsere Verbindung zum Kosmos) von unseren Genen bestimmt." Mittlerweile sind Wissenschaftler zunehmend bereit, den Einfluß der Sterne auf uns nicht gleich von vornherein von der Hand zu weisen.

Die westliche Astrologie

Die westliche Astrologie kennt drei Hauptsysteme: die Stundenastrologie mit ihren beiden Bereichen der Frage-Astrologie (Interrogationen) zur Beantwortung von Fragen und der Stundenwahl-Astrologie (Elektionen) zur Bestimmung des günstigsten, weil erfolgversprechendsten Zeitpunkts für ein Vorhaben, die Mundanastrologie, die Aussagen über das Schicksal von Ländern, Völkern oder Städten, über Epidemien, Naturereignisse, Könige und Herrscher macht, und die Geburtsastrologie (Genethlealogie). Sie interpretiert Charakter und Lebensperspektive eines Menschen anhand eines Geburtsbildes oder Horoskops (vom griechischen „Stundenschauer" oder „Stundenregent"). Eine weitere Unterart, die Naturastrologie, trat in den Schatten der Astronomie. Sie diente praktischen Zwecken, z. B. der Festlegung kalendarischer Ereignisse wie etwa dem Osterfest.

Oben: *Der Symbolismus des Mandala faszinierte C. G. Jung – ein zeitloses Bild des Universums und unseres Daseins. Er setzte es mit der Suche nach der eigenen Individualität jedes Menschen gleich; und tatsächlich läßt sich ein Horoskop als Mandala und Persönlichkeitsabbild zugleich verstehen.*

DER TIERKREIS (ZODIAK)

Den Tierkreis (oder Zodiak) kann man als kreisförmiges Band jeweils 8° rechts und links der Ekliptik, der jährlichen scheinbaren Sonnenbahn, bezeichnen, das die zwölf Tierkreiszeichen zyklisch durchschreiten. Symbolisch wird er als Kreis dargestellt, in dessen Zentrum die Sonne steht, die Tierkreiszeichen um sie herum angeordnet, wobei jedes Zeichen 30° des 360° Grad umfassenden Kreises einnimmt.

Im Interesse wissenschaftlicher Präzision soll angemerkt werden, daß Ort und Zeit der Tierkreiszeichen nicht mehr genau der Überlieferung entsprechen, was an der Präzession (der Bewegung der Erdachse um den Pol der Ekliptik infolge der Gravitationswirkung von Sonne und Mond auf den Äquatorwulst der Erde) und den Tagundnachtgleichen – im Frühjahr um den 21. März, im Herbst um den 23. September, wenn die Sonne den Himmelsäquator überschreitet – liegt. Beispielsweise durchläuft die Sonne den Löwen nun zwischen dem 16. August und dem 15. September, die traditionelle Löwezeit dauert jedoch vom 23. Juli bis zum 22. August. Daher gibt es in der Praxis zwei Zodiaks: den der Tierkreiszeichen, der hier behandelt wird, und den astronomischen der Tierkreisbilder.

In der Antike beobachteten Sternschauer aus vielen Kulturen, daß die Sternbilder und Konstellationen jedes Jahr demselben Zyklus folgen; jedes Jahr erschien dasselbe Sterbild an derselben Stelle. So verwendete man den Tierkeis als ein Instrument der Zeitmessung. Man nimmt heute an, daß die Vorstellung vom Zodiak – nach den griechischen Wörtern *zodiakos kuklos* für „Kreis belebter Wesen“ oder *zoe* für „Leben“ und *diakos* für „Rad“ – um 3000 v. Chr. in Mesopotamien entwickelt wurde. In der Frühzeit astronomischer Beobachtung erachtete man den Mond für bedeutender als die Sonne; denn viele Kulturen verehrten eine (meist weibliche) Mondgottheit vor einer (meist männlichen) Sonnengottheit. Im Gegensatz zur heutigen Übereinkunft wurde die Mondbahn im Tierkreis kartiert und nicht die Sonnenbahn. Man nimmt an, daß die Alten Ägypter den mesopotamischen Tierkreis übernahmen und die Dekane einfügten, die Einteilung des Tierkreises in Abschnitte von je 10°, wodurch jedes Zeichen drei Dekane erhält. Jedem der 36 Abschnitte, die sich daraus ergaben, wurde eine Gottheit zugeordnet. Vielen dieser Gottheiten wurde nach dem Bild, das man am Himmel erkannte, die Herrschaft über ein bestimmtes Zeichen zugesprochen. Tatsächlich ist es wohl auf diese Verbindung von Gottheiten mit Sternbildern zurückzuführen, daß manche Figuren des ursprünglich nur aus Tieren bestehenden Kreises teilweise menschliche Gestalt annahmen. Entsprechend wurde der Einfluß des Makrokosmos (des Sternzeichens) auf den Mikrokosmos (den Menschen) so gedeutet, daß sich die Eigenschaften z. B. des Sternzeichens Widder auf den Widder-Geborenen übertragen: Eigensinn und Tatkraft. Diese astrologische Auffassung hat sich über die Jahrtausende erhalten, wenn auch moderne Astrologen anerkennen, daß viele andere Geburtseinflüsse zu berücksichtigen sind.

Ebenso glaubte man, die Tierkreiszeichen beeinflußten die menschliche Gesundheit. Nach dem Makro-Mikrokosmos-Gedanken umfaßte der Makrokosmos die himmlischen Komponenten des Universums, die sich exakt im Mikrokosmos (dem menschlichen Körper) widerspiegelten, auf den sie dann auch den entsprechenden Einfluß ausübten. Zeichnerisch ist diese Auffassung in der mittelalterlichen melothesischen Figur des „Tierkreismannes" dargestellt: Jedes Zeichen des Tierkreises ist auf der Körperregion abgebildet, die es regiert. Die diesen Darstellungen zugrundeliegende Theorie hatte großen Einfluß auf medizinische Diagnose und Behandlung.

Der in den zwölf Zeichen des Tierkreises verborgene Symbolismus spiegelt sich in der jüdischen wie in der christlichen Religion. Eusebius (ca. 260–ca. 340), Bischof von Cäsarea, beschrieb, nach jüdischem Glauben sei Abraham der Vater des Tierkreises und jeder der zwölf Stämme Israels (benannt nach den zwölf Patriarchen, den Söhnen Jakobs) symbolisch mit einem Zeichen des Tierkreises verbunden. Und im Christentum gibt es nicht nur zwölf Apostel, sondern in seiner Offenbarung schreibt Johannes, daß die Heilige Stadt Jerusalem nach der Apokalypse auf zwölf Ecksteinen mit den Namen der zwölf Apostel gebaut sein und zwölf Perlentore haben wird. Im Mittelalter christianisierte die katholische Kirche den Namen des Tierkreises in das Lateinische *corona seu circulus sanctorium apostolorum*, „die Krone des Kreises der Heiligen Apostel". Auch versuchte man, die heidnischen Zeichen in christliche Symbole umzudeuten (so wurde z. B. aus dem Widder das Lamm Gottes), aber dieser Versuch konnte sich nie durchsetzen. Auch in den christlichen Legenden kam dem Tierkreis symbolische Bedeutung zu, so z. B. in der Kreisform von König Artus' Tafelrunde.

Nach astrologischer Konvention werden die Zeichen des Tierkreises in verschiedene Gruppen eingeteilt, die in der Interpretation jeweils symbolische Bedeutung haben. Widder, Stier, Zwillinge, Krebs, Löwe und Jungfrau – die sogenannten septentrionalen Zeichen, vom Lateinischen *septem* (sieben) und *triones* (Stier) nach dem „Siebengestirn" (den Plejaden) im Sternbild Stier – sind in der nördlichen Hemisphäre sichtbar, Waage, Skorpion, Schütze, Steinbock, Wassermann und Fische sind Konstellationen der südlichen Hemisphäre. Jedem Zeichen werden darüber hinaus maskuline oder feminine Eigenschaften zugeschrieben. In einer Beziehung von Widerstreit und Ergänzung wird jedes Zeichen durch sein polares Gegenstück er-

***Ganz links:** Der Vollmond, der allgemein mit Einheit und Vollständigkeit assoziiert wird, repräsentiert die letzte Phase eines Zyklus, der in der Astrologie Leben, Tod und Wiedergeburt verkörpert.*

***Unten:** Im Alten Ägypten stand das schlüsselformige Ankh-Zeichen, das die Göttin Isis hier hält, für die Vereinigung von Himmel und Erde.*

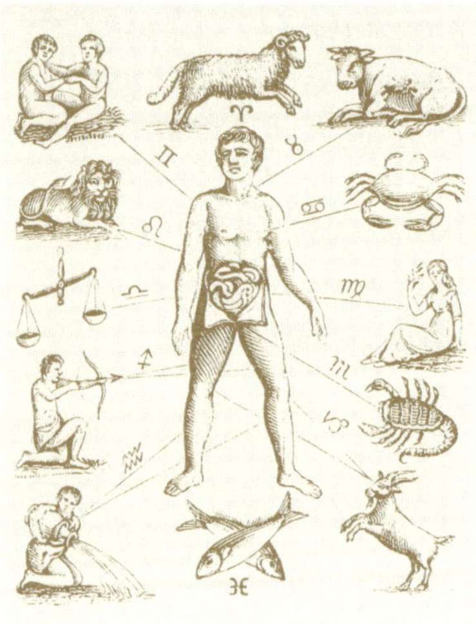

***Oben:** Der mittelalterliche „Tierkreismann“, der die Beziehung zwischen den Sternzeichen und den menschlichen Körperregionen verdeutlicht.*

gänzt, ähnlich dem Yin-Yang-Prinzip. So steht der Widder der Waage gegenüber, der Stier dem Skorpion; die Zwillinge dem Schützen; der Krebs dem Steinbock; der Löwe dem Wassermann und die Jungfrau den Fischen.

Wichtig bei der Bestimmung der Eigenschaften jedes Tierkreiszeichens ist auch sein Modus (seine Zugehörigkeit zu einem der vier Zeichen, die den Elementen entsprechen). Es gibt drei Modi: kardinal (für Kreativität und Initiative – Widder, Krebs, Waage und Steinbock), fest (Beharrlichkeit und Stabilität – Stier, Löwe, Skorpion und Wassermann) und veränderlich (Zerstörung und Bewegung – Zwillinge, Jungfrau, Schütze und Fische).

DIE PLANETEN

„Wer riesige Entfernungen durchschaut,/ wie's Universum sich aus Welten baut,/ wie ein System ins andre übergeht/wie seiner Sonne folgt jeder Planet,/welch Lebenvielfalt jeden Stern anfüllt ...“, schrieb Alexander Pope in seinem Werk *Vom Menschen – Essay on Man*. Und tatsächlich gehen astrologische, kalendrische und esoterische Systeme in den Kulturen und Religionen der Welt in erstaunlichem Maß Hand in Hand, selbst unter Berücksichtigung einer Synkretisierung und gegenseitigen Beeinflussung. Nirgends wird das deutlicher als in den Einflüssen, die den Planeten, Elementen und Jahreszeiten zugeschrieben werden.

Die bedeutendste Persönlichkeit in der Astrologie mag Ptolemäus gewesen sein (ca. 100 bis ca. 170), der griechisch-ägyptische Astronom, der mehr als 1.000 Sterne in 48 Sternbildern zusammenfaßte. In seinem astrologischen Schlüsselwerk *Tetrabiblios* und besonders in seinem *Alamagest* stellte er die Erde in den Mittelpunkt des Universums, wo die Himmelskörper sie umkreisen. Das ptolemäische System behielt Gültigkeit, bis Kopernikus es in seinem postum veröffentlichten Werk *De Revolutionibus Orbium Coelestium* (1544) widerlegte. Aber bis dahin war der Glaube, Planeten und Sternbilder umkreisten die Erde, bereits fest in der astrologischen Theorie und Symbolwelt verankert. Es ist auch wichtig, daß die ersten Astrologen nicht nur Sonne und Mond als Planeten betrachteten, sondern daß die Existenz der drei Planeten Uranus, Neptun und Pluto noch unbekannt war. Jahrtausendelang verstand man unter den „Planeten“ die sieben Himmelskörper Sonne, Mond, Merkur, Venus, Mars, Jupiter und Saturn.

***Ganz rechts:** Das Christentum brachte die traditionellen Tierkreiszeichen in Einklang mit seiner Lehre, indem es sie den zwölf Aposteln und den zwölf Ecksteinen von Jerusalem gleichsetzte, wie sie in der Offenbarung des Johannes beschrieben werden.*

Moderne Astrologen folgen eher kopernikanischen als ptolemäischen Prinzipien, aber viele Vorstellungen, die Ptolemäus bekannt machte, haben sich gehalten, besonders im Hinblick auf symbolische Assoziationen. Die ursprünglichen sieben Planeten z. B. stellte man den sieben Himmeln gleich, den sieben Richtungen, den Tagen der Woche, den Metallen und – mit dem Aufstieg des Christentums – den Kardinaltugenden, den Todsünden und den Gaben des Heiligen Geistes. Ptolemäus hat die symbolische Bedeutung der sieben Planeten nicht entwickelt, sondern übernommen. Die sieben abgestuften Ebenen der mesopotamischen Zikkurats z. B. galten als Darstellung der Hierarchie der sieben „wandernden Sterne“ innerhalb des Gebäudes (das Wort „Planet“ stammt vom griechischen *planetes* – „Wanderer“, weil sie sich im Vergleich zu den fest stehenden Sternen unberechenbar zu bewegen schienen). Und sie stellten die Stufen des Aufstiegs von der Erde zum Himmel dar. Die „Etemenanki“, die sieben Ebenen der Zikkurat, waren in den Farben der entsprechenden Gottheiten bemalt (hier die römischen Namen): Schwarz (Saturn), Orange (Jupiter), Rot (Mars), Gold (Sonne), Gelb (Venus), Blau (Merkur) und Silber (Mond). In Mesopotamien galt nach astronomischer wie religiöser Überzeugung der Mond und nicht die Sonne als der wichtigste „Planet“ und wurde daher in den Zenit der Zikkurat gestellt.

Nach dem Makro-Mikrokosmosgedanken messen Astrologen den Planeten größere Bedeutung zu als den Tierkreiszeichen, denn ihre Position am Himmel hat danach den stärksten Einfluß auf jegliches Geschehen auf der Erde und auf die Persönlichkeit. Kann man sagen, daß das Tierkreiszeichen, in dem ein Mensch geboren ist, sein Potential angibt, so sind die Planeten die treibenden Kräfte, die diese angeborenen Möglichkeiten aktivieren und lenken. So wurde z. B. jedem Tierkreiszeichen ein bestimmter Teil des menschlichen Körpers zugeordnet, den es beeinflußt. Die Sonne jedoch stand für den Geist, der Mond für die Seele und die fünf übrigen Planeten für je einen der fünf Sinne. Einer Theorie aus der Antike zufolge – der des griechischen Philosophen Pythagoras (570–496 v. Chr.) – wölbten sich die sieben Planetenbahnen hemisphärisch über die Erde: Ihre Drehbewegungen schufen die „Sphärenmusik“ (wie auch unsere Notenskala aus sieben Hauptnoten besteht). Stieg eine menschliche Seele aus der achten Sphäre (dem Empyreum) zur Erde hinab, durchschritt sie jede Ebene und nahm dabei die Eigenschaften des herrschenden Planeten an. Kam sie auf der Erde als neugeborenes Kind zur Welt, besaß sie die entsprechenden Stärken – und Schwächen. Angesichts dieser überwältigenden Macht, die ihnen zugesprochen wurde, überrascht es nicht, daß die Planeten für Götter gehalten wurden. Unter griechisch-römischem Einfluß verwandelten sich die mesopotamischen Gottheiten schrittweise in römische Götter.

Das ptolemäische Weltbild ordnete den Kosmos folgendermaßen: im Zentrum die Erde, umgeben von den kreis-

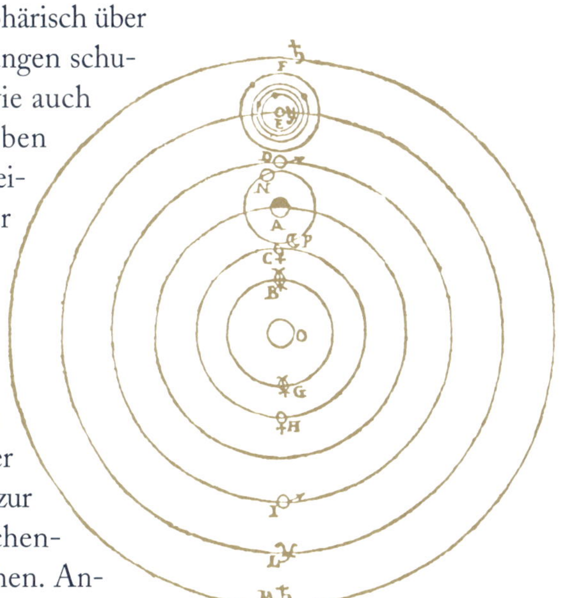

Oben: *Die sieben Himmelskreise, die schon die frühen Astronomen entdeckten und benannten, zeigen sich schon in den stufenförmigen Tempeln der Babylonier und den Bauwerken der Azteken- und Mayakultur.*

Oben: *Pyramiden werden geheimnisvolle Wirkungskräfte als „kosmische Berge" oder „Weltachsen" zugeschrieben, die eine Verbindung zwischen Erde und Himmel herstellen. Dementsprechend sind sie auch ein Symbol für den beschwerlichen Weg zur Erleuchtung geworden.*

förmigen Sphären von Mond, Merkur, Venus, Sonne, Mars Jupiter und Saturn. Platon entwickelte dieses Weltbild weiter, wohingegen Tycho Brahe annahm, daß sich zwar Sonne und Mond um die Erde drehten, die Planeten aber um die Sonne. Heute entspricht die Planetenfolge dem modernen heliozentrischen Weltbild des Kopernikus: Der Sonne im Zentrum des Sonnensystems folgt der Mond (Erdsatellit), dann der sonnennächste Planet Merkur, darauf Venus, (Erde), Mars, Jupiter, Saturn, Uranus, Neptun und Pluto. Nach astrologischer Interpretation werden die Planeten nach der Intensität ihres Einflusses auf den Menschen in drei Gruppen unterteilt: die schnellen „persönlichen" Planeten Sonne, Mond, Merkur, Venus und Mars, die „transpersonalen" Planeten Jupiter und Saturn, die sich gemessener bewegen, und die „unpersönlichen" Planeten Uranus, Neptun und Pluto, die so langsam ziehen, daß sie eher Generationen als Einzelpersonen beeinflussen.

Sonne ☉
Sigel: Punkt in einem Kreis
Beherrscht das Sternzeichen: Löwe
Gottheiten: Apollo, der römische Gott der Sonne, der Musik, Dichtkunst und der Prophetie (auch der römische Sol Invictus,der persische Mithras, der griechische Helios, der ägyptische Ra, der babylonische Samasch und der Hindu-Gott Surya)
Tag: Sonntag
Umlaufzeit durch den Tierkreis: 1 Jahr
Prinzip: Vitalität, Individualität

Mond ☾
Sigel: Mondsichel
Beherrscht das Sternzeichen: Krebs
Gottheiten: Diana, die römische Göttin des Mondes und der Jagd (auch Selene und Luna, die griechische Artemis, die ägyptische Isis, die babylonische Sin und die Hindu-Göttin Chandra)
Tag: Montag
Umlaufzeit durch den Tierkreis: ca. 28 Tage
Prinzip: tiefe Emotionen und Intuition

Merkur ☿
Sigel: Caduceus (Zauberstab, Heroldsstab)
Beherrscht die Sternzeichen: Zwillinge und Jungfrau
Gottheiten: Merkur, der römische Götterbote (auch der griechische Hermes, der ägyptisch Thot und der Hindu-Gott Hanuman)
Farbe: Dunkelblau
Metall: Quecksilber
Tag: Mittwoch
Umlaufzeit durch den Tierkreis: 88 Tage
Prinzip: Intellekt und Kommunikation

Venus ♀
Sigel: Spiegel oder Halskette
Beherrscht die Sternzeichen: Stier und Waage
Gottheiten: Venus, die römische Göttin der Liebe und der Schönheit (auch die griechische Aphrodite, die ägyptische Hathor, die babylonische Ishtar und die Hindu-Göttin Lalita oder Shukra)
Tag: Freitag
Umlaufzeit durch den Tierkreis: 225 Tage
Prinzip: Streben nach Schönheit und Harmonie, Güte

Mars ♂
Sigel: Schild und Speer
Beherrscht das Sternzeichen: Widder (traditionell auch Skorpion)
Gottheiten: Mars, der römische Gott des Krieges und des Blutvergießens (auch der griechische Ares, der ägyptische Horus, der babylonische Pestgott Nergal und der Hindu-Gott Mangal)
Tag: Dienstag
Umlaufzeit durch den Tierkreis: 687 Tage
Prinzip: Tatkraft, Führung, Aggression

Jupiter ♃
Sigel: der griechische Buchstabe Zeta (Z)
Beherrscht das Sternzeichen: Schütze (traditionell auch Fische)
Gottheiten: Jupiter, der höchste römische Gott (auch der griechische Zeus, der ägyptische Amun-Re, der babylonische Marduk und der Hindu-Gott Indra, Guru oder Vrihasparti)
Tag: Donnerstag
Umlaufzeit durch den Tierkreis: 11 Jahre, 315 Tage
Prinzip: Expansion, Wachstum, Optimismus

Saturn ♄
Sigel: Sichel
Beherrscht das Sternzeichen: Steinbock (traditionell auch Wassermann)
Gottheiten: Saturn, der römische Gott der Saaten sowie der Zeit (auch der griechische Kronos und der ägyptische Sebek)
Tag: Samstag
Umlaufzeit durch den Tierkreis: 29 Jahre, 167 Tage
Prinzip: Weisheit, Reife

Uranus ♅
Sigel: Ein Punkt in einem Kreis mit Pfeil
Beherrscht das Sternzeichen: Wassermann
Gottheiten: Uranus, der urzeitliche römische Gott (auch der griechische Ouranos)
Umlaufzeit durch den Tierkreis: 84 Jahre
Prinzip: Kraft zur Veränderung, Unberechenbarkeit und Erfindungsgabe

Neptun ♆
Sigel: Dreizack
Beherrscht das Sternzeichen: Fische
Gottheiten: Neptun, der römische Meeresgott (auch der griechische Poseidon)
Umlaufzeit durch den Tierkreis: 168 Jahre, 292 Tage
Prinzip: Übersinnliche Fähigkeiten, Idealismus, Realitätsflucht

Pluto ♇
Sigel: Buchstaben P und L
Beherrscht das Sternzeichen: Skorpion
Gottheiten: Pluto, Dis oder Orcus, der römische Gott der Unterwelt (auch der griechische Hades)
Umlaufzeit durch den Tierkreis: 248 Jahre, 183 Tage
Prinzip: Kraft der tiefsten Wandlung (Transformation)

DIE ELEMENTE

Wie die Zwölf (die Gesamtheit der Sternzeichen) und die Sieben (die ursprünglich bekannten Planeten) in der Astrologie symbolische Bedeutung haben, kommt auch der Zahl Vier eine wichtige Rolle zu; denn jedem der vier Elemente (Feuer, Luft, Wasser und Erde) sind drei Sternzeichen zugeordnet.

Von der Antike bis ins Mittelalter und noch einige Jahrhunderte darüber hinaus glaubte man, daß alles im Universum aus den vier Elementen bestünde. Unterschiede in Gestalt und Eigenschaft erklärte man mit der gegenseitigen Anziehung und Abstoßung der Elemente und dem unterschiedlichen Gehalt an diesen vier lebenswichtigen Bestandteilen. Man nahm an, daß feste Materie (dargestellt durch das Element Erde), Flüssigkeit (Wasser) und Gase (Luft) in jedem Ding oder Lebewesen vorhanden seien, während das Feuer die belebende Energie lieferte. Das unterste oder schwerste Element war die Erde, gefolgt vom Wasser, die leichtesten Elemente waren Luft und Feuer. (In der ursprünglich von den Griechen entwickelten Esoterik gibt es auch das edle fünfte Element Äther, das vollkommene Element, das die anderen vier in sich enthält und aus sich schafft. Dieses Element, aus dem die ätherischen Sterne und Planeten bestehen, existiert nur in der Himmelssphäre.)

Ihre endgültige Form erhielt die Theorie von den Elementen zwar durch die Alten Griechen, insbesondere durch Empedokles (ca. 490–30 v. Chr.), aber sie griffen dabei auf ein Erbe zurück, das nach Expertenmeinung bis in neolithische Zeit und vielleicht sogar noch weiter zurückreicht. Spekulationen zufolge entstand sie aus der Erkenntnis der ersten Menschen, daß man sich der Toten nur auf vier Arten entledigen konnte: durch Begraben, durch Versenken in einem Gewässer, durch aasfressende Vögel, die aus der Luft herabstoßen, oder durch Verbrennen. So forderten die Elemente den menschlichen Körper nach dem Tod zurück, glaubte man, damit er sich in seine elementaren Bestandteile auflöse. Entsprechend der Personifizierung der Planeten als Göttergestalten, erhoben die Religionen auch die Elemente zu göttlichem Status und verehrten z. B. Mutter Erde in Gestalt der griechischen Demeter (der römischen Ceres) oder einen göttlichen Herrscher der Unterwelt wie Hades (Pluto), einen Gott des Wassers wie Poseidon (Neptun), einen Gott, der die Lüfte beherrschte, besonders Zeus (Jupiter), und einen Feuergott wie Hephaistos (Vulcan).

Im Mittelalter – und im alchimistischen Denken – waren jedem Element Geister zugeordnet: der Erde Gnomen, dem Wasser Undinen, der Luft Sylphen und dem Feuer Salamander. Auch hier besteht eine Verbindung zwischen christlichen und astrologischen Symbolen: Die vier Evangelisten wurden durch das „Astrologenkreuz" dargestellt: Der Adler des Johannes (Sternzeichen Skorpion, Element Luft) am nördlichen Punkt, der geflügelte Stier des Lukas (Sternzeichen Stier, Element Erde) im Süden, der Engel des Matthäus (Wassermann und Wasser) im Westen und der Löwe des Markus (Löwe und Feuer) im Osten.

Dem Makro-Mikrokosmos-Gedanken folgend, glaubten mittelalterliche

Ärzte nun auch an die Temperamentenlehre, nach der Menschen aus vier elementaren Körpersäften (*humores*) bestehen und bestimmte Gemütsverfassungen von einem Ungleichgewicht dieser Säfte herrühren. Dem Element Erde entsprachen Schwarze Galle und ein melancholisches Temperament, dem Wasser Schleim und eine phlegmatische Disposition, der Luft Blut und eine sanguinische Natur, dem Feuer Gelbe Galle und eine cholerische Veranlagung.

Die zwölf Tierkreiszeichen werden in vier Trigone oder Triplizitäten eingeteilt, die jede einem Element entspricht: das feurige (maskuline) Trigon, bestehend aus Widder, Löwe und Schütze, das luftige (maskuline) Trigon aus Zwillinge, Waage und Wassermann, das wäßrige (feminine) Trigon aus Krebs, Skorpion und Fische und das irdische (feminine) Trigon aus Stier, Jungfrau und Steinbock. Jedes Element beeinflußt die Persönlichkeit: Feuer sorgt für Vitalität und Aggression, Luft für Wissensdurst und Impulsivität, Wasser für Sanftheit und Unbeständigkeit und die Erde für Geduld und Beständigkeit. Menschen, die im ersten Sternzeichen eines Trigons geboren sind (z. B. Widder im feurigen Trigon) zeigen diese Eigenschaften in ihrer reinsten Form, während sie bei Menschen der Sternzeichen, die an zweiter und dritter Stelle im Trigon stehen, entsprechend schwächer ausgeprägt sind.

DIE ZEIT IM ZEICHEN DER ASTROLOGIE

Astrologische Grundsätze sind untrennbar mit der Zeitmessung verbunden – im Kosmos wie auf der Erde. Der Symbolgehalt der Zahl steht in engem Zusammenhang mit den Planeten, diese wiederum mit der Vorstellung von der Einteilung der Zeit in „Weltzeitalter", die es in fast allen Religionen gibt, von Mesoamerika bis zum Zoroastrismus, zu Hindus, zu Griechen und Römern, zum Christentum und vielen anderen. In seinen *Metamorphosen* unterscheidet Ovid vier solche Zeitalter: das Goldene Zeitalter unter der Herrschaft des Saturn, das Silberne Zeitalter, regiert von Jupiter, das Bronze- oder Messingzeitalter und das Eiserne Zeitalter. In *De Civitate Dei* („Über den Gottesstaat") nennt Augustinus, entsprechend der Zahl der Schöpfungstage in der alttestamentarischen Genesis (und nach esoterischem Denken entsprechend der Zahl der Planeten), sieben Zeitalter.

Die vier Elemente entsprechen den vier Himmelsrichtungen und den vier Jahreszeiten: Erde steht für Süden und Herbst, Wasser für Westen und Winter, Luft für Norden und Frühling und Feuer für Osten und Sommer (es gibt aber auch abweichende Zuordnungen). Die mesopotamische Kultur kannte drei Jahreszeiten: Frühjahr, Sommer und Winter, die Be-

Links: *In den frühen Ackerbaugesellschaften schaute man zum Himmel auf, um Rat und Anleitung zu finden – nicht nur, um die geeignete Zeit zum Säen, Ernten und zum Feiern der Fruchtbarkeitsgottheiten zu erkennen, sondern auch, um die himmlischen Mächte zu besänftigen und zu reichlicher Ernte zu bewegen.*

Unten: *Der immergrüne Tannenbaum steht als dauerhaftes Symbol für das Ewige Leben – besonders in nördlichen Klimazonen, wo seine ganzjährig gekleideten Zweige Schutz vor der Winterkälte bieten und zugleich das neue grüne Frühjahr ankündigen.*

wohner nördlicherer Klimazonen dagegen nur zwei: Sommer und Winter. Wie bei so vielen Konventionen waren es auch hier die Griechen, die mit dem Herbst die vierte Jahreszeit einführten. Damit brachten sie die Jahreszeiten numerisch wie symbolisch mit den Elementen und den Himmelsrichtungen in Verbindung. Tatsächlich bezeichnete das griechischstämmige Wort „Horen" zugleich die vier Göttinnen der Jahreszeiten und die vier Quadranten des Kosmos.

Der Frühling ist die Zeit, in der die Natur aus ihrem langen Schlaf erwacht. Das Frühjahrsäquinoktium, das in die Zeit um den 21. März fällt, war besonders wichtig für die Riten der nichtchristlichen Kulturen: z. B. bestimmte es den Beginn der Heiligen Spiele im Alten Griechenland (zwischen dem 22. und 24. März). Am 30. April, dem Vorabend des Mai, blühte die Natur auf, und die Römer widmeten ihre ausschweifenden Feste zum 1. Mai der Fruchtbarkeitsgöttin Floralia, die Griechen der Maia. Mit dem Beltanfest ehrten die Kelten ihren Sonnengott Beli.

Die Sommersonnenwende, meist um den 21. Juni, kündet von der Ankunft des Sommers. Im Wissen um die abnehmende Kraft der Sonne und den kommenden Winter, entzündeten vorchristliche Völker Feuer, um die Sonne zur Wiederkehr zu bewegen. Zu den wichtigsten Sommerfesten gehörte das keltische Lughnasha am 1. August, Spiele und Feiern zu Ehren des Getreidegottes Lug.

Der Herbst ist eine leicht melancholische Zeit, eine Übergangszeit, in der sich die Kühle des Winters bereits zu zeigen beginnt, auch wenn die Sonne noch die Erde erwärmt. Nach heidnischem Brauch feierte man das Herbstäquinoktium zeremoniell um den 21. September, das wichtigste keltische Fest war aber wohl Samhain am 1. November, an dem nach dem Mondkalender das alte Jahr endet und das neue beginnt. Das heutige Halloween erinnert daran, daß diese Nacht als gefährlich galt, weil durch den Bruch in der kosmischen Zeit Bewohner der „Anderwelt" umgehen konnten.

Der Winter ist eine karge, freudlose Zeit, verspricht aber auch die Ankunft des Frühlings. Zur Wintersonnenwende (um den 21. Dezember), die alte Kulturen mit der Wiedergeburt des Sonnengottes gleichsetzten, wurde dieses Versprechen mit Festen wie den römischen Saturnalien, den Zeremonien zu Ehren des Sol Invictus oder dem teutonischen Yulfest gefeiert. (So gehen das christliche Fest der Geburt Christi am 24. Dezember und die modernen Knaller und Feuerwerk zu Sylvester auf alte heidnische Feste zurück.) Auch andere Fruchtbarkeitsriten, darunter das keltische Imbolc am 1. Februar, galten dem herannahenden Frühjahr.

Das Mondkalendersystem

Heute mißt man in der westlichen Welt die Zeit nach dem Sonnenkalender und zählt die Jahre seit der Geburt Christi (1582 löste der gregorianische Kalender von Papst Gregor XIII den von Julius Cäsar 46 v. Chr. entwickelten julianischen Kalender ab). Aber viele bedeutende Weltreligionen berechnen ihre rituellen Kalender nach uraltem Brauch nach Mondmonaten. Archäologische und historische Belege deuten darauf hin, daß mesopotamische Astronomen die Position der Sonne bei ihren Beobachtungen außer acht ließen und sich statt dessen auf den Mond konzentrierten, der verehrt wurde. Die meisten alten Religionen verehrten den Mond wegen seiner sich stets verändernden Gestalt, die ihn mit dem Kreislauf des Lebens verband: Geburt (Neumond), Wachstum (zunehmender Halbmond), Reife (Vollmond), Alter (abnehmender Halbmond), Tod (der „schwarze Mond", die drei oder vier Tage also, an denen der Mond unsichtbar scheint) und Neugeburt (der wieder zunehmende Mond). Weiter spielten bei seiner Verehrung die Wirkung auf Ebbe und Flut und auf die Menstruation eine Rolle. Der römische Kaiser Numa Pomphilius (8. Jh. v. Chr.) soll die Zahl der Monate eines Jahres von zehn auf zwölf erhöht haben, um den lunaren mit dem solaren Zyklus in Einklang zu bringen. Damit leitete er im westlichen Denken eine bewußte Bedeutungsverschiebung vom Mond zur Sonne ein.

Der jüdische Kalender (*Luach Ha-Shannah*) ist in erster Linie lunar, obwohl er Korrekturen nach dem Sonnenzyklus vorsieht. So verbleiben Feste landwirtschaftlichen Ursprungs wie das Erntefest *Sukkoth* (das Laubhüttenfest) im Rhythmus der Jahreszeiten (das Mondjahr ist etwa elf Tage kürzer als das Sonnenjahr). Der Mond genießt im jüdischen Glauben große Bedeutung. Er gilt als Symbol der Kinder Israels, die Sonne als das der Heiden (aller anderen Völker). Am Beginn jedes neuen Monats kann die Geburt des neuen Mondes (*Molad*) mit dem fröhlichen Fest Rosh Chodesh begrüßt werden. Seit dem Mittelalter zählt man die Jahre ab dem Zeitpunkt der angenommen Erschaffung der Welt, d. h. ab 3760 v. Chr.

Wie der jüdische Kalender richtet sich auch der hinduistische nach dem Mond. Übereinstimmung mit dem Sonnenzyklus schafft die Einfügung eines zusätzlichen Monats alle zweieinhalb Jahre. Jeder Mondmonat besteht aus zwei hellen, positiven Wochen (*Shukra*) während des zunehmenden Mondes und zwei dunklen, negativen Wochen (*Krishna*), von denen der abnehmende Mond zeugt. Auch der religiöse Kalender des Islam ist lunar und beginnt im Jahr der Auswanderung Mohammeds von Mekka nach Medina (*Hejira*, September 622). Das ist nicht nur der Anfang der Jahreszählung, sondern auch des ersten Monats im neuen Jahr (in diesem Fall *Muharam*). Selbst das Christentum, das die meisten Feste und Namenstage zu feststehenden Daten begeht, bewahrt den Einfluß des Mondkalenders im beweglichen Ostersonntag, der auf den Sonntag nach dem ersten Vollmond nach dem Frühlingsäquinoktium (zwischen dem 21. März und dem 25. April) fällt.

Obwohl die Astrologie heute eher heliozentrisch statt lunar ausgerichtet ist, bleibt der Mond nach wie vor eine äußerst wichtige Kraft. Auf seiner Bahn durch den Tierkreis übt er starken Einfluß auf die Erde und ihre Bewohner aus. Wenn er zwischen den einzelnen Zeichen steht, wirkt er in „leerer Bahn", sein Fehlen bezeichnet gefährliche Instabilität.

Weiter sind in der Astrologie die Mondknoten oder „Drachenpunkte“ (nach der Vorstellung, bei einer Sonnen- oder Mondfinsternis verschlucke ein Drache die Himmelskörper und spucke sie wieder aus) besonders bedeutsam. Der Drachenkopf (*Caput Draconis*) ist der aufsteigende, nördliche Knoten und bezeichnet den Punkt, in dem der Mond die Ekliptik kreuzt, der Drachenschwanz (*Carda Draconis*) oder der absteigende, südliche Mondknoten liegt ihm genau gegenüber. Chinesische Astrologen bezeichnen Drachenkopf und Drachenschwanz als *Lo-hou* und *Chi-tu*, indische als *Ratu* und *Ketu*. In der Antike waren die Mondknoten wichtig zur Berechnung von Sonnen- und Mondfinsternissen, heute jedoch betrachten chinesische und indische Astrologen sie als entscheidend für die Deutung von Horoskopen. In ihnen zeigt sich das Karma des Menschen – der nördliche Knoten zeigt die Gebiete, in denen es im Leben aufwärts geht, der südliche das genetische Erbe (oder die Eigenschaften, die aus einem früheren Leben stammen).

Autochthone Kulturen Amerikas

Die ersten Einwohner des heutigen Mittel- und Südamerika stellten bemerkenswert ausgefeilte kalendrische und astrologische Berechnungen an. Archäologische Hinweise aus Mexiko und Guatemala, auch aus der alten Kultur der Zapoteken, reichen bis ins 6. Jahrhundert vor Christus zurück. Nach der Ankunft der spanischen Eroberer verschwand mit dem Volk, das sie praktizierte, auch die mesoamerikanische Astrologie. In den Artefakten und Volksbräuchen der Mayas im Hochland und der Völker von Oaxacan lebt jedoch noch so viel von ihrem Erbe fort, daß ihre überragende Bedeutung besonders in der Kultur der Mayas und Azteken nach wie vor deutlich wird.

Erhaltene Aufzeichnungen zeugen von den detaillierten Sonnen- und Mondbeobachtungen, anhand derer mesoamerikanische Astrologen das Datum ihrer bedeutendsten Feste oder den besten Zeitpunkt für Opfergaben an ihre zornigen Götter oder die Gerichtstage bestimmten. Die mesoamerikanischen Götter und die Zeitmessung, wie sie die Zyklen von Sonne und Mond vorgaben, sind untrennbar miteinander verbunden. Position und Bewegung der Himmelskörper stellen kosmische mythische Wesen und Ereignisse dar. In Mesoamerika waren viele verschiedene Kalender in Gebrauch, der wichtigste war aber wohl der aztekische *Tonalpohualli* mit 260 Tagen pro Jahr, das in 20 Wochen von je 13 Tagen unterteilt war. 20 Tagesnamen sowie den einzelnen Wochen waren Götter zugeordnet. Jeder der dreizehn Tage stand im Zeichen zweier Namenspatrone – eines „Herrn“ des Tages und eines der Nacht, einer bestimmten Farbe, einer Himmelsrichtung und eines Vogels.

Die Mayas verwendeten in Verbindung mit dem 260-Tage-Kalender einen weniger streng untergliederten, etwa 365 Tage zählenden Kalender nach dem Sonnenzyklus *(Xihuitl* in der Sprache der Azteken). Der Sonnenkalender kannte keine Schalttage und war in 18 Gruppen zu je 20 Tagen unterteilt (die aztekische *Veintena*). Jede Gruppe unterstand einer namentlich genannten Gottheit. Den Ausgleich für fehlende Tage im Jahr schufen fünf ungeweihte Tage (*Nemontemi* oder „namenlose Tage") am Ende des Jahreslaufs. Sie galten als unglückliche Geburtsdaten.

Die Azteken entwarfen auch ein „kalendarisches Rund" von 52 Sonnenjahren, an dessen Ende zur Besänftigung der Götter die Jahrhundertfeiern oder *Ziumolpilli* mit der Zeremonie des Neuen Feuers begangen wurden. Ein neuer Zyklus begann, wenn die Neujahrstage beider Hauptkalender zusammenfielen. Dieses zyklische System hatte unbegrenzte Geltungsdauer. Der Zeitbegriff der klassischen Mayas umspannte wahrhaft gewaltige Perioden. So begann der lange Baktunzyklus am 2. August 3114 v. Chr. und sollte am 23. Dezember 2010 enden. Unterteilt wurde dieser Zyklus in Tage (*Kin*), 20 Tage umspannende Zeiträume (*Uina*l), 360 Tage umfassende Jahre (*Tun*), 20-Jahres-Zeiträume (*Katun*), 400-Jahres-Zyklen (*Baktun*) und so weiter bis zu schwindelerregenden 160.000 *Tuns* (*Kalabtun*). Dem Ende jedes kalendarischen Zyklus kam apokalyptische Bedeutung zu, denn es galt als gefährliche Zeit, die vom kataklysmischen Untergang des gegenwärtigen Weltzeitalters und vom Anbruch eines neuen künden konnte. Sonnenfinsternisse (wenn „die Sonne angegriffen wurde"), Mondfinsternisse (weniger gefährlich als die Sonnenfinsternisse, aber immer noch bedrohlich) und der Frühaufgang – der heliakalische Aufgang – des Planeten Venus (der als böse männliche Gottheit galt) als Morgenstern lösten Angst aus. Daher wurden die Bewegungen von Sonne, Mond und Venus mit besonderer Aufmerksamkeit studiert.

In Mesoamerika glaubte man, das Geburtsdatum bestimme die Zukunft voraus, und aztekische Wahrsager lasen im Almanach *Tonalamatl* das Schicksal der Menschen, die um Auskunft baten. Unweigerlich wurde kurz nach der Geburt eines Kindes ein Astrologe – ein *adivino* - gebeten, seine Zukunft vorherzusagen.

Die nordamerikanische Ursprungsbevölkerung besitzt zwar kein in sich geschlossenes, westlichen Traditionen vergleichbares astrologisches System, mißt den Himmelskörpern aber in ihren Mythen und Legenden große Bedeutung bei. Der Stamm der Pawnee aus der Prärie z. B. kennt eine Morgensternzeremonie zur Feier der Rolle des männlichen Morgensterns bei der Schaffung der Menschheit zusammen mit dem weiblichen Abendstern. Die „Sternkarten" der Pawnee und anderer Stämme zeigen komplizierte Darstellungen des Nachthimmels, gelten aber eher als magischen Kräften verbunden denn als Aufzeichnungen astrologischen Wissens.

Die amerikanische Ursprungsbevölkerung unterteilt sich in viele einzelne Stämme, und jeder davon kennt eigene kulturelle, religiöse und astrologische Traditionen. Die Himmelsbeobachtung im Zusammenhang mit Mythen und jahreszeitlichen Festen innerhalb der verschiedenen Traditionen hat aber bei allem entscheidende Bedeutung, und uralte Glaubenssätze gelten auch heute noch. Die genauen Prinzipien, nach de-

Oben: *Sterne und Kardinalpunkte sind ein häufig wiederkehrendes Motiv in der Kunst von Stammesgesellschaften wie den indianischen Kulturen in Nordamerika. Auffällig ist hier die Ähnlichkeit zum* Yin/Yang-*Symbolismus des Fernen Osten.*

nen z. B. die alten Medizinräder der Präriestämme aufgebaut sind, sind unbekannt. Diese beeindruckenden Konstruktionen könnten bei Ritualen und in der Kalenderberechnung eine wichtige Rolle gespielt haben; denn wie die nordeuropäischen Megalithen waren sie wahrscheinlich nach der Sommersonnenwende ausgerichtet. Die meisten haben 28 von der Mitte nach außen führende Speichen, was sie dem Mondzyklus verbindet.

Chinesische Astrologie

Der chinesische Kalender ist einer der ältesten der heute noch existierenden Kulturen. Er fußt im wesentlichen auf dem Mondzyklus, aber auch auf numerischen und anderen astrologischen Beobachtungen und ist untrennbar mit dem dortigen astrologischen System verbunden, das das westliche an Popularität einzuholen beginnt. In modifizierter Form bildet die chinesische Astrologie auch die Grundlage für die japanische Astrologie und die der lamaistischen Priester in Tibet. Die chinesische Astrologie, *Ming Shu* („die Berechnung des Schicksals“) soll von Huang Ti, dem „Gelben Kaiser“ 2637 v. Chr. begründet worden sein. Er und seine Nachfolger waren göttlich gezeugte „Himmelssöhne“, die in ihrem Reich unmittelbar für die Schaffung einer himmlischen Harmonie verantwortlich waren.

Chinesische Astrologen betrachten ihre Kunst als prädikativer als die ihrer westlichen Kollegen (die ihre Schlüsse lieber als indikativ betrachten). Will man das Schicksal eines Menschen vorhersagen, muß man Ort und Zeitpunkt seiner Geburt exakt kennen.

Seit dem fünften oder sechsten Jahrhundert unterteilen die Chinesen die Woche in zehn statt sieben Tage, wobei die Tage pauschal als „die zehn Himmlischen Stämme“ bezeichnet werden (Stamm entspricht dem chinesischen Wort für „Sonne“). Der Tag besteht aus zwölf Doppelstunden, den „zwölf Irdischen Stämmen“. Dieselben Namen tragen die zwölf Mondmonate (von je 29 oder 30 Tagen), die ein Jahr ergeben. (Unter dem Einfluß des Buddhismus, der aus Indien eingeführt wurde, wurden die Namen der zwölf Stämme schließlich durch die zwölf Tiere des chinesischen Zodiak ersetzt.) Die Stammeszyklen vereinen sich mit den zwischengeschalteten Elementen- und Polaritätszyklen zu einem weiteren Zyklus von 60 Jahren (*Chia Tzu*). Der aktuelle Zyklus begann 1984 und endet 2044. Zur Korrektur des Mondkalenders wird alle zweieinhalb Jahre ein Schaltmonat eingefügt. Es gibt auch ein Kalendersystem auf der Grundlage des Sonnenzyklus, das in der Landwirtschaft verwendet wird. Der „Bauernkalender“ ist in 24 Abschnitte von je etwa 15 Tagen unterteilt.

Wo die Zeitmessung so kompliziert ist, überrascht es nicht, daß man regelmäßig Rat bei Astrologen sucht und die meisten chinesischen Haushalte sich der Hilfe eines Almanachs bedienen, um zu erfahren, auf welche Tage die wichtigen Feste im Jahreslauf fallen. Das bedeutendste ist das Neujahrsfest, das am zweiten Vollmond nach der Wintersonnenwende gefeiert wird und als Geburtstag aller Chinesen gilt. (Nach chinesischer Rechnung wird das Alter eines Menschen nach dem Neujahrstag des Jahres ermittelt, in dem er geboren wurde und nicht nach seinem eigentlichen Geburtstag). Nach altem Glauben bestimmt der Lauf eines imaginären Planeten, *Ti Sui* („das große Jahr", personifiziert als „der Verwalter der Zeit" auf einer dem Jupiter entgegengesetzten Umlaufbahn) den Beginn des Neuen Jahres und damit alle nachfolgenden Daten mit ritueller Bedeutung.

DER CHINESISCHE TIERKREIS

Die Wesen des chinesischen Tierkreises sollen zwar bis in das Jahr 3000 v. Chr. zurückreichen, es gibt aber auch Spekulationen, wonach sie im ersten Jahrhundert mit einer westlichen Darstellung nach China kamen, die türkische Händler bei sich führten. Nach konventioneller Auffassung wurden sie während der Tang-Dynastie um das Jahr 600 eingeführt und bezeichneten die Tiere, die am Beginn jeden Monats oder Jahres geopfert werden sollten. Denn im Unterschied zu den westlichen Zeichen tragen diese Wesen nicht die Namen der Sternbilder. Die Auswahl der Tiere erklärt die buddhistische Legende, wonach Buddha am Ende seines Lebens alle Tiere zu sich rief: Es kamen aber nur zwölf (wobei kurz vor der Ankunft die Ratte sich schnell noch vor den Büffel drängelte), die Buddha daraufhin für ihre Treue belohnte, indem er nach jedem Tier ein Jahr benannte.

Die zwölf werden wiederum in zwei Kategorien unterteilt: wild lebende Tiere (Ratte, Tiger, Hase, Drache, Schlange und Affe) und Haustiere (Büffel, Pferd, Ziege, Hahn, Hund und Schwein) und Tiere die Yin bzw. Yang sind. Diese Zeichen wechseln sich im ganzen Tierkreis ab, wobei jedem Yang-Wesen in einer Beziehung von Widerstreit und Ergänzung ein Yin-Tier folgt (z. B. die Yang-Ratte und der Yin-Büffel).

Zwar sagt man heute, daß die Tiere über je einen Monat und eine Stunde des Tages herrschen, ihre wahre Bedeutung liegt jedoch in ihrem Einfluß auf je ein Jahr. Daraus ergibt sich ein Tierkreis von zwölf Mondjahren. Der Tierkreis selbst wird als „Jahresbaum" mit zwölf Zweigen dargestellt, unter dem die Tiere weiden. Die Persönlichkeit eines Menschen wird vom Charakter des Tieres geprägt, in dessen Jahr er geboren ist. Und wie die westliche Astrologie die Bedeutung des Aszendenten im Augenblick der Geburt kennt, so sagt man im chinesischen System, dass der Einfluß des Wesens, in dessen Zeichen die Geburtsstunde steht, das Auftreten des Menschen nach außen prägt, entsprechend „der Persönlichkeit" des Tieres, das die betreffende Doppelstunde regiert.

***Links:** In der chinesischen Astrologie steht das Jahr des Pferdes für Optimismus ebenso wie für Sprunghaftigkeit.*

Die Ratte (*Shu*)
Polarität: Yang
Element: Wasser
Himmelrichtung: Norden
Westliches Äquivalent: Schütze
Stundenzyklus:
23.00 Uhr bis 1.00 Uhr (*Zi*)
Eigenschaften: Tatkraft, Glück, Wohlstand und Wachstum

Der Büffel (*Niu*)
Polarität: Yin
Element: Wasser
Himmelsrichtung:
Nordnordwest
Westliches Äquivalent: Steinbock
Stundenzyklus:
1.00 Uhr bis 3.00 Uhr (*Chou*)
Eigenschaften: Geduld, Fleiß und Verantwortungsbewußtsein

Der Tiger (*Hu*)
Polarität: Yang
Element: Holz
Himmelsrichtung:
Ostnordost
Westliches Äquivalent: Wassermann
Stundenzyklus:
3.00 Uhr bis 5.00 Uhr (Yin)
Eigenschaften: Macht, Aggression und Impulsivität

Der Hase (die Katze, *Tu*)
Polarität: Yin
Element: Holz
Himmelsrichtung: Osten
Westliches Äquivalent: Fische
Stundenzyklus:
5.00 Uhr bis 7.00 Uhr (*Mao*)
Eigenschaften: Glück, Harmonie und Feingefühl

Der Drache (*Long*)
Polarität: Yang
Element: Holz
Himmelsrichtung:
Ostsüdost
Westliches Äquivalent: Widder
Stundenzyklus:
7.00 Uhr bis 9.00 Uhr (*Chen*)
Eigenschaften: Tatkraft, Egoismus und Enthusiasmus

Die Schlange (*She*)
Polarität: Yin
Element: Feuer
Himmelsrichtung: Südsüdost
Westliches Äquivalent: Stier
Stundenzyklus:
9.00 Uhr bis 11.00 Uhr (*Si*)
Eigenschaften: Scharfsinn, mysteriöse Rätselhaftigkeit

Das Pferd (*Ma*)
Polarität: Yang
Element: Feuer
Himmelsrichtung: Süden
Westliches Äquivalent: Zwillinge
Stundenzyklus:
11.00 Uhr bis 13.00 Uhr (*Wu*)
Eigenschaften: Entschlossenheit, Optimismus und Unberechenbarkeit

Die Ziege (das Schaf, *Yang*)
Polarität: Yin
Element: Feuer
Himmelsrichtung:
Südsüdwest
Westliches Äquivalent: Krebs
Stundenzyklus:
13.00 Uhr bis 15.00 Uhr (*Wei*)
Eigenschaften: Feingefühl, Mitgefühl und Sanftheit

Der Affe (*Hou*)
Polarität: Yang
Element: Metall
Himmelsrichtung: Westsüdwest
Westliches Äquivalent: Löwe
Stundenzyklus:
15.00 Uhr bis 17.00 Uhr (*Shen*)
Eigenschaften: Intelligenz, Vielseitigkeit und Humor

Der Hahn (*Ji*)
Polarität: Yin
Element: Metall
Himmelsrichtung: Westen
Westliches Äquivalent: Jungfrau
Stundenzyklus:
17.00 Uhr bis 19.00 Uhr (*You*)
Eigenschaften: kritische Fähigkeiten, Stolz und Unabhängigkeit

Der Hund (*Gou*)
Polarität: Yang
Element: Metall
Himmelsrichtung: Westnordwest
Westliches Äquivalent: Waage
Stundenzyklus:
19.00 Uhr bis 21.00 Uhr (*Xu*)
Eigenschaften: Loyalität, Fairneß und Geradlinigkeit

Das Schwein (das Wildschwein, *Zhu*)
Polarität: Yin
Element: Wasser
Himmelsrichtung:
Nordnordwest
Westliches Äquivalent: Skorpion
Stundenzyklus: 21.00 Uhr bis 23.00 Uhr (*Hai*)
Eigenschaften: Gute Laune, Sinnlichkeit und Ehrlichkeit

DIE MONDHÄUSER

Nach chinesischem Brauch wird das Jahr in 28 *Hsiu*, „Mondhäuser" unterteilt . Es sind die Paläste, in denen die Mondgöttin des Nachts auf ihrem Weg über den Himmel wohnt. Jedem sind ein Geist und ein Tier sowie ein Jünger des unsterblichen Tao-Lehrers Tung Tien Chiao Chu zugeordnet. (Das erste Mondhaus z. B. ist das Horn des Drachen, sein Tier ist der schuppige Drache, sein Geist Teng Yo, sein Jünger Po Lin Tao Jen.) In vieler Hinsicht sind die Parallelen zwischen diesen Mondhäusern und den westlichen Sternzeichen enger als die zwischen den chinesischen Tierkreiszeichen und dem westlichen Zodiak, denn die *Hsiu* sollen zu den Sternbildern entlang des Himmelsäquators gehören, die der Mond durchläuft.

DIE CHINESISCHEN ELEMENTE

Eine wichtige Komponente der chinesischen wie der westlichen Astrologie ist der Einfluß der Elemente (*Wu Hsing*). Im chinesischen astrologischen Denken – das Huang Ti entwickelt und Tsou Yen (305–240 v. Chr.) endgültig formuliert haben soll – gibt es jedoch fünf statt vier: Wasser, Feuer, Erde, Metall und Holz (wobei die beiden Letzteren an Stelle des vierten westlichen Elements, der Luft, treten, die bei den Chinesen das *Chi*, die Lebenskraft, darstellt). Die chinesische Theorie von den Elementen ist mit der taoistischen Vorstellung von den Polaritäten Yin und Yang verknüpft. Sie sind gegensätzlich; wo sie in Harmonie sind, schaffen sie jedoch Vollkommenheit. Jedes Element besitzt sowohl Yang- (das maskuline, solare, aktive Prinzip) als auch

Oben: *Wer im chinesischen Jahr des Hahns geboren wurde, gilt als stolz und unabhängig. Auch wird Hahn-Geborenen eine besonders scharfe Beobachtungsgabe nachgesagt.*

Yin-Aspekte (das feminine, lunare, passive Prinzip). Die zwölf Wesen des Tierkreises und die Jahre, die sie regieren, sind jedoch entweder das eine oder das andere. So folgt jedem positiven Jahr ein negatives.

Die Theorie hinter der Fünf-Elementen-Lehre gleicht der westlichen Ansicht: Es sind darin alle Manifestationen der kosmischen Energie (ebenfalls *Chi* genannt) enthalten. Die Elemente befinden sich in einem steten zyklischen Kampf um die Vorherrschaft. Das erklärt sich daraus, daß Metallgeräte zum Fällen von Bäumen (Holz) verwendet werden, die Bäume wiederum der Erde wichtige Nährstoffe entziehen, die Erde den Lauf des Wassers hemmt, Wasser Feuer auslöscht und Feuer Metall schmelzen kann. Umgekehrt aber können Metallgefäße Wasser aufnehmen, Wasser schenkt den Bäumen (Holz) Leben, Holz liefert dem Feuer Energie, die Asche, die durchs Feuer entsteht, nährt die Erde, und Metall kommt aus der Erde.

Wie im westlichen Denken werden auch die fünf chinesischen Elemente mit den Jahreszeiten verbunden (das fünfte mit einer kurzen Übergangszeit zwischen Sommer und Herbst). Traditionell werden die 28 Konstellationen auf die vier Quadranten des Universums verteilt, wobei jedem Quadranten eine Jahreszeit und ein Wächter zugeordnet werden. Der Osten entspricht dem Frühling, sein Wächter ist der grüne Drache, der Süden dem Sommer, beschützt vom scharlachroten Phönix (*Feng Huang*), der Westen dem Herbst, bewacht vom weißen Tiger oder Einhorn (*Kylin*), und der Norden dem Winter, bewacht von einer schwarzen Schildkröte, um die sich eine Schlange windet. Im Mittelpunkt dieser Quadranten liegt China. Wie die westliche Symbollehre weitgehend von der Zahl vier – die Anzahl der westlichen Elemente – geprägt ist, steht hier die Zahl fünf für heilige Prinzipien wie die Anzahl der Tugenden, der Segnungen und der Herrscher des Himmels (*Wu Ti*). Auch beim Feng Shui spielen die Elemente eine entscheidende Rolle. Hier sollen Ungleichgewichte zwischen den Elementen im persönlichen Umfeld erkannt und behoben werden.

Das persönliche Element wird aus verschiedenen Tabellen ersichtlich. Dabei werden – in der Reihenfolge ihrer Bedeutung – folgende Elemente ermittelt: Das Element des Geburtsjahres (z. B. Feuer, positiv), des Tierzeichens, das über das Geburtsjahr herrscht (z. B. der Hahn, negativ), der Geburtsstunde, des Geburtsmonats und des Geburtslandes. Das Element, das dabei am häufigsten auftritt, gilt als das vorherrschende persönliche Element und als stärkster Hinweis auf die Persönlichkeit. Für einen idealen Ausgleich sollte allerdings jedes Element vorhanden sein.

Metall
Himmelsrichtung: Westen
Jahreszeit: Herbst
Farbe: Weiß
Eigenschaften: Fairneß, Entschlossenheit, Unbeweglichkeit, Melancholie

Wasser
Himmelsrichtung: Norden
Jahreszeit: Winter
Farbe: Blau

Eigenschaften: Mitgefühl, Flexibilität, Nervosität und Überempfindsamkeit

Holz
Himmelsrichtung: Osten
Jahrszeit: Frühling
Farbe: Grün
Eigenschaften: Kreativität, Kooperation, Ungeduld, Konzentrationsschwäche

Feuer
Himmelsrichtung: Süden
Jahreszeit: Sommer
Farbe: Rot
Eigenschaften: Dynamik, Leidenschaft, Egoismus, Stolz, Enttäuschung und Rücksichtslosigkeit

Erde
Himmelsrichtung: die Mitte
Farbe: Gelb
Eigenschaften: Geduld, praktische Begabung, Vorsicht und Starrköpfigkeit

Andere Schulen

Es gilt allgemein (wenn auch nicht überall) als gesichert, daß die Astrologie, wie sie heute in Indien praktiziert wird, ursprünglich aus Mesopotamien stammt, der „Wiege der Zivilisation". Die indische Astrologie ist eng verflochten mit anderen hinduistischen mystischen Traditionen wie dem Kundalini-Yoga und kennt ebenfalls den Makro-Mikrokosmos-Gedanken, der in der westlichen Astrologie so entscheidende Bedeutung erlangte. So sagt man z. B., daß der im Mutterleib heranwachsende Fötus zwei Chakren entwickelt: das *Pingala* mit zwölf Segmenten, das den Zeichen des solaren Tierkreises entspricht, und das *Ina* mit 28 Abschnitten, von denen jeder für ein Haus des lunaren Zodiaks steht.

Die tibetische Astrologie fußt hauptsächlich auf der chinesischen, weicht aber in einigen subtilen Punkten davon ab. So wird die chinesische Ratte durch eine Maus ersetzt und der Hahn durch einen nicht näher bezeichneten Vogel. Der Einfluß indischen Denkens zeigt sich auch in der Astrologie der geographischen Nachbarn. So praktizieren lamaistische Astrologen (*Tsi pa*) drei verschiedene Formen der Interpretation und Weissagung: das chinesisch beeinflußte System *Jung Tsi*, bei dem Yin und Yang, die fünf Elemente und die zwölf Tiere eine entscheidende Rolle spielen; *Kar Tsi*, dessen Ursprünge in hinduistischen Prinzipien des *Kalacakra*-Tantra liegen sollen und das neun Planeten, zwölf Häuser (d. h. Tierkreiszeichen) und 27 Sternbilder kennt, und *Wang Char*, ein numerologisches und talismanisches System, das seinen Anhängern zufolge Gott Shiva selbst die Menschen gelehrt hat.

Horoskope erstellen

Astrologen glauben, daß bei Aufzeichnung der Positionen der Himmelskörper, der Planeten und der Sternzeichen im exakten Zeitpunkt der Geburt eines Menschen (oder sogar der Entstehung eines Staates) aus der Deutung der zu diesem Zeitpunkt vorherrschenden Einflüsse wertvolle Schlüsse auf Persönlichkeit und Potential sowie künftige Schwierigkeiten dieses Menschen gezogen werden können.

Die Erstellung eines Horoskops ist eine diffizile Kunst, die umfassende Kenntnisse und tiefes Verständnis der komplexen Prinzipien und Beziehungen in der Astrologie erfordert. Es empfiehlt sich der Besuch bei einem erfahrenen Astrologen oder vielleicht die Verwendung eines der inzwischen überall erhältlichen, detaillierten, ausgefeilten Softwarepakete. Damit das Bild so exakt wie nur möglich werden kann, muß man den exakten Geburtszeitpunkt und den Geburtsort eines Menschen kennen. Jede Ungenauigkeit bei diesen beiden entscheidenden Faktoren kann die Deutung verzerren oder verfälschen. Kennt er Geburtszeitpunkt und -ort, schlägt der Astrologe in einer Tabelle (den Ephemeriden) die Positionen von Sonne, Mond und den Planeten innerhalb des Tierkreises in diesem bestimmten Augenblick siderischer Zeit nach (die siderische ist die astronomische Zeit im Gegensatz zur künstlich geregelten Zeitzoneneinteilung). Einem Atlas entnimmt man Längen- und Breitengrad des Geburtsortes. Die astronomisch korrekte Geburtszeit wird dann durch Addition zu oder Subtraktion von der siderischen Zeit errechnet. Anhand dieser Informationen kann der Astrologe nun nach vorgegebenem Kreisschema ein Horoskop zeichnen. In diesem Kreis besetzen die Sternzeichen in Abständen von je 30° das äußere Band; die Sigel (Zeichen) der Himmelskörper werden an den richtigen Stellen eingetragen. Oft werden der zehnte und zwölfte Grad des Kreises mit durchgezogenen, der fünfte, 15. und 25. Grad mit gestrichelten oder kürzeren Linien gekennzeichnet. Innerhalb seines Abschnittes wird jedes Zeichen weiter unterteilt: durch die 30°-Linie selbst sowie durch die Linien für die drei Abschnitte von je 10° (die Dekane).

DIE HEMISPHÄREN

Weiter wird der Kreis in vier Viertel oder Hemisphären unterteilt. Sie geben die vier Kardinalen Punkte an: den Aszendenten (ASC) im Osten, den Deszendenten (DSC) im Westen die Himmelsmitte oder das *Medium Coeli* (MC) im Norden und die Himmelstiefe oder das *Imum Coeli* (IC) im Süden. Das Sonnenzeichen, d. h. das Sternzeichen, in dem die Sonne zum Zeitpunkt der Geburt steht, ist die wichtigste Komponente des Horoskops, denn es zeigt die vorherrschenden Charakterzüge des Menschen. Der zweitwichtigste Faktor ist der Aszendent oder das aufgehende Zeichen (zu dessen Bestimmung die Kenntnis von Geburtszeitpunkt und -ort besonders wichtig ist). Er steht an der Spitze des ersten Hauses und enthüllt weitere Informationen über die Persönlichkeit des Menschen. Der Planet, der das Zeichen des Aszendenten beherrscht, ist der persönliche Planet dieses Menschen. Der Deszendent an der Spitze des siebten Hauses enthält Informationen zum Unbewußten dieses Menschen, das *Medium Coeli* an der Spitze des vierten Hauses gibt den Zenit oder den höchsten Punkt möglicher Erfolge und das *Imum Coeli* an der Spitze des zehnten Hauses den Nadir oder tiefsten Punkt an.

DIE HÄUSER

Dann betrachtet der Astrologe die Bedeutung der Planetenstellungen in den zwölf Häusern (dargestellt als zwölf Abschnitte), die unterschiedliche Aspekte des Lebens beeinflussen und von den Himmelskörpern des Zodiak in 24 Stunden einmal durchlaufen werden. Im mundanen Häusersystem, das die Häuser den Tierkreiszeichen gleichsetzt, besitzt jedes Haus einen bestimmten Einflußbereich, üblicherweise von seinem Sternzeichen und dem Planeten bestimmt:

I: Persönlichkeit, Erscheinung und Anfänge (Widder/Mars)
II: Finanzen, Besitz und Wachstum (Stier/Venus)
III: Kommunikationsfähigkeit, Geschwister und Geschäftstüchtigkeit (Zwillinge/Merkur)
IV: Welt der Kindheit, Eltern, Herkunft (Krebs/Mond)
V: Kreativität und Kinder (Löwe/Sonne)
VI: Gesundheit und Arbeit (Jungfrau/Merkur)
VII: Beziehungen (Waage/Venus)
VIII: Spiritualität, innerste Beweggründe, Veränderung (Skorpion/Pluto)
IX: höheres Denken und Lernen (Schütze/Jupiter)
X: Beruf und Lebensziel (Steinbock/Saturn)
XI: Freundschaft und Gruppenerfahrungen (Wassermann/Uranus)
XII: Unsicherheit, Weltabgeschiedenheit und Karma (Fische/Neptun)

Stehen die Planeten in ihrem „eigenen“ Haus, so heißt es, ist ihr Einfluß harmonisch. Doch wie die Stellung der Planeten in den Sternzeichen leichte Veränderungen in der Persönlichkeit bewirken kann, schafft auch ihre Stellung in den Häusern deutliche Synergien zwischen Haus und Planet (so deutet der Mond im ersten Haus z. B. auf einen in sich gekehrten Charakter, während Jupiter für eine extravertierte, optimistische Persönlichkeit spricht). Die Häuser werden vom östlichen Horizont aus entgegen dem Uhrzeigersinn gezählt. Sie ziehen über den Zenit durch den gesamten Kreis. Die Häuser in der östlichen Kreishälfte (bezeichnet durch das erste) sind aufsteigend, die in der zweiten Kreishälfte (bezeichnet durch das siebte Haus) absteigend. Weiter werden die Häuser unterteilt in *Angulares* oder Häuser im Winkel (I, IV, VII und X), *Succedentes* oder nachfolgende Häuser (II, V, VII und XI) und *Cadentes* oder fallende Häuser (III, VI, IX und XII). Darin bewirken die Planeten mit angulärer Stellung bestimmte Umstände, die die nachfolgenden und fallenden Häuser weiter modifizieren.

DIE ASPEKTE

Darüber hinaus sind die planetaren Aspekte zu beachten, die Winkelbeziehungen der Planeten zueinander nach der Anzahl der Grade dazwischen. Weil sich jeder Planet mit einer anderen Geschwindigkeit durch den Tierkreis bewegt, verändern sich ihre Positionen zu einander. Sie können nun entweder mathematisch berechnet oder durch ein sehr nützliches Gerät, den sogenannten Aspektefinder (Winkelmesser), bestimmt werden. Die Aspekte üben entweder positiven oder negativen Einfluß aus. Die Konjunktion (und ebenso die nicht weiter erklärungsbedürftigen Parallelaspekte) können, abhängig von den Eigenschaften der betreffenden Planeten, günstig oder schwierig sein. Der Quincunx oder Fünfzwölftelschein, bei dem die Planeten 150° auseinander liegen, kann auf Komplikationen hinweisen, während der Quintil (72°) und der Biquintil (144°) leicht positiven Einfluß haben. Positive oder „harmonische“ Aspekte sind: der Semisextil, 30° = eine spannungsfreie Beziehung, der Sextil, 60° = Kommunikationsfähigkeit, der Trigonal, 120° = große Kreativität. Negative oder „disharmonische“ (auch „dynamische“) Aspekte sind: das Semiquadrat, 45° = Schwierigkeiten, das Quadrat, 90° = eine angespannte Beziehung, das Sesquiquadrat, 135° = belastende Interaktion, und die Opposition, 180° = Konflikt und Enttäuschung. Widersprüchliche Aspekte können sich gegenseitig aufheben. Die Aspekte der Planeten sollten in folgender Reihenfolge ermittelt werden: der Mond in Relation zu Merkur, Venus, Sonne, Mars, Jupiter, Saturn, Uranus, Neptun und Pluto; dann Merkur in Relation zu den nachfolgenden Planeten; danach das Entsprechende für Venus, Sonne, Mars, Jupiter, Saturn, Uranus, Neptun und Pluto.

DIE HÄUSERSPITZEN

Manche Menschen werden an der „Häuserspitze“ zwischen zwei Sternzeichen geboren, das heißt, „auf der Linie“ zwischen dem Ende des einen und dem Beginn des nächsten. In ihnen verbinden sich oft die Charakteristika beider Zeichen. Weil das exakte Datum des Eintritts der Sonne in ein Sternzeichen von Jahr zu Jahr variiert, ist das genaue Geburtshoroskop des einzelnen Menschen erforderlich. Danach läßt sich exakt feststellen, wo der Geburtstag liegt, und damit, ob das Sternzeichen des Austritts oder (häufiger) das des Eintritts der Sonne größeren Einfluß hat.

Abschließend …

Die folgenden Persönlichkeitsprofile und Aufzählungen der bedeutenden Ereignisse für jeden Tag des Jahres wurden im wesentlichen nach den Prinzipien westlicher astrologischer Traditionen erstellt. Bei der Darstellung von Entwicklung und Grundsätzen der verschiedenen astrologischen Schulen und Kalendertraditionen, wie sie überall in der Welt praktiziert wurden und werden, wird jedoch deutlich, daß kein System für sich allein steht: jedes fußt auf ähnlichen Auffassungen – selbst wenn sie in Bezeichnungen und Details bis zu einem gewissen Grad voneinander abweichen. Die Astrologie ist von Wesen und Wirkung her global und ganzheitlich, und keine Variante sollte als selbständige Form betrachtet werden, die zu anderen im Widerspruch steht.

Wenn Sie dieses Buch zu Rate ziehen, sollten Sie sich einige Dinge vergegenwärtigen: Der Tag, an dem die Sonne in ein Zeichen des Tierkreises eintritt, ist kein fixes Datum, sondern variiert von Jahr zu Jahr. Die hier als der Beginn bzw. das Ende jedes Tierkreisabschnitts (Zeichen und Dekan) angegebenen klassischen Daten wurden ursprünglich aus Gründen der Bequemlichkeit und nicht der Genauigkeit eingeführt. Das heißt beispielsweise, daß jemand, der am 21. Juli 1929 geboren ist – an der Häuserspitze zwischen Krebs und Löwe – wissen sollte, daß der Grad des Sternzeichens nicht mit dem Tag des Monats übereinstimmen muß, an dem er geboren wurde, und daß die dem Geburtsdatum nächstliegenden Persönlichkeitsbilder für diesen Menschen zutreffender sein können als das des 21. Juli. Jeder Grad (oder Tag) gehört zu einer Zehnergruppe (Dekan oder Dekanat), einem System, das die Alten Ägypter zur Positionsbestimmung der Fixsterne entwickelt haben. Jedes Zeichen wird in drei Dekane unterteilt (der erste Dekan umfaßt 0° bis 10° des Abschnitts, den das Sternzeichen im Tierkreis einnimmt, der zweite 11° bis 20° und der dritte 21° bis 30°). In diesem Buch stehen die Dekane in klassischer Position, aber wie die Daten nicht in jedem Jahr demselben Grad entsprechen, können auch Anfang und Ende des Einflußbereichs jedes Dekans variieren, weil der Tierkreis 360°, das Jahr aber – mit Ausnahme der Schaltjahre – 365 Tage hat.

Wer mehr als ein nur allgemeines Verständnis der astrologischen Einflüsse auf die Persönlichkeit des Menschen entwickeln möchte, kann einen professionellen Astrologen aufsuchen. Dieser zeichnet ein detailliertes Horoskop mit der exakten Position der Planeten und Sternzeichen im Augenblick der Geburt und hilft bei der Deutung und Erschließung. Die Astrologie bietet keine fertigen Antworten auf spezifische Fragen;die Informationen, die man durch sie gewinnen kann, sollte man eher als erhellende Anleitung bei der Suche nach den eigenen Möglichkeiten betrachten.

Der bekannte britische Astrologe Robert Currey gibt seinen Klienten Folgendes zu bedenken, wenn sie das „kosmische Erbe" der Horoskope zu verstehen suchen: „Auch Ihre Gene und Ihr Umfeld, Ihre Erziehung z. B., stellen wichtige Einflüsse dar ... Die Astrologie kann die Auswirkung dieser Faktoren und die Art, in der Sie sie wahrnehmen, auf überraschende Weise verdeutlichen." Jeder Mensch ist ein Individuum – niemand hat dasselbe genetische Erbe, dieselben Erfahrungen, die diesen einen Menschen seit seiner Geburt geprägt haben, dasselbe Wissen, dieselben Vorstellungen und dieselben Sehnsüchte. Beim Lesen der Persönlichkeitsbilder und der Ratschläge in diesem Buch sollte man sich immer vor Augen halten, daß sie lediglich einen Rahmen angeben, innerhalb dessen große individuelle Unterschiede in Charakter und Neigung möglich sind. Weiter betont Currey, daß wir uns ständig weiterentwickeln und verändern. Wenn sich also ein am 11. Mai Geborener in dem hier vorgestellten Persönlichkeitsbild nicht gleich wiederfindet, kann er im Lauf der Zeit und nach dem einen oder anderen Erlebnis vielleicht doch Zutreffendes darin finden, wenn er es später noch einmal liest.

Während des ganzen Lebens werden die Menschen immer wieder vor die Wahl gestellt, müssen sie sich für Wege entscheiden, die sie unwiderruflich verändern. Die Astrologie leitet, führt aber nicht am Gängelband. Zwar bietet sie Rat an, aber es bleibt dem einzelnen selbst überlassen, das Leben aus eigener Verantwortung in die Hand zu nehmen. Wie Paracelsus in seiner *Astronomia Magna* (1537) bemerkt: „Die Sterne müssen dem Menschen gehorchen und sich ihm unterwerfen, nicht der Mensch den Sternen. Selbst wenn der Saturn seine Geburt überschattet hat, kann er des Saturn Herr und ein Kind der Sonne werden."

DIE TAGE DES JAHRES

GEHEIMNISSE AUS GLAUBENS- UND VORHERSAGESYSTEMEN MIT CHARAKTERPROFILEN, EINFLÜSSEN UND BEMERKENSWERTEN EREIGNISSEN ZU JEDEM TAG

WIDDER

♈

21. März bis 20. April

Herrschender Planet: Mars **Element:** Feuer, kardinal

Polarität: Positiv (maskulin)

Körperliche Entsprechungen: Kopf und Gehirn

Edelsteine: Amethyst, Rubin, Diamant

Blumen: Stockrose, Nelke, Mohnblume, Distel, Geranie

Farben: Weiß, Rot

Der Widder gilt traditionell als erstes Zeichen des Tierkreises, da er aufgrund seiner Aszendenz im ersten Frühlingsmonat der Nordhalbkugel mit dem Sprießen neuen Lebens und der Erneuerung der Sonnenenergie und somit mit Neuanfängen aller Art in Verbindung gebracht wird. Die Alten Ägypter setzten den Schafsbock, der diesem Sternzeichen zugeordnet ist, mit ihrem Schöpfergott Amun-Re gleich, der meist mit krönenden Widderhörnern dargestellt wurde. Dem arabischen Astronomen Abu Maschar zufolge standen bei Erschaffung des Weltalls die wichtigsten Planeten im Zeichen des Widders in Konjunktion. Während der hinduistische Tierkreis das *Mescha* oder *Aja* genannte Zeichen mit einem Widder oder einer Ziege gleichsetzt und die Perser es *Warak*, „das Lamm", tauften, hieß das Zeichen bei den babylonischen Astronomen entweder *Zappu*, „das Haar", oder *Hunga*, „der Arbeiter". Die Alten Griechen nannten den Widder ihres Tierkreises *Krios* und assoziierten ihn mit dem mythischen Goldenen Widder – einem Sproß des Meeresgottes Poseidon und der Thrakerprinzessin Theophane –, der Phrixos und die todgeweihte Helle, die Kinder des böotischen Königs Athamas, nach Kolchis trug, bevor er dem obersten griechischen Gott Zeus geopfert wurde. Sein Goldenes Vlies wurde im Heiligtum des Kriegsgottes Ares in Kolchis aufgehängt und von einem feuerspeienden Drachen bewacht, bis es später von Jason und seinen Argonauten erobert wurde. So leitet sich auch *Aries*, der lateinische Name des Widders, etymologisch von Ares, dem griechischen Namen des römischen Kriegsgottes Mars her, dessen Name wiederum dem roten Planeten verliehen wurde, der über dieses Sternbild herrscht.

Die Verknüpfung des Sternzeichens mit den traditionell dem Planeten Mars zugeschriebenen Wesenszügen – Führungsqualitäten, Mut, Aggressivität – bestimmt einen Teil der Eigenschaften der Widder-Geborenen. Hinzu kommen die für das Element Feuer typischen Merkmale: hitzige Emotionen, Vitalität und Begeisterungsfähigkeit, aber auch eine Neigung zu Ungeduld, Impulsivität und zerstörerischem Handeln.

21. MÄRZ

Planeteneinflüsse

Herrschende Planeten: Mars und Neptun.
Erster Dekan: Persönlicher Planet ist der Mars.
Erste Häuserspitze: Widder mit Fischtendenzen.

♂ ♆

Religiöse und kulturelle Bedeutung

Namenstag: Benedikt von Nursia, Schutzheiliger der Mönche und Höhlenforscher (ca. 480–547), Richeza (ca 1000–63), Nikolaus von der Flüe (1417–87).

Man schätzt die am 21. März Geborenen wegen ihrer Offenheit und Direktheit und der praktischen Art und Weise, in der sie das Leben angehen. Obwohl sie intuitiv veranlagt sind, drücken sie ihr Wesen lieber durch Aktivität aus, als daß sie angesichts einer anregenden Herausforderung passiv bleiben. Es mangelt ihnen nicht an Gespür oder geistigem Tiefgang – ganz im Gegenteil –, doch sie fühlen einen tiefsitzenden Drang, nach ihren Überzeugungen zu handeln und Fortschritte zu sehen. Diese Menschen fühlen sich oft zu Extremen hingezogen, treten für die höchsten Ideale und die radikalsten Lösungen ein und betreiben ihre Durchsetzung mit bemerkenswerter Hartnäckigkeit. Da sich in ihnen beträchtliche Energie und visionäre Kraft mit praktischen Begabungen wie Logik und Organisationstalent paaren, kann kaum etwas oder jemand ihrer Tatkraft und Entschlossenheit zum Erfolg widerstehen. Mit ihren starken Führungsqualitäten sind sie besonders geeignet für eine militärische Laufbahn oder eine Karriere in der Geschäftswelt, aber auch als Pädagogen, die ihren Schülern inspirierende Pfade weisen.

Diese Menschen laufen jedoch Gefahr, sich ungewollt zu isolieren, da die Intensität und Unnachgiebigkeit ihrer Meinungen auf schwächere Charaktere oft einschüchternd wirkt und sie zu spektakulären Temperamentsausbrüchen neigen, wenn sie auf Widerstand stoßen oder sich Probleme auftun. Vor allem im Privatleben sollten diese Menschen darauf achten, ihre hohen Maßstäbe und Erwartungen etwas herunterzuschrauben und den ihnen durchaus eigenen Pragmatismus an den Tag zu legen. Wenn sie hier etwas zurückstecken und sich anderen öffnen, stoßen sie in ihrer Umgebung auch auf mehr Verständnis und Zuneigung.

STÄRKEN: Die an diesem Tag Geborenen sind energisch, tatkräftig und scharfsinnig beim Verfolgen ihrer Ziele. Mit ihrem wachen Verstand und ihrer praktischen Veranlagung bringen sie die Einsatzbereitschaft und Befähigung zur Verwirklichung ihrer Ambitionen mit.
SCHWÄCHEN: Weil sie selbstbewußt, entschlußfreudig und äußerst unabhängig sind, scheuen sich diese Menschen nicht, den Widerstand anderer herauszufordern. Dabei verderben sie es sich jedoch mit manchen, mit denen sie sich besser gut gestellt hätten.
FAZIT: Am 21. März Geborene sollten versuchen, ihre Unduldsamkeit zu zügeln – gegenüber Andersdenkenden wie auch generellen Hemmnissen. Wenn sie lernen, mit mehr Besonnenheit und Takt zu agieren, finden sie auch zu größerer Erfüllung.

An diesem Tag

Prominente Geburtstage: Johann Sebastian Bach (1685), Benito Pablo Juárez (1801), Modest Petrowitsch Mussorgski (1839), Albert Chevalier (1861), Hans-Dietrich Genscher (1927), Florenz Ziegfeld (1869), Geoffrey Dearmer (1893), Paul Tortelier (1914), Anthony Hopkins (1921), Peter Brook (1925), Brian Clough (1935), Roger Whittaker (1936), Timothy Dalton (1944), Matthew Broderick und Rosie O'Donnell (1962)

An diesem Tag mutiger Taten und der entschlossenen Durchsetzung von Zielen führte Dr. Martin Luther King jr. 1965 einen Protestmarsch der Bürgerrechtsbewegung von Selma nach Montgomery, Alabama (USA).

Bedeutende Ereignisse und Jahrestage: An diesem vom Element Feuer beherrschten Tag weigerte sich der erste protestantische Erzbischof von Canterbury, Thomas Cranmer, seinen religiösen Überzeugungen abzuschwören, und wurde in England als Ketzer verbrannt (1556). Als ein Tag, der für Mut und den Glauben an sich selbst steht, ist der 21. März auch Jahrestag eines zwischen dem Herzog von Wellington und dem Earl of Winchelsea ausgefochtenen unblutigen Duells um die Katholikenemanzipation (1829). Zwei politische Demonstrationen endeten leider gewaltsamer: 1960 töteten südafrikanische Sicherheitskräfte bei dem sogenannten „Massaker von Sharpeville" 56 Menschen; in London wurden 1990 zahlreiche Demonstranten gegen die neu eingeführte „Kopfsteuer" durch die Polizei verletzt. 1969 begann an diesem Tag eine wesentlich harmonischere politische Aktion: Die „Beds in Peace"-Friedensdemo von John Lennon und Yoko Ono in einem Amsterdamer Hotelzimmer.

22. MÄRZ

Die am 22. März Geborenen sind Menschen von kompromißloser Ehrlichkeit, die ihre Meinung unverblümt äußern; die Wahrheit geht ihnen über alles. Da sie mutig und beharrlich sind, kann die Furcht vor Konsequenzen sie nicht hindern, die wahren Fakten einer Situation aufzudecken oder auszusprechen. Es trifft sich gut, daß diese unruhestiftenden, unabhängigen Charaktere von Widerspruch meist unbeeindruckt bleiben, da ihre Mitmenschen selten erfreut sind, ihre Fehler so ungeschminkt kritisiert zu hören. Die am 22. März Geborenen sind keinesfalls unsensibel – im Gegenteil, sie sind äußerst intuitiv veranlagt und nutzen diese Begabung zur Untermauerung ihrer Position. Sie sind aber gewillt, ihre Beliebtheit aufs Spiel zu setzen, indem sie sich weigern, anderen zu schmeicheln oder sich von ihnen täuschen zu lassen.

Ihre Kompromißlosigkeit bewährt sich besonders auf technischen Gebieten wie der wissenschaftlichen oder medizinischen Forschung, wo sich die Dinge deutlich in positiv oder negativ unterteilen lassen. In Berufen, in denen diplomatische und kommunikative Fähigkeiten gefordert sind, haben sie es schwerer. In ihren persönlichen Beziehungen sollten sie darauf achten, ihren angeborenen Hang zur Kritik zu zügeln – besonders, wenn sie außerdem im chinesischen Jahr des Drachen geboren sind –, und sich klarmachen, daß sie zuweilen unrecht haben können und Gefahr laufen, bestehende Zuneigung zu verlieren.

STÄRKEN: Diese energischen und aufrechten Menschen sind von unbeirrbarer Direktheit in ihrem Bemühen, das wahre Wesen einer Situation aufzudecken, wobei sie ihre außerordentliche Scharfsinnigkeit und Wahrnehmungsgabe nutzen. Ihre Weigerung, sich vom einmal eingeschlagenen Weg abbringen zu lassen, ist dabei meist erfolgversprechend.
SCHWÄCHEN: In ihrem ureigenen Verlangen nach Offenheit und schonungsloser Ergründung der Dinge neigen sie dazu, die Gefühle anderer zu mißachten. Durch ihre mangelnde Bereitschaft zu Kompromissen in bezug auf das, was ihnen als offensichtliche Wahrheit erscheint, riskieren sie, sich von anderen zu entfremden.
FAZIT: Die am 22. März Geborenen müssen einsehen, daß es nicht immer zweckmäßig und klug ist, ihre Überzeugungen freimütig zu äußern, sondern daß gelegentlich etwas mehr Taktgefühl angebracht wäre. Sie sollten im übrigen bemüht sein, sich weniger scharf zu äußern, und könnten davon profitieren, sich auch andere Standpunkte anzuhören.

An diesem Tag

Prominente Geburtstage: Maximilian I., Kaiser des Heiligen Römischen Reichs (1459), Anthonis van Dyck (1599), Carl August Rosa (1842), Hamish MacCunn und Robert Andrews Millikan (1868), Nicholas John Turney Monsarrat (1910), Karl Malden (1914), Marcel Marceau (1923), Gerard Hoffnung (1925), Lynden Oscar Pindling und Stephen Joshua Sondheim (1930), William Shatner und Leslie Thomas (1931), J. P. McCarthy (1933), Bruno Ganz (1941), George Benson (1943), Andrew Lloyd Webber (1948), Bob Costas (1952)

Bedeutende Ereignisse und Jahrestage: An diesem Tag der selbstbewußten Förderung subjektiver Wahrheiten wurde in Kairo die Arabische Liga gegründet (1945), und Jordanien erklärte seine Unabhängigkeit von Großbritannien (1946). Im australischen Melbourne wurde an diesem Tag die erste aktive Sterbehilfe geleistet (1988). Schwierige ethische Fragen wie diese verdeutlichen die Herausforderung dieses Tages, zwischen Schwarz und Weiß zu differenzieren. Zeitungen rühmen sich einer solch differenzierten, objektiven Berichterstattung, und an diesem Tag erschien im amerikanischen *Daily Illustrated Mirror* das erste in einer Zeitung veröffentlichte Farbbild (1904), während der britische Rundfunksender BBC im Zweiten Weltkrieg begann, Nachrichten an die französische Widerstandsbewegung im Morsecode zu übertragen (1942). An diesem vom ausdörrenden Element Feuer beherrschten Tag boten die Niagarafälle auf der amerikanischen Seite infolge einer Dürreperiode ein weniger spektakuläres Bild als gewohnt (1903).

Planeteneinflüsse

Herrschende Planeten: Mars und Neptun.
Erster Dekan: Persönlicher Planet ist der Mars.
Erste Häuserspitze: Widder mit Fischtendenzen.

♂ ♆

Religiöse und kulturelle Bedeutung

Im Alten Rom Prozession der Baumträger.
Namenstag: Relindis von Alden-Eyk (ca. 690–745), Clemens August, Graf von Galen (1878–1946).

Am meistbesuchten Wasserfall der Welt, dem Niagarafall, war 1903 an diesem Tag nach einer schweren, jahreszeituntypischen Dürreperiode der niedrigste Wasserstand aller Zeiten zu verzeichnen.

23. MÄRZ

Planeteneinflüsse

Herrschende Planeten: Mars und Neptun.
Erster Dekan: Persönlicher Planet ist der Mars.
Erste Häuserspitze: Widder mit Fischtendenzen.

♂ ♆

Religiöse und kulturelle Bedeutung

Nationalfeiertag in Pakistan, Tanz der Sali im Alten Rom, Marzennafeiern in Polen.
Namenstag: Toribio von Lima, Schutzheiliger der Missionarsbischöfe (1538–1606), Rebekka Ar Rayès (1832–1914).

Die am 23. März Geborenen sind fasziniert vom Räderwerk der Welt – von der Frage, was die Dinge am Laufen hält –, und diese Neigung ist im Umgang mit anderen Menschen besonders ausgeprägt. Obwohl sie ihre Intuition und Beobachtungsgabe nutzen, um Informationen zu sammeln, sind diese Menschen meist zu objektiv und emotional unbeteiligt, um sich von echter Anteilnahme bewegen zu lassen. Wer sie um Rat fragt, erhält eine detaillierte Zusammenfassung der Situation, wie sie sich ihnen darstellt, von Emotionen ungetrübt. Obwohl es ihnen etwas an Einfühlungsvermögen mangeln mag, interessieren sich diese Menschen sehr für das menschliche Verhalten im allgemeinen und sind damit gut gerüstet für eine Laufbahn als Pädagogen, Psychotherapeuten oder in anderen medizinischen Fachbereichen. Auch als Schauspieler sind sie erfolgreich, da sie in ihre Rollen die Charakterzüge von Menschen einbringen, die sie im wirklichen Leben genauestens beobachtet haben. Doch ihre hochentwickelte Fähigkeit, Intellekt und Emotionen getrennt zu halten, bedeutet ganz und gar nicht, daß diese Menschen auch kaltherzig wären. Sie genießen die Gesellschaft anderer, sind mit einem ansteckenden Sinn für Humor gesegnet – besonders, wenn sie im chinesischen Jahr der Ziege geboren sind – und gehen die meisten Dinge mit Begeisterung und Optimismus an. In ihren persönlichen Beziehungen sollten sie versuchen, ihren Hang zur Kritik zu bremsen und vorbehaltlosere Unterstützung zu gewähren.

STÄRKEN: Diese äußerst klarsichtigen, wiß- und lernbegierigen Menschen sind unaufhörlich dabei, das Geschehen um sie herum zu beobachten und zu analysieren. Ihr Scharfsinn und ihr Eifer, ihre Erkenntnisse in Taten umzusetzen, können erstaunliche Ergebnisse hervorbringen.
SCHWÄCHEN: Sie müssen sich davor hüten, ihren Hang zum unbeteiligten Analysieren – das im Extremfall zur kriminalistischen Sezierung ausarten kann – auch auf ihre intimeren Beziehungen zu übertragen, innerhalb derer sich solche Neigungen negativ und zerstörerisch auswirken können.
FAZIT: Die am 23. März Geborenen sollten sich bemühen, die emotionalen Bedürfnisse anderer – wie auch ihre eigenen – mehr zur Kenntnis zu nehmen, und nach einem Gleichgewicht zwischen Intellekt und Instinkt streben, um rundum zufrieden leben zu können.

Staatsreligion in Pakistan ist der Islam, zu dem sich 93 Prozent der Bevölkerung bekennen: Das Bild zeigt die Große Moschee von Wazir Khan in Lahore. Der 23. März ist der pakistanische Nationalfeiertag.

An diesem Tag

Prominente Geburtstage: William Smith (1769), Horatio William Bottomley (1860), Muirhead Bone (1876), Juan Gris (1887), Erich Fromm (1900), Joan Crawford (1908), Akira Kurosawa (1910), Wernher von Braun (1912), Jimmy Edwards (1920), Doc Watson (1923), Roger Bannister (1929), Chaka Khan (1953), Amanda Plummer (1957)

Bedeutende Ereignisse und Jahrestage: An diesem Tag des logischen Handelns ohne Rücksicht auf menschliche oder emotionale Konsequenzen wurde in Nordamerika ein Gesetz zur indirekten Besteuerung verabschiedet, das die amerikanischen Kolonisten so aufbrachte, daß es als einer der Hauptauslöser der amerikanischen Revolution gelten kann (1765). Auch der Jahrestag des verheerenden Beschusses von Paris durch das berüchtigte deutsche Geschütz „Dicke Berta“ im Ersten Weltkrieg (1918) fällt auf dieses Datum. An diesem Tag des objektiven Analysierens erschien die erste Ausgabe der ersten kanadischen Zeitung, der *Halifax Gazette* (1752). Faschistische Propaganda ist eine kalkulierte Manipulation der Massen – vielleicht ein Risiko der emotionalen Distanz dieses Tages, an dem Benito Mussolini die Faschistische Partei Italiens gründete (1919). Jedoch kann Unparteilichkeit auch die Kompromißbereitschaft fördern, und so war dies der Tag der ersten Zusammenkunft zwischen den Oberhäuptern der römisch-katholischen und der anglikanischen Kirche, Papst Paul VI. und dem Erzbischof von Canterbury Michael Ramsey (1966).

24. MÄRZ

Diesen charismatischen Menschen sind einfache Lösungen und eine direkte Vorgehensweise lieber als kompliziertere Alternativen – eine Folge ihres scharfen Verstandes und ihrer Neigung zum entschlossenen Handeln. Sie treffen – oft von ihrem intuitiven Gespür beeinflußt – Knall-auf-Fall-Entscheidungen und halten dann stur an ihren ursprünglichen Entschlüssen fest, gleich welche Hindernisse ihnen in den Weg gelegt werden. Diese Geradlinigkeit führt zwar oft zum Erfolg, bedeutet aber auch, daß sie manchmal blindlings einem verhängnisvollen Kurs folgen oder kleine, aber wichtige Details vernachlässigen. Diese vielfältig begabten Menschen finden in jedem Beruf Erfüllung, in dem sie durch unabhängiges und phantasievolles Handeln greifbare Ergebnisse erzielen können, sind jedoch unglücklich, wenn man sie auf eine passive Rolle degradiert oder sie zwingt, sich mit einem Übermaß an Bürokratie auseinanderzusetzen.

Andere Menschen fühlen sich von der optimistischen, anregenden Ausstrahlung der am 24. März Geborenen angezogen, so daß sie sich oft allgemeiner Beliebtheit erfreuen, eine Situation, die sie durchaus genießen. Tatsächlich erwidern sie Zuneigungsbezeugungen bereitwillig und sind, wie in allen anderen Dingen, auch im Umgang mit anderen offen und ehrlich. Obwohl sie generell ausgezeichnete Partner, Eltern und Freunde sind, sollten vor allem die Männer unter ihnen darauf achten, ihre Neigung zu unverblümten Meinungsäußerungen zu mäßigen und die emotionalen Bedürfnisse anderer nicht zu mißachten, weil sie von einem Projekt ganz und gar in Anspruch genommen sind.

STÄRKEN: Diese dynamischen, begeisterungsfähigen und handlungsorientierten Menschen fühlen sich durch Herausforderungen angeregt, auf die sie in ihrer typisch direkten Art reagieren. Auch ihre Gabe, Visionen hartnäckig zu verfolgen, verheißt große Erfolge.
SCHWÄCHEN: Die am 24. März Geborenen neigen zu impulsivem Verhalten, ohne die Konsequenzen ihres Handelns genau bedacht zu haben, was unerwartete und unerwünschte Folgen nach sich ziehen kann. Da sie ihre eigenen Interessen so eifrig verfolgen und oft all ihre Energie in ihre Lieblingsprojekte stecken, kann es passieren, daß sie Familie und Freunde unbeabsichtigt vernachlässigen.
FAZIT: Die an diesem Tag Geborenen müssen in allen Lebensbereichen darauf achten, sich nicht völlig von der Faszination des großen Ganzen mitreißen zu lassen. Sie sollten sich Zeit nehmen, auch die vielleicht weniger interessanten Details einer Sache zu durchdenken, und nicht vergessen, ihren Angehörigen ausreichende Aufmerksamkeit zu widmen.

An diesem Tag

Prominente Geburtstage: Fanny Crosby (1820), William Morris (1834), Harry Houdini (1874), Roscoe „Fatty" Arbuckle (1887), Ub Iwerks (1901), Malcolm Muggeridge (1903), Tommy Trinder (1909), Lawrence Ferlinghetti (1919), Martin Walser (1927), Steve McQueen (1930), Benjamin Luxon (1937), Bob Mackie (1940), Robert Carradine und Vince Jones (1954)

Bedeutende Ereignisse und Jahrestage: An diesem Tag, der für Direktheit steht, fiel in Dänemark der Entschluß, die Todesstrafe abzuschaffen (1911), und die argentinische Militärjunta stürzte Präsidentin Isabel Perón (1976). Genealogisch manifestierte sich dieser Wesenszug darin, daß an diesem Tag Königin Elisabeth I. von England starb und ihr direkter Erbe als Jakob I. von England die Thronfolge antrat, wodurch England und Schottland erstmals vereint wurden (1603). Als Beispiel der Gefahren, die bei mangelnder Beachtung von Risiken drohen, kann die Verabschiedung des Ermächtigungsgesetzes gelten, das Hitler an die Macht brachte (1933), oder auch die „Exxon Valdez"-Ölpest, die an diesem Tag vor der Küste Alaskas eine der schlimmsten Umweltkatastrophen des 20. Jahrhunderts auslöste (1989).

Planeteneinflüsse

Herrschende Planeten: Mars und Neptun.
Erster Dekan: Persönlicher Planet ist der Mars.
Erste Häuserspitze: Widder mit Fischtendenzen.

♂ ♆

Religiöse und kulturelle Bedeutung

Im Alten Rom der Tag des Blutes.
Namenstag: Hildelide († ca. 712), Katharina von Schweden (1331–81).

Die katastrophale Ölpest nach dem „Exxon-Valdez"-Tankerunglück führte die Gefährlichkeit küstennaher Öltankerrouten einmal mehr vor Augen. Der 24. März ist ein Tag des Handelns, manchmal aber auch von mangelnder Aufmerksamkeit fürs Detail geprägt.

25. MÄRZ

Denen, die sich auf ihren Rat, ihre praktische Hilfe und Anteilnahme stützen, erscheinen die am 25. März Geborenen als Fels in der Brandung. Diese mitfühlenden Menschen haben einen hochentwickelten Gerechtigkeitssinn und Beschützerinstinkt und spüren daher ein leidenschaftliches Verlangen, sich für die Schwachen und Benachteiligten einzusetzen und gesellschaftliche Mißstände zu beheben. Dabei kommt ihnen zugute, daß sie emotional stabile, selbstbewußte und dynamische Menschen sind, die sich, wenn sie von ihren Motiven und ihrer Mission überzeugt sind, durch die Mißbilligung Andersgesinnter nicht beirren lassen. Ebensowenig schrecken sie davor zurück, eine eigenständige – selbst isolierte – Position zu beziehen, wenn es ihnen nötig erscheint. Mit all diesen Eigenschaften sind sie bestens gerüstet für eine Laufbahn im Dienst der Öffentlichkeit, etwa beim Militär, in der Medizin, im Rechtsvollzug oder im sozialen Bereich, besonders diejenigen, die im chinesischen Jahr des Tigers geboren sind. Trotz ihrer nach außen gerichteten Energie brauchen die am 25. März Geborenen auch Phasen des Alleinseins und der Besinnung. Sie benötigen Zeit, um sich zu entspannen und sich zeitweise von den Ansprüchen derer freizumachen, die ihre Hilfe suchen. Da sie in ihren persönlichen Beziehungen liebevoll und großzügig sind, finden sie Erfüllung in Freundschaft und Familienleben, sind aber verständlicherweise auch tief verletzt, wenn ihre Loyalität nicht erwidert oder – noch schlimmer – mißbraucht wird. Ihre Angehörigen und Freunde sollten daher nicht vergessen, daß diese Menschen trotz ihrer scheinbaren Stärke und Unbezwinglichkeit auch verletzlich sind.

STÄRKEN: Die am 25. März Geborenen sind selbständige, unabhängige Persönlichkeiten und von dem Verlangen befeuert, für die Schwachen oder Unterdrückten einzutreten und Unrecht aus der Welt zu schaffen. Gerecht, scharfsinnig und energisch, setzen sie ihre ausgeprägte Großzügigkeit und Anteilnahme oft im Sinne der Weltverbesserung ein.
SCHWÄCHEN: Über ihren entschlossenen Einsatz in persönlichen Kämpfen laufen diese Menschen Gefahr, ihre persönlichen Bedürfnisse zu vergessen; und dann kann es vorkommen, daß sie ihre Frustrationen an anderen abreagieren.
FAZIT: Es gelingt ihnen meist, ein sinnvolles Gleichgewicht zwischen ihrer intro- und ihrer extrovertierten Seite zu wahren, doch müssen sie darauf achten, in ihrem Bemühen, anderen zu helfen, sich selbst nicht zu vernachlässigen. Wenn sie sich bis zur Erschöpfung treiben, werden sie anfällig für depressive Stimmungen, aus denen sie sich nur schwer wieder befreien können.

Planeteneinflüsse
Herrschender Planet: Mars.
Erster Dekan: Persönlicher Planet ist der Mars.

♂

Religiöse und kulturelle Bedeutung
Frühjahrs-Tagundnachtgleiche und traditionell der erste Frühlingstag, Nationalfeiertag in Griechenland, Freudenfest im Alten Rom.
Namenstag: Fest der Verkündigung des Herrn, Dismas, der reuige Schächer, Schutzheiliger der Gefangenen und Diebe († ca. 30), Lucia Filippini (1672–1732).

Der 25. März gilt als Tag der Verkündigung der Jungfrau Maria, hier auf einem Gemälde des Fra Angelico von 1441 dargestellt.

An diesem Tag
Prominente Geburtstage: König Heinrich II. von England (1133), Joachim Murat, König von Neapel (1767), Arturo Toscanini (1867), Béla Bartók (1881), A. J. P. Taylor (1906), David Lean (1908), Howard Cosell (1920), Simone Signoret (1921), Gloria Steinem (1934), Dietrich Stobbe (1938), Anita Bryant (1940), Aretha Franklin (1942), Paul Michael Glaser (1943), Elton John (1947), Mary Gross (1953), Sarah Jessica Parker (1965)

Bedeutende Ereignisse und Jahrestage: Dieser Tag steht für Führungsqualitäten, und so wurde am 25. März Robert Bruce zum König der Schotten erklärt (1306). Ein weiteres Merkmal des 25. März ist furchtlose Unabhängigkeit, wie durch den Aufbruch des englischen Seefahrers Henry Hudson zu seiner letzten Forschungsreise demonstriert, bei der er die nach ihm benannte Hudson Bay entdeckte (1609). Auch entschiedenes Eintreten für humanitäre Belange ist typisch für den 25. März, an dem das britische Unterhaus den Sklavenhandel abschaffte (1807) und das Streben nach wirtschaftlichem Wohl sechs europäische Länder zur Unterzeichnung der Römischen Verträge veranlaßte, die den Grundstein für die Europäische Wirtschaftsgemeinschaft (EWG) legten (1957).

26. MÄRZ

Viele, die sie nicht gut kennen, halten die am 26. März Geborenen für unbeschwerte Menschen, die sich nichts weiter als ein einfaches Leben wünschen, und in gewissem Maß trifft das auch zu. Das heißt nicht, daß sie geistig oder körperlich träge sind – eher im Gegenteil –, sondern nur, daß sie nichts davon halten, sich die Dinge unnötig schwierig oder kompliziert zu machen. Sie sind von Natur aus scharfsinnig und geistig behende, mit beneidenswertem Weitblick und Zielbewußtsein gesegnet und besitzen die Fähigkeit, sowohl direkt zum Kern eines Problems vorzustoßen als auch den Blick fest auf ein langfristiges Ziel zu richten. Zu dieser geistigen Direktheit gesellen sich Energie, Beharrlichkeit und eine Vorliebe für entschlossenes Handeln statt endloser Ausflüchte. Mit ihrem intuitiven Gerechtigkeitssinn, ihrer Einfühlungsgabe und ihren hohen ethischen Maßstäben sind die an diesem Tag Geborenen für eine Laufbahn im öffentlichen Dienst besonders geeignet.

Hand in Hand mit ihren intellektuellen Fähigkeiten gehen ihre ausgeprägte Sinnlichkeit und Sensibilität, die ihnen oft die Begabung zum Künstler, Schriftsteller, Musiker oder Schauspieler verleihen. „Außer Dienst" widmen sie sich ihren Beziehungen, Interessen und Hobbys mit der gleichen Energie und Begeisterung, die sie auch im Arbeitsleben an den Tag legen, was sie zu geschätzten Freunden und geliebten Familienmitgliedern macht. Oft ist ihre Gesellschaft bei anderen sehr gefragt, doch ist es für ihr emotionales Gleichgewicht wichtig, daß sie sich ab und zu zurückziehen und die Zeit finden, sie selbst zu sein.

STÄRKEN: Diese Menschen gehen alle Dinge sehr geradlinig an, eine Eigenschaft, die aus ihrem Drang herrührt, möglichst schnelle Fortschritte zu erzielen. Sie sind zudem äußerst klarblickend und praktisch begabt und lassen ihre Erfolge täuschend leicht aussehen.
SCHWÄCHEN: Die am 26. März Geborenen neigen dazu, sich feste Meinungen zu bilden, die von ihrem inneren Sinn für Moral geprägt sind, und dann unbeirrbar an ihnen festzuhalten. Sie müssen sich davor hüten, ihren Geist vor der Gültigkeit abweichender Standpunkte zu verschließen.
FAZIT: Die an diesem Tag Geborenen sollten darauf achten, sich nicht zu überfordern, und sich ausreichend Freiraum zur Ruhe und Besinnung schaffen.

An diesem Tag

Prominente Geburtstage: George Smith (1840), A. E. Housman (1859), Robert Frost (1874), Chico Marx (1891), Tennessee Williams (1911), Elizabeth Jane Howard (1923), Pierre Boulez (1925), Sandra Day O'Connor (1930), Leonard Nimoy (1931), Alan Arkin (1934), James Caan (1939), Erica Jong (1942), Bob Woodward (1943), Diana Ross (1944), Kyung-Wha Chung (1948), Patrick Süskind (1949), Teddy Pendergrass und Martin Short (1950), Curtis Sliva (1954), Marcus Allen (1960), Prinzessin Eugenie von York (1990)

Bedeutende Ereignisse und Jahrestage: Künstlerisches Potential ist ein Charakteristikum dieses Tages, an dem Shaws Stück *Die Heilige Johanna* (1924) und der Film *Funny Girl* mit Barbra Streisand (1964) uraufgeführt wurden. Dies ist außerdem ein guter Tag zur Überwindung von Hindernissen auf dem Weg zu hartnäckig verfolgten Zielen, wie das erfolgreiche Vordringen der ersten Börsenmaklerin in die bis dahin den Männern vorbehaltene Londoner Börse (1973) oder die Unterzeichnung eines Friedensvertrags zwischen Israel und Ägypten durch Premierminister Begin und Präsident Sadat (1979). Es scheint auch passend, daß an diesem vom Element Feuer beherrschten Tag die erste Einäscherung in Großbritannien stattfand (1885).

Planeteneinflüsse
Herrschender Planet: Mars.
Erster Dekan: Persönlicher Planet ist der Mars.

♂

Religiöse und kulturelle Bedeutung
Namenstag: Felix von Trier († ca. 400), Liudger (ca. 742–809).

Eine Szene aus der guten alten Zeit der Londoner Börse, bevor am 26. März 1973 erstmals eine Börsenmaklerin ihren Fuß in diese bis dahin rein männlich beherrschte Bastion setzte. Dies ist ein Tag des Erreichens ehrgeiziger Ziele trotz aller Hindernisse.

27. MÄRZ

Planeteneinflüsse

Herrschender Planet: Mars.
Erster Dekan: Persönlicher Planet ist der Mars.

♂

Religiöse und kulturelle Bedeutung

Ehrung des Liber Pater im Alten Rom; in Indien Festtag der Göttin Gauri.
Namenstag: Rupert von Salzburg († ca. 718).

Der erste Anschein kann täuschen; ganz besonders gilt das bei den am 27. März Geborenen, die ihre eiserne Entschlossenheit und ihren scharfen Verstand oft hinter einer sympathisch lässigen Fassade verstecken. Obwohl sie mit erheblichen sozialen Fähigkeiten gesegnet sind – teils infolge ihrer Erkenntnis, daß man mehr erreicht, indem man Menschen umgarnt, statt sie gegen sich aufzubringen –, geht es ihnen generell weniger darum, die Anerkennung anderer zu gewinnen, als ihrem eigenen Weg durchs Leben zu folgen. Tatsächlich sind diese Menschen unabhängige Denker, die sich hohe Ziele setzen und dann energisch auf ihre Verwirklichung hinarbeiten. Auch wenn sie sich zuweilen von sozialen Idealen entflammen lassen, sind sie doch meist stärker daran interessiert, zum Kern einer eher abstrakten oder technischen Frage vorzustoßen, um sie dann in ihrer logischen Art neu zu interpretieren. Sie bewähren sich oft als engagierte Akademiker, Wissenschaftler oder Juristen, besonders wenn sie im chinesischen Jahr des Hahns geboren sind. Die am 27. März Geborenen sind voll intellektueller Neugier und interessieren sich für die Meinung anderer – vor allem, um herauszufinden, was diese motiviert. Sie sind umgänglich, aber auch äußerst selbstgenügsam und kommen allein ebensogut zurecht wie in einer Gruppe. Freunden und Familienmitgliedern gegenüber verhalten sie sich meist hilfreich, ohne zu bewerten, doch sollten sie darauf achten, die grundlegenden emotionalen Bedürfnisse der ihnen Nahestehenden nicht zu ignorieren, wenn sie sich voller typischer Begeisterung von einer Sache mitreißen lassen.

STÄRKEN: Scharfsinnig, logisch, von theoretischen Ideen und technischen Problemen fasziniert und mit großer Konzentrationsfähigkeit gesegnet, verfügen diese Menschen über die Gabe, es in dem von ihnen gewählten Beruf weit zu bringen. Darüber hinaus besitzen sie einen außerordentlichen persönlichen Charme, der andere anzieht.
SCHWÄCHEN: Die an diesem Tag Geborenen neigen dazu, so völlig in ihren intellektuellen Interessen aufzugehen, daß sie unter Umständen ihre körperlichen und emotionalen Bedürfnisse vernachlässigen und sich von anderen isolieren.
FAZIT: Obwohl die am 27. März Geborenen meist die richtige Balance zwischen ihren inneren und äußeren Bedürfnissen herstellen können, sollten sie sich vor ihrer Neigung hüten, ihr Privatleben der Arbeit zu opfern, und daran denken, ihre Aufmerksamkeit auch dem häuslichen Umfeld zu widmen.

An diesem Tag

Prominente Geburtstage: König Ludwig XVII. von Frankreich (1785), Georges Eugène Haussmann (1809), Wilhelm Konrad von Röntgen (1845), Henry Royce (1863), Heinrich Mann (1871), Ludwig Mies van der Rohe (1886), Gloria Swanson (1899), James Callaghan (1912), Sarah Vaughan (1924), Mstislaw Rostropowitsch (1927), David Janssen (1931), Michael York (1942), Tom Sullivan (1947), Duncan Goodhew (1957), Quentin Tarantino (1963), Mariah Carey (1970)

Die Heilsarmee, eine straff organisierte internationale Institution, die sich der Bekämpfung des Elends in der Welt widmet, führte 1880 an diesem Tag gezielten Handelns ihre vertrauten Uniformen ein.

Bedeutende Ereignisse und Jahrestage: An diesem Tag des technischen Fortschritts gelang Guglielmo Marconi die erste internationale Funkübertragung zwischen England und Frankreich (1899); in Brüssel wurde die erste erfolgreiche Bluttransfusion vorgenommen (1914). Leider sind auch technische Fehler nicht auszuschließen, und so kam an diesem Tag der sowjetische Kosmonaut Juri Gagarin bei einem Flugzeugabsturz über Moskau ums Leben (1968), forderte der Zusammenstoß zweier Jumbojets auf dem Flughafen der Kanareninsel Teneriffa 574 Menschenleben (1977) und starben beim Absturz eines Schachtaufzugs im südafrikanischen Vaal-Reef-Bergwerk 23 Menschen (1980). Organisiertes Handeln ist ein weiteres Charakteristikum des 27. März, auf den die offizielle Gründung der U.S. Navy (1794) fällt und an dem im englischen Leicester erstmals Politessen zur Verteilung von Strafzetteln eingesetzt wurden (1961).

28. MÄRZ

Paradoxerweise finden sich die am 28. März Geborenen, obwohl von Natur aus eher einzelgängerisch und nachdenklich veranlagt, oft im Mittelpunkt der Aufmerksamkeit und von den Ansprüchen anderer bedrängt, die ihre Gesellschaft suchen oder ihre Hilfe benötigen. Andere Menschen schätzen ihre optimistische und praktische Lebenseinstellung ebenso wie ihren persönlichen Charme und ihre Anteilnahme und wenden sich daher an sie um Rat und Unterstützung. Und tatsächlich bewähren sich diese Menschen in Krisen hervorragend, gehen Probleme mit der ihnen eigenen Originalität und Standhaftigkeit an und erzielen damit oft das gewünschte Ergebnis. Allerdings sind sie dabei nicht so sehr von Mitgefühl motiviert, sondern reagieren eher auf die Herausforderung ihrer intellektuellen Kräfte und ihres Durchhaltevermögens. Diese emotionale Distanziertheit im Umgang mit den Details einer Sache kommt ihnen besonders im Rahmen einer beruflichen Tätigkeit bei der Polizei oder beim Militär, aber auch im Geschäftsleben oder im Baugewerbe zugute. Obwohl sie im Kontakt mit der Außenwelt objektiv und realistisch auftreten, haben die an diesem Tag Geborenen das Bedürfnis, in ihrem häuslichen Umfeld mit Liebe und Fürsorge umgeben zu werden. Wer sie nicht gut kennt, ist überrascht zu entdecken, daß diese nach außen selbstbewußten und kompetenten Menschen oft unter nagenden Selbstzweifeln leiden – vielleicht der Grund, warum sie sich herausgefordert fühlen, ihren Wert zu beweisen. Ein stabiler häuslicher Rahmen, in den sie sich vor den Ansprüchen der Außenwelt zurückziehen können, ist daher für ihr emotionales Wohlbefinden von größter Wichtigkeit.

STÄRKEN: Die am 28. März Geborenen präsentieren sich der Welt als gewinnend positive und hilfsbereite Menschen, die ihren Scharfblick, ihre Energie und Entschlossenheit jedem zur Verfügung stellen, der sie darum bittet. Doch hinter dieser Fassade verbirgt sich eine sensible und eher eigenbrötlerische Seele.
SCHWÄCHEN: Diese Menschen sind anfällig für Gefühle der Unsicherheit, die sie zu überwinden versuchen, indem sie Bestätigung bei anderen suchen und es zu etwas bringen. Diese Tendenz kann sie dazu treiben, sich zu überfordern – manchmal bis an den Rand der Erschöpfung und unter Vernachlässigung ihrer wahren Bedürfnisse.
FAZIT: Es ist für diese Menschen wichtig, auf ihre innere Stimme zu hören und ihren intuitiven Überzeugungen treu zu bleiben. Obwohl sie loyale und großzügige Partner und Eltern sind, für die das Familienleben einen hohen Stellenwert hat, sollten sie ihr Bedürfnis nach Privatsphäre und Autonomie auch nicht zu stark einschränken lassen.

An diesem Tag

Prominente Geburtstage: Fra Bartolomeo della Porta (1472), die Heilige Theresia von Avila (1515), König Georg I. von England (1660), Maxim Gorki (1849), Aristide Briand (1862), Paul Whiteman (1891), Josef (Sepp) Herberger (1897), Flora Robson (1902), Rudolf Serkin (1903), Dirk Bogarde (1921), Leonard Stern (1938), Neil Kinnock (1942), Richard Eyre (1943), Ken Howard (1944), Dianne Wiest (1948), Vince Vaughn (1970)

Bedeutende Ereignisse und Jahrestage: Typisch für diesen Tag sind potentielle Konflikte zwischen Nationalbewußtsein und persönlichen Gefühlen, besonders in Kriegssituationen, und so war dies der Tag, an dem die Frauen-Hilfstruppe der britischen Armee im Ersten Weltkrieg gegründet wurde (1917) und der spanische Bürgerkrieg mit der Einnahme Madrids durch Francos nationalistische Streitkräfte endete (1939). Das gespaltene Wesen des 28. März kann zu Identitätskrisen führen, wie durch die Umbenennung von Konstantinopel in Istanbul und Angora in Ankara durch den türkischen Staatspräsidenten Kemal Atatürk veranschaulicht (1930). Entschlossenes Handeln ist ein Merkmal dieses Tages, an dem beim französischen Marseille das erste Wasserflugzeug abhob (1910). 1979 drohte an diesem vom Element Feuer beherrschten Tag ein flammendes Inferno, als es im amerikanischen Kernkraftwerk von Three Miles Island zu einer Kernschmelze kam.

Planeteneinflüsse

Herrschender Planet: Mars.
Erster Dekan: Persönlicher Planet ist der Mars.

♂

Religiöse und kulturelle Bedeutung

Namenstag: Gundelindis (ca. 680–8. Jh.), Ingbert Naab (1885–1935) Johanna Maria de Maillé (ca. 1332–1414).

Neil Kinnock, von 1983 bis 1992 Vorsitzender der britischen Labour-Partei, wurde am 28. März 1942 geboren. Während seiner politischen Laufbahn demonstrierte er die überschäumende Energie und den Optimismus, die diesen Tag auszeichnen. Seine Persönlichkeit ist noch energischer, selbstbewußter und ehrgeiziger als ohnehin an diesem Tag zu erwarten, weil zur Zeit seiner Geburt der Mond im Sternzeichen Löwe stand. Der Jupiter im Stier bescherte ihm außerdem einen regen Verstand und ein natürliches Diskussionstalent.

29. MÄRZ

Planeteneinflüsse

Herrschender Planet: Mars.
Erster Dekan: Persönlicher Planet ist der Mars.

♂

Religiöse und kulturelle Bedeutung

Fest der babylonisch-assyrischen Göttin Ischtar; Maskenfest des afrikanischen Bobo-Stamms.
Namenstag: Jonas und Barachisus († ca. 326), Berthold von Kalabrien (ca. 1100–ca. 1195).

Elle MacPherson, die 1963 an diesem Tag geboren wurde, gelangte schon früh zu Ruhm und Erfolg (u. a. mit dem Film Verführung der Sirenen). Mit ihrem chinesischen Jahreszeichen Wasserhase ist sie zudem ein sensibler, kontaktfreudiger Mensch und schätzt Komfort und Eleganz.

Obwohl sie nicht von persönlichem Ehrgeiz getrieben sind, können die an diesem Tag Geborenen – zu ihrer eigenen Überraschung – in Führungspositionen gelangen, denn sie neigen nicht zur Selbstverherrlichung, sind aber mit Beharrlichkeit, Wahrnehmungsvermögen und Zuverlässigkeit gesegnet. Sie gehen das Leben in ruhiger und beständiger Weise an; ihre gelassene Lebenshaltung und Neigung zur Zurückhaltung täuschen oft darüber hinweg, wie kritisch und scharfsinnig sie alles, was um sie vorgeht, beobachten. Sie sind zweifellos sensibel, neigen jedoch dazu, ihr intuitives Gespür ganz gezielt einzusetzen, nehmen sich die Zeit, alle Seiten einer Situation zu bedenken und eine wohlüberlegte Strategie auszuarbeiten, die sie dann mit unerschütterlicher Entschlossenheit umsetzen – eine Methode, die selten erfolglos bleiben wird. Sie sind so positiv und vielseitig begabt, daß sie es in fast jedem Beruf zu etwas bringen können, vor allem da, wo sie ihre Fähigkeiten zur Beobachtung und Organisation einbringen können. Diese selbstdisziplinierten Menschen behalten ihre Gefühle im Arbeitsumfeld meist für sich, sind aber tatsächlich recht starrköpfig in ihren ideologischen Überzeugungen, zu denen sie auf dieselbe überlegte Weise gelangen, in der sie auf jede intellektuelle Herausforderung reagieren. Weil sie sich ihres Standpunkts so außerordentlich sicher sind, neigen sie dazu, rechthaberisch auf der Richtigkeit ihrer Überzeugungen zu beharren, wobei sie emotional eher unbeteiligt bleiben. In ihren persönlichen Beziehungen sind die am 29. März Geborenen sehr liebevoll und hilfsbereit – vielleicht, weil sie instinktiv erkennen, daß Familienbande und Freundschaft ein unersetzliches emotionales Gegengewicht zu den Zwängen des Berufslebens bieten – und werden ihrer Loyalität und Beständigkeit wegen sehr geschätzt.

STÄRKEN: Die am 29. März Geborenen sind von kühler Intelligenz und gehen alle Herausforderungen mit ihren besonderen Begabungen der Wahrnehmung, Analyse und Logik an. Sie sind im Berufs- und Privatleben gleichermaßen konsequent und verläßlich und haben alle Voraussetzungen, in beiden Bereichen zu allseitiger Erfüllung zu gelangen.
SCHWÄCHEN: Wenn sie sich einmal eine Meinung gebildet haben, sind diese Menschen von deren Richtigkeit so überzeugt, daß sie sich oft starrsinnig weigern, sich alternativen Argumenten zu öffnen – ein Verhalten, das sie manchmal unflexibel macht.
FAZIT: Dies sind ausgeglichene Persönlichkeiten, die Arbeit und Freizeit gleich viel Aufmerksamkeit einräumen. Da sie dazu neigen, ihr Licht unter den Scheffel zu stellen, sollten sie aber aufpassen, daß ihre Vorzüge nicht unbemerkt bleiben, ihre Loyalität nicht mißbraucht und die Anerkennung für ihre Leistungen nicht von anderen eingeheimst wird.

An diesem Tag

Prominente Geburtstage: William Turner Walton (1902), Ed Burra (1905), Frederick Mackenzie und Hanna Reitsch (1912), Chapman Pincher (1914), George Chisholm (1915), Eugene McCarthy (1916), Pearl Bailey (1918), Ruby Murray (1935), Richard Rodney Bennett (1936), John Major (1943), Eric Idle und Julie Goodyear (1945), Billy Thorpe (1946), Elle MacPherson (1963), Lucy Lawless (1968), Jennifer Capriati (1976)

Bedeutende Ereignisse und Jahrestage: Dies ist ein Tag stiller Entschlossenheit, die zu großen Erfolgen führen kann, wie der Markteinführung von Coca-Cola nach jahrelanger Forschungsarbeit (1886) oder der Aufstellung des Geschwindigkeitsrekords zu Lande (328 km/h) durch Henry Segrave am Daytona Beach (1927). Die organisatorischen Stärken des 29. März sind militärisch geprägt, und so wurde an diesem Tag Eduard IV. zum König von England, indem er die Armee Heinrichs VI. in der Schlacht von Towton besiegte (1461), und der französische Marschall Foch wurde zum Oberkommandeur der alliierten Streitmächte im Ersten Weltkrieg ernannt (1918). Die britische Premierministerin Margaret Thatcher traf am 29. März in Moskau Michail Gorbatschow zum freundschaftlichen Gespräch, bei dem jedoch dem eigensinnigen Wesen dieses Tages gemäß keiner der beiden ideologische Zugeständnisse machte (1987).

30. MÄRZ

Die am 30. März Geborenen wecken in anderen starke und nicht immer positive Gefühle – nicht nur weil sie überlebensgroße Charaktere sind, die ihre unmittelbare Umgebung dominieren, sondern auch, weil sie wie ihr Tierkreiszeichen, der Widder, bei jeder Herausforderung mit gesenktem Kopf zum Angriff übergehen, ohne Rücksicht auf die Folgen. Mit ihrem Eigensinn und ihrer Tatkraft machen sie unweigerlich auch Fehler, doch besitzen sie die Intelligenz, aus ihren Erfahrungen zu lernen. Ihr Drang, alles zu erleben, was die Welt zu bieten hat, ist so stark, daß sie wesentlich mehr aus dem Leben lernen als aus Büchern. Sie gehen in ihrem Streben nach Anregung, Wissen und Erfolg an alles mit leidenschaftlicher Begeisterung heran und sind Menschen, die etwas bewegen, statt passiv am Rand zu stehen. Dabei lösen sie bei anderen heftige Bewunderung oder auch starke Verärgerung aus, werden aber niemals übersehen. Dank ihrer großen Sinnlichkeit und kreativen Begabung erlangen diese Menschen oft außerordentliche Erfolge im Bereich der Künste, obwohl ihr Talent meist erst in späteren Jahren gemildert ist. Weil sie auf äußere Zwänge negativ reagieren, eignen sie sich schlecht als kleine Rädchen im Getriebe und gedeihen nur dort, wo sie unabhängig agieren können. Ihre persönlichen Beziehungen funktionieren nur dann, wenn ihre Freunde und Partner es an Charakterstärke mit ihnen aufnehmen, zugleich aber auch stützende emotionale Stabilität bieten können.

STÄRKEN: Eigensinnig, ungestüm, dynamisch und phantasievoll – die an diesem Tag Geborenen haben etwas von einer Naturgewalt und gehen alle Aspekte des Lebens mit furchtloser Energie und Leidenschaft an. Sie haben die Anlagen, außerordentlich erfolgreich zu sein, stoßen auf dem Weg zum Erfolg aber unweigerlich auf zahlreiche Schwierigkeiten.
SCHWÄCHEN: Sie haben einen instinktiven Hang, sich blindlings in die Dinge hineinzustürzen, was katastrophale Folgen nach sich ziehen kann. Ihr unwiderstehlicher Impuls, sich drastisch und ehrlich zu äußern, kann sensiblere Menschen verschrecken.
FAZIT: Diese Menschen müssen erkennen, daß die Impulsivität, die sie beflügelt, gelegentlich ihre eigenen Bemühungen zunichte machen kann. Sie sollten versuchen, größere Geduld zu entwickeln, und sich die Zeit nehmen, die Folgen ihres Handelns rechtzeitig zu bedenken.

Planeteneinflüsse

Herrschender Planet: Mars.
Erster Dekan: Persönlicher Planet ist der Mars.

♂

Religiöse und kulturelle Bedeutung

Beginn der Neujahrsfeiern im Iran.
Namenstag: Zosimus von Syrakus (ca. 570–ca. 662), Johannes Klimakos († ca. 649), Dietmut von Wessabrunn (ca. 1060–1130), Leonard Murialdo (1828–1900).

An diesem Tag

Prominente Geburtstage: Maimonides (1135), Francisco José de Goya y Lucientes (1746), Luise Hensel (1798), Anna Sewell (1820), Paul Verlaine (1844), Vincent van Gogh (1853), Melanie Klein (1882), Sean O'Casey (1884), Frankie Laine (1913), Tom Sharpe (1928), John Astin und Rolf Harris (1930), Warren Beatty (1937), Astrud Gilberto (1940), Eric Clapton (1945), Paul Reiser (1957), M. C. Hammer (1962), Tracey Chapman (1963), Celine Dion (1968)

Bedeutende Ereignisse und Jahrestage: Der 30. März verspricht leidenschaftliche – manchmal unbesonnene – Konfrontationen: An diesem Tag verhängte die südafrikanische Regierung als Reaktion auf die ANC-Kampagne gegen die Apartheid den Notstand (1960), extremistische IRA-Terroristen verübten vor dem britischen Unterhaus in London ein tödliches Autobombenattentat auf den Abgeordneten Airey Neave (1979), und John Hinkley III. fügte in Washington dem US-Präsidenten Ronald Reagan eine schwere Schußverletzung zu – wie er sagte, um seine obsessive Liebe zu der Schauspielerin Jodie Foster zu demonstrieren (1981). Dem diesem Tag eigenen Opportunismus gemäß kaufte der US-Senator William H. Seward dem russischen Zarenreich Alaska für 7,2 Mio. US-Dollar ab (1867).

An diesem Tag verwegenen Handelns wurde im Jahre 1842 erstmals Äther als Narkosemittel eingesetzt.

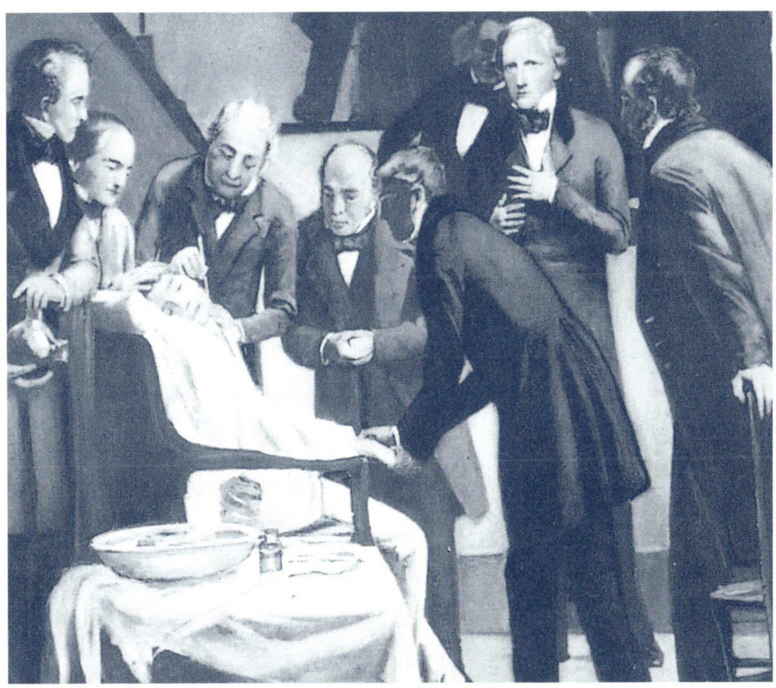

31. MÄRZ

Planeteneinflüsse

Herrschender Planet: Mars.
Erster Dekan: Persönlicher Planet ist der Mars.

♂

Religiöse und kulturelle Bedeutung

Lunafeiern im Alten Rom.
Namenstag: Benjamin, Diakon der persischen Kirche (ca. 400–ca. 422).

Der Philosoph René Descartes, der 1596 an diesem Tag geboren wurde, ist berühmt für seinen Satz „cogito ergo sum" (ich denke, also bin ich), doch seine Beiträge zur Mathematik und Wissenschaft auf dem Gebiet der Geometrie sind auch kaum hoch genug einzuschätzen. Seine logische, rationale Denkweise war typisch für einen am 31. März Geborenen, aber er vernachlässigte sein Privatleben und wurde niemals richtig seßhaft.

Kollegen und Familienmitglieder schätzen die an diesem Tag Geborenen ihrer Gemütsruhe und Beständigkeit wegen. Sie sind darauf bedacht, alles unter Kontrolle zu halten und mit ihren logischen Methoden sicherzustellen, daß ihr berufliches und persönliches Umfeld ihren Wünschen entsprechend geordnet bleibt. Ihre Ambitionen, auf die sie entschlossen hinarbeiten, sind niemals unrealistisch oder unerreichbar, und ihr Weltbild ist von einem Pragmatismus bestimmt, der es ihnen erlaubt, ihre Vorgehensweise anzupassen und nötigenfalls Kompromisse einzugehen, falls dies bessere Erfolgsaussichten verspricht. Eine solche Bereitschaft zur Flexibilität, wo die Umstände sie erfordern, ist zweifellos ein Vorzug im Geschäftsleben, für das diese Menschen aufgrund ihrer persönlichen Eigenschaften bestens geeignet sind, besonders wenn sie im chinesischen Jahr des Affen geboren sind. Das Streben dieser Menschen, Fortschritte auf methodische und direkte Weise zu erzielen, beruht auf ihrer Unduldsamkeit gegen alles, was sie als unnötige Komplikationen ansehen – seien es unpersönliche Hindernisse oder die Einwände anderer. Und obwohl sie abweichende Meinungen letztlich meist berücksichtigen, um die jeweilige Sache voranzubringen, ziehen diese Störquellen zunächst ihren Zorn auf sich. In ihren persönlichen Beziehungen legen die am 31. März Geborenen – vor allem die Männer – Großmut, Zuneigung und Loyalität an den Tag und erwarten, daß dies in gleicher Weise erwidert wird. Wenn sie jedoch Zeichen von Widersetzlichkeit ausmachen, neigen sie zu spektakulären Wutanfällen.

STÄRKEN: Die am 31. März Geborenen sind einfallsreich, realistisch und beständig – Eigenschaften, die in Kombination mit ihrer Energie und ihrem Ehrgeiz Erfolg in allen Lebenslagen versprechen. Ein weiterer Pluspunkt dieser Menschen ist ihre Einsicht, daß Kompromisse im Leben unvermeidlich und notwendig sind.
SCHWÄCHEN: Diese Menschen neigen dazu, ihre Gefühle zu unterdrücken, weil sie glauben, daß geistige Beherrschung und rationales Vorgehen unklaren, sentimentalen Reaktionen vorzuziehen seien. Bei Frustrationen können ihre Gefühle sich jedoch in erstaunlich heftigen – wenn auch kurzlebigen – Temperamentsausbrüchen äußern.
FAZIT: Sie müssen einsehen, daß wenige Menschen ihrem Verlangen nach strikter Disziplin genügen können – auch sie selbst nicht immer. Sie sollten daher lernen, auch die Bedeutsamkeit des Gefühlsausdrucks zu respektieren.

An diesem Tag

Prominente Geburtstage: René Descartes (1596), John Harrison (1693), Joseph Haydn (1732), Nikolai Gogol (1809), Robert Wilhelm Bunsen (1811), Arthur Griffith (1872), Jack Johnson (1878), Henry Morgan (1915), Gordie Howe (1928), Shirley Jones (1934), Herb Alpert und Richard Chamberlain (1935), Timm Ulrichs (1949), Christopher Walken (1943), Gabe Kaplan (1945), Rhea Perlman (1946), Al Gore (1948)

Bedeutende Ereignisse und Jahrestage: Dieser Tag verspricht Erfolg durch disziplinierte Organisationsmethoden, ein Wesenszug, der vor allem in Wirtschaft und Produktion Früchte trägt: An diesem Tag produzierte das deutsche Daimlerwerk sein erstes Automobil, einen Vierzylinder-Wagen, den Gottlieb Daimler nach seiner Tochter Mercedes benannte (1901), Whitcomb L. Judson ließ den ersten Reißverschluß patentieren (1896), in Paris wurde der von Gustave Eiffel konstruierte Eiffelturm eröffnet (1889), und in Argentinien führte die Polizei von Buenos Aires als bürokratische Methode der Verbrechensbekämpfung die weltweit erste Fingerabdruckkartei ein (1892). Die Schriftstellerin Toni Morrison hatte Erfolg, indem sie ihr literarisches Talent mit großer Selbstdisziplin weiterentwickelte, und erhielt an diesem Tag den Pulitzerpreis für ihren 1987 erschienenen Roman *Menschenkind* (1988). Typisch für den 31. März ist Pragmatismus, wie ihn etwa Japan an den Tag legte, als es seine Isolationspolitik aufgab und Handelsbeziehungen mit den USA aufnahm (1854). Das Element Feuer beherrscht diesen Tag, an dem der Südflügel des englischen Hampton Court Palace durch einen Brand zerstört wurde (1986).

1. APRIL

Die am 1. April Geborenen haben eine Ausstrahlung ruhigen Selbstbewußtseins, die bei anderen sofort Vertrauen weckt. Dieses Vertrauen in ihre Fähigkeiten ist keineswegs fehl am Platz, da sie in all ihrem Tun gleichbleibend kompetent und verläßlich sind. Tatsächlich sind sie in mancher Hinsicht das genaue Gegenteil der Narretei, mit der ihr Geburtstag allgemein in Verbindung gebracht wird: eher würdevoll als närrisch, eher konzentriert und beharrlich als flatterhaft, eher umsichtig als impulsiv und waghalsig. Wohl die einzige Ähnlichkeit zwischen dem Witzbold, der mit diesem Tag in Verbindung gebracht wird, und den an diesem Tag Geborenen ist die Sympathie, die sie bei anderen Menschen wecken. Sie werden für ihre aufmerksame, methodische und entschlossene Lebenshaltung bewundert, die im übrigen stets positiv ist. Und obwohl ihr Hauptbeweggrund darin liegt, in allem, was sie tun, erfolgreich zu sein, sind ihre Ideale meist realistisch und selten vom Streben nach Selbstglorifizierung motiviert. Da sie primär aufgabenorientiert sind, arbeiten sie auf sich gestellt ebensogut wie im Team; in letzterem Fall werden sie oft in führende Positionen gewählt – eine Huldigung an ihren Professionalismus, ihre Aufmerksamkeit und persönliche Ausstrahlung. Ihre Talente sind so vielseitig, daß sie sich in jedem Beruf hervortun können, doch am besten geeignet sind sie wohl für Bereiche, in denen praktisches Handeln gefragt ist. Sie sind meist besorgte und liebevolle Partner, Eltern und Freunde, deren Umgebung sich auf ihre unfehlbare Unterstützung verläßt. Die Tatsache, daß sie allen anderen eine Stütze sind, kann jedoch dazu führen, daß ihre eigenen emotionalen Bedürfnisse von anderen nicht ausreichend wahrgenommen oder befriedigt werden.

STÄRKEN: Diese Menschen zeichnen sich durch ihre besonnene und positive Lebenseinstellung aus. Sie reagieren auf die Herausforderungen des Lebens, indem sie die Situation pragmatisch beurteilen, intelligente Handlungspläne ausarbeiten und diese mit unermüdlicher Energie umsetzen.
SCHWÄCHEN: Den an diesem Tag Geborenen ist es unmöglich, die Bitten anderer um ihre Unterstützung zu ignorieren, wobei sie weniger von Mitgefühl bewegt sind als von ihrem Drang, praktische Lösungen für Probleme zu finden. Dieser Hang kann dazu führen, daß sie sich arbeits- und gefühlsmäßig überlasten und ihre Effizienz einbüßen.
FAZIT: Die am 1. April Geborenen sollten versuchen, ihren inneren Drang zu mäßigen, sich blindlings in die Arbeit zu stürzen und anderen alles abzunehmen. Wenn sie nicht lernen, ihre Erwartungen an sich selbst herunterzuschrauben und Verantwortung abzugeben, können sie sich selbst in Erschöpfung und Depression treiben.

An diesem Tag

Prominente Geburtstage: William Harvey (1578), Abbé Prévost (1697), Otto von Bismarck (1815), Edmond Rostand (1868), Sergei Rachmaninow (1873), Edgar Wallace (1875), Lon Chaney (1883), Wallace Beery (1885), Cecily Courtneidge (1893), Toschiro Mifune (1920), Anne McCaffrey (1926), Milan Kundera (1929), Gordon Jump und Debbie Reynolds (1932), Ali MacGraw (1938), J. J. Williams (1948), David Gower (1957), Jennifer Runyon (1961)

Bedeutende Ereignisse und Jahrestage: Der 1. April ist geprägt von militärischem Organisationstalent, veranschaulicht durch: die Gründung der britischen Landwehr (1908), die Zusammenlegung der britischen Luftwaffenorganisationen zur Royal Air Force (1918), das Ende des spanischen Bürgerkriegs (1939) und die Einnahme von Okinawa durch amerikanische Streitkräfte im Zweiten Weltkrieg (1945). Der entschlossene Idealismus und die Konzentration dieses Tages äußerten sich u. a. in der Verpflichtung der ersten Frau für ein Baseballteam der amerikanischen Unterliga (1931) und – im politischen Bereich – darin, daß Ajatollah Khomeini den Iran zur islamischen Republik erklärte (1979). Diese Eigenschaften manifestieren sich auch in technischen Errungenschaften, wie der Fertigstellung der ersten Telefonleitung zwischen London und Paris (1899) und dem Start des ersten amerikanischen Wettersatelliten (1960).

Planeteneinflüsse

Herrschender Planet: Mars.
Second decan: Persönlicher Planet ist die Sonne.

♂ ☉

Religiöse und kulturelle Bedeutung

In Deutschland seit dem 17. Jahrhundert belegter Brauch des Aprilscherzes.
Namenstag: Irene von Thessalonike und Gefährtinnen († 304) Walarich (ca. 565–619), Hugo von Grenoble (1053–1132), Hugo von Bonneveaux (ca. 1120–ca. 1194) Cäsarius († ca. 1239).

Das einzige Charakteristikum, das die am 1. April Geborenen mit dem Clown oder Narren gemeinsam haben, der üblicherweise mit diesem Tag der Aprilscherze in Verbindung gebracht wird, ist ihr gewinnend warmherziges Wesen. Im übrigen tendieren sie eher zu Pragmatismus und Besonnenheit.

2. APRIL

Im Wesen der am 2. April Geborenen findet sich eine kuriose Kombination aus ausgeprägtem Organisationstalent und einem übersteigerten Idealismus, der schon fast an Weltfremdheit grenzt. Obwohl sie eine Vorliebe für direktes und praktisches Handeln an den Tag legen – eine Gabe ihres herrschenden Planeten Mars –, können die Anliegen, die sie beflügeln, anderen bestenfalls unpassend und schlimmstenfalls haarsträubend versponnen erscheinen. Da die an diesem Tag Geborenen einen intuitiven Sinn für soziale Gerechtigkeit haben und daher den Drang verspüren, ihre Energie zum Schutz der Schwachen und Benachteiligten einzusetzen, sind ihre Ambitionen oft humanitärer Natur. Leider fällt es ihnen, obwohl ihre Motive löblich sind, schwer, in anderen einen ähnlichen Eifer zur Unterstützung ihrer Mission zu wecken. Das mag daran liegen, daß sie ihre Überzeugungen zu heftig äußern und damit vorsichtigere Menschen verschrecken. Oder daran, daß sie im Bann einer allumfassenden Vision ihren Realitätssinn verlieren und es ihnen dann nicht mehr gelingt, andere von ihren Anschauungen zu überzeugen. Beruflich finden sie die größte Befriedigung in Stellungen, in denen sie ihre progressiven Visionen umsetzen können, doch nicht innerhalb konventioneller Strukturen – sie sind zu ausgeprägte Freidenker, um sich den Organisationsmethoden anderer zu unterwerfen. Wenn sie sich jedoch frei entfalten können – besonders als Schriftsteller oder Künstler –, erzielen sie oft große Erfolge und Anerkennung für ihre visionäre Kraft, obwohl die Zustimmung anderer zunächst auf sich warten läßt. Durch alle Prüfungen des Lebens hindurch finden sie großen Trost in den engen emotionalen Bindungen, die sie zu anderen aufbauen, und werden von Freunden und Familie für die liebevolle Aufmerksamkeit geschätzt, die sie ihnen entgegenbringen.

STÄRKEN: Die am 2. April Geborenen neigen dazu, sich einer humanitären Mission zu verschreiben und sie mit ungewöhnlicher Begeisterung, Energie und Hartnäckigkeit zu betreiben, wobei sie andere durch ihre Intensität zugleich beeindrucken und verunsichern.

SCHWÄCHEN: Weil sich die an diesem Tag Geborenen der Richtigkeit ihrer Überzeugungen so sicher sind, ist es ihnen fast unvorstellbar, daß andere nicht ihrer Meinung sein könnten. Das birgt die Gefahr, daß sie sich den Standpunkten anderer verschließen und sich bei ihnen durch ihre Unfähigkeit zu Kompromissen unbeliebt machen.

FAZIT: Diese Menschen müssen sich bemühen, die Wirkung ihrer teils radikalen Ansichten auf andere realistisch einzuschätzen, und sollten nach pragmatischeren Möglichkeiten suchen, ihre Unterstützung zu gewinnen. Wenn sie Meinungsverschiedenheiten akzeptieren lernen und ihre Intensität durch ein wenig Realismus abmildern, können sie ihre Erfolgsaussichten verbessern und sich vor sonst unvermeidlichen Enttäuschungen schützen.

Planeteneinflüsse

Herrschender Planet: Mars.
Zweiter Dekan: Persönlicher Planet ist die Sonne.

♂ ☉

Religiöse und kulturelle Bedeutung

Namenstag: Maria von Ägypten, Schutzheilige bußfertiger Prostituierter († 430?), Franz von Paola, Schutzheiliger der Seeleute (1436–1507).

Hans Christian Andersen demonstrierte die für den 2. April typische humanitäre Gesinnung, indem er ein Stück schrieb, das die Übel der Sklaverei anprangerte. Andersen, im chinesischen Jahr des Büffels geboren, das ein Bedürfnis nach Stabilität vermitteln kann, arbeitete hart daran, seine persönliche Unsicherheit zu überwinden.

An diesem Tag

Prominente Geburtstage: Karl der Große (742), Giacomo Girolamo Casanova (1725), August Heinrich Hoffmann von Fallersleben (1798), Hans Christian Andersen und Léon Gambetta (1805), William Holman Hunt (1827), Emile Zola (1840), Max Ernst (1891), Alec Guinness (1914), George Macdonald Fraser (1925), Jack Brabham (1926), Marvin Gaye (1939), Emmy Lou Harris (1947), Dana Carvey (1955)

Bedeutende Ereignisse und Jahrestage: Dieser vom Streben nach humanitärem Fortschritt geprägte Tag ist der Jahrestag der ersten Sitzung des italienischen Nationalparlaments in Turin (1860), der Schließung des berüchtigten britischen Schuldgefängnisses „The Fleet" in London (1884) und des Ägyptenbesuchs des israelischen Premierministers Begin zu Friedensgesprächen mit Präsident Sadat (1979). Eine andere Art von Fortschritt wurde mit der Eröffnung des Simplontunnels durch die Alpen zwischen der Schweiz und Italien erzielt (1905). Auch Konflikte, die durch unbeirrbar feste Überzeugungen entstehen, sind typisch für diesen Tag: Argentinien besetzte die britischen Falklandinseln und löste damit den Falklandkrieg aus (1982).

3. APRIL

Die am 3. April Geborenen sind höchst gesellige Charaktere, die sich gern mit anderen Menschen umgeben und deren Aktivitäten dirigieren. Sie bemühen sich nicht um Führungspositionen, um andere zu dominieren; eher ziehen ihre Energie, natürliche Ausstrahlung und ausgeprägten Ansichten weniger vitale Menschen magnetisch an. Diese willensstarken Persönlichkeiten halten ihre Überzeugungen und Methoden meist für unbestreitbar richtig und suchen daher die Unterstützung ihrer Umgebung, um sie durchzusetzen. Ihre erheblichen Überredungskünste gründen sich zum Teil auf ihre intuitiven Gaben, die auch ihre Meinungen prägen: Sie loten die Stimmung anderer aus und stimmen dann ihre eigenen Worte und Handlungen darauf ab, um optimale Ergebnisse zu erzielen. Mit diesen kommunikativen Fähigkeiten sind sie wohlgerüstet zur Übernahme von Teamverantwortung, und ihre Begabungen versprechen Erfolg in jedem von ihnen gewählten Beruf, wobei ihre Anlagen einer Karriere als Politiker, Regisseur oder Schauspieler besonders zuträglich sind. Ihre charakteristische Selbstsicherheit und Neigung, andere zu lenken, birgt gewisse Gefahren. Obwohl sie der Welt meist ein sonniges, großmütiges und umgängliches Äußeres präsentieren, solange die Dinge so laufen wie gewünscht, kann in schwierigen Situationen ihre introvertierte und eher unsichere Seite zutage treten. Wenn ihre Pläne durchkreuzt oder sie enttäuscht werden, neigen sie dazu, entweder vor Wut zu explodieren oder sich ganz zurückzuziehen und über die Ursache ihrer Verärgerung zu grübeln. Es ist daher für sie wichtig, in ihren persönlichen Beziehungen realistischer zu werden und andere nicht dafür büßen zu lassen, daß sie ihre oft zu hohen Erwartungen nicht erfüllen können.

STÄRKEN: Diese auf die Erzielung von Fortschritten ausgerichteten Menschen sind intuitive und scharfsinnige Denker, die sich instinktiv auf die Stimmungen anderer einstellen. Ihr Klarblick, Schwung und Enthusiasmus verleihen ihnen eine starke persönliche Ausstrahlung, die sie nutzen, um andere für ihre Anliegen zu gewinnen und auf ein gemeinsames Ziel einzuschwören.

SCHWÄCHEN: Obwohl meist gutmütig, haben die an diesem Tag Geborenen eine Tendenz, auf Widerspruch oder auf Menschen, die ihren Wünschen nicht nachkommen, übersensibel zu reagieren, da sie jede abweichende Meinungsäußerung persönlich nehmen.

FAZIT: Diesen Menschen gelingt es meist, ihre intro- und extrovertierten Seiten in Einklang zu bringen, doch sollten sie darauf achten, daß ihre negativeren Gefühle im Umgang mit anderen nicht störend in den Vordergrund drängen. Sie sollten einsehen, daß nicht jede abweichende Meinung ein persönlicher Angriff ist, und ihre Neigung zu feindseligen Reaktionen mäßigen.

An diesem Tag

Prominente Geburtstage: König Heinrich IV. von England (1367), Washington Irving (1783), Charles Wilkes (1798), Daisy Ashford (1881), Leslie Howard (1893), Henry Luce (1898), Marlon Brando und Doris Day (1924), Helmut Kohl (1930), Marsha Mason und Wayne Newton (1942), Alec Baldwin (1958), Eddie Murphy (1961)

Bedeutende Ereignisse und Jahrestage: An diesem Tag, der Meinungsverschiedenheiten mit Verrat gleichsetzen kann, brach Robert Ford seinem Komplizen, dem Banditen Jesse James, die Treue und schoß ihn in den Rücken, um die Belohnung von $ 5.000 zu kassieren (1882). Führungstalent ist prägend für diesen Tag, an dem in England Emmeline Pankhurst für schuldig befunden wurde, ihre Mit-Suffragetten zu einem Bombenanschlag auf Schatzkanzler David Lloyd George angestiftet zu haben (1913) und Joseph Stalin Generalsekretär der kommunistischen Partei der Sowjetunion wurde (1922). An diesem Tag des Tatendrangs im Dienst des Fortschritts nahm der Pony-Expreß seinen Dienst zwischen St. Joseph, Missouri, und San Francisco auf. Im Londoner Stadtteil Brixton demonstrierten sozial benachteiligte Jugendliche ihre Unzufriedenheit durch gewalttätige Ausschreitungen (1981).

Planeteneinflüsse

Herrschender Planet: Mars.
Zweiter Dekan: Persönlicher Planet ist die Sonne.

♂ ☉

Religiöse und kulturelle Bedeutung

In der klassischen Mythologie Persephones alljährliche Rückkehr aus der Unterwelt.
Namenstag: Pankratius (ca. 290–304), Richard von Chichester, Schutzheiliger der Kutscher (ca. 1198–1253), Elisabeth Koch (1815–1899).

1913 wurde Emmeline Pankhurst an diesem Tag, dessen astrologische Kräfte das Zusammentreffen von Führungstalent, Idealismus und Tatendrang begünstigen, für schuldig befunden, mit anderen Suffragetten einen Bombenanschlag auf das Haus ihres politischen Widersachers David Lloyd George geplant zu haben.

Planeteneinflüsse
Herrschender Planet: Mars.
Zweiter Dekan: Persönlicher Planet ist die Sonne.

♂ ☉

Religiöse und kulturelle Bedeutung
Namenstag: Ambrosius (339–97), Schutzheiliger der Bienenzüchter, Isidor von Sevilla (ca. 560–636), Schutzheiliger der Internetbenutzer.

Die amerikanische Schriftstellerin Maya Angelou wurde am 4. April im chinesischen Jahr des Drachen geboren, das die Lebhaftigkeit und Direktheit ihres Wesens noch verstärkt. Ihr Werk zeugt, der Charakteristik dieses Tages entsprechend, von außergewöhnlicher Entschlossenheit bei der Durchsetzung ihrer Visionen.

4. APRIL

Allem Handeln der am 4. April Geborenen liegt der Drang zugrunde, ihre Visionen zu verwirklichen, und zwar auf die Weise, wie sie es für richtig halten. Ihre Ambitionen können durchaus humanitärer Natur sein, da diese fürsorglichen Menschen den Schwächeren in ihrer Gesamtheit große Anteilnahme und Güte entgegenbringen und somit oft von dem Enthusiasmus beflügelt sind, soziale Verbesserungen herbeizuführen. Erstaunlicherweise verhalten sie sich individuell Betroffenen gegenüber weniger mitfühlend. Für diesen scheinbaren Widerspruch bieten sich verschiedene Erklärungen an: Vielleicht halten sie die Probleme einzelner für weniger dringend als die der Unterdrückten und Geknechteten im allgemeinen, oder sie mißtrauen aufgrund vergangener Enttäuschungen den Motiven anderer oder interessieren sich einfach nicht für die Probleme derer, für die sie keine persönliche Sympathie aufbringen. Einmal entflammt, stecken sie jedoch all ihre beträchtliche Energie, Hartnäckigkeit und ihr Organisationstalent in ein Projekt, was ihnen Erfolge vor allem in Wirtschaft und Finanzwesen, aber auch in der Literatur und den darstellenden Künsten bringen kann. Die an diesem Tag Geborenen sind sehr selbstsicher und glauben so unbeirrbar an ihre Überzeugungen und ihre Lebenseinstellung, daß sie von anderen erwarten, ihre Ansichten anstandslos hinzunehmen. Obwohl sie meist liebevolle und engagierte Eltern, Partner und Freunde sind, erwarten sie oft, daß ihre persönlichen Beziehungen nach den von ihnen vorgegebenen Bedingungen funktionieren. Ebenso wie sie abweichende Meinungen am Arbeitsplatz ungeduldig abtun, betrachten sie jeden Widerspruch ihrer Angehörigen oder Freunde als Verrat – eine emotionale Reaktion, die sie möglichst zügeln sollten.

STÄRKEN: Diese willensstarken Menschen fühlen sich durch Herausforderungen angeregt und investieren, wenn ihr Interesse geweckt ist, bemerkenswerte Entschlossenheit, Tatkraft, und Beharrlichkeit, um effektive Strategien zu entwickeln und durchzusetzen.
SCHWÄCHEN: Dem Handeln dieser Menschen liegt ihr überwältigender Glaube an sich selbst und ihre Motive zugrunde. Er verleiht ihnen ein so ausgeprägtes Selbstbewußtsein, daß sie oft nicht bereit sind, andere Vorgehensweisen als die eigene auch nur in Betracht zu ziehen. Manchmal mangelt es ihnen auch an Geduld und Anteilnahme.
FAZIT: Die am 4. April Geborenen sollten Ohren und Geist für die Standpunkte anderer öffnen, statt starrköpfig darauf zu beharren, ihre eigenen Überzeugungen auf Kosten anderer durchzusetzen. Sie ernten größeren emotionalen – und materiellen – Lohn, wenn sie sich um mehr Anteilnahme und Toleranz bemühen.

An diesem Tag
Prominente Geburtstage: Ortelius (1527), Grinling Gibbons (1648), Pierre Paul Prud'hon (1758), Linus Yale (1821), Wilhelm Siemens (1823), Hans Richter (1843), Pierre Monteux (1875), Maurice de Vlaminck (1876), William Russell Flint (1880), Isoroku Yamamoto (1884), Arthur Murray (1895), Robert Emmet Sherwood (1896), John Cameron Swayze (1906), Frances Langford (1914), Muddy Waters (1915), Maya Angelou (1928), Anthony Perkins (1932), Angelica Domröse (1941), Craig T. Nelson (1946), Marilu Henner (1952), David Garvin (1963), Robert Downey jr. (1965)

Bedeutende Ereignisse und Jahrestage: Dieser Tag zeugt von den Erfolgen, die durch entschlossenes Verfolgen einer Vision erzielt werden können: Am 4. April wurde der englische Seefahrer Francis Drake durch Königin Elisabeth I. von England an Bord der „Golden Hind" für seine Weltumsegelung zum Ritter geschlagen (1581). Nach vielen erfolglosen Versuchen wurde endlich Gold in der nordamerikanischen Yukon-Region entdeckt (1896). Der britische Jockey Bob Champion gewann trotz seiner Krebserkrankung das Grand-National-Rennen (1981). Der 4. April steht auch für Intoleranz Andersdenkenden gegenüber und verdeutlicht diese Tendenz durch zwei extreme Beispiele: Er ist der Jahrestag der Ermordung des US-Bürgerrechtlers Dr. Martin Luther King jr. durch James Earl Ray (1968) und der Hinrichtung des früheren Präsidenten von Pakistan, Zulfikar Ali-Khan Bhutto (1979).

5. APRIL

Die an diesem Tag Geborenen ernten Bewunderung für ihre Zielstrebigkeit und die Entschlossenheit, mit der sie auf die Verwirklichung ihrer Ziele hinarbeiten. Haben sie sich einmal inspirieren lassen, so richten sie ihre Augen fest auf ihr Ziel und lassen sich durch nichts von der stetigen Annäherung daran abbringen: Manche lassen sich von einer sozialen oder humanitären Aufgabe beflügeln, andere streben nach vollendeter künstlerischer Leistung. Doch sie alle trachten danach, die Besten zu sein. Dieser Hang ist noch ausgeprägter bei denen, die im chinesischen Jahr des Drachen geboren sind. Der Drang, an die Spitze ihres Berufsfelds aufzusteigen, nährt sich nicht aus Eitelkeit oder dem Wunsch nach Beifall und Anerkennung, sondern rührt daher, daß sich diese Menschen als Perfektionisten getrieben fühlen, jede Herausforderung zu bewältigen. Ihr Organisationstalent und ihre stetige, logische Vorgehensweise sind die besten Voraussetzungen zur Verwirklichung ihrer hochgesteckten Ziele. Trotz der Ernsthaftigkeit, mit der sie sich ihrem intellektuellen Streben widmen, lassen sie sich von ihrer Arbeit nicht ganz in Beschlag nehmen, sondern suchen in ihrer Freizeit Spaß und Zerstreuung. Sie sind fürsorgliche Freunde und Familienmitglieder, die anderen gern Freude bereiten und ihre Kinder gern verwöhnen. Doch vor allem die Männer unter ihnen lassen sich häufig von der Verlockung ihrer beruflichen Ambitionen ablenken, so daß sie manchmal nicht genug auf die emotionalen Bedürfnisse ihrer engeren Umgebung achten.

STÄRKEN: Die am 5. April Geborenen verfügen über äußerst hochentwickelte persönliche Qualitäten, zu denen u. a. ihr Klarblick und ihre intellektuelle Konzentrationsfähigkeit gehören. Dies befähigt sie zur Ausarbeitung methodischer Strategien und gibt ihnen die Willenskraft und Energie, diese mit großer Beharrlichkeit in Erfolge umzusetzen.
SCHWÄCHEN: Obwohl ihnen bewußt ist, daß es für ihre Leistungsfähigkeit wichtig ist, sich außerhalb des Arbeitsumfelds zu entspannen, räumen sie ihrem intellektuellen Streben absoluten Vorrang ein und neigen mitunter dazu, die banaleren – doch nicht weniger wichtigen – Ansprüche von Familie und Freunden zu vernachlässigen.
FAZIT: Auch wenn es ihnen meist gelingt, Berufs- und Privatleben zu trennen, kann ihre Begeisterung für ihre Visionen sie dazu verführen, sich zeitweise körperlich oder emotional von Familie und Freunden zu entfernen. Sie sollten darauf achten, andere durch ihre intellektuelle Inanspruchnahme nicht zu verletzen.

An diesem Tag

Prominente Geburtstage: Thomas Hobbes (1588), Elihu Yale (1649), Jean Honoré Fragonard (1732), Joseph Lister (1827), Algernon Charles Swinburne (1837), Booker T. Washington (1856), Chesney Allen (1894), Spencer Tracy (1900), Bette Davis und Herbert von Karajan (1908), Gregory Peck (1916), Arthur Hailey (1920), Gale Storm (1921), Roger Corman (1926), Nigel Hawthorne (1929), Frank Gorshin (1934), Colin Powell (1937), Michael Moriarty (1941), Agnetha Fältskog (1950)

Bedeutende Ereignisse und Jahrestage: Zu den vielen Begabungen, die diesem Tag eigen sind, gehört auch künstlerisches Können, und so ist dies der Jahrestag der Uraufführung der Operette *Die Fledermaus* von Johann Strauß (1874) und der Auszeichnung des Films *Ben Hur* mit zehn Oscars (1960). An diesem vom Element Feuer beherrschten Tag wurden in Irland zahlreiche Finanzämter und Polizeiwachen in Brand gesteckt, um an den Osteraufstand von 1916 in Dublin zu erinnern (1920). Der April wird nicht nur vom römischen Kriegsgott Mars regiert, sondern ist auch von militärischem Organisationstalent geprägt, und so stach an diesem Tag ein britischer Kampfverband in See, um die argentinischen Besatzungstruppen von den Falklandinseln zu vertreiben (1982).

Planeteneinflüsse

Herrschender Planet: Mars.
Zweiter Dekan: Persönlicher Planet ist die Sonne.

♂ ☉

Religiöse und kulturelle Bedeutung

In China Fest der Kuan Yin.
Namenstag: Eva von Lüttich (ca. 1200–1265), Vinzenz Ferrer, Schutzheiliger der Baumeister (1350–1419).

Das Fest der Kuan Yin – der chinesischen Göttin der Heilkunst, Gnade, Barmherzigkeit und Vergebung – wird am 5. April gefeiert.

6. APRIL

Die treibende Kraft der am 6. April Geborenen ist ihr rastloses Streben nach Wissen, ihr Drang, das wahre Wesen einer Person oder Situation zu ergründen. Und da sie aus ihren Erfahrungen lernen, gründen sie nicht nur ihr zukünftiges Handeln auf die so gewonnenen Erkenntnisse, sondern lernen aus ihnen auch, für vieles aufgeschlossen zu sein und selbst verstiegenere Ideen zu akzeptieren. Trotz ihrer intellektuellen Rastlosigkeit mangelt es ihnen keineswegs an Durchhaltevermögen, und wenn ein Thema ihre Aufmerksamkeit fesselt, setzen sie ihre beträchtlichen Fähigkeiten der Logik, geistigen Organisation und Beharrlichkeit ein, um es zu analysieren. Diese Begabungen befähigen sie zu wahrhaft innovativen Leistungen, besonders als Wissenschaftler, obwohl diese Allround-Talente sich auch als Musiker, Schriftsteller oder gar Philosophen auszeichnen.

Tatsächlich ist die Spannbreite ihrer Talente und Interessen so groß, daß es den am 6. April Geborenen anfänglich schwerfallen kann, sich auf einen Beruf oder Lebenspartner festzulegen. Doch wenn sie erst in einer stabilen häuslichen Situation etabliert sind, bewähren sie sich meist als loyale und fürsorgliche Familienmitglieder und werden besonders als großzügige und nachsichtige Eltern geschätzt. Allerdings kann der unwiderstehliche Sirenengesang einer faszinierenden Idee sie dazu treiben, alles andere fallenzulassen.

STÄRKEN: Ihr Verlangen, noch unbekannte Wahrheiten zu ergründen, kann diese originellen und vielseitig begabten Persönlichkeiten auf bislang unerforschte Wissensgebiete führen. Sind sie erst einer besonders interessanten Sache auf der Spur, so wenden sie all ihre methodischen Fähigkeiten und ihre überschießende Energie zu deren Erforschung auf.
SCHWÄCHEN: Die am 6. April Geborenen laufen Gefahr, sich von ihren Lieblingsprojekten so vereinnahmen zu lassen, daß sie darüber alles andere vergessen. Diese Neigung kann sie dazu verleiten, ihr eigenes Entspannungsbedürfnis ebenso wie die emotionalen Bedürfnisse ihrer Angehörigen zu vernachlässigen.
FAZIT: Ohne deshalb von der Richtung abzuweichen, in die ihre intellektuelle Neugier sie leitet, müssen sich die an diesem Tag Geborenen bemühen, einen Blick für die Realität zu bewahren und sich im Streben nach Verwirklichung ihrer Visionen nicht körperlich und geistig zu erschöpfen oder von anderen zu isolieren.

Planeteneinflüsse

Herrschender Planet: Mars.
Zweiter Dekan: Persönlicher Planet ist die Sonne.

Religiöse und kulturelle Bedeutung

Namenstag: Sixtus I. († ca. 125), Irenäus von Sirmium († 304).

An diesem Tag

Prominente Geburtstage: Raffael (1483), Harry Houdini (1874), Walter Huston (1884), Leo Robin (1900), John Betjeman (1906), Richard Murdoch (1907), David Moore (1927), James Dewey Watson (1928), André Previn (1929), Merle Haggard und Billy Dee Williams (1937), Hans-Werner Geissendörfer (1941), Michelle Philips (1944), Bob Marley und Peter Tosh (1945), Ari Meyers (1969)

Bedeutende Ereignisse und Jahrestage: Das breite Begabungsspektrum des 6. April spiegelt sich in den an diesem Tag erreichten persönlichen Leistungen: So wurde George Washington zum ersten Präsidenten der Vereinigten Staaten ernannt (1789), Joseph Smith gründete in New York die Mormonenkirche (1830), William Wordsworth wurde zum britischen Hofpoeten gekürt (1843) und Baron de Courbertin verwirklichte mit der Eröffnung der ersten olympischen Spiele der Neuzeit in Athen seine ganz persönliche Vision (1896). Die amerikanischen Forschungsreisenden Robert Peary und Matthew Henson erreichten als erste Expedition den Nordpol (1909) und Pierre Trudeau wurde zum kanadischen Premierminister gewählt (1968). Die diesem Tag eigene Ruhelosigkeit fand eine extreme Parallele z. B. im Jahr 1580, als ein Erdbeben in Großbritannien viele Londoner Gebäude verwüstete, u. a. die St. Paul's Cathedral.

Diese Zeichnung veranschaulicht die eindrucksvolle Architektur der St. Paul's Cathedral in London, die 1580 am 6. April – einem Tag, der sich durch Ruhelosigkeit und Instabilität auszeichnet – durch ein Erdbeben schwer beschädigt wurde.

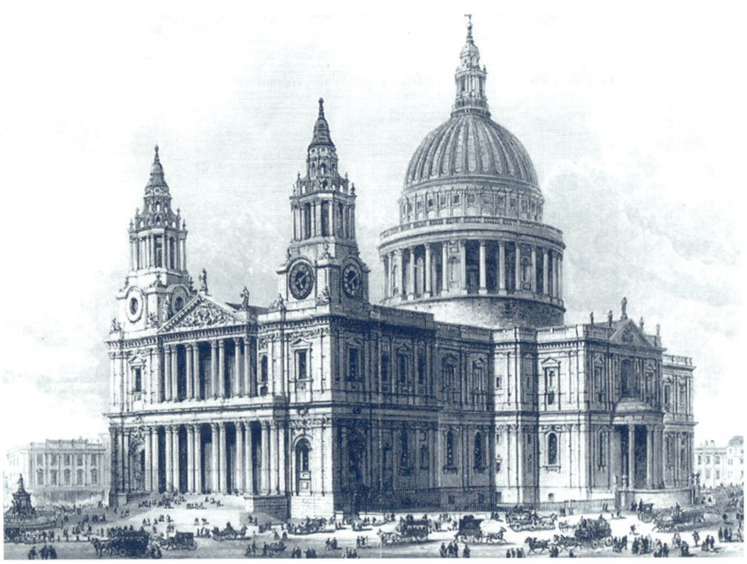

7. APRIL

Der Charakter der am 7. April Geborenen hat zwei ganz unterschiedliche Seiten: eine idealistische, die sie bewegt, sich unermüdlich für den Fortschritt einzusetzen, und eine ungeduldige, die zum Vorschein kommt, wenn diese Menschen frustriert sind. Diese scheinbar widersprüchlichen Wesenszüge sind durch das Prinzip von Ursache und Wirkung verknüpft. Wenn die am 7. April Geborenen von dem Verlangen gepackt sind, Verbesserungen zu bewirken – sei es auf humanitärem Gebiet oder in Zusammenhang mit einer beruflichen Aufgabe –, investieren sie begeistert und rückhaltlos ihre beträchtliche Phantasie, Logik und Beharrlichkeit in das Projekt. Stoßen sie dabei jedoch auf Hindernisse, tendieren sie dazu, diese blindlings zu attackieren, und platzen dann – typisch Widder – vor Wut, wenn sich der Weg auch durch wiederholte Vorstöße nicht freiräumen läßt. Diese temperamentvolle Reaktion ist noch ausgeprägter, wenn sie im chinesischen Jahr des Drachen geboren sind. Die an diesem Tag Geborenen sind vielseitig begabt: Ihr Idealismus und ihre Sensibilität verheißen ihnen Erfolge in Literatur, Musik und Schauspielkunst; ihr forschender Geist und ihr methodisches Vorgehen sind in der wissenschaftlichen Forschung erfolgversprechend. In jedem Berufsfeld brauchen sie Unabhängigkeit. Sie sind gute Führungskräfte, doch nur zu ihren eigenen Bedingungen. Obwohl sie sich in ihren persönlichen Beziehungen meist heiter und entspannt verhalten, geraten sie vor allem in ihrer Jugend in Konflikt mit den Regeln anderer, und auch hier neigen sie zu Wutausbrüchen, wenn nicht alles nach ihrem Kopf geht.

STÄRKEN: Intellektuelle oder soziale Visionen erfüllen diese Menschen mit grenzenloser Begeisterung, Entschlossenheit und Optimismus. Sie haben nicht nur den glühenden Wunsch, sondern auch die Fähigkeiten und die Antriebskraft, ihre Träume in Realität zu verwandeln.
SCHWÄCHEN: Wenn andere nicht ihrer Meinung sind oder sie daran gehindert werden, ihren Wünschen gemäß zu handeln, neigen die am 7. April Geborenen zu negativen Reaktionen wie Wutanfällen, verletzenden Bemerkungen oder nachtragendem Verhalten.
FAZIT: Diese Menschen sollten ihre Bemühungen, Gutes zu bewirken, nicht vereiteln, indem sie andere verletzen, wenn sie selbst verstimmt sind. Sie könnten in allen Bereichen ihres Lebens davon profitieren, eine gelassenere und überlegtere Haltung einzunehmen und sich die Standpunkte anderer ruhig und objektiv anzuhören.

An diesem Tag

Prominente Geburtstage: der Heilige Franz Xaver (1506), William Wordsworth (1770), Charles Fourier (1772), Ole Kirk Christiansen und David Low (1891), Irene Castle (1893), Billie Holiday (1915), James Garner und Alan J. Pakula (1928), Andrew Sachs (1930), Wayne Rogers (1933), Jerry Brown (1938), Francis Ford Coppola und David Frost (1939), Jackie Chan (1954), Gerhard Schröder (1944)

Bedeutende Ereignisse und Jahrestage: An diesem vom Element Feuer beherrschten Tag, der für feuriges Temperament steht, wurden die ersten Sicherheitszündhölzer, eine Erfindung von John Walker aus dem englischen Stockton-on-Tees, kommerziell vertrieben (1827); beim Ausbruch des Vesuv in Sizilien kamen über hundert Menschen ums Leben (1906). Weitere gewaltsame Manifestationen der Konfrontationstendenzen dieses Tages: der Galgentod des Straßenräubers Dick Turpin im englischen York (1739), der Sieg der Nordstaatentruppen von General Ulysses Grant über die Südstaatenarmee in der Schlacht von Shiloh (1862), die Versenkung des damals größten Kriegsschiffs der Welt, der japanischen „Yamamoto", durch amerikanische Flieger im Zweiten Weltkrieg (1945). Dieser von wissenschaftlichen und künstlerischen Begabungen geprägte Tag ist Jahrestag der Uraufführung des Musicals *Südpazifik* von Rodgers und Hammerstein (1949). Auch humanitäre Anliegen sind charakteristisch für diesen Tag, an dem in Genf die Weltgesundheitsorganisation (WHO) gegründet wurde (1948), der Schwede Dag Hammarskjöld Generalsekretär der Vereinten Nationen wurde (1953) und rund 15.000 Menschen vor der Atomwaffen-Forschungsanstalt im englischen Aldermaston demonstrierten (1958).

Planeteneinflüsse

Herrschender Planet: Mars.
Zweiter Dekan: Persönlicher Planet ist die Sonne.

♂ ☉

Religiöse und kulturelle Bedeutung

Blajini-Feiern in Rumänien.
Namenstag: Ursula Venerii (1375–1410), Jean-Baptiste de la Salle, Schutzheiliger der Lehrer (1651–1719), Maria Assunta Palotta (1878–1905).

Die am 7. April 1915 geborene Billie Holiday zeichnete sich durch Kreativität in Verbindung mit einem sensiblen und geschäftstüchtigen Wesen aus – für diesen Tag und besonders für die wie sie im chinesischen Jahr des Hasen Geborenen typische Charakterzüge

8. APRIL

Die Ambitionen, die das Handeln der am 8. April Geborenen beseelen, sind meist edler Natur, denn sie streben nach weltweiten Verbesserungen, insbesondere in gesellschaftlichen Dingen. Ihre humanitären Anliegen und Ideale sind teils durch Mitgefühl mit den Unterdrückten und Benachteiligten motiviert und teils durch ihren angeborenen Sinn für Recht und Moral. Mit solchen Charakterzügen und Idealen sind sie besonders für eine Laufbahn im Rechtswesen, Militär oder anderen Institutionen des Gesetzesvollzugs gut gerüstet, doch steht ihr Geburtstag auch für das Erreichen sportlicher Ziele, und auch wenn nicht all diese Menschen den Sport zum Beruf machen, haben die meisten von ihnen doch große Freude an reger körperlicher Betätigung. Im Wettlauf des Lebens setzen sich diese willensstarken Persönlichkeiten meist einen gut geplanten, direkten Kurs, dem sie dann zielstrebig folgen – eine erfolgverheißende Strategie. Trotz ihrer großen Einfühlungsgabe neigen die am 8. April Geborenen mit ihrem scharfen, logischen Intellekt und ihrem Gerechtigkeitssinn dazu, die Dinge einseitig in Gut und Böse aufzuteilen, wobei sie die vielfältigen Nuancen anderer Meinungen ungeduldig als Zeichen geistiger und emotionaler Verwirrung oder als schlicht falsch abtun können. Da sie außerdem ihre Gefühle strikt unter Kontrolle halten, könnten Außenstehende sie für unnahbare, hochmütige Menschen halten, denen es schwerfällt, intime Beziehungen herzustellen. Dabei sind sie im Umgang mit Familienmitgliedern und guten Freunden meist äußerst herzlich und verläßlich und entwickeln oft ein besonders enges Verhältnis zu ihren Kindern.

STÄRKEN: Diese Menschen sind nicht nur mit einem überaus scharfsinnigen und methodischen Geist, sondern auch mit enormer Energie und Entschlossenheit begabt und stellen diese Eigenschaften bereitwillig in den Dienst anderer, besonders der schwächeren Mitglieder der Gesellschaft.
SCHWÄCHEN: Sie laufen Gefahr, in ihrem Streben nach Verbesserung des Lebens anderer eigene emotionale Bedürfnisse zu unterdrücken, was ihnen langfristig schaden kann. Sie können zudem in ihren Überzeugungen äußerst unnachgiebig sein und sich der Gültigkeit jeder Meinung verweigern, die zu der ihren in Widerspruch steht.
FAZIT: Obwohl der Altruismus und die Anteilnahme, die diese Menschen der Menschheit insgesamt entgegenbringen, bewundernswert sind, ist es doch wichtig, daß sie sich auch um ihre eigenen Bedürfnisse kümmern, um ihr Privatleben und ihre geistige Ausgeglichenheit nicht zu gefährden. Sie sollten versuchen, eine tolerantere Haltung Andersdenkenden gegenüber zu entwickeln, sich zu entspannen und sich selbst weniger abzuverlangen.

Planeteneinflüsse
Herrschender Planet: Mars.
Zweiter Dekan: Persönlicher Planet ist die Sonne.

♂ ☉

Religiöse und kulturelle Bedeutung
Namenstag: Dionysius von Korinth (2. Jh.), Maria Rosa Julia Billiart (1751–1816).

Die einstige amerikanische Präsidentengattin Betty Ford wurde am 8. April geboren, einem Tag, der humanitäre Einstellungen begünstigt. Bei der Überwindung ihrer eigenen Sucht und ihrem unermüdlichen Bemühen, anderen Menschen mit ähnlichen Problemen zu helfen, profitierte sie von ihrem Pragmatismus, Selbstvertrauen und Kampfgeist – Wesenszüge, die durch ihr Geburtsjahr, das chinesische Jahr des Pferdes, noch verstärkt wurden.

An diesem Tag
Prominente Geburtstage: Giuseppe Tartini (1692), August Wilhelm Hofmann (1818), König Albert I. von Belgien (1875), Max Rychner (1897), Adrian Boult (1889), Mary Pickford (1893), E. Y. Harburg (1898), Josef Krips (1902), Sonja Henie (1912), Betty Ford (1918), Ian Smith (1919), Sheckey Greene (1926), Eric Porter (1928), Dorothy Tutin (1930), John Gavin (1932), Hywel Bennett (1944), John Schneider (1954), Julian Lennon (1963)

Bedeutende Ereignisse und Jahrestage: An diesem Tag, der für aktive Maßnahmen im Dienste einer persönlichen Gerechtigkeit steht, wurde die grausame Tyrannei des römischen Kaisers Caracalla durch seine Ermordung beendet (217). Der britische General Horatio Kitchener nahm den Mahdi als Anführer einer Revolte gegen Ägypten im Sudan gefangen (1898), und der amerikanische Schauspieler Clint Eastwood wurde zum Bürgermeister des kalifornischen Carmel gewählt (1986). Weitblick und Beharrlichkeit, die diesem Tag eigen sind, können technische Fortschritte herbeiführen: So eröffnete an diesem Tag der von dem britischen Ingenieur Isambard Kingdom Brunel gebaute Dampfer „Great Western" durch seine Jungfernfahrt von Bristol nach New York den transatlantischen Passagierverkehr per Dampfschiff (1838). Ebenso können diese Wesenszüge zur Verwirklichung künstlerischer Ziele, wie der Uraufführung der Sinfonie *Odyssey* von Nicholas Maw (1989), führen.

9. APRIL

Diese resoluten, pragmatischen Menschen handeln lieber mit großer Tatkraft und Kompetenz, als daß sie Denkarbeit leisten. Sie begeistern sich nicht für abstrakte ideologische Visionen, sondern konzentrieren sich auf die unmittelbaren Ziele ihres Berufs- und Privatlebens. Dabei tun sie sich durch Dynamik, Beharrlichkeit und Zielstrebigkeit hervor und profitieren von dem Geschick, mit dem sie ihre Ideen und die Fähigkeiten anderer organisieren. Ihre methodische und entschlossene Art und ihre bemerkenswerte Konzentrationsfähigkeit verheißen gute Erfolgsaussichten. Ihre Tendenz, alles in Gut oder Böse einzuteilen, und ihre Ungeduld denen gegenüber, die mit ihren Methoden nicht einverstanden sind, können ihrem Vorankommen aber im Weg stehen. Da sie sowohl künstlerisch als auch wissenschaftlich begabt sind, winken ihnen auf beiden Gebieten berufliche Erfolge, doch die größte Befriedigung finden sie in Bereichen, in denen sie greifbarere Ergebnisse erzielen können, wie in der Wirtschaft, beim Militär oder als Techniker. Viele der an diesem Tag Geborenen nehmen ihr häusliches Umfeld ernster als ihre berufliche Laufbahn und organisieren es – und ihre engere Familie – mit enormer Effizienz. Ihre Energie und ihr Tatendrang sind so überschießend, daß sie ihre Freizeit oft auf Heimwerkerprojekte und andere häusliche Arbeiten verwenden. Sie bieten ihren Freunden und Angehörigen beträchtliche praktische Unterstützung und Stabilität, neigen ihnen gegenüber aber zu dominantem Verhalten und sollten versuchen, zu einem entspannteren und toleranteren Umgang mit abweichenden Meinungen zu finden.

STÄRKEN: Mit ihrem Übermaß an Energie, Organisationsgeschick, Erfindungsreichtum und Zielbewußtsein besitzen die am 9. April Geborenen alle Voraussetzungen, ihre Ambitionen zu verwirklichen.
SCHWÄCHEN: Mit ihren ehernen Überzeugungen und ihrem Drang, Fortschritte zu erzielen, neigen sie zu mangelnder Rücksicht auf diejenigen, die anderer Meinung sind oder weniger handfeste Methoden als die ihren befürworten.
FAZIT: Die an diesem Tag Geborenen sollten sich bemühen, in allen Lebensbereichen die Intuition und Sensibilität, die sie zweifellos besitzen, mehr an die Oberfläche zu lassen, den Bedürfnissen anderer mehr Aufmerksamkeit zu schenken und ihr Kontrollbedürfnis zu mäßigen. Echte Kommunikation auf gleicher Ebene verhilft ihnen in ihren beruflichen und persönlichen Beziehungen letztlich zu größerer emotionaler Erfüllung.

An diesem Tag

Prominente Geburtstage: James Scott, Herzog von Monmouth (1649), Isambard Kingdom Brunel (1806), Charles Pierre Baudelaire (1821), König Leopold II. von Belgien (1835), Erich von Ludendorff (1865), Léon Blum (1872), Paul Bustill Robeson (1898), Anatole Dorati und Hugh Todd Naylor Gaitskell (1906), Robert Murray Helpmann (1909), Hugh Marston Hefner (1926), Tom Lehrer (1928), Jean-Paul Belmondo (1933), Dennis Quaid (1954), Paulina Porizkova (1957)

Bedeutende Ereignisse und Jahrestage: Der 9. April steht für unbeirrbares Festhalten an Überzeugungen – was zu heftigen Konfrontationen führen kann – und war der Tag, an dem Lord Lovat in England aufgrund seines Eintretens für die Sache der Jakobiten wegen Hochverrats hingerichtet wurde (1747), der Nordstaatengeneral Ulysses S. Grant in Appomattox die Kapitulationserklärung des Südstaatengenerals Robert E. Lee im amerikanischen Bürgerkrieg entgegennahm (1865) und David Pratt einen Attentatsversuch auf den südafrikanischen Premierminister Hendrik Verwoerd unternahm (1960). Doch ist die dem 9. April eigene Entschlossenheit auch oft erfolgversprechend, wie der Jungfernflug des Überschallflugzeugs Concorde 002 vom englischen Filton aus bezeugt (1969). Auch praktische Anliegen sind typisch für diesen Tag, an dem Paul McCartney den ersten Schritt zur rechtlichen Auflösung der Beatles unternahm (1970).

Planeteneinflüsse
Herrschender Planet: Mars.
Zweiter Dekan: Persönlicher Planet ist die Sonne.

♂ ☉

Religiöse und kulturelle Bedeutung
Fest der Göttin A-Ma im portugiesischen Macao; Hocktide-Freudenfest in England.
Namenstag: Casilda von Toledo (11. Jh.), Konrad I. von Salzburg (1075–1147).

Am 9. April – einem Tag, der von kompromißlosem Handeln nach leidenschaftlichen Überzeugungen geprägt ist – nahm General Ulysses S. Grant in Appomattox von General Robert E. Lee die Kapitulationserklärung entgegen, die das Ende des amerikanischen Bürgerkriegs bedeutete (1865).

10. APRIL

Was immer die am 10. April Geborenen besonders bewegt – sei es eine humanitäre, spirituelle, wissenschaftliche oder künstlerische Vision –, ergründen sie mit unbeirrbarer Aufmerksamkeit und enormer Energie bis ins kleinste Detail, bevor sie einen durchdachten Handlungsplan entwickeln, um diese Sache voranzubringen. Obwohl sie auf die Erzielung von Ergebnissen ausgerichtet sind, handeln diese pragmatischen Menschen selten impulsiv, sondern setzen zunächst ihren scharfen Intellekt und ihre praktischen Fertigkeiten ein, um die aussichtsreichste Strategie zur Verwirklichung ihrer Ambitionen zu erforschen und zu formulieren. Während jene, die sie nicht gut kennen, gelegentlich über ihre scheinbar radikale Vorgehensweise staunen, sind sich die am 10. April Geborenen in Wirklichkeit ihres Erfolges gewiß – in dem sicheren Wissen, alle potentiellen Risiken genau abgewogen zu haben. Mit dieser Kombination aus planmäßigem Vorgehen und Abenteuerlust eignen sie sich für vielerlei Tätigkeiten, insbesondere für Berufsfelder wie das Börsengeschäft, Marktforschung, Werbung oder Marketing. Obwohl die an diesem Tag Geborenen familiären und freundschaftlichen Bindungen einen hohen Stellenwert einräumen und sehr um das Glück ihrer Angehörigen besorgt sind, kann ihr Hang, sich übermäßig in berufliche Projekte zu versenken, zu Problemen führen. Diese Tendenz ist bei Männern besonders ausgeprägt, ebenso bei jenen, die im chinesischen Jahr des Tigers geboren sind und sich ebenfalls oft von drängenderen Interessen außerhalb des heimischen Umfelds ablenken lassen.

STÄRKEN: Die an diesem Tag Geborenen sind mit vielfältigen Talenten begabt, u. a. mit intellektuellem Scharfblick, technischem Verständnis, Zielstrebigkeit und der Bereitschaft, sorgsam kalkulierte Risiken einzugehen – eine erfolgverheißende Kombination.
SCHWÄCHEN: Weil sie so versessen darauf sind, Herausforderungen frontal anzugehen, ihre Fähigkeit zur Bewältigung schwieriger Umstände zu beweisen und greifbare Ergebnisse zu erzielen, besteht die Gefahr, daß sie geradezu süchtig nach Situationen werden, in denen sie sich bewähren können, was ihrem Wohlergehen letzlich abträglich ist.
FAZIT: Die am 10. April Geborenen sind sehr dynamische und positive Menschen, die ganz auf die Überwindung von Hindernissen und auf Fortschritt ausgerichtet sind. Sie sollten jedoch in allen Lebensbereichen lernen, sich zu entspannen und zuweilen abzuschalten, um die emotionale Erfüllung persönlicher Beziehungen auszukosten.

Planeteneinflüsse
Herrschender Planet: Mars.
Zweiter Dekan: Persönlicher Planet ist die Sonne.

♂ ☉

Religiöse und kulturelle Bedeutung
Nach keltischer Volkstradition der Tag des Sonnentanzes.
Namenstag: Engelbert von Admont (ca. 1250–1331), Magdalena von Canossa (1774–1835).

An diesem Tag
Prominente Geburtstage: König Jakob V. von Schottland (1512), Christian Hahnemann (1755), William Hazlitt (1778), Lew Wallace (1827), William Booth (1829), Joseph Pulitzer (1847), Alfred Kubin (1877), Clare Boothe Luce (1903), Chuck Connors (1921), Max von Sydow (1929), Omar Sharif (1932), Don Meredith (1938), Paul Theroux (1941), Steven Segal (1951)

Bedeutende Ereignisse und Jahrestage: An diesem Tag der Überwindung von Hindernissen siegten die Truppen des Herzogs von Wellington über die französische Armee von Marschall Soult (1814), landeten die ersten britischen Siedler nach beschwerlicher Seereise in der Algoa-Bucht von Südafrika (1820) und gewann der Golfer Nick Faldo als erster Brite das amerikanische Masters-Turnier (1989). Auch das Verlangen nach praktischen Fortschritten ist typisch für diesen Tag, der sich durch vielerlei Innovationen und bahnbrechende Leistungen auszeichnete: Die Verabschiedung des Copyright-Gesetzes durch das britische Parlament (1710), das Erscheinen der ersten Ausgabe der *New York Tribune* (später in *Herald Tribune* umgetauft, 1841), die Patentierung der Sicherheitsnadel durch den New Yorker Walter Hunt (1849), die Herausgabe des ersten Kreuzworträtselmagazins in New York (1924) und die Verabschiedung des Bürgerrechtsgesetzes durch den US-Senat (1960). Persönlicher Erfolg ist ein Merkmal dieses Tages, an dem George Eliot *Die Mühle am Floss* veröffentlichte (1860), Sun Yat-sen Prädident von China wurde (1921) und Paul von Hindenburg zum deutschen Reichspräsidenten gewählt wurde (1932).

Die Bewältigung von Herausforderungen und ein Drang zur Verwirklichung humanitärer Visionen sind typische Merkmale des 10. April, an dem der US-Senat 1960 das Bürgerrechtsgesetz verabschiedete. Dieser historische Erfolg wurde ermöglicht durch die Vorarbeit von Bürgerrechtlern wie John Lewis, Whitney Young jr., A. Philip Randolph, Dr. Martin Luther King jr., James Farmer und Roy Wilkins (von links nach rechts).

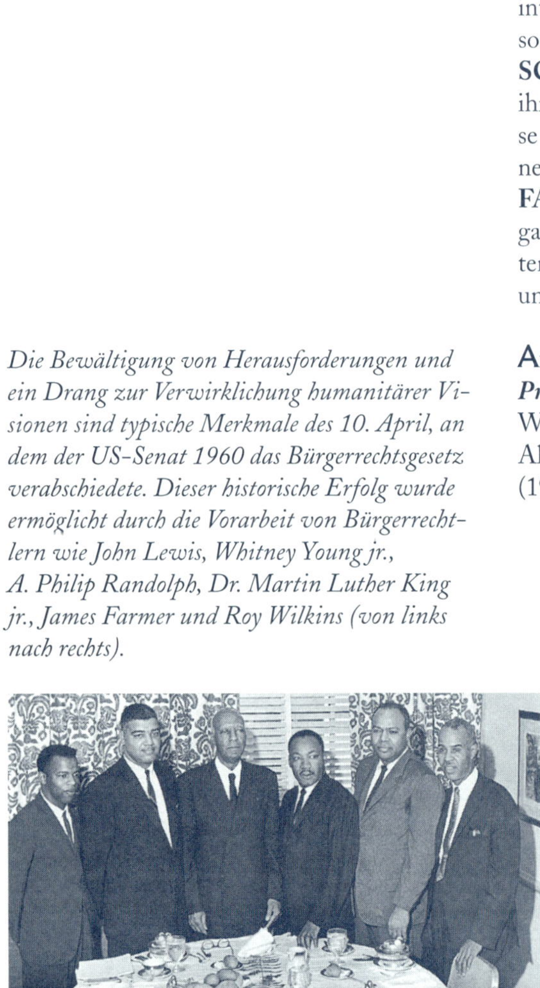

11. APRIL

Große Ideen faszinieren die am 11. April Geborenen, vor allem solche, die Fortschritte für die Menschheit versprechen – ob im Sinne weltweiter sozialer Verbesserungen oder durch wissenschaftliche und technische Entwicklungen. Sie sind mit einem angeborenen Gerechtigkeitssinn ausgestattet und verspüren sowohl starkes Mitgefühl mit den Leidenden und Benachteiligten als auch die Entschlossenheit, ihr Los zu verbessern. Diese Menschen sind voll von unerschütterlichem Optimismus, wenn es um die Entwicklung einer Strategie zur Verwirklichung ihrer Ambitionen geht, und investieren ihre im Überfluß vorhandene Energie, ihren Klarblick und ihre beträchtlichen Kommunikationsfähigkeiten in die Formulierung eines Handlungsplans, den sie dann mit unbeirrbarer Hartnäckigkeit umsetzen. Sie sind nicht nur scharfsinnig, sondern auch realistisch und praktisch genug, um zu wissen, daß sie die Unterstützung anderer brauchen, um zum Erfolg zu gelangen. So legen sie es oft bewußt darauf an, potentielle Gegner zu umwerben und durch geschickte Diplomatie für ihre Sache zu gewinnen. Mit diesen Fähigkeiten und Interessen sind sie hervorragend geeignet für vielerlei Tätigkeiten im Staatsdienst, u. a. auf dem Gebiet der Politik, im diplomatischen Dienst, im sozialen Bereich und in der wissenschaftlichen Forschung. Besonders gut bewähren sie sich in Stellungen mit Teamverantwortung, denn sie besitzen die Fähigkeit, ihre Mitarbeiter anzuspornen und zu motivieren. Jedoch ist bei vielen von ihnen das persönliche Umfeld weniger harmonisch und bietet ihrer Tatkraft keine befriedigenden Einsatzmöglichkeiten. Sie fühlen sich durch banale häusliche Pflichten oft gelangweilt und stehen u. U. in dem Ruf, sich hier ihrer Verantwortung zu entziehen.

STÄRKEN: Von ihren progressiven Idealen befeuert, arbeiten die am 11. April Geborenen unermüdlich auf ihre Ziele hin und bündeln ihre erheblichen Überredungskünste, ihre Beharrlichkeit und ihren Scharfblick zu einem sehr erfolgversprechenden dynamischen Paket.
SCHWÄCHEN: Sie sind so aktiv auf Erfolg ausgerichtet, daß sie sehr negativ reagieren, wenn sie sich trotz ihrer angestrengten Bemühungen in einer Sackgasse wiederfinden und ihre Verärgerung u. U. an anderen auslassen oder in depressive Stimmungen verfallen. Außerdem neigen sie bei mangelnder Anregung zu Ungeduld.
FAZIT: Diese Menschen sollten die realistische Haltung, die sie im Berufsleben einnehmen, auf ihre persönlichen Beziehungen übertragen. Andere sollten so akzeptiert werden, wie sie sind, und sie sollten erkennen, daß ihr häusliches Umfeld als Quelle der Entspannung und emotionalen Befriedigung und damit als Gegengewicht zu den Anforderungen der Arbeitswelt für sie unentbehrlich ist.

An diesem Tag

Prominente Geburtstage: Luise Gottsched (1713), James Parkinson (1775), Charles Hallé (1819), Nick La Rocca (1889), Dean Acheson und John Nash (1893), Percy Lavon Julian (1899), Oleg Cassini (1913), Cameron Mitchell (1918), Ethel Kennedy (1928), Ronald Fraser (1930), Joel Grey (1932), Jill Gascoine (1937), Louise Lasser (1939)

Bedeutende Ereignisse und Jahrestage: Dieser Tag des Fortschritts verspricht diplomatische Lösungen in Interessenskonflikten, wie etwa die Krönung von Wilhelm III. und Maria II. von England als Lösung der durch die prokatholische Politik Jakobs II. ausgelösten Krise (1689). Der spanische Erbfolgekrieg, bei der Großbritannien Neufundland und Gibraltar erhielt (1713), wurde beendet. Großbritannien gewährte Singapur die Selbstverwaltung (1957). Die humanitären Ideale des Tages spiegeln sich in der Gründung der Internationalen Arbeitsorganisation (1919), während die Schrecken, die aus Unmenschlichkeit und Machtmißbrauch resultieren können, den alliierten Streitkräften vor Augen geführt wurden, als sie mit Buchenwald das erste Konzentrationslager befreiten (1945).

Planeteneinflüsse

Herrschender Planet: Mars.
Dritter Dekan: Persönlicher Planet ist der Jupiter.

♂ ♃

Religiöse und kulturelle Bedeutung

Ehrentag der Anahita in Armenien.
Namenstag: Godeberts von Noyon († ca. 690), Stanislaus von Krakau (ca. 1030–79).

Das Konzentrationslager Buchenwald wurde am 11. April befreit – einem Tag, der humanitäre Anliegen im Kampf gegen das Leid und für die Gerechtigkeit unterstützt.

12. APRIL

Planeteneinflüsse

Herrschender Planet: Mars.
Dritter Dekan: Persönlicher Planet ist der Jupiter.

♂ ♃

Religiöse und kulturelle Bedeutung

Chu-Si-Niu-Fest in Taiwan; Tag der altrömischen Cerealien-Feiern.
Namenstag: Zeno von Verona († 371).

Die am 12. April Geborenen sind meist extern orientierte Menschen, die ihre Ideale und humanitären Visionen nach außen projizieren, um eine vollkommenere, gerechtere und besser funktionierende Gesellschaft zu schaffen. Sie sind unduldsam jenen gegenüber, die sich lieber ihren persönlichen Interessen widmen, da sie den Einsatz für das Wohl der Allgemeinheit für wichtiger halten, als viel Geld zu verdienen oder sich untätig durchs Leben treiben zu lassen. Doch obwohl ihr Engagement und ihre Zielstrebigkeit weniger dynamische Menschen verschrecken können, gelingt es ihnen durch ihren selbstkritischen Humor und ihr Bemühen, es sich mit anderen nicht zu verderben, meist, ihre Distanziertheit abzumildern. Sie nutzen ihre ausgeprägten verbalen Fähigkeiten und Überredungskünste dazu, um Unterstützung für ihre Sache zu werben, sind aber auch bereit, einen moralisch gerechtfertigten Weg allein zu gehen, wenn die Diplomatie scheitert. Erfolg winkt ihnen in jedem Beruf, der ihr Interesse fesselt, ganz besonders in militärischen und politischen Laufbahnen und Kunstrichtungen – wie etwa der Satire –, mit denen sie eine moralische Aussage vermitteln können. Da diese Menschen vor allem vom Streben nach menschlichem Fortschritt motiviert sind, scheint es paradox, daß sie außerhalb des Arbeitsumfelds oft zur Vereinsamung neigen. Weil sie an andere ebenso hohe Maßstäbe anlegen wie an sich selbst, fällt es ihnen nicht nur schwer, einen Partner zu finden, sondern sie sind auch tief enttäuscht, wenn das Verhalten von Freunden und Angehörigen ihr Mißfallen erregt. Doch wenn sie ihren Hang zur Kritik bezähmen und nachsichtiger mit den Schwächen anderer umgehen können, erweisen sie sich ihrer Umgebung gegenüber oft als äußerst hilfreich und großzügig.

STÄRKEN: Die am 12. April Geborenen definieren sich über ihre Ideale, die meist humanitärer Natur und immer progressiv sind. Beim Verfolgen ihrer Ziele legen sie außerordentliche Hartnäckigkeit, große praktische Fähigkeiten und eine unbeirrbare Konzentration an den Tag.
SCHWÄCHEN: Es besteht die Gefahr, daß sie von der Verwirklichung einer Vision, die sie vielleicht als ihr Lebenswerk betrachten, so besessen sind, daß sie sich von anderen Menschen absondern, entweder, weil ihnen keine Energiereserven bleiben oder weil sie das Gefühl haben, jeder, der sie nicht aktiv unterstützt, sei gegen sie.
FAZIT: Es ist wichtig, daß diese Menschen in allen Lebensbereichen ihre Neigung mäßigen, all ihre Zeit und Energie in kämpferische Missionen zu stecken. Sie müssen bemüht sein, den emotionalen und körperlichen Nutzen zu erkennen, den Entspannung und das ruhige Genießen der einfacheren Dinge des Lebens versprechen, und sollten besonders versuchen, sich genügend Zeit für ihre Familie zu nehmen.

Der erste Schuß des amerikanischen Bürgerkriegs – mit dem der Angriff der Südstaatler auf Fort Sumter begann – fiel am 12. April, einem Tag, an dem Idealismus und Eifer erbitterte Konfrontationen heraufbeschwören können.

An diesem Tag

Prominente Geburtstage: Henry Clay (1777), Imogen Holst (1907), Lionel Hampton (1913), Maria Callas und Ann Miller (1923), Montserrat Caballé (1933), Alan Ayckbourn (1939), Herbie Hancock und Jack Herbert (1940), Bobby Moore (1941), David Letterman (1947), David Cassidy (1950), Andy Garcia und Herbert Grönemeyer (1956), Shannen Doherty (1971), Claire Danes (1979)

Bedeutende Ereignisse und Jahrestage: Der idealistische Eifer dieses Tages kann zu erbitterten Konfrontationen führen, wie der Eroberung und Plünderung der islamischen Stadt Konstantinopel (Istanbul) beim Vierten Kreuzzug (1204), der Niederlage der amerikanischen Aufständischen gegen die britische Marine in der Schlacht vor Dominica im amerikanischen Unabhängigkeitskrieg (1782) und dem Ausbruch des amerikanischen Bürgerkriegs mit der Belagerung von Fort Sumter in Charleston Harbor durch die Südstaatler (1861). Das entschlossene Verfolgen persönlicher Ziele kann in besonderen Triumphen gipfeln, wie dem ersten Nonstop-Flug von London nach Paris durch den Franzosen Pierre Prier (1911) und dem Start der „Wostok I", in der der sowjetische Kosmonaut Juri Gagarin als erster Mensch die Erde umkreiste (1961).

13. APRIL

Wer die am 13. April Geborenen nicht gut kennt, dem mag es paradox erscheinen, daß diese willensstarken, schweigsamen Einzelgänger ganz darauf konzentriert sind, die Menschheit voranzubringen. Tatsächlich stellen die eigentlich zurückhaltenden und introvertierten Menschen ihre Verbindung zur Welt durch ihre Arbeit her und drücken manchmal sogar der Geschichte ihren Stempel auf. Ihre Orientierung nach außen hin ist nicht so widersprüchlich, wie es scheinen mag, denn wenn man ihre intellektuelle Neugier, ihre Fähigkeit zur gedanklichen Durchdringung, ihr methodisches Vorgehen und ihren Hang zu progressiven Idealen bedenkt, ist es nur logisch, daß sie ihre außergewöhnlichen Begabungen zum Nutzen der Allgemeinheit einsetzen. Beruflich können sie auf vielen Gebieten Erfolg haben – in der Politik, im Rechts- und Militärwesen, der wissenschaftlichen Forschung oder künstlerischen Bereichen wie Musik, Literatur und Schauspielkunst, in denen sie ihre oft radikalen Visionen in die Tat umsetzen können. Konventionellen Wahrheiten stehen sie skeptisch gegenüber und fühlen sich daher genötigt, in sozialen Fragen ihre eigenen Deutungen und Lösungen zu suchen. Ihr Streben mag intellektuell weniger abenteuerlustige Geister, die auf ihre Ideen oft mit Unverständnis oder Spott reagieren, verwirren oder gegen sie aufbringen. Da sie auf die Meinungen anderer sehr sensibel reagieren, sind persönliche Kränkungen unvermeidlich, wodurch sie sich jedoch nicht von ihrer einmal gewählten Vorgehensweise abbringen lassen – insbesondere, wenn sie im chinesischen Jahr des Büffels geboren sind. Falls sie bei Freunden und Familie Verständnis finden, beziehen sie aus dieser Unterstützung Trost und Ermutigung, für die sie sich großzügig revanchieren.

STÄRKEN: Diese Menschen sind tiefsinnige – fast schon philosophische – und klarblickende Denker, die vor unabhängigem Handeln nicht zurückschrecken, wenn sie von der Richtigkeit ihrer Meinungen überzeugt sind. Ihr Realismus, ihre praktische Begabung und ihre Beharrlichkeit bei der Umsetzung ihrer Visionen sind dabei die besten Voraussetzungen zum Erfolg.
SCHWÄCHEN: Negative Reaktionen auf ihre revolutionären Vorschläge verstehen sie oft als persönlichen Affront und neigen dazu, sich von ihren Kritikern zurückzuziehen oder bitter zu werden.
FAZIT: Obwohl sie selten an ihren Fähigkeiten zweifeln, kann es ihnen schwerfallen, andere von ihrem Standpunkt zu überzeugen. Ihrem emotionalen Wohlbefinden zuliebe sollten sie lernen, mit Entmutigungen positiv umzugehen und von der Liebe ihrer Verwandten und Freunde zu zehren, die ihnen auch helfen können, einen klaren Blick zu bewahren.

An diesem Tag

Prominente Geburtstage: Katharina von Medici (1519), Thomas Jefferson (1743), Richard Trevithick (1771), Richard Aßmann (1845), Frank Winfield Woolworth (1852), Arthur „Bomber" Harris und Robert Watson-Watt (1892), Philippe de Rothschild (1902), Samuel Barclay Beckett (1906), Eudora Welty (1909), Howard Keel (1919), John Gerard Braine (1922), Stanley Donen (1924), Don Adams (1926), Lyle Waggoner (1935), Edward Fox (1937), Jack Casady (1944), Tony Dow (1945), Al Green (1946), Ron Perlman (1950), Gary Kasparow (1963), Ricky Schröder (1970), Jonathon Brandis (1976)

Bedeutende Ereignisse und Jahrestage: Dieser Tag steht für künstlerische und kreative Leistungen, die oft gegen große Widerstände erreicht werden: Der Satiriker John Dryden wurde zum ersten englischen Hofpoeten ernannt (1668), Georg Friedrich Händels Oratorium *Messias* wurde neun Jahre vor seiner Erblindung (1742) uraufgeführt und Sidney Poitier wurde als erstem Afroamerikaner ein Oscar verliehen – für seine Rolle in *Lilien auf dem Felde* (1964). Die dem 13. April eigene Überzeugtheit kann zu Konflikten führen, und dies war der Tag, an dem die deutsche antisemitische Liga gegründet wurde (1882) und britische Truppen auf Sikhs feuerten, die vor ihrem Heiligtum in Amritsar im indischen Punjab demonstrierten, wobei 379 Menschen starben und über 1.200 verletzt wurden (1919).

Planeteneinflüsse

Herrschender Planet: Mars.
Dritter Dekan: Persönlicher Planet ist der Jupiter.

♂ ♃

Religiöse und kulturelle Bedeutung

Buddhistisches Wasserfest.
Namenstag: Hermengild († 585), Martin I. († 655), Ida von Löwen (ca. 1211–1290).

Thomas Jefferson, einer der größten Staatsmänner der amerikanischen Geschichte, wurde am 13. April 1743 geboren. Zu den Wesenszügen, die durch die astrologischen Attribute dieses Tages verstärkt werden, gehören scharfer Intellekt, progressiver Weitblick und eine humanitäre Einstellung.

14. APRIL

Ihre Umgebung ist für das Wohlbefinden der am 14. April Geborenen von größter Wichtigkeit, sei es ihr berufliches oder häusliches Umfeld oder das Land, in dem sie leben. Sie verkörpern eine seltsame Kombination scheinbar widersprüchlicher Wesensmerkmale: intellektuelle und körperliche Rastlosigkeit und doch ein starkes Bedürfnis, sich in einer gesellschaftlichen Gruppe – meist der Familie – zu verankern. Leben sie eines davon extrem aus, können sie entweder unerschrockene Reisende sein, die begeistert fremde Länder und Kulturen erkunden, oder entschiedene Stubenhocker, die ihre Energie und Begeisterung in die Verschönerung ihres Heims und die Organisation der Freizeitaktivitäten ihrer Familie und Freunde stecken. Jedenfalls übernehmen sie gern die Kontrolle, was sich in ihrem Drang nach unabhängigem Handeln ebenso äußern kann wie in ihrer Tendenz, anderen ihre Regeln und Methoden aufzunötigen. Als fähige und pragmatische Organisatoren bewähren sie sich vor allem in Berufen, in denen sie ihr Bedürfnis, Ordnung zu schaffen, mit ihrer Freude am Umgang mit Menschen kombinieren können. Daher ist für sie etwa die Tourismusbranche ein vielversprechendes Berufsfeld, ebenso wie der Einzelhandel, verschiedene Bereiche der Geschäftswelt und auch die darstellende Kunst. Sie sind sehr intuitiv veranlagt: Da sie die Fähigkeit besitzen, die Stimmungen anderer zu erspüren, und auf Zustimmung Wert legen, erkennen sie meist rasch, wann ihr Verhalten andere verärgert, und passen es entsprechend an. Sie sollten jedoch darauf achten, Freunden und Familie gegenüber – die ihnen die dringend benötigte Sicherheit bieten – ähnliche Flexibilität zu beweisen, anstatt von ihnen zu erwarten, daß sie sich ihren Ansichten anstandslos unterwerfen.

STÄRKEN: Die am 14. April Geborenen sind unermüdlich auf der Suche nach geistiger Anregung und richten all ihre Energie auf die Projekte, die sie interessieren. Mit ihrem festen Glauben an sich selbst, der auf ihrem beträchtlichen Organisationsgeschick beruht, und ihrer Ausrichtung auf die Lenkung anderer übernehmen sie gern Führungsrollen.
SCHWÄCHEN: Sie sind so darauf bedacht, ihre bevorzugten Methoden durchzusetzen, daß sie dazu neigen, andere zu dominieren und sich rücksichtslos über alle Einwände hinwegzusetzen. Während sie am Arbeitsplatz vielleicht noch die Notwendigkeit zur Kompromißbereitschaft erkennen, zeigt sich diese Neigung am stärksten im Umgang mit denen, derer Unterstützung sie am sichersten sind, wozu besonders ihre Familie gehören.
FAZIT: Vor allem im Privatleben müssen die am 14. April Geborenen darauf achten, andere Menschen nicht als zu selbstverständlich zu nehmen. Es ist wichtig, daß sie den Wert eines stabilen häuslichen Umfelds erkennen und lernen, abweichende Meinungen als berechtigten Ausdruck der Individualität zu erachten, für die im Familienverband reichlich Platz ist.

Planeteneinflüsse
Herrschender Planet: Mars.
Dritter Dekan: Persönlicher Planet ist der Jupiter.

♂ ♃

Religiöse und kulturelle Bedeutung
Hinduistisches Ehrenfest der Maryamma.
Namenstag: Tiburtius, Valerian und Maximus (Daten unbekannt), Benezet von Avignon, Schutzheiliger der Brückenbauer (ca. 1163–84), Lidwina (1380–1433).

Am 14. April, einem Tag, der von festen – bis hin zu extremen – politischen Überzeugungen geprägt ist, wurde Präsident Abraham Lincoln 1865 von John Wilkes Booth erschossen.

An diesem Tag
Prominente Geburtstage: Christiaan Huygens (1629), Moritz Schlick (1882), Arnold Toynbee (1889), Barbara Wootton (1897), John Gielgud (1904), Valerie Hobson (1917), Bischof Abel Muzorewa und Rod Steiger (1925), Loretta Lynn (1935), Julie Christie (1940), Pete Rose (1941), Julian Lloyd Webber (1951)

Bedeutende Ereignisse und Jahrestage: Die intellektuelle Neugier dieses Tages kann zu wissenschaftlichen Durchbrüchen führen, wie der Entdeckung des Typhusimpfstoffs durch Dr. Harry Plotz aus New York (1903) und der Vorstellung des ersten schnurlosen Telefons, das in bis zu 180 Meter Entfernung von seiner Basisstation funktionierte, durch die Unternehmen British Telecom und Fidelity (1983). Ausgeprägte – fast schon selbstherrliche – politische und nationale Überzeugungen sind ein Merkmal dieses Tages, das gewalttätige Konflikte auslösen kann: Er ist Jahrestag der Niederlage der Lancaster-Armee in der Schlacht von Barnet bei den englischen Rosenkriegen, die zur Wiedereinsetzung von König Eduard IV. führte (1471), des tödlichen Attentats von John Wilkes Booth auf den US-Präsidenten Abraham Lincoln im Ford-Theater in Washington (1865) und des erzwungenen Thronverzichts von König Alfons, mit dem Spanien zur Republik wurde (1931).

15. APRIL

Die am 15. April Geborenen verfügen über eine bemerkenswerte Auffassungsgabe für praktische Dinge und sind äußerst methodisch und organisiert. Ihr intellektueller Scharfsinn befähigt sie, auf Herausforderungen durch Ausarbeitung rationeller Strategien zu reagieren, die sie mit großer Hartnäckigkeit umsetzen, wobei sie die Arbeitsleistungen anderer kompetent beaufsichtigen, ohne sich von ihrem Ziel ablenken zu lassen. Obwohl die methodischen Grundlagen ihres Handelns solide sind, können ihre inspirierten Wunschbilder anderen unrealistisch und versponnen, wenn nicht gar grotesk erscheinen. Vielleicht ist die Welt für so phantasievolle Ideen noch nicht bereit. Doch gleich, wie merkwürdig sie anderen erscheinen mögen, ist ihre Durchführbarkeit in der Regel von ihren Urhebern gründlich geprüft worden. Viele Gebiete können sie begeistern, darunter auch Handel und Wirtschaft, aber sie haben eine besondere Begabung, kreativ mit den Händen zu arbeiten, etwa als Köche, Konditoren, Kosmetiker, Innenarchitekten oder Dekorateure – Bereiche, in denen ihre Talente von konventionelleren Geistern anerkannt und bewundert werden.

Diese dynamischen Menschen sind von ihren Idealen überzeugt und nicht nur erzürnt, wenn andere sie nicht ernst nehmen, sondern auch persönlich gekränkt, da ihre Identität eng an ihre idealistischen Ambitionen gebunden ist. Die Unfähigkeit, abweichende Meinungen zu akzeptieren, wirkt auch in ihre persönlichen Beziehungen hinein, in denen vor allem die Männer unter ihnen von ihren Partnern, Freunden und Angehörigen unerschütterliche Loyalität und Unterstützung erwarten. So können sie ungewollt bei anderen die Individualität und Freiheit des Denkens unterdrücken, die ihnen selbst so wichtig sind.

STÄRKEN: Diese Menschen besitzen eine seltene Kombination aus lebhafter Phantasie, Organisationstalent und Zielstrebigkeit, die, wenn sie in eine auch für andere annehmbare Richtung gelenkt wird, nicht nur Beifall einbringen, sondern auch sehr anspornend wirken kann.

SCHWÄCHEN: Wenn andere ihren Ansichten nicht zustimmen, neigen sie zu negativen Reaktionen und tun deren Einwände meist als inkompetent ab. Paradoxerweise wehren sie sich ihrerseits in einflußreichen Positionen oft gegen neue Ideen.

FAZIT: Die an diesem Tag Geborenen müssen einsehen, daß sie niemals jeden für ihre Anliegen gewinnen können, und daher Methoden entwickeln, sich gegen Kränkungen zu schützen. Sie werden feststellen, daß Humor ein gutes Mittel ist, Druck zu verringern – ebenso wie ungezwungener Spaß am Familienleben.

An diesem Tag

Prominente Geburtstage: Leonardo da Vinci (1452), Guru Nanak (1469), Etienne Geoffrey Saint-Hilaire (1772), Friedrich Georg Wilhelm Struve (1793), James Clark Ross (1800), Théodore Rousseau (1812), Wilhelm Busch (1832), Henry James (1843), Robert Walser (1878), Bessie Smith (1894), Joe Davis (1901), Roy Clark und Elizabeth Montgomery (1933), Claudia Cardinale und Marty Wilde (1939), Jeffrey Archer (1940), Emma Thompson (1959)

Bedeutende Ereignisse und Jahrestage: Der 15. April ist ein Tag so ungewöhnlicher Innovationen, daß diese von Zeitgenossen oft verspottet werden, bevor die Zeit ihre Bedeutung bestätigt. So veröffentlichte an diesem Tag der englische Gelehrte Dr. Samuel Johnson sein *Dictionary*, das erste Lexikon der Welt (1755), François Joseph Belzung ließ in Paris die erste Flasche mit Schraubdeckelverschluß patentieren (1852), und die japanische Firma Canon stellte den ersten elektronischen Taschenrechner vor (1970). Auch humanitäre Anliegen sind typisch für diesen Tag, an dem etwa der schottische Dramatiker James Barrie die Urheberrechtserlöse seines Stücks *Peter Pan* einem Londoner Kinderkrankenhaus spendete (1925). Die Unflexibilität dieses Tages wirkte sich tragisch aus, als der Luxuskreuzer „Titanic“ nach Kollision mit einem Eisberg sank und über 1.500 Menschen in den Tod riß (1912) oder als im überfüllten Stadion von Hillsborough im englischen Sheffield 94 Fußballfans von den Massen erdrückt wurden (1989).

Planeteneinflüsse

Herrschender Planet: Mars.
Dritter Dekan: Persönlicher Planet ist der Jupiter.

♂ ♃

Religiöse und kulturelle Bedeutung

Ehrung der Tellus im Alten Rom.
Namenstag: Hunna († 687), Schutzheilige der Wäscherinnen und des Weinbaus, Nidgar von Augsburg († ca. 831).

Die für den 15. April typische Kombination von Hartnäckigkeit, Unbeirrbarkeit und Unbeweglichkeit kann katastrophale Folgen nach sich ziehen. So ging 1912 an diesem Tag die „Titanic“ unter.

16. APRIL

Planeteneinflüsse
Herrschender Planet: Mars.
Dritter Dekan: Persönlicher Planet ist der Jupiter.

♂ ♃

Religiöse und kulturelle Bedeutung
In der griechischen Antike Festtag der Hiketeria.
Namenstag: Paternus von Avranches (ca. 480–ca. 562), Magnus von Schottland († ca. 1105), Schutzheiliger der Fischhändler von Orkney, Benedikt Joseph Labre, Schutzheiliger der Bettler, Obdachlosen und Landstreicher (1748–83), Bernadette Soubirous (Marie Bernard, 1844–79).

Am 16. April – einem Tag, der für leidenschaftliche idealistische Entschlossenheit steht – kam es in der Schlacht von Culloden (1746) zur vernichtenden Niederlage der jakobitischen Rebellen, die für den Thronanspruch von Bonnie Prince Charlie kämpften, gegen die Armee des Herzogs von Cumberland.

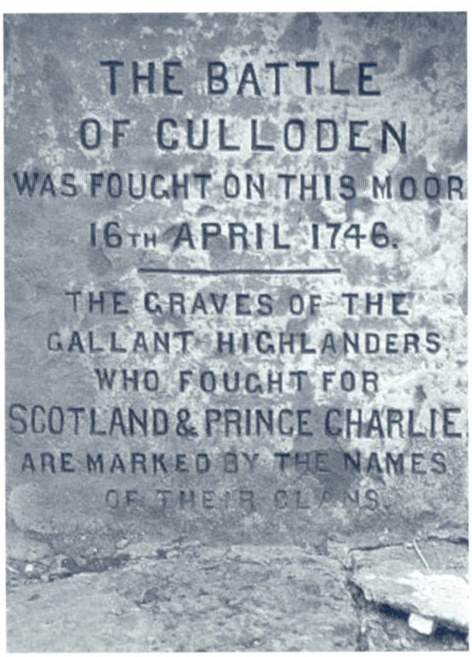

Die an diesem Tag Geborenen sind sich ihrer Wurzeln und ihres Platzes in Familie und Gemeinschaft sehr bewußt, vielleicht in der Erkenntnis, daß sie sich in ihrem häuslichen Umfeld verankert fühlen müssen, bevor sie von dieser soliden Basis zu Höhenflügen aufbrechen. Denn obwohl sie die Familienbande schätzen, die ihnen den für ihr emotionales Wohl nötigen stützenden und liebevollen Rahmen geben, sind sie abenteuerhungrige Denker, die nach Wissen und Wahrheiten suchen und dann, wenn sie so viele Informationen gesammelt haben, wie sie nur können, auf ihre Interessen aufbauen, um voranzukommen. So hat ihr Wesen zwei Seiten: eine, die nach einem ruhigen und glücklichen häuslichen Leben strebt und sie bewegt, sich großzügig den Bedürfnissen ihrer Freunde und Familie zu widmen, und eine andere, die der weiteren Welt gegenüber entschlossen und individualistisch auftritt und leidenschaftlich für die Dinge kämpft, die sie bewegen. Sie sind meist gutgelaunt, ausgeglichen und beliebt. Die am 16. April Geborenen interessieren sich für vielerlei, doch ihre Hauptsorge gilt humanitären Anliegen und Fortschritten. Da sie mit großen logischen Fähigkeiten, Organisationsgeschick und unerschütterlicher Standhaftigkeit gesegnet sind, bringen sie in jedem Beruf, für den sie sich entscheiden – sei es auf wissenschaftlichem oder technischem Gebiet, im Rechtswesen, im akademischen Bereich oder in einer künstlerischer Tätigkeit –, eine solide Basis für ihre phantasievollen Visionen mit. Sie zeichnen sich auch durch Führungsqualitäten aus, da sie andere nicht nur durch ihre mitreißende Zielstrebigkeit beeindrucken, sondern auch durch ihren Sinn für Humor und ihre Liebenswürdigkeit.

STÄRKEN: Die an diesem Tag Geborenen sind fürsorglich und engagiert in ihren Beziehungen zu anderen Menschen, jedoch unnachgiebig im Einsatz für Anliegen, die ihren Ehrgeiz befeuern; so gelingt es ihnen, ihren Überzeugungen treu zu bleiben, ohne dadurch andere zu verstimmen.
SCHWÄCHEN: Weil andere sie als Fels der Stabilität und Quelle der Weisheit betrachten, laufen sie Gefahr, sich zuviel aufzuladen, da es ihnen schwerfällt, Bedürftige abzuweisen und sie der Verlockung eines aufregenden Projekts nicht leicht widerstehen können.
FAZIT: Die am 16. April Geborenen finden meist zu einem gesunden Gleichgewicht zwischen der intro- und der extrovertierten Seite ihrer Person, indem sie faszinierende intellektuelle Konzepte ergründen und verfechten, ohne darüber den Bezug zur Realität zu verlieren. Um sich nicht zu überlasten, müssen sie akzeptieren, daß sie keine Übermenschen sind und nicht alles leisten können, was sie von sich selbst verlangen.

An diesem Tag
Prominente Geburtstage: Jules Hardouin-Mansart (1646), Hans Sloane (1660), John Franklin (1786), Ford Madox Brown (1821), Anatole France (1844), Wilbur Wright (1867), John Millington Synge (1871), Charlie Chaplin (1889), Ove Arup (1895), Spike Milligan (1918), Peter Ustinov (1921), Kingsley Amis (1922), Henry Mancini (1924), Sarah Kirsch (1935), Königin Margarete II. von Dänemark (1940), Ellen Barkin (1955), Martin Lawrence (1965), Selena Quintanilla (1971)

Bedeutende Ereignisse und Jahrestage: Phantasie und Beharrlichkeit beim Verfolgen eines Ziels oder einer Ambition sind Merkmale dieses Tages, an dem zwei Frauen bemerkenswerte Leistungen vollbrachten: Harriet Quimby überflog als erste Frau den Ärmelkanal (1912), und die westdeutsche Geraldine Monk umrundete als erste Pilotin im Alleinflug die Welt (1964). Der entschlossene Einsatz für Überzeugungen ist ein weiterer Wesenszug dieses Tages, der zu heftigen Konfrontationen führen kann: So wurde an diesem Tag Paul Krüger, dessen pro-burische Politik den zweiten südafrikanischen Krieg gegen die Briten auslösen sollte, Präsident des Transvaal (1883), und die Truppen der kommunistischen Roten Khmer erzwangen die Übergabe der kambodschanischen Hauptstadt Phnom Penh (1975).

17. APRIL

Der Eindruck, den die an diesem Tag Geborenen bei anderen hinterlassen, ist zweifellos ein starker, da sie ihre hochfliegenden Ziele voller Energie und Unnachgiebigkeit verfolgen und von anderen erwarten, daß sie sich ihren Wünschen und Überzeugungen anschließen. Aufgrund ihres hochentwickelten Gerechtigkeitssinns und ihres Bestrebens, sich für die Sache der Unterdrückten einzusetzen, wählen sie oft eine Laufbahn in Politik, Rechtswesen oder Militär, obwohl sie sich mit ihrer Aufmerksamkeit fürs Detail und ihrem außerordentlichen Organisationstalent auch als Buchhalter oder Kaufleute ausgezeichnet bewähren. Und da sie ihre tiefschürfenden Gedanken normalerweise in energisches Handeln umsetzen, finden sie sich oft in Positionen, in denen sie die weniger Phantasievollen und Dynamischen anführen oder – besonders die Frauen unter ihnen – als Selbständige arbeiten. Trotz der Löblichkeit ihrer ideologischen Anliegen und ihrer beträchtlichen praktischen Fähigkeiten kann es den am 17. April Geborenen schwerfallen, die Unterstützung anderer zu gewinnen. Mit ihrer direkten, oft sehr energischen Art – besonders ausgeprägt, wenn sie im chinesischen Jahr des Drachen geboren sind –, können sie als recht unnachgiebige Charaktere erscheinen, die auch nicht davor zurückscheuen, Kritik zu üben, wenn sie es für angebracht halten. Die kritische Strenge, die sie ausstrahlen, mag andere verschüchtern und dazu veranlassen, sich schleunigst aus der Schußlinie zu entfernen. Auch ihre Freunde und Angehörigen sehen sich nicht immer in der Lage, ihren hohen Erwartungen gerecht zu werden, was sie in emotionale Isolation, Desillusionierung und Depressivität treiben kann.

STÄRKEN: Mit ihrem scharfen Intellekt, durchdringenden Klarblick, ihrer Fähigkeit zur Konzentration auf Fernziele und ihren großen methodischen und praktischen Gaben besitzen diese Menschen das Können und die Überzeugung, ihre Ambitionen zu verwirklichen.
SCHWÄCHEN: Die am 17. April Geborenen neigen dazu, die Welt nur in positive und negative Kategorien zu unterteilen, statt für ihre Komplexität aufgeschlossen zu sein. Im Hinblick auf ihre persönlichen Beziehungen besteht die Gefahr, daß sie mit dieser überkritischen Haltung potentielle Freunde und Partner vertreiben und zu verdrießlichen Einzelgängern werden.
FAZIT: Diese Menschen sollten versuchen, in allen Lebensbereichen eine entspanntere und tolerantere Haltung zu entwickeln. Indem sie lernen, ihre eigenen Unzulänglichkeiten und die der anderen zu akzeptieren und mit ihnen zu leben, statt sie rundheraus zu verdammen, und sich mehr Zeit für die schlichteren Freuden des Lebens zu nehmen, können sie zu größerer Ausgeglichenheit finden und emotional sehr gewinnen.

An diesem Tag

Prominente Geburtstage: Henry Vaughan (1622), J. P. Morgan (1837), Constantine P. Kavatis (1863), Robert Tressell (1870), Leonard Woolley (1880), Artur Schnabel (1882), Nikita Sergejewitsch Chruschtschow (1894), Thornton Wilder (1897), Bernhard Sprengel (1899), Michail Moisejewitsch Botwinnik (1911), Sirimawo Bandaranaike (1916), William Holden (1918), James Last (1929), Clare Francis (1946), Olivia Hussey (1951)

Bedeutende Ereignisse und Jahrestage: Der 17. April ist ein Tag kritischer Überzeugungen und kompromißlosen Handelns, an dem sich der protestantische Reformator Martin Luther vor dem Reichstag zu Worms weigerte, seine Kritik an der römisch-katholischen Kirche zu widerrufen, und dafür mit der Reichsacht belegt wurde (1521) und in London die Polizistin Yvonne Fletcher bei einer Demonstration gegen die Politik des libyschen Staatsoberhaupts El Gaddafi durch einen aus dem libyschen Volksbüro abgefeuerten Schuß tödlich verletzt wurde (1984). Er steht auch für progressive Visionen – das Kanadagesetz, das Kanada selbst anstelle des britischen Parlaments die Befugnis verlieh, seine Verfassung zu ändern, wurde von Königin Elisabeth II. unterzeichnet (1982). Der für den 17. April typische Stau von Emotionen kann sich zerstörerische Ventile suchen, wie etwa die verheerenden Dammbrüche im holländischen Dort, durch die rund 100.000 Menschen zu Tode kamen (1421).

Planeteneinflüsse

Herrschende Planeten: Mars und Venus.
Dritter Dekan: Persönlicher Planet ist der Jupiter.
Zweite Häuserspitze: Widder mit Stiertendenzen.

♂ ♀ ♃

Religiöse und kulturelle Bedeutung

Wagenfest des Regengottes in Nepal.
Namenstag: Katharina Tekakwitha (1656–1680).

Dynamisch, ehrgeizig und entschlossen: Nikita Chruschtschow war ein für den 17. April typischer Charakter, der seine außergewöhnliche Energie und seinen überragenden Intellekt als Nachfolger Stalins in das Amt des sowjetischen Regierungschefs einbrachte (1953). Chruschtschow war ein unermüdlicher Verfechter der bolschewistischen Sache: Er kämpfte als junger Mann im russischen Bürgerkrieg und brachte nach seiner Machteinsetzung die „Entstalinisierung" in Gang, durch die viele selbstherrliche Maßnahmen des früheren Staatschefs rückgängig gemacht wurden.

Planeteneinflüsse

Herrschende Planeten: Mars und Venus.
Dritter Dekan: Persönlicher Planet ist der Jupiter.
Zweite Häuserspitze: Widder mit Stiertendenzen.

♂ ♀ ♃

Religiöse und kulturelle Bedeutung

In Indien das Fest des Rama-Navami.
Namenstag: Alexander von Alexandria 328), Wikterp von Augsburg († 771?), Herluka von Bernried (ca. 1060–1127).

Am 18. April, einem Tag, an dem ein Übermaß an Beherrschung manchmal zum Verlust des Gleichgewichts führen kann, wurde San Francisco durch ein verheerendes Erdbeben und nachfolgende Feuersbrünste verwüstet, bei denen 503 Menschen ums Leben kamen und Sachschaden in Höhe von 350 Mio. US-Dollar entstand (1906). Die Ruinen des Rathauses zeugen vom Ausmaß der Zerstörung.

18. APRIL

Viele der am 18. April Geborenen sehen sich insgeheim als Bewahrer der Tradition, Fackelträger der Gerechtigkeit oder Anwalt der Schwachen und Unterdrückten. Da sie äußerst bestimmte Ansichten hinsichtlich der Organisation der menschlichen Gesellschaft und der Durchsetzung allgemeiner Gerechtigkeit haben, ist ihr Handeln oft auf die Aufrechterhaltung gesellschaftlicher Ordnung und die Förderung der Gleichheit aller Menschen ausgerichtet. So finden sie befriedigende Betätigungsfelder meist in Berufen, in denen sie greifbare Verbesserungen herbeiführen können – wie in der National- oder Kommunalpolitik, im Militär, Rechtswesen oder anderen Institutionen des Staatsdienstes sowie in Pflegeberufen. In ihrem Streben, die menschliche Zivilisation weiterzubringen, setzen sie all ihre Energie, Begeisterung und intellektuelle Konzentration mit großer Entschlossenheit und Beharrlichkeit ein. Trotz des Ernstes, mit dem sie ihre Absichten verfolgen, laufen die an diesem Tag Geborenen selten Gefahr, in ihrem Zielbewußtsein zwanghaft zu werden, da sie intuitiv die Notwendigkeit erkennen, ihre Energien durch Entspannung und Zerstreuung wieder aufzufrischen. Tatsächlich haben manche von ihnen eine ausgeprägt spitzbübische Ader und provozieren gern, nur um anregende Diskussionen auszulösen. Als fürsorgliche und großmütige Freunde, Partner und Eltern stehen sie loyal zu den Ihren, sind aber unweigerlich tief enttäuscht, wenn sie sich persönlich im Stich gelassen fühlen, sei es durch einen vermeintlichen Mißbrauch ihrer Freundlichkeit oder weil andere ihren außerordentlich hohen Maßstäben nicht gerecht werden.

STÄRKEN: Die an diesem Tag Geborenen setzen sich für das reibungslose und gerechte Funktionieren der menschlichen Gesellschaft ein und bemühen sich entschlossen, von ihnen wahrgenommenes Unrecht zu beheben. Sie besitzen nicht nur großes Mitgefühl, Klarblick und hohe Ideale, sondern sind auch praktisch und effizient in der Entwicklung effektiver Strategien zur Verwirklichung ihrer humanitären und persönlichen Ambitionen.
SCHWÄCHEN: Obwohl sie ihre Gefühle meist strikt unter Kontrolle halten, können ihre hochangesetzten Maßstäbe sie zu negativen Reaktionen auf eigene Fehler oder die Unzulänglichkeiten anderer veranlassen. Solche Enttäuschungen können bei ihnen zu Desillusionierung, Demotivation und Rückzug in sich selbst oder sogar zu Wutanfällen führen, bei denen sie ihre Frustration am Nächstbesten auslassen.
FAZIT: Die am 18. April Geborenen können ihre beruflichen und privaten Interessen meist gut ausbalancieren, sollten sich aber hüten, ihre manchmal unrealistischen oder unerreichbaren Ideale auf andere zu projizieren. Statt dessen sollten sie sich um eine pragmatischere Haltung im Umgang mit anderen bemühen und akzeptieren, daß niemand perfekt ist.

An diesem Tag

Prominente Geburtstage: Lucrezia Borgia (1480), Louis Adolphe Thiers (1797), George Henry Lewes (1817), Franz von Suppe (1819), Clarence Darrow (1857), Humphrey Verdon Roe (1878), Leopold Stokowski (1882), Hayley Mills (1946), John James und Eric Roberts (1956), Malcolm Marshall (1958), Nick Farr-Jones (1962), Conan O'Brien (1963)

Bedeutende Ereignisse und Jahrestage: Handeln zum Wohl der Allgemeinheit ist ein Merkmal des 18. April, an dem Paul Revere einen Tag vor Ausbruch des amerikanischen Unabhängigkeitskriegs von Charlestown nach Lexington ritt, um die amerikanische Miliz vor dem Eintreffen britischer Truppen zu warnen (1775), das Naturhistorische Museum in London eröffnet wurde (1881) oder der erste Waschsalon im texanischen Fort Worth seinen Betrieb aufnahm (1934). Handeln für die Allgemeinheit ist auch eine Komponente des Nationalbewußtseins, und so wurde an diesem Tag die Nation Eire begründet, als die Republik Irland aus dem britischen Commonwealth austrat (1949), Oberst Gamal Nasser wurde Ministerpräsident der neuen Republik Ägypten (1954), und Robert Mugabe wurde Premierminister des soeben unabhängig gewordenen Simbabwe (1980). Zur schalkhaften Tendenz des 18. April passend, feierte an diesem Tag Joe Ortons schwarze Komödie *Seid nett zu Mr. Sloane* Premiere (1964).

19. APRIL

Die an diesem Tag Geborenen können Unordnung, Unentschlossenheit und Stillstand nicht ertragen und sind daher bemüht, ihr berufliches und häusliches Umfeld in effiziente, reibungslos funktionierende Systeme zu verwandeln. Nichts verschafft ihnen größere Befriedigung, als einen haltlosen Menschen auf den geraden Weg zurückzubringen oder ein unrentables Unternehmen zum Erfolg zu führen. Greifbare Ergebnisse sind wichtig für die am 19. April Geborenen, die die Früchte ihrer Arbeit als Bestätigung ihres Handelns betrachten. Welche Laufbahn sie auch wählen, sie werden daher die größte Erfüllung finden, wenn ihr Arbeitsaufwand und das erzielte Ergebnis, der materielle Beweis ihres Erfolgs, sich zumindest die Waage halten. Berufliche Tätigkeiten als Pädagogen, in der Fertigung, im Projektmanagement, in Konstruktion, Design und den bildenden Künsten sind für sie besonders aussichtsreich, ebenso wie die Geschäftswelt, obwohl sie selten auf materiellen Lohn erpicht sind. Ihre stark erfolgsorientierte Entschlossenheit kann jedoch zu einem übersteigerten Kontrollbedürfnis führen. Da sie großes Vertrauen in ihre intellektuellen Fähigkeiten und ihre praktischen und organisatorischen Talente haben, widerstrebt es ihnen oft, die Zügel an andere abzugeben, die sich noch nicht bewährt haben. Wenn sie delegieren, erliegen sie zuweilen der Versuchung, aufzuzeigen, wie die Dinge ihrer Meinung nach besser gemacht werden könnten, eine besonders bei den Frauen unter ihnen ausgeprägte Tendenz. Trotz dieses Hangs zum Bestimmen sind sie meist großzügige und liebevolle Partner, Eltern und Freunde, die ihrer engeren Umgebung selbstlos ein Höchstmaß an Glück und Erfolg wünschen.

STÄRKEN: Die am 19. April Geborenen sind in all ihrem Tun bemüht, Ordnung und Effizienz herzustellen, und ziehen große Befriedigung aus sichtbaren Ergebnissen. Sie sind selten von persönlichen oder finanziellen Ambitionen motiviert, sondern eher von dem perfektionistischen Verlangen, Aufgaben so gut und effektiv wie möglich erledigt zu sehen.
SCHWÄCHEN: Wenn sie durch Erreichen der angestrebten Ziele belohnt werden, neigen sie dazu, solche Erfolge als Beweis der Richtigkeit ihrer Vorgehensweise zu sehen. Es fällt ihnen daher oft schwer, Zugeständnisse an Menschen zu machen, die andere Methoden vorziehen, was sie möglicherweise unflexibel und dominant macht.
FAZIT: Diese fleißigen und freundlichen Menschen können meist das richtige Gleichgewicht zwischen Intellekt und Emotionen sowie zwischen Berufs- und Privatleben halten. Sie sollten jedoch einsehen, daß man, um Erfahrungen zu gewinnen und so die persönliche Entwicklung zu fördern, manchmal neue und unerprobte Wege gehen und dies vor allem auch anderen zugestehen muß.

An diesem Tag

Prominente Geburtstage: Herbert Wilcox und Germaine Tailleferre (1892), Richard Hughes (1900), Eliot Ness (1903), Jim Mollison (1905), Don Adams (1926), Alexis Korner (1928), Dickie Bird und Jayne Mansfield (1933), Dudley Moore (1935), Elinor Donahue (1937), Alan Price (1942), Tim Curry (1946), Paloma Picasso (1949), Trevor Francis (1954), Al Unser Jr. (1962)

Bedeutende Ereignisse und Jahrestage: Der Glaube an die eigene Sache ist ein Merkmal dieses Tages, das auf globaler Ebene kriegerische Handlungen zur Verteidigung oder Förderung nationalistischer Ideale auslösen kann, wie den Ausbruch des amerikanischen Unabhängigkeitskrieges, als britische Truppen unter General Thomas Gage in Lexington, Massachusetts, auf eine feindselige Menschenmenge feuerten (1775), den gescheiterten Invasionsversuch von durch die USA finanzierten Exilkubanern an der kubanischen Schweinebucht (1961) und die Einschiffung australischer Truppen zum Vietnamkrieg (1966). Am 19. April, der auch für praktische Talente steht, wurde erstmals der Bericht eines Kriegskorrespondenten per Telefon vom Schlachtfeld durchgegeben (1880) und nach jahrelanger Forschungsarbeit die sowjetische Raumstation „Saljut" gestartet (1971).

Planeteneinflüsse

Herrschende Planeten: Mars und Venus.
Dritter Dekan: Persönlicher Planet ist der Jupiter.
Zweite Häuserspitze: Widder mit Stiertendenzen.

♂ ♀ ♃

Religiöse und kulturelle Bedeutung

Namenstag: Timon (1./2. Jh.), Schutzheiliger der Winzer, Leo IX. (1002–54), Werner von Oberwesel (1271–1287).

Der tibetische Dalai Lama wurde 1959 durch chinesische Truppen ins Exil getrieben – am 19. April, einem Tag, an dem der starke Glaube an die eigene Sache auf globaler Ebene eine Tendenz zu Despotismus und Nationalismus begünstigen kann.

20. APRIL

Die am 20. April Geborenen hungern nach Erfolg, teils aufgrund ihres Verlangens nach Verwirklichung ihrer idealistischen Ambitionen und teils – da sie oft unter einer gewissen Unsicherheit leiden –, um die Bestätigung und Anerkennung ihrer Umgebung zu erlangen. Ihr Streben nach Perfektion erfüllt sie mit großem Eifer, und diese scharfsinnigen Menschen beobachten ihre Umgebung kritisch, nehmen jede Unzulänglichkeit zur Kenntnis und entwerfen komplexe Strategien zu ihrer Verbesserung. Wenn sie im Bann einer faszinierenden Vision stehen, verwenden sie all ihre beträchtliche Energie, Hartnäckigkeit und Organisationsgabe auf ihre Realisierung und lassen sich dabei von nichts und niemandem aufhalten. Ihre intuitive Veranlagung äußert sich weniger in mitfühlendem Handeln als in der bewußten Manipulation anderer, um Unterstützung für ihre Mission zu gewinnen, die für sie an erster Stelle steht, oder zumindest etwaige Einwände zu ersticken. Ihre enorme Konzentrationsfähigkeit, ihr Ehrgeiz und Pragmatismus verheißen ihnen ausgezeichnete Erfolgsaussichten – vor allem als Freiberufler, wo der erzielte Erfolg in der Regel nicht auf Kosten anderer geht. Mit ihrem außerordentlichen Weitblick und ihrer Zielstrebigkeit rufen sie bei anderen extreme Reaktionen hervor und stoßen entweder auf begeisterte Unterstützung oder heftigen Widerstand. Da sie von der Richtigkeit ihrer Ideen und Methoden überzeugt sind und zugleich Wert auf die Anerkennung anderer legen, fühlen sich die an diesem Tag Geborenen zutiefst gekränkt, wenn ihre Meinungen mit Kritik oder Spott aufgenommen werden, und neigen dazu, ihre Ohren vor negativen Kommentaren zu verschließen, um ihre empfindsamen Gefühle zu schonen. Es ist wichtig, daß sie die mit einer so unflexiblen Haltung verbundenen Gefahren erkennen. Indem sie von der Liebe und Unterstützung ihrer Familie zehren und ihre Interessen und Prioritäten breiter fächern, können sie zu einem stabileren emotionalen Gleichgewicht finden.

STÄRKEN: Die an diesem Tag Geborenen sind mit intellektuellem Scharfsinn und Weitblick sowie Energie und Organisationsgeschick begabt und bringen ihre vielfältigen Talente in ihrem heftigen Drang nach Verwirklichung ihrer Ambitionen effektiv zum Einsatz.
SCHWÄCHEN: Ihr starker Glaube an sich selbst kann sie zu einer gewissen Herrschsucht verleiten, zumal ihre mangelnde Kritikfähigkeit eine Unduldsamkeit gegen abweichende Standpunkte nach sich zieht. Beides kann destruktiv wirken und dazu führen, daß sie sich in einer Phantasiewelt einigeln – von der Realität und der Zuneigung anderer abgeschottet.
FAZIT: Ihrem emotionalen Wohlbefinden zuliebe sollten sie konstruktive Kritik nicht als persönlichen Angriff verstehen, sondern die Notwendigkeit einer objektiveren und aufgeschlosseneren Haltung erkennen und einsehen, daß sie nicht immer recht haben. Wenn sie lernen, ihren Perfektionsdrang und ihre hohen Erwartungen etwas zu mäßigen und in allen Dingen toleranter zu werden, werden sie letztlich zu größerer Erfüllung finden.

Planeteneinflüsse

Herrschende Planeten: Mars und Venus.
Dritter Dekan: Persönlicher Planet ist der Jupiter.
Zweite Häuserspitze: Widder mit Stiertendenzen.

♂ ♀ ♃

Religiöse und kulturelle Bedeutung

Namenstag: Wilhelm der Pilger († ca. 1145), Hildegund von Schönau (ca. 1170–1188).

An diesem Tag

Prominente Geburtstage: Napoleon III. von Frankreich (1808), Nikolai Miaskowski (1881), Adolf Hitler (1889), Joán Miró (1893), Harold Lloyd (1894), Donald Wolfit (1902), Georg Eisler (1928), Tim Burstall (1929), Ryan O'Neal (1941), Jessica Lange (1949), Alexander Lebend (1950), Luther Vandross (1951), Betty Cuthbert (1958), Nicholas Lyndhurst und Don Mattingly (1961)

Bedeutende Ereignisse und Jahrestage: Dieser Tag verspricht Erfolge in der Welt der Kunst, wie etwa die Erstveröffentlichung von Edgar Allen Poes packender Kurzgeschichte „Der Doppelmord in der Rue Morgue" in der US-Zeitschrift *Graham's* (1841) und die erstmalige Vorstellung des Art-Nouveau-Stils bei einer Ausstellung in Paris (1902). Auch ein Hang zur Selbstherrlichkeit ist dem 20. April eigen, an dem Oliver Cromwell das englische Rumpfparlament auflöste (1653) und – an Adolf Hitlers Geburtstag – König Viktor Emmanuel III. das erste nur aus faschistischen Abgeordneten bestehende italienische Parlament eröffnete (1929).

Das Hôtel Aubecq in Brüssel, von dem Architekten Victor Horta entworfen, ist ein Beispiel des Art-Nouveau- oder Jugendstils, der der Weltöffentlichkeit erstmals 1902 bei einer Pariser Ausstellung am 20. April vorgestellt wurde – einem Tag, der künstlerische Erfolge verheißt.

STIER

21. April bis 20. Mai

Herrschender Planet: Venus **Element**: Erde, fest

Polarität: Negativ (feminin)

Körperliche Entsprechungen: Hals, Ohren und Kehle

Steine: Alabaster, Topas, Rosenquarz, Smaragd

Blumen: Lilie, Flieder, Gänseblümchen, Malve, Mohnblume, Veilchen

Farben: Hellblau, Lila, Rosa

Praktisch jede astrologische Tradition hat dieses Sternbild mit einem Stier gleichgesetzt: Die Alten Griechen nannten es *Tauros*, die Perser *Tora*, die Hindus *Wrischa* und die Mesopotamier *Gudanna* nach dem himmlischen Stier, den die Göttin Inanna von ihrem Vater An erschaffen ließ, um sich an dem Helden Gilgamesch zu rächen, der sie verschmäht hatte. Diese von dem Planeten Venus beherrschte Konstellation umfaßt die Plejaden („die Sieben Schwestern"), also die Sterne, die in der griechisch-römischen Mythologie als Töchter des Titanen Atlas und der Meernymphe Pleione galten und die „Perlentore" der Aphrodite (Venus) bewachten. Die Assoziation des Stiers mit der Göttin der körperlichen Liebe ist offensichtlich: Er verkörpert nicht nur Fruchtbarkeit und Zeugungskräfte, sondern symbolisiert auch mit seinen Hörnern die Mondsichel und mit seinem Kopf den Vollmond. Der Mond wiederum ist Domäne und Symbol der Göttin, ebenso wie das Element Erde, das dieses Sternzeichen beherrscht. Die Stieropfer, die dem persischen Gott Mithra und dem römischen Sol Invictus dargebracht wurden, beruhten auf dem Glauben, daß Körper und Blut des getöteten Stiers alle Formen pflanzlichen und tierischen Lebens hervorbrächten und nährten. Viele andere alte Kulturen, auch die der Babylonier, opferten weiße Stiere zur Zeit des Stier-Neumonds. Es ist daher nur passend, daß der Stier eine Jahreszeit regiert, in der das Frühlingsleben sprießt und gedeiht.

Den unter diesem Zeichen Geborenen sagt man nach, sie seien so erdverbunden, wie es das herrschende Element ihres Sternbilds erwarten läßt: Sie gelten als praktische, materialistisch geprägte Charaktere mit der Fähigkeit, Maßnahmen in die Wege zu leiten und stetig voranzutreiben, während die Venus ihnen Sinnlichkeit, Genußfähigkeit und künstlerische Neigungen zuteil werden läßt. Doch können sie sich auch starrsinnig jedem Wandel widersetzen, geliebten Menschen gegenüber äußerst besitzergreifend sein und spektakuläre Wutanfälle zelebrieren, wenn etwas ihren Plänen zuwiderläuft.

21. APRIL

Planeteneinflüsse

Herrschende Planeten: Venus und Mars.
Erster Dekan: Persönlicher Planet ist die Venus.
Erste Häuserspitze: Stier mit Widdertendenzen.

♀ ♂

Religiöse und kulturelle Bedeutung

Im Alten Rom Tag des Palilia-Festes zur Erinnerung an die Gründung Roms.
Namenstag: Beuno, Schutzheiliger kranker Tiere (6. Jh.), Honorius von Brescia († 586), Anselm von Canterbury (ca. 1033–1109), Konrad von Parzham (1818–1894).

Die englische Romanautorin Charlotte Brontë wurde 1816 am 21. April geboren, einem Tag, der durch Wesenszüge wie Perfektionismus, Selbstdisziplin, ästhetisches Empfinden und intellektuellen Klarblick künstlerische Leistungen begünstigt.

Die am 21. April Geborenen sind stolze Menschen, die sich hohe Maßstäbe setzen und es als beschämend empfinden, wenn die Umstände sie hindern, diesen gerecht zu werden. Sie sind tüchtig, effizient, selbstdiszipliniert und mit der Selbsterkenntnis ausgestattet, ihre Fähigkeiten und Grenzen realistisch einzuschätzen, so daß normalerweise nur unvorhersehbare Hindernisse, die sich ihrem Einfluß entziehen, sie daran hindern können, eine ihnen auferlegte Aufgabe zu erledigen. Diese beherrschten, aber sehr sensiblen Persönlichkeiten setzen in ihrem Streben nach Erfolg all ihren außerordentlichen Scharfblick und Gedankenreichtum, ihr Organisationsgeschick und ihre Beharrlichkeit ein – hervorragende Voraussetzungen zur Verwirklichung ihrer Ziele. Da sie verläßlich sind und sich nicht scheuen, ihre Meinung zu sagen, finden sie sich oft in Führungspositionen, wo sie durch ihr Können und ihr Talent, andere positiv zu motivieren, Respekt ernten. Mit diesen Eigenschaften eignen sie sich gut für Tätigkeiten im interpersonalen Bereich (etwa als Pädagogen), doch fühlen sie sich aufgrund ihrer Abneigung, sich etwas vorschreiben zu lassen, in größeren, straff organisierten Institutionen meist unwohl. Sie sind eher auf Perfektion – oder etwas, das diesem Ideal möglichst nahekommt – als auf finanzielle Entlohnung aus, wissen jedoch die guten Dinge zu schätzen, die man für Geld kaufen kann, da diese Genußmenschen für sinnliche Reize aller Art aufgeschlossen sind und so auch eine starke Neigung zu allem Künstlerischen haben. Andere fühlen sich von ihrer ansteckend sinnenfrohen Art und dem Wunsch, ihre Mitmenschen glücklich zu machen, angezogen. Sie sind meist nachsichtige, doch verantwortungsbewußte Freunde, Eltern und Partner, die andere aber gelegentlich durch ihr Kontrollbedürfnis oder den Versuch, ihnen ihre persönliche Einstellung aufzuzwingen, verärgern.

STÄRKEN: Die an diesem Tag Geborenen sind mit Selbstsicherheit, Objektivität, intellektuellem Klarblick, Zielstrebigkeit und enormer Hartnäckigkeit den meisten Herausforderungen gewachsen. Zugleich sind sie sympathische, positive und energische Charaktere, die Erholung und Muße als wichtig erkennen und als Gegengewicht zu ihrer eigenen Intensität nutzen.
SCHWÄCHEN: Die am 21. April Geborenen laufen mitunter Gefahr, ihre persönlichen Eigenschaften zu extrem auszuleben und entweder ihre Umgebung zu stark kontrollieren zu wollen oder sich übermäßiger Genußsucht hinzugeben.
FAZIT: Diese Menschen erkennen intuitiv die Notwendigkeit eines gesunden Gleichgewichts zwischen Berufs- und Privatleben und widmen meist Arbeit und Zerstreuung gleich viel Zeit und Aufmerksamkeit. Sie müssen sich jedoch davor hüten, die in einer Sphäre wichtigen Eigenschaften in die jeweils andere hineinzutragen, um weder ihre Freunde und Familie zu bevormunden noch ihre Arbeit auf die leichte Schulter zu nehmen.

An diesem Tag

Prominente Geburtstage: Jan van Riebeeck (1634), Friedrich Fröbel (1782), Charlotte Brontë (1816), Norman Parkinson (1913), Anthony Quinn (1915), John Mortimer (1923), Königin Elisabeth II. von England (1926), Angela Mortimer (1932), Charles Grodin (1935), Iggy Pop (1947), Patti Lupone (1949), Tony Danza (1951), Andie MacDowell (1958)

Bedeutende Ereignisse und Jahrestage: Organisationstalent und Herrschsucht sind Merkmale des 21. April, die ihre Parallelen in der Kriegsführung finden, wie durch drei militärische Triumphe veranschaulicht: Sieg der texanischen Truppen über die Mexikaner in der Schlacht von San Jacinto (1836), Luftsieg über den legendären Piloten Baron Manfred von Richthofen (der „Rote Baron“) durch ein britisches Kampfflugzeug (1916) und Einnahme der deutschen Stellungen bei Vimy durch kanadische Truppen im Ersten Weltkrieg (1917). Das künstlerische Potential dieses Tages äußerte sich u. a. in der Uraufführung des Stücks *Helden* von dem irischen Dramatiker George Bernard Shaw (1894) und der Enthüllung von Rodins spektakulärer Halbaktskulptur des Dichters Victor Hugo (1901).

22. APRIL

Andere bewundern die am 22. April Geborenen für ihr rasches Erfassen der Probleme einer Situation und ihre scheinbar mühelose Fähigkeit, sie zu bewältigen. Ihre Effizienz, Energie, optimistische Haltung und Anteilnahme führt dazu, daß sie nicht nur oft um objektiven und realistischen Rat angegangen werden, sondern weniger zuverlässige Menschen auch häufig ihre Projekte auf sie abwälzen. Unter solchen Umständen übernehmen sie die volle Verantwortung für diese Aufgaben und arbeiten unermüdlich und mit täuschender Leichtigkeit auf positive Ergebnisse hin, wobei sie einerseits vom persönlichen Streben motiviert sind, ihre Fähigkeiten zu erproben, und andererseits von dem heimlichen Wunsch nach Anerkennung und Dankbarkeit. Es besteht jedoch die Gefahr, daß ihre Hilfsbereitschaft und Gutmütigkeit von anderen ausgenutzt wird und sie sich letztlich übernehmen und verausgaben, während weniger moralische Charaktere die Lorbeeren für ihre Leistungen ernten. Im Privatleben legen sie ähnliche Großzügigkeit und Zuverlässigkeit an den Tag, bringen aber auch ein spielerisches Element in ihre zwischenmenschlichen Beziehungen ein, da sie sehr empfänglich für sinnliche Anregung sind und den ihnen Nahestehenden gern Freude bereiten. Im Berufsleben warten sie nicht nur mit Organisationsgeschick, sondern auch mit Weitblick, Pragmatismus und Risikobereitschaft auf, Eigenschaften, die ihnen das Zeug zum Unternehmer verleihen. Eine solche Kombination aus Sorgfalt und Weitblick ist je nach persönlicher Vorliebe des einzelnen sowohl in der Geschäftswelt als auch in der wissenschaftlichen Forschung erfolgversprechend. Die an diesem Tag Geborenen streben jedoch auch nach materiellem Lohn als Bestätigung ihrer Leistung und als Mittel, sich nach Feierabend die verdiente Belohnung zu gönnen.

STÄRKEN: Die am 22. April Geborenen verbinden Beständigkeit, Einfühlungsvermögen und Entschlossenheit mit methodischem Organisationstalent, Ordnungsliebe und Objektivität und setzen ihre Energien großzügig ein, um anderen beim Streben nach greifbaren Fortschritten behilflich zu sein.
SCHWÄCHEN: Ihr Selbstvertrauen, ihr Stolz und ihre Entschlossenheit, an keiner Herausforderung zu scheitern, sind so ausgeprägt, daß sie sich beim zwanghaften Verfolgen ihrer Ziele überfordern und überlasten.
FAZIT: Es ist wichtig, daß die an diesem Tag Geborenen in allen Lebensbereichen einen Blick fürs Wesentliche behalten. Sie sollten vor allem darauf achten, sich nicht im Übermaß für andere einzusetzen, und sich vor ihrer Neigung hüten, ihren Erfolg durch übermäßige Geldausgaben zur Schau zu stellen.

An diesem Tag

Prominente Geburtstage: Henry Fielding (1707), Immanuel Kant (1724), Georg Joachim Göschen (1752), Madame de Staël (1766), Käthe Kollwitz (1867), Nikolai Lenin (1870), Alexander Fjodorowitsch Kerenski (1881), Robert Oppenheimer (1904), Eric Fenby (1906), Eddie Albert (1908), Kethleen Ferrier (1912), Yehudi Menuhin (1916), Sidney Nolan (1917), Aaron Spelling (1928), Glen Campbell (1936), Jack Nicholson (1937), Peter Frampton (1950), Lloyd Honeyghan (1960)

Bedeutende Ereignisse und Jahrestage: Die diesem Tag eigene Kombination aus persönlicher Abenteuerlust und Verantwortungsbewußtsein für die Allgemeinheit spiegelte sich in Pedro Alvarez Cabrals Einnahme Brasiliens für sein Heimatland Portugal (1500), der ersten Atlantiküberquerung des britischen Postdampfers „Sirius" (1838) und der bravourösen Weltumseglung des britischen Einhandseglers Robin Knox-Johnston (1969). Die dem 22. April ebenfalls eigene Verbindung von Organisation und Nationalgefühl äußerte sich auf militärischem Gebiet als übersteigerter Extremismus im Giftgaseinsatz der deutschen Armee in der zweiten Schlacht von Ypern (1915) und im Bemühen des britischen Admirals Keye, bei der Schlacht von Seebrügge im Ersten Weltkrieg deutsche U-Boot-Stationen zu blockieren (1918).

Planeteneinflüsse

Herrschende Planeten: Venus und Mars.
Erster Dekan: Persönlicher Planet ist die Venus.
Erste Häuserspitze: Stier mit Widdertendenzen.

♀ ♂

Religiöse und kulturelle Bedeutung

Feier des Erdtages.
Namenstag: Soter († ca. 175), Opportuna († ca. 770).

Die Künstlerin Käthe Kollwitz wurde am 22. April 1867 geboren. Ihr Einsatz gegen soziale Ungerechtigkeit, der in ihrem Werk kraftvoll zum Ausdruck kommt, wurde durch die für ihren Geburtstag typischen Wesenszüge des Mitgefühls, Bewältigungsvermögens und sozialen Verantwortungsgefühls verstärkt.

23. APRIL

Den am 23. April Geborenen ist eine seltene Kombination intro- und extrovertierter Wesenszüge eigen, nämlich intellektuelle Individualität einerseits und eine ausgeprägte soziale Ausrichtung andererseits. Diese scharfsinnigen und neugierigen Charaktere haben das Bedürfnis, faszinierende abstrakte Ideen zu erkunden, suchen aber auch eine stabile Basis, von der sie zu ihrer Wissenssuche aufbrechen – wohl in der intuitiven Erkenntnis, daß ihre weitschweifende Phantasie sie ohne einen solchen Sicherheitsanker in Traumwelten entführen und dazu verleiten könnte, den Kontakt mit der Realität zu verlieren. Trotz ihres Hangs zur Unabhängigkeit sind sie gesellige Menschen mit einem angeborenen Gerechtigkeitssinn, der auf ihrem tiefen Mitgefühl mit anderen beruht. Mit dieser ausgewogenen Kombination von Wesensmerkmalen bewähren sie sich in jeder beruflichen Situation, in der sie ihren Neuerungsdrang und ihre kommunikativen Fähigkeiten einbringen können; so erscheinen etwa die verschiedenen künstlerischen Betätigungsfelder als ideale Berufswahl für die am 23. April Geborenen. Auch im Privatleben zeichnen sich diese Menschen durch großes Interesse für und Sorge um das Wohl ihrer Freunde und Familie aus. Sie bemühen sich, ein glückliches und entspanntes häusliches Umfeld zu schaffen, in dem zwar emotionale Bindungen an erster Stelle stehen, aber auch der Spaß nicht zu kurz kommt. Ihre verläßliche Ausstrahlung (vor allem der Frauen) und ansteckende Lebensfreude wirken äußerst anziehend auf ihre Umgebung; der Nachteil solcher Beliebtheit liegt in einer möglichen Überbeanspruchung durch die Erwartungen ihrer weniger dynamischen Mitmenschen.

STÄRKEN: Diese einerseits freundlichen, mitfühlenden und geselligen und andererseits äußerst scharfsinnigen, wißbegierigen und beharrlichen Persönlichkeiten besitzen alle Voraussetzungen, der Welt ihren Stempel aufzudrücken, ohne sich dabei die Feindschaft weniger befähigter oder phantasiebegabter Menschen zuzuziehen.
SCHWÄCHEN: Die am 23. April Geborenen haben ein tiefsitzendes und oft unbewußtes Verlangen, einerseits bei ihren Mitmenschen Anerkennung zu ernten und sich andererseits für die Bedürfnisse anderer einzusetzen, was dazu führen kann, daß sie ihr eigenes Bedürfnis nach unabhängigem Handeln und Denken in gefährlicher Weise vernachlässigen.
FAZIT: Obwohl diese Menschen meist emotional sehr ausgeglichen und sich der Notwendigkeit bewußt sind, ihr Privat- und Berufsleben auszubalancieren, müssen sie darauf achten, daß ihre Fähigkeit zur intellektuellen Konzentration und ihre Genußfreude sie nicht zu extremen Verhaltensweisen verführen.

Planeteneinflüsse

Herrschende Planeten: Venus und Mars.
Erster Dekan: Persönlicher Planet ist die Venus.
Erste Häuserspitze: Stier mit Widdertendenzen.

♀ ♂

Religiöse und kulturelle Bedeutung

Georgstag – englischer Nationalfeiertag. Vinalia-Feiern im Alten Rom.
Namenstag: Georg († ca. 305), Schutzheiliger von England, von Genua, des Bistums Limburg, von Ritterorden, der Pfadfinder, der Bauern, Bergleute, Sattler, Schmiede, Böttcher, Artisten, der Pferde und des Viehs, der Wanderer, der Spitäler, der Gefangenen, der Soldaten, der Reiter, in Kämpfen aller Art, gegen Kriegsgefahren, gegen Versuchungen, für das Wetter, gegen Fieber, gegen Pest, einer der 14 Nothelfer, Adalbert von Prag (ca. 956-97).

An diesem Tag

Prominente Geburtstage: William Shakespeare (1564), Joseph Mallard William Turner (1775), James Buchanan (1791), Max Planck und Ethel Smythe (1858), Henry, Viscount Allenby (1861), Ngaio Marsh und Vladimir Nabokov (1899), Ronald Neame (1911), Ruth Leuwerik (1920), J. P. Donleavy (1926), Shirley Temple (1928), Roy Orbison (1936), Lee Majors (1942), Judy Davis (1956), Jan Hooks (1957), Valerie Bertinelli (1960)

Bedeutende Ereignisse und Jahrestage: An diesem Tag persönlicher Popularität wurde König Karl II. von England und Schottland, einer der beliebtesten Monarchen der Geschichte, gekrönt (1661). Außerdem wurde am 23. April, der als Geburtstag des berühmtesten Dramatikers der Welt gilt, das erste Shakespeare-Gedächtnistheater im englischen Stratford-upon-Avon, dem Geburtsort des Dichters, eröffnet (1879). Die Begünstigung vorteilhafter Neuerungen durch diesen Tag spiegelte sich in der Eröffnung der Moskauer Untergrundbahn durch Josef Stalin (1933) und der Bekanntmachung, daß amerikanische Wissenschaftler den AIDS-Virus identifiziert hätten – ein erster Schritt auf dem Weg zu künftigen Therapiemöglichkeiten (1984). Dem für diesen Tag typischen Gerechtigkeitssinn gemäß wurde in den USA Sirhan Bishara Sirhan des Mordes an Robert F. Kennedy für schuldig befunden (1969) und in Spanien der berüchtigte britische Zugräuber Charlie Wilson erschossen, nachdem er sich jahrelang der Verhaftung hatte entziehen können (1990).

Dieser Fries zeigt den heiligen Georg als Drachentöter. Der 23. April – ein von Wissensdurst und Sinn für soziale Gerechtigkeit geprägter Tag – wird in England als Georgstag gefeiert.

24. APRIL

Die am 24. April Geborenen fühlen sich oft zwischen Beruf und Familie hin- und hergerissen, da es sie drängt, beiden ihre volle Aufmerksamkeit zu widmen. Bei der Arbeit treibt sie das Verlangen, Aufgaben so perfekt wie möglich zu erledigen. Ihr forschender Geist wird unterstützt von ihrem methodischen Vorgehen und Organisationstalent sowie ihrer zuweilen starrsinnigen Weigerung, von etwas abzulassen, bevor sie ihr Ziel erreicht haben. Eine weitere Facette ihres Wesens ist ihre Menschenfreundlichkeit und ihr Interesse für die Gefühle anderer, was sie zu kooperativen und umgänglichen Kollegen macht. Sie haben die Anlagen, es auf jedem gewählten Gebiet zu etwas zu bringen, solange es zwischenmenschliche Kontakte und die Möglichkeit zu selbständigem Handeln bietet. Man kann sich fast unweigerlich darauf verlassen, daß sie leisten, was immer von ihnen erwartet wird – vor allem, wenn sie im chinesischen Jahr des Büffels geboren sind. Außerhalb des Arbeitsumfelds sind die am 24. April Geborenen liebevolle und fürsorgliche Freunde, Partner und Eltern, deren dominantes Verhalten aus dem Wunsch herrührt, ihre Lieben auf einen stabilen, produktiven Kurs zu bringen. Sie sind nicht nur sensible und beständige Charaktere, sondern haben auch einen ausgeprägten Sinn für Humor, der ihnen die sympathische Fähigkeit verleiht, das Leben zu genießen und dadurch auch anderen Freude zu bereiten.

STÄRKEN: Die an diesem Tag Geborenen sind freundlich und mitfühlend und gehen bei der Bearbeitung ihnen anvertrauter Projekte mit außerordentlicher Organisationsgabe und Zielstrebigkeit vor. Darüber hinaus sind sie phantasievolle und intellektuell scharfsinnige Menschen.
SCHWÄCHEN: Es fällt ihnen oft schwer, sich den Ansprüchen anderer zu entziehen, deren Problemen sie sich mit großer Ernsthaftigkeit widmen. Das kann jedoch dazu führen, daß sie sich emotional und körperlich überstrapazieren und nicht mehr imstande sind, sich auf ihre eigenen Angelegenheiten zu konzentrieren.
FAZIT: Obwohl die am 24. April Geborenen instinktiv die Notwendigkeit erkennen, eine klare Trennlinie zwischen Beruf und Privatsphäre zu ziehen, sollten sie ihre Neigung, jeder an sie herangetragenen Bitte zu entsprechen, nicht auf Bereiche übergreifen lassen, in denen sie nichts zu suchen hat. Um dieser Gefahr gegenzusteuern, müssen sie sich bemühen, hin und wieder auch einmal „nein" zu sagen.

An diesem Tag

Prominente Geburtstage: Wilhelm I., Prinz von Oranien (1533), Edmund Cartwright (1743), Anthony Trollope (1815), Marcus Clarke (1846), Henri Philippe Pétain (1856), Hugh Dowding (1882), Stafford Cripps (1889), Robert Penn Warren (1905), William Joyce, „Lord Haw-Haw" (1906), Bernhard Grzimek (1909), Bridget Riley (1931), Shirley MacLaine (1934), John Williams (1941), Barbra Streisand (1942), Chipper Jones (1972)

Bedeutende Ereignisse und Jahrestage: Dieser Tag steht für humanitäre Anliegen und Verantwortungsbewußtsein für die Allgemeinheit, Wesenszüge, die auch nationalistische und politische Parallelen haben: So komponierte der Soldat Claude Rouget de Lisle am 24. April die *Marseillaise*, die spätere französische Nationalhymne (1792), Sinn-Fein-Sympathisanten begannen am Ostermontag in Dublin ihren nationalistischen Aufstand gegen die Briten (1916) und Robert Menzies wurde zum australischen Premierminister gewählt (1939). Die für diesen Tag charakteristische Abenteuerlust und Beharrlichkeit spiegelte sich in den wagemutigen Leistungen zweier Menschen: Der Einhandsegler Joshua Slocum startete von Boston aus mit seinem Boot „Spray" zur erfolgreichen Weltumsegelung (1895), und Amy Johnson landete nach dem ersten Alleinflug einer Pilotin von England nach Australien in Darwin (1930). An diesem vom Element Erde beherrschten Tag stürzte der sowjetische Kosmonaut Wladimir Komarow bei der Rückkehr zur Erde mit seiner Raumkapsel „Sojus 1" tödlich ab (1967).

Planeteneinflüsse

Herrschende Planeten: Venus und Mars.
Erster Dekan: Persönlicher Planet ist die Venus.
Erste Häuserspitze: Stier mit Widdertendenzen.

♀ ♂

Religiöse und kulturelle Bedeutung

Markustag.
Namenstag: Mellitus († 624), Wilfried (634–710), Egbert von Irland (639–729), Fidelis von Sigmaringen (1577–1622), Schutzheiliger der Juristen, Maria Euphrasia Pelletier (1796–1868).

Am 24. April – einem Tag, der nationale Errungenschaften als Ziel humanitären Strebens und Verantwortungsbewußtseins für die Allgemeinheit begünstigt – wurde 1800 in Washington die Kongreßbibliothek eingeweiht.

25. APRIL

Den am 25. April Geborenen ist Handeln lieber als jede Kopfarbeit, so getrieben sind sie von dem Bedürfnis, konkrete Fortschritte zu erzielen, statt bloß über deren Möglichkeiten nachzusinnen. Diese willensstarken Charaktere wecken mit ihrer enormen Vitalität, ihrem Erfolgsdrang und Verlangen nach greifbaren Ergebnissen bei weniger selbstsicheren Menschen oft verschreckte Ehrfurcht. Kaum etwas kann ihrem Willen und ihrer Energie widerstehen, obwohl sie dazu neigen, ihre eigenen Anstrengungen ungewollt zu sabotieren, indem sie weder ihre Beweggründe noch die Auswirkungen ihres Tuns mit ausreichender Sorgfalt bedenken. Infolge ihrer Abneigung gegen geistige und körperliche Untätigkeit treffen sie oft sehr spontane Entscheidungen, an denen sie dann hartnäckig festhalten, ohne sich um die Einwände anderer zu scheren. Mit dieser unerschütterlichen Zielstrebigkeit und Einsatzbereitschaft sind sie für verschiedene Berufe im wirtschaftlichen, wissenschaftlichen oder künstlerischen Bereich wohlgerüstet, besonders jedoch für Rechtsvollzug und Politik. Die am 25. April Geborenen sind echte Führernaturen, die sich scheinbar mühelos Respekt verschaffen können, haben aber eine Tendenz, sich im Umgang mit anderen, ob Kollegen oder Familienangehörigen und Freunden, übermäßig schonungslos und oft verletzend zu äußern. Zwar widmen sie sich ihrer Privatsphäre ebenso intensiv wie ihrer Arbeit und verspüren einen tiefsitzenden Drang, das Wohl der ihnen nahestehenden Menschen zu bewahren und zu fördern, doch neigen sie dazu, ihre persönlichen Beziehungen ganz ihren eigenen Vorstellungen zu unterwerfen, was Verstimmung und Auflehnung hervorrufen kann.

STÄRKEN: Diese dynamischen Menschen sind ganz auf Erfolg ausgerichtet und arbeiten mit all ihrer im Überfluß vorhandenen Energie, intellektuellen Konzentration und Entschlossenheit auf die Verwirklichung ihrer Ziele hin, was ihnen große Möglichkeiten eröffnet.

SCHWÄCHEN: Unflexibilität ist ihr großer Schwachpunkt, und ihre Geradlinigkeit kann sie dazu verleiten, die Gültigkeit andersgearteter Überzeugungen und Methoden zu mißachten. Sie neigen auch zu Ungeduld weniger direkten Menschen gegenüber und äußern ihren Ärger oft in unmißverständlicher und wenig taktvoller Weise.

FAZIT: Die am 25. April Geborenen sollten sich unbedingt Zeit zum Nachdenken und zur Besinnung nehmen, um etwaige Risiken ihres Handelns und der ihm zugrunde liegenden Motive rechtzeitig zu erkennen. Auch sollten sie den Meinungen und Gefühlen anderer mehr Aufmerksamkeit schenken, um sich Verbündete zu schaffen.

Planeteneinflüsse

Herrschender Planet: Venus.
Erster Dekan: Persönlicher Planet ist die Venus.

Religiöse und kulturelle Bedeutung

Anzac Day – Gedenktag für die australischen und neuseeländischen Soldaten des Ersten Weltkriegs. Offizieller Tag des Bäumepflanzens in den USA.
Namenstag: Markus der Evangelist, Schutzheiliger der Notare und der Schreiber († ca. 67).

An diesem Tag

Prominente Geburtstage: König Ludwig IX. von Frankreich (1214), König Eduard II. von England (1284), Oliver Cromwell (1559), Friedrich Preller der Ältere (1804), Guglielmo Marconi (1874), Wolfgang Pauli (1900), Edward Murrow (1906), Marcus Morris (1915), Ella Fitzgerald (1918), Paul Mazurzky (1930), David Shepherd (1931), Patrick Lichfield (1939), Al Pacino (1940), Björn Ulvaeus (1945), Talia Shire (1946), Johann Cruyff (1947)

Bedeutende Ereignisse und Jahrestage: Der 25. April, der für die tatkräftige Durchsetzung von Visionen steht, war der Tag des Baubeginns am Suezkanal unter Federführung des französischen Ingenieurs Ferdinand de Lesseps (1859) und der Aussetzung des Hubble-Weltraumteleskops durch die amerikanische Raumfähre „Discovery" (1990). Eine diesem Tag eigene Gefahr ist die enthusiastische Durchsetzung unzureichend durchdachter Ideen, wie die Landung australischer und neuseeländischer Truppen bei Gallipoli im Ersten Weltkrieg, die verheerend ausging (1915), die gescheiterte Befreiungsaktion der USA der in der amerikanischen Botschaft in Teheran festgehaltenen Geiseln (1980) und die Veröffentlichung der angeblichen Hitlertagebücher, die sich später als Fälschung erwiesen, durch den *Stern* (1983). Die intellektuelle Konzentrationsfähigkeit, die diesen Tag auszeichnet, begünstigt künstlerische Erfolge; so war dies der Tag, an dem Daniel Defoes Roman *Robinson Crusoe* veröffentlicht wurde (1719) und Toscanini die Erstaufführung von Puccinis *Turandot* dirigierte (1926).

Die legendäre amerikanische Jazzsängerin Ella Fitzgerald wurde am 25. April 1918 geboren. Die für diesen Tag typische Kombination von Vitalität, Intuition und beharrlichem Streben verheißt große künstlerische Erfolge.

26. APRIL

Denen, die sie nicht so gut kennen, mag es widersprüchlich erscheinen, daß die am 26. April Geborenen nicht nur Verfechter kühner und visionärer Ideen sind, sondern auch eine schon fast pedantische Aufmerksamkeit fürs Detail beweisen. Doch ist dies gar nicht so paradox, denn diese realistischen Menschen erkennen einfach, daß ein Projekt nur durch sorgfältige Vorausplanung, gründliche Erkundung aller damit zusammenhängender Fragen und anschließende solide Organisation zum Erfolg geführt werden kann. Indem sie alle Eventualitäten berücksichtigen und sich darauf einstellen, gewährleisten sie den reibungslosen und effizienten Ablauf ihrer Projekte, die sie mit großem Geschick leiten, wobei sie das eigentliche Ziel kaum je aus den Augen verlieren. Sie ernten Bewunderung für ihre Effizienz und Zuverlässigkeit – Eigenschaften, mit denen sie sich in jedem gewählten Beruf bewähren, solange er ihnen Raum zum selbständigen Denken und Handeln einräumt. Angesichts ihrer Tüchtigkeit und praktischen Begabung verwundert es kaum, daß diese Menschen von der Richtigkeit ihrer Einstellung und ihrer Methoden äußerst überzeugt sind. Dabei besteht die Gefahr, daß sie zu unbeugsam in ihren Überzeugungen werden und versuchen, andere nach ihren Vorstellungen zu formen – oder sich von ihnen abwenden, wenn dies nicht gelingt. Dieser Hang zur Bevormundung ist ihren persönlichen Beziehungen – besonders zu ihren Kindern – nicht förderlich, weshalb sie lernen sollten, ihre Anforderungen an andere zu mäßigen und sie in ihrer Individualität und mit ihren eventuell abweichenden Meinungen zu respektieren.

STÄRKEN: Die am 26. April Geborenen verbinden große geistige Unabhängigkeit und durchdringenden Scharfblick mit außerordentlichem Organisations- und Führungstalent und setzen ihre einfallsreichen und produktiven Strategien mit beträchtlicher Energie und Zielstrebigkeit in Erfolge um.
SCHWÄCHEN: Die durch ihre bewährten Methoden erzielten Erfolge vermitteln oft ein trügerisches Sicherheitsgefühl, das sie verleiten kann, in ihrem Verhalten und ihren Meinungen starr und unflexibel zu werden und andere Vorgehensweisen als die eigenen rundheraus abzulehnen.
FAZIT: Die an diesem Tag Geborenen sollten sich bemühen, ihre Fähigkeit zum objektiven Denken auch auf sich selbst anzuwenden und ihre eigenen Motive regelmäßig einer ehrlichen Prüfung zu unterziehen, um sicherzustellen, daß sie nicht unflexibel, engstirnig und für alternative Handlungsweisen unaufgeschlossen werden.

An diesem Tag

Prominente Geburtstage: Mark Aurel (121), David Hume (1711), John James Audubon (1785), Ferdinand Delacroix (1798), Alfred Krupp (1812), Syngman Rhee (1875), Ludwig Wittgenstein (1889), Anita Loos (1893), Rudolf Hess (1894), John Grierson (1898), Charles Francis Richter (1900), Charlie Chester (1914), Carol Burnett (1933), Duane Eddy (1938), Bobby Rydell (1942), Prue Acton (1943), Peter Shaufuss (1949), Roger Taylor (1960)

Bedeutende Ereignisse und Jahrestage: Der feste Glaube an eigene Überzeugungen, der diesen Tag auszeichnet, kann positive und negative Konsequenzen haben. Zu den positiven gehörten die Premiere des wegbereitenden Balletts *Façade* von Frederick Ashton und William Walton (1931) und die ersten demokratischen Wahlen in Portugal nach einem halben Jahrhundert (1975). Negativbeispiele waren der ungeklärte Tod des Lincolnattentäters John Wilkes Booth durch Selbstmord oder Ermordung (1865) und die Londoner Prozeßeröffnung gegen den irischen Schriftsteller Oscar Wilde wegen seiner Homosexualität (1895). An diesem durch organisatorische Begabung geprägten Tag wurde die offizielle Gründungsplanung des Städtchens Deadwood in Süddakota vorgelegt (1876), und in London wurden die ersten Motorrad-Polizeistreifen eingesetzt (1921). Außerdem wurde an diesem Tag, der für sorgfältige und detaillierte Vorausplanung steht, der größte amerikanische Bankraub aller Zeiten verübt – die Beute belief sich auf 3,3 Mio. US-Dollar (1981).

Planeteneinflüsse
Herrschender Planet: Venus.
Erster Dekan: Persönlicher Planet ist die Venus.

♀

Religiöse und kulturelle Bedeutung
Neujahrstag in Sierra Leone.
Namenstag: Anakletus († 88), Richarius (Riquier, † ca. 645).

Der baskische Ort Guernica y Luno in der Nähe des nordspanischen Bilbao wurde als Symbol der faschistischen Zerstörungswut von Picasso in seinem berühmten Gemälde verewigt, das Frauen und Kinder nach dem vernichtenden Bombardement vom 26. April 1937 zeigt. Dieser Tag ist durch unerschütterliche Überzeugungen und ihre Folgen geprägt, wie auf diesem Foto des Ortes aus dem Jahr 1937 zu sehen.

27. APRIL

Planeteneinflüsse

Herrschender Planet: Venus.
Erster Dekan: Persönlicher Planet ist die Venus.

♀

Religiöse und kulturelle Bedeutung

Tyi-Wara-Fest in der westafrikanischen Republik Mali.
Namenstag: Zita, Schutzheilige der Bäcker und Dienstboten (ca. 1212–72), Petrus Kanisius (1521–1597).

Die englische Schriftstellerin und Frauenrechtlerin Mary Wollstonecraft wurde 1759 am 27. April geboren, einem Tag, der Mitgefühl und feste Überzeugungen begünstigt. Ihr Werk Rettung der Rechte des Weibes *(1792) war eine frühe und eloquente Argumentation für die Gleichberechtigung der Geschlechter.*

Die am 27. April Geborenen tendieren dazu, ihre Aufmerksamkeit und Energie nach innen zu richten; sie widmen sich lieber der Erforschung ihrer ideen- und visionsreichen Innenwelt, als sich von trivialeren und unproduktiveren Beschäftigungen ablenken zu lassen. Diese selbstgenügsamen und eher einzelgängerischen Individuen fühlen sich in ihrer eigenen Gesellschaft selten einsam und haben kein Bedürfnis nach Bestätigung von außen; das gilt besonders für die Frauen unter ihnen. Extrovertiertere Naturen mögen sie für unzugänglich oder sogar unsozial halten, was jedoch keineswegs der Fall ist, denn diese Menschen kommen zwar gut allein zurecht, sind aber auch mit tiefer Intuition und Anteilnahme begabt und verweigern ihre Hilfe kaum jemals, wenn sie wirklich benötigt wird. Die an diesem Tag Geborenen sind am glücklichsten, wenn sie auf eigene Rechnung oder innerhalb kleinerer Organisationen arbeiten, wo sie ihre Individualität und Phantasie voll entfalten können, und finden vor allem auf humanitärem, künstlerischem oder wissenschaftlichem Gebiet große Erfüllung. Trotz ihrer angeborenen Zurückhaltung und ihres Bedürfnisses nach Zeiten des Alleinseins schließen sich die am 27. April Geborenen nicht permanent in ihrem Elfenbeinturm ein. Menschen, die sie nicht so gut kennen, sind oft verblüfft über ihre ausgeprägte Sinnlichkeit, ihren Schönheitssinn und ihren hochentwickelten Sinn für Humor. Obwohl sie nicht eben gesellig zu nennen sind, bezeigen sie ihren Freunden, Partnern und Familien große Zuneigung und Loyalität und werden von diesen für ihre emotionale Unterstützung und Stabilität sehr geschätzt.

STÄRKEN: Diese außerordentlich klarblickenden, urteilsfähigen und nachdenklichen Menschen sind fasziniert von der Sphäre der Gedanken und des Wissens, eine Neigung, die sie in Verbindung mit ihrem ausgeprägten Realismus und ihrer intellektuellen Konzentration und Sensibilität zu großen Leistungen beflügeln kann.
SCHWÄCHEN: Die am 27. April Geborenen laufen gelegentlich Gefahr, ihre Selbstgenügsamkeit bis zum Äußersten zu treiben und sich so um die Anregungen und Vorteile des gesellschaftlichen und intellektuellen Austauschs mit anderen zu bringen.
FAZIT: Obwohl sie meist emotional und intellektuell ausgeglichen sind, sollten diese Menschen erkennen, daß ihre Introvertiertheit als Distanziertheit oder sogar Arroganz mißverstanden werden kann. Es kann daher – vor allem im Privatleben – gelegentlich sinnvoll sein, größere emotionale Offenheit an den Tag zu legen.

An diesem Tag

Prominente Geburtstage: Edward Gibbon (1737), Mary Wollstonecraft Godwin (1759), Samuel Morse (1791), Friedrich von Flotow (1812), Herbert Spencer (1820), Ulysses S. Grant (1822), Edward Whymper (1840), Wallace Corothers (1896), C. Day-Lewis (1904), Jack Klugman (1922), Sheila Scott (1927), Anouk Aimée, Pik Botha und Casey Casem (1932), Sandy Dennis (1937), Judy Carne (1939), Sheena Easton (1959)

Bedeutende Ereignisse und Jahrestage: Am 27. April, einem Tag großer künstlerischer Verheißungen, wurde Georg Friedrich Händels *Feuerwerksmusik* uraufgeführt, wobei die Darbietung jedoch – nicht unbedingt überraschend – wegen des Ausbruchs eines Feuers vorzeitig abgebrochen werden mußte (1749). Das für diesen Tag typische Streben nach Vermehrung des menschlichen Wissens spiegelte sich in der Eröffnung des Londoner Zoos (1828) und der Weltausstellung in Montreal (1967). Der Glaube an sich selbst ist ein weiteres Merkmal des 27. April, an dem John Watson Australiens jüngster Premierminister wurde (1904) und Judy Johnson als erster weiblicher Berufsjockey bei einem Hindernisrennen in Baltimore startete (1943). Als Beispiel der manchmal übersteigerten Selbstgenügsamkeit und Introvertiertheit dieses Tages trat FBI-Direktor Patrick E. Gray an diesem Tag wegen der Watergate-Affäre zurück (1973). Und daß scharfsinnige Selbsterforschung zu kühnen und eigenständigen Ergebnissen führen kann, zeigt z. B. die Anerkennung des Staates Israel durch die britische Regierung (1950).

28. APRIL

Die am 28. April Geborenen sind sehr erfolgsorientierte Menschen, ob es ihnen nun um das Erreichen persönlicher Ambitionen oder die Verwirklichung abstrakterer Visionen geht. In ihrem unermüdlichen Streben nach Erfolg kommen ihnen ihr Scharfsinn, ihre körperliche und geistige Dynamik und ihr bemerkenswertes Organisationstalent ebenso zugute wie ihre störrische Weigerung, sich von ihrem Kurs abbringen zu lassen. Da sie außerdem sensibel und intuitiv veranlagt sind, setzen sie ihre Energie nicht nur häufig für humanitäre Fortschritte ein, sondern beweisen dabei auch eine außergewöhnliche Fähigkeit, sich auf die Stimmungen anderer einzustellen. Sie scheuen sich im übrigen keineswegs, diese Gabe zu nutzen, um sich die Unterstützung ihrer Umgebung zu sichern. Ihre Selbständigkeit im Denken und Handeln und ihre kommunikativen Fähigkeiten machen sie auf jedem gewählten Betätigungsfeld zu motivierenden Führungspersönlichkeiten, insbesondere wenn sie im chinesischen Jahr des Drachen geboren sind. Auch im Privatleben legen die am 28. April Geborenen ähnliche Intensität und Konzentration an den Tag. Da ihnen Untätigkeit ein Greuel ist, füllen sie ihre Freizeit mit körperlicher Betätigung und Sinnenfreuden aus, eine Neigung, die im Extremfall bis zur ungezügelten Genußsucht gehen kann. Obwohl sie ihren Familienangehörigen tiefe Zuneigung entgegenbringen, versuchen sie oft, deren Leben (vor allem das ihrer Kinder) zu dirigieren, ohne zu bedenken, daß sie bei ihnen dadurch genau jene Individualität unterdrücken, die ihnen selbst so wichtig ist.

STÄRKEN: Die am 28. April Geborenen sind von einem übermächtigen Drang getrieben, greifbare und eindrucksvolle Ergebnisse zu erzielen, und beweisen bei ihren zielstrebigen Vorhaben Pragmatismus und Erfindungsreichtum.
SCHWÄCHEN: Die Selbstsicherheit, die diese Menschen beflügelt, birgt die Gefahr, daß sie anderslautende Meinungen als die ihren rundheraus abtun, und kann im Extremfall in Eitelkeit, Anfälligkeit für Schmeichelei und intellektuellen Hochmut ausarten.
FAZIT: Um sich nicht emotional zu isolieren, sollten die am 28. April Geborenen ihren Hang mäßigen, Menschen und Situationen unter ihre Kontrolle bringen zu wollen. Ihr Verlangen, immer ihren Willen durchzusetzen, kann sich destruktiv auswirken, nicht zuletzt auf ihr eigenes ganzheitliches Gleichgewicht.

An diesem Tag

Prominente Geburtstage: Eduard IV. von England (1442), James Monroe (1758), Charles Stuart (1795), Anthony, Lord Shaftesbury (1801), Lionel Barrymore (1878), António de Oliviera Salazar (1889), Oskar Schindler (1908), Odette Hallowes (1912), Reg Butler (1913), Kenneth Kaunda (1924), James Baker (1930), Saddam Hussein (1937), Ann-Margret (1941), Mike Brearly (1942), Jay Leno (1950)

Bedeutende Ereignisse und Jahrestage: Dieser Tag steht für die unerschütterliche Entschlossenheit, persönliche Visionen zu verwirklichen, wie sie sich etwa in Kapitän James Cooks Landung in der australischen Botany Bay (1770) spiegelte oder auch in Thor Heyerdahls Aufbruch mit seinem Balsaholz-Floß „Kon-Tiki" zu einer Reise, die beweisen sollte, daß Polynesien einst von Peru aus besiedelt wurde (1947). Der 28. April verweist auf Führungstalent, und so führte an diesem Tag Fletcher Christian die Meuterei auf der „Bounty" gegen Kapitän William Bligh an (1789). Doch ist Führerschaft oft mit dem Risiko der Arroganz behaftet, die sich rächen kann: So wurde an diesem Tag der italienische Diktator Benito Mussolini zusammen mit seiner Geliebten Clara Petacci von italienischen Partisanen hingerichtet (1945), und der französische Präsident Charles de Gaulle trat zurück, nachdem seine Reformvorschläge in einer Volksabstimmung abgelehnt worden waren (1969). Den globalen humanitären Anliegen des 28. April entsprechend, wurde an diesem Tag unter dem Eindruck des Ersten Weltkriegs der Völkerbund gegründet (1919). An diesem Tag energischen Erfolgsdrangs wurde am Broadway das Musical *A Chorus Line* nach 15jähriger Spielzeit abgesetzt – eines der erfolgreichsten Broadwaystücke aller Zeiten (1990).

Planeteneinflüsse

Herrschender Planet: Venus.
Erster Dekan: Persönlicher Planet ist die Venus.

♀

Religiöse und kulturelle Bedeutung

Floralia-Feiern im Alten Rom.
Namenstag: Adalbero von Augsburg († 909), Ludwig Maria Grignion de Montfort (1673–1716), Peter Chanel (1803–41).

Der am 28. April 1758 geborene James Monroe wurde der fünfte Präsident der Vereinigten Staaten (1817–25). In Übereinstimmung mit der Neigung dieses Tages zur hartnäckigen Durchsetzung von Idealen, die durch sein Geburtsjahr, das chinesische Jahr des Tigers, noch verstärkt wurde, verkündete Monroe die sogenannte Monroedoktrin, die keinerlei europäische Einmischung in amerikanische Angelegenheiten duldete.

29. APRIL

Planeteneinflüsse

Herrschender Planet: Venus.
Erster Dekan: Persönlicher Planet ist die Venus.

♀

Religiöse und kulturelle Bedeutung

Nationalfeiertag in Japan, heidnischer Tag des Baums.
Namenstag: Robert von Molesme (ca. 1027–1111), Hugo von Cluny (1024–1109), Robert von Brügge († 1157).

Japans Nationalfeiertag ist zugleich der Geburtstag seines selbstbewußten Kaisers, der sein Land aggressiv durch den Zweiten Weltkrieg führte: Schowa Tenno Hirohito. Seine für den 29. April typischen organisatorischen und strategischen Fähigkeiten kamen in seiner militärischen Führerschaft deutlich zum Ausdruck.

Ihre sorgfältige und entschlossene Arbeitsweise bildet zusammen mit dem oft extravaganten Persönlichkeitsbild, das die am 29. April Geborenen der Welt präsentieren, eine seltene Kombination, die auf andere eine starke und zuweilen verwirrende Wirkung ausübt. Diese scharfsinnigen und unabhängigen Denker lassen sich zwar von kühnen Ideen inspirieren, würden sich aber kaum ohne sorgfältige Vorausplanung an ihre Umsetzung machen. Als wohlorganisierte Menschen prüfen sie bei der Planung eines Projekts die Sache von allen Seiten unter Berücksichtigung potentieller Fallstricke, bevor sie eine geeignete Vorgehensweise ausarbeiten. So sind ihre manchmal gewagt erscheinenden Strategien stets gründlich recherchiert. Und weil sie sich der Bedeutung des öffentlichen Images bewußt sind, „verkaufen" sie ihre Konzepte etwaigen Skeptikern unter Einsatz all ihrer Begeisterungsfähigkeit und Überredungskunst. Solche Talente kommen ihnen natürlich im Geschäftsleben sehr zugute – ganz besonders im Marketing, in der Werbung und Öffentlichkeitsarbeit –, doch bewähren sie sich auch in jedem anderen Beruf, in dem es auf kommunikative Fähigkeiten ankommt. Diese körperlich wie geistig dynamischen Persönlichkeiten ernten bei anderen Bewunderung durch ihre Energie, Willensstärke und ansteckende Lebenslust. Im Privatleben sind sie vor allem darauf aus, sich zu amüsieren und alles, was die Welt zu bieten hat, voll auszuschöpfen, wodurch sie mühelos Freunde und Anhänger um sich scharen. Doch auch mitten im Trubel dieses ausgelassenen Gesellschaftslebens bewahren sie sich ihre nüchternen und realistischen Wesenszüge, vielleicht weil ihnen die Notwendigkeit, sich in stabilen und stützenden familiären Beziehungen zu verankern, instinktiv bewußt ist.

STÄRKEN: Bei den am 29. April Geborenen stehen intro- und extrovertierte Neigungen meist ausgezeichnet miteinander in Einklang, so daß jeweils ihre besten Merkmale zum Tragen kommen: Aufmerksamkeit fürs Detail, intellektuelle Konzentration und Verläßlichkeit einerseits, Kommunikationsfähigkeit, Optimismus und Selbstvertrauen andererseits.
SCHWÄCHEN: Diese Menschen laufen Gefahr, ihrer eigenen überzeugenden Propaganda zu erliegen und sich verstockt gegen die (manchmal gerechtfertigten) Gegenargumente Andersdenkender zur Wehr zu setzen.
FAZIT: Trotz ihrer intuitiven Einsicht in die Notwendigkeit eines ausgewogenen intellektuellen und emotionalen Gleichgewichts lassen sie sich zuweilen zu sehr auf verlockende Konzepte ein, was ihren normalerweise recht ausgeprägten Realitätssinn beeinträchtigen kann.

An diesem Tag

Prominente Geburtstage: Arthur Wellesly, Herzog von Wellington (1769), Zar Alexander II. von Rußland (1818), William Randolph Hearst (1863), Thomas Beecham (1879), Harold Urey (1893), Malcolm Sargent (1895), Duke Ellington (1899), Kaiser Hirohito von Japan (1902), Rudolf Schwarz (1905), Fred Zinnemann (1907), Walter Kempowski (1929), Lonnie Donegan (1931), Zubin Mehta (1936), Jerry Seinfeld (1955), Daniel Day Lewis und Michelle Pfeiffer (1957), Andre Agassi und Uma Thurman (1970)

Bedeutende Ereignisse und Jahrestage: Die Neigung dieses Tages zu selbständigem Denken und engagiertem Verfolgen hochstrebender Ziele begünstigt Innovationen wie die Patentierung des Reißverschlusses in Schweden durch Gideon Sundback (1913) und die Einführung der „Katzenaugen" auf britischen Straßen – diese nächtlichen Erkennungshilfen für Autofahrer waren eine Erfindung von Percy Shaw (1935). Der 29. April ist ein Tag unwiderstehlicher Dynamik, an dem im Zweiten Weltkrieg der Widerstand der Achsenmächte gegen das Vorrücken der Alliierten zusammenbrach, die deutschen Truppen in Italien bedingungslos kapitulierten und das Konzentrationslager Dachau von amerikanischen Truppen befreit wurde (1945). Das für diesen Tag typische unerschütterliche Beharren auf Idealen spiegelte sich in der Weigerung des amerikanischen Boxers Muhammad Ali, sich während des Vietnamkriegs zur US-Armee einziehen zu lassen; zur Strafe wurde ihm sein Weltmeistertitel im Schwergewicht aberkannt (1967).

30. APRIL

Die am 30. April Geborenen sind täuschend ruhige Charaktere, die ihre äußerst scharfsinnige und hartnäckige Professionalität oft hinter ihrem ausgeprägten Sinn für Humor, ihrer Wertschätzung für die guten Dinge des Lebens und ihrem entspannten und freundlichen Umgang mit anderen verbergen. Im Widerspruch zum ersten Eindruck ist ihr intellektueller Antrieb so stark, daß sie sich unausgefüllt fühlen, wenn sie sich nicht völlig in ihre Arbeit versenken können, die oft auf Fortschritte humanitärer Natur ausgerichtet ist – eine Folge ihrer allgemeinen Anteilnahme und ihrer Fähigkeit, Mängel in bestehenden Systemen mit klarem Blick zu erkennen und Strategien zu ihrer Behebung zu formulieren. Weil sie ihre Ziele so schnell und effektiv wie möglich erreichen möchten und realistisch erkennen, daß es viel erfolgversprechender ist, andere zu überzeugen, als sich mit ihnen zu überwerfen, setzen sie ihren beträchtlichen Charme zur Pflege offener und freundschaftlicher zwischenmenschlicher Beziehungen ein. Diese vielseitig begabten Menschen haben die Anlagen, sich auf jedem beruflichen Gebiet, das ihr Interesse weckt, einen Namen zu machen. Ihre Kollegen schätzen ihre optimistische, motivierende Arbeitseinstellung und ihre Zuverlässigkeit. Auch im Familien- und Freundeskreis stehen sie meist im Mittelpunkt, da ihre Fähigkeit, solide emotionale Unterstützung zu bieten, mit ihrer unbeschwerten, lebenslustigen Art eine seltene und erfrischende Kombination bildet, die sie auch zu besonders guten Eltern macht.

STÄRKEN: Obwohl diese unabhängigen, willensstarken, entschlossenen und praktischen Persönlichkeiten in erster Linie vom Drang nach Fortschritt motiviert sind, erkennen sie instinktiv die Notwendigkeit, als Gegengewicht zu ihrem intellektuellen Streben auch die schlichteren Freuden des Lebens zu genießen.
SCHWÄCHEN: Weil es diesen verantwortungsbewußten Menschen schwerfallen kann, Bitten um praktische oder emotionale Unterstützung abzuschlagen, laufen sie Gefahr, sich bis zur körperlichen oder emotionalen Erschöpfung zu verausgaben.
FAZIT: Diese Menschen sollten sich gelegentlich Zeit zur ruhigen Besinnung fern von den Ansprüchen ihrer Mitmenschen nehmen, um sich auf ihre eigenen Bedürfnisse und Ziele konzentrieren zu können.

An diesem Tag

Prominente Geburtstage: Jean Baptiste de la Salle (1651), Königin Maria II. von England (1662), David Thompson (1770), Karl Friedrich Gauss (1777), Franz Lehar (1870), Jaroslav Hasek (1883), Joachim von Ribbentrop (1893), Juliana, Königin der Niederlande (1909), Eve Arden (1912), Klaus Jürgen Wussow (1929), Willie Nelson (1933), Burt Young (1940), Bobby Vee (1943), Jill Clayburgh (1944), Jane Campion (1954)

Bedeutende Ereignisse und Jahrestage: Der 30. April steht für humanitäre Visionen im Dienst der Allgemeinheit, die auch in nationale Angelegenheiten hineinwirken können, und so fielen auf diesen Tag drei wichtige Ereignisse der Geschichte der USA: Die Vereidigung von George Washington als erstem amerikanischen Präsidenten (1789), der Erwerb der französischen Territorien Louisiana und New Orleans durch die USA (1803) und die Verleihung des Territorialstatus an Hawaii durch den Kongreß (1900). Realitätssinn ist ein weiteres Merkmal dieses Tages, an dem der römische Kaiser Galerius Valerius Maximianus in der Einsicht, daß das Christentum durch Verfolgung nicht auszurotten war, das Toleranzedikt von Nicodemia erließ (311) und Adolf Hitler in Berlin gemeinsam mit Eva Braun Selbstmord beging und damit die endgültige Niederlage Hitlerdeutschlands besiegelte (1945).

Planeteneinflüsse

Herrschender Planet: Venus.
Erster Dekan: Persönlicher Planet ist die Venus.

♀

Religiöse und kulturelle Bedeutung

Nationalfeiertag der Niederlande, Walpurgisnacht.
Namenstag: Erkonwald († 693), Katharina von Siena (1333–80), Pius V. (1504–72).

Eine Darstellung der Walpurgisnacht, wie man die Nacht vom 30. April auf den 1. Mai nennt. Um Haus und Hof vor bösen Geistern zu schützen, wurden Birkenzweige an alle Türen und Fenster gehängt, Maifeuer und Kräuterfackeln entzündet. Dem Volksglauben nach fliegen die Hexen in dieser Nacht auf Besen zu ihren Tanzplätzen.

Planeteneinflüsse

Herrschender Planet: Venus.
Zweiter Dekan: Persönlicher Planet ist der Merkur.

♀ ☿

Religiöse und kulturelle Bedeutung

Maifeiertag. Im Alten Rom Ehrung der Frühlingsgöttin Maia. Internationaler Tag der Arbeit und der Gewerkschaften.
Namenstag: Joseph, der Arbeiter († 1. Jh.), Philippus und Jakobus der Jüngere (1. Jh.), Sigismund (Sigmund) von Burgund († 524), Arnold von Hiltensweiler († nach 1127), Augustin Schoeffler (1822–51), Richard Pampuri (1897–1930).

Die vorchristlichen Fruchtbarkeitsfeiern zum Maibeginn, die wohl mit dem keltischen Gott Belenus in Verbindung standen, werden im nördlichen Europa immer noch vielerorts begangen. Sie beginnen mit dem Blumensammeln am frühen Morgen, um den Maibaum zu schmücken. Diese Illustration von Arthur Rackham zeigt Königin Ginevra beim Mairitt.

1. MAI

Ihr Scharfsinn ist die größte Stärke der am 1. Mai Geborenen. Es gibt kaum etwas, das diesen aufmerksamen Beobachtern entgeht – sei es in der materiellen Welt oder in der nebulöseren Sphäre der menschlichen Gefühle. Denn sie sind nicht nur mit wacher intellektueller Wahrnehmung, sondern auch mit großer Intuition begabt und verlassen sich oft auf ihren Instinkt, um sich eine erste Meinung über Menschen, Situationen und Probleme zu bilden. Wenn sie erst ausreichende Informationen gesammelt haben, setzen sie ihr logisches und realistisches Denkvermögen zur Entwicklung einer effektiven Handlungsstrategie ein. Ihre große Sensibilität für die Gefühle anderer macht sie zu freundlichen und mitfühlenden Menschen, die meist nach Kräften zu helfen versuchen, wenn jemand ein Problem an sie heranträgt – wie es häufig geschieht. Dank dieser Neigungen und Fähigkeiten sind sie besonders geeignet für medizinische Berufe, vor allem in der Psychiatrie oder psychologischen Beratung, obwohl weniger altruistisch Orientierte auch im Verkauf große Erfolge erzielen können. In ihren persönlichen Beziehungen leisten die am 1. Mai Geborenen oft aktiven Beistand, stärken das Selbstvertrauen des anderen und lehren ihn, das Leben zu genießen, da sie selbst gern Gesellschaft haben und Gefallen an häuslichen Freuden (wie etwa dem Kochen für liebe Gäste) finden. Doch müssen sie in dieser eher statischen Position als Mittelpunkt, um den sich die anderen drehen, darauf achten, ihre Persönlichkeitsentwicklung nicht zu vernachlässigen.

STÄRKEN: Diese auf ihre Mitmenschen ausgerichteten Charaktere sind mitfühlend, um das Wohl anderer besorgt und darauf bedacht, harmonische Situationen zu schaffen. Sie sind sehr geschickt darin, ihre intuitive Begabung mit systematischer Denkweise und Beharrlichkeit zu einem ausgesprochen effektiven Ganzen zu verbinden.
SCHWÄCHEN: Das fürsorgliche Wesen dieser Menschen birgt zwei Gefahren: daß sie über die Hilfe für andere ihre eigenen emotionalen Bedürfnisse vernachlässigen oder daß sie mit tiefer Enttäuschung reagieren, wenn ihr wohlüberlegter Rat mißachtet wird, und dann abweisend oder sogar wütend werden.
FAZIT: Obwohl sie meist ein gesundes Gleichgewicht zwischen beruflichen und privaten Belangen herstellen, müssen sie darauf achten, ihren Einsatz für die Bedürfnisse anderer und ihre eigenen Bedürfnisse ebensogut auszubalancieren. Sie sollten unbedingt eine entspanntere und pragmatischere Sichtweise der menschlichen Natur und ihrer Mitmenschen entwickeln, um ihrem eigenen Lebensweg zu folgen, auch wenn das bedeutet, gelegentlich Fehler zu machen.

An diesem Tag

Prominente Geburtstage: Rudolf I. von Habsburg, deutscher König (1218), Joseph Addison (1672), Mary Jones (1830), Hilaire, Comte de Chardonnet (1839), Mark Wayne Clark (1896), Kate Smith (1909), Glenn Ford (1916), Jack Paar (1918), Joseph Heller (1923), Terry Southern (1924), Judy Collins (1939), Ulrich Beck (1944), Joanna Lumley (1946)

Bedeutende Ereignisse und Jahrestage: Die große Sensibilität, die diesem Tag eigen ist, spiegelte sich im künstlerischen Bereich in der Uraufführung des Balletts *L'après-midi d'un faune* von Claude Debussy mit Nijinski in der Hauptrolle (1912) und darin, daß Pablo Picasso an diesem Tag mit seinem Meisterwerk *Guernica* begann (1937). Der 1. Mai steht auch für das Verlangen, zum Besten anderer zu handeln: An diesem Tag wurde erstmals das Schmerzmittel Aspirin in Pulverform von dem Pharmaunternehmen Bayer vertrieben (1889), der fiktionale Comic-Superheld „Batman" der Welt vorgestellt (1939), führte die US-Fluggesellschaft TWA die Touristenklasseflüge ein (1952) und öffneten sich erstmals die Tore des Legoland-Vergnügungsparks im dänischen Billund (1968). Der 1. Mai wird vom Element Erde beherrscht, und an diesem Tag eröffnete US-Präsident Hoover das Empire State Building in New York – damals der höchste Wolkenkratzer der Welt, dessen Höhe durch die enorme Stabilität seiner soliden Konstruktionsweise ermöglicht wurde (1931).

2. MAI

Denen, die sich nichts mehr als stabile und harmonische zwischenmenschliche Beziehungen wünschen, mag es seltsam erscheinen, daß die an diesem Tag Geborenen andere so oft durch ihren Hang zu unverblümten Äußerungen verstimmen. Diese ehrlichen Menschen legen es nicht bewußt darauf an, andere durch die ungeschminkte Direktheit ihrer Bemerkungen zu verletzen. Doch als scharfsinnige Naturen mit einem starken Interesse an der Frage, was andere Menschen motiviert, gelangen sie oft zu emotional ungetrübten logischen Schlußfolgerungen, die sie dann mit undiplomatischer Objektivität zu Gehör bringen. Dieses neugierige Interesse an ihren Mitmenschen und ihre hartnäckige Entschlossenheit, Verbesserungen zu bewirken, verheißt den am 2. Mai Geborenen Erfolge vor allem in der medizinischen und wissenschaftlichen Forschung und als Vorkämpfer für soziale Projekte. Noch ausgeprägter sind diese Talente und Neigungen bei den im chinesischen Jahr des Schweins Geborenen. Im privaten Bereich verlangt es diese Menschen nach stabilen und dauerhaften Bindungen an Freunde und Familienangehörige, die sie sehr zu würdigen wissen. Sie sind oft überaus kontaktfreudige Charaktere, die gesellige Zusammenkünfte anregend finden und es gern sehen, wenn andere sich amüsieren, doch auch das Alleinsein in der Natur macht ihnen große Freude – weshalb sich unter ihnen viele begeisterte Gärtner finden. Sie haben jedoch einen gefährlichen Hang, ihre eigenen Maßstäbe auch an ihnen nahestehende Menschen anzulegen und von ihnen zu verlangen, daß sie sich ihren Regeln widerspruchslos anpassen, wodurch sie selbst die Art von heftiger Auseinandersetzung – vor allem mit ihren Eltern oder Kindern – heraufbeschwören, die ihnen eigentlich zuwider ist. Sie sollten daher unbedingt lernen, ihre hohen, wenn auch wohlmeinenden Erwartungen an andere zu mäßigen.

STÄRKEN: Diese Menschen besitzen außergewöhnliche intellektuelle Fähigkeiten, Scharfsinn und Wißbegier sowie das Vermögen zur logischen Ordnung ihrer Gedanken. Ihr Streben nach Fortschritt für die Menschheit verleiht ihnen in Verbindung mit diesen Gaben die besten Voraussetzungen, etwas für das Wohl der Allgemeinheit zu bewirken.
SCHWÄCHEN: Die Geradlinigkeit dieser Menschen erstreckt sich auch auf ihren Umgang mit anderen; dabei besteht die Gefahr, daß sie in ihrem Bemühen, andere auf den rechten Weg zu bringen, diktatorisch und in ihren Äußerungen ihnen gegenüber ungeduldig und taktlos werden. Dieses gutgemeinte Verhalten kann auf die Dauer zerstörerisch wirken.
FAZIT: Die am 2. Mai Geborenen sollten in all ihrem Tun einen Blick fürs Wesentliche behalten, um nicht ihre eigenen Bemühungen durch unangebrachte Ungeduld oder undiplomatisches Verhalten zunichte zu machen. Sie sollten sich auch den verheerenden Effekt bewußter machen, den ihre Worte und Taten auf andere haben können.

An diesem Tag
Prominente Geburtstage: Alessandro Scarlatti (1660), Zarin Katharina II. (die Große) von Rußland (1729), Ebenezer Cobham Brewer (1810), Elijah McCoy (1843), Jerome K. Jerome (1859), Theodor Herzl (1860), Vernon Castle (1887), Baron Manfred von Richthofen (1892), Benjamin Spock (1903), Satyajit Ray (1921), Roscoe Lee Browne (1925), König Faisal II. des Irak (1935), Gisela Elsner (1937), Bianca Jagger (1945), Lesley Gore (1946)

Bedeutende Ereignisse und Jahrestage: An diesem Tag kann das entschlossene Festhalten an eigenen Überzeugungen zu Konfrontationen führen, wie die durch heranrückende italienische Truppen erzwungene Flucht des äthiopischen Kaisers Haile Selassie aus seiner Hauptstadt Addis Abeba (1936), die gewalttätige Reaktion der libanesischen Armee auf Provokationen durch palästinensische Flüchtlinge, die zum Ausbruch des Bürgerkriegs im Libanon führte (1973), und die umstrittene Torpedierung des argentinischen Kriegsschiffs „General Belgrano“ durch das britische U-Boot „Conqueror“ im Falklandkrieg, durch die 362 Menschen umkamen (1982). Die diesem Tag eigene Hartnäckigkeit und Entschlossenheit spiegelte sich in der Leistung der Leutnants Kelly und Macready, die als erste die USA von Long Island bis Diego ohne Zwischenlandung überflogen (1923).

Planeteneinflüsse
Herrschender Planet: Venus.
Zweiter Dekan: Persönlicher Planet ist der Merkur.

♀ ☿

Religiöse und kulturelle Bedeutung
In Indien Ehrung der Yashodara, Gemahlin Buddhas.
Namenstag: Zoë und Gefährten († 137), Athanasios (ca. 295–373), Mafalda, Sancha und Theresia von Portugal († 13. Jh.).

Katharina die Große, Zarin von Rußland, die 1729 an diesem Tag geboren wurde, ist als ehrgeizige, starke und erfolgreiche Herrscherin in die Geschichte eingegangen, verkörperte aber mit ihrem Despotismus und ihrer Skrupellosigkeit im persönlichen wie im politischen Bereich auch die negativen Eigenschaften der am 2. Mai Geborenen.

3. MAI

Planeteneinflüsse

Herrschender Planet: Venus.
Zweiter Dekan: Persönlicher Planet ist der Merkur.

♀ ☿

Religiöse und kulturelle Bedeutung

Im Christentum das Fest der Kreuzfindung.
Namenstag: Philipp von Zell (8. Jh.), Emilia Bicchieri (1238–1314), Pellegrino Laziosi (ca. 1265–1345).

Die israelische Politikerin Golda Meir, die 1898 an diesem Tag geboren wurde, bewies als erfolg- und einflußreiche Ministerpräsidentin das Verständnis und Interesse für andere, das die am 3. Mai Geborenen auszeichnet. Trotz mancher Schicksalsschläge im persönlichen Bereich nötigte sie ihren Mitmenschen ihr Leben lang große Bewunderung ab.

Die am 3. Mai Geborenen sind ausgezeichnete Menschenkenner, die dank ihrer hochentwickelten Gaben der Intuition, Wahrnehmung und intellektuellen Objektivität oft zu äußerst zutreffenden Charaktereinschätzungen gelangen. Sie sind auch imstande, diese Fähigkeiten auf größere Zusammenhänge anzuwenden, was ihnen ein großes Verständnis sowohl für individuelles Verhalten als auch für Gruppendynamik verleiht. In ihrer Beobachtung anderer und dem Bemühen, herauszufinden, warum Menschen sich so oder so verhalten, werden sie von einer fast wissenschaftlichen Neugier getrieben, die in ihnen echtes Interesse an ihren Mitmenschen weckt. In Verbindung mit der nötigen emotionalen Distanz macht sie das zu ausgezeichneten Psychologen, Psychiatern oder Therapeuten, doch auch als Marktforscher oder Werbemanager bewähren sie sich bestens. Zu diesen Eigenschaften gesellt sich ihre Fähigkeit zu pragmatischem Denken, die ihnen auch in der Politik Erfolge verspricht. Sie sind sehr energische Naturen, die nicht ruhen, bis sie die von ihnen gewählten Maßnahmen zu ihrer Zufriedenheit umgesetzt haben. Obwohl die an diesem Tag Geborenen eine gesunde Genußfähigkeit besitzen, die sie in die Lage versetzt, ihre berufliche Rolle bei Bedarf abzulegen und das Leben voll auszuschöpfen, kann es ihnen schwerfallen, sich auf einen Partner festzulegen. Andere fühlen sich von ihrer unterhaltsamen Art und ihren vernünftigen Ratschlägen angezogen, doch kann eine Enttäuschung erleben, wer dauerhaftere Beziehungen zu ihnen sucht. Haben sie jedoch erst einmal starke emotionale Bande geknüpft, sind diese Menschen in ihrer Zuneigung und Fürsorge unerschütterlich.

STÄRKEN: Die an diesem Tag Geborenen bringen ihren Mitmenschen großes Interesse entgegen, nutzen ihre beträchtliche Beobachtungs- und Einfühlungsgabe, um andere zu studieren, und gelangen dabei meist zu soliden Erkenntnissen. Andere schätzen an ihnen nicht nur diese besondere Menschenkenntnis, sondern auch ihre optimistische und enthusiastische Lebenseinstellung.
SCHWÄCHEN: Infolge ihrer ausgeprägten Fähigkeit, das Verhalten und die Motivationen anderer unparteiisch zu analysieren, laufen sie Gefahr, ihre persönlichen Beziehungen unbeabsichtigt zu beschneiden, weil sie andere nicht so nehmen können, wie sie sind, und sich im schlimmsten Fall Beziehungen zu verweigern, die sie glücklich machen könnten.
FAZIT: Die am 3. Mai Geborenen sind meist in der Lage, Berufs- und Privatleben zu trennen, doch müssen sie darauf achten, die analytischen Fähigkeiten, die sie im Beruf so erfolgreich machen, nicht negativen Einfluß auf ihre persönlichen Beziehungen nehmen zu lassen. Sie sollten ihre Neigung überwinden, Menschen zurückzuweisen, die ihnen emotional näherkommen möchten, und sich stärker bemühen, Zuneigungsbekundungen zu erwidern.

An diesem Tag

Prominente Geburtstage: Niccolo Machiavelli (1469), Richard D'Oyly Carte (1844), John Scott Haldane (1860), Richard Ohnesorg (1876), Marcel Dupré (1886), Gabriel Chevallier (1895), Dodie Smith (1896), Golda Meir (1898), Bing Crosby (1904), Mary Astor (1906), William Inge (1913), Pete Seeger (1919), Sugar Ray Robinson (1920), James Brown (1928), Henry Cooper (1934), Engelbert Humperdinck (1936), Frankie Valli (1937), Doug Henning (1947), Christopher Cross (1951)

Bedeutende Ereignisse und Jahrestage: Der 3. Mai gehört zum Tierkreisabschnitt Stier, der auf zähe Entschlossenheit bei der Durchsetzung visionärer Ambitionen hinweist, und so wurde an diesem Tag die Beharrlichkeit von Christopher Columbus durch die Entdeckung Jamaicas belohnt (1494). An diesem Tag, der sich durch körperliche und geistige Energie auszeichnet, durchschwamm der englische Dichter Lord Byron den Hellespont (Dardanellen), an dem sein mythisches Vorbild Leander gescheitert war (1810), und fand im schwedischen Malmö die erste Badminton-Weltmeisterschaft statt (1977). Humanitäres Interesse spiegelte sich etwa im medizinischen Bereich in einer der ersten Herztransplantationen, die an diesem Tag im National Heart Hospital in London vorgenommen wurde (1968).

4. MAI

Zu den ausgeprägtesten – und sympathischsten – Wesenszügen der am 4. Mai Geborenen gehören ihre Sorge um das Wohlergehen anderer und ihre Bereitschaft, ihre beträchtlichen Talente und Energien denen zur Verfügung zu stellen, die ihre Hilfe benötigen. Ihr verständnisvoller Scharfblick und Realismus, ihre tiefe Anteilnahme, Beständigkeit und optimistische Haltung befähigen sie nicht nur, die Probleme anderer effektiv zu lösen, sondern sichern ihnen auch deren Achtung und Dankbarkeit. Ihre außerordentlichen intellektuellen und praktischen Fähigkeiten verbinden sich mit ihren emotionalen Begabungen des Mitgefühls und der Freundlichkeit zu einer ungewöhnlich bezwingenden Kombination, und ganz gleich ob sie die Lebenshilfe zu ihrem Beruf machen oder nicht, ist ihr guter Rat bei anderen meist sehr gefragt. Für welche Laufbahn sie sich auch entscheiden, wirklich aufblühen werden sie erst in Stellungen, in denen sie viel mit Menschen zu tun haben. Auch in bezug auf ihre persönlichen Beziehungen bewähren sich die am 4. Mai Geborenen als aufbauende Freunde, Partner und Eltern, denen die Bedürfnisse und Wünsche geliebter Menschen oft wichtiger sind als ihre eigenen. Doch sind sie so daran gewöhnt, von anderen um Rat gebeten zu werden, daß sie unter Umständen enttäuscht sind, wenn ihre weisen Worte mißachtet werden, und diese Verärgerung auch deutlich äußern. Sie sollten sich davor hüten, ihre eigenen – und ebenso wichtigen – Ambitionen denen anderer unterzuordnen.

STÄRKEN: Die am 4. Mai Geborenen sind außerordentlich bemüht, die Probleme anderer Menschen zu lösen und deren Entwicklung zu fördern, und bedienen sich all ihrer beträchtlichen Vernunft, Sensibilität und Phantasie, um anderen Rat und Hilfe zu bieten.
SCHWÄCHEN: Da sie sich vorrangig den Belangen anderer widmen und darüber unweigerlich ihre eigenen Wünsche vernachlässigen, kann es passieren, daß sie einen heimlichen Groll entwickeln oder schließlich vor Frust explodieren, wenn sie aus ihrem selbstlosen Tun keine ausreichende Befriedigung ziehen.
FAZIT: Die an diesem Tag Geborenen müssen darauf achten, ihre eigenen emotionalen und körperlichen Bedürfnisse nicht ganz dem Altruismus zu opfern. Ihr Bemühen um andere mag löblich sein, doch wenn sie sich nicht völlig aufreiben wollen, müssen sie sich auch um sich selbst bemühen.

An diesem Tag

Prominente Geburtstage: Bartolomeo Cristofori (1655), Friedrich Arnold Brockhaus (1772), Thomas Henry Huxley (1825), John Hanning Speke (1827), Emil Nikolaus Reznicek (1860), Sylvia Pankhurst (1882), Archibald McIndoe (1900), Heloise (1919), Eric Sykes (1923), Muhammad Husni Mubarak (1928), Audrey Hepburn (1929), Roberta Peters (1930), Gennadi Roschdestwenski (1931), Manuel Benitez Pérez, „El Cordobes“ (1936), George F. Wil (1941), Pia Zadora (1956), Keith Haring (1958), Randy Travis (1959)

Bedeutende Ereignisse und Jahrestage: Das dem 4. Mai eigene Streben nach Verbesserungen für die Allgemeinheit kann sich auf verschiedene Weise äußern: An diesem Tag wurde die Cunard-Schiffahrtslinie gegründet (1839), Charles Rolls und Henry Royce kamen überein, gemeinsam Autos zu bauen (1904), und der britische Gewerkschaftsverband rief zum ersten Generalstreik in Großbritannien auf, um die Arbeitsbedingungen zu verbessern (1926). Der überzeugte Einsatz für das Gemeinwohl kann leider auch zu Konfrontationen führen: So wurden an diesem Tag auf dem Gelände der Kent State University, Ohio, bei einer Demonstration gegen Präsident Nixons Entscheidung, Truppen nach Kambodscha zu entsenden, vier Studenten von der US-Nationalgarde erschossen (1970), im Falklandkrieg wurde das britische Schiff „Sheffield“ durch eine argentinische Exocet-Rakete versenkt, wobei 21 Menschen ums Leben kamen (1982), und in den USA wurde Colonel Oliver North für schuldig befunden, die Contra-Rebellen in Nicaragua mit Waffen beliefert zu haben (1989). Der stiertypischen Entschlossenheit des 4. Mai gemäß schrieb Margaret Thatcher an diesem Tag Geschichte, indem sie erste britische Premierministerin wurde (1979).

Planeteneinflüsse

Herrschender Planet: Venus.
Zweiter Dekan: Persönlicher Planet ist der Merkur.

♀ ☿

Religiöse und kulturelle Bedeutung

Nach irischem Volksglauben der Tag der Feen und Elfen.
Namenstag: Florian und die heiligen Märtyrer von Lorch († 304).

Die vielleicht begehrteste aller Luxuslimousinen, der Rolls-Royce, entstand aus der Partnerschaft von Charles Rolls und Henry Royce, die 1904 an diesem Tag beschlossen wurde. Der beziehungsorientierte 4. Mai ist ein vielversprechender Tag für neue Partnerschaften.

5. MAI

Planeteneinflüsse

Herrschender Planet: Venus.
Zweiter Dekan: Persönlicher Planet ist der Merkur.

♀ ☿

Religiöse und kulturelle Bedeutung

Namenstag: Godehard (Gotthard) von Hildesheim (960–1038), Jutta von Sangershausen († 1260).

Karl Marx, der 1818 an diesem Tag zur Welt kam, verkörperte die leidenschaftlichen Überzeugungen und den humanitären Weitblick der am 5. Mai Geborenen. Auf der Grundlage seiner wirtschaftswissenschaftlichen und politphilosophischen Werke entstand ein zusammenhängendes System geschichtlicher und politischer Lehren, das seinen Namen trägt.

Die am 5. Mai Geborenen sind von ihren strikten Meinungen bemerkenswert überzeugt und fühlen sich gedrängt, diese anderen zu vermitteln, um sie zu ihrer Sichtweise zu bekehren. Sie sind sehr um das Gemeinwohl besorgt und darüber hinaus mit einem hochentwickelten Gerechtigkeitssinn gesegnet; entsprechend sind ihre Überzeugungen oft von radikalen humanitären Visionen inspiriert – dem Wunsch, möglichst viele Menschen so glücklich wie möglich zu machen. Bei der Durchsetzung ihrer Ziele gehen sie mit großem Pragmatismus zu Werk und nutzen alle ihnen zur Verfügung stehenden Instrumente, zu denen u. a. ihr objektiver Scharfblick, ihre sorgfältige Aufmerksamkeit fürs Detail, ihr methodisches Organisationsgeschick und ihre außergewöhnliche Energie und Hartnäckigkeit gehören. Sie sind auch geborene Verkaufstalente mit instinktivem Verständnis dafür, wie man andere motiviert und inspiriert – und zuweilen auch den eigenen Absichten gemäß manipuliert. So sind der Einzelhandel, aber auch die Politik aussichtsreiche Arbeitsfelder für die am 5. Mai Geborenen, die jedoch auch auf akademischen Gebieten wie der Philosophie oder der medizinischen Forschung Erfüllung finden oder in den Künsten, zu denen sie sich stark hingezogen fühlen. Wie seriös die Vorhaben auch sein mögen, die sie intellektuell anspornen, wissen diese sinnlichen Menschen doch Genüsse wie gutes Essen, packende Musik und ästhetische Schönheit ebenso zu schätzen, vor allem wenn sie im chinesischen Jahr der Ziege geboren sind.

STÄRKEN: Ihre ungeheure Vorstellungskraft und echte Anteilnahme wecken in diesen motivationsstarken Menschen das Verlangen, anderen zu helfen. Auf ihrem Weg zur Erzielung von Fortschritten nutzen sie all ihre praktische Organisationsgabe und Beharrlichkeit, um ihre Ideale zu verwirklichen.
SCHWÄCHEN: Ihre entschiedenen Überzeugungen und ihr Drang, anderen zu helfen, können die am 5. Mai Geborenen in persönlichen Beziehungen zu übermäßig autoritärem Verhalten verleiten – vor allem jüngeren Menschen gegenüber, wie etwa ihren Kindern.
FAZIT: Obwohl die an diesem Tag Geborenen von sehr löblichen Absichten motiviert sind, müssen sie sich vor ihrer Neigung hüten, über das Leben ihrer Mitmenschen bestimmen zu wollen, da dies bei den Betroffenen zu Verärgerung und Auflehnung führen kann. Sie müssen einsehen, daß jeder aus seinen eigenen Erfahrungen lernen muß, und deshalb selbständiges Handeln bei anderen billigen, auch wenn es ihnen unklug erscheint.

An diesem Tag

Prominente Geburtstage: Lois Hachette (1800), Søren Aabye Kierkegaard (1813), Eugène Martin Labiche (1815), Karl Marx (1818), John Batterson Stetson (1830), Henryk Sienkiewicz (1846), Nellie Bly (1867), Gordon Richards (1904), Tyrone Power (1914), Alice Faye (1915), Pat Carroll (1927), Michael Murphy (1938), Tammy Wynette (1942), Michael Palin (1943), Heike Henkel (1964), Tina Yothers (1973), Danielle Fishel (1981)

Bedeutende Ereignisse und Jahrestage: Die intellektuelle Überzeugung des 5. Mai kann zu Meinungsverschiedenheiten und Entfremdung führen; so starb an diesem Tag Napoleon Bonaparte, den seine Feinde als mächtigen Gegner und elektrisierende Führungspersönlichkeit fürchteten, im Exil auf der Atlantikinsel St. Helena (1821). In Paris kam es im Rahmen politischer Revolten zu heftigen Zusammenstößen zwischen Studenten und Polizei (1968). Das Streben nach menschlichem Fortschritt äußerte sich in der Raumfahrttechnik, als der Astronaut Alan B. Shepard als erster Amerikaner einen suborbitalen Raumflug in seiner Raumkapsel „Mercury-Redstone III" unternahm (1961) und Großbritannien seinen ersten Satelliten, „Ariel III", startete (1963). Eine Lehre, die wir aus diesem Tag ziehen können, ist der Wert der Autonomie, und so erhielt die Bundesrepublik Deutschland am 5. Mai den Status eines souveränen Staates (1955). Ein weiteres Merkmal dieses Tages ist von Gerechtigkeitsgefühl motiviertes Handeln, wie die erfolgreiche Stürmung der iranischen Botschaft in London zeigt, bei der 19 Geiseln aus den Händen von Terroristen befreit wurden (1980).

6. MAI

Wie viele Stier-Geborene sind auch diese intuitiven Menschen sehr feinfühlig auf die Emotionen anderer eingestimmt und verspüren oft tiefe Anteilnahme und einen starken Beschützerinstinkt allen Benachteiligten gegenüber. Ob sie ihr Interesse an ihren Mitmenschen in aktives Handeln umsetzen oder nicht, sie sind jedenfalls stets von der Funktionsweise der menschlichen Psyche fasziniert und versuchen herauszufinden, was andere motiviert. Und da sie klarblickende, redegewandte und logisch denkende Charaktere sind, die es drängt, ihre Weisheit mit anderen zu teilen, bewähren sie sich meist als talentierte und verständnisvolle Problemlöser, die von anderen oft um Rat gefragt werden. Mit diesen Begabungen und Neigungen zum Umgang mit Menschen finden sie berufliche Befriedigung oft in der Medizin, Psychiatrie oder Pflege, aber auch in der Politik oder in der Kunst – Bereiche, in denen sie ihre Sensibilität und ihr Streben nach Förderung des menschlichen Fortschritts einbringen können. Trotz der Ernsthaftigkeit, mit der sie sich ihrer Arbeit widmen, bewahren sich die am 6. Mai Geborenen die Fähigkeit, die einfacheren Dinge des Lebens zu genießen, vielleicht weil sie instinktiv erkennen, daß Entspannung ein wichtiges Mittel zur Befreiung von intellektuellem Druck ist. Sie sind äußerst hilfreiche und liebevolle Freunde, Partner und Eltern, deren ausgeprägter Sinn für Humor und ansteckender Optimismus andere anzieht, vor allem, wenn sie im chinesischen Jahr des Pferdes geboren sind.

STÄRKEN: Diese sensiblen und intuitiven Naturen, die jedoch auch hochentwickeltes Organisationstalent und große Entschlossenheit besitzen, haben die Gabe, enge Beziehungen zu knüpfen, und stellen ihre überschäumende Energie gern in den Dienst anderer.
SCHWÄCHEN: Die tiefsitzende Sorge der am 6. Mai Geborenen um das Glück ihrer Mitmenschen kann sie veranlassen, im Umgang mit anderen, besonders mit Freunden und Angehörigen, übermäßig tolerant zu sein, wo eine striktere Haltung angebrachter wäre.
FAZIT: Trotz ihrer instinktiven Einsicht, daß Zerstreuung in der Freizeit wichtig ist, um Energien wiederherzustellen, können diese Menschen manchmal den Wert einer gewissen Selbstverwöhnung aus den Augen verlieren, wenn ihnen die Belange anderer wichtiger erscheinen. Diese Neigung kann zu einem körperlichen und emotionalen „Burnout" führen und sollte deshalb gezielt unter Kontrolle gehalten werden.

An diesem Tag

Prominente Geburtstage: Maximilien Robbespierre (1758), Sigmund Freud und Robert Edwin Peary (1856), Rabindranath Tagore (1861), Christian Morgenstern (1871), Alan Cobham (1894), Rudolph Valentino (1895), Max Ophuls (1902), Stewart Granger (1913), Orson Welles (1915), Bob Seger (1945), Tony Blair (1953), George Clooney (1961)

Bedeutende Ereignisse und Jahrestage: Am 6. Mai, der für das Streben nach Fortschritt steht, wurde die kanadische Stadt Ville Marie (das spätere Montreal) gegründet (1642), in England kam die erste Briefmarke, die „Penny Black", in den Handel (1840), der Amerikaner Linus Yale ließ sich sein revolutionäres Sicherheitsschloß patentieren (1851), der britische Läufer Roger Bannister lief die Meile als erster unter vier Minuten – in der damaligen Rekordzeit von 3 Minuten, 59,4 Sekunden (1954) – und der Eurotunnel zwischen England und Frankreich wurde eröffnet (1994). Doch sind menschliche Innovationen nicht immer unfehlbar, wie an diesem Tag die Explosion des deutschen Zeppelins „Hindenburg" im amerikanischen Lakehurst bewies, die 36 Menschen das Leben kostete (1937). Typisch für den 6. Mai ist die Freude an Freizeitaktivitäten, und so ist dies der Jahrestag des ersten internationalen Boxkampfs zwischen einem britischen und einem italienischen Faustkämpfer in London (1733) und des ersten Kentucky Derby im amerikanischen Louisville (1874). Die diesem Tag eigene kollektive Entschlossenheit, die mit nationalistischen Gefühlen Hand in Hand geht, spiegelte sich in der Ermordung der britischen Politiker Lord Cavendish und Thomas Henry Burke durch irische Fenier im Dubliner Phoenix Park (1882) und einem Zwischenfall, bei dem isländische Kanonenboote 1959 auf britische Fischtrawler schossen.

Planeteneinflüsse

Herrschender Planet: Venus.
Zweiter Dekan: Persönlicher Planet ist der Merkur.

♀ ☿

Religiöse und kulturelle Bedeutung

Namenstag: Markward von Wilten († 1142), Franz von Montmorency-Laval (1623–1708).

Die Explosion des Zeppelins „Hindenburg" am 6. Mai 1937 veranschaulicht bildlich das für diesen Tag typische „Burnout"-Syndrom, wenn im übermächtigen Verlangen, ein Ziel zu erreichen, den damit verbundenen Risiken zu wenig Beachtung geschenkt wird.

7. MAI

Die an diesem Tag Geborenen zeichnen sich durch eine komplexe Mischung aus nach innen gerichteter Spiritualität und nach außen gerichteter Sorge ums persönliche Image aus. Während der erstere Wesenzug sie erkennen läßt, daß die wichtigeren Wahrheiten und Werte des Lebens nicht materieller, sondern intellektueller und emotionaler Art sind, flößt der letztere ihnen den Wunsch ein, den bestmöglichen Eindruck auf andere zu machen. Doch ist dieses Streben nach Imagepflege nicht unbedingt von Nachteil, denn wenn sich die am 7. Mai Geborenen seiner bewußt sind, können sie andere gezielt beeinflussen, um ihre Ziele zu erreichen. Diese Menschen sind nicht nur ausgesprochen sensibel und oft mitfühlend, sondern auch Kommunikationstalente mit einer ausgeprägten Gabe, anderen ihre festen Überzeugungen zu vermitteln und sie durch ihre Visionen zu inspirieren. Mit diesen Fähigkeiten und Neigungen haben sie alle Voraussetzungen, sich auf künstlerischem Gebiet auszuzeichnen, nicht nur als Autoren, Dichter oder Komponisten, sondern auch als spirituelle oder gar politische Prediger. Trotz allerbester Absichten gestaltet sich das Privatleben der am 7. Mai Geborenen oft weniger idyllisch, weil ihr Interesse an idealistischen Ideen und ihr Verlangen, eine breitere Öffentlichkeit zu beeinflussen, ihnen wenig Energie oder Aufmerksamkeit für Freunde und Familie läßt – eine Tendenz, die bei den Männern unter ihnen besonders ausgeprägt ist. Es ist schon fast paradox, wie sie im Arbeitsleben enorme Anstrengungen unternehmen, um Verbündete zu gewinnen, während sie die Gefühle ihrer Partner, Kinder und Freunde häufig ungewollt vernachlässigen, obwohl sie ihnen echte Zuneigung entgegenbringen.

STÄRKEN: Die an diesem Tag Geborenen besitzen sowohl intro- als auch extrovertierte Wesenszüge: Sie sind von dem Verlangen getrieben, tiefe abstrakte Wahrheiten aufzudecken, legen aber zugleich großen Wert auf den persönlichen Eindruck, den sie auf andere machen – eine Kombination, die ihnen bei richtigem Einsatz große Erfolgsaussichten verheißt.
SCHWÄCHEN: Viele der am 7. Mai Geborenen neigen dazu, den emotionalen Beistand ihrer Freunde und Familie zu selbstverständlich zu nehmen, während sie sich bemühen, die Unterstützung anderer für ihre jeweilige Mission zu gewinnen. Sie sollten einsehen, daß solch beruflicher Erfolg auf lange Sicht zu emotionaler Isolation führen kann.
FAZIT: Diese Menschen sollten sich in allen Lebenslagen angewöhnen, die Motive zu prüfen, die ihrem Tun und Begehren zugrunde liegen. So sollten sie etwa darüber nachdenken, ob ihre Sorge darum, wie andere sie sehen, und ihre Suche nach spiritueller Erfüllung unbewältigten Unsicherheitsgefühlen entspringen. Wenn sie sich selbst besser verstehen, werden sie auch eher in der Lage sein, ihre innersten Sehnsüchte zu befriedigen.

Planeteneinflüsse

Herrschender Planet: Venus.
Zweiter Dekan: Persönlicher Planet ist der Merkur.

♀ ☿

Religiöse und kulturelle Bedeutung

Bei den Alten Griechen Thargelia-Feiern zu Ehren des Apollon.
Namenstag: Johannes von Beverley (ca. 650–721), Boris von Bulgarien († 907), Gisela von Ungarn († ca. 1060).

Pontiacs Rebellion begann 1763 an diesem Tag des auf Veränderungen ausgerichteten Handelns mit einer dramatischen Belagerung der englischen Garnison in Detroit. Der Häuptling der Ottawa, der großes Rednertalent besaß, wählte für diesen Angriff einen Tag, der zugleich die Kommunikation begünstigt.

An diesem Tag

Prominente Geburtstage: David Hume (1711), Robert Browning (1812), Johannes Brahms (1833), Pjotr Iljitsch Tschaikowski (1840), Lord Rosebury (1847), A. E. W. Mason (1865), Gabby Hayes (1885), Archibald MacLeish und Josip Broz Tito (1892), Gary Cooper (1901), Edwin Land (1909), Maria Eva Perón, „Evita" (1919), Darren McGavin (1922), Ruth Prawer Jhabvala (1927), Teresa Brewer (1931), Volker Braun (1939), Robin Strasser (1945)

Bedeutende Ereignisse und Jahrestage: An diesem Tag, der herausragende künstlerische Erfolge verspricht, dirigierte Ludwig van Beethoven die Uraufführung seiner *9. Sinfonie* (1823). Auch der Wunsch nach aktivem Handeln zugunsten eines kollektiven Ideals ist dem 7. Mai eigen, an dem der Häuptling der Ottawa, Pontiac, gegen die in Detroit stationierten englischen Truppen rebellierte (1763). Im Ersten Weltkrieg wurde das Cunard-Linienschiff „Lusitania" vor Irland durch ein deutsches U-Boot versenkt (1945). Die Allierten erreichten im französischen Reims die endgültige, bedingungslose Kapitulation der Deutschen (1945), und der überzeugte Kommunist Leonid Breschnew wurde Staatsoberhaupt der Sowjetunion (1960). Passend zum Fortschrittstreben dieses Tages ließ der amerikanische Fotograf George Eastman den Kodak-Fotoapparat patentieren (1888).

8. MAI

Die an diesem Tag Geborenen hegen außerordentlich feste Überzeugungen, die sie mit starrsinniger Entschlossenheit vertreten und möglichst weit zu verbreiten suchen. Obwohl ihr hochentwickelter Sinn für Fairneß sie nötigt, sich für die vom Schicksal weniger Begünstigten einzusetzen, indem sie z. B. als Politiker aktiv werden, haben die am 8. Mai Geborenen meist eine stärkere Beziehung zu ihrer Umwelt. Das kann die Natur sein oder ihr unmittelbares, vielleicht von Menschenhand geschaffenes Umfeld – eine Bindung, die durch ihren ausgeprägten Schönheitssinn noch verstärkt wird. Daher spielen sie oft eine führende Rolle bei Projekten zur Bewahrung oder Verschönerung von Landschaften, historisch bedeutenden Gebäuden oder auch ihrer eigenen vier Wände. In ihrem kämpferischen Eifer tun sie ihre Ideen gelegentlich übertrieben energisch kund, doch da sie instinktiv einsehen, daß es sinnvoller ist, andere zu bekehren, statt sie sich zu Gegnern zu machen, und sie kommunikationsfreudige Naturen mit der Überredungsgabe des geborenen Verkäufers sind, setzen sie meist auf ihre Überzeugungskraft.

Trotz der unerschütterlichen Loyalität und Zuneigung, die sie ihren Freunden, Partnern und Familien bezeigen, kann es schwer sein, mit den an diesem Tag Geborenen zu leben, weil sie so hohe Maßstäbe und Ideale vertreten. So kann etwa ihr Verlangen nach Verschönerung ihrer persönlichen Umgebung zu echtem Groll führen, wenn die, mit denen sie ihr Zuhause teilen, etwa unordentliche Teenager, ihren hohen Anforderungen nicht genügen – eine Gefahr, die bei den am 8. Mai geborenen Männern besonders ausgeprägt ist. Ihre Energie und Selbstsicherheit kann sie außerdem dazu bewegen, ihren Familienmitgliedern laufend Vorschriften zu machen, anstatt sie eigene Wege gehen zu lassen.

STÄRKEN: Was diese Menschen bewegt, sind globale, wenig materialistische Ideale, durch ihren intellektuellen und intuitiven Scharfblick geweckte Ambitionen, ihr Sinn für das moralisch Richtige und ihr glühendes Verlangen, Verbesserungen zu bewirken. Der Erfolg scheint ihnen sicher, wenn sie diese Visionen mit ihrer systematischen Art und Beharrlichkeit umsetzen.
SCHWÄCHEN: Die an diesem Tag Geborenen fühlen sich von der vermeintlich unanfechtbaren Richtigkeit ihrer Überzeugungen beflügelt, die sie dazu treiben kann, diese Meinungen anderen in diktatorischer Weise aufzwingen zu wollen und ihren Geist vor der möglichen Gültigkeit anderer Denkweisen zu verschließen.
FAZIT: Um zu größerer Erfüllung zu gelangen, müssen diese Menschen lernen, ihre Erwartungen an sich und andere zu mäßigen, ohne deshalb ihre ehrlichen Überzeugungen aufzugeben. Wenn sie lernen, Vielfalt jeder Art zu akzeptieren und eine unbeschwertere Lebenshaltung einzunehmen, können sie davon persönlich nur profitieren.

An diesem Tag

Prominente Geburtstage: Francis Quarles (1592), Jean Henri Dunant (1828), Harry S. Truman (1884), Bischof Fulton Sheen (1895), Theodor Rosenhauer (1901), Fernand Constantin (1903), David Attenborough und Don Rickles (1926), Sonny Liston (1932), Jack Charlton (1936), Peter Benchley und Rick Nelson (1940), Toni Tennille (1943), Gary Glitter (1944), David Keith (1954), Melissa Gilbert (1964)

Bedeutende Ereignisse und Jahrestage: Die festen Überzeugungen dieses Tages können sich auf nationaler, politischer oder ethischer Ebene äußern, so etwa in der Abschaffung der Todesstrafe in Schweden (1921), der Einführung von Afrikaans als Amtssprache in Südafrika (1924) und der Inhaftierung des britischen Spions George Blake, der als Doppelagent für die Sowjetunion tätig gewesen war (1961). Dieser Tag zeichnet sich durch eine enge Beziehung zur Natur aus, für die es negative und positive Beispiele gibt: etwa den verheerenden Vulkanausbruch auf Martinique, der rund 30.000 Menschenleben forderte (1902), aber auch die Einweihung des Sturmflutsperrwerks zur Verhütung von Überflutungen an der Themse (1984).

Planeteneinflüsse

Herrschender Planet: Venus.
Zweiter Dekan: Persönlicher Planet ist der Merkur.

♀ ☿

Religiöse und kulturelle Bedeutung

Im südenglischen Cornwall alljährliches Frühlingsfest mit dem traditionellen Furry-Tanz.
Namenstag: Victor von Mailand († 303), Bonifatius IV. († 615), Wulfhilda (Wolfhild) von Wessobrunn († 1180), Klara Fey (1815–94), Ulrika Nisch von Hegne (1882–1913).

Hernando de Soto, ein unbarmherziger spanischer Konquistador, fand seinen grenzenlosen Ehrgeiz an diesem kämpferischen Tag im Jahr 1541 durch seine „Entdeckung" des Mississippi angefacht.

9. MAI

Die an diesem Tag Geborenen erstaunen Menschen, die sie nicht näher kennen, oft durch ihre Wutausbrüche, wahre Gefühlsexplosionen, die gar nicht zu ihrer sonst stetigen und ruhigen Art zu passen scheinen. Doch sind solche Anfälle selten unbegründet, sondern meist durch etwas ausgelöst, das den am 9. Mai Geborenen als Bekundung reiner Verstocktheit erscheint, die sie an der Umsetzung ihrer progressiven Visionen hindert. Denn diese kritischen – fast schon diktatorischen – Menschen fühlen sich zum Eingreifen getrieben, wo immer ihnen Ungerechtigkeiten oder Mißstände auffallen; es drängt sie, die Unterdrückten zu beschützen und ihr Los zu verbessern. Angesichts einer anspruchsvollen humanitären Aufgabe können die am 9. Mai Geborenen auf ihre gewaltigen Reserven an Energie, Entschlossenheit und Mut zurückgreifen, die sie zu anspornenden Führungsnaturen machen. Während sie mit diesen Eigenschaften für eine Laufbahn in der Politik, den Pflegeberufen oder im Rechtswesen sehr geeignet sind, verleiht ihre enorme Sensibilität ihnen auch große künstlerische Gaben. Da diese Menschen vor allem anderen von ihrem hochentwickelten Instinkt für Moral besessen sind, fällt es ihnen oft schwer, Freunden und Angehörigen deren Unzulänglichkeiten zu verzeihen; eigentlich erwarten sie von ihnen, daß sie den hohen ethischen Maßstäben gerecht werden, auf die sie selbst solchen Wert legen. Die unvermeidlichen Enttäuschungen im Berufs- und Privatleben rufen wiederum ihr heftiges Temperament auf den Plan, vor allem wenn sie im chinesischen Jahr des Drachen geboren sind.

STÄRKEN: Humanitären Anliegen, die ihr Interesse geweckt haben, widmen sich die am 9. Mai Geborenen mit beträchtlicher Energie und Beharrlichkeit sowie großem Mitgefühl und Mut, wobei sie unübertroffene Führungsqualitäten und ein so leidenschaftliches Engagement an den Tag legen, daß ihnen kaum jemand widerstehen kann.
SCHWÄCHEN: Durch ihren unbeherrschten Jähzorn schaden sich diese Menschen selbst am meisten, denn indem sie ihre Frustrationen an anderen auslassen, können sie den Beziehungen, um die sie hart gekämpft haben, verheerenden Schaden zufügen.
FAZIT: Um die angestrebten Erfolge zu erreichen, sollten die an diesem Tag Geborenen ihre beträchtliche Selbstbeherrschung einsetzen, um ihre Emotionen besser unter Kontrolle zu halten. Eine pragmatischere Lebenseinstellung und die Bereitschaft, die harmloseren Wechselfälle menschlichen Verhaltens klaglos hinzunehmen, können ihnen dabei helfen.

Planeteneinflüsse
Herrschender Planet: Venus.
Zweiter Dekan: Persönlicher Planet ist der Merkur.

♀ ☿

Religiöse und kulturelle Bedeutung
Nationalfeiertag der Tschechischen Republik.
Namenstag: Gregor von Nazianz der Jüngere (ca. 330–390), Schutzheiliger der Dichter, für eine gute Ernte.

An diesem Tag
Prominente Geburtstage: John Brown (1800), J.M. Barrie (1860), Harry Vardon (1870), Lilian Baylis und Howard Carter (1874), Mike Wallace (1918), Richard Adams (1920), Pancho Gonzáles (1928), Alan Bennett (1934), Terry Downes, Albert Finney und Glenda Jackson (1936), James L. Brooks (1940), Jupp Heynckes (1945), Billy Joel (1949), Jane Wendt und Gough Whitlam (1956), Tony Gwynn (1960)

Bedeutende Ereignisse und Jahrestage: Das dem 9. Mai eigene Bedürfnis nach konkretem Fortschritt kann sich auf vielerlei Weise manifestieren: So trat an diesem Tag Australiens erstes Bundesparlament in Melbourne zusammen (1901), den amerikanischen Fliegern Richard Evelyn Bird und Floyd Bennet gelang die erste Überfliegung des Nordpols (1926), in der New Yorker Hals-Nasen-Ohren-Klinik wurde die erste „Augenbank" der Welt eingeweiht (1944), und Italien wurde nach dem Ende seines unrühmlichen faschistischen Regimes mit der Abdankung von König Viktor Emanuel III. zur Republik (1946). Selbst den künstlerischen Leistungen dieses Tages liegen ernste Absichten zugrunde, wie die Einweihung des australischen Parlamentsgebäudes in Canberra (1927) und die Premiere des sozialkritischen Bühnenstücks *Blick zurück im Zorn* von John Osborne (1956) zeigen.

1927 wurde an diesem von sozialen Anliegen und ästhetischer Sensibilität geprägten Tag Australiens markantes Parlamentsgebäude in Canberra eröffnet.

10. MAI

Viele am 10. Mai Geborene widmen sich geradezu zwanghaft der Erkundung und Umsetzung von Konzepten, die ihre Phantasie und Leidenschaft entflammen. Ihre Fähigkeit, sich völlig in solche Projekte zu versenken, läßt ihnen mitunter kaum Zeit, Energie oder auch nur Interesse für andere Personen oder Dinge. So können sie die Freuden persönlichen Austauschs und emotionaler Unterstützung nur erfahren, wenn Freunde und Familie vorbehaltlose Toleranz und Verständnis für sie aufbringen. Dies gilt besonders für die Männer unter ihnen, die die scheinbar trivialeren und unwichtigeren Aufgaben und Verpflichtungen normaler familiärer Beziehungen gern ignorieren. Es gibt viele fesselnde Ideale oder Themengebiete, die sie bewegen können, ihr Privatleben in dieser Weise zu opfern, doch fühlen sich diese sensiblen Menschen besonders stark zu den Künsten oder auch zur Politik hingezogen, Bereiche, die ihnen Entfaltungsmöglichkeiten für ihre lebhafte Phantasie und ihren ehrgeizigen Drang nach Erfolg bieten. Mit diesen Eigenschaften haben sie das Zeug dazu, der Welt als vorausschauende Innovatoren ihren Stempel aufzudrücken. Dabei helfen ihnen ihre Energie, ihre Bereitschaft, notfalls auch im Alleingang Stellung zu beziehen, ihre großen kommunikativen Fähigkeiten, mit denen sie um die Unterstützung anderer werben, ihr logisches Denkvermögen und ihre außerordentliche Hartnäckigkeit.

STÄRKEN: Diese Menschen besitzen die Fähigkeit, sich äußerst zielstrebig auf die Verwirklichung ihrer Ambitionen zu konzentrieren, wobei sie all ihre große geistige und körperliche Energie, Entschlossenheit und den ihnen oft eigenen Pragmatismus auf ihre Mission verwenden. Ihre Dynamik und ihr Antrieb machen sie dabei unschlagbar.
SCHWÄCHEN: Obwohl sie oft herzliche und anregende Partner, Freunde und Eltern sind, neigen die an diesem Tag Geborenen dazu, die Unterstützung der ihnen nahestehenden Menschen zu selbstverständlich hinzunehmen. Es geschieht auch, daß sie über der leidenschaftlichen Begeisterung für ein Projekt ihre emotionalen Bedürfnisse vernachlässigen.
FAZIT: Um in ihrem Leben zu größerer Ausgeglichenheit zu finden, sollten die am 10. Mai Geborenen das ihnen durchaus gegebene Einfühlungsvermögen stärker entwickeln. Außerdem sollten sie einsehen, daß die Ausschließlichkeit, mit der sie ihren intellektuellen Interessen nachgehen, andere tief verletzen kann.

An diesem Tag

Prominente Geburtstage: Claude de Lisle (1760), Augustin Jean Fresnel (1788), John Wilkes Booth (1838), Thomas Lipton (1850), Gustav Stresemann (1878), Karl Barth (1886), Dimitri Tiomkin (1894), Fred Astaire (1899), David O. Selznick (1902), Arthur Marshall (1910), Dennis Thatcher (1915), Nancy Walker (1922), Gary Owens (1936), Donovan und Maureen Lipman (1946), Sid Vicious (1957), Paul Hewson, „Bono" (1960)

Bedeutende Ereignisse und Jahrestage: Der 10. Mai ist von dynamischem Einsatz für feste Überzeugungen geprägt, was häufig in der Kriegsführung zum Tragen kommt: So eroberten an diesem Tag englische Truppen Jamaika von den Spaniern (1655), im indischen Meerat begann der Aufstand der Sepoy-Soldaten gegen die Briten (1857), im Zweiten Weltkrieg flogen deutsche Bomber einen Angriff auf London (1941). Die Nationalsozialisten demonstrierten an diesem Tag ihre Entschlossenheit, alle „undeutschen" Kunstformen auszutilgen – durch die Verbrennung „entarteter" Literatur (1933). Der 10. Mai steht aber auch für Führungspotential und ist ein Tag, an dem das Leben bekannter Persönlichkeiten durch Kriegsgeschehnisse berührt wurde: Im amerikanischen Bürgerkrieg wurde der Südstaatengeneral Thomas „Stonewall" Jackson versehentlich von den eigenen Soldaten tödlich verletzt (1863) und Jefferson Davis, Präsident der konföderierten Südstaaten, von Nordstaatentruppen gefangengenommen (1865). Winston Churchill wurde zum britischen Premierminister berufen (1940), und Rudolf Heß sprang mit dem Fallschirm über Schottland ab, um Friedensverhandlungen zwischen England und Hitlerdeutschland einzuleiten, und wurde interniert (1941).

Planeteneinflüsse

Herrschender Planet: Venus.
Zweiter Dekan: Persönlicher Planet ist der Merkur.

♀ ☿

Religiöse und kulturelle Bedeutung

Im indischen Madurai Feier der Vermählung Schiwas mit der Göttin Minakschi. Ehrung der chinesischen Göttin des Polarsterns, Tin Hau, in Hongkong.
Namenstag: Gordianus und Epimachus († ca. 250), Antonia von Florenz (1401–1472), Johannes von Avila (ca. 1500–69).

Der mächtige Hindu-Gott Schiwa, auch Herr des Tanzes genannt, wird oft in einem Flammenring dargestellt. Seine Vermählung mit Minakschi wird am 10. Mai gefeiert.

Planeteneinflüsse

Herrschender Planet: Venus.
Dritter Dekan: Persönlicher Planet ist der Saturn.

♀ ♄

Religiöse und kulturelle Bedeutung

Namenstag: Lucina Anicia († ca. 304), Comgall (ca. 516–ca. 600), Gangolf (ca. 760), Majolus von Cluny (ca. 910–94), Franz de Hieronymo (1642–1716), Ignatius von Laconi (1701–81).

Salvador Dalí, vielleicht berühmtestes Mitglied der surrealistischen Bewegung, war ein außergewöhnlich origineller Geist und mit der Energie und Unabhängigkeit der am 11. Mai Geborenen in reichem Maß gesegnet. Als chinesischer Holzdrache war er außerdem kreativ, launisch und auf Aufmerksamkeit bedacht.

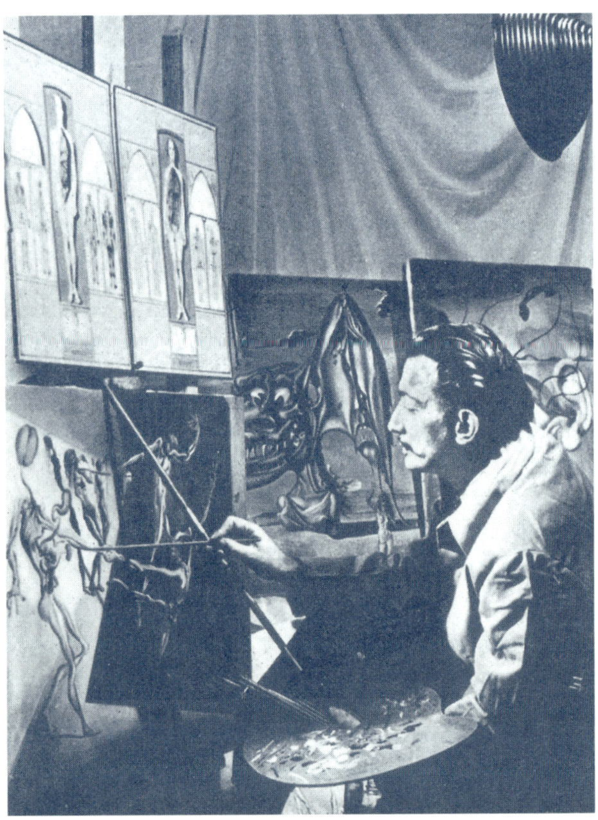

11. MAI

Obwohl sie außergewöhnlich selbstdiszipliniert sein können, wenn es ihnen paßt, widerstrebt es den am 11. Mai Geborenen, sich von den kleinlichen Regeln und Vorschriften oder Ideen und Idealen anderer einengen zu lassen. Der vielleicht kennzeichnendste Wesenszug dieser in ihrem Denken und Handeln äußerst unabhängigen Menschen ist ihr glühendes Verlangen, die Wahrheiten der Welt auf eigene Faust zu entdecken, ein Drang, aus dem heraus sie sich konventionelleren Überzeugungen und Verhaltensmustern verweigern. Zu ihrer Wißbegier und Phantasie gesellen sich außerordentlicher Scharfblick, methodische Aufmerksamkeit fürs Detail, ausgeprägte Originalität und große Hartnäckigkeit bei der Erkundung oder Definition von Konzepten, die sie besonders faszinieren. Sie sind mit ihrer Vorliebe für abstrakte Ideen für akademische oder technische Forschungstätigkeiten sehr geeignet, doch können ihre Sensibilität, Anteilnahme und ihr Interesse an allen Aspekten des menschlichen Daseins sie auch auf eine Laufbahn im Rechtswesen oder in der Politik führen. In ihren zwischenmenschlichen Beziehungen tolerieren sie dank ihrer humanitären Neigungen und ihrer Aufgeschlossenheit für Individualität auch Verhaltensweisen, die anderen extrem oder exzentrisch erscheinen mögen. In Verbindung mit ihrer natürlichen Intuition, ihrem Beschützerinstinkt und ihrer Loyalität macht sie das zu sehr guten Eltern, die die angeborene Begeisterungsfähigkeit und Wißbegier ihrer Kinder unterstützen und selten überkritisch oder autoritär reagieren. Ihnen ist auch bewußt, daß ein stabiles Familienleben ihnen den besten Hintergrund für ihre radikaleren Neigungen bietet. Ihre beruflichen Beziehungen sind hingegen nicht immer harmonisch, da sich konventionellere Naturen durch ihre Tendenz, die gesellschaftlichen Normen zu unterminieren oder bloßzustellen, oft bedroht fühlen.

STÄRKEN: Die am 11. Mai Geborenen sind phantasievoll, vital und voller Entschlossenheit, selbständig zu Wissen und neuen Ideen zu gelangen. Diese überzeugten Individualisten besitzen alle Voraussetzungen, einen innovativen Lebensweg zu gehen, der zugleich anderen als Vorbild und Inspiration dienen kann.
SCHWÄCHEN: Ihre geistige Unabhängigkeit und tiefe Abneigung dagegen, der Herde zu folgen, kann diese Menschen von anderen isolieren und um vielfältige und nutzbringende gesellschaftliche Einflüsse und Freundschaften bringen.
FAZIT: Um sich vor schmerzlichen Enttäuschungen durch die negativen Reaktionen anderer zu schützen, sollten sich diese Menschen um eine realistischere Einschätzung der Wirkung bemühen, die ihre mitunter radikalen Ideen auf weniger aufgeklärte oder einfach konservativere Zeitgenossen haben können.

An diesem Tag

Prominente Geburtstage: Baron Karl Friedrich von Münchhausen (1720), Ottmar Mergenthaler (1854), Joe „King" Oliver (1885), Irving Berlin (1888), Paul Nash (1889), Margaret Rutherford (1892), Martha Graham (1893), Salvador Dalí (1904), Phil Silvers (1912), Richard Feynman (1918), Hildegard Hamm-Brücher (1921), Jackie Milburn (1924), Mort Sahl (1927), Louis Farrakhan (1933), Eric Burdon (1941), Ian Dury (1942), Gary Foley und Randy Quaid (1950)

Bedeutende Ereignisse und Jahrestage: Die dem 11. Mai eigene Neigung zu unabhängigem Handeln verheißt große innovatorische Leistungen, und an diesem Tag erschien in China das vermutlich erste gedruckte Buch der Welt, das *Diamantsutra* (868). Das französische Linienschiff „France" – das damals längste der Welt – lief 1960 vom Stapel. Das bahnbrechende Musical *Cats* von Andrew Lloyd Webber feierte 1981 Premiere. In einer zerstörerischeren Manifestation dieser Tendenz zur Unabhängigkeit erschoß der verbitterte Bankrotteur John Bellingham den britischen Premierminister Spencer Perceval (1812). Dies war auch der Tag, an dem sich Siam in Muang Thai („Land der Freien") oder Thailand umbenannte (1939).

12. MAI

Die am 12. Mai Geborenen werden von Kollegen und Familienangehörigen als besonders verläßlich geschätzt, da sie neben einem hochentwickelten Verantwortungsgefühl auch das fürsorgliche Bedürfnis haben, anderen ihre Belastungen abzunehmen. In diesen ungemein tüchtigen Menschen verbindet sich der Drang nach aktivem Fortschritt mit intellektuellen Begabungen, zu denen bemerkenswerter Scharfsinn, ausgeprägtes logisches Denkvermögen und Beharrlichkeit gehören. Weil sie direkt und aufrichtig sind, neigen sie zu unverblümten Meinungsäußerungen – eine nicht immer ratsame Angewohnheit. Ihre Zielstrebigkeit und unabhängige Denkweise befördern die an diesem Tag Geborenen oft in leitende Positionen, um die sie sich zwar nicht bemühen, die sie aber auch kaum jemals ablehnen oder schlecht ausfüllen, da sie stets entschlossen sind, das in sie gesetzte Vertrauen zu rechtfertigen. Mit ihren breitgefächerten Interessen können sich diese Menschen auf fast jedem Gebiet bewähren. Ihre ausgeprägte Neigung zu anderen Menschen läßt sie oft zu Pflege- oder Sozialberufen tendieren, während ihre Sensibilität ihnen auch große künstlerische Begabung verleiht. Wer die am 12. Mai Geborenen nicht gut kennt, mag überrascht sein, daß sich hinter dem eher ernsthaften Antlitz, das sie der Welt präsentieren, eine abenteuerlustige und genießerische Ader verbirgt – vor allem, wenn sie im chinesischen Jahr der Ziege geboren sind. Diese intellektuell neugierigen Charaktere lassen sich durch den Kontakt mit dem Andersartigen oder Ungewöhnlichen anregen und haben Freude an neuen Erfahrungen und Situationen. Sie haben ein instinktives Verständnis dafür, wie wichtig Entspannung ist und sind begeisterte Gastgeber, die ihre Gäste großzügig bewirten.

STÄRKEN: Trotz einiger eher introvertierter Wesenszüge wie ihrer methodischen Vorgehensweise, stillen Entschlossenheit und ihres geistigen Tiefgangs sind die an diesem Tag Geborenen auch nach außen orientiert und sehr darauf bedacht, andere zu unterstützen und ihnen zu helfen – eine seltene und sehr vielversprechende Kombination.
SCHWÄCHEN: Ungeachtet ihres Wunsches, bei anderen einen guten Eindruck zu hinterlassen, können die am 12. Mai Geborenen durch ihren Mangel an Diplomatie und Takt ihre eigenen Bemühungen vereiteln, da sie mit ihren ungeschminkten – wenn auch meist gerechtfertigten – Meinungsäußerungen andere oft unbeabsichtigt verletzen.
FAZIT: Diesen Menschen fällt es meist leicht, ein gesundes Gleichgewicht zwischen Privat- und Berufsleben zu wahren. Sie müssen jedoch erkennen, daß ihre Neigung, in jede ihrer Aktivitäten möglichst viel Energie und Aufmerksamkeit zu investieren, dazu führen kann, daß sie sich bis zur geistigen oder körperlichen Erschöpfung überstrapazieren. Sie sollten lernen, die an sie herangetragenen Ansprüche zu prüfen und gegebenenfalls auch zurückzuweisen.

An diesem Tag

Prominente Geburtstage: Lady Emma Hamilton (1765), Baron Justus von Liebig (1803), Edward Lear (1812), Florence Nightingale (1820), Dante Gabriel Rossetti (1828), Jules Massenet (1842), Gabriel Fauré (1845), Lincoln Ellsworth (1880), Wilfred Hyde-White (1903), Leslie Charteris und Katharine Hepburn (1907), Joseph Beuys (1921), Yogi Berra (1925), Burt Bacharach (1929), Tom Snyder (1936), George Carlin (1937), Susan Hampshire (1942), Alan Ball (1945), Steve Winwood (1948), Emilio Estevez (1962)

Bedeutende Ereignisse und Jahrestage: Prägend für diesen Tag ist der Wunsch, praktische Unterstützung zu leisten, wie er sich in der Gründung der Selbsthilfeorganisation Anonyme Alkoholiker („AA") in Akron, Ohio, durch William Wilson spiegelte (1935). Dieser Drang, anderen Rat und Anleitung zu bieten, äußerte sich auch in der Veröffentlichung der Erstausgaben zweier einflußreicher Zeitschriften: des britischen *John Bull* (1906) und der sowjetischen *Prawda* (1912). Erfolgversprechende Hartnäckigkeit bei humanitären Zielsetzungen ist ein Wesenszug dieses Tages, an dem die alliierte Luftbrücke zur Versorgung Westberlins die Sowjetunion veranlaßte, die Blockade der Stadt aufzuheben (1949).

Planeteneinflüsse

Herrschender Planet: Venus.
Dritter Dekan: Persönlicher Planet ist der Saturn.

♀ ♄

Religiöse und kulturelle Bedeutung

In Belgien Tag der alljährlichen Katzenparade, in Indien Ehrung des Gottes der Wälder, Arania Saschti.
Namenstag: Nereus und Achilleus († ca. 304), Pankratius von Rom († 304), Johanna von Portugal (1452–1490).

An diesem Tag des praktischen und verantwortungsvollen Fortschrittsdenkens wurde 1926 der große britische Generalstreik beigelegt; die Einigung wurde mit allgemeinem Jubel begrüßt, wie auf diesem Foto zu sehen, das die zu ihren Londoner Kasernen zurückkehrenden Gardisten zeigt.

13. MAI

Im Vergleich zu anderen, die sich abmühen müssen, um ihre Ideale zu erreichen, scheinen die am 13. Mai Geborenen durchs Leben zu wirbeln, mühelos einen Erfolg nach dem anderen zu erreichen und dabei auch noch ihre Mitmenschen zu bezaubern. Diesen unzweifelhaft begabten Menschen gelingt es, ihre oft widersprüchlichen Eigenschaften soweit zu harmonisieren, daß sich ein sehr wirkungsvolles, abgerundetes Ganzes ergibt. Während ihre ausgeprägte intellektuelle Neugier sie zu unabhängigem Denken und Handeln anregt, machen ihre ungeheure Sensibilität und ihr intuitiver Scharfblick sie für die Menschen und Situationen ihres Umfelds empfänglich. Ebenso legen viele am 13. Mai Geborenen bei Aufgaben, die sie wirklich fesseln, großen Ernst und Zielstrebigkeit an den Tag, sind aber andererseits auch zu ansteckender Begeisterung und Lebensfreude in der Lage. Obwohl sie mit ihren vielfältigen Interessen Tätigkeiten auf verschiedensten Arbeitsfeldern anstreben können, verspricht ihnen ihr künstlerisches Können besondere Erfolge. Ihre Begabungen und ihre Ausrichtung auf andere verleihen diesen Menschen große Teamfähigkeit – sowohl im Arbeits- als auch im Familienleben. Ihren Freunden und Angehörigen gegenüber beweisen sie bemerkenswerte Zuneigung und Loyalität und bemühen sich, ihr Leben zu bereichern und gleichzeitig eine unterstützende und beschützende Rolle zu übernehmen. Doch weil die am 13. Mai Geborenen (insbesondere die Männer) so bereitwillig auf jede interessante Herausforderung ansprechen und sich lieber einer reizvollen neuen Leidenschaft widmen, als hartnäckig an einer weniger attraktiven, aber vielleicht vorrangigen Alternative festzuhalten, können sie zuweilen flatterhaft erscheinen.

STÄRKEN: Die am 13. Mai Geborenen sind ebenso interessierte wie interessante Menschen, deren Wunsch nach Erkundung unerforschten Neulands sie oft auf neue und bedeutsame Interessengebiete führt. In ihre zwischenmenschlichen Beziehungen bringen sie ihre große Sensibilität ein, die sie nicht nur für andere attraktiv macht, sondern in ihnen auch tiefe Sorge um das Wohl ihrer Mitmenschen weckt.

SCHWÄCHEN: Es kommt vor, daß diese Menschen ihre Aufmerksamkeit von ihren Alltagsaktivitäten zu scheinbar anregenderen Alternativen abschweifen lassen, was langfristig eher zu rastloser Unzufriedenheit als zu Ruhe und Erfüllung führt.

FAZIT: Um im Leben zu größerer Erfüllung und tieferem Glück zu gelangen, sollten diese Menschen ihre Neigung mäßigen, Dingen nachzulaufen, die sich im nachhinein oft als vorübergehende Verblendung erweisen. Bevor sie solchen Impulsen nachgeben, sollten sie sich die Zeit nehmen, ihre Motive gründlich zu überdenken. Durch die Stabilität starker Freundschafts- und Familienbande können sie zu einer klareren Sichtweise gelangen.

Planeteneinflüsse

Herrschender Planet: Venus.
Dritter Dekan: Persönlicher Planet ist der Saturn.

♀ ♄

Religiöse und kulturelle Bedeutung

Namenstag: Robert Bellarmino (1542–1621).

An diesem Tag

Prominente Geburtstage: Maria Theresia, Königin von Böhmen und Ungarn (1717), Josephine Elizabeth Butler (1828), Arthur Sullivan (1842), Ronald Ross (1857), Georges Braque (1882), Daphne du Maurier (1907), Joe Louis (1914), Bea Arthur (1926), Clive Barnes (1927), Harvey Keitel (1939), Bruce Chatwin (1940), Joe Brown und Richie Valens (1941), Uwe Barschel (1944), Peter Gabriel und Stevie Wonder (1950), Dennis Rodman (1961)

Bedeutende Ereignisse und Jahrestage: Typisch für den 13. Mai ist ein Hang zum Neuen und Abenteuerlichen, wie der Gründung der ersten ständigen englischen Ansiedlung in Nordamerika, Jamestown an der Küste von Virginia (1607) und der Ankunft des ersten australischen Cricket-Teams in England zum Spiel gegen die Gastgebernation (1868). Auch Impulsivität ist ein Merkmal dieses Tages, an dem der islamische Einzeltäter Mehmet Ali Agca Papst Johannes Paul II. auf dem Petersplatz in Rom durch einen Schuß schwer verletzte (1981).

Am 13. Mai 1933 wurde Diego Riveras gerade erst vollendetes Wandgemälde im luxuriösen Rockefeller Center in New York wieder von der Wand geschabt, weil der Eigentümer des Gebäudes Riveras Gemälde Man at Crossroads *(unten) politisch anstößig fand. Rockefellers impulsive Reaktion war typisch für das Wesen dieses Tages.*

14. MAI

Obwohl ihre außerordentliche Sensibilität ihnen die Fähigkeit zu tiefem Mitgefühl mit den vom Schicksal weniger Begünstigten verleiht, begeistern sich die am 14. Mai Geborenen eher für die Sphäre der abstrakten Ideen als die der zwischenmenschlichen Beziehungen. So mögen sie zwar Pläne zur Linderung des weltweiten menschlichen Leids schmieden, doch werden sie dabei eher vom Reiz der Herausforderung beflügelt als von dem möglichen Endresultat ihrer Bemühungen. Ihre fast schon extreme Phantasie weckt in ihnen ein leidenschaftliches Interesse an der Erkundung neuer Konzepte und Techniken, wobei ihnen ihr intellektueller und intuitiver Scharfblick, ihr beharrliches Bemühen um Detailfragen und ihre hartnäckige Weigerung, sich geschlagen zu geben, sehr zugute kommen. Solche Eigenschaften verheißen vor allem in der Wissenschaft große Erfolge, etwa in der Informationstechnologie oder den Sozialwissenschaften. Doch ist ihnen auch ein angeborenes Talent für künstlerische Bereiche wie Musik, Schauspiel, Literatur und Malerei gegeben.

Eine so übermächtige Begeisterung für die Welt der Ideen ist oft ein Kennzeichen introvertierter Naturen, doch obwohl die am 14. Mai Geborenen manchmal einzelgängerisch wirken mögen, sind sie durch ihr Interesse und ihre Fürsorge für Kollegen, Freunde, Partner und Angehörige sowie ihren Humor und ihren Sinn für Vergnügen und Schönheit – vor allem wenn sie im chinesischen Jahr des Hasen geboren sind – fest in persönlichen Beziehungen und damit in der Realität verwurzelt. Ihre Begabung zur Lösung von Problemen, ihre Verläßlichkeit und Freundlichkeit bewegen andere oft, ihren Rat zu suchen.

STÄRKEN: Ihre Angewohnheit, eine Situation oder Idee zuerst in ihre Bestandteile aufzugliedern, um dann geduldig die beste Vorgehensweise aus dem ganzen Spektrum der Möglichkeiten herauszufiltern, hilft den am 14. Mai Geborenen, sich außergewöhnliche technische oder akademische Sachkenntnis anzueignen und verspricht ihnen große Erfolge.
SCHWÄCHEN: Ihre Fähigkeit, völlig in ihrer Arbeit aufzugehen, birgt die Gefahr, daß sie sich ungewollt gegen Menschen oder Dinge abschotten, die nicht direkt mit ihrem Interessensgebiet zu tun haben. Außerdem können ihr ungeheurer Antrieb und ihre grenzenlose Einsatzbereitschaft sie bis an den Rand der geistigen oder körperlichen Erschöpfung führen.
FAZIT: Trotz ihrer instinktiven Erkenntnis, wie wichtig Ausgewogenheit in allen Dingen ist, können ihre intellektuelle Neugier und ihre eigensinnige Entschlossenheit diese Menschen verleiten, über der Beschäftigung mit einem besonders unwiderstehlichen und faszinierenden Konzept alles andere zu vergessen. Diese Neigung, die ihrer emotionalen und körperlichen Gesundheit abträglich ist, sollten sie durch Bewahrung eines klareren Realitätssinns zu zügeln suchen.

An diesem Tag

Prominente Geburtstage: Gabriel Daniel Fahrenheit (1686), Thomas Gainsborough (1727), Robert Owen und Thomas Wedgwood (1771), Kurt Eisner (1867), Otto Klemperer (1885), Sidney Bechet (1897), Hastings Banda (1905), Eric Morecambe (1926), Lazlos Kovacs (1933), Sian Phillips (1934), Bobby Darin (1936), Chay Blyth (1940), George Lucas (1944), Season Hubley und Robert Zemeckis (1951), David Byrne (1952)

Bedeutende Ereignisse und Jahrestage: Diesem Tag ist ein Hang zum übertriebenen Einsatz für Überzeugungen eigen, wie er sich in der Ermordung des in Religionsdingen toleranten Königs Heinrich IV. von Frankreich durch den katholischen Fanatiker François Ravaillac (1610) und dem Putschversuch von Sitiwina Rambuka auf den Fidschi-Inseln (1987) äußerte. Beharrliches und aktives Engagement ist ein weiteres Merkmal des 14. Mai, das an diesem Tag viele Fortschritte hervorbrachte, wie etwa die Durchführung der ersten erfolgreichen Pockenimpfung durch den englischen Arzt Edward Jenner (1796). Außerdem wurde der unabhängige Staat Israel mit Chaim Weizman als Präsidenten und David Ben-Gurion als Premierminister (1948) gegründet, ebenso wie die erste US-Raumstation „Skylab I" (1973).

Planeteneinflüsse

Herrschender Planet: Venus.
Dritter Dekan: Persönlicher Planet ist der Saturn.

♀ ♄

Religiöse und kulturelle Bedeutung

Nationalfeiertag in Paraguay. In Norwegen Fest der Mitternachtssonne.
Namenstag: Matthias († ca. 63), Maria-Domenica Mazzarello (1837–81), Gemma Galgani (1878–1903).

An diesem Tag, der sich durch besonderes Engagement auszeichnet, wurde 1948 der unabhängige Staat Israel in der ursprünglichen geistigen Heimat des Judentums gegründet. Das Foto zeigt das Damaskustor in der Altstadt von Jerusalem.

15. MAI

Planeteneinflüsse

Herrschender Planet: Venus.
Dritter Dekan: Persönlicher Planet ist der Saturn.

♀ ♄

Religiöse und kulturelle Bedeutung

Alljährliches Reinigungsritual im Alten Rom.
Namenstag: Pachomius der Ältere (ca. 287–347), Dymphna von Gheel (7. Jh.), Schutzheilige der Epileptiker und Geisteskranken, Halvard (ca. 1010–43), Isidor von Madrid (ca. 1070–1130), Schutzheiliger der Bauern und der Stadt Madrid.

Innovationen im Kommunikationsbereich sind ein Kennzeichen dieses Tages, an dem 1918 der erste reguläre Luftpostdienst im Osten der Vereinigten Staaten eingerichtet wurde.

Die an diesem Tag Geborenen wirken auf andere oft wie verträumte, realitätsfremde Naturen, die in einer selbstgeschaffenen Welt leben. In vieler Hinsicht ist dieser erste Eindruck zutreffend, denn diese sehr nach innen gewandten Menschen verspüren nicht nur einen fast unwiderstehlichen Wissensdrang, sondern neigen auch dazu, wenn sie genügend Informationen zu einem faszinierenden Thema gesammelt haben, diese mit außergewöhnlicher Phantasie und Kreativität weiter auszuarbeiten und zu entwickeln. Während also ihre geistige Beweglichkeit und Unabhängigkeit, ihre Aufgeschlossenheit für mystische Ideen und ihre beharrliche Zielstrebigkeit sie mit großem Innovationspotential begaben, verleiht ihnen ihre stetige und methodische Vorgehensweise die konkrete Fähigkeit, ihre Visionen zu untermauern und ihnen Geltung zu verschaffen. All ihrem Handeln liegt eine enorme Sensibilität zugrunde, ein Wesenszug, der sie im Berufsleben in Bereiche führen kann, wo sie humanitäre Fortschritte durchsetzen oder ihr künstlerisches Werk mit anderen teilen und diese dadurch inspirieren können. Trotz ihrer oft eigenbrötlerischen Interessen und Lebensweise ist die Sensibilität der am 15. Mai Geborenen so allumfassend, daß sie auch zwischenmenschlichen Kontakt suchen und oft ungewöhnliches Einfühlungsvermögen und Mitgefühl beweisen, vor allem in ihrer engeren Umgebung. Daß ihnen Freunde und Familienangehörige dafür ihrerseits Verständnis entgegenbringen, ihre Interessen respektieren und sie so akzeptieren, wie sie sind, danken sie ihnen (vor allem ihren Kindern) durch liebevolle und beständige Ergebenheit. Die emotionale Unterstützung, die sie erhalten, spornt sie an, die weitere Welt an ihren Begabungen teilhaben zu lassen.

STÄRKEN: Diese Menschen besitzen große visionäre Kraft und die Gabe, die intellektuellen Fähigkeiten zur aktiven Weiterentwicklung der abstrakten Konzepte, die sie begeistern, und die Erkenntnisse ihres geistigen Strebens der weniger aufgeklärten Welt nahezubringen. Trotz ihrer Introvertiertheit sind diese sensiblen Naturen um das Glück und die Erleuchtung ihrer Mitmenschen bemüht.
SCHWÄCHEN: Ihre Selbstgenügsamkeit und ihre Tendenz, sich in ihre eigene Welt der Ideen und Ideale zu versenken, sind so ausgeprägt, daß die am 15. Mai Geborenen dazu neigen, sich von den Ablenkungen alltäglicher Banalitäten, ja selbst von gemeinschaftlichen und gesellschaftlichen Verpflichtungen abzuschneiden.
FAZIT: Ihrer emotionalen Gesundheit zuliebe sollten sich diese Menschen weiter in die reale Welt hinauswagen, ohne deshalb ihre hochfliegenden und einzigartigen Geisteskräfte zu unterdrücken; zugleich können sie dabei ihre Empfindlichkeiten abhärten. Die stärkere Beteiligung an Gruppenaktivitäten kann ihr Leben um einen erfüllenden Aspekt bereichern.

An diesem Tag

Prominente Geburtstage: Fürst Klemens Metternich (1773), Frank Baum (1856), Pierre Curie (1859), Arthur Schnitzler (1862), Katherine Anne Porter (1890), Jimmy Wilde (1892), Joseph Cotton (1905), James Mason (1909), Eddy Arnold (1918), Anthony und Peter Shaffer (1926), Ted Dexter (1935), Anna Maria Alberghetti (1936), Trini Lopez (1937), Brian Eno (1948), Mike Oldfield (1953), Lee Horsley (1955), Emmit Smith (1969)

Bedeutende Ereignisse und Jahrestage: Der 15. Mai steht für die Gabe, Träume zu verwirklichen, was sich in einer Reihe von Innovationen äußerte: der Patentierung des ersten Maschinengewehrs durch den Londoner James Puckle (1718), der Eröffnung des ersten amerikanischen Baseball-Stadions – Union Grounds in Brooklyn – (1862), der Einrichtung des ersten regulären Luftpostdienstes zwischen New York und Washington (1918), der Gründung der „Fliegenden Ärzte“ durch Dr. Vincent Welsh im australischen Queensland (1928), Spaniens Ausrichtung des ersten internationalen Fußballspiels gegen England in Madrid (1929), dem Einsatz der ersten Stewardeß durch United Airlines (1930), dem ersten überlieferten Verkauf von Nylonstrümpfen in den USA (1940) und der Zündung der ersten britischen Wasserstoffbombe auf der Weihnachtsinsel im Indischen Ozean (1957).

16. MAI

Sollte man die Persönlichkeit der am 16. Mai Geborenen in einem Wort zusammenfassen, so wäre wohl „extravagant" am treffendsten, denn obwohl sie sich selbst vielleicht nicht als Individualisten betrachten, schlagen sie meist einen äußerst eigenwilligen und dynamischen Legensweg ein. Sie sind in vieler Hinsicht „überlebensgroße" Charaktere, entschlossen, den Menschen und Umständen ihren starken Willen aufzuzwingen und dabei ein Höchstmaß an Aufmerksamkeit und Anerkennung zu ernten. Trotz ihrer Neigung zu Bevormundung und ihrer Gier nach Aufmerksamkeit genießen andere ihre Gesellschaft, weil das Leben in ihrer Gegenwart selten langweilig ist: Sie bieten nicht nur ein eindrucksvolles Schauspiel, wenn sie richtig in Fahrt sind, sonderen ziehen andere auch durch ihre unbezähmbare Vitalität, ansteckende Lebensfreude und fröhliche – manchmal verwegene – Ausstrahlung an. Im Berufsleben ergeht es ihnen am besten, wenn sie Führungspositionen übernehmen oder im Licht der Öffentlichkeit stehen, was sie besonders für künstlerische Tätigkeiten wie die Schauspielerei oder das Musizieren prädestiniert, in denen sie ihre Talente einem breiteren Publikum darbieten können.

Die Vorliebe dieser Menschen für eine direkte Vorgehensweise speist sich aus ihrer Zielstrebigkeit und Erfolgsorientiertheit, die sich meist in persönlichem Ehrgeiz äußert. Während sie Menschen, die sie anstandslos unterstützen, meist mit Loyalität und Zuneigung belohnen, neigen sie dazu, jeden, der ihnen im Weg zu stehen scheint, beiseite zu schieben oder niederzutrampeln. Werden sie in ihrem Tun behindert, so äußert sich ihre Frustration oft in spektakulären Wutausbrüchen, eine Neigung, die ihrem Erfolg langfristig hinderlich sein kann.

STÄRKEN: Diese extrovertierten Menschen bekunden ihre Überzeugungen leidenschaftlich und sind vom unbezähmbaren Drang getrieben, ihre Ziele zu verwirklichen. Dynamisch, beharrlich und selbstbewußt, beeindrucken sie andere durch ihre Entschlossenheit.
SCHWÄCHEN: Trotz ihres oft unbewußten Verlangens nach Beifall und Bewunderung neigen die an diesem Tag Geborenen dazu, ihre Mitmenschen durch ihre aggressive Unduldsamkeit anderen Standpunkten gegenüber und ihre unbeherrschte Reaktion auf etwaige Widerstände einzuschüchtern oder gegen sich aufzubringen. Wird dieser Wesenszug nicht unter Kontrolle gehalten, kann er zu extremem Egoismus und Intoleranz führen.
FAZIT: Diese Menschen müssen sich in allen Lebensbereichen um eine überlegtere und diszipliniertere Haltung bemühen – sich selbst wie anderen gegenüber. Zeiten ehrlicher Selbsterforschung können ihnen helfen, sich selbst besser zu verstehen und die besten Wege zur Verwirklichung ihrer Ambitionen zu erkennen. Größere Selbstdisziplin kann sie davor bewahren, ihre Energie und ihre Anstrengungen nutzlos zu vergeuden.

An diesem Tag

Prominente Geburtstage: Louis Vauquelin (1763), William Seward (1801), David Hughes (1831), Richard Tauber (1891), H. E. Bates und Henry Fonda (1905), Studs Terkel (1912), Woody Herman (1913), Liberace (1919), Billy Martin (1928), Friedrich Nowottny (1929), Roy Hudd (1936), Pierce Brosnan (1953), Olga Korbut, Hazel O'Connor und Debra Winger (1955), Janet Jackson (1966), Tracey Gold (1969), Tori Spelling (1973)

Bedeutende Ereignisse und Jahrestage: Der für diesen Tag typische Drang zur aktiven Förderung leidenschaftlicher Überzeugungen hat seine Parallele in der Kriegsführung, und so fügten in den napoleonischen Kriegen die britischen Truppen von General Beresford der französischen Armee von Marschall Soult am 16. Mai in der Schlacht von Albuera in Spanien eine entscheidende Niederlage zu (1811). Mut und Entschlossenheit sind zwei weitere Merkmale dieses Tages, die innovatorische Leistungen verheißen, wie die der Japanerin Junko Takei, die als erste Frau den Mount Everest bezwang (1975). Das diesem Tag eigene Streben nach Anerkennung für künstlerische Leistungen spiegelte sich in der Welt des Films in der ersten Oscarverleihung in den USA (1929).

Planeteneinflüsse

Herrschender Planet: Venus.
Dritter Dekan: Persönlicher Planet ist der Saturn.

♀ ♄

Religiöse und kulturelle Bedeutung

Namenstag: Brendan der Seefahrer (ca. 486–ca. 575), Dietmar von Neumünster († 1152) Simon Stock (ca. 1200–65), Johannes von Nepomuk, Schutzheiliger der Brückenbauer (ca. 1350–93).

1990 zahlte an diesem Tag ein japanischer Geschäftsmann bei einer Auktion einen Rekordpreis für Vincent van Goghs Porträt des Dr. Gachet *(1890). Diese großspurige Tat spiegelt die extravaganten Wesenszüge des 16. Mai, aber auch die künstlerische Wertschätzung, die sein herrschender Planet Venus verleiht.*

17. MAI

Planeteneinflüsse
Herrschender Planet: Venus.
Dritter Dekan: Persönlicher Planet ist der Saturn.

♀ ♄

Religiöse und kulturelle Bedeutung
Nationalfeiertag in Norwegen, auf den Philippinen Beginn eines dreitätigen Fruchtbarkeitsfestes zu Ehren der heiligen Klara.
Namenstag: Felix von Cantalice (1515–87), Paschalis Baylon (1540–92).

Der am 17. Mai 1900 geborene Ajatollah Chomeini, Urheber der „islamischen Revolution" im Iran, verkörperte die kennzeichnenden Wesenszüge dieses Geburtsdatums in vollem Maß: brennenden Ehrgeiz, Inbrunst und festen Glauben an seine Überzeugungen. Er zeigte einen unbarmherzigen und intoleranten Führungsstil, doch seine Leistungen in der Reformierung seines Landes und der Durchsetzung strikter religiöser Regeln charakterisierten ihn als außergewöhnlichen spirituellen und politischen Führer.

Die am 17. Mai Geborenen sind von dem leidenschaftlichen Wunsch nach Verwirklichung ihrer Ambitionen durchdrungen. Obwohl zu diesen auch persönliche Erfolge zählen können, geht es ihnen doch meist darum, das Los der Menschheit im allgemeinen zu verbessern. Denn diese klarsichtigen Menschen besitzen nicht nur einen sicheren Blick für Mängel und Unzulänglichkeiten, sondern auch eine tiefe, auf ihre Mitmenschen ausgerichtete Sensibilität, die sie drängt, sich zugunsten der vom Schicksal weniger Begünstigten einzusetzen. Doch trotz der unerschöpflichen Energie, mit der sie auf die Durchsetzung ihrer Ideale hinarbeiten, ihrer Fähigkeit zu eigenständigem und logischem Denken und ihrer beharrlichen Weigerung, sich von ihrer Mission ablenken zu lassen, scheinen viele der am 17. Mai Geborenen zum Scheitern verurteilt. Vielleicht liegt es daran, daß sie ihre Ziele oft zu hoch stecken, wobei ihnen ihre Unerreichbarkeit wohl bewußt ist, sie sich aber einreden, jedes Hindernis auf ihrem Weg durch schiere Entschlossenheit und Willenskraft überwinden zu können. Wenn es ihnen gelingt, größeren Realitätssinn zu entwickeln, bewähren sich diese Menschen beruflich vor allem da, wo sie ihre großen praktischen Fähigkeiten und ihren intellektuellen Idealismus einbringen können. Die Künste erscheinen dabei besonders aussichtsreich, da sie über einen hochentwickelten Schönheitssinn und außerordentliche Kreativität verfügen; am ausgeprägtesten sind diese Eigenschaften bei den im chinesischen Jahr der Ziege Geborenen. Doch auch in der Finanzwelt oder der Tourismusbranche, wo sie sich um die Bedürfnisse anderer kümmern können, finden sie Befriedigung. In ihren persönlichen Beziehungen bezeigen sie den ihnen nahestehenden Menschen großes Entgegenkommen – vielleicht in intuitiver Erkenntnis der emotionalen Vorzüge eines stabilen und stützenden Familienlebens.

STÄRKEN: Da diese Menschen fürsorglich und sensibel und zugleich ehrgeizig und auf Fortschritte bedacht sind, richten sie ihr Streben oft auf die Verbesserung des menschlichen Wohls, wobei ihnen ihr organisatorisches und praktisches Geschick von Nutzen ist.
SCHWÄCHEN: Ihr natürlicher Gerechtigkeitssinn verleitet diese Menschen oft, jedes Verhalten, das nicht mit ihren Idealen übereinstimmt, zu verdammen und ihre Mißbilligung sehr deutlich zu äußern. Diese überkritische Haltung ist ihren Zielen nicht immer förderlich.
FAZIT: Das Bemühen um eine pragmatischere – und in manchen Fällen tolerantere – Lebenseinstellung könnte den am 17. Mai Geborenen helfen, ihre Ziele zu erreichen und zu größerer Ausgeglichenheit zu finden. Eine solche Strategie würde die Gefahr emotionaler Enttäuschungen mindern und neue Möglichkeiten eröffnen, die ihnen sonst vielleicht verschlossen bleiben.

An diesem Tag
Prominente Geburtstage: Edward Jenner (1749), Joseph Norman Lockyer (1836), Timothy Michael Healy (1855), Erik Alfred Lesley Satie (1866), Ajatollah Ruhollah Chomeini (1900), Jean Gabin (1906), Maureen O'Sullivan (1911), Robert Maugham (1916), Märta Birgit Nilsson (1918), Dennis Brain (1921), Dennis Christopher George Potter (1935), Dennis Hopper (1936), Udo Lindenberg (1946), Bob Saget (1956), Jordan Knight (1970)

Bedeutende Ereignisse und Jahrestage: Der 17. Mai steht für den aktiven Wunsch, anderen Neues zu vermitteln, der sich in Verbindung mit seinen organisatorischen Gaben etwa in der Tourismusindustrie spiegelt; so begann an diesem Tag die erste von Thomas Cook organisierte Pauschalreise – von London nach Paris (1861). Auch die Entschlossenheit, ein leidenschaftlich verfolgtes Ziel zu verwirklichen, ist ein Merkmal dieses Tages, an dem der Ire Tom McClean in der irischen Blacksod Bay eintraf, nachdem er als erster Mensch (von Neufundland aus) allein über den Atlantik gerudert war (1969). Das für diesen Tag typische gemeinschaftliche Ideal zeigt sich auch in kriegerischen Unternehmen: So eilten am 17. Mai während des Burenkriegs die britischen Truppen von General Baden-Powell ihren belagerten Landsleuten im südafrikanischen Mafeking zu Hilfe (1900).

18. MAI

Die am 18. Mai Geborenen bevorzugen in all ihrem Tun eine direkte Vorgehensweise, so besessen sind sie von dem heftigen Drang, die Dinge voranzutreiben, ohne Verzögerungen oder gar Stillstand zuzulassen. Dieser ausgeprägte Tatendrang bedeutet jedoch nicht, daß diese Menschen Denkarbeit scheuen: Sie sind ganz im Gegenteil mit der herausragenden intellektuellen Fähigkeit gesegnet, geradewegs zum Kern einer Sache vorzustoßen und dann mit ihrer bemerkenswerten analytischen Begabung äußerst effektive Strategien für den Erfolg auszuarbeiten. Und da diesen sensiblen Naturen mit ihrem angeborenen Gerechtigkeitssinn jedes Unrecht ein Greuel ist, richten sie ihre Energie oft auf die Linderung menschlichen Leids oder die Verbesserung des Gesellschaftssystems. Wenn sie überzeugt sind, einen Fall von Machtmißbrauch vor sich zu haben, schrecken die am 18. Mai Geborenen keineswegs davor zurück, mutig Stellung zu beziehen und hartnäckig an ihrer Mission festzuhalten, bis die Herausforderung überwunden ist. Andere bewundern ihre Beharrlichkeit und ihre Motivation und vertrauen ihnen daher oft verantwortungsvolle Positionen an, die sie mit großem Engagement ausfüllen.

Die an diesem Tag Geborenen bewähren sich in jeder Laufbahn, in der sie greifbare Fortschritte herbeiführen können, finden mit ihren humanitären und oft auch philosophischen Neigungen aber die größte Befriedigung dort, wo sie anderen Rat und Anleitung geben können. Trotz ihres Hangs zu unabhängigem Denken und Handeln sind dies sehr einfühlsame Menschen, die nicht gern für sich allein, sondern lieber in einem harmonischen, engagierten Team arbeiten; dies gilt besonders für die Frauen unter ihnen. Sie legen in ihren beruflichen wie privaten Beziehungen großen Charme, Rücksichtnahme und Loyalität an den Tag, was sie zu hochgeschätzten Kollegen, Freunden und Familienmitgliedern macht.

STÄRKEN: Ihre Dynamik, Energie und Beharrlichkeit, ihre methodischen und organisatorischen Talente und ihre ausgeprägte Klarsicht und Anteilnahme machen die am 18. Mai Geborenen zu engagierten Menschenfreunden und tatkräftigen Vorkämpfern für den menschlichen Fortschritt.
SCHWÄCHEN: Diese Menschen neigen dazu, sich unerschütterliche Meinungen zu bilden, die sie um jeden Preis durchzusetzen versuchen. Dieser intellektuelle Starrsinn kann sie für die eventuellen Vorzüge abweichender Standpunkte blind machen.
FAZIT: Die an diesem Tag Geborenen haben zwei Wesenszüge, die sie erkennen und mäßigen sollten: ihre paradoxe Neigung, trotz ihres leidenschaftlichen Eintretens für die Opfer der Intoleranz auf Andersdenkende ihrerseits intolerant zu reagieren, und den Hang, all ihre Energie rückhaltlos für andere einzusetzen. Dieser kann sich langfristig negativ auf ihr eigenes emotionales und körperliches Wohl auswirken.

An diesem Tag

Prominente Geburtstage: Lionel Lukin (1742), William Steinitz (1836), Zar Nikolaus II. von Rußland (1868), Bertrand Russell (1872), Walter Gropius (1883), Frank Capra (1897), Fred Perry (1909), Richard Brooks und Perry Como (1912), Charles Trenet (1913), Boris Christoff und Margot Fonteyn (1919), Papst Johannes Paul II. (1920), Pernell Roberts (1930), Robert Morse (1931), Hark Bohm (1939), Nobby Stiles (1942), Reggie Jackson (1946)

Bedeutende Ereignisse und Jahrestage: Zusammengenommen verheißen die Eigenschaften dieses Tages großes Führungstalent, und so wurde Napoleon Bonaparte am 18. Mai zum Kaiser von Frankreich ausgerufen (1804). Die dem 18. Mai eigene Entschlossenheit zur Erzielung von Fortschritten äußerte sich auf vielerlei Weise, auf technischem Gebiet etwa im Jungfernflug des viermotorigen britischen Bombers Vickers Valiant (1951) und im Sport durch den fünften Sieg des britischen Rennfahrers Graham Hill im Grand Prix von Monaco (1969). Der 18. Mai steht auch für Gerechtigkeit, und an diesem Tag wurden Karen Silkwood von der US-Regierung 10,5 Mio US-Dollar als Schmerzensgeld für die während der Arbeit in einem Atomkraftwerk erlittenen Strahlenschäden zugesprochen (1979).

Planeteneinflüsse

Herrschende Planeten: Venus und Merkur.
Dritter Dekan: Persönlicher Planet ist der Saturn.
Zweite Häuserspitze: Stier mit Zwillingstendenzen.

♀ ☿ ♄

Religiöse und kulturelle Bedeutung

In Nigeria Tag des Zwillingsfestes.
Namenstag: Johannes I. († 526), Verena Bernarda Bütler (1848–1924).

An diesem dynamischen, zukunftsgerichteten Tag wurde 1642 die frankokanadische Stadt Montreal gegründet. Unten eine aus dem 19. Jahrhundert stammende Ansicht der Windsor Street in Montreal.

19. MAI

Planeteneinflüsse

Herrschende Planeten: Venus und Merkur.
Dritter Dekan: Persönlicher Planet ist der Saturn.
Zweite Häuserspitze: Stier mit Zwillingstendenzen.

♀ ☿ ♄

Religiöse und kulturelle Bedeutung

Namenstag: Pudentiana (1./2. Jh.), Dunstan, Schutzheiliger der Schmiede, der Goldschmiede und der Blinden (ca. 909–88), Cölestin V. (Petrus Cölestinus, 1215–96), Ivo Hélory , Schutzheiliger der Bretagne, der Richter und Anwälte, (1235–1303).

Der dynamische, kompromißlose Aktivist und Bürgerrechtler Malcom X besaß die leidenschaftlichen Überzeugungen und den tiefen Gerechtigkeitssinn der am 19. Mai Geborenen. Daß er im chinesischen Jahr des Feuertigers geboren war, verstärkte seine Leidenschaftlichkeit, Beredtsamkeit und Ausstrahlung.

Die unerschütterliche Freundlichkeit und Zuverlässigkeit der an diesem Tag Geborenen macht sie ebenso wie ihre Aura der Tüchtigkeit und Effizienz zu Menschen, an die sich andere in schwierigen Zeiten um Unterstützung und Ermutigung wenden. Wenn sie um Rat gefragt werden, bedienen sie sich all ihrer im Übermaß gegebenen praktischen Begabungen, um realistische und zugleich positive Lösungen zu ersinnen, und machen sich dann voller Energie an ihre Umsetzung. Obgleich sie eherne Überzeugungen hegen, die sich meist auf ihren natürlichen Gerechtigkeitssinn gründen, vertreten sie ihre Meinungen anderen gegenüber mit Besonnenheit und Takt, ohne allerdings an ihrem eigentlichen Gehalt Abstriche zu machen. Mit diesen pragmatischen Wesenszügen, ihren humanitären Neigungen und ihrem Idealismus eignen sich die am 19. Mai Geborenen besonders für auf Menschen ausgerichtete Tätigkeiten, etwa in der Politik, in pädagogischen oder Pflegeberufen, und tatsächlich finden sie echte berufliche Befriedigung meist nur da, wo sie ausreichenden zwischenmenschlichen Kontakt haben. Auch im Privatleben übernehmen diese Menschen eine zentrale Rolle als stabiler und verläßlicher Mittelpunkt (besonders die Frauen unter ihnen), um den ihre sorgloseren Freunde und Familienangehörigen herumflattern, dessen Unterstützung sie jedoch immer wieder suchen. Allerdings bringen die am 19. Mai Geborenen ihrer engeren Umgebung soviel Verantwortungsgefühl, Beschützerinstinkt und emotionales Engagement entgegen, daß sie Gefahr laufen, darüber ihre eigenen Wünsche und Bedürfnisse zu vernachlässigen. Wenn es ihnen nicht gelingt, auch ihren persönlichen Interessen nachzugehen, kann ihr vereiteltes Unabhängigkeitsstreben in ein destruktives Kontrollbedürfnis ihren Mitmenschen gegenüber umschlagen.

STÄRKEN: Die am 19. Mai Geborenen sorgen sich sehr um das Wohl anderer, eine Neigung, die sich im engeren Kreis der Familie oder auch gegenüber der Menschheit insgesamt äußern kann. Ihre Sensibilität, ihr Einfühlungsvermögen und ihr vernünftiger Umgang mit den Herausforderungen des Lebens bilden dabei eine wirkungsvolle Kombination.
SCHWÄCHEN: Wenn sie überhandnimmt, kann ihre Ausrichtung auf die Bedürfnisse anderer negative Folgen wie körperliche oder geistige Erschöpfung nach sich ziehen. Noch gefährlicher ist der schwelende – wenn auch unbewußte – Groll, der entstehen kann, wenn andere im Vertrauen auf ihre Unterstützung gedankenlos alles auf sie abwälzen.
FAZIT: Die an diesem Tag Geborenen sollten sich davor hüten, ihre persönlichen Ambitionen zu opfern, nur weil sie anderen nichts abschlagen können. Indem sie sich genügend Zeit für ihre eigenen Interessen nehmen, gelangen sie zu einem gesünderen emotionalen Gleichgewicht, das letzlich all ihre Bemühungen effektiver macht.

An diesem Tag

Prominente Geburtstage: Johann Gottlieb Fichte (1762), Nellie Melba (1861), Nancy Astor und William Waldorf Astor (1879), Albert Richardson (1880), Ho Chi Minh (1890), Michael Balcon (1896), Sandy Wilson (1924), Malcolm X (1925), David Hartman (1935), Nora Ephron (1941), Pete Townshend (1945), Grace Jones (1952), Victoria Wood (1953)

Bedeutende Ereignisse und Jahrestage: Die entschlossene Durchsetzung leidenschaftlicher Überzeugungen ist ein Wesenszug des 19. Mai, der sich in Kriegshandlungen niederschlagen kann: So errangen an diesem Tag französische Truppen unter dem Herzog von Enghien bei der Schlacht von Rocroi in den Ardennen einen bemerkenswerten Sieg über die „unbesiegbare" spanische Armee (1643). Der Gerechtigkeitssinn des 19. Mai kann sich in der Belohnung nobler Taten äußern – an diesem Tag verkündete Napoleon die neue Auszeichnung der französischen Ehrenlegion (1802) – oder in Strafmaßnahmen wie dem Beginn der gegen die italienische Schauspielerin Sophia Loren wegen Steuerhinterziehung verhängten einmonatigen Haft in Neapel (1982). Die für diesen Tag typische fatale Gefühlsunterdrückung fand eine dramatische Parallele im Ausbruch des seit 1857 ruhenden Vulkans Mount St. Helens im Staat Washington, USA, bei dem acht Menschen starben (1980).

20. MAI

Die scheinbar grenzenlose Energie der am 20. Mai Geborenen und ihr Hunger nach immer neuen intellektuellen oder sinnlichen Erfahrungen ruft bei anderen sowohl Ehrfurcht als auch Erschöpfung hervor – Ehrfurcht vor der ungeheuren Vielfalt ihrer Interessen, Erschöpfung durch das unerbittliche Tempo, mit dem sie neue Ideen und Situationen aufspüren und erkunden. Doch trotz der Geschwindigkeit, mit der sie sich von Thema zu Thema, Ort zu Ort oder von einer Person zur nächsten bewegen, ist das so gewonnene Wissen selten oberflächlich, da sie mit ihrer raschen Auffassungsgabe und ihrem intuitiven Verständnis für die wesentlichen Elemente eines Konzepts die gesammelten Informationen in eine erstaunlich stimmige Zusammenfassung der jeweiligen Lage umsetzen. Auf Gebieten, die sie wirklich fesseln – und dies sind am ehesten die humanitären, philosophischen oder künstlerischen Tätigkeitsfelder –, beweisen sie eine bemerkenswerte Fähigkeit zur detaillierten Recherche und große Beharrlichkeit in der Weiterentwicklung und Umsetzung ihrer Erkenntnisse.

Trotz ihrer scheinbar unaufhörlichen Suche nach Anregung sind diese Menschen in ihren persönlichen Beziehungen meist beständig, hilfsbereit und loyal, auch wenn es ihnen anfänglich schwerfallen mag, sich auf einen Lebenspartner festzulegen. Das Wohl und Glück ihrer Freunde und Familie – vor allem ihrer Kinder – geht diesen fürsorglichen Naturen über alles, doch sind sie darüber hinaus mit einer Lebensfreude gesegnet, die auf ihre Umgebung eine äußerst belebende Wirkung hat. Umgekehrt bieten ihnen ihre freundschaftlichen und familiären Bindungen eine stützende Basis für Entdeckungsreisen.

STÄRKEN: Ihre intellektuelle Neugier macht die an diesem Tag Geborenen zu ebenso interessierten wie interessanten Menschen. In ihnen verbindet sich ein lebhaftes Temperament mit soliden logischen und praktischen Begabungen und einer tiefen Wertschätzung starker emotionaler Bindungen.

SCHWÄCHEN: Wenn es ihnen nicht gelingt, einen Blick für das wirklich Wesentliche zu entwickeln und sich ihr eigenes Bedürfnis nach Selbstdisziplin und Beherrschung bewußt zu machen, kann ihre rastlose Suche nach neuen und aufregenden Erfahrungen sie zu willkürlichem, unstetigem Verhalten verleiten, das sie letzlich unbefriedigt läßt.

FAZIT: Obwohl sie meist erkennen, wie wichtig Ausgewogenheit in allen Lebensbereichen ist, müssen sich diese Menschen vor ihrer Neigung hüten, zu viele faszinierende Ideen gleichzeitig zu verfolgen, um sich nicht völlig zu übernehmen.

An diesem Tag

Prominente Geburtstage: Hieronymus Fabricius (1537), William Thornton (1759), Honoré de Balzac (1799), John Stuart Mill (1806), William George Fargo (1818), Emile Berliner (1851), Wladyslaw Sikorski (1881), Reginald Mitchell (1895), Margery Allingham (1904), James Stewart (1908), Moshe Dayan (1915), Stan Mikita und Nikolaus Lehnhof (1940), Joe Cocker (1944), Cher (1946), Bronson Pinchot (1959)

Bedeutende Ereignisse und Jahrestage: An diesem Tag der Abenteuerlust und der Begeisterung für neue Situationen verwirklichte der portugiesische Seefahrer Vasco da Gama mit seiner Landung in Calicut sein Ziel der Entdeckung eines Seewegs von Portugal nach Indien (1498). Der amerikanische Flieger Charles Lindbergh startete mit seinem Flugzeug „Spirit of St. Louis" von New York zum ersten Alleinflug über den Atlantik (1927). Auch intellektueller Neuerungsdrang, vor allem im künstlerischen Bereich, ist typisch für diesen Tag, an dem das zukunftweisende Stück *Gespenster* des norwegischen Dramatikers Henrik Ibsen Premiere feierte (1895). Wagemutige, wenn auch gefährlich und potentiell destruktive Innovationsbereitschaft spiegelte sich an diesem Tag auch auf dem Gebiet der Kriegsführung, als Kreta im Zweiten Weltkrieg von deutschen Fallschirmspringern besetzt wurde (1941).

Planeteneinflüsse

Herrschende Planeten Venus und Merkur.
Dritter Dekan: Persönlicher Planet ist der Saturn.
Zweite Häuserspitze: Stier mit Zwillingstendenzen.

♀ ☿ ♄

Religiöse und kulturelle Bedeutung

In der griechischen Antike Plynteria-Feiern zu Ehren der Athena.
Namenstag: Bernhardin von Siena, Schutzheiliger Weber, gegen Heiserkeit, Brust- und Lungenkrankheiten (1380-1444), Karl Eugen von Mazenod (1782–1861).

Amelia Earhart landete am 20. Mai 1932 nach dem ersten Alleinflug einer Frau über den Atlantik im irischen Londonderry. Sie vollbrachte ihren bemerkenswerten, 3.550 km weiten und 13 Stunden, 30 Minuten dauernden Flug von Neufundland aus exakt fünf Jahre, nachdem Charles Lindbergh zu seiner berühmten Atlantiküberfliegung aufgebrochen war – was genau das erneuerungsfreudige, abenteuerlustige Wesen dieses Tages unterstreicht.

ZWILLINGE

♊

21. Mai bis 21. Juni

Herrschender Planet: Merkur **Element**: Luft, veränderlich

Polarität: Positiv (maskulin)

Körperliche Entsprechungen: Lungen, Schultern, Arme und Hände

Edelsteine: Beryll, Granat, Zitrin, Bernstein, Achat

Blumen: Verbene, Melisse, Rainfarn, Schafgarbe, Orchidee, Myrte

Farben: Rot, Orange, Gelb

Zum Sternbild des Zwillings gehören die Sterne Castor und Pollux – benannt nach den Brüdern, die man allgemein mit diesem Tierkreiszeichen assoziiert. Die Zwillingsanalogie ist in den meisten astrologischen Traditionen verbreitet, obwohl die Gestalten nicht immer männlich und mitunter nicht einmal Geschwister sind. Bei den Alten Ägyptern etwa bestand das Zwillingspaar aus einem Mann und einer Frau, und bei den Hindus war es ein Liebespaar, das man *Maithuna* nannte. Es waren wohl die babylonischen Astrologen (bei denen das Zeichen *Mastabagalgal*, „die großen Zwillinge", hieß), die das Sternenpaar zuerst als androgyne Wesen betrachteten, eine Vorstellung, die von den Persern und Griechen übernommen wurde, die das Sternbild *Dopatkar* bzw. *Didumoi* („Zwillinge") nannten. Die Alten Griechen erzählten von der Verführung der Leda durch Zeus, der sich zu diesem Zweck in einen Schwan verwandelte. Leda legte zwei Eier, von denen eines die von ihrem sterblichen Gemahl Tyndareos gezeugten Kinder Castor und Klytämnestra und das andere ihre unsterblichen Sprößlinge Pollux und Helena enthielt. Als Castor getötet wurde, betrauerte Pollux ihn so tief, daß Zeus seinen toten Zwilling zur Unsterblichkeit erhob. Daneben gab es die alternative Deutung, daß die Sternenzwillinge Romulus und Remus verkörpern, die von der Wölfin gesäugt wurden und später die Stadt Rom gründeten.

Das bekannteste Wesensmerkmal der Zwillinge ist die Dualität, symbolisch verkörpert durch den Gegensatz männlich/weiblich oder sterblich/göttlich. Diese Zwiespältigkeit, aber auch ihre mögliche Harmonisierung und Integration, verkörpert auch der herrschende Planet des Sternzeichens, Merkur (der römische Name des griechischen Hermes), der in manchen Traditionen als Zwittergottheit galt. Die unter diesem Zeichen Geborenen verfügen über einen regen Geist und außerordentliche Kommunikationsfähigkeiten. Sie sind intellektuell vielfältig begabt, verhalten sich aber zuweilen unschlüssig und impulsiv, da sie oft zwischen widersprüchlichen Standpunkten hin- und hergerissen sind. Das Element Luft verleiht ihnen Vielseitigkeit und Idealismus, aber auch einen Hang zu Orientierungs- und Rastlosigkeit.

21. MAI

Die an diesem Tag Geborenen zeichnen sich durch ihren rückhaltlosen Einsatz für das aus, was ihre Leidenschaft und Hingabe weckt, sei es nun ihre Familie, ihr Hobby oder ihre Arbeit. Diese dynamischen Menschen, die mit gewaltiger körperlicher und geistiger Energie begabt sind und von Halbheiten nicht das geringste halten, stürzen sich mit grenzenlosem Enthusiasmus und Optimismus in die Durchsetzung ihrer Interessen und ideologischen Ziele und bleiben beharrlich bei ihrer Erforschung, Entwicklung und Umsetzung, bis sie ihre Absicht verwirklicht haben. Aufgrund ihrer extremen Hartnäckigkeit erscheinen sie anderen mitunter zwanghaft und stur, doch da sie zudem ausgesprochen praktische und findige Charaktere sind, können sie solche Zweifler oft durch ihre Erfolge widerlegen. Ihre visionäre und pragmatische Begabung kommt ihnen beruflich vor allem im Finanzwesen und auf dem Gebiet technischer Innovationen zugute, doch befähigt ihre große Sensibilität die am 21. Mai Geborenen auch zu humanitärer Arbeit und einem breiten Spektrum künstlerischer Leistungen.

Auch wenn sie sich gelegentlich von der Gesellschaft anderer abschneiden, um sich ihren Berufungen zu widmen, streben diese Menschen keineswegs ein Einsiedlerdasein an. Nicht nur, daß sie an anderen interessiert sind und sich um ihr Wohlergehen sorgen, sie sind auch gesellige und sinnliche Naturen, die sich mit Vorliebe im Kreis ihrer Freunde und Familienangehörigen entspannen und dafür sorgen, daß sich alle gut amüsieren. Ihr meist argloser und herzlicher Umgang mit ihren Mitmenschen birgt allerdings die Gefahr, daß sie von berechnenderen Charakteren ausgenutzt werden.

STÄRKEN: Diese vitalen Menschen gehen oft ganz und gar in ihren Interessen auf, konzentrieren all ihre Energie auf Fortschritte und legen dabei ausgeprägten intellektuellen Klarblick und große Entschlossenheit an den Tag. Obwohl sie sehr erfolgsorientiert sind, gelingt es ihnen, innerhalb ihrer persönlichen Beziehungen liebevoll und fürsorglich zu bleiben.
SCHWÄCHEN: Die an diesem Tag Geborenen hegen feste Überzeugungen und Ideale und besitzen den Mut, diese ungeachtet aller Kritik, die sie sich zuziehen mögen, öffentlich kundzutun. Dadurch riskieren sie allerdings nicht nur, sich ungewollt zu isolieren, sondern auch übermäßig unflexibel in ihren Meinungen und ihrem Verhalten zu werden.
FAZIT: Die Tatkraft und Einsatzbereitschaft der am 21. Mai Geborenen, die sich auf vielen Gebieten äußern kann, läßt ihnen wenig Gelegenheit zur ruhigen Besinnung auf sich selbst. Sie sollten sich jedoch hin und wieder die Zeit nehmen, sich nicht nur geistig und körperlich zu regenerieren, sondern auch ihre Motivationen, Meinungen und Handlungen ebenso wie ihre zwischenmenschlichen Beziehungen kritisch zu überprüfen.

An diesem Tag

Prominente Geburtstage: Albrecht Dürer (1471), König Philipp II. von Spanien (1527), Alexander Pope (1688), Joseph Fouché, Herzog von Otranto (1759), Elizabeth Fry (1780), Henri Rousseau, "der Zöllner" (1844), Willem Einthoven (1860), Claude Auchinleck (1884), "Fats" Waller (1904), Peter Hurkos (1911), Harold Robbins (1916), Raymond Burr (1917), Andrei Sacharow (1921), Malcolm Fraser (1930), Gabriele Wohmann (1932), Mary Robinson (1944), Gwydion Pendderwen (1946), Mr. T (Lawrence Tero, 1952)

Bedeutende Ereignisse und Jahrestage: Prägend für den 21. Mai ist die Kombination aus Neugier und Hartnäckigkeit, Eigenschaften, die sich im Reich des Abenteuers spiegeln, so auch in den Leistungen des Seefahrers Joao de Nova, der an diesem Tag die Atlantikinsel St. Helena entdeckte (1502), und des amerikanischen Fliegers Charles Lindbergh, der zum Abschluß des ersten Alleinflugs über den Atlantik mit seiner „Spirit of St. Louis" in Frankreich landete (1927). Das für diesen Tag charakteristische Beharren auf festen Überzeugungen kann zu gewalttätigen Konfrontationen führen, wie etwa der Ermordung des indischen Ministerpräsidenten Rajiv Gandhi durch einen Anhänger der tamilischen Separatistenbewegung (1991).

Planeteneinflüsse

Herrschende Planeten: Merkur und Venus.
Erster Dekan: Persönlicher Planet ist der Merkur.
Erste Häuserspitze: Zwillinge mit Stiertendenzen.

☿ ♀

Religiöse und kulturelle Bedeutung

Namenstag: Godric (ca. 1070–1170), Renata von Bayern (1544–1602), Andreas Bobola (1592–1657).

An diesem Tag äußerster Entschlossenheit kann es vorkommen, daß Details und allgemeine Vorsicht außer acht gelassen werden. Der unten abgebildete Jugendstilbau „L'Innovation", ein von Victor Horta entworfenes Kaufhaus in Brüssel, wurde am 21. Mai 1967 durch ein verheerendes Feuer zerstört, das 322 Menschenleben forderte.

22. MAI

Die am 22. Mai Geborenen zeigen die paradoxe Neigung, sich einmal detailversessen auf ein bestimmtes Interessensgebiet zu konzentrieren, dann aber wieder in scheinbar oberflächlicher Manier von einer Begeisterung zur nächsten zu wechseln. Doch wird diese Zwiespältigkeit verständlicher, wenn man erkennt, daß diese Menschen von einem starken Verlangen nach Wissen und tieferem Verständnis getrieben werden. Dieser Drang erklärt ihre Tendenz, möglichst detaillierte Informationen zu faszinierenden Themen zu sammeln, und wenn diese ausgeschöpft sind, die Suche nach neuen Wissensbereichen wiederaufzunehmen. Ihre Fähigkeit, sich ganz und gar der Erkundung einer Sache zu widmen, und ihre heftige Abneigung gegen geistigen Stillstand bilden eine ungewöhnliche, doppelseitige Kombination, die zu besonderer Erfüllung führen kann. Diese Menschen können nicht nur in Kunst und Wissenschaft Befriedigung finden, sondern auch in künstlerisch angehauchten Sparten der Wirtschaftswelt wie Journalismus und Werbung oder in der Politik. Vielleicht ist der Schlüssel zu ihrer eigentlichen Motivation der Wunsch, auf Verbesserungen für die Menschheit insgesamt hinzuarbeiten, etwa indem sie die bei ihrer eigenen Wissenssuche gewonnenen Erkenntnisse anderen als Orientierungshilfe vermitteln. Im beruflichen wie im familiären Bereich übernehmen diese Menschen meist eine führende und beratende Rolle. Diese Neigung macht sie zu weisen und fähigen Eltern und Freunden, birgt aber auch das Risiko, daß sie ihre Umgebung übermäßig bevormunden. Doch steht ihre Fürsorge und Anteilnahme den ihnen Nahestehenden gegenüber niemals in Zweifel.

STÄRKEN: Im Wesen der am 22. Mai Geborenen verbinden sich enorme intellektuelle Wißbegier und tiefschürfendes analytisches Denkvermögen, Eigenschaften, die ihnen die Voraussetzungen verschaffen, neuen, doch solide recherchierten Ideen den Weg zu bereiten. Ihre tiefe Anteilnahme an anderen weckt in ihnen starke Beschützerinstinkte, die sich in dem Wunsch äußern, Freunden und Familienmitgliedern den richtigen Weg zu weisen.
SCHWÄCHEN: Ihre universellen Fähigkeiten, die festen Überzeugungen, die sie aus ihren Studien und Beobachtungen gewinnen, und ihr Verlangen, ihre Talente und Kenntnisse zum Wohle anderer einzusetzen, können diese Menschen verleiten, ihre Umgebung bestimmen – oder gar beherrschen – zu wollen.
FAZIT: Obwohl sie intuitiv erkennen, wie wichtig Ausgewogenheit in ihrem Leben ist, verlieren sie mitunter ihr emotionales Gleichgewicht und werden übermäßig zwanghaft oder intellektuell rastlos. Sie sollten deshalb ihre Neigung zu extremem Verhalten erkennen und zu zügeln suchen.

Planeteneinflüsse
Herrschende Planeten: Merkur und Venus.
Erster Dekan: Persönlicher Planet ist der Merkur.
Erste Häuserspitze: Zwillinge mit Stiertendenzen.

☿ ♀

Religiöse und kulturelle Bedeutung
Namenstag: Rita von Cascia (1360/80–1434/57), Helferin in aussichtslosen Anliegen, bei Prüfungsschwierigkeiten, Johannes Baptista de Rossi (1698–1764).

An diesem Tag
Prominente Geburtstage: William Sturgeon (1783), Richard Wagner (1813), Arthur Conan Doyle (1859), Daniel Malan (1874), Ernest Oppenheimer (1880), Laurence Olivier und Georges Remi (Hergé, 1907), Charles Aznavour (1924), Kenny Ball (1931), Alfred Kirchner (1937), Richard Benjamin und Susan Strasberg (1938), Michael Sarrazin (1940), Paul Winfield (1941), Betty Williams (1943), George Best (1946)

Bedeutende Ereignisse und Jahrestage: Die für den 22. Mai typische Kombination aus Abenteuerlust und sorgfältiger Erkundung spiegelte sich in Ereignissen wie dem Aufbruch des schottischen Seefahrers Mungo Park zu seiner ersten Entdeckungsfahrt nach Afrika (1795), der Patentierung des Flugzeugs der Gebrüder Wright (1908) und dem ersten offiziellen Besuch der Sowjetunion durch einen US-Präsidenten (Richard Nixon, 1972). Genau zwölf Monate später gestand Nixon seine Rolle im Watergate-Skandal ein (1973). Der Drang zur Durchsetzung von Idealen kann an diesem Tag zu Konflikten führen, wie die Niederlage der Yorkisten gegen die Armee der Lancasters bei St. Albans im englischen Rosenkrieg (1455) und der Zusammenstoß französischer und österreichischer Streitkräfte in der Schlacht von Aspern-Essling (1809) zeigten.

Das revolutionäre Flugzeug der Gebrüder Wright, in vielen Jahren harter Arbeit mit zähem Einsatz für einen scheinbar unmöglichen Traum entwickelt, wurde 1908 an diesem Tag endlich patentiert. Der 22. Mai ist ein Tag, an dem langgehegte Ideale zu guter Letzt Wirklichkeit werden.

23. MAI

Die Lebendigkeit, Begeisterungsfähigkeit und der große persönliche Charme der am 23. Mai Geborenen machen sie zu beliebten und praktisch unwiderstehlichen Menschen, die andere scheinbar mühelos anziehen und in ihnen gleichermaßen Zuneigung und Bewunderung wecken. Wesensmerkmale, die ihre Anziehungskraft noch steigern, sind ihr Einfühlungsvermögen und ihre Sorge um das Wohlergehen anderer, ihre Geselligkeit und in gewisser Weise auch ihr Bedürfnis nach Anerkennung. Doch interessieren sich diese intellektuell wißbegierigen Naturen nicht nur für ihre Mitmenschen; ihre unersättliche Neugier drängt sie auch, soviel wie möglich über die Rätsel des Lebens herauszufinden und ihre Fähigkeiten an jeder Herausforderung zu messen. Neben Scharfsinn und großer Phantasie besitzen sie eine eindrucksvolle Begabung für praktisches Handeln, die bei den im chinesischen Jahr der Ziege Geborenen noch ausgeprägter ist. Mit ihrer humanitären Ader und künstlerischen Empfindsamkeit, ihren Geistesgaben und ihrem Fortschrittsdrang kommen sie für vielerlei Laufbahnen in Frage, zu denen u. a. die Pflegeberufe, die darstellenden Künste und auch die Diplomatie gehören, da die am 23. Mai Geborenen auch kommunikativ sehr begabt sind. Um sie zufriedenzustellen, muß ihre Tätigkeit auf jeden Fall ausreichenden zwischenmenschlichen Kontakt bieten. Sie bringen Schwung in ihre persönlichen Beziehungen, nehmen intensiven Anteil am Leben der ihnen nahestehenden Menschen (besonders die Frauen unter ihnen) und bieten ihnen echte Unterstützung. Allerdings haben sie einen Hang zu impulsivem und unbedachtem Handeln, den sie nach Möglichkeit bremsen sollten.

STÄRKEN: Den an diesem Tag Geborenen ist eine seltene Kombination aus intellektuellem Klarblick und soliden praktischen Fähigkeiten eigen, die für die Verwirklichung ihrer Ziele sehr erfolgverheißend ist. Zu diesen Begabungen gesellt sich echte Anteilnahme und ein tiefempfundenes Bedürfnis, ihre beträchtliche Energie in den Dienst ihrer Mitmenschen zu stellen.

SCHWÄCHEN: Es gibt vor allem zwei Wesenszüge, die diese Menschen möglichst unter Kontrolle halten sollten: Ihre Tendenz, impulsiv von einem Gegenstand zum nächsten überzugehen, ohne je einen davon tiefer zu ergründen, und ihre Neigung, sich so intensiv um die Angelegenheiten anderer zu kümmern, daß es in Bevormundung ausarten kann.

FAZIT: Um in allen Lebensbereichen zu wahrer Erfüllung zu gelangen, sollten sich diese Menschen hin und wieder eine Auszeit nehmen, um in ihr eigenes Inneres zu blicken. Dabei sollten sie nicht nur die Motive ihres Verhaltens anderen gegenüber ehrlich prüfen, sondern auch versuchen, ihre eigenen Lebensziele klarer zu erkennen und sich stärker auf sie zu konzentrieren.

An diesem Tag

Prominente Geburtstage: Carl von Linné (1707), Franz Mesmer (1734), Thomas Hood (1799), Otto Lilienthal (1848), Douglas Fairbanks sr. (1883), Libby Holman (1906), Denis Compton (1918), Helen O'Connell (1920), Humphrey Lyttleton (1921), Dieter Hildebrandt (1927), Rosemary Clooney und Nigel Davenport (1928), Joan Collins (1933), Richard Moog (1934), John Newcombe (1944), Anatoli Karpow (1951), Marvin Hagler (1952)

Bedeutende Ereignisse und Jahrestage: Die für den 23. Mai typische Tendenz zu unabhängigem Handeln ohne Rücksicht auf damit verbundene Risiken kann ihren Preis fordern: So war dies der Tag, an dem der Dominikanermönch Girolamo Savonarola, ein Haupturheber der Demokratiebewegung in Florenz, als Häretiker hingerichtet wurde (1498), der schottische Pirat William Kidd gehängt wurde (1701), Gaetano Brecci, der Mörder König Umbertos I. von Italien, sich das Leben nahm (1901), das berüchtigte amerikanische Bankräuberpaar Bonnie Parker und Clyde Barrow in Louisiana in eine Polizeifalle gelockt und getötet wurde (1934), Gestapochef Heinrich Himmler in britischer Gefangenschaft Selbstmord beging (1945) und der flüchtige Adolf Eichmann von Argentinien nach Israel geflogen wurde, um wegen Kriegsverbrechen vor Gericht gestellt zu werden (1960).

Planeteneinflüsse

Herrschende Planeten: Merkur und Venus.
Erster Dekan: Persönlicher Planet ist der Merkur.
Erste Häuserspitze: Zwillinge mit Stiertendenzen.

☿ ♀

Religiöse und kulturelle Bedeutung

Im Alten Rom Tag des Rosalia-Festes zu Ehren von Flora und Venus.
Namenstag: Simeon Stylites der Jüngere (521–592), Franz Pfanner (1825–1909).

Die römische Frühlingsgöttin Flora (hier mit einem Rosenstrauß dargestellt) wurde im Alten Rom am 23. Mai durch das Rosenfest, Rosalia, geehrt. Die Rose war auch ein Attribut der Göttin der Liebe und Schönheit, Venus, der man mit dieser Feier ebenfalls huldigte.

24. MAI

Man könnte die am 24. Mai Geborenen als „Katalysatoren" bezeichnen, denn sie haben die Gabe, Dinge geschehen zu machen, ohne selbst von ihnen berührt zu werden, sei es, indem sie die Meinung ihrer Mitmenschen verändern oder sie zum Handeln anspornen. Mit ihrer Fähigkeit zum durchdringenden Denken und Analysieren nähern sie sich einem Problem meist, indem sie zunächst das gesamte Umfeld untersuchen und sich dann auf einen bestimmten Bereich konzentrieren, in dem wirkliche Verbesserungen möglich sind. Kaum etwas wirkt auf diese Menschen anregender als eine intellektuelle Herausforderung, auf die sie mit all ihrer beträchtlichen Energie und Begabung reagieren. Wenn ihr weitschweifender Geist sich erst auf ein Thema festgelegt hat, das ihr Interesse erregt, widmen sie sich seiner Bearbeitung mit großem Einfallsreichtum. Außerdem besitzen diese Menschen die Fähigkeit, ihre Ideen mündlich oder schriftlich scheinbar mühelos zu vermitteln und so andere zu überzeugen und zu inspirieren. Mit diesem Kommunikationstalent sind sie praktisch prädestiniert für eine Laufbahn als Politiker, Lehrer, vielleicht auch als Verkäufer oder als Künstler bzw. Darsteller. Obwohl die am 24. Mai Geborenen vor allem von der Welt der abstrakten Konzepte fasziniert sind, entspricht ein einsames, besinnliches Leben nicht ihren Vorstellungen, da sie ihre Ideen gern mit anderen teilen. Allerdings suchen sie dabei eher ein fügsames Publikum als ein offenes Diskussionsforum und neigen zu Ungeduld und Enttäuschung, wenn sie andere trotz aller Bemühungen nicht für ihre Sache gewinnen können. Dieser Hang zum Despotismus wirkt sich auch auf ihre persönlichen Beziehungen – besonders zu ihren Kindern – aus, da sie in ihrem unerschütterlichen Glauben an sich selbst von ihren Familienangehörigen bedingungslose Ergebenheit erwarten.

STÄRKEN: Ihre lebhafte Phantasie und unstillbare intellektuelle Neugier verleihen den am 24. Mai Geborenen ein breitgefächertes Interessenspektrum, und ihre Wortgewandtheit verschafft ihnen einen großen Vorteil weniger bestimmten Charakteren gegenüber. Ihr Kommunikationsgeschick befähigt sie, andere zu beeinflussen und zu lenken.

SCHWÄCHEN: Obwohl sie in bester Absicht handeln mögen, neigen diese Menschen dazu, anderen ihre Meinung aufzunötigen. Wenn sie ihren Standpunkt nicht durchsetzen können, äußern sie ihre Verärgerung mitunter in vernichtender Weise.

FAZIT: Um zu größerer Erfüllung zu finden, sollten die an diesem Tag Geborenen lernen, andere so zu nehmen, wie sie sind, und abweichenden Meinungen gegenüber toleranter zu werden. Indem sie sich stärker auf die zuverlässigen Bande fester Beziehungen stützen, können sie ihre überkritischen Tendenzen abmildern.

Planeteneinflüsse

Herrschender Planet: Merkur.
Erster Dekan: Persönlicher Planet ist der Merkur.

☿

Religiöse und kulturelle Bedeutung

Tag des heiligen Ernterituals in Kambodscha, in der griechischen Antike Feier des Geburtstags der Artemis.
Namenstag: David von Schottland (ca. 1085–1153).

An diesem Tag wurde 1833 eines der Wahrzeichen New Yorks, die Brooklyn Bridge, als Verbindung zwischen dem immer beliebteren Wohngebiet Brooklyn auf Long Island und Manhattan eröffnet. Der 24. Mai ist ein Tag, der die Kommunikation begünstigt.

An diesem Tag

Prominente Geburtstage: William Schwenck Gilbert (1540), Jean Paul Marat (1743), Abraham Geiger (1810), Königin Viktoria von England (1819), Arthur Wing Pinero (1855), Jan Christiaan Smuts (1870), Suzanne Lenglen (1899), Michail Scholochow (1905), Joan Hood Hammond (1912), William Trevor (1928), Arnold Wesker (1932), Tommy Chong (1938), Bob Dylan (1941), Gary Burdhoff (1943), Patti LaBell (1944), Priscilla Presley (1945), Walter Moers (1957), Joe Dumars (1963), Liz McColgan (1964)

Bedeutende Ereignisse und Jahrestage: An diesem Tag, der für starke Glaubenskraft steht, hatte John Wesley, der Gründer des Methodismus, sein Bekehrungserlebnis (1738), führte John Brown als Vorkämpfer der Anti-Sklaverei-Bewegung einen Überfall auf Pottawatomie Creek an, bei dem fünf Befürworter der Sklaverei ermordet wurden (1856), und wurde im zweiten Weltkrieg das britische Schiff „Hood" vor Grönland von dem deutschen Kriegsschiff „Bismarck" versenkt, wobei 400 Menschen ums Leben kamen (1941). Auch Kommunikationstalent ist ein Merkmal dieses Tages, an dem Samuel Morse die erste Telegrafenmeldung von Washington nach Baltimore übermittelte (1844) und in der Schweiz der erste Grand Prix Eurovision de la Chanson stattfand (1956).

25. MAI

Ein prägender Wesenszug der am 25. Mai Geborenen ist ihr tief verwurzeltes, unbeirrbares Gefühl für Ehre, Gerechtigkeit und Anstand, das einen Großteil ihrer persönlichen Überzeugungen und Handlungen bestimmt. Das heißt keineswegs, daß diese Menschen intellektuell unbeweglich wären: Ihre aufgeschlossene Geisteshaltung macht sie sehr empfänglich für neue Ideen oder Innovationen, sofern diese ihren ethischen oder ideologischen Überzeugungen nicht zuwiderlaufen. Ihre Sensibilität für das Leiden oder Unglück anderer weckt in ihnen nicht nur großes Mitgefühl mit allen Benachteiligten, sondern auch den Wunsch, sich aktiv zu ihren Gunsten einzusetzen; in diesem Bemühen können sie auf ihre enorme Energie und ihre eindrucksvollen Kommunikationsfähigkeiten zurückgreifen. Obwohl sie den Mut besitzen, eine Sache nötigenfalls im Alleingang zu vertreten, ziehen sie es vor, eine entschlossene und enthusiastische Gruppe Gleichgesinnter zu gewinnen. Diese Eigenschaften machen die am 25. Mai Geborenen zu ausgeprägten Führernaturen, die große Befriedigung daraus ziehen, neue künstlerische, politische oder humanitäre Wege zu bahnen. Auch im Privatleben sind diese Menschen darauf ausgerichtet, das Glück ihrer Freunde und Familienangehörigen zu schützen und zu fördern; am ausgeprägtesten ist diese Tendenz bei den im chinesischen Jahr des Schweins Geborenen. Doch trotz aller Nachsicht und Großzügigkeit, die sie in ihren familiären Beziehungen an den Tag legen, haben ihre ethischen Überzeugungen stets Vorrang. Verstöße gegen diese lösen bei ihnen tiefe Kränkung und Desillusionierung aus und können sie veranlassen, dem Missetäter ihre Zuneigung und Unterstützung zu entziehen, ganz gleich, wie eng ihre Beziehung zu ihm sein mag.

STÄRKEN: Ihre Anteilnahme und ihr natürliches Gefühl für Recht und Unrecht vermitteln diesen Menschen feste ideologische Überzeugungen, die sich meist auf die Verbesserung des menschlichen Lebens richten – sei es auf globaler oder persönlicher Ebene. Diese charismatischen und dynamischen Persönlichkeiten betreiben die Durchsetzung ihrer Ziele mit außerordentlicher Tatkraft und Entschlossenheit.
SCHWÄCHEN: Die an diesem Tag Geborenen betrachten andere oft übermäßig kritisch und erwarten von ihnen, daß sie ebenso hohen Moralmaßstäben genügen wie sie selbst.
FAZIT: Eine realistischere Einschätzung des wirklich Machbaren und mehr Pragmatik könnten diesen Menschen helfen, ihre Ziele zu erreichen, ohne sich mit anderen zu überwerfen.

An diesem Tag

Prominente Geburtstage: Ralph Waldo Emerson (1803), Tom Sayers (1826), Helmuth von Moltke (1848), Pieter Zeeman (1865), Luther Bill „Bojangles" Robinson (1878), Igor Sikorsky (1889), Gene Tunney (1898), Richard Dimbleby (1913), Claude Akins (1918), Jeanne Crain (1925), Miles Davis (1926), Robert Ludlum (1927), Beverly Sills (1929), Tom T. Hall (1936), Dixie Carter und Ian McKellan (1939), Leslie Uggams (1943), Connie Sellecca (1955), Paul Weller (1958)

Bedeutende Ereignisse und Jahrestage: Die ehernen ideologischen Überzeugungen dieses Tages kommen vor allem auf politischem, religiösem und humanitärem Gebiet zum Tragen, und so ist der 25. Mai Jahrestag des Zusammentretens der Philadelphia Convention, die die Verfassung der USA ausarbeitete (1787), der Eröffnung des „Affenprozesses" gegen den amerikanischen Lehrer John Scopes, mit dem der Konflikt zwischen darwinistischen und christlichen Lehren einen Höhepunkt erreichte (1925), des Überlaufens der britischen Spione Guy Burgess und Don Maclean zur Sowjetunion (1951) und des von Bob Geldof organisierten „Wettlaufs gegen die Zeit", an dem sich weltweit 30 Millionen Menschen beteiligten, um Spenden für die Hungernden in Äthiopien aufzubringen (1986). Die entschlossene Durchsetzung von Idealen ist prägend für diesen Tag, an dem Kapitän Cook auf der „Endeavour" zu seiner ersten Entdeckungsreise aufbrach (1768) und der US-Sportler Jesse Owens in weniger als einer Stunde sechs Weltrekorde einstellte (1935).

Planeteneinflüsse
Herrschender Planet: Merkur.
Erster Dekan: Persönlicher Planet ist der Merkur.

☿

Religiöse und kulturelle Bedeutung
Ehrung der heiligen Dienerin Sara, Feiern zum Geburtstag des Apollon bei den Alten Griechen.
Namenstag: Urban I. († 230), Gregor VII. (*zw. 1020 und 1025, † 1085), Margareta Pole (1473–1541), Magdalena Sophie Barat (1779–1865).

Der schöne Apollon, Zwillingsbruder der Artemis, war der griechische Gott der Heilkunst, des Lichts und der Orakel. Sein Geburtstag wurde am 25. Mai gefeiert. Er wird oft mit einer Leier dargestellt, wie in der unten abgebildeten Plastik, oder mit dem Bogen, der ebenfalls zu seinen Hauptattributen gehörte.

Planeteneinflüsse

Herrschender Planet: Merkur.
Erster Dekan: Persönlicher Planet ist der Merkur.

Religiöse und kulturelle Bedeutung

Fortinalia-Fest im Alten Rom. Heidnischer Tag des heiligen Brunnens.
Namenstag: Augustinus von Canterbury († 604), Wilhelm von Aquitanien (ca. 745–812), Philipp Neri (1515–95).

Wie viele der am 26. Mai Geborenen fühlte sich John Wayne zu den darstellenden Künsten hingezogen. Als Schauspieler winkte ihm eine bewegte, abwechslungsreiche Karriere, in der er immer neue Rollen ausprobieren und den Zwängen eines konventionelleren Daseins entfliehen konnte. Wayne, der als Ringo Kid in Höllenfahrt nach Santa Fé *(1939) erstmals zu Ruhm gelangte, drehte über 80 Filme und avancierte zur Verkörperung des amerikanischen Selbstgefühls.*

26. MAI

Vielen der am 26. Mai Geborenen erscheint das Leben als Kampf, vor allem was ihr Streben nach intellektueller wie emotionaler Erfüllung angeht. Was ihrer Glückssuche im Wege steht, sind paradoxerweise ihre eigenen Begabungen, die sie so effektiv zum Besten anderer einsetzen. Denn ihnen sind sowohl feste ideologische Überzeugungen als auch ein rastloser Wissens- und Erfahrungsdrang eigen. Während sie für neue Ideen aufgeschlossen und damit zu innovativem Handeln in der Lage sind, streben diese Menschen andererseits oft nach Durchsetzung ihrer feststehenden sozialen Ideale. Solange diese beiden Wesenszüge im Einklang bleiben, sind sie bemerkenswert effektiv, doch kann eine Störung ihres Gleichgewichts zu Doppelmoral und impulsivem oder intolerantem Verhalten führen. Dennoch weckt die Dynamik der an diesem Tag Geborenen bei anderen oft Bewunderung, weshalb sie in den Berufen, zu denen sie sich hingezogen fühlen, häufig Führungsrollen übernehmen. Zu diesen gehören zum Beispiel die darstellenden Künste, die ihnen autonome Handlungsmöglichkeiten und Einfluß auf andere versprechen.

Da ihnen ihre geistige und körperliche Unabhängigkeit so wichtig ist, widerstrebt es den am 26. Mai Geborenen – und ganz besonders den Männern unter ihnen –, sich der Autorität anderer zu unterwerfen. Aufgrund ihres angeborenen Widerwillens gegen jede Einengung durch organisatorische oder persönliche Strukturen fällt es ihnen nicht nur schwer, sich in eine Unternehmenskultur einzufügen, sondern sie legen sich auch nur zögernd auf einen Lebenspartner fest. Innerhalb bestehender persönlicher Beziehungen beanspruchen sie die von ihnen so hochgeschätzte Freiheit oft ausschließlich für sich selbst, während sie von ihrer Umgebung verlangen, daß sie sich nach ihren Erwartungen richtet.

STÄRKEN: Diese Menschen verbinden ihre Begabung zum konzentrierten, tiefgründigen Denken mit den extrovertierten Wesenszügen unersättlicher Neugier und sozialer Ausrichtung und der Fähigkeit, ihre ausgeprägten Meinungen auf anregende Weise zu vermitteln.
SCHWÄCHEN: Obwohl sie an andere hohe Maßstäbe und Erwartungen anlegen, fällt es ihnen selbst mitunter schwer, diesen zu entsprechen, weil ihnen ihr Bedürfnis nach Freiheit des Denkens und Handelns dabei im Weg steht. Gelingt es ihnen nicht, diesen Widerspruch auszugleichen, setzen sie sich dem Vorwurf der Scheinheiligkeit aus.
FAZIT: Die an diesem Tag Geborenen sollten ihre zweifellos gegebene Fähigkeit zur ehrlichen Selbsterforschung dazu nutzen, sich selbst besser kennenzulernen. Wenn sie ihre Talente in positivere Richtungen lenken und ihre potentiell destruktiven Tendenzen mäßigen, können sie zu größerem persönlichen Glück und beruflichen Erfolg gelangen.

An diesem Tag

Prominente Geburtstage: John Churchill (1650), Henri Farman (1874), Al Jolson (1886), Aaron Douglas (1899), John Wayne (1907), Robert Morley (1908), Matt Busby (1909), Janos Kadar (1912), Peter Cushing (1913), Peggy Lee (1920), James Arness (1923), Alec McCowen (1925), Frank Beyer (1932), Brent Musburger und Manfred Kanther (1939), Stevie Nicks (1948), Philip Michael Thomas und Hank Williams jr. (1949), Doris Dörrie (1955), Genie Francis (1962)

Bedeutende Ereignisse und Jahrestage: Dieser Tag verweist auf das Talent, Neuerungen und Fortschritte durchzusetzen, wie die Patentierung des „Schnellwebschützen" durch den Engländer John Kay, der den Webvorgang erheblich beschleunigte (1773), und den ersten bedeutenden Ölstreik in Persien (1908). Auch ein Hang zu wagemutigem Handeln ist diesem Tag eigen, an dem das erste 24-Stunden-Autorennen im französischen Le Mans stattfand (1923), im Zweiten Weltkrieg die Evakuierung der beim französischen Dünkirchen festsitzenden britischen Truppen begann (1940) und der amerikanische Stuntman Evel Knievel sich bei dem Versuch, mit seinem Auto 13 Busse zu überspringen, schwer verletzte (1975). Den charismatischen Führungsqualitäten des Tages entsprechend, ließ sich Napoleon Bonaparte zum König von Italien krönen (1805).

27. MAI

Obwohl sie scharfsinnige und phantasievolle Denker mit einer beneidenswerten Auffassungsgabe für komplexe abstrakte Theorien sind, verlangt es die an diesem Tag Geborenen nicht nach ungestörtem Grübeln im stillen Kämmerlein. Sie fühlen sich vielmehr gedrängt, die Früchte ihres Wissens mit der Allgemeinheit zu teilen. Diese Menschen sind von dem Bedürfnis beflügelt, der Menschheit insgesamt von Nutzen zu sein, wobei ihnen praktisches Handeln zur Umsetzung ihrer progressiven Ideale am meisten liegt. Ihr Interesse am Los des Menschen ist nicht die einzige Erscheinungsform ihrer intellektuellen Wißbegier. Obwohl sie Anteil am Leid anderer nehmen, bleiben sie emotional stets etwas distanziert – wohl in der instinktiven Erkenntnis, daß eine zu starke persönliche Einbindung ihre Fähigkeit zu wirksamer Hilfe beeinträchtigen könnte. Mit diesen Eigenschaften sind sie gut für medizinische, pädagogische oder diplomatische Berufe geeignet, aber auch für künstlerische Gebiete, auf denen sie sich frei ausdrücken können. Wichtig ist vor allem, daß ihr Beruf Gelegenheit bietet, andere zu leiten oder ihnen zu helfen. Ihr Selbstvertrauen und ihr ansteckender, zielsicherer Optimismus verleihen diesen Menschen große Anziehungskraft, so daß sie bei fast allen, mit denen ihre Arbeit sie in Berührung bringt, geachtet und beliebt sind. Doch können ihre persönlichen Beziehungen weniger harmonisch verlaufen; zu den Gründen hierfür gehören die viele Zeit und Aufmerksamkeit, die sie in ihre Arbeit investieren, ihre Neigung, die ihnen Nahestehenden zu bevormunden, und ihr fester Glaube an sich selbst, der es ihnen schwermacht, Kritik anzunehmen.

STÄRKEN: Diese Menschen besitzen nicht nur hochentwickelte analytische und intellektuelle Fähigkeiten, sondern sind zugleich auch innovativ, praktisch und dynamisch. In ihrem Streben, anderen zu helfen und greifbare Fortschritte herbeizuführen, nutzen sie ihre Begabungen und ihre große Energie in umsichtiger und engagierter Weise.
SCHWÄCHEN: Ihre Neigung, anderen beratend oder anleitend zur Seite zu stehen, kann im Extremfall in diktatorisches Verhalten ausarten. Diese Tendenz resultiert teils aus ihrem starken Glauben an sich selbst, der persönliche Schwächen kaum eingestehen kann, und teils aus ihrem Drang, aktiv an den Angelegenheiten ihrer Mitmenschen teilzuhaben.
FAZIT: Obwohl ihr Bedürfnis, sich in den Dienst der Menschheit zu stellen, löblich ist, sollten diese Menschen von Zeit zu Zeit ihre Motivationen und Strategien – vor allem in bezug auf ihre persönlichen Beziehungen – kritisch überprüfen, um zu größerer Selbsterkenntnis zu gelangen.

An diesem Tag

Prominente Geburtstage: Henry Parkes (1815), Amelia Jenks Bloomer (1818), Julia Ward Howe (1819), „Wild Bill" Hickok (1837), Arnold Bennett (1867), Georges Rouault (1871), Isadora Duncan (1878), Louis Durey (1888), Dashiell Hammett (1894), Hubert H. Humphrey und Vincent Price (1911), Christopher Lee (1922), Henry Kissinger (1923), Louis Gossett jr. (1936), Allan Carr (1941), Morning Glory Zell (1948), Joachim Schlömer (1962), Todd Bridges (1965)

Bedeutende Ereignisse und Jahrestage: Die dem 27. Mai eigene Begabung zu taktischem Denken und strategischem Handeln spiegelte sich an diesem Tag in verschiedenen Ereignissen, so der Ausrichtung der ersten internationalen Schachmeisterschaft in London (1851) oder dem Sieg der japanischen Marine unter Admiral Togo über die russischen Streitkräfte in der Seeschlacht von Tsuschima (1905). Dieser Tag verleiht Führungspotential, wie die Wahlen von Jomo Kenyatta zum ersten kenianischen Premierminister (1963) und von Jacques Chirac zum Premierminister von Frankreich (1974) bestätigten. Die praktische Umsetzung innovativer Visionen ist ein weiteres Merkmal dieses Tages, an dem Belgien als erstes Land seine Regierung nach dem Verhältniswahlrecht wählte (1900), das Linienschiff „Queen Mary" zu seiner Jungfernfahrt von England nach New York auslief (1936) und die Golden Gate Bridge in San Francisco eröffnet wurde (1937).

Planeteneinflüsse

Herrschender Planet: Merkur.
Erster Dekan: Persönlicher Planet ist der Merkur.

☿

Religiöse und kulturelle Bedeutung

Zentenarien im Alten Rom.
Namenstag: Beda Venerabilis (der Ehrwürdige, 673–735), Joachim von Fiore (ca. 1130–1202).

Das für den 27. Mai so typische Zusammentreffen pragmatischer, dynamischer und innovativer Kräfte spiegelte sich 1937 in der Eröffnung des berühmtesten Bauwerks von San Francisco: der Golden Gate Bridge.

28. MAI

Die am 28. Mai Geborenen lassen sich von den großen Zusammenhängen beflügeln, von Visionen, die so progressiv sind, daß sie anderen radikal und wirklichkeitsfremd erscheinen mögen. Dank ihrer hochfliegenden Phantasie, ihrer Bereitschaft, sich mit innovativen Ideen zu beschäftigen, statt sie rundheraus zu verwerfen, und ihrem soliden Forschergeist sind die von ihnen vorgebrachten Vorschläge jedoch selten absurd und undurchführbar. In vieler Weise sind die an diesem Tag Geborenen ihrer Zeit voraus und werden auf lange Sicht ihren Kritikern gegenüber wohl meist Recht behalten. Doch obwohl sie ihre Ideale geneigten Gleichgesinnten erfolgreich vermitteln und ihnen Anregung und Führung geben können, finden sie bei weniger aufgeklärten und abenteuerlustigen Menschen selten Gehör. Angesichts der meist wenig begeisterten Aufnahme ihrer kühnen Vorschläge durch die Allgemeinheit erzielen sie die größten Erfolge, wenn sie abseits der breiten Masse in Bereichen arbeiten, in denen sie ihre persönlichen Talente und ihre Originalität voll entfalten können. So können sie als Künstler, Schriftsteller oder Bühnendarsteller ebenso erfolgreich sein wie als Unternehmer.

In ihrem Streben, Einfluß auf andere zu nehmen und auf ihre eigene, unnachahmliche Art Verbesserungen einzuführen, müssen sie lernen, mit der unvermeidlichen Enttäuschung umzugehen, wenn ihre Ideale von anderen herabgesetzt werden. Manche von ihnen sind imstande, mutig Widerstand zu leisten, andere ziehen sich in ihre eigene Welt zurück. Alle wissen jedenfalls die vorbehaltlose Achtung, Unterstützung und Zuneigung ihrer Freunde, Partner und Familien zu schätzen, die sie in der Regel in gleichem Maß erwidern, vor allem wenn sie im chinesischen Jahr der Ratte geboren sind.

STÄRKEN: Ihre schöpferische Phantasie und praktische Erfindungsgabe verleiht den an diesem Tag Geborenen eine seltene Originalität und damit die Voraussetzung zu bemerkenswert innovativen Leistungen. Ihre große Sensibilität und Aufgeschlossenheit für das Neue sind Grundlage für intellektuelle Toleranz und Weitblick.

SCHWÄCHEN: Diese Menschen tendieren dazu, auf Skepsis oder Kritik entweder trotzig und aggressiv oder mit Resignation zu reagieren. Das erstere Verhalten kann in die Isolation führen, während das letztere destruktive Gefühle mangelnder Befriedigung heraufbeschwören kann.

FAZIT: Die am 28. Mai Geborenen sollten sich hüten, ihre Überzeugungen und Visionen aufs Spiel zu setzen, indem sie sich den Normen ihrer konventionelleren Kritiker anpassen. Im Bemühen um die Vermittlung und Umsetzung ihrer Ideen sollten sie versuchen, ihre Kommunikationsgabe auch auf weniger kühne und aufgeklärte Geister einzustellen.

Planeteneinflüsse

Herrschender Planet: Merkur.
Erster Dekan: Persönlicher Planet ist der Merkur.

☿

Religiöse und kulturelle Bedeutung

In der griechischen Antike Beginn der im Vier-Jahres-Rhythmus abgehaltenen Plythian-Spiele.
Namenstag: Bernhard von Aosta, Schutzheiliger der Bergsteiger († 1081).

Die am 28. Mai 1968 geborene Kylie Minogue, australischer Fernseh- und Popstar, wurde schon in jungen Jahren zum Teenageridol, wobei ihr das ausgeprägte Kommunikationstalent der an diesem Tag Geborenen zugute kam. In ihrem Geburtshoroskop stehen fünf Planeten im Tierkreisabschnitt Zwillinge, zu denen auch ihr Planet, der Merkur, gehört, der ihr noch größere kommunikative Fähigkeiten und einen Hunger nach Anregung und Abwechslung verleiht.

An diesem Tag

Prominente Geburtstage: Joseph Ignace Guillotin (1738), William Pitt der Jüngere (1759), Thomas Moore (1779), Warwick Deeping (1877), Eduard Benes (1884), Jim Thorpe (1888), Ian Fleming (1908), Rachel Kempson und Patrick White (1912), Heinz G. Konsalik (1921), Dietrich Fischer-Dieskau (1925), Caroll Baker (1931), Gladys Knight (1944), Sondra Locke (1947), Kylie Minogue (1968)

Bedeutende Ereignisse und Jahrestage: Der 28. Mai steht für Innovation und Fortschritt: An diesem Tag wurde in England das erste Hallenschwimmbad eröffnet (1742), der Londoner Erasmus Bond ließ sich das Tonicwater als genießbare Form des Chinins zur Bekämpfung der Malaria, die im britisch regierten Indien grassierte, patentieren (1858), und in den Niederlanden wurde der größte Damm der Welt zum Abschluß der Zuidersee fertiggestellt, die seither Ijsselmeer heißt (1932). Welche Erfolge winken, wenn man an den Visionen dieses Tages festhält, bestätigt sich etwa durch die Vollendung der Weltumsegelung des britischen Einhandseglers Francis Chichester mit seinem Boot „Gypsy Moth IV“ (1967) oder den Zieleinlauf der Jacht „Maiden“ im Whitbread Round-the-World Race als erste Teilnehmerjacht mit einer reinen Frauencrew (1990).

29. MAI

Viele Menschen fühlen sich von der Freundlichkeit, dem Charme und der ansteckenden Lebensfreude der am 29. Mai Geborenen angezogen, und diese geselligen Naturen sind stets darauf bedacht, daß jeder in ihrer Umgebung Spaß hat. Es ist ihnen ein innerliches Verlangen, andere glücklich zu machen, sie an ihren Begabungen und Erfolgen teilhaben zu lassen. Genußfreude und uneigennützige Menschenfreundlichkeit sind oft schwer zu vereinbaren, doch diesen Menschen gelingt es hervorragend, beides in Einklang zu bringen. Mit ihrem forschenden Geist und ihrem Bedürfnis nach Anregung sind sie so begierig, alles zu erleben, was die Welt zu bieten hat, daß sie mitunter länger brauchen, um sich auf eine Laufbahn festzulegen. Doch haben sie ihre Berufung erst einmal gefunden, widmen sie sich der Verwirklichung ihrer phantasievollen Ideale mit all ihrer überschießenden Energie und analytischen Begabung. Da sie vor allem auf ihre Mitmenschen und die Verbesserung der Lage der Menschheit insgesamt ausgerichtet sind, können sie in so unterschiedlichen Bereichen wie der Politik, der Wirtschaft und den Künsten Erfüllung finden.

Die am 29. Mai Geborenen bemühen sich in all ihren Unternehmungen, die Zustimmung und Unterstützung möglichst vieler Menschen zu gewinnen, und schrecken auch nicht davor zurück, hierzu ihr natürliches Charisma auszunutzen, wenn es der gemeinsamen Sache dienlich ist. So sind sie im beruflichen wie privaten Bereich häufig von begeisterten Bewunderern umgeben, die sie mit großzügiger Zuneigung und sanftem Humor behandeln. Sie sind vorbildliche Freunde und Eltern, verlangen ihren Partnern jedoch meist ein hohes Maß an Toleranz ab, da sie ein stets gastfreies Haus führen und sich jederzeit bereithalten, auf neue Herausforderungen zu reagieren.

STÄRKEN: Die außerordentliche Anziehungskraft dieser fesselndenden Persönlichkeiten resultiert aus ihrem gutmütigen Charme und ihrem regen Interesse am Wohlergehen anderer. Hinter ihrer scheinbaren Lässigkeit verbirgt sich leidenschaftliche Entschlossenheit und die Freude, ihre Fähigkeiten an schwierigen Situationen zu messen.
SCHWÄCHEN: Ihr breitgefächertes Interessenspektrum erschwert es den an diesem Tag Geborenen oft, ihre wahre Berufung im Leben zu finden, eine Tendenz, die sich im Beruf ebenso auswirken kann wie in ihren persönlichen Beziehungen.
FAZIT: Um ihre Talente zu maximaler Entfaltung zu bringen und emotionale Befriedigung zu finden, sollten die am 29. Mai Geborenen lernen, ihre Prioritäten klarer abzugrenzen, um sich in ihrem Hang, jede Herausforderung anzunehmen, nicht völlig zu verzetteln.

An diesem Tag

Prominente Geburtstage: König Karl II. von England (1630), Philippe Lebon (1767), John Walker (1781), Erich Wasmann (1859), Isaac Albéniz (1860), G. K. Chesterton (1874), Oswald Spengler (1880), Joseph von Sternberg (1894), Erich Korngold (1897), Leonard Huxley (1902), Bob Hope (1903), T. H. White (1906), John F. Kennedy (1917), Paul Elrich (1932), Alwin Schockemöhle (1935), Al Unser (1939), LaToya Jackson (1956), Annette Bening (1958), Melissa Etheridge (1961), Melanie Janine Brown (1975)

Bedeutende Ereignisse und Jahrestage: Der Fortschrittsdrang des 29. Mai kann zu Konfrontationen führen: So war dies der Tag der Eroberung Konstantinopels durch die Türken, was das Ende des byzantinischen Reichs bedeutete (1453), und der Tag, an dem Patrick Henry sich in der Virginia Assembly vehement gegen das britische Steuermarken-Gesetz wandte (1795). Den visionären Tendenzen des 29. Mai entsprechend, zog Charles Stuart an diesem Tag in London ein, um als König von England und Schottland wiedereingesetzt zu werden (1660), wurde Wisconsin als Bundesstaat in die USA aufgenommen (1848), bezwangen Edmund Hillary und Sherpa Tensing Norgay als erste den Mount Everest (1953), erhielt Rhodesien ein Jahr vor seiner Unabhängigkeit und Umbenennung in Simbabwe seinen ersten afrikanischen Premierminister, Abel Muzorewa (1979), und trat Johannes Paul II. seine Rundreise durch Großbritannien an. (1982).

Planeteneinflüsse

Herrschender Planet: Merkur.
Erster Dekan: Persönlicher Planet ist der Merkur.

☿

Religiöse und kulturelle Bedeutung

In England Royal Oak Day zum Gedenken an die Wiedereinsetzung Karl II., im Alten Rom Ehrung des Mars durch die Bauern.
Namenstag: Alexander († 397), Maria Magdalena de' Pazzi (1566–1606).

Gesellig, charmant, menschenfreundlich, sozial ausgerichtet – John F. Kennedy besaß die prägenden Wesenszüge der am 29. Mai Geborenen. In der politischen Arena setzte er sich mit seinem überzeugenden Führungsstil und seinen leidenschaftlichen humanitären Überzeugungen gegen den Kalten Krieg und die Rassentrennung in Amerika ein. Im persönlichen Bereich konnte kaum jemand seiner Ausstrahlung widerstehen. Seine Lebhaftigkeit, Kontaktfreude, sein Ehrgeiz und seine Sorge um sein Bild in der Öffentlichkeit waren typisch für die im chinesischen Jahr der Feuerschlange Geborenen.

30. MAI

Planeteneinflüsse

Herrschender Planet: Merkur.
Erster Dekan: Persönlicher Planet ist der Merkur.

☿

Religiöse und kulturelle Bedeutung

Namenstag: Ferdinand III., Schutzheiliger der Gefangenen, der Armen (1199–1252), Johanna von Orleans, Schutzheilige von Frankreich, der Telegraphie, des Rundfunks (1412–31).

Der vielleicht prägendste Wesenszug der an diesem Tag Geborenen, auf den sich ein Großteil ihres Handelns gründet, ist ihre unbezähmbare Begeisterung für einfallsreiche und innovative Konzepte. Rastloser Forscherdrang treibt sie auf ihrer unermüdlichen Suche nach Wissen und Erkenntnis voran und macht sie ungewöhnlich empfänglich und aufgeschlossen für neue Ideen und Pläne. Obwohl ihre Neugierde und ihr Verlangen nach Anregung den an diesem Tag Geborenen das Zeug zu Universalgenies verleihen, besteht andererseits die Gefahr, daß sie sich niemals lange genug auf ein Interessensgebiet konzentrieren, um es wirklich auszuschöpfen. Ihr Enthusiasmus, Optimismus und Kommunikationsgeschick befähigen sie, andere in ihrem Denken und Handeln zu inspirieren und anzuleiten, doch neigen sie dazu, die Beschäftigung mit den weniger faszinierenden Aspekten ihrer Projekte anderen zu überlassen, während sie selbst zu Verlockenderem übergehen.

Beruflich sind für diese Menschen jene Gebiete am aussichtsreichsten, auf denen sie ihre Talente sinnvoll einsetzen können, ohne sich allzusehr mit den langweiligeren Details des Arbeitslebens herumzuschlagen. Besonders geeignet erscheinen Tätigkeiten im Finanzbereich, etwa als Börsenmakler, sowie künstlerische und sportliche Laufbahnen. Auch im Privatleben scheuen diese Menschen oft dauerhafte Bindungen und die Zwänge familiärer Verpflichtungen. Dennoch bringen sie den ihnen Nahestehenden aufrichtig tiefe Zuneigung entgegen.

STÄRKEN: Ihre Geistesgegenwart, ihr Enthusiamus für alles Neue und ihre breitgefächerten Interessen, zu denen sich grenzenlose Vorstellungskraft und eine Abneigung gegen jede Einengung durch Konventionen gesellen, verleihen diesen Menschen große Innovationsfreude und die Gabe, andere durch ihre Visionen zu inspirieren.
SCHWÄCHEN: Ihren Ambitionen und Bemühungen kann vor allem ihre intellektuelle Rastlosigkeit gefährlich werden, die nicht nur einen Mangel an Durchhaltevermögen bedingt, sondern sie auch in den Ruf der Unzuverlässigkeit bringen kann.
FAZIT: Diese Menschen müssen darauf achten, ihre großen Talente nicht zu vergeuden. Wenn sie ihre Konzentrationsfähigkeit weiterentwickeln und dem Drang widerstehen, neuen Verlockungen zu folgen, bevor sie die Möglichkeiten des aktuellen Unterfangens vollständig ausgeschöpft haben, können sie tiefere persönliche Befriedigung und größere Erfolge erlangen.

Die englische Königin Viktoria war entschieden „not amused“ über den Attentatsversuch von Jon Francis am 30. Mai 1842. Unvermutetes, impulsives und dramatisches Handeln ist ein prägendes Merkmal dieses Tages, an dem man mit allem rechnen muß.

An diesem Tag

Prominente Geburtstage: Michail Alexandrowitsch Bakunin (1814), Alfred Austin (1835), Peter Carl Fabergé (1846), Pierre Janet (1859), Leslie Dawson (1906), Benny Goodman (1909), Ray Cooney (1932), Keir Dullea (1936), Michael J. Pollard (1939), Meredith MacRae (1944), Bob Willis (1949), Wynona Judd (1964), Thomas Häßler (1966)

Bedeutende Ereignisse und Jahrestage: Die ausgeprägte Abenteuerlust des 30. Mai spiegelte sich in drei Ereignissen dieses Tages: dem Aufbruch von Christoph Columbus zu seiner dritten Entdeckungsfahrt, die ihn in die Karibik führte (1498), dem ersten 500-Meilen-Autorennen in Indianapolis (1911) und dem Stapellauf des von dem Briten Christopher Cockerell entwickelten ersten Luftkissenfahrzeugs (1959). Auch impulsives Verhalten ist ein Charakteristikum dieses Tages, an dem der englische Dramatiker Christopher Marlowe bei einem Wirtshausstreit erstochen wurde (1593) und Jon Francis einen Anschlag auf die englische Königin Viktoria unternahm (1842). Große Visionen sind ebenfalls typisch für den 30. Mai, an dem in Neuseeland die Auckland Harbour Bridge – ein Triumph des Ingenieurbaus – eröffnet wurde (1959). Dies war auch der Tag, an dem die Engländer Johanna von Orleans, deren Worte und Taten dem französischen Volk eine so große Inspiration waren, auf den Scheiterhaufen schickten (1431).

31. MAI

Die scheinbare Widersprüchlichkeit der an diesem Tag Geborenen mag jene, die sie nicht näher kennen, verwirren: Während sie sich in einem Moment begeistert in ein neues Projekt stürzen, beharren sie im nächsten doktrinär auf der Bewahrung traditioneller Werte. Auch ihr Hin- und Herpendeln zwischen überschwenglichem Optimismus und düsterem Pessimismus macht es oft schwer, diese Menschen zu verstehen. Dieses paradoxe Verhalten spiegelt ihre ungeheure Vorstellungskraft, die positive wie negative Auswirkungen haben kann. Sie verleiht ihnen das Talent, Neues zu schaffen, aber auch dieFähigkeit, alle Seiten einer Sache zu sehen, was sie mitunter zögern läßt, Risiken einzugehen, so daß sie sich statt dessen für die sicherere, wenn auch statischere Alternative entscheiden. Doch sind sie erst von der Richtigkeit eines bestimmten Vorgehens überzeugt, folgen sie ihm zielstrebig und tüchtig, ersinnen einfallsreiche Lösungen zur Überwindung von Hindernissen und motivieren andere durch ihre Arbeit und visionäre Kraft.

Mit ihrer Unabhängigkeit im Denken und Handeln bewähren sich die an diesem Tag Geborenen am besten da, wo sie nicht durch die Regeln und Vorschriften anderer eingeschränkt werden. Sie fühlen sich vor allem zu Künstlerischem hingezogen, können aber auch in humanitärer Arbeit Erfüllung finden. In ihren beruflichen wie privaten Beziehungen sind sie großzügig mit ihrer Zeit und Aufmerksamkeit, solange sie sich nicht von den Ansprüchen anderer bedrängt oder erdrückt fühlen, wozu besonders die Männer unter ihnen neigen.

STÄRKEN: Diese Menschen sind nicht nur individualistisch, phantasievoll und innovativ, sondern auch mit erheblichen praktischen Talenten und einer geradlinigen, entschlossenen Vorgehensweise zur Durchsetzung ihrer Ziele gesegnet. Trotz ihrer festen Überzeugungen ist ihnen bewußt, daß Erfolge oft nur durch eine pragmatische Haltung zu erzielen sind.
SCHWÄCHEN: Die an diesem Tag Geborenen neigen dazu, ihre geistige und körperliche Freiheit mißtrauisch zu verteidigen, und reagieren sehr negativ auf jeden Versuch, ihnen Vorschriften zu machen. Umgekehrt tendieren sie jedoch dazu, anderen gegenüber ihre Standpunkte in autoritärer Weise zu vertreten.
FAZIT: Für die am 31. Mai Geborenen liegt der Schlüssel zum Glück in der Herstellung und Aufrechterhaltung starker emotionaler Bindungen. Die Sicherheit stabiler Beziehungen kann ihnen größere Ausgeglichenheit und damit eine bessere Basis zum sinnvollen Einsatz ihrer geistigen Kräfte geben.

An diesem Tag

Prominente Geburtstage: Alexander Cruden (1701), Walt Whitman (1819), Walter Sickert (1860), William Heath Robinson (1872), Fred Allen (1894), Don Ameche (1908), Denholm Elliott (1922), Fürst Rainier III. von Monaco (1923), James Krüss (1926), Clint Eastwood (1930), Peter Yarrow (1938), Terry Waite (1939), Antje Vollmer und Joe Namath (1943), Rainer Werner Fassbinder (1945), Tom Berenger und Gregory Harrison (1950), Lea Thompson (1961), Brooke Shields (1965)

Bedeutende Ereignisse und Jahrestage: Der 31. Mai steht für ungeheuren Freiheitsdrang, und so konstituierte sich an diesem Tag die Südafrikanische Union mit voller Selbstregierung (1910); auch die endgültige Unabhängigkeit Südafrikas von Großbritannien wurde an diesem Tag proklamiert (1961). Dieses Autonomiestreben äußerte sich auch in der Ermordung des Nazipolitikers und Reichsprotektors von Böhmen und Mähren, Reinhard Heydrich, durch tschechische Widerstandskämpfer im Zweiten Weltkrieg (1942) und in der Weigerung des amerikanischen Dramatikers Arthur Miller, dem Kongreß die Namen kommunistischer Sympathisanten zu enthüllen, was ihm eine Verurteilung wegen Mißachtung der Parlamentshoheit eintrug (1957). Neuerungsdrang ist ein weiterer Wesenszug dieses Tages, an dem in London die berühmte Turmuhr des „Big Ben“ in Betrieb gesetzt wurde (1859) und die Bauarbeiten an der transsibirischen Eisenbahn begannen (1891).

Planeteneinflüsse

Herrschender Planet: Merkur.
Erster Dekan: Persönlicher Planet ist der Merkur.

☿

Religiöse und kulturelle Bedeutung

Nationalfeiertag in Südafrika. Die Therava-da-Buddhisten feiern an diesem Tag den dreifachen Segen von Buddhas Geburt, Erleuchtung und Eingang ins Nirwana.
Namenstag: Blandina, Schutzheilige der Jungfrauen, der Dienstmägde und Dienstboten († 177).

Am 31. Mai, einem Tag, der praktische und technische Leistungen begünstigt, wurde die berühmteste Uhr der Welt, die Londoner Big-Ben-Turmuhr, erstmals in Gang gesetzt.

1. JUNI

Planeteneinflüsse

Herrschender Planet: Merkur.
Zweiter Dekan: Persönlicher Planet ist die Venus.

☿ ♀

Religiöse und kulturelle Bedeutung

Heidnisches Fest der Eichennymphe.
Namenstag: Justinus, Schutzheiliger der Philosophen und Reisenden (†ca. 165), Clothilde (ca. 474–544), Hildeburg († 1115), Morandus († ca. 1115), Vital Grandin (1829–1902), Johannes XXIII. (1881–1963).

Mit der beträchtlichen Energie und Gewandtheit, die den am 1. Juni Geborenen eigen ist, setzte Marilyn Monroe ihr bemerkenswertes Talent in eine kometenhafte Filmkarriere um. Ihr Geburtsjahr 1926, das chinesische Jahr des Tigers, verstärkte ihre natürliche Anziehungskraft, trug aber vielleicht auch zu der Impulsivität und Depressivität bei, die ihr vorzeitiges tragisches Ende herbeiführten.

Wie die meisten Menschen mit dem Sternzeichen Zwillinge werden auch die am 1. Juni Geborenen von lebhafter Wißbegier getrieben, die sich in ihrem Verlangen nach geistiger Anregung und ihren vielfältigen Interessen äußert. Diese angeborene Neugierde drängt sie einerseits, abstrakte Konzepte zu sondieren und – wenn ihr Interesse wirklich gefesselt ist – auf wahrhaft innovative Weise tiefer zu ergründen. Sie kann sie aber auch daran hindern, sich auf ein einziges Thema zu konzentrieren. Tatsächlich langweilen sie sich rasch und schrecken vor der ermüdenden Beschäftigung mit belanglosen Details zurück. Das einzige Gebiet, das sie immer fasziniert, ist das menschliche Verhalten. Die Beobachtung ihrer Mitmenschen und das Nachsinnen über ihre Charaktere und Motivationen stellt für sie eine stetige Herausforderung dar. In Verbindung mit ihrer Aufgeschlossenheit für Wandel und Fortschritt verspricht dieser Wesenszug gute Erfolgsaussichten auf beruflichen Gebieten wie Marketing, Werbung, Medien und Politik, aber auch in der Psychologie und bei Ermittlertätigkeiten. Trotz ihres fast schon zwanghaften Interesses an anderen Menschen sind viele der am 1. Juni Geborenen sehr verschlossene Charaktere, die ihre Privatsphäre sorgsam hüten. Das mag daran liegen, daß es ihnen für ihr emotionales Gleichgewicht wesentlich erscheint, Berufs- und Privatleben getrennt zu halten, oder daß sie fürchten, hinter der Fassade, die sie ihren Kollegen zeigen, könne ihr „wahres" Ich zum Vorschein kommen. Ob aus persönlicher Unsicherheit oder anderen Gründen, sie sträuben sich oft, sich auf einen Lebenspartner festzulegen, doch wenn sie erst einmal in feste Familien- und Freundschaftsbeziehungen eingebunden sind, wirken sie äußerst belebend auf ihr persönliches Umfeld und bewähren sich als liebevolle und tüchtige Eltern.

STÄRKEN: Diese vitalen Menschen werden von einem starken Wissensdrang getrieben, der auf vielen Interessensgebieten zum Tragen kommen kann, sich jedoch besonders auf das menschliche Wesen und Verhalten – des einzelnen oder auch größerer Gesellschaftsgruppen – konzentriert. Mit ihrer beträchtlichen Energie und geistigen Gewandtheit besitzen sie die besten Voraussetzungen, um greifbare Erfolge zu erzielen.
SCHWÄCHEN: Ein problematischer Wesenszug, den die am 1. Juni Geborenen bei sich erkennen und gegebenenfalls bekämpfen sollten, ist ihre Tendenz, rastlos von einer kurzlebigen Begeisterung zur nächsten zu eilen, ohne je mehr als einen oberflächlichen Einblick in jeden Themenbereich zu gewinnen.
FAZIT: Die an diesem Tag Geborenen schätzen ihre Privatsphäre als heilsame Zuflucht vor den Anforderungen des Berufslebens, sollten aber darauf achten, diese Neigung nicht soweit zu treiben, daß sie sich von Freundschaften abschneiden. Auch vor ihrem Hang zur Verzettelung und Oberflächlichkeit sollten sie sich hüten.

An diesem Tag

Prominente Geburtstage: Henry Francis Lyte (1793), Nicolas Carnot (1796), Brigham Young (1801), Michail Iwanowitsch Glinka (1804), Carl Bechstein (1826), John Masefield (1878), John Drinkwater (1882), Frank Whittle (1907), Marilyn Monroe (1926), Edward Woodward (1930), Pat Boone (1934), Gerald Scarfe (1936), Morgan Freeman (1937), Cleavon Little (1939), Robert Powell (1944), Jonathan Pryce und Ron Wood (1947), Alanis Morissette (1974)

Bedeutende Ereignisse und Jahrestage: Das abenteuerliche Wesen dieses Tages kann zu bahnbrechenden Entdeckungen und Taten führen, wie der Entdeckung des magnetischen Nordpols durch James Clark Ross (1831) oder dem Aufbruch Robert Falcon Scotts auf der „Terra Nova" zu seiner tragischen letzten Südpolexpedition (1910). Auf künstlerischem Gebiet spiegelte sich diese innovative Tendenz darin, daß die Beatles an diesem Tag ihr zukunftweisendes Album *Sergeant Pepper's Lonely Hearts Club Band* herausbrachten (1967), während sie sich auf politischem Gebiet in der Ausrufung Griechenlands zur Republik (1973) und in Napoleon Bonapartes Treueschwur auf die französische Verfassung (1815) äußerte.

2. JUNI

Das Leben der am 2. Juni Geborenen verläuft nur selten reibungslos: Kaum ist eine Hürde genommen, taucht schon das nächste Hindernis auf ihrem Weg auf. Die Häufung solcher Krisen in ihrem Leben ist so auffällig, daß man sich zuweilen insgeheim fragt, ob diese Menschen sie – bewußt oder unbewußt – selbst herbeiführen, um ihren Alltag zu beleben. Denn tatsächlich wachsen die am 2. Juni Geborenen an ihren Herausforderungen und begrüßen die Gelegenheit, ihre Fähigkeiten an schwierigen und unerwarteten Situationen zu messen, besonders wenn sie im chinesischen Jahr des Affen geboren sind. Mit ihrem wachen Verstand können sie die vielen Facetten einer Situation rasch analysieren und in einfallsreiche und erfolgversprechende Handlungsstrategien umsetzen. Da sie andere gern an ihren Talenten teilhaben lassen, finden sie große Befriedigung auf künstlerischem Gebiet – vor allem als Darsteller –, aber auch als Forscher oder als Vermittler in der Unternehmenswelt, d. h. auf jedem Gebiet, das ihnen Freiheit des Denkens und Handelns verspricht.

Im Privatleben kann ihr Drang, sich immer neuen Anregungen auszusetzen, zu Komplikationen führen. Es fällt ihnen nicht nur schwer, sich auf einen Lebenspartner festzulegen, sondern es mangelt ihnen oft auch an der Ausdauer, an einer Beziehung festzuhalten, nachdem die erste Begeisterung verflogen ist. Das soll nicht heißen, daß sie anderen keine tiefen Gefühle entgegenbrächten, sondern daß sie mitunter dem unwiderstehlichen Reiz des Unbekannten – oder sogar Unerreichbaren – erliegen.

STÄRKEN: Der prägende Wesenszug der am 2. Juni Geborenen ist ihr Bedürfnis, ihre beeindruckende Intelligenz und innere Stärke an anspruchsvollen Situationen zu messen. Ihr lebhafter, beweglicher Geist, ihre Entschlossenheit zum Erfolg und ihr Mut (auch zum Risiko) bilden eine äußerst verheißungsvolle Kombination.
SCHWÄCHEN: Diese Menschen suchen in ihrem emotionalen und beruflichen Leben oft den Wandel um seiner selbst willen. Ihre Freude an Herausforderungen, für die sie einfallsreiche Lösungen finden können, kann so zwanghafte Form annehmen, daß sie rastlos und unzufrieden werden und ihr Alltagsleben ihnen langweilig und unbefriedigend erscheint.
FAZIT: Obwohl sie in der Verwirklichung von Zielen, die sie wirklich begeistern, große Entschlossenheit beweisen, sollten die am 2. Juni Geborenen bemüht sein, auch in Situationen oder Beziehungen, die ihnen nicht den von ihnen so geschätzten kurzlebigen Kitzel bieten, größeres Durchhaltevermögen zu entwickeln.

An diesem Tag

Prominente Geburtstage: Donatien de Sade (Marquis de Sade, 1740), Thomas Hardy (1840), Edward Elgar (1857), Felix von Weingartner (1863), Hedda Hopper (1890), Lotte Reiniger (1899), Johnny Weissmuller (1904), König Konstantin II. von Griechenland (1940), Stacy Keach und Charlie Watts (1941), Marvin Hamlisch (1944), Michael Leuning (1945), Jerry Mathers (1948)

Bedeutende Ereignisse und Jahrestage: Innovative künstlerische Leistungen sind typisch für diesen Tag, an dem das gefeierte Tanzpaar Nijinski und Pawlowa in der Premiere des von Fokin choreographierten Balletts *Les Sylphides* auftrat (1909) und Alban Bergs Oper *Lulu* uraufgeführt wurde (1937). Auch sonst begünstigt dieser Tag Pionierleistungen: Dies veranschaulicht die Patentierung des drahtlosen Telegrafen von Guglielmo Marconi (1896), die Eröffnung des ersten Kinderzoos der Welt im Londoner Regent's Park durch die Söhne des amerikanischen Botschafters, Robert und Edward Kennedy (1937), die Fernsehübertragung der Krönung von Königin Elisabeth II. als erste öffentliche Verbreitung einer solchen Zeremonie (1953) und der Beginn der Rundreise von Johannes Paul II. durch sein Geburtsland Polen als erster Papstbesuch in einem kommunistischen Staat (1979). Der 2. Juni birgt auch Konflikpotential und ist Jahrestag der Gründung der palästinensischen Befreiungsbewegung PLO (1964) und des Massakers an über 100 Demonstranten für Demokratie durch chinesische Truppen auf dem Platz des Himmlischen Friedens in Peking (1989).

Planeteneinflüsse

Herrschender Planet: Merkur.
Zweiter Dekan: Persönlicher Planet ist die Venus.

☿ ♀

Religiöse und kulturelle Bedeutung

Schapatu der Ischtar, babylonisch-assyrisches Fest.
Namenstag: Marcellinus und Petrus († ca. 299), Erasmus (Elmo), Schutzheiliger der Darmkranken († ca. 303), Odo von Canterbury (ca. 880–959).

Die hier auf einem Löwen reitende Ischtar war die babylonisch-assyrische Liebes-, Fruchtbarkeits- und Kriegsgöttin. Ihr Fest, der Schapatu der Ischtar, wurde am 2. Juni gefeiert.

3. JUNI

Planeteneinflüsse

Herrschender Planet: Merkur.
Zweiter Dekan: Persönlicher Planet ist die Venus.

☿ ♀

Religiöse und kulturelle Bedeutung

Kataklysmos-Feiern auf Zypern.
Namenstag: Meinwerk (ca. 970–1036), Ferdinand der Standhafte (1402–1443), Charles Lwanga und Gefährten († 1865–86).

Der am 3. Juni 1808 geborene Jefferson Davis nutzte den Charme, Scharfsinn und das Engagement, die zu den kennzeichnenden Merkmalen seines Geburtstags zählen, zu einer bemerkenswerten militärischen und politischen Laufbahn. Der Veteran des mexikanischen Kriegs war von 1853 bis 1857 amerikanischer Kriegsminister und während des Bürgerkriegs Präsident der Konföderation der amerikanischen Südstaaten, eine Position, in der die autoritären und konfliktträchtigen Züge dieses Tages zum Tragen kamen.

Trotz der ausgeprägten Unabhängigkeit des Denkens, die die am 3. Juni Geborenen nicht nur besitzen, sondern auch eifrig verfechten, liegt es ihnen nicht, sich von der Gesellschaft anderer fernzuhalten, um sich der Erforschung interessanter Ideen zu widmen. Unabhängig davon, ob sie sich in ihrer Berufswahl von ihrem Bedürfnis nach zwischenmenschlicher Interaktion und ihrem Streben nach humanitären Fortschritten bestimmen lassen, verlangt es sie danach, ihre Ideen mit anderen zu teilen, sie ihnen oft sogar aufzuzwingen. Die intellektuelle Rastlosigkeit des Sternzeichens Zwillinge prägt auch die am 3. Juni Geborenen, doch ist ihr Drang nach greifbaren Ergebnissen in der Umsetzung ihrer Visionen so stark, daß er ihnen die Fähigkeit zur beharrlichen Konzentration auf ihre Ziele verleiht, während ihre Wechselhaftigkeit sich ein Ventil in der Lösung neuer Probleme sucht. In Kombination mit ihrem großen Kommunikationstalent sind dies beste Voraussetzungen, um Erfolge im Bereich der Pädagogik, Forschung und der darstellenden Künste zu erringen.

Hand in Hand mit ihrem Bedürfnis, ihre mitunter sehr eigenwilligen Meinungen selbst einem ablehnenden Publikum zu vermitteln, geht ihr (oft unbewußter) Wunsch, sich in der Anerkennung anderer zu sonnen, was sich nur schwer miteinander vereinbaren läßt. Denn durch ihre heftigen und unduldsamen Meinungsäußerungen vergrämen sie andere zuweilen und verscherzen sich so das Wohlwollen und die Bewunderung, die sie zu gewinnen suchen. Die am 3. Juni Geborenen sind reizend und entgegenkommend, solange alles nach ihrem Willen geht, können aber autoritär reagieren, wenn Hindernisse auftauchen. Dieser bei den Männern unter ihnen besonders ausgeprägte Zug äußert sich vor allem in Auseinandersetzungen mit Angehörigen und Freunden.

STÄRKEN: Diese mit Scharfsinn, Intelligenz, großem persönlichem Charme und natürlichem Kommunikationsgeschick begabten Menschen haben das Zeug dazu, Pionierleistungen in die Wege zu leiten und andere zu motivieren, das Ihre dazu beizutragen.
SCHWÄCHEN: Die an diesem Tag Geborenen sind so von dem Drang beherrscht, voranzukommen, daß sie etwaige Behinderungen höchst negativ aufnehmen. Sie stellen hohe Ansprüche an Menschen, die etwas zu ihren Lieblingsprojekten beitragen könnten, und neigen zu unbeherrschten Reaktionen, wenn sie sich im Stich gelassen fühlen.
FAZIT: Trotz ihrer Einsicht, wie wichtig persönliches Auftreten ist, um Unterstützung zu gewinnen, sind die am 3. Juni Geborenen rasch frustriert, wenn andere sich ihren Plänen nicht anschließen. Sie sollten sich bemühen, das Recht anderer auf die gleiche Freiheit des Denkens und Handelns, die sie für sich einfordern, zu respektieren.

An diesem Tag

Prominente Geburtstage: James Hutton (1726), Frantisek Jan Skroup (1801), Richard Cobden (1804), Jefferson Davis (1808), Charles Lecocq (1832), Williams Flinders Petrie (1853), König Georg V. von England (1865), Raoul Dufy (1877), Josephine Baker (1906), Paulette Goddard (1911), Leo Gorcey (1915), Tony Curtis (1925), Colleen Dewhurst und Alan Ginsberg (1926), Curtis Mayfield (1942), Suzi Quatro (1950), Margot Käßmann (1958)

Bedeutende Ereignisse und Jahrestage: Die für den 3. Juni prägende Entschlossenheit, einem eingeschlagenen Weg ohne Rücksicht auf die Konsequenzen zu folgen, kam in der Heirat des abgedankten Königs Eduard VIII. von England mit der geschiedenen Amerikanerin Wallis Simpson zum Ausdruck (1937). Zu dieser Entschlossenheit gesellte sich Schlagkraft, als der Herzog von York die englische Marine zum Sieg über die Holländer von Lowestoft führte (1665) und im Zweiten Weltkrieg die Schlacht von Midway zwischen der japanischen und der amerikanischen Marine begann (1942). An diesem Tag, der Fortschritte aller Art begünstigt, stellte Louis Reard einer erstaunten Weltöffentlichkeit den ersten Bikini vor (der Name war von den amerikanischen Atombombentests im Bikini-Atoll inspiriert, 1946). Edward White unternahm als erster amerikanischer Astronaut einen Weltraumspaziergang (1971), und in den USA wurde Sally Priesand als erste Rabbinerin ordiniert (1972).

4. JUNI

Die am 4. Juni Geborenen werden von dem Drang getrieben, Wissen zu erwerben und die gewonnen Informationen auf ihre eigene originelle Weise zu neuen Sicht- und Vorgehensweisen weiterzuentwickeln. Obwohl ihre Aufmerksamkeit in erster Linie dem abstrakten Reich der Ideen gilt, verspüren sie das Bedürfnis, ihre Begeisterung für faszinierende Projekte auch anderen zu vermitteln. So sind sie eifrig bemüht, ihre Freunde, Angehörigen und Kollegen zu belehren und anzuleiten, und möchten am liebsten auf alles und jeden Einfluß nehmen. Alle am 4. Juni Geborenen besitzen große Innovationskraft, und während sich einige von humanitären Interessen zu sozialer Arbeit oder Pflegeberufen motivieren lassen, investieren andere ihre beträchtlichen intellektuellen Gaben lieber in die Forschung. Die meisten haben auch eine starke künstlerische Ader, die sie zu Schriftstellern oder Schauspielern prädestiniert, wenn sie ausreichendes Vertrauen in ihre kreativen Talente aufbringen. Obwohl sie anregenden Projekten große Beharrlichkeit beweisen, langweilen sich diese Menschen rasch, wenn man sie geistig zu stark einengt; dies gilt besonders für die im chinesischen Jahr der Ratte Geborenen. Ob ungewollt oder bewußt, viele der an diesem Tag Geborenen ordnen ihre persönlichen Beziehungen ihrer Arbeit unter. Ihr Charme, ihre Freundlichkeit und ihre hochentwickelten kommunikativen Fähigkeiten wirken auf andere sehr anziehend. Doch obwohl sie den ihnen nahestehenden Menschen ehrlich zugetan sind, verletzen sie sie oft unbeabsichtigt, indem sie ihrem Beruf Vorrang vor zwischenmenschlichen Verpflichtungen einräumen.

STÄRKEN: Die am 4. Juni Geborenen arbeiten mit Entschlossenheit und großem Einfallsreichtum auf die Verwirklichung ihrer Fortschrittsvisionen hin. Ihre starke persönliche Ausstrahlung und Beredtsamkeit macht sie zu beliebten und einflußreichen Persönlichkeiten.
SCHWÄCHEN: Diese selbstgenügsamen Naturen beziehen ihre Inspiration und Motivation aus abstrakten Konzepten. Das kann sie veranlassen, ihre persönlichen Verpflichtungen zu vernachlässigen. Mitunter geht dies so weit, daß sie Liebe und Freundschaft als „unnötige“ Ablenkungen von ihrer Arbeit betrachten.
FAZIT: Diese Menschen sollten erkennen, daß sie größere Befriedigung – und damit auch größere Leistungsfähigkeit – erlangen können, wenn sie ihrem Privatleben mehr Zeit und Aufmerksamkeit widmen. Sie sollten ihre übermäßige Konzentration auf ihre Interessen und Karriereziele durch größere Rücksicht auf die Gefühle anderer (und ihre eigenen) abmildern.

An diesem Tag

Prominente Geburtstage: König Georg III. von England (1738), Stephen Foster (1826), Bob Fitzsimmons (1862), Carl von Mannerheim (1867), Mabel Lucie Attwell (1879), Karl Valentin (1882), Rosalind Russell (1908), Gene Barry (1922), Dennis Weaver (1924), Geoffrey Palmer (1927), Dr. Ruth Westheimer (1928), Bruce Dern (1936), Freddy Fender (1937), Bob Champion (1948), Parker Stevenson (1952), Noah Wyle (1971)

Bedeutende Ereignisse und Jahrestage: An diesem innovationsträchtigen Tag wurde bei der Londoner Parade der Gardekavallerie die erste britische Fahnenparade inszeniert (1805) und wurden im „Standard Supermarket“ in Oklahoma die ersten Einkaufswagen der Welt eingeführt (1937). Die Wesenszüge des 4. Juni weisen auf Führungstalent hin, und so wurde an diesem Tag der deutsche Prinz Leopold als erster König der Belgier eingesetzt (1831), führte Kaiser Napoleon III. die französische Armee in der Schlacht von Magenta zum Sieg über die Österreicher (1859) und wurde Juan Péron Präsident von Argentinien (1946). Hartnäckiger Einsatz für visionäre Ziele ist ein weiteres Merkmal dieses Tages, an dem sich die Suffragette Emily Davison beim Epsom Derby unter die Hufe von König Georgs V. Pferd warf, um für das Frauenwahlrecht zu demonstrieren, was sie das Leben kostete (1913). An diesem von dem Element Luft beherrschten Tag forderte die Explosion eines sowjetischen Überschallflugzeugs vom Typ Tupolew Tu-144 (Spitzname: „Concordski“) bei einer Flugschau in Paris 33 Todesopfer (1973).

Planeteneinflüsse

Herrschender Planet: Merkur.
Zweiter Dekan: Persönlicher Planet ist die Venus.

☿ ♀

Religiöse und kulturelle Bedeutung

Namenstag: Claudius von Condat († ca. 700), Falco († 1146), Gilbert von Neuffontaines († 1152).

Das Engagement und die Beharrlichkeit des 4. Juni – ebenso wie sein Führungspotential – spiegelten sich im Jahr 1800 im Abschluß der Bauarbeiten am Weißen Haus in Washington an diesem Tag.

5. JUNI

Planeteneinflüsse
Herrschender Planet: Merkur.
Zweiter Dekan: Persönlicher Planet ist die Venus.

☿ ♀

Religiöse und kulturelle Bedeutung
Tag des Maistanzes bei den Puebloindianern von San Ildefonso, Nationalfeiertag in Dänemark.
Namenstag: Bonifatius (ca. 672/3–754).

Die am 5. Juni Geborenen besitzen die Fähigkeit, derartig innovative Ideen hervorzubringen, daß andere sie entweder als Genies bewundern oder aber als Spinner abtun. Ihre hochfliegende Vorstellungskraft scheint keine Grenzen zu kennen, denn diese weitblickenden Charaktere lehnen es ab, sich von konventionellen Wahrheiten einengen zu lassen, und nehmen nichts als erwiesen hin. Mit ihrem Scharfblick, ihrer intellektuellen Neugierde und unermüdlichen Energie zur Erkundung und Ausarbeitung aller Themen, die sie interessieren, haben die an diesem Tag Geborenen die Anlagen, in einer ganzen Reihe beruflicher Laufbahnen erfolgreich zu sein. Ihr Schlüssel zum Erfolg liegt oft schlicht in ihrer Fähigkeit, mit anderen zu kommunizieren. Trotz ihrer mündlichen wie schriftlichen Wortgewandtheit fällt es ihnen oft schwer, Verständnis für ihre eigenwilligen Ideen zu wecken. Vor allem die Kunst und die Wissenschaft bieten ihren Gaben Entfaltungsmöglichkeiten, da in ersterer die Fiktionalisierung die Aufnahme ihrer kühnen Visionen erleichtert, während die objektiven Methoden der letzteren ihre Theorien unzweifelhaft belegen können. In ihren persönlichen Beziehungen sind die an diesem Tag Geborenen überempfindlich, da ihr Selbstvertrauen durch Erfahrungen mit der Skepsis oder dem Spott anderer untergraben ist. Sie brauchen und würdigen die Liebe und Unterstützung ihrer engeren Freunde und Familienangehörigen, denen sie ihrerseits Raum zur Entfaltung ihrer Individualität lassen. Das macht sie zu besonders liebevollen Eltern, die ihren Kindern den Rücken stärken und große Freude an ihrem erfrischend unverdorbenen Lebensgefühl haben.

STÄRKEN: Zu den intellektuellen Gaben der am 5. Juni Geborenen gehören ihre Phantasie, ihr technisches Verständnis und die zur Entwicklung und Umsetzung neuer Ideen nötige Konzentration. Sie sind warmherzig, einfühlsam und ehrlich an anderen interessiert.
SCHWÄCHEN: Die Empfindsamkeit dieser Menschen hat gute und schlechte Seiten, denn während ihnen ihre Intuition von Nutzen sein kann, sind sie leicht zu entmutigen und zutiefst verletzt, wenn ihre Ideen von anderen mißverstanden oder abgelehnt werden. Das kann dazu führen, daß sie ihre Interessen aufgeben, sich aus mangelnder Selbstachtung an anderen orientieren oder sich isolieren, weil sie sich von Kritikern umgeben wähnen.
FAZIT: Die an diesem Tag Geborenen sollten an ihren Träumen festhalten, sich dabei aber klarmachen, daß sie auf andere realitätsfern wirken können. Sie sollten sich Kritikern gegenüber ein dickeres Fell zulegen und daran arbeiten, ihre Ideen effektiver zu vermitteln.

An diesem Tag

Prominente Geburtstage: Adam Smith (1723), Alexei Fjodorowitsch Lwow (1798), Francisco Pancho Villa (1878), John Maynard Keynes (1883), Kurt Hahn (1886), Federico García Lorca (1898), Josef Neckermann (1912), Sheila Sim (1922), Bill Hayes (1926), Tony Richardson (1928), Roy Higgins (1938), Margaret Drabble (1939), Rainer Ortleb (1944), David Hare (1947), Ken Follett (1949), Mark Walberg (1971), Chad Allen (1974)

Bedeutende Ereignisse und Jahrestage: Das Innovationspotential des 5. Juni spiegelte sich u. a. im ersten Aufstieg des neuentwickelten Heißluftballons der Gebrüder Montgolfier in Frankreich (1783). Die für diesen Tag typische Entschlossenheit verheißt Erfolge (manchmal wider alle Hoffnung): So wurde am 5. Juni das französische Benouville als erste europäische Stadt durch die alliierten Truppen von deutscher Besetzung befreit (1944). US-Außenminister Marshall verkündete seinen wirtschaftlichen Hilfsplan für das kriegszerstörte Europa (1947), der Suezkanal wurde nach der Blockade durch israelische Truppen wiedereröffnet (1975), und die demokratische Solidaritätspartei gewann Polens erste freie Wahlen seit Errichtung der kommunistischen Herrschaft (1989). Die ideologischen Überzeugungen dieses Tages führen oft zu Konfrontationen, wie dem Angriff israelischer Streitkräfte auf arabisches Territorium, der den Sechstagekrieg mit Ägypten, Syrien und Jordanien auslöste (1967), oder der Ermordung des amerikanischen Präsidentschaftskandidaten Robert Kennedy durch den Antizionisten Sirhan Bishare Sirhan (1968).

Der am 5. Juni stattfindende heilige Maistanz der Puebloindianer von San Ildefonso ist ein Fest, mit dem die Bedeutung des Maises als traditionelles Grundnahrungsmittels der Indianervölker im amerikanischen Südwesten gefeiert wird. Hier sieht man Zuni-Frauen beim Putzen von Maiskolben.

6. JUNI

Viele der am 6. Juni Geborenen verstecken ihr wahres Wesen hinter einer täuschend normalen und sanftmütigen Fassade. Sie haben aus bitterer Erfahrung gelernt, daß sie bei ungenierter Enthüllung der mitunter radikalen Visionen, die sie beflügeln, selten allgemeine Zustimmung finden, und präsentieren sich daher absichtlich konventionell. Dabei sind sie sehr phantasievolle Menschen, die das Durchschnittliche zugunsten des Außergewöhnlichen verschmähen und sich von ihrem regen Geist, Wissensdurst und Neuerungsdrang in unerforschte Sphären führen lassen. Da sie geistig behende und für das Unkonventionelle aufgeschlossen sind, fällt es ihnen leicht, neue Ideen zu akzeptieren und intellektuelle Herausforderungen anzunehmen. In Berufen, in denen sie eigenverantwortlich auf ihre Ziele hinarbeiten können – besonders geeignet sind künstlerische Beschäftigungen und Tätigkeiten im Freien –, haben sie das Zeug dazu, andere durch ihre Originalität und ihre Fähigkeit zum Querdenken zu erstaunen und begeistern. Innerhalb der einengenden Strukturen größerer Organisationen arbeiten sie fleißig und gewissenhaft, können aber subversive Gefühle entwickeln, die langfristig in Auflehnung münden. Obwohl sie ihre Visionen auch im Alleingang mutig vertreten, brauchen die an diesem Tag Geborenen das Gefühl, daß andere – und vor allem ihre Familienangehörigen – an sie glauben. Da sie so viel Zeit und Energie darauf verwenden müssen, Kollegen von dem Erfolg ihrer ungewöhnlichen Methoden zu überzeugen, ist es für ihr emotionales Wohlergehen wichtig, sich auf die vorbehaltlose Unterstützung ihrer engeren Umgebung verlassen zu können; am stärksten ist dieses Bedürfnis bei den im chinesischen Jahr der Ziege Geborenen ausgeprägt.

STÄRKEN: Die am 6. Juni Geborenen zeichnen sich durch geistige Originalität und ihre Fähigkeit zur Akzeptanz und Ausarbeitung ungewöhnlicher Strategien aus. Da sie mitunter unsicher, aber auch für die Gefühle anderer empfänglich sind und einsehen, daß ihre Ideen anderen unpraktikabel erscheinen mögen, erhöhen sie ihre Erfolgsaussichten, indem sie die Präsentation ihrer Visionen dem Begriffsvermögen ihres Publikums anpassen.
SCHWÄCHEN: Die an diesem Tag Geborenen erkennen instinktiv, daß es ratsam ist, ihr exzentrisches Wesen in gewissem Maß den gesellschaftlichen Normen anzupassen, doch treiben sie diese Strategie oft zu weit und geben vor, etwas anderes zu sein, als sie eigentlich sind – eine Tendenz, die langfristig emotional abträglich sein kann.
FAZIT: Diese Menschen müssen auf ein gesundes Gleichgewicht zwischen ihren intellektuellen und emotionalen Bedürfnissen achten. Sie sollten sich in stabilen persönlichen Beziehungen verankern, die ihnen eine Basis für ihr idealistisches Streben verschaffen, sich in ihrem unabhängigen Denken aber nicht durch die Ansprüche anderer einengen lassen.

An diesem Tag

Prominente Geburtstage: Diego Velázquez (1599), Pierre Corneille (1606), Nathan Hale (1755), Alexander Sergejewitsch Puschkin (1799), Karl Ferdinand Braun (1850), Robert Falcon Scott (1868), Thomas Mann (1875), Ninette de Valois (1898), Sukarno (1901), Aram Khatchaturian (1903), Eugene John Carr (1904), Billie Whitelaw (1932), Asif Iqbal Razvi (1943), Robert Englund (1948), Sandra Bernhard (1955), Björn Borg (1956)

Bedeutende Ereignisse und Jahrestage: Der 6. Juni verspricht fortschrittliche Pionierleistungen wie die Gründung des ersten öffentlichen Museums der Welt in Oxford durch Elias Ashmole „Ashmolean" (1683), die Eröffnung der ersten CVJM-Herberge in London durch George Williams (1844), die Ausrichtung des ersten offiziellen Baseballspiels – zwischen dem Knickerbocker Club und den New York Nine in Hoboken, New Jersey (1844) –, die Markteinführung des ersten Waschmittels (Persil) durch die Firma Henkel (1907) und die Eröffnung des ersten Autokinos in Camden, New York (1933). Ideologisch motiviertes Handeln ist ein weiteres Merkmal dieses Tages, an dem die alliierte Invasion in der Normandie begann (1944) und das indische Militär eine Demonstration militanter Sikhs in Amritsar gewaltsam beendete, wobei über 300 Menschen getötet wurden (1984).

Planeteneinflüsse

Herrschender Planet: Merkur.
Zweiter Dekan: Persönlicher Planet ist die Venus.

☿ ♀

Religiöse und kulturelle Bedeutung

Nationalfeiertag in Schweden, Bendida-Fest in Thrakien.
Namenstag: Primus und Felician († ca. 305), Schutzheilige von Heilbädern, Ilga (Helga) von Schwarzenberg († ca. 1115), Norbert von Xanten (ca. 1082–1134), Marzellin Champagnat (1789–1840).

Die alliierte Invasion in der Normandie am 6. Juni 1944 demonstrierte das für diesen Tag typische strategische Denken und ideologisch motivierte Handeln.

7. JUNI

Wie so viele Menschen mit dem Sternzeichen Zwillinge sind die am 7. Juni Geborenen ständig auf der Suche nach neuen Erfahrungen und Erkenntnissen. So können sie eine bemerkenswerte Konzentration und große analytische Begabung an den Tag legen, wenn sie in eine fesselnde Aufgabe vertieft sind, neigen aber dazu, auf der Suche nach intellektueller Befriedigung rastlos von einer Sache zur nächsten zu wechseln, sobald sie sich gelangweilt fühlen. Vielen von ihnen fällt es angesichts ihrer breitgefächerten Interessen zunächst schwer, sich auf ein Berufsziel festzulegen. Obwohl sie auf vielen beruflichen Gebieten mit Erfolgen rechnen können, finden sie echte Erfüllung nur da, wo sie ihrem eigenen kreativen Weg folgen können. Ihre schöpferischen Talente und kommunikativen Fähigkeiten bewähren sich vor allem im zwischenmenschlichen Bereich, womit sie für die darstellenden Künste und Wirtschaftszweige wie Marketing und Werbung besonders geeignet sind. Ihre ausgeprägte Originalität, Selbstsicherheit und Tatkraft verleiht diesen geselligen Menschen große Anziehungskraft und macht sie zu beliebten Persönlichkeiten, die die Abwechslung eines großen Freundes- und Bekanntenkreises zu schätzen wissen. Sich auf einen Lebenspartner festzulegen, fällt den an diesem Tag Geborenen nicht leicht, da sie oft fürchten, dadurch ihre Handlungsfreiheit zu beschneiden. Zu tiefer Zuneigung sind sie durchaus fähig – wie man an ihren Beziehungen zu ihren Eltern, Geschwistern und Kindern sehen kann –; diese freigeistigen Naturen fürchten aber, an den Anforderungen einer Partnerschaft oder Ehe langfristig zu ersticken.

STÄRKEN: Prägendes Wesensmerkmal der am 7. Juni Geborenen ist ihre große intellektuelle Neugier, die sie nicht nur treibt, eine Unzahl von Erfahrungen auszuprobieren und anzusammeln, sondern auch befähigt, sich auf die fesselndsten davon mit bemerkenswerter Hartnäckigkeit zu konzentrieren, um sie gründlicher zu erkunden und weiterzuentwickeln.
SCHWÄCHEN: Im Extrem ausgelebt, birgt der rastlose Forscherdrang dieser Menschen die Gefahr, daß sie sich nie weit genug auf ein intellektuelles Interessensgebiet oder eine emotionale Beziehung einlassen, um zu wirklicher Befriedigung zu finden.
FAZIT: Die an diesem Tag Geborenen sollten ihren Impuls bezähmen, auf jede neue verlockende Faszination oder Bekanntschaft einzugehen. Indem sie ihre fraglos gegebene Fähigkeit nutzen, ein Interesse oder eine Beziehung weiterzuentwickeln und ganz auszuschöpfen, können sie nachhaltige Erfüllung finden.

Planeteneinflüsse

Herrschender Planet: Merkur.
Zweiter Dekan: Persönlicher Planet ist die Venus.

☿ ♀

Religiöse und kulturelle Bedeutung

Vestalia-Feiern im Alten Rom.
Namenstag: Liborius von Le Mans († 397), Robert von Newminster (ca. 1105–59), Anna Maria Taigi (1769–1837), Antonio Gianelli (1789–1846).

Paul Gauguin malte dieses Selbstporträt im Jahr 1885. Der am 7. Juni 1848 geborene Gauguin begann mit der Malerei zunächst als Nebenbeschäftigung während seiner Tätigkeit als Bankangestellter. Die Erfolge seiner kreativen Phantasie und Technik, unterstützt von der für seinen Geburtstag typischen Zielstrebigkeit, führten Gauguins unkonventionelle Denkweise und wagemutige Neugier zu neuen Höhen, als er nach Tahiti umsiedelte und einen einzigartigen, von der Kunst der Naturvölker beeinflußten Malstil entwickelte.

An diesem Tag

Prominente Geburtstage: Papst Gregor XIII. (1502), John Rennie (1761), „Beau" Brummell (1778), Richard Doddridge Blackmore (1825), Paul Gauguin (1848), Knud Rasmussen (1879), Imre Nagy (1896), Elizabeth Bowen (1899), Jessica Tandy (1909), Pietro Annigoni (1910), James Ivory (1928), Virginia McKenna (1931), Roberto Blanco (1937), Tom Jones (1940), Liam Neeson (1952), TAFKAP (Prince, 1958), Larisa Oleynik (1981)

Bedeutende Ereignisse und Jahrestage: Die Unabhängigkeit ist ein prägendes Merkmal dieses Tages, an dem Norwegen seine Unabhängigkeit von Schweden erklärte (1905), Italien den Lateranvertrag anerkannte, der die päpstliche Souveränität über den Vatikanstaat in Rom festschreibt (1929), und die amerikanische Marine im Zweiten Weltkrieg während der Schlacht von Midway zwei japanische Flugzeugträger versenkte, ein bedeutender Schritt zur Eindämmung des militaristischen Expansionsdrangs der Japaner (1942). Das künstlerische Innovationspotential des 7. Juni spiegelte sich in zwei Premieren: des Balletts *Die sieben Todsünden der Kleinbürger*, einer Gemeinschaftsproduktion von Bertolt Brecht, Kurt Weill und George Balanchine mit Lotte Lenya in der Hauptrolle (1933), und der Oper *Peter Grimes* von Benjamin Britten (1945). Die diesem Tag eigene Vorliebe für zwischenmenschliche Interaktion äußerte sich auf internationaler Bühne etwa im Israelbesuch des deutschen Bundeskanzlers Willy Brandt (1973) und in der Eröffnung der Feiern zum 25jährigen Krönungsjubiläum der englischen Königin Elisabeth I. (1977).

8. JUNI

Kennzeichnender Wesenszug der am 8. Juni Geborenen ist ihr heftiges Verlangen nach dauernder intellektueller Anregung. Was sie am meisten fürchten, ist die Langeweile, und sie tun alles, um eintönige Situationen zu meiden. Diese starke Abneigung gegen jede Monotonie veranlaßt sie, sich ein sehr spontanes Urteil über die Attraktivität von Menschen, Projekten oder Beschäftigungen zu bilden. Den Gegenstand ihrer Beurteilung verwerfen sie dann entweder umgehend oder lassen sich begeistert darauf ein. Ihre Handlungen und Interessen gründen sich auf ihre ungeheure Neugier, geistige Beweglichkeit und ihr Verlangen, sich an Herausforderungen zu messen. Mit ihren hochentwickelten analytischen Fähigkeiten und ihrem Fortschrittsdrang sind die am 8. Juni Geborenen für eine Laufbahn im wissenschaftlichen Bereich besonders gut gerüstet, doch auch in Kunst und Design können sie sich bewähren. Gleich welches Gebiet sie wählen, ist jedoch ein gewisser Grad an persönlicher Unabhängigkeit für ihre berufliche Zufriedenheit unerläßlich.

In ihren selbstgewählten persönlichen Beziehungen sind die an diesem Tag Geborenen charmante, anregende und loyale Freunde und Partner. Wenn sie sich jedoch zu einem Verhalten gezwungen fühlen, das ihrem Wesen zuwiderläuft, oder das Gefühl haben, ihre Handlungsfreiheit würde durch familiäre Ansprüche eingeschränkt, kann ihre aufgestaute Frustration in offene Auflehnung umschlagen – eine Neigung, die sich vor allem den Eltern oder anderen Autoritätspersonen gegenüber auswirkt. Dann äußert sich ihre Scharfsinnigkeit zuweilen in beißender Kritik, die verletzender wirken kann als beabsichtigt.

STÄRKEN: Diese Menschen sind nicht nur intelligent, begeisterungsfähig, phantasievoll und für Stimulation empfänglich, sondern auch von enormer intellektueller Begabung und Tatkraft sowie einem starken Innovationsdrang beseelt, was sie befähigen kann, zukunftsweisend zu handeln und sich einen großen geselligen Kreis zu schaffen.
SCHWÄCHEN: Am meisten schaden sich die am 8. Juni Geborenen durch ihre geringe Toleranz gegen Langeweile, die sie dazu bewegen kann, Situationen, Themen – sogar Menschen – nach oberflächlicher Prüfung als uninteressant abzutun. So können sie sich ungewollt um viele Erfahrungen bringen, die sich bei genauerer Betrachtung vielleicht als sehr ergiebig erwiesen hätten.
FAZIT: Gerade weil sie Individualität so hoch einschätzen, sollten sich diese Menschen hüten, die vermeintlichen Unzulänglichkeiten anderer überkritisch zu bewerten. Durch größeres Einfühlungsvermögen und mehr Toleranz für die Art und Weise, in der andere ihre Persönlichkeit zum Ausdruck bringen – auch wenn sie nicht ihren Vorstellungen entspricht –, könnten sie ihren intellektuellen und emotionalen Horizont erweitern.

An diesem Tag

Prominente Geburtstage: William Dampier (1652), John Smeaton (1724), Robert Schumann (1810), John Everett Millais (1829), Frank Lloyd Wright (1869), Francis Crick (1916), Robert Preston (1918), Barbara Bush (1925), Jerry Stiller (1929), Ray Illingworth (1932), Joan Rivers (1933), Millicent Martin (1934), James Darren (1936), Nancy Sinatra (1940), Boz Scaggs (1944), Derek Underwood (1947), Griffin Dunne (1955)

Bedeutende Ereignisse und Jahrestage: Vernichtend scharfer Witz ist ein prägnantes Merkmal dieses Tages, an dem die Komödie *Hayfever* des Briten Noël Coward Premiere hatte (1925). Das Innovationspotential des 8. Juni spiegelte sich in den Errungenschaften zweier Pionierinnen: der Politikerin Margaret Bondfield, die an diesem Tag von Premierminister Ramsay MacDonald zur Arbeitsministerin ernannt und damit das erste weibliche Kabinettsmitglied Großbritanniens wurde (1929), und der Britin Naomi James, die als erste Einhandseglerin die Welt umrundete (1978). Die für den 8. Juni typische ideologische Überzeugtheit äußerte sich auf politischem Gebiet darin, daß Spanien an diesem Tag seine Grenze zum Territorium Gibraltar schloß (1969).

Planeteneinflüsse

Herrschender Planet: Merkur.
Zweiter Dekan: Persönlicher Planet ist die Venus.

☿ ♀

Religiöse und kulturelle Bedeutung

Traditionnelles Reisfest in Japan, Kornährenfeier in China.
Namenstag: Medardus von Noyon, Schutzheiliger der an Zahnschmerz Leidenden (ca. 473–ca. 560), Wilhelm von York (ca. 1100–1154).

Das kreative Genie der amerikanischen Architektur, Frank Lloyd Wright, wurde am 8. Juni 1869 geboren. Seine lang andauernde Karriere war von der großen Energie, Begeisterungsfähigkeit und Phantasie der am 8. Juni Geborenen geprägt, und er drückte der modernen Architektur seinen unauslöschlichen Stempel auf, indem er eine ganze Generation junger Baumeister inspirierte, die von den frühen 1930ern bis zu seinem Tod im Jahr 1959 bei ihm lernten und mit ihm zusammenarbeiteten.

Planeteneinflüsse
Herrschender Planet: Merkur.
Zweiter Dekan: Persönlicher Planet ist die Venus.

☿ ♀

Religiöse und kulturelle Bedeutung
Namenstag: Ephräm der Syrer (ca. 306–73), Kolumban von Hy (Iona) der Ältere, Schutzheiliger der irischen Dichter (521–97).

Der britische Eisenbahningenieur und Erfinder George Stephenson, der 1814 seine erste Dampflokomotive konstruierte, baute 1829 die Rocket, mit der der erste Passagier-Fernverkehr eingerichtet wurde. Seine Laufbahn zeugt von den kennzeichnenden Wesenszügen der am 9. Juni Geborenen: Technikbegeisterung, intellektuelle Beharrlichkeit und progressiver Weitblick.

9. JUNI

Das Leitprinzip, nach dem die am 9. Juni Geborenen ihr Leben ausrichten, ist die Treue ihren Überzeugungen gegenüber. Welche Form oder Richtung diese Überzeugungen auch annehmen mögen – ob es sich um die ethischen Grundsätze handelt, die sie in ihren zwischenmenschlichen Beziehungen befolgen, oder die Visionen, die sie in ihrer Arbeit motivieren –, diese Menschen halten sie stets hartnäckig aufrecht. Neben diesem Wesensmerkmal besitzen sie eine rastlose, lebhafte Intelligenz, die sie anspornt, jede neue faszinierende Idee, die ihnen begegnet, zu erforschen. Dieser Drang, verborgene oder unbekannte Interessengebiete aufzuspüren, und ihre ausgeprägte Begeisterung für die Möglichkeiten der Technik verleihen ihnen das Bedürfnis und die Fähigkeit, echte Fortschritte herbeizuführen. Dem Facettenreichtum ihrer Talente und Neigungen entsprechend können sie in vielen Berufen zu Befriedigung und Erfolg gelangen, von der Literatur, Musik oder Schauspielkunst bis zu den nüchterneren Gebieten der medizinischen Forschung oder der Computertechnik, doch bevorzugen sie in der Regel aktives, praxisorientiertes Tun gegenüber Management- oder Verwaltungsfunktionen.

Ihre hohen persönlichen Maßstäbe und ehrgeizigen ideologischen Ziele können, so löblich sie sein mögen, den am 9. Juni Geborenen in ihren zwischenmenschlichen Beziehungen ernste Probleme bereiten. Da sie äußerst kritisch in der Wahl ihrer Freunde und Partner sind und zudem dazu neigen, ihren intellektuellen Interessen Vorrang einzuräumen, können sie ungewollt fast unerfüllbare Ansprüche an Freunde und Angehörige stellen. Auch kommt es vor, daß sie trotz der stillen Zuneigung, die sie denen entgegenbringen, die ihnen vorbehaltlos Beistand leisten, dies nicht durch entsprechende Unterstützungsbereitschaft erwidern.

STÄRKEN: Aufgrund ihrer schier unerschöpflichen Begeisterung für die Ergründung neuartiger Konzepte sind die am 9. Juni Geborenen äußerst vielseitig in ihren Interessen und Begabungen und, wenn ihre Aufmerksamkeit wirklich gefesselt ist, auch bemerkenswert hartnäckig.
SCHWÄCHEN: Obwohl die an diesem Tag Geborenen eigensinnig auf ihrer Unabhängigkeit im Denken und Handeln beharren, fällt es ihnen oft schwer, die gleiche Freiheit auch anderen zuzugestehen, was dazu führen kann, daß sie jedes Verhalten, das nicht ihren Überzeugungen und Erwartungen entspricht, kritisch und mißbilligend aufnehmen.
FAZIT: Um sich nicht um die Annehmlichkeiten ehrlicher, offener, toleranter und stützender Beziehungen zu bringen, sollten diese Menschen bemüht sein, ihre idealistischen – und oft unrealistischen – Erwartungen an andere zu mäßigen und sich statt dessen der erstaunlichen Vielfalt menschlicher Charaktere und Beziehungen zu öffnen.

An diesem Tag
Prominente Geburtstage: Zar Peter der Große von Rußland (1672), George Stephenson (1781), Otto Nicolai (1810), Elizabeth Garrett Anderson (1836), Carl Nielsen (1865), Felix Graf von Luckner (1881), Grace Cook (1892), Cole Porter (1893), Robert Cummings (1910), Patrick Steptoe (1913), Jackie Mason (1934), Dick Vitale (1940), Charles Saatchi (1943), Bonnie Tyler (1951), Michael J. Fox (1961), Johnny Depp (1963), Natalie Portman (1981)

Bedeutende Ereignisse und Jahrestage: Der 9. Juni ist von der Begeisterung für technische Fortschritte geprägt, und so war dies der Tag, an dem die erste Automatenwäscherei in Philadelphia öffnete (1902), John Logie Baird sein hochauflösendes Fernsehübertragungssystem vorstellte (1933), das erste nukleargetriebene und mit Polaris-Flugkörpern bewaffnete U-Boot, die amerikanische „George Washington", vom Stapel lief (1959) und die erste Live-Fernsehübertragung einer Parlamentsdebatte aus dem britischen Unterhaus erfolgte (1975). Der Progressivität des 9. Juni entsprechend, lud an diesem Tag Eduard VII. den Zaren Nikolaus II. auf seine königliche Yacht ein – die erste offizielle Begegnung zwischen einem englischen König und einem russischen Zaren (1908).

10. JUNI

Der markanteste Charakterzug der am 10. Juni Geborenen, der allen, die mit ihnen in Berührung kommen, auffällt, ist ihre enorme Energie, die in Verbindung mit ihrem Hang zur unverblümten Meinungsäußerung sowohl respekteinflößend als auch einschüchternd wirken kann. Dem flüchtigen Beobachter mag es so vorkommen, als mangle es den an diesem Tag Geborenen an Sensibilität, doch obwohl sie zur Intoleranz denen gegenüber neigen, die sie für träge oder unentschlossen halten, besitzen diese Menschen Phantasie und Scharfblick. Diese Eigenschaften wecken in ihnen Anteilnahme und einen starken Beschützerinstinkt anderen gegenüber. Sie wünschen, sich in humanitären Belangen nützlich machen zu können, doch ist definitives Handeln zur Erzielung konkreter Ergebnisse eher ihre Sache als die Beschäftigung mit den theoretischen Aspekten einer Situation. Im übrigen sind sie mit der beneidenswerten Fähigkeit gesegnet, in schwierigen Situationen meist auf einen Blick zu erkennen, was getan werden muß, wobei ihnen ihre geistige Behendigkeit hilft, die richtige Entscheidung zu treffen. Am wohlsten fühlen sich die am 10. Juni Geborenen in Positionen, in denen sie greifbare Fortschritte erzielen können; ihre Tatkraft und Vitalität kommen ihnen vor allem in Bereichen wie dem Militär oder der Polizei, aber auch in einer schauspielerischen Karriere zugute. Hinter dem strahlenden Äußeren, das die an diesem Tag Geborenen der Öffentlichkeit präsentieren, verbirgt sich oft eine negativere, eher depressive Facette ihrer Persönlichkeit – ein Nebenprodukt ihrer Vorstellungskraft, mit der sie sich düster drohende, nihilistische Zukunftsbilder ausmalen. Tatsächlich ist der betriebsame Lebensstil dieser Menschen vielleicht nur eine bewußte oder unbewußte Strategie, um den Ängsten zu entfliehen, die sie in Momenten der Selbstbesinnung plagen. Und obwohl sie sich nach wohltuenden persönlichen Beziehungen sehnen, fällt es ihnen oft schwer, sich auf Freunde oder Partner einzulassen.

STÄRKEN: Diese mit intellektuellen Gaben, einem Übermaß an Energie und festen Überzeugungen gesegneten Menschen sind geborene Führernaturen, denen ihre grenzenlose Phantasie und Entschlossenheit große Innovations- und Motivationskräfte verleihen.
SCHWÄCHEN: Als stets aktive und progressiv denkende Naturen neigen die am 10. Juni Geborenen dazu, sich rückhaltlos in ihre Projekte zu stürzen und alles auszublenden, was sie ablenken könnte; dies gilt vor allem, wenn es dabei um heikle Wahrheiten geht.
FAZIT: Ihrem emotionalen Wohl zuliebe sollten sich diese mutigen Menschen mit den Sorgen, die ihre Gemütsruhe stören, auseinandersetzen und sie bewältigen, statt kurzlebige Ablenkung in anderen Bereichen oder Tätigkeiten zu suchen. Probleme lassen sich lösen, wenn man ihnen ins Auge blickt, schwären und vertiefen sich hingegen, wenn man sie ignoriert.

An diesem Tag

Prominente Geburtstage: Jakob Stuart (1688), John Dollond (1706), Gustave Courbet (1819), Carl Hagenbeck (1844), André Derain (1880), Frederick Loewe und Eric Maschwitz (1901), Terence Rattigan (1911), Saul Bellow (1915), Prinz Philip (1921), Judy Garland (1922), Robert Maxwell (1923), June Haver (1926), Maurice Sendak (1928), Harald Juhnke (1929) Jürgen Prochnow (1941), Elizabeth Hurley (1966), Tara Lipinski (1982)

Bedeutende Ereignisse und Jahrestage: An diesem Tag, der für die aktive Durchsetzung innovativer Visionen steht, wurde in Paris der Jardin des Plantes als erster öffentlicher botanischer Garten der Welt eröffnet (1793), sendete die „Slawonia“ den ersten SOS-Ruf der Geschichte, nachdem sie vor den Azoren in Seenot geraten war (1909), ließ der Ungar Lazlo Biró den ersten Kugelschreiber patentieren (1943) und wurde im Londoner Guy's Hospital die erste Operation zur Sprengung einer verengten Herzklappe durchgeführt (1948). Radikale Überzeugungen – häufig politischer oder patriotischer Natur – sind ein weiteres Merkmal des 10. Juni, an dem faschistische Attentäter den Führer der italienischen Sozialisten, Giacomo Matteotti, ermordeten (1924) und die konservative Parteichefin Margaret Thatcher zu ihrer zweiten Amtszeit als britische Premierministerin gewählt wurde (1983).

Planeteneinflüsse

Herrschender Planet: Merkur.
Zweiter Dekan: Persönlicher Planet ist die Venus.

☿ ♀

Religiöse und kulturelle Bedeutung

Tag der Pünktlichkeit in Japan.
Namenstag: Leo III († 816), Zimius, Vimius und Marinus, („Die drei elenden Heiligen“, † 1153/1154).

Verhaftung einer der „Hexerei“ verdächtigen Frau in Salem, Massachusetts. In einer tragischen Ausuferung der für diesen Tag typischen Tendenz zu leidenschaftlichen Überzeugungen und Intoleranz wurde am 10. Juni 1692 das erste Opfer des Hexenwahns von Salem gehängt.

11. JUNI

Planeteneinflüsse

Herrschender Planet: Merkur.
Dritter Dekan: Persönliche Planeten sind der Saturn und der Uranus.

☿ ♄ ♅

Religiöse und kulturelle Bedeutung

Namenstag: Barnabas († 61), Gerhard von Clairvaux († 1138).

Die Konzentrationsfähigkeit, Entschlossenheit und der persönliche Charme, die für das Wesen des 11. Juni typisch sind, erwiesen sich als erfolgsträchtige Kombination für John G. Diefenbaker, mit dessen Wahlsieg im Jahr 1955 in Kanada 22 Jahre liberaler Regierungsmacht zu Ende gingen.

Obwohl sie die rastlose Neugier vieler Zwillingsgeborener teilen, nimmt der Wissensdrang jener, deren Geburtstag auf den 11. Juni fällt, weniger weitreichende Formen an, denn wenn sie erst einmal ein Gebiet gefunden haben, das sie wirklich ausfüllt (und das kann schon in der Kindheit der Fall sein), konzentrieren sie all ihre Aufmerksamkeit und Energie darauf. Sie besitzen die beneidenswerte Fähigkeit, ganz in ihrer Arbeit aufzugehen, wobei sie sich durch nichts von ihrem Streben ablenken lassen, sich möglichst umfassendes Wissen anzueignen, um dann einen revolutionären Durchbruch zu erzielen. Ihre enorme Konzentrationsfähigkeit, Entschlossenheit und Energie sind ausgezeichnete Voraussetzungen zur Verwirklichung ihrer Ziele, ob diese nun im Bereich der wissenschaftlichen Forschung, künstlerischen Innovation oder sportlicher Leistungen angesiedelt sind – alles Gebiete, zu denen es die am 11. Juni Geborenen hinzieht. Sie sind am liebsten ihr eigener Herr, da sie sich durch die Regeln und Zwänge konventioneller Organisationen eingeengt fühlen.

Obwohl sie großen persönlichen Charme besitzen und den Drang spüren, ihre Angehörigen sowohl zu beschützen als auch zu erfreuen, kann es ihnen schwerfallen, ein geregeltes Familienleben zu führen – nicht weil ihnen ihre Familie nichts bedeuten würde, sondern weil die unwiderstehlichen Verlockungen der Außenwelt sie verleiten, familiäre Angelegenheiten zu vernachlässigen. Das zeigt sich vor allem bei den Männern unter ihnen, die sich ohnehin nicht für häusliche Pflichten und Aufgaben begeistern können.

STÄRKEN: Die an diesem Tag Geborenen legen große Zielstrebigkeit an den Tag, die selten von materialistischen Ambitionen inspiriert, sondern meist von dem Verlangen motiviert ist, ein Fachgebiet zu beherrschen und echte Fortschritte zu erzielen. Zu diesem Zweck setzen sie all ihre beträchtliche Konzentrationsfähigkeit und Energie in Verbindung mit ihren großen intellektuellen Gaben ein und sind auch durch Rückschläge oder Kritik kaum zu entmutigen.
SCHWÄCHEN: Obwohl ihre Fähigkeit zu unbeirrbarer Konzentration und ihre hartnäckige Entschlossenheit beruflich erfolgversprechend sind, können sie der Herstellung und Aufrechterhaltung persönlicher Beziehungen abträglich sein, so daß diese Menschen Gefahr laufen, sich emotional zu isolieren.
FAZIT: Die am 11. Juni Geborenen sollten einsehen, daß ihre Neigung zur Zwanghaftigkeit ihnen selbst und anderen schaden kann. Sie sollten sich klarmachen, daß eine harmonischere Abstimmung aller Lebensbereiche größere Erfüllung mit sich bringt, und sich deshalb hüten, ihr Privatleben ihrem intellektuellen Streben zu opfern.

An diesem Tag

Prominente Geburtstage: Ben Jonson (1572), John Constable (1776), Richard Strauss (1864), Jacques Cousteau (1910), Ruth Montgomery (1912), Richard Todd (1919), Athol Fugard (1932), Gene Wilder (1935), Chad Everett (1936), Jackie Stewart (1939), Adrienne Barbeau (1945), Frances Ann Read (1960), Andreas von Horst („Die Toten Hosen", 1964)

Bedeutende Ereignisse und Jahrestage: Die diesem Tag eigene Entschlossenheit, die Grenzen des menschlichen Wissens und Strebens zu erweitern, äußerte sich auf tragische Weise im Tod des britischen Polarforschers John Franklin bei der Suche nach der Nordwestpassage (1847) und in der Kollision dreier Rennwagen beim Rennen von Le Mans, bei der 80 Zuschauer ums Leben kamen (1955). Auch visionäre Zielstrebigkeit ist ein Merkmal dieses Tages, an dem Benito Mussolini den Alliierten, die sich bereits im Kriegszustand mit dem nationalsozialistischen Deutschland befanden, den Krieg erklärte (1940) und holländische Marinetruppen die von südmolukkischen Terroristen in einem Zug bei Assen festgehaltenen Geiseln befreiten (1977). Der 10. Juni begünstigt sportliche Leistungen, und so gewann 1919 Sir Barton als erstes Rennpferd die Triple Crown (d. h. in einer Saison das Derby, das Saint-Leger- und das Two-Thousand-Guineas-Rennen), und Harry Vardon wurde zum vierten Mal Sieger der offenen britischen Golfmeisterschaften in Prestwick (1903).

12. JUNI

Die am 12. Juni Geborenen vermitteln den Eindruck äußerst selbstgenügsamer Naturen, deren Energie, Begeisterung für ungewöhnliche Unternehmungen und wache Intelligenz ihnen die Fähigkeit verleihen, sich nicht nur beschäftigt zu halten, sondern auch in vielen Lebensbereichen wegbereitend zu wirken. Trägheit in jeder Form – ob geistig oder körperlich – ist ihnen zuwider, und selbst in Phasen sogenannter Entspannung fordern sie sich bis an ihre Grenzen, füllen ihre Freizeit mit Hobbys aus oder organisieren Aktivitäten für ihre Freunde und Familienangehörigen. Ihr Umgang mit Herausforderungen – und mit dem Leben insgesamt – ist von einer Kombination aus Optimismus und Neugier geprägt, und obwohl sie sich bisweilen rückhaltlos in die Betreibung von Projekten stürzen, die ihr Interesse fesseln, verlieren sie dabei selten den Blick für das Ganze. Auch wenn sich ihr Weltbild mehr auf rationale als auf intuitive Wahrnehmungen gründet, weckt ihre Sensibilität doch Mitgefühl für jene, die im Leben weniger gut zurechtkommen.

Mit ihrem Fortschrittstreben und Organisationsgeschick eignen sie sich für ein breites Spektrum beruflicher Laufbahnen: Von körperlicher Arbeit im Freien bis hin zu Verwaltungstätigkeiten, ob in der freien Wirtschaft oder im humanitären Bereich, sie bewähren sich als motivierende Teamleiter. Es fehlt ihnen jedoch oft an Geduld mit Kollegen oder Angehörigen, die weniger Energie und Engagement beweisen als sie. Dann neigen sie dazu, das Objekt ihrer Verärgerung als hoffnungslos abzutun oder es durch diktatorische Methoden „bessern“ zu wollen.

STÄRKEN: Die lebhafte, wache und progressive Denkart der am 12. Juni Geborenen resultiert in Kombination mit ihrem Tatendrang in einer zielorientierten und konstruktiven Vorgehensweise. Ihre ansteckende Begeisterungsfähigkeit und ihre dynamische Art wirken äußerst einnehmend auf ihre Mitmenschen.
SCHWÄCHEN: In ihrer unbeirrbaren Konzentration auf ihre Ziele reagieren diese disziplinierten, energischen Charaktere mitunter negativ auf Menschen, die sich nicht bereitwillig genug auf ihre Visionen und Methoden einlassen, wobei ihre Frustration schlimmstenfalls in feindseliges oder gar schikanöses Verhalten ausarten kann.
FAZIT: Um sich das Wohlwollen ihrer Umgebung nicht zu verscherzen, sollten diese Menschen größere Akzeptanz für abweichende Methoden und Meinungen entwickeln und andere nicht unter Druck setzen, sich ihrer Meinung anzuschließen. Ein größeres Maß an Geduld und Toleranz kann hier nicht nur emotional, sondern auch intellektuell bereichernd wirken.

An diesem Tag

Prominente Geburtstage: Charles Kingsley (1819), Rikard Nordraak (1842), Hermann Conradi (1862), Anthony Eden (1897), Norman Hartnell (1901), Hans C. Artmann (1921), George Bush (1924), Vic Damone (1928), Brigid Brophy und Anne Frank (1929), Jim Nabors (1932), Chick Corea (1941), Pat Jennings (1945), Jenilee Harrison (1959), Ally Sheedy (1962)

Bedeutende Ereignisse und Jahrestage: Die Erfolge, die aus der für diesen Tag typischen Kombination hochstrebender intellektueller Gaben mit großer Entschlossenheit resultieren können, spiegeln sich auf unterschiedlichsten Gebieten: So überlebte am 12. Juni ein 15 Jahre alter Franzose als erster Patient eine Bluttransfusion (mit Lammblut), die von Jean-Baptiste Denys an der Universität von Montpellier vorgenommen wurde (1667). Der amerikanische Sportvisionär Abner Doubleday aus Cooperstown im Staat New York erfand das Baseballspiel (1839), drei britische Bergsteiger erklommen am Mount Everest ohne künstlichen Sauerstoff die größte bis dahin je erreichte Höhe (1922), der Amerikaner Bryan Allen überflog als erster den Ärmelkanal in einem nur durch Fußpedale angetriebenen Flugzeug (1979), und Margaret Thatcher trat ihre dritte Amtszeit in Folge als britische Premierministerin an (1987).

Planeteneinflüsse

Herrschender Planet: Merkur.
Dritter Dekan: Persönliche Planeten sind der Saturn und der Uranus.

☿ ♄ ♅

Religiöse und kulturelle Bedeutung

In der griechischen Antike Ehrung des Zeus. In Korea waschen die Reisbauern an diesem Tag ihr Haar in einem Wasserlauf, um eine ertragreiche Ernte zu sichern.
Namenstag: Odulf († nach 857), Hartwig von Salzburg († 1023), Eskil (ca. 1020–ca. 1080).

Anne Frank, die in ihrem kurzen Leben viele Tugenden der am 12. Juni Geborenen verkörperte, hielt die Verfolgung ihrer jüdischen Familie durch die Nazis in ihrem Tagebuch fest. Ihr chinesisches Geburtsjahr, das Jahr der Schlange, verstärkte ihre Liebe zu Büchern, ihre weise Lebenshaltung und die Treue zu ihrer Familie. Sie kam 1945 in einem Konzentrationslager um, doch ihr Geist überdauerte die Zeit in ihrem berühmt gewordenen Tagebuch.

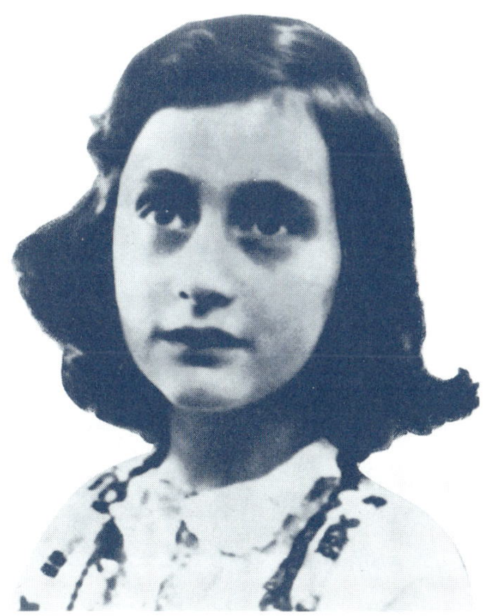

13. JUNI

Die Mehrzahl der am 13. Juni Geborenen verweigert sich den konventionellen Wahrheiten und Verhaltensnormen, an die sich die weniger phantasiebegabten Mitglieder der Gesellschaft halten, denn sie erkennen intuitiv, daß hinter dem Leben und dem menschlichen Geist mehr steckt, als man bisher entdeckt hat. Oft äußert sich ihr Streben nach verborgenem Wissen in ausgesprochener Weltfremdheit, die sie bewegen kann, die abstrakten Sphären der Spiritualität oder Metaphysik oder die Grenzbereiche wissenschaftlicher Forschung bzw. künstlerischer Neuerungen zu erkunden. Mit ihren vielfältigen Interessen, ihrer Aufgeschlossenheit für alles Neue und ihrer hochentwickelten Wahrnehmungs- und Organisationsgabe können sie sich auf vielen Berufsfeldern bewähren. Vor allem genießen sie es, Herausforderungen anzunehmen und zu bewältigen, wobei sie andere mit ihrer erfrischend innovativen Vorgehensweise motivieren. Trotz ihres Drangs, die eigenen Grenzen auszuloten, arbeiten die an diesem Tag Geborenen lieber im Team (wo sie dann oft Führungspositionen einnehmen) als für sich allein; das gilt besonders für die Frauen unter ihnen.

Der Fortschrittsdrang dieser Menschen speist sich aus dem oft unbewußten Wunsch, etwas für das Wohl der Menschheit insgesamt zu tun, da ihre Kombination aus hochfliegender Phantasie und Hellsichtigkeit unweigerlich starke Anteilnahme in ihnen weckt. Im persönlichen Bereich äußert sich dieser Zug darin, daß sie sich bemühen, ihren Freunden und Angehörigen emotionalen und materiellen Beistand zu leisten, und all ihre Beziehungen durch ihren Sinn für Humor und ihre großmütige Hinnahme der kleinen Schwächen und Eigenheiten ihrer Mitmenschen bereichern.

STÄRKEN: Die am 13. Juni Geborenen sind mit großer intellektueller Neugier und gewaltiger Energie gesegnet, die ihnen in Verbindung mit ihrer inneren Gewißheit, daß viele Wahrheiten dieser Welt noch unentdeckt sind, außerordentliche innovative Fähigkeiten verleihen. Auch als anregende und rücksichtsvolle Freunde sind sie hochgeschätzt.
SCHWÄCHEN: Ihr begeistertes Streben nach neuem Wissen und ihre Neigung, sich mit Leib und Seele in herausfordernde Situationen zu stürzen, bringen die Gefahr mit sich, daß diese Menschen die Dinge zu weit treiben und sich ungewollt von der Realität abschneiden.
FAZIT: Obwohl die an diesem Tag Geborenen instinktiv erkennen, wie wichtig zwischenmenschliche Beziehungen und die sichere Verankerung in stabilen und stützenden emotionalen Bindungen für sie sind, müssen sie darauf achten, sich in ihrem Drang nach Erkundung faszinierender Konzepte nicht in einer selbstgeschaffenen Paralleldimension von ihren Mitmenschen abzuschotten.

Planeteneinflüsse

Herrschender Planet: Merkur.
Dritter Dekan: Persönliche Planeten sind der Saturn und der Uranus.

☿ ♄ ♅

Religiöse und kulturelle Bedeutung

Namenstag: Antonius von Padua, Wiederbringer verlorener Gegenstände, Schutzheiliger der Armen und Hungernden (ca. 1195–1231).

An diesem Tag

Prominente Geburtstage: Thomas Arnold (1795), W. B. Yeats (1865), Gerald Gardner (1884), Elisabeth Schumann (1885), Basil Rathbone (1892), Dorothy L. Sayers (1893), Paavo Nurmi (1897), Mary Whitehouse (1910), Don Budge (1915), Slim Dusty (1927), Christo (1935), Erich Ribbeck (1937), Malcolm McDowell (1943), Richard Thomas (1951), Tim Allen (1953), Peter Scudamore (1958), Jamie Walters (1969), Mary-Kate und Ashley Olsen (1986)

Bedeutende Ereignisse und Jahrestage: Der Neuerungsdrang des 13. Juni kann radikales Handeln nach sich ziehen: So führte an diesem Tag Wat Tyler die englische Bauernschaft zum Aufstand gegen die Erhebung einer Kopfsteuer (1381), und chinesische Nationalisten begannen die Belagerung des Botschaftsviertels in Peking, die den Boxeraufstand einläutete (1900). Die progressiven und aktiven Tendenzen dieses Tages spiegelten sich auf sportlichem Gebiet in der Ausrichtung der ersten Frauen-Golfmeisterschaft in England (1893) und dem Höhepunkt der ersten Fußball-Europameisterschaft in Paris (1956), doch bezahlte an diesem Tag auch der britische Geschwindigkeitsrekordhalter zu Wasser und zu Land, Sir Henry Segrave, seine Freude an selbstauferlegten Herausforderungen mit dem Leben, als er mit seinem Rennboot verunglückte (1930).

Am 13. Juni 1842, einem durch progressive, innovative und aktive Tendenzen geprägten Tag, läutete Königin Viktoria von England eine neue Ära des Verkehrswesens ein, indem sie zum ersten Mal mit dem Zug fuhr.

14. JUNI

Die am 14. Juni Geborenen verspüren den starken Drang, die Dinge in die Hand zu nehmen – ob es Kollegen, Freunde oder Familienmitglieder betrifft oder Projekte, die eine entschiedene Vorgehensweise verlangen. Diese Aufsichtsfunktion liegt ihnen besonders, weil sie die bemerkenswerte Fähigkeit besitzen, die Einzelheiten und die voraussichtliche Entwicklung einer Situation im Handumdrehen zu überblicken und auf dieser Grundlage präzise Entscheidungen über die beste Handlungsweise zu treffen. Dieser Strategie folgen sie dann mit verbissener Hartnäckigkeit, wobei sie pragmatische Bereitschaft zur Änderung kleinerer Details beweisen, sich aber kaum je geschlagen geben. Die Unerschütterlichkeit ihrer Überzeugungen beruht auf ihrem starken Glauben an sich selbst, der – in Verbindung mit ihrer Abneigung gegen passives Zusehen – diese energischen Menschen nach Führungsrollen streben läßt. Während ihr dynamisches Auftreten weniger entschlossene Menschen motivieren kann, sind andere oft verstimmt über das, was ihnen als arrogante Selbstsicherheit und barsche Art der an diesem Tag Geborenen erscheint. Ihre offenkundige Willensstärke hat ihre positiven und negativen Seiten, denn obwohl ihre Zielstrebigkeit und ihr Durchsetzungsvermögen für die Verwirklichung ihrer Ambitionen sehr erfolgversprechend sind, kann sich ihre Konfliktbereitschaft auf ihre zwischenmenschlichen Beziehungen verheerend auswirken. Das gilt vor allem für ihre persönlichen Beziehungen, in denen sie – wenn auch stets in bester Absicht – zu diktatorischem Verhalten neigen; besonders ausgeprägt ist dies bei den Männern unter ihnen. Diese Regungen sollten sie möglichst auf ihr Arbeitsumfeld beschränken, wo sie sich als talentierte Führungskräfte bewähren.

STÄRKEN: Ihre klar umrissenen, unerschütterlichen Meinungen und ihr Übermaß an Energie bestärken die an diesem Tag Geborenen in ihrem Drang nach kompromißlosem, direktem Handeln zur Verwirklichung ihrer zukunftsorientierten Visionen.
SCHWÄCHEN: Diese Menschen sind oft so auf die Befriedigung ihrer Ambitionen aus, daß sie alles andere außer acht lassen, einschließlich der Empfindlichkeiten derer, die anderer Meinung sind als sie, aber auch ihrer Kollegen und Familienmitglieder.
FAZIT: Die am 14. Juni Geborenen sollten bemüht sein, sich in andere hineinzuversetzen, um sich klarzumachen, welche Reaktionen ihr forsches Auftreten bei diesen auslöst. Mehr Rücksichtnahme auf die Gefühle anderer kann ihnen nicht nur größere emotionale Befriedigung vermitteln, sondern ihnen auch bei der Verwirklichung ihrer Ziele helfen.

An diesem Tag

Prominente Geburtstage: Harriet Beecher Stowe (1811), Nicolaus August Otto (1832), Heddle Nash (1896), Margaret Bourke-White (1906), Kathleen Raine (1908), Burl Ives (1909), Sam Wanamaker (1919), Pierre Salinger (1925), Che Guevara (1928), Marla Gibbs (1931), Jerzy Kosinski (1933), Donald Trump (1946), Boy George (1961), Grant Kenny (1963), Steffi Graf (1969)

Bedeutende Ereignisse und Jahrestage: Die unbeirrbarre Entschlossenheit, die diesem Tag eigen ist, spiegelt sich zusammen mit seinem starken Handlungsdrang auf dem Gebiet der Kriegsführung: So ist dies der Jahrestag der Schlacht von Naseby im englischen Bürgerkrieg, in der das Parlamentsheer unter Kommando von Cromwell und Fairfax die königliche Armee unter Karl I. und Prinz Ruprecht besiegte (1645), des Sieges der französischen Armee über die Österreicher in der Schlacht von Marengo (Italien) während des französischen Revolutionskriegs (1800), des deutschen Bombenangriffs auf London im Ersten Weltkrieg, bei dem über 100 Zivilisten getötet wurden (1917), des siegreichen Einzugs der deutschen Armee in die Stadt Paris während des Zweiten Weltkriegs (1940) und der Kapitulation der argentinischen Truppen, mit der der Falklandkrieg gegen die Briten zu Ende ging (1982). Auch nationale und politische Belange prägen diesen Tag, an dem das Sternenbanner per Kongreßbeschluß zur offiziellen Nationalflagge der USA erklärt wurde (1777) und in Südafrika der ANC-Führer Nelson Mandela zu lebenslanger Haft verurteilt wurde (1964).

Planeteneinflüsse

Herrschender Planet: Merkur.
Dritter Dekan: Persönliche Planeten sind der Saturn und der Uranus.

☿ ♄ ♅

Religiöse und kulturelle Bedeutung

Namenstag: Hartwig von Salzburg (ca. 955–1023).

Die am 14. Juni 1906 geborene Margaret Bourke-White machte Karriere als kühne und überaus produktive Fotojournalistin. Mit allen energischen, willensstarken und künstlerischen Wesenszügen ihres Geburtstags ausgestattet, begleitete Bourke-White im Zweiten Weltkrieg als erste Fotografin die amerikanischen Streitkräfte und fungierte im Koreakrieg als offizielle Kriegsberichterstatterin der Vereinten Nationen. Ihr chinesisches Geburtsjahr, das Jahr des Pferdes, wirkte zusätzlich begünstigend auf ihr Führungstalent, ihre Reiselust und geistige Unabhängigkeit.

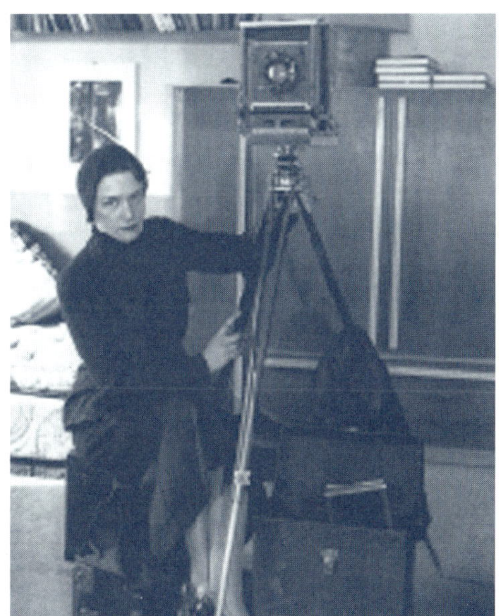

15. JUNI

Obwohl den an diesem Tag Geborenen die gleiche umfassende Neugier eigen ist wie anderen Trägern ihres Sternzeichens, äußert sich dieser Wesenszug bei ihnen mehr in intensivem Interesse an ihren Mitmenschen als in einer Begeisterung für abstrakte Ideen. Nicht, daß sie sich nicht von intellektuellen oder körperlichen Herausforderungen beflügeln ließen: Die am 15. Juni Geborenen haben einen angeborenen Drang, sich aktiv für den Fortschritt einzusetzen, der jedoch eher von menschlichen als von technischen oder philosophischen Belangen motiviert ist. Unabhängig davon, ob sie sich für einen humanitär ausgerichteten Beruf entscheiden (hier kommen vor allem die Medizin und die soziale Arbeit in Frage), sind sie am besten in einem engverbundenen Kollegenteam aufgehoben, da zwischenmenschliche Interaktion für ihren Erfolg und ihre Zufriedenheit unerläßlich ist. Viele von ihnen finden Erfüllung in einer künstlerischen Laufbahn, wo ihre Leistungen bei anderen Gefallen finden und ihnen so die für ihre Selbstachtung so wichtige Anerkennung eintragen können. Andere investieren ihre Begabungen und Neigungen äußerst fruchtbringend in Bereiche wie Werbung, Marketing oder den Einzelhandel. Angesichts ihres Interesses an anderen erstaunt es kaum, daß die am 15. Juni Geborenen gesellige Naturen sind und größten Wert auf die engen Bindungen zu Freunden und Angehörigen legen, um deren Wohlergehen sie sehr bemüht sind. Das Bedürfnis, anderen Freude zu machen und Beistand zu leisten, ist besonders ausgeprägt bei den Frauen unter ihnen. Es besteht allerdings die Gefahr, daß ihre Gutwilligkeit von skrupellosen Charakteren ausgenutzt wird.

STÄRKEN: Eine Haupttriebfeder dieser Menschen ist ihr Interesse an der menschlichen Natur. In ihrem Bemühen, herauszufinden, was andere motiviert, bedienen sie sich all ihrer beträchtlichen Intuition und ihres Scharfsinns. Zu ihrer Sensibilität und ihrem Verlangen, nützliche Fortschritte zu bewirken, gesellen sich Anteilnahme und Freundlichkeit.
SCHWÄCHEN: Die Handlungen und Einstellungen der am 15. Juni Geborenen können unbewußt von ihrer inneren Unsicherheit und ihrem Bedürfnis nach der Liebe und Wertschätzung anderer beeinflußt sein. Dies macht sie anfällig für Schmeicheleien und übertriebene Eitelkeit.
FAZIT: Diese Menschen sollten sich hin und wieder Zeit zur Selbsterforschung nehmen, um die Beweggründe ihres Handelns und die Ansprüche anderer zu überprüfen. Das kann sie nicht nur befähigen, ihre Energie effektiver auszurichten, sondern ihnen auch helfen, zwischen wahren Freunden und solchen, die sie nur manipulieren wollen, zu unterscheiden.

Planeteneinflüsse
Herrschender Planet: Merkur.
Dritter Dekan: Persönliche Planeten sind der Saturn und der Uranus.

☿ ♄ ♅

Religiöse und kulturelle Bedeutung
Namenstag: Vitus (Veit), Schutzheiliger der Tänzer und Epileptiker, Modestus und Crescentia († ca. 304), Ramwold von Regensburg (ca. 900–1000), Elisabeth von Schönau (1128–64).

An diesem Tag
Prominente Geburtstage: Josiah Henson (1789), Edvard Hagerup Grieg (1843), Harry Langdon (1884), Wilhelm Leuschner (1890), Juri Andropow (1914), Erroll Louis Garner (1923), Mario Cuomo (1932), Waylon Jennings (1937), Harry Nilsson (1941), Nicola Pagett (1945), Simon Callow (1949), Jim Belushi (1954), Helen Hunt (1963), Courtney Cox (1964)

Bedeutende Ereignisse und Jahrestage: Menschenfreundlichkeit ist ein Charakteristikum des 15. Juni – sowohl auf den einzelnen als auch auf die Gesellschaft bezogen –, und so unterzeichnete der englische König Johann Ohneland an diesem Tag in Runnymede die Magna Carta, die die Sicherung politischer und persönlicher Rechte gegen königlichen Machtmißbrauch garantierte (1215). Florence Nightingale eröffnete ihre Krankenschwesternschule in London (1860), der deutsche Reichskanzler Otto von Bismarck führte das erste Sozialversicherungssystem der Welt ein (1883), und die Union des Demokratischen Zentrums gewann unter Suárez González die ersten freien Wahlen in Spanien seit 1936 (1977). Dieser vom Element Luft beherrschte Tag ist Jahrestag des berühmten Experiments von Benjamin Franklin, bei dem er während eines Gewitters einen Drachen mit Metallrahmen steigen ließ, um nachzuweisen, daß Metall Blitze anzieht (1752), und der Pionierleistung der britischen Flieger John Alcock und Arthur Whitten-Brown, die den ersten Nonstopflug über den Atlantik vollbrachten (1919).

Franklins berühmtes Experiment von 1752, bei dem er einen Drachen mit Metallgestell bei einem Gewitter steigen ließ, fand am 15. Juni statt, einem vom Element Luft beherrschten Tag, der Neugier und fortschrittliches Denken begünstigt.

16. JUNI

Die am 16. Juni Geborenen vereinen in ihrem Wesen eine ungewöhnliche Mischung aus Abenteuerlust und Vorsicht, Eigenschaften, die sich aus ihrer großen Vorstellungskraft und Innovationsneigung und aus ihrem Scharfblick und ihrer Einsichtsfähigkeit ergeben. Diese Veranlagung, die sie im Streben nach Verwirklichung ihrer langfristigen Ziele auch kurzfristige Risiken eingehen läßt, und ihre Bereitschaft zur Flexibilität, ohne deshalb ihr Ziel aus den Augen zu verlieren, führen häufig zum gewünschten Erfolg. In der Geschäftswelt könnte dies etwa so aussehen, daß sie ein unternehmerisches Wagnis durch solide Organisation absichern oder durch wohlüberlegte Spekulationen am Aktienmarkt ein größeres Portefeuille aufbauen, während sie im künstlerischen oder wissenschaftlichen Bereich sorgfältig überwachte Experimente initiieren können. Trotz der finanziellen Gewinne, die diese Strategie einbringen kann, sind die an diesem Tag Geborenen jedoch mehr von ihrem tiefen Fortschrittsdrang motiviert. Diese ernsthaften und introvertierten Charaktere ziehen große Befriedigung aus nicht-materiellen Freuden wie engen emotionalen Beziehungen oder den Schönheiten der Natur und der Künste. Sie leben meist nach einem humanitär geprägten ethischen Kodex, der ihnen echte Sorge um andere – vor allem Hilfsbedürftige – und tiefen Abscheu vor jedem Machtmißbrauch einflößt. So bezeigen sie ihrer engeren Umgebung unverbrüchliche Loyalität und Zuneigung, haben jedoch wenig Verständnis für zynisches oder rücksichtsloses Verhalten.

STÄRKEN: Diese Menschen fühlen sich zu originellen und zukunftsweisenden Ideen hingezogen, gründen ihre phantasievollen Höhenflüge jedoch auf eine solide, realitätsbezogene Basis – eine beruflich vielversprechende Kombination aus Neuerungsdrang und Pragmatismus. Sie bleiben sich der Bedeutung humanitärer und moralischer Werte stets bewußt.
SCHWÄCHEN: Ihr Weitblick verleiht den an diesem Tag Geborenen die Fähigkeit, sich alle möglichen (und nicht nur positiven) Szenarios auszumalen, was sie veranlassen mag, ihre Risikobereitschaft zugunsten eines sichereren Kurses zu unterdrücken. Im Extremfall kann dieses Verhalten in intellektuelle und emotionale Stagnation ausarten.
FAZIT: Obwohl sie ihre unternehmungslustigen und ihre besonneneren Tendenzen gemeinhin ausbalancieren können, müssen sie besonders darauf achten, keine von beiden die Oberhand gewinnen zu lassen.

An diesem Tag

Prominente Geburtstage: John Cheke (1514), Julius Plücker (1801), König Gustav V. von Schweden (1858), George James Frampton (1860), Stan Laurel (1890), Lupino Lane (1892), Enoch Powell (1912), Tom Graveney (1927), Erich Segal (1937), Crash Craddock (1940), Joan Van Ark (1946), Klaus Lage (1950), Tupac Shakur (1971)

Bedeutende Ereignisse und Jahrestage: Die erfolgreiche Förderung innovativer Ideen ist ein grundlegendes Merkmal des 16. Juni, an dem Henry Ford sein Automobilunternehmen gründete und der Getränkehersteller Pepsi-Cola seinen Firmennamen eintragen ließ (1903), während der US-Kongreß Präsident Roosevelts „New Deal"-Reformen zur Linderung der sozialen Folgen der Depression billigte (1935). Humanitäre und demokratische Grundsätze sind weitere Wesenszüge dieses Tages, an dem der frühere ungarische Ministerpräsident Imre Nagy wegen seiner Rolle im Volksaufstand von 1956 gegen die sowjetische Vorherrschaft über sein Land hingerichtet wurde (1958), der russische Ballettänzer Rudolf Nurejew in den Westen überlief (1961) und eine Demonstration gegen den Zwangsunterricht in Afrikaans im südafrikanischen Soweto stattfand – wobei 1.000 Menschen von der Polizei getötet wurden (1976). An diesem vom Element Luft beherrschten Tag flog die sowjetische Kosmonautin Walentina Tereschkowa mit der „Wostok 6" als erste Frau ins All (1963), und die japanische Firma Taito Corporation brachte das Elektronikspiel „Space Invaders" auf den Markt (1978). Unvergänglichen Ruhm erlangte dieser Tag durch James Joyce, der die gesamte Handlung seines Romans *Ulysses* am 16. Juni 1904 stattfinden läßt.

Planeteneinflüsse

Herrschender Planet: Merkur.
Dritter Dekan: Persönliche Planeten sind der Saturn und der Uranus.

☿ ♄ ♅

Religiöse und kulturelle Bedeutung

Soweto-Tag in Südafrika. Tag der heidnischen Feier des Silbernen Kelchs.
Namenstag: Cyricus und Julitta († ca. 305), Osanna von Mantua (1449–1505).

Die sowjetische Kosmonautin Walentina Tereschkowa flog am 16. Juni 1963 mit der „Wostok 6" als erste Frau in den Weltraum. Dieser Tag ist vom Element Luft beherrscht und begünstigt Pioniergeist und die Umsetzung innovativer Ideen.

17. JUNI

Viele Charakteristika der an diesem Tag Geborenen scheinen merkwürdig widersprüchlich. Obwohl sie danach trachten, der Gesellschaft von Nutzen zu sein, und sich nach festen und liebevollen Bindungen sehnen, kann es ihnen schwerfallen, engere Beziehungen zu anderen einzugehen, und trotz ihres hochentwickelten Organisationstalents erscheint ihr Verhalten mitunter extrem radikal oder impulsiv. Diese scheinbaren Widersprüche resultieren daraus, daß sie sich durch ihren lebhaften, phantasiebegabten Geist (eine Gabe des Merkur) zu außergewöhnlichen Ideen hingezogen fühlen, während ihre düstereren, vom Saturn beeinflußten Tendenzen einen dämpfenden – doch zuweilen negativen – Effekt auf ihr Handeln haben. Gelingt es ihnen, diese Wesenszüge in Einklang zu bringen, sind die am 17. Juni Geborenen erstaunlich wirkungsvolle Wegbereiter des Fortschritts, doch oft scheitern sie daran. Ihre wohl stärkste Motivation ist der Drang, ihre ungewöhnlichen Visionen zur Verbesserung der Gesellschaft zu verwirklichen, die sich in politischen oder religiösen Ideologien, aber auch in originellem künstlerischem Streben äußern können. Obwohl sie inspirierende Leitfiguren sind, wenn ihre oft revolutionären Ideen auf Akzeptanz treffen, finden sie sich auch oft in der Vereinzelung. Trotz ihrer erheblichen Überredungskünste erzielen sie mit ihrem energischen – bisweilen diktatorischen – Auftreten eher wechselhafte Erfolge, was sie manchmal veranlaßt, zu unorthodoxeren – oder sogar moralisch bedenklichen – Methoden zu greifen. Da sie in ihren beruflichen Unternehmungen häufig Enttäuschungen erleben können, schöpfen die am 17. Juni Geborenen Trost aus der vorbehaltlosen Unterstützung und Zuneigung ihrer Familienmitglieder und langjährigen Freunde, für die sie sich mit großer Loyalität und Liebe revanchieren. Ihre Neigung, den Motiven neuerer Bekanntschaften zu mißtrauen, kann jedoch die Anknüpfung von Beziehungen behindern.

STÄRKEN: Diese phantasievollen und progressiven Naturen investieren ihre organisatorischen Talente in die Umsetzung von Idealen, die ihrer Zeit oft weit voraus sind. Sie vertreten ihre Überzeugungen mit seltener Hartnäckigkeit und Zielstrebigkeit.
SCHWÄCHEN: Die an diesem Tag Geborenen können sich unabsichtlich selbst im Weg stehen, indem sie bedächtigere Naturen durch ihr energisches Eintreten für ihre Visionen abschrecken. Auf Frustration reagieren sie oft mit verbalen Angriffen, statt sich auf ihre bei anderen Gelegenheiten so erfolgreiche Überredungsgabe zu verlassen.
FAZIT: Die am 17. Juni Geborenen sollten lernen, die Wirkung ihrer Intensität auf Menschen, die sie nicht näher kennen, realistischer einzuschätzen. Ein gelassenerer und toleranterer Umgang mit den menschlichen Verschiedenheiten verspricht ihnen sowohl bessere Erfolgsaussichten als auch größere emotionale Erfüllung.

Planeteneinflüsse
Herrschender Planet: Merkur.
Dritter Dekan: Persönliche Planeten sind der Saturn und der Uranus.

☿ ♄ ♅

Religiöse und kulturelle Bedeutung
Reinigungsritual im japanischen Nara, Ehrung der Eurydike im Alten Griechenland.
Namenstag: Deodatus von Nevers († 679), Hildegrim (ca. 750–827), Rasso von Andechs (ca. 900–953/4), Rainer von Pisa (ca. 1100–60), Michelina Metelli (ca. 1310–1356).

An diesem Tag
Prominente Geburtstage: König Eduard I. von England (1239), William Parsons (1800), Charles François Gounod (1818), William Crookes (1832), Igor Strawinski (1882), Ralph Bellamy (1904), Dean Martin (1917), Beryl Reid (1920), Paul Schllück (1922), John Brian Statham (1930), Derek Ibbotson (1932), Ken Loach (1936), Newt Gingrich (1943), Barry Manilow (1946), Thomas Freitag (1950), Mark Linn-Baker (1953)

Bedeutende Ereignisse und Jahrestage: Neuerungen jeder Art sind ein Charakteristikum dieses Tages, an dem sich der schottische Chemiker Charles Macintosh sein wasserdichtes Gewebe für Regenmäntel patentieren ließ (1823), bei einer im Glasgower Krankenhaus durchgeführten Operation erstmals ein Antiseptikum (Karbolsäure) eingesetzt wurde (1867), Chirurgen in Chicago die erste Nierentransplantation vornahmen (1950) und der Amerikaner Edwin Land die Polaroidkamera patentieren ließ (1970). Auch nationale und politische Unternehmungen sind prägend für den 17. Juni, an dem der englische Seefahrer Francis Drake auf der „Golden Hind" die Bucht von San Francisco erreichte (1579). Im amerikanischen Unabhängigkeitskrieg fochten englische Truppen und amerikanische Kolonisten die Schlacht von Bunker Hill (1775), und Island wurde eine von Dänemark unabhängige Republik (1944).

Der 17. Juni begünstigt nationale und politische Unternehmungen: So fand 1775 an diesem Tag im Rahmen des amerikanischen Unabhängigkeitskriegs die Schlacht von Bunker Hill statt, bei der die amerikanischen Kolonisten den Briten schwere Verluste zufügten.

18. JUNI

Ihre ungeheure Lebensfreude und Begeisterung für neue Ideen, die optimistische und energische Weise, in der sie an ihre Unternehmungen herangehen, und ihr Verantwortungsbewußtsein Familienangehörigen, Freunden und Kollegen gegenüber machen die am 18. Juni Geborenen zu gewinnenden und beliebten Persönlichkeiten, die ihre Mitmenschen automatisch anziehen. Besonders geschätzt werden sie für die großzügige Ermutigung und Unterstützung, die sie ihrer engeren Umgebung bieten, und den belebenden und schrulligen Humor, den sie in ihre zwischenmenschlichen Beziehungen einbringen, besonders wenn sie im chinesischen Jahr des Pferdes geboren sind. Die an diesem Tag Geborenen sind phantasievolle Naturen, deren rastlose Neugier sie in noch unerschlossene Bereiche führen kann – oft mit bemerkenswert originellen Resultaten. Sie haben die Anlagen, sich in den darstellenden Künsten einen Namen zu machen, zu denen viele von ihnen eine besondere Neigung haben, können aber auch als Forscher oder Unternehmer wegbereitend wirken. Welchen Beruf sie auch wählen, sie arbeiten lieber im Team als auf sich gestellt, da persönliche Kontakte auf sie beflügelnd wirken. Ihr Bedürfnis, das Leben voll auszuschöpfen, und ihre Geselligkeit können dazu führen, daß diese Menschen länger brauchen, um sich auf einen Lebenspartner festzulegen. Doch sind sie erst häuslich etabliert, erweisen sie sich ihren Familienangehörigen gegenüber als herzlich und rücksichtsvoll. Als Eltern bewähren sie sich vorzüglich, obwohl es ihnen schwerfallen mag, ihre Kinder nicht zu bevormunden.

STÄRKEN: Der abenteuerlustige Forscherdrang der am 18. Juni Geborenen wird gemildert durch ihr Bedürfnis, sich in Freundschafts- und Familienbanden zu verankern; ihr Streben nach Fortschritt geht Hand in Hand mit ihren humanitären Anliegen. Die Beziehungen dieser positiven, unterhaltsamen Menschen sind von gegenseitiger Zuneigung geprägt.
SCHWÄCHEN: Obwohl das grenzenlose Interesse und Wohlwollen, das diese Menschen ihrer engeren Umgebung bezeigen, zu ihren sympathischsten Zügen gehört, kann es in solche Überbesorgtheit ausarten, daß sie den Objekten ihrer Zuneigung jene Unabhängigkeit verwehren, die ihnen selbst so wichtig ist.
FAZIT: Diese Menschen steuern in der Regel einen ausgeglichenen Kurs durchs Leben, bei dem sie ein stetiges Gleichgewicht zwischen ihren unbeständigeren und ihren solideren Tendenzen sowie zwischen beruflichen und privaten Belangen wahren. Doch sollten sie sich von Zeit zu Zeit in ehrlicher Selbsterforschung üben, um sicherzustellen, daß sie ihren inneren Bedürfnissen treu bleiben, anstatt sich nur nach den Prioritäten anderer zu richten.

An diesem Tag

Prominente Geburtstage: Robert Stewart, Viscount Castlereagh (1769), Edouard Daladier (1884), Jeanette MacDonald (1901), Bud Collyer (1908), Sammy Cahn (1913), E. G. Marshall (1914), Ian Carmichael (1920), Paul Eddington (1927), Jürgen Habermaas (1929), Paul McCartney (1942), Carol Kane und Isabella Rossellini (1952), Alison Moyet (1961)

Bedeutende Ereignisse und Jahrestage: Der 18. Juni ist ein Tag, der für effiziente Teamarbeit steht, und zugleich Jahrestag der Schlacht von Waterloo in Belgien, bei der Napoleons zahlenmäßig überlegene Armee von einer Allianz aus deutschen, holländischen, belgischen und britischen Truppen unter Oberbefehl des Herzogs von Wellington besiegt wurde (1815). Ein weiteres Anliegen des 18. Juni ist die Verbesserung und der Schutz menschlichen Lebens, und so unterzeichneten an diesem Tag US-Präsident Carter und der sowjetische Staatschef Breschnew das SALT-Abrüstungsabkommen zur Begrenzung der strategischen Nuklearwaffen (1979). An diesem vom Element Luft beherrschten Tag kam der Erfinder des Immelmann-Manövers, der deutsche Jagdflieger Max Immelmann, beim Absturz seines Flugzeugs im Ersten Weltkrieg ums Leben (1916). Die Fliegerin Amelia Earhart landete als erste Frau, die den Atlantik überflogen hatte (wenn auch nur als Passagierin), in Wales (1928), und der norwegische Polarforscher Roald Amundsen stürzte mit seinem Flugzeug über dem Nördlichen Eismeer tödlich ab (1928).

Planeteneinflüsse

Herrschende Planeten: Merkur und Mond.
Dritter Dekan: Persönliche Planeten sind der Saturn und der Uranus.
Zweite Häuserspitze: Zwillinge mit Krebstendenzen.

☿ ☾ ♄ ♅

Religiöse und kulturelle Bedeutung

Jährliches Drachenbootfest in China, Ehrung der Ana im Alten Rom.
Namenstag: Markus und Marcellianus († ca. 305), Gregor von Barbarigo (1625–97).

Edouard Daladier amtierte in den Jahren des Zweiten Weltkriegs als französischer Premierminister, bis die Vichyregierung ihn 1942 verhaften und deportieren ließ. Mit seiner Rückkehr in die Nationalversammlung setzte er eine politische Laufbahn fort, die die von seinem Geburtstag, dem 18. Juni, begünstigten Wesenszüge bestens verkörperte – die Ausrichtung an progressiven, humanitären Anliegen und die starke Neigung zur Teamarbeit.

19. JUNI

Planeteneinflüsse

Herrschende Planeten: Merkur und Mond.
Dritter Dekan: Persönliche Planeten sind der Saturn und der Uranus.
Zweite Häuserspitze: Zwillinge mit Krebstendenzen.

☿ ☾ ♄ ♅

Religiöse und kulturelle Bedeutung

Fest des Heiligen Geistes in Brasilien, im Alten Rom Tag der weisen Frauen.
Namenstag: Gervasius und Protasius († ca. 300), Romuald von Ravenna (952–1027), Juliana von Falconieri (1270–1341).

Der französische Mathematiker, Physiker und Theologe Blaise Pascal wurde am 19. Juni 1623 geboren. Er leistete Pionierarbeit auf dem Gebiet der Wahrscheinlichkeits- und der Infinitesimalrechnung und ist am bekanntesten für das Pascalsche Gesetz, das Grundlage der Hydraulik wurde. Dabei wurden seine natürlichen intellektuellen und intuitiven Gaben vielleicht durch den Fortschrittsdrang und die analytischen Kräfte seines Geburtstags zusätzlich verstärkt.

Der vielleicht hervorstechendste Charakterzug der am 19. Juni Geborenen ist ihre Selbstsicherheit, die bei anderen Bewunderung, aber auch Ärger weckt: Bewunderung, weil sie so selten von den Zweifeln heimgesucht werden, die weniger starke Naturen quälen, Ärger über das, was als ihre arrogante Kompromißlosigkeit erscheinen mag. Doch resultiert ihre Beharrlichkeit und zielstrebige Entschlossenheit ihrer Visionen nicht aus blinder Sturheit, sondern aus der Gewißheit, daß sie jede Handlungsalternative nach besten Kräften geprüft haben und durch logische Schlußfolgerungen zu der von ihnen gewählten Strategie gelangt sind. Denn diese Menschen sind mit intellektueller Neugier, analytischen Talenten und einer ausgeprägten Intuition gesegnet – Eigenschaften, die ihnen in dieser Kombination zu tiefen Einsichten verhelfen. Welche Laufbahn sie auch einschlagen – und mit ihren natürlichen Gaben können sie sich in vielen bewähren –, sie fühlen sich meist getrieben, das Leben anderer zu lenken und zu verbessern, und finden so als Lehrer, Psychologen oder in beratender Funktion besondere Erfüllung. Ihr Wunsch, Einfluß auf ihre Umgebung zu nehmen, speist sich aus den besten Absichten, doch ihre energische Art – die in Auseinandersetzungen durchaus angebracht sein mag –, kommt bei denjenigen, denen sie helfen möchten, nicht immer gut an. Denn so selbstlos ihre Motive auch sein mögen, nehmen andere (vor allem ihre Partner oder Kindern) ihnen ihr diktatorisches oder bevormundendes Verhalten leicht übel. Hier könnte sich für die am 19. Juni Geborenen eine etwas diplomatischere, weniger direkte Vorgehensweise bezahlt machen.

STÄRKEN: Diese willensstarken Menschen sind mit großer Entschlußkraft begabt, die sie energisch zum Ausdruck bringen. Die enorme Energie, mit der sie ihre progressiven Ambitionen betreiben, stellt ihnen große Erfolge in Aussicht, ebenso wie ihre hartnäckige Weigerung, sich von ihren Zielen abbringen zulassen, obwohl sie auch gute Zuhörer sind.
SCHWÄCHEN: Weil sie von ihren Einstellungen so überzeugt sind, machen sich diese Menschen mitunter nicht klar, daß andere ihren Meinungen nicht immer beipflichten. So können sie unabsichtlich jene gegen sich aufbringen, deren Wohl ihnen am Herzen liegt.
FAZIT: Um sich die Zuneigung ihrer Umgebung zu erhalten und gleichzeitig ihre intellektuellen Ziele zu erreichen, sollten die an diesem Tag Geborenen ihre hochentwickelte Wahrnehmungsgabe dazu nutzen, sich die Wirkung ihres Handelns auf andere bewußt zu machen. Wie gut sie es auch meinen, wird ihnen ein taktvolleres, weniger direktes Vorgehen meist größeren Lohn einbringen als selbstherrliches Verhalten.

An diesem Tag

Prominente Geburtstage: König Jakob I. von England und Schottland (1566), Blaise Pascal (1623), Gustav Schwab (1792), William Ashbee Tritton (1875), Charles Coburn (1877), Wallis Simpson, Herzogin von Windsor (1896), Lou Gehrig und Walter Reginald Hammond (1903), Ernst Boris Chain (1906), Joshua Nkomo (1917), Anneliese Rothenberger (1924), Gena Rowlands (1934), Salman Rushdie (1947), Phylicia Rashad (1948), Kathleen Turner (1954), Mark Debarge (1959), Paula Abdul (1962)

Bedeutende Ereignisse und Jahrestage: An diesem von Sorge um das menschliche Wohl geprägten Tag begründete der britische Innenminister Sir Robert Peel die Londoner Polizei – Vorläufer der modernen Vollzugsorgane, deren Angehörige im britischen Volksmund nach ihrem Gründer „Bobbys“ genannt werden (1829). Die Wesenszüge des 19. Juni sind in vieler Hinsicht patriarchalisch, und so ist es passend, daß an diesem Tag, einer Idee von Mrs John Bruce Dodd aus Spokane in Washington folgend, der Vatertag eingeführt wurde (1910). Dieser Tag birgt die Gefahr, daß wohlmeinende Motivationen rundheraus verdammt werden; so wurde am 19. Juni der harmlos versponnene Erzherzog Maximilian von Österreich, den Napoleon III. als Kaiser von Mexiko eingesetzt hatte, von seinen antiimperialistischen Gegnern exekutiert (1867); in den USA wurden Ethel und Julius Rosenberg wegen Spionage für die Sowjetunion hingerichtet (1953).

20. JUNI

Dominierender Wesenszug der am 20. Juni Geborenen ist ihre unstillbare Neugier, die in Verbindung mit ihrem Idealismus und ihrem regen Geist die Grundlage ihrer vielfältigen Interessen und Anliegen bildet. Die Begeisterung, mit der sie alle Dinge von verschiedenen Seiten erkunden, und ihre Bereitschaft, Veränderungen zu akzeptieren oder selbst zu initiieren, macht sie zu ausgezeichneten und motivierenden Teammitgliedern. Mit ihrer Geistesgegenwart und Fähigkeit, sich auf veränderliche Umstände einzustellen, sind sie etwa für die hektische Welt der journalistischen Medien bestens gerüstet, in der ihnen auch ihr forschender Intellekt und ihre inspirierenden Ideen zugute kommen. Trotz ihrer extrovertierten und überschwenglichen Art besitzen diese Menschen aber auch eine ausgeprägte intuitive Ader, die vor allem den Frauen unter ihnen ungewöhnliche Feinfühligkeit in ihren Beziehungen verleiht und sich auch bei der Lösung beruflicher Probleme als äußerst wertvoll erweist. Ihre rasche Auffassungsgabe für intellektuelle Konzepte birgt die Gefahr, daß ihnen jedes Projekt langweilig wird, wenn sie es erst beherrschen. Eigene Einsicht in diese Neigung oder der Einfluß eines geduldigen Partners oder Elternteils kann diese Unstetigkeit zügeln und ihnen die Disziplin verleihen, ihre Projekte zu beenden. Ihr sympathisches und einnehmendes Wesen wirkt äußerst anziehend auf andere, und auch ihr Einfühlungsvermögen (eine Gabe des Mondes) bewegt ihre Mitmenschen, ihre emotionale Unterstützung und geistsprühende Gesellschaft zu suchen, vor allem, wenn sie im chinesischen Jahr des Pferdes geboren sind.

STÄRKEN: Die am 20. Juni Geborenen beweisen geistige Kräfte und eine unschätzbare Aufnahmebereitschaft für neue Ideen. Ihr offenes und sympathisches Wesen macht sie zu äußerst beliebten Persönlichkeiten, die andere auch durch ihr Verständnis anziehen.
SCHWÄCHEN: Diese Menschen neigen dazu, Freundschaften gedankenlos aufzugeben oder das Interesse an Projekten zu verlieren, ohne sich intensiver mit ihnen befaßt zu haben. Ihre hochentwickelten Gaben im rationalen wie emotionalen Bereich führen oft zu inneren Konflikten, die launisches und unschlüssiges Verhalten nach sich ziehen können.
FAZIT: Diese Menschen sollten sich um mehr Selbstdisziplin und Realismus bemühen, um ihre Rastlosigkeit und Sucht nach Anregung zu zügeln; so können sie größere persönliche Erfüllung finden und ihre teils phantastischen Träume verwirklichen. Sie sollten auch nach einem größeren Gleichgewicht zwischen Intellekt und Emotionen streben.

An diesem Tag

Prominente Geburtstage: Jacques Offenbach (1819), Kurt Schwitters (1887), Errol Flynn (1909), Chet Atkins (1924), Danny Aiello (1933), Martin Landau (1934), Eugen Drewermann (1940), Ulf Merbold (1941), Brian Wilson (1942), Lionel Richie (1949), Gudrun Landgrebe (1950), John Goodman (1952), Cyndi Lauper (1953), Allan Lamb (1954), Nicole Kidman (1967)

Bedeutende Ereignisse und Jahrestage: Der 20. Juni steht für Rastlosigkeit und Streben nach dem Unerforschten, und so brach der norwegische Seefahrer Leif Eriksson an diesem Tag zu seiner waghalsigen Reise nach Nordamerika auf (ca. 998–1000). Nationalgefühl und Idealismus sind prägende Merkmale dieses Tages, an dem die britischen Verteidiger Kalkuttas vom Nabob von Bengalen durch Einkerkerung im Schwarzen Loch für ebendiese Tugenden bestraft wurden (1756). Der Abenteuerlust des 20. Juni entsprechend, überquerte die „Savannah" als erstes Dampfschiff den Atlantik von den USA nach Großbritannien (1819). Als Auftakt zu einer Periode neuer Energie und Innovation – typische Merkmale des 20. Juni – bestieg Königin Viktoria an diesem Tag im Alter von 18 Jahren den englischen Thron (1837). Unter dem Einfluß des Merkur und begünstigt durch die Anpassungsfähigkeit und das Problemlösungstalent des 20. Juni, bewiesen das Weiße Haus und der Kreml in einer besonders angespannten Phase des Kalten Kriegs durch die Einrichtung einer telefonischen Direktverbindung neue Kommunikationsbereitschaft (1963).

Planeteneinflüsse

Herrschende Planeten: Merkur und Mond.
Dritter Dekan: Persönliche Planeten sind der Saturn und der Uranus.
Zweite Häuserspitze: Zwillinge mit Krebstendenzen.

☿ ☾ ♄ ♅

Religiöse und kulturelle Bedeutung

Festtag der keltischen Fruchtbarkeitsgöttin Cerridwen.
Namenstag: Adalbert von Magdeburg (ca. 910–981), Eberhard von Biburg (ca. 1089–1164).

Die 1967 an diesem Tag geborene Schauspielerin und Golden-Globe-Preisträgerin Nicole Kidman beweist in ihren darstellerischen Leistungen das Einfühlungsvermögen und Interesse an anderen Menschen, die für den 20. Juni so typisch sind, und ist zudem mit jener Anziehungskraft gesegnet, die ihr Geburtstag verspricht. Ihr Können beeindruckt durch emotionale Spannweite und Tiefe, und sie ist den Kindern, die sie mit ihrem Ehemann Tom Cruise adoptiert hat, eine engagierte Mutter; dies alles steht im Einklang mit der Sensibilität und dem Familiensinn, die ihr chinesisches Geburtsjahr, das der Feuerziege, erwarten lassen.

21. JUNI

Wie die meisten Zwillingsgeborenen sind jene, die am 21. Juni Geburtstag haben, kontaktfreudige Naturen, die nicht gern allein sind und Anregung und Erfüllung in der Gesellschaft anderer finden. Sie haben daher eine Vorliebe für Lebensstile und Laufbahnen, die ihre Lust an Abwechslung, Reisen und zwischenmenschlichem Kontakt befriedigen und ihnen Entfaltungsmöglichkeiten für ihr kommunikatives Talent bieten – wie etwa der Medien- oder der Vertriebsbereich. Ihre Liebe zur Kunst äußert sich schon in jungen Jahren; ihr künstlerisches Naturell wird ergänzt durch ihren forschenden Geist, der sie oft zu hartnäckiger Wahrheitssuche oder zähem Beharren auf ihren Überzeugungen treibt, so unbeliebt sie sich damit auch machen mögen. Ihr Enthusiasmus und Idealismus machen sie zu inspirierenden Führernaturen, die jedoch so hohe Maßstäbe anlegen, daß andere ihnen nicht eben leicht gerecht werden. Noch stärker ausgeprägt sind ihre Beharrlichkeit und ihre logische, genaue und praktische Art, wenn sie im chinesischen Jahr der Ratte geboren sind.

Mit ihren überragenden analytischen Fähigkeiten sind die an diesem Tag Geborenen besonders im Finanzwesen erfolgreich, sofern man ihnen die Freiheit gibt, ihre Phantasie und Kreativität auszuleben. Ihre freisinnige Einstellung gibt diesen Menschen viel Spielraum für Abenteuer und macht sie zu passenden Partnern für gleichgesinnte Schützen. Besitzergreifenderen Naturen wie Skorpion- oder Fischemenschen mag ihr Freiheitsdrang Anlaß zur Eifersucht bieten. Dies gilt besonders für die am 21. Juni geborenen Männer, denen ein stabiles Familienleben weniger wichtig ist als den Frauen mit diesem Geburtsdatum. Doch kann ihre vom Mond beeinflußte Intuition ihre Neigung zum kopflastigen Idealismus abmildern, da sie ihnen ein außerordentliches Einfühlungsvermögen für andere verleiht.

STÄRKEN: Ihr unermüdliches Streben nach Anregung und Abenteuern macht die an diesem Tag Geborenen zu allgemein interessierten und interessanten Menschen. Ihre Kombination aus Charisma und Charme mit tiefem Einfühlungsvermögen und Verständnis zieht andere an; ihre Befähigung zu schöpferischem Denken gibt ihnen das Zeug zum Genie.
SCHWÄCHEN: Die am 21. Juni Geborenen lassen sich zuweilen durch ihren extremen Drang nach Unabhängigkeit – im Denken wie im Handeln – von Heim und Familie entfremden. Auch neigen sie zur Ungeduld denen gegenüber, die ihre Visionen und Überzeugungen nicht teilen, und respektieren die Meinungen anderer nicht immer.
FAZIT: In all ihrem Tun sollten die am 21. Juni Geborenen daran denken, daß ihre Fähigkeit zu unabhängigem Denken zwar löblich ist, sie durch Kooperation mit anderen aber oft größere Erfolge und Befriedigung erlangen können. Auch sollten sie ihren emotionalen Bedürfnissen größere Aufmerksamkeit widmen, statt sie ihrer Karriere zu opfern, und darauf achten, daß ihre Begeisterung für manche Dinge nicht in obsessives Verhalten ausartet.

Planeteneinflüsse

Herrschende Planeten: Merkur und Mond.
Dritter Dekan: Persönliche Planeten sind der Saturn und der Uranus.
Zweite Häuserspitze: Zwillinge mit Krebstendenzen.

☿ ☾ ♄ ♅

Religiöse und kulturelle Bedeutung

Datum der Sommersonnenwende und traditioneller Mittsommerfeiern. In Rußland Ehrung der Fruchtbarkeitsgöttin Kupala.
Namenstag: Alban von Mainz († 406), Leutfred († 738), Aloisius von Gonzaga, Schutzheiliger der Jugend (1568–91).

An diesem Tag

Prominente Geburtstage: Papst Leo IX. (1002), Johann Christian Friedrich Bach (1732), Claude Auchinleck (1884), Jean-Paul Sartre (1905), Jane Russell (1921), Maureen Stapleton (1925), Bernie Kopell (1933), Françoise Sagan (1935), John Edrich (1937), Mariette Hartley (1940), Meredith Baxter-Birney und Michael Gross (1947), Benazir Bhutto (1953), Juliet Lewis (1973), Prinz William von Großbritannien (1982)

Bedeutende Ereignisse und Jahrestage: Idealistischer Patriotismus ist ein Wesenszug dieses Tages, an dem der Staat New Hampshire den USA beitrat (1789) und die deutsche Flotte sich in Scapa Flow lieber selbst versenkte, als sich den Siegermächten des Ersten Weltkriegs zu ergeben (1919). Die für diesen Tag typische Kombination aus Idealismus, Innovation und künstlerischem Empfinden wurde durch die Erstaufführung von Richard Wagners *Die Meistersinger von Nürnberg* bewiesen (1868) ebenso wie durch die Markteinführung der Langspielplatte durch Columbia Records (1948) und die Premiere des politischen Musicals *Evita* von Andrew Lloyd Webber und Tim Rice (1978).

Aus ganz Großbritannien reisen die Menschen zur traditionellen druidischen Sonnenwendfeier in Stonehenge an, die mindestens auf die frühkeltische Zeit zurückgeht. Die Sommersonnenwende, die sich um den 21./22. Juni vollzieht, wird nach althergebrachter Sitte am 21. gefeiert.

KREBS

♋

22. Juni bis 22. Juli
Herrschender Planet: Mond **Element**: Wasser, kardinal
Polarität: Negativ (feminin)
Körperliche Entsprechungen: Magen und Brust
Edelsteine: Perle, Mondstein, Peridot
Blumen: Lilie, Maiglöckchen, Seerose, weiße Rose
Farben: Creme, Weiß, Silberblau, Rauchgrau

Nahezu jede astrologische Tradition assoziiert dieses Sternbild mit Krebstieren. So hieß es bei den Alten Griechen *Karkinos*, bei den Persern *Kalakang*, bei den Babyloniern *Al-Lul* oder *Bulug* und bei den Hindus *Karkata*. Nur die Alten Ägypter wichen von dieser Personifizierung ab und sahen das Sternbild als einen Skarabäus, das Symbol der Erneuerung und Wiedergeburt; allerdings bezeichneten Ägypter wie Griechen es gelegentlich auch als Schildkröte. Der Grund für die weitverbreitete Gleichsetzung dieses Sternzeichens mit einem Krebs mag in der Bewegung der Sonne während der Aszendenz des Krebses liegen, die auf ihrem Abstieg nach Süden die charakteristische, ruckartige Seitwärtsbewegung dieses Krustentiers nachzuahmen scheint. Die griechisch-römische Mythologie erzählt, daß die Muttergöttin Hera (Juno) einen Riesenkrebs entsandte, um die neunköpfige Hydra von Lerna in ihrem Ringen mit Herakles (Herkules) zu unterstützen, und ihn später zum Lohn für seine Mühen zu den Sternen erhob. Die Sommersonnenwende vollzieht sich zu Beginn dieses Tierkreisabschnitts, und deshalb wird das Zeichen Krebs auch „Tor der Menschen", genannt, da man glaubte, die Sonnenwende kennzeichne jenen ursprünglichen Zeitpunkt, zu dem der Menschheit der himmlische Odem – die Seele – eingehaucht wurde. Zugleich soll das Zeichen Krebs große kosmische Bedeutung besitzen, da die Planeten bei Entstehung des Universums in diesem Tierkreisabschnitt zusammenstanden, und manche Menschen glauben, daß das Ende der Welt unter einer entsprechenden Konstellation zu erwarten sei.

Das Zeichen Krebs wird vom Mond beherrscht. Er bestimmt das Fallen und Steigen des Wassers, also den Lebensraum der Krebse und das herrschendes Element des Zeichens. Die Einflüsse von Mond und Wasser verleihen den Krebsgeborenen Loyalität, Sensibilität, Intuition und emotionale Empfänglichkeit und die fruchtbaren, sorgenden und beschützenden Regungen, die man dem femininen Prinzip zuordnet. Krebsmenschen sagt man Beharrlichkeit nach, aber auch die Neigung, sich in ihren Panzer zurückzuziehen, wenn sie sich bedroht oder von Emotionen überwältigt fühlen.

22. JUNI

Ob bewußt oder unbewußt, die am 22. Juni Geborenen sind unablässig auf der Suche nach ihrem persönlichen Idyll, sei es eine dauerhafte romantische Beziehung, der perfekte Lebensstil, eine utopische Umwelt oder eine Kombination aus allem. Diese Menschen sehnen sich nach persönlichem Glück, einem idealen Zustand, der für sie eher davon abhängt, eine verwandte Seele als beruflichen Erfolg zu finden. Sie messen starken emotionalen Bindungen so große Bedeutung bei, daß sie glauben, mit der Zuneigung und Unterstützung eines liebevollen und sorgenden Partners alle Unbill und Enttäuschungen des Lebens durchstehen zu können. Nicht, daß andere Aspekte ihres Lebens in ihren Augen unwichtig wären, doch echte und dauernde Liebe zu finden, ist für ihr emotionales Wohl von größter Bedeutung. Bei manchen ist diese Suche von Erfolg gekrönt, doch andere bleiben zwangsläufig unbefriedigt, weil ihre Phantasiebilder von einem Lebensgefährten zu unrealistisch sind oder die Intensität ihrer Emotionen und Ansprüche potentielle Partner abschreckt. So beweisen diese Menschen zwar ihren Freunden und Angehörigen tiefe Zuneigung und Loyalität, können aber in ihrem Liebesleben Enttäuschungen erleben. Doch dank ihrer freudigen Begeisterung für die Welt und ihres Vergnügens an intellektueller Anregung bleiben sie nie lange niedergeschlagen und finden oft Trost in beruflichen Interessen. Mit ihrer Sensibilität bewähren sie sich vor allem in der Sphäre der Künste, wo sie ihre persönlichen Phantasien ausleben können, etwa als Schriftsteller, Musiker oder Schauspieler.

STÄRKEN: Diese idealistischen und emotional orientierten Menschen werden in erster Linie von dem tiefverwurzelten Drang nach Verwirklichung ihrer romantischen Träume getrieben, besonders was die Liebe angeht. Sie sind phantasiebegabt, sensibel und einfühlsam und haben den Wunsch, ihre Umgebung und die Welt im allgemeinen glücklich zu machen.
SCHWÄCHEN: Wenn ihre Bestrebungen durch die Umstände vereitelt werden, neigen die an diesem Tag Geborenen zu Desillusionierung und schlimmstenfalls zur Depression. Oder sie übersteigern die Entschlossenheit, ihr Ideal zu finden, und wechseln von einem Partner zum nächsten, dem sie dann oft Qualitäten zuschreiben, die er gar nicht besitzt.
FAZIT: Diese Menschen sollten sich bemühen, zu einer pragmatischeren Einschätzung ihrer zuweilen unrealistischen Ansprüche zu kommen und herauszufinden, was sie zu ihrem Glück wirklich brauchen. Ehrliches Nachdenken kann ihnen zu der Erkenntnis verhelfen, daß sie aus eigener Kraft zu Erfüllung gelangen können.

Planeteneinflüsse

Herrschende Planeten: Mond und Merkur.
Erster Dekan: Persönlicher Planet ist der Mond.
Erste Häuserspitze: Krebs mit Zwillingstendenzen.

☾ ☿

Religiöse und kulturelle Bedeutung

Namenstag: Achatius (Agatus, † 2. Jh.), Albin von Rom (von Köln, Daten unbekannt), Paulinus von Nola (ca. 353–431), John Fisher (ca. 1469–1535) und Thomas More (Morus, 1478–1535).

An diesem Tag

Prominente Geburtstage: George Vancouver (1757), Giuseppe Mazzini (1805), Theodor Leschetizky (1830), Henry Rider Haggard (1856), Julian Sorell Huxley (1887), Erich Maria Remarque (1898), Billy Wilder (1906), John Hunt und Peter Neville Luard Pears (1910), Prunella Scales (1932), Kris Kristofferson (1936), Klaus Maria Brandauer (1943), Meryl Streep und Lindsay Wagner (1949)

Bedeutende Ereignisse und Jahrestage: Dieser Tag steht für hohe Ideale und Bestrebungen, die sich leider oft nicht realisieren lassen; so wurde am 22. Juni der Bischof von Rochester John Fisher hingerichtet, weil er sich weigerte, die kirchliche Oberhoheit König Heinrich VIII. anzuerkennen (1535). Der englische Forschungsreisende Henry Hudson wurde von seiner meuternden Mannschaft in der später nach ihm benannten Hudson Bay ausgesetzt, wo er verschollen blieb (1611), und der Herzog von Monmouth schlug in der Schlacht an der Bothwell Bridge den Aufstand der schottischen Presbyterianer nieder (1679). Doch wurden an diesem Tag auch einige Visionen verwirklicht, wie die Thronbesteigung Richard II. von England (1377), der Gewinn des Weltmeistertitels im Schwergewichtsboxen durch Joe Louis, der in Chicago über James J. Braddock siegte (1937), und der erste Transatlantikflug der Virgin Airlines vom Londoner Gatwick Airport nach New York (1984).

Am 22. Juni, einem Tag, der die Verwirklichung langgehegter und durch zähe Arbeit angestrebter Visionen begünstigt, errang der Boxer Joe Louis 1937 durch seinen Sieg über James J. Braddock den Weltmeistertitel im Schwergewicht.

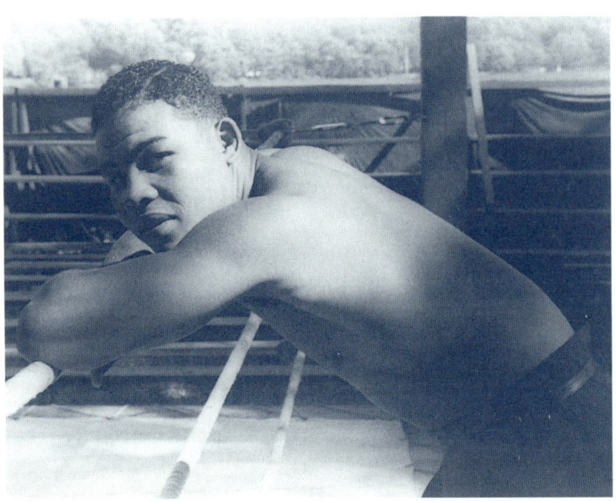

23. JUNI

Wie viele Träger des vom Mond beeinflußten Zeichens Krebs trachten auch die am 23. Juni Geborenen danach, die Welt in einen schöneren Ort zu verwandeln, nicht nur was die Umwelt angeht, sondern auch, indem sie das Leben anderer durch künstlerisches Streben bereichern und sich um Frieden und Harmonie in den zwischenmenschlichen Beziehungen bemühen. Mit dieser idealistischen Vision als Leitstern investieren sie all ihre beträchtliche praktische und geistige Energie in die Erfüllung ihrer Träume, setzen ihre Intuition und Scharfsinnigkeit ein, um verbesserungswürdige Bereiche ausfindig zu machen und Abhilfemaßnahmen zu entwickeln. Ihre Sorge um ihre Mitmenschen ist so ausgeprägt, daß es sie drängt, ihre Kollegen, Freunde, Familienmitglieder oder sogar die Menschheit insgesamt zu entlasten und zu unterstützen. Mit ihren Fähigkeiten und Einstellungen sind sie für Berufe prädestiniert, in denen sie entweder in Zusammenarbeit mit anderen etwas zum menschlichen Wohl beitragen können wie etwa in der Krankenpflege, als Ärzte oder Sozialarbeiter oder durch künstlerische Tätigkeiten wie die Malerei, die darstellenden Künste oder die Poesie. Kaum erstaunlich, daß die am 23. Juni Geborenen – besonders die Frauen unter ihnen – ihren persönlichen Beziehungen einen hohen Stellenwert einräumen und im Umgang mit ihren Angehörigen große Zuneigung, Rücksichtnahme und Zärtlichkeit beweisen. Einen Lebenspartner zu finden, der ihre romantischen Wünsche befriedigt, und dem sie dafür vorbehaltlose Unterstützung bieten können, ist eines ihrer Hauptziele im Leben. Sind sie erst in einer so engen Zweierbeziehung etabliert, erweisen sich diese Menschen als unbeirrbar in ihrer Loyalität, laufen aber Gefahr, das Objekt ihrer Zuneigung durch die eifernde Intensität ihrer Liebe zu erdrücken.

STÄRKEN: Die am 23. Juni Geborenen streben nach eigener Erfüllung, sorgen sich aber zugleich auch um das Glück aller, mit denen sie umgehen. Im Ringen um die Verwirklichung ihrer Visionen bringen sie ihren intellektuellen Klarblick und ihre Intuition ein und erweisen sich als ebenso praktisch wie sensibel und liebevoll.
SCHWÄCHEN: Ihr aktiver Einsatz für das Glück anderer ist sicherlich von den besten Absichten inspiriert, doch wenn ihre Bemühungen als Einmischung oder Bevormundung gesehen werden, können sie jene, die davon profitieren sollten, verstimmen oder vergrämen.
FAZIT: Diese Menschen sollten sich von ihrem Drang nach Umsetzung ihrer romantischen Idealvorstellungen über menschliches Verhalten und Beziehungen nicht verleiten lassen, ihre wohlgemeinten Wünsche auf andere zu projizieren, die lieber selbständig handeln möchten.

An diesem Tag

Prominente Geburtstage: John Fell (1625), Kaiserin Josephine von Frankreich (1763), Eduard, Herzog von Windsor (ursprünglich König Eduard VIII. von England (1894), Ernst Rowohlt (1887), Jean Anouilh (1910), Alan Turing (1912), William Pierce Rogers (1913), Leonard Hutton (1916), Bob Fosse (1927), June Carter Cash (1929), Adam Faith (1940), Hannes Wader (1942)

Bedeutende Ereignisse und Jahrestage: Der Wunsch, sich zum Besten anderer einzusetzen, kann an diesem Tag gemischte Resultate nach sich ziehen, wie den Sieg der britischen Kolonialtruppen unter General Clive über die Armee des Nabobs von Bengalen in der Schlacht von Plassey (1757), die Unterzeichnung eines Freundschaftsvertrags zwischen dem englischen Quäker William Penn und dem Stamm der Lenni-Lenape in Shakamaxon, Philadelphia (1683), und der Wahl General Gamal Nassers zum ägyptischen Staatspräsidenten (1956). Die dem 23. Juni eigene Gefahr, daß Idealismus in Extremismus umschlägt, spiegelte sich in der Sprengung eines Air-India-Flugzeugs durch Sikh-Terroristen (1985). Das künstlerische Potential dieses Tages zeigte sich in der Patentierung des Saxophons durch den belgischen Instrumentenbauer Adolphe Sax (1848).

Planeteneinflüsse

Herrschende Planeten: Mond und Merkur.
Erster Dekan: Persönlicher Planet ist der Mond.
Erste Häuserspitze: Krebs mit Zwillingstendenzen.

☾ ☿

Religiöse und kulturelle Bedeutung

Fest des irischen Sagenhelden Cu Chulainn.
Namenstag: Etheldreda (Edeltraud, 635–679), Joseph Cafasso (1811–60).

William Penn unterzeichnete seinen Freundschaftsvertrag mit dem Stamm der Lenni-Lenape in der neugegründeten Kolonie Pennsylvania am 23. Juni 1683, einem Tag, der von dem Streben zeugt, zum Besten anderer zu handeln, das aber zwiespältige Ergebnisse nach sich ziehen kann – wie sich tragisch erwies, als die Lenape später betrogen wurden.

24. JUNI

Trotz der stillen, aber tiefen Zuneigung und der unzweifelhaften Ergebenheit, die die am 24. Juni Geborenen im Umgang mit ihren Freunden und Angehörigen an den Tag legen, gilt ihr Hauptaugenmerk weniger ihren persönlichen Beziehungen als ihren beruflichen Aktivitäten, die oft humanitär geprägt sind. Obwohl ihre Sensibilität in ihnen echte Anteilnahme für die vom Schicksal weniger Begünstigten weckt, äußert sich diese weniger in passivem Mitgefühl als vielmehr im aktiven Streben, durch Ausarbeitung und Umsetzung effektiver Strategien Verbesserungen herbeizuführen. Da sie durchdringende intellektuelle Kräfte und eine innovative Phantasie besitzen, sind ihre Visionen mitunter höchst originell, wenn auch selten unrealistisch, denn diese bodenständigen Naturen verfügen auch über hochentwickelte technische und praktische Fertigkeiten. Trotz ihrer inspirierenden Wirkung auf andere – die sie in Führungspositionen befördern kann –, arbeiten diese verantwortungsbewußten Menschen meist besser, wenn sie nicht durch die Forderungen anderer abgelenkt werden, obwohl ihnen bewußt ist, daß sie nicht all ihre Ziele im Alleingang erreichen können. Beruflich neigen die am 24. Juni Geborenen vor allem den Gebieten zu, auf denen sie ihr Talent fürs Analytische und Theoretische mit der praktischen Umsetzung der Ergebnisse ihrer Recherchen kombinieren können. Typisch sind daher Laufbahnen in der wissenschaftlichen oder technischen Forschung oder als Unternehmensberater, ebenso wie sportliche oder künstlerische Tätigkeiten (die, wenn nicht beruflich, dann zumindest als Hobby betrieben werden). Bei aller Energie brauchen die an diesem Tag Geborenen doch gelegentlich Phasen des Alleinseins, um sich in Selbstbesinnung zu üben und neue Kraft zu schöpfen.

STÄRKEN: Die an diesem Tag Geborenen sind energische Charaktere voller Tatendrang, deren Denken und Handeln von dem Verlangen bewegt ist, ihre Fortschrittsvisionen umzusetzen. Ihre ausgeprägten intellektuellen wie praktischen Begabungen, starke Intuition und Fähigkeit zur entschlossenen Konzentration verheißen ihnen große Erfolge.
SCHWÄCHEN: Obwohl die am 24. Juni Geborenen Familie und Freunden tiefe Gefühle entgegenbringen, lassen sie diese nicht immer deutlich genug erkennen. Dies kann in Verbindung mit ihrer starken Inanspruchnahme durch ihre Arbeit und ihrem gelegentlichen Rückzug in sich selbst dazu führen, daß andere sich vernachlässigt fühlen.
FAZIT: Diese Menschen (vor allem die Männer unter ihnen) sollten sich bemühen, ihren Unabhängigkeitsdrang im Zaum zu halten und ihr Einfühlungsvermögen denen zugute kommen zu lassen, mit denen sie ihr häusliches Leben teilen.

Planeteneinflüsse

Herrschende Planeten: Mond und Merkur.
Erster Dekan: Persönlicher Planet ist der Mond.
Erste Häuserspitze: Krebs mit Zwillingstendenzen.

☾ ☿

Religiöse und kulturelle Bedeutung

Fortuna-Feiern im Alten Rom; Lampenfest in Ägypten.
Namenstag: Johannistag, das Geburtsfest Johannes des Täufers.

Johannes der Täufer, der im Neuen Testament bezeugte Prophet Christi, wurde an diesem Tag geboren, der für Mitgefühl, Vision, Inspiration und Führerschaft steht. Der venezianische Renaissancemaler Tizian schuf diese Darstellung des Heiligen 1535.

An diesem Tag

Prominente Geburtstage: John Churchill, Herzog von Marlborough (1650), W. H. Smith (1825), Ambrose Gwinnett Bierce (1842), Horatio Herbert Kitchener (1850), Carl Diem (1882), Jack Dempsey (1895), Phil Harris (1904), Juan Manuel Fangio (1911), Brian Alexander Johnston (1912), Fred Hoyle (1915), Jack Carter (1923), Claude Chabrol (1930), Michele Lee (1942), Jeff Beck (1944), Nancy Allen (1949), Janet Farrar (1950)

Bedeutende Ereignisse und Jahrestage: Typisch für den 24. Juni ist der Wunsch, für gemeinschaftliche oder globale Interessen aktiv zu werden, und so war dies der Tag, an dem die Armee des Schottenkönigs Robert the Bruce die englischen Truppen unter König Eduard II. in der Schlacht von Bannockburn besiegte (1314) und die Alliierten die Berliner Luftbrücke einrichteten, um das durch die Sowjets abgeriegelte West-Berlin mit lebensnotwendigen Gütern zu versorgen (1948–49). Die ausgeprägten humanitären Tendenzen des 24. Juni zeigen sich auch darin, daß an diesem Tag die vielen Verwundeten bei der Schlacht von Solferino Jean Henri Dunant dazu veranlaßten, das spätere Internationale Rote Kreuz zu gründen (1859). Technischer Fortschritt ist eine weitere Verheißung dieses Tages, an dem Sally Ride als erste Amerikanerin in den Weltraum flog (1983) und Radargeräte neun nicht identifizierte Flugobjekte über der Stadt Washington erfaßten (1947).

25. JUNI

Die Charaktere der am 25. Juni Geborenen zeichnen sich durch zwei scheinbar unvereinbare Wesenszüge aus: ihre Zielstrebigkeit beim Verfolgen hochfliegender Ideale und ihr oft unschlüssiges oder wechselhaftes Verhalten. Doch sind diese Neigungen gar nicht so paradox, wenn man ihre enorme Sensibilität erkennt, die sie im Zusammenwirken mit ihrem regen Intellekt zu scharfsinnigen Schlußfolgerungen befähigt, sie in Kombination mit ihrer hochentwickelten Intuition jedoch manchmal veranlaßt, eher ihrem Herzen als ihrem Verstand zu folgen. Wenn es ihnen gelingt, ihre mentalen und emotionalen Reaktionen in Einklang zu bringen, erweisen sich diese Menschen als äußerst effiziente Wegbereiter des Fortschritts, bleiben diese Eigenschaften jedoch unausgeglichen, so kann sich die eine oder andere übersteigert äußern oder ein labiles Nebeneinander entstehen, das zu Verwirrung oder Inkonsequenz führt. In vieler Hinsicht ist die Entfaltung ihrer Talente vom Interesse und der Unterstützung derer abhängig, die ihnen nahestehen oder deren Meinung sie – aus welchen Gründen auch immer – besonders respektieren. Denn trotz ihrer Eigenständigkeit des Denkens und ihrer grenzenlosen Phantasie brauchen diese Menschen viel Ermutigung und Anerkennung – besonders wenn sie im chinesischen Jahr der Ratte geboren sind. Ihre Empfänglichkeit für die Reaktionen anderer und ihre Begeisterung für künstlerische Tätigkeiten versprechen ihnen Erfolge als Designer oder kommerziell Kunstschaffende.

STÄRKEN: Die am 25. Juni Geborenen lassen sich von idealisierten Visionen inspirieren – seien es ästhetische Schönheit, Glück und Gleichheit oder technische Perfektion. In ihrer facettenreichen intellektuellen Begabung und ihren tiefgründigen intuitiven Reaktionen besitzen sie alle Voraussetzungen, effektiv und mitfühlend Gutes zu bewirken.
SCHWÄCHEN: Mit ihrer allumfassenden Sensibilität scheinen diese Menschen Informationen ebenso wie Emotionen unkritisch wie ein Schwamm aufzusaugen. Diese Bereitschaft, eine Vielfalt mitunter widersprüchlicher Botschaften und Daten aufzunehmen, kann in Verwirrung ausufern, so daß sie außerstande sind, die sinnvollste Vorgehensweise zu erkennen.
FAZIT: Um einen geradlinigeren Kurs durchs Leben steuern zu können, sollten die an diesem Tag Geborenen ihre Fähigkeit zur Objektivität stärker entwickeln und lernen, Prioritäten zu setzen. Das heißt nicht, daß sie ihre Sensibilität ihren Mitmenschen gegenüber unterdrücken sollen, sondern nur, daß sie einen realistischeren Sinn dafür kultivieren sollten, was im Leben wirklich wichtig und auch erreichbar ist.

An diesem Tag

Prominente Geburtstage: Gustave Charpentier (1860), Marie Elisabeth Lüders (1878), Louis, Graf Mountbatten von Burma (1900), George Orwell (1903), Roger Livesey (1906), Sidney Lumet (1924), June Lockhart (1925), Carly Simon (1945), Phyllis George und Jimmy Walker (1949), George Michael (1963)

Bedeutende Ereignisse und Jahrestage: Dieser Tag verspricht die Verwirklichung von Ideen, die von weniger phantasiebegabten Menschen anfänglich vielleicht verlacht werden, so etwa die Patentierung des Stacheldrahts durch Lucien B. Smith aus Ohio (1867) oder die Veröffentlichung der Entdeckung des Radiums durch die in Polen geborene Forscherin Marie Curie (1903). Das idealistische Engagement des 25. Juni – dessen Ergebnisse nicht immer positiv sind – zeigte sich auch darin, daß Virginia an diesem Tag als zehnter Staat den USA beitrat (1788), George Armstrong Custer mit über 250 Angehörigen des 7. Kavallerie-Regiments in der verheerenden Schlacht am Little Bighorn River in Montana gegen die Sioux ums Leben kam (1876) und kommunistische Streitkräfte Nordkoreas den 38. Breitengrad überschritten, in Südkorea einfielen und damit den Koreakrieg auslösten (1950).

Planeteneinflüsse

Herrschende Planeten: Mond und Merkur.
Erster Dekan: Persönlicher Planet ist der Mond.
Erste Häuserspitze: Krebs mit Zwillingstendenzen.

☾ ☿

Religiöse und kulturelle Bedeutung

Ehrung der Parwati in Indien.
Namenstag: Eurosia von Jaca († 714), Wilhelm von Vercelli (ca. 1085–1142), Eleonore von England (1222–1291), Dorothea von Montau (1347–94).

Custers letztes Gefecht am Little Bighorn River in Montana, das am 25. Juni 1876 stattfand, veranschaulichte in dramatischer Weise, welch wechselhafte Ergebnisse die Wesenzüge dieses Tages, vor allem die hartnäckige Fixierung auf ein festes Ziel, hervorbringen können.

26. JUNI

Trotz ihrer festen ideologischen Überzeugungen und ihres oft äußerst phantasievollen Weitblicks sind die an diesem Tag Geborenen meist weniger auf intellektuelle Ziele ausgerichtet als auf andere Menschen. Sie sind mitfühlende Naturen, deren Aufgeschlossenheit für die Gefühle und die Lage anderer ihren hochentwickelten Beschützerinstinkt aktiviert und sie drängt, alle, denen ihre Sorge gilt, zu leiten und zu beschirmen. Obwohl sich diese Regungen vor allem auf ihre Angehörigen – und ganz besonders auf ihre Kinder – richten, übernehmen sie oft auch für ihre Kollegen eine Mentorenrolle und fühlen sich allgemein zu humanitär orientierten Berufen hingezogen. Die größte Erfüllung finden sie in Tätigkeiten, in denen sie einen aktiven und praktischen Beitrag zum Gemeinwohl leisten können; so können sie ihr beträchtliches Organisationstalent in unterschiedlichsten Funktionen entfalten, etwa als Führungskräfte in der Wirtschaft, als Techniker, Forscher, Schriftsteller oder Schauspieler. Diese Menschen arbeiten lieber im Team als allein und wissen auch in ihrem Privatleben die enge Bindung an Freunde und Familie zu schätzen. Ihre starke soziale Ausrichtung, die wohl ihr prägendstes Charaktermerkmal ist, kann ihnen jedoch gleichermaßen Freud und Leid einbringen, da andere ihren Rat nicht immer positiv aufnehmen, sondern als Versuch verstehen können, ihre Handlungsfreiheit zu beschneiden.

STÄRKEN: Diese energischen, praktischen und organisationstüchtigen Naturen verspüren ein tiefes Bedürfnis, ihre Mitmenschen zu verstehen und ihr Leben zu verbessern, und engagieren sich mit großem Nachdruck für das Wohl der Gesellschaft oder Allgemeinheit, wobei ihre Dynamik und ihr Selbstvertrauen hervorragende Erfolgsaussichten versprechen.
SCHWÄCHEN: Wenn auch von den besten Absichten motiviert, neigen diese Menschen dazu, ihre engere Umgebung überfürsorglich zu behandeln, was eine beeinträchtigende, einengende Wirkung auf diejenigen haben kann, denen sie eigentlich helfen wollen.
FAZIT: Die am 26. Juni Geborenen sollten ihre Tendenz zügeln, ihre Träume und Bestrebungen auf andere zu projizieren, da ihre bestimmende Art diese nicht nur verdrießen, sondern auch zur Vernachlässigung ihrer eigenen emotionalen Bedürfnisse führen kann.

An diesem Tag

Prominente Geburtstage: Charles Messier (1710), George Morland (1763), Patrick Branwell Brontë (1817), William Thomson, Baron Kelvin (1824), Pearl S. Buck (1892), Willy Messerschmitt (1898), Peter Lorre (1904), „Colonel“ Tom Parker (1910), Laurie Lee (1914), Colin Wilson (1931), Claudio Abbado (1933), Georgie Fame (1943), Jürgen Rüttgers (1951), Greg LeMond (1961), Harriet Wheeler (1963), Chris O'Donnell (1970)

Bedeutende Ereignisse und Jahrestage: Dies ist ein Tag des Handelns – meist zugunsten des Gemeinwohls, manchmal aber auch aus persönlichem Interesse –, wie sich in verschiedenen Ereignissen widerspiegelte: So starb an diesem Tag der römische Kaiser Julian an den Verwundungen, die er bei der Führung seiner Armee gegen die Perser erlitten hatte (363), wurde der spanische Abenteurer und Eroberer Perus, Francisco Pizarro, von rivalisierenden Konquistadoren ermordet (1541), belohnte Königin Viktoria die Veteranen des Krimkriegs für ihre Tapferkeit, indem sie ihnen als ersten das Viktoriakreuz verlieh (1857), und landeten im Ersten Weltkrieg die ersten amerikanischen Truppen in Frankreich, um gegen die deutsche Armee zu kämpfen (1917). Fortschritte aller Art werden durch diesen Tag begünstigt, an dem das erste Grand-Prix-Autorennen im französischen Le Mans stattfand (1906), König Eduard VII. das „Victoria and Albert Museum“ in London eröffnete (1909) und – besonders passend für einen vom Element Wasser beherrschten Tag – der Sankt-Lorenz-Seeweg als Verbindung zwischen den Großen Seen in Nordamerika und dem Atlantik durch US-Präsident Eisenhower und die englische Königin Elisabeth II. offiziell eröffnet wurde (1959). Eine negative Manifestation: An diesem Tag wurde die Blockade Berlins durch die sowjetischen Besatzungstruppen verhängt, was ganz Berlin unter UdSSR-Kontrolle bringen sollte – aber scheiterte (1948).

Planeteneinflüsse

Herrschender Planet: Mond.
Erster Dekan: Persönlicher Planet ist der Mond.

☾

Religiöse und kulturelle Bedeutung

Die Indianer ehren Salavi, Katchinas und Maismütter.
Namenstag: Johannes und Paulus von Rom († 4. Jh. n. Chr.), Josemaría Escrivá de Balaguer (1902–75).

Katchina-Puppen wie diese, die die Geister der Ahnen oder Götter der Pueblo-Völker verkörpern, werden in den Ritualen der Hopi und Zuni traditionell als Mittler zwischen Menschen und Göttern eingesetzt. Der 26. Juni ist der Tag, an dem einige Indianerstämme neben den Katchinas auch Salavi und die Maismütter ehren.

27. JUNI

Der wohl ausgeprägteste Wesenszug der am 27. Juni Geborenen ist ihr Verantwortungsbewußtsein anderen gegenüber – seien es Familienmitglieder und Freunde, Kollegen oder die Menschheit im allgemeinen. Denn diese Menschen verfügen nicht nur über eine hochentwickelte Intuition und großen Gerechtigkeitssinn, auf die sich ihre Überzeugungen und Handlungen gründen, sondern sind auch äußerst willensstarke Charaktere, die sich geradezu verpflichtet fühlen, andere dazu anzuhalten – oder nötigenfalls zu zwingen –, dem gleichen kompromißlosen Moralkodex zu folgen, nach dem sie selbst ihr Leben ausrichten. Ihre tiefe Anteilnahme am Los der Unterdrückten und Ausgebeuteten weckt ihren leidenschaftlichen Beschützerinstinkt und flößt ihnen wilde Entschlossenheit ein, soziale Verbesserungen durchzusetzen. Sind sie erst in dieser Weise entflammt, kann kaum etwas ihre Überzeugtheit von der Richtigkeit ihrer Mission erschüttern oder sie von ihrem Kurs abbringen. Sie können diese humanitären Neigungen in eine Reihe geeigneter Berufslaufbahnen einbringen, so etwa in der Krankenpflege, Therapie oder gemeinnützigen Organisationen – sogar im religiösen Bereich –, oder ihre Botschaft durch das weniger direkte Medium der Künste vermitteln. Ihre persönlichen Beziehungen sind ebenso vom Drang geprägt, die Menschen, denen sie emotional verbunden sind, zu beschützen und ihre Interessen zu fördern, doch können ihre wohlgemeinten Bemühungen im privaten wie beruflichen Bereich auf Widerstand stoßen. Das mag damit zusammenhängen, daß andere ihre oft strenge und kompromißlose Art mitunter als diktatorischen Versuch verstehen, sie zu bevormunden.

STÄRKEN: Ihre starke Ausrichtung auf ihre Mitmenschen und ihr Pflichtgefühl der Allgemeinheit gegenüber ergeben sich aus ihrem angeborenen Sinn für ethisch richtiges Verhalten. Ihre beschützenden, aber auch progressiven Neigungen bestärken sie darin, ihre beträchtliche Energie und Vorstellungskraft in den Dienst anderer zu stellen.
SCHWÄCHEN: Sind die an diesem Tag Geborenen erst zu bestimmten Überzeugungen gelangt, so vertreten sie diese mit außerordentlicher Hartnäckigkeit. Diese im Grunde positive und erfolgversprechende Neigung kann allerdings dazu führen, daß sie sich anderen Meinungen völlig verschließen, wie stichhaltig sie auch sein mögen.
FAZIT: Die emotionale Zufriedenheit der am 27. Juni Geborenen beruht ganz auf ihrer Fähigkeit, Einfluß auf andere auszuüben. Um ihre Ziele zu erreichen, sollten sie in den Debatten, die ihr Handeln unweigerlich auslöst, aufgeschlossen bleiben, das Recht anderer auf eigene Standpunkte akzeptieren und auf Widerspruch pragmatisch reagieren.

An diesem Tag

Prominente Geburtstage: König Ludwig XII. von Frankreich (1462), König Karl IX. von Frankreich (1550), James Smithson (1765), Samuel, Charles S. Parnell (1846), Helen Keller (1880), Antoinette Perry und Guilhermina Suggia (1888), Bob Keeshan (1927), H. Ross Perot (1930), Marianne Sägebrecht (1945), Julia Duffy (1951), Isabelle Adjani (1955), Scott Cunningham (1956), Malcolm Lowry (1957)

Bedeutende Ereignisse und Jahrestage: Dem 27. Juni wohnt ein starker Drang inne, Verbesserungen in menschlichen Belangen herbeizuführen, der sich in verschiedenen Geschehnissen dieses Tages äußerte, so etwa in der Aufnahme der ersten Transatlantik-Passagierflüge durch Pan Am (1939). Der diesem Tag ebenfalls eigene Drang, das Handeln anderer zu dirigieren, ruft zwangsläufig Konflikte hervor: So führte am 27. Juni König Georg II. von England seine englisch-österreichisch-hannoveranische Armee zum Sieg über die Franzosen in der Schlacht von Dettingen (1743), wurde der Gründer der Mormonenkirche Joseph Smith von einem durch religiöse Gegner aufgewiegelten Mob ermordet (1844). Palästinensische Terroristen brachten in Athen ein Flugzeug der Air France in ihre Gewalt und erzwangen seine Landung in Entebbe (1976). Am Geburtstag von Helen Keller demonstrierten die beiden sehbehinderten britischen Bergsteiger Dave Hurst und Alan Matthews ihren Durchhaltewillen, als sie den Gipfel des Montblanc erreichten (1988).

Planeteneinflüsse

Herrschender Planet: Mond.
Erster Dekan: Persönlicher Planet ist der Mond.

☾

Religiöse und kulturelle Bedeutung

Sonnentanzritual der Prärieindianer.
Namenstag: Cyrillos von Alexandria (ca. 380–444), Hemma von Gurk (ca. 980–1045), für eine glückliche Geburt.

Die am 27. Juni 1880 geborene Helen Keller verlor durch eine Erkrankung als Kleinkind ihr Hör- und Sehvermögen. Nachdem Anne Sullivan ihr die Zeichensprache, das Lesen und Schreiben und schließlich sogar das Sprechen beigebracht hatte, verfaßte Helen Keller ihre bewegende Autobiographie Die Geschichte meines Lebens *(1902), erwarb einen Collegeabschluß und wurde zur engagierten Fürsprecherin der Behinderten und gefragten Referentin. Ihre natürlichen Gaben wurden vielleicht durch die Attribute ihres Geburtstags noch bereichert, zu denen u. a. Intuition, Anteilnahme und selbstloses Engagement gehören.*

28. JUNI

Wer zu verstehen versucht, was genau die an diesem Tag Geborenen motiviert und charakterisiert, wird oft glauben, den Schlüssel zu ihrem Wesen gefunden zu haben, nur um dann doch wieder durch ihr scheinbar widersprüchliches Verhalten in Verwirrung zu geraten. Denn die am 28. Juni Geborenen geben sich zuweilen extrovertiert und optimistisch, während sie ein anderes Mal alle Gesellschaft verschmähen und sich in eine selbstgeschaffene düster pessimistische und introvertierte Welt zurückziehen. Diese Extreme sind eine Folge ihrer sehr intuitiven und emotionalen Reaktionen auf ihre persönlichen Umstände und ihrer intellektuellen Fähigkeit, die Gründe ihrer starken Identifikation mit jenen, die ihr Interesse und ihre Anteilnahme erregen, verstandesmäßig zu erklären. Ihre Handlungen und Überzeugungen werden daher weitgehend von den Situationen und Personen bestimmt, die einen starken Einfluß auf ihre Phantasie und ihre Gefühle ausüben. Die Kombination aus extrovertierter Sensibilität und dem Drang, als Wegbereiter des Fortschritts zu wirken, vermittelt ihnen eine Neigung zu Pflegeberufen oder anderen humanitären Tätigkeitsfeldern, obwohl manche von ihnen ihre Talente auch in anderen Bereichen erfolgreich einsetzen, in denen persönliche Interaktionen von besonderer Bedeutung sind.

In ihrem oft unwiderstehlichen Drang, ihrem Herzen statt ihrem Verstand zu folgen, verkennen die an diesem Tag Geborenen mitunter die Motive oder Wünsche anderer, besonders wenn es um die Wahl eines Lebenspartners geht. Ist jedoch erst eine feste Bindung vorhanden – sei es an langjährige Freunde oder Familienangehörige –, erweisen sie sich als unerschütterlich in ihrer Unterstützung und Herzlichkeit, da sie spüren, wie wichtig ein solider, emotionaler Rahmen als ausgleichendes Gegengewicht zu ihren ungestümeren Neigungen ist.

STÄRKEN: Ihre Anteilnahme, die sich meist in dem Verlangen äußert, anderen Freude zu bereiten oder konkrete Verbesserungen zu bewirken, sind so stark, daß die an diesem Tag Geborenen ihre überschäumende Energie und Vorstellungskraft mit großer Befriedigung dazu einsetzen, das Leben anderer aufzuhellen.

SCHWÄCHEN: Ihr Interesse an anderen und ihr oft unbezähmbarer Drang, die Botschaften, die ihre Intuition aufnimmt, in Handeln umzusetzen, kann die am 28. Juni Geborenen zu überstürzten und unbedachten Reaktionen ohne Rücksicht auf die möglichen Folgen ihres Verhaltens verleiten.

FAZIT: Um sich vor möglichen negativen Auswirkungen ihrer instinktiven Reaktionen zu schützen, sollten diese Menschen ihre hochentwickelten intellektuellen Fähigkeiten dazu nutzen, ihre Motivationen und die Konsequenzen ihres Tuns abzuwägen, bevor sie sich in potentiell verhängnisvolle Situationen bringen.

Planeteneinflüsse

Herrschender Planet: Mond.
Erster Dekan: Persönlicher Planet ist der Mond.

Religiöse und kulturelle Bedeutung

In der griechischen Antike Geburtstag der Hemera.
Namenstag: Irenäus von Lyon (ca. 130–ca. 202), Gero von Köln (ca. 900–976), Heimerad (Heimo, Heimrad, † 1019).

An diesem Tag

Prominente Geburtstage: König Heinrich VIII. von England (1491), Jean Jacques Rousseau (1712), Luigi Pirandello (1867), Luisa Tetrazzini (1871), Alexis Carrel (1873), Pierre Laval (1883), Richard Rodgers (1902), Eric Ambler (1909), Carl Friedrich von Weizsäcker (1912), Mel Brooks (1926), Stan Barstow (1928), Pat Morita (1930), Gilda Radner (1946), Kathy Bates (1948), John Elway (1960), Danielle Briseboise (1969)

Bedeutende Ereignisse und Jahrestage: Handeln im Sinne dessen, was man für das Interesse der Allgemeinheit hält, ist ein Merkmal dieses Tages, an dem Königin Viktoria von England durch ihre Krönung in der Westminster Abbey in London ihr Leben ihren Untertanen weihte (1838), Gavrilo Princip, ein Angehöriger der serbischen Terrororganisation Schwarze Hand, in Sarajevo den österreichischen Thronerben Erzherzog Franz Ferdinand und seine Frau ermordete (1914). Auch wurde der Versailler Vertrag zwischen Deutschland und den Siegermächten des Ersten Weltkriegs unterzeichnet (1919), der die politischen Verhältnisse im Gefolge dieses mit Princips Attentat begonnenen Krieges regelte.

Der österreichische Thronfolger, Erzherzog Franz Ferdinand, mit seiner Frau am 28. Juni 1914 in Sarajevo, nur Augenblicke, bevor sie von einem serbischen Terroristen erschossen wurden. Dieses Attentat, das den Ersten Weltkrieg auslöste, ereignete sich an einem Tag, dessen Tendenz zu extremen Reaktionen und Impulsivität einen solchen nationalistischen Terrorakt miterklären kann.

29. JUNI

Jenen, die sie nicht näher kennen, mögen die am 29. Juni Geborenen rätselhaft erscheinen, denn während man sie mit ihrem Sinn für Spaß, ihrem schrulligen Humor und ihrer lebhaften Phantasie in die Kategorie „extrovertiert" einordnen möchte, legen sie mit ihrem eindrucksvollen Organisationstalent, ihrer an Sturheit grenzenden Beharrlichkeit und ihrer Neigung, tiefere Gefühle für sich zu behalten, auch typisch „introvertierte" Wesenszüge an den Tag. Diese komplexen Persönlichkeiten verbergen hinter ihrer Lebensfreude oft das Bedürfnis nach Zeiten des Alleinseins, in denen sie die faszinierende Welt abstrakter Ideen und Träume ergründen können. Wenn es ihnen gelingt, die unterschiedlichen Facetten ihres Wesens in Einklang zu bringen, können sie es zu beträchtlichem materiellem Erfolg bringen. Mit ihrer Freude an zwischenmenschlichen Kontakten und ihrem Bedürfnis nach persönlicher Unabhängigkeit sind sie am besten für Laufbahnen in der Welt der Künste und des Designs gerüstet, besonders wenn sie im chinesischen Jahr des Hundes geboren sind.

Trotz ihrer geselligen Art kann es schwierig sein, diese Menschen wirklich kennenzulernen, da sie ihr wahres Ich in Gegenwart flüchtiger Bekannter nur selten zeigen. Dieses Verhalten ist eine Folge ihrer großen Sensibilität, die in ihnen Gefühle persönlicher Unsicherheit wecken und sie veranlassen kann, ihre emotionale Verletzlichkeit hinter gespielter Selbstsicherheit zu verstecken. Innerhalb etablierter Beziehungen zu Menschen, denen sie trauen, zeichnen sich die am 29. Juni Geborenen hingegen durch enorme Hingabe, Zuneigung und Loyalität aus.

STÄRKEN: Die Persönlichkeit dieser Menschen hat zwei sehr unterschiedliche Seiten, da sie die Gesellschaft anderer sehr genießen, aber auch zu tiefgründiger Selbsterforschung neigen. Sie sind nicht nur mit großer Einfühlung, Phantasie und Intuition begabt, sondern auch außerordentlich hellsichtig und praktisch in der Umsetzung ihrer originellen Visionen.
SCHWÄCHEN: Ihre Sensibilität veranlaßt die am 29. Juni Geborenen, sich eine Vielzahl nicht nur positiver Szenarios auszumalen, die sie davon abhalten können, anderen ihr wahres Ich zu offenbaren, um sich vor Verletzungen zu schützen.
FAZIT: Die an diesem Tag Geborenen sollten sich klarmachen, daß die starken emotionalen und intimen Bindungen, die für ihr Selbstwert- und Sicherheitsgefühl so wichtig sind, nur entstehen können, wenn sie sich anderen mehr öffnen. Sie sollten sich daher bemühen, die Motive derer, die ihnen näherkommen wollen, nicht automatisch in Zweifel zu ziehen.

An diesem Tag

Prominente Geburtstage: Peter Paul Rubens (1577), Giacomo Leopardi (1798), George Washington Goethals (1858), William James Mayo (1861), Robert Schuman (1886), Antoine de Saint-Exupéry (1900), Nelson Eddy (1901), Leroy Anderson (1908), Frank Loesser (1910), Bernhard, Prinz der Niederlande (1911), Rafael Kubelik (1914), Ruth Warrick (1915), Ian Bannen (1928), Ernst Albrecht (1930), Gary Busey (1944), Fred Grandy (1948)

Bedeutende Ereignisse und Jahrestage: Der 29. Juni ist von fester Entschlossenheit zur Umsetzung ideologischer Visionen geprägt, deren Erfolge sich darin spiegelten, daß Julius Cäsar an diesem Tag im römischen Bürgerkrieg bei Pharsalos über Pompejus siegte (48 v. Chr.), Samuel Crowther zum Bischof von Niger geweiht und damit der erste afrikanische Bischof der anglikanischen Kirche wurde (1864), daß die norwegischen Frauen das Wahlrecht erhielten (1913), Isabel Perón nach dem Tod ihres Manns Juan das argentinische Präsidentenamt übernahm (1974) und Island zum ersten Mal eine Frau (Vigdis Finnbogadottir) ins Präsidentenamt wählte (1980). Organisationstalent ist ein Merkmal dieses Tages, an dem die erste Volkszählung Großbritanniens erfolgte (1801), in London die Erstausgabe der Zeitung *Daily Telegraph* erschien (1855) und Carter G. Woodson, Gründer der „Gesellschaft zur Untersuchung des Lebens und der Geschichte der Neger", von der „Nationalen Gesellschaft zur Förderung der farbigen Mitbürger" (NAACP) für seine Pionierleistungen in der Erforschung der Geschichte der Afroamerikaner die Spingarn-Medaille erhielt (1926).

Planeteneinflüsse
Herrschender Planet: Mond.
Erster Dekan: Persönlicher Planet ist der Mond.

☾

Religiöse und kulturelle Bedeutung
Ehrung des Papa Legba im Voodoo-Kult.
Namenstag: Petrus, Schutzheiliger der Fischer und Päpste († ca. 64), und Paulus, Schutzheiliger der Missionarsbischöfe († 67), Beata († 277), Judith und Salome von Niederaltaich (11. Jh.).

Die drei Grazien *sind das Werk eines der größten Barockkünstler, des flämischen Malers Peter Paul Rubens. Der äußerst produktive, für seinen überschwenglichen und sinnlichen Malstil berühmte Rubens wurde am 29. Juni geboren, einem Tag, der die künstlerischen Eigenschaften der Intuition und Phantasie begünstigt.*

30. JUNI

Die am 30. Juni Geborenen sind außerordentlich sensibel für die Reaktionen, die sie bei anderen hervorrufen, und daher bemüht, ihre Äußerungen und ihr Verhalten genauestens auf ihr Gegenüber abzustimmen, um sich die Anerkennung und Zustimmung zu sichern, nach denen sie streben. Diese Neigung beruht einerseits auf ihrer inneren Unsicherheit, andererseits auf ihrer angeborenen Einfühlungsgabe, die in ihnen das tiefe Verlangen weckt, anderen gefällig zu sein und im Gegenzug von ihnen geschätzt und geliebt zu werden. Tatsächlich sind sie mit ihrem intuitiven Klarblick und ihrer Fähigkeit, sich in die Bedürfnisse ihrer Mitmenschen einzufühlen, beliebte Persönlichkeiten, deren sympathische und befriedigende Gesellschaft andere auch ihrer optimistischen und fröhlichen Ausstrahlung wegen schätzen. Ihre Ausrichtung auf andere, ihre außergewöhnliche Sensibilität und ihre hochentwickelten praktischen Fertigkeiten sind ausgezeichnete Voraussetzungen für eine Laufbahn als darstellende Künstler, doch gedeihen diese Menschen in fast jeder Tätigkeit, die ihnen Gelegenheit zur Interaktion mit Kollegen bietet. Auch der intellektuelle Weitblick und das technische Geschick, die für diesen Geburtstag typisch sind, tragen zu ihren Erfolgsaussichten bei. Paradoxerweise fällt es diesen Menschen trotz ihrer geselligen Art, ihrer Loyalität Freunden und Familie gegenüber und ihrem Bedürfnis nach befriedigenden zwischenmenschlichen Bindungen oft schwer, eine dauerhafte Zweierbeziehung einzugehen. Das Problem ist genau jenes Talent, das auf andere so anziehend wirkt: Ihre chamäleongleiche Fähigkeit, sich auf die Stimmungen anderer einzustellen, kann sie dazu bringen, ihre eigenen Gefühle zu unterdrücken, wodurch sie es anderen erschweren, sie wirklich kennenzulernen.

STÄRKEN: Die an diesem Tag Geborenen zeichnen sich durch ihre starke Ausrichtung auf andere aus, eine Folge ihrer großen Sensibilität, die sich oft in dem selbstverleugnenden Streben äußert, ihrer Umgebung Freude zu bereiten. Diese optimistischen, energischen, phantasievollen, aber auch bemerkenswert praktischen Menschen haben das Zeug dazu, im Beruf große Anerkennung zu erlangen.
SCHWÄCHEN: Ihre Neigung, eigene Bedürfnisse zugunsten der ihrer Mitmenschen zurückzustellen, birgt die Gefahr, daß diese Menschen selbst unbefriedigt bleiben, was zu emotionaler Unausgeglichenheit und launischem Verhalten führen kann.
FAZIT: Die am 30. Juni Geborenen sollten erkennen, daß wahres Glück nur zu erreichen ist, wenn sie ihren eigenen Gefühlen und Bestrebungen treu bleiben, statt immer nur die Bedürfnisse anderer Menschen befriedigen zu wollen. Dabei kann es helfen, wenn sie sich Zeit zur ehrlichen Selbsterforschung nehmen und erkennen lernen, was für sie wirklich wichtig ist.

Planeteneinflüsse
Herrschender Planet: Mond.
Erster Dekan: Persönlicher Planet ist der Mond.

Religiöse und kulturelle Bedeutung
Im Alten Rom Ehrung der Aestas.
Namenstag: Die Märtyrer von Rom († 1. Jh.), Erentrudis von Salzburg († ca. 718), Theobald (Dietbald) von Provins (ca. 1017–1066), Otto von Bamberg (ca. 1061–1139).

Lena Horne kam am 30. Juni zur Welt, dessen intuitive Gaben ihr bei ihrer Bühnenkarriere halfen. Sie fing mit 16 Jahren im Harlemer Cotton Club als Tänzerin an und schlug dann eine Karriere als Schauspielerin und Sängerin ein. Ihr berühmtester Song Stormy Weather *offenbart ihre mondtypische emotionale Tiefgründigkeit, während ihre Eleganz und Leidenschaft auf ihr chinesisches Geburtsjahr der Feuerschlange zurückzuführen sein dürften. Als entschiedene Verfechterin der Rechte der Farbigen wurde sie in den 50er Jahren für ihre Unterstützung der Antidiskriminierungskampagne auf die Schwarze Liste gesetzt.*

An diesem Tag
Prominente Geburtstage: John Gay (1685), Stanley Spencer (1891), James Gunn, Harold Laski und Walter Ulbricht (1893), Ruskin Spear (1911), Lena Horne und Buddy Rich (1917), Susan Hayward (1918), Frank Marcus (1928), Harry Blackstone jr. (1934), Tony Hatch (1939), Otto Sander (1941), Mike Tyson (1966), Brian Bloom (1970)

Bedeutende Ereignisse und Jahrestage: Typisch für den 30. Juni ist ein naiver Glaube an andere Menschen, der verhängnisvolle Folgen haben kann: So bezahlte an diesem Tag der letzte Aztekenherrscher, Montezuma II., sein Vertrauen in den spanischen Konquistadoren Cortés mit dem Leben (1520) und wurden einige von Hitlers Handlangern, darunter Kurt Schleicher und Ernst Röhm auf Hitlers Befehl ermordet (1934). Der 30. Juni verspricht aber auch die Verwirklichung persönlicher Visionen, und so war dies der Tag, an dem der französische Seiltänzer Charles Blondin die Niagarafälle auf einem Hochseil überquerte (1859), Margaret Mitchell ihren monumentalen Klassiker *Vom Winde verweht* veröffentlichte (1936) und Alfred Hitchcocks berühmter Thriller *Psycho* erstaufgeführt wurde (1960). Technische Begabung ist ein prägendes Merkmal dieses Tages, an dem John Bardeen und Walter Brattain in den Versuchsräumen der Bell-Telefongesellschaft den ersten Transistor vorstellten (1948).

1. JULI

Obwohl viele ihrer persönlichen Eigenschaften – wie ihre große Sensibilität, ihr gedanklicher Tiefgang und ihr Hang zur Selbstbeobachtung – die am 1. Juli Geborenen als eher introvertierte Naturen charakterisieren, haben sie doch auch extrovertierte Wesenszüge wie ihr starkes Verlangen, es anderen recht zu machen, und ihre Freude an gesellschaftlichen Anlässen. Trotz ihrer Vorliebe für die Erkundung abstrakter Wissensgebiete erscheint es ihnen am wichtigsten, jeden Aspekt des menschlichen Daseins zu verstehen, was sie veranlassen kann, sich nicht nur mit Themen wie Spiritualität und alternative Philosophien zu beschäftigen, sondern sich auch aktiver humanitärer Arbeit zu widmen. Bei vielen von ihnen ist die treibende Kraft all ihres Tuns eine überwältigende Anteilnahme an anderen – vor allem an denen, die ihnen von der Gesellschaft vernachlässigt oder schlecht behandelt erscheinen. Obwohl sie im Grunde sanftmütige Wesen sind, stürzen sie sich, wenn ihr Beschützerinstinkt geweckt ist, beherzt in Kampagnen zur Behebung solcher Mißstände. Aufgrund ihrer Neigungen und intuitiven Begabung wählen sie oft Berufe, in denen sie anderen helfen oder die Gesellschaft voranbringen können – etwa als Sozialarbeiter oder als Kunstschaffende. In all ihre Bestrebungen, ob beruflicher oder privater Natur, bringen die an diesem Tag Geborenen Einfühlungsgabe und Großherzigkeit, Vorstellungskraft und Weitblick ein. Doch trotz – oder vielleicht wegen – ihrer überschießenden emotionalen und körperlichen Energie, die sie meist zugunsten anderer einsetzen, neigen diese Menschen dazu, ihre eigenen emotionalen Bedürfnisse zu unterdrücken, vielleicht aus einem unangebrachten Gefühl der Unsicherheit heraus; tatsächlich scheinen sie ihr Selbstwertgefühl nur aus der Anerkennung anderer zu beziehen.

STÄRKEN: Diese außerordentlich sensiblen Naturen fühlen sich von ihren hochentwickelten intuitiven Reaktionen auf die Gefühle anderer getrieben, Unrecht zu bekämpfen und Leid zu lindern. So zieht es sie unwiderstehlich zu humanitärer Arbeit, bei der sie sich ihre außergewöhnliche Vorstellungskraft, Energie und Entschlossenheit zunutze machen.
SCHWÄCHEN: Wenn es ihnen nicht gelingt, ihre eigenen Wünsche mit ihrem Drang zur Befriedigung der Bedürfnisse anderer zu vereinbaren, neigen die am 1. Juli Geborenen dazu, sich zu Märtyrern hochzustilisieren und ein gewisses Hochgefühl aus ihrer Aufopferung zu beziehen, statt sich mit dem mißlichen Zustand konstruktiv auseinanderzusetzen.
FAZIT: Die an diesem Tag Geborenen sollten ihre Aufmerksamkeit öfter auf sich selbst richten und sich klarmachen, daß vielen ihrer Handlungen das Bedürfnis nach Stärkung ihres Selbstwertgefühls zugrunde liegt. Sie sollten daher ihre Begabungen auch sich selbst und nicht nur ihrer Umgebung zugute kommen lassen und erkennen, daß ein gesundes Maß an Egoismus mitunter produktiver sein kann als unablässige Selbstlosigkeit.

An diesem Tag

Prominente Geburtstage: George Sand (1804), Louis Blériot (1872), Charles Laughton (1899), William Wyler (1902), Amy Johnson (1903), Olivia de Havilland (1916), Hans Bender (1919), Hans W. Henze (1926), Leslie Caron (1931), Sydney Pollack (1934), Twyla Tharp (1941), John Farnham (1949), Dan Aykroyd (1952), David Gulpili (1953), Prinzessin Diana und Carl Lewis (1961), Pamela Anderson (1967), Liv Tyler (1977)

Bedeutende Ereignisse und Jahrestage: Der 1. Juli ist ein Tag des äußersten Einsatzes, was sich auch auf dem Gebiet der Kriegsführung äußerte: An diesem Tag fand in Irland die Schlacht am Boyne statt, in der der protestantische König Wilhelm III. von England den abgesetzten Katholiken Jakob II. besiegte (1690). Im amerikanischen Bürgerkrieg begann die Schlacht von Gettysburg zwischen der Südstaatenarmee von General Robert E. Lee und den Nordstaatentruppen von General George Meade (1863), und im Ersten Weltkrieg nahm die Schlacht an der Somme ihren Anfang, die unzählige Todesopfer forderte (1916). Dem britischen Thronfolger Charles wurde an diesem Tag (dem achten Geburtstag seiner zukünftigen Frau Diana) der Titel „Prinz von Wales" verliehen (1969).

Planeteneinflüsse

Herrschender Planet: Mond.
Zweiter Dekan: Persönlicher Planet ist der Mars.

☾ ♂

Religiöse und kulturelle Bedeutung

Nationalfeiertag in Kanada. In Nepal Naga-Panchami-Fest zu Ehren der Schlangengötter. In Japan Ehrung der Göttin Fuji.
Namenstag: Julius und Aaron († ca. 304), Theoderich (Dietrich) von Reims († 533), Oliver Plunket (1629–81).

Das sensible und mitfühlende Wesen von Prinzessin Diana war charakteristisch für ihren Geburtstag, wurde allerdings dadurch, daß in ihrem Geburtshoroskop der Merkur im Tierkreisabschnitt Steinbock stand, noch zusätzlich verstärkt. Diana, die aller Welt als „Königin der Herzen" in Erinnerung bleiben wird, zeichnete sich vor allem als liebevolle Mutter und durch ihr Engagement für die von der Gesellschaft Benachteiligten aus.

Planeteneinflüsse

Herrschender Planet: Mond.
Zweiter Dekan: Persönlicher Planet ist der Mars.

☾ ♂

Religiöse und kulturelle Bedeutung

Fest der werdenden Mütter im Alten Rom.
Namenstag: Fest der Heimsuchung Mariä, Schutzheilige der Mütter, Nonnen und Jungfrauen († 1. Jh.), Processus und Martinianus († ca. 70), Jakob Friedrich Bussereau (1863–1919).

Der 2. Juli ist der Tag, an dem die sogenannte Heimsuchung Mariä, d. h. der Besuch der Jungfrau Maria bei Elisabeth, der Mutter Johannes' des Täufers, begangen wird. Das Gemälde Die Heimsuchung *(1530) von Pontormo zeigt die Umarmung der beiden schwangeren Frauen.*

2. JULI

Trotz ihres durchdringenden Scharfblicks, wenn es darum geht, gesellschaftliche Mißstände zu erkennen und mit bemerkenswerter Entschlossenheit zu beheben, gelingt es den am 2. Juli Geborenen weniger gut, dieses Erkenntnisvermögen nach innen zu richten, um die Probleme, die ihre eigene Psyche belasten, zu analysieren und zu lösen. Dabei entspringt diese innere Verwirrung der gleichen Quelle wie ihre ausgeprägten Begabungen: ihrer außerordentlichen Sensibilität, die sie einerseits empfänglich und einfühlsam für die Bedürfnisse anderer macht, sie aber auch der Flut widersprüchlicher emotionaler Botschaften und Ansprüche aussetzt, die von ihnen selbst und den Menschen ihrer Umgebung ausgehen. Da sie dazu neigen, die Bedürfnisse anderer höher zu bewerten als die eigenen – teils infolge ihres Hangs, dem Gemeinwohl Vorrang vor persönlichen Belangen einzuräumen –, vergraben sie sich mitunter in ihrer Arbeit, um ihren persönlichen Dämonen zu entkommen. Tatsächlich treten im Berufsleben – und mit ihren Talenten eignen sie sich besonders für die Psychiatrie und verwandte medizinische Bereiche (besonders wenn sie im chinesischen Jahr der Schlange geboren sind) sowie für Kunst – ihre praktischen Fähigkeiten, ihre Energie, Entschlossenheit und phantasievolle Vorgehensweise in den Vordergrund, die auf andere inspirierend und motivierend wirken. Auch im Privatleben sind diese Menschen selbstlos um die Ihren besorgt und schaffen eine wohltuende häusliche Atmosphäre. Doch obwohl die Liebe der ihnen nahestehenden Menschen ihre innere Unsicherheit lindern kann, fühlen sie sich unerfüllt, solange sie nicht auf ihre eigenen inneren Bedürfnisse eingehen.

STÄRKEN: Die am 2. Juli Geborenen zeichnen sich durch enorme Sensibilität aus, die in ihnen tiefe Anteilnahme an ihren Mitmenschen – vor allem den Benachteiligten unter ihnen – weckt und ihnen einen natürlichen Sinn für Gerechtigkeit vermittelt, für die sie sich oft aktiv engagieren. Ihre organisatorischen Fähigkeiten und ihre Beharrlichkeit wissen sie vor allem im Dienst anderer sehr effektiv einzusetzen.
SCHWÄCHEN: Ihre außerordentlich starke Identifikation mit den vom Schicksal weniger Begünstigten rührt vor allem aus ihren eigenen inneren Konflikten und Unsicherheiten her. So kann es passieren, daß sie all ihre Energie auf andere richten und darüber ihre eigenen, potentiell zersetzenden Emotionen vernachlässigen.
FAZIT: Ohne deshalb ihre intuitiven Reaktionen oder ihre Hilfsbereitschaft ihren Mitmenschen gegenüber zu unterdrücken, sollten die an diesem Tag Geborenen ihre Motivationen sorgfältig und ehrlich prüfen, um sicherzugehen, daß sie ihre Augen nicht vor potentiell zerstörerischen inneren Problemen verschließen.

An diesem Tag

Prominente Geburtstage: Thomas Cranmer (1489), Christoph Willibald von Gluck (1714), Hermann Hesse (1877), Jack Hylton (1892), Alec Douglas-Home und König Olaf V. von Norwegen (1903), Thurgood Marshall (1908), Dan Rowan (1922), Imelda Marcos (1931), David Owen (1938), Cheryl Ladd (1951), Jerry Hall (1960), Jimmy McNichol (1961)

Bedeutende Ereignisse und Jahrestage: Aktiver Einsatz gegen gesellschaftliche Mißstände ist typisch für diesen Tag, an dem Oliver Cromwells Parlamentsheer die royalistischen Truppen unter Prinz Ruprecht in der Schlacht von Marston Moor besiegte (1644), der britische Prediger William Booth in London seine später in „Heilsarmee" umgetaufte „Christliche Mission" gründete (1865) und Präsident Lyndon B. Johnson das Bürgerrechtsgesetz gegen Rassendiskrimierung in den USA unterzeichnete (1964). Auch emotionaler Aufruhr ist ein Charakteristikum dieses Tages: Charles Guiteau fügte dem US-Präsidenten James Garfield eine schwere Schußverletzung zu, der er später erlag (1881), der Philosoph und Schriftsteller Jean-Jacques Rousseau starb in geistiger Umnachtung (1771), und der amerikanische Autor Ernest Hemingway nahm sich das Leben (1961). Daß dieser Tag vom Element Wasser beherrscht wird, veranschaulicht eine Flutkatastrophe in den USA, die in Kansas und Missouri 41 Todesopfer forderte und 200.000 Menschen obdachlos machte (1951).

3. JULI

Auch die am 3. Juli Geborenen besitzen die starke und intuitive Sensibilität, die für den Krebs so typisch ist, doch äußert sie sich bei ihnen eher in intellektueller als in emotionaler Form. Das heißt nicht, daß diese Menschen von der Notlage der Bedürftigen unberührt bleiben, sondern nur, daß sie die ihrem Herzen entspringenden Gefühle durch ihren Kopf filtern, bevor sie ihnen Ausdruck verleihen. Trotz ihres intensiven Interesses an anderen, ihres ungezwungenen Charmes und ihres Drangs nach Fortschritt können die an diesem Tag Geborenen zuweilen etwas distanziert erscheinen. Das mag teils daran liegen, daß sie gelernt haben, ihre Gefühle zu verbergen, um sich vor Verletzungen zu schützen, aber auch daran, daß viele dieser bemerkenswert scharfsichtigen Charaktere sich nicht aktiv auf Menschen oder Situationen einlassen, bevor sie sie genauestens beobachtet und analysiert und sich so einen umfassenden Fundus aller relevanten Informationen und Fakten angelegt haben. Diese Neigungen und Talente sind in Verbindung mit ihrer hochfliegenden Phantasie ausgezeichnete Voraussetzungen für künstlerische Erfolge, aber auch für eine Laufbahn in der Psychologie, Psychiatrie oder Medizin. Im Rahmen engerer persönlicher Bindungen erweisen sich die am 3. Juli Geborenen als unermüdlich in ihrem Engagement und ihrer Loyalität. Allerdings kann ihre Neigung zum Analysieren der menschlichen Persönlichkeit es ihnen schwermachen, sich auf einen Lebenspartner festzulegen, da ihr scharfsinniger Geist sie dazu treibt, sich alle möglichen Probleme einer etwaigen Beziehung im voraus auszumalen. Auch können sie, solange sie es nicht lernen, ihre kritischen Äußerungen in diplomatischere Worte zu kleiden, bei anderen fälschlich den Eindruck pedantischer Nörgler erwecken.

STÄRKEN: Die an diesem Tag Geborenen sind so fasziniert von der Vielschichtigkeit der menschlichen Psyche, daß sie den unwiderstehlichen Drang verspüren, die Charaktere in ihrer Umgebung und der Menschheit insgesamt zu studieren, wobei sie sich auf ihre große intuitive und intellektuelle Sensibilität stützen und zu Wegbereitern des Fortschritts werden können.

SCHWÄCHEN: Diese Menschen müssen darauf achten, sich durch ihren natürlichen Hang zum Beobachten nicht zu reinen Zuschauern am Rande menschlicher Beziehungen zu degradieren, die sich von den Freuden des sozialen Miteinanders emotional isolieren, anstatt aktiv daran teilzuhaben.

FAZIT: Die am 3. Juli Geborenen sollten sich klarmachen, daß sie den Menschen, mit denen sie umgehen, mitunter das Gefühl geben, jeder ihrer Schritte werde kritisch beobachtet, und sich daher bemühen, ihren Hang zum Analysieren im Privat- wie im Berufsleben zu zügeln. Sie werden feststellen, daß ihnen die Rolle des Mitspielers in zwischenmenschlichen Beziehungen größere Erfüllung bringt als die des bloßen Schiedsrichters.

An diesem Tag

Prominente Geburtstage: Robert Adam (1728), John Copley (1737), Leos Janácek (1854), William Wallace (1860), Ernst Ferdinand Sauerbruch (1875), George M. Cohan (1878), Franz Kafka (1883), Ken Russell (1927), Pete Fountain (1930), Tom Stoppard (1937), Judith Durham (1943), Richard Hadlee (1951), Laura Branigan (1957), Tom Cruise (1962)

Bedeutende Ereignisse und Jahrestage: An diesem vom Element Wasser beherrschten Tag gründete der französische Entdecker Samuel de Champlain die Stadt Québec am Sankt-Lorenz-Strom (1608), Joshua Slocum vollendete auf seinem Boot „Spray" die erste Einhand-Weltumsegelung (1898), und Rolling-Stones-Gitarrist Brian Jones ertrank in seinem Swimmingpool (1969). Entschlossenes Handeln ist ein Merkmal dieses Tages, an dem russische Soldaten nach einem Generalstreik in Odessa die öffentliche Ordnung wiederherstellten, was viele Menschenleben forderte (1905), der französische Präsident Charles de Gaulle die Unabhängigkeit der einstigen Kolonie Algerien bestätigte (1962) und ein israelisches Sonderkommando auf dem Flughafen von Entebbe in Uganda 103 Geiseln aus einem von palästinensischen Terroristen gekaperten Flugzeug befreite (1976).

Planeteneinflüsse

Herrschender Planet: Mond.
Zweiter Dekan: Persönlicher Planet ist der Mars.

☾ ♂

Religiöse und kulturelle Bedeutung

Beim Stamm der Seminolen in Florida Feier des Neujahrstags mit dem Grünmaistanz. Ehrung der Athena im Alten Griechenland.
Namenstag: Thomas der Apostel, Schutzheiliger der Architekten, Bauarbeiter, Theologen und für eine gute Heirat († 72), Raimundus Lullus von Palma (ca. 1232–1316).

Der 3. Juli, ein vom Element Wasser beherrschter Tag, ist Jahrestag zahlreicher progressiver Errungenschaften, zu denen auch die Gründung der frankokanadischen Hafenstadt Québec im Jahr 1608 zählt.

4. JULI

Planeteneinflüsse

Herrschender Planet: Mond.
Zweiter Dekan: Persönlicher Planet ist der Mars.

☾ ♂

Religiöse und kulturelle Bedeutung

Feier des Unabhängigkeitstags in den USA. Tag der Pax im Alten Rom. Sonnentanzritual der Ute-Indianer. Bei den Mescalero-Apachen Zeremonie zu Ehren der Berggeister.
Namenstag: Ulrich von Augsburg (ca. 890–973), Elisabeth von Portugal (1271–1336).

Der vielleicht prägendste Wesenszug der am 4. Juli Geborenen, der ihr intellektuelles Handeln bestimmt und ihre emotionalen Bedürfnisse befriedigt, ist ihre starke Identifikation mit der Gemeinschaft – sei es ihre Familie, ihr Kollegenkreis, das örtliche Gemeinwesen, ihr Land oder sogar die Menschheit insgesamt. Zu der Gesellschaftsgruppe, der ihr Hauptaugenmerk gilt, pflegen sie eine geradezu symbiotische Beziehung, denn während sie ihre außergewöhnliche Organisationsgabe, leidenschaftliche Loyalität und Einsatzbereitschaft für übergeordnete Interessen in den Dienst des Gemeinwohls stellen, beziehen sie im Gegenzug ein beruhigendes Sicherheitsgefühl daraus, sich in den festen menschlichen Bindungen zu verankern, die aus gemeinsamen Anliegen und Zielen entstehen. So drehen sich auch die Träume und Visionen der am 4. Juli Geborenen meist um die Förderung des menschlichen Fortschritts. Obwohl ihre Ideale anfänglich unerreichbar radikal erscheinen mögen, sind diese Menschen mit all ihren praktischen Fähigkeiten, ihrer Erfindungsgabe, Beharrlichkeit und Entschlossenheit in ihrem Streben oft erstaunlich erfolgreich. Welche Laufbahn sie auch wählen, fühlen sich die an diesem Tag Geborenen nur im Kreis eines gleichgesinnten Kollegenteams wohl, das auf ein gemeinsames Ziel hinarbeitet. Wenn sie sich nicht für die Politik entscheiden, findet man sie oft in Bereichen wie der Medizin, dem Militär oder dem Rechtsvollzug, doch können sie ihre Energie auch auf die Künste richten, um andere in der Freude an ihrem Schaffen zu einen. Erstaunlicherweise sind sie trotz aller Ausrichtung auf ihre Mitmenschen selbst eher verschlossene Charaktere (besonders Männer), die ihre innersten Gefühle lieber für sich behalten.

STÄRKEN: Die am 4. Juli Geborenen binden sich gern in größere gesellschaftliche Gruppierungen ein und setzen ihre beträchtliche Vorstellungskraft und praktische Begabung voller Energie, Loyalität und Zielbewußtsein für das Wohl der Allgemeinheit ein.
SCHWÄCHEN: Sie machen sich das Selbstverständnis und die Bestrebungen der sozialen Gruppe, mit der sie sich identifizieren, so vorbehaltlos zu eigen, daß es ihnen bei Interessenskonflikten oder abweichenden Meinungen an Objektivität mangeln kann.
FAZIT: Obwohl die an diesem Tag Geborenen ungeheure Befriedigung aus ihrer Arbeit ziehen, die meist dem Wohl anderer geweiht ist, sollten sie bedenken, daß sie – ebenso wie ihre Familie, Freunde und Kollegen – auch emotionale Bedürfnisse haben, die das Gemeinwesen nicht befriedigen kann. Sie sollten sich daher hüten, im Einsatz für das Wohl einer breiteren Allgemeinheit ihre Individualität oder ihr Privatleben aufzugeben.

An diesem Tag

Prominente Geburtstage: Christian Gellert (1715), Jean Pierre Blanchard (1753), Nathaniel Hawthorne (1804), Giuseppe Garibaldi (1807), Stephen Collins Foster (1826), Thomas Barnardo (1845), Calvin Coolidge (1872), Louis B. Mayer (1885), Louis Armstrong (1900), Gertrude Lawrence (1898), George Murphy (1902), Mitch Miller (1911), Abigail Van Buren und Ann Landers (1918), Gina Lollobrigida und Neil Simon (1927), George Steinbrenner (1930)

Der Unabhängigkeitstag der USA erinnert an die Verabschiedung der amerikanischen Unabhängigkeitserklärung, die 1776 an diesem Tag erfolgte, der große Sorge um das Gemeinwohl und ein ausgeprägtes Streben nach sozialem und humanitärem Fortschritt hervorhebt. Hier sieht man Benjamin Franklin, einen engagierten Verfechter der Selbstbestimmung, bei der Unterzeichnung des Dokuments.

Bedeutende Ereignisse und Jahrestage: Der 4. Juli ist von drängender Sorge um die Interessen der Allgemeinheit geprägt, die sich auf politischem Gebiet in verschiedenster Weise äußern kann: So veröffentlichten Karl Marx und Friedrich Engels an diesem Tag ihr revolutionäres *Kommunistisches Manifest* (1848), Keir Hardie wurde als erster sozialistischer Abgeordneter ins britische Parlament gewählt (1904), und die Philippinen erlangten am amerikanischen Unabhängigkeitstag ihre eigene Unabhängigkeit von den USA (1846). Daß dieser Tag vom Element Wasser beherrscht wird, äußerte sich in der Aufnahme der Bauarbeiten am nordamerikanischen Eriekanal (1817) und am Panamakanal in Mittelamerika (1904).

5. JULI

Wie viele Krebse sind auch die am 5. Juli Geborenen ausgesprochen sensible und intuitive Naturen, die ihre inspirierenden Visonen mit großer emotionaler Bedeutung ausstatten. Doch sind sie im Gegensatz zu anderen unter diesem Zeichen Geborenen weniger um die Bedürfnisse anderer als um ihre eigene emotionale Erfüllung besorgt – obwohl auch sie sich bemühen, ihrer Umgebung gefällig zu sein. Dieses Streben liegt vielen Handlungen dieser etwas sprunghaften Menschen zugrunde, die der Verlockung neuer und interessanter Bekanntschaften, Themen oder Unternehmungen selten widerstehen können. Wenn ein Thema ihr Interesse wirklich fesselt, ergründen sie es mit durchdringendem Scharfblick, großer Energie und lebhafter Phantasie und setzen da, wo Handeln gefragt ist, ihr beachtliches Planungs- und Organisationsgeschick ein. Sie können sich in jedem Bereich, in dem sie ihren Instinkten unbehindert von den Beschränkungen anderer folgen können, als talentierte Neuerer hervortun, doch am ehesten bietet ihnen diese Freiheit wohl eine kreative Laufbahn, etwa als Designer. Ihre originelle, charmante und dynamische Art macht sie zu außerordentlich gewinnenden und beliebten Persönlichkeiten, die offenbar mühelos Scharen von Bewunderern anziehen. Doch obwohl sie in größerer Gesellschaft ausgezeichnete Selbstdarsteller und Unterhalter sind, schrecken sie oft davor zurück, sich auf feste Zweierbeziehungen einzulassen (vor allem die im chinesischen Jahr des Pferdes Geborenen), vielleicht weil sie fürchten, daß eine zu enge Beziehung lähmend auf sie wirken könnte. Denn sie brauchen trotz aller Liebe und Loyalität, die sie Freunden und Familienangehörigen entgegenbringen, die Freiheit, ihren persönlichen Träumen zu folgen.

STÄRKEN: Diese außergewöhnlich sensiblen, phantasiebegabten, vitalen und charmanten Menschen sind vom dringenden Verlangen nach Verwirklichung ihrer emotionsgeladenen Visionen getrieben. Beim konzentrierten Verfolgen ihrer Ambitionen stützen sie sich auf ihre visionäre Zielstrebigkeit und ihre bemerkenswerten praktischen Fähigkeiten.
SCHWÄCHEN: Ihr unwiderstehlicher Drang nach beglückenden emotionalen und sinnlichen Erfahrungen birgt die Gefahr, daß die an diesem Tag Geborenen niemals in dauerhaften und stabilen emotionalen Beziehungen oder intellektuellen Interessen zur Ruhe kommen.
FAZIT: Die am 5. Juli Geborenen sollten sich klarmachen, daß sie vielleicht nicht immer in die Ferne schweifen müssen, um die Befriedigung zu erlangen, nach der sie trachten, sondern diese auch in ihren persönlichen Bindungen und den schlichten Freuden eines stabilen Zuhauses finden können. Sie sollten sich daher bemühen, ihren engeren Beziehungen die gleiche Aufmerksamkeit zu widmen wie ihren außerhäuslichen Interessen.

An diesem Tag

Prominente Geburtstage: Etienne de Silhouette (1709), Luke Hansard (1752), Sarah Siddons (1755), Thomas Stamford Raffles (1781), Phineas Taylor Barnum (1810), Cecil Rhodes (1853), Clara Zetkin (1857), Jean Cocteau (1889), Gordon Jacob (1895), Georges Pompidou (1911), Katherine Helmond (1934), Shirley Knight (1936), Julie Nixon Eisenhower (1948), Huey Lewis (1951)

Bedeutende Ereignisse und Jahrestage: Der 5. Juli steht für die energische Durchsetzung von Visionen aller Art: So verwirklichte an diesem Tag die britische Labour Party ihr Ziel, zur Regierungspartei gewählt zu werden (1945), und der Tennisspieler Arthur Ashe errang als erster Afroamerikaner den Wimbledontitel im Herreneinzel (1975). Der prägende Einfluß des Planeten Mars auf den 5. Juli äußerte sich in zwei kriegerischen Handlungen an diesem Tag: der Rückeroberung des umstrittenen, von Palästinensern besiedelten Gazastreifens durch die Israelis (1967) und dem Militärputsch von General Ziaul Haq, der den pakistanischen Regierungschef Zulfikar Ali-Khan Bhutto absetzen und verhaften ließ (1977).

Planeteneinflüsse

Herrschender Planet: Mond.
Zweiter Dekan: Persönlicher Planet ist der Mars.

☾ ♂

Religiöse und kulturelle Bedeutung

Nationalfeiertag in Venezuela. Aphel der Erde (der Punkt, an dem die Erde am weitesten von der Sonne entfernt ist). Ehrung der Göttin Maat bei den Alten Ägyptern.
Namenstag: Wilhelm von Hirsau (von Regensburg, † 1091), Antonio Maria Zaccaria (1502–39).

Der am 5. Juli 1810 geborene Phineas Taylor Barnum, Mitbegründer des weltberühmten Barnum & Bailey Circus, besaß den schöpferischen Weitblick und die lebhafte Phantasie, die zu den typischen Wesenszügen dieses Tages gehören.

6. JULI

Planeteneinflüsse

Herrschender Planet: Mond.
Zweiter Dekan: Persönlicher Planet ist der Mars.

☾ ♂

Religiöse und kulturelle Bedeutung

Heidnischer Ehrentag der gehörnten Göttin.
Namenstag: Goar (ca. 495–575), Sexburga († ca. 699), Godeleva († 1070), Maria Goretti (1890–1902), Maria Theresia von Ledochowska (1863–1922).

Der 6. Juli begünstigt die Verwirklichung persönlicher Visionen und war der Tag, an dem Louis Pasteur 1885 seinen Impfstoff gegen die Tollwut erstmals erfolgreich erprobte.

Wichtiger als alles andere erscheint den an diesem Tag Geborenen die Verwirklichung ihres persönlichen Lebenstraums, gleich, ob es sich um die große Liebe, die ideale Berufslaufbahn, einen befriedigenden Lebensstil oder eine humanitäre oder spirituelle Vision handelt. Ob sie sich dieses Strebens nach einem Ideal bewußt sind oder nicht, motiviert es den größten Teil ihres Tuns und bleibt trotz der vielen Rückschläge und Enttäuschungen, die sie unweigerlich erleben werden, der Leitstern ihres Lebenswegs. Sie konzentrieren sich in aller Regel auf eine einzige Vision und verfolgen diese mit einem Optimismus, einer Energie und Begeisterung, die oft ansteckend auf andere wirken, vor allem, wenn sie sich auf ein globales Ziel richten oder sich in der Welt der Künste entfalten, zu der sich diese Menschen hingezogen fühlen. Zusammen mit ihrer magnetischen Anziehungskraft, ihrer Herzlichkeit und ihrem Charme (die sich auf ihren starken Willen und ihr Verlangen, es anderen recht zu machen, gründen) macht sie dies zu umschwärmten und begeisterungsfähigen Persönlichkeiten. Da ihnen ihre ausgeprägte Sensibilität anderen gegenüber große Anteilnahme und den ehrlichen Wunsch einflößt, das Leben ihrer Mitmenschen zu erleichtern, sind die am 6. Juli Geborenen treue und liebevolle Freunde, Angehörige und vor allem Eltern. Eine dauerhafte Zweierbeziehung einzugehen, die ihre emotionalen Bedürfnisse wirklich befriedigt, fällt ihnen jedoch schwer, wenn es ihnen nicht gelingt, ihre idealisierten Ansprüche an einen potentiellen Lebensgefährten zu mäßigen.

STÄRKEN: Haupttriebfeder der am 6. Juli Geborenen ist der Drang nach Verwirklichung einer alles beherrschenden Vision – sei es nun ein persönliches, berufliches oder humanitäres Ziel. In dieses Streben investieren sie all ihre Begabungen, wobei es ihnen mit Energie, Optimismus und Charisma oft gelingt, auch andere für ihre Mission zu gewinnen.
SCHWÄCHEN: Viele der an diesem Tag Geborenen verrennen sich so in ihre (oft unerreichbaren) persönlichen Träume, daß sie ihre Augen für die Erfüllungsmöglichkeiten verschließen, die andere Bereiche ihres Lebens ihnen bieten mögen.
FAZIT: Diese Menschen sollten sich bewußt machen, daß sie das Ziel, auf das sie ihr ganzes Leben ausrichten, vielleicht nie erreichen werden. Es wäre daher für sie ratsam, eine realistischere Einschätzung des Machbaren und größeren Pragmatismus zu entwickeln.

An diesem Tag

Prominente Geburtstage: John Paul Jones (1747), Maximilian, Erzherzog von Österreich und Kaiser von Mexiko (1832), Hanns Eisler (1898), Laverne Andrews (1915), Nancy Reagan (1921), Ruth Cracknell, Merv Griffin und Bill Haley (1925), Janet Leigh (1927), Della Reese (1931), der 14. Dalai Lama (1935), Dave Allen (1936), Vladimir Ashkenazy und Ned Beatty (1937), Mary Peters (1939), Sylvester Stallone (1946), Allyce Beasly (1954)

Bedeutende Ereignisse und Jahrestage: Typisch für den 6. Juli ist das unerschütterliche Einstehen für persönliche Überzeugungen: An diesem Tag wurde der böhmische Reformator Jan Hus wegen seiner Ablehnung der päpstlichen Autorität auf dem Scheiterhaufen verbrannt (1415), der englische Lordkanzler Thomas More enthauptet, weil er sich weigerte, die kirchliche Oberhoheit König Heinrich VIII. anzuerkennen (1535), und der illegitime Sohn Karl II. von England, Jakob, erlitt in der Schlacht von Sedgemoor eine vernichtende Niederlage gegen die Truppen Jakob II., in deren Folge er wenige Tage später gefangengenommen und ebenfalls hingerichtet wurde (1685). Andere hingegen konnten an diesem Tag ihre Ambitionen verwirklichen: So wurde Dadabhai Naoraji als erster Farbiger ins britische Parlament gewählt (1892), und die Tennisspielerin Althea Gibson gewann als erste Afroamerikanerin das Wimbledonfinale im Dameneinzel (1957). Weitere Visionen, die an diesem Tag in die Tat umgesetzt wurden: die Eröffnung der ersten Autorennstrecke der Welt im englischen Brooklands (1907) und die erste Atlantiküberquerung eines Luftschiffs – einer britischen „R34" (1919). An diesem vom Element Wasser beherrschten Tag kamen bei einer Explosion auf der Piper-Alpha-Bohrinsel in der Nordsee 167 Arbeiter ums Leben (1988).

7. JULI

Die an diesem Tag Geborenen legen ein etwas zwiespältiges Wesen an den Tag, das sich einerseits durch sehr phantasievolle Zukunftsträume, andererseits durch erstaunliche Tatkraft und Entschlossenheit auszeichnet. Ihre hochfliegende Vorstellungskraft bewegt sie, sich Projekten zu verschreiben, die anderen hoffnungslos unrealistisch und versponnen scheinen mögen, die sie aber zur um so größeren Verblüffung ihrer Kritiker oft erfolgreich umsetzen. Wenn sie ihre vielfältigen persönlichen Eigenschaften, so etwa ihren Idealismus, ihre Energie und praktische Veranlagung, harmonisieren können, haben sie das Zeug dazu, bemerkenswerte Innovationen zu bewirken. Sie müssen nur darauf achten, sich von weniger progressiven Geistern nicht entmutigen zu lassen, sondern ihren Glauben an sich selbst zu bewahren. Diese pragmatischen Naturen nutzen ihr Einfühlungsvermögen, um ihre Methoden so abzustimmen, daß sie von ihrer Umgebung möglichst positiv aufgenommen werden, und wirken mit ihrem Weitblick und ihrer Vitalität äußerst inspirierend auf ihre Mitmenschen. Ihre Berufswahl kann nach persönlichen Vorlieben variieren, doch fühlen sie sich häufig zum künstlerischen Ausdruck – ob als Musiker, Maler oder Schauspieler – hingezogen, können ihre Intuition und Energie aber auch im Geschäftsleben äußerst effektiv zum Einsatz bringen. Trotz ihrer großen persönlichen Ausstrahlung sind dies relativ zurückhaltende Menschen, die enge Freundschafts- und Familienbande pflegen, in deren Rahmen sie emotionale Unterstützung empfangen, jedoch auch ihrerseits bieten.

STÄRKEN: Diese Menschen sind mit einer weitgreifenden Phantasie gesegnet, die Grundlage ihrer bemerkenswert originellen Ambitionen ist. Bei der Verwirklichung dieser Ziele helfen ihnen ihre ausgeprägte Intuition, ihr hochentwickeltes Zielbewußsein und Organisationsgeschick und ihre eindrucksvolle Energie.

SCHWÄCHEN: Wenn – wie es häufig geschieht – ihre visionären Ideen als nicht realisierbar abgetan werden, reagieren diese Menschen darauf oft negativ oder übersteigert, indem sie kompromißlos auf ihren Plänen beharren, obwohl es besser sein könnte, den einen oder anderen skeptischen Einwand zu berücksichtigen, oder voreilig resignieren und ihre Pläne desillusioniert aufgeben.

FAZIT: Ohne sich deshalb von ihren Träumen abbringen zu lassen, sollten die am 7. Juli Geborenen lernen, ihre Erfolgsaussichten realistischer und objektiver einzuschätzen. Wenn sie auf die Meinungen anderer hören und eine pragmatischere Haltung entwickeln, wird es ihnen auch leichter fallen, die Unterstützung anderer für ihre Ziele zu gewinnen.

An diesem Tag

Prominente Geburtstage: Gustav Mahler (1860), Lion Feuchtwanger (1884), Marc Chagall (1887), George Cukor (1899), Vittorio de Sica und Gustav Knuth (1901), John Pertwee (1919), Pierre Cardin (1922), Doc Severinsen (1927), Ringo Starr (1940), Bill Oddie (1941), Tony Jacklin (1944), Joe Spano (1946), Shelley Duval (1949), Jessica Hahn (1959), Fred Savage (1976), Michelle Kwan (1980)

Bedeutende Ereignisse und Jahrestage: Der 7. Juli verheißt wegbereitende Errungenschaften, sofern sie mit Beharrlichkeit und Pragmatismus angestrebt werden: So traf an diesem Tag eine amerikanische Gesandtschaft unter Marineoffizier Matthew Perry im japanischen Uraga zu Verhandlungen ein, die Japans 250jährige Isolation beenden und lukrative Handelsbeziehungen eröffnen sollten (1853), die englische Königin Elisabeth II. schlug den Weltumsegler Francis Chichester zum Ritter, wobei sie sich des symbolträchtigen Schwerts von Sir Francis Drake bediente (1967), und das vielleicht bedeutendste Musikereignis aller Zeiten, das in Großbritannien und den USA parallel veranstaltete Live-Aid-Konzert, fand statt, um den hungernden Menschen in Äthiopien zu helfen (1985) – wofür Königin Elisabeth II. Bob Geldof als Organisator später eine Ehrenritterschaft verlieh. An diesem von künstlerischem Talent geprägten Tag veröffentlichte Sir Walter Scott seinen historischen Roman *Waverley* (1814).

Planeteneinflüsse

Herrschender Planet: Mond.
Zweiter Dekan: Persönlicher Planet ist der Mars.

☾ ♂

Religiöse und kulturelle Bedeutung

Stierlauf in Spanien. Tanabata-Feiern in Japan. In China Tag des alljährlichen Milchstraßenfests.
Namenstag: Ethelburga von Faremoutier († 645), Hedda von Winchester († 705), Überführung der Gebeine des Thomas von Canterbury (1118–70).

Viele der an diesem Tag Geborenen sind künstlerisch besonders talentiert: Eines der bemerkenswertesten Beispiele hierfür war Marc Chagall, der mit seinen außerordentlich originellen und phantasievollen Gemälden zum Wegbereiter des Surrealismus wurde.

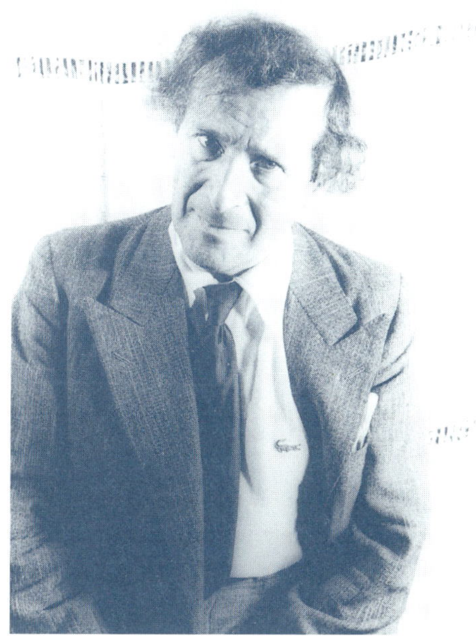

Planeteneinflüsse

Herrschender Planet: Mond.
Zweiter Dekan: Persönlicher Planet ist der Mars.

☾ ♂

Religiöse und kulturelle Bedeutung

Im Alten Rom Nonae-Caprotinae-Feier zu Ehren der Juno.
Namenstag: Aquila und Prisca (1. Jh.), Kilian und Gefährten († ca. 689), Hadrian III. († 885), Edgar der Friedfertige (ca. 944–975).

Der 8. Juli ist ein Tag des entschlossenen Verfolgens ehrgeiziger Ziele. Das Bild zeigt Fred J. Perry in Wimbledon am 8. Juli 1934, als er den ersten seiner drei aufeinanderfolgenden Meisterschaftstitel im Herreneinzel auf dieser berühmtesten Rasentennisanlage der Welt erringt.

8. JULI

Andere bewundern die an diesem Tag Geborenen für ihre Dynamik, Zielstrebigkeit, Energie und praktische Begabung, doch ist dieser Respekt eher ehrfürchtiger Natur als auf Zuneigung gegründet. Denn ihre Willensstärke, ihr Glaube an sich selbst und ihre kompromißlose Entschlossenheit sind so ausgeprägt, daß ihre Hartnäckigkeit zuweilen schon in Rücksichtslosigkeit ausartet. Häufig sind es die organisatorischen Aspekte einer Aufgabe, die sie am meisten interessieren: Sie verspüren den überwältigenden Drang, die Verwirklichung ihrer progressiven Visionen durch ein solides Gerüst stützender Maßnahmen zu gewährleisten. Sie gedeihen überall dort, wo sie ihre phantasievollen Visionen entfalten und zugleich greifbare Ergebnisse erzielen können: Ihre Neigungen und Talente sind für kaufmännische oder wissenschaftliche Unternehmungen ebenso vielversprechend wie für künstlerische Tätigkeiten, die gründliche Recherchen und Ausarbeitungen erfordern.

Ihre persönlichen Beziehungen sind von ihrem Bedürfnis geprägt, die Aktivitäten ihrer Umgebung zu lenken. Doch verfügen sie neben dem intellektuellen Scharfblick, der viele ihrer Handlungen bestimmt, auch über Sensibilität für die Gefühle anderer. So nehmen sie die Dinge zwar gern in die eigene Hand, vermeiden es aber nach Möglichkeit, andere dabei einfach zu überfahren – vielleicht auch in der Erkenntnis, daß sie mehr erreichen können, wenn sie sich die Unterstützung anderer sichern. Diese pragmatische Einstellung kommt ihnen auch in ihren engeren Beziehungen zustatten – besonders den Männern unter ihnen.

STÄRKEN: Die am 8. Juli Geborenen sind willensstarke, vom Drang nach Verwirklichung ihrer Ziele getriebene Charaktere. Ihre Ideale sind mitunter hochgesteckt, aber selten unerreichbar, zumal sie sie unter Einsatz ihrer hochentwickelten praktischen und technischen Fähigkeiten mit außerordentlicher Energie und Zielstrebigkeit verfolgen.
SCHWÄCHEN: In ihrer kompromißlosen Ausrichtung auf ihre Ziele verkennen die an diesem Tag Geborenen zuweilen, daß andere – vor allem ihre Familienangehörigen – nicht immer die gleichen Prioritäten setzen wie sie. So können sie diese verletzen, indem sie den eigenen Interessen gedankenlos Vorrang vor den Bedürfnissen ihrer engeren Umgebung einräumen.
FAZIT: Diese durchaus intuitiv veranlagten Menschen sollten sich mehr Gedanken um die Wirkung machen, die ihr energisches Handeln auf andere haben kann, vor allem auf die, die nicht in ihre beruflichen Projekte eingebunden sind. Sie sollten auch lernen, die schlichteren Freuden des gesellschaftlichen und familiären Lebens zu genießen und sich selbst mehr Zeit zur Entspannung einzuräumen.

An diesem Tag

Prominente Geburtstage: Jean de la Fontaine (1621), Tom Cribb (1781), Joseph Chamberlain (1836), Ferdinand von Zeppelin (1838), John D. Rockefeller (1839), Arthur Evans (1851), Käthe Kollwitz (1867), Ernst Bloch (1885), Nelson Aldrich Rockefeller (1908), Billy Eckstine (1914), Walter Scheel (1919), Cynthia Gregory (1946), Anjelica Huston (1951), Kevin Bacon (1958), Mal Mennga (1960), Kathleen Robertson (1973)

Bedeutende Ereignisse und Jahrestage: Dieser Tag steht für die entschlossene Verwirklichung inspirierender Ziele, wie sich zeigte, als der portugiesische Seefahrer Vasco da Gama von Lissabon zu seiner (letztlich erfolgreichen) Suche nach einem Seeweg nach Indien aufbrach (1497) und in den USA die aufwendige Revue *The Ziegfeld Follies* uraufgeführt wurde (1907). Der kriegerische Einfluß des Planeten Mars spiegelte sich in drei Geschehnissen des 8. Juli: dem Sieg der russischen Truppen von Peter dem Großen über die Armee Karl XII. von Schweden in der Schlacht bei Poltawa in der Ukraine, der den Niedergang des Schwedenreichs einläutete (1709), oder dem letzten offiziellen Schwergewichtsboxkampf mit bloßen Fäusten in Richburg, Mississippi (1889). Die Herrschaft des Elements Wasser über diesen Tag wurde auf tragische Weise veranschaulicht, als der englische Dichter Percy Bysshe Shelley bei einem Segelunfall in Italien ertrank (1822).

9. JULI

Ihr phantasievoller Forscherdrang und ihre Begeisterung für die Erkundung ungewöhnlicher Interessensgebiete, zu denen sie sich hingezogen fühlen, verleihen den am 9. Juli Geborenen die Gabe, geradezu revolutionäre Lebenswege einzuschlagen. Ihre feste Überzeugung, daß es auf dieser Welt noch viel Neues, Unerforschtes zu entdecken gibt, treibt sie oft, sich mit Konzepten auseinanderzusetzen, die weniger Aufgeschlossene als Spinnereien abtun würden – so wie avantgardistische Theorien der Wissenschaft oder Kunst oder sogar übersinnliche Phänomene, Mystizismus und Spiritualität. Trotz der Originalität ihrer Visionen sind sie selten unrealistisch in der Einschätzung ihrer Erfolgsaussichten, da sich in ihnen intellektueller und intuitiver Scharfsinn mit bemerkenswerter Findigkeit und praktischer Begabung paart. Zieht man außerdem ihren Optimismus und ihre Energie in Betracht, wird verständlich, warum dies so einnehmende und beliebte Menschen sind. Auch wenn ihr Handeln oft von ihren sehr persönlichen Visionen motiviert ist, streben sie in aller Regel lieber als Mitglied eines eingespielten Teams als auf eigene Faust nach ihrer Verwirklichung. Dies nicht nur, weil die Gesellschaft und die Ideen anderer anregend auf sie wirken, sondern auch, weil enge und stützende berufliche Beziehungen für ihr emotionales Gleichgewicht von großer Bedeutung sind. Ebenso wissen sie im Privatleben die vorbehaltlose Liebe der ihnen nahestehenden Menschen zu würdigen und sind meist fürsorgliche und einfühlsame Angehörige, vor allem wenn sie im chinesischen Jahr des Affen geboren sind.

STÄRKEN: Ihr Verlangen, die Grenzen menschlichen Wissens zu erweitern, entspringt der Überzeugung von der Existenz verborgener Wahrheiten, aber auch intellektueller Neugier. Ihre progressiven Bestrebungen verfolgen diese Menschen mit außergewöhnlicher Sensibilität und Energie, großem Organisationsgeschick und Optimismus.
SCHWÄCHEN: Wenn sich die von Natur aus optimistischen und beharrlichen Charaktere in ihrem Vorankommen durch die Skepsis anderer behindert fühlen, neigen sie zu Frustrationsgefühlen, die sich in Wutausbrüchen oder im Rückzug in eine private Traumwelt niederschlagen können.
FAZIT: Die an diesem Tag Geborenen sollten sich durch unvermeidliche Negativreaktionen auf ihre fortschrittlichen Ideen nicht entmutigen oder deprimieren lassen, zugleich aber auch darauf achten, ihre Bemühungen nicht durch Starrsinnigkeit selbst zu vereiteln.

An diesem Tag

Prominente Geburtstage: Jakob Krause (1586), Elias Howe (1819), Nikola Tesla (1856), Ottorino Respighi (1879), Bruce Bairnsfather (1888), Barbara Cartland (1901), Elisabeth Lutyens (1906), Edward Heath (1916), Ed Ames (1927), Michael Williams (1935), David Hockney (1937), Brian Dennehy (1940), O.J. Simpson (1947), John Tesh (1952), Tom Hanks (1956), Kelly McGillis (1959), Jimmy Smits (1959), Courtney Love (1964)

Bedeutende Ereignisse und Jahrestage: An diesem vom Einsatz für neue Vorstellungen geprägten Tag wurden in England die ersten Wimbledon-Tennismeisterschaften ausgerichtet (1877). Die englische Königin gab ihre Zustimmung, daß Australien nicht länger britische Kolonie, sondern eine souveräne Nation im British Commonwealth sein sollte (1900), und das erste überlebende Nashorn wurde in Gefangenschaft geboren (1969). Die Einflüsse des 9. Juli verweisen aber auch auf Ambitionen, die anderen unannehmbar scheinen mögen: So wurde Lady Jane Grey an diesem Tag zur Königin von England erklärt, jedoch schon zehn Tage später von Maria I. wieder abgesetzt (1553). An diesem vom Element Wasser beherrschten Tag stellte der amerikanische Schwimmer Johnny Weissmuller einen Weltrekord auf, indem er 100 Meter in weniger als einer Minute bewältigte (1922). Typisch für den 9. Juli ist große Aufgeschlossenheit für das Übersinnliche, und so wurde an diesem Tag die Kathedrale von York vom Blitz getroffen, was manche Christen als Ausdruck göttlichen Mißfallens über die unorthodoxen Bemerkungen des Erzbischofs von York zum Thema Unbefleckte Empfängnis interpretierten (1984).

Planeteneinflüsse

Herrschender Planet: Mond.
Zweiter Dekan: Persönlicher Planet ist der Mars.

☾ ♂

Religiöse und kulturelle Bedeutung

Nationalfeiertag in Argentinien. Erster Tag der Panathenäen zu Ehren der Athena bei den Alten Griechen. Feier der Geburtstage des Dionysos und der Rhea.
Namenstag: Agilolf († 752), Adrian und Jakob († 1572), Veronica Giuliani (1660–1727).

Einfallsreiches Handeln ist ein Merkmal dieses Tages, das sich in England 1939 in der erstmaligen Ausgabe von Gasmasken an Zivilisten zum Schutz vor feindlichen Angriffen im Zweiten Weltkrieg äußerte.

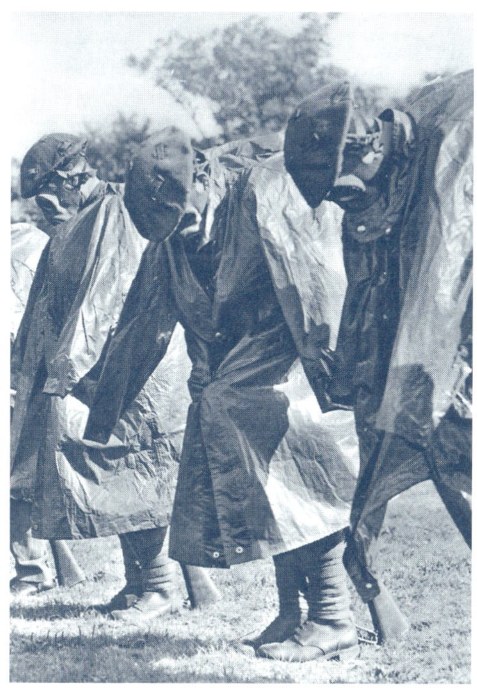

10. JULI

Planeteneinflüsse

Herrschender Planet: Mond.
Zweiter Dekan: Persönlicher Planet ist der Mars.

☾ ♂

Religiöse und kulturelle Bedeutung

Tag der germanischen Naturgöttin Holda.
Namenstag: Alexander und Brüder († ca. 165), Olaf von Norwegen (995–1030), Knud von Dänemark (ca. 1040–86), Erich von Schweden († 1160).

Mit der für sein Geburtsdatum typischen Gabe zur entschlossenen Verwirklichung seiner Visionen trug Camille Pissarro, führender Vertreter des frühen Impressionismus, zur Begründung einer der beliebtesten Kunstrichtungen der westlichen Geschichte bei. Der 1830 geborene Künstler offenbart in seinem Werk Neige à Lower Norwood *(1870), aus dem unten ein Ausschnitt zu sehen ist, seine scharfe Beobachtungsgabe und sein sensibles Wesen.*

Die an diesem Tag Geborenen interessieren sich für alle Aspekte des menschlichen Wesens – von der individuellen Psyche ihrer Mitmenschen bis zum Verhalten der Menschheit insgesamt –, und es gibt kaum etwas, das ihrem durchdringenden und allumfassenden Scharfblick entgehen kann. Ihre Stärke liegt mehr im Beobachten als im Handeln, was nicht heißen soll, daß es ihnen grundsätzlich an eigenen Meinungen und Ambitionen oder der Entschlossenheit, diese in die Tat umzusetzen, mangelt. Doch ist für sie das Sammeln detaillierter Informationen eine Grundvoraussetzung zur Erarbeitung und Durchsetzung ihrer Strategien. Tatsächlich verbirgt sich hinter ihrem milden, bescheidenen Auftreten ein geschliffen scharfer Intellekt, dessen deutliche Ausdrucksweise jene verblüffen kann, die sie nicht näher kennen und sie fälschlich als passiv und langweilig eingestuft haben. Wenn sie das zur Sicherung des Erfolgs benötigte Hintergrundmaterial erst zusammengetragen haben, machen sich diese Menschen mit bemerkenswerter Zielstrebigkeit und Beharrlichkeit an die Umsetzung ihrer Visionen, wobei sie auch auf ihr großes Organisationsgeschick zurückgreifen können. Die am 10. Juli Geborenen streben eher nach ideellen als nach materiellen Werten und können mit ihren Neigungen und Begabungen Erfolg als einfühlsame Psychologen und Psychiater, Maler, Schriftsteller und Musiker, aber auch als Sportler haben – auf praktisch jedem Gebiet, das ihre Freiheit des Denkens und Handelns nicht durch eine „Unternehmensphilosophie" einschränkt. In der Wahl ihrer Freunde und Lebenspartner sind viele von ihnen ausgesprochen kritisch, doch wenn sie sich einmal festgelegt haben, bewahren sie stets loyale Treue.

STÄRKEN: Diese für jede Nuance des menschlichen Verhaltens sensiblen Naturen finden es faszinierend, die Handlungen und Motive anderer zu beobachten und zu analysieren, und gehen in ähnlicher Weise auch an jeden anderen Gegenstand heran, der ihr Interesse erregt. Die Ergebnisse ihrer Nachforschungen setzen sie dann gegebenenfalls unter Einsatz ihres Scharfblicks und ihrer praktischen Fähigkeiten in konkrete Fortschritte um.
SCHWÄCHEN: Ihre Vorliebe für das Beobachten und ihre Neigung, eigenes Handeln aufzuschieben, bis sie den Gegenstand ihres Interesses völlig durchschaut haben, kann diese Menschen zu ewigen Zuschauern am Rande des Lebens statt aktiven Teilnehmern machen.
FAZIT: Um sich – vor allem im Privatleben – nicht von anderen zu isolieren, sollten die an diesem Tag Geborenen ihre Vorsicht hin und wieder über Bord werfen und sich auf das Vergnügen der aktiven Teilnahme an zwischenmenschlichen Beziehungen einlassen, ohne sich um die Folgen zu scheren (was sich als lehrreiche und befreiende Erfahrung erweisen dürfte).

An diesem Tag

Prominente Geburtstage: John Calvin (1509), Pierre Joseph Redouté (1759), Frederick Marryat (1792), Camille Pissaro (1830), James Abbott McNeill Whistler (1834), Marcel Proust (1871), Giorgio de Chiroco (1888), Carl Orff (1895), Saul Bellow (1915), David Brinkley (1920), Jake LaMotta (1921), Fred Gwynne (1926), Jürgen Becker (1932), Arthur Ashe (1943), Virginia Wade (1945), Arlo Guthrie (1947), Sunil Gavaskar (1949)

Bedeutende Ereignisse und Jahrestage: Beobachtungsgabe ist ein prägender Wesenszug dieses Tages, an dem die USA den Kommunikationssatelliten „Telstar I" von Cape Canaveral in Florida starteten, der den Empfang amerikanischer Fernsehprogramme in Europa ermöglichen sollte (1962). Der französische Geheimdienst versenkte das Greenpeace-Schiff „Rainbow Warrior" im Hafen von Auckland in Neuseeland, um die Beobachtung französischer Atombombentests zu verhindern, wobei ein Besatzungsmitglied ums Leben kam (1985). Dieser Tag weist auch darauf hin, daß gemeinschaftliches Handeln größeren Nutzen für das Gemeinwohl bringen kann als einsames Streben, veranschaulicht etwa durch den Beitritt Wyomings zur Union der amerikanischen Staaten (1890) und die offizielle Eröffnung der Pariser Untergrundbahn Metro (1900).

11. JULI

Ob sie sich dieses Charakterzugs bewußt sind oder nicht, die am 11. Juli Geborenen zeichnen sich vor allem durch ihr intensives Interesse an zwischenmenschlichen Beziehungen aus. Obwohl sie sich durchaus von abstrakten, intellektuellen Ideen oder auch von persönlichen Ambitionen und Visionen beflügeln lassen, beziehen diese praktisch immer andere mit ein –Freunde, Verwandte, Kollegen oder auch ein Publikum. Tatsächlich sind die am 11. Juli Geborenen – die sich generell zu den Künsten hingezogen fühlen und oft eine schauspielerische oder musikalische Laufbahn einschlagen – in vieler Hinsicht geborene Darsteller, die nicht nur die Aufmerksamkeit anderer genießen, sondern auch überaus sensibel für die Reaktionen sind, die sie bei anderen auslösen. Diese charmanten und einfühlsamen Naturen, die anderen gern Freude bereiten (teils aus reiner Menschenfreundlichkeit und teils, weil das Wohlwollen, das sie dadurch gewinnen, ihr Selbstbewußtsein stärkt), geben sich in der Regel alle Mühe, beiderseitig lohnende Beziehungen zu ihren Mitmenschen zu unterhalten – sei es im Berufs- oder im Privatleben.

Ihre überschäumende Energie und ihr Verlangen nach Beifall lassen die an diesem Tag Geborenen meist nach sichtbaren Erfolgen trachten, und so zeichnen sie sich vor allem in Sphären wie der Wirtschaft, der Politik oder dem Sport aus. Auch im Privatleben streben sie danach, Glück und Zufriedenheit der ihnen Nahestehenden zu sichern, und bereichern ihre Beziehungen durch ihre Phantasie und Lebensfreude, bieten aber durchaus auch tieferen emotionalen Beistand – besonders die Frauen unter ihnen.

STÄRKEN: Die an diesem Tag Geborenen sind außerordentlich sensibel für die Reaktionen anderer auf ihr Verhalten und neigen in ihrer optimistischen und einfühlsamen Art dazu, ihr Handeln auf die „Schwingungen" einzustellen, die sie von anderen empfangen. Diese mit Energie, schneller Auffassungsgabe und bemerkenswertem Einfallsreichtum begabten Menschen haben die besten Voraussetzungen zur Verwirklichung ihrer persönlichen Ambitionen.

SCHWÄCHEN: Ihr Verlangen nach Zustimmung und Beifall ihrer Umgebung kann sie für Schmeicheleien empfänglich machen, ihre Objektivität trüben und schlimmstenfalls zu Eitelkeit und Überheblichkeit führen.

FAZIT: Obwohl die am 11. Juli Geborenen ihre positive Ausrichtung auf andere keinesfalls unterdrücken sollten, ist es wichtig, daß sie mit beiden Beinen auf der Erde bleiben, einen klaren Kopf behalten und sich nicht allzusehr von dem Begeisterungsgefühl mitreißen lassen, das viele ihrer zwischenmenschlichen Beziehungen auszeichnet.

An diesem Tag

Prominente Geburtstage: Robert the Bruce, König von Schottland (1274), Friedrich I. von Preußen (1657), Thomas Bowdler (1754), John Quincy Adams (1767), Liza Lehmann (1862), Herbert Wehner (1906), Yul Brynner (1915), Edward Gough Whitlam (1916), Nicolai Gedda (1925), Tab Hunter (1931), Giorgio Armani (1934), Peter de Savary (1944), Deborah Harry (1945), Leon Spinks (1953), Suzanne Vega (1959)

Bedeutende Ereignisse und Jahrestage: Dramatisches Handeln und Fühlen sind prägend für diesen Tag, an dem der römische Kaiser Nero Selbstmord begangen haben soll (68 v. Chr.), der Marquis de Lafayette der französischen Nationalversammlung den Entwurf seiner Menschenrechtserklärung vorlegte (1789), der amerikanische Vizepräsident Aaron Burr seinen erbitterten politischen Gegner, den früheren Finanzminister Alexander Hamilton, zum Duell forderte und tödlich verwundete (1804) und Archäologen im chinesischen Xian die „Terrakotta-Armee" entdeckten, über 6.000 lebensgroße Soldatenfiguren, die den Chin-Kaiser Shih Huang Ti im Jenseits beschützen sollten (1975). An diesem vom Element Wasser beherrschten Tag brach der englische Entdecker Captain James Cook zu seiner dritten und letzten Expedition zur Suche nach der Nordwestpassage auf (1776). Verwirklichte Ambitionen spiegeln sich an diesem Tag im Oberliga-Debüt der US-Baseball-Legende Babe Ruth (1914).

Planeteneinflüsse

Herrschender Planet: Mond.
Zweiter Dekan: Persönlicher Planet ist der Mars.

☾ ♂

Religiöse und kulturelle Bedeutung

Namenstag: Pius I. († ca. 155), Benedikt von Nursia, Schutzheiliger der Mönche und Höhlenforscher (ca. 480–547), Olga (Helga, ca. 890–ca. 970), Sigisbert von Disentis († 8. Jh.).

Der am 11. Juli 1867 geborene John Quincy Adams, amerikanischer Politiker und sechster Präsident der USA, wies mit seinem ausgeprägten Intellekt, Charisma und politischen Talent viele der für diesen Tag typischen Charakterzüge auf.

Planeteneinflüsse

Herrschender Planet: Mond.
Dritter Dekan: Persönliche Planeten sind der Jupiter und der Neptun.

☾ ♃ ♆

Religiöse und kulturelle Bedeutung

In Tibet Tänze zu Ehren von Yama, dem buddhistischen Gott des Todes und der Unterwelt.
Namenstag: Johannes Gualbertus (ca. 995–1073).

Dieses Selbstporträt (1919) zeigt den am 12. Juli 1884 geborenen Amedeo Modigliani, einen Vertreter der Morderne, der die künstlerische Begabung dieses Geburtstags in besonders eindrucksvoller Weise verkörperte.

12. JULI

Die Persönlichkeit der am 12. Juli Geborenen ist vor allem von zwei Aspekten geprägt: Einerseits sind sie zutiefst einfühlsame und empfindende Naturen; andererseits haben sie auch eine härtere Seite, die sie drängt, das Handeln anderer zu lenken. Diese auf den ersten Blick unvereinbar erscheinenden Neigungen erklären sich aus ihrer starken Ausrichtung auf andere, die sich in dem Wunsch äußert, ihre Mitmenschen auf den optimalen Pfad zum Erfolg zu bringen. Dieser Instinkt wiederum resultiert aus angeborener Sensibilität und intellektuellen Stärken wie Scharfblick, logischem Denkvermögen, geistiger Unabhängigkeit und organisatorischer Begabung. Ihre Sorge um andere (die bei den im chinesischen Jahr der Ziege Geborenen am stärksten ausgeprägt ist) kann im privaten, beruflichen oder sogar humanitären Bereich zum Ausdruck kommen.

Der Respekt, den sie ihren Mitmenschen einflößen, bringt die am 12. Juli Geborenen oft in Führungspositionen. Ihre Integrität und ihr Widerwille, der Herde zu folgen, sind gute Voraussetzungen für selbständige Arbeit. Neben der Politik – von der kommunalen bis zur nationalen Ebene – und der Sozialarbeit bieten sich vor allem die Künste als Gebiet an, auf dem sie ihren positiven Einfluß auf andere ausüben können. Diese Menschen sind als vernünftige und wohlüberlegte, aber selten überhebliche Ratgeber gefragt. In ihren persönlichen Beziehungen kommt ihr Verlangen, die ihnen Nahestehenden zu leiten und zu beschützen, noch stärker zum Tragen. Doch sind sie sich stets der Tatsache bewußt, daß sich Meinungsverschiedenheiten auf ruhige und sachliche Art eher klären lassen als durch Konfrontation und Zwang.

STÄRKEN: Die außerordentliche Sensibilität der an diesem Tag Geborenen äußert sich vor allem in ihrer Sorge um das Wohl ihrer Mitmenschen, obwohl sie ihnen auch als wertvolles Hilfsmittel zur Meinungsbildung dient. Ihre hochentwickelten kommunikativen Fähigkeiten werden ergänzt durch eindrucksvolle praktische und analytische Begabungen.
SCHWÄCHEN: Diese Menschen spüren den zwingenden Drang, das Denken, Verhalten und Handeln ihrer Umgebung zu bestimmen und ihre Mitmenschen auf einen von ihnen vorgegebenen Weg zu lenken. Gerade in ihren persönlichen Beziehungen kann ihnen das von den Betroffenen als Einmischung und Gängelei ausgelegt werden.
FAZIT: Um sich bei anderen nicht durch ihre bevormundende Art unbeliebt zu machen, sollten die am 12. Juli Geborenen hin und wieder der Versuchung widerstehen, ihren Rat anzubieten, so selbstlos er gemeint sein mag. Sie sollten auch bedenken, daß es der Persönlichkeitsentwicklung ihrer Mitmenschen mitunter förderlich sein kann, aus eigenen Fehlern zu lernen.

An diesem Tag

Prominente Geburtstage: Gaius Julius Cäsar (100 v. Chr.), Josiah Wedgwood (1739), Henry David Thoreau (1817), George Eastman (1854), George Washington Carver (1864), Amedeo Modigliani (1884), George Butterworth (1885), Harry Piel (1892), Kirsten Flagstad und Oscar Hammerstein II. (1895), Milton Berle (1908), Andrew Wyeth (1917), Alistair Burnet (1928), Bill Cosby (1937), Richard Simmons (1948), Kristi Yamaguchi (1971)

Bedeutende Ereignisse und Jahrestage: An diesem Tag des Handelns für das Gemeinwohl verlor der englische Admiral Horatio Nelson, durch seinen Einsatz während der französischen Revolutionskriege zum Helden aufgestiegen, bei der Belagerung des korsischen Calvi die Sehkraft seines rechten Auges (1794). Die englische Königin Viktoria amüsierte sich bei der Premiere der Ballettvorführung *Pas de Quatre* (1845), die Türkei trat die Verwaltung Zyperns an die Briten ab (1878), das erste rassenintegrierte Baseballspiel fand mit Starbesetzung statt (1949) und US-Präsident Woodrow Wilson eröffnete den Panamakanal, der den direkten Schiffsverkehr zwischen Pazifik und Atlantik ermöglichte (1920). Führungsqualitäten sind ein weiteres Merkmal dieses Tages, an dem Dwight D. Eisenhower aus der US-Armee ausschied, um sich seinem Präsidentschaftswahlkampf zu widmen (1952).

13. JULI

Ihr tiefsitzendes Bedürfnis, im Leben eine aktive Rolle zu spielen, statt es passiv an sich vorbeiziehen zu lassen, weckt in den an diesem Tag Geborenen den Drang, konkrete Fortschritte herbeizuführen und ihre selbstgesetzten Ziele zu erreichen. In Verbindung mit ihrer intellektuellen und emotionalen Scharfsicht verleiht ihnen das die Gabe, günstige Gelegenheiten zu erkennen und durch entschlossenes Handeln zu nutzen. Sie gehen all ihre Unternehmungen – ob im beruflichen oder privaten Bereich – mit Originalität, Erfindungsgabe und Energie an. Mit ihrer umgänglichen Art und Empfänglichkeit für die Gefühle anderer neigen sie dazu, eng verbundene Teams aufzubauen, die sie beim Verfolgen ihrer Ziele unterstützen. Diese Anteilnahme an ihren Mitmenschen vermittelt den an diesem Tag Geborenen auch eine besondere Neigung zu Laufbahnen, in denen sie für das Wohl der Menschheit tätig sein können – etwa in Sozialberufen –, obwohl sie sich mit ihren Begabungen auch zu Unternehmern oder Kunstschaffenden eignen.

Die persönlichen Beziehungen der am 13. Juli Geborenen sind meist von der Herzlichkeit und Fürsorge geprägt, die sie (und besonders die Frauen unter ihnen) ihren Freunden und Angehörigen gegenüber an den Tag legen. Der hohe Stellenwert, den sie ihren emotionalen Bindungen an andere einräumen, mag aus inneren Gefühlen der Angst oder des „Andersseins" herrühren – ein weiteres Ergebnis ihres großen Weitblicks. Diese können sich bereichernd auswirken, ihnen aber auch übermäßige Ängstlichkeit vor der Zukunft einflößen.

STÄRKEN: Diese in erster Linie von ihrer allumfassenden Sensibilität beeinflußten Menschen sind mit einer facettenreichen Vorstellungskraft begabt, die ihnen nicht nur enorme Intuition und Einfühlungsgabe im Umgang mit anderen, sondern auch innovative intellektuelle Begabungen verleiht. Dies sind ausgezeichnete Voraussetzungen sowohl für materielle Erfolge als auch für dauerhafte persönliche Beziehungen.
SCHWÄCHEN: Da ihre außergewöhnliche emotionale Empfänglichkeit sie Einflüsse aller Art aufnehmen läßt, kann die resultierende Informationsflut sie in Gefühlsverwirrung und Depressivität stürzen, wenn es ihnen nicht gelingt, Prioritäten zu setzen.
FAZIT: Die an diesem Tag Geborenen müssen sich bemühen, ihre Konzentration auf konkrete Anliegen und Ziele zu richten, statt sich von den vielfältigen emotionalen Botschaften, die sie aufnehmen, verwirren und entweder bis zur Untätigkeit lähmen oder in tiefen Pessimismus treiben zu lassen.

Planeteneinflüsse
Herrschender Planet: Mond.
Dritter Dekan: Persönliche Planeten sind der Jupiter und der Neptun.

☾ ♃ ♆

Religiöse und kulturelle Bedeutung
Geburtstagsfeier des Osiris nach ägyptischer Wicca-Tradition. Bon-Fest in Japan.
Namenstag: Silas (1./2. Jh.), Heinrich II. der Heilige (Kaiser, 973–1024), Clelia (Cloelia) Barbieri (1847–1870).

An diesem Tag
Prominente Geburtstage: John Dee (1527), William Hedley (1779), John Clare (1793), George Gilbert Scott (1811), Sidney James Webb (1859), Eric Williams (1911), David Storey (1933), Michael Verhoeven (1938), Patrick Stewart (1940), Harrison Ford (1942), Cheech Marin (1946)

Bedeutende Ereignisse und Jahrestage: Der 13. Juli ist von dem Drang geprägt, sich bietende Gelegenheiten zu ergreifen: So wurde an diesem Tag der Jakobinerführer Jean Paul Marat von Charlotte Corday, einer Anhängerin der Girondisten, die ihn im Bad überraschte, erstochen (1793), die Nachtclubhostess Ruth Ellis, die ihren Liebhaber in einem Anfall von Eifersucht ermordet hatte, als letzte Frau in Großbritannien hingerichtet (1955) und die musikalische Partnerschaft der Everly Brothers durch einen erbitterten Streit während eines Auftritts in Kalifornien spontan beendet (1973). Die Erfolgverheißung, die sich aus den aktiven und künstlerischen Tendenzen des 13. Juli ergibt, erwies sich in der Eröffnung der ersten Fußballweltmeisterschaft in Montevideo, Uruguay (1930), und darin, daß Frank Sinatra an diesem Tag seine erste Platte mit der Harry James Band *From the Bottom of My Heart* aufnahm (1939).

An diesem Tag übersprudelnder Lebenskraft wird die Wiedergeburt des ägyptischen Fruchtbarkeitsgottes Osiris gefeiert, dessen jährlicher Zyklus von Tod und Wiedergeburt den ewigen Kreislauf der Natur nachvollzieht.

Planeteneinflüsse

Herrschender Planet: Mond.
Dritter Dekan: Persönliche Planeten sind der Jupiter und der Neptun.

☾ ♃ ♆

Religiöse und kulturelle Bedeutung

Französischer Nationalfeiertag zum Gedenken an den Sturm auf die Bastille. Nationalfeiertag im Irak. In der ägyptischen Wicca-Tradition Geburtstagsfeier des Horus.
Namenstag: Phokas von Sinop, Schutzheiliger der Gärtner und Seeleute († ca. 305), Angelina von Marsciano (1377–1435), Franz von Solano (1549–1610), Kamillus von Lellis, Schutzheiliger der Krankenhäuser, Krankenschwestern, Leidenden und Sterbenden (1550–1614).

Der 14. Juli zeichnet sich durch die Hinwendung zur Natur und die Verwirklichung ehrgeiziger Träume aus, und so bezwang an diesem Tag im Jahr 1865 Edward Whymper als erster Bergsteiger das Matterhorn. Auf den Tag genau 100 Jahre später tat Mademoiselle Vaucher es ihm als erste Frau nach. Das Matterhorn hat als dritthöchster und schwierigster Berg der Alpen bisher mehr Menschenleben gekostet als jeder andere Alpengipfel.

14. JULI

Die an diesem Tag Geborenen haben ein beneidenswertes Talent, die Zuneigung und Bewunderung anderer zu gewinnen – obwohl sie sich zuweilen dazu hinreißen lassen, ihre humanitären Überzeugungen, die sich auf Mitgefühl mit allen Benachteiligten gründen, in scharfer Weise kundzutun. Doch nehmen andere ihr heftiges Auftreten in solchen konfliktträchtigen Situationen selten übel, sondern bringen ihnen meist freundliche Nachsicht entgegen. Dabei ist Nachsicht nicht gerade die Reaktion, die sie anstreben, da diese Menschen von dem dringenden Verlangen getrieben sind, die menschliche Gesellschaft voranzubringen, zur Harmonie zwischenmenschlicher Beziehungen beizutragen und Unrecht auszumerzen. Dieser Drang entspringt nicht nur ihrer allumfassenden Sensibilität, sondern auch ihrem intellektuellen Scharfblick und Zielbewußtsein. So setzen sich die am 14. Juli Geborenen häufig von Berufs wegen für humanitäre Zwecke ein, etwa als Politiker oder Vorkämpfer für soziale Anliegen; viele von ihnen bemühen sich aber auch als darstellende Künstler, das Leben anderer zu verschönern – vor allem jene, die im chinesischen Jahr der Ziege geboren sind. Ihre außerordentliche Anteilnahme ist ihr vielleicht schätzenswertester, zugleich aber auch gefährlichster Wesenszug. Denn in ihrem Drang, allen Hilfsbedürftigen mit Rat und Tat zur Seite zu stehen, neigen sie oft dazu, ihre persönliche Identität und ihre eigenen Bedürfnisse aus den Augen zu verlieren. Diese starke Ausrichtung auf andere äußert sich in all ihren Beziehungen, vor allem auch in ihren persönlichen Bindungen, doch wenn sie die Zeit zur Selbsterforschung finden, können hinter ihrer optimistischen Fassade Gefühle unbestimmter Traurigkeit hochkommen.

STÄRKEN: Die am 14. Juli Geborenen besitzen die Fähigkeit, ihr instinktives Mitgefühl für andere mit ihrer intellektuellen Weitsicht und hochentwickelten Organisationsgabe zu vereinbaren. Ihr Gespür ist so fein, daß ihnen kaum etwas entgeht, was ihnen in Kombination mit ihrem entschlossenen Fortschrittsstreben gute Erfolgsaussichten verheißt.
SCHWÄCHEN: Es besteht die Gefahr, daß diese Menschen sich von ihren altruistischen Neigungen verleiten lassen, ihr Leben völlig in den Dienst anderer zu stellen, es sozusagen nur stellvertretend zu leben, indem sie soviel Zeit und Energie in die Belange anderer Menschen investieren, daß ihre eigene emotionale Erfüllung darüber auf der Strecke bleibt.
FAZIT: Der prinzipiell bewundernswerte Hang der an diesem Tag Geborenen, ihre ganze Aufmerksamkeit auf ihre Mitmenschen auszurichten, kann ihrem eigenen Wohlergehen abträglich sein, wenn er all ihre körperliche und emotionale Energie aufzehrt. Sie sollten sich daher zuweilen die Zeit nehmen, sich auch auf ihre eigenen Bedürfnisse zu konzentrieren.

An diesem Tag

Prominente Geburtstage: Kardinal Jules Mazarin (1602), Emmeline Pankhurst (1858), William Leefe Robinson (1895), Irving Stone (1903), Terry Thomas (1911), Woody Guthrie (1912), Gerald Rudolph Ford (1913), Ingmar Bergman und Arthur Laurents (1918), Dale Robertson (1923), Harry Dean Stanton (1926), Polly Bergen (1930), Robert Stephens (1931), Roosevelt Grier (1932), Sue Lawley (1946), Heinz Weis (1963)

Bedeutende Ereignisse und Jahrestage: Ein Wesensmerkmal des 14. Juli ist resolutes Handeln zur Durchsetzung humanitärer Visionen, und so wurde an diesem Tag der Sturm auf die Bastille, das französische Staatsgefängnis, durch die Bevölkerung von Paris zum Auftakt der französischen Revolution (1789). Die hochstrebenden Ziele und die Begeisterung für Naturerscheinungen, die diesem Tag eigen sind, spiegelten sich in der Erstersteigung des Matterhorns durch den englischen Bergsteiger Edward Whymper (1865) und der Wiederholung dieser Leistung durch Mademoiselle Vaucher als erste Frau genau 100 Jahre später (1965). Das intellektuelle Talent des 14. Juli bestätigte sich u. a. darin, daß Alfred Nobel an diesem Tag das explosive Resultat seiner Dynamitexperimente vorstellte (1867). Ferner lief an diesem vom Wasser beherrschten Tag das erste nukleargetriebene Kriegsschiff der Welt, die amerikanische „Long Beach“, vom Stapel (1959).

15. JULI

Den am 15. Juli Geborenen gelingt es, ihre hochentwickelte Vorstellungskraft – die oft zum Mystischen oder Spirituellen tendiert – mit einem realitätsbezogenen Bewußtsein und Interesse für ihr unmittelbares Umfeld (Freunde, Verwandten, Kollegen) zu vereinbaren. Der Ursprung beider Neigungen liegt in ihrer Sensibilität, die sich meist zu gleichen Teilen als intellektueller Scharfblick und emotionales Einfühlungsvermögen äußert. So sind sie imstande, sich einerseits ein treffendes unpersönlich-analytisches Bild einer Situation zu machen, diesem aber andererseits auch durch intuitive Einschätzung der Beiträge aller Beteiligten und der potentiellen Auswirkungen auf sie menschliche Tiefe zu verleihen. Diese bemerkenswerte Gabe befähigt sie in Verbindung mit ihrem Fortschrittsdrang, beträchtliche Veränderungen zum Besseren zu bewirken und das Leben anderer zu bereichern.

Obwohl die am 15. Juli Geborenen Begabungen besitzen, die im Geschäftsleben gefragt sind, fehlt ihnen in der Regel die Skrupellosigkeit des typischen Karrieremenschen. Ihr Talent, andere mit ihrer eigenwilligen und innovativen Sichtweise anzusprechen und zu inspirieren, kann sich in der Welt der Kunst am wirkungsvollsten entfalten, vor allem was die Männer unter ihnen betrifft. Obwohl sie die materiellen Früchte ihres Erfolges als Mittel schätzen, die ihnen nahestehenden Menschen großzügig zu versorgen und verwöhnen, drehen sich ihre innersten Visionen eher um Träume von metaphysischer Vollkommenheit.

STÄRKEN: Diese Menschen sind nicht nur mit lebhafter Phantasie, sondern auch mit den technischen und organisatorischen Fähigkeiten zum Erreichen ihrer innovativen Ideale gesegnet. Ihre große Sensibilität macht sie empfänglich für die emotionalen Reaktionen anderer und flößt ihnen das Verlangen ein, den humanitären Fortschritt voranzutreiben.

SCHWÄCHEN: Die an diesem Tag Geborenen müssen sich davor hüten, von phantastischen Träumen beflügelt nach unerreichbaren Zielen zu streben, deren Verwirklichung letztlich an den Grenzen ihres eigenen Könnens oder der mangelnden Kooperation anderer scheitern muß.

FAZIT: Um ihre Ambitionen möglichst weitgehend zu verwirklichen und auf diese Weise zu emotionaler Erfüllung zu gelangen, sollten sich die am 15. Juli Geborenen auf die Ideale konzentrieren, die ihnen am wichtigsten sind, statt sich durch die Vielzahl einströmender Botschaften verwirren zu lassen, der sie durch ihre emotionale Empfänglichkeit ausgesetzt sind. Daher sollten sie sich auch um größeren Pragmatismus und Realismus bemühen.

An diesem Tag

Prominente Geburtstage: Inigo Jones (1573), Rembrandt Harmenszoon van Rijn (1606), Clement Clarke Moore (1779), Alfred Harmsworth (1865), Noël Gay (1898), Hammond Innes (1913), Iris Murdoch (1919), Julian Bream (1933), Harrison Birtwhistle (1934), Alex Karras (1935), Jürgen Möllemann (1945), Linda Ronstadt (1946), Brian Austin Green (1973)

Bedeutende Ereignisse und Jahrestage: Der 15. Juli ist vom Handeln zur Förderung spiritueller oder nationaler Ideale geprägt: So eroberten an diesem Tag des Ersten Kreuzzugs christliche Streitkräfte unter Godfrey und Robert von Flandern und dem Normannenfürst Tankred die heilige Stadt Jerusalem von den Moslems zurück (1099), der Herzog von Monmouth wurde für den Versuch, seinem Onkel König Jakob II. den englischen Thron zu entreißen, hingerichtet (1685). Rouget de Lisles mitreißendes Revolutionslied *Marseillaise* wurde zur französischen Nationalhymne erklärt (1795), und während des großen indischen Aufstands beim zweiten Massaker von Cawnpore wurden britische Soldaten mit ihren Familien ermordet (1857). Die entschlossene Durchsetzung persönlicher Visionen ist ein weiteres Merkmal dieses Tages, an dem der französische Chemiker Hippolyte Mège-Mouriès die Margarine als Butterersatz patentieren ließ (1889), William Boeing sein Unternehmen „Pacific Aero Products" gründete (1916), der amerikanische Pilot Wiley Post mit der „Winnie Mae" zum ersten erfolgreichen Alleinflug um die Welt aufbrach (1933) und der Jungfernflug der ersten Boeing 707 stattfand (1954).

Planeteneinflüsse

Herrschender Planet: Mond.
Dritter Dekan: Persönliche Planeten sind der Jupiter und der Neptun.

☾ ♃ ♆

Religiöse und kulturelle Bedeutung

Nach ägyptischer Wicca-Tradition Geburtstagsfeier des Gottes Seth. In China Ehrung des Ti-Tsang durch das jährliche Totenfest.
Namenstag: Donald († ca. 716), Wladimir der Große (ca. 960–1015), Rosalia von Palermo (ca. 1100–ca. 1160), Bernhard von Baden (ca. 1428–1458), Bonaventura (ca. 1218–74).

Rembrandt, der zu Lebzeiten als größter Porträtmaler der Niederlande galt, ein Talent, das auch in seinem Werk Die Anatomie des Dr. Tulp *(1632, unten ein Ausschnitt) zum Ausdruck kommt, war ein herausragendes Beispiel für die künstlerische Befähigung der an diesem Tag Geborenen. Seine Wertschätzung der materiellen Attribute des Wohlstands – ein weiteres Kennzeichen des 15. Juli – trieb ihn jedoch letztlich in den Bankrott.*

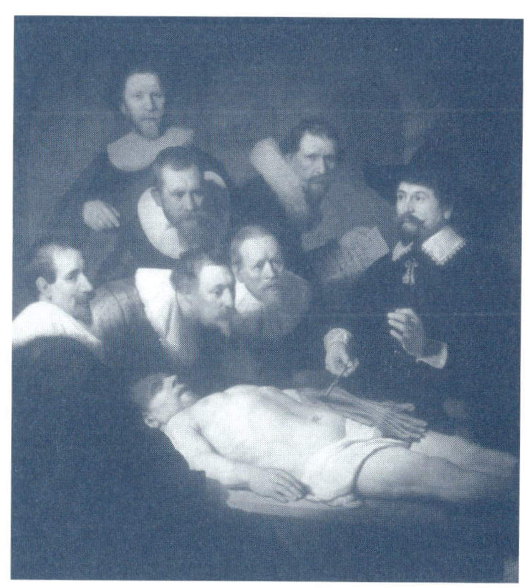

Planeteneinflüsse

Herrschender Planet: Mond.
Dritter Dekan: Persönliche Planeten sind der Jupiter und der Neptun.

☾ ♃ ♆

Religiöse und kulturelle Bedeutung

Im Islam Tag der Hedschra (Flucht), traditionell Beginn der islamischen Zeitrechnung im Jahr 622 n. Chr. Erster Tag der jährlichen Wallfahrt der Haitianer zum Saut-d'Eau-Wasserfall.
Namenstag: Irmgard von Buchau und Frauenchiemsee (ca. 830–866), Elvira von Öhren († 11./12. Jh), Stephan Harding (1059–1134), Maria Magdalena Postel (1756–1846).

Das für den 16. Juli typische Streben nach Idealen kann im Extremfall zu Gewalttaten führen, und so ermordeten 1918 an diesem Tag bolschewistische Revolutionäre in der Überzeugung, daß der Zweck die Mittel heilige, den russischen Zaren Nikolaus II. und seine Familie, hier in Gefangenschaft fotografiert.

16. JULI

Die an diesem Tag Geborenen streben unablässig nach einem Ideal – das kann der Traumpartner, das perfekte Kunstwerk, ein geniales technisches Verfahren oder sogar ein revolutionäres Gesellschaftssystem sein. In die Verwirklichung dieses emotional motivierten Ziels investieren sie in der Regel all ihre intellektuellen Kräfte und organisatorischen Fähigkeiten. Wie persönlich die Visionen auch sein mögen, die diese Menschen beseelen, dienen sie doch selten egoistischen Zwecken, da sich in ihnen eine bemerkenswerte Wahrnehmungsgabe für jede Art von Machtmißbrauch oder andere Mißstände mit tiefer Anteilnahme für die davon Betroffenen paart. So richtet sich ihr Einsatz für positive Veränderungen meist darauf, das Leben anderer zu verbessern und glücklicher zu machen. Mit ihren Gaben können sie es vor allem in den Künsten zu etwas bringen – wo sie hoffen, durch ihr innovatives Wirken einem größeren Publikum geistige Anregung zu bringen –, doch entscheiden sich manche von ihnen auch für soziales oder religiöses Engagement als direkteren Weg, ihren Mitmenschen zu helfen. Leider verurteilen sie sich durch ihre utopischen Ideale oft zu dauernder Enttäuschung, was dazu führen kann, daß sie sich eine irreführende Fassade emotionaler Unerschütterlichkeit zulegen, hinter der sie ihre Verletzlichkeit und ihren Hang zu depressiven oder frustrierten Reaktionen auf tiefempfundene Rückschläge verbergen. So schätzen sie die emotionale Bindung an Freunde und Familie, die ihnen vorbehaltlose Unterstützung und Vertrauen schenken, um so höher ein. Sie brauchen aber oft länger, um einen Lebenspartner zu finden. Andere sind nämlich nicht unbedingt bereit, sich ihren romantischen Idealen anzupassen.

STÄRKEN: Träume und Handeln der am 16. Juli Geborenen sind von dem Verlangen beseelt, humanitäre, technische oder künstlerische Visionen zu verwirklichen, mit denen sie hoffen, einen positiven Beitrag zum Leben ihrer Mitmenschen leisten zu können. Im Einsatz für ihre Mission bedienen sie sich ihrer intellektuellen und praktischen Talente, aber auch ihres Einfühlungsvermögens für die Emotionen und Bedürfnisse anderer.
SCHWÄCHEN: Weil sie so sensibel für die Reaktionen anderer sind, neigen diese Menschen zu tiefer Enttäuschung, wenn andere ihren Überzeugungen und Methoden gleichgültig oder kritisch gegenüberstehen. Solche Kränkungen können bei ihnen Frustration und Verbitterung auslösen und sie schlimmstenfalls zur Aufgabe ihrer Träume bewegen.
FAZIT: Ihrem emotionalen Wohlergehen zuliebe sollten diese Menschen ihre Visionen weder in verbissenem Alleingang verfolgen noch einfach fallenlassen. Statt dessen sollten sie sich auf pragmatischere und realistischere Weise um die Unterstützung anderer bemühen.

An diesem Tag

Prominente Geburtstage: Andrea del Sarto (1486), Joshua Reynolds (1723), Jean Baptiste Camille Corot (1796), Mary Baker Eddy (1821), Hans Friedrich Geitel (1855), Roald Amundsen (1872), Bela Schick (1877), Trygve Lie (1896), Orville Redenbacher und Barbara Stanwyck (1907), Ginger Rogers (1911), Bess Myerson (1924), Anita Brookner (1938), Pinchas Zuckerman (1948), Stewart Copeland (1952), Barry Sanders (1968)

Bedeutende Ereignisse und Jahrestage: Der 16. Juli steht für idealistische Überzeugungen: So floh an diesem Tag der Prophet des Islam Mohammed vor seinen Gegnern aus Mekka nach Medina (622), und der russische Zar Nikolaus II. wurde mit seiner Familie von bolschewistischen Überzeugungstätern ermordet (1918). Auch praktischer Fortschritt ist ein Merkmal dieses Tages, an dem der Franzose Louis Pasteur erstmals einen Menschen erfolgreich gegen die Tollwut behandelte (1885). Oklahoma City stellte als erste Stadt Parkuhren auf, eine Erfindung von Carlton Magee (1935), und in New Mexico wurde die erste Atombombe der Welt, die von Robert Oppenheimer und anderen Wissenschaftlern in Los Alamos entwickelt worden war, gezündet (1945). Außerdem starteten an diesem vom Mond beherrschten Tag die US-Astronauten Neil Armstrong, Edwin „Buzz" Aldrin und Michael Collins mit dem Raumschiff „Apollo 11" zu ihrer erfolgreichen Mondlandung (1969).

17. JULI

Die eiserne Entschlossenheit der an diesem Tag Geborenen verbirgt sich oft hinter der ungezwungenen Liebenswürdigkeit und Geselligkeit, die sie im Umgang mit ihren Mitmenschen an den Tag legen. Dieser Wesenszug kann sich in der Welt der Kunst – zu der sie sich aufgrund ihrer großen Sensibilität häufig hingezogen fühlen – ebenso offenbaren wie im Wirtschafts- und Geschäftsleben. Während manche dieser willensstarken Naturen vom Streben nach persönlichem Erfolg und der damit einhergehenden Anerkennung und Bewunderung getrieben werden, geht es anderen mehr darum, Verbesserungen für die gesellschaftliche Gruppierung herbeizuführen, der sie sich am engsten verbunden fühlen (sei es ihre Familie, ihr Heimatland oder die ganze Menschheit). Trotz ihrer ausgeprägten geistigen Unabhängigkeit und innovativen Individualität umgeben sie sich in all ihren Bestrebungen lieber mit einem Team Gleichgesinnter, als daß sie auf sich allein gestellt agieren. Um den Beistand anderer zu gewinnen, greifen sie häufig auf ihre intuitive Fähigkeit zurück, die Gefühle ihrer Mitmenschen zu erspüren und ihr eigenes Verhalten darauf abzustimmen.

Obwohl sich die am 17. Juli Geborenen von ihrem beruflichen Zielbewußtsein im Arbeitsleben zuweilen zu manipulativem Verhalten hinreißen lassen, gehen sie mit den Menschen, zu denen sie enge persönliche Beziehungen pflegen, in der Regel äußerst liebevoll und loyal um – das gilt besonders für die Männer unter ihnen. Wenn der Leistungsdruck von ihnen abfällt, treten ihr Humor, ihre Lebensfreude und ihre Großzügigkeit zutage, mit denen sie das Leben ihrer Freunde und Familienangehörigen aufheitern und bereichern.

STÄRKEN: Ihre Intuition gehört zu den größten Gaben dieser Menschen, die sie im privaten und beruflichen Umgang mit anderen äußerst wirkungsvoll einsetzen. Darüber hinaus versprechen ihnen auch ihr intellektueller Scharfsinn, ihr praktisches Geschick und ihre hartnäckige Entschlossenheit ausgezeichnete Erfolgsaussichten im Leben.
SCHWÄCHEN: Ihre Zielorientiertheit und ihr Vermögen, sich in die Gedanken und Gefühle anderer hineinzuversetzen, verleiten die an diesem Tag Geborenen mitunter, ihre Einfühlungsgabe in kühler, berechnender Weise einzusetzen, um die Meinungen anderer gezielt zu ihren eigenen Zwecken zu beeinflussen.
FAZIT: Um ihre selbstgesetzten Ziele zu erreichen, ohne sich das Wohlwollen ihrer Mitmenschen zu verscherzen, sollten die am 17. Juli Geborenen die Motive ihres Handelns hin und wieder einer ehrlichen Prüfung unterziehen und entscheiden, ob sie wirklich schwerer wiegen als das Recht anderer auf eigene Überzeugungen.

An diesem Tag

Prominente Geburtstage: Isaac Watts (1674), Donald Tovey (1875), Maxim Litwinow (1876), Artur Kutscher (1878), James Cagney (1899), Hardy Amies (1909), Art Linkletter (1912), Phyllis Diller (1917), Ray Galton (1931), Donald Sutherland (1934), Diahann Carroll (1935), Wayne Sleep (1948), Lucie Arnaz (1951), David Hasselhoff und Phoebe Snow (1952)

Bedeutende Ereignisse und Jahrestage: Die dem 17. Juli eigene Neigung, seine Ambitionen auch auf Kosten anderer zu verwirklichen, spiegelt sich im Sieg der französischen Armee über die Engländer in der Schlacht von Castillon, die den Hundertjährigen Krieg beendete (1453) und in der Ermordung des russischen Zaren Peter III. durch Anhänger seiner Frau, die als Katharina II. den Thron bestieg (1762). Die Bereitschaft zu pragmatischem Vorgehen ist ein weiterer Wesenszug dieses Tages, an dem sich das britische Königshaus im Ersten Weltkrieg, um Vorwürfen der Sympathie für die Deutschen vorzubeugen, von „Sachsen-Coburg-Gotha" ins englisch klingende „Windsor" umtaufte (1917), die Regierungschefs der Alliierten (US-Präsident Truman, der sowjetische Generalsekretär Stalin und der britische Premierminister Attlee) in Berlin die Potsdamer Konferenz eröffneten, die über die Zukunft Europas entscheiden sollte (1945), und amerikanische und sowjetische Astronauten während des Kalten Krieges eine kurze Annäherung im Interesse der Wissenschaft und der Menschheit demonstrierten, indem sie sich im Weltraum die Hand schüttelten (1975).

Planeteneinflüsse

Herrschender Planet: Mond.
Dritter Dekan: Persönliche Planeten sind der Jupiter und der Neptun.

☾ ♃ ♆

Religiöse und kulturelle Bedeutung

Ehrung der japanischen Göttin Amaterasu durch die Amaterasu-Omikami-Prozession.
Namenstag: Alexius von Edessa († 5 Jh.), Marina († 5. Jh.), Hedwig von Polen (1374–99).

Der 17. Juli ist geprägt von der Sorge um das Wohl der Menschheit und der Entschlossenheit, Ziele durch vernunftbestimmtes Vorgehen zu erreichen. Beide Wesenszüge kamen 1945 an diesem Tag zum Tragen, als US-Präsident Truman, der britische Premierminister Attlee und der sowjetische Regierungschef Stalin die Potsdamer Konferenz eröffneten, um nach dem Zweiten Weltkrieg über die Zukunft Europas zu entscheiden.

18. JULI

Die Visionen und Ziele der am 18. Juli Geborenen haben gewöhnlich mehr mit der Förderung des Gemeinwohls als mit dem Streben nach persönlichem Erfolg und Ruhm zu tun. Die Gründe für diese Haltung sind vielfältig; zu ihnen gehören u. a. ihre starke Anteilnahme an ihren Mitmenschen – mit denen sie sich oft identifizieren – und ihr von Unsicherheit motiviertes Bedürfnis, sich auf die kameradschaftlichen Bande zu stützen, die aus dem Einsatz für eine gemeinsame Sache entstehen, und auf diese Weise auch die Anerkennung anderer zu ernten. Die überwältigende Sensibilität und fruchtbare Phantasie dieser Menschen kann ihnen ein quälendes Gefühl des „Andersseins" vermitteln, das sie veranlaßt, Zuneigung und Trost in dieser Solidarität mit anderen zu suchen. Der gesellschaftlichen Gruppierung, der sie sich am stärksten zugehörig fühlen – das kann ein Sportverein, künstlerischer oder politischer Verband, ihre Familie, Kommune, ihr Heimatland oder sogar die Menschheit als Ganzes sein –, widmen sie sich mit solcher Ausschließlichkeit, daß es ihnen bei Interessenkonflikten oft an Objektivität mangelt.

Berufliche Zufriedenheit finden diese Menschen nur im Rahmen eines eng verbundenen Kollegenteams; am ausgeprägtesten ist diese Tendenz bei den im chinesischen Jahr des Büffels Geborenen. Obwohl sie mit einem bemerkenswert unabhängigen und innovativen Intellekt ausgestattet sind, entfalten sie ihre geistigen Gaben in der Regel nur innerhalb der Grenzen des gemeinschaftlichen Konsens. Sie sollten darauf achten, diese Neigung nicht in Engstirnigkeit ausarten zu lassen, ihre Aufgeschlossenheit für den gesunden Ausdruck von Individualität – auch wenn er die Form abweichender Meinungen annimmt – nicht zu verlieren und Vielfalt und Verschiedenheit generell schätzen zu lernen.

STÄRKEN: Die am 18. Juli Geborenen lassen sich von gemeinsamen Zielen beflügeln und neigen dazu, ihre beträchtliche Energie, intellektuelle Begabung und emotionale Begeisterung rückhaltlos in die Verwirklichung gemeinschaftlicher Projekte zu investieren. In ihnen verbindet sich außerordentliche Sensibilität mit bemerkenswerter geistiger Klarheit und Beharrlichkeit, was sie zu äußerst wirkungsvollen Instrumenten des Gemeinwohls macht.
SCHWÄCHEN: Die Neigung dieser Menschen, sich völlig mit einer sozialen Gruppe zu identifizieren, schlägt da ins Negative um, wo sie sich verleiten lassen, ihr persönliches Bedürfnis nach unabhängigem Denken und Handeln zu unterdrücken.
FAZIT: Die an diesem Tag Geborenen müssen erkennen, daß die Bedürfnisse einzelner und der Gemeinschaft nicht zwangsläufig unvereinbar sind, sondern eine Vielfalt unterschiedlicher Standpunkte und Persönlichkeiten die Gemeinschaft sogar bereichern kann. Sie sollten sich daher mehr Zeit für ihre eigenen Interessen zugestehen.

An diesem Tag

Prominente Geburtstage: Robert Hooke (1635), Gilbert White (1720), William Makepeace Thackeray (1811), W. G. Grace (1848), Hugo Riemann (1849), Vidkun Quisling (1887), Red Skelton (1913), Nelson Mandela (1918), John Glenn (1921), Jewgeni Alexandrowitsch Jewtuschenko (1933), Edward Bond (1934), Hunter S. Thompson (1939), Martha Reeves (1941), David Hemery (1948), Dennis Lillee (1949), Nick Faldo (1957)

Bedeutende Ereignisse und Jahrestage: Die Einflüsse dieses Tages tendieren zur Unterdrückung der Individualität zugunsten einer gemeinschaftlichen Vision, und so verkündete am 18. Juli das Erste Vatikanische Konzil das Dogma der päpstlichen Unfehlbarkeit (1870), und Adolf Hitler veröffentlichte *Mein Kampf* (1925). Auch entschlossenes Handeln im vermeintlichen Interesse der Allgemeinheit ist ein Merkmal dieses Tages, an dem Thomas Edison die erste Aufzeichnung der menschlichen Stimme gelang (1877), in London Edwin Lutyens „Kenotaph" als Denkmal für die britischen Gefallenen des Ersten Weltkriegs enthüllt wurde (1919), die spanischen Militärs unter Führung des faschistischen Generals Franco revoltierten und so den spanischen Bürgerkrieg auslösten (1936) und der Vergnügungspark Disneyland im kalifornischen Anaheim eröffnet wurde (1969).

Planeteneinflüsse
Herrschender Planet: Mond.
Dritter Dekan: Persönliche Planeten sind der Jupiter und der Neptun.

☾ ♃ ♆

Religiöse und kulturelle Bedeutung
Nationalfeiertag in Spanien. Feier zum Geburtstag von Lu Pan in Hongkong. Im Alten Ägypten Geburtstag der Nephthys.
Namenstag: Arnulf von Metz (ca. 570–640), Arnold von Arnoldsweiler († nach 800), Bruno von Segni (ca. 1047–1123).

Nelson Mandela, dem für seinen lebenslangen, entschlossenen Einsatz gegen die Apartheid in Südafrika der Friedensnobelpreis verliehen wurde, verkörpert das für seinen Geburtstag typische Engagement für humanitäre Anliegen. Seine außergewöhnliche Energie und Führungskraft, denen selbst 26 Jahre politischer Gefangenschaft keinen Abbruch tun konnten, dürfte er zum Teil seinem Geburtsjahr, dem chinesischen Jahr des Pferdes, verdanken.

19. JULI

Die am 19. Juli Geborenen ernten bei vielen Menschen Bewunderung für ihren intellektuellen Scharfsinn und ihr Einfühlungsvermögen, in denen sich ihre große Sensibilität für Situationen und Menschen spiegelt und auf die sich auch ihre wohlüberlegten Ratschläge gründen. Tatsächlich sind diese Menschen nicht nur ihren Freunden und Angehörigen liebevoll zugetan, sondern verspüren darüber hinaus auch das Verlangen, das Los der Menschheit insgesamt zu verbessern. Trotz ihres scharfen Blicks für gesellschaftliche Mißstände und Ungerechtigkeiten und ihrer durchdachten Strategien zur Erzielung humanitärer Fortschritte fällt es ihnen schwer, ihre Visionen weniger phantasiebegabten Menschen zu vermitteln – nicht, weil es ihnen an Kommunikationstalent, sondern weil es den anderen oft an Aufgeschlossenheit für Veränderungen mangelt. So mögen sich die am 19. Juli Geborenen zwar für eine Laufbahn als Politiker oder Vorkämpfer für soziale Verbesserungen begeistern, können aber durch das subtilere und indirektere Medium der Künste, zu denen sie sich von Natur aus hingezogen fühlen, oft effektiver wirken.

Diese in jeder Hinsicht energiegeladenen Menschen haben das Bedürfnis nach ständiger körperlicher und geistiger Aktivität. Sie sind oft sportlich begabt, doch kann ihre Dynamik ebenso in künstlerischen oder technischen Leistungen zum Ausdruck kommen. Obwohl sie ihr Interesse für und ihre Sorge um andere – ebenso wie ihren ausgeprägten Humor – in ihre beruflichen und privaten Beziehungen einbringen, neigen sie zum Einzelgängertum, zumal viele Menschen ihren hohen Idealen, ihrem tiefgründigen Denken und ihrem Engagement für die sie beseelenden Visionen nur schwer gerecht werden können.

STÄRKEN: Die an diesem Tag Geborenen sind vom Verlangen beflügelt, die Menschheit voranzubringen – ob auf sozialem, technischem oder ideologischem Gebiet –, was sich auf ihr Mitgefühl und ihren Gerechtigkeitssinn, aber auch auf ihren intellektuellen Scharfblick gründet. Mit ihren Talenten und Energiereserven haben sie die besten Voraussetzungen zum Erfolg.
SCHWÄCHEN: Mit ihrem Talent, weitsichtige Maßnahmen zur Behebung der von ihnen wahrgenommenen Mißstände zu ersinnen, und ihrer Entschlossenheit zur radikalen Umsetzung ihrer Visionen können die am 19. Juli Geborenen bei jenen, die sich mit den bestehenden Zuständen bequem eingerichtet haben, auf heftigen Widerstand stoßen. In solchen Situationen neigen sie dazu, mit tiefer Kränkung und Verbitterung zu reagieren.
FAZIT: Um ihre Empfindlichkeit gegen Kritik zu mindern, sollten die an diesem Tag Geborenen versuchen, größeren Pragmatismus im Umgang mit ablehnenden Reaktionen und die Fähigkeit zu realistischeren Bewertungen zu entwickeln. Dabei kann ihnen ihr hochentwickelter Sinn für Humor eine große Hilfe sein.

An diesem Tag

Prominente Geburtstage: Samuel Colt (1814), Edgar Degas (1834), Lizzie Andrew Borden (1860), Charles Horace Mayo (1865), A. J. Cronin (1896), Louis Philip Kentner (1905), Hubert Gregg (1916), George Stanley McGovern (1922), Pat Hingle (1923), John Bratby (1928), Vicki Carr (1941), Ilie Nastase (1946), Evelyn Glennie (1965)

Bedeutende Ereignisse und Jahrestage: Sportliches Können ist ein Merkmal dieses Tages, an dem die erste Wimbledon-Meisterschaft im Herreneinzel von Spencer Gore gewonnen wurde (1877) und Maurice Garin im ersten Tour-de-France-Radrennen siegte (1903). Eine frühere sportliche Innovation ereignete sich an diesem Tag, als die amerikanische Frauenrechtlerin Amelia Bloomer die weiten Pumphosen einführte, die ihren Zeitgenossinnen größere Bewegungsfreiheit gaben und im Englischen nach ihr „Bloomers" getauft wurden (1848). Der 19. Juli wird vom Element Wasser beherrscht: So sank an diesem Tag die „Mary Rose", Flaggschiff König Heinrich VIII., noch bevor sie sich der französischen Flotte vor der südenglischen Küste zur Schlacht stellen konnte (1545). Zwei von dem britischen Ingenieur Isambard Kingdom Brunel konstruierte Schiffe liefen vom Stapel: der Dampfer „Great Western" (1837) und das erste Dampfschiff mit Eisenrumpf, die „Great Britain" (1843).

Planeteneinflüsse

Herrschende Planeten: Mond und Sonne.
Dritter Dekan: Persönliche Planeten sind der Jupiter und der Neptun.
Zweite Häuserspitze: Krebs mit Löwetendenzen.

☾ ☉ ♃ ♆

Religiöse und kulturelle Bedeutung

Nach ägyptischer Wicca-Tradition Feier des Geburtstags der Isis.
Namenstag: Justa u. Rufina von Sevilla (3. Jh.), Arsenius der Große von Ägypten (355–445)

Die am 19. Juli Geborenen besitzen oft besondere Eignung für künstlerische Tätigkeiten, in denen sie ihr Interesse an ihren Mitmenschen, ihre Sensibilität und Phantasie frei entfalten können. Der 1834 an diesem Tag geborene Edgar Degas stellte die menschliche Gestalt in den Mittelpunkt seines Schaffens, wie im hier abgebildeten Werk Junge Tänzerinnen.

20. JULI

Das vielleicht auffallendste Wesensmerkmal der am 20. Juli Geborenen ist ihre Energie, die wie das Wasser, das über ihr Sternzeichen herrscht, mal hierhin und dorthin schwappt, um alle eindämmenden Begrenzungen zu erforschen, oder sich unaufhaltsam ihren Weg bahnt, aber selten statisch bleibt. Ihre Vitalität beschränkt sich nicht auf das Körperliche (obwohl viele von ihnen sportlich talentiert sind und manche sogar Profisportler werden), sondern prägt auch ihre geistige Haltung, die in ihrem unablässigen Streben nach Wissen und neuen Erfahrungen zum Ausdruck kommt. Kaum erstaunlich, daß ihr forschender Scharfblick ihnen breitgefächerte Interessen und tiefe Anteilnahme für andere verleiht. Beruflich kommen sie überall da gut zurecht, wo sie ihre Vorliebe für Teamarbeit mit ihren technischen und praktischen Begabungen kombinieren, sich aber zugleich eine gewisse Selbständigkeit des Handelns bewahren können, die ihr Bedürfnis nach geistiger Anregung befriedigt. Somit kommen ihnen die vielfältigen Möglichkeiten kreativen oder künstlerischen Tuns besonders entgegen.

Die am 20. Juli Geborenen zeichnen sich durch anziehenden Überschwang und Optimismus aus und haben große Freude daran, die Initiative zu ergreifen und Gruppenaktivitäten oder gesellige Anlässe zu organisieren, vor allem wenn sie im chinesischen Jahr des Drachen geboren sind. Mit ihrer Lebensfreude und ihrem Sinn für Humor machen sie sich bei Kollegen und Freunden gleichermaßen beliebt, die spüren, daß man sich in Kriesenzeiten auf ihren loyalen und konstruktiven Beistand verlassen kann. Sie sind fürsorgliche, aber auch anregende Partner und Eltern, denen das Glück ihrer Umgebung ebensoviel bedeutet wie ihr materieller Erfolg.

STÄRKEN: Diese fröhlichen, mit enormer körperlicher Energie und intellektueller Vitalität begabten Menschen nutzen ihre erstaunliche Begabung und Tatkraft, um ihr Wissen von allem, was die Welt zu bieten hat, zu mehren und zugleich das Leben der sie Umgebenden zu verschönern und bereichern.
SCHWÄCHEN: Ihre Interessen sind so breit gestreut, daß sie mitunter dazu neigen, unablässig von einem Thema zum nächsten zu schweifen, ohne lange genug innezuhalten, um unter die Oberfläche zu blicken, was sich langfristig als unbefriedigend erweisen kann.
FAZIT: Die an diesem Tag Geborenen sollten versuchen, größere Konzentrationsfähigkeit zu entwickeln, um herauszufinden, was ihnen die tiefste emotionale Erfüllung bieten könnte. Ist ihnen dies gelungen, müssen sie darauf achten, ihre Aufmerksamkeit im Streben nach Verwirklichung dieses Ziels nicht von anderen Dingen ablenken zu lassen.

Planeteneinflüsse

Herrschende Planeten: Mond und Sonne.
Dritter Dekan: Persönliche Planeten sind der Jupiter und der Neptun.
Zweite Häuserspitze: Krebs mit Löwetendenzen.

☾ ☉ ♃ ♆

Religiöse und kulturelle Bedeutung

Tag des Kranzwindens, ein Liebesbrauch in Litauen.
Namenstag: Elias, Prophet, Schutzheiliger des Karmeliterordens, der Flugzeuge, gegen Gewitter (9. Jh. v. Chr.), Margareta (Marina) von Antiochien, Schutzheilige der Schwangeren und Gebärenden († 305).

Winston Churchill macht das V-Zeichen für „Victory" (Sieg), das 1941 an diesem Tag mittels Morsecode und der einleitenden Takte von Beethovens 5. Sinfonie *als Durchhaltebotschaft verbreitet wurde. Dieses Ereignis kombiniert zwei Wesenszüge des 20. Juli: die Fähigkeit zum organisierten Handeln und künstlerische Neigungen.*

An diesem Tag

Prominente Geburtstage: Francesco Petrarca (1304), Max Liebermann (1847), Alberto Santos-Dumont (1873), John Reith (1889), Jimmy Kennedy und Dilys Powell (1902), Edmund Hillary (1919), Chuck Daly (1933), Diana Rigg und Natalie Wood (1938), Kim Carnes (1946), Carlos Santana (1947), Donna Dixon (1957)

Bedeutende Ereignisse und Jahrestage: Der 20. Juli steht für künstlerisches Können, aber auch für Organisationstalent: So setzte die BBC an diesem Tag im Zweiten Weltkrieg erstmals die einleitenden Takte von Beethovens *5. Sinfonie* ein, um per Morsecode die Durchhaltebotschaft „V for Victory" im besetzten Europa zu verbreiten (1941), und die amerikanische Zeitschrift *Billboard* druckte die erste Single-Hitparade der beliebtesten Musikschlager ab (1940). Der dem 20. Juli eigene Drang, im Interesse anderer zu handeln, kann gewalttätige Formen annehmen: Stauffenberg unternahm sein gescheitertes Attentat auf Adolf Hitler und wurde am selben Abend in Berlin erschossen (1944), der jordanische König Abd Allah wurde von einem palästinensischen Nationalisten ermordet (1951), und in London fielen zwei britische Soldaten einem Bombenanschlag der IRA zum Opfer (1982). Auch Forschergeist ist ein Charakteristikum dieses Tages, an dem Charles Sturt als erster Europäer die australische Simpson-Wüste betrat (1845). An diesem vom Mond beeinflußten Tag landete die US-Raumsonde „Viking" auf dem Mars und übertrug Fernsehbilder der Planetenoberfläche zur Erde (1976).

21. JULI

Der Charakter der an diesem Tag Geborenen erscheint denen, die sie nicht so gut kennen, oft rätselhaft, denn sie legen zuweilen fast exhibitionistisch anmutende Wesenszüge an den Tag, während sie ein andermal ihre eher introvertierte Fähigkeit zu tiefgründigen intellektuellen Überlegungen erkennen lassen. So weist ihr Wesen oft zwei ausgeprägt unterschiedliche Seiten auf: eine, die Freude daran hat, andere zu beobachten und unter Zuhilfenahme ihres bemerkenswerten Scharfsinns zu analysieren, und die andere, die diese Talente einsetzt, um den Beobachteten heftige Reaktionen zu entlocken – je konfliktträchtiger, desto besser. Beide Neigungen entspringen ihrer starken Ausrichtung auf andere, bei der es ihnen weniger um den emotionalen Rückhalt zwischenmenschlicher Beziehungen geht, als vielmehr um die Anregung, die sie aus der Beobachtung der Komplexitäten menschlicher Interaktionen ziehen. So bietet sich für die am 21. Juli Geborenen eine forschende Tätigkeit in der Psychologie oder Philosophie an, doch können sie mit ihrem Organisationsgeschick und ihrem Drang, positiven Einfluß auf andere zu nehmen, auch als Lehrer oder Künstler beachtliche Erfolge erzielen. Während ihre beruflichen Beziehungen oft von ihrer geistigen Unabhängigkeit und dem fast schon klinischen Hang zum Analysieren des menschlichen Verhaltens geprägt sind, erweisen sich die an diesem Tag Geborenen in ihren persönlichen Beziehungen meist als außerordentlich großzügig, loyal, aufbauend und fürsorglich. Doch fällt es ihnen, da sie selbst einem so strikten Moralkodex anhängen (der sich auf ihren tiefen Gerechtigkeitssinn gründet), schwer, moralisches Fehlverhalten anderer – selbst ihrer nächsten Angehörigen – zu tolerieren.

STÄRKEN: Haupttriebfeder der am 21. Juli Geborenen ist ihr Interesse an der menschlichen Natur. Diese scharfsinnigen, energischen Menschen betrachten den Schlagabtausch intellektueller Debatten als anregendes Mittel zur Förderung des selbständigen Denkens.
SCHWÄCHEN: Da sie selbst meist ein dickes Fell haben, ist den an diesem Tag Geborenen nicht immer klar, daß ihre streitbare Art und ihr sehr eigenwilliger Humor sensiblere oder intellektuell weniger selbstsichere Menschen aus der Fassung bringen können.
FAZIT: In ihrem Drang, selbstzufriedenere oder phantasielose Menschen zu progressiverem Denken zu zwingen, sollten die am 21. Juli Geborenen nicht aus den Augen verlieren, daß sie es sich durch ihre direkte Art, so wohlgemeint sie sein mag, mit manchen Menschen verderben können. Hier könnte es sich als lohnend erweisen, ihr durchaus vorhandenes Einfühlungsvermögen gezielter zu kultivieren.

An diesem Tag

Prominente Geburtstage: Jean Piccard (1620), Thomas Pelham-Holles (1693), Paul Julius von Reuter (1816), C. Aubrey Smith (1863), Jacques Feyder (1888), Hart Crane und Ernest Hemingway (1899), Marshall McLuhan (1911), Isaac Stern (1920), Kay Starr (1922), Don Knotts (1924), Norman Jewison und Karel Reisz (1926), Norbert Blüm (1935), Yusuf Islam (Cat Stevens,1948), Robin Williams (1952), Jon Lovitz (1957)

Bedeutende Ereignisse und Jahrestage: Die für den 21. Juli typische Konfliktbereitschaft spiegelte sich in vielen kriegerischen Auseinandersetzungen, so etwa der Schlacht von Shrewsbury, mit der König Heinrich IV. von England eine von Sir Henry Percy angeführte Revolte niederschlug (1403), der Pyramidenschlacht in Ägypten, in der Napoleon über die Mamelucken siegte (1798) und der Ersten Schlacht von Bull Run in Virginia, in der die Südstaatentruppen unter P. G. T. Beauregard die Nordstaatenarmee besiegte (1861). Der starke Unabhängigkeitsdrang des 21. Juli wurde offenbar, als Belgien sich an diesem Tag von den Niederlanden lossagte und sich zu einem souveränen Königreich erklärte (1831). Die Fortschrittsverheißungen dieses Tages erfüllten sich u. a. in der Eröffnung der Tate Gallery als Museum für moderne Kunst in London (1897), der Fertigstellung der transsibirischen Eisenbahnstrecke (1904) und der Wahl von Sirimawo Bandaranaike zur Premierministerin von Sri Lanka (Ceylon) – als weltweit erste Frau in einem solchen Amt (1960).

Planeteneinflüsse

Herrschende Planeten: Mond und Sonne.
Dritter Dekan: Persönliche Planeten sind der Jupiter und der Neptun.
Zweite Häuserspitze: Krebs mit Löwetendenzen.

☾ ☉ ♃ ♆

Religiöse und kulturelle Bedeutung

Nationalfeiertag in Belgien. Feier des Neujahrstags der Maya in Südamerika.
Namenstag: Praxedis und Pudentiana (1./2. Jh.), Daniel, Prophet, Schutzheiliger der Bergleute (ca. 610–535 v. Chr.), Laurentius von Brindisi (1559–1619).

Der 21. Juli wird vom Mond beherrscht und ist vom Streben nach bedeutenden menschlichen Fortschritten geprägt. An diesem Tag tat Neil Armstrong den berühmten Ausspruch: „Ein kleiner Schritt für einen Menschen, ein großer Sprung für die Menschheit", als er und Edwin „Buzz" Aldrin als erste Menschen den Mond betraten.

22. JULI

Planeteneinflüsse

Herrschende Planeten: Mond und Sonne.
Dritter Dekan: Persönliche Planeten sind der Jupiter und der Neptun.
Zweite Häuserspitze: Krebs mit Löwetendenzen.

☾ ☉ ♃ ♆

Religiöse und kulturelle Bedeutung

Polnischer Nationalfeiertag.
Namenstag: Maria Magdalena, Schutzheilige der Frauen, der Friseurinnen, der Schüler und Studenten, der Parfüm- und Puderhersteller, der Kinder, die schwer Gehen lernen († 1. Jh. n. Chr.), Wandregisel (ca. 600–665).

Der 1822 an diesem Tag geborene österreichische Mönch und Botaniker Gregor Johann Mendel legte die Grundlagen der Genetik. In jahrelanger Forschung kombinierte er geduldig empirische Untersuchungen mit einem visionären theoretischen Ansatz und nutzte so die vielversprechenden Anlagen, die seinem Geburtstag eigen sind, wenn es gelingt, die widersprüchlichen Tendenzen harmonisch zu vereinen.

Die passiven, emotionalen Kräfte des Mondes und die aktive Energie der Sonne, die über diesen Tag herrschen, stehen in direkter Opposition zueinander und sind oft schwer in Einklang zu bringen. So verfügen die am 22. Juli Geborenen zwar über große Sensibilität und lassen sich oft von ausgesprochen idealistischen Visionen leiten, neigen aber dazu, ihre eigenen Bestrebungen durch ihr oft überstürztes Handeln ohne Rücksicht auf mögliche Konsequenzen ungewollt zu vereiteln. Umgekehrt kann ihr starker Drang nach Erzielung konkreter Fortschritte durch die widersprüchlichen Botschaften ihres Inneren gehemmt werden und aus dem Tritt geraten. Gelingt es ihnen jedoch, all diese Eigenschaften miteinander zu vereinbaren, bewähren sie sich als effektive Neuerer, die beim zielstrebigen Verfolgen ihrer Ambitionen von ihrem intellektuellen Scharfsinn ebenso profitieren wie von ihrer körperlichen und emotionalen Energie. Mit ihren vielfältigen Gaben können sie es in vielen Berufen zu etwas bringen, wobei ihre große Kreativität sie vor allem zu künstlerischen und technischen Tätigkeiten hinlenkt, in denen sie sich als inspirierende Autoritäten auf ihrem Gebiet auszeichnen können. Obwohl diese einfühlsamen Naturen die Beziehungen zu ihren Freunden und Angehörigen über alles schätzen, kann es ihnen schwerfallen, sich auf einen Lebenspartner festzulegen oder überhaupt dauerhafte Zweierbeziehungen aufrechtzuerhalten. Oft liegt das Problem in der Vielfalt ihrer Interessen und ihrer emotionalen Rastlosigkeit, die sich schwer mit einer monogamen Bindung vereinbaren lassen. Sie brauchen in einer solchen Beziehung flexible Grenzen, um sich Handlungsfreiheit zu bewahren, sich aber zugleich durch die Bande der Zuneigung sicher verankert fühlen zu können.

STÄRKEN: Diese Menschen, die einerseits äußerst sensibel, fürsorglich und phantasiebegabt und andererseits vom starken Drang nach konkreten Fortschritten beherrscht sind, können es weit bringen, wenn es ihnen gelingt, ihre Wesenszüge produktiv zu vereinbaren.
SCHWÄCHEN: Gelingt es den am 22. Juli Geborenen nicht, ihre widersprüchlichen Neigungen und Wesenszüge zu harmonisieren, kann es ihnen an Zielbewußtsein fehlen, weil sie nie wissen, ob sie ihrem Verstand oder Gefühl folgen sollen.
FAZIT: Die an diesem Tag Geborenen sollten sich die Zeit zur eingehenden Selbstbeobachtung nehmen, um die Motivationen ihrer Handlungen und Ambitionen zu überprüfen und zu klären, was sie im Leben wirklich wollen, und dann konzentriert auf die Umsetzung dieser Vision hinarbeiten, ohne sich durch innere Stimmen ablenken zu lassen.

An diesem Tag

Prominente Geburtstage: König Philipp I. von Spanien (1478), Friedrich Wilhelm Bessel (1784), Thomas Stevenson (1818), Gregor Johann Mendel (1822), William Archibald Spooner (1844), Alfred Percival Graves (1846), Gwen John (1876), Selman Abraham Waksman (1888), Rose Kennedy (1890), Oscar de la Renta (1932), Terence Stamp (1939), Alex Trebek (1940), Albert Brooks, Danny Glover und Don Henley (1947), Alan Menken (1949), Willem Dafoe (1955), Franka Potente (1974)

Bedeutende Ereignisse und Jahrestage: Der 22. Juli verweist auf Führungsqualitäten: So war dies der Tag, an dem der Rattenfänger von Hameln der Legende zufolge die Kinder der Stadt entführte (1284) und Alexander Kerenskij nach der Ermordung des russischen Zaren Nikolaus II. zum Ministerpräsidenten der russischen Revolutionsregierung ernannt wurde (1917). Auch technische Innovation ist ein Merkmal dieses Tages, an dem die drahtlose Telegrafie erstmals im Rahmen polizeilicher Ermittlungen eingesetzt wurde, als der Kapitän der nach Kanada ausgelaufenen „Montrose" die englische Kriminalpolizei auf diesem Weg darüber informierte, daß sich der wegen Mordes an seiner Frau gesuchte Dr. Hawley Harvey Crippen mit seiner Geliebten an Bord befand (1910). Der für den 22. Juli typische Gerechtigkeitssinn spiegelte sich auch darin, daß an diesem Tag der berüchtigte amerikanische Bankräuber John Dillinger von FBI-Agenten vor einem Kino in Chicago in die Falle gelockt und erschossen wurde (1934).

LÖWE

♌

23. Juli bis 22. August
Herrschender Planet: Sonne **Element**: Feuer, fest
Polarität: Positiv (maskulin)
Körperliche Entsprechung: Rückgrat, Rücken und Herz
Edelsteine: Rubin, Gelber Topas, Tigerauge, Bernstein, Katzenauge
Blumen: Sonnenblume, Kamille, Ringelblume, Schöllkraut
Farben: Goldgelb, Orange

Das Sternzeichen des Löwen regiert die Zeitspanne, wenn der Sommer auf der nördlichen Erdhalbkugel seinen Gipfel erreicht und die Hitze der Sonne, also des Sterns, der den Löwen regiert, am größten ist. Das war vermutlich der Grund dafür, daß viele astrologische Traditionen des Mittleren Ostens diese Konstellation mit dem Löwen, dem „König der Tiere" in Verbindung gebracht haben, dessen goldene Mähne in den Worten der klassischen Dichter den Sonnenstrahlen gleichgesetzt wurde. Die Alten Ägypter verehrten den Löwen, weil die lebensspendenden Fluten des Nils zu steigen begannen, wenn die Sonne im Löwen stand. Die Alten Griechen und Perser, bei denen das Zeichen *Leon* und *Set* hieß, stellten es ebenfalls als Löwen dar, ebenso wie die Astrologen der Hindu-Religion, die es als *Simha* bezeichneten. Auch die Babylonier stellten sich ein löwenähnliches Wesen als Regenten des Zeichens vor, doch hier war es eher eine Löwin oder auch ein Hund – vielleicht, weil die mesopotamischen Göttinnen mit diesen Tieren assoziiert wurden. Der vielleicht bekannteste Mythos ist die Legende vom Nemeischen Löwen, den der griechisch/römische Held Herakles (Herkules) besiegte. Die erste der ihm auferlegten zwölf Arbeiten bestand darin, der bis dahin unbesiegten Kreatur das Fell abzuziehen, das in Nemea Angst und Schrecken verbreitet hatte. Nach einigen vergeblichen Versuchen erwürgte Herakles den Löwen endlich im Schlaf und häutete ihn mit seinen eigenen Klauen. Daraufhin trug er selbst das undurchdringliche Fell als Schutzmantel und seinen Kopf als Helm.

Die Kombination der Einflüsse, die den Löwen regieren – die hell scheinende Sonne und das Feuer, das lebensspendend wirkt, aber auch töten kann sowie die Pracht und Majestät des königlichen Tieres –, soll den Menschen, die unter diesem Zeichen geboren sind, ein sonniges Gemüt, Kreativität, Überschwang, Begeisterungsfähigkeit, Energie, Großzügigkeit, Mut und Kraft verleihen – Eigenschaften, die sämtlich gutes Führungspotential signalisieren. Andererseits können die intellektuelle Unabhängigkeit und der Stolz, die ebenso zum Wesen des Löwen gehören, sich auch in Egoismus, Eitelkeit und Selbstherrlichkeit zeigen.

23. JULI

Planeteneinflüsse

Herrschende Planeten: Sonne und Mond.
Erster Dekan: Persönlicher Planet ist die Sonne.
Erste Häuserspitze: Löwe mit Krebstendenzen.

☉ ☾

Religiöse und kulturelle Bedeutung

Nationalfeiertage in Äthiopien und den Vereinigten Arabischen Emiraten, im Alten Rom wurde Neptun geehrt.
Namenstag: Apollinaris von Ravenna († ca. 75), Birgitta (1303–73), Schutzheilige von Schweden.

Neben ihrem Humor und ihrer Freude an den schönen Dingen des Lebens besitzen die an diesem Tag Geborenen auch jede Menge Optimismus. Das wirkt auf andere sehr anziehend, und auch sie selbst finden den Kontakt zu anderen höchst anregend. Sie sind keineswegs passiv und stehen nie am Rand, sondern lieber im Zentrum ihres beruflichen und sozialen Kreises, wo sie ihre festen Überzeugungen äußern und die Menschen um sie herum beeinflussen. Trotz ihrer scheinbaren Ungezwungenheit sind die an diesem Tag Geborenen oft von dem starken Wunsch beseelt, anderen bei deren Fortkommen zu helfen – sei es beruflich, finanziell oder geistig – und setzen bereitwillig ihre beachtlichen Energien dafür ein. In Innersten sind sie Traditionalisten, sie halten an ihren Ansichten und moralischen Werten mit bemerkenswerter Hartnäckigkeit fest. Ihre starken Überzeugungen, ihre Kraft und ihr Interesse an anderen Menschen fördern Erfolg als militärische oder politische Führer. Auch in den verschiedensten künstlerischen Bereichen können sie diese Wesenszüge bestens ausdrücken.

Obwohl sie großzügige und loyale Freunde und Verwandte sind, die großen Wert auf Zuneigung und Unterstützung legen, kann der diesen Menschen eigene starke Wille und ihr Hang zur Geselligkeit sie davon abhalten, sich eng an einzelne zu binden. Außerdem tauchen bei ihnen manchmal Ängste auf, daß sie vielleicht mehr geben, als sie bekommen, und solche Ängste ersticken ihre Neigung, sich emotional zu engagieren.

STÄRKEN: Die an diesem Tag Geborenen sind sehr gesellig und konzentrieren sich stark auf andere. Oberflächlich gesehen genießen sie die Anregung, die sie aus zwischenmenschlichen Kontakten ziehen. Auf einer tieferen Ebene möchten sie aber jenen ihre starken Überzeugungen vermitteln, die ihrer Ansicht nach Unterstützung brauchen.
SCHWÄCHEN: Ihr wohlgemeinter und aufrichtiger Wunsch, Ansichten anderer zu formen und deren Leben in eine Richtung zu lenken, die sie als die beste erachten, kann dazu führen, daß sie sich alternativen Möglichkeiten verschließen und dadurch autoritär und dogmatisch werden.
FAZIT: Obwohl ihre Motive normalerweise löblich sind, sollten Menschen, die am 23. Juli geboren wurden, einsehen, daß andere ihr Eingreifen nicht immer begrüßen. Deshalb sollten sie sich um eine tolerantere, pragmatischere Haltung anderen Ansichten gegenüber bemühen, auch wenn sie sie selbst nicht teilen.

Neptun, der Gott der Meere und Füsse, wurde im Alten Rom am 23. Juli geehrt.

An diesem Tag

Prominente Geburtstage: Coventry Patmore (1823), Alan Brooke (1883), Arthur Whitten-Brown (1886), Raymond Chandler (1888), Ras Tafari Makonnen, Haile Selassie (1892), Gustav Heinemann (1899), Michael Wilding (1912), Michael Mackintosh Foot (1913), Gloria De Haven (1925), Victor Korchnoi (1931), Richard Rogers (1933), Bert Newton und Götz George (1938), Don Imus (1940), David Essex (1947), Graham Gooch (1953), Woody Harrelson (1961), Stephanie Seymour (1968)

Bedeutende Ereignisse und Jahrestage: An diesem Tag wird die Tradition hochgehalten. So wurde am 23. Juli 1986 die Hochzeit zwischen Prinz Andrew, dem zweitältesten Sohn von Königin Elizabeth II., und Sarah Ferguson mit großem Pomp gefeiert (wenn die Ehe auch später nicht hielt). Daß dieser Tag auch für den Fortschritt steht, zeigt sich in der Gründung der Heilsarmee (1865) durch William Booth. Diese Hilfsorganisation wurde ins Leben gerufen, um Obdach- und Mittellosen Unterstützung zu bieten. 1858 wurde der Britische „Oath of Allegiance“ geändert, so daß auch Juden einen Sitz im Parlament bekommen konnten, die „Local Defence Volunteers“ unter Winston Churchill benannte man in „Home Guard“ um (1940).

24. JULI

Diese Menschen sind zweifellos extrovertiert. Dies zeigt sich besonders deutlich an ihrer Begeisterung für das Ungewöhnliche und Herausragende sowie daran, daß sie ihre Ansichten gern laut und deutlich zum Ausdruck bringen. Dennoch lassen sich die Persönlichkeiten der an diesem Tag Geborenen nicht auf so offenkundige oder vereinfachende Weise definieren, denn unter dem oft schrillen und höchst selbstbewußten Äußeren, das diese Menschen typischerweise an den Tag legen, verbirgt sich ein eher nachdenklicher, sensibler Kern, mit dessen Hilfe sie intuitiv die subtileren Details einer Situation oder die nicht greifbaren Emotionen, die ihnen von ihren Mitmenschen vermittelt werden, einschätzen können. Wenn diese beiden Seiten ihres Charakters harmonisch miteinander existieren, können sich Menschen, die am 24. Juli geboren sind, erstaunlich wirkungsvoll für den Fortschritt einsetzen. Meist paart sich ihr energisches Streben nach Anerkennung mit bemerkenswertem Scharfblick, oft sogar noch mit Mitgefühl für diejenigen, die von der Gesellschaft mißachtet werden. Wenn ihre Beschützerinstinkte geweckt sind, werden die an diesem Tag Geborenen sich tapfer für die Unterdrückten und Mißbrauchten einsetzen, doch unter weniger extremen Umständen kümmern sie sich gewöhnlich um ihre persönlichen Wünsche nach Ruhm, Gewinn und materiellen Annehmlichkeiten. So können sie zwar eine Laufbahn im sozialen Bereich antreten, sich aber auch eifrig um ihre eigenen Interessen als Geschäftsleute bemühen. Dank ihrer Talente sind sie für eine Vielzahl von Berufen geeignet, vorausgesetzt, daß sie entweder eine Führungsposition einnehmen oder unabhängig, z. B. als Künstler, tätig sein können. Ihr starker Wille ruft bei anderen zwar unweigerlich ähnlich starke Reaktionen hervor, doch können sie Kritik meist annehmen, solange sie konstruktiv ist. Und ihnen entgegengebrachte Zuneigung erwidern sie mit enormer Großzügigkeit, Loyalität und Zuneigung.

STÄRKEN: An diesem Tag Geborene sind äußerst energiegeladen und verbinden ihr starkes Bestreben nach Erneuerung und greifbarem Fortschritt mit ihrem weniger offensichtlichen, jedoch keineswegs weniger effizienten Einfühlungsvermögen. Vor allem wollen sie andere inspirieren, sei es, daß sie die Anliegen, die sie motivieren, unterstützen, sei es, indem sie deren Talente und Erfolge bewundern.
SCHWÄCHEN: In dem Glauben an sich selbst und dem selbstbewußten Ausdruck ihrer Überzeugungen liegt die Gefahr, daß diese Menschen sich mit allzu kompromißloser Entschlossenheit rücksichtslos für ihre Anliegen einsetzen.
FAZIT: Für ihren Erfolg wie für ihren Gefühlshaushalt dürfen diese Menschen, wenn sie versucht sind, die sie anregenden Interessen voranzutreiben, auf keinen Fall ihre Fähigkeit unterdrücken, in sich hineinzuhören und Dinge objektiv abzuwägen. Sie müssen vielmehr, um ihren Aktivitäten Tiefe und Fokus zu geben, lernen, ihre Talente richtig einzusetzen.

An diesem Tag

Prominente Geburtstage: Eugène François Vidocq (1775), Simón Bolívar (1783), Alexandre Dumas, der Ältere (1802), Frank Wedekind (1864), Ernst Bloch (1880), Amelia Earhart (1898), Hans-Jürgen Wischnewski (1922), Adnan Kashoggi (1925), Peter Yates (1929), Sam Behrens (1950), Lynda Carter (1951), Kadeem Hardison (1965), Anna Paquin (1982)

Bedeutende Ereignisse und Jahrestage: Das Potential innovativer Führung, das dieser Tag birgt, verdeutlichen folgende Ereignisse: Der Pelzjäger Antoine de la Mothe Cadillac gründete einen Handelsstützpunkt (1701), den er Fort-Pontchartain du Detroit nannte. Daraus wurde später die Stadt der Automobilindustrie Detroit in Michigan, auch als „Motown" bekannt. Die englische Marine nahm unter der inspirierenden Führung von Admiral George Rooke das bis dahin spanische Gibraltar ein (1704). Die demokratischen und humanitären Prinzipien dieses Tages spiegeln sich darin, daß in Wilmington in Delaware die erste öffentliche Meinungsumfrage gestartet wurde (1824) oder daß im Londoner Guy's Hospital die unter Diabetes leidende Patientin Patricia Cheeseman zum ersten Mal erfolgreich mit Insulin behandelt wurde (1925).

Planeteneinflüsse

Herrschende Planeten: Sonne und Mond.
Erster Dekan: Persönlicher Planet ist die Sonne.
Erste Häuserspitze: Löwe mit Krebstendenzen.

☉ ☾

Religiöse und kulturelle Bedeutung

Namenstag: Christina von Bolsena († ca. 304), Siglinde († 7. Jh.), Christina von Belgien (ca. 1150–1224), Kinga (Kunigunde) von Polen (ca. 1224–1292), Louise von Savoyen (1462–1503).

Entschlossenheit, Selbstvertrauen und die Stärke, gesteckte Ziele zu erreichen, charakterisieren diesen Tag – Eigenschaften, die belohnt wurden, als eine Gruppe unterdrückter Mormonen 1847 nach einer strapaziösen Reise die Sicherheit von Salt Lake City in Utah erreichte. Auf dem Foto das berühmte Tabernacle der Stadt.

25. JULI

Menschen, die an diesem Tag geboren sind, werden von ihrem Wunsch getrieben, ihre bemerkenswert fortschrittlichen Visionen zu verwirklichen. Ihre Bestrebungen mögen von anderen – zu Recht oder zu Unrecht – als Phantastereien abgetan werden, aber sie lassen sich selten davon abbringen. Tatsächlich zeichnen sich diese Menschen durch ihre Entschlossenheit aus, ihre Träume in die Tat umzusetzen. Sie verlassen sich dabei auf ihre bemerkenswerten körperlichen und geistigen Stärken, ihre klaren Ziele und ihre Beharrlichkeit auch angesichts widriger Umstände. Vielen geht es um rein persönliche Dinge – berufliche Anerkennung oder finanziellen Gewinn -, aber sie sind so einfühlsam, daß ihr Tun von einem Verhaltenskodex geprägt ist, der sie davon abhält, Fortschritte auf Kosten anderer zu machen. Einige setzen sich auch für humanitäre oder ideologisch motivierte Anliegen ein. Immer aber unterstützen sie ihr berufliches Handeln mit ihren hochentwickelten technischen und organisatorischen Fähigkeiten und dem weniger offensichtlichen Talent, andere durch das ansteckende Wesen ihrer dynamischen Begeisterung zu inspirieren und zu motivieren. Da sie von ihren Kritikern oft enttäuscht sind, legen die an diesem Tag Geborenen großen Wert darauf, von denen unterstützt zu werden, die an sie glauben, und zeigen allen, die voll und ganz auf ihre Fähigkeit vertrauen, ihre Dankbarkeit in Form von starker, unerschütterlicher Zuneigung. Sie sollten sich jedoch vor falschem Lob hüten: Dies mag zwar ihre Zuversicht zeitweise stärken, letztlich ist es jedoch nicht hilfreich.

STÄRKEN: An diesem Tag Geborene lassen sich von Visionen leiten, die oft so innovativ sind, daß sie fast radikale Tendenzen aufweisen. Sie lassen sich von der Skepsis ihrer Mitmenschen nicht entmutigen. Oft genug wird dadurch nur noch ihr Vorsatz gefestigt, die Richtigkeit ihrer Überzeugungen zu beweisen. Dabei verlassen sie sich auf ihre beträchtlichen Kraftressourcen, ihre praktischen Talente und ihre Entschlossenheit.

SCHWÄCHEN: Obwohl ihr Einsatz für Anliegen, die ihr Interesse beflügeln, bewundernswert ist und sie sich dadurch letztlich auch oft genug bestätigt sehen, neigen die an diesem Tag Geborenen dazu, beim Verfolgen ihrer Ziele die Wirklichkeit aus den Augen zu verlieren und Schmeichlern und falschen Freunden gegenüber anfällig zu sein.

FAZIT: Zwar brauchen sie ihre Ziele nie aufzugeben, doch sollten sie sich vor der Neigung hüten, Herausforderungen allein um ihrer selbst willen anzunehmen. Bei der Einschätzung ihrer Erfolgsaussichten und der Motivation derer, die ihnen Beifall spenden, müssen sie sich um Objektivität bemühen.

Planeteneinflüsse

Herrschende Planeten: Sonne und Mond.
Erster Dekan: Persönlicher Planet ist die Sonne.
Erste Häuserspitze: Löwe mit Krebstendenzen.

☉ ☾

Religiöse und kulturelle Bedeutung

Im japanischen Osaka wird das Fest der Papierpuppen gefeiert, um himmlischen Schutz zu erbitten.
Namenstag: Jakobus der Ältere († 44), Schutzheiliger der Pilger, der Apotheker, Drogisten, Rheumakranken und Soldaten, Christophorus († ca. 250), Schutzheiliger des Verkehrs und vieler Berufsgruppen, die mit dem Verkehr zu tun haben.

An diesem Tag

Prominente Geburtstage: Arthur Balfour (1848), Walter Brennan und Gavrilo Princip (1894), Johnny „Rabbit" Hodges (1907), Estelle Getty (1923), Annie Ross (1930), Barbara Harris (1935), Jürgen Trittin (1954), Iman (1955)

Innovative technische Errungenschaften und die Verwirklichung ehrgeiziger Visionen zeigten sich am 25. Juli 1909, als Louis Blériot als erster Mensch in einem Flugzeug den Ärmelkanal überquerte.

Bedeutende Ereignisse und Jahrestage: An diesem Tag steht die entschlossene Durchsetzung ehrgeiziger Visionen im Vordergrund. Solange diese mit technischem Know-how gepaart sind, das ebenfalls ein Charakteristikum für den 25. Juli ist, haben sie letztlich auch Erfolg. So überflog der französische Pionier der Lüfte Louis Blériot als erster Mensch den Ärmelkanal (1909), und derselbe Wasserweg wurde mit dem S.R.N.I.-Luftkissenboot des englischen Ingenieurs Christopher Cockerell überquert (1959). Im englischen Oldham kam das erste Retortenbaby, Louise Joy Brown, zur Welt (1978). Trügerische Vorstellungen, die an diesem Tag ebenfalls gefährlich sein können, zeigten sich, als Königin Maria I. von England König Philip II. von Spanien in dem Glauben heiratete, sie würde keine von nationalen Interessen geleitete Vernunftehe eingehen (1554). Der italienische Diktator Mussolini wurde vom Faschistischen Großrat in der vergeblichen Hoffnung abgesetzt, damit die verheerenden Folgen seiner Allianz mit Hitler mildern zu können (1943).

26. JULI

An diesem Tag Geborene können auf ihrem Lebensweg deutliche Spuren hinterlassen, denn ihre Willenskraft, ihr unabhängiges Denken und Handeln sowie ihre Vorliebe, ihrer Individualität Ausdruck zu verleihen, zeichnen sie als beherrschende und einflußreiche Persönlichkeiten aus. Ihre Erfolge hängen jedoch großteils von den Reaktionen ab, die sie bei anderen hervorrufen und mit Hilfe derer sie auch die Effektivität ihrer oft radikalen Theorien einschätzen. Dabei können sie natürlich auf Bewunderung, aber auch auf Geringschätzung stoßen. Doch da ihr Tun in vieler Hinsicht vor allem dadurch motiviert wird, andere auf sich aufmerksam zu machen, akzeptieren sie die Liebe oder auch die Verachtung, die sie provozieren, mit Gleichmut. Denn sie wissen, daß sie ihr Ziel, für sich oder ihre Meinung zu werben, erreicht haben. Diese Menschen sind geborene Selbstdarsteller und eignen sich besonders für künstlerische Berufe oder kreative kommerzielle Zweige wie die Medien oder die Werbung. Das energiegeladene, extrovertierte Gesicht, das diese Menschen der Welt zeigen, überlagert oft ihre tieferen, introspektiveren Wesenszüge. Diese erlauben ihnen, einen klar gezeichneten Lebensweg zu planen, den sie dann bemerkenswert zielstrebig und hartnäckig verfolgen. Ihre berufliche und private Persönlichkeit können so widersprüchlich ausfallen, daß sie schon gespalten wirken. Dies ist vor allem bei Frauen der Fall, die ihren Privatbereich abschirmen, sobald sie aus dem öffentlichen Rampenlicht getreten sind, und ihre Lebensbasis in einem engen Zusammenschluß von Freunden und Familienmitgliedern haben, für die sie große Zuneigung hegen.

STÄRKEN: Hinter den äußerst energiegeladenen Persönlichkeiten der an diesem Tag Geborenen verbergen sich ausgeprägte intellektuelle Gaben der Wahrnehmung und der Logik, mit deren Hilfe sie höchst effektive Erfolgsstrategien ausarbeiten können. Ihre Talente und Zielvorstellungen präsentieren sie der Welt in ihren Handlungen, die so angelegt sind, daß sie in anderen unweigerlich starke Reaktionen hervorrufen.

SCHWÄCHEN: Diese Menschen genießen die oft empörten Reaktionen, die ihre geradezu auf Konfrontation ausgelegten Taktiken hervorrufen, und sollten erkennen, daß diese Sensationslüsternheit ein Suchtpotential birgt und daher unbedingt kontrolliert und sparsam genutzt werden sollte, um erfolgreich zu sein.

FAZIT: Obwohl die an diesem Tag Geborenen im allgemeinen ein gesundes Gleichgewicht zwischen ihren beruflichen und persönlichen Beziehungen finden, sollten sie sich davor hüten, die provokanten Mittel, die sie in der Öffentlichkeit erfolgreich einsetzen, in ihre privaten Beziehungen einfließen zu lassen, denn dies könnte großen Schaden anrichten.

An diesem Tag

Prominente Geburtstage: John Field (1782), George Bernard Shaw (1856), Serge Koussevitsky (1874), Carl Gustav Jung (1875), André Maurois (1885), Georg Grosz (1893), Aldous Huxley (1894), Paul Gallico (1897), Gracie Allen (1906), Vivian Vance (1912), Blake Edwards und Jason Robards (1922), Stanley Kubrick und Bernice Rubens (1928), Peter Doyle (1932), John Howard (1939), Mick Jagger (1943), Hannelore Elsner (1944), Helen Mirren (1946), Dorothy Hamill (1956), Kevin Spacey (1959), Sandra Bullock (1965)

Bedeutende Ereignisse und Jahrestage: An diesem Tag steht die Unabhängigkeit im Vordergrund, was folgende Ereignisse spiegeln: Liberia wurde als erste afrikanische Kolonie selbständig (1847), und König Faruk von Ägypten wurde von dem republikanischen General Neguib zum Rücktritt gezwungen (1952). Der Suezkanal, der bis dahin unter internationaler Verwaltung stand, wurde vom ägyptischen Präsidenten Gamal Nasser verstaatlicht (1956). In Griechenland wurde die Militär-Junta entmachtet und die Parteien wieder zugelassen (1974). Auch hat der Tag pragmatische und praktische Aspekte: Der Staat New York schloß sich 1788 der amerikanischen Union an, 1908 wurde das FBI gegründet. Der Hang des Tages zum Provokativen zeigte sich, als in Surrey das erste ausschließlich von Frauen ausgetragene Cricket-Match stattfand, wodurch das männliche Monopol in diesem Spiel gebrochen war (1745).

Planeteneinflüsse

Herrschender Planet: Sonne.
Erster Dekan: Persönlicher Planet ist die Sonne.

☉

Religiöse und kulturelle Bedeutung

In Liberia Nationalfeiertag. Bei den Hopi-Indianern wird die Kachina-Zeremonie gefeiert.
Namenstag: Joachim und Anna, Eltern Marias († 1. Jh.).

Am 26. Juli 1875 wurde der Psychologe Carl Gustav Jung geboren. In ihm zeigten sich die Fähigkeiten der intellektuellen Analyse und des originellen Denkens, die oft bei Menschen auftreten, die an diesem Tag geboren sind. Sein bedeutendster Beitrag zur modernen Psychologie waren die Konzepte des Kollektiven Unbewußten und der Archetypen. Der selbstbewußte, mit starker Willenskraft ausgestattete Jung brach aus Überzeugung die Verbindung zu seinem früheren Freund und Kollegen Sigmund Freud ab.

27. JULI

Planeteneinflüsse

Herrschender Planet: Sonne.
Erster Dekan: Persönlicher Planet ist die Sonne.

☉

Religiöse und kulturelle Bedeutung

Im Alten Ägypten wurde die Pharaonin Hatschepsut gefeiert, in Belgien gibt es an diesem Tag eine Hexenprozession.
Namenstag: Pantaleon († ca. 305), Schutzheiliger der Ärzte und Hebammen, Natalia von Cordoba († ca. 853), Berthold von Garsten († 1142).

Der erfolgreiche Tänzer, Choreograph und erste künstlerische Direktor des London Festival Ballet, Anton Dolin, verkörpert die kreativen Tendenzen dieses Tages. Mit seinem Geburtsjahr 1904 war er nach dem chinesischen Horoskop ein Holzdrache. Er hatte einen ausgeprägten Sinn für das Darstellerische und den phantasievollen Ausdruck.

Die an diesem Tag Geborenen besitzen übersprudelnde Energie, Leidenschaft und Hingabe sowie hochentwickelte praktische und organisatorische Fähigkeiten – eine äußerst wirkungsvolle Kombination, die sie maximal nutzen. Es sind sehr dynamische Menschen, die meist aufs Ganze gehen und sich äußerst zielgerichtet und mit vollem Einsatz auf die aktive Verfolgung ihrer beruflichen und privaten Visionen stürzen, angetrieben von ihrem Wunsch nach greifbaren Fortschritten. Obwohl ihre Berufswünsche von ihren individuellen Vorlieben abhängen, kommen die meisten in allen Berufen voran, in denen sie direkt an der Durchsetzung ihrer Ziele arbeiten, ein gut geordnetes Team leiten und ihre gründlich überlegten Strategien einsetzen können. Diese Neigungen und Talente nutzen ihnen besonders in großen Firmen, aber ihre angeborene Vielseitigkeit und Kreativität, ihre Abenteuerlust und ihre Energie verleihen ihnen auch hervorragende künstlerische Möglichkeiten, vor allem, wenn sie im chinesischen Jahr des Drachen geboren sind.

Im häuslichen Bereich bilden die am 27. Juli Geborenen meist den Mittelpunkt, um den herum sich alles dreht. Familie und Kinder werden von ihnen meist mit Zuneigung überhäuft, und sie tun alles, um deren Wohlergehen und Glück zu sichern, während sie gleichzeitig viel Freude in ihre Beziehungen einfließen lassen. Sie sollten jedoch ihren wohlmeinenden Einfluß maßvoll einsetzen und denen, an deren Bindung und Zuneigung ihnen am meisten liegt, zugestehen, eigene Fehler zu machen und aus ihnen zu lernen.

STÄRKEN: Die an diesem Tag Geborenen sind starke, positive Persönlichkeiten, motiviert von ihrem alles dominierenden Wunsch, ihre fortschrittlichen Bestrebungen zu verwirklichen. Sie sind intellektuell höchst klarsichtig und zielgerichtet, was sie in die Lage versetzt, ihre erheblichen Energien, ihre organisatorischen Talente und ihr Durchsetzungsvermögen auf die Verwirklichung ihrer Visionen zu richten. Sie verfügen also über enorme Möglichkeiten.
SCHWÄCHEN: Vor allem in ihren persönlichen Beziehungen sollten sich diese Menschen davor hüten, andere zu sehr zu kontrollieren, auch wenn ihre Motive noch so wohlmeinend sind, denn sonst könnten sie unbeabsichtigt die individuellen Ausdrucksmöglichkeiten derer, die sie beschützen und leiten wollen, behindern.
FAZIT: Zur Bereicherung ihrer zwischenmenschlichen Beziehungen sollten diese Menschen sich bewußt sein, daß ihre Charakterstärke eine überwältigende Wirkung auf andere haben kann, vor allem auf emotional weniger stabile Menschen. Sie sollten erkennen, daß ein subtileres Vorgehen oft effektiver sein kann.

An diesem Tag

Prominente Geburtstage: Alexandre Dumas, der Jüngere (1824), Enrique Granados (1867), Joseph Hilaire Pierre Belloc (1870), Ernö von Dohnányi (1877), Geoffrey de Havilland (1882), Anton Dolin (1904), Norman Lear (1922), Jack Higgins (1929), Jerry van Dyke (1931), Bobbie Gentry (1944), Betty Thomas (1947), Peggy Gale Fleming (1948), Maureen McGovern (1949), Allan Border (1955), Barbara Rutnik und Chistopher Dean (1958)

Bedeutende Ereignisse und Jahrestage: Das entschlossene Streben nach klar umrissenen Zielen, das an diesem Tag besonders stark zum Ausdruck kommt, zeigt sich durch eine Reihe von Ereignissen, denen wechselnde Erfolge beschieden waren: Während der amerikanischen Revolutionskriege kämpften in der ersten (unentschiedenen) Seeschlacht von Ushant Franzosen und Briten gegeneinander (1778), Frederick Banting und Charles Best isolierten an der Universität Toronto das Hormon Insulin als erstes wirksames Mittel zur Behandlung von Diabetes (1921), das erste zivile Düsenpassagierflugzeug der Welt, der „de Havilland Comet", hatte seinen Jungfernflug (1949), in Panmunjom wurde ein Waffenstillstandsvertrag unterzeichnet und der Koreakrieg beendet (1953).

28. JULI

Die Persönlichkeit der am 28. Juli Geborenen ist vor allem durch ein ausgesprochenes Konkurrenzverhalten geprägt, einen Drang, der sich in persönlichem oder beruflichem Ehrgeiz manifestieren kann und in ihnen das Bedürfnis hervorruft, um jeden Preis gewinnen zu wollen. Diese dominante Eigenschaft kann aus einer Reihe von Ursachen erwachsen, einschließlich dem unerschütterlichen Glauben dieser Menschen an sich selbst und dem damit einhergehenden Wunsch, andere zu ihren Überzeugungen zu bekehren. Sie stellen sich gern großen Herausforderungen und genießen die materielle Seite ihres Erfolgs sowie die Anerkennung und das Lob anderer. Beim Verfolgen ihrer Ziele können sie auf ihre beträchtlichen Ressourcen und Talente zurückgreifen, einschließlich großer körperlicher und intellektueller Energie sowie ihrer Fähigkeit, ihren Bemühungen eine stabile organisatorische und technische Basis zu verleihen, nicht zuletzt aber auch auf ihre entschlossene Weigerung, sich von ihren Zielen abbringen zu lassen oder eine Niederlage einzugestehen. So sind diese Menschen bewundernswert für Berufe gerüstet, in denen Konfrontationstaktiken eine wichtige Rolle spielen, etwa in der Politik, beim Militär und im Geschäftsleben, aber auch im Sport oder in der Kunst.

Viele der an diesem Tag Geborenen glauben, daß ihre Erfolge ausreichen, um ihnen die Zuneigung anderer zu sichern, die sie dringend benötigen. Leider ist dies nur selten der Fall, denn ihre zielstrebige und kämpferische Art entfremdet diejenigen, die sie zu beeindrucken versuchen, eher. Sie sind den ihnen Nahestehenden zwar eng verbunden, sollten jedoch wissen, daß die Objekte ihrer Zuneigung sie vielleicht in einem ambivalenteren Licht sehen.

STÄRKEN: Die Gedanken und Taten der am 28. Juli Geborenen werden von ihrer Entschlossenheit gesteuert, bei allem, was sie tun, die Besten zu sein. Bei dem Kampf um ihre Erfolge können sie auf ein Arsenal von Talenten zurückgreifen, darunter auch die intellektuelle Klarheit ihrer Visionen und strategisch-organisatorische Fähigkeiten sowie ihre enorme Stärke und Hartnäckigkeit.

SCHWÄCHEN: Das extrem ausgeprägte Bedürfnis dieser Menschen, ihre Ziele um jeden Preis zu erreichen, läßt sich nicht mit ihrem Wunsch vereinbaren, in anderen Wärme und Zuneigung zu wecken, vor allem wenn sie dabei diejenigen beiseite schieben, die ihnen im Weg stehen.

FAZIT: Die an diesem Tag Geborenen müssen abwägen, ob sie sich vom Leben materiellen und beruflichen Erfolg oder emotionale Erfüllung wünschen, und ihre Vorgehensweise möglichst entsprechend mäßigen.

An diesem Tag

Prominente Geburtstage: Hudson Lowe (1769), Gerard Manley Hopkins (1844), Beatrix Potter (1866), Marcel Duchamp (1887), Rudy Vallee (1901), Karl Popper und Richard Rogers (1902), Malcolm Lowry (1909), John Stonehouse (1925), Jacqueline Kennedy Onassis (1929), Garfield Sobers (1936), Robert Hughes (1938), Phil Proctor (1940), Riccardo Muti (1941), Jim Davis (1945), Albert Namatjira (1959), Dolf Sternberger (1907)

Bedeutende Ereignisse und Jahrestage: An diesem Tag zeigt sich deutlich die entschlossene Durchsetzung ehrgeiziger Bestrebungen, die oft auch zu Lasten anderer geht. So etwa, als König Heinrich VIII. von England seine fünfte Frau Catherine Howard heiratete und am selben Tag seinen ehemaligen Kanzler Thomas Cromwell (der eine wichtige Rolle bei der vierten Hochzeit des Königs mit Anne von Cleves gespielt hatte) wegen angeblichen Hochverrats hinrichten ließ (1540). Maximilien de Robespierre und Louis de Saint-Just sowie neunzehn weitere Jakobiner wurden unter der Guillotine hingerichtet (1794). Nationalistische Truppen unter dem Kommando von José de San Martin befreiten Peru von der spanischen Herrschaft (1821), und Österreich-Ungarn erklärte Serbien den Krieg, gefolgt vom Ausbruch des Ersten Weltkriegs (1914).

Planeteneinflüsse

Herrschender Planet: Sonne.
Erster Dekan: Persönlicher Planet ist die Sonne.

Religiöse und kulturelle Bedeutung

Nationalfeiertag in Peru, im heidnischen Europa wurde Thor gefeiert.
Namenstag: Baetus und Bantus († 7. Jh.), Benno II. von Osnabrück (ca. 1020–88), Alphonsa Anna Muttathupandathu (1910–46).

Die 32. First Lady Amerikas, Jackie Kennedy Onassis, wurde am 28. Juli 1929 geboren und erfüllte das in ihrem Geburtstag liegende Versprechen, indem sie ihrem Streben nach Öffentlichkeit und Bewunderung zu Erfolg verhalf. Ihre anmutige Eleganz, ihre Liebe zur Kultur und ihr in privaten Belangen verschlossenes Wesen lassen sich auch mit ihrem chinesischen Geburtsjahr, dem Jahr der Schlange, in Verbindung bringen.

29. JULI

Auch die am 29. Juli Geborenen sind, wie die meisten der unter diesem Tierkreiszeichen Geborenen, positiv und energiegeladen. Ihnen angeboren ist die Neigung, das Tun der Menschen in ihrer Umgebung zu kontrollieren, eine Vorliebe, die noch verstärkt wird, wenn sie im chinesischen Jahr des Drachen geboren sind. Doch im Gegensatz zu vielen anderen Löwe-Menschen richten sich ihre Bestrebungen weniger auf persönlichen Erfolg und Ruhm (obwohl sie Lob nicht abgeneigt sind), sondern vielmehr auf die Förderung der Interessen der sozialen Gruppe, mit der sie sich vorrangig identifizieren, z. B. ihrer Familie, ihrer Nachbarschaft, ihres Landes oder der gesamten Menschheit. So findet man sie typischerweise in der Politik oder im sozialen Bereich, aber auch als Sportler oder Künstler – eigentlich in allen Berufen, die ein starkes Gruppengefühl versprechen. In der richtigen Umgebung neigen die an diesem Tag Geborenen zu Führungsrollen, denn andere beugen sich gern ihrem starken Willen, ihren klar definierten Zielen und organisatorischen Talenten sowie ihrer Gabe zur Motivation.

Ihre Bereitschaft, Menschen in ihrer Umgebung zu beschützen und für sie Verantwortung zu übernehmen – dies gilt vor allem für Männer – sowie ihre Großzügigkeit und Loyalität wird im allgemeinen erwidert. Obwohl auch ihre persönlichen Beziehungen durch gegenseitige tiefe Gefühle charakterisiert sind, schenkt ihr dominantes Interesse an der Gemeinschaft ihnen wenig Zeit für andere oder überhaupt für eigene Interessen.

STÄRKEN: Diese Menschen binden sich meist eng an soziale Gruppierungen, deren Interessen sie sich aneignen und dann auch mit bemerkenswerter Solidarität und Entschlossenheit verfolgen. Ihre vielseitigen intellektuellen Talente befähigen sie neben ihren scheinbar unerschöpflichen körperlichen Reserven dazu, in allen Bereichen inspirierende Führungsrollen zu übernehmen.
SCHWÄCHEN: Diese Menschen stehen unter einem solch überwältigenden Zwang, sich mit Gruppen zu identifizieren, daß sie Gefahr laufen, ihre Individualität zu unterdrücken und ihre persönlichen Bedürfnisse und Bestrebungen stets unter die der Gemeinschaft zu stellen. Diese Eigenschaft ist zwar lobenswert, kann jedoch sowohl für die Betroffenen als auch für ihre Familien und Freunde zu emotionalen Problemen führen.
FAZIT: Für eine ausgewogene Gefühlswelt der am 29. Juli Geborenen ist es äußerst wichtig, daß sie sich gelegentlich etwas Zeit für sich selbst nehmen. Indem sie sich ruhiger Introspektion hingeben, ein Hobby betreiben oder einfach nur die Gesellschaft ihrer Lieben genießen, können sie ihre körperlichen und geistigen Energien erneuern und ihr Leben bereichern.

Planeteneinflüsse
Herrschender Planet: Sonne.
Erster Dekan: Persönlicher Planet ist die Sonne.

☉

Religiöse und kulturelle Bedeutung
Im französischen Tarascon wird das Tarasque-Fest gefeiert.
Namenstag: Marta von Bethanien († 1. Jh.), Schutzheilige der Köche, Hoteliers, Hausfrauen und Laienschwestern, Simplicius, Faustinus und Beatrix († ca. 305), Lupus von Troyes (ca. 383–ca. 479), Ladislaus von Ungarn (ca. 1040–95), Urban II. (ca. 1035–99).

Der 29. Juli ist ein Tag für gemeinschaftliche Aktivitäten und soziale Verantwortung. An diesem Tag gründete Robert Baden Powell die Pfadfinderbewegung. Inzwischen ist sie eine der führenden internationalen Jugendbewegungen.

An diesem Tag
Prominente Geburtstage: George Bradshaw (1801), Alexis de Tocqueville (1805), Armauer Gerhard Henrik Hansen (1841), Benito Mussolini (1883), Sigmund Romberg (1887), Ernst Reuter (1889), Dag Hammarskjold (1905), Melvin Belli (1907), Jo Grimmond (1913), Mikis Theodorakis (1925), Elizabeth Dole (1936), Peter Jennings (1938), Michael Spinks (1956), Wil Wheaton (1972), Wanya Morris (1973)

Bedeutende Ereignisse und Jahrestage: Dieser Tag weist auf eine persönliche Identifikation mit gemeinschaftlichen Interessen und einem darauf aufbauenden Verantwortungsbewußtsein hin. So heiratete Maria Stuart Lord Henry Darnley, um die Katholiken vor der Übermacht der protestantischen Lords zu stärken (1565). Der Anarchist Angelo Bresci ermordete in der Überzeugung, seiner Heimat den größten Dienst zu erweisen, den italienischen König Umberto I. (1900). Lord Robert Baden-Powell gründete die Pfadfinder, eine Bewegung, die jungen Männern ein Gefühl für soziale Verantwortung und Bürgerpflichten vermitteln sollte (1907). Prinz Charles, der sich der Verantwortung bewußt war, für eine spätere Königin und einen Thronerben zu sorgen, heiratete in der Londoner St. Paul's Cathedral Lady Diana Spencer (1981).

30. JULI

An diesem Tag Geborene stehen mit beiden Beinen fest auf dem Boden, sie streben vor allem nach der Sicherung ihres persönlichen Status und ihrer finanziellen Mittel sowie nach allem, was einen spürbaren Fortschritt darstellt, und gehen dabei sehr energisch vor. Diese Menschen können sehr logisch und linear denken. Dank ihres ausgeprägten Gespürs für ihre Umgebung oder auch für die Komponenten eines Plans, den sie gerade abwägen, haben sie die Fähigkeit, Situationen genauestens einzuschätzen und daraufhin eine umfassende Strategie zu entwickeln. Dann setzen sie ihren Plan mit bemerkenswerter Zielstrebigkeit und Hartnäckigkeit um, wobei sie sich auf ihre erheblichen organisatorischen Fähigkeiten und Führungsqualitäten verlassen können. Auch im persönlichen Bereich lenken sie ihre Beziehungen mit unerschütterlichem Gleichmut, wobei sie sich um das physische und emotionale Wohlergehen ihrer Freunde und Verwandten kümmern.

In Kombination mit ihrer Zielorientiertheit sind die am 30. Juli Geborenen durch ihre praktischen und zwischenmenschlichen Talente hervorragend befähigt, Karriere im finanziellen und kommerziellen Bereich zu machen, sie können es aber auch im Sport zu Ruhm und Ehre bringen. Dank ihrer ausgeprägten Sinnlichkeit sind sie auch in den Künsten erfolgreich (als Maler, Musiker, Schriftsteller oder Schauspieler) – obwohl die Mehrheit der an diesem Tag Geborenen es vorzieht, sich nur mit schönen Dingen zu umgeben, welche ihnen aufgrund ihrer finanziellen Weitsicht wiederum sehr oft auch gleichzeitig als lukrative Anlagen dienen.

STÄRKEN: Diese außerordentlich starken Persönlichkeiten sind von ihrem Wunsch motiviert, im Leben voranzukommen und auf ihrem Weg nach oben nicht nur berufliche Anerkennung, sondern auch die finanziellen Mittel zu erlangen, mit denen sie sich und ihrer Familie einen angenehmen Lebensstil sichern können. Ihre klaren Visionen, ihre Entschlossenheit und ihre praktischen Fähigkeiten verleihen ihnen gute Erfolgsaussichten.
SCHWÄCHEN: Ihre Zielorientiertheit, gepaart mit dem Instinkt, die ihnen Nahestehenden zu beschützen, kann diese Menschen dazu bringen, engstirnig und eingleisig zu handeln und dabei allgemeinere soziale Anliegen und Verpflichtungen als unwichtig abzutun.
FAZIT: Die an diesem Tag Geborenen balancieren ihre intellektuellen und emotionalen Anliegen meist gut aus. Wenn sie indessen ihre Interessen über die unmittelbaren Erfordernisse ihrer persönlichen und beruflichen Umgebung hinaus ausweiten, können sie ihr Leben anregen und bereichern.

An diesem Tag

Prominente Geburtstage: Giorgi Vasari (1511), Samuel Rogers (1763), Emily Brontë (1818), Henry Ford (1863), Casey Stengel (1891), Henry Moore (1898), Gerald Moore (1899), Cyril Northcote Parkinson (1909), Thomas Sowell (1930), Ed „Kookie" Bynes (1933), Peter Bogdanovich (1939), Clive Sinclair (1940), Paul Anka (1941), Arnold Schwarzenegger (1947), Ken Olin (1954), Kate Bush und Daley Thompson (1958), Jürgen Klinsmann (1964)

Bedeutende Ereignisse und Jahrestage: Sportliche Höchstleistungen, für die dieser Tag besonders günstig ist, geschahen z. B., als Uruguay Argentinien im Endspiel des ersten internationalen Fußball-Weltcups besiegte (1930). 1966 schlug England Deutschland in demselben aufregenden Fußballwettbewerb. Das künstlerische als auch kommerzielle Potential dieses Tages zeigte sich mit dem Erscheinen des ersten Buchs im Penguin-Verlag, André Maurois' *Ariel* (1935). Vielseitige Talente sowie die persönlichen Interessen, die an diesem Tag eine große Rolle spielen, zeigten sich, als der britische Spion Kim Philby den Behörden entkam und nach Moskau floh (1963). Auch dem körperlichen Wohlbefinden kommt an diesem Tag große Bedeutung zu. So wurde das elf Tage alte englische Baby Holly Roffey zum jüngsten Herztransplantationspatienten (1984).

Planeteneinflüsse

Herrschender Planet: Sonne.
Erster Dekan: Persönlicher Planet ist die Sonne.

☉

Religiöse und kulturelle Bedeutung

Im kanadischen Nova Scotia ist dies ein Feiertag des Stammes der Micma.
Namenstag: Abdon und Sennen († ca. 304), Peter Chrysologus (ca. 380–450), Leopold von Castelnuovo (Bogdan Mandiæ, 1866–1942).

Entschlossenheit, Entschlußkraft und persönlicher Ehrgeiz sind typische Eigenschaften der am 30. Juli Geborenen, so auch bei Henry Ford, dem legendären Automobilhersteller und Großindustriellen, der die Ford Motor Company gründete und die Herstellung durch seine modernen Fließbänder revolutionierte. Gesegnet mit einer klaren Vision, an der er unerschütterlich festhielt, ließ er in seinen Werken zwischen 1908 und 1928 15 Millionen Wagen der Marke „Model T" produzieren. Auf dem Foto ist Ford mit seinem ersten und mit seinem zehnmillionsten Auto zu sehen.

31. JULI

Planeteneinflüsse

Herrschender Planet: Sonne.
Erster Dekan: Persönlicher Planet ist die Sonne.

Religiöse und kulturelle Bedeutung

Die Kelten feierten an diesem Tag Oidhche Lughnasa.
Namenstag: Josef von Arimathea († 1. Jh.), Schutzheiliger der Bestatter, Germanus von Auxerre (ca. 378–448), Elisabeth Alphonsa Eppinger (1814–67).

Wesley Snipes verkörpert die Antriebskraft und Begeisterung für das Leben, die für am 31. Juli Geborene so typisch sind. Er stammt aus der New Yorker Bronx und hat sich mit vollem Einsatz an die Spitze gekämpft. In seinen Rollen, etwa in Spike Lees Mo Better Blues *und* Jungle Fever *oder* U.S. Marshalls, *hat er seine Ausbildung in Kampftechniken und seine außergewöhnliche emotionale Bandbreite eingebracht. Sein chinesisches Zeichen, der Tiger, verstärkt seine einsatzfreudigen, extrovertierten Aspekte.*

Die am 31. Juli Geborenen weisen einen besonders starken Forscherdrang auf. Zwar wollen sie in erster Linie ihr Wissen und Verständnis erweitern, doch trägt der von diesen Menschen herbeigeführte Fortschritt meist auch erheblich zum allgemeinen menschlichen Wissen bei, da die Bereiche, die sie interessieren, typischerweise sehr umfassend sind – von der Psychologie über abstrakte politische oder wirtschaftliche Theorien hin zu den noch unerforschten Geheimnissen des Kosmos. Dabei ziehen sie sich jedoch nicht in einen Elfenbeinturm zurück, sondern bevorzugen eine aktive Rolle, etwa als Leiter eines Forschungsteams. Sobald sie einen Durchbruch erreicht haben, beeilen sie sich, ihre Erfolge der Welt lautstark mitzuteilen. Ihr ausgeprägtes Interesse an allen Facetten der menschlichen Existenz in Verbindung mit ihrem höchst logischen Denken und ihrer Hartnäckigkeit befähigt diese Menschen zu vielen Karrieren – als Wissenschaftler im universitären Bereich oder auch als Journalisten, aber auch als Lehrer eignen sie sich hervorragend, denn sie verspüren oft den mächtigen Wunsch, mit ihren Erkenntnissen anderen zu helfen.

Trotz der tiefempfundenen Verpflichtung und der großherzigen Toleranz, die die an diesem Tag Geborenen ihren Nächsten entgegenbringen, kommen sie nicht immer in den Genuß eines stabilen und harmonischen Privatlebens, welches sie sich eigentlich wünschen. Dies mag auch daher kommen, daß sie dazu neigen, sich voll und ganz auf ihre Arbeit zu konzentrieren und daher einfach zu wenig Zeit für Freunde und Familie aufbringen.

STÄRKEN: Die am 31. Juli Geborenen sind fasziniert von der Frage nach dem, was unser Leben beeinflußt, und beseelt von dem Wunsch, die Früchte ihrer Entdeckungen zum Nutzen anderer einzusetzen. Bei all ihren Unterfangen können sie auf ihre umfangreiche Energie, ihre Entschlossenheit und ihr klares Denken zurückgreifen.
SCHWÄCHEN: Wenn sie sich auf die allgemeineren menschlichen Anliegen konzentrieren, die sie typischerweise interessieren, laufen diese Menschen Gefahr, unabsichtlich die keineswegs weniger wichtigen Forderungen der ihnen Nahestehenden zu vernachlässigen, entweder indem sie ihnen zu wenig Zeit und Kraft widmen oder indem sie ihren beruflichen Aktivitäten stets Vorrang verleihen.
FAZIT: Für ihre emotionale Erfüllung ist es unerläßlich, daß diese Menschen ihre Prioritäten abwägen. Es sollte ihnen klar sein, daß es sich durchaus lohnt, ihre nächsten Angehörigen dadurch zu erfreuen, daß sie sowohl deren emotionalen als auch körperlichen Bedürfnissen gebührende Aufmerksamkeit schenken.

An diesem Tag

Prominente Geburtstage: John Canton (1718), Friedrich Wöhler (1800), John Ericsson (1803), George Henry Thomas (1816), Helena Petrovna Blavatsky (1831), Erich Heckel (1883), Milton Friedman (1912), Norman Del Mar (1919), Whitney More Young, Jr. (1921), Peter Nichols (1927), Lynne Reid Banks und Don Murray (1929), Geraldine Chaplin und Jonathan Dimbleby (1944), Evonne Goolagong Cawley (1951), Ernie Dingo (1956), Wally Kurth (1958), Wesley Snipes (1962), Dean Cain (1966)

Bedeutende Ereignisse und Jahrestage: Das Bedürfnis, das menschliche Wissen voranzutreiben, ist ein herausragender Aspekt dieses Tages. So plante Christopher Columbus auf der letzten Etappe seiner Entdeckungsreise an die südamerikanische Küste die Route, die ihn nach Trinidad bringen sollte (1498). Das amerikanische Raumschiff „Ranger 7“ funkte die ersten Nahaufnahmen der Mondoberfläche zur Erde (1964). Millionen von Fernsehzuschauern erlebten mit, wie die amerikanischen Astronauten David Scott und James Irwin sich in einer Mondfähre auf dem Mond bewegten (1971). Dieser Tag weist auf persönliches und kollektives Handeln im Namen eines umfassenden menschlichen Interesses hin, was sich im auch im politischen Bereich zeigen kann; so wurde in Deutschland die Weimarer Republik ausgerufen, die die kaiserliche Herrschaft durch eine demokratische Verfassung ablösen sollte (1919).

1. AUGUST

Die an diesem Tag Geborenen sind selbstgenügsame Persönlichkeiten, die auch den ihnen Nahestehenden gegenüber eine Art Paradox verkörpern: Einerseits können sie (dank ihres angeborenen Gerechtigkeitssinns) aufrichtiges Mitleid mit weniger Begünstigten zeigen, andererseits wachen sie eifersüchtig über ihr Recht auf Privatsphäre und Autonomie. Für ihre Lebenseinstellung sind zwei Dinge charakteristisch: ihre Vorstellungskraft, dank derer sie sich mit den Gefühlen und den Lebensumständen anderer identifizieren und sich von deren Gesellschaft inspirieren lassen können, und ihre Fähigkeit zum linearen logischen Denken. Letztlich interessieren sie abstrakte Konzepte – vor allem Kunsttheorien oder der künstlerische Ausdruck –, und oft ziehen sie sich zurück, um sich ihren intellektuellen Forschungen zu widmen. Sie legen so großen Wert auf geistige Unabhängigkeit, daß sie im allgemeinen nicht geeignet sind, als kleines Rädchen in einer großen Firma zu funktionieren (es sei denn, sie selbst sind die treibende Kraft). Sie eignen sich von ihrem Wesen her besser zu selbständiger Tätigkeit oder zu Arbeiten in Bereichen, in denen ihr Forschen in Produkte umgesetzt werden kann, z. B. als Wissenschaftler oder Autoren.

Wenngleich sich am 1. August Geborene ungern fremden Bestimmungen unterwerfen (um so weniger, wenn sie im chinesischen Jahr des Drachen geboren sind), zeigen sie sich bei ihren persönlichen und beruflichen Angelegenheiten äußerst diszipliniert. Doch diese Neigung entspringt eher ihrem Wunsch, daß es in ihrem Leben möglichst reibungslos und effizient zugehen soll, als dem Bedürfnis, andere zu kontrollieren. So setzen sie trotz der tiefen Zuneigung und der großherzigen Toleranz, die sie anderen zuteil werden lassen, ihren Beziehungen oft strikte Grenzen, die stets nur von ihnen festgelegt werden.

STÄRKEN: An diesem Tag Geborene sind fasziniert von der Welt der Gedanken und Vorstellungen – ein Interesse, das sowohl von der Kraft ihrer Phantasie als auch ihrem eher konkreten Wunsch, Fortschritte durch eigenes Bemühen zu erlangen, beflügelt wird. Trotz ihres angeborenen Bedürfnisses nach Unabhängigkeit setzen sie ihre ausgeprägten organisatorischen Kräfte dazu ein, solide Grundlagen der Unterstützung zu schaffen.
SCHWÄCHEN: Das Streben nach Autonomie, ihre Angst, sich einer fremden Autorität zu unterwerfen, ist bei diesen Menschen so tief verwurzelt, daß sie sich – bewußt oder unbewußt – manchmal von anderen abkapseln. Diese Neigung führt dazu, daß sie emotional isoliert sind und diejenigen, die ihnen gern ihre Hilfe und Zuwendung anbieten würden, vor den Kopf stoßen.
FAZIT: Wenn es ihnen in allen Bereichen gut gehen soll, müssen die am 1. August Geborenen unbedingt versuchen, ihren Hang zum Alleinsein zu mäßigen und sozialer Interaktion ebenso viel Zeit zu widmen wie ihren geistigen Interessen. Meist werden sie feststellen, daß sie mehr gewinnen als verlieren, wenn sie sich um mehr Geselligkeit bemühen.

An diesem Tag

Prominente Geburtstage: Jean Baptiste de Monet Lamarck (1744), Francis Scott Key (1779), Richard Henry Dana (1815), Herman Melville (1819), Walter Gerlach (1889), Jack Kramer (1921), Frank Worrell (1924), Lionel Bart und Geoffrey Holder (1930), Dom DeLuise (1933), Yves St. Laurent (1936), Jerry Garcia (1942), Tempest Bledsoe (1973)

Bedeutende Ereignisse und Jahrestage: Dieser Tag weist auf Innovation hin. Der englische Chemiker Joseph Priestley entdeckte den Sauerstoff (1774), in San Francisco wurde das Straßenbahnnetz fertiggestellt (1873), in Berlin fand das erste Endspiel der Pokalsieger statt (1960). Die künstlerischen Leistungen, die an diesem Tag ebenfalls herausragen, zeigten sich etwa, als Glenn Miller den Big-Band-Hit *In the Mood* aufnahm (1939). Der englische Marinekommandant Horatio Nelson schlug die französische Flotte in der Schlacht auf dem Nil vor Aboukir (1798), der deutsche Kaiser Wilhelm II. erklärte Rußland den Krieg (1914), und die Westmächte und die Sowjetunion unterzeichneten 1975 den Helsinki-Vertrag, mit dem die Menschenrechte garantiert werden sollten.

Planeteneinflüsse

Herrschender Planet: Sonne.
Zweiter Dekan: Persönlicher Planet ist der Jupiter.

☉ ♃

Religiöse und kulturelle Bedeutung

Schweizer Nationalfeiertag, Lammas Sabbat, eine heidnische Tradition (der erste Erntefeiertag), in Mazedonien wird ein Fest für die Natur, der Tag der Dryaden, gefeiert.
Namenstag: Haziga von Scheyern († 1103), Alfons Maria di Liguori (1696–1787), Petrus Johannes Eymard (1811–1868).

Jerry Garcia, der unkonventionelle Sänger, Texter und Lead-Gitarrist der legendären Folk-Rock-Band The Grateful Dead, verkörperte den Geist der Unabhängigkeit, Phantasie und Kreativität, der die am 1. August Geborenen auszeichnet. Im Einklang damit widmete sich Garcia unablässig seinen künstlerischen Visionen und zeigte sich stets seinen Fans verpflichtet, wodurch er in echter Löwenmanier viele Musiker und loyale Anhänger beeinflußte.

2. AUGUST

Menschen, die an diesem Tag geboren sind, werden eher von strikt progressiven Bestrebungen motiviert als von vagen idealistischen Ideen. Die bestechend klaren Visionen dieser sehr direkten Menschen erleichtern es ihnen, ihre Ziele zu definieren und dann unbeirrt auf deren Verwirklichung hinzuarbeiten, wobei ihnen ihre Logik und ihr außergewöhnliches Organisationstalent zu Hilfe kommen. Das Wesen ihrer Ziele, die ihre enorme Energie und Entschlossenheit beflügeln, hängt von ihren spezifischen persönlichen Interessen ab, aber ihre große Phantasie und Sinnlichkeit bringen sie meist zu künstlerischen Berufen, der Schauspielerei, Schriftstellerei, dem Malen oder Komponieren. Ihre intellektuelle Neugier verspricht ihnen außerdem auch möglichen Erfolg als Wissenschaftler oder Erfinder. Bei all ihren beruflichen Bestrebungen fürchten sie sich selten davor, Dinge völlig allein anzugehen, solange sie an die Richtigkeit ihrer Überzeugungen glauben, und sie besitzen soviel Selbsterkenntis und Vertrauen, daß sie diejenigen, die nicht an sie glauben, oft widerlegen. Viele der am 2. August Geborenen werden eher eine eigene Firma gründen, bevor sie sich den Richtlinien eines fremden Betriebs unterordnen.

Während berufliche Beziehungen oft durch Konfrontation gekennzeichnet sind – das Ergebnis eines Konflikts zwischen ihrem starken Bedürfnis, ihre Ideen voranzutreiben, und den Einsprüchen ihrer Kollegen oder Konkurrenten – sind ihre persönlichen Beziehungen meist sehr viel harmonischer. Die an diesem Tag Geborenen schätzen die Unterstützung, die ihnen Verwandte und Freunde bieten, denen sie unbeugsame Loyalität entgegenbringen. Sie wollen nicht nur, daß es denen, die sie lieben – vor allem ihren Kindern – physisch und materiell gut geht, sondern auch, daß sie glücklich sind.

STÄRKEN: Die an diesem Tag Geborenen verfügen über durchdringende intellektuelle Gaben – logisches und praktisches Denken sowie weitsichtige und klare Zielvorstellungen – sowie über Energie, Entschlossenheit und Beharrlichkeit. Da sie sich selten von einem einmal gewählten Pfad abbringen lassen, ist ihnen der Erfolg meist sicher.
SCHWÄCHEN: Diese Menschen sind so stark am Vorankommen interessiert, daß sie ihre Ziele oft ohne Rücksicht auf Verluste verwirklichen wollen – was andere oder auch sie selbst betrifft. Sie erwarten von ihren Mitarbeitern denselben hohen Einsatz, den sie von sich fordern, und laufen so Gefahr, sich mit ihrer Ungeduld Feinde zu machen.
FAZIT: Diese Menschen wissen zwar instinktiv, wie wichtig das Familienleben für ihr emotionales Gleichgewicht ist, doch sie sollten sich davor hüten, dem starken Drang, ihre gesamte Aufmerksamkeit auf ihre Arbeit zu richten, freien Lauf zu lassen – eine Neigung, die sowohl ihrer Gesundheit als auch ihrer Lebensqualität abträglich sein kann.

Planeteneinflüsse
Herrschender Planet: Sonne.
Zweiter Dekan: Persönlicher Planet ist der Jupiter.

☉♃

Religiöse und kulturelle Bedeutung
Im Alten Persien wurde das Fest von Anahita gefeiert, in England wird der Lady Godiva Day begangen.
Namenstag: Stephan I. († 257), Eusebius von Vercelli (ca. 283–371), Gundekar (Gunzo) von Eichstätt (1019–75).

An diesem Tag der extrem klaren Visionen und dem Bestreben nach Veränderung und Fortschritt wurde auch James Baldwin geboren. Mit seinem ersten Buch Go Tell it on the Mountain *hinterließ er unauslöschliche Spuren im Literaturbetrieb. In Baldwin, der auch von seinem chinesischen Geburtszeichen, der Ratte, beeinflußt war, verband sich rege Phantasie und große Empathie mit der Fähigkeit zu scharfen, oft vernichtenden gesellschaftlichen Kommentaren.*

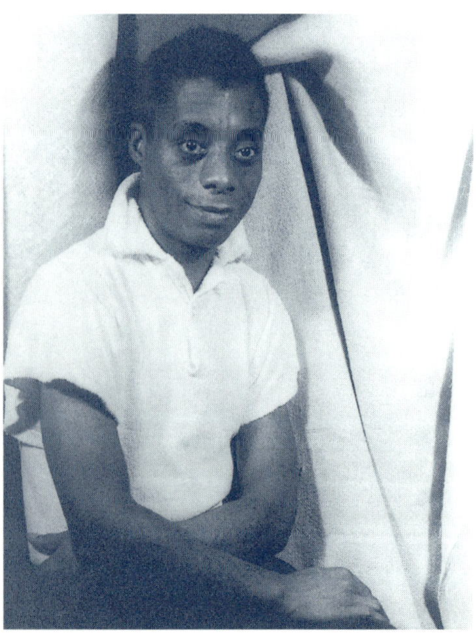

An diesem Tag
Prominente Geburtstage: John Tyndall (1820), Elisha Gray (1835), Ernest Dowson (1867), Berta Ruck (1878), Ethel Dell (1881), Arthur Bliss (1891), Myrna Loy (1905), James Arthur Baldwin (1924), Betsy Bloomingdale (1926), Kurt Biedenkopf (1930), Peter O'Toole (1932), Lance Ito (1950), Sammy McIlroy (1954), Victoria Jackson (1959)

Bedeutende Ereignisse und Jahrestage: Dieser Tag weist die Neigung auf, beim Durchsetzen eines Ziels direkt vorzugehen, eine Tendenz, die sich auch in Rücksichtslosigkeit anderen gegenüber äußern kann: Der unbeliebte König Wilhelm II. von England wurde auf der Jagd durch einen Pfeil getötet (1100), den angeblich Walter Tirrell abgeschossen hatte. „Wild Bill" Hickok, ein amerikanischer Gesetzeshüter, wurde während eines Pokerspiels von Jack McCall in den Rücken geschossen (1876). Mitglieder einer rechtsgerichteten Terroristengruppe zündeten im Bahnhof von Bologna eine Bombe und töteten damit 84 Menschen (1973), und Saddam Husseins irakische Truppen marschierten in Kuwait ein (1990). Die künstlerischen Qualitäten zeigten sich an diesem Tag im Jahr 1865, als Lewis Carrolls berühmter Kinderbuchklassiker *Alices Abenteuer im Wunderland* erschien.

3. AUGUST

Diese Menschen sind voller Energie und werden von ihrem Bedürfnis nach Aufregung getrieben, ein dominierender Drang, der viele psychologischen Ursachen haben kann: Langeweile können sie nur schlecht ertragen, sie lieben es, sich an großen Herausforderungen zu messen, und wenn sie wieder einmal erfolgreich waren, hören sie auch das verdiente Lob sehr gern. Ihre Abenteuerlust bringt sie immer wieder dazu, impulsiv zu handeln und eine verlockende Gelegenheit sofort beim Schopf zu packen. Doch meist können sie die Grenzen ihrer Möglichkeiten sehr realistisch einschätzen, so daß sie sich nur selten auf ein Unterfangen einlassen, das völlig unmöglich wirkt. Und falls sie doch einmal scheitern, lernen sie aus ihren Fehlern, bevor sie sich der nächsten Herausforderung stellen. Ihr Mut, ihre Kraft, ihre Selbstdisziplin und ihre unbeirrbare Entschlossenheit, alle Ziele zu erreichen, sind ihnen vor allem in Wettbewerbssituationen von Nutzen – etwa wenn sie als Unternehmer tätig sind, oder überall dort, wo großer Mut erforderlich ist, z. B. als Rettungshelfer. Doch für welchen Beruf sie sich auch immer entscheiden, die Freiheit des Denkens und Handelns muß für sie gewährleistet sein.

Obwohl sie in ihrem Berufsleben unweigerlich Konfrontationen auslösen und Konkurrenz schaffen – vor allem bei Männern –, sind ihre persönlichen Beziehungen wie bei den meisten Löwen von starker Zuneigung, Loyalität und Beschützerinstinkt für die ihnen Nahestehenden geprägt. In ihren zwischenmenschlichen Beziehungen sollten sie sich jedoch davor hüten, ihrer Anfälligkeit für Lob und Schmeichelei zu erliegen und ihrem Egoismus freien Lauf zu lassen, denn dadurch isolieren sie sich von anderen und der Wirklichkeit.

STÄRKEN: Am 3. August Geborenen gelingt es, ihre Lust aufs Abenteuer mit bemerkenswerter intellektueller Konzentration zu vereinbaren, zwei Eigenschaften, die sie zu wahren Pionieren machen. Ihre Wünsche nach Innovation und Fortschritt unterstützen sie mit höchst praktischen und disziplinierten Vorgehensweisen sowie einer entschlossenen Beharrlichkeit und schon fast halsbrecherischem Mut.
SCHWÄCHEN: Oft führt das zielgerichtete Handeln dieser Menschen zum Erfolg (und damit auch zur Gefahr der Eitelkeit), doch die inhärente Suchtgefahr kann sie auch zu einem Leben ständiger Rastlosigkeit und Unzufriedenheit verdammen.
FAZIT: Die an diesem Tag Geborenen sollten sich unbedingt die Zeit nehmen, ihre Motive sowie die möglichen Folgen ihres Tuns sorgfältig und ehrlich zu betrachten, bevor sie sich auf ein neues Abenteuer einlassen.

An diesem Tag

Prominente Geburtstage: Joseph Paxton (1801), Elisha Graves Otis (1811), Auguste Schmidt (1833), König Håkon VII. von Norwegen (1872), Rupert Chawner Brooke (1887), Clifford Donald Simak (1904), Lawrence Brown (1907), P. D. James (1920), Richard Adler (1921), Leon Uris (1924), Tony Bennett (1926), Terry Wogan (1938), Martin Sheen (1940), Martha Stewart (1941), John Landis (1950), Jay North (1952), Osvaldo Ardiles (1953)

Bedeutende Ereignisse und Jahrestage: Die auf Konfrontation abzielenden, aber auch von Planung und Logistik sowie persönlichem Mut geprägten Qualitäten dieses Tages werden vor allem im Kriegswesen deutlich: Der karthagische General Hannibal besiegte das römische Heer in der Schlacht von Cannae (216 v. Chr), die Engländer schlugen die Schotten bei Roxburgh Castle (1460). Deutschland erklärte Frankreich den Krieg (1914). Die Abenteuerlust dieses Tages zeigte sich, als Christoph Columbus zu seiner ersten Entdeckungsreise in die Neue Welt aufbrach (1492). Dieser Tag verspricht Pioniertaten und Neuerungen. So wurde in Mailand 1778 die „Scala"-Oper eröffnet, der afroamerikanische Sportler Jesse Owens gewann 1936 seine erste Goldmedaille bei den olympischen Spielen in Berlin, und 1955 wurde Samuel Becketts absurdes Theaterstück *Warten auf Godot* uraufgeführt.

Planeteneinflüsse

Herrschender Planet: Sonne.
Zweiter Dekan: Persönlicher Planet ist der Jupiter.

☉ ♃

Religiöse und kulturelle Bedeutung

In Japan wird das Aomori-Nebuta-Erntefest gefeiert.
Namenstag: Lydia († 1./2. Jh.), Burchard († 1140).

Daß an diesem Tag Neuerungen und Pioniertaten zu erwarten sind, zeigte sich 1926, als auf dem Londoner Picadilly Circus die ersten Verkehrsampeln installiert wurden – ein Ereignis, das letztlich die Verkehrsführung in sämtlichen Weltstädten revolutionierte.

4. AUGUST

An diesem Tag Geborene besitzen einen äußerst starken Willen. Persönliche Unabhängigkeit des Denkens und Handelns bedeutet ihnen alles. Zwar versuchen sie oft, andere zu beeinflussen, doch für sich beanspruchen sie völlige Unabhängigkeit. Ihr Bedürfnis nach Freiheit ist oft die Folge ihres anhaltenden Wissensdurstes sowie ihres scharfen Verstandes und ihrer präzisen Wahrnehmung. All dies veranlaßt sie, so viele Informationen wie nur möglich zu sammeln, bevor sie sich auf ein bestimmtes Ziel oder einen Weg festlegen, von dem sie sich dann nur noch selten abbringen lassen. Doch während ihr angeborener Gerechtigkeitssinn sie dazu bringen kann, für die Rechte der Benachteiligten einzutreten – was sie besonders für die Politik oder soziale Berufe prädestiniert – können sie anderen das Recht auf eine gegensätzliche Meinung absprechen und stur auf Konfrontation beharren. Deshalb mag ihr Verhalten manchmal verwirrend wirken – sie rebellieren gegen Autoritäten aufgrund ihrer starken Abneigung gegen Zwänge, aber auch weil sie sich Gegebenheiten generell nicht fügen wollen. Den Status quo einfach zu akzeptieren, kommt für sie nicht in Frage. Passend sind für sie künstlerische, erzieherische oder sportliche Laufbahnen, in denen sie ihre Talente am besten dazu einsetzen können, andere zu inspirieren.

Am 4. August Geborene haben eine so starke Abneigung, sich einer fremden Instanz zu unterwerfen, daß sie – manchmal schon in ihrer Kindheit – sämtliche noch so wohlmeinenden Versuche, ihnen zu helfen, zurückweisen, weil sie hinter dem hilfreichen Angebot finstere Motive vermuten. Durch diese Neigung isolieren sie sich manchmal stark. Wenn sie ihre Energien in positive Kanäle leiten, profitieren ihre persönlichen Beziehungen sehr davon. Familie und Freunde sollten darauf achten, die Unabhängigkeit dieser Menschen niemals einzuschränken oder in Frage zu stellen.

STÄRKEN: Ihr scharfer Verstand, ihre Neugier und der Wunsch, ihre Energien und praktischen Fähigkeiten dazu einzusetzen, greifbare Fortschritte zu erzielen, lassen diese dynamischen Menschen oft zu radikalen Überzeugungen und Einstellungen neigen. Ihre Weigerung, fremde Normen und Zwänge zu akzeptieren, und der Mut, mit dem sie nonkonformistische Anschauungen vertreten, verleihen ihnen das Potential, neue Wege zu gehen.
SCHWÄCHEN: Die an diesem Tag Geborenen verspüren den Drang, bei allem, was sie tun, unabhängig zu sein, selbst wenn sie deshalb Fehler machen. So machen sie sich (und den Menschen in ihrer Umgebung) das Leben manchmal unnötig schwer und stoßen oft die Menschen vor den Kopf, die tatsächlich nur ihr Bestes wollen.
FAZIT: Am 4. August geborene Menschen müssen den ihnen angeborenen Drang kontrollieren, die Motive anderer stets mit Argwohn zu betrachten, denn dadurch können sie unfreiwillig ihre Erfolgsaussichten sowie ihre Fähigkeit verderben, unterstützende emotionale Bindungen einzugehen.

Planeteneinflüsse

Herrschender Planet: Sonne.
Zweiter Dekan: Persönlicher Planet ist der Jupiter.

☉♃

Religiöse und kulturelle Bedeutung

Namenstag: Rainer von Spalato († 1180), Johannes Maria Vianney (1786–1859), Schutzheiliger der Gemeindepfarrer.

Am 4. August 1870 wurde in England das Rote Kreuz gegründet, eine Organisation, die überall auf der Welt unablässig darum bemüht ist, den Menschen zu helfen. Auch hier zeigten sich die Einflußnahme, die Unabhängigkeit und der unbeugsame Mut, der für diesen Tag charakteristisch ist.

An diesem Tag

Prominente Geburtstage: Edward Irving und Percy Bysshe Shelley (1792), Walter Horatio Pater (1839), William Henry Hudson (1841), Harry MacLennan Lauder (1870), Louis Armstrong (1901), Osbert Lancaster (1908), Raoul Wallenberg (1912), Götz Friedrich (1930), Richard Belzer (1944), Mary Decker Slaney (1958), Roger Clemens (1962), Jeff Gordon (1971)

Bedeutende Ereignisse und Jahrestage: Mutiger Widerstand gegen Ungerechtigkeiten kennzeichnen diesen Tag. Simon de Montfort, der Anführer eines Aufstands der sogenannten Barone gegen den Amtsmißbrauch des Königs, wurde bei der Schlacht von Evesham durch die Streitkräfte des zukünftigen Königs Eduard I. von England getötet (1265). Die Deutschen marschierten in Belgien ein; es folgte die Kriegserklärung der Engländer (1914). Der starke Drang, den Status quo in Frage zu stellen, der diesen Tag auch kennzeichnet, wurde deutlich, als John Lennon bei einer Diskussion in einem amerikanischen Radiosender die Gemüter erhitzte, indem er behauptete, die Beatles seien populärer als Christus.

5. AUGUST

Die Konzentration und eherne Entschlossenheit der an diesem Tag Geborenen ruft bei anderen Bewunderung, wenn nicht sogar Ehrfurcht hervor. Sobald sie sich einmal für einen Weg entschieden haben, verfolgen sie ihn mit fast übermenschlicher Hartnäckigkeit, bis sie ihr Ziel erreicht haben. Menschen, die am 5. August geboren sind, akzeptieren selten konventionelle Weisheiten. Lieber erforschen sie ein Thema unabhängig und gründlich, bevor sie die gesammelten Daten auswerten und sich dann aufgrund all ihrer Informationen zu einem optimalen weiteren Vorgehen entschließen. Bei der Auswertung nutzen sie ihre Gabe einer klarsichtigen Analyse und ihre bemerkenswerte Vorstellungskraft. Bei dem eigentlichen Fassen eines Beschlusses kommt ihnen die Kraft ihres logischen Denkens zu Hilfe. Sobald sie davon überzeugt sind, daß ihre Ansichten begründet sind, fördern sie ihre fortschrittlichen Ziele und Meinungen durch direkte, kraftvolle Aktionen. Natürlich stoßen sie mit der Unverrückbarkeit ihrer Ziele oft auf Widerstand, aber sie lassen sich dadurch eher weiter bestärken denn entmutigen. Diese Menschen haben das Potential, in sämtlichen Bereichen, die sie interessieren, erfolgreich zu sein. Ihr Streben nach Unabhängigkeit und greifbaren Zielen macht sie besonders geeignet für künstlerische Berufe (wie Filmemacher oder Musiker), doch auch in der Naturwissenschaft, im Sozialbereich oder der Philosophie können sie sich als wahre Erneuerer hervortun. Die eindrucksvolle Selbstdisziplin, die sie bei allem, was sie tun, an den Tag legen, verdeckt ihre starken Gefühle, die jedoch, wenn ihnen etwas in die Quere kommt, zutage treten und sich in dramatischen Anfällen entladen können. Familie und Freunde erfahren von ihnen in ähnlich starkem Maß Zuneigung, Großzügigkeit und Schutz, doch ihre Neigung zu gelegentlich heftig geäußerten Gefühlen kann auf ihre Umgebung beunruhigend wirken.

STÄRKEN: Diese Menschen besitzen die Fähigkeit, logisch, linear und vorwärts gerichtet zu denken. So können sie hartnäckig daran arbeiten, ihre fortschrittlichen Visionen zu verwirklichen. Ihre intellektuellen Gaben, ihre Energie und ihr Mut versetzen diese Menschen in die Lage, erstaunliche Fortschritte herbeizuführen.
SCHWÄCHEN: Ihre Gedanken sind so klar, ihr Wunsch, ihre Ziele zu verwirklichen, so dringlich, daß die an diesem Tag Geborenen keinerlei Geduld bei Hindernissen haben. Wenn sich ihnen etwas in den Weg stellt, kann sich ihr Frust durch heftige, unkontrollierte Zornesausbrüche entladen, eine Tendenz, die mögliche Verbündete abschrecken kann.
FAZIT: Um ihre Ziele leichter zu erreichen und andere eher versöhnlich zu stimmen, als sie vor den Kopf zu stoßen, müssen am 5. August Geborene unbedingt ihre Gefühle zügeln. Es hilft ihnen besonders, wenn sie erkennen, wie überwältigend sie manchmal auf andere wirken, und lernen, andere Ansichten – so sehr sie auch ihren eigenen widersprechen mögen – eher zu tolerieren und sich um eine gewisse Kompromißbereitschaft zu bemühen.

An diesem Tag

Prominente Geburtstage: Edward John Eyre (1815), Guy de Maupassant (1850), Louis Wain (1860), Joan Hickson und John Marcellus Huston (1906), Harold Edward Holt (1908), Jacquetta Hawkes (1910), Robert Taylor (1911), Geraldine Stutz (1924), Neil Alden Armstrong (1930), Loni Anderson (1946), Rosi Mittermaier (1950), Amy Foster (1975)

Bedeutende Ereignisse und Jahrestage: Neuerungen jeglicher Art kommen an diesem Tag zum Ausdruck. So wurden die von Cyrus Field geleiteten Arbeiten zur Verlegung des ersten transatlantischen Telefonkabels beendet (1858), und US-Präsident Buchanan führte mit der englischen Königin Viktoria ihr erstes Telefonat. 1891 wurde zum ersten Mal ein American Express-Reisescheck ausgestellt. In Cleveland wurde die erste elektrische Ampelanlage der Welt in Betrieb genommen (1914). Emotionaler Aufruhr hinter einer scheinbar ruhigen Fassade, auf den dieser Tag ebenfalls hinweist, zeigt sich z. B. darin, daß am 5. August der Leichnam der amerikanischen Schauspielerin Marilyn Monroe entdeckt wurde, die offenbar Selbstmord begangen hatte (1962).

Planeteneinflüsse

Herrschender Planet: Sonne.
Zweiter Dekan: Persönlicher Planet ist der Jupiter.

☉ ♃

Religiöse und kulturelle Bedeutung

Namenstag: Oswald von Northumbria (ca. 604–642), Stanislaus Hosius (1504–1579).

Das Vertrauen auf das eigene Urteil und die eigene Wahrnehmung, auch wenn sie konventionellen Ansichten entgegenstehen, ist oft eine treibende Kraft hinter Ereignissen, die am 5. August geschehen. Dies läßt sich z. B. an Captain James Howard erkennen, der davon überzeugt war, daß er an diesem Tag ein UFO sah (1963).

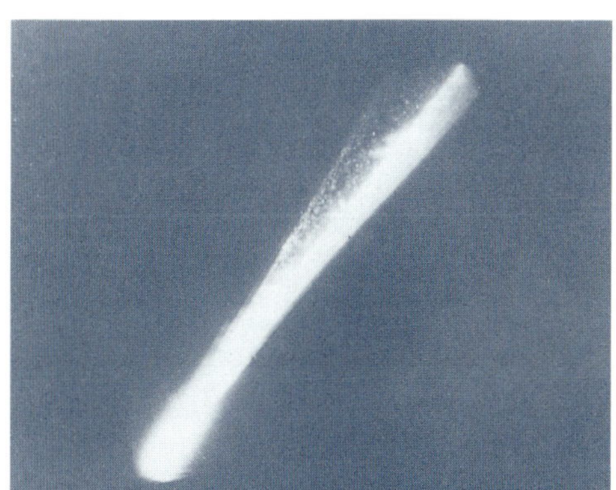

6. AUGUST

Planeteneinflüsse

Herrschender Planet: Sonne.
Zweiter Dekan: Persönlicher Planet ist der Jupiter.

☉♃

Religiöse und kulturelle Bedeutung

Nationalfeiertag in Bolivien, bei den Cherokee-Indianern wurden die Erdgöttin Elihino und die Sonnengöttin Igaehindro geehrt.
Namenstag: Sixtus II. († 258).

Radikaler gesellschaftlicher Wandel steht im Zusammenhang mit diesem Tag. Dies zeigte sich auch am 6. August 1936, als während des verheerenden spanischen Bürgerkriegs Regierungstruppen bei Somosierra in Nordspanien eine Niederlage erlitten, nachdem ihnen von der Miliz schwere Verluste zugefügt worden waren.

Mit außergewöhnlich starkem Willen und kompromißlosen Überzeugungen, die manchmal hinter ihrem normalerweise maßvollen Auftreten und ihrem gewaltigen Charme zum Vorschein kommen, überraschen die an diesem Tag Geborenen diejenigen, die sie nicht so gut kennen. Obwohl sie pragmatisch genug denken, um andere eher für sich einzunehmen, als sie vor den Kopf zu stoßen, sind es genau diese Überzeugungen – zu denen sie nach umfassenden Nachforschungen und Überlegungen kommen –, die sie zu ihren Handlungen und Bestrebungen führen. Zwar beinhalten ihre Visionen manchmal auch kurzfristigere, weniger wichtige Ziele, doch meist kümmern sich diese Menschen hauptsächlich um allgemeinere Anliegen (vor allem, wenn sie im chinesischen Jahr des Drachen geboren sind), um umfassende gesellschaftliche, wissenschaftliche oder politische Verbesserungen oder indem sie als Künstler oder Hochleistungssportler neue Grenzen setzen. Vorausgesetzt, sie können ihre Entscheidungen unabhängig fällen und verfügen über die fundamentale Autonomie, die ihnen so wichtig ist, sind ihnen ihre geistigen Kräfte, ihre Neigung, rasch zur Tat zu schreiten und ihre unbeirrbare Beharrlichkeit in sämtlichen Gebieten hilfreich, in denen sie sich entschlossen haben, ihre erheblichen Energien einzusetzen.

Auch in ihrem Privatleben werden die an diesem Tag Geborenen oft durch ihre moralischen Werte geleitet, dank derer sie meist auch die grundlegende Bedeutung sicherer Bande der Freundschaft und Verwandtschaft schätzen. Doch ihr überragendes Pflichtgefühl ihrer Arbeit gegenüber kann in Verbindung mit dem starken Gefühl der Verantwortung, das sie für andere verspüren, dazu führen, daß sie zu viel von sich verlangen, weil sie versuchen, ihren beruflichen und privaten Anliegen gleich viel Zeit zu widmen.

STÄRKEN: An diesem Tag Geborene werden von ihrem Wunsch beherrscht, anderen mit Überzeugungen und Werten zu helfen, denen sie innerhalb eines breiteren gesellschaftlichen Zusammenhangs selbst verpflichtet sind. Dank ihrer hochentwickelten geistigen Kräfte können sie ihre Visionen beharrlich durchsetzen, sind jedoch falls nötig auch durchaus kompromißbereit.
SCHWÄCHEN: Am 6. August Geborene wissen, wie wichtig ein gesundes Gleichgewicht zwischen Arbeit und Privatleben ist, wollen sich jedoch in beiden Bereichen voll einsetzen. Deshalb neigen sie oft dazu, bis an die Grenzen ihrer körperlichen Belastbarkeit zu gehen, was letztlich ihrer Gesundheit und ihrem Wohlergehen schaden kann.
FAZIT: Diese Menschen müssen unbedingt erkennen, daß ihr Drang, sich in sämtliche Bereiche ihres Lebens voll einzubringen, zu Lasten ihrer körperlichen Kräfte gehen und dadurch auch ihre geistige Effektivität beeinträchtigen kann. Sie sollten lernen, Prioritäten zu setzen und in ihrem vollen Terminkalender auch der Entspannung eine gewisse Zeit einzuräumen, denn nur dann ist gewährleistet, daß sie sich nicht zu sehr verausgaben.

An diesem Tag

Prominente Geburtstage: Matthew Parker (1504), Daniel O'Connell (1775), Alfred Lord Tennyson (1809), Paul Claudel (1868), Frederick Jane (1870), Alexander Fleming (1881), Charles Crichton (1910), Lucille Ball (1911), Dom Mintoff (1916), Robert Mitchum (1917), Freddie Laker (1922), Jack Parnell (1923), Frank Finlay (1926), Andy Warhol (1928), Christa Reinig (1929), Chris Bonington (1934), Barbara Windsor (1937), Daryl Somers (1952), Geri Halliwell (1972)

Bedeutende Ereignisse und Jahrestage: Dieser Tag weist auf die Durchsetzung inspirierender Visionen hin. So gelang es der amerikanischen Sportlerin Gertude Ederle als erster Frau, den Ärmelkanal zu durchschwimmen (1926). Auch der Förderung und Aufrechterhaltung starker gesellschaftlicher Werte kommt an diesem Tag eine große Bedeutung zu. So wurde am 6. August William Kemmler im Auburn-Gefängnis in New York als erster Mensch auf dem elektrischen Stuhl hingerichtet (1890), der kurz zuvor von P. Brown erfunden worden war.

7. AUGUST

In den an diesem Tag Geborenen verbinden sich Neugier und Wissensdurst mit dem Bedürfnis, die Früchte ihrer Forschungen zum Nutzen anderer einzusetzen. Bevor sie Entschlüsse fassen, untersuchen sie objektiv sämtliche verfügbare Daten und geben sich mit den konventionellen Ansichten und gesellschaftlichen Normen, die weniger unabhängige Denker nie hinterfragen, erst zufrieden, wenn sie sich persönlich von deren Gültigkeit überzeugt haben. Die tief verwurzelte Neigung, alles zu erforschen und zu prüfen, führt manchmal dazu, daß es nicht einfach ist, mit diesen Menschen zusammenzuleben, aber andererseits erringen sie damit ebenso oft überraschend innovative – ja sogar revolutionäre – Durchbrüche, denn sobald sie sich einmal auf eine Vorgehensweise oder einen Satz von Überzeugungen festgelegt haben, fördern sie diese mit all ihren persönlichen Gaben – einschließlich ihrer geistigen und körperlichen Kräfte, ihrer hochentwickelten praktischen Fähigkeiten und ihrer unbezwingbaren Hartnäckigkeit. Und obwohl ihre häufig unkonventionellen Meinungen in anderen unweigerlich Widerspruch hervorrufen, sind sie mutig genug, ihren Weg zu gehen, ungeachtet der Folgen, die sich für sie persönlich ergeben mögen.

Doch so gern diese Menschen auf Herausforderungen reagieren – ja, hitzige Gefechte geradezu anregend finden –, sie haben letztlich nie vor, bei der Hinterfragung des Status quo nur den Advocatus diaboli zu spielen, sondern begeben sich vielmehr stets auf eine ganz persönliche Entdeckungsreise. Ihre Neigungen und Talente befähigen sie am ehesten zu Berufen, in denen sie sich frei und ungezwungen ausdrücken können. Da sie meist eher extrovertiert sind, stehen sie oft im Zentrum der Aufmerksamkeit. Ihr soziales Verantwortungsgefühl spiegelt sich auch in dem Beschützerinstinkt, den sie geliebten Menschen gegenüber empfinden, während ihre unkonventionelle Art sehr belebend auf ihre Beziehungen wirkt.

STÄRKEN: Ihre scharfe Wahrnehmung, ihr unabhängiger Geist und ihre damit verbundene Neigung, Überzeugungen auf der Grundlage eigener Nachforschungen zu formen, verleiht den am 7. August Geborenen das Potential, die Gesellschaft zu prägen. Dank ihrer bemerkenswerten Zielorientierung auch angesichts widriger Umstände setzen sie ihre Ansichten mit bestechender Kraft und Entschlossenheit durch.
SCHWÄCHEN: Diese Menschen fühlen sich getrieben, allgemeine Glaubenssätze zu hinterfragen, aber ihre auf Konfrontation abzielende Herangehensweise und die starken Reaktionen, die diese oft genug provoziert, können sich zu einer Art Suchtverhalten entwickeln und andere dazu bringen, ihnen ihr Wohlwollen zu entziehen.
FAZIT: Es besteht die Gefahr, daß die kämpferische Haltung dieser Menschen ihre auch noch so gutgemeinten Bemühungen vereitelt. Sie sollten deshalb unbedingt die starke Wirkung erkennen, die sie auf andere haben, und wenn diese negativ ist, sollten sie ihr Vorgehen wohlüberlegt darauf abstimmen, damit es auch für andere akzeptabel ist.

Planeteneinflüsse
Herrschender Planet: Sonne.
Zweiter Dekan: Persönlicher Planet ist der Jupiter.

☉♃

Religiöse und kulturelle Bedeutung
In Ägypten wird der Anbruch des Nilfestes gefeiert.
Namenstag: Afra († 304), Friedrich Spee (1591–1635), Kajetan von Tiene (1480–1547).

An diesem Tag
Prominente Geburtstage: Frederick Farrar (1831), Margaretha Zelle („Mata Hari", 1876), Joachim Ringelnatz (1883), Billie Burke und Dornford Yates (1885), Louis Leakey (1903), Ralph Bunche (1904), Stan Freberg (1926), Roland Kirk (1936), Helen Caldicott (1938), Garrison Keillor und B. J. Thomas (1942), Lana Cantrell (1943), Greg Chappell (1948), Alexei Sayle (1952), David Duchovny (1960), Walter Swinburn (1961)

Bedeutende Ereignisse und Jahrestage: Der 7. August ist ein Tag, an dem Konventionen hinterfragt werden, was sich in den verschiedensten Bereichen ausdrücken kann. Das britische Parlament verbot die Beschäftigung kleiner Kinder als Kaminkehrer (1840). An diesem Tag wird auch der Glaube bestärkt, daß hinter den bereits entdeckten vielleicht noch weit universellere Wahrheiten liegen, was sich u. a. zeigte, als über der Stadt Basel in der Schweiz ein UFO entdeckt wurde (1556). Dieses Ereignis wurde in einem Holzschnitt festgehalten.

Dieser Schweizer Holzschnitt zeigt die Verwunderung und Ehrfurcht der Stadtbewohner ob des Auftauchens eines UFOs am 7. August 1556. Hier läßt sich die verstärkte Wahrnehmungsfähigkeit erkennen, für die dieser Tag besonders günstig ist, sowie der Forscherdrang und der Wunsch, konventionelle Ansichten zu hinterfragen, um auf dahinterliegende Wahrheiten zu stoßen.

Planeteneinflüsse

Herrschender Planet: Sonne.
Zweiter Dekan: Persönlicher Planet ist der Jupiter.

☉♃

Religiöse und kulturelle Bedeutung

Die Christen feiern an diesem Tag die Geburt der Jungfrau Maria, im Alten Rom wurde das Fest der Venus begangen.
Namenstag: Dominikus (ca 1170–1221), Schutzheiliger der Dominikaner und der Astronomen.

1936 wurden in Berlin die vielleicht bekanntesten Olympischen Spiele des zwanzigsten Jahrhunderts eröffnet. Sie sind beispielhaft für die Entschlossenheit, den Mut und oft genug auch die heroischen Leistungen so mancher Sportler, die hier im Schatten des Dritten Reichs ihre Wettkämpfe austrugen.

8. AUGUST

Es gibt zwei besonders ausgeprägte Seiten bei diesen Menschen: Ihr Wunsch nach Stimulanz kann sich in intellektuellem Forscherdrang ausdrücken oder auch darin, daß sie sich an den verschiedensten Herausforderungen messen. Ihre klaren Zielvorstellungen hingegen lassen sie Projekte bemerkenswert zielstrebig verfolgen und verschaffen ihnen einen Satz klar definierter intellektueller und moralischer Werte. Zwar mögen diese beiden Neigungen auf den ersten Blick nicht vereinbar erscheinen, doch bietet ihnen letztere einen stabilen Rahmen, innerhalb dessen erstere sich frei entfalten kann. Wenn diese Menschen einen künstlerischen oder sportlichen Beruf ergreifen (ihre Neugier, Phantasie und Energie befähigen sie gleichermaßen für beides), beschränken sich ihre experimentellen und innovativen Aktivitäten typischerweise auf die technischen Aspekte der jeweils von ihnen gewählten Bereiche. Und wenn sie sich zu einer politischen Laufbahn entschließen, werden ihre Ansichten und Aktivitäten von einem starken ethischen Kodex gelenkt, von dessen Gültigkeit sie ihre Mitmenschen unbedingt überzeugen wollen, egal, ob sie damit auf Widerspruch stoßen. Zwar messen sie sich gern an anderen und gehen dabei gelegentlich auch sehr kämpferisch vor, doch sind sie keineswegs daran interessiert, Siege allein um ihrer selbst willen zu erringen. Sie tun dies vor allem, um Fortschritte zu erzielen und um diejenigen, die ihnen lieb sind, zu beschützen. Ihren Freunden und Familienmitgliedern gegenüber sind sie zutiefst verpflichtet. Am wichtigsten ist ihnen deren körperliches und emotionales Wohlbefinden, doch sie bringen auch Liebe und Humor in ihre persönlichen Beziehungen ein.

STÄRKEN: Menschen, die an diesem Tag Geburtstag haben, besitzen einen starken Willen und ein ausgeprägtes Gefühl für ihre soziale Verantwortung sowie den Mut und die Entschlossenheit, die Welt zum Besseren zu verändern. Sie halten sich strikt an ihre persönlichen Wertvorstellungen, und ihr Wissensdurst sowie ihre Freude an der Herausforderung verleihen ihnen ein breites Spektrum an Interessen.
SCHWÄCHEN: Ihr Selbstvertrauen und ihre Überzeugungen bringen sie manchmal dazu, ihre tiefen Glaubenssätze und Ziele mit aller Gewalt voranzutreiben oder verteidigen zu wollen, ungeachtet der möglichen Kosten, die ihnen oder den ihnen Nahestehenden daraus erwachsen. Ein weniger auf Konfrontation abzielendes Verhalten ist oft erfolgreicher.
FAZIT: Obwohl hinter dem Handeln der am 8. August Geborenen meist nur die besten Absichten stehen, kann ihr kompromißloses Vorgehen ihre Effektivität schmälern. Bevor sie entschlossen zur Tat schreiten, sollten sie alternative Vorgehensweisen bedenken.

An diesem Tag

Prominente Geburtstage: Thomas Anstey Guthrie (1856), Matthew Henson (1866), Frank Richards (1876), Ewald von Kleist (1881), Victor Young (1900), Ernest Orlando Lawrence (1901), Benny Carter (1907), Dino de Laurentis (1919), Rory Calhoun und Esther Williams (1923), Carl Switzer (1927), Joan Mondale (1930), Mel Tillis (1932), Dustin Hoffman (1937), Keith Carradine (1949), Donny Most und Nigel Mansell (1953)

Bedeutende Ereignisse und Jahrestage: Dieser Tag unterstützt die entschlossene Verteidigung gesellschaftlicher Werte – eine Neigung, die sich immer wieder in der Politik ausdrückt: Am 8. August unterlag die spanische Armada vor Gravelines der englischen Marine (1588), fünf Wehrmachtsoffiziere wurden hingerichtet, weil sie versucht hatten, Hitler zu töten und das nationalsozialistische Regime zu stürzen (1944). Die Sowjetunion erklärte Japan den Krieg (1945), die Sowjetunion, die Vereinigten Staaten und Großbritannien unterzeichneten einen Atomteststopp-Vertrag (1963). Im Einklang mit den rechtlichen und moralischen Aspekten dieses Tages trat Richard Nixon von seinem Amt als US-Präsident zurück, um einer Amtsenthebung aufgrund seiner Verstrickungen in die Watergate-Affäre zuvorzukommen (1974). Der Drang nach Fortschritt, den dieser Tag ebenfalls aufweist, zeigte sich, als Tycho Brahe die Errichtung des ersten astronomischen Observatoriums in Uraniborg/Dänemark in die Wege leitete (1576).

9. AUGUST

Der scharfe Verstand der an diesem Tag Geborenen, gepaart mit einer extremen Ausrichtung auf ihre Mitmenschen, ruft in ihnen den Wunsch hervor, anderen dabei zu helfen, ihren optimalen Lebensweg zu finden. Sie besitzen eine ausgeprägte Wahrnehmungsfähigkeit und können die Informationen, die sie sammeln, zu einer gut strukturierten und konstruktiven Handlungsstrategie umformen. Sie haben ein Talent für die Analyse und Umsetzung ihrer Forschungsbefunde in klare und konkrete Pläne. Die Menschen in ihrer Umgebung schätzen ihre wohlüberlegten Ratschläge, vor allem auch deshalb, weil sie ihre aufrichtige Sorge um andere in einer optimistischen, freundlichen und aufmunternden Art vortragen können. Daher sind diese Menschen die geborenen Führer und gut für Berufe geeignet, in denen sie sich für andere einsetzen und diese anleiten können – als Lehrer, Rechtsanwälte oder Personalchefs.

Die persönlichen Beziehungen dieser Menschen sind durch ihre tiefen Beschützerinstinkte für ihre Nächsten, vor allem ihre Kinder, geprägt. Deren emotionales wie materielles Wohlergehen liegt ihnen sehr am Herzen, und so lenken sie (vor allem, wenn es sich um Frauen handelt) diejenigen, die sie lieben, sanft in eine ihnen geeignet erscheinende Richtung. Obwohl diese wohlwollende Kontrolle aus selbstlosen Motiven geschieht, sollten sie damit rechnen, daß sich die Adressaten ihrer Fürsorge manchmal auch dagegen wehren.

STÄRKEN: Diese positiven Menschen verspüren den starken Drang, ihre vielfältigen Talente – vor allem ihr klares Denken und die Fähigkeit, die Früchte ihres Wissens präzise weiterzugeben – für andere einzusetzen. Mit Hilfe von Techniken, die hauptsächlich ermutigen sollen und nicht auf Konfrontation aus sind, verstärken sie nicht nur ihre Effizienz, sondern auch ihr Potential, andere zu inspirieren.

SCHWÄCHEN: In mancher Hinsicht kann man Menschen, die am 9. August geboren sind, mit Schäferhunden vergleichen: Wie diese sind sie vom Drang erfüllt, diejenigen, die ihnen anvertraut worden sind, zu behüten. Dies mag jedoch die Objekte ihres Beschützerverhaltens gelegentlich irritieren, denn die wohlgemeinten Absichten könnten als Versuche gewertet werden, sie zu dominieren und ihre Freiheit einzuschränken.

FAZIT: Um zu vermeiden, daß sie verletzt werden, wenn andere ihre gutgemeinte Hilfe zurückweisen, sollten die an diesem Tag Geborenen sich darum bemühen, einfach zu akzeptieren, daß manche Leute lieber selbst Entscheidungen fällen, auch wenn sie dann unweigerlich Fehler machen. Solche Autonomieerklärungen können die persönliche Entwicklung auch fördern.

An diesem Tag

Prominente Geburtstage: König Heinrich V. von England (1387), Izaak Walton (1593), John Dryden (1631), Thomas Telford (1757), Leonide Massine und Jean Piaget (1896), Solomon Cutner (1902), Elizabeth Lane (1905), Robert Aldrich (1918), Philip Larkin (1922), Otto Rehhagel (1938), David Steinberg (1942), Sam Elliott (1944), Melanie Griffith (1957), Whitney Houston und Lonnie Quinn (1963), Deion Sanders (1967), Gillian Anderson (1968)

Bedeutende Ereignisse und Jahrestage: Dieser Tag weist auf ein starkes Verantwortungsgefühl für andere hin. Die Schlacht an den Thermopylen endete damit, daß König Leonidas von Sparta und seine 1.000 Soldaten starke Truppe bei ihrem Versuch geschlagen wurden, den Engpaß gegen eine ganze Armee einmarschierender Perser zu verteidigen (480 v. Chr.). König Edward VII. von Großbritannien wurde an diesem Tag gekrönt (1902), und Gerald Ford trat nach Richard Nixons Rücktritt als erster nicht gewählter amerikanischer Präsident sein Amt an (1974). Die positiven, progressiven Aspekte des Tages zeigten sich beispielsweise, als Jesse Owens am 9. August bei der Berliner Olympiade vier Goldmedaillen gewann (1936).

Planeteneinflüsse

Herrschender Planet: Sonne.
Zweiter Dekan: Persönlicher Planet ist der Jupiter.

☉♃

Religiöse und kulturelle Bedeutung

Fest der Feuergeister.
Namenstag: Edith Stein (1891–1942).

Überzeugt von der moralischen Überlegenheit der Vereinigten Staaten befahl der amerikanische Präsident Truman an diesem Tag, an dem oft fehlgeleitete Absichten tragische Folgen haben können, die zweite Atombombe auf Nagasaki abzuwerfen. Diese Entscheidung führte zur fast völligen Auslöschung der Stadt und ihrer Bewohner.

10. AUGUST

Die an diesem Tag Geborenen besitzen feste Überzeugungen, beziehen sich jedoch auch stark auf andere und versuchen, ihre Ideen einem möglichst breiten Publikum zu vermitteln. Dank ihres logischen Denkvermögens und ihres hochentwickelten intellektuellen Scharfblicks entwickeln sie klar umrissene Ansichten, die meist positiv, fortschrittlich und dazu angelegt sind, anderen von Nutzen zu sein – in materieller, sozialer oder auch emotionaler Hinsicht. Sobald die an diesem Tag Geborenen von der Gültigkeit ihrer Ansichten überzeugt sind, versuchen sie, auch andere dahingehend zu beeinflussen. Und sie sind schwer zu übersehen: Sie besitzen eine bemerkenswerte Selbstsicherheit sowie einen ausgeprägten Hang zur Unabhängigkeit und scheuen sich nicht, entschlossen für ihre Visionen einzutreten. Am wichtigsten ist es ihnen, gehört und beachtet zu werden.

Die Belange, denen sich die an diesem Tag Geborenen widmen, können individuell unterschiedlich ausfallen, doch ihr Gerechtigkeitssinn und ihr Wunsch, das Leben anderer zu verbessern, fällt besonders im politischen oder sozialen Bereich auf fruchtbaren Boden. Ihre beträchtliche Kreativität in Verbindung mit ihren hervorragenden kommunikativen Fähigkeiten ist auch ein gutes Vorzeichen für eine Karriere als Schriftsteller, Künstler oder Schauspieler. Ihr unbeirrbarer Optimismus und ihre ansteckende Begeisterung verleihen ihnen außerdem die Fähigkeit, andere zu inspirieren, und machen sie zu geschätzten Freunden und Verwandten.

STÄRKEN: An diesem Tag Geborene besitzen die beneidenswerte Fähigkeit, die Bereiche zu erkennen, in denen sie vorankommen können, und effektive Strategien dafür zu entwickeln, um sie dann stetig und entschlossen zu verfolgen. Sie verstehen es, andere für ihre Anliegen zu begeistern, und nutzen ihre Überzeugungskraft mit Hilfe verbaler, visueller und literarischer Fähigkeiten.

SCHWÄCHEN: Typischerweise sind Menschen, die am 10. August geboren sind, so sehr davon überzeugt, daß ihre Ansichten richtig sind, und so darauf erpicht, anderen ihre Botschaft zu vermitteln, daß sie oft nicht bereit sind, andere Ansichten oder Vorgehensweisen zu akzeptieren, und dies kann ihre Vorhaben manchmal behindern.

FAZIT: Diese Menschen sollten sich regelmäßig die Zeit nehmen, in sich zu gehen und ihre eigenen Motive, aber auch diejenigen, von denen sie glauben, daß sie völlig gegensätzlich sind, objektiv überprüfen. Toleranz und Kooperation, auch in ideologischen Fragen, erweisen sich oft als wirksame Instrumente für den Fortschritt.

Planeteneinflüsse

Herrschender Planet: Sonne.
Zweiter Dekan: Persönlicher Planet ist der Jupiter.

☉♃

Religiöse und kulturelle Bedeutung

In Nepal wird der Ghanta-Karna-Tag gefeiert.
Namenstag: Laurentius (Lorenz, ca. 230–258), Schutzheiliger der Köche, der Archivare und Feuerwehrleute, Plektrudis (Bliktrud, † 725).

An diesem Tag

Prominente Geburtstage: Camillo Benso di Cavour (1810), Charles Keene (1823), William Willett (1856), Alexander Konstantinovich Glazunov (1865), Laurence Binyon (1869), Herbert Hoover (1874), Alfred Döblin (1878), Rhonda Fleming (1923), Eddie Fisher (1928), Rocky Colavito (1933), Anita Lonsborough (1941), Ian Anderson (1947), Rosanna Arquette (1959), Antonio Banderas (1960)

Bedeutende Ereignisse und Jahrestage: Intellektueller Scharfblick und der Wunsch, der Menschheit zu helfen, sind zwei Charakteristika dieses Tages. Zur Förderung astronomischer Studien legte König Karl II. den Grundstein für Englands Royal Observatory in Greenwich (1675), und zur Förderung der Wissenschaften gründete man das Smithsonian Institute in Washington, D. C. (1846). Die USA schickten ihren ersten Mondsatelliten „Orbiter" ins All (1966). Doch auch in praktischeren Bereichen zeigen sich diese Tendenzen. So ließ sich der englische Glasarbeiter Dan Rylands den ersten Schraubverschluß für Flaschen patentieren (1889), und deutsche Ingenieure testeten in den Krupp-Werken den nach seinem Erfinder Dr. Rudolf Diesel benannten Motor (1893). Das künstlerische Potential dieses Tages zeigte sich, als Wolfgang Amadeus Mozart seine berühmte *Kleine Nachtmusik* vollendete (1787).

Im Geiste des Wissens und des Dienstes an der Menscheit, der den 10. August beeinflußt, wurde 1846 das ehrwürdige Smithsonian Institute in Washington, D. C., gegründet. In seinen Statuten hat sich dieses Institut den Wissenschaften, dem menschlichen Streben und der Suche nach Wissen verpflichtet.

11. AUGUST

An diesem Tag Geborene verspüren den starken Wunsch, fundamentale Wahrheiten zu entdecken und ihre Erkenntnisse anderen zu vermitteln, um damit den Menschen – entweder einzelnen oder der Gesamtheit – weiterzuhelfen. Diese dominante Neigung führt oft zur langfristigen Erforschung abstrakter theoretischer Konzepte oder auch praktischer Gegebenheiten. So wählen diese Menschen oft Berufe in akademischen Zweigen wie den Naturwissenschaften oder der Philosophie, sind jedoch auch als Rechtsvertreter, Journalisten oder Kritiker zu finden. Welchen Berufen sich diese hartnäckigen Persönlichkeiten auch immer widmen, sie bringen stets ihre Talente der klaren Beobachtungsgabe, des organisierten und logischen Denkens und ihren Erfindungsreichtum, ihren Mut und ihre Entschlossenheit ein. Die letztgenannten Eigenschaften sind besonders wichtig, da ihre Neigung, konventionelle Ansichten zurückzuweisen und Heucheleien aufzudecken, immer wieder zu Auseinandersetzungen mit denjenigen führt, die lieber den Status quo aufrechterhalten würden. Aufgrund ihrer ausgeprägten geistigen Unabhängigkeit arbeiten diese Menschen auch am liebsten unabhängig – obwohl sie wissen, wie wichtig es ist, Unterstützung zu haben, wenn es darum geht, ihre Entdeckungen zu veröffentlichen, wobei sie sich auf ihre ausgeprägten Überredungskünste verlassen können. Doch trotz ihrer Fürsorge für andere können ihre privaten Beziehungen schwierig sein, denn ihre Neigung, die Motivation anderer ständig zu analysieren und auch zu kritisieren, kann dazu führen, daß selbst ihre Nächsten es leid werden, sich von ihnen zensieren zu lassen.

STÄRKEN: Motiviert von ihrem Wunsch, anderen mit ihren Erkenntnissen zu helfen, verspüren Menschen, die am 11. August geboren sind, den starken Drang, in allen Forschungsbereichen bis zum innersten Kern vorzustoßen und die dort liegenden Wahrheiten aufzudecken. Sie setzen dabei ihre beträchtliche Intelligenz und Logik sowie ihre unerschütterliche Hartnäckigkeit ein.
SCHWÄCHEN: Obwohl ihre Neigung, alles kritisch zu hinterfragen, sich als durchaus nützlich für ihre beruflichen Aktivitäten erweist, läßt sich das nicht unbedingt auf ihre persönlichen Beziehungen übertragen, denn dort können schmerzhaft ehrliche Beobachtungen das Aufrechterhalten von soliden und bleibenden Beziehungen ernstlich behindern.
FAZIT: Um emotionale Isolation zu vermeiden, müssen die an diesem Tag Geborenen lernen, ihre Neigung zu brutaler Aufrichtigkeit und zur Abwertung anderer zu zügeln. Eine größere Toleranz gegenüber den persönlichen Schwächen der anderen hilft ihnen, deren Zuneigung zu bewahren.

An diesem Tag

Prominente Geburtstage: Richard Meade (1673), Charlotte Mary Yonge (1823), Bertram Mills (1873), Mary Roberts Rinehart (1876), Hugh MacDiarmid (1892), Marie Goossens (1894), Enid Blyton (1897), Anne Josephine Haney (1906), Angus Wilson (1913), Alex Haley (1921), Arlene Dahl (1928), Alun Hoddinott (1929), Jerry Falwell (1933), Anna Massey (1937), Steve Wozniak (1950), Terry „Hulk" Hogan (1953)

Bedeutende Ereignisse und Jahrestage: Dieser Tag steht im Zeichen der Entschlossenheit, Wahrheiten selbst angesichts von Widerständen deutlich auszusprechen: *Leningrad*, die 7. Sinfonie Dimitri Schostakowitschs – eines Komponisten, der bei den sowjetischen Behörden nicht immer Gefallen fand – hatte Premiere (1942), und Hussein ibn Talal wurde König von Jordanien, nachdem sein schizophrener Vaters freiwillig abgedankt hatte (1952). Herbert Hoover gestand trotz ausdrücklichen Widerstandes ein, daß die Prohibition die Kriminalität eher gefördert habe, als sie zu mindern, woraufhin das Alkoholverbot wieder aufgehoben wurde (1932). Der Wunsch nach Autonomie, der diesem Tag innewohnt, spiegelte sich, als der Tschad seine Unabhängigkeit von Frankreich erklärte (1960). Und im Einklang mit dem Namenstag der Schutzheiligen des Fernsehens, Klara, fand 1951 die weltweit erste Farbfernsehübertragung (ein Baseballspiel) statt.

Planeteneinflüsse

Herrschender Planet: Sonne.
Dritter Dekan: Persönlicher Planet ist der Mars.

☉ ♂

Religiöse und kulturelle Bedeutung

In Irland wird das Puck Fair-Fruchtbarkeitsfest gefeiert, in der Santeria-Sekte feiert man Odduda.
Namenstag: Susanna von Rom († ca. 304), Klara von Assisi(1194–1253), Schutzheilige der Blinden, des Fernsehens, bei Augenleiden.

Der afrikanische Staat Tschad erklärte am 11. August 1960 nach beinahe 150 Jahren europäischen Einflusses und 40 Jahren französischer Kolonialherrschaft seine Unabhängigkeit von Frankreich, womit er endlich die Autonomie und Unabhängkeit erreichte, die der 11. August fordert.

12. AUGUST

Planeteneinflüsse
Herrschender Planet: Sonne.
Dritter Dekan: Persönlicher Planet ist der Mars.

☉ ♂

Religiöse und kulturelle Bedeutung
Im Alten Ägypten wurde Lychnapsia (Fest der Lichter der Isis) gefeiert.
Namenstag: Innozenz XI. (1611–89), Leo Dehon (1843–1925), Karl Leisner (1915–45).

Der 12. August hat mit Gewißheit, ja absoluter Sicherheit zu tun und ruft so manchen Anfang und so manches Ende in Erinnerung. Im 19. Jahrhundert wurde das südafrikanische Quagga von weißen Jägern beinahe ausgerottet, und an diesem Tag im Jahr 1883 wurde das traurige Schicksal dieser Gattung endgültig besiegelt, als in einem Zoo in Amsterdam das letzte überlebende Quagga starb.

Wie Janus, der römische Gott des Torbogens, neigen die am 12. August Geborenen intellektuell dazu, gleichzeitig nach vorne und nach hinten zu blicken. Obwohl es ihnen hauptsächlich darum geht, andere auf innovativen Wegen voranzubringen, prüfen sie, bevor sie sich in eine neue Richtung aufmachen, stets gründlich das bestehende Wissen. Letztlich behalten sie dann die Konventionen und Vorstellungen bei, die sie für wertvoll erachten, und lassen diejenigen fallen, die ihnen falsch oder unangemessen erscheinen. In vieler Hinsicht ähneln sie Historikern und Naturwissenschaftlern (und manche ergreifen tatsächlich solche Berufe) darin, daß sie so viele relevante Informationen wie nur möglich sammeln, diese logisch und objektiv prüfen und dann zu klaren Schlüssen kommen. Bei der Durchsetzung ihrer Ziele greifen sie auf ihre Erfindungsgabe, ihre Zielstrebigkeit und Hartnäckigkeit zurück und beeindrucken andere mit ihren klaren Zielvorstellungen. Als unabhängige Denker beabsichtigen sie, der gesamten Menschheit zu nutzen. Zwar können sie sich in ihrer Arbeit mit winzigen Details befassen, doch letztlich haben sie immer das große Ganze im Blick.

Das Wissen, das sich diese Menschen nach gründlichen Studien angeeignet haben, verleiht ihnen unerschütterliches Selbstvertrauen sowie die Zuversicht, auch andere von ihren Ansichten überzeugen zu können. Trotz des beruflichen Erfolgs, den ein solches kompromißloses Vorgehen verspricht, stoßen sie jedoch oft auf Ablehnung bei den Menschen, die sie zu beeinflussen und zu führen versuchen – vor allem bei ihren Freunden und Angehörigen, die sie oft als übermäßig arrogant und autoritär empfinden (vor allem, wenn sie auch noch im chinesischen Jahr des Büffels geboren sind).

STÄRKEN: Die an diesem Tag Geborenen sind verantwortungsbewußte Persönlichkeiten, die den Drang verspüren, für das menschliche Wissen und die Gesellschaft positive und fortschrittliche Beiträge zu leisten. Sie wissen, wie wichtig es ist, das von ihnen gewählte Interessengebiet gründlich zu beherrschen, bevor sie in ihrer sehr direkten und entschlossenen Art voranschreiten.
SCHWÄCHEN: Ob sie wirklich Recht haben oder nicht – diese Menschen sind von der Richtigkeit ihrer Ansichten einfach überzeugt und lassen sich durch Einwände von anderen kaum in ihrem Selbstvertrauen erschüttern. Dadurch verlieren sie manchmal mögliche Verbündete und können andere dazu bringen, sich gegen sie aufzulehnen.
FAZIT: Zwar werden am 12. August Geborene ihre Werte und Überzeugungen nie aufgeben, doch sie müssen auch die möglichen negativen Reaktionen anderer in Betracht ziehen. Wenn sie mehr Geduld, Toleranz und Pragmatismus bezüglich fremder Meinungen entwickeln, erreichen sie nicht nur ihre Ziele effizienter, sondern verleihen ihrem eigenen Leben auch zusätzliche Dimensionen.

An diesem Tag
Prominente Geburtstage: Thomas Bewick (1753), König Georg IV. von England (1762), Robert Southey (1774), Cecil B. DeMille (1881), Frank Swinnerton (1884), Otto Struve (1897), Mohammad Zia ul-Haq (1924), Norris und Ross McWhirter (1925), John Derek (1926), Mstislav Leopoldovich Rostropovich (1927), Buck Owens (1929), Porter Wagoner (1930), William Goldman (1931), George Hamilton (1939), Mark Knopfler (1949)

Bedeutende Ereignisse und Jahrestage: Dieser Tag reflektiert die Fähigkeit, sich auf die Vergangenheit zu beziehen, um Strategien für die Zukunft zu entwickeln – eine Neigung, die vor allem für Wissenschaft und Technik relevant ist. Thomas Alva Edison machte die erste Klangaufnahme mit seinem Edisonphone (1887). Die Ford-Werke produzierten den ersten Wagen der „Model-T"-Serie (1908). Mit Hilfe einer Pipeline begann man, Öl von der Isle of Wright zu den Alliierten nach Frankreich zu transportieren (1944). Das letzte Quagga (aus der Familie der Zebras) starb in einem Zoo in Amsterdam (1883), und in einem Zoo in Mexiko wurde der erste Riesenpanda in Gefangenschaft geboren (1980).

13. AUGUST

Die an diesem Tag Geborenen sind meist unkonventionell und von Visionen geleitet, die so ungewöhnlich oder auch so ehrgeizig sind – etwa die Einführung einer revolutionären technischen Erfindung oder eines völlig neuen sozialen Systems –, daß andere sie oft als unrealistische Phantasten betrachten und sie einfach nicht ernst nehmen. Doch trotz Spott und Häme lassen sie sich im allgemeinen nicht von ihren Ansichten abbringen, denn schließlich sind sie nicht allein durch Inspiration, sondern auch nach eingehender Forschung und Überprüfung zu ihren Ansichten gekommen, bevor sie sie der Welt vorstellen. So sind ihre innovativen Theorien meist durch Beweise fundiert, denn die außergewöhnliche Vorstellungskraft der an diesem Tag Geborenen wird durch ausgeprägte analytische und organisatorische Fähigkeiten unterstützt. Angespornt von ihrem Wunsch, anderen mit den Früchten ihrer Mühen zu helfen, fühlen sich diese Menschen vor allem zu politischen, wissenschaftlichen und künstlerischen Bereichen hingezogen, die sie in die Lage versetzen, einen greifbaren Beitrag für die Gesellschaft zu leisten. Trotz ihrer mutigen Überzeugungen und ihres anhaltenden Optimismus auch angesichts von Widerständen sind die am 13. August Geborenen meist sehr sensibel und müssen lernen, Selbstverteidungsstrategien zu entwickeln, um sich zu schützen. Sie arbeiten zwar am liebsten an der Spitze eines hochmotivierten Teams, doch häufiger sind sie ganz allein tätig (bis sie von anderen schließlich anerkannt werden). Sie legen Wert auf bedingungslose Zuwendung und Unterstützung von Freunden und Verwandten und belohnen den Glauben, der ihnen von diesen Menschen entgegengebracht wird, mit Loyalität und Großzügigkeit.

STÄRKEN: Obwohl sie von originellen Visionen inspiriert sind, sind diese Menschen auch praktisch veranlagt und technisch bewandert. Ihre innovativen Bestrebungen werden von soliden, mit logischer Präzision durchgeführten Forschungen begleitet. Wenn sie einmal von der Gültigkeit einer Ansicht überzeugt sind, vertreten sie sie unbeirrt und hartnäckig.
SCHWÄCHEN: Die starken – und häufig negativen – Reaktionen auf ihre Träume fügen den am 13. August Geborenen unweigerlich emotionale Wunden zu. Um sich vor weiteren Verletzungen zu schützen, brechen sie manchmal den Kontakt zu anderen völlig ab oder geben ihre Visionen auf.
FAZIT: Zwar können die an diesem Tag Geborenen auch mit Widrigkeiten umgehen, doch sie müssen sich versichern, daß sie sich nicht selbst emotionalen Schaden zufügen. Dieser kann entstehen, wenn sie ihre Ziele um jeden Preis im zwischenmenschlichen Bereich vorantreiben oder wenn sie sie trotz größter Bedeutung unterdrücken. Wenn sie an ihrer zweifellos vorhandenen Fähigkeit, pragmatisch und realistisch vorzugehen, arbeiten, hilft ihnen dies, einen effizienten Mittelweg einzuschlagen.

An diesem Tag

Prominente Geburtstage: Phoebe Anne Moses (Annie Oakley, 1860), Karl Liebknecht (1881), Bert Lahr (1895), Jean Borotra (1898), Alfred Hitchcock (1899), Felix Wankel (1902), Basil Spence (1907), Ben Hogan (1912), Melvin Frank und Erzbischof Makarios III (1913), George Shearing (1919), Fidel Castro (1927), Pat Harrington (1929), Don Ho (1930), Dan Fogelberg (1951), Betsy King (1954), Quinn Cummings (1967)

Bedeutende Ereignisse und Jahrestage: Der 13. August ist ein Tag, an dem ehrgeizige Ziele im Vordergrund stehen. Während des Spanischen Erbfolgekriegs errangen die englischen und österreichischen Truppen in der Schlacht von Höchstädt einen Sieg über Marschall Tallards französische und bayerische Truppen (1704). Großbritannien kaufte das Kap der Guten Hoffnung von den Niederlanden, die es fast 20 Jahre lang besetzt hatten (1814). Doch manchmal wird das Durchsetzen langgehegter Träume auch verhindert. So erschossen am 2. Jahrestag der Errichtung der Berliner Mauer ostdeutsche Grenzschützer Peter Fechter bei einem Fluchtversuch (1962). Über dem australischen Alice Springs stießen zwei Heißluftballons zusammen (1989).

Planeteneinflüsse

Herrschender Planet: Sonne.
Dritter Dekan: Persönlicher Planet ist der Mars.

☉ ♂

Religiöse und kulturelle Bedeutung

Namenstag: Hippolyt von Rom, Schutzheiliger der Pferde († ca. 236), Radegundis von Thüringen (518–587), Maximus Confessor (ca. 580–662), Wigbert von Fritzlar (ca. 680–737/8), Benildus (Pierre Romançon, 1805–1862).

Annie Oakley, die an diesem Tag als Phoebe Anne Moses zur Welt kam, widersetzte sich gesellschaftlichen Konventionen und wurde der erste weibliche Rodeostar und Scharfschütze. Damit zeigte sie die unkonventionellen Visionen und die Hartnäckigkeit der am 13. August Geborenen.

14. AUGUST

Menschen, die an diesem Tag Geburtstag haben, sind sehr an den Funktionsweisen der Gesellschaft interessiert und wollen wissen, welche Besonderheiten und Schwächen das menschliche Leben bestimmen. Sie konzentrieren sie sich vor allem auf die Menschen in ihrer Umgebung und die Umstände, unter denen diese leben. Sie besitzen eine klare Vision und umfassende analytische Gaben sowie das bemerkenswerte Talent, nicht nur die Motive anderer Menschen, sondern auch die Einflüsse und Impulse, die deren Leben bestimmen, sehr genau einzuschätzen. Sie sehen sich veranlaßt, ihre Entdeckungen mit einer möglichst breiten Öffentlichkeit zu teilen. Ihre Beobachtungen werden nur selten ignoriert, da sie tatsächlich ein ausgesprochenes Talent besitzen, ihre Schlüsse auf direkte (und damit manchmal auch brutal ehrliche) Weise auszudrücken, was jedoch oft durch ihren Humor annehmbarer gemacht wird. Wenn sie ihre Meinung äußern, tun sie dies meist mit der Absicht, anderen zu helfen, ihre Mängel zu erkennen und sich dadurch weiterzuentwickeln, obwohl ihr Erfolg zum Großteil davon abhängt, wie genau sie die Aufnahmefähigkeit ihres Publikums eingeschätzt haben und wie sensibel sie ihre Ansichten präsentieren.

Deshalb eignen sich die an diesem Tag Geborenen vor allem für solche Berufe, in denen sie mit ihren gesellschaftlichen oder politischen Kommentaren einen effektiven und positiven Einfluß ausüben können, etwa in literarischen Bereichen wie dem Journalismus oder auch im Theater- oder Filmbereich. Ironischerweise kann eben die Faszination, die die Verhaltensmuster anderer auf diese Menschen ausüben, sie davon abhalten, starke persönliche Beziehungen einzugehen, denn andere – und vor allem diejenigen, die ihnen am nächsten stehen – fühlen sich unter ihrer genauen Beobachtung unwohl.

STÄRKEN: Menschen, die am 14. August geboren wurden, finden es äußerst interessant, andere Menschen und persönliche Interaktionen zu beobachten. Sie werden von der Herausforderung angeregt, die Stränge zu entwirren, die den Charakter einzelner Menschen und der Gesellschaft als Ganzem ausmachen. Sie verfügen über einen bemerkenswert scharfen Intellekt, und aufgrund ihres starken Willens und ihrer Direktheit können sie großen Einfluß auf andere ausüben.

SCHWÄCHEN: Wenn sie nicht emotional isoliert und dadurch letztlich unerfüllt bleiben wollen, müssen sich diese Menschen davor hüten, ihrer Neigung, nur als Beobachter am Rand zu stehen, nachzugeben, wodurch sie bereichernde Erfahrungen versäumen würden.

FAZIT: An diesem Tag Geborene sollten erkennen, daß ihnen ihr Talent, die Welt mit der oft schneidenden Korrektheit ihrer Kommentare zu informieren und zu unterhalten, zwar kurzfristig Erfolg und Anerkennung einbringen kann, es langfristig gesehen jedoch mancher leid wird, wenn man immer wieder seine Gefühle enthüllt und ihn damit verletzt.

Planeteneinflüsse

Herrschender Planet: Sonne.
Dritter Dekan: Persönlicher Planet ist der Mars.

☉ ♂

Religiöse und kulturelle Bedeutung

Namenstag: Maximilian Kolbe (1894–1941, KZ Auschwitz).

Halle Berry, die im chinesischen Jahr des Affen geboren wurde – diese Menschen stehen gern im Rampenlicht – stieg vom erfolgreichen Mannequin zum Filmstar auf. Dies zeigt auch die Gabe der am 14. August Geborenen, die Motive ihrer Mitmenschen zu erkennen, und den Wunsch, die von ihnen gezogenen Schlüsse auszudrücken und damit Einfluß auf ein breiteres Publikum zu nehmen.

An diesem Tag

Prominente Geburtstage: Hans Christian Oersted (1777), Samuel S. Wesley (1810), Richard von Krafft-Ebing (1840), John Galsworthy (1867), Ernest Everett Just (1883), Kaikhosru Sorabji (1892), John Ringling North (1903), H. Montgomery Hyde (1907), Pierre Schaeffer (1910), Erwin Strittmatter (1912), Sydney Wooderson (1914), Russell Baker (1925), Frederic Raphael (1931), David Crosby (1941), Steve Martin (1945), Susan Saint James (1946), Danielle Steel (1947), Ervin „Magic" Johnson (1959), Sarah Brightman (1961), Halle Berry (1968), Keiren Perkins (1973)

Bedeutende Ereignisse und Jahrestage: Dieser Tag weist auf die Neigung hin, Dinge herauszustellen und zu klassifizieren. Frankreich führte für Automobilbesitzer die ersten Führerscheine und Nummernschilder ein (1893). Im englischen Folkestone fand der erste Schönheitswettbewerb statt (1908). Ein weiterer Aspekt dieses Tages ist der Wunsch, Information zum Nutzen eines größeren Publikums zu liefern: Am 14. August strahlte der New Yorker Sender W.R.N.Y. zum ersten Mal ein regelmäßig gesendetes Fernsehprogramm aus (1928).

15. AUGUST

Die an diesem Tag Geborenen sind äußerst ehrgeizig und geleitet vom drängenden Wunsch, ihre Visionen zu verwirklichen. Das Wesen ihrer Vorstellungen und Inspirationen hängt von ihren persönlichen Vorlieben und Umständen ab – manche streben nach sozialer Anerkennung und materiellen Dingen, andere nach weniger selbstbezogenen Dingen, etwa einer allgemeinen gesellschaftlichen Verbesserung. Wie auch immer ihre Zielvorstellungen beschaffen sein mögen, sie gehen sie typischerweise sehr direkt an und weigern sich, davon abzuweichen. Dabei kommen ihnen ihr ausgeprägtes Talent für logisches Denken und ihre praktischen organisatorischen Fähigkeiten zugute, die sie bestens umsetzen, indem sie Aufgaben delegieren und andere anleiten. Diese extrovertierten, zuversichtlichen Menschen neigen vor allem zu Führungspositionen und werden in sämtlichen Berufen weiterkommen, in denen sie die Freiheit haben, eigene Pläne umzusetzen und ein Team zu leiten.

Auch innerhalb ihres häuslichen Lebens übernehmen am 15. August Geborene gern die Führungsrolle, wenn es darum geht, das emotionale Glück und das körperliche Wohlergehen ihrer Familie zu sichern. Sie verhalten sich ihr gegenüber äußerst großherzig und lassen sie ihre Zuneigung voll und ganz spüren. Andererseits erwarten sie von ihren Angehörigen und Freunden auch, daß sie am selben Strang ziehen, den sie als Rudelführer festgelegt haben. Sie stellen an sie dieselben hohen Ansprüche, die sie selbst zu erfüllen versuchen – eine Neigung, die vor allem bei Frauen stark ausgeprägt ist, die im chinesischen Jahr des Drachen geboren sind.

STÄRKEN: Am 15. August Geborene haben das Talent, das große Ganze zu sehen und sich nicht in eng begrenzten Teilbereichen zu verlieren. Außerdem sind sie höchst motiviert, ihre Visionen in die Tat umzusetzen. Dabei zeigen sie bemerkenswerte Hartnäckigkeit und Entschlossenheit sowie die Fähigkeit, andere zu führen und zu inspirieren.
SCHWÄCHEN: Der Drang, die Ziele zu erreichen, auf die sie sich fixieren, ist so stark, daß diese Menschen dabei oft Empfindlichkeiten – und oft auch stichhaltige Einwände – ignorieren. Diese Neigung, einhergehend mit ihrer ausgeprägten Dominanz, kann andere dazu bringen, sie als autoritär und gefühllos zu sehen.
FAZIT: Wenn sie andere nicht vor den Kopf stoßen und sich dadurch emotional isolieren wollen, müssen die an diesem Tag Geborenen ihr auf Konfrontation abzielendes Vorgehen mäßigen, das oft auch ihre zwischenmenschlichen Beziehungen bestimmt. Sie sollten sich darum bemühen, mehr Empathie zu entwickeln, und erkennen, daß das Recht auf persönliche Unabhängigkeit nicht nur ihnen zukommt.

An diesem Tag

Prominente Geburtstage: Napoleon Bonaparte (1769), Walter Scott (1771), Christian Gottlieb Schick (1776), Thomas de Quincey (1785), James Keir Hardie (1856), Samuel Taylor Coleridge (1875), Ethel Barrymore (1879), Edna Ferber (1887), Thomas Edward Lawrence (1888), Jacques Ibert (1890), Tom Mboya (1903), Julia Child und Wendy Hiller (1912), Huntz Hall (1919), Robert Bolt und Phylis Schlafly (1924), Mike Conners, Rose Marie und Oscar Peterson (1925), Jimmy Webb (1946), Prinzessin Anne von Großbritannien (1950)

Bedeutende Ereignisse und Jahrestage: Dieser Tag wird stark vom kriegerischen Mars mitbestimmt, so brachen etwa in einem Stadtteil von Los Angeles Rassenunruhen aus, in deren Folge 28 Menschen ums Leben kamen (1965). Außerdem weist der 15. August auf den möglichen Erfolg ehrgeiziger, langfristiger Pläne hin. Die siegreichen alliierten Länder feierten den „V. J. Day“ (Sieg über Japan), der das Ende des Zweiten Weltkriegs markierte (1945). Indien erreichte seine Unabhängigkeit von Großbritannien (1947). Auch sinnlicher Genuß und die Freude an Unterhaltung – oft im großen Stil – sind an diesem Tag von Bedeutung: In Kopenhagen wurde der Tivoli-Park eröffnet (1843). In Woodstock fand das legendär gewordene Musikfestival statt (1969).

Planeteneinflüsse

Herrschender Planet: Sonne.
Dritter Dekan: Persönlicher Planet ist der Mars.

☉ ♂

Religiöse und kulturelle Bedeutung

Im Alten Rom wurde das Fest der Vesta gefeiert.
Namenstag: Hochfest Mariä Aufnahme in den Himmel, Tarsicius (3. Jh.), Schutzheiliger der Ministranten, Arnulf von Soissons (ca. 1040–1087).

Am 15. August 1965 brachen in Los Angeles Rassenunruhen aus, die mehrere Tage dauerten und zahlreiche Menschenleben kosteten. Sie markierten einen tragischen Höhepunkt der kriegerischen Aspekte dieses Tages und die Tendenz, die Autorität selbst in die Hand zu nehmen, wenn das starke Bedürfnis, umfassende Visionen zu realisieren, frustriert wird. Auch wenn sie einen hohen Preis forderten, führten diese Aufstände doch dazu, daß die schwarze Bevölkerung schließlich in einem größeren Maß an der Kommunalpolitik beteiligt wurde und die Regierung auch Unternehmen von afroamerikanischen Besitzern subventionierte.

Planeteneinflüsse

Herrschender Planet: Sonne.
Dritter Dekan: Persönlicher Planet ist der Mars.

☉ ♂

Religiöse und kulturelle Bedeutung

Salem Heritage Day in Massachusetts.
Namenstag: Theodor (Theodul, 4./5. Jh.), Stephan I. von Ungarn (ca. 969–1038), Rochus von Montpellier (ca. 1295–1327), Schutzheiliger der Chirurgen und Gefangenen, Beatrix da Silva Meneses (1424–1490).

Madonna bewerkstelligte ihren kometenhaften Aufstieg zum Ruhm großteils durch wohlplazierte Skandale (z. B. ihr Buch Sex*), doch dies zeigt nur die eine Hälfte des dualen Charakters der an diesem Tag Geborenen. Antriebskraft, Ehrgeiz und Ehrlichkeit zeugen von der stürmischeren Seite dieser höchst kreativen Menschen, vor allem, wenn sie wie Madonna im chinesischen Jahr des Hundes geboren sind.*

16. AUGUST

An diesem Tag Geborene stehen am liebsten im Rampenlicht und vermitteln dort ihre starken Überzeugungen einem möglichst großen Publikum. Es läßt sich schwer sagen, was diese dynamischen Menschen stärker motiviert: der Drang, ihre Botschaften zu verbreiten, oder die Mittel, mit denen sie die Aufmerksamkeit anderer auf sich ziehen. Gewiß sind die meisten dieser Menschen sehr extrovertiert und sonnen sich im Ruhm, aber auch widrige Reaktionen nehmen sie höchst gefaßt auf – Hauptsache, sie fallen auf. Doch hinter der oft barschen, auf Konfrontation ausgerichteten Maske, die sie der Öffentlichkeit gern präsentieren, liegt eine sehr viel ernsthaftere Persönlichkeit, ein Wesenskern, der oft genug ganz anders ist als das von ihnen gewählte Image. Übertragen könnte man sagen, daß diese Menschen gleichzeitig Schauspieler und Regisseur sein wollen. Ersterer führt dabei die Befehle des letzteren aus und präsentiert sie auf höchst publikumswirksame Weise, um damit konzentriert und hartnäckig einen ehrgeizigen Plan zu verfolgen. So werden manche der an diesem Tag Geborenen tatsächlich als Darsteller oder Produzenten Erfolg haben, obwohl sie sich auch für viele andere Bereiche eignen, in denen sie andere inspirieren und leiten können, z. B. in der Politik oder im Erziehungswesen. Den an diesem Tag Geborenen ist in ihrem Innersten eher an persönlichem Glück gelegen als an materiellen Gütern (obwohl sie sehr wohl wissen, daß finanzielle Mittel hilfreich sind, um ihre Zukunft zu sichern). In der Regel schirmen sie ihr Privatleben sorgfältig ab, denn in diesem Bereich können sie ihre Maske ablegen und ganz sie selbst sein. Die Menschen, die sie lieben, schätzen sie um ihrer selbst willen und schenken ihnen starke Zuwendung, Loyalität und Schutz.

STÄRKEN: Im Wesen dieser Menschen sind zwei Seiten besonders ausgeprägt. Zum einen sind sie überschwenglich, extrovertiert und schrill, zum anderen eher vernünftig, berechnend, praktisch und zentriert. Wenn diese beiden Seiten harmonisch verbunden sind, besitzen die an diesem Tag Geborenen eine bemerkenswerte Fähigkeit, andere bei den fortschrittlichen Visionen, von denen sie selbst beflügelt sind, anzuleiten.
SCHWÄCHEN: In dem dualen Wesen der am 16. August Geborenen liegt die Gefahr, daß sie in ihrem Verhalten zu Extremen neigen. Sie drängen sich entweder durch sensationelle und kontroverse Aktionen zu sehr in den Vordergrund oder sie versuchen, andere zu sehr zu manipulieren und koppeln sich dadurch von ihren Gefühlen ab.
FAZIT: An diesem Tag Geborene stellen im allgemeinen ein gesundes Gleichgewicht zwischen ihrem beruflichen und ihrem persönlichen Leben her, doch zur Wahrung ihres seelischen Gleichgewichts sollten sie sich unbedingt die Zeit nehmen, sich auszuruhen und die einfachen Dinge im Leben zu genießen, damit sie nicht den Boden unter den Füßen verlieren.

An diesem Tag

Prominente Geburtstage: Jean de la Bruyère (1645), Frederick Augustus, Herzog von York (1763), Lady Nairne (1766), Georgette Heyer (1902), Menachem Begin (1913), Charles Bukowski (1920), Fess Parker (1925), Ann Blyth (1928), Robert Culp und Frank Gifford (1930), Reinhardt Klimmt (1942), Lesley Ann Warren (1946), Kathie Lee Gifford (1953), James Cameron (1954), Dominic Erbani (1956), Madonna Ciccone (1958), Timothy Hutton (1960), Nigel Redman (1964)

Bedeutende Ereignisse und Jahrestage: Ein Aspekt dieses Tages ist auf Konfrontation abzielendes Verhalten. Während des sogenannten Peterloo Massakers lösten Regierungstruppen 1819 eine Demonstrantenmenge auf, die sich auf dem St. Peter's Field in Manchester versammelt hatte, um parlamentarische Reformen zu fordern, und töteten dabei 12 Menschen. Außerdem wohnt dem Tag der Wunsch nach Freiheit inne. 1969 errang Zypern die Unabhängigkeit von Großbritannien. Und auch der künstlerische Bereich spielt an diesem Tag eine starke Rolle. 1962 stieß Ringo Starr als Schlagzeuger zu den Beatles, 1975 stieg Phil Collins vom Schlagzeuger zum Sänger von Genesis auf.

17. AUGUST

Viele der an diesem Tag Geborenen können, wenn erforderlich, geradezu über sich hinauswachsen und werden von anderen aufgrund ihres schillernden, dynamischen Wesens und ihrer selbstgenügsamen Mißachtung sämtlicher Konventionen bewundert. Diese unabhängigen Menschen, die ihre Energie, Phantasie und Entschlossenheit nicht fremden Regeln unterwerfen wollen, besitzen die Fähigkeit, sich auf ihre fortschrittlichen Ziele zu konzentrieren. Meist sind sie nicht glücklich, wenn sie sich nicht ständig an anderen messen und ihren Erfolg an den Reaktionen einschätzen können, die ihr unkonventionelles Verhalten bei anderen hervorruft. Und weil sie ihren festen Überzeugungen stets unbeirrt Ausdruck verleihen, lösen sie häufig heftige Reaktionen aus und schaffen sich entweder treue Anhänger oder unversöhnliche Feinde. Von der Gültigkeit ihrer Ansichten überzeugt, rekrutieren sie gern andere und kontrollieren dann deren Tun. Sollte ihr mächtiger Einfluß einmal nicht die gewünschte Wirkung zeigen, steuern sie direkt auf Konfrontation.

Aufgrund ihrer Entschlossenheit, ihr Leben selbst zu bestimmen, sind diese Menschen am besten beraten, Berufe zu wählen, in denen sie eigene Wege gehen oder andere beeinflussen können. Viele sind in öffentlichen Bereichen erfolgreich und lassen sich von Druck nicht beirren. Obwohl sie großzügige Freunde und Verwandte sein können, fallen ihre persönlichen Beziehungen manchmal recht explosiv aus, z. B. wenn ihre angeborene Autorität ihre nächsten Verwandten (vor allem ihre Kinder) dazu bringt, sich gegen sie aufzulehnen.

STÄRKEN: Mit einem bemerkenswert originellen und innovativen Geist und zudem noch mit enormer Energie, Zielstrebigkeit und Selbstvertrauen ausgestattet, werden diese herrischen Menschen von ihrem Wunsch angespornt, ihre ehrgeizigen Visionen ungeachtet gesellschaftlicher Zwänge umzusetzen und dabei andere für ihre Anliegen zu gewinnen.
SCHWÄCHEN: Da die an diesem Tag Geborenen überaus feste Überzeugungen besitzen und sich von keinem Widerstand abschrecken lassen – manche werden dadurch sogar noch bestärkt –, nehmen sie selten einen Rat an, so gut gemeint oder hilfreich er auch immer sein mag. Diese Neigung kann ihnen letztlich schaden.
FAZIT: Wenn sie den ihnen so wichtigen Erfolg erreichen und außerdem erfüllende emotionale Beziehungen haben wollen, müssen Menschen, die am 17. August geboren sind, sich darum bemühen, die Meinungen anderer objektiv zur Kenntnis zu nehmen und abzuwägen, vor allem, wenn sie im Gegensatz zu ihren eigenen festen Überzeugungen stehen.

An diesem Tag

Prominente Geburtstage: Davy Crockett (1786), Monty Woolley (1888), Mae West (1892), Maureen O'Hara (1920), George Melly (1926), Ted Hughes (1930), V.S. Naipaul (1932), Robert De Niro (1943), Alan Minter (1951), Noni Hazelhurst (1953), Robin Cousins (1957), Belinda Carlisle (1958), Sean Penn (1960), Anja Fichtel (1968), Jim Courier (1970)

Bedeutende Ereignisse und Jahrestage: Der 17. August unterstreicht die Entschlossenheit, ehrgeizige Ziele zu verfolgen, ungeachtet der ihnen innewohnenden Gefahren oder Konflikte. Diese Eigenschaft spiegelt sich z. B. in folgenden Ereignissen: Napoleons Truppen besiegten in der Schlacht von Smolensk die russische Armee (1812), und der kanadische Dampfer „Royal William" überquerte als erstes Schiff seiner Art den Atlantik (1833). Joseph Pulitzer begründete die nach ihm benannte Preisverleihung (1903). Ein russischer atomkraftbetriebener Eisbrecher erreichte zum ersten Mal den Nordpol (1977), und den Amerikanern gelang es, erstmals mit einem Heißluftballon den Atlantik zu überqueren (1978). Das Streben nach Autonomie, das an diesem Tag ebenfalls eine große Rolle spielt, zeigte sich, als Indonesien seine Unabhängigkeit von den Niederlanden erklärte, nachdem es sich kurz zuvor von der japanischen Besatzung befreit hatte (1945). Und an diesem von der Sonne regierten Tag, die traditionell von der Farbe und dem Metall Gold symolisiert wird, wurden bedeutende Vorkommen dieses Edelmetalls im Bonanza Creek in Yukon/Kanada entdeckt (1896).

Planeteneinflüsse

Herrschender Planet: Sonne.
Dritter Dekan: Persönlicher Planet ist der Mars.

☉ ♂

Religiöse und kulturelle Bedeutung

Nationalfeiertag in Indonesien, im Alten Rom wurde die Göttin Diana gefeiert.
Namenstag: Hyacinthus von Polen (Hyazinth Odrowaz, †1257), Clara von Montefalco (ca. 1275–1308).

Am 17. August wurde im Alten Rom die Schutzgöttin der Jagd Diana gefeiert, die Kraft, Selbstvertrauen und Zielstrebigkeit symbolisierte – Eigenschaften, die auch für die an diesem Tag Geborenen typisch sind. Das Foto zeigt ein zeitgenössisches Dianabild, bekränzt mit Mistelzweigen und mit einer Sichel in der Hand, zwei geläufige Attribute dieser Göttin. Oft wird sie auch mit Pfeil und Bogen abgebildet.

18. AUGUST

Dank der Fähigkeit, unabhängig, jedoch stets innovativ und logisch zu denken und zu handeln, können die an diesem Tag Geborenen in allen von ihnen gewählten Bereichen brillieren. Ihre unbeirrbaren Überzeugungen und die Entschlossenheit, das Leben anderer zu verbessern, verleiht ihnen den Drang, andere auf die von ihnen gewählten Pfade zu führen. Tatsächlich geben viele inspirierte Führer ab, deren aufrichtige Fürsorge für ihre Schutzbefohlenen – seien es nun Mitarbeiter, Verwandte oder Freunde – Loyalität und Zuneigung hervorruft. In der Rechtsprechung oder der Sozialarbeit, aber auch in der künstlerischen Welt, zu der sich diese Menschen oft hingezogen fühlen, haben sie beruflichen Erfolg aufgrund ihrer Eigenschaften und Neigungen, vor allem, wenn diese auch noch mit ihrem Organisationstalent und ihrer Beharrlichkeit gepaart sind. Obwohl sie oft hart an der Verwirklichung ihrer Ziele arbeiten und auf ihren Wegen viele Widerstände überwinden müssen (etwa wenn ihre Versuche, ihren Einflußbereich auszudehnen, von anderen abgelehnt werden), besitzen sie neben der Klarheit ihrer Visionen die Hartnäckigkeit und den Einfallsreichtum, um an ihren Zielen festzuhalten.

Weil ihre emotionale und berufliche Erfüllung meist von ihrer Fähigkeit abhängt, andere von der Richtigkeit ihres Vorgehens zu überzeugen, bedeuten ihnen persönliche Beziehungen sehr viel. Auch wenn sie manchmal enttäuscht werden, wenn es ihnen nicht gelingt, Verbündete zu finden, behalten sie meist ihre positive Orientierung anderen gegenüber bei. Bedingungslose Unterstützung und Liebe derjenigen, die ihnen nahestehen, bestärken ihren Glauben an sich selbst und werden von ihnen durch aufrichtige Großzügigkeit und Toleranz erwidert.

STÄRKEN: Am 18. August Geborene verfolgen ihre weitgesteckten und progressiven Ziele mit bemerkenswerter Hartnäckigkeit, sie lassen sich selten davon abbringen, stetig daran zu arbeiten. Aufgrund ihres ausgeprägten Verantwortungsgefühls verspüren sie den starken Wunsch, ihre Schutzbefohlenen wohlwollend zu leiten und zu behüten.

SCHWÄCHEN: Obwohl diese Menschen im allgemeinen versuchen, sich über Mißerfolge und Hindernisse auf ihrem Weg hinwegzusetzen, sind sie doch gelegentlich davon sehr belastet, ihr anfänglicher Optimismus kann dann grimmiger Entschlossenheit weichen.

FAZIT: Eines ausgewogenen Gefühlshaushalts zuliebe sollten diese Menschen versuchen, regelmäßig Pausen einzulegen und Zeit mit ihrer Familie und ihren Freunden zu verbringen. Wenn ihre beruflichen und persönlichen Anliegen ausgewogener sind, ist dies für sie nicht nur entlastend, sondern schenkt ihrem Leben noch eine zusätzliche Dimension.

Planeteneinflüsse

Herrschender Planet: Sonne.
Dritter Dekan: Persönlicher Planet ist der Mars.

☉ ♂

Religiöse und kulturelle Bedeutung

In China wird das Fest der Hungrigen Geister gefeiert.
Namenstag: Agapitus von Praeneste (255/60–270/75), Helena (ca. 255–330).

Der Schauspieler Robert Redford, der als Regisseur einen Oskar verliehen bekam und für seine fortschrittlichen Visionen nicht nur in seinen Filmen, sondern auch in seinen persönlichen Unternehmungen gerühmt wurde, gründete das Sundance Film Festival für junge, ehrgeizige Filmemacher. Die Förderung der Visionen anderer, aber auch seine eigene Verpflichtung, humanitäre Belange zu unterstützen, machen ihn zu einem typischen Vertreter der an diesem Tag Geborenen.

An diesem Tag

Prominente Geburtstage: Virginia Dare (1587), Antonio Salieri (1750), Meriwether Lewis (1774), Kaiser Franz Josef I. von Österreich-Ungarn (1830), Marshall Field (1834), Edgar Fauré (1908), Henry Cornelius (1913), Caspar Weinberger (1917), Heinz Bennent (1921), Shelley Winters (1922), Rosalyn Carter (1927), Roman Polanski (1933), Robert Redford (1937), Martin Mull (1943), Patrick Swayze (1954), Malcolm-Jamal Warner (1970)

Bedeutende Ereignisse und Jahrestage: Der 18. August weist auf beharrliche Durchsetzung kollektiver Visionen hin, auch wenn widrige Umstände dagegen sprechen, wie es für einen vom Mars bestimmten Tag typisch ist: Die britische Flotte besiegte in der Schlacht von Lagos Bay ihren französischen Gegner (1759), preußische Truppen zwangen bei der Schlacht von Gravelotte die französischen Invasoren zum Rückzug (1870). Im künstlerischen Bereich zeigte sich die visionäre, progressive Eigenart dieses Tages z. B. bei der Premiere des Films *Der Zauberer von Oz* in New York (1939), im technischen Bereich mit der Fertigstellung der Sydney Bridge in Australien (1930), im medizinischen mit dem Verkauf des ersten Mittels zur oralen Empfängnisverhütung in den USA (1960) und im politischen Feld, als das Olympische Komitee Südafrika die Teilnahme an den Olympischen Spielen untersagte, solange dieses Land an seiner rassistischen Politik festhalte (1964).

19. AUGUST

Hinter dem trügerisch zwanglosen und offenen Äußeren der am 19. August Geborenen steckt ein sehr viel ernsterer Charakter, der an einer Reihe von Aufgaben arbeitet und diese entschlossen vorantreibt, bis er sie gemeistert hat. Die Visionen der an diesem Tag Geborenen kristallieren sich oft erstaunlich früh im Leben heraus – z. B. der Wunsch, die Gesellschaft zu verändern, weil Mißstände erkannt worden sind, oder auch eine Marktlücke, die gewinnträchtig geschlossen werden kann. Zwar halten diese Menschen beharrlich an ihren Überzeugungen und Zielen fest, doch sind sie auch extrem realistisch und erkennen, daß Innovationen und Veränderungen nicht ohne sorgfältige Vorbereitung stattfinden können. Sobald sie sich einen Plan zurechtgelegt haben, werden sie ihre beträchtlichen Energien darauf verwenden, sich möglichst viele Informationen, Erfahrungen und Kontakte zu beschaffen, und erst wenn sie das Gefühl haben, daß sie ausreichend gerüstet sind und daß die äußeren Umstände stimmen, werden sie sich auf ihre Mission begeben. Ihre innere Verpflichtung, ihr Erfindungsreichtum und ihre festen Ziele sind ihnen in allen Berufen, an denen sie interessiert sind, hilfreich, vorausgesetzt, sie können ohne unnötige Zwänge arbeiten. Am 19. August Geborene besitzen ein extrem einnehmendes Wesen, persönlichen Charme und das Talent, Begeisterung zu wecken, so daß andere ihnen gern folgen. Im allgemeinen zeigen sie auch große Zuneigung und Fürsorge denen gegenüber, die ihnen vertrauen. Es besteht jedoch die Gefahr, daß ihnen ihr Ruhm zu Kopf steigt und sie daher der trügerischen Vorstellung von Unbesiegbarkeit zum Opfer fallen. So sind sie zwar äußerst großherzig ihren Bewunderern gegenüber, können jedoch zu erbitterten Feinden derer werden, die dennoch weiterhin eine andere Meinung vertreten.

STÄRKEN: Diese dynamischen Menschen werden von ihrem Wunsch angespornt, die langfristigen, umfassenden Visionen, von denen sie sich inspirieren lassen, zu verwirklichen, und arbeiten bemerkenswert zielstrebig an dieser Aufgabe. Sie verfügen über ausgeprägte intellektuelle Fähigkeiten sowie große praktische und organisatorische Talente, in den Augen ihrer Mitmenschen wirken sie attraktiv und motivierend. All dies verleiht ihnen enorme Möglichkeiten.

SCHWÄCHEN: Obwohl sie bei der Einschätzung konkreter Fakten selten unrealistisch sind, kann ihre Neigung, ihre Pläne vor anderen zu verheimlichen, bis sie aktiv werden können, und die zusätzliche Gefahr, daß sie ihrer eigenen Propaganda erliegen, diese Menschen dazu bringen, sich von dem stärkenden Einfluß persönlicher Beziehungen zu isolieren.

FAZIT: Da die an diesem Tag Geborenen instinktiv wissen, wie wichtig es ist, Freunde zu gewinnen, neigen sie dazu, ein Image zu pflegen, das ihrem innersten Wesen nicht entspricht. Deshalb müssen sie stets auch ihre zentralen Werte im Blickfeld behalten und darauf achten, daß ihre persönlichen Beziehungen aufrichtig sind.

An diesem Tag

Prominente Geburtstage: John Flamsteed (1646), James Nasmyth (1808), Charles Montague Doughty (1843), Orville Wright (1871), Gabrielle „Coco" Chanel (1883), Ogden Nash (1902), James Gould Cozzens (1903), Malcolm Forbes (1919), William Shoemaker (1931), Ginger Baker (1940), Bill Clinton (1945), Tipper Gore (1948), John Deacon (1951), Adam Arkin (1956), Ron Darling (1960), John Stamos (1963), Kevin Dillon (1965), Christian Slater (1969)

Bedeutende Ereignisse und Jahrestage: An diesem Tag steht die hartnäckige Durchsetzung inspirierender Ideale im Vordergrund. Am 19. August befreite sich Polen schließlich aus seinem von der Sowjetunion beherrschten Einparteiensystem, nach dem Wahlerfolg der Solidarnosz wurde Tadeusz Mazowiecki Premierminister (1989). Daß dieser Tag vom Mars mitbestimmt wird, zeigte sich, als britische und kanadische Truppen im Zweiten Weltkrieg einen waghalsigen (aber letztlich verheerenden) Angriff auf die von den Deutschen besetzte französische Ortschaft Dieppe starteten (1942).

Planeteneinflüsse

Herrschende Planeten: Sonne und Merkur.
Dritter Dekan: Persönlicher Planet ist der Mars.
Zweite Häuserspitze: Löwe mit Jungfrautendenzen.

☉ ☿ ♂

Religiöse und kulturelle Bedeutung

Im Alten Rom wurde ein Fest zur Weinlese, Vinalia Rustica, gefeiert.
Namenstag: Sebaldus (7./8. Jh.), Ludwig von Toulouse (1274–97), Caritas Pirckheimer (1467–1532), Johannes Eudes (1601–80).

Der amerikanische Präsident Bill Clinton, der an diesem Tag Geburtstag hat, erreichte bei Meinungsumfragen einen hohen Beliebtheitswert, was nicht nur auf seine Liebenswürdigkeit und sein Bestreben, zu gefallen, zurückzuführen ist, sondern auch darauf, daß er sich sehr darum bemühte, realisierbare Lösungen für lange ungelöste humanitäre Fragen zu finden, und seine Programme auch tatsächlich durchsetzte. Diese Eigenschaften finden sich oft bei Menschen dieses Geburtsdatums.

20. AUGUST

Die an diesem Tag Geborenen sind komplexe, selbstgenügsame Persönlichkeiten, die man manchmal trotz ihrer ausgeprägten Ausrichtung auf andere schwer versteht. Der Grund dafür liegt meist darin, daß sie ihr Privatleben geflissentlich abschotten und daneben auch das Bedürfnis haben, sich gelegentlich völlig zurückzuziehen, um damit den Forderungen anderer zu entkommen und sich voll und ganz auf die intellektuellen Bereiche konzentrieren zu können, die sie am meisten interessieren. Sie besitzen einen extrem logischen Verstand und klare Visionen, die es ihnen leicht machen, Bereiche, in denen Verbesserungen notwendig sind, herauszufinden und dann effektive Strategien zu entwickeln, die sie entschlossen und sehr praktisch durchsetzen. Da die Konzepte dieser empatischen Menschen meist auf eine Verbesserung des Loses der Menschheit abzielen, neigen sie auch dazu, andere auf den Weg zu leiten, den sie für den besten halten, während jene sich zu ihnen hingezogen fühlen, weil sie so viel Kompetenz und Sicherheit ausstrahlen. So haben sie das Potential zu erfolgreichen Forschern – vor allem im wissenschaftlichen Bereich –, aber auch zu Anwälten, sie können ihre Talente jedoch auch als Künstler, Schriftsteller oder Musiker gut einsetzen.

Ihr hochentwickeltes soziales Verantwortungsgefühl und ihre aufrichtige Besorgnis um das Wohl ihrer Mitmenschen (vor allem bei den Frauen) führen dazu, daß sie nur selten einen Hilferuf ignorieren und sich unablässig für die Interessen anderer einsetzen. Darin liegt jedoch die Gefahr, daß sie ihre eigenen Bedürfnisse vernachlässigen und letztlich emotional unerfüllt bleiben. Deshalb sind für sie starke, aufrichtige persönlichen Beziehungen und die daraus resultierende gegenseitige Unterstützung besonders wichtig.

STÄRKEN: Gesegnet mit ausgeprägten analytischen und organisatorischen Talenten und einem scharfen Verstand können die an diesem Tag Geborenen Probleme lösen und fortschrittliche, aber gleichzeitig auch praktische Verbesserungsmöglichkeiten ersinnen. Ihre Empathie und ihr Interesse für andere machen sie zu Menschen, die man oft um ihren wohlüberlegten Rat fragt.

SCHWÄCHEN: Ihre mitfühlende Reaktion auf diejenigen, von denen sie annehmen, daß sie ihre Hilfe brauchen, ist so ausgeprägt, daß Menschen, die am 20. August geboren sind, dazu neigen, die Forderungen anderer über ihre eigenen zu stellen, was schädlich sein und emotionalen Frust hervorrufen kann.

FAZIT: Diese Menschen müssen unbedingt ihre Prioritäten überprüfen und versuchen herauszufinden, was sie wirklich glücklich macht. Gelegentlich sollten sie sich ganz bewußt für selbstsüchtiges Handeln entscheiden und ihren eigenen Wünschen nachgehen, anstatt sie dem Wohl ihrer Mitmenschen zu opfern.

Planeteneinflüsse

Herrschende Planeten: Sonne und Merkur.
Dritter Dekan: Persönlicher Planet ist der Mars.
Zweite Häuserspitze: Löwe mit Jungfrautendenzen.

☉ ☿ ♂

Religiöse und kulturelle Bedeutung

Namenstag: Oswin († 651), Bernhard von Clairvaux (ca. 1090–1153), Schutzheiliger der Imker, Maria de Mattias (1805–1866), Georg Häfner (1900–42, KZ Dachau).

Der 23. amerikanische Präsident Benjamin Harrison, ein typischer Vertreter der an diesem Tag Geborenen, wurde aufgrund seiner mitfühlenden Menschenliebe sowie seiner Intelligenz und seines ausgeprägten Gerechtigkeitsgefühls verehrt. Doch seine ebenfalls für diesen Tag typische Strenge und sein Streben nach Unabhängigkeit führten dazu, daß ihn viele – bis auf die ihm Nahestehenden – falsch verstanden und nicht genügend politische Durchschlagkraft zutrauten.

An diesem Tag

Prominente Geburtstage: Jacopo Peri (1561), Benjamin Harrison (1833), Raymond Poincaré (1860), H. P. Lovecraft (1890), Salvatore Quasimodo (1901), Jack Teagarden (1905), Bunny Austin (1906), Jacqueline Susann (1921), Georg Thoma (1937), Isaac Hayes (1942), Rajiv Gandhi (1944), Connie Chung (1946), Robert Plant (1948), John Emburey (1952), Courtney Gibbs (1967)

Bedeutende Ereignisse und Jahrestage: Am 20. August werden oft innovative Visionen verwirklicht, die auf einen allgemeinen Nutzen abzielen. So stellte Harry Brearly im englischen Sheffield am 20. August zum ersten Mal Edelstahl her (1913), am selben Tag im selben Jahr sprang Adolphe Pegond über Buc in Frankreich zum ersten Mal erfolgreich mit einem Fallschirm aus einem Flugzeug ab. Eine Reihe von Ereignissen bestätigt den vom Mars verursachten kriegerischen Aspekt des 20. August: Ramon Mercader ermordete (vermutlich auf Anordnung Stalins) Leo Trotzki in Mexiko (1940). Ebenfalls in diesem Jahr hielt Winston Churchill auf dem Höhepunkt der Luftschlacht um England seine berühmte anspornende Rede, und sowjetische Truppen marschierten in der Tschechoslowakei ein (1968).

21. AUGUST

Das öffentliche Image, das sich die an diesem Tag Geborenen zulegen, kann manchmal völlig anders sein als ihr persönlicher Kern, den sie vor anderen schützen wollen. Da ihre Visionen manchmal so originell, ja sogar radikal sind, haben sie nämlich aus Erfahrung gelernt, daß es andere beunruhigt, wenn sie sie unverhüllt darstellen, Sie wissen also, wie wichtig es ist, ihre Vorgehensweisen zu mäßigen, um die Chancen, daß sie akzeptiert werden, zu erhöhen. Obwohl sie lieber keine derartigen Kompromisse eingehen würden, sind sie pragmatisch und realistisch genug, um zu akzeptieren, daß ein solches Vorgehen notwendig ist, wenn sie ihre Ziele erreichen wollen. Und diese Ziele sind höchst innovativ. Angespornt von dem Wunsch nach greifbaren Fortschritten setzen diese einfallsreichen Persönlichkeiten ihre überragende Vorstellungskraft und ihre intellektuellen Fähigkeiten ein, um Bereiche, in denen Verbesserungen notwendig sind, herauszukristallisieren und dann mit steter Entschlossenheit an der Verwirklichung ihrer Ziele zu arbeiten. Auf welche Berufe sie sich auch immer verlegen, sie sind von dem Wunsch beseelt, positive umfassende Veränderungen zu bewirken, sei es nun im künstlerischen Bereich, zu dem sich die meisten stark hingezogen fühlen, oder auch in der Wissenschaft oder Politik. Da sie sich mit ihren Interessen und Zielen vorrangig allein auseinandersetzen, geht es den an diesem Tag Geborenen am besten, wenn sie unabhängig, ungehindert und zeitdruckfrei arbeiten können. Oft sind sie in ihrem Berufsleben relativ einsam, doch sie legen enormen Wert auf die Loyalität ihrer Familie und Freunde und erwidern solche Gefühle mit tiefster Zuneigung.

STÄRKEN: Diese Menschen sind außerordentlich findig und gleichzeitig gesegnet mit erstaunlichen praktischen und organisatorischen Fähigkeiten, mit denen sie ihre Visionen unterstützen und entwickeln, so daß sie wahrhaft bahnbrechende Möglichkeiten haben. Außerdem wissen sie, wie wichtig es ist, andere von ihren innovativen Ideen zu überzeugen, um ihre Erfolgsaussichten zu erhöhen.

SCHWÄCHEN: Obgleich die an diesem Tag Geborenen sich durch Kritik im allgemeinen nicht von ihren Vorstellungen abbringen lassen, neigen sie dazu, ihre Ziele vor anderen zu verheimlichen, und geraten dadurch in Gefahr, sich emotional zu isolieren.

FAZIT: Im allgemeinen sind am 21. August Geborene klarsichtig und realistisch, vor allem, wenn es darum geht, die Haltung anderer zu ihren Träumen einzuschätzen. Sie sollten sich jedoch davor hüten, ihre tiefsten Gefühle um des Erfolgs willen zu verheimlichen, sondern statt dessen versuchen, effektivere Wege zu finden, um ihre Ideale und Ziele auszudrücken und mit anderen zu teilen.

An diesem Tag

Prominente Geburtstage: William Murdoch (1754), König Willhelm IV. von Großbritannien und Irland (1765), Aubrey Vincent Beardsley (1872), Claude Grahame-White (1879), Christian Schad (1894), William „Count" Basie (1904), Jack Weston (1924), Chris William Brasher (1928), Prinzessin Margaret von Großbritannien (1930), Melvin Van Peebles (1932), Janet Abbott Baker und Barry Norman (1933), Wilt Norman Chamberlain (1936), Nyoongah Mudrooroo und Kenny Rogers (1938), Peter Weir (1944), Anne Hobbs (1959)

Bedeutende Ereignisse und Jahrestage: Dieser Tag weist auf die mögliche Verwirklichung bemerkenswerter Visionen hin. Sam Browne, der britische Kommandeur der zweiten Punjab-Kavallerie in Indien, erfand eine nach ihm benannte Vorrichtung, um den Verlust eines Arms zu kompensieren (1858), in Detroit wurde die Firma Cadillac gegründet (1901) und mit der Aufführung von Shakespeares *Two Gentlemen of Verona* wurde die Restauration des im 17. Jahrhundert errichteten Londoner Globe Theatre gefeiert, die auf das ehrgeizige Unterfangen des amerikanischen Schauspielers Sam Wanamaker zurückging (1996). Einer der Planeten, die diesen Tag beeinflussen, ist der Mars, und so erinnert man sich auch an die Schlacht von Vomiero, als die britischen Truppen an diesem Tag unter Duke von Wellington den Sieg über ihre französischen Gegner unter General Junot davontrugen (1808).

Planeteneinflüsse

Herrschende Planeten: Sonne und Merkur.
Dritter Dekan: Persönlicher Planet ist der Mars.
Zweite Häuserspitze: Löwe mit Jungfrautendenzen.

☉ ☿ ♂

Religiöse und kulturelle Bedeutung

Im Alten Rom wurde das Erntefest Consualia gefeiert und Herkules geehrt.
Namenstag: Pius X. (1835–1914).

Vom Tag ihrer Gründung an, dem 21. August 1921, stand die Firma Cadillac für Luxus und Spitzenleistung. Die umfassende Vision dieser Firma war ihr zweifellos von Nutzen, doch ihre Langlebigkeit hat auch viel mit der Fähigkeit zu tun, sich veränderten Konsumentenwünschen anzupassen – auch dies eine typische Eigenschaft von Bemühungen, die an diesem Tag stattfinden.

22. AUGUST

Planeteneinflüsse

Herrschende Planeten: Sonne und Merkur.
Dritter Dekan: Persönlicher Planet ist der Mars.
Zweite Häuserspitze: Löwe mit Jungfrautendenzen.

☉ ☿ ♂

Religiöse und kulturelle Bedeutung

In China wird Nu Kwa geehrt.
Namenstag: Symphorianus von Autun (ca. 165–ca. 180), Philippus Benitius (1233–85).

Dieser Tag beleuchtet den extremen Einfallsreichtum, der 1911 für üble Zwecke genutzt wurde, als Leonardo da Vincis unsterbliche Mona Lisa *aus dem Louvre gestohlen wurde. Zum Glück wurde das unbezahlbare Gemälde – eines der wenigen, das von dem Renaissance-Meister erhalten ist – wiedergefunden.*

Die an diesem Tag Geborenen werden durch die Gesellschaft anderer angeregt; und weil sie einen ausgeprägten persönlichen Charme besitzen und mit ihrem ansteckenden Optimismus und ihrer Vitalität sehr belebend wirken, fühlen sich andere zu ihnen hingezogen. Dennoch sind sie selten so unkompliziert und offen, wie ihre lockere Haltung vermuten ließe, denn im Innersten sind sie angetrieben vom Wunsch, ihren Willen durchzusetzen, manchmal auch ohne Rücksicht auf die möglichen Kosten, die anderen oder auch ihnen selbst daraus erwachsen. Oft sind es großartige Visionen, die ihr Handeln motivieren, hervorgerufen durch die Fähigkeit, die Mängel bestehender Zustände zu erkennen und daraufhin mit Hilfe ihrer beträchtlichen praktischen Fähigkeiten einfallsreiche und praktische Verbesserungsstrategien zu formulieren. Ihre umfassende Neugier (und ihr Mut) führt sie vor allem zu Berufen im öffentlichen Bereich, obwohl sie aufgrund ihrer Neigungen und Talente auch für Führungspositionen in der Wirtschaft geeignet sind, und als solche inspirieren sie ihre Mitmenschen mit ihrer Originalität und ihrem Ehrgeiz.

Viele der am 22. August Geborenen fühlen sich also dazu aufgerufen, neue Wege zu beschreiten und das Denken und Tun derjenigen, die ihnen folgen, zu leiten. Ihre Führungsqualitäten zeigen sich in allen Lebensbereichen. Da diese pragmatischen Menschen verstehen, daß es mehr bringt, andere zu überzeugen, als sie zu zwingen, setzen sie ihre charismatischen Kräfte meist dazu ein, die Unterstützung anderer zu gewinnen. Doch wenn sich ihnen Hindernisse in den Weg stellen, kommt ihre natürliche Kampfeslust zum Vorschein, und sie zögern nicht, ihre Wünsche auch mit Gewalt durchzusetzen.

STÄRKEN: Am 22. August Geborene werden von ihrem Drang angespornt, mit Hilfe ihrer weitsichtigen und sorgfältig durchdachten Pläne ehrgeizige, progressive Visionen zu verwirklichen, die sie dank ihres logischen Denkens entwickelt haben. Sie sind ebenso praktisch wie phantasievoll und setzen ihre Ziele mit Entschlossenheit, Hartnäckigkeit und Mut in die Tat um.
SCHWÄCHEN: Diese Menschen sind sich ihrer Ansichten, Überzeugungen und Fähigkeiten so sicher, daß sie dazu neigen, Einsprüche zu ignorieren und einfach vorauszusetzen, alle, die nicht für sie sind, seien gegen sie. Diese manchmal schädliche Neigung kann sie um Verbündete bringen und ihre Erfolgsaussichten schmälern.
FAZIT: Wenn sie sich nicht isolieren wollen (vor allem auch in ihren privaten Beziehungen), müssen die an diesem Tag Geborenen – vor allem die Männer – unbedingt ihre selbstgerechte Haltung aufgeben, Meinungen anderer zur Kenntnis nehmen und sich wenn nötig kompromißbereiter verhalten.

An diesem Tag

Prominente Geburtstage: Jean François de la Pérouse (1741), Joseph Strauss (1827), Alexander Mackenzie (1847), Claude Debussy (1862), Jacques Lipchitz (1891), Percy Fender (1892), Dorothy Parker (1893), Leni Riefenstahl (1902), Deng Xiaoping (1904), Henri Cartier-Bresson (1908), John Lee Hooker (1917), Ray Bradbury und Wolf Dietrich Schnurre (1920), Karlheinz Stockhausen (1928), Norman Schwarzkopf (1934), Carl Yastrzemski (1939), Valerie Harper (1940), Cindy Williams (1947), Steve Davis (1957), Tori Amos (1963), Howie Dorough (1973)

Bedeutende Ereignisse und Jahrestage: Dieser vom Mars beeinflußte Tag weist auf die Bereitschaft hin, auf Konfrontationskurs umzuschwenken, wenn es um die Durchsetzung beherrschender Visionen geht. Heinrich Tudor (der spätere König Heinrich VII.) führte in der Schlacht bei Bosworth seine Truppen zum entscheidenden Sieg über das Heer König Richard III. und beendete damit den Rosenkrieg (1485). König Karl I. verkündete den Beginn des englischen Bürgerkriegs, indem er vor seinen royalistischen Anhängern in Nottingham seine Fahne hißte (1642), und der irische Nationalistenführer Michael Collins wurde von seinen Gegnern ermordet (1922).

JUNGFRAU

♍

23. August bis 22. September
Herrschender Planet: Merkur **Element:** Lehm
Polarität: Negativ (feminin)
Körperliche Entsprechung: Darm, Bauch, Milz
Edelsteine: Saphir, Amethyst, Karneol, Chrysolith
Blumen: Jasmin, Wintergrün, Salbei, Narzisse, Kornblume
Farben: Indigoblau, Marineblau

Die Astrologen der meisten Kulturen identifizierten die Konstellation der Jungfrau mit einer weiblichen Gestalt, die über die Erntezeit herrschte. In den ältesten Personifizierungen dieser göttlichen Frauengestalt wird ihre Fruchtbarkeit betont und damit auch die Fruchtbarkeit der Erde. Wie viele andere Völker stellten sie auch die Alten Ägypter mit einer Kornähre in der Hand dar. Bei den Römern hieß sie Ceres, die Göttin des Getreides, bei den Babyloniern *Ab-Sin* (die „Ackerfurche"), *Nidaba* oder *Shala*, die Korngöttin. Ihren virginalen Aspekt verdeutlichen die Namen, die sie bei den Persern (*Khusak*), Griechen (*Parthenos*) und Hindus (*Kanya*) hatte – all diese Begriffe bedeuten „junges Mädchen" bzw. „Jungfrau". Daß eine Erdgöttin so eng mit einer jungfräulichen Gottheit verbunden ist, mag paradox erscheinen, doch in alten Kulturen glaubte man, daß diese Universalgöttin sexuelle Unantastbarkeit und Reife (also Mutterschaft) umfaßt und deshalb beide Zustände gleichzeitig verkörpert. Zwei Mythen aus der griechisch-römischen Kultur erzählen von der Schöpfung der Jungfrau-Konstellation: In einem erhängt Erigone sich aus Verzweiflung über den Tod ihres Vaters Ikarus, und um sie für ihre Liebe zum Vater zu belohnen, verleiht Zeus ihr Unsterblichkeit, indem er sie in diese Sternenkonstellation verwandelt. Im zweiten Mythos ist die Konstellation Symbol der Göttin Astraea, die Göttin der Gerechtigkeit, die erst auf der Erde lebte, doch in die himmlischen Gefilde zurückgerufen wurde, als die Menschheit korrupter wurde. Dort wurde sie zur Sternenkonstellation Jungfrau, und ihre Waage der Gerechtigkeit wurde zu der Konstellation Waage.

Die persönlichen Eigenschaften, die diesem Sternbild zugeschrieben werden, spiegeln scheinbar widersprüchliche Einflüsse wider. Das Element Erde wie auch die alten Verbindungen dieser Konstellation mit der Muttergottheit verleihen Stabilität, Ordnungssinn, Gewissenhaftigkeit und praktische Fähigkeiten. Jungfräuliche Demut zeigt sich in Bescheidenheit, Idealismus und analytischen Fähigkeiten. Der Einfluß des dieses Zeichen beherrschenden Planeten Merkur weist auf flinken Verstand und intellektuelle Neugier hin. Negative Seiten der Jungfrau können Engstirnigkeit, Kritiksucht und Phantasielosigkeit umfassen.

23. AUGUST

Die vielfältigen Stränge, die zu dem komplexen Persönlichkeitsgeflecht der an diesem Tag Geborenen verwoben sind, mögen in vieler Hinsicht paradox erscheinen. Einerseits zeigen diese Menschen großes Mitgefühl mit vom Schicksal weniger Begünstigten, andererseits sind sie manchmal so mit ihren persönlichen Zielen beschäftigt, daß sie selbstsüchtig und von sich selbst besessen wirken. Zwar konzentrieren sich einige dieser Menschen tatsächlich ausschließlich darauf, die sie beflügelnden Ziele zu erforschen und zu erreichen, doch den meisten gelingt es, ihre widersprüchlichen Eigenschaften zu vereinen, indem sie ihre Interessen mit denen einer größeren sozialen Gruppe abstimmen. Ausgestattet mit einer ausgeprägten Vorstellungskraft, bemerkenswerten technischen Fähigkeiten und einer immensen Flexibilität wie auch Findigkeit und Hartnäckigkeit haben die an diesem Tag Geborenen das Potential, ihre Visionen durchzusetzen, welcher Art auch immer sie sein mögen – praktisch, humanitär oder akademisch. Obwohl sie sich überwiegend auf sich selbst verlassen, ermöglicht es ihnen ihre Fürsorge für andere, auch im Team zu arbeiten, vorausgesetzt, sie können – was für sie sehr wichtig ist – unabhängig handeln.

Ihre angeborene Freundlichkeit und ihr Wunsch, Notleidenden zu helfen, machen diese Menschen zu geschätzten und geachteten Kollegen, Freunden und Familienangehörigen. Obwohl sie sich auf diejenigen ausrichten, die Unterstützung brauchen, sind doch viele der am 23. August Geborenen vorrangig mit der Arbeit oder den Visionen beschäftigt, die sie interessieren. So stehen Loyalität und Zuwendung zu den ihnen Nahestehenden zwar nie in Zweifel, doch vielleicht vernachlässigen sie unabsichtlich weniger dringende, aber genauso wichtige Aspekte ihrer persönlichen Beziehungen, wenn sie immer wieder Beschäftigungen nachgehen, die ihnen gerade wichtiger erscheinen.

STÄRKEN: Die an diesem Tag Geborenen befassen sich leidenschaftlich gern damit, Probleme zu lösen und Fortschritte zu erzielen, eine Neigung, die aus ihrem objektiven Denken, ihrer logischen Stärke und Entschlossenheit erwächst. Ihr Bestreben, Verbesserungen herbeizuführen, zeigt sich oft in den Werken, die zum Nutzen anderer angelegt sind.
SCHWÄCHEN: Die an diesem Tag Geborenen haben eine starke Tendenz, sich völlig der einsamen Beschäftigung mit ihren intellektuellen Anliegen hinzugeben, und stehen deshalb in ihren persönlichen Beziehungen oft etwas abseits, was ihrem emotionalen Wohlbefinden abträglich ist.
FAZIT: Wenn sie die emotionalen Bedürfnisse der ihnen Nahestehenden und damit auch ihre eigenen erfüllen wollen, dürfen diese Menschen nicht ihre weltlicheren persönlichen Verpflichtungen zugunsten reizvoller und abstrakter Interessen aufgeben, sie müssen ihren Freunden und Verwandten unbedingt ausreichend Zeit und Aufmerksamkeit schenken.

Planeteneinflüsse

Herrschende Planeten: Merkur und Sonne.
Erster Dekan: Persönlicher Planet ist der Merkur.
Erste Häuserspitze: Jungfrau mit Löwetendenzen.

☿ ☉

Religiöse und kulturelle Bedeutung

Im Alten Griechenland wurde Nemesis gefeiert, im Alten Rom das Volcanalia-Fest.
Namenstag: Richildis (Richilt, † 1100), Rosa von Lima (Isabella Flores, 1586–1617), Schutzheilige der Floristen.

Unter dem paradoxen Einfluß dieses Tages blieb Alexander Godunov angesichts der unmöglichen Alternative zwischen Pflicht und Freiheit 1979 in den USA, wobei er die Verwirklichung seiner persönlichen Visionen über seine leidenschaftliche Liebe zum Bolschoi-Ballett stellte.

An diesem Tag

Prominente Geburtstage: König Ludwig XVI. (1754), Arnold Toynbee (1852), Constant Lambert (1905), Carl Dolmetsch (1911), Gene Kelly (1912), Peter Thomson (1929), Hermann Weber (1928), Mark Russell (1932), Barbara Eden (1934), Keith Moon und Willy Martin Russell (1947), Rick Springfield (1949), Gerry Cooney (1956), River Phoenix (1970)

Bedeutende Ereignisse und Jahrestage: Dieser Tag begünstigt die entschlossene Durchsetzung von Zielen, die (obwohl manchmal zweifelhaft) als berechtigt erscheinen, weil sie breiteren Interessen nützlich sind. Diese Neigung hat in nationaler und internationaler Politik deutliche Parallelen. So nahmen die Westgoten Rom aus Gründen der Bereicherung ein (410). Der schottische Patriot Sir William Wallace, der gegen die Engländer rebelliert hatte, wurde auf Befehl König Eduards I. getötet (1305). In den USA wurden zwei Anarchisten, Nicola Saccho und Bartolomeo Vanzetti, für ihre angebliche Teilnahme an einem Raubüberfall auf dem elektrischen Stuhl unschuldig hingerichtet (1927). Hitler und Stalin unterzeichneten ihren Nichtangriffspakt (1939), und deutsche Bomber begannen ihre nächtlichen Luftangriffe auf London (1940).

24. AUGUST

Die intellektuelle Neugier der an diesem Tag Geborenen ist so ausgeprägt, daß ihnen nicht das kleinste Detail entgeht. Besessen von dem unwiderstehlichen Drang, alles, was sie interessiert, zu verstehen, lassen sie keinen Stein auf seinem Platz und keinen Weg unerforscht auf ihrer Suche nach der Erweiterung ihres Wissens. Obwohl diese Neigung ihrem ganzen Tun innewohnt und auch bei all ihren persönlichen Kontakten zum Tragen kommt, lenken die meisten ihren Wissensdurst in ihre beruflichen Interessen, welche meist akademischer Natur sind. Aber auch zu den endlosen Möglichkeiten des Forschens und Experimentierens, die künstlerische Tätigkeiten wie Malen, Schreiben und Musik bieten, fühlen sie sich hingezogen. Die Früchte ihrer Suche erfreuen ihr Publikum oft durch ihre Originalität. Doch auch menschliche Beziehungen und soziale Systeme faszinieren sie zutiefst, und deshalb sind diese Menschen oft auch begabte, kenntnisreiche Psychologen und Kommentatoren menschlichen Verhaltens.

Trotz ihres (eher klinischen) Interesses an anderen sind die an diesem Tag Geborenen häufig Einzelgänger, vor allem wenn sie im chinesischen Jahr der Schlange geboren sind, und ziehen es vor, das Tun anderer zu beobachten, anstatt selbst aktiv zu werden. Obwohl sie den ihnen Nahestehenden zweifellos Zuneigung entgegenbringen, sind die Beziehungen dieser Menschen nicht durch bedingungslose Hingabe gekennzeichnet, und manchmal verletzen sie andere, weil sie ihre Beobachtungen – auch wenn sie noch so zutreffend sind und durchaus gut gemeint sein können – vernichtend kritisch formulieren.

STÄRKEN: Diese Menschen wollen alles wissen und verstehen, eine grundlegende Eigenschaft, die unterstützt wird von ihrer erstaunlich klaren Vision und ihrer rastlosen intellektuellen Energie. Ihre Talente zu Neuerungen und ihre fortschrittlichen Neigungen geben ihnen die Möglichkeit, das Leben anderer mit den Früchten ihrer Beobachtungen zu bereichern.

SCHWÄCHEN: Weil sie mit ihren Interessen so stark beschäftigt sind und ihre Neugier so umfassend ist, sind die an diesem Tag Geborenen manchmal einsam. Um ihren Wissensschatz zu mehren, halten sie sich lieber am Rand des Geschehens auf und beobachten alles, anstatt sich aktiv in persönliche Beziehungen einzubringen.

FAZIT: Obwohl sie ihren Forscherdrang nie unterdrücken sollten, müssen am 24. August Geborene dennoch erkennen, daß ihre Neigung, das Verhalten anderer zu beobachten und zu analysieren – und es dann kritisch zu kommentieren – in ihren persönlichen Beziehungen gebremst werden sollte, wenn sie das Vertrauen und die Zuneigung anderer, die für ihr emotionales Wohlergehen unerläßlich sind, behalten wollen.

An diesem Tag

Prominente Geburtstage: Robert Herrick (1591), George Stubbs (1724), James Wedell (1787), Max Beerbohm (1872), Albert Wigand (1890), Jorge Luis Borges (1899), Graham Sutherland (1903), Durward Kirby (1912), Charles Causley (1917), Antonia S. Byatt (1936), Sam Torrance (1953), Steve Guttenberg (1958), Cal Ripken, Jr. (1960), Marlee Matlin (1965)

Bedeutende Ereignisse und Jahrestage: An diesem Tag steht der Forscherdrang im Vordergrund: Job Charnock, ein Agent der Ostindienkompanie, gründete bei der kleinen westbengalischen Siedlung Kalikata (Kalkutta) einen Handelsstützpunkt (1690), und die britische Medizinerzeitschrift *Lancet* berichtete über den ersten erfolgreichen Versuch von Howard Florey und Ernst Chain, Penicillin herzustellen (1940). Dem 24. August wohnt auch der Drang inne, ehrgeizige Ziele zu verwirklichen, oft ungeachtet der möglichen Folgen für andere. Dies zeigte sich bei verschiedenen verheerenden Ereignissen, die an diesem Tag stattfanden. In Paris wurden auf Befehl des katholischen Königs Karl IX. (der von seiner Mutter, Katherina de Medici, beeinflußt war) in der später so genannten Bartholomäus-Nacht etwa 50.000 protestantische Hugenotten ermordet (1572). Britische Soldaten verwüsteten Washington, D.C., und brannten das Weiße Haus sowie das Kapitol nieder (1814).

Planeteneinflüsse

Herrschende Planeten: Merkur und Sonne.
Erster Dekan: Persönlicher Planet ist der Merkur.
Erste Häuserspitze: Jungfrau mit Löwetendenzen.

☿ ☉

Religiöse und kulturelle Bedeutung

Namenstag: Bartholomäus (1. Jh.), Schutzheiliger der Schuster und Gerber, Johanna Antida Thouret (1765–1826), Emilie de Vialar (1797–1856).

Mit wilder Entschlossenheit und ohne Rücksicht auf Verluste stürmten die Briten 1814 Washington, D. C., und brannten es in einem Akt der Vergeltung nieder.

25. AUGUST

Planeteneinflüsse

Herrschende Planeten: Merkur und Sonne.
Erster Dekan: Persönlicher Planet ist der Merkur.
Erste Häuserspitze: Jungfrau mit Löwetendenzen.

☿ ☉

Religiöse und kulturelle Bedeutung

Nationalfeiertag in Uruguay, im Alten Rom wurde das Opiconsiva-Fest gefeiert.
Namenstag: Hunegundis (7. Jh.), Patricia († ca. 665), Ludwig IX. „der Heilige" von Frankreich (1214–70), Schutzheiliger von Frankreich und der Könige, Joseph von Calasanza (1556–1648).

Clara Bow, eine der berühmtesten Vertreterinnen der Jazz-Ära, wurde am 25. August 1905 geboren. Die extrovertierten Eigenschaften dieses Tages ließen sie zum Symbol der emanzipierten Amerikanerin werden, 1928 wurde sie zum beliebtesten weiblichen Filmstar Amerikas gewählt. Auch ihre hedonistische Seite lebte sie voll aus. Unter ihren zahlreichen Filmen: It *(1927) und* Gefährliche Kurven *(1929).*

Die an diesem Tag Geborenen (ob eher in- oder extrovertiert) richten sich stark auf ihre Mitmenschen aus. Ihre Sensibilität, was die verborgenen oder offen geäußerten Gefühle anderer betrifft, zwingt sie, aktiv und positiv zu reagieren. Diese Neigung läßt die am 25. August Geborenen beruflich oft zum Wohl von Bedürftigen tätig werden, sei es im Bereich Sozialwesen, Medizin, Rechtsprechung oder Politik. Durch ihr Interesse an anderen zum Anbieten ihrer Hilfe angespornt, freuen sich diese Menschen über die Herausforderung, ihren Intellekt und ihre Talente bei verzwickten Problemen einzusetzen. Dabei kommt ihnen neben ihrer enormen Kraft und Entschlossenheit ihr logisches Denkvermögen zu Hilfe. Wenn sie weniger zu altruistischen Berufen tendieren, haben die an diesem Tag Geborenen noch immer die Möglichkeit, als Manager, Teamleiter oder durch die Medien Einfluß auf andere auszuüben.

Trotz der inspirierenden Wirkung, die ihre Originalität und ihre Sorge um ihre Mitmenschen auf andere hat, und die dadurch erhaltene Bestätigung fühlen sich am 25. August Geborene oft unsicher. Ihre starke Empfindsamkeit mag deshalb eher eine Belastung als ein Segen sein – zum einen, weil sie sich durch die Masse an Informationen, die sie aufnehmen, verwirrt fühlen, zum anderen, weil ihr Selbstwertgefühl oft von den Reaktionen anderer auf sie abhängig ist. Wenn sie auf die stützenden Bande sicherer Freundschaften und liebevoller Verwandtschaftsbeziehungen zurückgreifen können, gewinnen sie mehr Zuversicht, Perspektive und Bedeutung.

STÄRKEN: Die an diesem Tag Geborenen verfügen über ein immenses Einfühlungsvermögen für die Einschätzung anderer wie auch für abstraktere Konzepte. Es handelt sich meist um starke, entschlossene und findige Menschen mit einem ausgeprägten Talent dafür, die Informationen, die sie instinktiv aufnehmen, in innovative und wirkungsvolle Strategien umzusetzen.
SCHWÄCHEN: Weil sie von ihrem Wesen her sehr empfänglich für die Botschaften anderer sind, laufen am 25. August Geborene Gefahr, manchmal impulsiv zu handeln und auf Individuen und Situationen einfach nur zu reagieren, anstatt ihren persönlichen Prinzipien zu folgen.
FAZIT: Statt einem eher unentschlossenen und wirren Pfad durchs Leben zu folgen, können viele dieser Menschen ihrem Leben mehr Sinn verleihen, wenn sie sich die Zeit nähmen, nachzudenken und Sachverhalte abzuwägen, um sich dann auf die Werte und Ziele zu konzentrieren, die für ihr emotionales Wohlbefinden tatsächlich wichtig sind.

An diesem Tag

Prominente Geburtstage: Zar Iwan IV., „der Schreckliche" (1530), Johann Gottfried Herder (1744), Allan Pinkerton (1819), Bret Harte (1836), Robert Stolz (1880), Clara Bow (1905), Ruby Keeler (1909), Van Johnson (1916), Mel Ferrer (1917), Leonard Bernstein (1918), George Wallace (1919), Monty Hall (1923), Sean Connery (1930), Regis Philbin (1934), Frederick Forsyth (1938), Rollie Fingers (1946), Martin Amis und Gene Simmons (1949), Elvis Costello (1954), Billy Ray Cyrus (1961), Blair Underwood (1964)

Bedeutende Ereignisse und Jahrestage: Die Konjunktion vieler Aspekte, die von diesem Tag unterstützt werden, weist auf das Verfolgen ungewöhnlich phantasievoller und letztlich pionierhafter Visionen hin, Ziele, die sich in vielen Bereichen zeigen können. Die britische Reiterin Alicia Meynell nahm als erster weiblicher Jockey an einem Pferderennen in York teil (1804), der aus London stammende Henry William Crawford patentierte seine Methode der Eisengalvanisierung (1837), und am Oberlin Collegiate Institute in Ohio machten drei Frauen zum ersten Mal einen akademischen Abschluß (1841). 1875 durchschwamm der englische Seefahrer Matthew Webb als erster Mensch den Ärmelkanal. Und 1989 zeigten an diesem Tag von der amerikanischen Raumsonde „Voyager" aus gemachte Bilder neue Ansichten von drei Monden des Neptun einschließlich Triton.

26. AUGUST

Obwohl die Visionen, die das Handeln dieser Menschen beflügeln, höchst ehrgeizig sein können, geht es ihnen doch nur selten darum, sich persönlich in den Vordergrund zu stellen. Sie wollen vielmehr eher ganz allgemein die Grenzen ihrer Erfahrungen und Horizonte ausdehnen. Mit ihren deutlich vom Merkur geprägten Gaben – intellektueller Neugier und der Neigung, Konventionen zu hinterfragen, ob nun im akademischen, gesellschaftlichen, technischen oder künstlerischen Bereich – und der notwendigen Disziplin und Hartnäckigkeit können sie ihre Ziele bemerkenswert konzentriert verfolgen. So entwickeln und verwirklichen die an diesem Tag Geborenen originelle und wirkungsvolle Strategien, um einer breiten Masse zu nützen, ganz gleich, in welchen Berufen sie sich letztlich betätigen. Da sie eher auf greifbare Fortschritte als auf Ruhm und Ehre aus sind (obwohl sie die Anerkennung ihrer Erfolge durchaus schätzen), macht sie ihre Zielstrebigkeit zu loyalen Gruppenmitgliedern, die die Beiträge anderer ebenso schätzen wie ihre Mitarbeiter ihre faire und demokratische Art. Die an diesem Tag Geborenen zeigen ihr Interesse an ihren Mitmenschen und ihre Fürsorge für sie in ihren beruflichen wie auch privaten Beziehungen. Obwohl ihr Beschützerinstinkt vor allem von Menschen in Schwierigkeiten geweckt wird, zeigen sie ihren Mitmenschen gegenüber große Toleranz und achten deren Individualität. Um dieser Eigenschaften willen werden sie von ihren Freunden und Verwandten besonders geliebt. Man schätzt auch ihre Bereitschaft, Rat und Hilfe anzubieten, ohne andere kontrollieren oder dominieren zu wollen.

STÄRKEN: An diesem Tag Geborene besitzen umfassende intellektuelle Gaben, wozu neben ihrem unabhängigen Denken und logischen Vorgehen besonders die Fähigkeit zählt, phantasievolle und innovative Ideen zu entwickeln. Sie setzen ihre fortschrittlichen Bestrebungen entschlossen durch und erkennen, wie wichtig es ist, eng mit anderen zusammenzuarbeiten, was sie zu verläßlichen Gefährten und guten Teamspielern macht.
SCHWÄCHEN: Da sie im allgemeinen nicht daran interessiert sind, zur Anerkennung ihrer Werke mit Ruhm und Lohn überhäuft zu werden, kann ihr selbstloses Vorgehen andere dazu bringen, ihre Leistungen zu ignorieren, was sie schließlich enttäuschen und verbittern kann.
FAZIT: Obwohl sich am 26. August Geborene nicht davor scheuen, Konzepte zu fördern, die ihnen besonders am Herzen liegen, sind sie kaum bereit, ihrem persönlichen Bedürfnis nach Anerkennung Rechnung zu tragen, weil sie lieber ihre Erfolge für sich sprechen lassen. Dies wird jedoch nicht immer der Fall sein, und im Interesse ihres emotionalen Wohlbefindens sollten diese Menschen Strategien entwickeln, um sicherzustellen, daß ihre Leistungen von anderen nicht übersehen werden.

An diesem Tag

Prominente Geburtstage: Robert Walpole (1676), Joseph Michel Montgolfier (1740), Antoine Laurent Lavoisier (1743), Prinz Albert von Sachsen-Coburg-Gotha (1819), Lee De Forest (1873), John Buchan (1875), Guillaume Apollinaire (1880), Christopher Isherwood (1904), Ben Bradlee (1921), Geraldine Ferraro (1935), Angelika Mechtel (1943), Valerie Simpson (1948), Branford Marsalis (1960), Macaulay Culkin (1980)

Bedeutende Ereignisse und Jahrestage: An diesem Tag werden visionäre Ziele entschlossen und erfinderisch angesteuert. 1346 trugen die englischen Bogenschützen von König Eduard III. bei der Schlacht von Crecy, einer der ersten Schlachten im Hundertjährigen Krieg, entscheidend zum Sieg über die Truppen Philip VI. von Frankreich bei. Die Französische Nationalversammlung beschloß die Erklärung der Menschen- und Bürgerrechte (1789). An diesem Tag erhielten die amerikanischen Frauen nach dem 19. Zusatz zur US-Verfassung das Wahlrecht (1920). 1940 flog die britische Royal Air Force ihren ersten Luftangriff auf Berlin, und 1988 durchschwamm die Amerikanerin Lynne Cox als erster Mensch den sibirischen Baikalsee.

Planeteneinflüsse

Herrschende Planeten: Merkur und Sonne.
Erster Dekan: Persönlicher Planet ist der Merkur.
Erste Häuserspitze: Jungfrau mit Löwetendenzen.

☿ ☉

Religiöse und kulturelle Bedeutung

Die Hindus feiern die Wiedergeburt Krishnas, in Finnland wird das Fest von Ilmatar gefeiert.
Namenstag: Zephyrinus († 217), Gregor von Pfalzel (von Utrecht, ca. 707–76), Johanna Elisabeth Bichier des Ages (1773–1838), Theresia von Lisieux (Teresa Jornet y Ibars, 1843–97).

Hauptsächlich dank der gewaltigen Anstrengungen von Führerinnen der Suffragetten wie Harriet Easton Stanton Blatch erhielten die amerikanischen Frauen an diesem Tag, der für fortschrittliches Tun und den Drang, durch enge Zusammenarbeit mit anderen Veränderungen herbeizuführen, steht, im Jahr 1920 das Wahlrecht.

27. AUGUST

Die an diesem Tag Geborenen sind rational und intellektuell, erfinderisch und neugierig und dabei auch noch sehr praktisch und erdverbunden veranlagt. Sie verfügen über Disziplin und können extrem hart arbeiten, was ihnen in den von ihnen gewählten Bereichen oft erstaunliche Erfolge beschert. Diese Menschen bringen es besonders weit in Berufen, in denen sie ihre bemerkenswerten intellektuellen Fähigkeiten sowie ihre analytischen und methodischen Gaben einbringen können. Besonders erfolgreich sind sie in Wissenschaft, Medizin, Finanzplanung und Rechnungswesen oder investigativem Journalismus. Obwohl sie auch die Kunst lieben, fühlen sie sich eher zu praktischen und intellektuellen Betätigungen hingezogen, die ihrem realistischen und rationalen Wesen näherstehen. Ihre Eigenschaften machen sie zu erfrischend unkomplizierten Freunden und Kollegen.

Die starke Kombination aus scharfem Verstand und kommunikativen Fähigkeiten, die sich bei den an diesem Tag Geborenen zeigt, sowie ihre kühl-analytische Art, die für Jungfrau-Geborene typisch ist, bedeutet (neben der Faszination, die sie auf ihr Publikum ausüben), daß sie die Macht haben, die Gefühle sensiblerer Menschen zu verletzen oder sogar zu vernichten. Daher sollten sie ihre Worte unbedingt mit Bedacht wählen, vor allem, wenn sie im chinesischen Jahr des Hahns geboren sind, denn diese Menschen verspüren häufig den unwiderstehlichen Drang, alles zu sagen, was ihnen auf der Zunge liegt. Eifrig und fleißig, wie die an diesem Tag Geborenen sind, vergraben sie sich gern in ihrer Arbeit, doch die ihnen oft eigene Schüchternheit und Bescheidenheit kann auch einen völlig unberechtigten Mangel an Selbstvertrauen kaschieren. Eltern und Partner sollten deshalb das Ego der an diesem Tag Geborenen stärken und ihnen das Gefühl von Sicherheit und Selbstwert vermitteln, da ihre erstaunlichen Talente dies brauchen, um sich voll zu entwickeln.

STÄRKEN: Diese Menschen verfügen über ein hochentwickeltes laterales Denken, das direkt zum Kern intellektueller Probleme vorstoßen kann. Entschlossenheit, Hartnäckigkeit und Artikuliertheit sind weitere Eigenschaften, die zu ihrem Erfolg und ihrer persönlichen Ausstrahlung beitragen.

SCHWÄCHEN: Es besteht die Gefahr, daß diese Menschen sich ausschließlich auf ihre kopflastigen Bestrebungen konzentrieren und ihre persönlichen Beziehungen und damit auch ihr emotionales Wohl vernachlässigen. Sie vergessen gern, daß nicht alle ihren hochgesteckten Idealen Genüge leisten können.

FAZIT: Sie sollten darauf achten, daß ihr Hang zum Perfektionismus nicht sämtliche Bereiche ihres Lebens dominiert, sonst leiden sie unter den unvermeidlichen Folgen von Isolation und Ernüchterung. Um innere Zufriedenheit zu finden, sollten sie auch der Erholung und Entspannung sowie ihren Familien und Freunden ausreichend Zeit widmen.

Planeteneinflüsse

Herrschender Planet: Merkur.
Erster Dekan: Persönlicher Planet ist der Merkur.

☿

Religiöse und kulturelle Bedeutung

Namenstag: Monika (ca. 332–387), Cäsarius von Arles (ca 470–542),Gebhard II. von Konstanz (949–995), Amadeus von Lausanne (ca. 1100–59).

Mutter Teresa, die den Nobelpreis gewann, widmete ihr Leben den Armen und Kranken. Das Bestreben, Gutes zu tun, ist bei Menschen, die im chinesischen Jahr des Hundes geboren sind, besonders stark ausgeprägt. Wie bei vielen, die an diesem Tag geboren sind, vereinigten sich in ihr praktische Erdverbundenheit mit ausgesprochen hohem persönlichen Einsatz.

An diesem Tag

Prominente Geburtstage: Konfuzius (um 551 v. Chr.), Karl Simrock (1802), Theodore Dreiser (1871), Samuel Goldwyn (1882), C. S. Forester (1899), Sir Donald Bradman und Lyndon Baines Johnson (1908), Mutter Teresa (1910), Tony Crombie (1925), Lady Antonia Fraser (1932), Michael Holroyd (1935), Barbara Bach (1947), Pee-Wee Herman (1952), John Lloyd und Derek Warwick (1954), Bernhard Langer (1957), Gerhard Berger (1959)

Bedeutende Ereignisse und Jahrestage: Im Einklang mit dem Erfindungsreichtum, der an diesem Tag im Vordergrund steht, ließen die Brüder Montgolfier und Jacques Alexandre Cesar Charles den ersten Heißluftballon steigen (1783). 1895 bohrte Edwin Drake in Titusville, Pennsylvania, nach Erdöl und zapfte damit zum ersten Mal die natürlichen Rohstoffe der Erde an. In der Sundastraße brach der Vulkan Krakatau aus, was zeigt, daß sogar Erdzeichen explodieren können, wenn negative Bedingungen vorherrschen (1883). Thomas Edison führte den Tonfilm vor (1910), und der entschlossene, erfahrene Segler Francis Chichester startete auf der „Gypsy Moth IV" seinen Einmannsegeltrip um die Welt (1966).

28. AUGUST

Menschen, die an diesem Tag geboren sind, sind aufgrund ihrer geistigen Unabhängigkeit und Kreativität zu außergewöhnlichen intellektuellen Leistungen fähig. Oft ist ihr Handeln von ihrer unablässigen Suche nach Wissen beflügelt. Der Wunsch, die Grenzen konventioneller Weisheit zu sprengen, um neue Einsichten zu gewinnen, führt dazu, daß diese Menschen die Originalität und Fähigkeit besitzen, in ihren Berufen Außergewöhnliches zu leisten. Doch ihr hartnäckiger Widerstand, der Masse zu folgen, kann zu weit führen und sie isolieren. Ihr Geburtsdatum weist auf Idealismus hin, doch ihr Pragmatismus und ihre Beharrlichkeit liefern ein Gegengewicht zu den Merkurtendenzen, weshalb sich in ihnen Phantasie und Erdverbundenheit vereinigen, was sehr selten vorkommt. An diesem Tag Geborene eignen sich deshalb vor allem für akademische – hauptsächlich wissenschaftliche –, aber auch für literarische Berufe, wo sie ihre kreativen und gleichzeitig analytischen Talente sowie ihre eindrucksvolle Artikuliertheit voll ausleben und auch anderen damit nützen können. Eltern von Kindern, die am 28. August geboren wurden, sollten deren Interessen schon von klein auf fördern, auch wenn sie noch so unstet erscheinen mögen, denn eine früh geweckte Begeisterung kann im späteren Leben zu außerordentlichen Erfolgen führen. In ihren Beziehungen finden die an diesem Tag Geborenen ihr Glück mit Menschen, die ihre Kreativität und Konzentration schätzen und ihnen die Freiheit zugestehen, die sie brauchen. Sie sollten ihre Freundschaften und persönlichen Beziehungen jedoch auch angemessen schätzen (vor allem die Männer), denn diese bieten ihnen die stabile emotionale Unterstützung, die ihr Leben bereichert, und einen sicheren Rahmen, innerhalb dessen sie ihr Potential voll ausschöpfen können.

STÄRKEN: Die mit einem scharfen Verstand begabten, kommunikativen und entschlossenen Menschen sind als Ratgeber oft sehr gefragt, weil sie neue Perspektiven und brillante Lösungen für verzwickte Probleme liefern können. Ihre Phantasie, ihr Idealismus und ihr originelles Denken verschaffen ihnen oft beruflichen Erfolg und den Respekt anderer.
SCHWÄCHEN: Wenn sie sich ausschließlich mit ihren geistigen Belangen beschäftigen, isolieren sich diese Menschen manchmal. Sie entwickeln dann eine Arroganz und ein Überlegenheitsgefühl und vergessen, daß auch andere Meinungen wertvoll sein können, auch wenn sie sich von ihren eigenen unterscheiden.
FAZIT: Sie sollten dafür sorgen, daß sie mit den Gewohnheiten von anderen nicht die Geduld verlieren. Sie sollten versuchen, die Meinungen anderer zu respektieren und die Menschen stets so zu nehmen, wie sie sind. Ihren persönlichen Beziehungen, die sie oft vernachlässigen, sollten sie mehr Zeit widmen.

Planeteneinflüsse

Herrschender Planet: Merkur.
Erster Dekan: Persönlicher Planet ist der Merkur.

☿

Religiöse und kulturelle Bedeutung

Namenstag: Hermes von Rom (3. Jh.), Augustinus von Hippo (354–430), Joachima Vedruna (1783–1854).

Der 28. August steht für Idealismus und Kommunikation und ist auch der Jahrestag der legendären Rede „Ich habe einen Traum", die Martin Luther King 1963 in Washington, D. C., hielt. Bekannt für seine leidenschaftlichen Überzeugungen, benutzte er seine erstaunliche Rednergabe, um mit seiner Botschaft des Friedens gegen Aggression und Haß anzukämpfen.

An diesem Tag

Prominente Geburtstage: Johann Wolfgang von Goethe (1749), Peter Fraiser (1884), Charles Boyer (1899), Lindsay Hassett (1913), Godfrey Hounsfield (1919), Donald O'Connor (1925), Ben Gazzara und Windsor Davis (1930), Elizabeth Seal (1933), Lou Piniella (1943), David Soul (1944), Emlyn Hughes (1947), Ron Guidry (1950), Daniel Stern (1957), Emma Samms (1960)

Bedeutende Ereignisse und Jahrestage: Der Einfluß des Merkur – der auch für Kommunikation steht – spiegelt sich darin, daß an diesem Tag das erste Telegrafenkabel unter dem Kanal verlegt und so eine Verbindung zwischen England und Frankreich hergestellt wurde (1850). Dr. Martin Luther King, der entschlossene und realistische Bürgerrechtskämpfer, hielt am Lincoln Memorial in Washington, D. C., seine berühmte Rede „Ich habe einen Traum" (1963). 1988 stießen in Ramstein bei einer Flugschau drei italienische Flugzeuge zusammen, wobei über 30 Menschen ihr Leben verloren.

29. AUGUST

Planeteneinflüsse

Herrschender Planet: Merkur.
Erster Dekan: Persönlicher Planet ist der Merkur.

☿

Religiöse und kulturelle Bedeutung

Neujahrstag im Alten Ägypten, die Yoruba feiern Gelede in Nigeria.
Namenstag: Enthauptung Johannes des Täufers († ca.30), Schutzheiliger der Mönche, Candida (3./4. Jh.), Sabina († 120/126), Verona († ca. 900).

Nachdem im heutigen New South Wales lange Zeit nur Schafhirten gehaust hatten, erwarb John Batman, Chef eines Konsortiums, 60.000 Morgen Land von der Regierung, um die Stadt Melbourne zu gründen. Darin spiegeln sich der Idealismus und die Liebe zur Autonomie, die diesen Tag charakterisieren.

Das Wesen der am 29. August Geborenen birgt zwei sehr unterschiedliche Seiten. Einerseits fühlen sie sich unablässig dazu getrieben, abstrakte Konzepte und Anliegen zu verstehen, andererseits sind es oft sehr romantische und idealistische Menschen. Doch diese Wesenszüge können sie offen ausleben und vereinbaren, entstammen sie doch primär der allumfassenden Neugier dieser Menschen und ihrem Interesse an der Erforschung und dem Erleben von allem, was das Leben zu bieten hat. Gern teilen sie auch ihre Gedanken mit anderen. Der Forscherdrang und der Wunsch, die oft genug widersprüchlichen Daten, die sich bei genauerer Untersuchung ergeben, zu verstehen, kann die an diesem Tag Geborenen zu begabten Analytikern machen. Sie setzen ihre Phantasie, Einsicht und technische sowie organisatorische Begabung dazu ein, ihre Resultate auf innovative und inspirierende Weise darzulegen. Je nach Neigung können ihre Gaben in einer Reihe von Berufen zum Tragen kommen, doch Technik, Informationsverarbeitung und Design sind als Bereiche, in denen sie ungehindert tätig sein können, für sie besonders vielversprechend. Trotz ihres Wunsches, auch andere an ihren Erfolgen teilhaben zu lassen, können die an diesem Tag Geborenen eher einsame Gestalten sein, die man von fern bewundert. Möglicherweise schüchtern ihre radikalen Ziele oder ihre ausgeprägte geistige Unabhängigkeit andere ein, oder aber sie erwarten zu viel von denen, mit denen sie am meisten zu tun haben, während sie gleichzeitig eifersüchtig ihr Recht auf persönliche Freiheit wahren (eine Neigung, die besonders bei Männern zum Ausdruck kommt). So hegen sie zwar große Zuneigung für die ihnen Nahestehenden, doch jene müssen oft besonders nachsichtig und tolerant mit ihnen sein.

STÄRKEN: Mit ihrer intellektuellen Neugier, ihrem Wissen und ihrer Unabhängigkeit sind die an diesem Tag Geborenen nicht geneigt, sich von den Grenzen der Konvention behindern zu lassen. Sie lieben es, vorhandene Informationen zu sammeln, zu analysieren, neu einzuschätzen und dann ihre Erkenntnisse auf neue und originelle Weise zu präsentieren.
SCHWÄCHEN: Obwohl sie mit ihrer typischerweise nonkonformistischen Vorgehensweise beruflich sehr erfolgreich sein können, kann die Nichtachtung bestehender Konventionen sie von der Allgemeinheit entfremden und auch auf ihr Privatleben negative Auswirkungen haben.
FAZIT: Ihrem emotionalen Wohlbefinden zuliebe müssen diese Menschen erkennen, wie wichtig für sie die stabile Grundlage persönlicher Beziehungen ist. Sie sollten sich darum bemühen, diese zu pflegen, ihre gelegentliche Neigung zu extremem Verhalten zu mäßigen sowie notwendige Kompromisse einzugehen.

An diesem Tag

Prominente Geburtstage: Jean-Baptiste Colbert (1619), John Locke (1632), Jean Auguste Dominique Ingres (1780), Maurice Maeterlinck (1862), Hermann Löns (1866), Preston Sturges (1898), Ingrid Bergman (1915), Isabel Sanford (1917), Charlie Christopher Parker (1920), Richard Samuel Attenborough (1923), Charles Gray und Dick O'Neill (1928), Thom William Gunn (1929), Elliott Gould (1938), William Friedkin (1939), Robin Leach (1941), James Hunt (1947), Lenny Henry und Michael Jackson (1958)

Bedeutende Ereignisse und Jahrestage: Die analytischen und katalytischen Einflüsse, die diesem Tag innewohnen, versprechen wahre Durchbrüche in verschiedenen Bereichen. Der englische Physiker Michael Faraday präsentierte am Londoner Royal Institute seinen Transformator (1831). China überließ nach intensiven diplomatischen Verhandlungen Hongkong den Engländern und unterzeichnete den Vertrag von Nanking (1842). 1885 patentierte der deutsche Ingenieur Gottfried Daimler das erste Motorrad der Welt. An diesem Tag werden auch ungewöhnliche Visionen entschlossen verfolgt. Dies zeigte sich, als John Batman, der Chef eines Konsortiums, den australischen Ureinwohnern 60.000 Morgen Land nördlich von Port Phillip Bay abkaufte, um dort Melbourne zu gründen (1835). 1885 besiegte die australische Cricketmannschaft England zum ersten Mal im eigenen Land.

30. AUGUST

Wie die meisten Jungfrau-Menschen verfügen auch die am 30. August Geborenen über einen scharfen, vom Merkur geprägten Verstand. Dies macht sie nicht nur besonders neugierig darauf, zu verstehen, wie Systeme funktionieren, egal, ob in akademischer, praktischer, technischer oder sozialer Hinsicht, es erweckt in ihnen auch den Wunsch, Ordnung in sämtliche Lebensbereiche zu bringen. Diese Menschen sind begabte Organisatoren, die dank ihrer hochentwickelten analytischen Fähigkeiten genau die Dinge benennen können, die einer Verbesserung harren, und dann ihren logischen Intellekt einsetzen, um effektive Strategien zu formulieren, mit denen ihre perfektionistischen Ziele verwirklicht werden können. Obwohl sie den Drang verspüren, sämtliche noch so geringfügigen Details anzusprechen, um sie in ein reibungslos ablaufendes Ganzes zu integrieren, behalten die an diesem Tag Geborenen stets das umfassende Bild im Auge. Ihre entschlossene Zielgerichtetheit und hochentwickelte Selbstdisziplin ermöglichen ihnen viele Erfolge. Dennoch sind sie nicht unbeugsam und starr, sondern erkennen dank ihres Pragmatismus und ihres Wunsches nach greifbaren Ergebnissen, daß gelegentlich auch Anpassungsfähigkeit und Kompromißbereitschaft sinnvoll sind.

Ihre fortschrittlichen Neigungen und organisatorischen Talente ermöglichen den an diesem Tag Geborenen berufliche Erfolge in allen Bereichen, die ihr Interesse erregen, wobei gewerbliche Unternehmungen, wissenschaftliche Tätigkeiten (vor allem im Bereich Pharmazie und Medizin), Sport oder auch Lehrtätigkeiten besonders erfolgversprechend erscheinen. Am liebsten spielen sie die führende Rolle innerhalb ihrer Beziehungen, und diese Neigung kann gelegentlich zu Reibungen führen, vor allem mit ihren Kindern, denen eine größere persönliche Freiheit lieber wäre.

STÄRKEN: Obwohl die Ziele der am 30. August Geborenen fortschrittlich und ehrgeizig sind, erreichen sie sie meist vor allem deshalb, weil sie eine realistische Einschätzung mit starker Entschlossenheit, ausgeprägtem Organisationstalent und der Fähigkeit, ihre Visionen anderen auf direkte Weise nahezubringen, verbinden. So inspirieren sie alle, mit denen sie zusammenarbeiten.

SCHWÄCHEN: Da diese Menschen ganz auf sich selbst vertrauen und sehr auf das Erreichen ihrer Ziele fixiert sind, zeigen sie die eher autoritäre Neigung, von anderen ein ebenso hohes Maß an Eifer und Einsatz zu fordern und deren Vorlieben außer acht zu lassen.

FAZIT: Die an diesem Tag Geborenen sollten erkennen, daß ihre oft dominante Tendenz, das Tun anderer, vor allem ihrer Freunde und Verwandten, kontrollieren zu wollen, bei denen, die sie beeinflussen wollen, auf Ablehnung stoßen und letztlich sogar zu einer Rebellion führen kann. Wenn es die Umstände erlauben, sollten sie ihre Erwartungen und Forderungen anderen Menschen gegenüber etwas herunterschrauben und ihnen auch eine gewisse persönliche Freiheit zugestehen.

An diesem Tag

Prominente Geburtstage: Jacques Louis David (1748), Mary Wollstonecraft Shelley (1797), Ernest Rutherford of Nelson (1871), Raymond Hart Massey (1896), John Gunther (1901), Shirley Booth (1907), Fred MacMurray (1908), Denis Winston Healey (1917), Regina Resnik (1924), Elizabeth Ashley (1941), Jean Claude Killey (1943), Peter Maffay (1949), Timothy Bottoms (1951), Robert Parish (1953), Cameron Diaz (1972)

Bedeutende Ereignisse und Jahrestage: Dieser Tag unterstützt Organisations- und Führungseigenschaften: General Thomas „Stonewall" Jackson führte seine konföderierten Truppen zum Sieg über die Unionstruppen in der zweiten Schlacht von Bull Run, Virginia (1862), und 1939 wurden Kinder aus den englischen Großstädten in die Dörfer evakuiert, um sie vor den bevorstehenden Bombenangriffen zu schützen. Klarsichtiger Realismus ist ein weiterer Zug des 30. August, und an diesem Tag soll Königin Kleopatra erkannt haben, daß der Krieg gegen Rom verloren war, und sich daraufhin vergiftet haben (30 v. Chr.).

Planeteneinflüsse

Herrschender Planet: Merkur.
Erster Dekan: Persönlicher Planet ist der Merkur.

☿

Religiöse und kulturelle Bedeutung

Namenstag: Felix und Adauctus († ca. 300), Fiacrius (ca. 610–70), Guarinus (Warin) von Sitten (ca. 1065–1150).

Jacques Louis David (1748), Pariser Maler und Schöpfer des Meisterwerks Der Raub der Sabinerinnen, *setzte seine erstaunlichen künstlerischen Gaben zur Verherrlichung des Reichs Bonapartes ein. Sein Hang zum Perfektionismus und seine Liebe zum Detail, einhergehend mit seinem intensiven persönlichen Engagement, sind typisch für die am 30. August Geborenen und spiegeln sich in seinem Werk und seinem Leben.*

Planeteneinflüsse

Herrschender Planet: Merkur.
Erster Dekan: Persönlicher Planet ist der Merkur.

☿

Religiöse und kulturelle Bedeutung

Namenstag: Paulinus von Trier (ca. 300–358), Wala (ca. 755–836), Raimundus Nonnatus (ca. 1204–1240), Johannes Juval Ancina (1545–1604), Marcello Candia (1916–1983).

Die primäre Motivation, die hinter den Ereignissen an diesem Tag steht, ist das Erreichen von Zielen durch Inspiration. 1920 wurde der schwarze Nationalistenführer Marcus Garvey, der glaubte, die Afroamerikaner könnten durch den Stolz auf ihre ruhmreiche Vergangenheit ihre Selbstachtung wiedererlangen, zum provisorischen Präsidenten der Republik Afrika gewählt.

31. AUGUST

Andere bewundern die an diesem Tag Geborenen dafür, wie sie scheinbar mühelos ihre Anliegen effizient und gleichzeitig mit großem persönlichem Charme vertreten. Tatsächlich gelingt es am 31. August Geborenen trotz starken Einsatzes für ihre beruflichen Ziele, mit ihren Kollegen höflich und rücksichtsvoll umzugehen, es sei denn, sie stoßen bei ihnen auf Ineffizienz oder Desinteresse. Ein solch ausgewogenes Vorgehen spiegelt sowohl die pragmatische Erkenntnis, daß es besser sei, sich Verbündete zu schaffen als Feinde, als auch eine auf ihr Einfühlungsvermögen zurückgehende Empathie (die vor allem bei Frauen stark ausgeprägt ist). Doch primär geht es ihnen darum, ihre Ziele zu erreichen. Dafür setzen sie neben ihrer Fähigkeit, andere zu inspirieren, ihre ganze geistige Unabhängigkeit, ihre hochentwickelten organisatorischen Fähigkeiten, ihre technischen Kenntnisse und ihre Hartnäckigkeit ein. Auch Freundschaft bedeutet ihnen sehr viel.

Die Ziele, die die am 31. August Geborenen beflügeln, sind typischerweise sehr fortschrittlich und darauf gerichtet, die soziale Gruppe, mit der sie sich am engsten verbunden fühlen, zu fördern – ihre Mitarbeiter, ihre Gemeinde oder auch die Menscheit als Ganzes. Sie können in einer Reihe von Berufen erfolgreich sein, vorausgesetzt, sie haben Einfluß und können andere leiten. Ihr Ehrgeiz richtet sich bei ihnen nicht in erster Linie auf materiellen Gewinn, sondern eher auf ihre individuelle Entwicklung und Erfüllung. Daneben sind sie extrem bemüht um das Wohlergehen und das Glück ihrer Nächsten, die sie allerdings gern kontrollieren (wenn auch mit den besten Absichten).

STÄRKEN: Den an diesem Tag Geborenen gelingt es, sich um das Erreichen ihrer Ziele zu kümmern und gleichzeitig auch aufrichtig an den Menschen in ihrer Umgebung interessiert zu sein. Beflügelt vom Wunsch voranzukommen, verleihen ihnen ihre bemerkenswerten Energien und ihre praktischen wie organisatorischen Fähigkeiten ein bemerkenswertes Erfolgspotential.
SCHWÄCHEN: Bei ihren entschlossenen Bemühungen, ihre Ziele zu erreichen, und um diejenigen, die ihnen am Herzen liegen, auf den von ihnen als den richtigen empfundenen Pfad zu führen, können die am 31. August Geborenen ihre eigenen Bedürfnisse vernachlässigen, vor allem das Bedürfnis nach entspannten, ausgewogenen Beziehungen.
FAZIT: Obwohl sie sehr klarsichtig sind, wenn es darum geht, zur Tat zu schreiten, kann ihr Wunsch, anderen zu helfen oder anstehende Aufgaben zu erledigen, sie dazu verleiten, den unmittelbaren und kurzfristigen Forderungen anderer Priorität einzuräumen, was zu Lasten ihrer körperlichen und emotionalen Kräfte gehen kann. Sie sollten sich deshalb bewußt häufiger Zeit zur Entspannung nehmen, um mit ihrem inneren Ich besser in Kontakt zu bleiben.

An diesem Tag

Prominente Geburtstage: Caligula, Kaiser von Rom (12), Théophile Gautier (1811), Hermann von Helmholtz (1821), Maria Montessori (1870), Königin Wilhelmina der Niederlande (1880), DuBose Heyward (1885), William Saroyan (1908), Alan Jay Lerner (1918), Buddy Hacket (1924), James Coburn (1928), Raymond Buckland (1934), Eldridge Cleaver (1935), Werner Hilbig (1941), Isao Aoki (1942), Clive Lloyd (1944), Van Morrison und Itzhak Perlman (1945), Richard Gere (1949), Edwin Moses (1955), Debbie Gibson (1970)

Bedeutende Ereignisse und Jahrestage: Der 31. August unterstützt den Einsatz praktischer Strategien zum Erreichen von Leitbildern. Die britische 8. Armee hielt unter General Bernard Montgomery die deutschen Truppen unter General Erwin Rommel bei der Schlacht von Alam al-Halfa auf (1942). Dem amerikanischen Schwimmer Mark Spitz gelang es bei den olympischen Spielen in München, an einem einzigen Tag fünf seiner sieben Goldmedaillen zu gewinnen (1972). Autonomiebestrebungen (motiviert vom Wunsch, anderen zu nützen) sind ein weiterer Aspekt dieses Tages, an dem Trinidad mit Tobago die Unabhängigkeit von Großbritannien erlangte (1962).

1. SEPTEMBER

Das Auffälligste bei den an diesem Tag Geborenen ist vielleicht ihr extremer Ehrgeiz und die Zielstrebigkeit, mit der sie die Visionen, von denen sie geleitet sind, zu erreichen versuchen. Die Ziele, die sie auf ihrem bemerkenswert direkten Weg durchs Leben antreiben, mögen mit persönlicher Entwicklung zu tun haben oder auch damit, weitreichende Verbesserungen zu ermöglichen, von denen auch andere profitieren, doch all ihr Tun ist stets durch ihre klare Wahrnehmung, ihre beneidenswerte Fähigkeit, praktische Fortschrittsstrategien zu formulieren, und ihre Beharrlichkeit bei der Durchsetzung ihrer Pläne geprägt. Außerdem kennen sie sich selbst bemerkenswert gut, eine Gabe, die ihnen die Zuversicht verleiht, auch angesichts von Widrigkeiten nicht aufzugeben. Aufgrund ihrer Sensibilität und ihrer großen persönlichen Ausstrahlung ziehen sie es in der Regel vor, Zweifler mit Überzeugungskraft und Charme auf ihre Seite zu ziehen statt mit kämpferischen Mitteln, obwohl sie auch über solche verfügen. Die hochentwickelte Fähigkeit der am 1. September Geborenen, andere verbal zu beeinflussen, kommt ihnen besonders gelegen für den beruflichen Erfolg in der Werbung, im Vertrieb und Verkauf oder als einflußreicher Schriftsteller oder sonstiger Künstler. Ihre Zielgerichtetheit und Unabhängigkeit kann sie (vor allem Männer) jedoch dazu verleiten, ihr Privatleben zu vernachlässigen. Dennoch legen sie großen Wert auf die Unterstützung derer, die ihnen starke und aufrichtige emotionale Beziehungen bieten.

STÄRKEN: An diesem Tag Geborene können sich entschlossen auf ihre klar definierten Ziele konzentrieren. Diese visionäre Qualität wird von ihrem Organisationstalent, ihren praktischen Fähigkeiten, die ihnen aus ihrer scharfen Urteilskraft erwachsen, und ihrer Überzeugungskraft gestärkt, die ihnen die Unterstützung anderer sichert.
SCHWÄCHEN: Der Drang, ihre Ziele zu verwirklichen, ist bei den am 1. September Geborenen so ausgeprägt, daß sie dazu neigen, ihre erheblichen Energien ausschließlich diesem Anliegen zu widmen. Dabei kommt es vor, daß sie sich übernehmen oder aber den Bedürfnissen anderer nicht genug Aufmerksamkeit schenken.
FAZIT: Zu ihrer Erfüllung müssen diese Menschen erkennen, daß es mindestens genauso wichtig ist, sich um ihre zwischenmenschlichen Beziehungen und auch um ihr körperliches und emotionales Wohlergehen zu kümmern wie um die Erreichung ihrer intellektuellen Ziele. Deshalb sollten sie sich unbedingt ausreichend Zeit für die Entspannung und für ihre Angehörigen und Freunden nehmen.

An diesem Tag

Prominente Geburtstage: Amilcare Ponchielli (1834), Engelbert Humperdinck (1854), Roger Casement (1864), James „Gentleman Jim“ Corbett (1866), Edgar Rice Burroughs (1875), Marilyn Miller (1898), Mary Padula (1905), Yvonne DeCarlo (1922), Rocky Marciano (1923), Cecil Parkinson (1931), George Maharis und Conway Twitty (1933), Seiji Ozawa (1935), Lily Tomlin (1939), Barry Gibb (1946), Peter Gibb (1947), Gloria Estefan (1957)

Bedeutende Ereignisse und Jahrestage: An diesem Tag steht das Engagement für progressive Visionen im Vordergrund. Die hochbegabte Amerikanerin Helen Keller beendete trotz starker Behinderung ihrer Seh- und Hörkraft ihre Studien am Radcliffe College (1904). 1933 erschien das prophetische Werk des englischen Schriftstellers H. G. Wells *The Shape of Things to Come*. Bobby Fisher besiegte Boris Spassky im isländischen Reykjavik und wurde damit zum ersten amerikanischen Schachweltmeister (1972). Verschiedene Ereignisse spiegeln auch das Kontrollbedürfnis wider, das an diesem Tag sehr ausgeprägt ist und sich besonders in einer nationalistisch ausgerichteten Außenpolitik zeigen kann. So erhielt Frankreich das Mandat der Liga der Nationen zur Verwaltung des Libanon (1920). In Libyen stürzte eine Gruppe von Offizieren, angeführt von Muhammar al-Ghaddafi, König Idris I. (1969). Die destruktive Wirkung, die das Unterdrücken von Emotionen haben kann – eine Gefahr, die an diesem Tag ebenfalls besteht – zeigte sich, als 1923 bei einem Vulkanausbruch in Tokio und Yokohama über 300.000 Menschen ums Leben kamen.

Planeteneinflüsse

Herrschender Planet: Merkur.
Zweiter Dekan: Persönlicher Planet ist der Saturn.

☿ ♄

Religiöse und kulturelle Bedeutung

Nationalfeiertag in Libyen.
Namenstag: Verena von Zurzach (ca. 300–ca. 350) Harald (ca. 520–574), Ägidius (Gilles, Till, † 710), Schutzheiliger der stillenden Mütter, Verkrüppelten, Einsiedler, Leprakranken und Pferde.

Helen Keller, die im Alter von 19 Monaten bei einer schweren Krankheit ihre Seh- und Hörkraft verloren und deshalb auch nie Sprechen gelernt hatte, schaffte es dennoch, eine akademische Ausbildung zu erhalten und als Schriftstellerin erfolgreich zu sein - eine außergewöhnliche und inspirierende Leistung. Der extreme Einsatz für progressive Visionen, den dieser Tag beinhalten kann, zeigte sich am 1. September 1904, als sie ihre Studien am Radcliffe College cum laude *abschloß. Ihr Leben lang setzte sie sich öffentlich für die Förderung von Blinden und Tauben ein.*

2. SEPTEMBER

Die Geradlinigkeit, die am 2. September Geborene der Welt gegenüber offenbaren, ist keine Fassade. Bei diesen Menschen bekommt man genau das, was man sieht – erstaunlich direkte und konzentrierte Entschlossenheit und Energie. Es ist ihnen ein dringendes Anliegen, ihre Ziele so effizient wie möglich zu verwirklichen, so daß diese Menschen keine Geduld mit Ausflüchten oder Ausreden haben, halbherziger Einsatz oder Unentschlossenheit sind für sie störende Hindernisse auf ihrem Weg zum Erfolg. Tatsächlich können diese ansonsten sehr kontrollierten Menschen vor Frust explodieren, wenn sie auf ein Hindernis stoßen. Ein solcher für sie eher untypischer heftiger Wutanfall kann für diejenigen, die ihn zum ersten Mal miterleben, ziemlich beunruhigend sein. Doch abgesehen von solchen gelegentlichen Ausbrüchen verfolgen sie ihre Ziele sehr organisiert, praktisch und diszipliniert. Die Anliegen und Interessen der an diesem Tag Geborenen können individuell unterschiedlich sein, doch allen gemein ist ihr fortschrittliches Wesen und der Wunsch, auf andere einen günstigen Einfluß auszuüben, vielleicht im öffentlichen Dienst oder als Beamte. Diese Menschen behandeln ihre Mitmenschen ausgesprochen fair, eine Eigenschaft, die ihnen aus ihrem Scharfblick und ihrem Mitgefühl mit Benachteiligten und solchen, die offenbar mißhandelt wurden, erwächst. Wenn sie dies bemerken, kommen wie bei ihren sonstigen Bestrebungen ihr unabhängiges Denken und ihre Fähigkeit, Verbesserungsstrategien zu ersinnen, zum Tragen. Doch wenn sie sich dafür einsetzen, die Probleme anderer zu lösen, vernachlässigen die am 2. September Geborenen manchmal ihre eigenen Bedürfnisse. Außerdem sind sie zwar voller Zuneigung für die ihnen Nahestehenden – auch wenn sie dies nicht immer klar ausdrücken –, doch sie erwarten von ihnen auch ein ebenso großes Maß an Selbstvertrauen, wie sie es persönlich zeigen.

STÄRKEN: An diesem Tag Geborene gehen ihre Unterfangen am liebsten ganz direkt an. Diese Neigung entstammt ihrer Fähigkeit, klar wahrzunehmen, welche Bereiche reif für Verbesserungen sind, was von ihrer Zielgerichtetheit unterstützt wird.
SCHWÄCHEN: Aus ihrem Drang, sich auf ihre Ziele zu fixieren, erwächst den am 2. September Geborenen manchmal die Gefahr, daß sie negativ reagieren, wenn Fortschritte behindert werden. Außerdem kann ihre Tendenz, sich ausschließlich auf die anstehenden Aufgaben zu konzentrieren, sie davon abhalten, sich um ihre eigenen emotionalen Bedürfnisse und die ihrer Freunde und Verwandten zu kümmern.
FAZIT: Um letztlich zu einer ganzheitlichen Erfüllung zu gelangen, sollten diese Menschen versuchen, eine umfassendere Perspektive in ihrem Leben zu entwickeln, um ihre intellektuellen Ziele mit ihren emotionalen Erfordernissen in Einklang zu bringen. Deshalb sollten sie sich mehr um gegenseitige Unterstützung in persönlichen Beziehungen bemühen und sich auch Zeit für gesellige Zusammenkünfte nehmen.

An diesem Tag

Prominente Geburtstage: John Howard (1726), Joachim Heinrich Campe (1746), Frederick Soddy (1877), George Brown (1914), Russ Conway (1925), Francis Matthews (1931), Peter Ueberroth (1937), Michael Hastings (1938), Christa McAuliffe (1948), Mark Harmon (1951), Jimmy Connors (1952), Linda Purl (1955), Keanu Reeves (1964)

Bedeutende Ereignisse und Jahrestage: Die am 2. September vorherrschenden Einflüsse weisen auf das kompromißlose Durchsetzen ehrgeiziger Visionen hin, die aber oft den Interessen einer Gemeinschaft dienen: Die ersten demokratischen Wahlen des Irischen Freistaats wurden abgehalten (1923). Ho Chi Minh wurde zum Präsidenten der neuen kommunistischen Republik Nordvietnam ernannt (1954). Aktive Entschlossenheit und visionäre Ziele zeigten sich auch, als der norwegische Forscher Roald Amundson 1906 als erster Mensch durch die Nordwestpassage segelte. Die Möglichkeit einer emotionalen Feuersbrunst, die der 2. September birgt, fand Parallelen in der echten großen Feuersbrunst, die von einer Bäckerei in der Pudding Lane ausgehend in London ausbrach (1666).

Planeteneinflüsse

Herrschender Planet: Merkur.
Zweiter Dekan: Persönlicher Planet ist der Saturn.

☿ ♄

Religiöse und kulturelle Bedeutung

Im Alten Athen fand zu Ehren von Ariadne und Dionysus ein Weinfest statt.
Namenstag: Ingrid Elovsdotter (ca. 1220–82), Apollinaris Morel von Posat (1739–92).

Carravaggios Gemälde zeigt Dionysos, den jüngsten der wichtigen Götter des Olymp, der den Wein schuf, der für die Griechen und Römer ein geheiligtes Vergnügen war. Ihm und Ariadne zu Ehren fand im Alten Athen am 2. September ein Weinfest statt.

3. SEPTEMBER

An diesem Tag Geborene sind bemerkenswert entschlossene Menschen, was diejenigen, die sie nicht so gut kennen, vielleicht erst in Situationen merken, in denen sie ihre Bereitschaft zeigen, auch zu kämpferischen Mitteln zu greifen. Im allgemeinen bevorzugen sie jedoch friedlichere Methoden, weil sie glauben, daß sie durch Kommunikation mehr erreichen können als durch Konfrontation. Auch wenn er noch so effektiv ist, kann dieser persönliche Stil andere dazu bringen, die Stärke ihrer Absichten falsch einzuschätzen. Ausgestattet mit geistiger Unabhängigkeit, einem ausgesprochenen Gerechtigkeitssinn, technischen und organisatorischen Talenten und Mitleid mit den weniger Begünstigten, sind am 3. September Geborene vorrangig daran interessiert, praktische Lösungen für die Probleme der Menschheit zu finden. Deshalb neigen sie oft zu Berufen, in denen sie anderen helfen können, voranzukommen – oder zumindest, mehr Glück in ihre Leben zu bringen. Berufe wie Ingenieure, Forscher, Künstler oder auch Sportler sind für sie besonders günstig.

Die an diesem Tag Geborenen setzen bei allem, was sie anpacken, ihre klare Wahrnehmungsfähigkeit, Toleranz, Geduld und Beharrlichkeit ein. Daneben steht ihr Wunsch, alles und alle, die sie treffen, in sichere Bahnen zu leiten. Diese Neigung zeigt sich vor allem auch in ihrem Privatleben (hauptsächlich bei den Frauen), und Freunde und Verwandte schätzen ihre bereitwillige Unterstützung und ihr Verständnis. Doch obwohl sie meist sehr ruhig und zurückhaltend wirken, lassen sich diese Menschen nicht herumkommandieren – etwas, das sowohl in ihren privaten als auch beruflichen Beziehungen gilt.

STÄRKEN: Ausgestattet mit einem alles in Frage stellenden Geist und der Fähigkeit, geduldig gut organisierte und wirksame Strategien zu entwickeln, sind diese sensiblen Menschen nicht nur daran interessiert, das Wohlergehen von anderen zu gewährleisten, sondern auch daran, persönlich Fortschritte zu bewirken und ihre Hilfe anzubieten.
SCHWÄCHEN: Da diese Menschen vor allem darum bemüht sind, ihre Ziele so rasch und effizient wie möglich zu erreichen, gehen sie, um ihre Erfolgsaussichten zu steigern, Auseinandersetzungen eher aus dem Weg. Dabei gelingt es ihnen nicht immer, die Dringlichkeit ihrer Anliegen herauszustreichen, weshalb ihre Willensstärke unterschätzt wird.
FAZIT: Die am 3. September Geborenen sind ausgeglichene Menschen, die versuchen, ihre Projekte mit möglichst geringem Aufwand zu verwirklichen. Doch sie könnten effizienter sein, wenn sie ihre Kommunikationsfähigkeiten verbessern und anderen ihre Absichten klarer machen würden.

An diesem Tag

Prominente Geburtstage: Matthew Boulton (1728), Ferdinand Porsche (1875), Cecil Parker (1897), Frank Macfarlane Burnet (1899), Alan Ladd (1913), Kitty Carlisle-Hart (1914), Irene Pappas (1926), Eileen Brennan (1935), Pauline Collins und Brian Lochore (1940), Valerie Perrine (1943), Charlie Sheen (1965)

Bedeutende Ereignisse und Jahrestage: An diesem Tag stehen pragmatische und versöhnliche Qualitäten im Vordergrund. 1783 erkannte England die Unabhängigkeit der Vereinigten Staaten von Amerika an, was das Ende des amerikanischen Unabhängigkeitskriegs bedeutete. Trotz der diplomatischen Neigungen, die in diesem Tag stecken, weisen die Einflüsse, die den 3. September regieren, auch auf die Bereitschaft hin, kompromißlos zu handeln: Im ersten Weltkrieg schoß der britische Pilot Captain Leefe Robinson über London einen deutschen Zeppelin ab (1916). 1939 erklärten Großbritannien, Australien, Neuseeland und Frankreich Deutschland den Krieg. 1650 schlugen die englischen Truppen unter Oliver Cromwell ihren schottischen Gegner in der Schlacht von Dunbar und 1651 in der Schlacht von Worcester. Die entschlossene Durchsetzung von Leitbildern ist ein weiterer Aspekt dieses Tages, an dem die französischen Flieger Diedonne Coste und Maurice Bellonte zum ersten Mal nonstop über den Atlantik flogen (1930). 1966 überquerten die britischen Seefahrer John Ridgway und Chay Blyth den Atlantik in einem Ruderboot.

Planeteneinflüsse

Herrschender Planet: Merkur.
Zweiter Dekan: Persönlicher Planet ist der Saturn.

☿ ♄

Religiöse und kulturelle Bedeutung

Das Volk der Akan in Ghana feiert Akwambo, ein Fest der freigeräumten Pfade. Bei den Hopis werden die Jungfrauen der vier Himmelsrichtungen geehrt.
Namenstag: Macanisius († um 514), Gregor der Große (ca. 540–604), Schutzheiliger der Musiker, Sänger und Scholaren.

Kitty Carlisle-Hart, talentierte Schauspielerin und Sängerin, die zahllose künstlerische Erfolge (auch im Dienst der Öffentlichkeit) verbuchen konnte, wurde am 3. September 1914 geboren. Ihre technischen und organisatorischen Talente, die für die an diesem Tag Geborenen typisch sind, konnte sie u. a. als Vorsitzende des New York Council of the Arts einbringen. 1991 wurde ihr die US National Medal of Arts verliehen.

4. SEPTEMBER

Planeteneinflüsse
Herrschender Planet: Merkur.
Zweiter Dekan: Persönlicher Planet ist der Saturn.

☿ ♄

Religiöse und kulturelle Bedeutung
Stammesmitglieder der Apachen feiern das Changing-Woman-Fest.
Namenstag: Irmgard von Süchteln (ca. 1020–85), Robert Schuman, „Vater Europas“ (1886–1963).

Richard Wright, dessen Großeltern noch Sklaven waren, kam am 4. September 1908 auf einer Plantage in Mississippi zur Welt. In seiner Karriere als Romanautor, Verfasser von Kurzgeschichten und Kritiker zeigte er die inspirierenden Eigenschaften und die ausgeprägte Sensibilität, die für die an diesem Tag Geborenen typisch sind. Am bekanntesten wurde sein autobiographischer Roman Black Boy *(1945). Wrights chinesisches Geburtsjahr des Affen verstärkte seine Intellektualität und seinen meisterhaften Umgang mit Worten.*

Die an diesem Tag Geborenen mögen Leuten, die sie nicht gut kennen, ziemlich rätselhaft erscheinen, denn einerseits sind sie begabte Problemlöser, die weder körperliche noch geistige Mühen scheuen, andererseits aber sind sie rasch ungeduldig, wenn sie sich mit lästigen Details konfrontiert sehen, die Teil eines jeden Alltagsgeschäfts sind. Der Grund für diesen scheinbar widersprüchlichen Charakter liegt in ihrem vom Merkur beeinflußten Wesen, das ihnen eine ausgesprochene Neugier und Freude an neuen Erfahrungen verleiht. Doch wenn sie von Umständen frustriert werden, die außerhalb ihrer Kontrolle liegen, neigen diese ansonsten sehr pragmatischen und selbstdisziplinierten Menschen zu überraschenden Wutausbrüchen. Im allgemeinen aber sind am 4. September Geborene sehr gutmütige Menschen, die kooperative und manchmal auch inspirierende Teammitglieder sein können, solange ihre geistige und physische Unabhängigkeit gewahrt ist. Außerdem geht es ihnen selten um persönlichen Ruhm, sie sind vielmehr von dem Wunsch beseelt, allgemeine fortschrittliche Ziele zu verwirklichen. Da ihre Fähigkeiten eher im intellektuellen als im technischen Bereich liegen und angesichts ihres angeborenen Drangs, durch beträchtlichen, konzentrierten persönlichen Einsatz greifbare Ergebnisse zu erzielen, eignen sich diese Menschen meist am besten als unabhängige Promotoren der Veränderung. Ihre Talente und Neigungen versprechen ihnen Erfolg in einer Reihe von Berufen, doch die Freiheit, die in künstlerischen und akademischen Tätigkeiten liegt, ist für sie meist besonders attraktiv. Auch in ihren persönlichen Beziehungen pochen sie auf ihre Unabhängigkeit, und obwohl sie ihren Angehörigen tiefe Zuneigung entgegenbringen, sind sie nicht daran interessiert, sich mit all den unangenehmen Kleinigkeiten des häuslichen Bereichs abzugeben.

STÄRKEN: Ausgestattet mit Scharfsinn, einer Neigung, nach Wissen zu forschen und darauf aufzubauen, und enormer Kraft sowie visionärer Klarheit, sind diese Menschen extrem unabhängig und lassen sich von Herausforderungen anspornen.
SCHWÄCHEN: Trotz der starken Ausstrahlung, die sie dank ihrer ansteckenden Begeisterung haben, sind die an diesem Tag Geborenen extrem auf sich selbst vertrauende Menschen, die eher unabhängig ihren Interessen nachgehen, als sich innerhalb stabiler Freundschaften zu erden.
FAZIT: Um ein gesundes Gleichgewicht zwischen ihren intellektuellen und emotionalen Bedürfnissen zu erlangen, sollten am 4. September Geborene erkennen, daß zwischenmenschliche Beziehungen auch ihnen eine Unterstützung bieten können. Sie sollten versuchen, ihren Drang nach Unabhängigkeit zu zügeln.

An diesem Tag

Prominente Geburtstage: François René de Chateaubriand (1768), Anton Bruckner (1824), Oskar Schlemmer (1888), Antonin Artaud (1896), Mary Renault (1905), Richard Wright (1908), Henry Ford II. (1917), Paul Harvey (1918), Mitzi Gaynor (1930), Dinsdale Lansden (1932), Dawn Fraser (1937), Tom Watson (1949), Judith Ivey (1951), William Kennedy Smith (1959), Peter Virgile (1960), John Preston (1968), Ione Skye (1970)

Bedeutende Ereignisse und Jahrestage: Dieser Tag unterstützt die entschlossene Förderung progressiver, ja revolutionärer Ziele. Nachdem Frankreich von Preußen geschlagen worden war, wurde 1870 der französische Kaiser Napoleon III. abgesetzt und die dritte Republik ausgerufen. 1939 traten Kanada und Südafrika in den Zweiten Weltkrieg ein. 1948 dankte Königin Wilhelmine von Holland zugunsten ihrer Tochter Juliane ab. 1957 nahmen neun afroamerikanische Schüler bei dem Versuch, ihre Bürgerrechte auszuüben, die Plätze ein, die ihnen an der bislang ausschließlich von Weißen besuchten Central High School in Arkansas zugewiesen worden waren, der Gouverneur des Staates rief daraufhin die National Guard zu Hilfe. Das Beharren auf persönlicher Autonomie, ein deutlicher Aspekt dieses Tages, zeigte sich auch, als 1970 die sowjetische Ballerina Natalia Makarova auf einer Tournee mit dem Kirow-Ballett im Westen blieb.

5. SEPTEMBER

Diese energiegeladenen Menschen werden beflügelt von dem Wunsch, die ihnen eigenen utopischen Visionen zu verwirklichen. Ihre Träume sind zwar höchst individuell, doch bergen sie nur selten selbstsüchtige Ziele. Vielmehr geht es in ihnen um die Errichtung einer glücklicheren und aufgeklärteren Welt. So wie auch alle anderen unter dem Einfluß von Merkur Stehenden sind sie interessierte und sensible Menschen, die rasch und klar verbesserungsbedürftige Bereiche erkennen und darüber hinaus fest entschlossen sind, diese Verbesserungen herbeizuführen. Trotz ihrer praktischen Fähigkeiten schaffen sie es manchmal in ihrer hochfliegenden Begeisterung, die Welt in Ordnung zu bringen – nicht jedoch, ihre Erfolgschancen realistisch einzuschätzen, wodurch ihre besten Bemühungen ins Leere laufen können. Ihre beruflichen Bestrebungen können unterschiedliche Gestalt annehmen, doch die meisten wenden sich Berufen zu, in denen sie andere positiv beeinflussen können, etwa im sozialen Bereich. Aber auch als Künstler geben viele gern ihre Botschaften auf inspirierende Weise weiter. Ihre ausgesprochene Fürsorge für das Wohlergehen anderer durchdringt sämtliche Aspekte ihres Leben, und ihr offener Charme, ihr ansteckender Optimismus und ihre enorme Großzügigkeit wirken höchst anziehend. Diese Menschen ermuntern ihre Mitmenschen gern und verwenden meist, vor allem wenn sie im chinesischen Jahr des Hundes geboren sind, erhebliche Kraft darauf, das Selbstwertgefühl derer, die ihnen am Herzen liegen, zu stärken. Gelegentlich kann ihr Großmut sie jedoch dazu bringen, ihre eigenen emotionalen Bedürfnisse zu vernachlässigen.

STÄRKEN: Ihre Energie und ihr Fortschrittstreben in Verbindung mit ihrer Klarsichtigkeit und Empathie motiviert diese Menschen dazu, bemerkenswert phantasievolle Verbesserungsstrategien zu entwickeln, die sie mit großer Entschlossenheit und lebhafter Begeisterung verbreiten.
SCHWÄCHEN: Manchmal sind ihre Visionen einfach nicht realisierbar, so sehr sie sich auch bemühen, und dann können sich diese Menschen völlig entmutigen lassen. Außerdem kann das energische und großzügige Fördern fremder Interessen sie dazu bringen, die Bedürfnisse anderer über ihre eigenen zu stellen.
FAZIT: Zur Wahrung ihres emotionalen Gleichgewichts sollten die an diesem Tag Geborenen bei der Durchsetzung ihrer Ziele die Fähigkeit entwickeln, ihre Erfolgschancen realistisch einzuschätzen, bevor sie sich voll und ganz auf ein neues Unterfangen stürzen. Sie sollten sich ebenfalls darum bemühen, nicht nur anderen helfen zu wollen, sondern mindestens ebensoviel Zeit ihrem Selbst zu widmen.

An diesem Tag

Prominente Geburtstage: König Ludwig XIV. (1638), Johann Christian Bach (1735), John Wisden (1826), Victorien Sardou (1831), Jesse James (1847), Arthur Koestler und Winnifred Gladys Horrocks Thomas (1905), John Cage (1912), Frank Yerby (1916), Bob Newhart (1929), Carol Lawrence (1934), Dick Clement und William Devane (1937), Raquel Welch (1940), Werner Herzog (1942), Freddy Mercury (1946), Cathy Guisewaite (1950)

Bedeutende Ereignisse und Jahrestage: Dieser Tag ist der Tag höchst ehrgeiziger Ziele. Der amerikanische Pilot James Doolittle überquerte als erster Mensch die USA von Küste zu Küste (1922). In den Schweizer Alpen wurde der 15 Kilometer lange Gotthardtunnel zwischen Göschenen und Airolo eröffnet, was vor allem zu einem Tag paßt, der vom Element Erde regiert wird (1982). Eine tragische Gestalt nahm die aktive Förderung visionärer Ziele am 5. September 1972 an, als palästinensische Mitglieder der Guerilla-Bewegung „Schwarzer September", einer Splittergruppe der PLO, die Unterkünfte der israelischen Sportler im Olympiadorf in München angriffen. Dabei wurden zwei Menschen getötet und acht Sportler als Geiseln genommen. Bei einem fehlgeschlagenen Befreiungsversuch auf einem Flughafen bei München kamen alle Geiseln, alle Terroristen und auch ein deutscher Polizist ums Leben.

Planeteneinflüsse

Herrschender Planet: Merkur.
Zweiter Dekan: Persönlicher Planet ist der Saturn.

☿ ♄

Religiöse und kulturelle Bedeutung

Im Alten Rom begannen die Römischen Spiele zu Ehren Jupiters. In Indien wird der Hindu-Gott Ganesh gefeiert.
Namenstag: Ursicinus von Ravenna (ca. 470–536), Laurentius Giustiniani (1381–1455).

König Ludwig XIV. von Frankreich wurde oft als der größte Herrscher seiner Zeit beschrieben. Er wurde am 5. September 1638 geboren. Beflügelt von der festen Entschlossenheit zu Veränderungen, die an diesem Tag besonders hervortritt, verfolgte er vom Beginn seiner Herrschaft im Alter von 23 Jahren an eine aggressive Außen- und Handelspolitik und war ein maßgeblicher Wegbereiter des Absolutismus.

6. SEPTEMBER

Die am 6. September Geborenen besitzen ein sehr komplexes Wesen. Anderen fällt es manchmal schwer, sie richtig kennenzulernen oder zu verstehen. Einerseits verfügen sie dank ihres Scharfblicks und ihres angeborenen Gerechtigkeitssinns über eine ausgeprägte Sensibilität, andererseits haben sie auch einen sehr starken Willen, und die Kraft ihrer Überzeugungen und die Unabhängigkeit ihres Denkens stehen oft im Gegensatz zu ihrer gelassenen, eher stoischen Art. Doch ihr Wunsch nach geistiger Autonomie und ihre Ausrichtung auf andere sind nicht unbedingt unvereinbar. Tatsächlich gelingt es den an diesem Tag Geborenen häufig, diese beiden Eigenschaften sehr effektiv in ihrem Berufsleben als Ärzte, Anwälte oder Förderer gesellschaftlicher Anliegen zu verbinden. Hauptsächlich sind diese Menschen nämlich von dem Drang beflügelt, Fortschritte zuwege zu bringen, die der ganzen Welt nutzen (meist geht es ihnen nicht um persönlichen Gewinn), vor allem, wenn sie im chinesischen Jahr des Drachen geboren sind. Dabei profitieren sie von ihren erheblichen Energiequellen – ihrer Entschlossenheit und Integrität sowie ihrem ausgeprägten Organisationstalent. Trotz ihres Interesses an anderen und ihrer wenn auch manchmal zögerlichen Übernahme von Führungsaufgaben wirken an diesem Tag Geborene gelegentlich sehr einsam und folgen, vielleicht aus Angst, sich damit ihren Freiheitsdrang zu beschneiden, lieber ihrem unabhängigen Forscherdrang, als sich in menschlichen Beziehungen zu binden. Doch wenn sie sich schließlich auf Partnerschaften einlassen, zeigen sie meist ihre guten Seiten: Loyalität, Liebe und Unterstützung.

STÄRKEN: Die Gedanken und das Handeln der an diesem Tag Geborenen werden gelenkt von einer dominierenden intellektuellen Neugier und dem Drang, in unerforschte Bereiche vorzustoßen, dadurch hoffen sie, auf neuartige Dinge zu stoßen, die die Menschheit weiterbringen. Ihre Projekte unterstützen sie mit ihren hochentwickelten organisatorischen Gaben, ihren klaren Visionen und ihrer unbeirrbaren Hartnäckigkeit.
SCHWÄCHEN: Bei dem Wunsch, ihrem Forscherdrang nachzugehen und auch anderen mit den Früchten ihrer Entdeckungen zu helfen, können am 6. September Geborene ihre körperlichen Bedürfnisse nach Entspannung und auch ihren oft uneingestandenen Wunsch, sich in stabilen emotionalen Beziehungen zu besinnen, vernachlässigen.
FAZIT: Zur Wahrung eines gesunden Gleichgewichts zwischen Gefühl und Geist sollten diese Menschen sich davor hüten, die allen Menschen eigenen Grundbedürfnisse zu unterdrücken, und sich gelegentlich auch ganz einfache Vergnügen einschließlich der Freude am geselligen Zusammensein mit anderen gönnen.

Planeteneinflüsse
Herrschender Planet: Merkur.
Zweiter Dekan: Persönlicher Planet ist der Saturn.

☿ ♄

Religiöse und kulturelle Bedeutung
Die Alten Inkas feierten Situa, ein Blutfest.
Namenstag: Magnus (Maginold, ca. 699–772), Schutzheiliger gegen Mäuse, Ratten, Würmer und Ungeziefer, Stephan von Die (ca. 1155–1213).

Die Ermordung des amerikanischen Präsidenten McKinley durch Leon Czolgoz in Buffalo, New York, weist auf die starke Kraft von Überzeugungen und radikalen, gelegentlich auch gewalttätigen Aktionen hin, die mit diesem Tag verbunden sind.

An diesem Tag
Prominente Geburtstage: Marquis de Lafayette (1757), John Dalton (1766), Friedrich Wilhelm von Schadow (1788), Joseph Kennedy (1888), Edward Appleton (1892), Billy Rose (1899), Franz Josef Strauss (1915), Bernie Winters (1932), Jo Anne Worley (1937), Jackie Trent (1940), Monica Mason (1941), Britt Ekland (1942), Swoosie Kurtz (1944), Jane Curtin und Roger Waters (1947)

Bedeutende Ereignisse und Jahrestage: An diesem Tag stehen progressive und abenteuerlustige Eigenschaften im Vordergrund. Die „Vittoria", das einzige noch übriggebliebene Schiff aus Ferdinand Magellans Expedition um die Welt, lief nach drei Jahren auf hoher See im spanischen Hafen San Lucar ein (1522). 1907 startete das britische Passagierschiff „Lusitania" zu seiner Jungfernfahrt nach New York. Ebenfalls an diesem Tag kommt es häufig zu gewaltsamen Aktionen, die dem, was als Allgemeinwohl empfunden wird, dienen sollen. So brachte der Anarchist Leon Czolgosz den amerikanischen Präsidenten William McKinley um (1901), und 1966 erstach der weiße Parlamentsbote Dimitri Tsafendas in Cape Town den südafrikanischen Premierminister Hendrik Verwoerd. 1970 brachten palästinensische Terroristen drei Flugzeuge in ihre Gewalt und zwangen sie, nach Japan zu fliegen, um die Welt auf ihr Anliegen aufmerksam zu machen.

7. SEPTEMBER

An diesem Tag Geborene sind sehr hartnäckig und in allem, was sie tun, vor allem von ihrem Wunsch beflügelt, die Grenzen menschlichen Wissens und Strebens auszudehnen. Sie schätzen den Ruhm oder finanziellen Lohn, den ihnen ihre Taten einbringen, durchaus. Aber ihre grundlegende Sinnsuche und ihre intellektuelle Dynamik bestimmen ihr Verhalten in größerem Maß als ihre persönlichen Ambitionen. Und wenn sie dann in ihrem Bereich an der Spitze sind (was angesichts ihres Strebens nach Unabhängigkeit und ihres ausgeprägten Sendungsbewußtseins oft der Fall ist), sonnen sie sich selten in ihrem Ruhm, sondern nehmen neue Ziele in Angriff. Denn neben ihrem hochentwickelten Scharfsinn und der Findigkeit, mit der sie phantasievolle und gleichzeitig praktische Strategien entwickeln können, geben sie mit ihrem Organisationstalent und ihrem Pragmatismus begabte Führer ab. Die am 7. September Geborenen neigen zu allen Berufen, in denen sie greifbare Resultate erzielen und ihren förderlichen Einfluß auf andere ausüben können – was eine ihren Fähigkeiten nach bewundernswert große Auswahl ergibt. Da sie auch vollständige Autonomie fordern, sind sie besonders gut geeignet für die akademischen, künstlerischen, literarischen oder musikalischen Berufe, in denen sie relativ ungehindert arbeiten können. Obwohl sie das gleiche Maß an Freiheit auch in ihren persönlichen Beziehungen fordern, versuchen sie paradoxerweise oft, andere zu kontrollieren, sei es auch mit den besten Absichten. Diese Neigung kann bei anderen, vor allem bei ihren Kindern, auf Ablehnung stoßen.

STÄRKEN: Am 7. September Geborene sind energische, entschlossene und mit intellektuellem Scharfblick vorgehende Menschen, deren Drang, ihre innovativen Ziele zu verwirklichen, ihre Bemühungen beflügelt. Dabei werden sie von ihrer ausgeprägten Hartnäckigkeit, ihren praktischen Fähigkeiten und – nötigenfalls – ihrer Kampflust unterstützt, die ihnen ein weiteres großes Potential verleiht.
SCHWÄCHEN: Die Sensibilität dieser Menschen zeigt sich eher in Form von intellektuellem Scharfblick anstatt von Mitgefühl. In ihrem ungeduldigen Drang, ihre hochgesteckten Ziele zu verwirklichen, lassen sie manchmal die Gefühle und Meinungen anderer als irrelevant oder hinderlich außer acht.
FAZIT: An diesem Tag Geborene müssen erkennen, daß der Preis für ihren Erfolg, auf den sie so stark ausgerichtet sind, bezüglich ihres emotionalen Wohlergehens sehr hoch sein kann. Zwar sollten sie ihre Ziele nie aufgeben, doch sie sollten andere, vor allem die ihnen Nahestehenden, stärker beachten und lernen, wie wichtig Kompromisse sein können.

An diesem Tag
Prominente Geburtstage: Königin Elisabeth I. von England (1533), Thomas Coutts (1735), Henry Campbell-Bannerman (1836), Anna Mary „Grandma" Moses (1860), Edith Sitwell (1887), Elia Kazan (1909), Anthony Quayle (1913), Leonard Cheshire (1917), Peter Lawford (1923), König Baudouin I. von Belgien (1930), Malcolm Bradbury und John Paul Getty, Jr. (1932), Buddy Holly (1936), Birgit Breuel (1937), Richard Roundtree (1942), Julie Kavner (1951), Chrissie Hynde (1952), Corbin Bernsen (1954, Devon Sawa (1978)

Bedeutende Ereignisse und Jahrestage: Dieser Tag weist auf feste Ziele, Originalität und Findigkeit hin, was sich in verschiedenen Ereignissen widerspiegelte. Im amerikanischen Unabhängigkeitskrieg versuchte „The American Turtle", das erste zu kriegerischen Zwecken eingesetzte U-Boot, im Hafen von New York vergeblich, eine Mine an dem britischen Flaggschiff „Eagle" anzubringen (1776). Die Tochter eines britischen Leuchtturmwärters, Grace Darling, rettete mit ihrem Ruderboot fünf Passagiere des Dampfers „Forfarshire", der vor den Farne Islands Schiffbruch erlitten hatte (1838). Die Alliierten zwangen Italien 1943 zur bedingungslosen Kapitulation. Desmond Tutu wurde zum Erzbischof von Cape Town ernannt, wodurch er zum ersten schwarzen Primas der anglikanischen Kirche wurde (1986). Der Wunsch nach Autonomie, der ein Aspekt dieses Tages ist, zeigte sich, als Brasilien seine Unabhängigkeit von Portugal erklärte (1822).

Planeteneinflüsse
Herrschender Planet: Merkur.
Zweiter Dekan: Persönlicher Planet ist der Saturn.

☿ ♄

Religiöse und kulturelle Bedeutung
Nationalfeiertag in Brasilien, Tag der Heiler in Indien, Deana wird gefeiert.
Namenstag: Madelberta (Amalberte, † ca. 705), Märtyrer des Grazer Jesuitenkollegs († 1619), Regina († ca. 300).

Am 7. September 1533 wurde Königin Elisabeth I. von England geboren. Sie war ein entschlossener, ehrgeiziger, hartnäckiger Mensch und die geborene Führernatur - alles Eigenschaften, die an diesem Tag im Vordergrund stehen. So regierte sie ein England, das sich vor allem über seine Seeflotte zur Weltmacht entwickelte.

8. SEPTEMBER

Planeteneinflüsse
Herrschender Planet: Merkur.
Zweiter Dekan: Persönlicher Planet ist der Saturn.

☿ ♄

Religiöse und kulturelle Bedeutung
Namenstag: Fest Mariä Geburt, Hadrianus (Adrian) von Nikomedien († ca. 290), Korbinian von Freising (* ca. 680, † zwischen 720 und 730), Franziskus Jordan (1848–1918).

Am 8. September 1504 wurde Michelangelos David *enthüllt. Diese Statue sollte eigentlich die Fassade des Doms von Florenz schmücken, wurde jedoch statt dessen als Symbol der Unabhängigkeit der Stadt im Haupteingang des Palazzo Vecchio aufgestellt. Der Künstler hatte drei Jahre an der vier Meter hohen Statue gearbeitet. Ihre Enthüllung ist typisch für den persönlichen Einsatz und die Hartnäckigkeit, die diesen Tag bestimmen.*

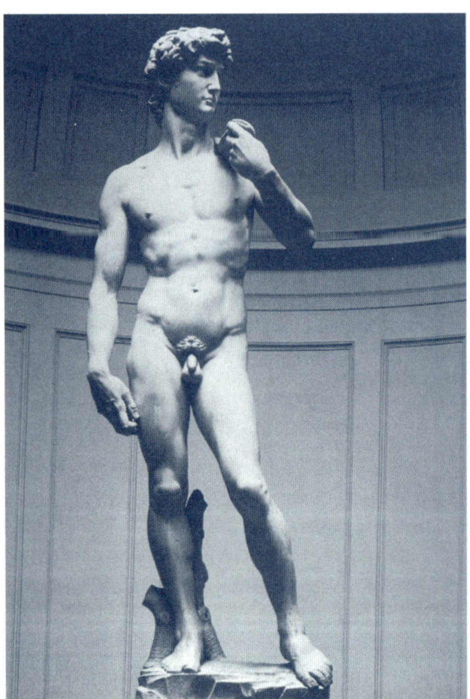

Ihre bemerkenswert starken Überzeugungen und die feste Entschlossenheit, andere auf den richtigen Weg zu führen, verleihen den an diesem Tag Geborenen ein ausgesprochenes Führungspotential. Meist werden sie wegen ihres dynamischen Wesens und ihrer festen Ziele geachtet (wenn auch nicht unbedingt geliebt). Diese Menschen werden oft von dem Wunsch geleitet, den Status quo zu erhalten oder zu schützen, sie können aber auch von dem Drang beseelt sein, innovative, progressive Systeme umzusetzen. Jedenfalls schätzen sie zuallererst die bestehende Situation gründlich ein, wobei sie sich auf ihr Vermögen zur objektiven Analyse stützen, und nutzen dann ihre großen organisatorischen und praktischen Fähigkeiten, um entweder Verbesserungen durch Veränderungen zuwege zu bringen oder eine Alternative zu formulieren. Sobald sie sich auf ein Vorgehen festgelegt haben, setzen sie es mit kompromißloser Hartnäckigkeit durch und beweisen bei ihrem Bestreben, andere zu überzeugen, oft ihr kommunikatives Talent. Solche Eigenschaften kommen den an diesem Tag Geborenen vor allem als Politiker gelegen, manche ziehen es aber auch vor, ihre Botschaften durch künstlerische Mittel zu verbreiten, worin sie ebenfalls sehr erfolgreich sein können.

Trotz ihres Scharfblicks, ihrer klaren Visionen und ihrer Hartnäckigkeit, die ihnen berufliche Erfolge sichern, müssen viele der an diesem Tag Geborenen (vor allem Männer) bezüglich ihrer intellektuellen Interessen mit Störungen in ihren persönlichen Beziehungen rechnen, denn Andersdenkende reagieren auf ihre sturen Versuche, sie vom Gegenteil zu überzeugen, manchmal trotzig und ablehnend, woraus ein heftiger Streit entstehen kann.

STÄRKEN: Die an diesem Tag Geborenen sind nahezu von dem Wunsch besessen, das Handeln ihrer Mitmenschen mit ihren eigenen unverrückbaren Anschauungen in Einklang zu bringen. Ihren Standpunkt haben sie sich aufgrund ihrer scharfen intellektuellen Kräfte angeeignet und halten mit ihrer charakteristischen Energie und Entschlossenheit an ihm fest.
SCHWÄCHEN: Am 8. September Geborene sind meist so fest davon überzeugt, daß ihre Anschauungen allen anderen überlegen sind, daß sie nicht nur bemüht sind, sie auch anderen aufzudrängen, sondern auch dazu neigen, sämtliche widersprechenden Ansichten unbesehen abzutun. Diese Neigung macht ihnen wahrscheinlich mehr Feinde als Freunde und kann zu Engstirnigkeit führen.
FAZIT: Für ihr emotionales Wohlergehen müssen diese Menschen unbedingt erkennen, daß ihr oft kompromißloses Vorgehen negative Auswirkungen auf andere haben kann. Sie sollten ihre heftige Art mäßigen und die Meinungen anderer stärker berücksichtigen, so sehr diese auch von ihren abweichen mögen.

An diesem Tag
Prominente Geburtstage: König Richard I. von England (1157), Ludovico Ariosto (1474), Wilhelm Raabe (1831), Antonin Dvorak (1841), Siegfried Sassoon (1886), Claude Pepper (1900), Hendrik Verwoerd (1901), Jean-Louis Barrault (1910), Harry Secombe (1921), Sid Caesar und Lyndon LaRouche (1922), Peter Sellers (1925), Jack Rosenthal (1931), Patsy Cline (1932), Michael Frayn (1933), Peter Maxwell Davies (1934), Jonathon Taylor-Thomas (1981)

Bedeutende Ereignisse und Jahrestage: Dieser Tag unterstützt die machtvolle Durchsetzung oft unbeugsamer Ziele. 1664 zwang die englische Marine die holländische Kolonie New Amsterdam zur Kapitulation und benannte sie in New York um. Der umstrittene demokratische Senator Huey Long wurde 1935 durch eine Schußwunde tödlich verletzt. Der japanische General Hideki Tojo verübte im Einklang mit seinem Prinzip, nicht zu kapitulieren, einen (erfolglosen) Selbstmordversuch (1945). Auch die Neigung zu institutionellen Veränderungen kann sich am 8. September zeigen. So wurde in Südafrika die Stadt Johannesburg gegründet, als man dort Gold entdeckte (1886).

9. SEPTEMBER

Die an diesem Tag Geborenen sind ernste Menschen, die sich nicht nur mit abstrakten Dingen beschäftigen, sondern auch ein starkes Verantwortungsgefühl für die Menschen in ihrer Umgebung hegen. Wie die Mehrheit der unter dem vom Merkur mitbestimmten Sternzeichen Jungfrau Geborenen besitzen auch sie einen ausgesprochen unabhängigen und forschenden Geist, der in ihnen die Neigung zu intellektuellen Entdeckungsreisen und das Bestreben, fortschrittliche Neuerungen umzusetzen, entstehen läßt. Wenn sie mit ihrem scharfen Verstand eine Angelegenheit von allen Seiten beleuchtet haben, kommen sie meist zu originellen Schlüssen, wie am besten vorzugehen ist. Aus ihren erheblichen Reserven an Findigkeit und organisatorischen Fähigkeiten schöpfend, setzen sie ihre Ziele mit großer Hartnäckigkeit durch. Diese vernünftigen Menschen trachten danach, von anderen unterstützt zu werden. Doch ihre Entschlossenheit sollte nicht unterschätzt werden – wenn nötig, kämpfen sie auch allein weiter. Ihre Sorge um das Wohlergehen anderer führt sie oft zu humanitären Berufen oder zu solchen, wo ihre Arbeit, etwa als wissenschaftliche Forscher oder als Erzieher, einer breiten Masse zugute kommt. Trotz ihres Interesses am Wohlbefinden anderer wirken am 9. September Geborene manchmal einsam, sie arbeiten zwar stets gern in einem Team oder für soziale Anliegen, doch oft scheinen sie abseits zu stehen. Zum Teil läßt sich dies wohl darauf zurückführen, daß sie es vorziehen, unabhängig ihre Beobachtungen anzustellen, es kann jedoch auch die Folge ihrer großen Sensibilität sein, die in ihnen manchmal – meist unberechtigte – Gefühle der Unsicherheit erzeugt (eine Neigung, die vor allem bei Frauen auftreten kann). Deshalb ist für sie die bedingungslose Liebe und Unterstützung ihrer Familie und Freunde überaus wichtig, und sie erwidern diese emotionale Rückendeckung mit stiller, jedoch steter Loyalität.

STÄRKEN: Am 9. September Geborene verfügen über einen forschenden, unabhängigen und findigen Intellekt und sind von dem Drang beflügelt, einen positiven Beitrag zum Leben ihrer Mitmenschen zu leisten. In all ihren Unternehmungen verbinden sich ihre Neigungen, Fortschritte zu erzielen und Gutes zu tun, mit ihrem praktischen, beharrlichen und originellen Ansatz.
SCHWÄCHEN: Ihre Sorge um das Allgemeinwohl und ihr Drang, verantwortliche Anwälte des Fortschritts zu sein, sind so ausgeprägt, daß die an diesem Tag Geborenen manchmal den einfachen Wunsch, einmal Spaß zu haben, unterdrücken.
FAZIT: Um glücklich zu sein, müssen diese Menschen auch ihr Recht, sich gelegentliche Vergnügen zu gönnen, anerkennen. Sie wissen, wie wichtig es ist, sich um ihre persönlichen Beziehungen zu kümmern, und es würde ihnen guttun, wenn sie einiges der Fürsorge, die sie anderen angedeihen lassen, sich auch selbst zukommen lassen würden.

An diesem Tag

Prominente Geburtstage: Kardinal Richelieu (1585), Luigi Galvani (1737), William Bligh (1754), Lew Nikolajewitsch Tolstoj (1828), Max Reinhardt (1873), James Agate (1877), James Hilton (1900), Cesare Pavese (1908), Michael Aldridge (1920), Cliff Robertson (1925), Chaim Topol (1935), Richard Sharpe (1938), Otis Redding (1941), Billy Preston (1946), John Curry (1949), Michael Keaton (1951), Angela Cartwright (1952), Hugh Grant (1960), Markus Wasmeier (1963)

Bedeutende Ereignisse und Jahrestage: Dieser Tag unterstützt die Bereitschaft, sich für das Allgemeinwohl zu opfern. König Jakob IV. von Schottland starb in der Schlacht von Flodden Field gegen die Engländer (1513), und der englische Seefahrer Sir Humphrey Gilbert ertrank vor den Azoren, nachdem er Neufundland für sein Land in Besitz genommen hatte (1583). 1850 schloß sich Kalifornien der Union der Vereinigten Staaten an. Der starke Wunsch nach Unabhängigkeit, ein weiterer Aspekt des 9. September, zeigte sich, als sich Nordkorea zur „Volksrepublik“ ausrief (1948) und als die tschechoslowakische Tennisspielerin Martina Navratilova in den Westen emigrierte (1975).

Planeteneinflüsse

Herrschender Planet: Merkur.
Zweiter Dekan: Persönlicher Planet ist der Saturn.

☿ ♄

Religiöse und kulturelle Bedeutung

In China wird Tao Yuan-Ming durch das Trinken von Chrysanthemenwein geehrt.
Namenstag: Gorgonius von Rom († ca. 305), Wulfhilda von Barking(ca. 940–ca. 1000), Peter Claver (1580–1654), Schutzheiliger von Menschen afrikanischer Herkunft und der Rassenbeziehungen, Jakob Laval (1803–1864), Bernhard August Thiel (1850–1901).

Der als Armand Jean du Plessis am 9. September 1558 geborene Kardinal Richelieu wies den für die an diesem Tag Geborenen typischen Hang zu intellektueller Forschung und fortschrittlicher Neuerungen auf. Diese Neigungen zeigten sich in seiner erfolgreichen Herrschaft als erster Minister Frankreichs.

10. SEPTEMBER

Die am 10. September Geborenen wirken überaus fähig, und tatsächlich handelt es sich um konzentrierte, findige und nachdenkliche Menschen, die lieber einem steten, kontrollierten Pfad durchs Leben folgen, als impulsiv zu handeln. Motiviert vom Drang, Ordnung und Fortschritt dort herbeizuführen, wo vorher Chaos und Unproduktivität herrschten, richtet sich ihr Augenmerk auf die Themen und Situationen, die ihrer Meinung nach verbessert werden können, da sie hoffen, durch ihre Bemühungen zum Wohl anderer beizutragen. Dabei stützen sie sich auf ihren scharfen Verstand, mit dem sie bestehende Situationen objektiv und realistisch einschätzen, um danach mit Hilfe ihrer praktischen und organisatorischen Gaben eine kompakte Strategie zu entwickeln, die Fortschritte ermöglicht, wobei sie sich auch auf die Unterstützung stabiler Netzwerke verlassen. Ihr Umgang mit anderen ist von ihrer Neigung geprägt, eine wirksame zwischenmenschliche Basis aufzubauen und diese zu steuern. Das macht sie zu verantwortlichen Teamleitern, die zwar zielorientiert arbeiten, doch auch für ihre Schutzbefohlenen aufrichtige Fürsorge zeigen. Sie gehen vernünftig und überlegt vor, was aber nicht heißt, daß sie langweilig und phantasielos sind. Ganz im Gegenteil: Ihre intellektuelle Neugier erklärt ihre Faszination von ungewöhnlichen und innovativen Themen und Menschen. Selbst wenn sie keinen Beruf daraus machen, diesen Themen nachzugehen – sei es als Schriftsteller, Künstler oder Akademiker –, fühlen sie sich stets zu ausgeprägt individualistischen Typen hingezogen. So ist eine Beziehung, die sie mit solchen ihnen diametral entgegengesetzten Menschen eingehen, oft bemerkenswert erfolgreich, denn sie basiert auf gegenseitiger Toleranz und Achtung.

STÄRKEN: Am 10. September Geborene lieben es, Strategien und Strukturen zu entwickeln, um Ordnung zu schaffen und direkte Fortschritte zu erzielen, die der Allgemeinheit zugute kommen sollen. Mit intellektuellem Weitblick, praktischen Fähigkeiten und geduldiger Entschlossenheit haben sie hervorragende Möglichkeiten, ihre Ziele zu erreichen.
SCHWÄCHEN: Ihr Wille, das Wohl anderer zu sichern, sowie ihre Neigung, ihre Energien gleichermaßen auf ihre Arbeit und ihre persönlichen Beziehungen zu verteilen, können sich letztlich als physisch und vor allem emotional schwächend erweisen, denn die an diesem Tag Geborenen neigen dazu, ihre eigenen Bedürfnisse zurückzustellen.
FAZIT: Obwohl diese Menschen wissen, wie wichtig es ist, ein Gleichgewicht zwischen Berufs- und Privatleben zu wahren, kann ihre Neigung, ihre Aufmerksamkeit und ihre Bemühungen nach außen zu lenken, schließlich dazu führen, daß sie ihr eigenes Wohlergehen vernachlässigen. Deshalb sollten sie mehr Zeit darauf verwenden, sich zu entspannen und sie selbst zu sein.

Planeteneinflüsse

Herrschender Planet: Merkur.
Zweiter Dekan: Persönlicher Planet ist der Saturn.

☿ ♄

Religiöse und kulturelle Bedeutung

Namenstag: Pulcheria Adelia (299–453), Theodart (Dodart) von Tongern-Maastricht (ca. 615/20–669), Nikolaus von Tolentino (1245–1305).

Am 10. September 1929 wurde der Golfer Arnold Palmer geboren. Er zeigte die praktischen Fähigkeiten und die Konzentration, die für die an diesem Tag Geborenen typisch sind, und kann auf eine lange, erfolgreiche Karriere als Golfspieler zurückblicken. Ihm kommt das Verdienst zu, aus dem exklusiven Golfsport einen populären Zeitvertreib gemacht zu haben.

An diesem Tag

Prominente Geburtstage: Thomas Sydenham (1624), Giovanni Domenico Tiepolo (1727), John Soane (1753), Mungo Park (1771), Robert Koldeway (1855), Prinz Ranjitsinhji (1872), Cyril Connolly (1903), Terence O'Neill und Robert Wise (1914), Beryl Cook (1926), Arnold Palmer (1929), Adolf Endler (1930), Charles Kuralt (1934), José Feliciano (1945), Amy Irving (1953)

Bedeutende Ereignisse und Jahrestage: Dieser Tag stellt konzertierte praktische Aktionen in den Vordergrund, die dem dienen sollen, was als Allgemeinwohl betrachtet wird. 1547 schlugen die englischen Truppen von Edward Seymour, dem Duke von Somerset, der England und Schottland durch die vorgesehene Heirat von Eduard VI. und Maria, Königin der Schotten, unbedingt vereinen wollte, ihren schottischen Gegner in der Schlacht von Pinkie. Ungarn öffnete die Grenzübergänge und gestattete damit Tausenden von ostdeutschen Flüchtlingen den Zugang zum Westen (1989). Dieser Tag weist auch auf große organisatorische Fähigkeiten beim Streben nach Fortschritt hin, was sich 1919 zeigte, als durch die Unterzeichnung des Vertrags von St. Germain die ehemals nicht österreichischen Gebiete des Habsburger Reichs in der Tschechoslowakei, Jugoslawien, Polen und Rumänien aufgingen.

11. SEPTEMBER

Wie die meisten Jungfraumenschen besitzen auch die am 11. September Geborenen die Fähigkeit, klar und unabhängig zu denken. Die Not der Benachteiligten erregt ihr Mitleid, das sie durch alle ihnen zur Verfügung stehenden Mittel verbessern wollen. Und sie haben wahrhaftig ein ganzes Arsenal zur Verfügung, einschließlich ihrer ausgeprägten Kommunikationsfähigkeit sowohl mündlicher als auch schriftlicher Art, ihres hochentwickelten Organisationstalents und ihrer mutigen Überzeugungen, die sie selbst angesichts hartnäckigen Widerstands weiterkämpfen lassen. Diese Neigungen sind besonders hilfreich bei Laufbahnen als Politiker, Anwälte oder Verfechter der sozialen Gerechtigkeit. Viele der am 11. September Geborenen ziehen es jedoch vor, ihren Einfluß weniger direkt, wenn auch keinesfalls weniger effizient auszuüben, und zwar durch künstlerische Mittel, z. B. als Schriftsteller, eine Neigung, die besonders ausgeprägt ist, wenn sie auch noch im chinesischen Jahr der Ziege geboren sind. Ihr Drang, den Menschen in ihrer Umgebung zu helfen, kann radikale Formen annehmen, zeigt sich jedoch auch gleichermaßen darin, daß sie bestehende soziale Systeme entschlossen verteidigen. Denn in vieler Hinsicht sind die an diesem Tag Geborenen Traditionalisten, deren Ordnungsliebe sie dazu bringen kann, bewährte Konventionen zu stützen. Am 11. September Geborene glauben fest an stabile familiäre Beziehungen, die allseitige Unterstützung ermöglichen, und sind besorgte Freunde, Partner und Eltern, obwohl ihre dezidierten Meinungen und ihre moralische Aufrichtigkeit zu Konflikten mit ihren Kindern führen kann.

STÄRKEN: Die an diesem Tag Geborenen sind bemerkenswert wahrnehmungsfähige Menschen, die ihre Beobachtungsgabe dazu nutzen, Bereiche zu identifizieren, die verbessert werden müssen, und daraufhin konkrete Veränderungsstrategien formulieren.
SCHWÄCHEN: Diese Menschen neigen dazu, ihre Meinungen hartnäckig, ja dickköpfig zu vertreten, ungeachtet des Widerstands, den sie dadurch hervorrufen können. Obwohl diese Neigung durchaus lobenswert ist, ist sie manchmal nicht angemessen, vor allem in persönlichen Beziehungen.
FAZIT: Obwohl sie meist nur das Beste wollen, sollten am 11. September Geborene sich stärker bemühen, ihnen Nahestehende nicht vor den Kopf zu stoßen. Wenn sie darauf bestehen, daß diese sich Meinungen und Verhaltensmustern fügen, von denen sie eigentlich nichts halten, besteht die Gefahr der emotionalen Isolation.

An diesem Tag

Prominente Geburtstage: Pierre de Ronsard (1524), James Thomson (1700), William Sidney Porter („O. Henry", 1862), James Jeans (1877), D. H. Lawrence (1885), Jessica Mitford (1917), Brian DePalma (1940), Franz Beckenbauer (1945), Lola Falana (1946), Barry Sheene (1950), Virginia Madsen (1961), Kristy McNichol (1962), Harry Connick, Jr. (1967)

Bedeutende Ereignisse und Jahrestage: Der 11. September steht für die Förderung und Verteidigung gesellschaftlicher Grundwerte, aber auch für die Zerstörung durch das Aufeinanderprallen gegensätzlicher Weltanschauungen. Bei der Schlacht von Stirling lehnten sich schottische Patrioten gegen die Engländer auf (1297), und während des spanischen Erbfolgekriegs besiegten die Truppen des englischen Herzogs von Marlborough an der Seite des österreichischen Prinz Eugen ihre französischen Gegner in der Schlacht von Malplaquet (1709). Während des amerikanischen Unabhängigkeitskriegs wurden die Truppen unter George Washington vom britischen Heer bei der Schlacht am Brandywine Creek geschlagen (1777). Der chilenische Präsident Salvador Allende wurde 1973 von einer Militärjunta unter General Pinochet gestürzt. 1978 wurde der Überläufer Georgi Markow in London von einem bulgarischen Geheimagenten ermordet. 2001 verübten Terroristen verheerende Anschläge auf das World Trade Center und das Pentagon. Doch dieser Tag birgt auch künstlerische Talente, was sich z. B. darin zeigte, daß 1914 der amerikanische Musiker W. C. Handy den *St. Louis Blues* veröffentlichte.

Planeteneinflüsse
Herrschender Planet: Merkur.
Zweiter Dekan: Persönlicher Planet ist der Saturn.

☿ ♄

Religiöse und kulturelle Bedeutung
In Ägypten ehrt man am Tag der Königinnen Hatshepsut, Nofrotete und Kleopatra.
Namenstag: Felix und Regula († ca. 302), Protus und Hyacinthus († ca. 265 oder ca. 305), Ludwig IV. (der Heilige, 1200–27).

Die Anschläge auf das World Trade Center zeigen, welch tragische Folgen die Kollision einander widersprechender Glaubenssysteme haben kann. Die schier übermenschlichen Anstrengungen der Hilfskräfte, die vielen Opfer zu bergen, weisen auf einen weiteren wichtigen Aspekt dieses Tages hin, die Brüderlichkeit. Dem chinesischen Jahr der Schlange wird das Element Feuer sowie die Eigenschaft der List zugeordnet; die Uhrzeit von 9 bis 11 Uhr steht ebenfalls im Zeichen der Schlange.

Planeteneinflüsse

Herrschender Planet: Merkur.
Dritter Dekan: Persönlicher Planet ist die Venus.

☿ ♀

Religiöse und kulturelle Bedeutung

Namenstag: Ailbe (6. Jh.).

James Cleveland (Jesse) Owens wurde am 12. September 1913 geboren und dominierte Mitte der 30er Jahre die Leichtathletik. 1935 stellte er mehrere Weltrekorde auf und gewann bei der Berliner Olympiade vier Goldmedaillen. Seine Entschlossenheit und Antriebskraft sind typisch für die an diesem Tag Geborenen und wurden noch dadurch gesteigert, daß er im chinesischen Jahr des Büffels zur Welt kam.

12. SEPTEMBER

Die an diesem Tag Geborenen gehören nicht zu den Menschen, die sich mit Ausflüchten, Manipulationen oder Machtspielen abgeben. Vielmehr sind sie sehr direkt und offen. Hauptsächlich geht es ihnen darum, ihre Ziele zu erreichen, und zwar so effizient wie möglich. Angetrieben von ihrem Wissensdurst und ihrem unabhängigen Denken, ziehen sie es vor, Fakten selbst herauszufinden und eigene Schlüsse zu ziehen, bevor sie konventionelle Weisheiten unhinterfragt akzeptieren. Ihr intellektuelles Vorgehen ist gekennzeichnet durch ihre analytische Fähigkeit, abstrakte Konzepte zu erfassen, ihre Sensibilität und ihre Gabe, ihre Erkenntnisse in logisch konstruierte Fortschrittsstrategien umzuformen. Sobald sie zu Schlüssen gekommen sind, halten sie nicht nur eisern daran fest, sondern versuchen auch, andere von ihrer Richtigkeit zu überzeugen. Dabei haben sie oft beträchtliche Erfolge, denn sie sind ausgesprochen redegewandt, so daß andere nicht umhin können, ihre Aufrichtigkeit zu respektieren. Ihr soziales Gewissen und ihr Wunsch, andere zu unterweisen, befähigt sie besonders zum Erzieherberuf oder für den öffentlichen Dienst. Trotz ihres Drangs, ihre Umgebung oder die Gesellschaft als Ganzes zu beeinflussen, können diese Menschen manchmal einsam sein, denn sie haben ein starkes Bedürfnis, sich gelegentlich ausschließlich mit ihren eigenen Gedanken zu beschäftigen und sich dabei nicht von Forderungen anderer stören zu lassen. Dennoch sind sie hilfreiche und loyale Freunde, Partner und Familienmitglieder, die darüber hinaus die Individualität anderer achten und nur selten versuchen, ihnen ihre Meinungen aufzudrängen, wenn sie sie damit verletzen würde.

STÄRKEN: Am 12. September Geborene lassen sich vielleicht durch das duale Wesen ihres Charakters definieren – einerseits ein starkes Bedürfnis nach persönlicher Autonomie, andererseits der Wunsch, die Früchte ihrer Entdeckungen auch an andere weiterzugeben. Ausgestattet mit dem Talent zu objektivem, rationalem Denken und ihren kommunikativen Fähigkeiten, sind sie auch bestens in der Lage, andere zu motivieren.
SCHWÄCHEN: Hand in Hand mit ihrer Forderung nach intellektueller Freiheit geht ihr Bedürfnis nach Gelegenheiten, bei denen sie ungestört ihren Interessen nachgehen können. Doch ihr soziales Verantwortungsgefühl kann sie dazu bringen, dieses Grundbedürfnis zu vernachlässigen, was ihrem emotionalen Wohlergehen sehr abträglich sein kann.
FAZIT: Den an diesem Tag Geborenen fällt es oft schwer, offene oder verdeckte Hilferufe zu ignorieren, doch sie müssen unbedingt darauf achten, sich nicht von den Forderungen anderer überwältigen zu lassen. Sie sollten lernen, ihren eigenen Bedürfnisse den angemessenen Stellenwert einzuräumen, und andere dazu ermutigen, ihre Probleme allein zu bewältigen.

An diesem Tag

Prominente Geburtstage: Richard March Hoe (1812), Richard Gordon Gatling (1818), Herbert Asquith (1852), Gertrud Bäumer (1873), Maurice Chevalier (1888), Irène Joliot-Curie (1897), Ben Blue (1901), Margaret Hamilton (1902), Louis MacNeice (1907), Jesse Owens (1913), Han Suyin (1917), Ian Holm und George Jones (1931), Wesley Hall (1937), Linda Gray (1940), Maria Muldaur (1943), Barry White (1944), Peter Scolari (1954)

Bedeutende Ereignisse und Jahrestage: An diesem Tag stehen mitreißende verbale Talente im Vordergrund. Francis Scott Key prägte nach einem Angriff auf Fort McHenry nahe Baltimore (1814) die Worte vom „Star-sprangled Banner". Der 12. September weist auch auf den Wunsch hin, andere auf den Pfad zu führen, den man selbst als am zuträglichsten für den Fortschritt erachtet, eine Neigung, die sich in sozialen Neuerungen und nationaler Politik zeigt: Bei der Polizei in Los Angeles stellte man zum ersten Mal eine Frau an (1910), und Nikita Chruschtschow wurde zum sowjetischen Parteichef ernannt (1953). 1972 wurden im Zuge des Kalten Krieges bei einem Streit über die Fischereirechte in der Nordsee zwei britische Fischerboote von der isländischen Marine versenkt. Der äthiopische Kaiser Haile Selassi wurde durch einen Militärputsch entmachtet (1974).

13. SEPTEMBER

Die am 13. September Geborenen sind bemerkenswert selbstgenügsame Menschen, die trotz ihres etwas abstrakten Interesses an der Menschheit ihren Mitmenschen sehr distanziert, ja arrogant vorkommen können. Doch diese Einschätzung ist nicht ganz fair, denn diese Menschen sind sehr sensibel und fühlen oft stark mit Notleidenden, für die sie sich einsetzen. Doch gehen sie ihren intellektuellen Interessen lieber ungestört vom trivialen Alltag nach (um dadurch einen Beitrag für das Menschheitswissen zu leisten). In mancher Hinsicht könnte man die an diesem Tag Geborenen als Arbeitstiere bezeichnen. Zwar sind sie im allgemeinen positiv und gelassen, doch sie können sehr unruhig und nervös werden, wenn die Umstände sie daran hindern, sich mit einem besonders faszinierenden Thema zu beschäftigen. Zu starker Konzentration und hohem Einsatz befähigt, geben sie selten ein Projekt oder Problem auf, wenn sie es nicht zufriedenstellend bearbeitet oder gelöst haben.

Diese Menschen haben überall dort Erfolg, wo sie beständig herausgefordert werden und ihnen völlige Autonomie zugestanden wird. Ihre Talente als Problemlöser können sie besonders in wissenschaftlichen oder wirtschaftlichen Berufen zur Geltung bringen. Wenn sie als Mitglied einer Gruppe arbeiten, sind sie nur glücklich, wenn sie andere leiten können, indem sie mit gutem Beispiel vorangehen. Allerdings erwarten sie dasselbe Maß an Hingabe und Einsatz auch von anderen. Dies gilt auch für ihre persönlichen Beziehungen (um so mehr, wenn es sich um Männer handelt), in denen sie die Neigung haben, auf ihre Freiheit zu pochen und das Leben ihrer Partner zu kontrollieren.

STÄRKEN: An diesem Tag Geborene fühlen sich unwiderstehlich von Herausforderungen und Themen angezogen, bei denen sie ihre intellektuellen Gaben testen und letztlich einen Durchbruch erzielen können. Sobald ihr Interesse geweckt ist, zeigen sie starke Entschlossenheit, Originalität und scharfe Wahrnehmungsfähigkeit in ihrem Bestreben, ihre Visionen in die Tat umzusetzen.

SCHWÄCHEN: Dadurch, daß sie sich völlig auf sich selbst verlassen und voll und ganz in ihren beruflichen und intellektuellen Aufgaben aufgehen, vernachlässigen sie ihr Bedürfnis nach Entspannung, die ein erfülltes Privatleben böte, und – was vielleicht noch schädlicher ist – die fundamentalen Bedürfnisse der ihnen Nahestehenden nach Aufmerksamkeit.

FAZIT: Wenn sie nicht sozial isoliert werden wollen, müssen am 13. September Geborene unbedingt erkennen, wie wichtig das Gleichgewicht zwischen Berufs- und Privatleben ist. Sie sollten gelegentlich dem Drang, einer intellektuellen Verlockung zu folgen, widerstehen und statt dessen die Beziehungen zu ihren Freunden und Angehörigen pflegen, was ihnen emotionalen Lohn einbringen wird.

An diesem Tag

Prominente Geburtstage: Oliver Evans (1735), Clara Schumann (1819), Walter Reed (1851), Milton S. Hershey (1857), John Pershing (1860), Arthur Henderson (1863), Arnold Schönberg (1874), Sherwood Anderson (1876), Robert Robinson (1886), J. B. Priestley (1894), Claudette Colbert (1903), Roald Dahl und Dick Haymes (1916), Mel Torme (1925), Bela Karolyi (1942), Jacqueline Bisset und Midget Farrelly (1944), Nell Carter (1948)

Bedeutende Ereignisse und Jahrestage: Am 13. September steht die Beharrlichkeit im Mittelpunkt. Im Bereich des Kriegswesens zeigte sich dies, als die griechischen Truppen 490 v. Chr. in der Schlacht von Marathon die eindringenden persischen Truppen unter König Darius I. zurückschlugen. Die britische Armee unter General James Wolfe besiegte die französischen Truppen auf dem Feld von Abraham in Kanada und nahm Quebec ein (1759). Doch auch progressive Neigungen zeigen sich am 13. September. New York wurde, wenn auch nur für kurze Zeit, zur Landeshauptstadt ernannt (1788), und 1845 wurde der erste offizielle Baseballclub der Welt, die New Yorker Knickerbocker, gegründet. Das künstlerische Potential des Tages bestätigte sich, als die Premiere von Oscar Straus' Operette *Der tapfere Soldat* (1908) stattfand und Little Richard seinen unsterblichen Hit *Tutti Frutti* aufnahm (1955).

Planeteneinflüsse

Herrschender Planet: Merkur.
Dritter Dekan: Persönlicher Planet ist die Venus.

☿ ♀

Religiöse und kulturelle Bedeutung

In Ägypten wird zum Gedenken an die Verstorbenen die Entzündung des Feuers gefeiert.
Namenstag: Guido (Wido) von Anderlecht († 1012).

Der Schriftsteller Roald Dahl, der im Zweiten Weltkrieg Kampfflieger war, wurde am 13. September 1916 geboren. Seine Originalität und Phantasie, typisch für die an diesem Tag Geborenen, zeigt sich in den bizarren Elementen seiner Kindergeschichten, z. B. Charlie und die Schokoladenfabrik *(1964) und* Hexen hexen *(1983). Im chinesischen Jahr des Drachen geboren, war Dahl von Natur aus gewitzt und unabhängig.*

14. SEPTEMBER

Planeteneinflüsse

Herrschender Planet: Merkur.
Dritter Dekan: Persönlicher Planet ist die Venus.

☿ ♀

Religiöse und kulturelle Bedeutung

Im Alten Rom wurde das Fest des Heiligen Kreuzes gefeiert.
Namenstag: Johannes Chrysostomos (347–407), Schutzheiliger der Prediger.

Am 14. September 1867 wurde der Illustrator und Karikaturist Charles Dana Gibson geboren. Mit dem typisch kritischen Blick, der die an diesem Tag Geborenen kennzeichnet, karikierte er die Gesellschaft für Life, Scribner's *und* Harper's *durch seine berühmten „Gibson Girl"-Zeichnungen (s. u.).*

Das zentrale Anliegen der an diesem Tag Geborenen ist es, für Ordnung in einem System (oder einem Menschen) zu sorgen, wenn sie vermuten, daß dessen Potential nicht ausgeschöpft ist. Mit einem extrem kritischen Blick ausgestattet – der ihnen aus ihrem scharfen Intellekt und ihrer Beobachtungsgabe erwächst –, fällt es ihnen leicht, Bereiche zu identifizieren, die ungleichgewichtig sind oder sonstige Mängel aufweisen. Da ihr Drang, durch Planen, Organisieren und Kontrollieren gut funktionierende und effiziente Systeme zu errichten und aufrechtzuerhalten sehr ausgeprägt ist – um so mehr, wenn sie im chinesischen Jahr des Büffels geboren sind –, können sie sich überall rasch an die Spitze stellen, optimale Erfolgsstrategien entwickeln und das Tun anderer lenken. Dies macht die am 14. September Geborenen zu natürlichen Führern, die ihre Ziele mit entschlossenem Sendungsbewußtsein verwirklichen (und auch von anderen erwarten, es ihnen gleichzutun). Sie haben in sämtlichen Berufen Erfolg, in denen sie Unstimmigkeiten glätten und greifbare Ergebnisse erzielen können – Wissenschaft, Politik und das Rechtswesen sind dafür besonders geeignet, daneben aber auch die Städteplanung und das Bauwesen. Dennoch sind diese Menschen nicht völlig auf intellektuelle oder berufliche Dinge konzentriert, sondern verstehen instinktiv, wie wichtig es ist, den Druck, der in der Arbeit herrscht, mit einem erfüllten Privatleben auszugleichen. Viele dieser Menschen sind sehr sinnlich, sie schätzen die Schönheit in all ihren Formen und besitzen viel Humor. Freunden und Verwandten gegenüber sind sie pflichtbewußt, als Eltern hingebungsvoll, auch wenn sie sehr autoritär sein können. Daneben sind sie angenehme Gesprächspartner und sehr gesellige Menschen, die sich gern mit anderen umgeben und gut organisierte Feste ausrichten.

STÄRKEN: Typisch für diese energiegeladenen Menschen ist, daß ihr Wesen zwei Seiten hat: Einerseits sind sie diszipliniert, ordentlich und effizient, andererseits gesellig und Vergnügungen nicht abgeneigt. Bei allem, was sie tun, kommen ihre Sensibilität, ihre praktischen Fähigkeiten und ihre Beharrlichkeit zum Tragen, und sie sind begabte Organisatoren.
SCHWÄCHEN: Obwohl ihre ausgeprägte Kritikfähigkeit meist recht wirkungsvoll ist, solange sie sie in ihrem Berufsleben nutzen, kann die ihnen innewohnende Neigung, an dem Verhalten, den Meinungen oder Vorgehensweisen anderer Fehler zu finden – auch wenn die Absichten noch so gut sind –, die Beziehung zu Angehörigen und Freunden ruinieren.
FAZIT: Am 14. September Geborene wissen, wie wichtig das Gleichgewicht zwischen intellektuellen und emotionalen Bedürfnissen, zwischen ihrem Berufs- und Privatleben ist. Doch sie sollten darauf achten, die ihnen am nächsten Stehenden nicht übermäßig stark zu kontrollieren und zu kritisieren, denn dies kann Ressentiments wecken und letztlich dazu führen, daß ihre engsten Beziehungen ihre spontane Wärme verlieren.

An diesem Tag

Prominente Geburtstage: Agrippa von Nettesheim (1486), Michael Haydn (1737), Luigi Cherubini (1760), Alexander von Humboldt (1769), Theodor Storm (1817), Iwan Pawlow (1849), Charles Dana Gibson (1867), Jan Masaryk (1886), Peter Scott (1909), Jack Hawkins (1910), Clayton Moore (1914), Zoe Caldwell und Harvey Presnell (1933), Nicol Williamson (1938), Joey Heatherton (1944), Sam Neill (1947), Joe Penny (1956), Faith Ford (1964)

Bedeutende Ereignisse und Jahrestage: Dieser Tag betont die Ordnung gut organisierter Systeme. Miguel Primo de Rivera übernahm 1923 die Kontrolle über die spanische Regierung und wurde dadurch mehr oder weniger zum Alleinherrscher. Nach jahrelanger sorgfältiger Forschung und Vorbereitung landete die sowjetische Raumsonde „Lunik II." als erstes Raumschiff auf dem Mond (1959). Papst Paul VI. sprach Elizabeth Bayley Seton als erste Amerikanerin heilig – in Anerkennung der Leistungen der von ihr gegründeten American Sisters of Charity (1975). Dieser Tag weist auch darauf hin, daß Ordnung für den Erfolg unerläßlich ist. So mußte Napoleon, nachdem er Moskau erreicht hatte, erkennen, daß dessen Einwohner die Stadt niedergebrannt hatten (1812).

15. SEPTEMBER

In vieler Hinsicht kann man die an diesem Tag Geborenen als Spezialisten bezeichnen. Meist fühlen sie sich zu einem einzigen Interessengebiet hingezogen (das sie oft schon in ihrer Kindheit ausgewählt haben) und wollen darin die Besten sein. Am stärksten faszinieren die am 15. September Geborenen Bereiche, in denen ihrem Forscherdrang keine Grenzen gesetzt sind und sie bis dahin Unbekanntes aufdecken können. Trotz ihrer großen intellektuellen Neugier sind diese Menschen selten rastlos oder wankelmütig. Sobald sie auf das Thema gestoßen sind, das ihre Aufmerksamkeit fesselt, legen sie ihre gesamten Energien ausschließlich in dessen Erforschung, testen und prüfen alles und häufen Wissen darüber an. Ihre Neigungen und ihr phantasievolles Vorgehen lassen sie für eine Reihe von Berufen geeignet erscheinen, von wissenschaftlicher Forschung hin zur bildenden Kunst. Sie haben ein großes Talent dafür, andere zu leiten und verlieren nie den Gesamtzusammenhang aus den Augen, geben jedoch auch nie die ihnen innewohnenden Bedürfnisse nach Gedanken- und Handlungsfreiheit auf.

Andere bewundern ihr technisches Wissen sowie ihre Entschlossenheit und die Klarheit ihrer Visionen, lassen sich jedoch durch ihre Kompromißlosigkeit etwas einschüchtern. Zwar mögen sie manchmal einsam wirken, doch sind sie keineswegs ausschließlich auf ihre Arbeit konzentriert, denn sie schätzen die starken emotionalen Bande mit ihren Verwandten und Freunden. Als sinnliche Menschen genießen sie die Schönheit von Musik und Kunst ebenso wie eine gute Küche. Um sich diesen Genüssen hingeben zu können, aber natürlich auch, um ihre Familien zu unterstützen, schätzen sie den materiellen Lohn, den ihnen ihr beruflicher Erfolg einbringt.

STÄRKEN: Am 15. September Geborene verfügen über einen unabhängigen und forschenden Geist. Ihr Organisationstalent, ihre Disziplin und Hartnäckigkeit gesellen sich zu ihrer Freude an Originalität, und sie haben das Potential, der Welt einen wahrhaft innovativen Stempel aufzudrücken. Außerdem sind sie sehr sinnliche und liebevolle Menschen.
SCHWÄCHEN: Ihre breitgefächerten Interessen, ihr Einsatz für ihre Visionen und ihre ausgeprägte Entschlossenheit, ein erfülltes und abwechslungsreiches Leben zu führen, kann die an diesem Tag Geborenen dazu bringen, sich manchmal emotional und körperlich zu überfordern. Diese Neigung wird noch verstärkt durch ihren Perfektionismus und ihre hohen Erwartungen.
FAZIT: Obwohl diese Menschen wissen, wie wichtig ein ausgewogenes Interessenspektrum ist, sollten sie erkennen, daß sie keine Übermenschen sind. Niemand, auch sie nicht, kann seine ganze Kraft gleichzeitig in jeden Lebensbereich investieren, ohne sich dabei zu verausgaben.

An diesem Tag

Prominente Geburtstage: Kaiser Trajan (53), Titus Oates (1649), James Fenimore Cooper (1789), William H. Taft (1857), Bruno Walter (1876), Hans Arp (1887), Robert Benchley (1889), Agatha Christie (1890), Jean Renoir (1894), König Umberto II. von Italien (1904), Fay Wray (1907), Helmut Schön (1915), Jackie Cooper (1922), Brian Henderson (1931), Jessye Norman (1945), Tommy Lee Jones und Oliver Stone (1946), Dan Marino (1961), Prinz Henry von Großbritannien (1984)

Bedeutende Ereignisse und Jahrestage: Dieser Tag unterstützt technische Neuerungen. 1830 wurde die Eisenbahnverbindung zwischen Liverpool und Manchester eingeweiht, leider wurde dabei William Huskisson, Chef des Board of Trade, von der Lokomotive „Rocket“ überrollt und ging als erstes Opfer eines Zugunglücks in die Geschichte ein. In London wurde das größte Filmmuseum der Welt, das „Museum of the Moving Image“, eröffnet (1988). Der 15. September weist auch auf das kompromißlose Durchsetzen ideologisch motivierter Überzeugungen hin: Alexander Kerenski erklärte Rußland zur kommunistischen Republik (1917), und zwischen der christlichen und moslemischen Bevölkerung brach in Beirut ein Bürgerkrieg aus (1975).

Planeteneinflüsse

Herrschender Planet: Merkur.
Dritter Dekan: Persönlicher Planet ist die Venus.

☿ ♀

Religiöse und kulturelle Bedeutung

Fest der Kreuzerhöhung.
Namenstag: Albert von Jerusalem (ca. 1150–1214), Notburga von Eben (ca. 1265–1313).

Am 15. September 1890 wurde Agatha Christie geboren, zweifellos eine Meisterin ihres Fachs. In ihr ergänzte sich Originalität mit einer ausgesprochenen Disziplin und Beharrlichkeit, eine für die an diesem Tag Geborenen typische Kombination. Sie verfaßte über 70 Kriminalromane.

16. SEPTEMBER

Planeteneinflüsse

Herrschender Planet: Merkur.
Dritter Dekan: Persönlicher Planet ist die Venus.

☿ ♀

Religiöse und kulturelle Bedeutung

Nationalfeiertag in Mexiko.
Namenstag: Melitta († ca. 150), Oranna († 6. Jh.), Roland von Medici († 1386), Katharina von Genua (1447–1510), Josef Kentenich (1885–1968).

Fröhlich und energievoll, positiv und fortschrittlich – am 16. September Geborene sind physische und intellektuelle Energiebündel, die vom Drang beflügelt sind, die Grenzen menschlichen Wissens auszudehnen und neue Wege zu beschreiten. Diese Suche ist zum Teil auf ihre humanitären Prinzipien und ihren Wunsch, ihren Mitmenschen zu helfen, zurückzuführen, entspringt aber auch ihrer Neugier und Freude, neue Konzepte und Situationen zu entdecken und auszuprobieren. Ihr Drang, wirkliche Fortschritte zu erzielen, ist sehr ausgeprägt, und sobald sie sich auf ein interessantes Thema festgelegt haben (aufgrund ihrer sehr breit gestreuten Interessen kann das länger dauern), verwenden sie meist ihre beträchtlichen Talente wie Originalität, Objektivität und Organisationsgabe darauf, einen Durchbruch zu erzielen. Konkrete Ergebnisse sind ihnen sehr wichtig, wie auch die Anerkennung ihrer Bemühungen, und deshalb sind sie besonders geeignet für Berufe im Bereich der Finanzplanung, der Wissenschaft oder Kunst sowie in der Produktion, wo sie andere inspirieren und auch sich selbst einen Namen machen können.

Obwohl ihre intellektuelle Unabhängigkeit und ihre Weigerung, sich von Konventionen bremsen zu lassen, ihre Fähigkeit zur selbständigen Arbeit unterstützen, achten die an diesem Tag Geborenen auch stark auf andere. Gern teilen sie ihr Wissen mit ihnen, beziehen jedoch auch Spaß aus der Anregung, die ihnen soziale Interaktionen einbringen. Das gleiche gilt für ihre persönlichen Beziehungen, in denen sie Mentorenrollen übernehmen (vor allem die Frauen) und die sie durch ihre ansteckende Lebensfreude bereichern.

STÄRKEN: Die an diesem Tag Geborenen sind optimistische, starke Menschen, deren Handeln von ihrer Abenteuerlust und Leistungsbereitschaft bestimmt wird. Selten haben sie selbstsüchtige Ziele, sie sind eher von ihrem Wunsch motiviert, der Menschheit etwas zu geben. Sie sind unabhängig und gut organisiert, und ihr positives, energisches Wesen macht sie zu beliebten Freunden und Kollegen.
SCHWÄCHEN: Der diesen Menschen angeborene Forscherdrang und ihre Lust auf Neues birgt das Risiko, daß sie ihre Aufmerksamkeit zu breit streuen, was sie daran hindert, sich auf spezifische Bereiche und Interessen zu konzentrieren. Wenn ihnen geistige Anregung fehlt, kann auch Langeweile zum Problem werden.
FAZIT: Sie sollten ihre Neigung zügeln, sich auf jede neue Idee zu stürzen, die in ihr Blickfeld gerät. Es würde ihnen guttun, wenn sie ihre Prioritäten überprüfen und dann ihre beträchtlichen Energien auf die Themen konzentrieren würden, die ihnen wirklich wichtig sind.

Am 16. September 1620 setzten die Pilgerväter im Hafen von Plymouth auf der „Mayflower" die Segel, was sich im Einklang mit den innovativen Visionen und dem starken Bedürfnis nach Autonomie befand, die an diesem Tag eine wichtige Rolle spielen.

An diesem Tag

Prominente Geburtstage: König Heinrich V. von England (1387), Thomas Barnes (1785), Edward Marshall Hall und Andrew Bonar Law (1858), Nadia Boulanger (1887), Karl Doenitz (1891), Alexander Korda (1893), Joe Venuti (1905), Allen Funt (1914), Lee Kuan Yew (1923), Lauren Bacall (1924), Charlie Byrd, Charles James Haughey und B. B. King (1925), Peter Falk (1927), Oskar Lafontaine (1943), Robin Yount (1955)

Bedeutende Ereignisse und Jahrestage: Dieser Tag weist auf den ausgeprägten Wunsch nach Autonomie hin. 1963 erlangte Malaya die Unabhängigkeit von Großbritannien und erklärte sich zur Föderation von Malaysia. Der 16. September unterstützt auch innovative Visionen, die auf praktisches und technisches Wissen bauen. Am 16. September wurde, resultierend aus einem Zusammenschluß zwischen Buick und Oldsmobile, der riesige amerikanische Autokonzern General Motors gegründet (1908), und die Filmfirma 20th Century Fox zeigte mit dem Werk *The Robe* zum ersten Mal einen Film im Breitwandformat (1953). 1987 war John Khani in dem von der Apartheid bestimmten Südafrika der erste Schwarze, der in Shakespeares *Othello* die Hauptrolle spielen durfte.

17. SEPTEMBER

Die an diesem Tag Geborenen gehen so konzentriert und entschlossen ans Werk, daß es häufig den Anschein hat, als ließen diese bemerkenswert zielgerichteten Menschen sich durch nichts oder niemanden von ihrem Weg abbringen. In vieler Hinsicht trifft diese Einschätzung auch zu. Denn sie sind nicht nur zielstrebig, in ihnen vereint sich auch die Fähigkeit, sich zu konzentrieren und logisch zu denken, mit ihrer intellektuellen und physischen Stärke sowie einer ausgeprägten Hartnäckigkeit, was ihnen große Kraft verleiht. Doch die Persönlichkeit der an diesem Tag Geborenen ist nicht so eindeutig beschaffen, wie sie auf den ersten Blick scheinen mag. Sie sind nicht nur lineare Denker, dank ihrer intellektuellen Neugier können sie auch lateral denken, und daneben sind sie noch mit großer Sensibilität und Wahrnehmungsfähigkeit ausgestattet, weshalb sie anderen gegenüber großes Mitgefühl empfinden können. Zusammen mit ihren organisatorischen Gaben bringen ihre humanitären Instinkte sie oft in Berufe, in denen sie anderen helfen oder sie aufklären können, möglicherweise auch mit kreativen Mitteln. Außerdem sind sie auch begabte und großzügige Teamleiter. Ähnliche Gefühle der Fürsorge und Verantwortung für das Wohlergehen anderer charakterisieren auch ihre privaten Beziehungen. Obwohl sie ihre Gefühle nur selten offen ausdrücken, zeigen sie ihre Liebe, indem sie sich sehr um andere kümmern. Anfangs sind sie zwar oft schüchtern, können dann aber sehr lebhafte Gefährten sein, die in künstlerischen Dingen (in denen manche auch beruflich tätig sind) Anregung finden und einen ansteckenden Humor haben.

STÄRKEN: Am 17. September Geborene verfügen über ein starkes Zielbewußtsein, und bei der Arbeit an der Verwirklichung ihrer Ziele setzen sie ihre Wahrnehmungskraft, ihre Intelligenz, ihr Organisationstalent und ihre Motivationskraft ein. Meist wird ihr Handeln von dem Wunsch nach Fortschritten beflügelt, von denen andere profitieren können.
SCHWÄCHEN: Weil sie eher verschlossen und sehr diszipliniert sind, neigen an diesem Tag Geborene nicht dazu, ihre tieferen Gefühle frei auszudrücken. Durch ihr sehr kontrolliertes Vorgehen kapseln sie jedoch auch oft ihre negativen Gefühle ab, bis eine Enttäuschung sie dazu bringt, sie auf dramatische Weise destruktiv freizulassen.
FAZIT: Um körperlicher Erschöpfung und emotionalem Streß vorzubeugen, müssen an diesem Tag Geborene unbedingt lernen, sich zu entspannen und ihre Gedanken und Gefühle den ihnen Nahestehenden in größerem Umfang mitzuteilen.

An diesem Tag

Prominente Geburtstage: Käthe Kruse (1883), Isaac Wolfson (1897), Francis Chichester (1901), Frederick Ashton (1904), Junius Jaywardene (1906), Chaim Herzog (1918), Roddy MacDowell (1928), Stirling Moss (1929), Anne Bancroft (1931), Dorothy Loudon (1933), Maureen Connolly (1934), Ken Kesey (1935), Billy Bonds (1946), Lol Creme (1947), John Ritter (1948), Cassandra „Elvira" Peterson (1951), Yunupingu Djarrtjuntjun (1956)

Bedeutende Ereignisse und Jahrestage: Dieser Tag weist auf Fortschritte zum Wohl der Allgemeinheit hin. So billigten die Mitglieder der Constitution Convention 1787 einen Entwurf der amerikanischen Verfassung. Dieser Tag unterstützt auch die Bereitschaft, Veränderungen mit Gewalt herbeizuführen. Diese Neigung zeigte sich während des amerikanischen Bürgerkriegs, als die Unionsarmee unter General George McClellan bei der Schlacht am Antietam die Invasion der Konföderierten unter General Robert E. Lee aufhielt (1862). Zum Auftakt der Operation „Market Garden" landeten britische Fallschirmspringer bei Arnheim in Holland (1944). Mitglieder einer jüdischen Zionistengruppe („Stern-Bande") ermordeten 1948 den von den UN bestellten schwedischen Vermittler Graf Folke Bernadotte in Palästina. Der türkische Premierminister Adnan Menderes wurde auf Befehl Cemnal Gursels, dem Anführer des Militärputsches, der ihn gestürzt hatte, hingerichtet (1961). Die künstlerischen und technischen Neigungen dieses Tages zeigten sich, als die Firma R.C.A.-Victor der Welt die erste Langspielplatte vorstellte (1931).

Planeteneinflüsse

Herrschender Planet: Merkur.
Dritter Dekan: Persönlicher Planet ist die Venus.

☿ ♀

Religiöse und kulturelle Bedeutung

Im Alten Griechenland wurde die Göttin Demeter durch ein Fest geehrt.
Namenstag: Kornelius († 253), Cyprian von Karthago (ca. 200–258), Victor III. (Victor Daufari, ca. 1027–87), André Kim (1821–46).

Die an diesem Tag im Alten Griechenland gefeierte Fruchtbarkeitsgöttin Demeter wurde als Beschützerin der Ernte verehrt.

18. SEPTEMBER

Die an diesem Tag Geborenen sind sehr verschlossene und zur Innenschau neigende Menschen, die aber dennoch gelegentlich den Drang verspüren, aus ihrer Abgeschiedenheit herauszutreten, um die Früchte ihrer Bemühungen mit anderen zu teilen. Die Planeten, die ihren Geburtstag lenken, üben einen besonders starken Einfluß auf ihre Psyche aus: Merkur verleiht ihnen den starken Drang zur intellektuellen Forschung und Entdeckung, Venus schenkt ihnen eine ausgeprägte Sinnlichkeit und hochentwickelte Empfänglichkeit für alles Schöne. Wenn sich diese Neigungen auf harmonische Weise verbinden, haben am 18. September Geborene die Möglichkeit, wahrhaft innovative und inspirierende Fortschritte in die Wege zu leiten, die bei ihren Mitmenschen auf Bewunderung stoßen und noch viele nachfolgende Generationen beeinflussen können. Ihre angeborene Affinität zu allem Künstlerischen kommt ihnen besonders als Schriftsteller, Musiker, Künstler oder Filmschaffende zugute, während ihre gleichermaßen stark ausgeprägte Neigung, sich technisches Wissen anzueignen, ihnen auch in wissenschaftlichen Berufen zu Hilfe kommt. Auch wenn sie sich ganz auf ihre beruflichen Belange konzentrieren, haben sie letztlich doch das Ziel, der gesamten Menschheit zu dienen.

Die Neigung, anderen Fortschritte zu ermöglichen, sich aber gleichzeitig intensiv auf Ideen zu konzentrieren, die sie faszinieren, kann dazu führen, daß ihr Privatleben aus dem Gleichgewicht gerät. Da sie eine aufrichtig einfühlsame Besorgnis ausstrahlen und sehr attraktive und interessante Menschen sind, fühlen sich andere stark zu ihnen hingezogen. Doch oft nimmt ihr Interesse an anderen eher abstrakte als direkte Formen an (diese Neigung ist besonders bei Männern ausgeprägt), und sie scheuen davor zurück, Verantwortung für das Glück anderer zu übernehmen, vor allem, wenn dies bedeuten würde, daß sie Aufmerksamkeit von ihren intellektuellen Anliegen abziehen müßten.

STÄRKEN: Am 18. September Geborene sind sinnlich und künstlerisch veranlagt, geistig rege und fortschrittlich, sie werden von dem fast unwiderstehlichen Wunsch beflügelt, sich völlig ihrer privaten Welt der Entdeckungen zu widmen, in der Hoffnung, der Welt neues Wissen schenken zu können.

SCHWÄCHEN: Diese Menschen neigen dazu, ihre gesamte Aufmerksamkeit dem Studium faszinierender abstrakter Ideen und Belange zu widmen. Diese Neigung kann letztlich dazu führen, daß sie sich freiwillig von anderen isolieren und die emotionalen Bedürfnisse der ihnen Nahestehenden darunter leiden.

FAZIT: Um ihr fundamentales Bedürfnis nach emotionaler Unterstützung durch Familie und Freunde zu stillen, müssen die an diesem Tag Geborenen erkennen, daß sie häufig zu der eigentlich schädlichen Taktik greifen, andere auszuschließen. Sie sollten sich deshalb bemühen, sich aktiver an ihren zwischenmenschlichen Beziehungen beteiligen.

Planeteneinflüsse

Herrschender Planet: Merkur.
Dritter Dekan: Persönlicher Planet ist die Venus.

☿ ♀

Religiöse und kulturelle Bedeutung

Nationalfeiertag in Chile.
Namenstag: Joseph von Copertino (1603–63), Schutzheiliger der Astronauten, Flugpassagiere und Flieger.

Die als Greta Gustafsson am 18. September 1905 geborene, als Greta Garbo berühmt gewordene Schauspielerin ist mit ihrer Zurückgezogenheit und der berüchtigten Forderung „I want to be alone" ein extremes Beispiel für die Verschlossenheit der an diesem Tag Geborenen. Ihr chinesisches Zeichen, die Schlange, verstärkte ihre Diskrektion und Zurückhaltung, aber auch ihre Sensibilität und ihre Kreativität zeigten sich deutlich in ihrer ganzen Karriere.

An diesem Tag

Prominente Geburtstage: Samuel Johnson (1709), J. B. L. Foucault (1819), Arthur Benjamin (1893), Fay Compton (1894), John George Diefenbaker (1895), Greta Garbo (1905), Edwin M. McMillan (1907), Kwame Nkrumah (1909), Jack Cardiff (1914), Jack Warden (1920), Bob Dylan (1933), Robert Blake (1934), John Spencer (1935), Frankie Avalon (1939), Peter Shilton (1949)

Bedeutende Ereignisse und Jahrestage: Dieser Tag weist auf den Wunsch hin, einem breiteren Publikum Wissen zu vermitteln. 1851 erschien die erste Ausgabe der *New York Times.* Kurz nach Ausbruch des Zweiten Weltkriegs begann der irische Nazi-Sympathisant William Joyce (bald als „Lord Haw-Haw" bekannt), im Rundfunk eine Serie zu senden, die von den britischen Behörden als gefährlich subversiv eingestuft wurde (1939). Der 18. September unterstreicht auch ein starkes humanitäres und demokratisches Anliegen: Der englische König Georg V. gab 1914 seine Zustimmung zu einem irischen „Home-Rule"-Gesetz, und Frankreich schaffte die Guillotine als Vollzugsinstrument für die Todesstrafe ab (1981).

19. SEPTEMBER

Am 19. September Geborene interessieren sich für alles, was ihnen begegnet. Ihr neugieriger Geist stürzt sich auf jede ungewohnte Idee. Ihr wacher Blick für alles Schöne und ihre warme Sinnlichkeit verleihen ihnen ästhetische – und häufig auch recht erdtypische – Veranlagungen. Sie geben sich nicht damit zufrieden, still am Rand zu sitzen. Begeistert suchen sie ständig nach neuen Erfahrungen und lassen sich dadurch anregen, wobei sie oft an ungewöhnlichen und originellen Dingen Gefallen finden (vor allem, wenn sie im chinesischen Jahr des Pferdes geboren sind). Doch trotz ihrer vielseitigen Interessen sind die an diesem Tag Geborenen selten kämpferisch, denn sie empfinden den starken Wunsch, die Oberfläche zu durchdringen und in ernstere Bereiche vorzustoßen in der Hoffnung, ihr eigenes Wissensspektrum zu vergrößern und die Welt durch ihre Bemühungen zu bereichern. Ihr Potential, als geniale Wissenschaftler oder Künstler Spuren zu hinterlassen, verspricht ihnen die Möglichkeit, in einer Vielzahl von Berufen erfolgreich zu sein, vorausgesetzt ihre Aufmerksamkeit und ihr Interesse werden ständig wachgehalten. Ihre zwischenmenschlichen Beziehungen sind von einer ähnlichen Mischung gekennzeichnet: Fürsorge für andere, Freude an ihrer Gesellschaft und am Leben an sich. Die Dynamik und Lebhaftigkeit ihres Wesens zieht andere in ihren Bann. Doch trotz ihrer Geselligkeit gelingt es ihnen, ihrer Familie besondere Aufmerksamkeit zu widmen und einfache, entspannte Beziehungen aufrechtzuerhalten, während sie gleichzeitig ihre eigenen Interessen wahren.

STÄRKEN: Ihre umfassende Neugier und ihre Freude am Sammeln von Wissen und neuen Erfahrungen ist so ausgeprägt, daß nur wenig der Aufmerksamkeit und dem forschenden Blick dieser energievollen Menschen entgeht. Doch so sehr sie ihr persönliches Wissen mehren wollen, so gern helfen sie auch anderen.
SCHWÄCHEN: Ihr umfassender Forscherdrang birgt die Gefahr, daß diese Menschen ihre Energien zu weit streuen und deshalb erschöpft und frustriert werden.
FAZIT: Während die im allgemeinen positive und aktive Auseinandersetzung dieser Menschen mit den Konzepten, Situationen oder Personen, die mit ihnen zu tun haben, eine ihrer größten Stärken ist, kann eben diese letztlich auch ihre Effektivität vermindern. Sie sollten versuchen, ein ausgeprägteres Gespür dafür zu entwickeln, was ihnen wirklich wichtig ist und ihnen umfassende Erfüllung bringt.

An diesem Tag

Prominente Geburtstage: Lajos Kossuth (1802), George Cadbury (1839), William H. Lever (1851), William Golding (1911), Emil Zatopek (1922), Penelope Mortimer (1928), Derek Nimmo (1932), David McCallum (1933), Brian Epstein (1934), Zandra Rhodes und Paul Williams (1940), „Mama“ Cass Elliot (1943), Randolph Mantooth (1945), Rosie Casals und Jeremy Irons (1948), „Twiggy“ (1949), Joan Lunden (1950), Kevin Hooks (1958), Jim Abbott (1967)

Bedeutende Ereignisse und Jahrestage: Der 19. September steht für die Erforschung und oft auch Verwirklichung höchst origineller Ziele. Zwei Ereignisse bestätigen dies: 1783 stieg der erste Heißluftballon der Welt in die Luft, die Passagiere waren die französischen Brüder Montgolfier, ein Hahn, eine Ente und ein Schaf. Der amerikanische Erfinder Melville Bissell ließ 1876 ein Teppichreinigungsgerät patentieren. Dieser Tag weist auch auf die Bereitschaft hin, zum Wohl anderer aktiv zu werden. Dies zeigte sich während des hundertjährigen Kriegs zwischen England und Frankreich um die Besitzansprüche auf französisches Gebiet, als das englische Heer bei der Schlacht von Poitiers einen bemerkenswerten Sieg über die Franzosen errang (1356). Eine Pioniertat war der Schritt Neuseelands 1893 in seiner Verfassung, den weiblichen Bürgern das Wahlrecht zu gewähren. 1955 wurde der argentinische Diktator Juan Peron bei einem Militärputsch gestürzt. Die Lebensfreude und das künstlerische Potential dieses Tags spiegelten sich, als der Hit *The Twist* von Chubby Checker die amerikanischen Hitparaden eroberte (1960).

Planeteneinflüsse

Herrschende Planeten: Merkur und Venus.
Dritter Dekan: Persönlicher Planet ist die Venus.
Zweite Häuserspitze: Jungfrau mit Waagetendenzen.

☿ ♀

Religiöse und kulturelle Bedeutung

Im Alten Babylon wurde Gula, die Göttin der Geburt, geehrt.
Namenstag: Januarius († 305), Theodor von Canterbury (602–690).

Der vielseitige Individualismus und die Fürsorge für andere, die für die an diesem Tag Geborenen typisch sind, zeigte sich auch bei George Cadbury, der am 19. September 1838 in Birmingham zur Welt kam. Er baute das von seinem Vater gegründete Schokoladengeschäft aus und besaß auch eine Tageszeitung. Als überzeugter Quaker war er sehr besorgt um das Wohl seiner Arbeiter.

20. SEPTEMBER

Das Wesen der an diesem Tag Geborenen ist in der Regel durch zwei Dinge gekennzeichnet: dem fast unwiderstehlichen Drang, Situationen und Menschen zu kontrollieren, und dem Wunsch, die aufrichtige Liebe und Bewunderung der Menschen ihrer Umgebung zu erringen. Ihre vom Merkur geprägte Auffassungsgabe bringt sie dazu, den effektivsten Weg zu suchen, sich und andere zu organisieren. Obwohl ihre Visionen oft höchst individuell sind, zielen ihre Bestrebungen meist darauf ab, einer größeren Gruppe von Menschen zu dienen, und sie arbeiten lieber im Team als allein. Zwar sind sie sehr darum bemüht, andere positiv zu beeinflussen, aber lieber mit Hilfe ihrer Überzeugungskraft als durch Zwang. Diese Menschen eignen sich für unterschiedlichste Berufe, doch viele fühlen sich besonders zu den innovativen Möglichkeiten der Kunst oder im Medienbereich hingezogen. Ihr Wunsch, harmonische Beziehungen zu errichten, durchdringt sämtliche Lebensbereiche der an diesem Tag Geborenen und spiegelt auch ihren Drang, ihre Ziele so leicht und rasch wie möglich zu erreichen, sowie ihr natürliches – wenn auch manchmal uneingestandenes – Bestreben, die Liebe und Achtung derjenigen zu erringen, mit denen sie in persönliche Verbindung treten. Doch ihre Selbstsicherheit und ihr Vertrauen auf die Richtigkeit ihrer Überzeugungen kann auf Ablehnung stoßen. Vor allem denen, die ihnen am nächsten stehen, kommt ihr Vorgehen manchmal manipulativ vor – wie einnehmend es auch präsentiert sein mag.

STÄRKEN: Die Ziele der am 20. September Geborenen sind von ihrem Wunsch beflügelt, andere in neue und fortschrittliche Interessengebiete zu führen. Es handelt sich um unabhängige, forschende und findige Menschen, die auch sehr gesellig sind.
SCHWÄCHEN: An diesem Tag Geborene verspüren nur selten Selbstzweifel. Oft ist ihnen jedes Mittel recht, um andere dazu zu bringen, ihre Überzeugungen zu teilen, und diese Neigung stößt andere Menschen oft vor den Kopf.
FAZIT: Obwohl es wichtig ist, andere für ihre Ansichten zu gewinnen, sollten diese Menschen erkennen, daß es ebenso wichtig ist, sich die Gunst anderer zu erhalten, wobei diese beiden Bedingungen manchmal einfach unvereinbar sind. Daher wäre es ratsam, wenn sie ihren Umgang mit ihren Mitmenschen sorgfältig prüfen würden.

Planeteneinflüsse

Herrschende Planeten: Merkur und Venus.
Dritter Dekan: Persönlicher Planet ist die Venus.
Zweite Häuserspitze: Jungfrau mit Waagetendenzen.

☿ ♀

Religiöse und kulturelle Bedeutung

In Südamerika wird der Geburtstag von Quetzolcoatl gefeiert.
Namenstag: Eustachius († 118), Schutzheiliger der Jäger, Maria Tauscher (1855–1938).

An diesem Tag

Prominente Geburtstage: James Dewar (1842), George Robey (1869), Upton Sinclair (1878), „Jelly Roll" Morton (1885), Stevie Smith (1902), Kenneth More (1914), Wolfgang Mischnick (1921), Rachel Roberts (1927), Dr. Joyce Brothers (1928), Anne Meara (1929), Sophia Loren (1934), Pia Lindstrom (1938), Gary Cole (1957)

Bedeutende Ereignisse und Jahrestage: Dieser Tag betont den Erfolg, der durch konzertierte Gruppenbemühungen erreicht werden kann. Nach fast 40 Jahren Arbeit wurde die Kathedrale von Salisbury in England geweiht (1258). Während des Krimkriegs besiegten britische, französische und türkische Truppen ihre russischen Gegner in der Schlacht von Alma (1854). 1967 ließ die britische Königin das nach ihr benannte Linienschiff „Queen Elizabeth II." bei Clydebank in Schottland vom Stapel laufen. Eine diesem Tag innewohnende Gefahr liegt darin, daß leidenschaftlich gehegte Ziele und Methoden nur auf Kosten des Wohlergehens anderer erreicht werden können. Diese Neigung spiegelte sich, als Mussolinis faschistische Abgesandte die Kontrolle über Italiens wichtigste legislative Einrichtung, die Abgeordnetenkammer, übernahmen (1928). 1984 verwüstete ein islamisches Selbstmordkommando die amerikanische Botschaft in Beirut und tötete 40 Menschen. Doch der 20. September weist auch auf die entschlossene Verfolgung innovativer Ziele hin. 1519 begab sich der portugiesische Seefahrer Ferdinand Magellan auf seine Entdeckungsreise nach Ostindien, und zwar von Sevilla aus auf westlichem Kurs. 1961 unternahm der argentinische Schwimmer Antonio Alberto den Versuch, als erster den Ärmelkanal ohne Unterbrechung in beide Richtungen zu durchschwimmen.

Die Erfolge gemeinsamer Bemühungen, die dieser Tag unterstreicht, spiegeln sich in der Kathedrale von Salisbury, einem herausragenden Exemplar der frühen englischen Gothik, 40 Jahre lang wurde an ihr gebaut, am 20. September 1258 wurde sie schließlich geweiht.

21. SEPTEMBER

Die Einflüsse, die die Anlagen der am 21. September Geborenen prägen, statten diese Menschen mit einer ungewöhnlichen und komplexen Mischung persönlicher Charakteristika und Neigungen aus. Einerseits sind diese intellektuell progressiven Menschen fasziniert von allem Ungewöhnlichen und Innovativen, sie fühlen sich hingezogen zur Erforschung neuer oder außergewöhnlicher Themen, vor denen phantasielosere oder konventionellere Menschen eher zurückschrecken würden. Andererseits sind sie sehr sinnlich veranlagt, verfügen über eine ausgeprägte Ästhetik und sind sehr einfühlsam. Ständig sind sie auf der Suche nach neuen Erfahrungen, und da sie künstlerische Medien als starke Ausdrucksmöglichkeiten schätzen, haben sie die Möglichkeit, der Welt ihren höchst originellen Stempel aufzudrücken und als Autoren, Komponisten, Künstler oder Filmemacher in unbekannte Gefilde vorzustoßen. Ihre ausgeprägten praktischen und organisatorischen Fähigkeiten unterstützen sie bei der Verwirklichung ihrer höchst originellen Ziele, und diese Eigenschaften rüsten sie auch für eher technische oder administrative Berufe. Obwohl die vorrangige Beschäftigung mit ihren persönlichen Visionen die am 21. September Geborenen von der Menge absondert, haben sie letztlich das Ziel, ihre Entdeckungen und Ansichten mit anderen zu teilen. Dieses Anliegen nimmt oft spirituelle oder intellektuelle Formen an. Zwar können sie ihre Ideen weitergeben, doch ihre Botschaften sind oft tiefschürfend (um so mehr, wenn sie im chinesischen Jahr des Schweins geboren sind). Dennoch werden sie oft falsch verstanden, was sie dazu bringt, sich noch weiter in ihre Welt zurückzuziehen oder entmutigt zu resignieren. Zur Stärkung ihres Selbstvertrauens benötigen sie deshalb in besonderem Maß die bedingungslose Liebe und Unterstützung ihrer Familie und Freunde.

STÄRKEN: Aufgrund ihrer intellektuellen Neugier und ihres Wunsches, dem menschlichen Fortschritt zu dienen, fühlen sich die an diesem Tag Geborenen zu neuen Ideen hingezogen. Obwohl ihre spirituellen oder ästhetischen Visionen originell sein können, wissen sie doch, wie wichtig es ist, sie so zu präsentieren, daß andere ihnen folgen können.
SCHWÄCHEN: Die ausschließliche Beschäftigung mit ihren intellektuellen Anliegen, die für am 21. September Geborene typisch ist, sowie ihr oft sehr ungewöhnliches und tiefgründiges Wesen kann dazu führen, daß sie im zwischenmenschlichen Bereich isoliert sind. Darüber hinaus reagieren sie häufig verbittert, wenn andere ihre Interessen nicht teilen, und ziehen sich noch mehr in sich selbst zurück.
FAZIT: Für ihr emotionales Wohl ist es unerläßlich, daß diese Menschen sich in engen und stabilen persönlichen Beziehungen verankern. Die lebensnotwendige Unterstützung ihrer Angehörigen wird sie nicht nur bestärken, sondern ihnen auch helfen, ein gesundes intellektuelles und emotionales Gleichgewicht zu wahren.

An diesem Tag

Prominente Geburtstage: Girolamo Savonarola (1452), John Loudon McAdam (1756), Johann Peter Eckermann (1792), H. G. Wells (1866), Gustav Holst (1874), Juan de la Cierva (1895), Allen Lane (1902), Chico Hamilton (1921), Larry Hagman (1931), Shirley Conran (1932), Leonard Cohen (1934), Henry Gibson (1935), Stephen King (1947), Bill Murray (1950), Rob Morrow (1962), Ricki Lake (1968), Joseph Mazzello (1983)

Bedeutende Ereignisse und Jahrestage: Der 21. September unterstützt den wirkungsvollen Einsatz unterschiedlicher Medien zur Vermittlung intellektueller Informationen und Botschaften. 1784 erschien die erste Ausgabe von *The Pennsylvania Packet and General Advertiser*, der ersten amerikanischen Tageszeitung, die es längere Zeit gab. 1903 hatte der vermutlich erste Western, *Kit Carson*, Premiere. An diesem Tag werden manchmal auch Ziele verfolgt, die nicht mit der Erhaltung des Status quo übereinstimmen. Der englische König Eduard II. wurde 1327 im Schloß von Berkeley auf Befehl seiner Mutter Isabella ermordet, und schottische Jakobitentruppen errangen einen Sieg über die königstreuen Truppen in der Schlacht von Prestonpans in Schottland (1745).

Planeteneinflüsse

Herrschende Planeten: Merkur und Venus.
Dritter Dekan: Persönlicher Planet ist die Venus.
Zweite Häuserspitze: Jungfrau mit Waagetendenzen.

☿ ♀

Religiöse und kulturelle Bedeutung

Nationalfeiertag in Malta, im Alten Griechenland wurde Athenes Geburtstag gefeiert.
Namenstag: Matthäus († 1. Jh.), Schutzheiliger der Steuerberater, Bankfachleute, Buchhalter und Steuereintreiber.

Matthäus, der Schutzpatron dieses Tages, dargestellt von Caravaggio in seinem Gemälde Die Inspiration des heiligen Matthäus. *Der Apostel war ursprünglich Steuereintreiber. Er soll das erste Evangelium des Neuen Testaments verfaßt haben und ging als Missionar nach Judäa, Äthiopien und Persien, bevor er den Märtyrertod starb.*

22. SEPTEMBER

Die an diesem Tag Geborenen werden typischerweise von zwei fundamentalen Wünschen beflügelt: ihrem intellektuellen Durst nach Anregung und Forschung und ihrem Einsatz für andere. Aus der Verbindung dieser beiden Neigungen entwickeln sie oft eine einzige, bemerkenswert progressive Vision, die sie dann mit wilder Entschlossenheit fördern. Ausgestattet mit einem lebhaften Geist und guter Wahrnehmungsfähigkeit fällt es diesen Menschen leicht, soziale Mißstände zu erkennen und phantasievolle und effiziente Strategien zu deren Behebung zu ersinnen. Innovative Ideen und Theorien finden sie besonders faszinierend, daneben besitzen sie auch einen ausgeprägten Gerechtigkeitssinn, der sie oft dazu bringt, sich für das Allgemeinwohl einzusetzen. Bestens für wissenschaftliche Arbeit oder den öffentlichen Dienst oder humanitäre Aufgaben geeignet, versuchen sie oft, andere mit ihren Forschungsbemühungen aufzuklären.

Obwohl sie im allgemeinen um das Wohlergehen anderer sehr besorgt sind, stößt ihre direkte Art und das kompromißlose Vertreten ihrer Ansichten andere manchmal ab. So sehen sich die an diesem Tag Geborenen dann gezwungen, auf Konfrontationskurs zu gehen, um ihre Visionen zu verwirklichen. Deshalb verlassen sie sich auf die bedingungslose Unterstüzung, die sie in ihren persönlichen Beziehungen finden, und erwidern die Zuwendung ihrer Familie und Freunde aus ganzem Herzen (besonders, wenn es sich um Frauen handelt).

STÄRKEN: Die am 22. September Geborenen wollen für die Gesellschaft einen aktiven und positiven Beitrag leisten und erforschen gern innovative intellektuelle Ideen. Sie haben die Möglichkeit, sich einen wahrhaft progressiven Weg durchs Leben zu bahnen.

SCHWÄCHEN: Ihr entschlossenes Eintreten für extrem unkonventionelle Ansichten und Visionen zwingt die an diesem Tag Geborenen häufig dazu, um Anerkennung zu kämpfen. Um mit eventuellen Enttäuschungen fertig zu werden, greifen sie zu defensiven Strategien. Obwohl sie sich damit eigentlich schützen wollen, setzen sie dabei doch ihr psychisches Wohl aufs Spiel.

FAZIT: Die an diesem Tag Geborenen müssen ernsthaft überlegen, ob das Verfolgen ihrer intellektuellen Ziele den emotionalen Preis rechtfertigt, den sie manchmal dafür zahlen müssen. Sie sollten versuchen, die Beziehungen zu ihren Freunden und Verwandten zu pflegen, die ihnen viel Unterstützung, Trost und Freude einbringen können.

An diesem Tag

Prominente Geburtstage: Anna von Cleve (1515), Michael Faraday (1791), Christabel Pankhurst (1880), Paul Muni und Erich von Stroheim (1885), John Houseman (1902), Hans Scholl (1918), Dannie Abse (1923), Tommy Lasorda (1927), Fay Weldon (1931), Dale Spender (1943), Mark Phillips (1948), Shari Belafonte-Harper (1954), Debby Boone (1956), Nick Cave (1957), Joan Jett, Scott Baio, Catherine Oxenburg und Eric Stoltz (1961)

Bedeutende Ereignisse und Jahrestage: Dieser Tag weist auf ein unbeugsames Vorgehen zur Durchsetzung fester Überzeugungen hin. Shaka, der Führer der Zulus, wurde 1828 von zwei seiner Halbbrüder ermordet. Lech Walesa gründete in Opposition zu der kommunistischen Politik der polnischen Regierung die Gewerkschaftsbewegung Solidarnos (1980). Der 22. September zeigt auch, daß gemeinsame Ideale manchmal einen hohen Preis fordern. Während des amerikanischen Unabhängigkeitskriegs hängten die Briten den Patrioten Nathan Halevon aufgrund eines Spoinageverdachts (1776). Ein Bombenattentat von IRA-Terroristen forderte im englischen Deal das Leben von zehn Musikern der königlichen Marine (1989). Doch dieser Tag unterstützt auch das Bemühen, die Menschheit voranzubringen. Joseph Smith offenbarte das *Book of Mormons* (1827), Chirurgen am Harefield Hospital in England nahmen eine Herz- und Lungentransplantation an einem zweieinhalb Monate alten Säugling vor (1986), damals der jüngste Patient, an dem je eine solche Operation vorgenommen worden war.

Planeteneinflüsse

Herrschende Planeten: Merkur und Venus.
Dritter Dekan: Persönlicher Planet ist die Venus.
Zweite Häuserspitze: Jungfrau mit Waagetendenzen.

Religiöse und kulturelle Bedeutung

Der Wicca-Kult pflegt an diesem Tag seine Initiationszeremonien.
Namenstag: Mauritius und Gefährten, Schutzheiliger der Färber, Weber und Soldaten († 302), Emmeram († ca. 652), Landelin († 7. Jh.).

Am 22. September 1791 wurde in England der Chronist, Physiker und Philosoph Michael Faraday geboren. Mit der für diesen Tag typischen intellektuellen Neugier, der überschäumenden Energie und dem Drang, einen Beitrag zum menschlichen Fortschritt zu leisten, machte er bemerkenswerte Fortschritte im Bereich der Elektrizität, der Elektrochemie und des Elektromagnetismus.

WAAGE

♎

23. September bis 22. Oktober
Herrschender Planet: Venus **Element**: Luft, veränderlich
Polarität: Positiv (maskulin)
Körperliche Entsprechungen: Nieren
Edelsteine: Quarz, Opal, Jade, Smaragd, Saphir
Blumen: Rose, Stiefmütterchen, Fingerhut, Gänseblümchen, Hortensie
Farben: Rosa, Blau, Violett

Das Symbol dieses Tierkreiszeichens, die Waage, taucht in fast jeder astrologischen Tradition auf. Die Perser nannten diese Konstellation *Tarazuk*, die Babylonier *Zibanitu*, die Hindus *Tula* – all diese Begriffe bedeuten „Waage". Die einzige Ausnahme bilden die alten griechischen Astrologen, die die Waage als *Zugos*, „das Joch", bezeichneten. Die Ähnlichkeit und Assoziation dieser Konstellation mit einer Waage (oder eben auch einem Joch, mit dem Ochsen gelenkt wurden) läßt sich durch die Tatsache erklären, daß die Waage einen Zeitraum dominiert, in dem Tag und Nacht etwa gleich lang sind. Doch das Bild der Waage hat auch eine spirituelle Bedeutung – in den alten ägyptischen Überlieferungen wurden in Osiris' Saal der Gerechtigkeit mit einer Waage die Herzen kürzlich Verstorbener gegen die Feder von Ma'at, der Göttin der Wahrheit, gewogen. Dieser Symbolismus der Rechtsprechung wurde auch mit der karthagischen Göttin Tanit in Verbindung gebracht. Einige Gelehrte behaupten, daß das alte ägyptische Schriftzeichen für Waage – das dem modernen Symbol des Sternzeichens ähnelt – die Sonne repräsentiert (die das Maskuline und Spirituelle verkörpert), die über der Erde untergeht (welche das Weibliche und Materielle verkörpert). Eine solche Analogie ist vereinbar mit dem Wiegen der Seelen nach dem Tod sowie dem Ausbalancieren gegensätzlicher Prinzipien.

Die Römer gingen manchmal davon aus, daß ihr Gott des Feuers, Vulkan, sich in dieser Konstellation aufhielt und daß seine Begleiterin, die Venus (der Morgenstern), als Planet über die Waage herrsche. Sie verleiht den unter diesem Sternzeichen Geborenen Charme, Liebe zur Schönheit und ein Bedürfnis nach Harmonie, während das Element Luft, das die Waage ebenfalls beeinflußt, auf intellektuelle Neigungen und ein Streben nach Freiheit hindeutet. Das Tierkreiszeichen Waage steht für einen starken natürlichen Gerechtigkeitssinn und ein stabiles psychisches Gleichgewicht, kann aber auch ein unstetes Wesen und emotionale oder intellektuelle Unentschlossenheit anzeigen.

23. SEPTEMBER

Planeteneinflüsse

Herrschende Planeten: Merkur und Venus.
Erster Dekan: Persönlicher Planet ist die Venus.
Erste Häuserspitze: Waage mit Jungfrautendenzen.

☿ ♀

Religiöse und kulturelle Bedeutung

Nationalfeiertag in Saudi-Arabien.
Namenstag: Thekla von Ikonion (1. Jh.), Linus (1. Papst nach Petrus, † 67).

Ray Charles wurde am 23. September 1930 in Albany, Georgia geboren. Im Alter von sieben Jahren erblindete er. Er zeigte die für die an diesem Tag Geborenen typische Kreativität und Empathie. Mit seinem Mond in der Waage ist er gesellig und charmant und als chinesisches Metallpferd unabhängig und intuitiv. Dies alles verhalf ihm zu Popularität und Erfolg – er brachte es auf acht Grammy Awards.

Aus vielen Gründen fühlen sich andere zu den an diesem Tag Geborenen hingezogen. Dazu gehört ihr unprätentiöser persönlicher Charme, ihre aufrichtige Freundlichkeit, ihre Integrität und ihre Verläßlichkeit. Die möglicherweise widersprüchlichen Eigenschaften, die ihnen von den ihren Geburtstag beherrschenden Planeten zukommen – einerseits Genußsucht, andererseits intellektueller Forscherdrang – können sie im allgemeinen gut vereinbaren und befinden sich deshalb nicht nur im inneren Gleichgewicht, sondern sind auch sehr vielseitig begabt. Meist sind sie von progressiven Vorstellungen beseelt und wenden beträchtliche Energie und Phantasie auf, um sie zu verwirklichen. In ihrer Arbeit schätzen sie harmonische, von gegenseitiger Achtung geprägte Beziehungen, und viele (vor allem die Frauen unter ihnen) widmen sich beruflich dem Dienst an ihren Mitmenschen, etwa in Sozial- oder Pflegeberufen.

Am 23. September Geborene verfügen auch über einen feinen Sinn für alles Schöne – eine Gabe, die ihnen eine tiefempfundene Affinität zu den vielen Formen künstlerischen Ausdrucks verleiht. Deshalb verlegen sich einige auch darauf, ihre Talente mit einem größeren Publikum zu teilen, etwa als Schriftsteller, Künstler, Filmemacher oder Musiker. Ihre zwischenmenschlichen Beziehungen sind von Empathie und dem Wunsch geprägt, auf andere Menschen zuzugehen. Im Gegenzug werden sie von allen, mit denen sie zu tun haben, mit tiefer Zuneigung bedacht. Sie haben den aufrichtigen Wunsch, anderen zu gefallen, und behandeln andere, vor allem ihre Angehörigen und Freunde, mit Achtung, Großzügigkeit und Loyalität.

STÄRKEN: Diese Menschen sind phantasievoll, vielseitig begabt und an den unterschiedlichsten Themen interessiert. Darüber hinaus liegt ihnen das Wohl ihrer Mitmenschen sehr am Herzen. Dafür werden sie von anderen geliebt und geachtet.
SCHWÄCHEN: Aufgrund ihrer angeborenen Gutmütigkeit ist ihnen Versöhnung stets lieber als Konfrontation. Dies birgt die Gefahr, daß es ihnen nicht gelingt, ihre Überzeugungen zu vermitteln. Es kann sogar so weit gehen, daß sie ihre persönlichen Ziele aufgeben, wenn sie glauben, daß es andere unglücklich machen würde, wenn sie sie weiterverfolgten.
FAZIT: Die an diesem Tag Geborenen wahren im allgemeinen ein gesundes Gleichgewicht zwischen ihren emotionalen und intellektuellen Anliegen sowie ihrem beruflichen und ihrem privaten Leben. Sie sollten sich jedoch davor hüten, in ihren persönlichen Beziehungen zu nachgiebig zu sein, vor allem, wenn sie durch Zugeständnisse ihre Träume opfern.

An diesem Tag

Prominente Geburtstage: Gaius Octavius Caesar (63 v. Chr.), Karl Theodor Körner (1791), Armand Hyppolyte Louis (1819), Baroness Orczy (1865), John Boyd Orr (1880), Walter Lippman (1889), Mickey Rooney (1920), John Coltrane (1926), Ray Charles (1930), Julio Iglesias (1943), Paul Peterson (1945), Mary Kay Place (1947), Bruce Springsteen (1949), Jeff Squire (1951), Jason Alexander (1959)

Bedeutende Ereignisse und Jahrestage: Obwohl die diesen Tag bestimmenden Einflüsse im allgemeinen friedliche Lösungen unterstützen, wird, wenn alles andere fehlschlägt, zum Wohl der Allgemeinheit auch zu kämpferischen Mitteln gegriffen. Während des amerikanischen Unabhängigkeitskriegs attackierten amerikanische und französische Schiffe vor Flamborough Head im Atlantik erfolgreich die britischen Schiffe „Serapis" und „Countess of Scarborough" (1779). 1803 besiegten britische Truppen unter Arthur Wellesley (dem späteren Herzog von Wellington) ihre indischen Gegner unter Doulut Rao Sindhia aus dem Staat Maharashtra in der Schlacht von Assaye. Die Gabe, ein breites Publikum zu unterhalten, die dem 23. September innewohnt, zeigte sich bei zwei Premieren: Mack Sennets Film *Cohen Collects a Debt* (1912) und *Anatevka* (1964), bei dem Zero Mostel die Hauptrolle spielte. An einem Tag, der auch vom Element Luft beherrscht wird, entdeckte der deutsche Astronom Johann Gottfried Galle den Planeten Neptun (1846).

24. SEPTEMBER

Bei den am 24. September Geborenen neigen sich die Waagschalen (als Symbol ihres Sternzeichens) eher zur Venus und dem, was sie repräsentiert. Diese Menschen sind nicht nur sinnlich und genießerisch, sondern sie sehnen sich auch aufrichtig danach, zu lieben und geliebt zu werden. Der Merkureinfluß verleiht ihnen hingegen eine ausgeprägte intellektuelle Neugier und damit auch einen fortschrittlichen und forschenden Zug. Zwar können die an diesem Tag Geborenen sehr unterschiedliche Anlagen besitzen, doch im allgemeinen prägt die Kombination dieser beiden astrologischen Einflüsse Menschen, die fürsorglich und einfühlsam sind und auch anderen durch ihre phantasievollen Bemühungen helfen. Manche neigen dazu, sich beruflich mit sozialen, humanitären oder politischen Themen zu befassen, andere haben aus Liebe für alles Künstlerische den Wunsch, andere aufzuklären oder zu unterhalten – eine Neigung, die noch verstärkt wird, wenn sie im chinesischen Jahr der Ziege geboren sind.

Die persönlichen und beruflichen Beziehungen der an diesem Tag Geborenen sind meist geprägt von der intuitiven Fähigkeit dieser Menschen, zu erkennen, wenn andere unglücklich sind, sowie dem Drang, dem tatkräftig abzuhelfen. Trotz ihrer Geselligkeit und ihrer Fürsorge für das Wohl ihrer Mitmenschen hegen sie auch das starke Bedürfnis, gelegentlich allein zu sein. In dieser Zeit wollen sie sich ausschließlich mit den Themen beschäftigen, die sie besonders interessieren, und sich davon geistig und sinnlich anregen lassen. Wenn diese Bedürfnisse von anderen nicht respektiert werden, kann das manchmal zu Unstimmigkeiten in ihren engsten Beziehungen führen.

STÄRKEN: In den an diesem Tag Geborenen treffen die Liebe zu allem Schönen, der Wunsch, Harmonie ins Leben anderer zu bringen, und große Emphathie und Intuition mit dem Bedürfnis zusammen, ihre fortschrittlichen Vorstellungen durch konkretes Handeln zu verwirklichen. Das macht sie zu ausgesprochen vielseitigen Menschen.
SCHWÄCHEN: Die emotionale Wärme, die sie ausstrahlen, wirkt sehr anziehend auf andere, und sie haben ihrerseits ein starkes Bedürfnis nach Zuwendung und Unterstützung, die aus engen emotionalen Beziehungen resultieren. Doch kann ihr Altruismus ihr grundsätzliches Bedürfnis nach intellektueller Freiheit und neuen Erfahrungen behindern. Sie können aber auch ihre Freunde und Familie dadurch verletzen, daß sie sich vor deren Forderungen in ihre private Welt zurückziehen.
FAZIT: Am 24. September Geborenen gelingt es im allgemeinen, ihre Neigung zu intellektueller und sinnlicher Erforschung mit ihrer aufrichtigen Sympathie für andere zu vereinbaren. Doch sie sollten dafür sorgen, daß sie anderen keine Illusionen machen, was ihre Entschlossenheit anbelangt, Ambitionen zu verwirklichen.

An diesem Tag

Prominente Geburtstage: Albrecht von Wallenstein (1583), Horace Walpole (1717), A. P. Herbert (1890), F. Scott Fitzgerald (1896), Konstantin Tschernenko (1911), Richard Hoggart (1918), Jim McKay (1921), Sheila MacRae (1924), Anthony Newley (1931), Swetlana Beriosowa (1932), Jim Henson (1936), Linda McCartney (1941), Gerry Marsden (1942), Phil Hartman (1948)

Bedeutende Ereignisse und Jahrestage: Der 24. September läßt herausragende künstlerische Talente hervortreten. An diesem Tag wurde das Theaterstück *Private Lives* von Noel Coward uraufgeführt (1930). Dieser Tag weist auch auf den Wunsch hin, fortschrittliche Ziele zu verwirklichen; dies zeigte sich, als zum ersten Mal das St.-Leger-Pferderennen im englischen Doncaster stattfand (1776) oder als die englischen Bergsteiger Doug Scott und Dougal Haston den Mount Everest zum ersten Mal über dessen herausfordernde Südwestflanke bezwangen (1975). An diesem Tag, der vom Element Feuer beherrscht wird, flog der französische Ingenieur Henri Giffard zum ersten Mal in einem Wasserstoffluftschiff, das von einem Dampfmotor betrieben wurde (1852).

Planeteneinflüsse

Herrschende Planeten: Merkur und Venus.
Erster Dekan: Persönlicher Planet ist die Venus.
Erste Häuserspitze: Waage mit Jungfrautendenzen.

☿ ♀

Religiöse und kulturelle Bedeutung

Im Alten Ägypten wurde die jährliche Wiedergeburt von Osiris gefeiert. In Westafrika wird Obatala geehrt.
Namenstag: Gerard von Csanád (Gellért) († 1046), Rupert von Salzburg († 718), Virgilius von Salzburg († 784).

Am 24. September 1896 wurde Francis Scott Fitzgerald geboren. Er gilt als einer der bedeutendsten Erzähler des 20. Jahrhunderts. In seinen Werken zeigen sich die tiefe Feinfühligkeit und Empathie, die für die an diesem Tag Geborenen typisch ist. Sein Privatleben verlief unglücklich, und oft zog er sich in eine gequälte innere Welt zurück. Dennoch schuf er Klassiker wie Der große Gatsby *(1925) und* Zärtlich ist die Nacht *(1934).*

25. SEPTEMBER

Planeteneinflüsse

Herrschende Planeten: Merkur und Venus.
Erster Dekan: Persönlicher Planet ist die Venus.
Erste Häuserspitze: Waage mit Jungfrautendenzen.

☿ ♀

Religiöse und kulturelle Bedeutung

Namenstag: Firminus der Ältere von Amiens (3. oder 6. Jh.), Ermenfrid von Cusance († ca. 670), Serguis Radone (1314–92), Nikolaus von der Flüe (Bruder Klaus, 1417–87).

William Faulkner, einer der berühmtesten Schriftsteller des amerikanischen Südens, kam am 25. September 1897 in Mississippi zur Welt. Er war ein sensibler Beobachter der Gesellschaft (eine typische Eigenschaft der an diesem Tag Geborenen) und ein eifriger Leser, der ausgedehnte Reisen unternahm, bevor er in sein Heimatland zurückkehrte, um dort seine schriftstellerische Karriere zu fördern. Faulkner experimentierte stets gern mit neuen Stilrichtungen. Sein Werk, u. a. Schall und Wahn *(1929) und* Als ich im Sterben lag *(1930), brachte ihm 1949 den Nobelpreis für Literatur ein.*

Die am 25. September Geborenen sind komplexe Menschen, deren Wesensmerkmale widersprüchlich sein können. Ihr mitfühlendes und einfühlsames Wesen bringt sie dazu, sich mit anderen zu identifizieren, während ihre scharfe Wahrnehmungskraft und ihr unabhängiges Denken dazu führen können, daß sie abseits der Menge alles kritisch kommentieren, was sie beobachten. Letztlich haben sie jedoch sehr noble Ziele, obwohl ihre Methoden dies nicht immer zeigen. Sie geben sich gern ihren intellektuellen Interessen hin: wissenschaftliche Theorien, künstlerische Ausdrucksformen oder gesellschaftliche Strukturen und Konventionen. Ihr Wissen teilen sie bereitwillig mit einem größeren Publikum. Und weil sie sehr ehrlich sind und sich nicht davor scheuen, die Wahrheit zu sagen, auch wenn sie sehr unbequem ist, und weil sie außerdem über einen angeborenen Gerechtigkeitssinn verfügen, haben sie das Potential, sich wirksam in die Politik oder die Gesellschaft einzubringen. Manchmal ziehen sie es auch vor, ihre Ideen durch journalistische oder künstlerische Medien zu vermitteln.

In vieler Hinsicht nimmt ihr humanitäres Interesse eher abstrakte Formen an (vor allem bei Männern). Das kann, wenn es mit ihrem Bedürfnis nach persönlicher Unabhängigkeit des Denkens und Handelns gepaart ist, in ihren persönlichen Beziehungen zu Problemen führen. Denn trotz der aufrichtigen Zuneigung für andere und ihrer Freude an den Annehmlichkeiten des häuslichen Lebens können ihre kritische Neigung und ihr Bedürfnis nach Unabhängigkeit zu emotionaler Isolation führen.

STÄRKEN: Ihr scharfer, objektiver Verstand und ihre Empfindlichkeit Ungerechtigkeiten gegenüber verleiht den an diesem Tag Geborenen besondere kritische Fähigkeiten. Indem sie ihre oft herben, doch stets richtigen Schlußfolgerungen mit anderen teilen, zeigen sie ihren Wunsch, als Agenten des Fortschritts tätig zu sein.
SCHWÄCHEN: Obwohl ihre Worte und Taten von dem Wunsch beflügelt sind, die Gesellschaft voranzubringen, kann es vorkommen, daß die direkte und oft brutal ehrliche Ausdrucksweise, die die an diesem Tag Geborenen bevorzugen, von anderen wenig geschätzt wird und verletzend wirken kann.
FAZIT: Wenn sie diejenigen, deren Interessen ihnen am Herzen liegen, nicht vor den Kopf stoßen wollen, müssen diese Menschen auch an die emotionale Verletzbarkeit anderer denken. Durch eine kompromißbereitere Einstellung können sie ihre Erfolgsaussichten oft steigern und sich die Zuwendung anderer sichern.

An diesem Tag

Prominente Geburtstage: Jean-Philippe Rameau (1683), Felicia D. Hemans (1793), Melvyn R. Bissell (1843), John French (1852), William Faulkner (1897), Mark Rothko (1903), Dmitrij Schostakowitsch (1906), Robert Muldoon (1921), Colin Davis (1927), Barbara Walters (1931), Glen Gould (1932), Adolfo Suarez (1933), Juliet Prowse (1936), Michael Douglas (1944), Mark Hamill (1951), Christopher Reeves (1952), Karl-Heinz Rumenigge (1955), Heather Locklear (1961), Will Smith (1968)

Bedeutende Ereignisse und Jahrestage: Dieser Tag weist auf humanitäre Belange hin. In England fand zum ersten Mal eine Operation statt, bei der eine Blutspende eingesetzt wurde (1818). 1957 begleiteten in Little Rock, Arkansas, Polizisten neun afroamerikanische Kinder in die bis dahin ausschließlich von Weißen besuchte Central High School. Der Wunsch nach Unabhängigkeit, der diesem Tag innewohnt, zeigte sich, als der spanischen Provinz Katalonien Autonomie gewährt wurde (1932). Dieser Tag unterstützt auch die Kommunikation. Am 25. September 1690 erschien in Boston die erste amerikanische Tageszeitung unter dem Titel *Publick Occurences, Both Foreign and Domestic.* Und schließlich unterstreicht dieser Tag auch die Neigung, für das Allgemeinwohl aktiv zu werden. Dies zeigte sich, als König Harald II. von England die einmarschierenden Truppen König Harald III. von Norwegen in der Schlacht bei Stamfordbridge abwehrte (1066).

26. SEPTEMBER

Die am 26. September Geborenen werden von anderen oft als Perfektionisten betrachtet; ihr hartnäckiges Streben nach der Verwirklichung ihrer hochgesteckten Ziele bringt ihnen Bewunderung ein. Wenn sie ein inspirierendes Ziel vor Augen haben, können die Entschlossenheit, die Selbstdisziplin und der Einsatz der an diesem Tag Geborenen fast schon zwanghafte Ausmaße annehmen. Daneben besitzen sie viel Phantasie und eine kompromißlos logische Denkfähigkeit, was ihnen eine steile Karriere verspricht. Viele der am 26. September Geborenen fühlen sich von den Handlungsmöglichkeiten in der Wissenschaft und vor allem auch der Kunst angesprochen, doch ihr Wunsch, durch ihre Entdeckungen oder ihren lenkenden Einfluß einen positiven Beitrag für die Menschheit zu leisten, veranlaßt manche auch dazu, eine akademische Laufbahn einzuschlagen.

Trotz ihrer intellektuellen Unabhängigkeit und ihrer Faszination am Experimentieren sind ihnen die Liebe und Unterstützung ihrer Familie und Freunde extrem wichtig. Sie erkennen instinktiv, wie wichtig es ist, ihren intellektuellen Interessen ein stabilisierendes emotionales Gegengewicht zu geben. Denjenigen, die an sie glauben, beweisen sie ihre Zuwendung und Loyalität und sind ihnen interessante und anregende Begleiter. Doch gelegentlich vernachlässigen sie ihre eigenen emotionalen Bedürfnisse oder die der Menschen, die sie lieben, wenn ihre Aufmerksamkeit von beruflichen Herausforderungen beherrscht wird (diese Neigung ist bei Männern noch ausgeprägter).

STÄRKEN: Trotz ihrer vielfältigen Talente fühlen sich die an diesem Tag Geborenen meist zu einem bestimmten Interessengebiet hingezogen und hoffen, daß sie anderen mit den Ergebnissen ihrer Forschungsarbeit nutzen können. Bei all ihren Projekten zeigen sie sich beharrlich und findig und denken an ihre Mitmenschen.
SCHWÄCHEN: Typischerweise beschäftigen sich diese Menschen mit interessanten Themen derart konzentriert, daß man sie beinahe als zwanghaft bezeichnen könnte. Diese Neigung ist ihnen zwar in ihrem Berufsleben nützlich, kann jedoch dazu führen, daß sie nicht nur ihre eigenen emotionalen Bedürfnisse, sondern auch die ihrer Freunde und Angehörigen ignorieren.
FAZIT: Obwohl die am 26. September Geborenen instinktiv wissen, wie wichtig starke emotionale Beziehungen für sie sind, sollten sie sich darum bemühen, gelegentlich von ihrer Arbeit abzulassen, um ihre persönlichen Beziehungen zu pflegen.

An diesem Tag

Prominente Geburtstage: Jean Louis André Théodore Géricault (1791), Alfred Cortot (1877), Barnes Neville Wallis (1887), T. S. Eliot (1888), Martin Heidegger (1889), Papst Paul VI. (1897), George Gershwin (1898), Leonard Sachs (1909), Jack LaLanne (1914), Julie London (1926), Ian Michael Chappell (1943), Bryan Ferry (1945), Lynn Anderson (1947), Mary Beth Hurt und Olivia Newton-John (1948), Shawn Stockman (1972)

Bedeutende Ereignisse und Jahrestage: Dieser Tag steht für den totalen Einsatz für ehrgeizige Ziele. Der englische Seefahrer Francis Drake kehrte nach Plymouth zurück, nachdem er die Welt auf der „Golden Hind" umsegelt hatte (1580). Alan Bonds Yacht „Australia II" gewann den Americas Cup und beendete damit die Serie amerikanischer Siege, die sich über 132 Jahre hingezogen hatte (1983). Die herausragenden künstlerischen und technischen Potentiale dieses Tages wurden bestätigt, als Emile Berliner sein „Grammophon" patentieren ließ (1887), das Musical *West Side Story* Premiere hatte (1957) und Bob Dylan in einem Pub im New Yorker Stadtteil Greenwich Village zum ersten Mal in der Öffentlichkeit auftrat (1961). Unabhängigkeit und Gemeinschaftsgefühl spielen an diesem Tag ebenfalls eine große Rolle. 1909 ermordete ein koreanischer Patriot den japanischen General Hirobumi Ito. Neuseeland wurde zugestanden, sich innerhalb des britischen Staatenbunds selbst zu regieren (1907), und an diesem vom Element Luft beherrschten Tag wurde der „Skytrain" eingeführt, der den Passagierflugverkehr zwischen England und Amerika revolutionierte (1977).

Planeteneinflüsse

Herrschende Planeten: Merkur und Venus.
Erster Dekan: Persönlicher Planet ist die Venus.
Erste Häuserspitze: Waage mit Jungfrautendenzen.

☿ ♀

Religiöse und kulturelle Bedeutung

Im Alten Griechenland wurde Theseus geehrt.
Namenstag: Kosmas und Damian († 305), Schutzheilige der Apotheker, Ärzte, Zahnärzte und Zuckerbäcker, der medizinischen Fakultäten, Cyprian von Antiochia und Justina († ca. 304).

Am 26. September 1687 – einem Tag, der durch leidenschaftliche Hingabe an ein Vorhaben charakterisiert ist – wurde das Parthenon (unten) auf der Akropolis von Athen durch einen Angriff der Venezianer auf dort lagernde türkische Truppen schwer beschädigt.

27. SEPTEMBER

Die an diesem Tag Geborenen sind entschlossene, starke Menschen, die von ihrem Ehrgeiz getrieben werden, egal, wie viele Hindernisse auf ihrem Weg zum Erfolg auch liegen mögen. Sie werden von Widrigkeiten oft sogar noch angespornt. Dies bringt andere dazu, sich zu fragen, warum sie sich auf solch schwierige und fordernde Ziele richten, anstatt sich für leichtere zu entscheiden. Auf diese Frage gibt es keine einfache Antwort, denn diese Menschen haben einen sehr komplexen Charakter und individuell unterschiedliche Motive. Ihr ausgeprägtes Fairneßgefühl veranlaßt sie dazu, gegen soziale Ungerechtigkeiten anzukämpfen (eine Neigung, die sie in Konflikt mit denjenigen bringt, die den Status quo aufrechterhalten wollen). Und aus demselben Grund sehen sie sich auch oft genötigt, ihre Kräfte an den Herausforderungen zu messen, die am wenigsten erfolgversprechend erscheinen. Doch da sie auch realistisch und objektiv sind, sind ihre Ziele selten unerreichbar, und der Mut, die Beharrlichkeit und der Perfektionismus dieser Menschen verhelfen ihnen oft zum Erfolg. Trotz ihrer ausgeprägten Individualität richten sich ihre kritischen Fähigkeiten meist auf humanitäre Ziele, weshalb sie ihre Talente oft in der Politik, dem sozialen Bereich oder der Rechtsprechung einsetzen. Aber auch in der Kunst, der Technik oder der Architektur können sie Bahnbrechendes leisten und das Leben anderer bereichern. Auf zwischenmenschlichem Gebiet ist ihnen am besten gedient, wenn sie einer Gruppe vorstehen können (nicht jedoch, wenn sie als kleines Rädchen in einem größeren sozialen Getriebe funktionieren sollen). Am liebsten gehen sie mit gutem Beispiel voran, fordern jedoch von anderen denselben hohen Einsatz. Obwohl sie anderen tiefe Zuwendung und Fürsorge zukommen lassen, können ihre kritischen und perfektionistischen Neigungen zu Zündstoff in ihren persönlichen Beziehungen führen.

STÄRKEN: Die an diesem Tag Geborenen sind mit scharfer Beobachtungsgabe, Objektivität und Entschlossenheit ausgestattet – Eigenschaften, die oft noch mit ihrem mutigen Einsatz für moralische Rechtschaffenheit und humanitäre Prinzipien einhergehen.
SCHWÄCHEN: Obwohl das Tun dieser Menschen durch ihr Interesse am Wohl ihrer Mitmenschen motiviert ist, wird es anderen durch ihre unverblümte und direkte Herangehensweise sowie ihren ausgeprägten Perfektionismus erschwert, mit ihnen zusammenzuleben und zu arbeiten. Manchmal stoßen sie sogar bei denjenigen, die ihnen am nächsten stehen, auf Ablehnung.
FAZIT: Am 27. September Geborene schätzen die Liebe und Unterstützung ihrer Freunde und Angehörigen sehr, doch sie sollten erkennen, daß ihre Kritiksucht und die hohen Anforderungen, die sie an andere stellen, auch wenn sie noch so gut gemeint sind, dazu führen können, diejenigen, die ihnen am wichtigsten sind, emotional auszulaugen und letztlich zu entfremden.

Planeteneinflüsse
Herrschender Planet: Venus.
Erster Dekan: Persönlicher Planet ist die Venus.

♀

Religiöse und kulturelle Bedeutung
In China wird das Mondfest gefeiert.
Namenstag: Hiltrud (Helmtrud) von Lissies († ca. 790), Marcus Criado (1522–69), Vinzenz von Paul (1581–1660), Schutzheiliger aller karitativen Einrichtungen.

Der revolutionäre US-Politiker Samuel Adams kam am 27. September 1722 in Boston, Massachusetts, zur Welt. In seiner langen politischen Laufbahn, während der er unter anderem den Widerstand gegen den verhaßten Stamp Act anführte und bei der Boston Tea Party eine führende Rolle spielte, zeigte er ehrgeizige Visionen, Beharrlichkeit und eine ausgeprägte Fairness, alles Eigenschaften, die für die an diesem Tag Geborenen typisch sind.

An diesem Tag
Prominente Geburtstage: Samuel Adams (1722), George Cruikshank (1792), Louis Botha (1862), Cyril Scott (1879), Jacques Thibaud (1880), Otto Nagel (1894), William Empson (1906), Bernard Miles (1907), William Conrad (1920), Arthur Penn (1922), Jayne Meadows (1926), Sada Thompson (1929), Wilford Brimley und Greg Morris (1934), Josephine Barstow (1940), Alvin Stardust (1942), Meatloaf und Cheryl Tiegs (1947), Barbara Dickson (1948), Mike Schmidt (1949), Shaun Cassidy und Paul Grabowsky (1958)

Bedeutende Ereignisse und Jahrestage: Dieser Tag ist sehr hilfreich bei der Förderung ehrgeiziger Projekte zum Wohl der Allgemeinheit, was sich oft im Maschinenbau oder im Bereich nationaler Bewegungen bewweist: Die erste öffentliche Eisenbahn wurde in Betrieb genommen (1825); sie war von dem englischen Pionier der Dampfmaschine, George Stephenson, gebaut worden und verkehrte zwischen Stockton und Darlington. 1922 wurde König Konstantin II. von Griechenland abgesetzt, nachdem sein Heer von den Türken geschlagen worden war.

28. SEPTEMBER

Die an diesem Tag Geborenen sind besonders empfänglich für den Einfluß des Planeten Venus, der diesen Tag beherrscht, und wie die gleichnamige römische Göttin der Liebe streben viele danach, in Liebesbeziehungen, sinnlichen Genüssen oder dem Trachten nach Schönheit in all ihren Formen persönliche Erfüllung zu finden. Daneben sind sie jedoch auch phantasievoll und empatisch und wollen der Welt zu Fortschritt und Harmonie verhelfen, auch wenn sie große Affinität zu weniger greifbaren spirituellen und künstlerischen Anliegen verspüren, die in ihnen eine starke emotionale Resonanz auslösen. Ihre geistige Unabhängigkeit und ihr Drang, die Welt der Gefühle und der Sinne zu erkunden, bringen die an diesem Tag Geborenen dazu, nichtmaterialistische Errungenschaften viel höher zu bewerten als diejenigen, die ihnen Reichtum und Status einbringen könnten. Die Ellbogenpraktiken der Geschäftswelt liegen ihnen fern; meist geht es ihnen am besten, wenn sie etwa als Künstler, Schriftsteller, Designer oder Schauspieler ihren natürlichen Neigungen nachgehen und andere dabei inspirieren können.

Andere fühlen sich zu diesen charismatischen Persönlichkeiten aufgrund ihrer interessanten, belebenden Ausstrahlung hingezogen. Sie ihrerseits lassen sich durch persönliche Kontakte nicht nur anregen, sondern sie sind auch um das Glück derjenigen bemüht, mit denen sie zu tun haben. Dennoch verlaufen die Beziehungen zu anderen manchmal nicht ganz reibungslos, denn trotz der Liebe, die sie diesen Menschen zukommen lassen, machen es ihnen ihr angeborener Nonkonformismus (der noch ausgeprägter ist, wenn sie im chinesischen Jahr des Pferdes geboren sind) und ihr Drang, sich aufgrund individueller Erfahrungen weiterzuentwickeln, unmöglich, ihre Unabhängigkeit auf dem Altar häuslicher Harmonie zu opfern. Außerdem kann ihr romantischer Idealismus ihren Partnern sehr hohe Normen setzen.

STÄRKEN: Die an diesem Tag Geborenen sind große Individualisten, die sich unwiderstehlich von allem Schönen angezogen fühlen, sei es nun körperlicher, ästhetischer oder geistiger Natur. Deshalb erforschen sie besonders gern die Welt der Ideen und der Kunst in ihrem Bestreben, die Ideale zu erreichen, die mit ihrer emotionalen Erfüllung eng verbunden sind.
SCHWÄCHEN: Die den am 28. September Geborenen eigene Art von Perfektionismus kann zwar eine große Stärke sein, kann ihnen jedoch auch schaden; denn sie laufen Gefahr, niemals zufrieden zu sein und an andere unangemessene Forderungen zu stellen.
FAZIT: Zwar sollten sie nie die Visionen aufgeben, die für ihre Persönlichkeit so wesentlich sind, doch müssen diese Menschen auch erkennen, daß ihre hochfliegenden und manchmal unrealistischen Erwartungen – an sie selbst und an andere – letztlich emotional schädliche Wirkungen haben können. Deshalb sollten sie sich um eine entspanntere, versöhnlichere Haltung bemühen.

An diesem Tag

Prominente Geburtstage: Caravaggio (1573), „Gentleman John“ Jackson (1769), Richard Bright (1789), Prosper Mérimée (1803), Georges Clemenceau (1841), Kate Wiggin (1856), „Sapper“ (Herman Cyril McNeile, 1888), Ed Sullivan (1902), Max Schmeling (1905), Al Capp (1909), Peter Finch (1916), Michael Soames (1917), Marcello Mastroianni (1924), Arnold Stang (1925), Jeremy Isaacs (1932), Brigitte Bardot (1934), Edmund Stoiber (1941), Janeane Garofalo (1964), Moon Unit Zappa (1967), Gwyneth Paltrow (1973)

Bedeutende Ereignisse und Jahrestage: Dieser Tag betont den intellektuellen Idealismus. 1864 gründete Karl Marx während einer öffentlichen Versammlung in London die „Erste Internationale“. Eine große Nähe zu allem Künstlerischen sowie der Wunsch, andere zu inspirieren, sind weitere Aspekte dieses Tages. So ertönte 1745 zum ersten Mal das patriotische Lied *God Save the King* (später zur englischen Nationalhymne erhoben), gesungen vom Publikum des Londoner Drury Lane Theatre.

Planeteneinflüsse

Herrschender Planet: Venus.
Erster Dekan: Persönlicher Planet ist die Venus.

♀

Religiöse und kulturelle Bedeutung

Im Alten Athen wurde das Fest der Thesmophoria gefeiert.
Namenstag: Lioba (ca. 710–782), Wenzeslaus (Wenzel) von Böhmen (ca. 904–929), Schutzheiliger von Böhmen, Thiemo (Dietmar) von Salzburg (ca. 1040–1102).

Am 28. September 1573 kam Caravaggio, der meisterliche Barockmaler, in einem toskanischen Dorf gleichen Namens als Michelangelo Merisi zur Welt (unten ein Selbstportrait). Wie viele der an diesem Tag Geborenen widmete er sich ausgiebig seiner Kunst. Neben einigen Portraits umfaßt sein Werk Altarmalereien und Gemälde religiösen Inhalts und ist wegen seiner dramatischen Gegensätze zwischen Licht und Schatten berühmt.

Planeteneinflüsse

Herrschender Planet: Venus.
Erster Dekan: Persönlicher Planet ist die Venus.

♀

Religiöse und kulturelle Bedeutung

Michaelmas-Feiertag in England.
Namenstag: Michael, (Erzengel) Schutzheiliger der katholischen Kirche, der Bankangestellten und Radiomechaniker, Gabriel, Schutzpatron für Telekommunikation und Diplomatie, Raphael.

Am 29. September 1967 wurde dieses unidentifizierte fliegende Objekt über Ontario in Kanada fotografiert. Vielleicht weist dies auf die große Phantasie hin, die in diesem Tag steckt, sowie auf den Einfluß des Elements Luft.

29. SEPTEMBER

Oft weist der Charakter der an diesem Tag Geborenen zwei deutlich unterschiedliche Seiten auf: Zum einen neigen sie dazu, für Probleme gern harmonische Lösungen zu finden, und sie bringen gern alles in Ordnung, zum anderen sind sie höchst phantasievoll, sensibel und idealistisch. Doch ihr instinktives gefühlsmäßiges Reagieren kann in ihren privaten Beziehungen oft genau das Chaos verursachen, das sie in ihrem Berufsleben zu überwinden suchen. Deshalb müssen die am 29. September Geborenen häufig um ihr geistig-emotionales Gleichgewicht kämpfen, denn aufgrund ihres starken sozialen Verantwortungsgefühls sehen sie sich oft gezwungen, ihre persönlichen Wünsche und Bedürfnisse zu unterdrücken, um anderen zu helfen. Es sind also sehr vielschichtige Menschen, die ihre Ideen mit bemerkenswerter Entschlossenheit, Stärke und praktischen wie technischen Fähigkeiten verfolgen, doch nie ihre Sensibilität und ihr Mitgefühl für andere verlieren, auch wenn sie dabei noch so gefordert sind.

Neben ihrer positiven Ausrichtung auf ihre Mitmenschen verleiht die Mischung aus Beharrlichkeit und Originalität den am 29. September Geborenen die Fähigkeit, andere zu inspirieren, sei es nun bei der Arbeit an gemeinsamen Anliegen oder im weniger konkreten Bereich der Kunst, zu dem sie auf jeden Fall eine starke Affinität besitzen. Doch viele stellen wohl fest, daß privates Glück ein wenig dauerhaftes Gut ist, vielleicht weil sie sich so intensiv um das Wohl anderer kümmern, daß sie das zu ihrer eigenen Erfüllung Wesentliche nicht recht erkennen. So bringen sie anderen zwar aufrichtige Zuneigung und Loyalität entgegen, doch ihre Neigung, egoistische Wünsche zugunsten eines eher altruistischen Verhaltens zu sublimieren (ein Wesenszug, der vor allem bei Frauen ausgeprägt ist), kann dazu führen, daß sie sich unzufrieden oder frustriert fühlen.

STÄRKEN: Am 29. September Geborene sind sehr sensibel und einfühlsam. Aufgrund ihrer starken Identifikation mit dem Allgemeinwohl wollen sie einen positiven Beitrag für die Gesellschaft leisten. Dank ihres Einfallsreichtums und ihrer hochentwickelten praktischen Gaben können sie inspirierende Führer oder talentierte Organisatoren sein.
SCHWÄCHEN: Obwohl ihr altruistischer Drang, anderen zu dienen, bewundernswert ist, bringt sie ihre Neigung, ihre persönlichen Bedürfnisse für weniger wichtig zu halten und sie deshalb zu ignorieren oder herunterzuspielen, unweigerlich dazu, unzufrieden zu sein, egal, wie groß ihre beruflichen Erfolge sind.
FAZIT: Am 29. September Geborene müssen sich unbedingt darum bemühen, ihre Außenorientierung und ihr emotionales Wohl auszubalancieren, selbst wenn sie sich dann gelegentlich entscheiden müssen, eher einem persönlichen als einem gemeinschaftlichen Interesse nachzugehen. Meist profitieren alle in ihrer Umgebung davon.

An diesem Tag

Prominente Geburtstage: Pompeius (106 v. Chr.), Tintoretto (1518), Miguel de Cervantes (1547), Robert Clive (1725), Horatio Nelson (1758), Elizabeth Gaskell (1810), Enrico Fermi (1901), Gene Autry (1907), Greer Garson (1908), Stanley Kramer (1913), Trevor Howard (1916), Gerhard Stoltenberg (1928), Anita Ekberg (1931), Jerry Lee Lewis (1935), Madeline Kahn (1942), Lech Walesa (1943), Bryant Gumbel (1948), Sebastian Coe (1956)

Bedeutende Ereignisse und Jahrestage: In vieler Hinsicht unterstützt der 29. September das individuelle Opfer zugunsten eines umfassenderen Wohls. 1399 mußte der absolutistische englische Herrscher Richard II. abdanken, nachdem sein Vetter Henry Bolingbroke gegen seine Herrschaft einen Aufstand angezettelt hatte und daraufhin zu König Heinrich IV. ernannt wurde. Der irische Dramatiker George Bernard Shaw lehnte das Angebot ab, ihn zum englischen Peer zu schlagen (1930), und blieb damit seinen sozialistischen Prinzipien treu. John D. Rockefeller, der Gründer von Standard Oil, der als sozial denkender Unternehmer einen Großteil seines Geldes in die philanthropische Rockefeller Foundation fließen ließ, wurde 1916 offiziell zum ersten Milliardär der Welt erklärt.

30. SEPTEMBER

Die an diesem Tag Geborenen sind konzentriert vorgehende Menschen und können am ehesten als Verfechter der Wahrheit charakterisiert werden; denn sie erkennen mit scharfem Auge bestimmte Umstände als soziale oder intellektuelle Mißstände. Sie sind von dem Wunsch beseelt, andere von der Richtigkeit ihres Urteils zu überzeugen und dadurch Dinge zu verändern. Da sie auf soziale Ungerechtigkeit besonders stark reagieren und tiefe Empathie mit den Opfern solcher Mißstände fühlen, wenden sich die am 30. September Geborenen oft Berufen zu, in denen sie ihre Kraft und ihr Talent einsetzen können, um die Lage zu verbessern. Bei der Arbeit an ihren humanitären Zielen nutzen sie in der Regel ihre organisatorischen Fähigkeiten, ihren kompromißlos logisch-intellektuellen Ansatz und die sorgfältige Miteinbeziehung sämtlicher Details für den Fortschritt. Da sie wissen, daß ihre Bemühungen oft auf Widerstand stoßen, trachten sie danach, sich ein reiches Arsenal anzulegen, das sie mutig und erfinderisch einsetzen. Es besteht jedoch die Gefahr, daß ihr ausgeprägter Gerechtigkeitssinn sie dazu bringt, übermäßig aggressiv gegen andere vorzugehen, auch gegen ihre Freunde und Verwandten, wenn deren Verhalten ihren moralischen Ansprüchen nicht gerecht wird. Ihre Talente befähigen diese Menschen zu Berufen, in denen sie etwas bewegen können, z. B. im Sozialwesen, in der Rechtsprechung oder im Pflegebereich. Doch die an diesem Tag Geborenen fühlen sich auch zur Schönheit hingezogen, z. B. in den Künsten. Deshalb versuchen viele, anderen zu helfen und sie durch Literatur, Musik oder visuelle Formen des künstlerischen Ausdrucks zu inspirieren.

STÄRKEN: Ihre ausgeprägte Sensibilität, verbunden mit ihrem kompromißlosen Gerechtigkeitsgefühl, läßt in diesen Menschen den Drang entstehen, die von ihnen erkannten Mißstände durch gleichermaßen intellektuelles wie praktisches Eingreifen zu beheben. In der Regel arbeiten sie umsichtig und mit Entschlossenheit an ihren visionären Zielen.
SCHWÄCHEN: Die am 30. September Geborenen sind äußerst kritisch und fördern mit aller Macht das Verhalten und die Prinzipien, die ihrer Meinung nach ethisch richtig sind. Dabei neigen sie dazu, Dinge, die von ihnen als Verfehlungen betrachtet werden, anzuprangern und zu bestrafen. Dieses Verhalten kann sie jedoch von anderen entfremden, denn ironischerweise sehen sich diese von ihnen manchmal ungerecht behandelt.
FAZIT: Wenn diese Menschen dauerhaft geliebt und unterstützt werden wollen, müssen sie erkennen, daß ihre Neigung, andere auf Verfehlungen hinzuweisen, für alle Betroffenen negative und emotional schädliche Auswirkungen haben kann. Deshalb sollten sie es unterlassen, an falscher Stelle zu kritisieren, und gleichzeitig den harmloseren menschlichen Schwächen gegenüber toleranter sein.

An diesem Tag

Prominente Geburtstage: Lord FitzRoy Raglan (1788), Lord Frederick Roberts (1832), Charles Villiers Stanford (1852), Reinhard von Scheer (1863), Hans Geiger (1882), Lewis Milestone (1895), Michael Innes (1906), Dawid Oistrach (1908), Deborah Kerr (1921), Donald Swann (1923), Truman Capote (1924), Angie Dickinson (1931), Johnny Mathis (1935), Jurek Becker (1937), Victoria Tennant (1950), Martina Hingis (1980)

Bedeutende Ereignisse und Jahrestage: Der 30. September weist auf herausragende künstlerische Potentiale hin. Zwei musikalische Großereignisse fallen auf diesen Tag: *Die Zauberflöte* von Wolfgang Amadeus Mozart (1791) und *Porgy und Bess* von George Gershwin (1935) feierten Premiere. Auch dynamische politische Veränderungen fanden an diesem Tag statt. 1938 unterzeichneten der französische Ministerpräsident Edouard Daladier, der britische Premierminister Neville Chamberlain, der italienische Diktator Benito Mussolini und Adolf Hitler das Münchner Abkommen, demzufolge das Sudentenland, die deutschsprachige Region der Tschechoslowakei, in das Deutsche Reich eingegliedert wurde. Und an diesem vom Element Luft regierten Tag startete 1929 eine Erfindung des deutschen Ingenieurs Franz von Opel, das erste Düsenflugzeug der Welt.

Planeteneinflüsse

Herrschender Planet: Venus.
Erster Dekan: Persönlicher Planet ist die Venus.

♀

Religiöse und kulturelle Bedeutung

Nationalfeiertag in Botswana; in Rom wird das Meditrinalia-Fest gefeiert; im Alten Griechenland wurde Epitaphia geehrt.
Namenstag: Hieronymus (ca. 347–419/20), Schutzheiliger der Theologen, Gelehrten, Lehrer, Studenten, Schüler, Übersetzer, der Universitäten und wissenschaftlichen Vereinigungen, Firminus Wickenhäuser, „das Herrgottsbrüderle von Düsseldorf" (1876–1939).

Am 30. September 1938 wurde das Münchner Abkommen unterzeichnet, in dem der deutsche Anspruch auf die deutschsprachigen Gebiete der Tschechoslowakei bestätigt wurde.

1. OKTOBER

Planeteneinflüsse

Herrschender Planet: Venus.
Zweiter Dekan: Persönlicher Planet ist der Saturn.

♀♄

Religiöse und kulturelle Bedeutung

Nationalfeiertag in China und Nigeria.
Namenstag: Bavo (Allowin, Baaf, ca. 590–655), Giselbert von Zusmarshausen († 11. Jh.), Franz de Borja (Borgia) y Aragon (1510–72), Theresia von Lisieux (1873–1897), Schutzheilige der Missionare.

Die an diesem Tag Geborenen sind konzentrierte und sehr ehrgeizige Menschen. Dabei streben sie jedoch selten nach persönlichem Ruhm oder Selbsterhöhung (obwohl die meisten die Sicherheit und die Annehmlichkeiten schätzen, die finanzielle Gewinne bedeuten). Es geht ihnen vielmehr um das Erreichen intellektuell bedeutsamer Dinge. Mit der Arbeit an ihren inspirierenden Visionen hoffen sie, nicht nur ihre Fortschrittsbestrebungen zu befriedigen, sondern auch für eine Hinterlassenschaft zu sorgen, von der ihre Altersgenossen und vielleicht auch zukünftige Generationen profitieren können. So versuchen einige, die Menschheit voranzubringen, indem sie sich politischen oder humanitären Anliegen verschreiben; andere stützen sich eher auf die Präzision ihres Denkens und ihre angeborene Eignung für die innovativen Möglichkeiten des wissenschaftlichen oder technischen Bereichs; wieder andere neigen dazu, die subtileren Grenzen des künstlerischen Ausdrucks auszuweiten und zu ergründen – zu den bildenden Künsten fühlen sich alle an diesem Tag Geborenen stark hingezogen. Überall bringen sie ihre Hingabe, ihre Hartnäckigkeit und ihr Bestreben, alles ohne Umschweife zu erledigen, ein. Die am 1. Oktober Geborenen finden sich oft in Führungspositionen; dort können sie zwar mühelos Pflichten weiterdelegieren, aber es mißfällt ihnen sehr, von ihrer Arbeit abgelenkt zu werden. Auch in ihren persönlichen Beziehungen gibt es häufig eine ähnliche Spannung; zwar werden sie durch die Zuneigung ihrer Angehörigen und Feunde bestärkt, doch oft sind sie so vertieft in ihre intellektuellen Anliegen, daß sie diese Zuneigung nicht angemessen erwidern.

STÄRKEN: Am 1. Oktober Geborene werden von der Herausforderung angeregt, ungeordnetes Rohmaterial in ordentliche, progressive Systeme umzuwandeln. Sie verspüren den Wunsch, durch ihre Bemühungen einer breiten Allgemeinheit zu nutzen, und verfügen darüber hinaus über die intellektuelle Originalität, die Beharrlichkeit und die Disziplin, mit der ihnen dies tatsächlich auch gelingt.
SCHWÄCHEN: Die an diesem Tag Geborenen sind Perfektionisten, deren völliges Aufgehen in ihren Visionen zwanghafte Züge annehmen kann. In solchen Fällen bleibt ihnen nicht genug Zeit und Kraft, sich mit ihren engeren Bindungen zu beschäftigen, was zu emotionaler Isolierung führen kann.
FAZIT: Zwar steht ihre aufrichtige Liebe zu Freunden und Verwandten außer Frage, doch ihre Neigung, sich auf ihre eigenen Interessen zu konzentrieren und alles andere auszublenden, kann ihrem emotionalen Gleichgewicht und dem anderer schaden. Sie sollten versuchen, der Erholung zusammen mit Freunden und Verwandten mehr Zeit einzuräumen.

An einem Tag, der den Drang nach gesellschaftlichen Veränderungen betont, wurde General Francisco Franco am 1. Oktober 1936 in Burgos zum Chef der nationalspanischen Regierung und des spanischen Staats erklärt, was den Ausbruch des spanischen Bürgerkriegs besiegelte.

An diesem Tag

Prominente Geburtstage: König Heinrich III. von England (1207), Alessandro Stradella (1644), Robert Smirke (1781), Henry Clay Work (1832), Annie Besant (1847), Paul Abraham Dukas (1865), Stanley Holloway (1890), Wladimir Horowitz (1904), Walter Matthau (1920), James Whitmore (1921), James Earl Carter (1924), Charlie Brown (1926), Tom Bosley (1927), Laurence Harvey und George Peppard (1928), Richard Harris (1932), Julie Andrews (1935), Günther Wallraff (1942), Randy Quaid (1950), Gary Ablett (1961)

Bedeutende Ereignisse und Jahrestage: Dieser Tag unterstützt den Fortschritt, der der Allgemeinheit zugute kommen soll. Dies spiegelte sich auch in den Bereichen Transport und Technik: In London wurde der St. Pancras-Bahnhof eröffnet (1868), und in New Jersey begann die Edison Lamp Work Company mit der Herstellung der ersten elektrischen Glühbirnen für den Hausgebrauch (1880). Die British Broadcasting Corporation (BBC) begann 1936 mit den ersten regelmäßigen Fernsehübertragungen aus dem Londoner Alexandra Palace. Der Wunsch, ein gemeinsames Anliegen zu fördern, zeigte sich auch in der Politik: Während des arabischen Aufstands gegen die Türkei nahmen die Truppen Emir Faisals mit Hilfe des britischen Offiziers T. E. Lawrence (des berühmten „Lawrence von Arabien“) Damaskus ein (1918). 1936 übernahm General Francisco Franco die Führung der nationalspanischen Regierung.

2. OKTOBER

Die ansteckende Vitalität und Lebensfreude der am 2. Oktober Geborenen wirkt auf andere sehr anziehend, und diese geselligen und fröhlichen Menschen genießen die Anregungen, die sie aus sozialen Kontakten ziehen. Auf welche Berufe auch immer sie sich festlegen, eine wichtige Rolle spielt dabei immer ihre starke Ausrichtung auf andere. Dies betrifft ihre eigentliche Berufswahl (oft im Dienstleistungsgewerbe oder Verkauf), aber auch die Beziehungen, die sie in ihrem Berufsleben eingehen. Bei allem, was sie tun, gehen sie am liebsten sehr direkt vor, um ihre Ziele so rasch und effizient wie möglich zu erreichen. Da sie dazu neigen, Entscheidungen rasch zu fällen und dann auch entschlossen zu vertreten, haben sie wenig Geduld mit zögerlichen und unentschlossenen Menschen. Sie bemühen sich, diese dazu zu bringen, den Weg einzuschlagen, den sie für den richtigen halten. Ihre Selbstsicherheit und Tatkraft verleihen ihnen Führungsqualitäten (was um so ausgeprägter ist, wenn sie im chinesischen Jahr des Drachen geboren sind). Trotz ihres aufrichtig wohlgemeinten Wunsches, andere Menschen anzuleiten, fällt es den an diesem Tag Geborenen manchmal schwer, diese von der Richtigkeit ihrer Ansichten zu überzeugen. Dieses Problem wurzelt häufig in ihrer Neigung, alles nur schwarzweiß zu sehen und dabei die Grautöne im Zwischenbereich zu vernachlässigen. Ihre direkte Art und ihre festen Überzeugungen, die sie unverhohlen darlegen, kann die Menschen, denen sie helfen wollen, abstoßen.

STÄRKEN: Die an diesem Tag Geborenen sind kluge Menschen und zu klarer intellektueller Analyse fähig. Deshalb sind sie als Entscheidungsträger geeignet und gute Strategen. Sie vertreten ihre Ansichten und Visionen entschlossen und energisch, beflügelt von ihrem Wunsch, andere für die Arbeit an ihren Projekten zu gewinnen und anzuleiten.

SCHWÄCHEN: Am 2. Oktober Geborene besitzen einen so starken Glauben an sich selbst und fühlen sich derart dazu getrieben, ihre Ziele so direkt wie möglich zu realisieren, daß sie manchmal unbewußt ihre eigenen Bemühungen sabotieren. Gegen mögliche Gegner gehen sie zu heftig vor; mehr Toleranz und Überredungskunst wären oft erfolgversprechender.

FAZIT: Die Verwirklichung ihrer Ziele, ohne dabei die Gunst ihrer Freunde und Familie zu verlieren, ist für das emotionale Wohl der am 2. Oktober Geborenen überaus wichtig, doch indem sie sich kompromißlos für ersteres einsetzen, kommt es immer wieder zu letzterem. Sie sollten sich deshalb unbedingt die Zeit nehmen, sich der möglichen negativen Folgen ihrer Worte und ihres Handelns bewußt zu werden, und auch versuchen, anderen gegenüber gelassener zu sein.

An diesem Tag

Prominente Geburtstage: König Richard III. von England (1452), Edward Burnett Tylor (1832), Paul von Hindenburg (1847), Ferdinand Foch (1851), William Ramsay (1852), Patrick Geddes (1854), Mahatma Gandhi (1869), Cordell Hull (1871), Groucho Marx (1890), Bud Abbott (1896), Graham Greene und Shri Lal Banadur Shastri (1904), Alexander Todd (1907), Uta Ranke-Heinemann (1927), Rex Reed (1937), Don McLean (1945), Donna Karan (1948), Sting (1951), Tiffany (1971)

Bedeutende Ereignisse und Jahrestage: An diesem Tag steht das unnachgiebige Fördern eindeutiger Ziele im Vordergrund. Die Moslems eroberten 1187 unter Saladin Jerusalem von den Christen zurück. 1935 marschierten die Italiener in Abessinien (Äthiopien) ein. Die Neigung zu direkter Konfrontation, ebenfalls ein Aspekt dieses Tages, zeigte sich, als im englischen Twickenham das erste Rugby-Football-Match zwischen Richmond und den Harlequins stattfand (1909). Vor Irland stießen zwei britische Schiffe, der Kreuzer „Curacao" und das Linienschiff „Queen Mary" zusammen, wobei 338 Menschen den Tod fanden (1942). Die Fähigkeit zu starker Konzentration, die dieser Tag verleiht, zeigte sich, als der holländische Brillenhersteller Hans Lippershey 1608 sein Teleskop, wahrscheinlich das erste seiner Art, vorstellte.

Planeteneinflüsse

Herrschender Planet: Venus.
Zweiter Dekan: Persönlicher Planet ist der Saturn.

♀ ♄

Religiöse und kulturelle Bedeutung

Namenstag: Leodegar (Lutgar, Léger, ca. 616–679), Thomas von Hereford (ca. 1218–82).

Der 2. Oktober ist der Tag der Schutzengel. In dem unten abgebildeten Ausschnitt eines Gemäldes von Dante Gabriel Rossetti tröstet und beschützt ein von Gott gesandter Bote eine gequälte Seele.

3. OKTOBER

Planeteneinflüsse
Herrschender Planet: Venus.
Zweiter Dekan: Persönlicher Planet ist der Saturn.

♀ ♄

Religiöse und kulturelle Bedeutung
Tag der deutschen Einheit in Deutschland.
Namenstag: Brüder Ewald („der schwarze und der weiße Ewald", † ca. 695).

Der Hang zum Perfektionismus, den die Mehrheit der unter dem Sternzeichen Waage Geborenen aufweist, ist bei den am 3. Oktober Geborenen besonders ausgeprägt. Sie wollen ständig die Besten sein, sowohl in ihrem persönlichen als auch im umfassenderen Bereich allgemein menschlicher Bemühungen. Mit ihrem Scharfblick, ihrem logischen Verstand und einer bemerkenswerten Findigkeit zur Überwindung von Hindernissen fällt es diesen Menschen leicht, Bereiche herauszuarbeiten, die Mängel aufweisen oder verbesserungswürdig sind. Dann entwickeln sie kreative Strategien, um Fortschritte zuwege zu bringen. Ihre angeborenen Neigungen und Talente befähigen sie zu einer Reihe von Berufen, in denen sie ihren Mitmenschen nutzen, indem sie greifbare Ergebnisse erzielen. So können sie innovative Wissenschaftler oder Ingenieure sein, inspirierende, bahnbrechende Künstler oder auch Aktivisten in sozial orientierten Bereichen (z. B. der Politik). Zwar werden die am 3. Oktober Geborenen für ihre Energie und ihren Einsatz bewundert, doch manchmal fragen sich andere auch, warum sie so wenig bereit sind, Aufgaben zu delegieren oder aus ihren Leistungen auch tatsächlich Befriedigung zu ziehen. Die Antwort liegt in ihrem aktiven Wesen und ihrer Neigung, alles kritisch zu bewerten. Letzteres betrifft sie selbst ebenso wie andere. Ihr Wunsch, wohltätigen Einfluß auf die Menschen ihrer Umgebung auszuüben, durchdringt alle ihre zwischenmenschlichen Beziehungen. Dennoch räumen sie meist ihrer Arbeit eine so große Bedeutung ein, daß sie weniger Zeit mit ihren Freunden und Verwandten verbringen, als sie es unter idealen Umständen tun würden.

STÄRKEN: Die an diesem Tag Geborenen besitzen einen starken Willen und einen klaren Verstand. Sie verfolgen ihre progressiven, innovativen Ziele hartnäckig und energisch. Obwohl ihr Tun von ehrgeizigen, inspirierenden Visionen gelenkt wird, achten sie auf jedes Detail und gehen bei all ihren Projekten praktisch und tatkräftig vor.
SCHWÄCHEN: Am 3. Oktober Geborene haben eine auffällige Neigung, sich völlig in ihre Projekte zu vertiefen. Dies kann zwar dem Erfolg durchaus dienlich sein, kann aber auch ihre intellektuellen und physischen Energien überfordern und ihnen Kraft für ihre persönlichen Beziehungen rauben.
FAZIT: Für ihr eigenes Wohl, und um den emotionalen Bedürfnissen anderer mehr Aufmerksamkeit zu schenken, müssen diese Menschen unbedingt erkennen, daß es nur selten gelingt, vollkommen zu sein, und daß das Streben danach einen unakzeptabel hohen Preis erfordern kann. Sie sollten deshalb die Erwartungen an sich selbst niedriger ansetzen.

Das Fortschrittsstreben dieses Tages zeigte sich 1863, als Abraham Lincoln den letzten Donnerstag im November zum nationalen Erntedank-Feiertag, „Thanksgiving", erklärte.

An diesem Tag

Prominente Geburtstage: Eleanora Duse (1859), Pierre Bonnard (1867), Carl von Ossietzky (1889), Thomas Wolfe (1900), Michael Horden (1911), James Herriott (1916), Ray Lindwall (1921), Gore Vidal (1925), Shridath Surendranath „Sonny" Ramphal (1928), Eddie Cochran (1938), Chubby Checker (1941), Al Sharpton und Stevie Ray Caughan (1954), Jack Wagner (1959), Tommy Lee (1962), Kevin Richardson (1972), Neve Campbell (1973)

Bedeutende Ereignisse und Jahrestage: Der 3. Oktober weist auf mögliche Neuerungen hin, vor allem in Wissenschaft und Technik. Der amerikanische Erfinder J. S. Thurman ließ einen motorbetriebenen Staubsauger patentieren (1899). Das Morsezeichen SOS wurde offiziell als internationales Notsignal anerkannt (1906), und der amerikanische Telekommunikationsforscher C. F. Jenkins verschickte das erste Fax (1922). Das künstlerische Talent dieses Tages bestätigte sich bei zwei bemerkenswerten Uraufführungen: das Oratorium des britischen Komponisten Elgar *The Dream of Gerontius* (1900) und der Film-noir-Klassiker *Die Spur des Falken* von John Huston (1941). Das Fortschrittstreben dieses Tages bestätigt sich unter anderem in der Politik : Neben dem Tag der deutschen Einheit, der seit 1990 als Gedenktag zur Wiederherstellung des ungeteilten Deutschlands gefeiert wird, ist dies auch der Tag, an dem die Politikerin Rebecca L. Fulton als erste Frau in den amerikanischen Senat gewählt wurde (1922).

4. OKTOBER

Am 4. Oktober Geborene scheinen mit sich selbst bemerkenswert im Reinen zu sein, außerdem besitzen sie eine ausgesprochene Gabe für das harmonische Miteinander. In vieler Hinsicht ist ihre entspannte Lebenseinstellung das Produkt der Art und Weise, wie sie die Welt sehen, nämlich sehr realistisch bezüglich dessen, was möglich ist und was nicht. Das heißt nicht, daß sie ohne feste Meinungen oder inspirierende Ziele wären. Wenn sie überzeugt sind, daß ein Ziel erreichbar ist, arbeiten sie entschlossen daran, aber sie ziehen es instinktiv vor, ihre Kräfte nicht damit zu vergeuden, unmögliche Veränderungen herbeiführen zu wollen. Deshalb zieht es sie oft in Berufe, in denen nicht nur greifbare Erfolge winken, sondern sie auch wertvolle und positive Beiträge für ihre Mitmenschen leisten können, etwa als Sozialarbeiter, Ärzte, Rechtsanwälte oder Richter, aber auch als Ingenieure oder Wissenschaftler.

Die an diesem Tag Geborenen sind aufrichtig an ihren persönlichen Beziehungen interessiert, und diejenigen, auf die sich ihre Fürsorge richtet, schätzen ihre gutwillige, tolerante Akzeptanz menschlicher Schwächen und Ticks und respektieren ihre Integrität. Da diese Menschen daneben auch sehr sinnlich und obendrein noch mit einem ansteckenden Sinn für Humor ausgestattet sind, haben sie die Gabe, Schwung selbst in ihre ernsthaftesten Projekte zu bringen. Eine ähnliche Mischung aus belebender Lebensfreude und steter Fürsorge charakterisiert ihre engen persönlichen Beziehungen (vor allem bei Männern oder Hundejahr-Geborenen).

STÄRKEN: Diese Menschen sind bemerkenswert ausgeglichen, ihr logisches und objektives Denken bringt sie dazu, realistische, wenngleich auch ehrgeizige Ziele anzuvisieren, mit denen sie das menschliche Wissen und Können fördern wollen. Ihre Geselligkeit, Sinnlichkeit und Freude an den guten Dingen des Lebens machen sie bei anderen sehr beliebt.
SCHWÄCHEN: Ihre zahlreichen Interessen und ihre externe Orientierung können dazu führen, daß die an diesem Tag Geborenen ihre Aufmerksamkeit zu breit streuen. Wenn sie versuchen, jeder Forderung nachzukommen, die an sie gestellt wird, oder auch alles zu nutzen, was ihre persönlichen und beruflichen Unterfangen und Beziehungen ihnen bietet, können sie zu abgelenkt sein.
FAZIT: Während am 4. Oktober Geborene im allgemeinen ein gesundes Gleichgewicht zwischen ihren intellektuellen und emotionalen Anliegen und Neigungen wahren, sollten sie doch darauf achten, daß es nicht zu persönlichen Blockaden kommt, wenn sie sich überstrapazieren oder zu sehr in etwas vertiefen, was sie besonders fasziniert.

An diesem Tag

Prominente Geburtstage: Heinrich Schütz (1585), Giovanni Battista Piranesi (1720), Jean-François Millet (1814), Rutherford Birchard Hayes (1822), Fred E. Weatherly (1848), Damon Runyon (1884), Henri Gaudier-Brzeska (1891), Engelbert Dollfuss (1892), Buster Keaton (1895), Charlton Heston (1924), Alvin Toffler (1928), Terence Conran (1930), Basil d'Oliviera (1931), Anne Rice (1941), Patti LaBelle (1944), Clifton Davis (1945), Susan Sarandon (1946), Armand Assante (1949), Alicia Silverstone (1976)

Bedeutende Ereignisse und Jahrestage: Dieser Tag unterstützt konkrete Ziele, die darauf angelegt sind, der Menschheit weiterzuhelfen. Dies zeigte sich im literarischen Bereich, als der anglikanische Geistliche Miles Coverdale die erste in englischer Sprache gedruckte Bibel veröffentlichte (1535). 1887 gab die amerikanische Tageszeitung *New York Herald* in Paris ihre erste europäische Ausgabe heraus. Daß dieser Tag vom Element Luft regiert wird, bestätigte sich bei folgenden Ereignissen: Der amerikanische Flugpionier Orville Wright war 1905 als erster Pilot länger als 33 Minuten in der Luft, 1957 schickten die UdSSR den ersten Satelliten, „Sputnik I", in die Erdumlaufbahn und das sowjetische Raumschiff „Lunik III" explodierte 1959 auf seiner Mission, den Mond zu fotografieren.

Planeteneinflüsse

Herrschender Planet: Venus.
Zweiter Dekan: Persönlicher Planet ist der Saturn.

♀ ♄

Religiöse und kulturelle Bedeutung

Im Alten Rom fand zu Ehren von Ceres ein Fastentag statt, Jejunium Ceresis.
Namenstag: Franz von Assisi (1181/82–1226), Schutzheiliger der Tiere, Vögel, des Umweltschutzes, der Sozialarbeit.

Am 4. Oktober gedenkt man Franz von Assisi, des Schutzheiligen der Tiere, Vögel und Umweltschützer. Das Bild Der heilige Franz in Ekstase *(1437) wurde von Sassetta gemalt. Franz gab sein weltliches Leben auf, um sich als Einsiedler der Pflege von Armen und Kranken zu widmen, und gründete den Franziskanerorden.*

5. OKTOBER

Planeteneinflüsse

Herrschender Planet: Venus.
Zweiter Dekan: Persönlicher Planet ist der Saturn.

♀ ♄

Religiöse und kulturelle Bedeutung

In Litauen Fest der Alten Frau, in Rumänien werden mit dem Dionyssiad-Weinfest Ariadne, Dionysos und die Mänaden gefeiert.
Namenstag: Placidus (6. Jh.), Anna Schäfer (1882–1925).

An einem Tag, der viel mit Abhilfe von gesellschaftlichen und moralischen Mißständen zu tun hat, erhielt der Pole Lech Walesa 1983 den Friedensnobelpreis. Der ehemalige Anführer der unabhängigen Gewerkschaftsbewegung Solidarnosz wurde 1990 Staatspräsident Polens und leitete innovative Sozialreformen ein.

Zwei Charakterzüge sind bei den an diesem Tag wie auch bei vielen anderen unter dem Sternzeichen Waage Geborenen besonders ausgeprägt: ihr hochentwickeltes Gerechtigkeitsgefühl und ihre Sinnlichkeit. So verwenden manche ihre beruflichen Möglichkeiten darauf, soziale oder moralische Mißstände zu beheben, sei es als Richter oder Sozialarbeiter, während andere in künstlerischen Bereichen wie dem Drama oder der Musik erfolgreich sind. Doch was auch immer sie wählen, stets zeigen sie eine ausgesprochene Sorge um das Allgemeinwohl und eine Neigung zu sinnlichen Genüssen. Zum einen besitzen sie großes Mitgefühl für Notleidende und wollen ihnen helfen, zum anderen sind sie sehr charmant, gesellig und vergnüglich. Trotz ihrer geistigen Unabhängigkeit eignen sich die an diesem Tag Geborenen ausgezeichnet für die Teamleitung, hingegen weniger gut dafür, allein zu arbeiten. Sie besitzen eine beeindruckende Gabe, andere dazu zu bringen, sich entschlossen für ein gemeinsames Anliegen einzusetzen, und werden dafür auch bewundert. Viele würden es bevorzugen, ihren intellektuellen oder künstlerischen Interessen ohne Ablenkung nachgehen zu können, aber die gerechte Behandlung ihrer Mitmenschen ist ihnen so wichtig, daß ihr Verantwortungsgefühl sie in dieser unvollkommenen Welt oft dazu zwingt, sich zum Rächer aufzuschwingen und diejenigen zu verteidigen, die sie für das Opfer einer Ungerechtigkeit halten. In solchen Fällen schöpfen sie aus ihrem Mut und ihrer Findigkeit (oft erstaunen sie andere mit ihrer Vehemenz). Doch wenn sie völlig in der Dringlichkeit ihrer Mission aufgehen, sabotieren sie sich manchmal selbst, indem sie es versäumen, diplomatischer und pragmatischer vorzugehen. Es versteht sich, daß am 5. Oktober Geborene loyale und lebhafte Freunde und Familienmitglieder und besonders liebevolle Eltern sind.

STÄRKEN: Die an diesem Tag Geborenen sind extrem sensible Menschen, die nicht nur für künstlerische Reize empfänglich sind, sondern auch sehr mit notleidenden oder ungerecht behandelten Menschen fühlen. Bei allem, was sie tun, zeigt sich ihre Fürsorge für andere, aber auch ihre Phantasie und ihre optimistische Entschlossenheit. Dafür werden sie oft bewundert und von ihren Freunden als emotionale Stütze geschätzt.
SCHWÄCHEN: Diese Menschen besitzen mutige moralische Überzeugungen und sind bereit einzuschreiten, um alle Fälle von Machtmißbrauch zu korrigieren. Dies kann sie dazu verleiten, zu leidenschaftlichen Verteidigern derjenigen zu werden, deren Lage sie verbessern wollen. Dabei lassen sie jedoch manchmal die möglichen Folgen ihres Vorgehens außer acht. Manchmal verlieren sie die Kontrolle oder schießen übers Ziel hinaus.
FAZIT: Am 5. Oktober Geborene müssen ihre selbstgerechte Neigung zügeln, ungeduldig oder sogar wütend zu werden, wenn andere, die ihre Meinung nicht teilen, Einwände vorbringen, die vielleicht sogar begründet sind. Zwar sollten sie ihre Visionen nie aufgeben, doch sie sollten daran arbeiten, eine versöhnlichere Art zu entwickeln.

An diesem Tag

Prominente Geburtstage: Maria von Modena (1658), Chester Alan Arthur (1830), Louis Jean Lumière (1864), Larry Fine und Ray Kroc (1902), Donald Pleasance (1919), Gert Westphal (1920), Barbara Kelly (1924), Vaclav Havel (1936), Karen Allen (1951), Roy Laidlaw (1953), Bob Geldof (1954), Mario Lemieux (1965), Grant Hill (1972), Kate Winslet (1975)

Bedeutende Ereignisse und Jahrestage: Dieser Tag steht im Zeichen der sozialen Gerechtigkeit. Bulgarien erklärte sich unabhängig vom Ottomanenreich (1908), während der Weltwirtschaftskrise marschierten Arbeiter der Palmer's-Werft, die gerade ihre Stelle verloren hatten, von Jarrow nach London, um der britischen Regierung eine Bittschrift zu überreichen (1936), und bei einer Demonstration von Katholiken im nordirischen Londonderry, die gleiche Bürgerrechte forderten, kam es zu Gewalttaten (1968). Die Gabe zur Unterhaltung, die dieser Tag birgt, bestätigte sich, als in Großbritannien die erste Folge der TV-Satire *Monty Python's Flying Cirucs* ausgestrahlt wurde (1969) und als der berühmte Pariser Nachtclub „Moulin Rouge" sein hundertjähriges Bestehen feierte (1989).

6. OKTOBER

Die vielleicht markanteste Eigenschaft der am 6. Oktober Geborenen ist ihre Lust am Leben und an Abenteuern, eine Neigung, die ihnen den unwiderstehlichen Drang verleiht, die mannigfaltigen Erfahrungen und Sinneseindrücke, die das Leben zu bieten hat, auszuprobieren und sich von ihnen anregen zu lassen. Ihr starker Forscherdrang regt sich bei allem, auf das sie stoßen und das sie unternehmen. Wann immer ein unbekannter Mensch, eine neue Situation oder Idee in ihr Leben tritt, machen sie sich sofort begeistert daran, möglichst viele Informationen zu sammeln. Dies wird von ihrer Intuition sowie ihrem Talent unterstützt, rasch zu Bewertungen und Analysen zu kommen. Obwohl ihr Bedürfnis, ihre intellektuelle Neugier zu stillen, schon fast zwanghaft ist, handeln die am 6. Oktober Geborenen selten aus selbstsüchtigen Gründen. Ihre empatische Identifikation mit anderen erfüllt sie mit dem Wunsch, ihren Mitmenschen, ja der gesamten Menschheit mit ihren Entdeckungen zu nutzen. Diese vielseitig begabten und findigen Menschen können in vielen unterschiedlichen Berufen erfolgreich sein, vorausgesetzt, sie genießen Gedanken- und Handlungsfreiheit. Am besten eignen sie sich für Berufe, in denen sie ihren progressiven Neigungen nachgehen und andere beeinflussen können. Das Ingenieurwesen, das Bauwesen und die Wissenschaft faszinieren sie sehr, denn in diesen Bereichen läßt sich wahrhaft Neues schaffen. Doch die größten Erfahrungs- und Ausdrucksmöglichkeiten liegen im Kunst- und Designbereich, und dorthin fühlen sich diese zweifellos sehr sinnlichen Menschen auch besonders hingezogen. Sie sind interessante, positive, belebende Gefährten, Partner und Familienmitglieder und schätzen die Unterstützung durch stabile Familienbeziehungen als Gegengewicht zu ihren eher rastlosen intellektuellen Neigungen.

STÄRKEN: Die an diesem Tag Geboren haben vielseitige Interessen und praktische Talente. Ihr Tun wird motiviert von ihrem Wunsch, die Welt zu inspirieren. Ihr Optimismus bei der Verwirklichung ihrer Visionen und ihre Lebensfreude üben auf andere eine magnetische Anziehung aus.
SCHWÄCHEN: Ihre angeborene Empfänglichkeit für die verschiedensten Reize kann dazu führen, daß die am 6. Oktober Geborenen auf alles reagieren, was ihnen begegnet. Darunter leidet ihre Fähigkeit, sich voll auf eine bestimmte Sache zu konzentrieren, wodurch ihre Erfolgsaussichten sowie ihre emotionale Erfüllung ebenfalls eingeschränkt werden.
FAZIT: Ihre intellektuelle Neugier gehört zu den interessantesten und vielversprechendsten Eigenschaften dieser Menschen, doch wenn sie ihre phantasievollen Vorstellungen umsetzen wollen, müssen sie sich unbedingt darauf konzentrieren, und zwar ausschließlich, und den Verlockungen neuer Erfahrungen widerstehen.

An diesem Tag

Prominente Geburtstage: Matteo Ricci (1552), Nevil Maskelyne (1732), Louis Philippe von Frankreich (1773), Jenny Lind (1820), George Westinghouse (1846), Karol Szymanowski (1883), Charles Jeanneret, „Le Corbusier" (1887), Gerhard Lamprecht (1897), Helen Wills Moody (1905), Janet Gaynor (1906), Carole Lombard (1909), Barbara Castle (1910), Thor Heyerdahl (1914), Tommy Lawton (1919), Richie Benaud (1930), Melvyn Bragg (1939), Britt Ekland (1942), Tony Greig (1946), Elisabeth Shue (1963), Amy Jo Johnson (1970)

Bedeutende Ereignisse und Jahrestage: Dieser Tag steht im Zeichen der Verwirklichung phantasievoller Neuerungen, die das Allgemeinwohl fördern sollen. Im Ingenieurwesen zeigte sich dies in der Fertigstellung der Bahnverbindung zwischen Cape Town in Südafrika und Beira in Mosambique, Südostafrika (1902). 1927 gab es die Uraufführung des ersten Tonfilms *The Jazz Singer* mit Al Jolson, produziert von den Warner Brothers. Der 6. Oktober weist auch auf das hartnäckige Festhalten an obsessiven Überzeugungen hin. Der englische Kirchenreformator William Tyndale, der durch seine Übersetzung des Neuen Testaments einige Katholiken aufgebracht hatte, wurde im flämischen Vilvorde als Ketzer mit dem Tod durch Erdrosseln und Verbrennen bestraft (1536).

Planeteneinflüsse

Herrschender Planet: Venus.
Zweiter Dekan: Persönlicher Planet ist der Saturn.

♀ ♄

Religiöse und kulturelle Bedeutung

In Nepal beginnt am 6. Oktober ein neuntägiges Fest zu Ehren der hinduistischen Gottheit Vishnu.
Namenstag: Adalbero von Würzburg (1010–90), Bruno der Kartäuser (ca. 1030–1101).

Der US-Golfspieler Bobby Jones gewann am 6. Oktober 1928 den Amateur Golf Cup – ganz im Einklang mit der Begeisterung, Hingabe und Energie, die dieser Tag hervorhebt.

7. OKTOBER

Planeteneinflüsse
Herrschender Planet: Venus.
Zweiter Dekan: Persönlicher Planet ist der Saturn.

♀ ♄

Religiöse und kulturelle Bedeutung
Namenstag: Justina von Padua († ca. 300), Sergius und Bacchus († ca. 305), Georg von Pfronten-Kreuzegg („Bruder Jörg“, 1696–1762).

Der pensionierte Armeeoffizier Oliver North wurde am 7. Oktober 1943 geboren, also im chinesischen Jahr der Ziege. Seine Stärke, seine festen Überzeugungen und das entschlossene – oft auch kämpferische – Festhalten an seinen Prinzipien, alles für diesen Tag typische Eigenschaften, führten zu seiner brillanten, aber letztlich auch sehr umstrittenen Karriere als Beamter des Nationalen Sicherheitsrats der Reagan-Regierung.

Die an diesem Tag Geborenen sind energiegeladene Menschen mit starken Überzeugungen, und die meisten, die mit ihnen zu tun haben, sind beeindruckt von der Entschlossenheit, mit der sie ihre Ideale verfolgen – ob sie sie nun bewundern oder darüber lästern. Tatsächlich werden die am 7. Oktober Geborenen oft in gleichem Maße gehaßt wie geliebt, und obwohl sie sehr sensibel sind und die Gefühle anderer offenbar intuitiv erspüren, scheinen sie die extremen Reaktionen, die sie verursachen, gleichmütig aufzunehmen. Vielleicht schenkt ihnen das Wissen Kraft, daß Fortschritte nur erreicht werden können, wenn man über die konventionellen Verfechter des Status quo hinweggeht. Zwar sind ihnen Verbündete lieber als Feinde, doch die Stärke ihrer Überzeugungen verleiht ihnen den Mut, bei der Verwirklichung ihrer Visionen notfalls auch zu kämpferischen Mitteln zu greifen. Die Orientierung an ihren Mitmenschen und ihre umfassende Neugier bringt die an diesem Tag Geborenen dazu, sich intensiv um die Fortschritte zu bemühen, die sie für gerechtfertigt halten. Die Art ihrer progressiven Bestrebungen kann individuell unterschiedlich sein. Viele entschließen sich, ihre Energien auf die Förderung sozialer oder geistiger Ideale zu lenken, andere versuchen, ihren Einfluß durch technische, kreative oder künstlerische Tätigkeiten geltend zu machen. Und trotz ihrer radikalen Botschaften setzen sie persönlichen Charme, Humor und Phantasie beim Verfolgen ihrer Ziele ein. Diese sanfteren Eigenschaften machen sich vor allem in ihren persönlichen Beziehungen bemerkbar (die sie oft streng getrennt von ihren intellektuellen oder beruflichen Tätigkeiten halten) und dort hauptsächlich bei denen, die ihre Beschützerinstinkte wachrufen, also ihren Partnern oder Kindern.

STÄRKEN: Ihre Sensibilität und der dominante Drang, die Bereiche zu verbessern, die sie als mangelhaft erkannt haben, verleiht den am 7. Oktober Geborenen die Möglichkeit, wirklich Neues zu schaffen. Trotz der kämpferischen Haltung, die sie sich manchmal bei der Verfolgung ihrer Visionen zulegen, handelt es sich um Menschen mit einer großen Anziehungskraft und einem ausgeprägten sozialen Gewissen.
SCHWÄCHEN: Die an diesem Tag Geborenen müssen sich davor hüten, sich von ihrem missionarischen Eifer überwältigen zu lassen. Dieser Eifer kann dazu führen, daß sie ebenso unnachgiebig werden wie diejenigen, an die sich ihre Predigten richten, und auch sehr selbstgerecht, was sie schließlich blind für alternative Sichtweisen macht.
FAZIT: Zwar sollten diese Menschen nie ihre Verbesserungsbestrebungen aufgeben, doch sie müssen sich unbedingt darum bemühen, ihre Motive und Methoden ebenso klar zu sehen wie die äußeren Dinge. Wenn sie sich ein inneres Selbstüberwachungssystem zulegen, können sie ihre Konzentration und Effektivität steigern und gleichzeitig auch geistige Offenheit wahren. Dies ermöglicht ihnen persönliches Wachstum, und sie können dann auch die Kämpfe und Schwächen anderer besser hinnehmen.

An diesem Tag
Prominente Geburtstage: William Laud (1573), William Still (1821), James W. Riley (1849), Niels Bohr (1885), Andy Devine (1905), Arnold Crowther (1909), Shura Cherkassy (1911), June Allyson (1917), Annemarie Renger (1919), R. D. Laing und Al Martino (1927), Desmond Tutu (1931), Thomas Keneally (1935), Clive James (1939), Oliver North (1943), John Cougar Mellencamp (1951), Yo Yo Ma (1955), Jayne Torvill (1957), Judy Landers (1961)

Bedeutende Ereignisse und Jahrestage: Dieser Tag betont das Festhalten an Leitlinien. Dies zeigte sich in der Seeschlacht von Lepanto, in der im Golf von Korinth die spanisch-venezianisch-päpstliche Flotte siegreich gegen die türkische Flotte kämpfte (1571). 1985 brachten palästinensische Terroristen den italienischen Kreuzer „Achille Lauro“ in ihre Gewalt, um auf ihren Kampf gegen Israel aufmerksam zu machen. Objektivität spielt an diesem Tag ebenfalls eine wichtige Rolle. So erschien 1986 die erste Ausgabe der überparteilichen britischen Tageszeitung *Independent*.

8. OKTOBER

Die an diesem Tag Geborenen sind in vieler Hinsicht von dem hochgesteckten Idealismus ihres Wunsches geprägt, hinter die Grenzen der herrschenden Umstände oder des Wissens zu blicken und von diesem erhöhten Blickpunkt aus sich selbst und der Menschheit neue Einsichten zu verschaffen. Oft sind ihre Visionen so ehrgeizig, daß andere sie für unerreichbar halten und die Verfechter dieser Visionen bestenfalls für Exzentriker, schlimmstenfalls für Verrückte. Doch selbst diejenigen, die ernste Zweifel an ihren Motiven und Fähigkeiten hegen, kommen nicht umhin, sie insgeheim für ihren Optimismus und ihre Begeisterung zu bewundern. Trotz des Spotts und der Feindseligkeit, die die am 8. Geborenen oft hervorzurufen scheinen, halten sie an ihren Träumen fest – nicht zuletzt, weil sie scharf denkende und logische Menschen sind, die ihre Ansichten sorgfältig durchdacht haben und, abgesehen von der begrenzten Vorstellungskraft ihrer Mitmenschen, kein Hindernis für ihren Fortschritt sehen. Meist sind diese Menschen vielseitig begabt, und ihre Phantasie, Originalität und fortschrittlichen Neigungen verleihen ihnen Erfolgsaussichten für die unterschiedlichsten beruflichen Gebiete (Wirtschaft, Finanzwelt, Technik oder Wissenschaft, aber auch Sport und Kunst). Die an diesem Tag Geborenen sind zwar sehr charmant, aber ihr angeborener Perfektionismus, gepaart mit ihrem unablässigen Streben, ihre hochgesteckten Ziele zu erreichen, kann dazu führen, daß sie in ihren persönlichen Beziehungen fordernd und distanziert sind, nicht nur, was ihre intellektuellen Bestrebungen betrifft, sondern auch bei ihrer Suche nach einer romantischen Idylle. Ihr idealer Seelenverwandter ist manchmal so schwer zu finden, daß die am 8. Oktober Geborenen (vor allem Männer) große Schwierigkeiten haben, sich auf einen Lebenspartner einzulassen.

STÄRKEN: Die an diesem Tag Geborenen sind sehr optimistisch, was den Erfolg ihrer extrem weitgesteckten Ziele anbelangt, die nicht nur persönlichen Ehrgeiz widerspiegeln, sondern auch anderen nutzen sollen. Ihre klaren Visionen, gepaart mit enormer Entschlossenheit und beträchtlicher Phantasie, sind eine solide Basis für ihren Erfolg.
SCHWÄCHEN: Die am 8. Oktober Geborenen müssen sich davor hüten, daß ihre Neigung, ihre idealistischen Träume unabhängig von den Einwänden anderer zu verfolgen, sich nicht zu einem Zwang auswächst. Es besteht die Gefahr, daß sie sich nicht nur von der Realität entfernen, sondern sich auch den emotionalen Lohn vorenthalten, den starke, aufrichtige Beziehungen zu Ehepartnern, Verwandten und Freunden ihnen bieten könnten.
FAZIT: Wenn sie ihre Ziele erreichen und die Liebe und Unterstützung ihrer Familie und Freunde nicht verlieren wollen, müssen diese Menschen ihre Neigung zügeln, völlig in ihren intellektuellen Interessen aufzugehen und alles andere auszuschließen. Sie sollten darauf achten, denjenigen genügend Zeit und Aufmerksamkeit zu widmen, deren Zuwendung für ihr emotionales Wohlbefinden ausschlaggebend ist.

An diesem Tag

Prominente Geburtstage: John Milton Hay und Montagu Lowry-Corry (1838), John Cowper Powys (1872), Alfred Munnings (1878), Heinrich Focke (1890), Juan Perón (1895), Rouben Mamoulian (1898), Cesar Milstein (1927), Neil Harvey (1928), Betty Boothroyd (1929), Ray Reardon (1932), Rona Barrett (1936), Merle Park (1937), Paul Hogan (1939), Jesse Jackson (1941), Chevy Chase (1943), Sarah Purcell (1948), Sigourney Weaver (1949), Stephanie Zimbalist (1956), James DePaiva (1957), Matt Damon (1970)

Bedeutende Ereignisse und Jahrestage: Dieser Tag steht im Zeichen hochgesteckter Ideale. Diese Neigung fand einen konkreten Ausdruck in der Architektur, als die Markuskirche in Venedig geweiht wurde (1085). Der Idealismus, der vom 8. Oktober so stark betont wird, zeigte sich auch, als Serbien, Griechenland und Montenegro der Türkei, ihrem gemeinsamen moslemischen Herrscher, den Krieg erklärten (1912). Die Mischung der Einflüsse, die diesen Tag regieren, kann häufig zu Zusammenstößen führen, was sich auch auf tragische Weise bei einem Zugunglück im englischen Harrow zeigte (1952).

Planeteneinflüsse

Herrschender Planet: Venus.
Zweiter Dekan: Persönlicher Planet ist der Saturn.

♀ ♄

Religiöse und kulturelle Bedeutung

In China wird Cheng Yeung Dan (das Fest der hohen Orte) gefeiert, ein Fest, das Glück bringen soll.
Namenstag: Simeon († 1. Jh.), Benedicta († ca. 360), Thais (4. Jh.), Viktrizius Weiß (1842–1924).

1871 brach in Chicago ein Feuer aus, das zu den verheerendsten der amerikanischen Geschichte gehört. 90.000 Häuser brannten nieder, vier Quadratmeilen der Stadt wurden zerstört. Doch man machte sich sofort an den Wiederaufbau und bewies damit den Idealismus und die Fähigkeit, widrige Umstände zu überwinden, um der Menschheit zu nutzen, was mit dem Geist dieses Tages in Einklang steht.

Planeteneinflüsse

Herrschender Planet: Venus.
Zweiter Dekan: Persönlicher Planet ist der Saturn.

♀ ♄

Religiöse und kulturelle Bedeutung

Nationalfeiertag in Uganda, im Alten Rom wurde der Tag der Felicitas gefeiert.
Namenstag: Sara (Ehefrau von Abraham, Mutter von Isaak), Dionysius von Paris († ca. 285), Schutzheiliger von Frankreich, Ludwig Beltrán (1526–81), Johannes Leonardi (1541–1609).

Die angesehene Yale University, die am 9. Oktober 1701 gegründet wurde, ist noch heute eine der besten amerikanischen Bildungseinrichtungen. Im Einklang mit den progressiven Idealen, dem unabhängigen, originellen Gedankengut und dem Dienst an der Menschheit, auf die dieser Tag hinweist, versammelt sie seit dem Tag ihrer Gründung die besten Denker der US-akademischen Welt unter ihrem Dach.

9. OKTOBER

Die am 9. Oktober Geborenen sind scharfe Beobachter. Nur wenig entgeht ihrer Aufmerksamkeit, vor allem im Bereich menschlichen und gesellschaftlichen Verhaltens, das sie oft ganz besonders fasziniert. Sie verfügen über eine bemerkenswert entwickelte intellektuelle und intuitive Wahrnehmungsfähigkeit und über einen logischen Verstand. Deshalb geben sie gute Analytiker ab, die rasch zum Kern eines Problems vordringen und dann ebenso rasch kluge Lösungen ersinnen können. Sobald sie sich für die optimale Methode zur Durchsetzung der notwendig erscheinenden Fortschritte entschieden haben, gehen sie eifrig und beharrlich danach vor. Ihre Konzentration und Entschlossenheit verspricht ihnen Erfolg in allen möglichen Berufen. Da es den meisten darum geht, ihre Mitmenschen aufzuklären, setzen sie ihre Kräfte dafür ein, anderen zu helfen, vielleicht in der Mentorenrolle als Akademiker, Psychiater, Richter, Sozialarbeiter oder gar als spiritueller Führer, aber auch in Bereichen, wo sie andere durch ihr Beispiel inspirieren können, z. B. als Sportler oder Künstler. Die an diesem Tag Geborenen besitzen große geistige Unabhängigkeit, sie sind die geborenen Führer, und mit ihren starken Überzeugungen können sie mutig vorwärtsstreben und den Widerstand, den ihr entschlossenes Auftreten hervorrufen mag, ignorieren. Doch sie suchen nicht nach Konflikten um ihrer selbst willen, Freunde sind ihnen weitaus lieber als Feinde (dies gilt vor allem für Frauen). Ihre guten Absichten zeigen sich bei allen ihren zwischenmenschlichen Beziehungen, vor allem bei denen zu ihren Angehörigen – obwohl ihre Neigung, andere zu kritisieren und zu leiten, nicht immer so ankommt, wie sie gemeint ist.

STÄRKEN: Die am 9. Oktober Geborenen sind kluge Beobachter, Analytiker und Strategen. Ihre Sensibilität und ihr Wunsch, durch umfassend durchdachte, positive und direkte Handlungen Verbesserungen herbeizuführen, macht sie zu begabten Problemlösern.
SCHWÄCHEN: Die Klarsicht, mit der sie Mängel in bestehenden Systemen oder Verhaltensmustern entdecken und dann phantasievolle Lösungen formulieren, ist zweifellos eine Gabe. Doch sie birgt auch die Gefahr, daß die an diesem Tag Geborenen die Methoden und das Vorgehen anderer zu kritisch betrachten. Diese Neigung kann vor allem bei ihren Familien und Freunden auf Ablehnung stoßen.
FAZIT: Wenn sie bei ihrem Drang, Gutes zu tun und in positive Richtungen zu weisen, nicht die vor den Kopf stoßen wollen, deren Interessen ihnen besonders wichtig sind, sollten diese Menschen gelegentlich auch sich selbst ganz objektiv betrachten. Dabei sollten sie sowohl ihre Motive hinterfragen als auch darüber nachdenken, ob der Anlaß für ihre schneidenden Worte tatsächlich die möglicherweise negativen Auswirkungen rechtfertigt.

An diesem Tag

Prominente Geburtstage: Camille Saint-Saëns (1835), Alfred Dreyfus (1859), Aimee Semple McPherson (1890), Bruce Catton (1899), Wolfgang Staudte (1906), Jacques Tati (1908), Donald Sinden (1923), Donald McCullin (1935), Brian Blessed (1937), John Lennon (1940), Peter Tosh (1944), Jackson Browne (1948), Robert Wuhl (1951), Steve Ovett (1955), Michael Pare (1959), Sean Lennon (1975), Zachery Ty Bryan (1981)

Bedeutende Ereignisse und Jahrestage: Dieser Tag steht für den Wunsch, andere zu unterweisen und aufzuklären. 28 v. Chr. wurde in Rom auf dem Palatin dem römischen Gott Apollo ein Tempel geweiht, der als spirituelles Zentrum für die Anbetung dieses Gottes dienen sollte. Im Yale College in New Haven, Connecticut, einigte man sich auf eine Satzung zur Ausbildung amerikanischer Studenten (1701). Außerdem betont der 9. Oktober die Bereitschaft, Schritte zu unternehmen, um starke – oft kollektive – Glaubenssätze zu fördern: König Alexander I., der Diktator Jugoslawiens, wurde von einem faschistischen Attentäter unklarer Staatsangehörigkeit ermordet (1934), und der argentinische Marxist Ernesto „Che“ Guevara wurde in Bolivien bei seinem Versuch, einen Aufstand gegen die Militärregierung anzufachen, von staatstreuen Truppen gefangengenommen und hingerichtet (1967).

10. OKTOBER

Die an diesem Tag Geborenen sind sehr vernünftig und verabscheuen Unordnung – Chaos ist für sie eine Behinderung des Fortschritts, den sie unbedingt erreichen wollen. Ihr logisches und perzeptives Denkvermögen ermöglicht es ihnen, überall bestehende Mängel aufzudecken und konstruktive Lösungen vorzuschlagen. Mit großem Eifer stürzen sie sich auf die Aufgabe, in unproduktiven Situationen Ordnung und Harmonie zu schaffen. Dabei freuen sie sich gleichermaßen am Aufbau und der Aufrechterhaltung gut funktionierender Systeme wie an den Ergebnissen ihrer Mühen. Diese Neigung ist um so ausgeprägter, wenn sie im chinesischen Jahr des Hahns geboren sind. Ihre Talente befähigen sie zu einer Reihe von Berufen, doch ihr spontanes, tatkräftiges Einschreiten, ihre Selbstdisziplin und ihre realistische Zielstrebigkeit versprechen ihnen besonders gute Erfolge als Teamleiter oder Manager.

Viele der am 10. Oktober Geborenen zeigen dieselbe Ordnungsliebe auch in ihrem Privatleben – ihr Haushalt läuft reibungslos, und sie bieten denen, die sie lieben, beständige emotionale wie auch finanzielle Unterstützung. Doch hinter ihrem rationalen, ausgeglichenen Äußeren verbirgt sich ein sehr sinnlicher, emotionaler Kern, dem die an diesem Tag Geborenen ihre Freude an den guten Dingen des Lebens und ihre Empfänglichkeit für Romantik verdanken. Wenn diese beiden Seiten ihres Wesens sich harmonisch verbinden, sind sie ebenso charmant wie zuverlässig, weshalb sich ihre Mitmenschen sehr zu ihnen hingezogen fühlen.

STÄRKEN: Am 10. Oktober Geborene besitzen ein bemerkenswert rationales Denkvermögen, mit dem sie Störungen rasch erkennen und durch praktische, direkte Gegenmaßnahmen beheben können. Sie lassen kein Detail außer acht und verlieren nie den Überblick.
SCHWÄCHEN: Disziplin und Ordnung, die ihr Vorgehen in ihrem Berufsleben und oft auch im privaten Bereich kennzeichnen, sind sehr wirksam, um konkrete Ergebnisse zu erzielen. Sie können jedoch die an diesem Tag Geborenen dazu veranlassen, ihre „sanfteren" Gefühle zu unterdrücken, welche schließlich ein negatives, ja sogar destruktives Ventil finden können.
FAZIT: Bei ihrem Bestreben, ihre intellektuellen Ziele zu erreichen, dürfen diese Menschen nicht ihr emotionales Wohl vernachlässigen. Sie sollten darauf achten, daß sich die Verfolgung ihrer beruflichen Interessen und ihr tiefes Bedürfnis, Zuwendung zu schenken und zu erhalten, die Waage halten, dann können sie sich auch bei spirituell nährenden, geistigen Aktivitäten immer wieder regenerieren.

An diesem Tag

Prominente Geburtstage: Jean A. Watteau (1684), Henry Cavendish (1731), Benjamin West (1738), Giuseppe Verdi (1813), Paul Krüger (1825), Fridtjof Nansen (1861), William Morris (1877), Georg Scholz (1890), Helen Hayes (1900), Vladimir Dukelsky (1903), Thelonius Monk (1920), James Clavell und Edward D. Wood, Jr. (1924), Harold Pinter (1930), Daniel Massey (1933), Charles Dance (1946), David Lee Roth (1955), Tanya Tucker (1958), Brett Favre (1969)

Bedeutende Ereignisse und Jahrestage: Der 10. Oktober zeigt ein ausgeprägtes Organisationstalent bei der Verfolgung visionärer Ziele: Die englische Suffragette Emmeline Pankhurst gründete die „Women's Social and Political Union", um für das Frauenwahlrecht in England zu kämpfen (1903). Die diesen Tag regierenden Einflüsse warnen vor der Explosionsgefahr, die das Unterdrücken von Gefühlen bergen kann. Dazu gab es Parallelen, als ein Leck in einem englischen Atomkraftwerk bei Windscale (was später zu Sellafield umbenannt wurde) das umliegende Cumbria und darüber hinaus das ganze Land mit radioaktiver Strahlung bedrohte (1957). An diesem vom Element Luft beherrschten Tag wurde durch die Fusion dreier amerikanischer Fluggesellschaften die Transcontinental and Western Airlines (TWA) gegründet (1930).

Planeteneinflüsse

Herrschender Planet: Venus.
Zweiter Dekan: Persönlicher Planet ist der Saturn.

♀ ♄

Religiöse und kulturelle Bedeutung

In Brasilien wird das Lichtfest gefeiert.
Namenstag: Gereon von Köln und Gefährten, Schutzheiliger der Soldaten, gegen Kopfschmerzen († ca. 304), Paulinus von York († 644), Daniel Comboni (1831–81).

An diesem Tag wurde im Jahr 1845 die amerikanische Marineakademie gegründet, die noch heute als Symbol für kriegerische Aktivitäten, aber auch als Monument der Führerschaft, des Fortschritts und der Ordnungsliebe gilt – Eigenschaften, die in einer solchen Institution sehr gefragt sind und sich mit dem Wesen dieses Tages in Einklang befinden.

11. OKTOBER

Planeteneinflüsse

Herrschender Planet: Venus.
Zweiter Dekan: Persönlicher Planet ist der Saturn.

♀ ♄

Religiöse und kulturelle Bedeutung

Bei heidnischen Zeremonien wurde in Dänemark und Deutschland die Alte Frau der Alten Bäume geehrt.
Namenstag: Ethelburga von Barking (ca. 600–ca. 670), Jakob Griesinger von Ulm (Alemannus, 1407–91), Alexander Sauli (1534–1593).

Anmut, Menschlichkeit und Denkvermögen – typische Anlagen für an diesem Tag Geborene – brachten Eleanor Roosevelt die Zuneigung ihrer Landsleute ein. Sie drängte sich jedoch nie in den Vordergrund, als Diplomatin und Menschenfreundin erwies sie sich während der ganzen Amtszeit Franklin D. Roosevelts als unschätzbare Ratgeberin ihres Gatten. Daneben hatte sie mehrere Ämter in den UN inne und hielt – ein Novum in der amerikanischen Geschichte – auch selbst Pressekonferenzen ab.

Die an diesem Tag Geborenen sind positive Menschen, die in vieler Hinsicht als gesellschaftliche Idealisten charakterisiert werden können. Sie sind von dem Wunsch beseelt, nicht nur ihr eigenes emotionales Glück, sondern auch das ihrer Mitmenschen zu sichern, egal, ob sie ihnen persönlich nahestehen oder nicht. Diese Ziele sind oft eng miteinander verwoben, denn das Gerechtigkeitsgefühl dieser Menschen ist so ausgeprägt, und sie empfinden ein so starkes Mitgefühl mit ungerecht Behandelten, daß sie sich, selbst wenn ihre eigenen Lebensumstände harmonisch sind, dazu gezwungen sehen, sich für die weniger Begünstigten einzusetzen. Ihre persönlichen und beruflichen Beziehungen sind von dem Bestreben geprägt, für andere Gutes zu tun. Im allgemeinen liegen ihnen Versöhnung und Zusammenarbeit näher als Aggression und Auseinandersetzung, doch ihr Drang, Ungerechtigkeiten zu beseitigen, sollte nicht unterschätzt werden (was geschehen kann, wenn man ihre Umgänglichkeit als Willensschwäche mißdeutet).

Im Gegensatz zu ihrem Altruismus und ihrem klaren Denken steht bei den am 11. Oktober Geborenen eine für sie schon charakteristische Genußsucht. Da sie für emotionale und sinnliche Reize sehr empfänglich sind, geben sie sich sinnlichen Genüssen gern hin. Mit diesen recht extremen Neigungen haben diese Menschen in vielen Tätigkeiten Erfolg, etwa als Schriftsteller, Musiker, Sportler oder Sozialreformer.

STÄRKEN: Mit ihrer einnehmenden Lebensfreude und ihrem Mitgefühl für andere sind die an diesem Tag Geborenen interessante und attraktive Persönlichkeiten. Doch trotz ihrer typischen Freundlichkeit und Lebenslust besitzen sie auch ausgeprägte intellektuelle Fähigkeiten, und wenn sie den Drang verspüren, voranzukommen, zeigen sie eine bemerkenswerte Findigkeit, Einsatzfähigkeit und Entschlossenheit, um ihre Ziele auch zu erreichen.
SCHWÄCHEN: Die am 11. Oktober Geborenen neigen zu Extremen, was sich zeigen kann, wenn sie ein wichtiges Anliegen oder Prinzip verteidigen oder fördern. Es kann sich auch auswirken – und dies um so mehr, wenn sie im chinesischen Jahr des Pferdes geboren sind –, wenn sie ihrer starken Neigung folgen, sich den Verlockungen sinnlicher Reize hinzugeben.
FAZIT: Diese Menschen müssen ihre emotionalen, sinnlichen und intellektuellen Neigungen im Lot halten, um so ganzheitlich erfüllt zu sein, wie sie es anstreben. Deshalb sollten sie sich gelegentlich die Zeit nehmen, in sich zu gehen, um festzustellen, was ihnen die größte Befriedigung schenkt, und dann konzentriert und beständig daran arbeiten, ohne sich von anderen verführerischen Reizen ablenken zu lassen.

An diesem Tag

Prominente Geburtstage. Arthur Phillip (1738), George Williams (1821), H. J. Heinz (1844), Friedrich Bergius und Eleanor Roosevelt (1884), François Mauriac (1885), Lew Pouischonoff (1891), Hans Söhnker (1903), Jerome Robbins (1918), Art Blakey (1919), Elmore Leonard (1925), Toney Kinsey (1927), Ennio Morricone (1928), Roy Scheider (1935), Bobby Charlton (1937), Maria Bueno (1939), Alan Pascoe (1947), Daryl Hall (1949), Joan Cusack (1962), Luke Perry (1966)

Bedeutende Ereignisse und Jahrestage: Eine charakteristische Neigung dieses Tages ist das ausgeprägte Sendungsbewußtsein bei der Beförderung gemeinschaftlicher Ideale. So verlieh etwa Papst Leo X. König Heinrich VIII. von England den Titel „Verteidiger des Glaubens“ als Auszeichnung dafür, daß er Martin Luther und seinen Protestantismus angegriffen hatte (1521), und der Schweizer Reformator Ulrich Zwingli kam bei seinem Bestreben, den nonkonformistischen Schweizer Kantonen seine spezielle Form des Protestantismus aufzudrängen, in der Schlacht von Kappel ums Leben (1531). Peter der Große, der in seinem Land entschlossen Modernisierungen durchsetzte, wurde zum Zar von Rußland gekrönt (1689).

12. OKTOBER

Die astrologischen Einflüsse auf den 12. Oktober verleihen den an diesem Tag Geborenen ein komplexes Wesen: Einerseits sind sie vergnügungs- und lustorientiert, andererseits jedoch geistig unabhängig, intellektuell neugierig, erfinderisch und freiheitsliebend. Eine solche Mischung kann sich individuell unterschiedlich auswirken. Manche sublimieren ihre ausschweifende Seite, indem sie sich darauf konzentrieren, phantasievoll oder auch ganz traditionell der Gemeinschaft zu dienen, in der sie leben, andere wirken eher abenteuerlustig und sehr unkonventionell und suchen sich einen ganz eigenen, unnachahmlichen Weg durchs Leben. Doch alle gehen ihrem inneren Wunsch nach – und besitzen tatsächlich auch die Fähigkeit – anderen mit gutem Beispiel voranzugehen und sie dadurch anzuleiten. Auf welchen Beruf sie sich auch festlegen, letztlich haben sie alle das Ziel, die Menschheit anhand konkreter Beiträge mit wahren Pionierleistungen weiterzubringen, etwa als Lehrer, als Forscher oder Akademiker.

Trotz ihres Unabhängigkeitsstrebens ist das Tun der an diesem Tag Geborenen durch ihr selbstloses, humanitäres Anliegen beflügelt, das Los anderer zu verbessern. Das heißt nicht, daß sie nicht den Ruhm und den Lohn ihrer Erfolge schätzen – ganz im Gegenteil, es ist ihnen sehr an Anerkennung gelegen, und sie genießen auch die Sicherheit und Annehmlichkeiten, die man mit Geld erwerben kann. Doch sie wollen allen nutzen, nie nur ihren persönlichen Ehrgeiz befriedigen. Und solange ihr Bedürfnis nach Freiheit berücksichtigt wird, sind sie anderen gegenüber liebevoll und großzügig.

STÄRKEN: Die am 12. Oktober Geborenen besitzen einen starken Willen, und ihr intellektueller Forscherdrang und die Neigung, konventionelle Wahrheiten zu hinterfragen, verleihen ihnen eine ausgesprochene geistige Unabhängigkeit. Die Kombination aus Vorstellungskraft und technischen sowie organisatorischen Fähigkeiten, aber auch ihr Interesse an anderen versetzt sie in die Lage, das menschliche Wissen zu erweitern.
SCHWÄCHEN: Ihr individualistisches Vorgehen und ihre Bereitschaft, sich jeder Opposition zu stellen, die ihre Überzeugungen oder Methoden hervorrufen können und es oft genug tatsächlich tun, bergen die Gefahr, daß diese Menschen nach der Art von Aufmerksamkeit regelrecht süchtig werden – sei es heftige Ablehnung oder Anerkennung –, die der idiosynkratische Ausdruck ihrer Ansichten erzeugt, und es ihnen also in erster Linie um die Reaktion anderer geht.
FAZIT: Wenn sie die visionären und originellen Ideale erreichen wollen, die ihnen so viel bedeuten, dürfen die an diesem Tag Geborenen nicht ihre Ziele aus den Augen verlieren und sich nicht durch die Freude ablenken lassen, die sie empfinden, wenn ihr unabhängiges (oft provokantes) Handeln eine starke Reaktion hervorruft.

An diesem Tag

Prominente Geburtstage: König Eduard VI. von England (1537), Isaac Newton Lewis (1858), Elmer Ambrose Sperry (1860), Ramsay MacDonald (1866), Ralph Vaughan Williams (1872), Aleister Crowley (1875), Edith Stein (1891), Jaroslav Drobny (1921), Jean Nidetch (1923), Magnus Magnusson (1929), Dick Gregory (1932), Luciano Pavarotti (1935), Chris Wallace (1947), Susan Anton (1951), Kirk Cameron (1970)

Bedeutende Ereignisse und Jahrestage: Dieser Tag zeigt einen starken Forscherdrang: 1492 erblickte Christoph Columbus zum ersten Mal die Neue Welt – die Insel, die heute San Salvador heißt, und 1924 landete ein steuerbarer Zeppelin, der deutsche „Z3", in New Jersey, nachdem er von Friedrichshafen aus den Atlantik überquert hatte. In der Bostoner Kinderklinik wurde zum ersten Mal erfolgreich eine „eiserne Lunge" eingesetzt (1928). Der 12. Oktober weist auch auf das mutige Festhalten an humanitären Idealen hin. 1961 schaffte das neuseeländische Parlament die Todesstrafe ab und gedachte dabei der englischen Rot-Kreuz-Schwester Edith Cavell, die im Ersten Weltkrieg hingerichtet worden war, weil sie alliierten Gefangenen zur Flucht verholfen hatte.

Planeteneinflüsse

Herrschender Planet: Venus.
Dritter Dekan: Persönliche Planeten sind der Uranus und der Merkur.

♀ ♅ ☿

Religiöse und kulturelle Bedeutung

In Spanien und den USA wird der Columbustag gefeiert.
Namenstag: Maximilian vom Pongau (von Lorch, † ca. 284), Edwin (584–633), Serafino von Motegranaro (1540–1604).

An diesem Tag bahnbrechender Entdeckungen stieß 1492 Christoph Columbus, fest entschlossen, seinem Forscherdrang nachzugehen, mit seiner Mannschaft auf die später so genannte „Neue Welt". In den USA und in Spanien wird im Gedenken an den Geist der Unabhängigkeit und Eroberung, den dieser Tag birgt, der Columbustag gefeiert.

Planeteneinflüsse
Herrschender Planet: Venus.
Dritter Dekan: Persönliche Planeten sind der Uranus und der Merkur.

♀ ♅ ☿

Religiöse und kulturelle Bedeutung
Namenstag: Theophilus von Antiochia († ca. 186), Koloman († 1012), Gerald von Aurillac (855–909), Entrückung von Eduard dem Bekenner (1003–1066), Schutzheiliger der Könige.

Margaret Thatcher, die „Eiserne Lady", führte bei den englischen Konservativen 20 Jahre lang den Vorsitz (der längste Zeitraum im 20. Jahrhundert). Sie wurde am 13. Oktober 1925 geboren, einem Tag, der günstig ist für soziale Veränderungen und globalen Einfluß. Ihr chinesisches Geburtsjahr des Büffels machte sich in ihrer Artikuliertheit und kompromißlosen Stärke bemerkbar, die in Starrsinn ausarten konnte – typische Eigenschaften derjenigen, die am 13. Oktober geboren sind.

13. OKTOBER

Die Stärke der Überzeugungen der an diesem Tag Geborenen und ihre totale Konzentration auf ihre oft radikal progressiven Ideale lösen stets starke und eindeutige Reaktionen aus – ob aufrichtige Bewunderung oder totale Ablehnung. Tatsächlich wissen sie genau, daß ihre klaren Visionen und kompromißlos direkten Methoden apathischere Menschen aus ihrer Lethargie wachrütteln und dadurch zumindest Aufmerksamkeit für ihr Anliegen erregen können. Doch oft sind diese Menschen sehr kämpferisch und genießen heftige Auseinandersetzungen, nicht zuletzt deswegen, weil sie es insgeheim lieben, im Rampenlicht zu stehen. Abgesehen von diesen Impulsen sind es intellektuell progressive Menschen mit einem ausgeprägten sozialen Verantwortungsgefühl. Ihre angeborene Kritikfähigkeit läßt sie gesellschaftliche Mängel oder Mißstände klar erkennen, und ihr logisches Denken ermöglicht es ihnen, praktische und oft geniale Strategien zu entwickeln, mit denen sie Fortschritte zum Nutzen aller erreichen. Die ausgeprägte Kommunikationsfähigkeit der an diesem Tag Geborenen macht sie zu geborenen Führern, sie eignen sich besonders für Berufe in Werbung und Marketing, obwohl sie ebenso große (wenn auch umstrittene) Erfolge als Politiker feiern können.

Trotz ihrer guten Absichten und ihrer humanitären Ausrichtung ist die Fürsorge der an diesem Tag Geborenen oft eher abstrakt als persönlich motiviert. Ihre starke Zuwendung und Unterstützung für ihre Angehörigen steht zwar nicht in Zweifel, doch ihr angeborener Perfektionismus und ihre hohen Forderungen an sich selbst führen oft dazu, daß sie von ihren Angehörigen nahezu Unmögliches verlangen, ohne deren persönliche Neigungen oder Talente zu berücksichtigen. Dazu neigen sie um so mehr, wenn sie im chinesischen Jahr des Hahns geboren sind.

STÄRKEN: Die an diesem Tag Geborenen verspüren den starken Drang, anderen bei ihrem Fortkommen beizustehen. Sie besitzen hochentwickelte analytische Fähigkeiten und fühlen sich verpflichtet, Situationen zu verändern, die sie als unbefriedigend sehen. Konzentriert und hartnäckig, aber auch originell und findig, vertreten sie ihre Überzeugungen überaus mutig.
SCHWÄCHEN: Ihr Drang, konkrete Fortschritte zu ermöglichen, die dem Allgemeinwohl dienen sollen, ist so ausgeprägt, daß die am 13. Oktober Geborenen dazu neigen, ihren hochgesteckten Idealen nicht nur ihre persönlichen Bedürfnisse, sondern auch die Wünsche ihrer Angehörigen zu opfern.
FAZIT: Obwohl die Verwirklichung ihrer Visionen und der Wunsch, einen Beitrag für die Gesellschaft zu leisten, unauflöslich mit ihrem emotionalen Glück verbunden sind, müssen diese Menschen erkennen, wie wichtig es für ihren Gefühlshaushalt ist, ehrliche, entspannte persönliche Beziehungen aufrechtzuerhalten und die Schwächen anderer zu tolerieren.

An diesem Tag
Prominente Geburtstage: Rudolf Virchow (1821), Lillie Langtry (1852), Art Tatum (1910), Cornel Wilde (1915), Yves Montand (1921), Lenny Bruce und Nipsey Russell (1924), Margaret Thatcher (1925), Paul Simon (1941), Art Garfunkel (1942), Edwina Currie (1946), Sammy Hagar (1947), Marie Osmond (1959), Anne Bennent (1963), Nancy Kerrigan (1969)

Bedeutende Ereignisse und Jahrestage: Dieser Tag steht im Zeichen herausragender Führungseigenschaften. Henry Bolingbroke aus der Familie Lancaster wurde zum König Heinrich IV. von England gekrönt (1399). Der erste amerikanische Präsident, George Washington, legte den Grundstein des späteren Weißen Hauses (1792). Selbstloses Handeln im Namen des Allgemeinwohls ist ebenso typisch für diesen Tag: 1812 verlor der britische Kommandant Sir Isaac Brock zwar sein Leben in der Schlacht von Queenston, hinderte aber die amerikanischen Invasoren daran, weiter nach Kanada vorzudringen. Intellektuelle Leistungsfähigkeit ist ein weiterer Aspekt dieses Tages. Sie zeigte sich etwa, als Sigmund Freud 1900 sein Werk *Die Traumdeutung* veröffentlichte.

14. OKTOBER

Viele der an diesem Tag Geborenen weisen eine auffällige Mischung ihrer Persönlichkeitszüge auf: eine deutliche Neigung zu exzentrischem Verhalten und einen Drang nach Ordnung und Harmonie. Manche von ihnen schaffen es, wenn auch mühsam, ein persönliches Gleichgewicht zu wahren, andere schaffen es nicht, vor allem wenn ihre Verhaltensextreme sehr ausgeprägt sind. Ihre enorme intellektuelle Neugier, die sie mit starker Abenteuerlust erfüllt – diese Menschen reisen sehr gern – macht sie geistig unabhängig. Doch sie wissen auch, wie wichtig es ist, innerhalb der Normen verwurzelt zu sein, die die Gesellschaft zusammenhalten, und erkennen deshalb die Notwendigkeit, ihren Forscherdrang und ihre Genußsucht zu zügeln oder zumindest in produktive Bahnen zu lenken. Wenn ihnen dies gelingt, können sie als kreative und inspirierende Führer wirken, z. B. an der Spitze von Gesellschaft und Politik, aber auch als begabte, originelle Lehrer, Maler, Schauspieler oder Designer. In allen Lebensbereichen zeigen sich ihre Begeisterung, ihr Humor und ihre ungewöhnliche Weltsicht, was sie zu attraktiven, beliebten Persönlichkeiten macht. Ihrerseits identifizieren am 14. Oktober Geborene sich oft mit der sozialen Gruppe, mit der sie am engsten verbunden sind, und setzen sich dafür ein, deren Interessen zu fördern und zu schützen. Obwohl sie es vorziehen, gelassen, tolerant und versöhnlich vorzugehen, sollte man ihre Bereitschaft, ihre Familie zu beschützen, nicht unterschätzen.

STÄRKEN: Die an diesem Tag Geborenen sind extrem empfänglich für sinnliche oder emotionale Reize und besitzen darüber hinaus einen forschenden Verstand, der sie zu allen erdenklichen Erkundungen veranlaßt. Doch da sie auch ein hochentwickeltes soziales Verantwortungsgefühl besitzen und für das Wohl anderer Sorge tragen wollen, sind sie sowohl verläßliche Teamspieler als auch ausgeprägte Individualisten.

SCHWÄCHEN: Da diese Menschen zu Extremen neigen, sind sie manchmal sehr unausgeglichen. Entweder geben sie sich dann völlig ihrer Genußsucht hin und vernachlässigen die Bedürfnisse der Menschen um sie herum, oder sie sublimieren ihre selbstsüchtigeren Bedürfnisse und stellen sich völlig in den Dienst ihrer Mitmenschen.

FAZIT: Die am 14. Oktober Geborenen verstehen instinktiv, wie wertvoll ein ausgewogener Kurs durchs Leben ist, wenn sie emotional ausgeglichen sein und ihren Drang befriedigen wollen, ihre eigenen Interessen und die der Menschen, um die sie sich kümmern, zu fördern. Sie sollten aber darauf achten, daß sie bei ihrem Bemühen, allen Forderungen gerecht zu werden, ihre Individualität nicht unterdrücken.

An diesem Tag

Prominente Geburtstage: Peter Lely (1618), König Jakob II. von England und Irland (1633), William Penn (1644), Eamon de Valera (1882), Katherine Mansfield (1888), Dwight D. Eisenhower (1890), Lillian Gish (1893), E. E. Cummings (1894), Bud Flanagan (1896), Bernd Rosemeyer (1909), John Wooden (1910), Roger Moore (1927), Shirley Maureen Cunliffe (1934), Ralph Lauren (1939), Cliff Richard (1940), Justin Hayward (1946), Harry Anderson (1952), Arleen Sorkin (1956), Steve Cram (1960)

Bedeutende Ereignisse und Jahrestage: Am 14. Oktober wird die persönliche Opferbereitschaft im Dienst einer Sache unterstützt – eine Eigenschaft, die sich immer wieder deutlich im Kriegswesen zeigt: Der normannische Herzog Wilhelm schlug in der Schlacht von Hastings auf dem Senlac Hill das englische Heer unter König Harald II., der dabei getötet wurde, und erhielt daraufhin den Beinamen „der Eroberer“ (1066). An Jom Kippur, dem jüdischen Tag der Versöhnung, fiel ein aus ägyptischen und syrischen Soldaten bestehendes Heer in Israel ein, was den Beginn des vierten arabisch-israelischen Kriegs, des sogenannten Oktoberkriegs, bedeutete (1973). Ein weniger kämpferischer Wunsch, die Menschen voranzubringen, zeigte sich z. B. 1884, als der amerikanische Erfinder George Eastman seinen fotografischen Film patentieren ließ, und 1947, als der Amerikaner Chuck Yeager in seinem „Bell X-1“-Düsenflugzeug als erster Pilot die Schallmauer durchbrach.

Planeteneinflüsse

Herrschender Planet: Venus.
Dritter Dekan: Persönliche Planeten sind der Uranus und der Merkur.

♀ ♅ ☿

Religiöse und kulturelle Bedeutung

Am Interplanetary Confederation Day werden die Planeten der Milchstraße gefeiert, in Bangladesh wird die Muttergottheit Durga mit dem Durga-Duja-Fest geehrt.
Namenstag: Kallistus I. (Kalixtus, † 222), Justus von Lyon († ca. 390), Paul Capelloni (1776–1857).

Die Präsidentschaft von Dwight D. Eisenhower, dem 34. amerikanischen Präsidenten, zeigte die für die an diesem Tag Geborenen typischen, paradoxen Eigenschaften: Ordnungsliebe und ein starkes Gefühl für soziale Verantwortung im Gegensatz zur Vorliebe für exzessives Verhalten. Eisenhower war ein Verfechter der Bürgerrechte, doch auch heftiger Gegner sozialer Lehren, die er im Widerspruch zu seinen eigenen sah, was sich in seinem internationalen Kreuzzug gegen den Kommunismus offenbarte.

Planeteneinflüsse

Herrschender Planet: Venus.
Dritter Dekan: Persönliche Planeten sind der Uranus und der Merkur.

♀ ♅ ☿

Religiöse und kulturelle Bedeutung

Im Alten Rom wurde mit einem Wagenrennen das Erntefest des Mars gefeiert.
Namenstag: Thekla von Kitzingen († ca. 790), Theresia von Avila (1515–1582).

Die Alten Römer ehrten an diesem Tag den Kriegsgott Mars. Ihm wurden die verführerischen Eigenschaften von Macht und großer körperlicher Schönheit zugeschrieben, doch seine schreckliche Lust auf Krieg und Streit machten ihn zum gefürchtetsten Mitglied des Pantheon.

15. OKTOBER

Zwar besitzen die am 15. Oktober Geborenen einen entschlossen, unabhängigen Willen und können es nicht ertragen, wenn etwas ihren Forscherdrang beschränkt, doch sie sind auch sozial engagiert und fühlen sich ihren Mitmenschen stark verbunden. So sind sie ausgeprägte Individualisten, tragen aber auch Sorge für das Allgemeinwohl und sind sehr pflichtbewußt. Oft sind sie von dem Wunsch beseelt, Bedeutsames für die Welt zu leisten oder Mißstände zu beheben. Ihr wacher Geist und ihre hochentwickelten Wahrnehmungs- und Analysefähigkeiten verleihen ihnen neben ihrer Freude an Entdeckungen und Neuheiten die Möglichkeit, in den Bereichen, die sie interessieren, Bahnbrechendes zu leisten. Aus ihrer Neigung, effektive Systeme zu errichten, erwächst ihnen die Fähigkeit, aus ihren innovativen Visionen Kapital zu schlagen, indem sie sie mit gut strukturierten Rahmenbedingungen versehen. Ihre Talente, ihre progressiven Neigungen und ihre positive Orientierung auf andere hin verschaffen ihnen ein gutes Rüstzeug für eine Vielzahl von Berufen – vorausgesetzt, sie können in ihrem Denken und Handeln unabhängig bleiben.

Trotz ihrer tiefverwurzelten Fürsorge für andere können die Beziehungen der an diesem Tag Geborenen recht stürmisch verlaufen, da entgegen ihrer tiefen Zuneigung für ihre Familie und Freunde ihr Freiheitsdrang so stark ist, daß jeder Versuch, sie zu binden oder sie sozialen Normen zu unterwerfen, bei ihnen auf Widerstand stößt (vor allem bei Männern). Doch solange ihre Freunde und Verwandten ihren Wunsch nach Unabhängigkeit verstehen, erweisen sie sich als belebende, großzügige Partner und Freunde.

STÄRKEN: Die an diesem Tag Geborenen sind mit einem außergewöhnlich abenteuerlustigen Geist ausgestattet, verfügen jedoch auch über die notwendigen analytischen und organisatorischen Fähigkeiten, um die Resultate ihrer Forschungen in makelloser Form zu präsentieren. Obwohl ihre intellektuellen Interessen ihnen persönliche Impulse liefern, wollen sie andere doch auch informieren und erziehen.
SCHWÄCHEN: Trotz ihres Wunsches, andere auf den Weg zu führen, den sie als den besten erachten, hüten die am 15. Oktober Geborenen ihre persönliche Unabhängigkeit und können sehr negativ reagieren, wenn sie das Gefühl haben, andere versuchen, ihre intellektuelle, emotionale oder sogar körperliche Freiheit zu beschränken. Diese Neigung kommt vor allem in ihren persönlichen Beziehungen zum Tragen.
FAZIT: Um die Vorzüge enger persönlicher Bindungen zu genießen, müssen diese Menschen unbedingt erkennen, daß das Aufrechterhalten starker emotionaler Bande keine Bedrohung ihrer Freiheit darstellt. Sie sollten deshalb ihren Drang, ständig unabhängig zu agieren, mäßigen und den Wert von Kompromissen erkennen lernen.

An diesem Tag

Prominente Geburtstage: Vergil (70 v. Chr.), Evangelista Torricelli (1608), Friedrich Nietzsche (1844), John L. Sullivan (1858), Marie Stopes (1880), P. G. Wodehouse (1881), Mervyn Leroy (1900), C. P. Snow (1905), J.K. Galbraith und Godfrey Winn (1908), Arthur Schlesinger, Jr. (1917), Mario Puzo (1920), Hoimar von Ditfurth (1921), Lee Iacocca (1924), Linda Lavin (1937), Penny Marshall (1942), Richard Carpenter (1946), Sarah Ferguson (1959)

Bedeutende Ereignisse und Jahrestage: Kennzeichnend für den 15. Oktober ist die Abenteuerlust. Die Bergsteigerinnen Wera Komakowa und Irene Miller bezwangen 1978 als erste Frauen den Himalayagipfel Annapurna. Auch ausgeprägte humanitäre – sowie auch rechtliche - Anliegen stehen an diesem Tag im Vordergrund: Napoleon Bonapartes erzwungenes Exil auf St. Helena begann nach seiner Niederlage in der Schlacht von Waterloo (1815). 1917 erschoß ein französisches Hinrichtungskommando die mutmaßliche Spionin Mata Hari, und 1946 wurde Pierre Laval hingerichtet, der Vizepremier der französischen Vichy-Regierung. An diesem Tag wurde auch die Menschenrechtsorganisation „Amnesty International" gegründet (1962).

16. OKTOBER

Die ausgeprägtesten Wesenszüge der am 16. Oktober Geborenen sind wohl ihre bemerkenswerte intellektuelle Neugier und ihre hochentwickelten kritischen Fähigkeiten. Diese Menschen verspüren den unwiderstehlichen Drang, alles zu analysieren, was ihnen begegnet. Fasziniert beobachten sie individuelles oder gesellschaftliches Verhalten in seinen unendlich vielfältigen Ausdrucksformen. Aufgrund ihrer Fähigkeit, zum Kern der Dinge vorzudringen, die vorhandenen Mängel aufzudecken und objektiv und gewissenhaft darzulegen, eignen sich diese geborenen Kritiker zum literarischen Kommentator oder politischen Aktivisten, aber auch zum Wissenschaftler oder Mediziner. Wenn sie ihre Erkenntnisse mit einem breiteren Publikum teilen, tun sie dies aufgrund ihres aufrichtigen Wunsches, ihren Mitmenschen zu helfen. Doch ihre Beobachtungen ebenso wie ihre oft vernichtend offene Ausdrucksweise können in ihrer Schärfe sehr unangenehm sein, so daß die Menschen, die sie eigentlich aufklären wollen, oft in die Defensive gehen und ihnen vorwerfen, zu kritisch zu sein. Die an diesem Tag Geborenen werden für ihren Witz, ihre Integrität und ihre geistige Unabhängigkeit bewundert, doch oft nur aus der Ferne bzw. aus einem Sicherheitsabstand, um nicht in ihre Schußlinie zu geraten. Ihre Angehörigen brauchen schon ein besonders dickes Fell, oder sie müssen extrem nachsichtig sein, denn die Neigung der am 16. Oktober Geborenen, andere zu kritisieren, kann ein Zusammenleben mit ihnen sehr erschweren, da sie sich gleichzeitig das Recht vorbehalten, sich so zu verhalten, wie sie wollen. Doch ihrer Neigung, sich freimütig zu äußern, liegt keine böse Absicht zugrunde, und unter dem rauhen Äußeren verbirgt sich eine großzügige und liebevolle Seele.

STÄRKEN: Diese unabhängigen Menschen besitzen eine scharfe Beobachtungsgabe und einen analytischen Verstand, mit dem sie zum Kern jeden Themas vordringen. Sie bringen unverblümt die Wahrheit ans Tageslicht, um Verbesserungen anzuregen.
SCHWÄCHEN: In dem Wissen, daß sie den Gegenstand ihrer Analyse logisch und objektiv geprüft haben, haben die am 16. Oktober Geborenen volles Vertrauen in ihre Überzeugungen und besitzen auch den Mut, sie offen zu äußern. Leider fühlen sich andere manchmal von ihrer brutalen Aufrichtigkeit bedroht und starten entweder einen Gegenangriff oder bringen sich in Sicherheit.
FAZIT: Um ihre Freunde und Partner nicht abzuschrecken, müssen diese Menschen unbedingt die möglicherweise vernichtende Wirkung ihrer Worte abwägen, bevor sie ihre Beobachtungen offen äußern. In bestimmten Situationen – vor allem in ihren persönlichen Beziehungen – kann ein diskretes, tolerantes Schweigen besser sein als Kritik.

An diesem Tag

Prominente Geburtstage: Adolph Knigge (1752), Lord James Thomas Brudenell Cardigan (1797), Oscar Wilde (1854), Austen Chamberlain (1863), David Ben-Gurion (1886), Eugene O'Neill (1888), Michael Collins (1890), Max Bygraves (1922), Bert Kaempfert (1923), Angela Lansbury (1925), Günter Grass (1927), Simon Ward (1940), Suzanne Somers (1946), Terry Griffiths (1947), Tim Robbins (1958), Kellie Martin (1975)

Bedeutende Ereignisse und Jahrestage: Der 16. Oktober weist auf eine ausgeprägte analytische und fortschrittliche Tendenz hin, die in Wissenschaft und Technik zum Tragen kommen kann. Dr. William T. G. Morton setzte am Massachusetts General Hospital bei einer Operation zum ersten Mal ein Betäubungsmittel ein, nämlich Äther (1846). Auf Bestreben von Ethyl Byrne und Margaret Sanger wurde in New York die erste Klinik für Geburtenkontrolle eröffnet (1916). Doch auch die entschlossene Förderung oder Verteidigung von Überzeugungen spielt an diesem Tag eine Rolle. In England mußten die protestantischen Bischöfe Hugh Latimer und Nicholas Ridley auf Befehl der katholischen Königin Maria auf dem Scheiterhaufen sterben (1555). 1859 nahm eine Gruppe um den amerikanischen Kämpfer gegen die Sklaverei, John Brown, das Waffenlager der Regierung in Virginia ein, um die Waffen, die ihnen dabei in die Hände fielen, an ehemalige Sklaven weiterzugeben.

Planeteneinflüsse

Herrschender Planet: Venus.
Dritter Dekan: Persönliche Planeten sind der Uranus und der Merkur.

♀ ♅ ☿

Religiöse und kulturelle Bedeutung

In Nepal wird ein Fest zu Ehren von Laleshmi Puji, der Göttin des Glücks, gefeiert.
Namenstag: Gallus (ca. 550–640) Lullus (Lul, ca. 710–186), Hedwig von Schlesien (von Andechs, 1174–1243), Gerhard Majella (1726–55), Schutzheiliger der Laienbrüder.

Mit seinem brillanten, unkonventionellen Geist und beißenden Witz fiel der Schriftsteller, Dichter und Philosoph Oscar Wilde, der am 16. Oktober 1854 zur Welt kam, seinen hohen Idealen zum Opfer. Selbst als man sich von seinen revolutionären Ideen so bedroht fühlte, daß man ihn vor Gericht stellte, hielt er an seinen Prinzipien und künstlerischen Visionen fest und weigerte sich, Kompromisse einzugehen.

Planeteneinflüsse

Herrschender Planet: Venus.
Dritter Dekan: Persönliche Planeten sind der Uranus und der Merkur.

♀ ♅ ☿

Religiöse und kulturelle Bedeutung

In Japan wird Kanname-Sai, eine shintoistische Zeremonie, gefeiert.
Namenstag: Ignatius von Antiochien († vor 117), Rudolf von Gubbio (ca. 1034–ca. 1064), Contardo Ferrini (1859–1902).

Im amerikanischen Unabhängigkeitskrieg ergab sich General Burgoyne mit seinen Truppen am 17. Oktober 1777 nach der Schlacht von Saratoga – ein typisches Ereignis für die Durchsetzung starker ideologischer Überzeugungen an diesem Tag.

17. OKTOBER

Die Persönlichkeit der an diesem Tag Geborenen besteht aus einer bezeichnenden Mischung offenbar widersprüchlicher Eigenschaften. Einerseits sind es Perfektionisten, die versuchen, auf Bestehendem aufzubauen und es zu verbessern, andererseits sind sie ständig auf neue Sinneseindrücke aus und lassen sich von der Verlockung anregen, Neues zu erkunden. Diese wesentlichen Eigenschaften können sich im Gleichgewicht befinden, können aber auch einseitig ausgeprägt sein. Auf der einen Seite gibt es dann unnachgiebige, voreingenommene Traditionalisten, auf der anderen intellektuell und physisch recht verwegene Menschen. Immer aber besitzen sie mutige, starke Überzeugungen und den Wunsch, andere positiv zu beeinflussen und anzuleiten. Mit ihrem wahrnehmungsfähigen, analytischen und fortschrittlichen Verstand nehmen die an diesem Tag Geborenen nur selten Konventionen hin, ohne sie zu hinterfragen. Erst unterziehen sie alles einer eingehenden Untersuchung, um zu eigenen Schlüssen zu kommen. Sobald sie von etwas überzeugt sind, verteidigen und vertreten sie ihre Ansichten mit großer Beharrlichkeit. Die Verbindung zwischen starker soziale Orientierung und geistiger Unabhängigkeit veranlaßt sie, mit gutem Beispiel voranzugehen, vor allem wenn es um die Förderung ihrer beruflichen Interessen geht. Zwar ziehen sie aus ihrer Arbeit auch große persönliche Befriedigung, doch letztlich denken sie immer an eine Weiterentwicklung der Menschheit. Viele eignen sich deshalb für erzieherische Berufe, manche versuchen auch, mit Hilfe subtilerer, künstlerischer Ausdrucksmöglichkeiten oder durch wissenschaftliche und technische Neuerungen die Ergebnisse ihrer Forschungen zu vermitteln. Doch trotz ihres tiefverwurzelten Wunsches, die Menschen um sie herum aufzuklären und zu unterweisen, fühlen sich ihre Freunde und Verwandten manchmal vernachlässigt.

STÄRKEN: Die am 17. Oktober Geborenen sind unabhängige, objektive Denker, die sich davon anregen lassen, akzeptiertes Wissen und Konventionen zu hinterfragen. Ihre humanitäre Fürsorge liefert im allgemeinen ein Gegengewicht zu ihrer Abenteuerlust, letztlich geht es ihnen immer darum, anderen zu helfen, egal, wie überempfindlich ihre Ansichten oder ihr Tun wirken mögen.
SCHWÄCHEN: Obwohl ihre kritischen Neigungen und die Entschlossenheit, ihre visionären Ziele zu erreichen, diesen Menschen dazu verhelfen können, Bedeutendes für die Gesellschaft zu tun, sind sie doch wenig förderlich, wenn es um die Aufrechterhaltung harmonischer persönlicher Beziehungen geht, denn die schonungslose Objektivität dieser Menschen kann die Gefühle anderer verletzen.
FAZIT: Die an diesem Tag Geborenen müssen erkennen, wie bereichernd es ist, enge Beziehungen zu pflegen. Sie sollten darauf achten, daß sie ihren Angehörigen genügend Zeit und Aufmerksamkeit schenken, und sie nicht durch unnötige Kritik kränken.

An diesem Tag

Prominente Geburtstage: John Wilkes (1727), Georg Büchner (1813), Elinor Glyn (1864), Herbert Howells (1892), Spring Byington (1893), Nathaniel West (1903), Jean Arthur (1905), Arthur Miller (1915), Rita Hayworth (1918), Montgomery Clift (1920), Tom Poston (1927), Jimmy Breslin (1928), Ann Jones (1938), Evel Knievel (1939), Margot Kidder und George Wendt (1948), Howard Rollins (1950), Vince Van Patten (1957)

Bedeutende Ereignisse und Jahrestage: Dieser Tag steht für entschlossene sozial-ideologische Überzeugungen: Charles Stuart, der zukünftige König Karl II. von England, floh in das sichere Frankreich, nachdem seine Anhänger in der Schlacht von Worcester von Oliver Cromwells Truppen geschlagen worden waren (1651). Im amerikanischen Unabhängigkeitskrieg ergaben sich die britischen Truppen unter General Burgoyne 1777 nach der Schlacht von Saratoga General Gates. Der 17. Oktober verspricht auch technische Fortschritte zum Nutzen der menschlichen Gesellschaft, so ließ der britische Ingenieur Harry Bessemer an diesem Tag seine Methode patentieren, aus geschmolzenem Roheisen Stahl herzustellen (1855).

18. OKTOBER

Die am 18. Oktober Geborenen sind sehr eigenständige, gleichzeitig aber auch sozial denkende Menschen. Zu ihrem persönlichen Glück brauchen sie meist zwei Dinge: die Freiheit, intellektuelle Themen zu erforschen, und die Anregung sowie Gelegenheit, gemeinschaftliche Ziele zu verfolgen. Diese Impulse sind einesteils eher selbstsüchtig, anderenteils eher altruistisch, und da sie von Natur aus beide verspüren, kann sich daraus ein ausgewogenes Interessenspektrum ergeben. Manchmal verlegen sie sich auch ausschließlich auf einen Bereich, doch unabhängig von ihren persönlichen Neigungen besitzen sie analytische, progressive, kreative Eigenschaften, die durch ein ausgeprägtes Verantwortungsgefühl für das Gemeinwohl und ihr Bestreben, das Glück anderer zu fördern, ergänzt werden. Am besten geht es den am 18. Oktober Geborenen in Berufen, in denen sie sich für das Wohl anderer einsetzen können und ihnen die für sie so wichtige Freiheit des Handelns und Denkens gewährt wird. Wenn sie ihrem sozialen Verantwortungsgefühl folgen, verhilft ihnen ihre intellektuelle Vielseitigkeit und ihr Einfallsreichtum zu beruflichem Erfolg als Lehrer. Viele entscheiden sich auch dafür, ihre Botschaften mit kreativeren Ausdrucksmitteln zu verbreiten – z. B. als Künstler, Schriftsteller, Schauspieler oder Musiker. Doch wie individualistisch ihr Handeln auch immer wirken mag, ihr aufrichtiges Bestreben, Gutes zu tun, gewinnt stets die Achtung und Zuneigung ihrer Mitmenschen, während ihre lockere, humorvolle Art auf andere sehr anziehend wirkt. Es besteht jedoch die Gefahr, daß die an diesem Tag Geborenen (vor allem Frauen) mehr geben, als sie empfangen, und die Forderungen anderer sie zu sehr belasten.

STÄRKEN: Die komplexen, doch ausgewogenen Persönlichkeiten der am 18. Oktober Geborenen haben introvertierte, aber auch extrovertierte Wesenszüge. So sehen sich diese Menschen dazu veranlaßt, nicht nur ihre persönliche Suche nach Wissen zu vertiefen, sondern sie wollen mit ihren Erkenntnissen auch spürbare Verbesserungen ermöglichen, die anderen nutzen oder sie inspirieren sollen.
SCHWÄCHEN: Die an diesem Tag Geborenen neigen dazu, der Faszination intellektueller Fragen zu erliegen und dabei alles zu vergessen. Manchmal unterdrücken sie jedoch auch ihre egoistischen Anwandlungen und räumen den Bedürfnissen der Menschen in ihrer Umgebung Priorität ein.
FAZIT: Diese Menschen erkennen instinktiv, daß ihr emotionales Glück stark vom Wohlergehen derjenigen abhängt, deren Interessen ihnen am Herzen liegen. Doch sie sollten bedenken, daß für wirkliche Erfüllung ihre persönlichen Interessen ebenso wichtig sind.

An diesem Tag

Prominente Geburtstage: Richard „Beau" Nash (1674), Antonio Canaletto (1697), Pierre de Laclos (1741), Thomas Love Peacock (1785), Christian Friedrich Schönbein (1799), Henri Bergson (1859), Emmanuel Shinwell (1884), Lotte Lenya (1900), Pierre Trudeau (1919), Jesse Helms (1921), Melina Mercouri (1925), Klaus Kinski und Chuck Berry (1926), George C. Scott (1927), Peter Boyle (1935), Laura Nyro (1947), Pam Dawber (1951), Martina Navratilova (1956), Jean-Claude Van Damme (1960), Wynton Marsalis und Erin Moran (1961)

Bedeutende Ereignisse und Jahrestage: Dieser Tag weist auf den Wunsch hin, andere zu inspirieren oder ihnen Freude zu bereiten. Dies zeigte sich, als Vertreter der amerikanischen Universitäten Yale, Princeton und Columbia die Regeln des amerikanischen Football festlegten (1887), oder im Medienbereich durch die Gründung der British Broadcasting Company, BBC, (1922). An einem Tag, der vom Element Luft regiert wird und an dem intellektuelle Neugier eine große Rolle spielt, wurde 1967 zum ersten Mal die Venus erforscht – durch die sowjetische Raumsonde „Venera". Kollektive soziale Verantwortung steht am 18. Oktober ebenfalls im Vordergrund: 1898 trat Spanien Kuba, Puerto Rico, Guam und die Philippinen an die USA ab. 1977 befreiten deutsche Anti-Terror-Kommandos die Geiseln, die in einer Lufthansa-Maschine in Mogadischu gefangengehalten worden waren.

Planeteneinflüsse

Herrschender Planet: Venus.
Dritter Dekan: Persönliche Planeten sind der Uranus und der Merkur.

♀ ♅ ☿

Religiöse und kulturelle Bedeutung

Anhänger heidnischer Bräuche feiern in England die Great Horned Fair.
Namenstag: Lukas († 1. Jh.), Schutzheiliger der Künstler, Ärzte, Chirurgen und Metzger, Petrus von Alcántara (1499–1562).

Mit der für den 18. Oktober typischen Mischung aus kollektiver sozialer Verantwortung und dem Bestreben, das Allgemeinwohl zu schützen, übernahmen an diesem Tag im Jahr 1898 die USA nach Beendigung des spanisch-amerikanischen Kriegs Kuba, Puerto Rico, Guam und die Philippinen von Spanien.

19. OKTOBER

Die verschiedenen astrologischen Einflüsse dieses Tages verleihen den am 19. Oktober Geborenen einen sehr komplexen Satz persönlicher Eigenschaften. Manche müssen ihr ganzes Leben lang darum kämpfen, diese miteinander zu vereinbaren. Einerseits sind diese Menschen sehr sinnlich und finden ihr Glück auch in den einfacheren Dingen des Lebens, etwa in ästhetischer Schönheit oder harmonischen persönlichen Beziehungen. Andererseits akzeptieren sie althergebrachte Wahrheiten erst, wenn sie sie zu ihrer eigenen Zufriedenheit verifiziert haben. Sie sind friedliebend, doch gleichzeitig auch bereit, für die Sache, an die sie glauben, zu kämpfen. Oft fühlen sie sich hin- und hergerissen zwischen ihrem Bemühen, den Status quo zu verteidigen, und dem Drang, Ungerechtigkeiten zu beseitigen und ihre Visionen zu realisieren. Doch die vielleicht auffälligste Eigenschaft der an diesem Tag Geborenen ist ihr Wunsch, der sozialen Gruppe, mit der sie sich am stärksten identifizieren, durch ihre selbständigen Entdeckungen und Aktionen zu nutzen. Energisch und entschlossen zögern sie nie, einen gegensätzlichen Standpunkt zu vertreten, wenn sie glauben, daß sie im Recht sind. Deshalb sind sie die geborenen Führer und Erneuerer, und ihre Talente und Neigungen lassen sie für die Wissenschaft und künstlerische Pioniertaten besonders geeignet erscheinen. Trotz ihrer sozialen Ausrichtung und ihrer Neigung, das Allgemeinwohl zu fördern, wirken am 19. Oktober Geborene manchmal sehr einsam. Dies ist zum Teil eine Folge ihrer eifersüchtig gehüteten persönlichen Freiheit, aber auch das unausweichliche Produkt ihres kompromißlos direkten Vorgehens, das andere einschüchtern und schlimmstenfalls auch zu Feinden machen kann. Doch wenn sie das Glück haben, in den Genuß bedingungsloser Toleranz und Liebe zu kommen, zeigt sich ihre weichere, von Beschützerinstinkt, Zuwendung und Großzügigkeit geprägte Seite.

STÄRKEN: Die an diesem Tag Geborenen sind Freigeister und unabhängige Denker, die durch ihre intellektuellen Bemühungen angeregt werden. Mit ihrer enormen Energie und ihren festen Überzeugungen sind sie bereit, ihre Ansichten um jeden Preis zu verteidigen.
SCHWÄCHEN: Weil sie glauben, die Wahrheit auf ihrer Seite zu haben, fühlen sich die am 19. Oktober Geborenen oft berechtigt, bei Widerständen zu kämpferischen Mitteln greifen zu dürfen. Dies ist manchmal nicht angemessen oder sogar schädlich, vor allem, wenn es sich gegen ihre Angehörigen richtet.
FAZIT: Um ihrer emotionalen Zufriedenheit willen, die sie so dringend benötigen, müssen diese Menschen erkennen, daß ihre Kritiksucht sie bei anderen nicht beliebt macht. Bevor sie ihre Meinungen freimütig äußern, sollten sie unbedingt die möglichen negativen Folgen ihrer Worte abwägen, und wenn diese die Vorteile überwiegen, sollten sie diplomatischer vorgehen.

An diesem Tag

Prominente Geburtstage: Thomas Browne (1605), James Henry Leigh Hunt (1784), Tom Taylor (1817), Adam L. Gordon (1833), Auguste Lumière (1862), Sidonie Goossens (1899), Johannes Frömming (1910), Jack Anderson (1922), David Cornwall (John Le Carré, 1931), Yakubu Gowon (1934), Peter Max (1937), Michael Gambon (1940), John Lithgow und Jeannie C. Riley (1945), Evander Holyfield (1962), Amy Carter (1967)

Bedeutende Ereignisse und Jahrestage: Dieser Tag steht im Zeichen der Förderung fester Überzeugungen, die allgemeinere Interessen unterstützen oder verteidigen sollen. Dies wird bei einigen Jahrestagen deutlich, die an kriegerische Auseinandersetzungen mahnen: Der amerikanische Unabhängigkeitskrieg endete an diesem Tag, als sich die eingekesselten englischen Truppen in Yorktown George Washington ergaben (1781). 1813 wurden Napoleons Truppen in der später so genannten Völkerschlacht von Leipzig geschlagen, und General Sheridans Unionstruppen besiegten 1864 in der Schlacht am Cedar Creek die Konföderierten unter General Early. Die Aufdeckung der Wahrheit ist ein weiterer Aspekt des 19. Oktober, und so wurden in England die „Guildford Four", angebliche IRA-Terroristen, die 15 Jahre in Haft gewesen waren, als Opfer eines Justizirrtums rehabilitiert und freigelassen (1989).

Planeteneinflüsse

Herrschende Planeten: Venus und Pluto.
Dritter Dekan: Persönliche Planeten sind der Uranus und der Merkur.
Zweite Häuserspitze: Waage mit Skorpiontendenzen.

♀ ♇ ♅ ☿

Religiöse und kulturelle Bedeutung

In Tokio wird das Bettara-Ichi-Fest gefeiert.
Namenstag: Frideswida († ca. 735), Schutzheilige der Universität Oxford, Jean de Brébeuf und Gefährten (1593–1649), Isaac Jogues (1607–1646), Paul vom Kreuz (1694–1775).

Der amerikanische Unabhängigkeitskrieg fand am 19. Oktober 1781 sein Ende, als der britische General Lord Cornwallis sich in Yorktown, Virginia, George Washingtons Truppen ergab. Der Sieg ist ein Beweis für die diesem Tag innewohnenden Eigenschaften der visionären Inspiration und der Bereitschaft, für den Wandel zu kämpfen.

20. OKTOBER

Das Wesen der am 20. Oktober Geborenen weist meist zwei typische Seiten auf: eine durch ästhetisches Empfinden, Sinnlichkeit und Kreativität geprägte und daneben eine härtere, sehr kritische Seite. Beide Seiten integrieren die an diesem Tag Geborenen in ihrem Alltagsleben. Ihren künstlerischen Neigungen gehen sie vielleicht durch Hobbys nach, während sie gleichzeitig eher konventionelle Berufe ergreifen – nur bei ausgesprochener Begabung verdienen sie sich ihren Lebensunterhalt tatsächlich als Künstler, Schriftsteller, Designer oder Architekten. Bei den Berufen, für die sie sich entscheiden, spielen ihre hochentwickelten visuellen und analytischen Talente eine wichtige Rolle. Aber auch ihr objektives, unabhängiges Denken und ihr Wunsch, in der Welt Bedeutendes zu leisten, tragen dazu bei. Diese persönlichen Eigenschaften und Neigungen kommen ihnen bei einer Vielzahl von Berufen gelegen, sei es in der wissenschaftlichen Forschung, der Politik, dem Sozialbereich, aber auch im Sport, der Wirtschaft und dem Handel. Trotz ihrer Begeisterung für sinnliche und intellektuell stimulierende Erkundungen sind die an diesem Tag Geborenen selten Einzelkämpfer, die sich völlig in egoistischen Anliegen verlieren. Ganz im Gegenteil, sie sind bemerkenswert diszipliniert, vor allem, wenn sie sich für das Allgemeinwohl einsetzen. Mit ihren festen Überzeugungen, die sie ihrer Fähigkeit, Dinge logisch zu analysieren, und ihrer progressiven Vorstellungskraft verdanken, zeigen sich diese ansonsten sehr umgänglichen Menschen gelegentlich wild entschlossen, ja sogar eigensinnig, wenn sie sich dazu aufgerufen fühlen, ihre Ansichten voranzubringen oder zu verteidigen, und greifen nötigenfalls sogar zu kämpferischen Mitteln. Auf jeden Fall sind sie interessante Gefährten, die ihren Freunden und Verwandten Fürsorge und Großmut entgegenbringen.

STÄRKEN: Die an diesem Tag Geborenen fühlen sich von allen künstlerischen Ausdrucksformen angesprochen und besitzen dafür auch ein besonderes Talent. Ihre emotionale und sinnliche Sensibilität wird ergänzt durch ihre Objektivität und ihre intellektuellen Fähigkeiten. Dies alles verleiht ihnen einen bemerkenswert unabhängigen, originellen und fortschrittlich gestimmten Geist.
SCHWÄCHEN: Die vielleicht größte Bedrohung für die am 20. Oktober Geborenen ist ihr Bestreben, all ihren vielfältigen Interessen die volle Aufmerksamkeit zukommen zu lassen, was in Verbindung mit ihrem sozialen Verantwortungsgefühl dazu führen kann, daß sie ihre Kräfte und ihre Aufmerksamkeit zu weit streuen. Dies kann letztlich zu physischer und emotionaler Erschöpfung führen und ihren Erfolg vereiteln.
FAZIT: Wenn sie es vermeiden wollen, sich zu überfordern, müssen diese Menschen erkennen, daß es manchmal nicht möglich ist, sich für all die Dinge rückhaltlos einzusetzen. Sie sollten sich lieber auf die Bereiche konzentrieren, die ihnen die größte Befriedigung verschaffen, und versuchen, sich nicht von ihren Prioritäten abbringen zu lassen.

An diesem Tag

Prominente Geburtstage: Christopher Wren (1632), Colin Campbell (1792), Thomas Hughes (1822), Arthur Rimbaud (1854), John Dewey (1859), Charles Ives (1874), Bela Lugosi (1884), James Chadwick (1891), Anna Neagle (1904), Otfried Preußler (1923), Art Buchwald (1925), Lord Montagu of Beaulieu (1926), Joyce Brothers (1928), Mickey Mantle (1931), William Christopher (1932), Jerry Orbach (1935), Tom Petty (1953)

Bedeutende Ereignisse und Jahrestage: Dieser Tag birgt ein enormes künstlerisches Potential. Königin Elisabeth II. eröffnete das Opernhaus in Sydney, ein vielgerühmtes Beispiel avantgardistischer Architektur (1973). Außerdem weist der 20. Oktober auf die Bereitschaft hin, idelogische Ziele mit äußerster Entschlossenheit zu vertreten. Im militärischen Bereich zeigte sich dies, als während der napoleonischen Kriege in der Schlacht von Ulm die eingekesselten österreichischen Truppen vor dem siegreichen Franzosenkaiser kapitulierten (1805). 1935 beendeten Mao Zedong, der Führer der chinesischen Jiangxi-Kommune, und seine Anhänger ihren „Langen Marsch" von Jiangxi nach Yanan.

Planeteneinflüsse

Herrschende Planeten: Venus und Pluto.
Dritter Dekan: Persönliche Planeten sind der Uranus und der Merkur.
Zweite Häuserspitze: Waage mit Skorpiontendenzen.

♀ ♇ ♅ ☿

Religiöse und kulturelle Bedeutung

Namenstag: Wendelin (ca. 550–617?) Maria Bertilla Boscardin (1888–1922).

Dieses hochaufragende, visionäre Denkmal der Musik und des menschlichen Geistes wurde rasch zum Wahrzeichen von Sydney. Das berühmte Opernhaus, das an diesem Tag im Jahr 1973 eröffnet wurde, ist ein Beispiel für die Wertschätzung der Kreativität in all ihren Formen und den Wunsch, gemeinsam eine bestimmte Vision zu verwirklichen – typisch für den 20. Oktober.

Planeteneinflüsse

Herrschende Planeten: Venus und Pluto.
Dritter Dekan: Persönliche Planeten sind der Uranus und der Merkur.
Zweite Häuserspitze: Waage mit Skorpiontendenzen.

♀ ♇ ♅ ☿

Religiöse und kulturelle Bedeutung

Großbritannien feiert den Trafalgar Day, in der ehemaligen Tschechoslowakei wird die Heilige Ursula gefeiert.
Namenstag: Hilarion von Gaza (ca. 290–ca. 370), Schutzheiliger der Einsiedler, Malchos (Malchus, 4. Jh.), Ursula und Gefährtinnen, Schutzheilige der Schulmädchen (3./4. Jh.), Wulfalik (6. Jh.).

Die ansteckende Liebe zum Leben, den ungewöhnlichen Charme und mutigen Nonkonformismus, die für diesen Tag typisch sind, könnte man in einem musikalischen Ausdruck zusammenfassen, dem „Bebop", einer Jazzströmung, die von dem am 21. Oktober 1917 geborenen Trompeter Dizzy Gillespie geprägt wurde.

21. OKTOBER

Die an diesem Tag Geborenen werden oft für ihr Charisma und ihre körperlichen und geistigen Kräfte bewundert. Ihre persönliche Ausstrahlung sowie ihre ansteckende Lebensfreude ziehen ihre Mitmenschen zusätzlich in ihren Bann. Idealerweise würden die am 21. Oktober Geborenen tatsächlich nichts lieber tun, als ihren sinnlichen Neigungen zu frönen und ihre Freude daran mit ähnlich gesinnten Menschen zu teilen. Doch sie sind sich durchaus bewußt, daß solche angenehmen Vorstellungen nicht realistisch sind, da sie auch extrem scharfsinnig und kritisch sind und etwas Positives zur Gesellschaft beitragen wollen. Weil sie sich tatkräftig für das Wohl anderer einsetzen, daneben aber auch gern künstlerisch tätig sein wollen, verbinden diese Menschen die beiden Interessen oft, indem sie als inspirierende Schriftsteller, Künstler, Musiker und Schauspieler tätig werden. Manche verlegen sich allerdings auch auf ihre analytischen Fähigkeiten und progressiven Neigungen und ergreifen Berufe in Wissenschaft oder Wirtschaft, solange sie dabei nicht ihre persönliche Denk- und Handlungsfreiheit aufgeben müssen. Dies ist ihnen besonders wichtig, wenn sie im chinesischen Jahr des Pferdes geboren sind.

Doch trotz ihrer zweifellos vorhandenen Fähigkeit, ihre egoistischeren Wünsche zugunsten des Allgemeinwohls zu sublimieren, sind sie doch zutiefst emotional orientierte Menschen, deren Wunsch, ihre romantischen Ideale zu erreichen, niemals völlig unterdrückt werden kann (und auch nicht sollte). Diese Neigung kann in einem sozialen oder künstlerischen Idealismus ein Ventil finden, doch häufiger wird sie auf die ihnen Nahestehenden – vor allem ihre Lebenspartner – gelenkt, denen es manchmal schwerfällt, den idealisierten Eigenschaften, die auf sie projiziert werden, gerecht zu werden.

STÄRKEN: Am 21. Oktober Geborene sind Idealisten und werden von ihrem Drang beflügelt, sowohl ihre inneren perfektionistischen Bedürfnisse zu befriedigen als auch ihren Mitmenschen zu einem besseren Leben zu verhelfen. Ihr klarer Verstand und ihr Wunsch, aktiv zum Fortschritt beizutragen, charakterisieren ebenso wie ihre charmante Art und ihr offensichtlicher guter Wille ihr typisches Vorgehen bei all ihrem Tun.
SCHWÄCHEN: Obwohl ihnen bei der Verwirklichung ihrer ideologischen Ziele ihre ausgeprägten intellektuellen Gaben zur Verfügung stehen, wird das Tun der an diesem Tag Geborenen doch hauptsächlich durch mächtige emotionale Kräfte angetrieben, die sich, falls sie nicht ausgelebt werden, aufstauen und sich vor allem ihren Verwandten und Freunden gegenüber in einer möglicherweise negativen Form ausdrücken können.
FAZIT: Das soziale Verantwortungsgefühl dieser Menschen und ihr Wunsch, positive Schritte zu unternehmen, um Mißstände oder Unglück zu lindern, sind bewundernswerte Eigenschaften. Doch die am 21. Oktober Geborenen sollten unbedingt darauf achten, daß sie nicht ihre gleichermaßen wichtigen, wenn auch egoistischeren Bedürfnisse vernachlässigen. Dies könnte nämlich zu großer persönlicher Unzufriedenheit und Rastlosigkeit führen, was diejenigen zu spüren bekämen, die ihnen am nächsten stehen.

An diesem Tag

Prominente Geburtstage: Katsushka Hokusai (1760), Samuel Taylor Coleridge (1772), Alfred Nobel (1833), Margarete Buber-Neumann (1901), Georg Solti (1912), „Dizzy" Gillespie (1917), Malcolm Arnold (1921), Nadia Nerina (1927), Maureen Duffy (1933), Simon Gray (1936), Manfred Mann (1940), Benjamin Netanjahu (1949), Carrie Fisher (1956), Jeremy Miller (1976)

Bedeutende Ereignisse und Jahrestage: Am 21. Oktober steht ein außergewöhnliches künstlerisches Potential im Vordergrund. 1858 wurde Jacques Offenbachs Operette *Orpheus in der Unterwelt* uraufgeführt. Ernest Hemingways Roman *Wem die Stunde schlägt* erschien 1940. Dieser Tag verspricht auch wissenschaftliche und technische Fortschritte: Der Engländer Joseph Aspdin ließ seine Formel zur Herstellung von Portland-Zement patentieren (1824), und in München wurde das erste Planetarium der Welt eröffnet (1923).

22. OKTOBER

Die an diesem Tag Geborenen verfügen über ein Charisma, das jedem ins Auge fällt, doch obwohl sie nicht abgeneigt sind, sich in der Aufmerksamkeit anderer zu sonnen, würden sie lieber für ihre Fähigkeiten als für oberflächliche Dinge wie ihre äußere Erscheinung bewundert werden. Tatsächlich besitzen am 22. Oktober Geborene einen wahren Schatz an Talenten und positiven Eigenschaften: intellektuellen und intuitiven Scharfsinn, der ihnen die Fähigkeit verleiht, zwischen Recht und Unrecht zu unterscheiden, tiefes Mitgefühl für diejenigen, die unter schlechten Bedingungen leben müssen, und den Drang, die Interessen der ihnen Nahestehenden zu fördern und zu verteidigen. Obwohl sie sehr phantasievoll und geistig völlig unabhängig sind und sich unwiderstehlich dazu hingezogen fühlen, neue Erfahrungen – vor allem sinnlicher Art – zu suchen, liegt ihr oberstes Ziel doch immer darin, ihre persönlichen Neigungen mit ihrem Wunsch zu verbinden, das Fortkommen anderer zu fördern.

Trotz ihrer Ausrichtung auf andere bleiben am 22. Oktober Geborene entschlossene Individualisten, die stets ihre emotionalen Ideale vor Augen haben. Diese Neigung kann das Zusammenleben mit ihnen erschweren, denn manchmal beschäftigen sie sich nur noch mit ihren Träumen, oder aber sie stellen unrealistische Forderungen an andere. Im Privatleben sind sie unbeugsame Perfektionisten, meist stecken sie sich sehr hohe Ziele und arbeiten dann fest entschlossen an deren Verwirklichung. Am besten eignen sie sich für Berufe, in denen sie ihre innovativen Ziele ungehindert verfolgen können, weshalb ihnen als Künstler der größte Erfolg beschieden sein kann. Aufgrund ihres ausgeprägten Gerechtigkeitssinns können sie sich auch im Rechts- oder Sozialwesen gut verwirklichen.

STÄRKEN: Die am 22. Oktober Geborenen sind ausgesprochen phantasievoll und originell. Sie werden von ihrem Bestreben beflügelt, ihr persönliches Wissen und ihre Erfahrungen zu erweitern und mit diesen einer größeren Gruppe zu dienen. Sie verspüren außerdem den starken Wunsch, sich an der Erschaffung einer besseren Welt zu beteiligen.
SCHWÄCHEN: Obwohl sie nur den besten, idealistischsten Absichten entspringen, können die hochgesteckten oder auch romantisch verbrämten Forderungen, die sie an andere stellen, sehr schwer oder gar unmöglich zu erfüllen sein.
FAZIT: Obwohl diese Menschen zweifellos positiv auf andere ausgerichtet sind und den Wunsch verspüren, deren Leben zu verbessern und Glück zu verbreiten, sollten sie erkennen, daß die Objekte ihrer Fürsorge, vor allem ihre Freunde und Verwandten, manchmal ihren extrem hohen Anforderungen nicht nachkommen können oder wollen. Deshalb wäre es ratsam, wenn sie eine weniger fordernde, gelassenere Haltung einnehmen würden.

An diesem Tag

Prominente Geburtstage: Franz Liszt (1811), Lord Alfred „Bosie" Douglas (1870), Matthew Smith (1879), Curly Howard (1903), Joan Fontaine (1917), Doris Lessing (1919), Timothy Leary (1920), Robert Rauschenberg (1925), John Blashford-Snell (1936), Derek Jacobi und Christopher Lloyd (1938), Tony Roberts (1939), Annette Funicello (1942), Wolfgang Thierse und Catherine Déneuve (1943), Jeff Goldblum (1952), Zac Hanson (1985)

Bedeutende Ereignisse und Jahrestage: Dieser Tag steht im Zeichen der Verfolgung ehrgeiziger und innovativer Ziele zum Nutzen anderer. 1917 wurde eine quer durch Australien führende Bahnlinie eingeweiht, mit der man von Kalgoorie nach Port Augusta reisen konnte. Auch künstlerische Projekte, die ein breiteres Publikum inspirieren sollen, spielen am 22. Oktober eine Rolle: Das New Yorker Metropolitan Opera House wurde eröffnet (1833), und das BBC Symphony Orchestra gab sein erstes Konzert in der Londoner Queens Hall (1930). Dieser Tag wird vom Element Luft regiert, und daneben besteht eine starke Faszination an Neuem: 1797 sprang der Franzose André-Jacques Garnerin mit einem Fallschirm aus einem Heißluftballon über Paris ab, und 1909 steuerte die französische Fliegerin Elise Deroche als erste Frau allein ein Flugzeug.

Planeteneinflüsse

Herrschende Planeten: Venus und Pluto.
Dritter Dekan: Persönliche Planeten sind der Uranus und der Merkur.
Zweite Häuserspitze: Waage mit Skorpiontendenzen.

♀ ♇ ♅ ☿

Religiöse und kulturelle Bedeutung

In Japan wird das Feuerfest, eine Reinigungszeremonie, gefeiert.
Namenstag: Salome von Galiläa, Jüngerin Jesu (1. Jh.), Cordula (Kordula, † ca. 304).

Die am 22. Oktober Geborenen finden mit ihrem natürlichen Charisma, ihrem Gefallen an öffentlicher Aufmerksamkeit und ihrem visionären Wesen oft ihre wahre Berufung in der Kunst. Dies gilt auch für Franz Liszt, den virtuosen Musiker, der an diesem Tag des Jahres 1811 geboren wurde und einer der produktivsten und begabtesten Komponisten des 19. Jahrhunderts war.

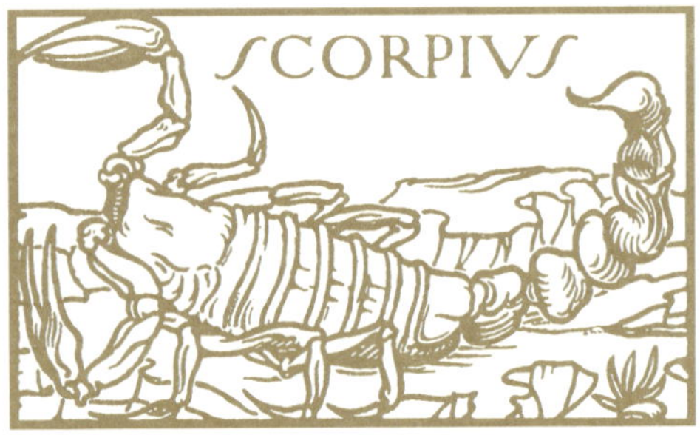

SKORPION

♏

23. Oktober bis 21. November

Herrschender Planet: Pluto **Element:** Wasser, fest

Polarität: Negativ (feminin)

Körperliche Entsprechungen: Genitalien und Blase

Steine: Topas, Achat, Rubin, Granat, Karneol, Bernstein

Blumen: Erika, Distel, Geranie, Chrysantheme

Farben: Rostrot, Rot, Rotbraun

Bis auf die altägyptischen Sterndeuter, die in dieser Sternenkonstellation einen Skarabäus sahen, hat man in den meisten astrologischen Traditionen darin die Form eines Skorpions gesehen. Bei den Babyloniern hieß er *Gir-Tab* („der Stecher"), bei den Persern *Gazdum*, bei den Griechen *Skorpion*, bei den Hindus *Vrischika*. In den Mythen der verschiedenen Kulturen über den Skorpion geht es vor allem um Schutz und Angriffslust. So ging man im Zweistromland z. B. davon aus, daß Fabelwesen, halb Skorpion, halb Mensch, das „Tor der Sonne" bewachten. In den griechisch-römischen Sagen schickte Apollo einen Skorpion, um den eitlen Jäger Orion zu bestrafen, der geprahlt hatte, daß er jedes Lebewesen töten könne: Die Konstellation des Orion geht unter, wenn der Skorpion aufsteigt. Der Skorpion – und die Eigenschaften, die er denen verleiht, die unter seinem Zeichen geboren sind – war dem Kriegsgott Ares (Mars) heilig, und es hieß, daß er den Charakter des Gottes, vor allem seine kriegerischen, kämpferischen Neigungen spiegelte. Die Kelten feierten zu dem Zeitpunkt, an dem diese Konstellation vorherrscht, ein Fest, Samhain (der Ursprung des amerikanischen Halloween), um die gefürchteten Geister ihrer Verstorbenen zu beschwichtigen, die zu dieser Zeit aus ihren Gräbern steigen sollten. Als 1930 der Planet Pluto entdeckt worden war (benannt nach dem römischen Gott der Unterwelt, der bei den Griechen Hades hieß), teilte sich der Mars die Herrschaft über den Skorpion mit diesem Planeten.

Die persönlichen Eigenschaften, die dieses Sternzeichen mit sich bringt, sind sehr komplex. Die disziplinierte Aggression und die Intensität des Mars sowie seine leidenschaftliche Sexualität werden aufgewogen von der extremen emotionalen Tiefe, die das Element Wasser auszeichnet. Menschen, die unter dem Skorpion geboren sind, können sehr eifersüchtig und destruktiv sein, doch sie besitzen auch Feingefühl, kreative Phantasie und ein bemerkenswertes Potential an spiritueller Erleuchtung, Transformation und Regeneration.

23. OKTOBER

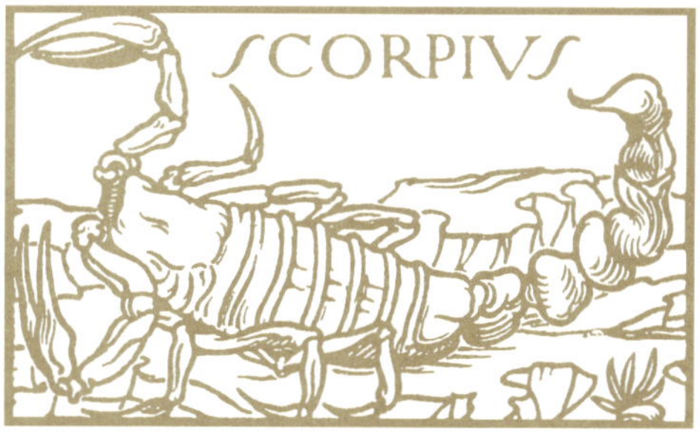

Die am 23. Oktober Geborenen werden oft ob ihrer intellektuellen und körperlichen Energie sowie ihrer Fähigkeit bewundert, Entscheidungen rasch zu fällen und entschlossen an ihnen festzuhalten. Doch manche fragen sich insgeheim, warum sich diese Menschen das Leben so schwer machen, indem sie alle Ereignisse und Aktivitäten so sehr dramatisieren. Zwar gibt es keine leichte Antwort auf diese Frage, doch vielleicht läßt sie sich zumindest teilweise damit erklären, daß diese Menschen eine ständige Stimulation brauchen. Sie langweilen sich schnell und fühlen sich nahezu instinktiv zu herausfordernden oder schwierigen Situationen hingezogen, in denen sie ihren Mut und ihr Talent beweisen können. Außerdem besitzen sie klare Visionen, Objektivität, Phantasie und Findigkeit und können damit Verbesserungsstrategien planen und durchführen, die so ehrgeizig sind, daß sie schon fast radikal genannt werden könnten. Mit dieser dynamischen Kombination haben die an diesem Tag Geborenen die Möglichkeit, Neues zu schaffen und Führungsaufgaben zu übernehmen. Ihr Gerechtigkeitssinn und ihre humanitäre Sorge, die sie veranlaßt, andere zu unterstützen und anzuleiten, kommen ihnen dabei ebenfalls gelegen. Am 23. Oktober Geborene eignen sich für alle Berufe, in denen sie ihrem Drang nach spürbaren Fortschritten nachkommen können. Erfolge winken ihnen als Künstler oder Sportler, aber auch als Unternehmer oder im Sozialwesen. Obwohl ihnen ihre persönliche Freiheit sehr wichtig ist, arbeiten sie lieber an der Spitze eines engagierten Teams als allein. Die Beziehungen zu ihren Angehörigen sind ebenfalls von Anteilnahme und Verbundenheit geprägt. Dennoch kann ihre Neigung, das Kommando und die Kontrolle zu übernehmen, bei denjenigen, die lieber ihrem eigenen Weg durchs Leben folgen würden, großen Unmut hervorrufen, so gut die dahinterliegenden Absichten auch immer sein mögen.

STÄRKEN: Die an diesem Tag Geborenen sind aktive Menschen, die sich nicht damit zufrieden geben, das Leben nur als Zuschauer zu verfolgen. Statt dessen reagieren sie lieber sofort und entschlossen auf alles, was Anregung verspricht. Mit ihrem rationalen und objektiven Denken sind sie fortschrittlich und unabhängig, verspüren jedoch auch den starken Wunsch, anderen zu helfen und sie zu inspirieren.
SCHWÄCHEN: Es fällt den am 23. Oktober Geborenen schwer, nicht bei jeder Herausforderung oder jedem Projekt das Kommando zu übernehmen. Diese Neigung kann ihnen zwar zu aufsehenerregenden Erfolgen verhelfen, kann aber auch in ihren persönlichen Beziehungen (vor allem bei ihren Angehörigen) zu Problemen und Konflikten führen.
FAZIT: Auch wenn sie andere nur in den besten Absichten auf den richtigen Weg führen wollen, sollten die am 23. Oktober Geborenen erkennen, daß die Objekte ihrer Fürsorge dies nicht immer schätzen, denn diese werten es manchmal als Versuch, ihre persönliche Freiheit einzuschränken. Deshalb ist gelegentlich größere Zurückhaltung angebracht.

An diesem Tag

Prominente Geburtstage: Pierre Larousse (1817), Wilhelm Leibl und Louis Riel (1844), Douglas Jardine (1900), Johnny Carson (1925), Diana Dors (1931), David Nelson (1936), F. Murray Abraham (1939), Edson Arantes do Nascimento „Pelé" (1940), Michael Crichton und Anita Roddick (1942), „Weird" Al Yankovic (1959), Doug Flutie (1962)

Bedeutende Ereignisse und Jahrestage: Der 23. Oktober wird vom Planeten Pluto gelenkt, was auf Rebellion und Wandel hinweist; daneben spielt an diesem Tag auch die entschlossene Förderung progressiver Strategien eine Rolle. Im Kriegswesen zeigte sich dies, als das Heer von Mark Anton und Oktavian die Truppen von Brutus und Cassius in der Schlacht von Philippi schlug (42 v. Chr.). Montgomerys britische Achte Armee begann mit ihren Angriffen auf General Erwin Rommels nordafrikanische Truppen in der zweiten Schlacht von El Alamein (1942). Ein ebenfalls auf Konfrontation abzielender Geist zeigte sich im politischen Bereich, als ungarische Bürger in Budapest heftig gegen die sowjetische Herrschaft protestierten und damit die ungarische Revolution einleiteten (1956).

Planeteneinflüsse

Herrschende Planeten: Pluto und Venus.
Erster Dekan: Persönlicher Planet ist der Mars.
Erste Häuserspitze: Skorpion mit Waagetendenzen.

♇ ♀ ♂

Religiöse und kulturelle Bedeutung

Namenstag: Severin von Köln († 5. Jh.), Oda von Amay († 634) Romanus von Rouen († ca. 640), Johannes von Capestrano, Schutzheiliger der Juristen (1386–1456).

Ihr hemmungsloser Tatendrang und ihre Fähigkeit, im Team zu arbeiten, machen aus den Menschen, die am diesem Tag geboren sind, oft ausgezeichnete Athleten. Dies zeigte sich auch bei dem weltberühmten Fußballer Edson Arantes do Nascimento, „Pelé", der am 23. Oktober 1940 geboren wurde.

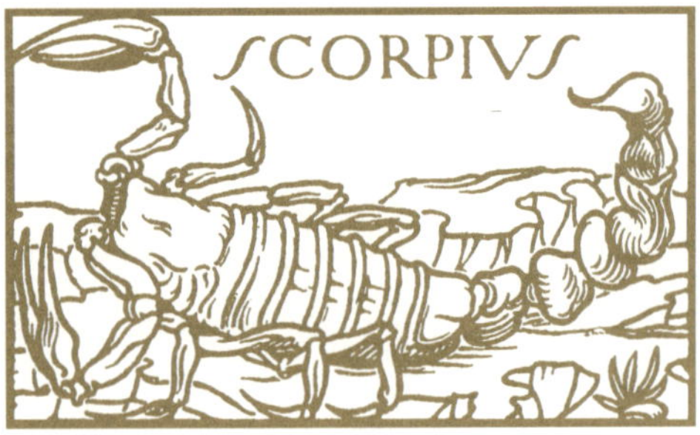

24. OKTOBER

Die an diesem Tag Geborenen besitzen meist zwei ausgeprägte – und scheinbar widersprüchliche – Wesenszüge: einerseits einen natürlichen Perfektionismus, andererseits eine große, fast radikale Abenteuerlust. Manche der am 24. Oktober Geborenen neigen zu einem dieser beiden Extreme, anderen gelingt es, sie bemerkenswert erfolgreich zu vereinbaren, indem sie ihre höchst originellen und ehrgeizigen Visionen mit ihren bodenständigeren Eigenschaften unterstützen, mit dem sorgfältigen Achten auf sämtliche Details, ihrer Selbstdisziplin und ihrem ausgeprägten Organisationstalent. Diese energievollen Menschen treibt der Zwang, konkrete Fortschritte zu bewerkstelligen, mit denen sie hoffen, sowohl ihren eigenen Forscherdrang befriedigen als auch anderen nutzen zu können. Sie sind zweifellos unabhängige Denker, doch aufgrund ihrer starken sozialen Orientierung trachten sie auch danach, andere für ihre Anliegen zu gewinnen. Am liebsten packen sie die Dinge direkt an und setzen sich – und auch den Menschen in ihrer Umgebung – hohe Maßstäbe. Meist gehen sie mit gutem Beispiel voran und zeigen dabei außerordentlich starke Konzentration. Die Berufe, zu denen sich die an diesem Tag Geborenen hingezogen fühlen, variieren je nach persönlichen Vorlieben. Ihre technischen und praktischen Talente sowie ihr Streben nach Unabhängigkeit erweisen sich in Mechanik und Verwaltung als besonders günstig. Obwohl sie oft für ihren Einsatz und ihre Vorstellungskraft bewundert werden, können es gerade diese Eigenschaften, insbesondere in Verbindung mit ihren kritischen, perfektionistischen Neigungen, schwer machen, mit ihnen zusammenzuleben. Denn einerseits vernachlässigen sie manchmal die Bedürfnisse ihrer Familie, wenn sie sich allzu sehr in ihre Arbeit vertiefen (eine Neigung, die verstärkt bei Männern auftritt), andererseits versuchen sie manchmal auch, das Verhalten ihrer Angehörigen zu lenken oder zu „verbessern“.

STÄRKEN: Die an diesem Tag Geborenen haben einen natürlichen Hang, zu führen und zu erneuern. Neben ihrer intellektuellen Vorstellungskraft, ihrem zupackenden Wesen und ihrem Trachten nach Fortschritt besitzen sie auch ganz solide Eigenschaften wie hochentwickeltes Organisationstalent, Interesse an Details und disziplinierte Beharrlichkeit.
SCHWÄCHEN: Da sie sehr genau wissen, wohin sie wollen und wie sie dahin kommen können, und an sich und andere hohe Ansprüche stellen, belasten die am 24. Oktober Geborenen die Menschen in ihrer Umgebung – vor allem ihre Familie – mit sehr hohen Erwartungen, die jene entweder nicht erfüllen wollen oder auch einfach nicht können.
FAZIT: Einem harmonischen Privatleben zuliebe müssen diese Menschen erkennen, daß ihr Drang, andere zu kontrollieren, und ihre oft kompromißlose Art auf Ablehnung stoßen können. Sie wären gut beraten, toleranter und entspannter vorzugehen.

Planeteneinflüsse
Herrschende Planeten: Pluto und Venus.
Erster Dekan: Persönlicher Planet ist der Mars.
Erste Häuserspitze: Skorpion mit Waagetendenzen.

♇ ♀ ♂

Religiöse und kulturelle Bedeutung
Tag der Vereinten Nationen, Nationalfeiertag in Sambia, Wicca-Anhänger feiern ein Fest der Luftgeister.
Namenstag: Thaddäus McCarthy (1455–92), Antonius Maria Claret (1807–1870), Aloisius Guanella (1842–1915).

An diesem Tag
Prominente Geburtstage: Anton van Leeuwenhoek (1632), Jacques Laffitte (1769), Sarah Hale (1788), Sybil Thorndike (1882), Merian C. Cooper (1893), Moss Hart (1904), Fred Pontin und Robert Sainsbury (1906), Tito Gobbi (1915), Robin Day (1923), Jack Warner (1924), John P. Richardson, „The Big Bopper“ (1930), David Nelson und Bill Wyman (1936), F. Murray Abraham (1939), Isolde Ohlbaum und Kevin Kline (1948)

Bedeutende Ereignisse und Jahrestage: An diesem Tag stehen ehrgeizige Visionen im Vordergrund, die von organisatorischen und praktischen Fähigkeiten unterstützt werden. Der erste offizielle Fußballverein wurde von Studenten der Universität Cambridge in Sheffield gegründet (1875), und die erste Telegraphenleitung zwischen der amerikanischen Ost- und Westküste wurde fertiggestellt (1861). Auch das Rechtswesen spielt an diesem Tag eine Rolle. Die britischen Suffragetten Emmeline und Christabel Pankurst wurden zu einer Gefängnisstrafe verurteilt, weil sie zu einer Demonstration für das Frauenwahlrecht aufgerufen hatten (1908). In Chicago kam der berüchtigte amerikanische Verbrecher Al Capone wegen Steuerhinterziehung ins Gefängnis (1931), und der amerikanische Fernsehprediger Jim Bakker wurde wegen Betrugs zu einer Gefängnisstrafe verurteilt (1989).

Am 24. Oktober machen oft Neuerungen die Bahn frei für den Fortschritt. So machte an diesem Tag die erste transkontinentale Telegrafenleitung den Ponyexpress überflüssig – ein Beispiel für die praktischen und ehrgeizigen technischen Fortschritte, die an diesem Tag möglich sind.

25. OKTOBER

Die an diesem Tag Geborenen sind starke, entschlossene Menschen, die von dem Wunsch beseelt sind, ihren innovativen Ideen und den sie inspirierenden Visionen konkreten Ausdruck zu verleihen, also ihre Träume zu verwirklichen. Sie sind kritische Beobachter, doch auch phantasievoll und gleichzeitig äußerst praktisch veranlagt. Daneben besitzen sie die Gabe, Mißstände klar herauszuarbeiten und Mittel für deren Behebung zu ersinnen, die sie dann entschlossen und hartnäckig einsetzen. Die am 25. Oktober Geborenen bringen ein starkes Interesse für alles auf, was in ihr persönliches Blickfeld tritt, und sind extrem empfänglich dafür. Dies kann sich in vielerlei Berufen und Bereichen äußern. So kann sie manchmal der heftige Wunsch antreiben, ein unbefriedigendes soziales oder politisches System durch ein gerechteres und aufgeklärteres zu ersetzen, eine wissenschaftliche oder technische Theorie oder ein Instrument zu entwickeln, eine Marktlücke zu nutzen, die Produktivität eines Unternehmens zu steigern oder ihre Botschaften durch inspirierende künstlerische Mittel zu verbreiten. Bei all ihren Zielen und den von ihnen bevorzugten Methoden zeigen sich ihr Perfektionismus und ihre Neigung, die Meinungen und Taten anderer zu lenken und zu kontrollieren. Sie sind sozial verantwortungsbewußte Menschen, die den brennenden Wunsch verspüren, andere auf den von ihnen als richtig erachteten Weg zu bringen oder der Allgemeinheit einen Dienst zu erweisen. Ihre extrem kritischen Neigungen verleihen ihnen ein unerschütterliches Selbstvertrauen, das sie dazu bringen kann, alternative Ansichten nicht gelten zu lassen. So sind sie zwar verläßliche, schützende, großzügige und liebevolle Freunde und Verwandte, doch meist bringen sie wenig Toleranz für diejenigen auf, die ihren Wünschen nicht folgen.

STÄRKEN: Die am 25. Oktober Geborenen verfügen über eine ausgeprägte kritische Wahrnehmung – eine Gabe, die in ihnen in Verbindung mit ihren progressiven Neigungen den starken Wunsch weckt, spürbare Verbesserungen für die Allgemeinheit zuwege zu bringen.
SCHWÄCHEN: Da die an diesem Tag Geborenen kompromißlose Perfektionisten und unerschütterlich von ihren Ansichten und Methoden überzeugt sind, legen sie für sich und ihre Familie und Freunde extrem hohe Maßstäbe an. Sie neigen dazu, auf jeden negativ zu reagieren, der Einwände gegenüber ihren Vorstellungen und Methoden vorbringt, was besonders in ihren persönlichen Beziehungen zu Problemen führen kann.
FAZIT: Obwohl ihre festen Überzeugungen und ihr entschlossenes Handeln meist dem wohlmeinenden Wunsch entstammen, Gutes zu tun, sollten diese Menschen erkennen, wie wichtig Toleranz und Unvoreingenommenheit sind. Ein entspannteres Vorgehen würde sich manchmal als sehr viel wirkungsvoller erweisen und ihnen auch die Unterstützung anderer einbringen. Zudem wäre es auch intellektuell und emotional von Vorteil.

An diesem Tag

Prominente Geburtstage: Thomas Macaulay (1800), Richard Parkes Bonington (1802), Johann Strauss der Jüngere (1825), Georges Bizet (1838), Sarah Bernhardt (1844), Pablo Picasso (1881), Richard E. Byrd (1888), Abel Gance (1889), Leo G. Carroll (1892), Eddie Lang (1902), Dieter Borsche (1909), Minnie Pearl (1912), Billy Barty (1924), Galina Wischnewskaja (1926), Anthony Franciosa (1928), Helen Reddy (1941), Jon Anderson (1944), Tracy Nelson (1963)

Bedeutende Ereignisse und Jahrestage: Der Wunsch, spürbare Veränderungen zu bewegen, den dieser Tag birgt, zeigte sich z. B. im Bereich der Technik, als der amerikanische Erfinder L. L. Curtis das Airbrush-Verfahren (1881) und der amerikanische Professor Lee de Forest seine aus drei Dioden bestehende Audion-Verstärkerröhre (1906) patentieren ließen – oder in der Architektur, als Königin Elisabeth II. das Londoner National Theatre einweihte, eine Vision des Architekten Denys Ladun (1976). Sowohl Mars als auch Pluto wirken sich auf diesen Tag aus: 1415 besiegten englische Truppen unter König Heinrich V. ihre französischen Gegner in der Schlacht von Agincourt, und 1944 schlug die amerikanische Marine die Japaner bei Surigao.

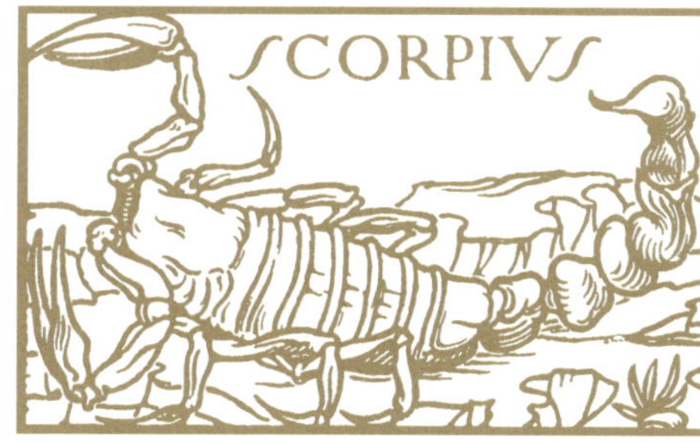

Planeteneinflüsse

Herrschende Planeten: Pluto und Venus.
Erster Dekan: Persönlicher Planet ist der Mars.
Erste Häuserspitze: Skorpion mit Waagetendenzen.

♇ ♀ ♂

Religiöse und kulturelle Bedeutung

Namenstag: Krispin und Krispinian († ca. 287), Schutzheilige der Lederarbeiter und Schuster, Chrysanthus und Daria, Schutzheilige der Richter († ca. 304).

Einer der kreativsten und einflußreichsten Künstler des 20. Jahrhunderts, Pablo Picasso, wurde an diesem Tag im Jahr 1881 geboren. Mit seiner einzigartigen Synthese von Politik und Avantgarde revolutionierte er nicht nur die moderne Kunst im allgemeinen, sondern auch die Vorstellungen von Künstlern und Kunstliebhabern eines ganzen Jahrhunderts. Gemälde wie Guernica *und* Les Desmoiselles d'Avignon *zeigen die Bestrebungen nach Innovation, die Wahrnehmungsgabe und die feste Entschlossenheit der an diesem Tag Geborenen.*

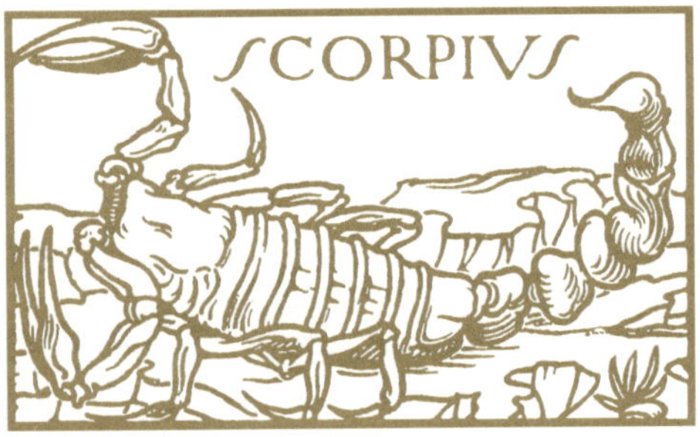

26. OKTOBER

Der vielleicht auffälligste Wesenszug der am 26. Oktober Geborenen ist ihr Drang, andere zu organisieren. Sie sind davon überzeugt, daß Fortschritte durch konzentrierte gemeinsame Arbeit wesentlich effektiver erreicht werden können als im Alleingang. Mit ihrer Fähigkeit, sich auf entfernte Ziele zu richten und sich gleichzeitig um das unmittelbar Anstehende zu kümmern, sind sie begabte Führer, deren Entschlossenheit und Einsatz ihnen den Respekt (wenn auch nicht die Zuneigung) anderer einbringt. Diese Menschen finden sich oft in kommunalen Planungsausschüssen oder in Komitees, die sich um kommunale Angelegenheiten kümmern. Sie eignen sich bestens für Karrieren in der Politik, im Management, Finanz- oder Bankwesen.

Ihr Wunsch, die Menschen in ihrer Umgebung zu formen, macht sich in ihrem Berufs- wie auch in ihrem Privatleben bemerkbar. Meist bemühen sie sich eifrig darum, ihre Freunde und Verwandten von ihren Ansichten zu überzeugen, und zwar mittels Begeisterung und Logik, nicht durch leidenschaftliche oder kämpferische Mittel. Mit ihrem typischen Pragmatismus akzeptieren sie zwar die Einwände Andersdenkender, machen jedoch keinen Hehl aus ihrer Mißbilligung. Wenn sie mit anderen übereinstimmen, sind sie sehr liebevoll und großzügig.

STÄRKEN: Diese Menschen sind geborene Führer. Sie richten ihre Aufmerksamkeit auf andere, weil sie das kollektive Wohl fördern wollen, und auch deshalb, weil es ihnen großes Vergnügen bereitet, andere zu koordinieren und anzuleiten.

SCHWÄCHEN: Ihre starke Neigung, die Leistungen von Gruppen oder ähnlich gestimmten Menschen zu strukturieren und zu kontrollieren, verleiht den am 26. Oktober Geborenen bemerkenswerte berufliche Möglichkeiten. Bei ihrem Bemühen, diejenigen zu organisieren und zu kontrollieren, denen sie sich emotional verbunden fühlen, sind sie gelegentlich weniger erfolgreich; denn ihre Angehörigen lehnen das, was sie als Einschränkung ihrer persönlichen Freiheit begreifen, unter Umständen entschieden ab.

FAZIT: Wenn sie sich nicht emotional isolieren wollen – ein Risiko, dem sie sich aussetzen, wenn sie ihre eigenen Bedürfnisse zu stark unterdrücken oder zu autoritäre Forderungen an ihre Angehörigen stellen –, sollten die an diesem Tag Geborenen einsehen, daß das Allgemeinwohl nicht darunter leidet, wenn man seine Individualität hin und wieder deutlich zum Ausdruck bringt.

Planeteneinflüsse

Herrschender Planet: Pluto.
Erster Dekan: Persönlicher Planet ist der Mars.

♇ ♂

Religiöse und kulturelle Bedeutung

Nationalfeiertag in Österreich, Geburstag der Erde.
Namenstag: Evaristus († ca. 105), Amandus von Straßburg (ca. 290–ca. 355), Witta (Albuin, ca. 700–nach 760).

Der überzeugte Marxist Leo Trotzki (am 26. Oktober 1879 geboren) war ein Gründungsmitglied der bolschewistischen Partei und eine geborene Führerfigur. Doch die Eigenschaften des 26. Oktober, durch die Trotzki an die Spitze rückte – die Fähigkeit, andere zu organisieren, ein starker Kontrolldrang und ein leidenschaftlicher Einsatz für seine Sache – führten auch zu einem Machtkampf an der Parteispitze. Schließlich mußte sich Trotzki ins Exil begeben, wo er auf Stalins Weisung hin ermordet wurde.

An diesem Tag

Prominente Geburtstage: Domenico Scarlatti (1685), Georges Jacques Danton (1759), Helmuth Graf Moltke (1800), Lewis Casson (1875), Leo Trotzki (1879), Mahalia Jackson (1911), Jackie Coogan (1914), François Mitterrand (1916), Schah Mohammed Reza Pahlevi von Persien (1919), Bob Hoskins (1942), Pat Sajak (1946), Hillary Clinton und Jaclyn Smith (1947), Cary Elwes (1962)

Bedeutende Ereignisse und Jahrestage: Dieser Tag wird vom Element Luft beherrscht und betont die Förderung von Fortschritten zum Nutzen der Allgemeinheit. Dies zeigte sich im Transportwesen, als im Staat New York der Erie Canal (1825) und in London der Woolwich Tunnel unter der Themse (1912) eingeweiht wurden. Das Aufgeben persönlicher Interessen zugunsten gemeinschaftlicher Anliegen zeigte sich z. B., als sich König Oskar II. von Schweden und Norwegen den Forderungen des norwegischen Volkes nach Unabhängigkeit beugte und seinen Thron für Prinz Carl von Dänemark (Håkon VII.) räumte (1905). 1986 gab der Romanautor Jeffrey Archer seinen Posten als stellvertretender Vorsitzender der Konservativen Partei auf, um Schaden von der Partei abzuwenden, da ihm sexuelles Fehlverhalten vorgeworfen worden war. 1956 wurde der Sinn für soziale Verantwortung an diesem Tag deutlich, als die Vereinten Nationen die Gründung der Internationalen Atomenergie-Behörde (IAEA) beschlossen, um die verantwortungsbewußte Nutzung der Kernenergie zu gewährleisten.

27. OKTOBER

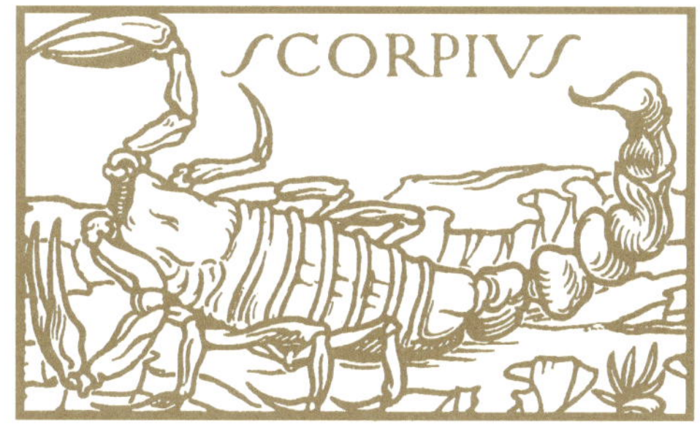

Die am 27. Oktober Geborenen drücken ihre Gefühle derart leidenschaftlich aus und reagieren so aktiv und unmittelbar, daß sie wirklich kaum zu übersehen sind. Zweifellos suchen sie die Aufmerksamkeit anderer, doch dieser Drang erwächst ihnen nur selten aus egoistischen Motiven, sondern aus ihrem Bedürfnis, ihre Gefühle und Meinungen freimütig zu äußern und die Menschen in ihrer Umgebung zu beeinflussen und zu lenken. Ihre Ansichten und Taten sind im wesentlichen gefühlsgesteuert, doch sie besitzen auch beträchtliche intellektuelle und praktische Fähigkeiten, mit denen sie an der Verwirklichung ihrer Ziele arbeiten. So neigen sie zwar dazu, auf emotionale Reize impulsiv zu reagieren, vor allem dann, wenn diese mit Moral oder Spiritualität zu tun haben, doch sobald ihr Interesse geweckt ist, zeigen sie Phantasie, Findigkeit und Organisationstalent, um ihre Projekte zu fördern. Die an diesem Tag Geborenen sind Perfektionisten, doch zeigt sich diese Eigenschaft meist eher im ideellen als im technischen Bereich. Mit ihrem Kommunikationstalent winken ihnen Erfolge in Berufen, in denen sie ihre Visionen an andere weitergeben können, etwa als Journalisten oder Lehrer. Aber auch als Schriftsteller, Musiker oder Schauspieler sind sie erfolgreich, also dort, wo sie ihren Gefühlen und innovativen Träumen freien Lauf lassen und ihr Publikum inspirieren können. Sie werden für ihre Energie und ihr unkonventionelles Denken bewundert, doch aufgrund gerade dieser Eigenschaften sind sie manchmal auch sehr fordernde – wenngleich lebhafte und lustige – Kollegen, Freunde und Verwandte.

STÄRKEN: Die am 27. Oktober Geborenen sind aktive und phantasievolle Menschen, die sich leicht von ihren Gefühlen beeinflussen lassen, aber auch praktische und rationale Eigenschaften besitzen, die ihnen, solange sie mit ihren Gefühlen im Einklang stehen, hervorragende Möglichkeiten bieten. Trotz ihres Bedürfnisses nach persönlicher Freiheit können sich diese geborenen Führer auch auf andere einstellen und übernehmen gern eine erzieherische, lenkende und inspirierende Rolle.
SCHWÄCHEN: Ihr temperamentvolles Wesen und ihr Kontrollbedürfnis verleihen den an diesem Tag Geborenen die Fähigkeit, andere anzusprechen und zu formen. Doch sie laufen Gefahr, provokativ und aggressiv zu wirken, wenn sie diejenigen, die sie beeinflussen wollen, falsch einschätzen. Dies kann sich besonders im Umgang mit ihrer Familie äußern.
FAZIT: Diese Menschen müssen erkennen, daß die für sie so wichtige emotionale und intellektuelle Freiheit auch anderen unabdingbar ist. Bei der Vermittlung ihrer Ansichten sollten sie deshalb mit denjenigen, die sich nicht sofort überzeugen lassen, toleranter und geduldiger sein.

An diesem Tag

Prominente Geburtstage: James Cook (1728), August Wilhelm Anton Graf Gneisenau (1760), Niccolò Paganini (1782), Theodore Roosevelt (1858), Emily Post (1872), Enid Bagnold (1889), Dylan Thomas (1914), Harry Saltzman (1915), Nanette Fabray (1920), Ruby Dee und Roy Lichtenstein (1923), David Bryant (1931), Sylvia Plath (1932), John Cleese (1939), Peter Martins und Carrie Snodgress (1946), Jayne Kennedy (1951), Glen Hoddle (1957), Simon Le Bon (1958), Marla Maples (1965)

Bedeutende Ereignisse und Jahrestage: An diesem Tag stehen visionäre Ideen und Einfallsreichtum im Vordergrund. 1904 wurde die New Yorker U-Bahn eingeweiht, und 1971 benannte sich die zentralafrikanische Republik Kongo in Republik Zaire um, um sich von ihrer kolonialen Vergangenheit zu distanzieren (1997 wurde diese Veränderung wieder rückgängig gemacht). Die Führungseigenschaften dieses Tages finden sich dadurch bestätigt, daß Winston Churchill zum zweitenmal Großbritanniens Premierminister wurde (1951). Außerdem weist der 27. Oktober auf die kompromißlose Förderung starker Überzeugungen hin: Der spanische Wiedertäufer Michael Servatus endete in Genf auf Geheiß des protestantischen Reformers Calvin auf dem Scheiterhaufen (1533).

Planeteneinflüsse

Herrschender Planet: Pluto.
Erster Dekan: Persönlicher Planet ist der Mars.

♇ ♂

Religiöse und kulturelle Bedeutung

In England feiern Anhänger von Naturreligionen den Allan Apple Day.
Namenstag: Klara Isabella Gherzie (1742–1800).

Einer der populärsten amerikanischen Präsidenten, Theodore Roosevelt, wurde am 27. Oktober 1858 geboren und wies die für diesen Tag typische seltene Mischung persönlicher Eigenschaften auf: Intelligenz, Einfallsreichtum und Ehrgeiz gepaart mit der praktischen Fähigkeit, seine Ziele auch zu verwirklichen. Seine berühmte Politik des „Square Deal" für einen fairen Ausgleich diente vielen nachfolgenden Reformbewegungen als Vorbild.

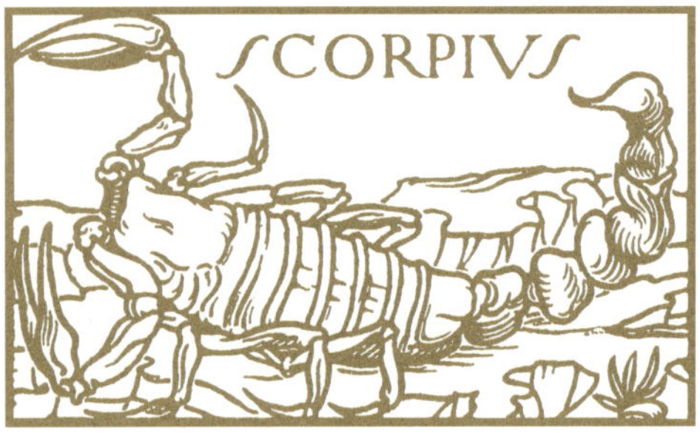

Planeteneinflüsse

Herrschender Planet: Pluto.
Erster Dekan: Persönlicher Planet ist der Mars.

♇ ♂

Religiöse und kulturelle Bedeutung

Im Alten Phönizien wurde der Sonnengott Baal von den Himmeln geehrt, im Alten Ägypten begannen die Herbstzeremonien zu Ehren von Isis.
Namenstag: Simon Zelotes († 1. Jh.), Schutzheiliger der Fischer, Judas Thaddäus, Schutzheiliger hoffnungsloser Fälle († 1. Jh.), Alfred der Große (ca. 848–900).

Am 28. Oktober 1886, 100 Jahre nach der Unterzeichnung der Unabhängigkeitserklärung, enthüllte Präsident Grover Cleveland Frankreichs Geschenk an New York, die Unabhängigkeitsstatue. Sie gemahnt an den Geist der Unabhängigkeit, die soziale Gerechtigkeit und den Fortschritt, die diesen Tag auszeichnen.

28. OKTOBER

Ihre Arbeit ist für viele dieser ehrgeizigen Menschen von allergrößter Bedeutung. Doch es geht den an diesem Tag Geborenen selten um persönlichen Ruhm oder spektakuläre finanzielle Erfolge; ausschlaggebend ist vielmehr ihr Perfektionismus. Die am 28. Oktober Geborenen sind Forschertypen, die ihre Erkenntnisse entschieden dazu einsetzen, in weitere bisher unbekannte Bereiche vorzudringen. Dekonstruktion und Rekonstruktion finden sie gleichermaßen faszinierend, und da sie sorgfältig auf jedes Detail achten und sehr logisch vorgehen, haben sie bemerkenswerte Möglichkeiten, die Welt mit bahnbrechenden Erkenntnissen voranzubringen. Aufgrund ihrer extremen Beharrlichkeit und Konzentration sind sie meist völlig in ihre Projekte vertieft, und wenn andere längst glauben, daß sie ja nun wohl den Gipfel ihres Erfolgs erreicht hätten, sind sie noch immer unzufrieden und denken, daß ihre Aufgabe noch nicht vollständig gelöst sei und noch immer Fortschritte möglich seien. Ihr Streben nach Unabhängigkeit verleiht den an diesem Tag Geborenen die Fähigkeit, auf allen Gebieten, die sie faszinieren, Pioniertaten zu vollbringen, vor allem im Bereich der Wissenschaft und Technik. Obwohl sie auch anderen Menschen Nutzen bringen wollen und entschlossene, gerechte Führer sind, sind ihre Anliegen oft eher abstrakt humanitär und beruhen nicht auf Gefühlen. Ihre Neigung, sich völlig auf ihre intellektuellen und beruflichen Interessen zu konzentrieren, macht sie ziemlich einsam. Doch ihre Liebe und Loyalität sind durchaus aufrichtig, obgleich ihre Angehörigen dies nicht immer merken, da sie nicht dazu neigen, ihre Zuwendung offen zu äußern.

STÄRKEN: An diesem Tag Geborene sind phantasievoll und findig, logisch denkend und bestens organisiert. Sie neigen dazu, ihren Interessen mit äußerster Gründlichkeit nachzugehen. Zwar sind sie manchmal etwas schüchtern, doch Freundschaft bedeutet ihnen sehr viel, und auch ihren Angehörigen fühlen sie sich sehr verbunden.
SCHWÄCHEN: Da sie so erfüllt von ihren Zielen sind und so konzentriert und hartnäckig an deren Verwirklichung arbeiten, vernachlässigen die am 28. Oktober Geborenen manchmal die außerhalb ihrer Arbeit liegenden Lebensbereiche. Außerdem neigen sie zu Ungeduld mit denen, die weniger Einsatz zeigen oder ihren hohen Anforderungen nicht entsprechen.
FAZIT: Um emotionale Isolation zu vermeiden, müssen sie unbedingt erkennen, daß ihre intellektuellen Anliegen zwar wichtig, aber doch nur ein Teil ihres Lebens sind, der harmonisch in ihr Gesamtleben integriert werden sollte. Sie sollten darauf achten, daß sie ihre emotionalen Bedürfnisse und die Erwartungen, die andere an sie stellen, nicht verdrängen.

An diesem Tag

Prominente Geburtstage: Cornelis Jansen (1585), Robert Liston (1794), George-Auguste Escoffier (1846), Evelyn Waugh (1903), Francis Bacon (1909), Richard Doll (1912), Jonas Salk (1914), Bernhard Wicki (1919), Charlie Daniels und Carl Davis (1936), David Dimbleby (1938), Jane Alexander (1939), Hank Marvin (1942), Dennis Franz (1944), Dennis Taylor (1948), Bruce Jenner (1949), Annie Potts (1952), Bill Gates (1955), Jami Gertz (1965), Lauren Holly (1966), Julia Roberts (1967), Joaquin Phoenix (1974)

Bedeutende Ereignisse und Jahrestage: An diesem Tag werden progressive und konzertierte Anstrengungen zur Ermöglichung greifbarer Fortschritte betont: Die erste amerikanische Universität, Harvard in New Towne (Cambridge), Massachusetts, wurde gegründet (1636), und der englische Physiker Michael Faraday führte den von ihm entwickelten elektrischen Dynamo vor (1831). Der amerikanische Erfinder George Eastman stellte seine bahnbrechende Erfindung der Farbfotografie vor (1914). 1971 wurde von den USA und der Sowjetunion die bis dahin schwelende Kubakrise endgültig beigelegt. Das britische Parlament beschloß im selben Jahr, der EG beizutreten. Unabhängigkeit ist eine weitere wichtige Eigenschaft dieses Tages: Anläßlich des Jubiläums zur Unterzeichnung der Unabhängigkeitserklärung enthüllte Präsident Grover Cleveland in New York eine monumentale Skulptur von Auguste Bartholdi, die Freiheitsstatue (1886).

29. OKTOBER

Die an diesem Tag Geborenen legen großen Wert auf geistige Unabhängigkeit und freuen sich über Neuerungen. Ihr ausgeprägtes soziales Verantwortungsgefühl und ihr Drang, das Handeln anderer zu organisieren und zu synchronisieren, machen aus ihnen geborene Anführer. Ihre Visionen sind so klar, ihr logisches Denken und ihre Findigkeit so ausgeprägt, daß man sie in vieler Hinsicht als höchst geschickte Taktiker und Strategen bezeichnen kann. Daneben besitzen sie Charisma, so daß ihre Mitmenschen instinktiv auf ihre Autorität und ihr Sendungsbewußtsein reagieren. Sie gehen stets wohlüberlegt an eine Sache heran. Und wie ein Schachmeister den Überraschungsmoment schätzt, so sind auch die am 29. Oktober Geborenen ziemlich zurückhaltend. Selbst ihre Angehörigen lassen sie manchmal über ihre konkreten Absichten im Unklaren.

Ihre fortschrittlichen Neigungen und ihre pragmatische Weltsicht ermöglichen ihnen Erfolge in eigentlich allen Berufen. Viele fühlen sich jedoch besonders von der Politik, dem Militär oder der Wirtschaft angesprochen, da sie dort zur Förderung ihrer Ziele die Bemühungen anderer steuern können. Von ihren Kollegen werden sie für ihre Vernunft, Beharrlichkeit und Loyalität bewundert, doch wenn sie sich im Kreis ihrer Angehörigen entspannen, zeigen sie oft völlig andere Charakterzüge (sie ziehen es vor, das Berufliche vom Privaten zu trennen). In ihrem Privatleben sind sie leidenschaftlich und liebevoll, sinnlich und für Vergnügen empfänglich. Auch stellen sie sich stets und gern schützend vor die Menschen, die ihnen etwas bedeuten.

STÄRKEN: Die an diesem Tag Geborenen verfügen über zupackende, unabhängige und progressive intellektuelle Kräfte, die es ihnen ermöglichen, visionäre und phantasievolle Handlungspläne zu ersinnen. Ihre starke Identifizierung mit den Menschen, mit denen sie zu tun haben, erfüllt sie mit dem Wunsch, jene zu organisieren und zu leiten.
SCHWÄCHEN: Ihre Neigung, mit verdeckten Karten zu spielen, ist eine Taktik, mit der sie ihre persönliche und strategische Position stärken. Im Berufsleben erweist sie sich oft als sehr hilfreich, doch ihre engen Mitarbeiter, Freunde und Verwandten können tief verletzt werden, denn sie fühlen sich manchmal ausgeschlossen oder denken, daß darin Mißtrauen zum Ausdruck kommt.
FAZIT: Die am 29. Oktober Geborenen sollten versuchen, ihre Neigung zu überwinden, ihre Absichten zu verheimlichen. Sie sollten an die möglichen Verletzungen denken, die eine solche Strategie ihren Verbündeten und Angehörigen zufügen kann. Deshalb sollten sie sich bemühen, anderen gegenüber offener zu sein.

An diesem Tag

Prominente Geburtstage: Herzog von Alba (1507), James Boswell (1740), Jean Giradoux (1882), Fanny Brice (1891), Joseph Goebbels (1897), Vivian Ellis (1904), Robert Hardy (1925), Melba Moore (1945), Peter Breuer (1946), Richard Dreyfus (1947), Kate Jackson (1948), Winona Ryder (1971)

Bedeutende Ereignisse und Jahrestage: Der 29. Oktober steht im Zeichen einer äußerst gut organisierten Förderung fortschrittlicher gemeinschaftlicher Anliegen: 1964 schlossen sich die eben unabhängig gewordenen afrikanischen Länder Tanganyika und Sansibar zur Vereinigten Republik Tansania zusammen. Dieser Tag warnt vor möglichen Schäden von Geheimhaltung: Am 29. Oktober 1929 kam es zum „Schwarzen Dienstag", als sich der wahre Wert der Anlagen und Aktien zeigte, in die Spekulanten eifrig investiert hatten, dies führte zu einem Panikverkauf und zum Zusammenbruch der New Yorker Börse, was die Depression beschleunigte. Doch auch das Vergnügen kommt an diesem Tag nicht zu kurz, so wurde Wolfgang Amadeus Mozarts Oper *Don Giovanni* 1787 uraufgeführt. Und schließlich entdeckte der sowjetische Archäologe Peter Kozlow an diesem Tag (passend zu seinem Marseinfluß) in Ejin Horo in der Inneren Mongolei das Grab des großen mongolischen Eroberers Dschingis Khan (1927).

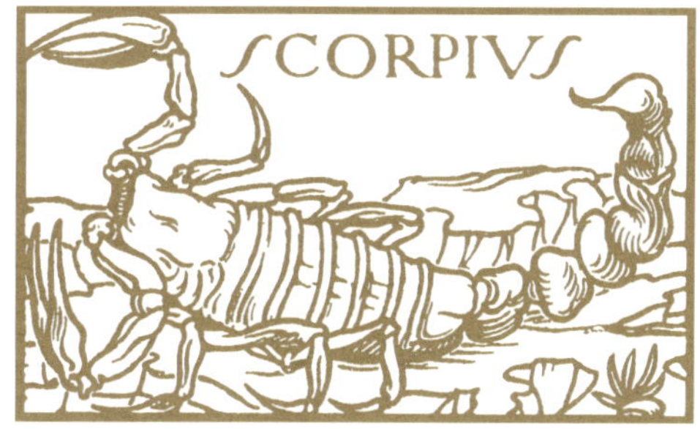

Planeteneinflüsse

Herrschender Planet: Pluto.
Erster Dekan: Persönlicher Planet ist der Mars.

♇ ♂

Religiöse und kulturelle Bedeutung

Die Irokesen feiern ein Totenfest, Nationalfeiertag in der Türkei.
Namenstag: Narkissos (Narcissus) von Jerusalem († nach 212), Berengar (Bernger, † 1108).

Winona Ryder wurde einem breiten Publikum zum ersten Mal durch ihre Rolle in dem Film Beetlejuice *(1988) bekannt. Sie wurde an diesem Tag im Jahr 1971 geboren und gehört inzwischen zu Hollywoods gefragtesten Schauspielerinnen. Sie gewinnt mit ihrem Charme und ihrer Ernsthaftigkeit leicht Sympathien. Der berufliche Erfolg, der den am 29. Oktober Geborenen sicher ist, wird bei ihr noch gesteigert durch den Einfluß des chinesischen Geburtsjahrs des Schweins, wodurch ihr Sinnlichkeit, Charisma, Aufrichtigkeit und Intelligenz zuteil wurden.*

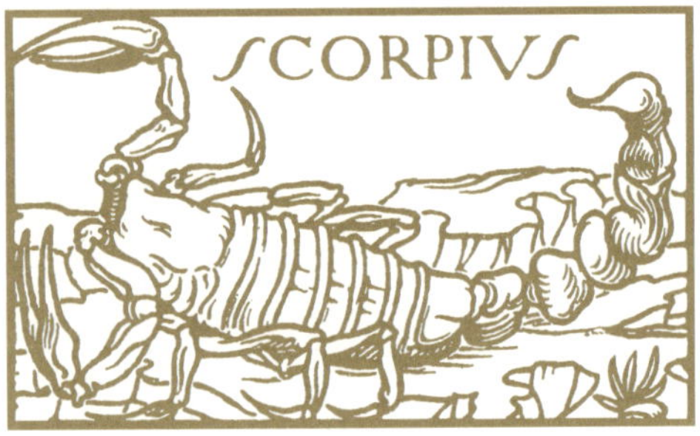

30. OKTOBER

Planeteneinflüsse

Herrschender Planet: Pluto.
Erster Dekan: Persönlicher Planet ist der Mars.

♇ ♂

Religiöse und kulturelle Bedeutung

In Mexiko wird das Angelitos-Fest gefeiert.
Namenstag: Foillan (ca. 600–655), Thöger (Dietger, Theodgar) von Thüringen (ca. 1000–1065), Alfons Rodriguez (1531–1617).

Am 30. Oktober 1840 wurde in Paris der Impressionist Alfred Sisley geboren, der für seine ätherischen Landschaften berühmt wurde. Sisley, dessen Werk erst nach seinem Tod von einem größeren Publikum gewürdigt wurde, blieb unter dem Einfluß dieses Tages, der den Einsatz für breitere gesellschaftliche Anliegen betont, sein Leben lang der Impressionistenbewegung treu.

Die am 30. Oktober Geborenen vertiefen sich gern in gemeinschaftliche Projekte und Anliegen. Oft organisieren sie Spendenaktionen, Schul- oder Clubaktivitäten. Weil sie aktive Menschen sind und lieber Verantwortung übernehmen, als müßig zuzusehen, setzen sie sich meist mit aller Kraft für die gemeinsamen Ziele ein. Für diese wollen sie auch ihre Mitmenschen gewinnen, die sie dann phantasievoll und selbstbewußt lenken. Dank ihres logischen, am Fortschritt interessierten Denkvermögens verstehen sie intuitiv, daß Projekte meist sorgfältig vorbereitet werden müssen, und berücksichtigen stets sämtliche Forschungs- und Organisationsaspekte, und seien sie noch so reizlos. Sie sind freundliche, gesellige und direkte Menschen, die den Kontakt mit anderen genießen und nur selten allein arbeiten. Angesichts ihrer sozialen Neigungen und ihres Geschicks im Umgang mit anderen eignen sich die am 30. Oktober Geborenen besonders gut für Berufe im Lehrbereich, Gesundheitswesen oder Dienstleistungsgewerbe.

Als für sich arbeitende Freiberufler sind diese Menschen nicht glücklich. Viel lieber umgeben sie sich mit einem Team ähnlich gesinnter Menschen, was auch in ihrem Privatleben zum Ausdruck kommt. Da sie sich rückhaltlos für die Gemeinschaft einsetzen, neigen sie dazu, alles, was sie als selbstsüchtige Wünsche betrachten, zu unterdrücken. Sie fordern aber auch von ihren Kollegen, Freunden und Verwandten unabhängig von deren persönlichen Neigungen einen gleichermaßen starken Einsatz. Als Eltern verwenden sie all ihre beträchtliche Kraft darauf, die Entwicklung und die Interessen ihrer Kinder zu fördern.

STÄRKEN: Die an diesem Tag Geborenen denken rational und objektiv. Sie erkennen instinktiv, daß bleibende Erfolge oft am besten durch kollektive Bemühungen erreicht werden können. Mit ihrem ausgeprägten Verantwortungsgefühl sind sie die geborenen Organisatoren und Führer.
SCHWÄCHEN: Diese Menschen haben die selbstlose Neigung, gemeinschaftliche Interessen über ihre persönlichen Bedürfnisse anzusiedeln. Darin liegt eine doppelte Gefahr: Ihr emotionales Gleichgewicht kann bedroht sein, und sie fordern manchmal auch von anderen entsprechenden Einsatz.
FAZIT: Obwohl ihr Altruismus bewundernswert ist, sollten die am 30. Oktober Geborenen einsehen, daß der Ausdruck von Individualität und Nonkonformismus dem Allgemeinwohl nicht notwendigerweise abträglich ist, ja, im allgemeinen sogar sozial bereichernd sein kann. Deshalb sollten sie ihre hohen Erwartungen – an sich selbst und an andere – ganz bewußt bremsen und sich gelegentlich auch einmal ein Vergnügen gönnen.

An diesem Tag

Prominente Geburtstage: John Adams (1735), R. B. Sheridan (1751), Hermann Fürst Pückler (1785), Adelaide A. Procter (1825), Alfred Sisley (1840), Ezra Pound (1885), Charles Atlas (1893), Philip Heseltine (1894), Ruth Gordon (1896), Gordon Parks (1912), Louis Malle (1932), Michael Winner (1935), Claude Lelouch (1937), Grace Slick (1939), Henry Winkler (1945), Harry Hamlin (1951), Diego Maradona (1960)

Bedeutende Ereignisse und Jahrestage: Dieser Tag betont die entschlossene Förderung von Projekten, die dem Gemeinwohl dienen sollen: Zar Nikolaus II. von Rußland stimmte den Forderungen des Oktobermanifests nach begrenzten verfassungsmäßigen Reformen zu (1905). Eine republikanische Revolution zwang den fünfjährigen Kaiser von China Pu Yi zu konstitutionellen Zugeständnissen (1911). Mit dem Zerfall des österreichisch-ungarischen Reichs nach dem Ersten Weltkrieg entstand ein neuer Staat, die Tschechoslowakei (1918). Um einen Bürgerkrieg zu verhindern, bot König Victor Emmanuel III. 1922 dem Faschistenführer Benito Mussolini das Amt des Premierministers an. Der starke Wunsch, die Menschheit voranzubringen, der diesen Tag beherrscht, zeigte sich auch in der Technik, als es dem schottischen Elektroingenieur John Logie Baird gelang, die ersten Fernsehbilder der Welt zu übertragen (1925).

31. OKTOBER

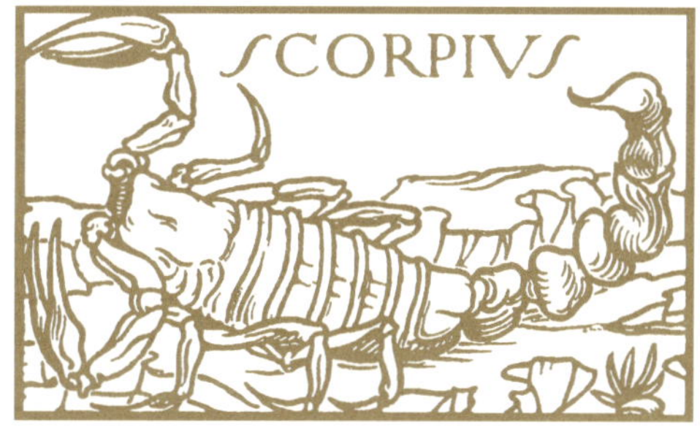

Die perfektionistischen Neigungen der am 31. Oktober Geborenen werden durch zahlreiche Herausforderungen angeregt. Diese Menschen besitzen nicht nur äußerst klare Visionen, sondern auch den Mut und die Integrität, die notwendig sind, um bei der Verbreitung ihrer Ansichten nicht zu wanken. Viele dieser selbstbewußten Menschen fühlen sich von großen Herausforderungen angeregt, an denen sie sich messen können. Dies beruht jedoch meist nicht auf Sensationsgier, sondern auf dem Wunsch, anderen zu dienen. Hinter ihrem Verhalten stehen oft zwei Neigungen: sich aufzuopfern und sich der Konfrontation zu stellen. Beide entspringen ihrer aufrichtigen Fürsorge und ihrem Interesse am Wohl der ihnen nahestehenden Menschen – ihren Freunden und Verwandten, Kollegen, Mitbürgern oder der Menschheit als Ganzem. Sie gehen stets logisch und direkt vor und bringen Organisationstalent und Entschlossenheit mit, um ihre Visionen zu verwirklichen.

Ihre nach außen gerichteten, idealistischen Neigungen rüsten die am 31. Oktober Geborenen für alle Berufe, in denen sie sich für das Allgemeinwohl einsetzen können. Sie sind die geborenen Pioniere und Führer, und ihre Mitmenschen respektieren die Stärke ihrer Überzeugungen, obwohl sie manchmal zögern oder nicht in der Lage sind, ihren Anforderungen nachzukommen. In ihrem Drang, mit gutem Beispiel voranzugehen, riskieren sie es, diejenigen zu entfremden, die ihnen am wichtigsten sind, denn diese haben manchmal das Gefühl, daß ihre individuellen Bedürfnisse mißachtet werden.

STÄRKEN: Am 31. Oktober Geborene verfügen über einen scharfsinnigen, rationalen und entschlossenen Geist, der von der emotionalen Verbundenheit mit ihren Mitmenschen ergänzt wird. Sie schrecken nur selten vor großen Herausforderungen zurück.
SCHWÄCHEN: Ihr fester Glaube an die moralische oder intellektuelle Integrität ihrer Anliegen und ihre Bereitschaft, dafür zu kämpfen, läßt diese Menschen bei der Verfolgung ihrer Ziele keinem Widerstand ausweichen. Dabei weisen sie oft jede abweichende Meinung zurück, anstatt sich damit auseinanderzusetzen. Dies kann zu emotionaler Isolation führen.
FAZIT: Obwohl ihr Handeln meist von den besten Absichten beseelt ist, sollten die an diesem Tag Geborenen erkennen, daß das konsequente Festhalten an ihren Meinungen bei anderen auf Ablehnung stoßen kann. Für ihr Wohlergehen ist es unerläßlich, daß sie individuellen Entscheidungen gegenüber tolerant bleiben.

An diesem Tag

Prominente Geburtstage: John Evelyn (1620), Jan Vermeer (1632), John Keats (1795), Benoit Fourneyron (1802), Joseph Swan (1828), Juliette Low (1860), Cosmo Lang (1864), Marie Laurencin (1885), Tschiang Kai-schek (1887), Ethel Waters (1900), Dale Evans (1912), Fritz Walter (1920), Barbara Bel Geddes (1922), H. R. F. Keating (1926), Lee Grant (1927), Eddie Charlton (1929), Michael Collins (1930), Dan Rather (1931), Michael Landon (1937), David Ogden Stiers (1942), Deidre Hall (1948), John Candy und Jane Pauley (1950), Larry Mullen (1961)

Bedeutende Ereignisse und Jahrestage: Dieser Tag weist auf die aktive – und oft auch kämpferische – Förderung visionärer Ziele hin, die einem gemeinschaftlichen Zweck dienen sollen: 1517 nagelte Martin Luther seine gegen das katholische System des Handels mit päpstlichen Ablässen gerichteten 95 Thesen an die Tore der Schloßkirche zu Wittenberg. Technische Fortschrittsbestrebungen zeigten sich, als der schottische Erfinder John Boyd Dunlop seine pneumatischen Fahrradreifen patentieren ließ (1888). In der Medizin zeigte sich der Hang zum Fortschritt, als der schwedische Arzt Ake Senning zum ersten Mal einen Herzschrittmacher implantierte (1958). An einem Tag, der die Unterdrückung egoistischer Wünsche zugunsten gemeinschaftlicher Interessen betont, verkündete Prinzessin Margaret 1955 ihren Beschluß, Peter Townsend nicht zu heiraten, die britische Monarchie mißbilligte diese Hochzeit, weil Townsend bereits geschieden war.

Planeteneinflüsse

Herrschender Planet: Pluto.
Erster Dekan: Persönlicher Planet ist der Mars.

♇ ♂

Religiöse und kulturelle Bedeutung

Halloween (All Hallow's Eve), die Alten Kelten feierten den Jahreswechsel.
Namenstag: Quintinius († ca. 300), Wolfgang von Regensburg (um 924–994), Elisabeth von Ungarn (1293–1336), Thomas Bellaci (1370–1447).

Der Ursprung von Halloween liegt in dem alten keltischen Feiertag Samhain, der auf die Nacht zwischen der Tag- und Nachtgleiche und der Wintersonnenwende fiel. Traditionell feierte man die Auflösung der Grenzen zwischen der physischen und der spirituellen Welt an Halloween mit einem üppigen Festmahl und Lagerfeuern. Menschen, die ihre Visionen klären wollten (eine Eigenschaft der am 31. Oktober Geborenen), konnten an diesem Tag die Geister aus dem Jenseits um Hilfe bitten.

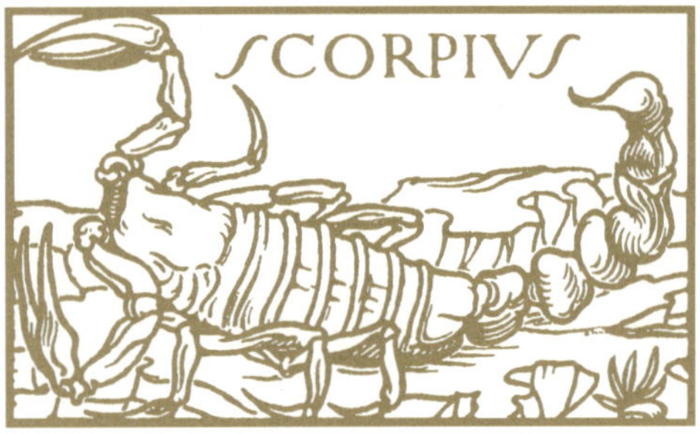

1. NOVEMBER

Die an diesem Tag Geborenen verabscheuen Inaktivität und Langeweile. Als typische „Macher" neigen sie dazu, sich tatkräftig um den Fortschritt zu bemühen, weniger geneigt sind sie dagegen, still darüber nachzudenken. Besonders anregend finden sie pionierhafte, ja radikale Konzepte und stürzen sich mit zielstrebiger Begeisterung auf die Erforschung und Entwicklung neuer Ideen. Bei der Verwirklichung ihrer Ziele kommen ihnen ihr Einfallsreichtum und ihre Findigkeit zugute. Da sie mit Widrigkeiten oder Widerständen bemerkenswert selbstsicher und furchtlos umgehen, lassen sich diese geborenen Führer von keiner Konvention beirren und sind in der Lage, in einer Vielzahl von Berufen erfolgreich zu sein: als Künstler, Erfinder oder Wissenschaftler, aber auch als Unternehmer, also überall dort, wo ihre geistige Unabhängigkeit geschätzt wird. Da ihr Fortschrittsstreben so stark ist und ihre Vorgehensweisen so stringent sind, neigen die an diesem Tag Geborenen dazu, sich ungeachtet der Konsequenzen auf ihre Ziele zu konzentrieren. Dies kann stabilen emotionalen Beziehungen abträglich sein. Doch trotz dieser Einschränkung neigen am 1. November Geborene instinktiv dazu, in starken, liebevollen Freundschafts- und Verwandschaftsbeziehungen Halt zu suchen, und sind auch loyale, anregende Freunde und Angehörige.

STÄRKEN: Am 1. November Geborene sind geistig und physisch voller Energie und fühlen sich zu ungewöhnlichen und herausfordernden Situationen hingezogen. Ihr Wunsch, die Grenzen des menschlichen Wissens auszudehnen, wirkt auf andere oft sehr inspirierend.
SCHWÄCHEN: Ihre Furcht vor Stagnation kann die an diesem Tag Geborenen dazu bringen, impulsiv zu handeln, wenn sich Langeweile breit zu machen droht. Dies kann zu Rastlosigkeit oder Sprunghaftigkeit führen. Ihr ausgeprägtes Selbstvertrauen und ihr Wunsch, den Status quo zu verändern, können außerdem zu der trügerischen Vorstellung von Überlegenheit oder sogar Unbesiegbarkeit führen.
FAZIT: Um ihr emotionales Gleichgewicht zu wahren, müssen diese Menschen ihr Bedürfnis nach Aufregung kontrollieren. Außerdem sollten sie sich darüber im klaren sein, daß ein kämpferischer, nonkonformistischer Standpunkt nicht immer produktiv ist, und sollten sich gelegentlich die Zeit nehmen, in sich zu gehen.

Planeteneinflüsse
Herrschender Planet: Pluto.
Zweiter Dekan: Persönliche Planeten sind der Jupiter und der Neptun.

♇ ♃ ♆

Religiöse und kulturelle Bedeutung
Allerheiligen, im Alten Rom wurde das Fest von Pomona gefeiert, in Lateinamerika und Spanien gedenkt man der Toten, Anhänger vorchristlicher Traditionen feiern Cailleach's Reign.
Namenstag: Allerheiligen, Dietburg (Dieburg, Dietbirg, ca. 865–924), Wolfhold von Admont († 1137), Gudmund von Hólar (1161–1237), Rainer von S. Sepolcro († 1304), Rupert Mayer (1876–1945).

Am 1. November 1512 wurde in der Sixtinischen Kapelle Michelangelos Deckenfresko Die Schöpfung der Sonne, des Monds und der Planeten *enthüllt (unten ein Ausschnitt). Dieses Fresko zeigt, mit welch phantasievollen Mitteln die Visionen dieses Tages, der für künstlerische Unterfangen sehr günstig ist, ausgedrückt werden können.*

An diesem Tag
Prominente Geburtstage: Benvenuto Cellini (1500), Antonio Canova (1757), Spencer Perceval (1762), Stephen Crane (1871), L.S. Lowry (1887), Alexander Alekhine (1892), Edmund Blunden (1896), Naomi Mitchison (1897), Michael Denison (1915), Victoria de los Angeles (1923), Gary Player (1935), Robert Foxworth (1941), Larry Flynt (1942), Lyle Lovett (1957), Fernando Valenzuela (1960), Katja Riemann (1963)

Bedeutende Ereignisse und Jahrestage: Der 1. November zeigt ein ausgeprägtes Führungspotential, was u. a. bestätigt wurde, als Rajiv Ghandi nach Indira Ghandis Ermordung indischer Premierminister wurde (1984). Auch der Forscherdrang spielt an diesem Tag eine Rolle. Im Höhlensystem von Lascaux in der Dordogne wurde die erste von unzähligen prähistorischen Höhlenmalereien entdeckt (1940). An einem Tag, der pionierhafte Neuerungen ermöglicht, wurde 1895 die American Motor League gegründet – die erste derartige Organisation der Welt. Die gewalttätigen Neigungen dieses Tages spiegeln sich in dem Attentat, das zwei Puertoricaner 1950 auf den amerikanischen Präsidenten Harry S. Truman ausübten. An einem Tag, der vom Element Wasser regiert wird, fand während des Ersten Weltkriegs die Seeschlacht von Coronel vor der Küste Südamerikas statt, in der die deutsche Flotte unter Admiral von Spee zwei britische Kriegsschiffe, darunter auch die „Good Hope", versenkte (1914).

2. NOVEMBER

Die Neigung der am 2. November Geborenen, zur Tat zu schreiten und damit das Wohl anderer zu fördern, verleiht ihnen echtes Führungspotential. Sie sind fortschrittliche, messerscharfe Denker, die in unterschiedlichsten Situationen Fehler und Mängel aufdecken sowie Abhilfen ersinnen können. Trotz ihrer Bereitschaft, zu kämpferischen Mitteln zu greifen, wenn sie glauben, eine Konfrontation nicht vermeiden zu können – insbesondere, wenn es um humanitäre oder ideologische Anliegen geht – werden sie aufgrund ihres Charmes und ihrer guten Absichten geschätzt, auch wenn sich ihnen andere nicht immer fügen.

Ihre starke, positive Hinwendung zu anderen Menschen und ihre zweifellos vorhandene Gabe der Menschenführung verleihen den an diesem Tag Geborenen hervorragende Möglichkeiten für die Politik oder im Kampf um soziale Gerechtigkeit, manche fühlen sich auch zu künstlerischen Ausdrucksmitteln hingezogen, um auf ein breiteres Publikum Einfluß zu nehmen. Ihr Wunsch, Gutes zu tun und anderen weiterzuhelfen, zeigt sich in allen Lebensbereichen und macht sie sehr beliebt. Ihr unwiderstehlicher Drang, selbst dann Rat und Unterstützung zu geben, wenn dies nicht ausdrücklich gewünscht ist, und ihr tiefverwurzelter Glaube, daß ihre Überzeugungen moralisch gerechtfertigt seien, können jedoch auch dazu führen, daß sie von anderen, vor allem ihren Angehörigen, abgelehnt werden, wenn diese lieber ihren eigenen Weg durchs Leben finden wollen.

STÄRKEN: Dank ihrer logischen Denkfähigkeit, ihrer ausgeprägten sozialen Eingebundenheit und ihres Verantwortungsgefühl für ihre Mitmenschen ist das Handeln dieser Menschen von ihrem Drang beflügelt, zum Wohl anderer beizutragen, sei es in ihrem unmittelbaren Umfeld oder für die ganze Menschheit. Ihre Umgänglichkeit, einhergehend mit ihrer Entschlossenheit, verleiht ihnen ein großes Potential, andere zu inspirieren und zu führen.
SCHWÄCHEN: Ihr starkes Interesse an anderen und ihr Drang, diese mit allen Mitteln zu unterstützen, werden mitunter nicht geschätzt. Zwar beruht ihr Handeln meist auf den besten Absichten, doch kann es auch als unangebrachte Einmischung empfunden werden. Außerdem sind ihre Überzeugungen manchmal so stark, daß sie abweichende Meinungen nicht gelten lassen.
FAZIT: Um andere Menschen nicht vor den Kopf zu stoßen, müssen sie erkennen, daß ihr Hang, sich in fremde Angelegenheiten einzumischen, nicht immer gut ankommt, ihre Einmischung sogar völlig ungerechtfertigt sein kann. Mit größerer Gelassenheit und einem besseren Einfühlungsvermögen können sie ihre Bemühungen effektiver gestalten.

An diesem Tag

Prominente Geburtstage: König Eduard V. von England (1470), Daniel Boone (1734), Königin Marie Antoinette von Frankreich (1755), James Knox Polk (1795), Warren Gamaliel Harding (1865), Aga Khan III. (1877), Paul Ford (1901), Luchino Visconti (1906), Burt Lancaster (1913), Ray Walston (1924), Pat Buchanan (1938), Stefanie Powers (1942), Liesel Westermann (1944), Alfred Woodard (1953), Kenneth Rosewall (1954), k. d. lang (1961)

Bedeutende Ereignisse und Jahrestage: Der 2. November verspricht Führungsqualitäten: Ras Tafari Makonnen wurde zu Kaiser Haile Selassie von Äthiopien gekrönt (1930) und Prinz Faisal ibn Abd al-Asis zum König Saudi-Arabiens ausgerufen (1964). 1976 wurde der Demokrat Jimmy Carter zum Präsidenten der Vereinigten Staaten gewählt. An diesem Tag spielen Bestrebungen, dem Allgemeinwohl zu dienen, eine große Rolle. 1889 schlossen sich Nord- und Süddakota der amerikanischen Union an. Zu Beginn des Burenkriegs kapitulierten die Briten in Ladysmith in Natal (1899). Der britische Außenminister Arthur Balfour versprach dem britischen Zionistenführer Lord Rothschild 1917 in einem später als „Balfour Declaration“ bekannt gewordenen Schreiben seine Unterstützung für einen geplanten jüdische Heimatstaat in Palästina. Dieser Tag wird auch vom Element Wasser regiert: Der amerikanische Großunternehmer Howard Hughes testete sein riesiges „H.4 Hercules“-Tragflächenboot vor Long Beach Harbor in Kalifornien (1947).

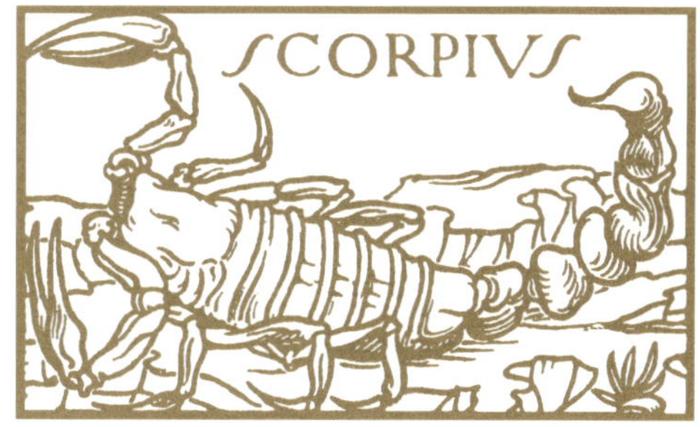

Planeteneinflüsse

Herrschender Planet: Pluto.
Zweiter Dekan: Persönliche Planeten sind der Jupiter und der Neptun.

♇ ♃ ♆

Religiöse und kulturelle Bedeutung

Namenstag: Rathold von Aibling († 10. Jh.), Wichmann von Arnstein (ca. 1185–1270), Margareta von Lothringen (1463–1521).

Am 2. November 1934 kam in Sydney der australische Tennischampion Kenneth Rosewall zur Welt. Er zeigte die für diesen Tag typische Energie und Entschlossenheit. Sein chinesisches Geburtsjahr des Pferdes trug außerdem zu seinem Ehrgeiz und Siegeswillen bei. Er gewann zweimal die offenen amerikanischen Tennismeisterschaften im Einzel sowie bei den britischen, amerikanischen, französischen und australischen Meisterschaften im Doppel. Als Profisportler siegte er 1971 und 1972 bei den Profiweltmeisterschaften.

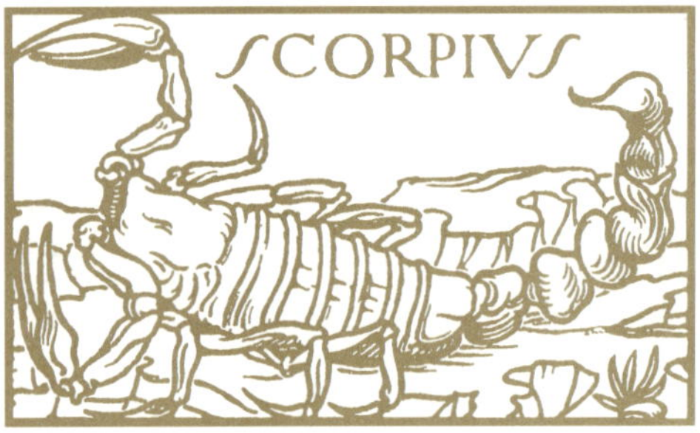

3. NOVEMBER

Planeteneinflüsse

Herrschender Planet: Pluto.
Zweiter Dekan: Persönliche Planeten sind der Jupiter und der Neptun.

♇ ♃ ♆

Religiöse und kulturelle Bedeutung

In Ägypten wurde der letzte Tag von Isia, dem jährlichen Fest zur Wiedergeburt des Osiris durch Isis, gefeiert.
Namenstag: Hubert von Maastricht-Tongern-Lüttich (ca. 655–727), Schutzheiliger der Jäger und Schützen, Pirmin (ca. 690–753), Ida von Toggenburg († 1226?), Malachias (Maol) von Armagh (ca. 1095–1148).

Die Fertigstellung der Nelson-Säule auf dem Londoner Trafalgar Square am 3. November 1843 steht ganz im Zeichen der ehrgeizigen Projekte, die an diesem Tag im Vordergrund stehen.

Brennender Ehrgeiz ist vielleicht die herausragendste Eigenschaft der am 3. November Geborenen, und da diese Menschen sehr direkt denken und ein bemerkenswertes Organisationstalent besitzen, planen sie ihr Leben oft schon in ihrer Kindheit. Ihre Ziele können individuell sehr unterschiedlich sein: Manchen geht es primär um die Verbesserung ihrer persönlichen Situation (z. B. ihres gesellschaftlichen Status oder ihrer finanziellen Mittel), andere trachten danach, etwas für die Welt zu tun. Auf welchen Motiven ihr Handeln auch immer beruht, sie alle haben fortschrittliche Instinkte und die geistige und körperliche Kraft, den Mut und die Hartnäckigkeit, um ihre Ziele ungeachtet der Folgen (für sich und andere) zu realisieren. Diese Eigenschaften sind bei denen, die im chinesischen Jahr des Drachen geboren sind, am deutlichsten ausgeprägt. Sie genießen es, ihre Fähigkeiten und ihr Durchhaltevermögen an großen Herausforderungen zu erproben. Obwohl es ihnen überaus wichtig ist, ihre selbstgesteckten Ziele zu erreichen – dies führt manchmal dazu, daß sie unabhängig von allgemeiner Zustimmung handeln – ziehen es die am 3. November Geborenen vor, sich die Unterstützung von Verbündeten zu sichern und sich keine Feinde zu machen. Oft fühlen sie sich zu Tätigkeiten hingezogen, die ihnen eine Plattform bieten, auf der sie ihre Mitmenschen beeinflussen können, z. B. als Erzieher oder Unterhalter. Doch ihre heftige, kompromißlose Art, an die Dinge heranzugehen, kann andere befremden.

STÄRKEN: Die an diesem Tag Geborenen sind sehr fähige Menschen, die aus ihren enormen Reserven sowie aus ihren intellektuellen und organisatorischen Talenten schöpfen, um die Vorstellungen, die sie antreiben, umzusetzen. Ausgestattet mit einer deutlichen Entschlußkraft, verfügen sie über die nötigen klaren Visionen und den Einfallsreichtum, die ihnen zum Erfolg verhelfen.
SCHWÄCHEN: Für ihre unnachgiebige Entschlossenheit kann ihrem emotionalen Wohlbefinden ein hoher Preis abverlangt werden. Manchmal achten sie nicht genug auf ihre eigenen emotionalen Bedürfnisse oder auf die Empfindlichkeiten anderer.
FAZIT: Diese Menschen müssen erkennen, daß ihre geballte Zielstrebigkeit den guten Willen ihrer Mitmenschen auf eine harte Probe stellen kann. Entspannte persönliche Beziehungen fördern ihr emotionales Gleichgewicht.

An diesem Tag

Prominente Geburtstage: Henry Ireton (1611), John Montague, Earl of Sandwich (1718), Daniel Rutherford (1749), Karl Baedecker und Vincenzo Bellini (1801), König Leopold III. von Belgien und André Georges Malraux (1901), Ludovic Henry Coverley Kennedy (1919), Charles Bronson (1922), John Barry (1933), Jeremy Brett (1935), Gerd Müller (1945), Larry Holmes (1949), Roseanne Barr (1952), Dennis Miller (1953), Adam Ant (1954), Dolph Lundgren (1959)

Bedeutende Ereignisse und Jahrestage: Dieser Tag steht für das entschlossene Verfolgen fortschrittlicher Visionen: 1957 schickte die Sowjetunion zum ersten Mal ein lebendes Wesen, die Hündin „Laika", an Bord des Satelliten „Sputnik II" in die Erdumlaufbahn, und 1975 weihte Königin Elizabeth II. offiziell die erste Unterwasserpipeline der Welt ein, mit der Öl aus der Nordsee zur schottischen Raffinerie Grangemouth transportiert wird. Die extrem hochgesteckten Ziele des 3. November offenbarten sich, als die Statue des britischen Seehelden Horatio Nelson auf der am Londoner Trafalgar Square stehenden Säule errichtet wurde (1843). An diesem Tag zeigt sich auch die Bereitschaft, um des Erfolgs willen zu kämpferischen Mitteln zu greifen. Zwei französische Geheimdienstagenten gestanden vor einem Gericht in Neuseeland, daß sie das Greenpeace-Schiff „Rainbow Warrior" im Hafen von Auckland versenkt hatten (1985). Die Autonomiebestrebungen des 3. November spiegelten sich, als sich Panama von Kolumbien unabhängig erklärte (1903).

4. NOVEMBER

Ihr logisches Denken und ihre geistige Unabhängigkeit verleihen den an diesem Tag Geborenen einen empfänglichen und konstruktiven Geist. Dadurch können sie erkennen, wo Verbesserungen nötig sind, und Strategien entwickeln, um diese zu bewerkstelligen. Die Erkenntnisse, die sie dank ihrer analytischen Fähigkeiten gewonnen haben, teilen sie gern anderen mit. Sie versuchen, sie einer breiten Öffentlichkeit zugänglich zu machen in der Hoffnung, ihre Mitmenschen aufzuklären und ihnen damit weiterzuhelfen. Ihre Kommunikationsfähigkeit zeigt sich in allen Lebensbereichen, und ihr Talent, Botschaften klar und verständlich zu vermitteln, ist so ausgeprägt, daß die Empfänger nur selten im unklaren über ihre Inhalte bleiben. So fühlen sich die an diesem Tag Geborenen auch zu Berufen hingezogen, in denen sie möglichst viele Leute erreichen können, etwa als Film- oder Bühnenschauspieler, als Schriftsteller, Journalisten oder Künstler, aber auch als Politiker oder Sozialreformer. Und da sie ihre festen Überzeugungen meist mit einer Prise Humor würzen, reagieren ihre Mitmenschen positiv, selbst wenn diese Ansichten nicht immer bequem sind.

Den am 4. November Geborenen wird meist so viel Achtung und Zuwendung entgegengebracht, daß sie sich oft in Führungspositionen wiederfinden, was sie oft überrascht, aber auch freut. Doch da sie sozial verantwortungsbewußte Menschen sind, erfüllen sie ihre Pflichten mit großer Integrität. In vieler Hinsicht wäre es ihnen jedoch lieber, sie könnten in aller Ruhe ungestört von den Forderungen anderer ihren intellektuellen Interessen nachgehen und die Freuden des Familienlebens und die sie mit Unterstützung und Befriedigung erfüllenden Beziehungen genießen.

STÄRKEN: Die am 4. November Geborenen verfügen über eine bemerkenswert klare Sicht der Dinge und haben die Fähigkeit zu äußerst rationalem und objektiven Denken. Damit können sie Mängel herausarbeiten und Strategien zu ihrer Abhilfe ersinnen. Als höchst kommunikative Menschen legen sie ihre Ansichten bemerkenswert effektiv dar und erringen die Achtung anderer.
SCHWÄCHEN: Ihr starker Drang, ihre Meinungen den Menschen in ihrer Umgebung mitzuteilen, entspringt ihrem sozialen Verantwortungsgefühl und ihrem Wunsch, andere zu informieren und aufzuklären. Doch infolge dessen wird ihnen manchmal eine Unmenge von Pflichten aufgeladen, die ihre Aufmerksamkeit von ihren persönlichen Interessen ablenken.
FAZIT: Die an diesem Tag Geborenen sollten sich über die magnetische Wirkung im klaren sein, die sie auf andere ausüben. Durch ihre Worte und Taten geraten sie oft in die Öffentlichkeit, was ihr Privatleben einschränkt.

An diesem Tag

Prominente Geburtstage: François Le Clerc du Tremblay (1577), König Willhelm III. von England (1650), Augustus Montague Toplady (1740), Frank Benson (1858), Eden Phillpotts (1862), Herman Finck (1872), Will Rogers (1879), Walter Cronkite (1916), Art Carney (1918), Martin Balsam (1919), Loretta Swit (1937), Bettina Wegener (1947), Markie Post (1950), Yanni (1954), Ralph Macchio (1961), Lena Zavaroni (1963)

Bedeutende Ereignisse und Jahrestage: Dieser Tag steht für bestechenden Scharfsinn und das damit einhergehende Vermögen, Pionierleistungen zu vollbringen. 1946 gründeten die UN die UNESCO (Educational, Scientific and Cultural Organisation) zur weltweiten Förderung der Bildung. Dieser Tag spiegelt auch den starken Wunsch nach drastischen Veränderungen. In der Politik zeigte sich dieser, als ein koreanischer Attentäter den japanischen Premierminister Hara Takashi ermordete (1922), als antiamerikanische Anhänger des Ayatollah Chomeini in der neuen Republik Iran die amerikanische Botschaft in Teheran stürmten und 66 Geiseln nahmen (1980) und als der israelische Premier Yitzhak Rabin bei einer Friedensdemonstration in Tel Aviv von einem rechtsgerichteten Fanatiker erschossen wurde (1995). Daß dieser Tag ein Führungspotential birgt, zeigte sich bei der Wahl zweier amerikanischer Präsidenten: 1952 Dwight E. Eisenhower, 1980 Ronald Reagan.

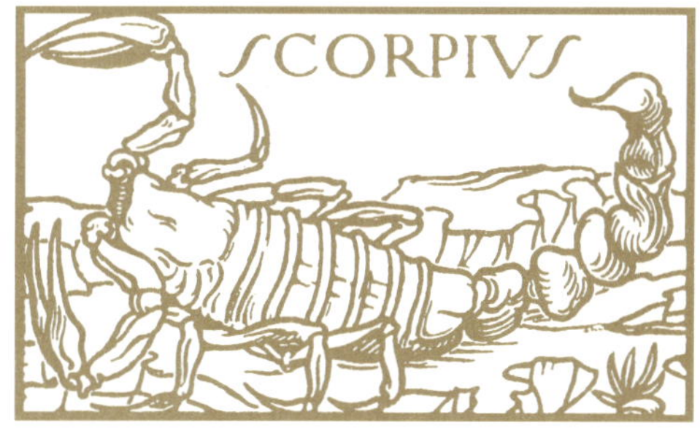

Planeteneinflüsse

Herrschender Planet: Pluto.
Zweiter Dekan: Persönliche Planeten sind der Jupiter und der Neptun.

♇ ♃ ♆

Religiöse und kulturelle Bedeutung

Heidnische Kulte feiern den Lord of Death, in England ist Mischief Night.
Namenstag: Franziska von Amboise (1427–1485), Karl Boromäus (1538–1584).

An einem Tag, an dem Erfolg und Ruhm winken, gewann das Rennpferd Phar Lap im Jahr 1930 den Melbourne Cup.

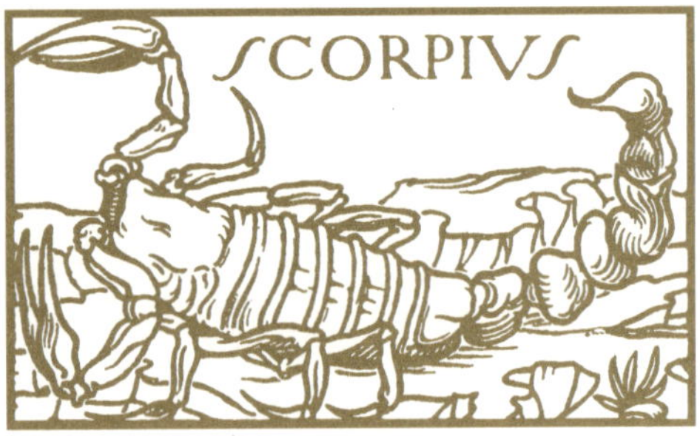

5. NOVEMBER

Planeteneinflüsse

Herrschender Planet: Pluto.
Zweiter Dekan: Persönliche Planeten sind der Jupiter und der Neptun.

♇ ♃ ♆

Religiöse und kulturelle Bedeutung

In Großbritannien Guy-Fawkes-Nacht (mit Lagerfeuern), im englischen Shebbear wird der eine Tonne schwere Devil's Boulder gedreht.
Namenstag: Elisabeth und Zacharias († 1. Jh.), Emmerich von Ungarn († 1031), Bernhard Lichtenberg (1875–1943).

Der Forscherdrang, der an diesem Tag eine große Rolle spielt, zahlte sich am 5. November 1922 aus, als der britische Archäologe Howard Carter im ägyptischen Tal der Könige Tutanchamuns Grab entdeckte.

Das Wesen der an diesem Tag Geborenen ist von zwei Zügen geprägt: einem starken sozialen Gefühl der Verbundenheit mit den Menschen in ihrer Umgebung und einer Neigung, sich ungestört von den Forderungen anderer in ihre individuellen Interessen zu vertiefen. Manchmal führen diese beiden Tendenzen dazu, daß sich am 5. November Geborene hin- und hergerissen fühlen zwischen ihrem Wunsch, Menschen aktiv zu unterstützen – vom familiären, kommunalen, nationalen bis hin zum globalen Bereich – und ihrem eher selbstsüchtigen Bestreben, sich abzuschotten, um sich ganz auf die für sie interessanten Dinge zu konzentrieren. Viele haben jedoch das Glück, daß sie beide Neigungen in Einklang bringen können. Oft wählen sie Berufe, in denen sie frei denken und handeln dürfen, gleichzeitig aber auch ihre Erkenntnisse mit einem breiteren Publikum teilen und damit einen positiven Beitrag zum Leben anderer leisten können. Wissenschaft und Wirtschaft sowie künstlerische Disziplinen wie die Schriftstellerei oder die Schauspielerei bieten ihnen ideale berufliche Plattformen, die ihren Neigungen und Fähigkeiten entsprechen. Die am 5. November Geborenen sind intellektuell neugierig und progressiv. Lieber suchen sie selbst nach Wissen, als es sich von anderen anbieten zu lassen. Sie verlassen sich auf ihre hochentwickelte Wahrnehmungsfähigkeit, um einen reichen Schatz an Informationen zu sammeln, mit denen sie bestehende Mängel oder Ungerechtigkeiten erkennen und logische, realistische Pläne ersinnen können, um substantielle Verbesserungen zu bewerkstelligen. So besitzen sie echte Führungsqualitäten. Obwohl ihre offene Kritik denjenigen, die den Status quo lieber erhalten würden, manchmal unangenehm ist, führen die offensichtliche Freundlichkeit dieser Menschen und ihr aufrichtiger Wunsch, spürbare Fortschritte zu ermöglichen, dazu, daß sie von vielen bewundert und als Freunde, Partner und Eltern sehr geschätzt werden.

STÄRKEN: Diese ganz vernunftgesteuerten Menschen werden von ihrem Drang beflügelt, ihr persönliches Wissen zu erweitern und ihre Entdeckungen zu analysieren und zu bewerten. Da sie auch sozial eingestellt sind, wollen sie ihre negativen wie auch ihre positiven Erkenntnisse publik machen, um anderen dabei zu helfen, klarer zu sehen.
SCHWÄCHEN: Am 5. November Geborene besitzen ein ausgeprägtes moralisches Pflichtgefühl und stehen zur Verfügung, wenn sie glauben, daß ihre Dienste erforderlich sind. Doch diese bewundernswerte Neigung kann dazu führen, daß sie leicht frustriert werden, wenn sie ihre Energien zu weit streuen und sich deshalb nicht mehr ausreichend auf ihre persönlichen Interessen konzentrieren können.
FAZIT: Für ihre geistige und körperliche Gesundheit ist es überaus wichtig, daß diese Menschen ihre beruflichen und privaten Angelegenheiten möglichst ausgewogen verfolgen. Indem sie sich ihrer Prioritäten bewußter werden, können sie ihre Kräfte effektiver einsetzen. Auch ihr Gefühlsleben wird erheblich davon profitieren.

An diesem Tag

Prominente Geburtstage: Hans Sachs (1494), James Elroy Flecker (1884), John Haldane (1892), Joel McCrea (1905), Roy Rogers (1911), Vivien Leigh (1913), John Bowen (1924), Ike Turner (1931), Lester Piggott (1935), Elke Sommer (1940), Art Garfunkel (1941), Sam Shepard (1943), Bryan Adams (1959), Andrea McArdle und Tatum O'Neal (1963)

Bedeutende Ereignisse und Jahrestage: Am 5. November steht die Suche nach Erkenntnissen im Vordergrund. 1922 entdeckte der britische Archäologe Howard Carter bei Luxor im ägyptischen Tal der Könige das aus dem 14. Jh. v. Chr. stammende Grab des berühmten Pharaos Tutanchamun. Das diesem Tag innewohnende Führungspotential zeigte sich 1940, als Franklin D. Roosevelt zum dritten Mal zum amerikanischen Präsidenten gewählt wurde, was es bis dahin noch nie gegeben hatte. Die Bereitschaft, Mängel oder Ungerechtigkeiten aufzudecken und darauf zu reagieren, zeigte sich, als der Anführer der sogenannten Pulververschwörung Guy Fawkes für seinen Versuch, König Jakob I. und Mitglieder des Parlaments zu ermorden, hingerichtet wurde (1605).

6. NOVEMBER

Mit ihrem ausgeprägten Tatendrang und ihrer garantiert positiven Lebenseinstellung scheint es oft, als seien die Energie und der Optimismus der am 6. November Geborenen grenzenlos. In vieler Hinsicht trifft diese Einschätzung auch zu, denn diese tatkräftigen Menschen lassen sich selten davon abbringen, ihren Visionen bis in die letzte Konsequenz zu folgen. Entschlossen, ihre Ziele zu erreichen, fegen sie, wenn auch charmant und humorvoll, alle Einwände von Zweiflern beiseite. Mit ihrem Scharfsinn erkennen sie sofort die Bereiche, in denen etwas getan werden muß. Außerdem verfügen sie über logisches Denkvermögen sowie hochentwickelte praktische und technische Talente, um mit fester Überzeugung, Selbstvertrauen und Beharrlichkeit an der Verwirklichung ihrer Ziele zu arbeiten, die oft so ehrgeizig sind, daß andere sie für unrealistisch halten. Doch trotz der Skepsis, mit der ihr originelles Vorgehen oft betrachtet wird, wecken der Enthusiasmus und die elektrisierende Kraft der am 6. November Geborenen eher Nachsicht und Zuneigung als wirkliche Opposition. Diese Menschen sind in allen Berufen erfolgreich, in denen Phantasie und Fortschrittsdenken nicht unterdrückt werden. In großen Unternehmen erzielen sie dort die größten Erfolge, wo sie die Freiheit haben, eine fortschrittliche Firmenpolitik zu planen und umzusetzen. Mit ihrer inspirierenden Führungsqualität sind sie vielleicht dann am glücklichsten, wenn sie als Wissenschaftler oder Künstler arbeiten und gleichzeitig Innovationen ermöglichen sowie ihre Umgebung direkt beeinflussen können. Und obwohl sie gern persönliche Herausforderungen annehmen, denken sie auch sehr sozial und wollen anderen nützen. Als anregende und großzügige Partner zeigt sich ihre Fürsorge für das Wohl ihrer Mitmenschen in ihren beruflichen und persönlichen Beziehungen.

STÄRKEN: Die am 6. November Geborenen sind einfallsreiche, offene Menschen, die ihre erstaunlichen geistigen Gaben – einschließlich ihrer rationalen Sichtweise, ihrer Kreativität und ihres Organisationstalents – sowie ihre Energie und ihre praktischen Fähigkeiten höchst effizient einsetzen, um ihre äußerst innovativen Visionen zu verwirklichen.
SCHWÄCHEN: Das Handeln der an diesem Tag Geborenen rechtfertigt sich oft durch ihren unerschütterlichen Glauben an die Realisierbarkeit ihrer Visionen sowie ihre Fähigkeit, diese auch tatsächlich zu verwirklichen. Doch ihre Neigung, bei der konzentrierten Arbeit an ihren Projekten die Sorgen anderer zu übergehen, kann dazu führen, daß ihnen auch nützliche Ratschläge entgehen.
FAZIT: Um den Erfolg zu erreichen, der für ihr emotionales Glück ausschlaggebend ist, sollten die am 6. November Geborenen erkennen, daß die Menschen in ihrer Umgebung gelegentlich auch wertvolle und nützliche Kritik an ihrer Herangehensweise und ihrer Methodik äußern. Sie sollten versuchen, offen und objektiv zu bleiben, wenn andere ihre Ansichten erläutern, selbst wenn ihnen diese ablehnend erscheinen.

An diesem Tag

Prominente Geburtstage: James Gregory (1638), Colley Cibber (1671), Alois Senefelder (1771), Adolphe Sax (1814), Charles Henry Dow (1851), John Philip Sousa (1854), James A. Naismith (1861), Walter Perry Johnson (1887), Ray Coniff (1916), Karl Heinrich Julius Hackethal (1921), Donald Houston (1923), Donald Churchill (1930), Mike Nichols (1931), P. J. Proby (1938), James Bowman (1941), Sally Field (1946), Glenn Frey (1948), Catherine Cryer und Gareth Williams (1954), Maria Shriver (1955), Lori Singer (1962)

Bedeutende Ereignisse und Jahrestage: Dieser Tag steht für ausgeprägte Führungsqualität und humanitäre Anliegen. Dies zeigte sich bei drei Wahlen, die jeweils am 6. November stattfanden: 1860 wurde Abraham Lincoln, 1928 Herbert Hoover zum US-Präsidenten und 1924 Stanley Baldwin zum Premierminister von Großbritannien gewählt. Dieser Tag wird vom Element Wasser regiert, was zum Ausdruck kam, als die Bauarbeiten am Kariba-Damm an der Grenze zwischen Zambia und Zimbabwe begannen, der die beiden Länder mit aus Wasserkraft erzeugtem Strom versorgen sollte (1956).

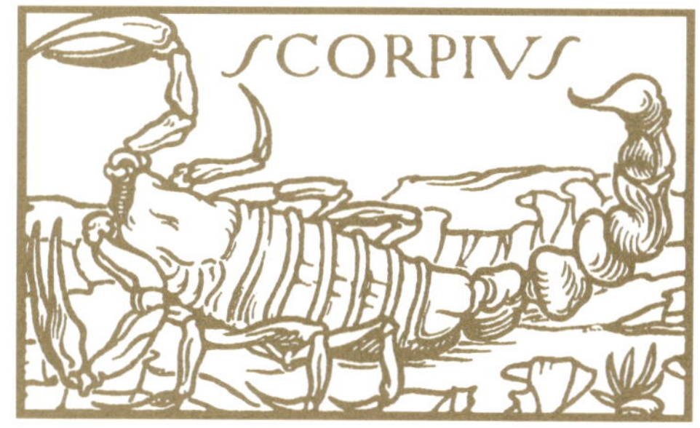

Planeteneinflüsse

Herrschender Planet: Pluto.
Zweiter Dekan: Persönliche Planeten sind der Jupiter und der Neptun.

♇ ♃ ♆

Religiöse und kulturelle Bedeutung

Im Alten Babylon wurde die Geburt der Göttin Tiamat gefeiert.
Namenstag: Leonhard von Limoges († 559?), Protasius von Lausanne († 7. Jh.), Christine von Stommeln („die Kölnische“, 1242–1312).

Am 6. November 1924, einem Tag inspirierender Führung und des Einsatzes für das Gemeinwohl wurde Stanley Baldwin zum britischen Premierminister gewählt.

7. NOVEMBER

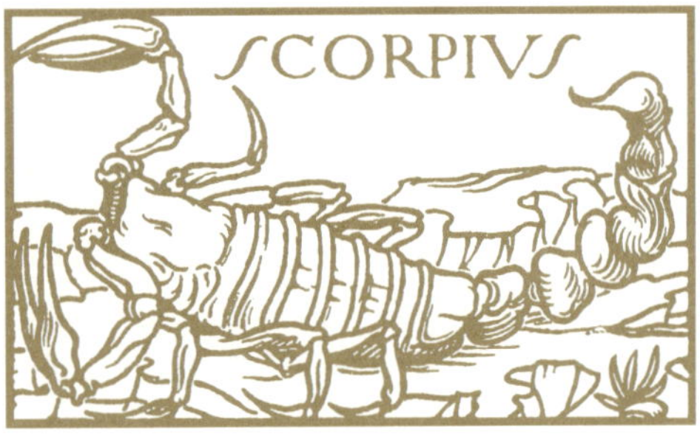

Planeteneinflüsse

Herrschender Planet: Pluto.
Zweiter Dekan: Persönliche Planeten sind der Jupiter und der Neptun.

♇ ♃ ♆

Religiöse und kulturelle Bedeutung

Im Alten Griechenland wurde mit einem Feuerfest die Nacht der Hecate gefeiert.
Namenstag: Florentinus von Straßburg († 7. Jh.), Willibrord (658–739), Engelbert von Köln (1185–1225), Antonius Balduccini (1665–1717), Vinzenz Grossi (1845–1917).

Die aus Warschau stammende Physikerin Marie Curie wurde am 7. November 1867 geboren. Wie es für die an diesem Tag geborenen Menschen typisch ist, war sie ein scharfsinniger, logischer und geistreicher Mensch. Sie arbeitete mit ihrem Mann Pierre Curie im Bereich des Magnetismus und der Radioaktivität und entdeckte das Radium. Für die gemeinsame Arbeit wurde dem Ehepaar 1903 der Nobelpreis für Physik und 1911 der für Chemie verliehen.

Die körperlich und geistig sehr regen Menschen, die an diesem Tag geboren sind, sprechen stark auf Herausforderungen an. Dabei werden sie nicht von kämpferischen Instinkten geleitet (obwohl sie zur Verteidigung ihrer Überzeugungen notfalls auch zu kämpferischen Mitteln greifen), sondern von ihrem Wunsch, die bestehenden Grenzen menschlichen Wissens und menschlicher Erfahrungen zu überwinden. Diese neugierigen, fortschrittlich gesinnten Menschen genießen die Gelegenheit, ihre Fertigkeiten und ihr Durchhaltevermögen an großen – in den Augen anderer sogar hoffnungslosen –Herausforderungen zu messen. Sie verfügen über eine rasche Auffassungsgabe und gehen stets strikt logisch und phantasievoll vor. Daneben besitzen sie hochentwickelte organisatorische und praktische Fähigkeiten, mit denen sie wahre Pionierleistungen vollbringen können. Außerdem sind sie mit einem Charisma ausgestattet, das ihnen die Unterstützung (und Unterordnung) anderer einbringt. Obwohl sie ihre Karriereziele und ihre privaten Interessen anregend finden, wecken ihr Humanismus und ihr soziales Verantwortungsgefühl in ihnen den Wunsch, an Zielen mitzuarbeiten, die einem großen Kreis konkreten Nutzen bringen.

Die am 7. November Geborenen wählen sehr unterschiedliche Berufe. Manche suchen gesellschaftliche oder geistige Veränderungen, andere wollen Wissenschaft oder Technik bereichern, wieder andere fühlen sich zur Kunst oder zum Sport hingezogen. Doch sie alle gehen mit gutem Beispiel voran und erwarten auch von anderen denselben hohen Einsatz. (Die im chinesischen Jahr des Hahns Geborenen sind besonders zielstrebig.) Zwar sind sie in der Regel gegenüber Freunden und Verwandten großherzig und liebevoll, doch fällt es diesen manchmal schwer, ihren Erwartungen nachzukommen.

STÄRKEN: Die am 7. November Geborenen sprechen stark auf Situationen oder Konzepte an, die ein Höchstmaß an Einfallsreichtum und Findigkeit erfordern. Sie sind mit rationalen und wahrnehmungsstarken geistigen Gaben ausgestattet, und ihr Forscherdrang bringt sie dazu, die Grenzgebiete bestehenden Wissens zu erkunden. Sie inspirieren Freunde und Verwandte mit ihrer Begeisterung und ihrer positiven Einstellung.
SCHWÄCHEN: Ihre Entschlossenheit, erfolgreich zu sein, verleiht ihnen große Kräfte, und dank der großen Konzentration, mit der sie ihre ehrgeizigen Ziele verfolgen, haben sie schließlich oft tatsächlich Erfolg. Aber die weniger unmittelbaren persönlichen und emotionalen Bedürfnisse ihrer Angehörigen bleiben dabei oft auf der Strecke.
FAZIT: Diese Menschen sollten sich darum bemühen, ihr berufliches und privates Leben auszubalancieren, um dafür zu sorgen, daß ihre Neigung, sich völlig auf ihre geistigen Interessen zu konzentrieren, dem Leben anderer und auch ihrem persönlichen emotionalen Gleichgewicht nicht abträglich ist.

An diesem Tag

Prominente Geburtstage: Paul Lincke (1866), Marie Curie (1867), Lise Meitner (1878), Chandrasekhara Venkata Raman (1888), Ruth Pitter (1897), Dean Jagger (1903), William Alwyn (1905), Albert Camus (1913), Billy Graham (1918), Wolf Mankowitz (1924), Joan Sutherland (1926), Gwyneth Jones (1936), Mary Travers (1937), Joni Mitchell (1943), Lucinda Green (1953), Keith Lockhart (1959), Mark Hately (1961), John Barnes (1963)

Bedeutende Ereignisse und Jahrestage: Der 7. November deutet auf pionierhafte Leistungen hin: 1865 begann man mit der Herstellung des weltweit ersten Taschenfeuerzeugs (dem „Erie") in der Fabrik der U.S. Repeating Light Company in Springfield, Massachusetts. In Kanada wurde die Pacific Railway fertiggestellt (1885), und in Montana wurde Jeanette Rankin als erste Frau in den US-Kongreß gewählt (1916). Der Tatendrang zum Wohl der Allgemeinheit spiegelte sich 1917, als Lenin die Bolschewiken in der sogenannten „Oktoberrevolution" (nach dem julianischen Kalender) gegen Alexander Kerenskis provisorische Regierung anführte. Führungspotential zeigte sich auch darin, daß Konrad Adenauer zum vierten Mal zum deutschen Bundeskanzler gewählt wurde (1961).

8. NOVEMBER

Die am 8. November Geborenen verfügen über eine außergewöhnliche Vitalität, die sich in ihrer körperlichen Kraft, aber auch (und vielleicht besonders) in ihrem bemerkenswert einfallsreichen und progressiven Denken spiegelt. Oft fühlen sie sich von Themen angesprochen, die so ungewöhnlich sind, daß andere, weniger empfängliche Menschen sie als zu radikal oder als Bedrohung des Status quo abtun würden. Zwar ist das Denken der an diesem Tag Geborenen von Originalität und Neugier geprägt, doch selten sind ihre Interessen flüchtig oder oberflächlich. Bei ihrer Suche nach Wissen achten sie sorgfältig auf jedes Detail. Die Konzentrationsfähigkeit und der Mut, mit dem sie ihre Anliegen verfolgen, sind fast schon eine Erfolgsgarantie (auch wenn es manchmal etwas dauert, bis ihre Mitmenschen ihnen Anerkennung zollen). Ein glückliches Familienleben ist für ihr emotionales Gleichgewicht sehr wichtig. Als Freunde und Verwandte sind sie großzügig, tolerant und belebend. Da sie aus ihren geistigen Forschungsreisen persönliche Anregung ziehen, sind am 8. November Geborene in allen Berufen erfolgreich, in denen sie ihrem Altruismus nachkommen und frei denken und handeln können. Angesichts ihrer Talente und Neigungen besitzen sie die besten Voraussetzungen, anregende Künstler, Schriftsteller, Musiker, Schauspieler oder bahnbrechende Wissenschaftler und Ingenieure zu werden.

STÄRKEN: Am 8. November Geborene sind fasziniert von den Möglichkeiten, die unkonventionelle Interessensgebiete bergen, vor allem, wenn sie glauben, daß diese noch nicht gänzlich erforscht sind. Beflügelt von ihrem Wunsch nach Entdeckungen und sehr um persönliche Anerkennung bemüht, verfolgen sie ihre Interessen energisch und einfallsreich.
SCHWÄCHEN: Da die an diesem Tag Geborenen sehr rational und aufnahmefähig sind, erachten sie ihre Theorien und Überzeugungen nie als unhaltbar oder unrealistisch. Deshalb sind sie zutiefst verletzt, wenn andere über ihre Bemühungen lästern. In solchen Fällen greifen sie häufig zum Selbstschutz und ziehen sich völlig in ihre private Welt zurück.
FAZIT: Obwohl sie ihre Visionen nie aufgeben sollten, ist diesen Menschen zu raten, sich nicht von anderen abzukapseln. Den Wert starker persönlicher Beziehungen schätzen sie zwar instinktiv, doch sie sollten sich durch ihre intellektuellen Beschäftigungen nicht davon abhalten lassen, ihnen auch gebührende Aufmerksamkeit zu schenken.

An diesem Tag

Prominente Geburtstage: Edmund Halley (1656), Benjamin Hall (1802), Pierre Bosquet (1810), Bram Stoker (1847), Herbert Austin (1866), Arnold Bax (1883), Steve Donaghue (1884), Margaret Mitchell (1900), June Havoc (1916), Christiaan Barnard (1922), Robert Häusser (1924), Morley Safer (1931), Esther Rolle (1933), Alain Delon (1935), Martin Peters (1940), Bonnie Raitt (1949), Rupert Allason (Nigel West) und Mary Hart (1951), Leif Garrett (1961)

Bedeutende Ereignisse und Jahrestage: Dieser Tag verspricht bahnbrechende Fortschritte für die Menschheit. 1793 wurde der Louvre, der ehemalige französische Königspalast, der Öffentlichkeit als Kunstgalerie zugänglich gemacht. 1895 entdeckte der deutsche Physiker Wilhelm Röntgen während seiner Forschertätigkeit an der Universität Würzburg die nach ihm benannten Strahlen. 1989 wählten die amerikanischen Wähler zum ersten Mal Afroamerikaner als Gouverneur (Douglas Wilder in Virginia) und als Bürgermeister (David Dinkins in New York). Ein ähnlicher Wunsch nach sozialen – wenn auch umstrittenen – Veränderungen zeigte sich in der Politik, als Franklin D. Roosevelt mit seinem Wahlprogramm des „New Deal" zum ersten Mal die amerikanische Präsidentschaftswahl gewann (1932) und als IRA-Terroristen die Aufmerksamkeit einer entsetzten Weltöffentlichkeit auf ihr Anliegen lenkten, als sie im nordirischen Ellenskillen eine Bombe in die Menschenmenge warfen, die sich dort zum Gedenken an die Kriegsopfer versammelt hatte (1987).

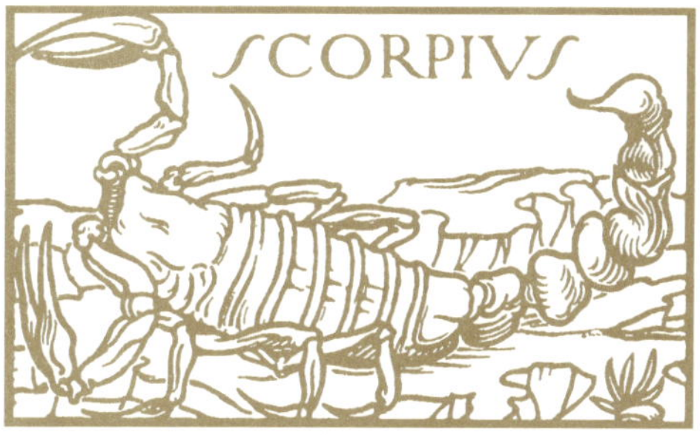

Planeteneinflüsse

Herrschender Planet: Pluto.
Zweiter Dekan: Persönliche Planeten sind der Jupiter und der Neptun.

♇ ♃ ♆

Religiöse und kulturelle Bedeutung

In Japan wird zu Ehren von Hettsui No Dami, der Göttin der Küche, ein shintoistisches Fest, Fuigo Matsuri, gefeiert.
Namenstag: Vier Gekrönte (Quttuor Coronati), Schutzheilige der Steinmetze und Bildhauer († 305), Johannes Duns Skotus (1265/66–1308).

An einem Tag, der für Forschung, Kreativität und Fortschritt zugunsten der Menschheit steht, wurde 1793 im früheren Schloß der französischen Könige zu Paris ein Museum eröffnet, der heute weltberühmte Louvre.

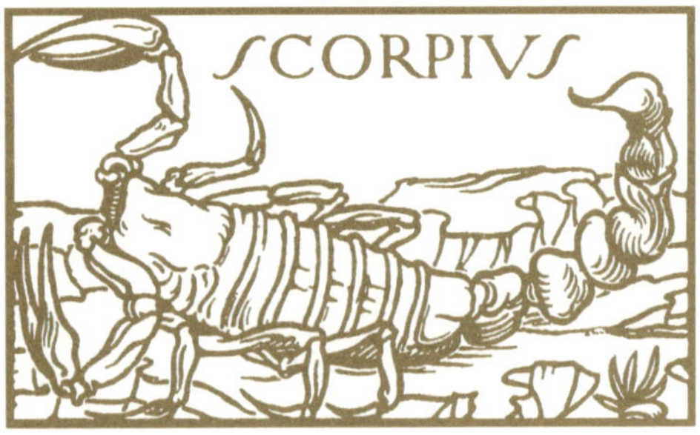

Planeteneinflüsse

Herrschender Planet: Pluto
Zweiter Dekan: Persönliche Planeten sind der Jupiter und der Neptun.

♇ ♃ ♆

Religiöse und kulturelle Bedeutung

In Thailand findet eine traditionelle Wunschzeremonie statt.
Namenstag: Theodor von Euchaïta († 306), Elisabeth von Dijon (Elisabeth Catez, 1880–1906).

Die tiefverwurzelten humanitären Belange und die soziale Verantwortung, die dieser Tag erwarten läßt, spiegelten sich 1989, als die Berliner Mauer niedergerissen wurde.

9. NOVEMBER

Die an diesem Tag Geboren sind lebhafte Menschen, die nicht dazu neigen, herumzusitzen und das Leben an sich vorbeiziehen zu lassen. Dennoch sind sie auch scharfe Beobachter, vor allem, wenn es um das Verhalten einzelnner oder der Gesellschaft geht. Doch Tatenlosigkeit ist für sie etwas wahrhaft Erschreckendes. Um ihr Bedürfnis nach persönlichem Wachstum zu befriedigen und etwas für die Menschen in ihrer Umgebung zu tun, fühlen sie sich dazu aufgerufen, sich in sämtlichen Bereichen ihres Lebens – beruflich und privat, geistig und emotional – voll einzubringen. Sie sprechen auf alle Anregungen an und setzen sich stets an die Spitze sämtlicher Aktivitäten, um von dieser Position aus neue Wege zu bahnen und diejenigen, die ihnen nachfolgen, anzuleiten. Zwar zeigen sie ein außergewöhnlich starkes, manchmal fast impulsives Interesse an allen für sie neuen Themen oder Ideen, doch ihre Faszination ist nur selten oberflächlich, denn sie werden von ihrem Drang beflügelt, alles so gründlich wie möglich zu erforschen und dabei neue Erkenntnisse zu gewinnen. Die Bandbreite der Dinge, die ihre Aufmerksamkeit erregen, ist so groß, daß sie in fast allen Berufen Bedeutendes leisten können, doch die Möglichkeiten in Kunst und Design sind für sie besonders attraktiv.

Obwohl die am 9. November Geborenen einen starken Willen haben und sich auch gern einmal selbst etwas Gutes tun (vor allem, wenn sie im chinesischen Jahr des Pferdes geboren sind), beziehen sie sich stark auf ihre Mitmenschen. Diese genießen ihre anregende Begleitung und schätzen ihre Freundlichkeit und Großzügigkeit. Diese Eigenschaften zeigen sich vor allem im Umgang mit anderen oder mit denen, die es in ihren Augen schwer haben. Sie sind die geborenen Führer, jedoch auch instinktive Menschenfreunde, die tief in die Tasche greifen, um den Opfern von Unglück oder Mißbrauch zu helfen.

STÄRKEN: Die an diesem Tag Geborenen sind vital und voller Energie. Selten tun sie etwas halbherzig, sie reagieren begeistert auf neue Ideen und Erfahrungen. Beflügelt von ihrem Wunsch, nicht nur ihr eigenes Wissen, sondern auch das der Menschheit zu erweitern, verspüren diese interessanten Menschen ein ausgeprägtes soziales Verantwortungsgefühl.
SCHWÄCHEN: Obwohl sie bei den sie faszinierenden Herausforderungen konzentriert und entschlossen vorgehen, sind am 9. November Geborene rasch gelangweilt und laufen Gefahr, rastlos von einem Thema zum nächsten zu schweifen und damit letztlich keine Befriedigung zu erlangen.
FAZIT: Diese Menschen haben ein tiefverwurzeltes Bedürfnis nach intellektueller Anregung, doch da das Leben selten gleichbleibend aufregend ist, sollten sie sich bei ihren alltäglichen Aktivitäten um größere Selbstdisziplin bemühen.

An diesem Tag

Prominente Geburtstage: Iwan Sergejewitsch Turgenjew (1818), König Eduard VII. von Großbritannien und Irland (1841), Giles Gilbert Scott (1880), Herbert Kalmus (1881), Jean Monnet (1888), Anthony Asquith (1902), Muggsy Spanier (1906), Katharine Hepburn (1909), Hedy Lamarr (1913), Spiro Agnew (1918), Hugh Leonard (1928), Ronald Harwood und Carl Sagan (1934), Mary Travers (1936), Tom Weiskopf (1942), Andreas Brehme (1960)

Bedeutende Ereignisse und Jahrestage: Dieser Tag ist von dem tiefen humanitären Bestreben geprägt, das Los der Menschheit zu verbessern. Dr. James Young Simpson setzte in Edinburgh zum ersten Mal erfolgreich ein Betäubungsmittel (Chloroform) zur Linderung von Wehen ein (1847), 1859 verbot die britische Armee die körperliche Züchtigung der Soldaten. Sozialer Verantwortung wurde Genüge getan, als die Regierung der DDR sich den Forderungen ihrer Bürger beugte und die Grenzen zur Bundesrepublik öffnete (1989). Herausragende Führungsqualitäten können an diesem Tag ebenfalls in Erscheinung treten: Am 9. November 1960 wurde John F. Kennedy zum amerikanischen Präsidenten gewählt.

10. NOVEMBER

Die an diesem Tag Geborenen sind höchst kreative Menschen, deren Vorstellungsvermögen, Können und Konzentration es ihnen ermöglichen, einen substantiellen Beitrag für das Wohl der Allgemeinheit zu leisten und überall einen bleibenden Eindruck zu hinterlassen. Sie sind mitfühlende Menschen und bestrebt, Gutes zu tun, wobei es ihnen vor allem darum geht, der Menschheit als Ganzes durch spirituelle, verstandesmäßige oder materielle Mittel weiterzuhelfen. Doch sie sind auch introspektiv und darauf aus, Dinge zu erforschen, Fakten zu sammeln, zu experimentieren und zu wachsen. Häufig sind sie Perfektionisten und setzen sich hohe Maßstäbe. Anderen teilen sie ihre Erkenntnisse meist erst dann mit, wenn sie sich über den Wert ihrer Schlußfolgerungen ganz sicher sind. Neugier, Einfallsreichtum und Findigkeit zeichnen ihre Bemühungen in all den Berufen aus, in denen unabhängiges Forschen und Entwickeln gefragt sind. Akademische Berufe, Naturwissenschaften und die bildende Kunst sind für sie besonders attraktiv, da sie dort zumindest gelegentlich Rückzugsmöglichkeiten haben. Obwohl ihr Wohlwollen und ihre Zuneigung Nahestehenden gegenüber außer Zweifel stehen, sind sie manchmal in ihre Arbeit so vertieft, daß sie nur begrenzt auf deren emotionale Bedürfnisse achten. Diese Neigung zeigt sich vor allem bei den Männern. Manchmal sind sie sogar ausgesprochen ablehnend oder intolerant gegenüber den Menschen, die ihre Interessen und Ansichten nicht teilen.

STÄRKEN: Die an diesem Tag Geborenen werden von ihrem Drang beflügelt, ihr Wissen zu erweitern und aus den von ihnen gesammelten Informationen neue, fortschrittliche Konzepte zu erstellen, mit denen sie dann hoffen, andere aufzuklären, zu inspirieren oder ihnen sonstwie beizustehen. Sie verfolgen ihre Interessen bemerkenswert konzentriert und gründlich.

SCHWÄCHEN: Die am 10. November Geborenen beschäftigen sich mitunter ausschließlich mit ihren intellektuellen Anliegen, so daß sie sich von den Menschen in ihrer Umgebung abkapseln, um sich voll auf ihre vorrangigen Interessen zu konzentrieren. Dabei laufen sie Gefahr, zwanghaft zu werden, und vernachlässigen ihr emotionales Wohl und das der Menschen aus ihrer nächsten Umgebung.

FAZIT: Um die emotionale Isolation zu vermeiden, müssen sich diese Menschen bemühen, ihre Visionen und Gefühle mit den Menschen ihres Umfelds zu teilen. Eine solche Öffnung kann ihr Leben bereichern. Sie finden auch große Erfüllung durch die Unterstützung, die ihnen ehrliche, entspannte Beziehungen bieten. Sie sollten ihre natürliche Anziehungskraft nutzen, um neue Freundschaften zu schließen, anstatt ihnen aus dem Weg zu gehen.

An diesem Tag

Prominente Geburtstage: Martin Luther (1483), Paracelsus (1493), François Couperin (1668), König Georg II. von England (1683), William Hogarth (1697), Oliver Goldsmith (1728), Friedrich von Schiller (1759), Vachel Lindsay (1879), Jacob Epstein (1880), Arnold Zweig (1887), Claude Rains (1889), J. P. Marquand (1893), Harry Andrews (1911), Richard Burton (1925), Roy Scheider (1935), Tim Rice (1944), Donna Fargo (1949), Jack Scalla (1950), Roland Emmerich (1955), MacKenzie Phillips (1959)

Bedeutende Ereignisse und Jahrestage: Dieser Tag steht im Zeichen der zielstrebigen Erforschung unbekannter Gebiete sowohl intellektueller als auch physischer Art. 1871 gelang es dem amerikanischen Journalisten und Forscher Henry Morton Stanley, in Ujiji am Tanganjikasee in Ostafrika den verschollenen schottischen Missionar David Livingstone zu finden. Vor Veracruz in Mexiko entdeckte man die Stelle, an der das Wrack des amerikanischen Schiffes „Somers" lag, das der Roman *Billy Budd* von Herman Melville berühmt gemacht hatte (1987). Bahnbrechende Leistungen stehen an diesem Tag überhaupt im Vordergrund: Paul Daimler fuhr als erster Mensch auf einem Motorrad, einer Erfindung seines Vaters Gottfried Daimler (1885), und Großbritannien bekam seinen ersten schwarzen Bürgermeister, John Archer, im Londoner Bezirk Battersea (1913).

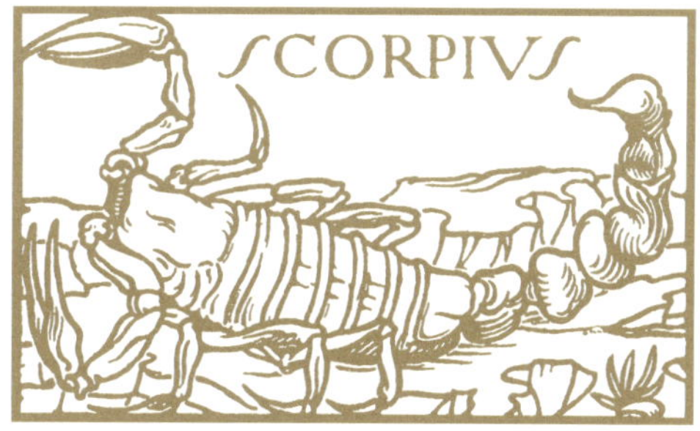

Planeteneinflüsse

Herrschender Planet: Pluto.
Zweiter Dekan: Persönliche Planeten sind der Jupiter und der Neptun.

♇ ♃ ♆

Religiöse und kulturelle Bedeutung

Im Alten Schottland wurde mit dem Old November Eve die Göttin Nicnevin geehrt.
Namenstag: Nympha († ca. 305), Leo I. der Große (ca. 400–461), Johannes Scotus (ca. 990–1066), Andreas Avellino (1521–1608).

An einem Tag, der für künstlerische Leistungen günstig ist, wurde 1989 Vincent van Goghs Gemälde Iris *(unten ein Ausschnitt) für 53,9 Millionen US-Dollar verkauft – auf gewisse Art eine postume Anerkennung des unschätzbaren Beitrags, den der gequälte Maler für die moderne Kunst geleistet hat.*

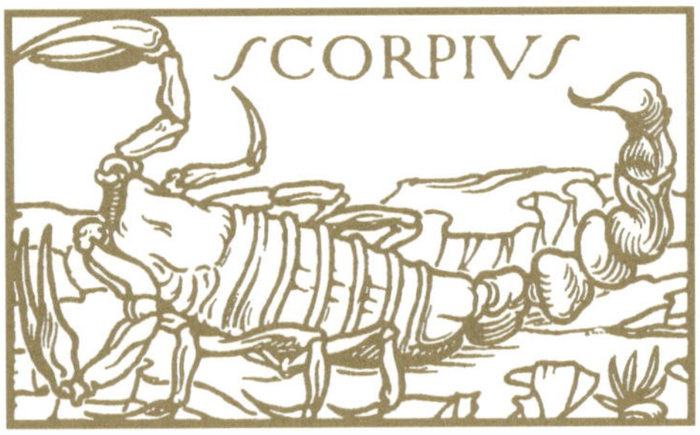

Planeteneinflüsse
Herrschender Planet: Pluto.
Zweiter Dekan: Persönliche Planeten sind der Jupiter und der Neptun.

♇ ♃ ♆

Religiöse und kulturelle Bedeutung
In Großbritannien Remembrance Day, in Schottland Old November Day, in Nordeuropa feierten Anhänger heidnischer Kulte den Heldentag.
Namenstag: Menas (Mennas, † 295?), Martin von Tours (ca. 316–397), Theodor Studita (759–826) Hademunda († 1029).

An einem Tag, der humanitäre Interessen und Fortschritt spiegelt, feierte 1918 vor dem Buckingham Palace eine große Menge die Unterzeichnung des Waffenstillstandsabkommens, mit dem der Erste Weltkrieg beendet wurde.

11. NOVEMBER

Am 11. November Geborene sind äußerst komplexe Persönlichkeiten, die ihre Mitmenschen oft mit unvermuteten Charakterzügen überraschen. In der Tat sind sich die an diesem Tag Geborenen manchmal ihrer Überzeugungen selbst nicht sicher und wissen nicht genau, was sie eigentlich vom Leben erwarten. Obwohl ihre vielseitigen Interessen und ihre instinktiven, deutlich spürbaren Reaktionen auf Ideen, Situationen und andere Menschen zweifellos zu ihren Stärken gehören, lösen sie bei ihnen mitunter auch Verwirrung aus. Einerseits sind diese Menschen aktiv, direkt und fortschrittlich und sehnen sich danach, greifbaren Zielen nachzukommen; andererseits sind es auch tiefgründige Denker, gelegentlich sogar ausgesprochene Pessimisten, deren Hang, sich völlig in ihre Gedanken zu versenken, ihre Entwicklung behindern kann. Wenn es ihnen gelingt, ihre widersprüchlichen Neigungen in Einklang zu bringen, können sie beruflich sehr erfolgreich sein und dauerhafte Beziehungen eingehen. Ihre Berufswünsche sind individuell sehr unterschiedlich. Manche bevorzugen körperliche Arbeit, etwa im Bauwesen oder im technischen Bereich, andere finden Schreiben oder Forschen anregend. Doch bei allen beruflichen Aktivitäten zeigen sie bemerkenswerte Entschlossenheit, Vorstellungskraft und humanitäre Fürsorge. Der Wunsch, anderen zu nützen, liegt fast allem, was sie tun, zugrunde. Obwohl sie am liebsten unabhängig arbeiten, drängt es sie doch, anderen beizustehen, sie anzuleiten oder sie zumindest mit gutem Beispiel zu inspirieren. Meist werden sie von ihren Kollegen geschätzt, auch wenn viele das Gefühl haben, sie nicht gut zu kennen. Tatsächlich ist es ihnen meist lieber, das Berufliche vom Privaten zu trennen, denn sie schätzen den häuslichen Bereich als einen Zufluchtsort, in dem sie sich entspannen und sie selbst sein können.

STÄRKEN: Die an diesem Tag Geborenen haben introvertierte und extrovertierte Wesenszüge. Sie verfügen über einen ernsthaften, kontemplativen Verstand. Ihr Verantwortungsgefühl für die Menschen aus ihrer Umgebung verleiht ihnen den Drang, ihre Talente und Energien zum Nutzen der Allgemeinheit einzusetzen.
SCHWÄCHEN: Häufig sind am 11. November Geborene hin- und hergerissen zwischen ihrem Drang, faszinierende Ideen und Hobbys zu erforschen, und dem Wunsch, anderen zu helfen. Sie neigen zu Extremen: Entweder ziehen sie sich in ihre private Welt zurück, oder sie unterdrücken ihre persönlichen Bedürfnisse.
FAZIT: Diese Menschen müssen ihre unterschiedlichen Neigungen ausbalancieren. Sie sollten versuchen, ihre selbstsüchtigen Wünsche zu mäßigen, um Isolation zu vermeiden, sie sollten aber auch ihre selbstlosen Bestrebungen kontrollieren, um nicht frustriert zu werden.

An diesem Tag
Prominente Geburtstage: Heinrich IV. (1050), Fjodor Michailowitsch Dostojewski (1821), Ernest Alexandre Ansermet (1883), George Smith Patton (1885), René Clair (1898), Stubby Kaye (1918), Roy Jenkins (1920), Kurt Vonnegut, Jr. (1922), June Whitfield und Jonathan Winters (1925), Bibi Andersson (1935), Daniel Ortega (1945), Rodney Marsh (1947), Demi Moore (1962), Calista Flockhart (1964), Leonardo DiCaprio (1974)

Bedeutende Ereignisse und Jahrestage: Dieser Tag betont den Wunsch, das Gemeinwohl zu fördern oder zu schützen. 1880 wurde der Bankräuber Ned Kelly in Melbourne gehängt, weil er zwei Polizisten getötet hatte. Der Staat Washington wurde in die amerikanische Union aufgenommen (1889). Vertreter der Alliierten und der Deutschen in Frankreich unterzeichneten in einem Eisenbahnwagen im Wald von Compiegne das Waffenstillstandsabkommen, mit dem der Erste Weltkrieg beendet wurde (1918). 1965 präsentierte die rhodesische Regierung eine unilaterale Unabhängigkeitserklärung (UDI) von Großbritannien, und 1975 gewährte Portugal Angola die Unabhängigkeit. Zwei technische Neuerungen, zu denen es an diesem Tag kam, spiegeln das Streben nach Fortschritt: Die amerikanische Autofirma Willy's stellte 1940 den Jeep vor, und die amerikanischen Erfinder John Mullin und Wayne Johnson präsentierten 1965 den Prototyp eines Videorekorders.

12. NOVEMBER

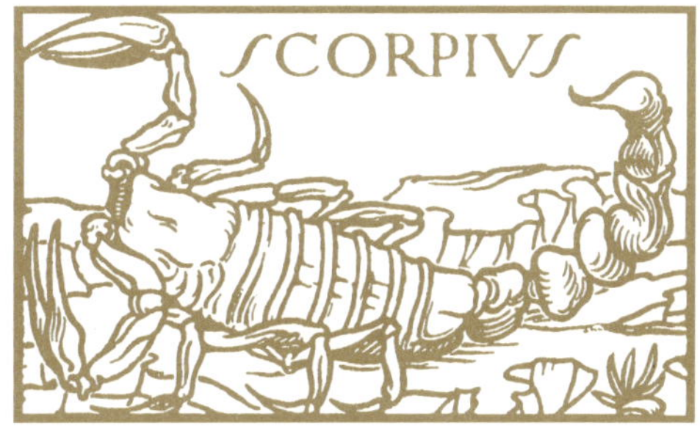

Andere bewundern die an diesem Tag Geborenen wegen ihrer kontrollierten Energie, ihrer Entschlußkraft und ihrem Bestreben, Dinge zu verändern. Doch in vieler Hinsicht ist die Selbstsicherheit dieser Menschen etwas, das sie ganz bewußt zur Schau tragen, um Vertrauen zu erwecken und den emotionalen Aufruhr zu verbergen, der sich darunter abspielt. Denn es handelt sich um sehr vielschichtige Menschen, die häufig hin- und hergerissen sind zwischen ihrem Wunsch nach Perfektion (der für sämtliche Lebensbereiche gilt, sich jedoch insbesondere in ihrem Bestreben äußert, ein begeisterndes Produkt, eine Dienstleistung oder ein System hervorzubringen, um der Welt einen bleibenden Beitrag zu hinterlassen) und ihrer Auseinandersetzung mit ihren starken, manchmal sehr verwirrenden Gefühlen. Einerseits sind sie phantasievoll, direkt und positiv, andererseits haben sie oft das Gefühl, daß sie die hochfliegenden Visionen, von denen sie beseelt sind, nie umsetzen können, und sind deshalb häufig frustriert, ja verzweifelt. Und weil ihre Ziele ehrgeizig und sie selbst sehr fordernd sind, können sie diese oft nur nach großen inneren und äußeren Kämpfen erreichen.

Die natürlichen Neigungen der an diesem Tag Geborenen rüsten sie für eine Vielzahl von Berufen, doch ihre idealistischen Bestrebungen finden oft einen besonders lohnenden Ausdruck in Kunst oder Naturwissenschaft. Ihre Leistungen werden gewürdigt, ohne daß ihre Bewunderer sich darüber im klaren sind, wieviel harte Arbeit – und auch Selbstzweifel – mit eingeflossen sind. Trotz der Neigung, ihre Probleme vor ihren Mitmenschen zu verbergen, reagieren die am 12. November Geborenen äußerst mitfühlend auf das Unglück und die Nöte anderer und tun alles, um Bedürftige praktisch zu unterstützen. Sie bemühen sich sehr um das Wohl ihrer Freunde und Verwandten, doch gelegentlich müssen sie sich zurückziehen, um sich mit den Dämonen in ihrem Inneren auseinanderzusetzen.

STÄRKEN: Die an diesem Tag Geborenen streben danach, Herausragendes zu leisten, und tun dies mit einem scharfen Verstand, Organisationstalent und Hartnäckigkeit. Aufgrund ihres zutiefst humanen Empfindens sehnen sie sich danach, anderen durch ihren persönlichen Einsatz zu helfen.
SCHWÄCHEN: Da die am 12. November Geborenen dazu neigen, ihre größten Ängste für sich zu behalten, ist anderen die Last ihrer Sorgen oft gar nicht bewußt, weshalb sie sich unsicher und von ihren Mitmenschen isoliert fühlen.
FAZIT: Diese Menschen sollten nie vergessen, wie wichtig ihr emotionales Wohl für ihr persönliches Glück ist. Wenn sie Angehörigen und Freunden ihre Sorgen mitteilen und sich deren Verständnis und Unterstützung sichern, profitieren sie von diesem Trost beträchtlich.

An diesem Tag

Prominente Geburtstage: Edward Vernon (1684), Jacques Charles (1746), Gerhard von Scharnhorst (1755), Elizabeth Cady Stanton (1815), Alexander Borodin (1833), Auguste Rodin (1840), John Rayleigh (1842), Sun Yatsen (1866), Ben Travers (1886), Chad Varah (1911), Jo Stafford (1918), Kim Hunter (1922), Michael Ende und Grace Kelly (1929), Charles Manson (1934), Lucia Popp (1939), Wallace Shawn (1943), Al Michaels (1944), Neil Young (1945), Nadia Comaneci (1961), David Schwimmer (1966), Tonya Harding (1970)

Bedeutende Ereignisse und Jahrestage: Am 12. November stehen hochfliegende Ziele im Vordergrund: Der französische Artist Leotard führte zum ersten Mal seine Flugnummer am Trapez ohne Sicherheitsnetz vor (1859), und der Pharmakonzern Bayer ließ den neuen Kunststoff Polyurethan patentieren (1942). An einem Tag, der vom Element Wasser regiert wird, bombardierte 1944 die britische Luftwaffe das deutsche Schlachtschiff „Tirpitz" im norwegischen Alta-Fjord.

Planeteneinflüsse

Herrschender Planet: Pluto.
Ditter Dekan: Persönlicher Planet ist der Mond.

♇ ☾

Religiöse und kulturelle Bedeutung

Im Alten Rom wurden auf dem Kapitol mit dem Fest Epulum Jovis Jupiter, Minerva und Juno geehrt.
Namenstag: Kunibert († ca. 663), Lebuin (Livinus, Liebwin, † ca. 780), Josaphat Kunzewitsch (1580–1623).

Am 12. November 1815 kam die Vorkämpferin der Frauenemanzipation Elizabeth Cady Stanton zur Welt. Bei all ihrem Bemühen um die Verbesserung des Lebens von Frauen auf der ganzen Welt zeigten sich die starken Überzeugungen, die am 12. November eine große Rolle spielen. Sie war federführend bei der Durchsetzung des Frauenwahlrechts sowie des Rechts von Frauen auf Eigentum und Ausbildung.

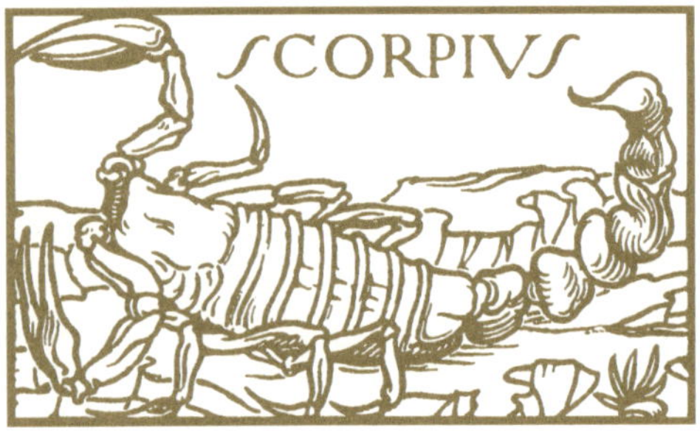

13. NOVEMBER

Die möglicherweise herausragendsten Merkmale der am 13. November Geborenen sind ihr Interesse an den Menschen und ihr starker Wille. Daraus ergibt sich ihre Neigung, die gesellschaftlichen Mechanismen zu beobachten und zu beeinflussen. Aufgrund ihrer Fähigkeit, Informationen aufzunehmen, sie einer strikten Analyse zu unterziehen und sie weiterzuverarbeiten, bevor sie sie in modifizierter oder verdichteter Form der Öffentlichkeit weiterreichen, könnte man die an diesem Tag Geborenen mit Chemikern vergleichen. Dank einer geschärften Sinneswahrnehmung besitzen sie die beneidenswerte Fähigkeit, bei der Einschätzung der Menschen ihres Umfelds auf ihre Intuition zurückgreifen zu können. Sobald sie sich dann nach sorgfältiger Überlegung ein Urteil gebildet haben, beharren sie auch angesichts von Widerständen hartnäckig darauf. Da ihr Interesse durch vielerlei Dinge geweckt werden kann, arbeiten sie auch in unterschiedlichsten Berufen, wobei sie sich vor allem von technischen oder wissenschaftlichen Tätigkeiten angesprochen fühlen, aber auch von solchen, die mit Information oder Aufklärung zu tun haben. Sie arbeiten häufig als Lehrer, Journalisten oder als spirituelle oder politische Führer. Ihr Bestreben, ihre Mitmenschen im Sinne des Fortschritts zu beeinflussen, ist so ausgeprägt, daß die am 13. November Geborenen zu Führungsrollen neigen oder zu Tätigkeiten, in denen sie eine Vorreiterrolle übernehmen können. Sie werden von anderen ob der Festigkeit ihrer Überzeugungen und ihres Charismas geachtet. Doch trotz ihrer sozialen Orientierung übersehen sie bei ihren Bemühungen, die Menschheit voranzubringen, manchmal unbewußt die eher persönlichen, doch keineswegs weniger wichtigen Bedürfnisse ihrer Familie (eine Neigung, die bei Männern noch deutlicher ausgeprägt sein kann).

STÄRKEN: Die an diesem Tag Geborenen sind scharfe Beobachter und nutzen ihre Gaben dazu, um Mängel von Systemen oder Verhaltensweisen aufzudecken. Sie können realistische, wirksame Verbesserungsstrategien formulieren und sind stets von den besten Absichten geleitet.
SCHWÄCHEN: Die am 13. November Geborenen neigen dazu, sich so stark für die Förderung ihrer beruflichen Interessen einzusetzen, daß sie manchmal ihre persönlichen Beziehungen vernachlässigen. Dies birgt zum einen die Gefahr, daß sie andere verletzen, und zum anderen, daß sie sich emotional isolieren.
FAZIT: Zwar sind ihre humanitären Bestrebungen bewundernswert, doch sie sollten nicht vergessen, wie wichtig ein erfülltes, engagiertes Privatleben ist. Sie können ihr Leben bereichern, wenn sie sich um nahestehende Menschen kümmern, und der stärkende Einfluß starker emotionaler Beziehungen wird sich ebenfalls positiv auswirken.

Planeteneinflüsse

Herrschender Planet: Pluto.
Dritter Dekan: Persönlicher Planet ist der Mond.

♇ ☽

Religiöse und kulturelle Bedeutung

Namenstag: Briticus von Tours († 444), Stanislaus Kostka (1550–68), Augustina Pietrantoni (1864–94).

An diesem Tag

Prominente Geburtstage: König Eduard III. von England (1312), John Moore (1761), James Clerk Maxwell (1831), Robert Louis Stevenson (1850), Louis Brandeis (1856), Ludwig Koch (1881), Eugène Ionesco (1912), Nathaniel Benchley (1915), Oskar Werner (1922), Adrienne Corri (1930), George Carey (1935), Jean Seberg (1938), Whoopi Goldberg (1949), Tracy Scoggins (1958), Kerstin Müller (1963)

Bedeutende Ereignisse und Jahrestage: Bedeutende Ereignisse und Jahrestage: Dieser Tag verspricht die Realisierung von Führungspotential. 1945 wurde Charles de Gaulle an die Spitze der vorläufigen französischen Regierung gestellt, die Frankreich zwischen dem Ende des Zweiten Weltkriegs und der Vierten Republik 1946 lenkte. Am 13. November stehen unterschiedlichste Pionierleistungen im Vordergrund. 1851 wurde die Kommunikation zwischen London und Paris durch einen Telegrafendienst erleichtert, und schon 1907 gelang es, in der Normandie eine Vorform des Hubschraubers zu fliegen. Im Unterhaltungsbereich wurde Walt Disneys bahnbrechender Film *Fantasia* uraufgeführt (1940), und die amerikanische Mannschaft gewann den ersten internationalen Bridgewettbewerb auf den Bermudas (1950).

An einem Tag, der für Hartnäckigkeit und starke Überzeugungen steht, mußte die britische Leibgarde während der Londoner Aufstände 1887 den Trafalgar Square bewachen.

14. NOVEMBER

Die an diesem Tag Geborenen sind sehr ernste Menschen, die den starken Wunsch verspüren, interessante Ideen, Umstände oder Menschen gründlich zu verstehen. Diese Neigung erwächst aus ihrer Neugier, aber auch aus ihrem Drang, mit ihrem persönlichen Wissen und Wachstum anderen weiterzuhelfen. Ihr Verantwortungs- und Pflichtgefühl ist so wesentlich für ihren Charakter, daß es sich meist schon in ihrer Kindheit zeigt, z. B. in dem Mitgefühl, das sie für Menschen in Not aufbringen, und in ihren Bemühungen, Leid zu lindern. Der tiefverwurzelte Wunsch, anderen beizustehen (ob praktisch, intellektuell, emotional oder spirituell), dient ihnen ihr Leben lang als Leitlinie (vor allem, wenn sie im chinesischen Jahr des Hahns geboren sind). Obwohl sie auch persönliche Anregung daraus ziehen, wenn sie Kenntnisse erwerben, ihre Fähigkeiten verbessern und ihre Ansichten klären, ist ihnen doch vor allem daran gelegen, als Agenten des Fortschritts tätig zu sein. So fühlen sich die am 14. November Geborenen von Berufen angesprochen, in denen sie andere leiten, aufklären oder auf irgendeine andere Art unterstützen können. Als Sozialarbeiter, im Gesundheitsbereich oder als Therapeuten haben sie herausragende Möglichkeiten.

Die an diesem Tag Geborenen legen enormen Wert auf enge Bindungen mit ihren Freunden, Partnern und Kindern, und ziehen aus der bedingungslosen Zuwendung anderer beträchtliche emotionale Unterstützung und Stärke. Trotz der Toleranz und Großzügigkeit, die ihre privaten Beziehungen kennzeichnen, mißbilligen sie selbstsüchtiges oder gedankenloses Verhalten und zögern nicht, ihr Mißfallen kundzutun. In ihrer Großherzigkeit liegt jedoch die Gefahr, daß sie ihre persönlichen Bedürfnisse vernachlässigen.

STÄRKEN: Bei allem, was die am 14. November Geborenen tun, zeigt sich ihre grundlegende Menschenliebe, d. h. ihr Versuch, dem Allgemeinwohl zu dienen. Sie verfügen über eine intuitive und intellektuelle Wahrnehmungsfähigkeit sowie über eine rationale Einstellung und ein ausgeprägtes Organisationstalent. Ihre Entschlossenheit, Ungerechtigkeiten zu beseitigen und durch wohldurchdachte, praktische Mittel spürbar zu verbessern, ist die treibende Kraft in ihrem Leben.

SCHWÄCHEN: Ihr Wunsch, sich mit all ihren Kräften und Talenten für andere einzusetzen, ist so ausgeprägt, daß die an diesem Tag Geborenen manchmal ihre persönlichen Interessen unterdrücken und es auch bei ihnen nahestehenden Menschen nicht dulden, wenn diese selbstsüchtige Neigungen zeigen. Das kann emotionell schädlich sein.

FAZIT: Am 14. November Geborene sollten erkennen, wie wichtig es ist, ihre Außenorientierung mit ihren eigenen Bedürfnissen in Einklang zu bringen, denn wenn sie sich nicht um ein gesundes Gleichgewicht zwischen Intellekt und Emotionen bemühen, wird es ihnen schwerfallen, zu ganzheitlicher Erfüllung zu gelangen, und in beruflichem wie auch privatem Bereich, als Freunde, Partner oder Eltern, erwachsen ihnen daraus Nachteile.

An diesem Tag

Prominente Geburtstage: Leopold Mozart (1719), Robert Fulton (1765), Claude Monet (1840), Leo Baekeland (1863), Pandit Jawaharlal Nehru (1889), Frederick Banting (1891), Aaron Copland (1900), Harold Larwood und Dick Powell (1904), Joseph McCarthy (1909), Rosemary DeCamp (1910), Veronica Lake (1919), Boutros Boutros-Ghali (1922), Bart Cummings (1927), MacLean Stevenson (1929), Elizabeth Frink (1930), König Hussein von Jordanien (1935), Charles, Prince of Wales (1948), Wolfgang Hoppe (1957)

Bedeutende Ereignisse und Jahrestage: Der 14. November steht im Zeichen des Drangs, das menschliche Wissen und Streben spürbar voranzubringen. Dies zeigte sich, als der schottische Forscher James Bruce in Äthiopien die Quelle des Blauen Nils entdeckte (1770) und als der amerikanische Pilot Eugene Ely zum ersten Mal von einem Schiffsdeck aus startete (1910). An einem vom Wasser regierten Tag, der vor den Risiken der Zurückhaltung warnt, kam es 1963 vor der Küste von Island zu einem heftigen Unterwasservulkanausbruch, wobei die Insel Surtsey entstand.

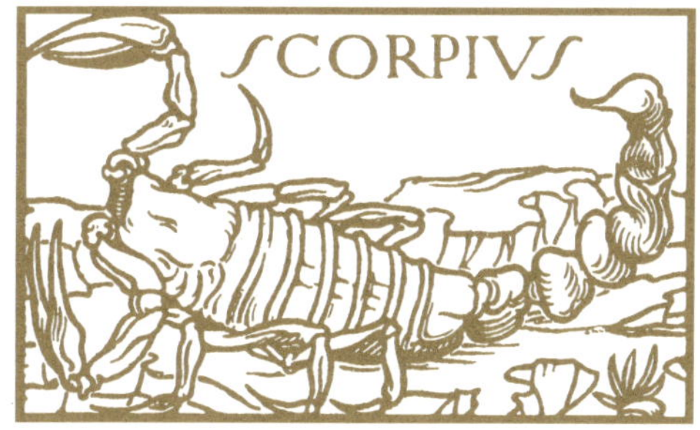

Planeteneinflüsse

Herrschender Planet: Pluto.
Dritter Dekan: Persönlicher Planet ist der Mond.

♇ ☾

Religiöse und kulturelle Bedeutung

Anhänger des Wicca-Kults feiern ein druidisches Musikerfest, in Indien werden Kinder von den Göttinnen Befona, Mayavel, Rumina und Surabhi gesegnet.
Namenstag: Alberich von Utrecht (ca. 710–784), Laurence O'Toole (1128–1180), Nikolaus Taveliæ und Gefährten († 1391).

Der französische Maler Claude Monet, geboren am 14. November 1840, stellte 1874 sein bahnbrechendes Werk Impression: Sonnenaufgang *aus dem Jahr 1872 vor. Dieses Kunstwerk gab den Impressionisten ihren Namen, und Monets Intuition, für die sein Geburtstag spricht, beeinflußte Künstler und die Öffentlichkeit in Werken von wachsender Kraft und Originalität.*

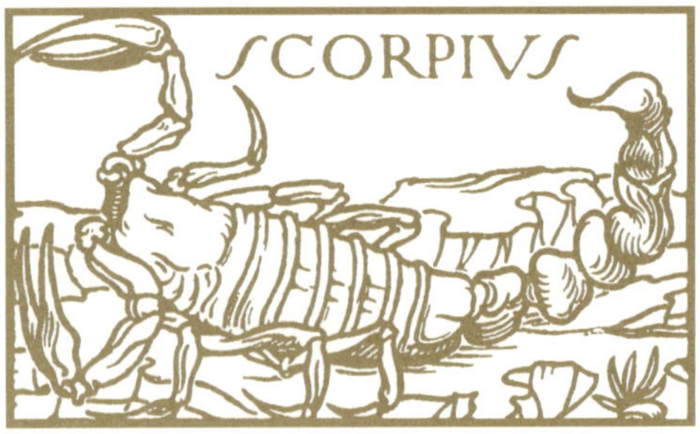

15. NOVEMBER

Innere Konflikte sind im Leben der am 15. November Geborenen oft nicht zu vermeiden. Wie ruhig und kompetent sie auch immer wirken mögen, die hinter ihrer meist sehr gelassenen Fassade liegende Persönlichkeit ist in ständigem Aufruhr begriffen. Das Hauptproblem dieser Menschen besteht darin, ihren Wunsch, sich völlig dem Dienst an ihren Mitmenschen (vor allem ihren Kollegen oder Mitbürgern) zu widmen, mit ihrer persönlichen Integrität, ihren individuellen Überzeugungen und emotionalen Bedürfnissen in Einklang zu bringen. Wenn ihnen dies gelingt, sind sie häufig sehr starke, hochangesehene Persönlichkeiten, die andere inspirieren, bestärken und beschützen, z. B. als Kommunal- oder Bundespolitiker. Zunächst beachten sie pflichtbewußt alle Vorschriften in dem Glauben, daß Anpassung der beste Weg sei, um dem gemeinsamen Interesse zu dienen, doch dank ihres Scharfsinns erkennen sie nach einer Weile oft inhärente Mängel und Mißbräuche und werden von starken Zweifeln befallen. In einer solchen Lage können sie, wenn auch widerstrebend, die Notwendigkeit erkennen, sich gegen das System aufzulehnen, um ihrem wahren Selbst treu zu bleiben. Ihrem Handeln liegt das Bestreben zugrunde, den Menschen ihres Umfelds oder auch der gesamten Menschheit einen Dienst zu erweisen. Manche verlegen sich deshalb auf Berufe in der wissenschaftlichen oder künstlerischen Forschung und Entwicklung, wo sie ihren Drang nach Fortschritt befriedigen können, ohne bei ihren Überzeugungen Abstriche machen zu müssen. Als Freunde und Verwandte sind sie liebevoll und großzügig. Sie genießen die einfachen Freuden des Lebens und sind belebende, unterstützende Gefährten.

STÄRKEN: Die an diesem Tag Geborenen sind äußerst human gesinnt. Ihr Mitgefühl zeigt sich in ihrem Drang, das Los ihrer Mitmenschen durch spürbare Verbesserungen zu erleichtern. Bei der Arbeit an diesem Ziel zeigen sie intellektuelle und körperliche Kraft und eine gute Organisationsgabe.
SCHWÄCHEN: Oft fühlen sich diese Menschen zwischen äußeren und inneren Anliegen zerrissen und sehen sich gezwungen, sich für eines zu entscheiden. So sublimieren sie ihre Meinungen und Wünsche manchmal zugunsten dessen, was sie für das Allgemeinwohl halten, oder sie entziehen sich dieser Entscheidung und folgen einem einsamen Lebensweg.
FAZIT: Um wirklich glücklich zu sein, müssen die an diesem Tag Geborenen ihre persönlichen Prioritäten klären und entsprechend handeln. Kompromisse sollten sie nur eingehen, wenn diese unvermeidbar sind, aber nie, wenn sie das Gefühl haben, ihren Prinzipien untreu zu werden. Die Pflege offener, stabiler persönlicher Beziehungen trägt dazu bei, ihre Entschlußkraft zu stärken, und bietet ihnen reiche emotionale Unterstützung.

An diesem Tag

Prominente Geburtstage: Katharina von Braganza (1638), William Pitt der Ältere (1708), William Herschel (1738), Gerhart Hauptmann (1862), Marianne Moore und Georgia O'Keeffe (1887), Richmal Crompton (1890), Erwin Rommel (1891), Aneurin Bevan und Sacheverell Sitwell (1897), Annunzio Mantovani (1905), Claus von Stauffenberg (1907), Jade Dyer (1913), Ed Asner (1929), J. G. Ballard und Barbara Thiering (1930), Petula Clark (1932), Martin Bangemann (1934), Sam Waterston (1940), Daniel Barenboim (1942), Frida Lyngstad (1945), Peter Phillips (1977)

Bedeutende Ereignisse und Jahrestage: Am 15. November stehen Bestrebungen zugunsten des Allgemeinwohls im Vordergrund, was sich speziell in der Politik zeigte; so ratifizierte der Kongreß von Philadelphia während der amerikanischen Revolution 1777 seine erste Verfassung – der erste Schritt zur Gründung der Vereinigten Staaten. Im amerikanischen Bürgerkrieg verließen die Unionstruppen unter General Sherman Atlanta, um die in den Händen der Konföderierten befindliche Stadt Savannah anzugreifen (1864). Technische Fortschritte ergaben sich an diesem Tag, als der britische Lehrer Isaac Pitman 1837 sein bahnbrechendes Werk über die Stenographie verfaßte oder als Miller Reese aus New York 1901 ein elektrisches Gerät für hörgeschädigte Menschen patentieren ließ.

Planeteneinflüsse

Herrschender Planet: Pluto.
Dritter Dekan: Persönlicher Planet ist der Mond.

♇ ☾

Religiöse und kulturelle Bedeutung

Von Anhängern heidnischer Kulte wird die Göttin Ferona geehrt, in Japan wird in schintoistischen Tempeln ein Gesundheitsritual, Shichi-Go-San, abgehalten.
Namenstag: Findan von Rheinau (ca. 800–878), Leopold III. (ca. 1075–1136), Albertus Magnus (1193–1280), Schutzheiliger der Theologen und Naturwissenschaftler.

Am 15. November 1887 wurde die amerikanische Malerin Georgia O'Keeffe geboren. Sie trug maßgeblich zur Entwicklung der abstrakten Kunst in Amerika bei. Ihre mit ihrem Geburtstag einhergehende Empfindsamkeit, daneben aber auch ihre schweren inneren Konflikte prägen ihr ausdrucksstarkes Werk, vor allem die eindringlichen Bilder des Südwestens.

16. NOVEMBER

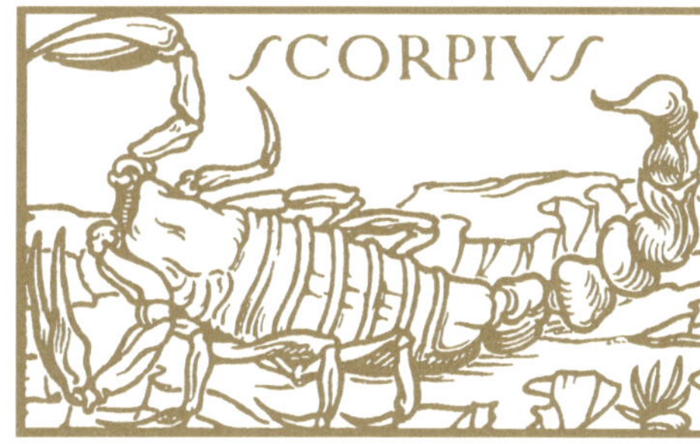

Die an diesem Tag Geborenen kombinieren einen regen, forschenden Geist mit dem ernsthaften Bestreben zu verstehen, wie die Welt funktioniert, und mit einer bemerkenswerten Einsicht, die es ihnen erlaubt, ihre Ideen für das Allgemeinwohl nutzbar zu machen. Als Kinder oder junge Erwachsene ist ihr Gefühl der Verbundenheit mit den Menschen ihrer Umgebung nicht immer erkennbar, und im Lauf ihrer Persönlichkeitsentwicklung stellen sie oft den Status quo in Frage. Doch wenn sie einmal zu einem abschließenden Urteil gekommen sind, bleiben sie ihm treu und bemühen sich, andere von dessen Gültigkeit zu überzeugen.

An diesem Tag Geborene eignen sich hervorragend für Führungspositionen, in denen sie andere beeinflussen können. Es zieht sie zu Berufen in der Politik oder im Lehrbereich hin, aber auch zu künstlerischen Aktivitäten, in denen sie ein breiteres Publikum erreichen können. Die Menschen in ihrer Umgebung achten ihre Entschlußkraft (selbst wenn sie mit ihren unverhohlen geäußerten Meinungen und ihren Methoden nicht übereinstimmen). Tatsächlich sollten sich am 16. November Geborene um mehr Takt und Toleranz bemühen, wenn sie andere für ihre Ziele gewinnen wollen, vor allem die Menschen, deren Liebe und Unterstützung für ihr emotionales Wohl unerläßlich sind.

STÄRKEN: Die an diesem Tag Geborenen verfügen über einen forschenden, doch auch logischen und fortschrittlichen Verstand, sie wollen den Dingen auf den Grund gehen und sie einschätzen, um mit den daraus gewonnenen Erkenntnissen die Grenzen menschlichen Wissens und Bemühens auszuweiten. Sie besitzen einen starken Willen und große Beharrlichkeit, daneben aber auch persönliches Charisma und ein hochentwickeltes Organisationstalent, die ihnen Erfolg versprechen.
SCHWÄCHEN: Am 16. November Geborene sind so überzeugt davon, daß ihre Ansichten auch anderen von Nutzen sind, und fühlen sich so sehr dazu berufen, andere aufzuklären und dazu zu bewegen, ihre Art, an die Dinge heranzugehen, zu übernehmen, daß sie dazu neigen, alle Einwände Andersdenkender abzuwehren, anstatt sich um Vermittlung und Versöhnung zu bemühen.
FAZIT: Diese Menschen müssen unbedingt darauf achten, daß sie sich nicht zu zwanghaft um ihre Anliegen kümmern und dabei alles andere vergessen (vor allem auch ihre eigenen emotionalen Bedürfnisse und die ihrer Familie). Sie sollten sich um Objektivität bemühen und darum, das Recht anderer auf eine eigene Meinung zu respektieren.

An diesem Tag

Prominente Geburtstage: Jean le Rond d'Alembert (1717), Rodolphe Kreutzer (1766), William John Thoms (1803), John Bright (1811), William Frend De Morgan (1839), William Christopher Handy (1873), Paul Hindemith (1895), Oswald Mosley (1896), Burgess Meredith (1908), Daws Butler und Max Gillies (1916), Lothar Spät (1937), Griff Rhys Jones (1953), Frank Bruno (1961), Dwight Gooden (1964), Lisa Bonet (1967)

Bedeutende Ereignisse und Jahrestage: An diesem Tag verbindet sich ein starkes Verantwortungsgefühl mit ausgesprochenen Führungsqualitäten. 1632 besiegte König Gustav Adolf von Schweden die Österreicher unter Albrecht Wallenstein in der Schlacht von Lützen in Sachsen, bezahlte seinen Sieg jedoch mit dem Leben. 1917 wurde Georges Clemenceau zum zweiten Mal zum französischen Premierminister gewählt. Der 16. November wird jedoch nicht nur vom Element Wasser beherrscht, sondern betont auch progressive Tendenzen: So entdeckte der australische Forscher Hamilton Hume mit dem Murray den längsten Fluß seines Kontinents (1824), und die Sowjetunion schickte an diesem Tag ihr unbemanntes Raumschiff „Venus III" zum gleichnamigen Planeten (1965). Das diesem Tag innewohnende künstlerische Potential bestätigte sich 1913 mit der Veröffentlichung von Marcel Prousts autobiographischem Mammutwerk *Auf der Suche nach der verlorenen Zeit*.

Planeteneinflüsse

Herrschender Planet: Pluto.
Dritter Dekan: Persönlicher Planet ist der Mond.

♇ ☾

Religiöse und kulturelle Bedeutung

In Indien wird mit einem Lichterfest das hinduistische Neujahr gefeiert.
Namenstag: Otmar von St. Gallen (ca. 690–759), Margareta von Schottland (ca. 1046–1093), Edmund von Abingdon (ca. 1180–1240).

Das tiefempfundene soziale Verantwortungsgefühl und die Führungsqualitäten, die im Namenstag der Margareta von Schottland liegen, zeigten sich ihr ganzes Leben lang. Die Ehefrau von König Malcolm setzte sich unermüdlich für das Wohl ihres Volkes ein. 1250 wurde sie von Papst Innozenz IV. für ihre Taten als Ehefrau, Mutter und Beschützerin der Kirche und der Künste heiliggesprochen.

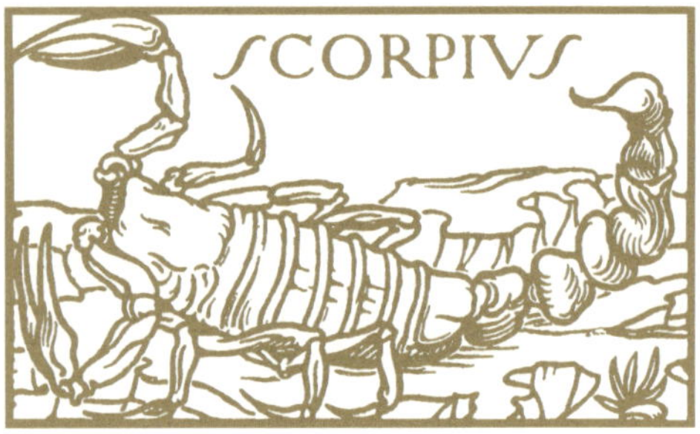

Planeteneinflüsse

Herrschender Planet: Pluto.
Dritter Dekan: Persönlicher Planet ist der Mond.

♇ ☾

Religiöse und kulturelle Bedeutung

Namenstag: Dionysius der Große von Alexandrien (ca. 170–ca. 256), Gregor der Wundertäter (Thaumaturgos, ca. 213–ca. 270), Gegor von Tours (538/9–594), Hilda von Streaneshalch (614–680), Florinus von Vinschgau († 856?), Salomea, (Salome, 1210–68), Philippine Duchesne (1769–1852).

Der Wunsch, gemeinsam zugunsten des Gemeinwohls tätig zu werden, ein Aspekt des 17. November, wurde 1869 deutlich, als der Suezkanal für den internationalen Schiffsverkehr geöffnet wurde.

17. NOVEMBER

Ihr Scharfblick, ihr Gerechtigkeitssinn und ihre Orientierung an der sozialen Gruppe, mit der sie sich am stärksten identifizieren, ermöglichen es den an diesem Tag Geborenen, etwas für die Welt zu tun. Doch trotz ihrer wohlmeinenden Bestrebungen, anderen zu helfen, sind die am 17. November Geborenen autonom. Ihre geistige Unabhängigkeit bringt sie oft dazu, sich selbst von denen abzusondern, an deren Wohl ihnen am stärksten gelegen ist. Sie sind begabte Kommentatoren des gesellschaftlichen Geschehens und nutzen ihre Beobachtungen, um auf Mängel hinzuweisen und an deren Behebung zu arbeiten. Sie vermitteln ihre Botschaften mit unfehlbarer Genauigkeit und mit einer Prise Humor gewürzt, was ihnen zusätzlichen Beistand einbringt. Die an diesem Tag Geborenen verfügen über die besten Voraussetzungen, um in Berufen erfolgreich zu sein, in denen ihnen die Freiheit des Denkens und des Ausdrucks gewährleistet ist und sie an einem konkreten Ziel arbeiten können. Tätigkeiten im High-Tech-Bereich, etwa als Web-Designer, sprechen sie besonders an. Ihre Mitmenschen bewundern sie wegen ihrer persönlichen Anziehungskraft, ihres spontanen Humors und ihrer beneidenswerten Fähigkeit, andere zur Zusammenarbeit zu bewegen, doch oft haben sie das Gefühl, ihren wahren Charakter nicht zu kennen. Tatsächlich hüten diese Menschen ihr Privatleben streng (bei Männern macht sich diese Neigung besonders bemerkbar). Tiefere Einblicke gewähren sie nur den Menschen, denen sie völlig vertrauen. Ihre Beziehungen zu Freunden und Verwandten sind ihnen äußerst wichtig, denn sie dienen ihnen als emotionale Basis bedingungsloser Zuwendung und Sicherheit.

STÄRKEN: Die am 17. November Geborenen sind scharfsinnige Analytiker der sozialen Gruppe, der sie angehören. Die ausgesprochen wahrnehmungsfähigen, kühl rationalen und gerecht denkenden Menschen sind von dem Drang beseelt, ihre bemerkenswerten Erkenntnisse und Schlußfolgerungen mit anderen zu teilen, um diese auf bestehende Mängel hinzuweisen und ihnen damit Verbesserungen zu ermöglichen.
SCHWÄCHEN: Der Hang zu beobachten, und ihr Bestreben, den Menschen ihres Umfelds deren Fehler klarzumachen, können dazu führen, daß die am 17. November Geborenen übermäßig kritisch oder autoritär werden. Dadurch errichten sie unfreiwillig psychologische Barrieren zwischen sich und denjenigen, deren Wohl ihnen am Herzen liegt.
FAZIT: Diese Menschen sollten versuchen, sich der manchmal sehr einschüchternden Wirkung bewußt zu werden, die ihre deutlich ausgesprochenen Urteile und Beobachtungen auf andere haben können. Obwohl sie instinktiv erkennen, daß Humor nützlich für die Verbreitung ihrer Botschaften ist, müssen sie sich davor hüten, sich zu isolieren, und sich darum bemühen, mit anderen Menschen toleranter und offener umzugehen.

An diesem Tag

Prominente Geburtstage: König Ludwig XVIII. von Frankreich (1755), Bernard Law Montgomery (1887), Curt Goetz (1888), Lee Strasberg (1901), Israel Regardie (1907), Rock Hudson (1925), Michael Freeman (1931), Peter Cook (1937), Gordon Lightfoot (1938), Auberon Waugh (1939), Martin Scorsese (1942), Lauren Hutton (1943), Danny DeVito, Lorne Michaels und Tom Seaver (1944), Ru Paul (1960), Isaac Hanson (1980)

Bedeutende Ereignisse und Jahrestage: Am 17. November steht der Wunsch im Vordergrund, durch gemeinsames Handeln Fortschritte zu erzielen. Dies zeigte sich, als der amerikanische Kongreß seine erste Sitzung abhielt (1800), als der Suezkanal offiziell eröffnet wurde (1869) oder als Sibirien sich der Sowjetunion anschloß (1922). Dieser Tag bringt auch kritische oder autoritäre Neigungen zum Vorschein; so begann 1603 der Prozeß gegen den englischen Seefahrer Sir Walter Raleigh, dem Hochverrat gegen König Jakob I. vorgeworfen wurde. Der türkische Revolutionsführer Mustafa Kemal Pascha (Kemal Atatürk) schaffte die Ottomanen-Institution des Sultanats ab und zwang Mohammed VI. dazu, sich ins Exil zu begeben (1922). Schließlich ist dieser Tag auch empfänglich für den Einfluß des Mondes – 1970 landete das unbemannte sowjetische Raumschiff „Luna 17" auf dem Mond.

18. NOVEMBER

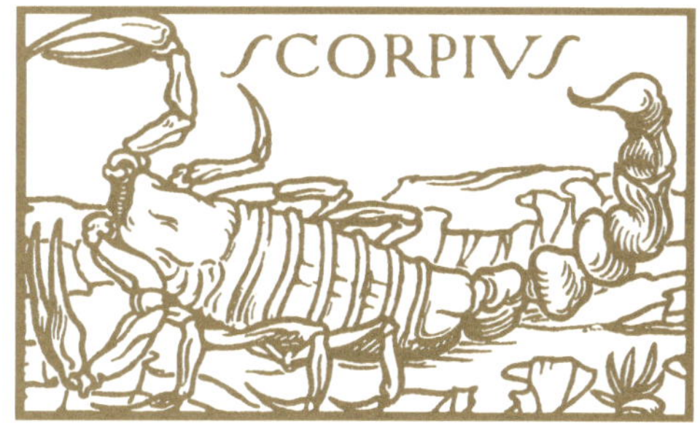

Die Gesellschaft der an diesem Tag geborenen fröhlichen Menschen wird meist sehr genossen. Sie beleben jedes Treffen durch ihre Vitalität, ihren Humor und ihre Freundlichkeit. Umgekehrt werden die am 18. November Geborenen von den Menschen um sie herum auch angeregt, nicht zuletzt deshalb, weil sie gern im Mittelpunkt der Aufmerksamkeit stehen. Doch hinter der Fassade von Frohsinn, die sie der Welt gegenüber zeigen, liegen Verwirrung und Selbstzweifel. Diese intuitiven Menschen sind extrem empfänglich für Signale von Unglück, die andere aussenden, und werden von ihren emotionalen Reaktionen sehr beeinträchtigt. Deshalb fühlen sie sich manchmal richtungslos, was für diese aktiven Menschen sehr schädlich sein kann, da ihre Erfüllung letztlich darin liegt, etwas zu bewegen (für sich selbst wie für andere). Deshalb sind sie auf ihrer Suche nach Erkenntnis und in ihrem Handeln auch so stark auf andere gerichtet. Doch aus demselben Grund sind sie sehr einfühlsame Freunde, Kollegen und Gefährten, denn indem sie ihre eigenen Probleme zugunsten der Probleme ihrer Mitmenschen sublimieren, können sie oft ihre Gedanken und Gefühle klären. Ihre Sensibilität geht mit ihrem Bestreben einher, individuelles Wachstum und ihre Lebensziele zu erreichen. Dies ermöglicht ihnen vor allem Erfolge als Künstler, Musiker oder Schriftsteller – ja, sogar als spirituelle Führer –, aber auch als Neuerer in den unterschiedlichsten Bereichen einschließlich Wissenschaft und Technik. In ihren beruflichen Aktivitäten zeigt sich meist ihre positive, charismatische Persönlichkeit, in ihren privaten Beziehungen aber tritt oft ihre Unsicherheit zu Tage. Deshalb legen sie enormen Wert auf die Unterstützung und Zuwendung ihrer Familie und Freunde (um so mehr, wenn sie im chinesischen Jahr der Ziege geboren sind), die sie so kennen und akzeptieren, wie sie sind, und damit ihr Selbstwertgefühl stärken.

STÄRKEN: Die Gedanken und Visionen der an diesem Tag Geborenen werden vorrangig von ihren emotionalen Reaktionen auf die Menschen und Bedingungen ihres Umfelds gespeist. Dank ihres Einfühlungsvermögens sind sie freundliche und zuverlässige Freunde.
SCHWÄCHEN: Am 18. November Geborene neigen dazu, sich von ihren Gefühlen überwältigen zu lassen, was ihre Entschlußkraft schwächt. Ihre Unentschlossenheit kann ihr Bestreben, sich nützlich zu machen, beeinträchtigen, was zu Depressionen führen kann.
FAZIT: Diese Menschen müssen ihr emotionales Wohl unbedingt dadurch schützen, daß sie sich aufrichtig fragen, was ihnen die größte Erfüllung bringt. Wenn sie trotz ihrer Zweifel diese Voraussetzung berücksichtigen, steigern sich ihre Aussichten auf Glück und Harmonie.

An diesem Tag

Prominente Geburtstage: David Wilkie (1785), Henry Rowley Bishop und Carl Maria von Weber (1786), Louis Jacques Mandé Daguerre (1789), John Nelson Darby (1800), W.S. Gilbert (1836), Ignacy Jan Paderewski (1860), Amelita Galli-Curci (1889), George Gallup (1901), Klaus Mann (1906), Imogene Coca (1908), Johnny Mercer (1909), Alan B. Shepard, Jr. (1923), Brenda Vaccaro (1939), David Hemmings (1941), Linda Evans (1942), Susan Sullivan (1943), Jameson Parker (1947), Kim Wilde (1960)

Bedeutende Ereignisse und Jahrestage: An diesem Tag steht künstlerisches Handeln, das ein breites Publikum begeistern soll, im Vordergrund. 1477 veröffentlichte der englische Drucker William Caxton sein erstes in Lettern gedrucktes Werk, *Dictes or Sayengs of the Philosophres*, 1928 wurde in amerikanischen Kinos *Steamboat Willie* gezeigt, der erste Zeichentrickfilm, in dem Disneys Mortimer Mouse als Mickey Mouse auftrat. Auch spirituelle Anliegen spielen eine Rolle am 18. November: 1626 wurde der Petersdom in Rom geweiht. Unter den Anhängern des Sektenführers Jim Jones kam es in Guyana zu einem Massenselbstmord, nachdem sie drei Reporter und einen amerikanischen Kongreßabgeordneten umgebracht hatten, die bei ihnen hatten Nachforschungen anstellen wollen (1978).

Planeteneinflüsse

Herrschender Planet: Pluto.
Dritter Dekan: Persönlicher Planet ist der Mond.

♇ ☾

Religiöse und kulturelle Bedeutung

Auf dem Ardvi Sura-Fest wird die Mutter der Sterne, Ardvi, gefeiert.
Namenstag: Odo von Cluny (ca. 878–942).

Der Einfallsreichtum, der für die an diesem Tag Geborenen typisch ist, zeigte sich auch bei dem französischen Pionier der Fotografie Louis J. M. Daguerre, der 1839 das nach ihm benannte Verfahren entwickelte. Die „Daguerrotypie" (unten abgebildet ein Beispiel) wurde bis ins 20. Jahrhundert hinein noch häufig vor allem für Porträtaufnahmen benutzt.

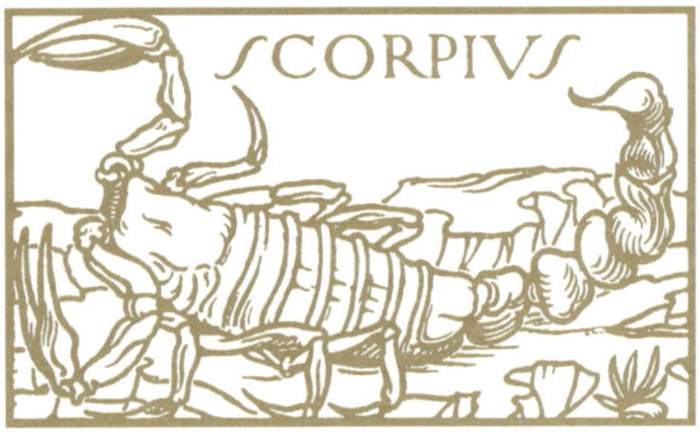

19. NOVEMBER

Planeteneinflüsse

Herrschende Planeten: Pluto und Jupiter.
Dritter Dekan: Persönlicher Planet ist der Mond.
Zweite Häuserspitze: Skorpion mit Schützetendenzen.

♇ ♃ ☾

Religiöse und kulturelle Bedeutung

Warlock Day.
Namenstag: Elisabeth von Thüringen (1207–31), Mechthild von Hackeborn (1241–99).

Die Schauspielerin Jodie Foster, die in der New Yorker Bronx geboren wurde, zeigt die für die an diesem Tag Geborenen typische Energie und Begeisterung. Mit drei Jahren erhielt sie ihre erste Rolle und hatte bereits in 18 Filmen mitgewirkt, als sie 1982 von der Yale-Universität magna cum laude *graduierte. Für ihre schauspielerischen Leistungen in* Angeklagt *(1988) und in* Das Schweigen der Lämmer *(1990) wurde sie mit einem Oscar ausgezeichnet.*

Die an diesem Tag Geborenen sind Menschen voller Energie, die begeistert am Leben teilnehmen. Selten geben sie sich mit einer passiven Rolle zufrieden. Es drängt sie danach, bei allem, was sie interessiert, eine Hauptrolle zu übernehmen, und dadurch hoffen sie, auch der Welt einen bedeutenden Dienst zu leisten. Es handelt sich um intellektuell wahrnehmungsfähige und intuitive Menschen, deren Sympathie und Wunsch, Maßgebliches beizutragen, sich bei allem regt, was sie als Mängel oder Mißbrauch empfinden. So sind am 19. November Geborene vor allem angeregt, wenn sie sich mit unterschiedlichsten gesellschaftlichen Themen beschäftigen, seien es solche ihres unmittelbaren Umfelds, ihrer Gemeinde oder auch auf einer breiteren humanitären Ebene. Ihr um Fortschritt bestrebter, organisierter Intellekt sowie ihre hervorragenden technischen Kenntnisse lassen viele Berufe, einschließlich wissenschaftlicher und kreativer, für sie geeignet erscheinen. Welchen Beruf sie auch immer ergreifen, letztlich geht es ihnen vor allem darum, das Handeln der Menschen in ihrem Umfeld nach den Prinzipien und Methoden zu leiten, die sie für optimal halten, um dem Gemeinwohl zu nutzen. Als geborene Führer haben sie jedenfalls hervorragende Karriereaussichten.

Die an diesem Tag Geborenen sind äußerst selbstsicher. Ihr Selbstvertrauen erwächst ihnen aus ihrer Entschlossenheit, die von ihnen gehegten Überzeugungen zu fördern. Dafür werden sie gleichermaßen bewundert wie geschmäht, doch sie sind so überzeugt von der Richtigkeit ihrer Ansichten und ihrem Drang, sie durchzusetzen, daß sie, solange sie ungehindert ihren Weg fortsetzen können, sämtliche Reaktionen gleichmütig hinnehmen. Ihr beruflicher Ehrgeiz ist ebenso stark wie ihr Bestreben, sich so weit wie möglich in das Leben ihrer Angehörigen einzubringen, so daß sie im allgemeinen besorgte, liebevolle Freunde und Verwandte sind. Dennoch haben sie die Neigung, das Handeln anderer zu steuern, was auf deutliche Ablehnung treffen kann.

STÄRKEN: Diese scharfsinnigen, sozial orientierten Menschen, die sowohl intellektuell als auch physisch sehr energievoll sind, werden von ihrem Bestreben beflügelt, eine Hauptrolle auf der Bühne des Lebens zu spielen und dabei auch die Menschen ihres Umfelds dazu zu bringen, ihre fortschrittlichen Überzeugungen zu teilen.
SCHWÄCHEN: Am 19. November Geborene wollen stets gern mit gutem Beispiel vorangehen. Da nahezu sämtliche Bereiche ihres Lebens ihr Interesse wecken, neigen sie dazu, sich entschlossen und begeistert in alle Aktivitäten zu stürzen, seien sie nun beruflicher oder persönlicher Art. Dabei riskieren sie jedoch, körperlich und geistig ausgelaugt und damit auch intoleranter zu werden, wenn ihre Kraftreserven unerbittlich zur Neige gehen.
FAZIT: Um einer Erschöpfung vorzubeugen und ihre Kapazitäten nicht zu verringern, müssen diese Menschen erkennen, daß sie keine Übermenschen sind und auch ihnen nur begrenzte Kraftreserven zur Verfügung stehen. Sie sollten lernen, sich zu bremsen, und auch der eigenen Erholung genügend Zeit einzuräumen.

An diesem Tag

Prominente Geburtstage: König Karl I. von England und Schottland (1600), Ferdinand de Lesseps (1805), James Abram Garfield (1831), Otto Eckmann (1865), Clifton Webb (1891), Anton Walbrook (1900), Tommy Dorsey (1905), Indira Gandhi (1917), Larry King (1933), Dick Cavett (1936), Ted Turner (1938), Calvin Klein (1942), Kathleen Quinlan (1954), Meg Ryan (1961), Jodie Foster (1962), Kerri Strug (1977)

Bedeutende Ereignisse und Jahrestage: Am 19. November spielen inspirierende Führungsqualitäten eine große Rolle: Abraham Lincoln hielt an diesem Tag anläßlich der Einweihung eines nationalen Friedhofs für die Opfer der Schlacht von Gettysburg in Pennsylvania seine berühmte „Gettysburg Address“ (1863), und der berühmte brasilianische Torschütze „Pelé“ (Edson Arantes do Nascimento) schoß als Mitglied der Santos-Mannschaft sein eintausendstes Tor (1960).

20. NOVEMBER

Zu den herausragendsten Eigenschaften der an diesem Tag Geborenen gehören ihr aktiver, fortschrittlicher Verstand und ihr Wunsch, die Interessen derjenigen zu fördern, mit denen sie sich am stärksten verbunden fühlen – Verwandte, Freunde oder die menschliche Gemeinschaft. Ihr reger Geist und ihre Intuition ermöglichen es ihnen, Mängel an Konzepten, Systemen oder Verhaltensmustern zu erkennen und klare Strategien für deren Behebung zu ersinnen. Mit denjenigen, die ihrem Fortschritt hinderlich sind, können sie ausgesprochen ungeduldig sein, andere Meinungen tun sie manchmal mit harten Worten oder auch spektakulären Wutanfällen ab, vor allem wenn sie im chinesischen Jahr des Drachen geboren sind. Doch meist gehen sie kontrolliert und diszipliniert vor und setzen lieber ihren (beträchtlichen) Charme und ihre Überzeugungskraft ein, als andere zu dem von ihnen gewünschten Verhalten zu zwingen.

Berufe, zu denen sich die an diesem Tag Geborenen hingezogen fühlen, finden sich in Politik, Wissenschaft und Technik sowie Wirtschaft, Städteplanung und Umweltschutz. Ihre beruflichen Aktivitäten betreiben sie mit vollem Einsatz, doch daneben kümmern sie sich auch intensiv um ihre persönlichen Beziehungen.

STÄRKEN: Die am 20. November Geborenen sind scharfsinnige und rationale, doch auch visionäre und progressive Menschen. Sie sind beseelt von dem Drang, das Wohl der sozialen Gruppe, deren Interesse ihnen am stärksten am Herzen liegt, zu verteidigen oder zu fördern. Ihre bemerkenswerte Entschlossenheit sowie enorme Energie und Hartnäckigkeit ermöglichen es ihnen, in ihrem Leben neue Wege zu bahnen und andere dazu zu bringen, ihnen zu folgen.
SCHWÄCHEN: Die an diesem Tag Geborenen verspüren ein derart starkes Bedürfnis, ihre festen Überzeugungen und Ziele zu fördern, daß sie dazu neigen, mit Wutausbrüchen auf Hindernisse zu reagieren.
FAZIT: Diese Menschen sollten erkennen, daß ihr totaler Einsatz sich auch negativ auswirken kann, denn manchmal laugen sie sich körperlich und geistig zu sehr aus. Deshalb sollten sie sich unbedingt die Zeit nehmen, sich bewußt zu entspannen, vor allem im Kreis ihrer Freunde und Verwandten, die ihnen viel Unterstützung bieten.

An diesem Tag

Prominente Geburtstage: Thomas Chatterton (1752), Samuel Cunard (1787), Edwin Hubble (1889), Alexandra Danilowa (1906), Alistair Cooke (1908), Wilfred Wooler (1912), Bobby Locke (1917), Dulcie Gray und Gene Tierney (1920), Robert Kennedy (1925), Kay Ballard (1926), Estelle Parsons (1927), Richard Dawson (1932),René Kollo (1937), Veronica Hamel (1943), Bo Derek und Mark Gastineau (1956)

Bedeutende Ereignisse und Jahrestage: Dieser Tag wird von dem starken Wunsch dominiert, sich für das Gemeinwohl einzusetzen; 1759 schlug z. B. die britische Marine unter Admiral Sir Edward Hawke die französische Flotte unter Admiral Hubert de Conflans in der Schlacht von Quiberon Bay vor der Küste der Bretagne zurück und bewahrte England damit vor einer Invasion. Der venezolanische Revolutionär Simón Bolívar, der „Befreier", erklärte sein Land an diesem Tag von Spanien unabhängig (1818). Mit dem sozialen Verantwortungsgefühl, das an diesem Tag ebenfalls eine große Rolle spielt, geht auch die Bereitschaft einher, Verfehlungen gegen das Gemeinwohl zu ahnden. Dies spiegelte sich 1945 in den Nürnberger Prozessen, in denen nationalsozialistische Kriegsverbrecher zur Rechenschaft gezogen wurden. 1979 wurde dem britischen Spion Anthony Blunt seine Ritterwürde genommen. Der 20. November weist auch auf herausragende Entwicklungen in vielen unterschiedlichen Bereichen hin: 1805 wurde Beethovens einzige (doch zukunftsweisende) Oper *Fidelio* uraufgeführt, und 1906 gründeten Charles Steward Rolls und Frederick Henry Royce die als Luxuslimousinenhersteller berühmt gewordene britische Autofirma Rolls-Royce.

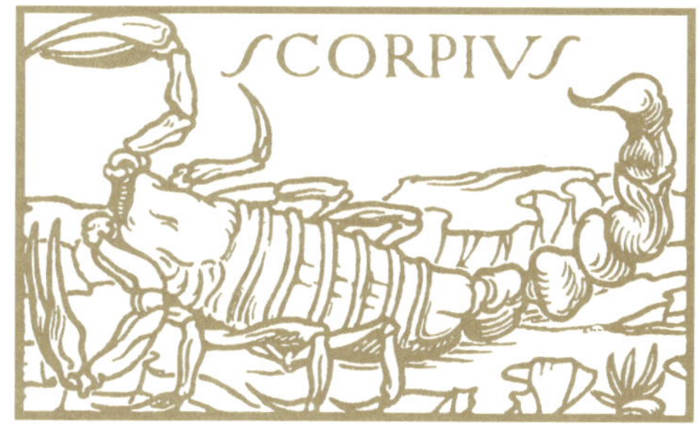

Planeteneinflüsse

Herrschende Planeten: Pluto und Jupiter.
Dritter Dekan: Persönlicher Planet ist der Mond.
Zweite Häuserspitze: Skorpion mit Schützetendenzen.

♇ ♃ ☾

Religiöse und kulturelle Bedeutung

Namenstag: Edmund von Ostanglien (ca. 840–870), Bernward von Hildesheim (ca. 960–1022).

Gesellschaftliche Verantwortung und Entschlossenheit, zum Wohl der Allgemeinheit aktiv zu werden, sind Aspekte dieses Tages, an dem 1945 die Nürnberger Prozesse gegen nationalsozialistische Kriegsverbrecher eröffnet wurden.

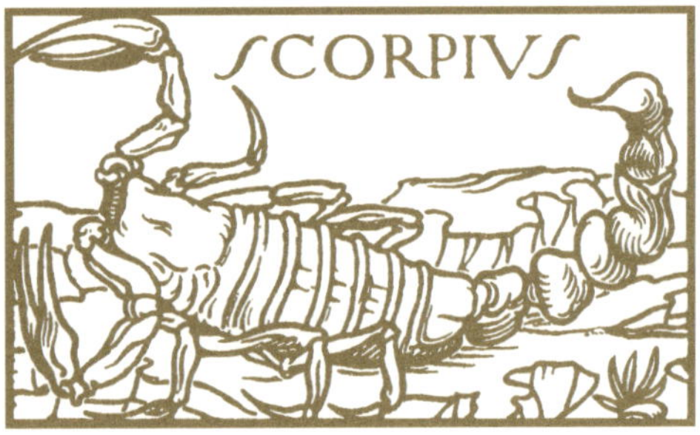

21. NOVEMBER

Am 21. November Geborene sind freundliche Menschen mit einer ansteckenden Fröhlichkeit und Hilfsbereitschaft, die nicht nur von ihren Angehörigen, sondern auch von ihren Kollegen und entfernten Bekannten geschätzt werden. Doch unter dem sonnigen, offenen Äußeren, das sie der Welt zeigen, liegen verborgene Tiefen, die man bei diesen Menschen nicht vermutet, wenn man sie nicht gut kennt. Tatsächlich sind die an diesem Tag Geborenen höchst empfindsam. Ihre emotionalen Reaktionen auf die Menschen um sie herum haben auf sie einen mindestens ebenso großen Einfluß wie ihre intellektuellen Anliegen. Die Tatsache, daß sie so einfühlsame, aufmunternde und großzügige Gefährten sind, ist sicher zum Teil auch darauf zurückzuführen, daß sie extrem sensibel auf alle Arten von Unglück oder Unheil und auch auf Mängel und Mißbrauch reagieren, die sie intuitiv wahrnehmen. Ihre tiefempfundene Sorge für andere – gar für die gesamte Menschheit – schließt jedoch nicht aus, daß sie sich auch um ihre persönlichen Interessen und Visionen bemühen. Aber meist entscheiden sich die an diesem Tag Geborenen für Berufe, in denen sie ihre innere und äußere Orientierung kombinieren können, etwa indem sie Ideen oder Produkte entwerfen, mit denen sie hoffen, der Gesellschaft dienen zu können – z. B. inspirierende Werke der Literatur, der bildenden Kunst, der Musik oder des Theaters, aber auch bahnbrechende technische Entwicklungen. Die an diesem Tag Geborenen legen einen so großen Wert auf ihr emotionales Glück (das unauflöslich mit dem der Menschen in ihrem Umfeld verbunden ist), daß sie, selbst wenn sie ihre beruflichen Möglichkeiten voll ausschöpfen und für ihre Leistungen auch gelobt werden, erst dann wirklich glücklich sind, wenn sie ihren Erfolg mit einem engen Kreis von Verwandten und Freunden teilen können. Die starken Bande, die sie zu ihren Angehörigen und Freunden eingehen, schätzen sie wegen der Unterstützung und der Liebe, die ihnen entgegengebracht werden. Ihre persönlichen Beziehungen sind vielleicht auch der einzige Bereich, in dem sie sich entspannen können, sie selbst sein und ihre Sorgen und Visionen mit denen, die sie am besten verstehen, teilen können.

STÄRKEN: Die an diesem Tag Geborenen sind zutiefst einfühlsame Menschen, die die Menschen ihrer Umgebung möglichst positiv beeinflussen möchten. Mit ihren Energien und ihrer Beharrlichkeit eignen sie sich hervorragend dafür, andere zu informieren, zu unterhalten und zu unterstützen, weshalb sie bei ihren Mitmenschen sehr beliebt sind.
SCHWÄCHEN: Diese Menschen setzen sich so stark für das emotionale und physische Wohl anderer ein, daß sie dazu neigen, ihre eigenen Bedürfnisse zu unterdrücken. Weil sie ihre persönliche Erfüllung vernachlässigen, sind sie manchmal erschöpft und enttäuscht.
FAZIT: Die am 21. November Geborenen sollten sich um ein gesundes Gleichgewicht in ihrem Leben bemühen und sich bei ihrem Einsatz für andere nicht verwehren, sich um sich selbst zu kümmern und gelegentlich auch einmal zu entspannen.

An diesem Tag

Prominente Geburtstage: François-Marie Arouet (Voltaire, 1694), Leslie Ward (1851), Harold George Nicolson (1886), René Magritte (1898), Coleman Hawkins (1904), Stan Frank Musial (1920), Telly Savalas (1922), Joseph Campanella (1927), Malcolm Williamson (1931), Natalia Makarova (1940), Heidemarie Wieczorek-Zeul (1942), Harold Ramis (1944), Goldie Hawn (1945), Mariel Hemingway (1961), Nicolette Sheridan (1963)

Bedeutende Ereignisse und Jahrestage: Der 21. November weist auf den Drang hin, einen aktiven Beitrag für die Gesellschaft zu leisten, was sich in verschiedenen technischen Entwicklungen spiegelte. Die französischen Ballonpioniere François de Rozier und der Marquis d'Arlandes stiegen in einem von den Montgolfier-Brüdern entwickelten Heißluftballon zum ersten Mal über Paris in die Lüfte (1783), der Erfinder Thomas Hancock ließ seine Formel für die Gummiherstellung patentieren (1843), und in New York wurde die auf einem einzigen Pfeiler ruhende Verrazzano Narrows Bridge – zu jener Zeit die längste derartige Brücke der Welt – offiziell eingeweiht (1964).

Planeteneinflüsse

Herrschende Planeten: Pluto und Jupiter.
Dritter Dekan: Persönlicher Planet ist der Mond.
Zweite Häuserspitze: Skorpion mit Schützetendenzen.

♇ ♃ ☽

Religiöse und kulturelle Bedeutung

Die Mayas feierten den Gott Kukulcan.
Namenstag: Condedus (7. Jh.).

Der surrealistische belgische Maler René Magritte wies die Sensibilität und das künstlerische Können der am 21. November Geborenen auf. Ursprünglich war er kommerzieller Künstler, doch 1924 stellte er sich an die Spitze der neugegründeten belgischen Surrealistengruppe und schuf traumähnliche Bilder wie das unten abgebildete Werk Meditation *(1937).*

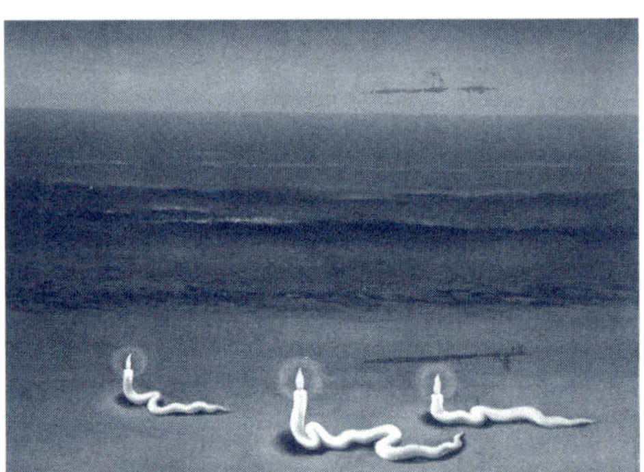

SCHÜTZE

♐

22. November bis 21. Dezember
Herrschender Planet: Jupiter **Element:** Feuer, veränderlich
Polarität: Positiv (maskulin)
Körperliche Entsprechungen: Leber, Hüfte und Oberschenkel
Edelsteine: Granat, Türkis, Amethyst, Citrin, Topas
Blumen: Goldlack, Löwenzahn, Narzisse, Lindenblüten, Nelken
Farben: Blau und Violett

Mit dem Zeichen des Schützen wird tatsächlich der bildliche Bogenschütze in Verbindung gebracht. Auch wenn oft der Zentaur – halb Mensch, halb Pferd – als der Bogenschütze im Sinne dieses Zeichens dargestellt wird (und die Perser diese Konstellation *Nimasp* nannten – der Zentaur), vertreten einige die Auffassung, daß er eher als Skorpionmensch denn als ein Mischwesen aus Mensch und Pferd dargestellt werden sollte. Überwiegend sehen die astrologischen Schulen in dieser Konstellation jedoch einen Bogenschützen. So hieß er bei den Alten Griechen *Toxotes* (der Bogenschütze) und bei Hindu-Astrologen *Dhanus* (der Bogen). Im Alten Griechenland wurde der Bogenschütze dieses Zeichens ursprünglich als Satyr dargestellt, bis dieser zweibeinige, allen irdischen Freuden zugetane Begleiter des Dionysos (Bacchus) schließlich durch den vierbeinigen Zentauren ersetzt wurde. Der Mythos von der Entstehung der Konstellation des Schützen erzählt von dem Zentauren Chiron von Magnesia, dem Lehrer so berühmter griechischer Helden wie Achilles, Pholos und Jason. Als ihn versehentlich der Giftpfeil des Herakles (Herkules) traf, schenkte er seine Unsterblichkeit, so heißt es, aus freien Stücken dem Prometheus und wurde in Anerkennung dieser edlen Geste von Zeus (Jupiter) in den Himmel erhoben.

Der Ambiguität des Zentauren entsprechend, sagt man den im Zeichen des Schützen Geborenen die ungestüme Kraft des Pferdes, die intellektuellen Fähigkeiten des Menschen und die im Pfeil verdeutlichte Zielstrebigkeit nach. Durch den Einfluß des Feuers gehören zu den Charakterzügen der Schützen auch Ruhelosigkeit und Gefühlswärme, während Jupiter, der Herrscher des Zeichens, ihnen Fröhlichkeit, Vielseitigkeit und Ehrgefühl schenkt. Die in diesem Zeichen Geborenen laufen jedoch Gefahr, materielle Interessen über geistige Weisheit zu stellen und sich durch Leidenschaften, impulsive Begeisterung und Ungeduld von ihren Zielen ablenken zu lassen.

22. NOVEMBER

Planeteneinflüsse

Herrschende Planeten: Jupiter und Pluto
Erster Dekan: Persönlicher Planet ist Jupiter.
Erste Häuserspitze: Schütze mit Skorpiontendenzen.

♃ ♇

Religiöse und kulturelle Bedeutung

Namenstag: Philemon und Apphia (1. Jh.), Cäcilia (ca. 200–230), Schutzheilige der Kirchenmusik, Musiker, Sänger, Instrumentenbauer und Dichter.

Die britische Schriftstellerin Mary Ann Evans, die unter dem Pseudonym George Eliot schrieb, besaß die moralische Stärke und die intellektuelle Kraft, die typisch ist für ihr Geburtsdatum: 22. November 1819. Beruflich wie privat brach sie Konventionen. Zu ihren bedeutenden Romanen gehören Silas Marner *(1861), und* Middlemarch *(1871–72). In der „Poet's Corner" der Westminster Abbey wurde ihr ein Denkmal errichtet.*

Mit ihrer großen körperlichen wie geistigen Kraft bemühen sich die an diesem Tag Geborenen, ihre persönlichen Lebensziele mit dem Gemeinwohl in Einklang zu bringen. Ihr Streben, immer weiter und höher zu steigen, gründet sich weniger auf das Verlangen nach persönlichem Ruhm, als vielmehr auf ihren Wunsch nach der Verwirklichung idealistischer Vorhaben. Mit Scharfsinn, Neugier und Einfühlungsvermögen arbeiten sie darauf hin, daß unbefriedigende Verhältnisse verbessert oder neue Konzepte entwickelt werden. Und da sie zum Perfektionismus neigen, stellen sie hohe Erwartungen an sich (und andere). Energiegeladen, entschlossen und mit einer Neigung, Menschen auf den Weg zu führen, den sie für den besten halten, gehen die am 22. November Geborenen mit gutem Beispiel voran, scheuen dabei aber auch vor Auseinandersetzungen nicht zurück, wo sie ihnen notwendig erscheinen. Zuweilen werden sie deshalb als übertrieben dominant oder herrisch empfunden, wobei sie aber selten nachtragend sind und meist die Zuneigung von Kollegen und Freunden gewinnen. Ihre Neigungen und Begabungen eröffnen den an diesem Tag Geborenen ein bewundernswert breites Spektrum beruflicher Möglichkeiten, unter der Voraussetzung allerdings, daß sie dabei das ihnen so wichtige unabhängige Denken und Handeln wahren und zugleich starken Einfluß auf ihre Kollegen und Mitarbeiter, ihr Publikum oder die Öffentlichkeit ausüben können (in besonderem Maß gilt das, wenn sie zugleich im chinesischen Jahr des Drachen geboren sind). Daher findet man sie oft im Management oder in anderer leitender Position. Bei allem, was sie tun und unternehmen, wird jedoch immer die ihrem Wesen eigene humanitäre Einstellung und die Sorge um das Wohlergehen derer deutlich, die ihnen besonders am Herzen liegen – zumeist die Menschen in ihrer unmittelbaren Umgebung. Da sie aber ebenso willensstark wie energiegeladen sind, kann ihr Bedürfnis, Anweisungen zu erteilen, zu Verstimmungen führen.

STÄRKEN: Die an diesem Tag Geborenen besitzen einen wachen und scharfen Verstand und verspüren das Bedürfnis, alles, was ihnen begegnet, zu erforschen und zu bewerten. Ihre fundierten Überzeugungen und klugen Verbesserungsvorschläge sind die besten Voraussetzungen für ihren Erfolg.
SCHWÄCHEN: Weil die am 22. November Geborenen so starr an ihrer Meinung festhalten und so fest davon überzeugt sind, daß sie dem Wohl aller dient, neigen sie dazu, anderen ihre Vorstellungen aufzuzwingen, auch wenn diese sie bezweifeln oder ablehnen.
FAZIT: Diese Menschen sollten erkennen, daß das unerbittliche Festhalten an ihren Zielen sie ihrer Umgebung entfremden kann. Sie sind gut beraten, eher überzeugen statt bezwingen zu wollen und den Menschen, die ihre Auffassungen nicht teilen, mit Toleranz und Aufgeschlossenheit zu begegnen.

An diesem Tag

Prominente Geburtstage: Thomas Cook (1808), Mary Ann Evans (George Eliot, 1819), Cecil Sharp (1859), Charles de Gaulle (1890), Hoagy Carmichael und Wiley Post (1899), Joaquín Rodrigo (1901), Bejamin Britten (1913), Andrew Huxley (1918), Rodney Dangerfield (1921), Geraldine Page (1924), Peter Hall (1930), Robert Vaughan (1932), Terry Gilliam (1940), Tom Conti (1941), Jamie Lee Curtis (1958), Boris Becker (1967)

Bedeutende Ereignisse und Jahrestage: An diesem Tag, der günstig für Erkundungen ist, umsegelte der portugiesische Entdecker Vasco da Gama auf der Suche nach einem Seeweg nach Indien das Kap der Guten Hoffnung an der Südspitze Afrikas (1497). Der 22. November steht für fortschrittliche Vorhaben jeder Art. So erlebte George Gershwins Musical *Funny Face* seine Uraufführung (1927), und der Kugelschreiber, die bahnbrechende Erfindung des Ungarn Laslo Biro, gelangte erstmals zum Verkauf (1946). Aber an diesem Tag verstärken sich auch kämpferische, ja gewalttätige Neigungen: Am 22. November wurde der englische Pirat Edward Teach („Blackbeard") in einem Gefecht vor North Carolina getötet (1718) und John F. Kennedy in Dallas erschossen (1963).

23. NOVEMBER

Die Persönlichkeit der am 23. November Geborenen weist oft zwei ganz unterschiedliche, jedoch nicht völlig konträre Seiten auf: Die eine hat äußerst originelle Visionen, mit deren Verwirklichung sie einen wichtigen Beitrag zur gesellschaftlichen Entwicklung leisten zu können glaubt, während die andere, eher kampflustige Seite immer wieder die Konfrontation zu erzwingen scheint. Zwar suchen die an diesem Tag Geborenen die Auseinandersetzung nicht um ihrer selbst willen, sie sind jedoch bereit, Ansichten oder Methoden in Frage zu stellen, die sie als falsch oder ineffektiv empfinden, besonders, wenn es dabei um die Vertretung ihrer Ideen und Ziele geht. Es sind im Grunde unvoreingenommene Menschen, deren Zorn jedoch insbesondere von gesellschaftlichen Mißständen entfacht wird und die daher von Natur aus dazu neigen, ganz neue und ungewöhnliche Lösungsentwürfe zu schaffen. Weil ihnen ein scharfer Verstand und eine beträchtliche praktische Begabung gegeben sind, sind die Strategien, die sie vorschlagen, für gewöhnlich gut durchdacht, auch wenn Menschen, die am Status quo festhalten wollen, sie oft als unmöglich radikal empfinden. Die am 23. November Geborenen können in vielen Berufsfeldern Beeindruckendes erreichen, sind aber wahrscheinlich am glücklichsten – und erfolgreichsten – wenn sie in Bereichen arbeiten können, in denen ihrer überbordenden Phantasie nicht durch die Einwände weniger einfallsreicher Mitmenschen Grenzen gesetzt werden: Die vielen Spezialistenberufe in der Technik oder im Kreativen eignen sich besonders gut. Weil ihre beruflichen Beziehungen oft von Auseinandersetzungen geprägt sind, schätzen diese Menschen die bedingungslose Liebe und den Rückhalt ihrer Familie und Freunde aufs äußerste und erwidern sie mit tief empfundener Zuneigung, Loyalität und Großzügigkeit.

STÄRKEN: Die an diesem Tag Geborenen besitzen einen raschen, forschenden Verstand und neigen daher dazu, Althergebrachtes in Frage zu stellen und, sofern sie es für erforderlich halten, äußerst ungewöhnliche Veränderungs- und Verbesserungsvorschläge zu entwerfen. Ihre Entschlossenheit, ihre Vorstellungen auch umzusetzen, wird noch durch den Mut verstärkt, mit dem sie für ihre Überzeugungen eintreten, ganz gleich, welche Hindernisse sich ihnen dabei in den Weg stellen.
SCHWÄCHEN: Durch die kompromißlose Direktheit, mit der die am 23. November Geborenen vorgehen, laufen sie Gefahr, ihren Zielen selbst zu schaden, weil sie durch ihre Vehemenz oft diejenigen verprellen, deren Unterstützung sie eigentlich gewinnen möchten.
FAZIT: Diese Menschen sollten verstehen lernen, daß die Heftigkeit, die ihr Handeln prägt – eine Folge der Dringlichkeit, mit der sie ihre Ziele vortragen – von anderen als der aggressive und gewaltsame Versuch empfunden werden könnte, sie zur Zustimmung zu einem Vorhaben zu zwingen, das sie vielleicht von vornherein für untragbar halten. Bemühen sie sich statt dessen um eine konziliantere und verbindlichere Art, werden sie feststellen, daß sich ihre Erfolgsaussichten beträchtlich verbessern.

An diesem Tag

Prominente Geburtstage: Franklin Pierce (1804), William H. Bonney, „Billy the Kid" (1859), Waldemar Poulsen (1869), Manuel de Falla (1876), William Pratt (Boris Karloff, 1887), Harpo Marx (1888), Peter Saunders (1911), Michael Gough (1917), Lew Hoad (1934), Steve Landesberg (1955), Shane Gould (1956), Maxwell Caulfield (1960)

Bedeutende Ereignisse und Jahrestage: An diesem Tag, der für ungewöhnliche Vorstellungen steht, die den Status quo in Frage stellen, wurde Perkin Warbeck gehängt (1499), der in Flamen geborene Anwärter auf den englischen Thron, der behauptete, Herzog Richard von York zu sein und einen Aufstand gegen König Heinrich VII. anführte. Der 23. November ist günstig für bahnbrechende Vorhaben auf vielen Gebieten, besonders aber Kunst und Technik. So fand an diesem Tag die Uraufführung von Molières Komödie *Der Bürger als Edelmann* statt (1670) und ging im Palais Royal Saloon in San Francisco die erste Juke Box der Welt in Betrieb (1889).

Planeteneinflüsse

Herrschende Planeten: Jupiter und Pluto
Erster Dekan: Persönlicher Planet ist Jupiter.
Erste Häuserspitze: Schütze mit Skorpiontendenzen.

♃ ♇

Religiöse und kulturelle Bedeutung

In Japan findet das Shinjosai-Fest für Konohana-Hime zu Ehren Amaterasus statt.
Namenstag: Clemens I. († 101), Schutzheiliger der Steinmetzen, Marmorarbeiter, Seeleute und der Kinder, Felicitas und ihre Söhne († ca. 166?), Kolumban von Luxeuil (ca. 542–615).

Der amerikanische Staatsmann Franklin Pierce, am 23. November 1804 geboren, verkörpert die kämpferischen Eigenschaften, für die dieser Tag steht. 1827 als Rechtsanwalt zugelassen, kämpfte er als Brigadier im Krieg gegen Mexiko und wurde 1853 zum vierzehnten Präsidenten der USA gewählt. Seine umstrittene Haltung zur Frage der Sklaverei in den angegliederten Staaten und seine unpopuläre Kubapolitik führten 1857 zu seinem Rückzug aus der Politik.

Planeteneinflüsse

Herrschende Planeten: Jupiter und Pluto
Erster Dekan: Persönlicher Planet ist Jupiter.
Erste Häuserspitze: Schütze mit Skorpiontendenzen.

♃ ♇

Religiöse und kulturelle Bedeutung

Tori-No Ichi in Japan, im Alten Ägypten Ehrentag der Göttin des Lichts und der Geburt. ***Namenstag:*** Chrysogonus († ca. 303), Albert von Lüttich (ca. 1160–92), Balsam († 1232), Maria Sala (1829–91).

Der französische Maler und Lithograph Henri de Toulouse-Lautrec wurde am 24. November 1864 geboren – an einem Tag, der für künstlerische Ziele günstig ist, auch wenn sein persönliches Leben vom Unglück gezeichnet war. Im Alter von 14 Jahren brach er sich beide Beine und hörte auf zu wachsen. 1884 ließ er sich am Montmartre nieder, wo er ebenso Prostituierte und Barmädchen malte wie achtbare Mitglieder der Gesellschaft. Zu seinen zahlreichen Werken gehören Moulin Rouge *(1892),* Die Bar *(1898) und* Die Wäscherin *(1884, unten).*

24. NOVEMBER

Die an diesem Tag Geborenen haben großes Interesse an den Menschen in ihrer Umgebung und wenden sich ihnen intensiv zu. Sie versuchen, Lebensbedingungen zu verbessern, sei es nun für Familienmitglieder, Nachbarn oder die Gesellschaft im allgemeinen. Aufgaben im Bereich der Politik, der Nächstenliebe, der pflegenden Berufe und als Eltern erfüllen sie mit Befriedigung. Überwiegen ihr Unabhängigkeitsstreben und ihre sinnliche Begabung, so konzentriert sich ihr Berufsziel oft aufs Kreative, sie werden Künstler, Schriftsteller, Musiker oder Schauspieler. Natürlich ist es reizvoll, Inspiration, Lehrer oder Unterhalter für andere zu sein, aber diese Menschen finden auch schon die Möglichkeit interessant, durch die künstlerischen Mittel ihren emotionalen und intellektuellen Horizont zu erweitern. Die Anerkennung, die das mit sich bringt, ist ihnen willkommen, doch für ihr angeborenes gesundes Selbstwertgefühl nicht ausschlaggebend.

Wer die am 24.November Geborenen nicht gut kennt, wird von der Unerschütterlichkeit, mit der sie für ihre Überzeugungen eintreten, überrascht sein. Hinter ihrem toleranten Umgang mit anderen steckt ein starkes Empfinden für gesellschaftliche Mißstände und Mängel. Zwar pflegen sie liebevolle Freundschaften, beschützen und unterstützen ihre Partner oder Familienangehörigen auf nahezu unübertreffliche Weise, doch kritisieren sie Gedankenlosigkeit oder Fehlverhalten auch scharf. Wer ihre guten Eigenschaften schätzt, zeigt Nachsicht gegenüber ihren gelegentlichen Ausbrüchen von Ungeduld, durch die sie aber nicht verletzen wollen.

STÄRKEN: Die am 24. November Geborenen sind sehr wißbegierig, fühlen sich jedoch trotz ihrer geistigen Unabhängigkeit so tief mit ihrer Umgebung verbunden, daß sie ihre Fähigkeiten lieber für das Gemeinwohl einsetzen als für egoistische Ziele.
SCHWÄCHEN: Sie fühlen sich anderen so sehr zugetan, daß sie ihre persönlichen Neigungen dem Gemeinwohl unterordnen, wodurch Gefahr besteht, daß ihre eigenen Bedürfnisse unerfüllt bleiben. Sie sollten sich ihrer Veranlagung, die eigenen Bedürfnisse hinter ihrem Engagement zu verstecken, bewußt sein.
FAZIT: Für diese Menschen ist es wichtig, ein gesundes Gleichgewicht zu finden zwischen ihrer Orientierung nach außen auf der einen und der Pflege ihrer persönlichen Bedürfnisse auf der anderen Seite. Ein Lebensplan, der für Wachstum und Veränderung Platz bietet, tut ihnen selbst und damit auch anderen gut.

An diesem Tag

Prominente Geburtstage: Baruch Spinoza (1632), Laurence Sterne (1713), Zachary Taylor (1784), Grace Darling (1815), Frances Hodgson Burnett (1849), Bat Masterson (1853), Henri de Toulouse-Lautrec (1864), Scott Joplin (1868), Dale Carnegie (1888), Herbert Sutcliffe (1894), Hans Popper (1903), Garson Kanin (1912), Geraldine Fitzgerald (1914), Howard Duff (1917), David Kossof (1919), William F. Buckley jun., Al Cohn und Alun Owen (1925), Billy Connolly (1942), Claudia Dreifus (1944), Steve Yeager (1948)

Bedeutende Ereignisse und Jahrestage: Dieser Tag ist günstig für Forschungsvorhaben. Das zeigt sich u. a. darin, daß der niederländische Seefahrer Abel Tasman am 24. November 1642 als erster Europäer die Insel Tasmanien vor der Südküste Australiens entdeckte. Und der englische Wissenschaftler Charles Darwin veröffentlichte sein richtungsweisendes – und umstrittenes – Werk *Die Entstehung der Arten durch natürliche Zuchtwahl* (1859), das auf jahrelangen Forschungen in Südamerika und den Galapagosinseln fußte. Darüber hinaus steht dieser Tag für ein tiefes gesellschaftliches Verantwortungsgefühl – der Jahrestag der Ermordung von Lee Harvey Oswald (1963), der das Attentat auf U.S.-Präsident John F. Kennedy verübt haben soll, durch Jack Ruby im Tiefparterre eines Parkhauses in Dallas und des Rücktritts von Milos Jakes, des Generalsekretärs der Tschechoslowakischen Kommunistischen Partei (1989), der sich damit einer antikommunistischen Öffentlichkeit beugte, die ihren Willen bei einer friedlichen Massenkundgebung in Prag demonstriert hatte.

25. NOVEMBER

Das zielstrebige Handeln der an diesem Tag Geborenen hat seine Triebfeder in dem Wunsch, die eigenen Ideen zu verwirklichen, und zwar so effizient und effektiv wie möglich. Inhaltlich mögen sich die Ziele je nach Persönlichkeit zwar unterscheiden, gemeinsam ist allen aber der Hang zum Perfektionismus bei ihrer Durchsetzung. Sie haben Freude an schwierigen Herausforderungen, befassen sich dabei aber immer mit Dingen, die die Gesellschaft inspirieren, aufklären oder ihr auf andere Weise förderlich sind. Denn diese Menschen sind zwar geistig unabhängig und schätzen ihr Recht auf Selbstbestimmung, zeigen aber dennoch ein ausgeprägtes Verantwortungsbewußtsein im Hinblick auf größere Gemeinschaften und geben sich kaum mit persönlichen Erfolgen zufrieden, wenn damit nicht zugleich dem Wohl anderer gedient ist. Viele verbinden diese beiden Neigungen, den Wunsch nach Selbstentfaltung und Fürsorge für andere, in ihrem Beruf. Sie werden Lehrer, Wissenschaftler oder vielleicht sogar führende Persönlichkeiten in Politik, Ethik oder Religion. Den am 25. November Geborenen sind ein scharfer Verstand, rationales Denken und eine rasche Auffassungsgabe gegeben. Der Entwurf neuer Denkmodelle zieht sie geradezu magisch an. Doch obwohl sie Neues und Originelles intellektuell zu schätzen wissen, bauen sie doch lieber auf bestehenden Denkgebäuden oder Systemen auf oder reformieren sie. Dabei untersuchen sie diese zunächst gründlich und verbessern sie dann, wo sie es für nötig halten, statt radikal innovative Ideen zu vertreten. In gewisser Weise machen sie sich damit sogar zu Hütern von Tradition und Kontinuität (eine Neigung, die bei Frauen besonders ausgeprägt ist) und betrachten alle, die Bestehendes abrupt umwälzen möchten, mit Mißfallen. Als Freunde und Verwandte sind sie zwar voller Zuneigung und Zuspruch für andere und kümmern sich intensiv um die Menschen, die ihnen nahestehen, doch sie versuchen, alles Verhalten zu unterbinden, das von geltenden gesellschaftlichen Normen abweicht.

STÄRKEN: Die an diesem Tag Geborenen sind rational denkende, fähige und gemäßigt fortschrittliche Menschen, die jede Aufgabe, die sich ihnen stellt, entschlossen anpacken und sie so effektiv wie möglich erfüllen wollen. Ihr Handeln ist gekennzeichnet von dem Wunsch, anderen zu helfen.
SCHWÄCHEN: Ihre Zielstrebigkeit, Selbstdisziplin und hohen Erwartungen (an sich selbst und an ihre Mitmenschen) können bei den am 25. November Geborenen nicht nur zu allzu starker Konzentration auf die Durchsetzung ihrer Ziele, sondern auch zu Intoleranz gegenüber Menschen führen, deren Normen und Werte nicht mit den ihren übereinstimmen.
FAZIT: Soll das Unvermögen anderer, sich ihren Überzeugungen und Methoden anzupassen, für diese Menschen nicht zu Enttäuschung führen – vielleicht eine unausweichliche Folge der hohen Erwartungen, die sie an Kollegen und Familie stellen – so müssen sie lernen, Andersdenkende zu akzeptieren und mit ihnen statt gegen sie zu arbeiten. Meinungsvielfalt zuzulassen kann auch für sie eine bereichernde Erfahrung sein.

An diesem Tag

Prominente Geburtstage: Lope de Vega (1562), Andrew Carnegie (1835), Karl Benz (1844), Carry Nation (1846), Leonard Woolf (1880), Papst Johannes XXIII. (1881), Isaac Rosenberg (1890), Arthur Schwarz (1900), Frances Durbridge (1912), Auguste Pinochet (1915), Ricardo Montalban (1920), Dickie Jeeps (1931), Kathryn Crosby (1933), Bev Bevan (1946), John Larroquette (1947), Imran Khan Niaz (1952), John F. Kennedy jun. (1960)

Bedeutende Ereignisse und Jahrestage: Der 25. November steht für den Glauben an traditionelle Werte. Er ist Todesdatum von Prinz William, Sohn Heinrich I. von England. Sein Tod löste erbitterte Kämpfe zwischen den beiden rivalisierenden Thronanwärtern Stephen und Mathilda aus. Und an diesem Tag tötete sich der japanische Schriftsteller Yukio Mishima aus Protest gegen den Verfall überlieferter Werte in der japanischen Gesellschaft nach traditionellem Ritus (Harakiri).

Planeteneinflüsse

Herrschende Planeten: Jupiter und Pluto
Erster Dekan: Persönlicher Planet ist Jupiter.
Erste Häuserspitze: Schütze mit Skorpiontendenzen.

♃ ♇

Religiöse und kulturelle Bedeutung

Fest der Segnung der Windmühlen im Alten Holland.
Namenstag: Katharina von Alexandria († ca. 306), Schutzheilige der Mädchen, Jungfrauen und Ehefrauen, der Philosophen, der Bibliotheken und der Studenten.

Das Fest der Segnung der Windmühlen, das in Holland lange Zeit am 25. November begangen wurde, geht auf den Brauch zurück, wonach Müller eine Handvoll Mehl in den Wind warfen, um die übellaunigen Mühlengeister zu besänftigen, die ihre Existenz bedrohten. Das Bild unten zeigt historische Windmühlen, die einst auf dem Zaanstreek auf der Halbinsel De Hemmes standen.

26. NOVEMBER

Die am 26. November Geborenen sind entschlossene, geistig unabhängige Menschen mit intellektuellem Forscherdrang und Lust am theoretischen Experiment, die anderen in ihrem Verhalten gern mit gutem Beispiel vorangehen und bestrebt sind, konkrete Fortschritte zum Wohl der Allgemeinheit zu erzielen. Es sind außerordentlich gut organisierte, praktisch veranlagte Menschen, die bei ihrer Arbeit großes technisches Können entfalten und zugleich mit einer äußerst lebhaften Phantasie begabt sind. Daher fixieren sie sich möglicherweise auf so ungewöhnliche oder ehrgeizige Ziele, daß sich ihre Mitwelt oft fragt, ob sie überhaupt je erreichbar sind. Sie selbst jedoch plagen selten Zweifel, wenn sie eine faszinierende Herausforderung in ihren Bann geschlagen hat. Denn da sie sowohl ihre eigenen Fähigkeiten als auch die Erfolgsaussichten einer Sache sehr gut einschätzen können, sind ihnen nur Hindernisse vorstellbar, die auf der Engstirnigkeit anderer beruhen. Perfektionistisch, hartnäckig und entschlossen konzentrieren sie sich ausschließlich auf die Verwirklichung ihrer Ziele.

Diese Menschen blühen in allen Berufen auf, in denen sie ihrem Streben nach Erkenntnis und Innovation ohne äußere Zwänge nachgehen können. Da sie sich zu den Möglichkeiten des Fortschritts, wie sie akademische Forschung, Wissenschaft und Kunst bieten, besonders hingezogen fühlen, haben die an diesem Tag Geborenen die Möglichkeit, wahrhaft Außergewöhnliches zum Wohl der ganzen Menschheit zu leisten. Ihre Originalität und ihre geistige Unabhängigkeit werden zwar häufig bewundert, aber gerade diese Stärken können die am 26. November Geborenen auch daran hindern, insbesondere eine dauerhafte Zweierbeziehung einzugehen, denn insgeheim befürchten sie oft, ihre Freiheit könne beschnitten werden, wenn sie sich auf einen anderen Menschen einlassen. Doch trotz dieser Vorbehalte sind sie anregende, loyale und liebevolle Freunde und Verwandte.

STÄRKEN: Intellektuell neugierig, energisch und fortschrittlich, wie sie sind, verspüren die an diesem Tag Geborenen den unwiderstehlichen Wunsch, zu forschen, Neues zu lernen und die Grenzen menschlicher Erkenntnis und menschlicher Unternehmungen zu erweitern. Sie verfügen über ein ausgezeichnetes Konzentrationsvermögen und eine hochentwickelte technische Begabung und besitzen den Mut und die Entschlossenheit, ihre Ziele zu erreichen, so phantastisch sie anderen auch erscheinen mögen.

SCHWÄCHEN: Der völligen Hingabe dieser Menschen an ihre geistigen Interessen ist allerdings auch die Gefahr inhärent, daß sie ihre emotionalen Bedürfnisse vernachlässigen. Denn bei der hohen Priorität, die sie ihrem Beruf einräumen, bleibt ihnen nur wenig Zeit und Aufmerksamkeit, die Beziehungen mit denjenigen zu pflegen, die ihnen nahestehen oder auch nur, sich zu entspannen und es sich gut gehen zu lassen.

FAZIT: Ihre Ziele, die ihnen so viel bedeuten, sollten sie zwar niemals aufgeben oder schmälern, aber sie müssen sich bewußt werden, daß deren zielstrebige Verwirklichung das Risiko körperlicher und geistiger Erschöpfung birgt. Sie sollten sich daher um Ausgleich bemühen und schätzen lernen, wie lohnend zwischenmenschliche Beziehungen sind.

Planeteneinflüsse

Herrschender Planet: Jupiter.
Erster Dekan: Persönlicher Planet ist Jupiter.

♃

Religiöse und kulturelle Bedeutung

Feuerfest in Tibet.
Namenstag: Leonhard von Porto Maurizio (1676–1751), Schutzheiliger der Volksmissionare.

Wie am Beispiel von Tina Turner zu sehen, bietet die Musik den an diesem Tag Geborenen eine vielversprechende Karriere. Als Anna Mae Bullock kam sie am 26. November 1939 zur Welt. In der Ike and Tina Turner Review *trat sie als die sinnliche Königin des Rock neben ihrem Mann auf. 1971 erhielt sie einen Oscar. Ihr vielfach ausgezeichnetes Album* Private Dancer *(1984) verkaufte sich über 10 Millionen Mal, und in dem Film* Mad Max 3 *spielte sie neben Mel Gibson (1985). 1991 wurde sie in die Rock Hall of Fame aufgenommen, 1993 veröffentlichte sie ihre Autobiographie.*

An diesem Tag

Prominente Geburtstage: William Cowper (1731), William Armstrong (1819), George Emlyn Williams (1905), Charles Forte (1908), Cyril Cusack (1910), Eugène Ionesco und Eric Severeid (1912), Charles Monroe Schulz (1922), Robert Goulet (1933), Art Themen und Tina Turner (1939), Jim Mullen (1945)

Bedeutende Ereignisse und Jahrestage: Dieser Tag verspricht bahnbrechende technische Neuerungen. So wurden am 26. November 1832 in New York City zwischen der Prince und der 14th Street die ersten Straßenbahnen (entwickelt von John Mason) in Betrieb genommen, und in Frankreich weihte Präsident Charles de Gaulle 1966 in der Bretagne das erste Gezeitenkraftwerk der Welt ein. Aber der 26. November ist auch günstig für Entdeckungen, ist er doch der Jahrestag der Öffnung des Grabs von Pharao Tutanchamun im Tal der Könige in Luxor durch den englischen Archäologen Howard Carter (1922).

27. NOVEMBER

Die an diesem Tag Geborenen sind komplexe Persönlichkeiten und starke Individualisten. Einerseits reagieren sie abwehrend auf alles, was sie als den Versuch einer Einschränkung ihres Rechts auf Selbstbestimmung empfinden, andererseits sind sie ihren Mitmenschen durchaus zugetan. Manchen am 27. November Geborenen gelingt es, diese beiden potentiell widersprüchlichen Züge im Berufsleben miteinander in Einklang zu bringen, indem sie z. B. selbständig ein neues Produkt oder Programm entwickeln und an den Früchten ihrer Arbeit dann einen weiteren Kreis teilhaben lassen. Diese Menschen sind geistig rege, technisch interessiert und auch in der Lage, die Neuerungen, die sie sich vorstellen, auszuarbeiten und umzusetzen – ganz sicher aber besitzen sie ebenso die Fähigkeit, Menschen zu unterrichten, zu inspirieren oder ihnen weiterzuhelfen. In vieler Hinsicht gründet ihr Interesse an ihren Mitmenschen auf ihrem hochentwickelten Gerechtigkeitssinn und ihrer instinktiven Ablehnung allen Autoritätsgehabes sowie auf ihrem Mitgefühl für alle, die sie als unglücklich oder leidend empfinden. Befriedigung schöpfen sie zwar daraus, ihren persönlichen Interessen nachzugehen, die Motivation für ihre Arbeit liegt jedoch oft in dem Wunsch, anderen ein besseres Leben zu ermöglichen. Sie werden Politiker (oft der linken Volksparteien), Künstler oder Wissenschaftler.

Beruflich wie privat sind die Beziehungen zu ihren Mitmenschen meist von gegenseitiger Achtung und Rücksichtnahme geprägt, dessen ungeachtet scheuen sie sich jedoch nicht, ihren Gefühlen auch deutlich Ausdruck zu verleihen, wenn sie Übergriffe wahrnehmen. Ihre Vorliebe für aufrichtige und spannungsfreie Beziehungen – vorausgesetzt selbstverständlich, daß die Objekte ihrer Zuneigung ihr Bedürfnis nach einem gewissen Maß an Freiheit verstehen und akzeptieren können, was besonders wichtig ist, wenn die Betreffenden im chinesischen Jahr des Tigers geboren sind – macht die am 27. November Geborenen zu höchst einfühlsamen, großzügigen und anregenden Partnern und Freunden und zu besonders guten Eltern.

STÄRKEN: Die an diesem Tag Geborenen besitzen einen bemerkenswert unabhängigen Geist. Gesellschaftliche Normen übernehmen sie nie, ohne sie zu hinterfragen, Erkenntnisse und Wahrheiten finden sie lieber selbst heraus, bilden sich ihre eigene Meinung, entwickeln Visionen und halten daran auch fest. Da ihnen aber das Wohl anderer sehr am Herzen liegt, setzen sie ihre Begabungen gern zugunsten der Allgemeinheit ein.
SCHWÄCHEN: Zwar sind sie im allgemeinen sehr tolerant, verspüren aber eine so starke Abneigung gegen jede Andeutung von Kontrolle oder Beschränkung, daß viele eine Überempfindlichkeit gegen Verhalten und Meinungen insbesondere von Autoritätspersonen entwickeln und darauf (vielleicht ungerechtfertigt) aggressiv reagieren.
FAZIT: Um der Hilfe und Unterstützung willen, die sie sich von ihren Mitmenschen erhoffen, sollten diese Menschen versuchen, ihre Neigung zu heftigem Widerstand gegen alles, was sie als Unterdrückungsversuch empfinden, zu mäßigen und anzuerkennen, daß, wer andere Ansichten vertritt, auch das Recht hat, diese zu äußern und damit nicht unbedingt versucht, ihnen die eigene Meinung und Methoden aufzuzwingen.

An diesem Tag

Prominente Geburtstage: Anders Celsius (1701), Mary Robinson (1758), Fanny Kemble (1809), Chaim Weizmann (1874), William Orpen (1878), Konosuke Matsushita (1894), James Agee (1909), „Buffalo" Bob Smith (1917), Alexander Dubcek (1921), Ernie Wise (1925), Alan Simpson (1929), Bruce Lee und John Alderton (1940), Eddie Rabbitt (1941), Jimi Hendrix (1942), Caroline Kennedy (1957), Robin Givens (1964), Jaleel White (1976)

Bedeutende Ereignisse und Jahrestage: Dieser Tag steht insbesondere für selbständiges Handeln und Widerstand gegen Autoritäten. Das zeigte sich, als die französische Marine während des Zweiten Weltkriegs in Toulon ihre Schiffe versenkte, damit sie nicht in die Hände der Deutschen fallen konnten (1942).

Planeteneinflüsse

Herrschender Planet: Jupiter.
Erster Dekan: Persönlicher Planet ist Jupiter.

♃

Religiöse und kulturelle Bedeutung

Verehrung von Gujeswari durch Buddhisten und Hindus in Nepal, in Indien Parvati-Devi.
Namenstag: Jakob der Zerschnittene (Intercisus, † ca. 420), Oda von Sint-Oedenrode († ca. 725), Bilhildis von Altmünster († ca. 734).

Mit dem Fest der Parvarti-Devi, das in Indien am 27. November gefeiert wird, wird die Göttin geehrt, die als Mutter des Universums gilt. Ihre drei Aspekte sind Sarasvati (die junge Frau), Lakshmi (die Mutter) und Parvati (die Alte). Auf dem Bild unten sitzt sie auf ihrem Reittier, dem Pfau. Die vielen „Augen" auf seinen fächerförmig ausgebreiteten Schwanzfedern symbolisieren ihren allumfassenden Blick.

28. NOVEMBER

Planeteneinflüsse
Herrschender Planet: Jupiter.
Erster Dekan: Persönlicher Planet ist Jupiter.

♃

Religiöse und kulturelle Bedeutung
An diesem Tag wurde Sophia, die griechische Göttin der Antike, verehrt.
Namenstag: Gregor III. († 741), Hathumoda (ca. 840–874), Jacobus de Marchia (ca. 1400–76).

William Blake, Dichter, Maler, Graveur und Mystiker, wurde am 28. November 1757 geboren. Entsprechend ausgeprägt war seine visionäre Begabung. Seine immense Vorstellungskraft wird in seinen mystischen Werken besonders deutlich, darunter „Lieder der Unschuld" (1789), „Lieder der Erfahrung" (1794) und „Die Hochzeit von Himmel und Hölle" (1789). Das Bild unten trägt den Titel Der Allvater.

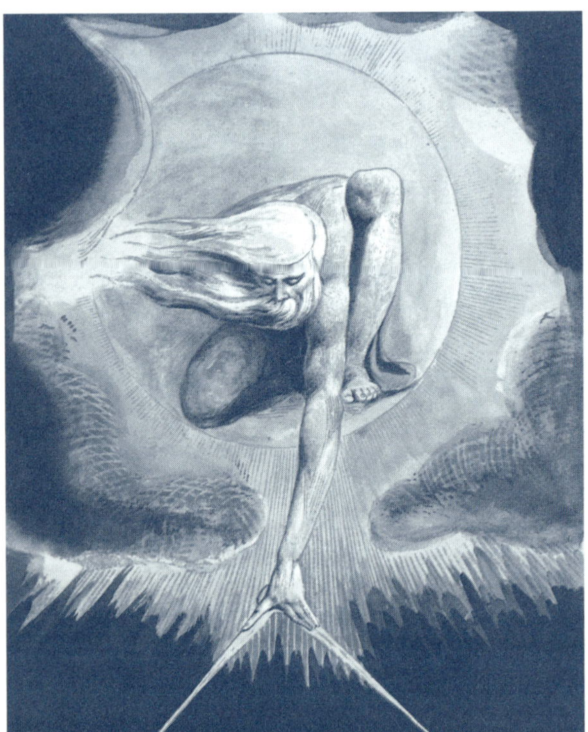

Die an diesem Tag Geborenen sind scharfe und kritische Beobachter nicht nur ihrer Mitmenschen, sondern von Gruppendynamiken im allgemeinen. Mit ihrer ausgezeichneten Intuition analysieren sie die Schlußfolgerungen, die sie daraus ziehen, gründlich, bevor sie weitere Kreise daran teilhaben lassen. Ihre geistige Unabhängigkeit führt zu großer Skepsis gegenüber Vorurteilen und Konventionen. Dank ihres angeborenen Gerechtigkeitssinns besitzen die am 28. November Geborenen die Fähigkeit, Schwindel als solche zu entlarven, aber nicht in zerstörerischer Absicht. Wenn sie Kritik üben, dann so gut wie nie, ohne realisierbare Alternativen aufzuzeigen. Ihr Interesse an gesellschaftlichen Abläufen und menschlichem Verhalten befähigt die am 28. November Geborenen besonders für Aufgaben im Bereich der Sozialreformen, der Politik und des Journalismus. Auch Berufe in Kunst und Wissenschaft erscheinen ihnen attraktiv, besonders, wenn damit persönliche oder gesellschaftliche Weiterentwicklung verbunden ist. Die Menschen, mit denen sie leben und arbeiten, empfinden zwar Bewunderung und Achtung für die am 28. November Geborenen, hegen aber wegen deren Neigung zur Kritik auch die Befürchtung, sie könnten das nächste Objekt ihres Tadels werden. Das ist eine bedauerliche (wenn auch verständliche) Reaktion, denn die am 28. November Geborenen haben nur die besten Absichten und sehnen sich nach der Zuneigung und der Sicherheit, die aus tiefen freundschaftlichen und verwandtschaftlichen Beziehungen erwachsen.

STÄRKEN: Die an diesem Tag Geborenen sind scharfe Beobachter ihrer Mitmenschen wie auch der Gesellschaft. Sie besitzen eine ausgezeichnete Intuition und hochentwickelte analytische Fähigkeiten. Sie gehen jedem Thema auf den Grund, um andere zu informieren und Veränderungen zum Guten in Gang zu bringen.

SCHWÄCHEN: Die Neigung der am 28. November Geborenen, ihre Meinung stets kompromißlos offen darzulegen, steht im Einklang mit ihrer Abneigung gegen jegliche Form der Heuchelei. So lassen sich zwar bemerkenswerte Ergebnisse erzielen, es kann aber auch dazu führen, daß andere sich distanzieren, um möglicher Kritik zu entgehen, und am 28. November Geborene schließlich emotional isoliert sind.

FAZIT: Entscheidend für diese Menschen ist die Erkenntnis, daß ihre Ehrlichkeit Freunde, Partner oder Verwandte oft erschreckt und sie sich damit gerade denjenigen entfremden, für die sie doch nur Zuneigung und Anteilnahme empfinden. Sie sollten daher ihre Neigung zur Kritik etwas mäßigen.

An diesem Tag
Prominente Geburtstage: Jean Baptiste Lully (1632), William Blake (1757), George Manby (1765), Friedrich Engels (1820), John Wesley Hyatt (1837), Brooks Atkinson (1894), Joé Iturbi (1895), Nancy Mitford (1904), Alberto Moravia (1907), Claude Lévi-Strauss (1908), Keith Miller (1919), Berry Gordy jun. (1929), Hope Lange (1931), Gary Hart (1936), Randy Newman (1943), Joe Dante (1946), Alexander Godunov und Paul Shaffer (1949), Ed Harris (1950), Judd Nelson und Stephen Roche (1959), Jane Sibbet (1961), Anna Nicole Smith (1967)

Bedeutende Ereignisse und Jahrestage: Der 28. November steht für den Wunsch, das Streben des Menschen nach Erkenntnis und Wahrheit zu fördern. Das zeigte sich z. B. in der Bekanntgabe der Entdeckung eines menschlichen Schädelfossils durch den australischen Anthropologen Raymond Dart, den er als *Australopithecus africanus* oder „den südafrikanischen Menschenaffen" bezeichnete (1924). Dem Tag entspricht auch das Bestreben, gesellschaftliche Mißstände zu reformieren. So nahmen an diesem Tag in Neuseeland weltweit zum ersten Mal Frauen an allgemeinen Wahlen teil (1893), der irische Journalist Arthur Griffith gründete zur Wiederbelebung der irischen Kultur die politische Vereinigung Sinn Fein (1905), und die gebürtige Amerikanerin Gräfin Nancy von Astor wurde als erste Frau ins britische Parlament gewählt (1919).

29. NOVEMBER

Die an diesem Tag Geborenen sind dynamische Persönlichkeiten, die die Herausforderung suchen. Selbst in der Entspannung sind sie tätig, vielleicht beim Sport, bei der Lektüre oder bei naturwissenschaftlicher Beobachtung. Von dem Wunsch nach persönlichem Wachstum, beruflichem Fortkommen oder der Förderung des Gemeinwohls durchdrungen, sind sie typische „Macher", die eine Situation gut einschätzen und neue Strategien entwickeln können. Zugleich sind sie pragmatische Realisten und konzentrieren ihre Energien nur auf Vorhaben, die ihnen gute Aussichten auf Erfolg versprechen. Dabei erwarten sie, daß die Mitmenschen ihre Ansichten teilen, und können ungeduldig werden, wenn ihre Überzeugungen nicht schnell genug Anhänger finden.

Die am 29. November Geborenen verfolgen meist ein Berufsziel, bei dem sie ihren Forscher- und Fortschrittsdrang einbringen und einen Beitrag zum Gemeinwohl leisten können. Trotz ihrer geistigen Ungebundenheit haben sie ein stark entwickeltes Empfinden für soziale Verantwortung und fühlen sich daher oft zu wissenschaftlichen, lehrenden oder helfenden Berufen hingezogen. Ähnlich prägt ihre persönlichen Beziehungen die tiefe Sorge um das Wohl ihrer Angehörigen, und umgekehrt schätzt man sie sehr für ihre anregende Gesellschaft und ihre Loyalität. Ihre Neigung, die Menschen in ihrer engsten Umgebung zu dirigieren, wird jedoch nicht immer so verstanden, wie sie gemeint ist.

STÄRKEN: Die an diesem Tag Geborenen sind anregende Persönlichkeiten, deren Energie und Fortschrittsdrang – ob zum eigenen Wohl oder dem der anderen – sich in allem zeigt, was sie in die Hand nehmen. Ihr wacher Verstand und ihre rasche Auffassungsgabe formulieren Ziele, die sie mit praktischer Methodik auch erreichen.

SCHWÄCHEN: Die am 29. November Geborenen legen nicht nur an sich selbst strenge Maßstäbe an und zeigen bemerkenswerte Konzentration und Einsatzbereitschaft bei der Verwirklichung ihrer Ziele, sie erwarten auch von anderen, daß sie ihre Auffassungen teilen und ebenso engagiert dafür eintreten. Diese Neigung entfremdet sie allen, die im selben Maß von einer anderen Ansicht überzeugt sind.

FAZIT: Wenn sie sich die Sympathien ihrer Mitmenschen erhalten und sich zugleich vor Enttäuschung schützen wollen, sollten diese Menschen anerkennen, daß nicht jeder ihren Enthusiasmus teilen kann. Eine etwas tolerantere Haltung gegenüber abweichenden Meinungen wird ihnen viel Unterstützung und dauerhaftere Freundschaften eintragen.

An diesem Tag

Prominente Geburtstage: Gaetano Donizetti (1797), Christian Johann Doppler (1803), Louisa May Alcott (1832), Francis Cowley Burnand (1836), Gertrude Jekyll (1843), John Fleming (1849), Busby Berkeley (1895), C. S. Lewis (1898), Adam Clayton Powell jun. (1908), Billy Strayhorn (1915), Vin Scully (1927), Berry Gordy jun. (1929), Jacques Chirac und Diane Ladd (1932), John Mayall (1933), Tony Coe (1934), Peter Bergmann (1939), Chuck Mangione (1940), Suzy Chaffee (1946), Gary Shandling (1949), Dusty Hare (1952), Howie Mandel (1955), Jeff Fahey (1956), Charles Grant (1959), Cathy Moriaty (1960), Jon Knight (1968).

Bedeutende Ereignisse und Jahrestage: An diesem Tag, der für das Streben nach Unabhängigkeit steht, erklärte Josip Broz „Tito" das ehemalige Königreich Jugoslawien zur sozialistischen Bundesrepublik (1945). Der 29. November ist auch ein Tag der Pioniertaten. So überflog der amerikanische Forscher Richard Byrd mit seinem Piloten Bernt Balchen als erster Mensch den Südpol (1929). Das Talent für gute Unterhaltung, das an diesem Tag ebenso betont wird, zeigte sich in der Uraufführung von Cole Porters Musical *Scheidung auf Amerikanisch* (1932).

Planeteneinflüsse

Herrschender Planet: Jupiter.
Erster Dekan: Persönlicher Planet ist Jupiter.

♃

Religiöse und kulturelle Bedeutung

Im Alten Ägypten Fest der Hathor oder Sekhmet.
Namenstag: Brendan von Birr (ca. 500–573?) Jutta von Heiligental (ca. 1200–ca. 1250), Friedrich von Regensburg († 1329), Francesco Antonio Fasani (1681–1742).

Während der Konferenz von Teheran, die vom 28. November bis 1. Dezember 1943 im Iran stattfand, planten U.S.-Präsident F. D. Roosevelt, der britische Premierminister Winston Churchill und der russische Regierungschef Josef Stalin die Invasion Westeuropas durch die Alliierten im Zweiten Weltkrieg. Im Interesse des Gemeinwohls kam man überein, daß zeitgleich mit der Invasion des von den Deutschen besetzten Frankreich auch im Osten eine Offensive stattfinden sollte – eine Strategie, die schließlich erfolgreich zur Beendigung des Krieges beitrug.

30. NOVEMBER

Hinter dem freundlichen und humorvollen Gesicht, das die an diesem Tag Geborenen nach außen tragen, verbirgt sich ein scharfer Verstand, ständig damit beschäftigt, die Menschen und Umstände in seiner Umgebung zu analysieren. Diese scharfsinnigen Menschen entwickeln oft einen Lebensplan, dessen Ehrgeiz alle überrascht, die ihr eher geruhsames Image für bare Münze nehmen. Das soll nicht heißen, daß diese Menschen nicht von Grund auf charmant und freundlich sind, aber sie haben ein feines Gespür für die gebotene Zurückhaltung, bis der Zeitpunkt zum Handeln gekommen ist. Von Natur aus perfektionistisch, setzen sie ihre Kräfte so ein, daß sie den größtmöglichen Erfolg erzielen.

Dank ihres Organisationstalents und einer Begabung für Kommunikation sind sie die geborenen Führungspersönlichkeiten. Da sie gern andere fördern, setzen sie sich oft für politische, soziale oder nationale Interessen ein oder verteidigen diese. Ihre Entschlossenheit, Selbstdisziplin und Zielstrebigkeit rufen in ihren Mitmenschen Bewunderung hervor, können sich im Privatleben jedoch als verhängnisvoll erweisen, wenn die Menschen in ihrer unmittelbaren Umgebung ihnen die Neigung, alles in die Hand zu nehmen, verübeln oder Freunde sie als gefühlskalt empfinden.

STÄRKEN: Die an diesem Tag Geborenen sind körperlich und geistig aktive Menschen von großer Klarheit und Scharfsinnigkeit, die hartnäckig und entschlossen nach sorgfältig entwickelten Strategien vorgehen. Ihre Freundlichkeit und die Fähigkeit, ihre Mitmenschen für ein gemeinsames Ziel zu motivieren, trägt ihnen Achtung und Zuneigung ein.

SCHWÄCHEN: Sind ihre konzentrierte und kontrollierte Art und ihre Neigung, sich nicht in die Karten schauen zu lassen, ihrem beruflichen Erfolg äußerst zuträglich, erweist sich derlei Verhalten im Umgang mit denen, die sie lieben, als weniger günstig, denn die könnten sich durch ihre Verschwiegenheit ausgeschlossen und durch ihre Versuche, sie zu dirigieren, verärgert fühlen.

FAZIT: Den Beziehungen zu ihrem engsten Freundeskreis und ihrer Familie zuliebe sollten die an diesem Tag Geborenen sich unbedingt etwas mehr öffnen, andere an ihren Vorstellungen und Gefühlen teilhaben lassen und gleichzeitig eine tolerante, gelassene Haltung den Träumen und individuellen Wesenszügen anderer gegenüber entwickeln.

Planeteneinflüsse

Herrschender Planet: Jupiter.
Erster Dekan: Persönlicher Planet ist Jupiter.

♃

Religiöse und kulturelle Bedeutung

Namenstag: Andreas († 60/62), Schutzheiliger der Fischer, von Schottland und Rußland.

Der Schriftsteller, Journalist und Dozent Mark Twain wurde am 30. November 1835 als Samuel Longhorne Clemens geboren. Intellekt, Energie und Phantasie, wie sie für diesen Tag typisch sind, zeigte er in Büchern wie Die Arglosen auf Reisen *(1869),* Die Abenteuer des Tom Sawyer *(1876),* Die Abenteuer des Huckleberry Finn *(1884) und anderen Werken voller humorvoller Einblicke in Amerikas Leben und Kultur.*

An diesem Tag

Prominente Geburtstage: Andrea Paladio (1508), Jonathan Swift (1667), Frederick Temple (1821), Mark Twain (1835), Angela Brazil (1868), Nils Gustaf Dalen (1869), Winston Churchill und Lucy Maud Montgomery (1874), Geoffrey Household (1900), Virginia Mayo (1920), Efrem Zimbalist jun. (1923), Richard Crenna (1926), Dick Clark (1929), Robert Guillaume (1937), Otter Zell (1942), David Mamet (1947), Mandy Patinkin (1952), Shuggie Otis (1953), Billy Idol (1955), Gary Lineker (1960), Bo Jackson (1962)

Bedeutende Ereignisse und Jahrestage: An diesem Tag, der für herausragende Führungsqualitäten steht, wurden die sterblichen Überreste des französischen Generals und späteren Kaisers Napoleon Bonaparte, der im Exil verstorben war, von der Insel St. Helena nach Paris überführt und dort in einer aufwendigen Zeremonie beigesetzt (1840). Aber der 30. November steht auch für bahnbrechenden Fortschritt auf allen Ebenen. Das zeigte sich, als Charlie Chaplins erster Film *Making a Living* in die Kinos kam (1914) oder als in Japan mit der „Hosho" der erste Flugzeugträger der Welt vom Stapel lief (1922). Dieser Tag steht im Zeichen des Elements Feuer, was sich bedauerlicherweise darin zeigte, daß der Crystal Palace in London, das Gebäude aus Glas und Stahl, das der Architekt Joseph Paxton für die Weltausstellung von 1851 entworfen hatte, vollständig niederbrannte (1936).

1. DEZEMBER

Die am 1. Dezember Geborenen sind äußerst dynamische Menschen, getrieben von einem immensen Ehrgeiz. Doch ihr Charme und ihr feinsinniger Humor führen dazu, daß ihre Mitmenschen bei ihnen ein Verhalten noch gutheißen, das sie sonst als rücksichtslos bezeichnen würden. Manche haben ganz klare Vorstellungen, was sie im Leben erreichen wollen: Außergewöhnliches leisten, die Anerkennung ihrer Kollegen und entsprechenden finanziellen Lohn gewinnen. Andere sind vielleicht nicht ganz so zielstrebig, verspüren aber ebenso das Bedürfnis, ihrer Persönlichkeit ohne Einschränkungen durch fremde Meinungen Ausdruck zu verleihen. Alle sagen offen, was sie denken und reagieren besonders heftig auf jeglichen Versuch einer Einschränkung ihrer Gedanken- oder Handlungsfreiheit – oft bewirkt sogar die ablehnende oder auch nur abweichende Meinung anderer Menschen, daß sie ihr eigenwilliges Ziel nur um so entschlossener und energischer verfolgen. Diese Menschen verteidigen die Freiheit vehement, zuweilen fast trotzig. Dabei suchen sie nicht die Auseinandersetzung um der Konfrontation willen, sondern überzeugen lieber durch ihre Persönlichkeit. Am 1. Dezember Geborene blühen in jedem Beruf auf, in dem sie selbständig handeln und eigene Ideen einbringen können. Sie können sich gut in ein Team einfügen, eignen sich aber am besten als Führungskräfte. Je nach Neigung können sie Herausragendes leisten, besonders im Sport oder in der Kunst. Ihre Mitmenschen bewundern ihre Energie und ihre Fröhlichkeit. Sie genießen Aufmerksamkeit, finden aber auch Gefallen daran, ihre Umwelt zu erfreuen. Sie sind umsichtige und liebevolle Freunde und Verwandte, man schätzt ihre anregende Gesellschaft und ihre optimistische Einstellung.

STÄRKEN: Die an diesem Tag Geborenen sind positive, überschwengliche und aktive Menschen, die nach Erfüllung streben und sich anderen zuwenden, ohne auf Konventionen zu achten. Dabei schlagen sie einen sehr eigenwilligen Lebensweg ein. Diese geselligen und anregenden Menschen empfinden Freunde und Bekannte als Bereicherung und Inspiration.
SCHWÄCHEN: Die am 1. Dezember Geborenen lehnen es so sehr ab, ihre Persönlichkeit einengen zu lassen und sich stumpfsinnigen autoritären Systemen unterzuordnen, daß sie dazu neigen, ins andere Extrem zu schlagen. Dann pflegen sie einen Lebensstil und vertreten Meinungen, die andere Menschen als übertrieben radikal empfinden.
FAZIT: Für das emotionale Wohlbefinden dieser Menschen ist es wichtig, daß sie ein Gleichgewicht finden zwischen ihrem starken Unabhängigkeitsbedürfnis und ihrer nicht minder intensiven Hinwendung zu anderen. Denn wenn sie sich wie starrsinnige Eigenbrötler verhalten, könnten sie die Unterstützung, Zuneigung und gegenseitige Achtung verlieren, die man nur in entspannten zwischenmenschlichen Beziehungen findet.

An diesem Tag

Prominente Geburtstage: Marie Tussaud (1761), Königin Alexandra von England (1844), Henry Williamson (1895), Cyril Ritchard (1897), Alicia Markowa (1910), Mary Martin (1913), Matt Monro (1930), Woody Allen (1935), Lou Rawls (1936), Lee Tevino (1939), Richard Pryor (1940), Bette Middler (1945), Gilbert O'Sullivan (1946), Bob Fulton (1947), Jaco Pastorius und Treat Williams (1951), Stephen Poliakoff (1952), Detlev Buck (1962)

Bedeutende Ereignisse und Jahrestage: Dieser Tag unterstreicht den Wunsch nach Autonomie, was sich etwa an der Erklärung der Unabhängigkeit Portugals von Spanien zeigt (1640). Auch der Gedankenfreiheit gilt an diesem Tag besondere Betonung: In London starb 1581 der englische Jesuit Edmund Campion den Märtyrertod. Das kreative und fortschrittliche Element des 1. Dezember zeigt sich in der Gründung der britischen Akademie der Künste durch George III. (1768), im Aufstieg des ersten Wasserstoffballons der Welt, entwickelt von dem französischen Wissenschaftler J. A. Charles (1783), und in der Einweihung des ersten Filmtheaters, des Cinéma Omnia Pathé in Paris (1906). Die künstlerischen Aspekte des Tages werden deutlich in der Premiere des Films *Vom Winde verweht* (1939) und der Oper *Billy Budd* von Benjamin Britten (1951).

Planeteneinflüsse

Herrschender Planet: Jupiter.
Zweiter Dekan: Persönlicher Planet ist der Mars.

♃ ♂

Religiöse und kulturelle Bedeutung

Welt-AIDS-Tag.
Namenstag: Eligius (ca. 588–660), Edmund Campion (1540–81).

Die 1910 geborene Britin Lilian Alicia Marks (bekannt unter dem Namen Alicia Markowa) verband die künstlerischen und athletischen Begabungen ihres Geburtstages in ihrer Karriere als Prima Ballerina (beim Ballet Russes und dem Ballet Rambert), Choreographin (ihrer Compagnie Markowa-Dolin und des Balletts der Metropolitan Opera) und als Professorin für Ballett. Wie viele am 1. Dezember Geborene fand sie ihren Platz im Leben, und sie zeigte den Perfektionismus, der für Menschen typisch ist, die im chinesischen Jahr des Hundes geboren sind.

2. DEZEMBER

Viele an diesem Tag Geborene fühlen sich ständig hin- und hergerissen zwischen dem Wunsch, ihren eigenen, entschieden individualistischen Lebensweg zu verfolgen, und dem starken Verantwortungsgefühl für andere – sei es Familie, Freunde, Kollegen, Landsleute oder sogar die ganze Menschheit. Mit ihrer lebhaften Phantasie und ihrem wachen, neugierigen Verstand haben diese Menschen einerseits das starke Bedürfnis, ihren Interessen und Visionen auch nachzugehen, während andererseits ihr angeborener Gerechtigkeitssinn und ihr Mitgefühl für Opfer von Ungerechtigkeiten sie drängt, sich für die Unterdrückten einzusetzen. Sind diese beiden Neigungen im Ungleichgewicht, können am 2. Dezember Geborene tiefe Frustrationen erleben – sie reagieren schnell aufgebracht, wenn sie ihre Pläne durchkreuzt oder behindert sehen, besonders wenn sie im chinesischen Jahr des Drachen geboren sind. Gelingt es ihnen jedoch, ihr Unabhängigkeitsbedürfnis mit ihrer Sorge um den Schutz und das Wohlergehen anderer in Einklang zu bringen, so können sie (etwa als Wissenschaftler oder Künstler) nicht nur persönliche Zufriedenheit erlangen, sondern einen wichtigen Beitrag zur gesellschaftlichen Entwicklung leisten. Die Charakterstärke der am 2. Dezember Geborenen trägt ihnen die Hochachtung ihrer Mitmenschen ein. Sie werden deshalb oft in Führungspositionen gehoben – eine Verantwortung, die sie durchaus als ambivalent empfinden. Zwar besitzen die an diesem Tag Geborenen ein beneidenswertes Organisationstalent und die Gabe, andere zu motivieren, erteilen auch viel lieber Anweisungen, als welche zu befolgen, doch ihre Führungsaufgaben könnten sie auch als hinderlich bei der Verfolgung eigener Ziele empfinden. Eine ähnlich zwiespältige Haltung kennzeichnet die Beziehungen zu den Menschen in ihrer unmittelbaren Umgebung. So zeigen sie zwar tiefe Zuneigung und aufrichtige Fürsorge für ihre Angehörigen, fühlen sich dabei jedoch von ihren (oft selbst auferlegten) Pflichten leicht erdrückt.

STÄRKEN: Die an diesem Tag Geborenen sind charismatische Menschen, zugleich individualistisch wie am Gemeinwohl interessiert und getrieben von dem Wunsch, ihre Fähigkeiten in den Dienst der Mitwelt zu stellen. Mit ihrem ausgeprägten Gerechtigkeitssinn und ihrem phantasievollen Geist können sie einen bleibenden Eindruck in der Welt hinterlassen.
SCHWÄCHEN: Ihr stark dualistisches Bedürfnis, ihrem persönlichen Streben nach Erkenntnis und Weiterentwicklung nachzugehen und zugleich für die Menschen da zu sein, mit denen sie sich am stärksten identifizieren, birgt das Risiko, daß die am 2. Dezember Geborenen in dem Versuch, ihre Wünsche und Pflichten zu erfüllen, ihre Energien zu breit streuen und sich schließlich erschöpft und emotional frustriert fühlen.
FAZIT: „Ausgleich schaffen und maßvoll vorgehen“ lautet das Motto, nach dem diese Menschen glücklich werden und sich wohl fühlen können. Sie müssen Möglichkeiten finden, ihren selbstlosen sowie ihren persönlichen Neigungen und Aktivitäten Raum zu geben, so daß die eine Veranlagung nicht zu sehr auf Kosten der anderen gelebt wird.

Planeteneinflüsse

Herrschender Planet: Jupiter.
Zweiter Dekan: Persönlicher Planet ist der Mars.

♃ ♂

Religiöse und kulturelle Bedeutung

In Bodh Gaya in Indien verehren tibetische Buddhisten den ältesten Baum der Welt; in Tokyo findet das Hari Kogo, ein jährliches Frauenfest, statt.
Namenstag: Bibiana (ca. 352–367).

Der französische Maler Georges Seurat, geboren an diesem Tag der Kreativität und der Phantasie, führte einen neuen Stil in der Malerei ein, den sogenannten Pointillismus. Eines der berühmtesten Beispiele ist das Bild Sonntag Nachmittag auf der Insel La Grande Jatte *(1885, Ausschnitt unten). Seurat war zwar als Künstler nicht sehr produktiv, aber ihn faszinierten Farben und Farbwahrnehmung. Er experimentierte viel mit neuen Techniken und leistete so schließlich einen einzigartigen und bedeutenden Beitrag zur Welt der Kunst.*

An diesem Tag

Prominente Geburtstage: Joseph Bell (1837), Georges Seurat (1859), Ruth Draper (1884), Otto Dix (1891), Harriet Cohen (1895), Georgi Konstantinowitsch Schukow (1896), John Barbirolli (1899), Peter Carl Goldmark (1906), Adolf Geren (1915), Maria Callas (1923), Julie Harris (1925), Cathy Lee Crosby (1948), Tracy Austin (1962), Monica Seles (1973)

Bedeutende Ereignisse und Jahrestage: Der 2. Dezember steht für außergewöhnliche Führungsqualitäten. Das zeigt sich in der Krönung Napoleons zum Kaiser von Frankreich (1804) und im Sieg des frisch gekrönten Kaisers über eine vereinte österreichisch-russische Armee in der Schlacht von Austerlitz (1805). Gewicht bekommt an diesem Tag auch der Wunsch, die Interessen der Gemeinschaft zu wahren. So verkündete US-Präsident James Monroe an diesem Tag seine gleichnamige Doktrin, der zufolge die Errichtung weiterer europäischer Kolonien in der westlichen Hemisphäre ein feindlicher Akt gegen amerikanische Sicherheitsinteressen war (1823).

3. DEZEMBER

Komplizierte Systeme und abstrakte Konzepte üben auf die an diesem Tag geborenen Menschen eine ungeheure Faszination aus. Ihr Forschergeist und ihre zugleich entschlossen-fortschrittliche Haltung werden unwiderstehlich angezogen von der Analyse komplexer Sachverhalte, der Sammlung von Daten, dem Aufspüren systemimmanenter Fehler und der Entwicklung und Formulierung neuer Strategien, durch die sich Verbesserungen erreichen lassen. Doch trotz der ungewöhnlichen, sogar radikalen Ideen, die sie vertreten, und der hochfliegenden, ehrgeizigen Visionen, die sie entwickeln, sind sie zutiefst rationale und geradezu pedantische Persönlichkeiten, die ihre Theorien erst öffentlich vorstellen, wenn sie vollkommen von ihrer Durchführbarkeit überzeugt sind. Ihre Vorschläge haben ein solides Fundament. Addiert man noch ihr Organisationstalent und ihre technischen Fähigkeiten sowie ihre Hartnäckigkeit, so entsteht ein effektives Instrument des Fortschritts. Tatsächlich besitzen die am 3. Dezember Geborenen vielversprechende Fähigkeiten und leisten Hervorragendes in Berufen, in denen sie ihre innovativen Neigungen mit ihren praktischen Fähigkeiten verbinden und so selbst mit bestem Beispiel vorangehen können – als Wissenschaftler, Ingenieure oder in den weniger streng regulierten Welten der Kunst und des Sports. Ihre Mitmenschen empfinden zwar Achtung vor ihrem Schwung, ihrer Konzentration und ihrer Energie, haben aber möglicherweise auch den Eindruck, daß sie einen unsichtbaren Schutzschild um sich herum errichtet haben, durch den man kaum zum Kern ihrer Persönlichkeit vordringen kann. Sicher trifft es zu, daß die an diesem Tag Geborenen ihre Gefühle lieber für sich behalten und sie zuweilen sogar vor den Menschen verbergen, die ihnen am nächsten stehen. Ihre Ziele gehen meist auf den Wunsch zurück, gesellschaftliche Entwicklungen voranzutreiben. Freunden und der Familie gegenüber sind sie liebevoll, verantwortungsbewußt und großzügig, auch wenn berufliche Interessen oberste Priorität genießen.

STÄRKEN: Die an diesem Tag Geborenen wollen in den Bereichen ihres Interesses zu Verbesserungen oder Fortschritt beitragen. Ihr analytischer, rationaler Verstand, ihre Entschlossenheit, ihr technisches Talent zur vollen Entfaltung zu bringen, ihre Genauigkeit im Detail und ihr klares Urteilsvermögen bei der Umsetzung ihrer Ziele sind gute Vorzeichen für einen Erfolg.
SCHWÄCHEN: Viele am 3. Dezember Geborene sind völlig auf ihre beruflichen oder intellektuellen Ziele konzentriert, und die Unbeirrbarkeit, mit der sie ihre Ziele verfolgen, leistet der Tendenz Vorschub, emotionale Bedürfnisse, ihre eigenen wie die ihrer Mitmenschen, zu vernachlässigen.
FAZIT: Für diese Menschen ist es entscheidend, daß sie lernen, zwischen ihrem intellektuellen Streben und den emotionalen Voraussetzungen des Glücks Ausgleich zu schaffen, denn sie versuchen, letzteres durch ersteres zu sublimieren. Sie sollten sich ihren Mitmenschen stärker öffnen und sich in Beziehungen freier und intensiver einbringen.

An diesem Tag

Prominente Geburtstage: Niccolo Amati (1596), Samuel Crompton (1753), Rowland Hill (1795), Joseph Conrad (1857), Thomas Beecham (1879), Anton von Webern (1883), Carlo Schmid (1896), Trevor Bailey (1923), Jean-Luc Godard und Andy Williams (1930), Ozzy Osbourne (1948), Mel Smith (1952), Katharina Witt (1965), Anna Chlumsky (1980)

Bedeutende Ereignisse und Jahrestage: Der 3. Dezember ist ein Tag mit großem innovativem Potential und als solcher der Jahrestag folgender Ereignisse: der Vorstellung eines Prototyps des Neonlichts im Pariser Automobilsalon, das geistige Kind des französischen Wissenschaftlers Georges Claude (1910), und der ersten Transplantation eines menschlichen Herzens durch Dr. Christiaan Barnard im Groote-Schuur-Krankenhaus in Kapstadt in Südafrika (1967). Die zielstrebige Umsetzung fortschrittlicher Ideen verdeutlicht u. a. die Aufnahme des Staates Illinois in die Union der Vereinigten Staaten im Jahr 1818.

Planeteneinflüsse

Herrschender Planet: Jupiter.
Zweiter Dekan: Persönlicher Planet ist der Mars.

♃ ♂

Religiöse und kulturelle Bedeutung

Im Alten Rom wurden geheime Frauenrituale durchgeführt. Im Alten Griechenland wurden Rhea und Cybele verehrt.
Namenstag: Attala von Straßburg (ca. 690–741), Franz Xaver (1506–52).

1847 gründete der Abolitionist Frederick Douglas an diesem Tag, der fortschrittliches Handeln begünstigt, in Rochester in New York die Zeitung North Star. *Unter dem Motto „das Recht hat kein Geschlecht – die Wahrheit hat keine Hautfarbe – Gott ist unser aller Vater, und wir alle sind Brüder“ schrieb er im ersten Editorial: „Feierlich widmen wir den* North Star *der Sache unserer lang unterdrückten und ausgebeuteten Landsleute.“*

Planeteneinflüsse
Herrschender Planet: Jupiter.
Zweiter Dekan: Persönlicher Planet ist der Mars.

♃ ♂

Religiöse und kulturelle Bedeutung
Im Alten Rom wurde der Göttin Minerva mit einem jährlich wiederkehrenden Fest gehuldigt. In Westafrika wird der Yoruba-Gott Chango verehrt.
Namenstag: Barbara († 306), Schutzheilige der Türme, der Bergleute, Architekten, der Artillerie und der Sterbenden, Johannes von Damaskus (ca. 650–ca. 750), Osmund († 1099).

Der schottische Schriftsteller Thomas Carlyle zeigte den Einfallsreichtum und das Gespür für gesellschaftliche Entwicklungen, für die sein Geburtsdatum steht. Gut informiert und unabhängig, schrieb er zu Gegenwart und Geschichte und vertrat dabei seinen Standpunkt mit Scharfsinn.

4. DEZEMBER

Im Wesen der am 4. Dezember Geborenen liegt ein kurioser Widerspruch: Zwar schätzen sie ihren persönlichen Freiraum sehr, fühlen sich aber zugleich berufen, ihre Überzeugungen anderen aufzudrängen. Ersteres ist ihnen vielleicht gar nicht bewußt, daher sehen sie keinen Widerspruch darin, die Gedanken und das Verhalten anderer kontrollieren und zugleich für sich das Recht auf Selbstbestimmung wahren zu wollen. Die an diesem Tag Geborenen sind umsichtige und verantwortungsbewußte Menschen, die um des Gemeinwohls willen und nicht egoistischer Motive wegen führen wollen. Besonders ihr Gerechtigkeitssinn und ihre Objektivität veranlassen sie immer wieder zur Auseinandersetzung mit Möglichkeiten der Aufklärung oder der Strukturierung der Gesellschaft. Oft vertreten sie daher als Politiker oder Vorkämpfer sozialer Entwicklungen ein klar umrissenes politisches oder ideologisches Modell, oder sie bedienen sich der subtileren Mittel der Kunst. Ihre standhaft vertretenen Meinungen untermauern die am 4. Dezember Geborenen mit Einfallsreichtum, Energie und Tatkraft und – da sie darüber hinaus auch praktisch veranlagt und gut organisiert sind – mit sorgfältig durchdachten und peinlich genau ausgeführten Handlungsplänen. Da sie Herausforderungen lieben, gehen sie gern ein Risiko ein und packen Hindernisse direkt an – eine Strategie, die oft zu bemerkenswerten Erfolgen führt, aber auch ungeheure Frustration mit sich bringen kann, wenn sich der gewünschte Fortschritt so nicht erzielen läßt. Ihre Mitmenschen empfinden Achtung vor ihrer Entschlossenheit und ihrem Durchsetzungsvermögen, schlagen jedoch zuweilen lieber einen weiten Bogen um sie, damit sie nicht selbst in die Schußlinie geraten. Wer ihnen jedoch nahesteht, lernt auch ihre sanfte, liebevollere Seite kennen.

STÄRKEN: Die an diesem Tag Geborenen stecken geistig wie körperlich voller Energie und Tatendrang. Mit ihrem unabhängigen Intellekt bewerten und verwerfen sie zuweilen auch gesellschaftliche Konventionen zugunsten ihrer eigenen Vorstellungen. Sie zeigen ein hochentwickeltes Organisationstalent und technische Begabung.
SCHWÄCHEN: Die am 4. Dezember Geborenen haben ein so starkes Bedürfnis nach völliger Handlungsfreiheit und verfolgen ihre Ziele mit solchem Ehrgeiz, daß sie mögliche Schäden auf emotionaler Ebene übersehen – bei sich wie bei anderen.
FAZIT: Sie sollten sich der Wirkung bewußter werden, die die Unumstößlichkeit ihrer Überzeugungen und die Energie, mit der sie sich an deren Umsetzung machen, gerade auf diejenigen ausübt, deren Wohlergehen ihnen am Herzen liegt. Ihre mangelnde Bereitschaft, abweichende Meinungen geduldig anzuhören, stößt ihre Mitmenschen ab. Wenn es ihnen gelingt, eine gelassenere Haltung zu entwickeln, können sie ihre Ziele leichter verwirklichen.

An diesem Tag
Prominente Geburtstage: Thomas Carlyle (1795), Samuel Butler (1835), Lillian Russell (1861), Edith Cavell (1865), Wassiliy Kandinsky (1866), Rainer Maria Rilke und Edgar Wallace (1875), Hamilton Harty (1879), Francisco Franco (1892), Herbert Read (1893), A. L. Rowse (1903), Jimmy Lewel (1912), Deanna Durbin (1921), Horst Buchholz (1933), Richard Meade (1938), Yvonne Minton (1943), Dennis Wilson (1944), Jeff Bridges (1949), Pamela Stephenson (1950), Josef Sabovcik (1963), Marisa Tomei (1964), Tyra Banks (1973)

Bedeutende Ereignisse und Jahrestage: Dieser Tag steht für Führungsqualitäten. Das zeigt sich in der Wahl von Nicholas Backspear (als erstem und einzigem Engländer) zu Papst Adrian IV. (1154). Der Tag ist aber auch günstig für die Einführung von Neuerungen. So wurde am 4. Dezember 1791 die Erstausgabe des *Observer*, Großbritanniens ältester heute noch erscheinender Sonntagszeitung, veröffentlicht. Und am Broadway feierte Tennessee Williams' *Endstation Sehnsucht* Premiere (1947). Der Drang zu selbstbestimmtem Handeln liegt dem Fall des amerikanischen Komikers „Fatty" Arbuckle zugrunde, der wegen seiner angeblichen Verwicklung in einen Skandal vor Gericht gestellt wurde. Zwar endete der Prozeß mit einem Freispruch, aber seine Karriere litt irreparablen Schaden (1921).

5. DEZEMBER

Aktiv an einem lohnenden Unternehmen beteiligt zu sein ist für die an diesem Tag Geborenen Voraussetzung zum Glück. Intellektuell wie physisch energiegeladen und mit dem tief verwurzelten Bedürfnis, Geist und Körper um des Fortschritts und der Erkenntnis willen stets zu fordern, erfassen sie schnell, wenn eine Herausforderung die Chance zu bahnbrechenden Leistungen bietet. Sie fühlen sich angesprochen von Plänen und Ideen, die konservativere und vorsichtigere Naturen verwerfen würden. Ihre Vorstellungskraft und die Zuversicht, mit der sie sich auch den entmutigendsten Aufgaben stellen, sind so stark entwickelt, daß am 5. Dezember Geborene sich kaum von einem aufregenden neuen Vorhaben abbringen lassen. So treffen sie zuweilen krasse Fehlentscheidungen, leisten aber auch beachtliche Neuerungen – und ihre Mitmenschen bewundern ihren unbezwingbaren Geist und ihren Enthusiasmus. Ihre Kollegen, Freunde und Verwandten begegnen ihnen mit Zuneigung und Toleranz (Gefühle, die sie erwidern), in vieler Hinsicht gilt ihre größte Aufmerksamkeit jedoch ihren intellektuellen Zielen.

Zumeist geht es den an diesem Tag Geborenen darum, einen wichtigen Beitrag zum Wohl derer zu leisten, mit denen sie sich identifizieren, seien es ihre Familien, ihre Landsleute oder sogar die ganze Menschheit. Ihre klaren Vorstellungen ergänzen sie durch Einfallsreichtum, technische Begabung und Organisationstalent. Sie fühlen sich in allen Berufen wohl, die ihr Interesse immer wieder aktiv fordern, am glücklichsten sind sie aber wahrscheinlich als Künstler, Schriftsteller, Musiker oder Filmemacher.

STÄRKEN: Die Chancen, die alles Neue und Originelle bietet, regen den wachen und phantasievollen Verstand der am 5. Dezember Geborenen an. Daher entwickeln diese Menschen mit Begeisterung neue – oft geniale – Konzepte, die dem Gemeinwohl dienen sollen. Auf deren Verwirklichung richten sie ihre ganze Entschlossenheit, Energie und Tatkraft.

SCHWÄCHEN: Weil die Ziele der am 5. Dezember Geborenen oft in gewisser Weise radikal oder zumindest ungewöhnlich sind, wird es diesen Menschen bald zur Gewohnheit, Zweifel vom Tisch zu wischen und, ungeachtet der Mahnungen anderer, den einmal eingeschlagenen Weg weiter zu verfolgen. Damit bringen sie sich möglicherweise um wertvolle Ratschläge und entfremden sich ihrer Umgebung.

FAZIT: Wollen diese Menschen die Ziele erreichen, die für ihre innere Zufriedenheit so wichtig sind, so ist von entscheidender Bedeutung, daß sie die (für gewöhnlich gut gemeinten) Ratschläge anderer zu ihren Plänen und deren Umsetzung beachten. Hören sie sich verschiedene Meinungen an und übernehmen oder überdenken dabei vielleicht sogar augenfällige Punkte, dann steigen ihre Erfolgsaussichten, und sie gewinnen zugleich die Unterstützung von Menschen, die sich andernfalls ausgeschlossen fühlen könnten. Sie sollten mehr Zeit auf die Pflege der Beziehungen zu ihren nächsten Mitmenschen verwenden.

An diesem Tag

Prominente Geburtstage: Martin Van Buren (1782), Christina Rossetti (1830), George Armstrong Custer (1839), John Jellicoe (1859), Fritz Lang (1890), Walt Disney und Werner Karl Heisenberg (1901), Emeric Pressburger (1902), Otto Preminger (1906), James Cleveland (1931), Little Richard (Penniman, 1935), José Carreras (1946), Jim Messina (1947), Morgan Brittany (1951), Carrie Hamilton (1963)

Bedeutende Ereignisse und Jahrestage: Der 5. Dezember ist ein günstiger Tag für neue Vorhaben. Das zeigt sich darin, daß James Christie, der Gründer des gleichnamigen Auktionshauses, an diesem Tag seine erste Versteigerung durchführte (1766). Der Tag steht zugleich im Zeichen des Feuers. Deutlich wird das in der Zerstörung der russischen Flotte bei Port Arthur (Lushun) vor der Nordostküste Chinas durch die Feuerkraft japanischer Kriegsschiffe (1904).

Planeteneinflüsse

Herrschender Planet: Jupiter.
Zweiter Dekan: Persönlicher Planet ist der Mars.

♃ ♂

Religiöse und kulturelle Bedeutung

Im Alten Griechenland wurde Poseidon mit einem jährlichen Fest am Meer geehrt; in Italien feiert man das Erste Fest der Heiligen Lucia.

Namenstag: Sabas von Mar Saba (von Jerusalem, 439–532), Batholomäus Fanti (ca. 1410–95), Niels Stensen (Nicolaus Stenonis, 1638–86).

Extravagant und kühn war George Armstrong Custer, starrköpfiger General der U. S. Army. Wegen seiner tödlichen Überraschungsangriffe nannten ihn die Sioux „Sohn des Morgensterns". Custer spiegelt die Stärken wie die Schwächen der am 5. Dezember Geborenen wider: Er war leicht erregbar, einfallsreich und zuweilen brillant, weigerte sich aber, einen Rat anzunehmen – was er schließlich 1876 in der Schlacht am Little Bighorn mit seinem eigenen Leben und dem vieler seiner Soldaten bezahlte.

Planeteneinflüsse
Herrschender Planet: Jupiter.
Zweiter Dekan: Persönlicher Planet ist der Mars.

♃ ♂

Religiöse und kulturelle Bedeutung
Finnischer Nationalfeiertag.
Namenstag: Nikolaus von Myra (4. Jh.), Schutzheiliger der Ministranten, der Kinder, der Rechtsanwälte, Richter, Notare, Kaufleute, Apotheker, Parfumiers, Fischer.

Selbständig und unkonventionell war die Schriftstellerin Susanna Moodie. 1803 in England geboren, verbrachte sie den größten Teil ihres Erwachsenenlebens in Kanada, wo ihr literarischer und persönlicher Einfluß bis heute nachwirkt. Wie viele Menschen mit diesem Geburtstag lehnte sie Konventionen ab und fand ihre eigenen Regeln, dabei setzte sie ganz gezielt ihre intellektuellen Fähigkeiten ein. Ihre Persönlichkeit und ihre Lebensauffassung spiegeln sich lebendig in ihrem bekanntesten Werk, dem autobiographischen Roman Roughing It In The Bush or Life in Canada *(1852).*

6. DEZEMBER

Der markanteste Charakterzug der an diesem Tag Geborenen ist ihre zugleich einfühlsame wie rationale Weltsicht. In vieler Hinsicht kann man sie mit Wissenschaftlern vergleichen (was sie tatsächlich oft auch sind), denn auf fast klinische Weise sammeln sie verfügbare Daten, bewerten sie objektiv, ermitteln Bereiche, die der Verbesserung oder Veränderung bedürfen und formulieren dann neue Theorien, wie Fortschritte zu erzielen sind. Diese Begabung zur unvoreingenommenen Beurteilung und Vorausplanung läßt sich aber nicht nur in der Welt der Wissenschaft anwenden, sondern kann auch in vielen anderen Berufen höchst nutzbringend eingebracht werden, so im Geschäftsleben, in der Politik, im Sport, ja sogar in der Kunst, in der die phantasievolle Neuinterpretation geltender Regeln zu erstaunlichen Erfolgen führen kann. Weil sie selbst von der Richtigkeit ihrer Auffassungen überzeugt sind – haben sie doch ihre Schlüsse erst nach gründlicher Prüfung gezogen –, versichern sich die am 6. Dezember Geborenen bei der Umsetzung gern der Unterstützung ihrer Mitmenschen und haben als gute Organisatoren auch die Fähigkeit, ein hoch motiviertes und gut zusammenarbeitendes Team zu leiten. Andere betrachten ihren engagierten Einsatz für ihre oft ungewöhnlichen – in den Augen etwas konventionellerer Menschen sogar radikalen – Ideen mit ehrfürchtiger Bewunderung. Da aber das Ziel der an diesem Tag Geborenen darin liegt, konkrete Ergebnisse zu erreichen, und sie darüber hinaus nicht davor zurückscheuen, Zwang anzuwenden, wenn sie den Eindruck haben, jemand stehe ihrem Fortschritt absichtlich im Weg, wecken sie nicht immer Gefühle der Zuneigung – auch wenn ihre Ziele dem Wohl anderer gelten. Der Vorrang, den sie ihren intellektuellen Interessen einräumen, und ihre Neigung, andere auf deren Fehler hinzuweisen, entfremdet sie ihren Mitmenschen ein wenig.

STÄRKEN: Durch ihr hochentwickeltes, klares Denkvermögen, ihre Objektivität und ihr Fortschrittsstreben sind die an diesem Tag Geborenen Meister in der Beurteilung von Konzepten und Systemen und in der Entwicklung von Strategien zu deren Verbesserung. Sie sind die geborenen Führungspersönlichkeiten, und ihre Energie und Entschlossenheit tragen zu ihrem Erfolg bei.
SCHWÄCHEN: Die am 6. Dezember Geborenen neigen dazu, nichts zu dulden, was ihren Fortschritt in Frage stellen oder behindern könnte: So überhören sie leicht Zweifel und verletzen Gefühle. Ihr gezieltes Vorgehen ist zwar nützlich, wenn sie ihre Ziele erreichen wollen, sie zahlen aber einen hohen Preis, wenn sie die Unterstützung anderer verlieren.
FAZIT: Wollen sie sich ihren Mitmenschen nicht entfremden, sind diese Menschen gut beraten, stets zu bedenken, daß ihr aggressives Vorgehen Feindseligkeiten schürt. Mit etwas mehr Takt und Rücksichtnahme wirken sie sehr viel ausgeglichener.

An diesem Tag
Prominente Geburtstage: König Heinrich IV. von England (1421), Joseph Louis Gay-Lussac (1778), Susanna Moodie (1803), John Brown (1816), Charles Martin Hall (1863), William S. Hart (1870), Joyce Kilmer (1886), Will Hay (1888), Dion Fortune (1890), Osbert Sitwell (1892), Ira Gershwin (1896), Agnes Moorehead (1906), Cyril Washbrook (1914), Dave Brubeck (1920), Wally Cox (1924), Don King (1932), David Ossman (1936), Tom Hulce und Will Shriner (1953), Marius Müller-Westernhagen (1948)

Bedeutende Ereignisse und Jahrestage: Der 6. Dezember ist günstig für bahnbrechende Entdeckungen. Das zeigt sich z. B. darin, daß Christopher Kolumbus an diesem Tag als erster Europäer Hispaniola (heute Haiti und die Dominikanische Republik) entdeckte (1492) und Thomas Alva Edison zum ersten Mal die menschliche Stimme auf Tonband aufzeichnete (1877). Der Tag steht aber auch für die Entwicklung neuer Konzepte. So führte Österreich am 6. Dezember als erstes Land ein staatliches Erziehungswesen ein (1774), Finnland erklärte seine Unabhängigkeit von Rußland, das damals selbst mitten in einer Revolution steckte (1917), und die 26 südlichen irischen Grafschaften erreichten die Selbstverwaltung (1921).

7. DEZEMBER

Besonders bemerkenswert bei den am 7. Dezember Geborenen ist ihr Mut zur Andersartigkeit, eine Neigung, die nicht daher rührt, daß sie Aufmerksamkeit erregen wollen (obwohl das gewöhnlich die unausweichliche Folge ist), sondern von ihrer großen Originalität und der Freude an abenteuerlichen Streifzügen ins Unbekannte. Diese Menschen suchen Erkenntnis und Erfahrung jenseits konventioneller gesellschaftlicher Normen, eine Prädisposition, die noch verstärkt wird durch ihre Fähigkeit, Informationen rasch aufzunehmen und zu beurteilen und Wahrheiten zu entdecken, die noch im Verborgenen liegen. Mit ihrer dem Schützen eigenen intellektuellen Neugier und ihrem originellen Denken, besitzen sie die Fähigkeit, Bahnbrechendes zu bewirken. Der Erhalt ihrer Gedanken- und Handlungsfreiheit ist ihnen sehr wichtig: Sie fühlen sich geistig und emotional eingeengt, müssen sie sich den Moralvorstellungen anderer beugen. Ihnen liegen Berufe, die viel Handlungsspielraum gewähren, etwa in Wissenschaft und Kunst.

Trotz ihrer Tendenz, sich von der Menge abzusondern, sind die an diesem Tag Geborenen keine Einzelgänger, denn sie haben ein hohes Verantwortungsgefühl für ihre Mitmenschen, eine Neigung, die bei den an diesem Tag geborenen Frauen besonders ausgeprägt ist. Ihre kritische Weltsicht ist weithin tolerant, aber für ihre wichtigsten Überzeugungen stehen sie unumstößlich ein – z. B. für das Prinzip der Menschlichkeit. Ihre angeborene innere Unruhe treibt sie zwar dazu, immer wieder neue Themen, Menschen und Orte kennenzulernen, aber sie sind verläßliche Partner und Freunden und Familie treu verbunden. Diese wiederum schätzen sie wegen ihrer freundlichen und liebevollen Art.

STÄRKEN: Die am 7. Dezember Geborenen sind wißbegierige und unkonventionelle Menschen. Das Neue und Ungewöhnliche zieht sie an, und sie besitzen genug Verständnis, Energie und Mut, um ihre Vorstellungen auch entgegen der Einwände weniger phantasiebegabter Zweifler umzusetzen. Ihr aufrichtiges Interesse gilt ebenso dem Wohl ihrer Mitmenschen.
SCHWÄCHEN: Ihre lebhafte Neugier und ihr angeborener Widerstand gegen Anpassung können dazu führen, daß diese Menschen am Rande der Gesellschaft leben, daß sie einseitig ihre Interessen verfolgen und „weltliche“ Dinge völlig außer acht lassen. Daher sind sie oft emotional isoliert.
FAZIT: Die an diesem Tag Geborenen sollten versuchen, ihre Neigung, sich vor der „realen Welt“ zu verschließen, etwas zu mildern, indem sie sich mehr in die Gefühlsbeziehungen einbringen, die für ihr Wohlergehen so wichtig sind. In Beziehungen, die für beide Beteiligten bereichernd sind, können sie sich entfalten und fühlen sich erfüllter.

An diesem Tag

Prominente Geburtstage: Gianlorenzo Bernini (1598), Johann Joachim Eschenburg (1743), Pietro Mascagni (1863), Willa Silbert Cather (1876), Joyce Cary (1888), Eli Wallach (1915), Ted Knight (1923), Mario Soares (1924), Noam Chomsky (1928), Ellen Burstyn (1932), Harry Chapin (1942), Gregg Allman und Johnny Bench (1947), Priscilla Barnes und Larry Bird (1956), Ed Hall (1958)

Bedeutende Ereignisse und Jahrestage: Dieser Tag ist günstig für innovative Leistungen. Das zeigte sich in der Welt des Theaters, als 1732 in London das Theatre Royal, Englands erstes Opernhaus, eröffnet wurde. Der 7. Dezember steht auch für Führungsqualitäten. So wurde 1783 an diesem Tag der 24jährige William Pitt der Jüngere zum jüngsten Premierminister Großbritanniens ernannt. Und 1916 wurde der britische Premierminister Herbert Asquith an der Spitze einer Koalitionsregierung in Kriegszeiten durch den dynamischeren David Lloyd George ersetzt. An diesem Tag, der vom kriegerischen Planeten Mars mitbeherrscht wird, zerstörten japanische Bomber einen großen Teil der amerikanischen Pazifikflotte in Pearl Harbor auf Hawaii (1941). Dabei wurden über 2.000 Soldaten getötet, und die USA trat anschließend in den Zweiten Weltkrieg ein.

Planeteneinflüsse

Herrschender Planet: Jupiter.
Zweiter Dekan: Persönlicher Planet ist der Mars.

♃ ♂

Religiöse und kulturelle Bedeutung

Im Alten Griechenland wurde das Haloafest der Demeter gefeiert.
Namenstag: Ambrosius (333?/334?–397), Schutzheiliger der Imker, der Bienen und Haustiere, Fara (595–657).

Gianlorenzo Bernini – das Foto unten zeigt seine bezaubernde Daphne *(1622–24) – war ein herausragender Bildhauer, Architekt und Maler zur Zeit des Barock. Er wurde am 7. Dezember 1598 als Sohn des Bildhauers Pietro Bernini in Florenz geboren. Seinem Geburtstag entsprechend, entwickelte er einen ganz eigenen Stil, deutlich anders als der seines Vaters – und aller anderen Bildhauer vor ihm. Seine Skulpturen sind berühmt wegen ihrer realistischen Details und ihres leidenschaftlichen Ausdrucks, wie in seinem berühmtesten Werk* Die Verzückung der heiligen Teresa *(1645–52) deutlich zu erkennen. Zu seinen architektonischen Werken zählt der Petersplatz in Rom.*

8. DEZEMBER

Die am 8. Dezember Geborenen sind leidenschaftliche Menschen, getrieben von dem starken Impuls, das Leben voll auszukosten. In jeder Hinsicht außergewöhnlich aktiv, zeigen sie oft stark emotionale, sinnliche Reaktionen und stürzen sich aus vollem Herzen in jedes neue Unternehmen oder jede neue Beziehung, die ihnen Anregung verspricht. Man kann diese Menschen tatsächlich als wahre Idealisten bezeichnen, immer bestrebt, ihre Vorstellungen von Vollkommenheit zu verwirklichen – im Intellektuellen, Religiösen oder Emotionalen. Auf der Suche nach ihrem persönlichen Utopia, zeigen sie unerschöpflichen Enthusiasmus, Entschlossenheit und Energie. Durch ihren Elan und ihren ansteckenden Optimismus werden sie oft anderen zur Inspiration. Dabei sind ihre Motive meist selbstlos. Sie haben ein tiefes Bedürfnis, andere glücklich zu machen, und viele nutzen dazu ihre künstlerischen Neigungen, werden Schriftsteller, Musiker, Maler oder Schauspieler.

Wie angesichts ihrer hohen Erwartungen kaum zu vermeiden, haben die am 8. Dezember Geborenen selten das Gefühl, ihre fernen Ziele erreicht zu haben, selbst wenn sie viel Beifall erhalten. Sie treiben sich zu noch größerer Anstrengung an (besonders, wenn sie im chinesischen Jahr des Pferdes geboren sind) oder fallen in eine tiefe Depression, wenn sie von sich selbst oder den Ergebnissen ihrer Bemühungen enttäuscht sind. Ihr Selbstvertrauen braucht immer wieder Stärkung durch verständnisvolle Freunde und Verwandte, deren Unterstützung für ihr emotionales Wohlergehen so wichtig ist.

STÄRKEN: Denken und Handeln dieser vitalen Menschen werden bestimmt von ihrem großen Wunsch, die ehrgeizigen intellektuellen Pläne auch zu verwirklichen, die so eng mit ihrem Gefühl von Zufriedenheit verbunden sind. Phantasievoll, enthusiastisch, schwungvoll und energiegeladen wie sie sind, gehen sie völlig in der Verwirklichung ihrer Ziele auf. Dabei werden sie zu einer Inspiration für ihre Mitmenschen und erregen Bewunderung. Als Freunde und Kollegen sind sie lebendig und erfrischend.
SCHWÄCHEN: Ihre oftmals unerreichbaren Vorstellungen von Perfektion bergen die Gefahr, daß die am 8. Dezember Geborenen die Erfüllung, die sie suchen, niemals finden.
FAZIT: Eine ausgeglichene Haltung ist für die an diesem Tag Geborenen entscheidend. Sie sollten versuchen, eine realistische Perspektive für ihre Erfolgsaussichten zu entwickeln. Ihre Träume sollten sie nicht aufgeben, wohl aber sich darüber klar werden, daß manches unerreichbar ist. Die einfachen Freuden des Lebens zu genießen, stabile Beziehungen etwa, hilft ihnen, ihr inneres Gleichgewicht zu wahren.

An diesem Tag

Prominente Geburtstage: Quintus Horatius Flaccus, „Horaz" (65 v. Chr.), MariaStuart (1542), Adolf Kolping (1813), Jean Julius Christian Sibelius (1865), Diego Rivera (1886), Bohuslav Martinu (1890), James Thurber (1894), Lee J. Cobb (1911), Richard Fleischer (1916), Lucian Freud (1922), Sammy Davis jun. (1925), Maximilian Schell (1930), David Carradine (1936), James Mac Arthur (1937), James Galway (1939), Geoff Hurst (1941), Jim Morrison (1943), Kim Basinger (1953), Teri Hatcher (1964), Sinead O'Connor (1966)

Bedeutende Ereignisse und Jahrestage: Dieser Tag steht für die erhabensten Visionen. So verkündete Papst Pius IX die Unbefleckte Empfängnis der Jungfrau Maria als römisch-katholisches Dogma (1854), wurde die Hängebrücke „Clifton Suspension Bridge" über den Avon in Bristol offiziell eröffnet (1864) und unterzeichneten der amerikanische Präsident Ronald Reagan und der russische Generalsekretär Michael Gorbatschow eine Vereinbarung, die den Weg für das INF-Abkommen über den vollständigen Abbau der atomaren Mittelstreckenraketen im Jahr darauf ebnete (1987). Der 8. Dezember ist dem Einfluß des Mars unterworfen, dessen streitbare Neigungen deutlich wurden, als John Heenan und Tom King im englischen Woodhurst den ersten Kampf um den Weltmeistertitel im Schwergewichtsboxen austrugen (1863).

Planeteneinflüsse

Herrschender Planet: Jupiter.
Zweiter Dekan: Persönlicher Planet ist der Mars.

♃ ♂

Religiöse und kulturelle Bedeutung

In den Shintotempeln in Japan wird Amaterasu geehrt; in Ägypten findet zu Ehren der Erdgöttin Delta das Neith-Fest statt.
Namenstag: Unbefleckte Empfängnis der Jungfrau Maria (1. Jh.), Schutzheilige der Mütter, der Nonnen und der Jungfrauen, Edith und Elfriede von Caestre († 819).

Unter dem kriegerischen Einfluß des Mars wurde der 8. Dezember zum Jahrestag der Kriegserklärung an Japan durch Präsident Franklin D. Roosevelt (1941) als Reaktion auf den vernichtenden Angriff auf Pearl Harbor am Vortag.

9. DEZEMBER

Ungeachtet ihres äußerlich flotten Erscheinungsbilds werden die an diesem Tag Geborenen von äußerst ehrgeizigen und originellen Visionen beherrscht – von Träumen, in denen sie einen bedeutenden, wegweisenden Beitrag zum Gemeinwohl leisten. Mit ihrer lebendigen Vorstellungskraft (die gleichermaßen von ihrer emotionalen Hinwendung zu anderen wie von ihren eher abstrakten, intellektuellen Neigungen beeinflußt ist) und der eher rationalen Fähigkeit, Fehler und Schwächen in bestehenden Systemen und Konzepten zu entdecken, besitzen die am 9. Dezember Geborenen die Gabe, Bahnbrechendes zu leisten. Intuition und hellwachen Scharfsinn zugleich einsetzend, erkennen sie mit angeborener Sicherheit die Mängel und Fehler im Leben ihrer Mitmenschen und verspüren zugleich den Drang, deren Lage zu verbessern. Bei der Umsetzung ihrer Ziele profitieren sie von ihrer geradezu unglaublichen Vitalität, ihrer organisatorischen wie praktischen Begabung und ihrer unverrückbaren Entschlossenheit. Dabei haben ihre Ziele ganz unterschiedlichen Charakter: Einige bewegen sich erfolgreich in der Welt der Politik oder der Wissenschaft, während andere sich künstlerische Felder suchen wie Musik, Literatur oder Schauspiel. Aufrichtiges Interesse kennzeichnet die zwischenmenschlichen Beziehungen der am 9. Dezember Geborenen im Kollegenkreis, in der Familie und in größeren Gemeinschaften. Mit ihrer starken Anteilnahme am Schicksal anderer ist jedoch auch ein gewisses Kontrollbedürfnis verbunden, weshalb ihr Rat vielleicht nicht angenommen oder gar rundweg abgelehnt wird.

STÄRKEN: Die am 9. Dezember Geborenen sind getrieben von einem allumfassenden, allerdings zwiespältigen Drang, die Entwicklung ihrer Mitmenschen durch Aufklärung, Motivation oder auf andere Weise durch die Verwirklichung ihrer originellen und fortschrittlichen Visionen zu fördern. Sie sind von Grund auf idealistische Menschen, die die Herausforderung reizt, weitreichende Verbesserungen in der Gesellschaft herbeizuführen.
SCHWÄCHEN: Sie wünschen sich so sehr, im Leben ihrer Mitmenschen eine bedeutende Rolle zu spielen, und sind sich ihrer Ansichten und ihres Vorgehens so sicher, daß sie dazu neigen, das Recht anderer auf eigene Zielvorstellungen zu mißachten – in dem Bestreben, anderen nach ihren Prinzipien zu helfen, vergessen sie, ihren Mitmenschen denselben persönlichen Freiraum zuzugestehen, den sie für sich selbst so nachdrücklich einfordern.
FAZIT: Wenn ihnen an einer offenen und aufrichtigen Beziehung zu den Menschen in ihrer unmittelbaren Umgebung liegt, sollten diese Menschen ihre Neigung, andere allzu streng in die Richtung zu führen, die sie selbst für die beste halten, etwas zügeln. Sie sollten sich darum bemühen, unterschiedliche Ansichten und Vorgehensweisen zu akzeptieren und versuchen, diese mit ihren eigenen Methoden und Vorstellungen in Einklang zu bringen.

An diesem Tag

Prominente Geburtstage: John Milton (1608), Joel Chandler Harris (1848), Beatrice Harrison (1892), Dolores Gomez Ibarruri (1895), Emmett Kelly (1898), Margaret Hamilton (1902), Douglas Fairbanks (1909), Elisabeth Schwarzkopf (1915), Kirk Douglas (1916), Dick Van Patten (1928), John Cassavetes (1929), Judi Dench (1934), Beau Bridges (1941), Billy Bremner (1942), Joan Armatrading (1950), Angelika Milster (1951), John Malkovich (1953), Donny Osmond (1957), Jakob Dylon und Allison Smith (1969), David Kersh (1970)

Bedeutende Ereignisse und Jahrestage: An diesem Tag, an dem Führungsqualitäten zur Geltung kommen, wurde der reformfreudige Politiker William Gladstone zum britischen Premierminister gewählt (1868). Das künstlerische Talent, für das dieser Tag steht, zeigte sich, als *Salome*, Richard Strauß' erste Oper, Premiere feierte (1905). Das Eintreten für den Grundsatz der Autonomie ist ein weiteres Merkmal des 9. Dezember, an dem dann auch der ostafrikanische Staat Tanganjika seine Unabhängigkeit von Großbritannien erhielt (1961) und sich ein Jahr später zur Republik erklärte (1962). Und schließlich überfielen israelische Soldaten an diesem Tag, der von dem kriegerischen Planeten Mars mitbeherrscht wird, palästinensische Flüchtlinge in einem Lager bei Jabaliya im Gaza-Streifen (1987).

Planeteneinflüsse

Herrschender Planet: Jupiter.
Zweiter Dekan: Persönlicher Planet ist der Mars.

♃ ♂

Religiöse und kulturelle Bedeutung

Nationalfeiertag in Tansania; in Mexiko wird Tonantzin, die Göttin des Heilens, mit dem Fest zu Ehren der Mutter der Gesundheit geehrt.
Namenstag: Valeria von Limoges (3. Jh.).

An diesem Tag, an dem die Einflüsse von Jupiter und Mars Erfolg und Macht in geradezu berauschender Fülle verheißen und der daher für Führungsqualitäten steht, wurde William Gladstone (Foto unten) im Jahre 1868 britischer Premierminister.

10. DEZEMBER

Das ruhige, kontrollierte Benehmen, das die an diesem Tag Geborenen kennzeichnet, übertüncht oft ihre unumstößliche Entschlossenheit, ihre Ideale zu verwirklichen. Die am 10. Dezember geborenen Menschen sind sehr nachdenklich und bestrebt, neue Erkenntnisse zu vermitteln – sie erforschen abstrakte, akademische oder religiöse Modelle, sie führen wissenschaftliche oder künstlerische Neuerungen ein, können informiert und sorgfältig abgewogen urteilen, bevor sie wichtige Entscheidungen treffen und wirkungsvolle Handlungspläne ausarbeiten. Tatsächlich haben sie eine unübertroffene organisatorische Begabung und wählen vielleicht einen Beruf als Kulturveranstalter, Politiker oder sonstige Persönlichkeit des öffentlichen Lebens. Manche fühlen sich auch von den Möglichkeiten angezogen, die ihnen die akademische Welt bietet. Da ihre Vorhaben dem Gemeinwohl und nicht egoistischen Motiven dienen, und da sie dynamisch und konzentriert vorgehen, sind die an diesem Tag Geborenen hervorragende Führungskräfte. Von ihren Mitmenschen fordern sie viel, aber nie mehr als sie auch sich selbst abverlangen, eine Neigung, die noch verstärkt wird, wenn sie im chinesischen Jahr der Ratte geboren sind. Obwohl man ihnen gelegentlich Gefühlskälte vorwirft, haben sie ein aktives Interesse am Wohlergehen ihrer Freunde, Familien und Kollegen, auch wenn sie das oft nicht zeigen. Ihre Umgebung bewundert ihre selbstlosen Motive und Energie, aber selbst engste Freunde fühlen sich oft ausgeschlossen von ihren innersten Gefühlen, die sie gern hinter ihrem disziplinierten Äußeren verbergen.

STÄRKEN: Die an diesem Tag Geborenen sind scharfe Beobachter von Menschen und Situationen, besitzen große analytische Fähigkeiten und denken sehr fortschrittlich. Ihr Wissen und ihre praktische Begabung verwenden sie darauf, ihre Ideale zu verwirklichen.
SCHWÄCHEN: Menschen, die am 10. Dezember geboren sind, verwenden all ihre Kräfte auf die zielstrebige Verwirklichung ihrer Ziele, eine Neigung, die dazu führen kann, daß sie ihre emotionalen Bedürfnisse (wie auch die anderer) zugunsten des Drangs, etwas erreichen zu wollen, sublimieren.
FAZIT: Für das Wohlbefinden dieser Menschen ist wichtig, daß sie im Leben ein Gleichgewicht zwischen Emotion und Intellekt wahren. Ganz besonders zählt auch, daß sie die einfachen Freuden, die die Beziehungen zu Freunden, Partnern und Kindern schenken, nicht auf dem Altar ihrer Arbeit opfern.

An diesem Tag

Prominente Geburtstage: Felice Orisini (1819), César Franck (1822), Emily Dickinson (1830), Melvil Dewey (1851), E. H. Shepard (1879), Harold Alexander, Graf von Tunis (1891), William Plomer (1903), Olivier Messiaen (1908), Chet Huntley (1911), Morton Gould (1913), Dorothy Lamour (1914), Michael Manley (1924), Christine Brückner (1921), Gloria Loring (1946), Susan Dey (1952), Kenneth Branagh (1960), Jahangir Khan (1963)

Bedeutende Ereignisse und Jahrestage: Dieser Tag steht insbesondere für das Bemühen um gesellschaftliche Weiterentwicklung. So überließ Spanien Kuba nach dem Ende des spanisch-amerikanischen Krieges den USA (1898), und nach dem Tode des autokratischen Herrschers Miguel Primo de Rivera konnten die Spanier zum ersten Mal ihren Präsidenten wählen (1931). Der Tag ist auch günstig für innovative Leistungen, die dem Gemeinwohl dienen. So ist der 10. Dezember der Jahrestag der Erfindung des Pneumatikreifens durch den britischen Ingenieur Robert Thompson (1845). An diesem Tag feierte das Stück *Ubu Roi* des französischen Dramatikers Alfred Jarry, einem Wegbereiter des Absurden Theaters, Premiere (1896), und in England wurde die U-Bahn-Station Picadilly Circus eröffnet (1928). Der 10. Dezember steht auch für das Bestreben, die Grenzen menschlicher Leistungsfähigkeit auszudehnen. Das zeigte sich, als entsprechend der Verfügung des schwedischen Chemikers Alfred Nobel die ersten Nobelpreise vergeben wurden (1901) und als die gebürtige Polin Marie Curie als erste Frau zusammen mit Pierre Curie und Henri Becquerel für ihre Forschungen zur Radioaktivität diesen Preis erhielt (1903).

Planeteneinflüsse

Herrschender Planet: Jupiter.
Zweiter Dekan: Persönlicher Planet ist der Mars.

♃ ♂

Religiöse und kulturelle Bedeutung

Bei den Inuit finden an diesem Tag Reinigungsriten statt.
Namenstag: Eulalia von Merida (292–304).

Am 10. Dezember 1869 erhielt der US-Bundesstaat Wyoming seinen Spitznamen „der Gleichberechtigungsstaat“, weil dort an diesem Tag zum ersten Mal in den Vereinigten Staaten Frauen das Wahlrecht erhielten. Dieser Tag ist günstig für soziale Reformen und gesellschaftliche Weiterentwicklung.

11. DEZEMBER

Die an diesem Tag Geborenen fühlen sich oft hin- und hergerissen zwischen ihrem ausgeprägten sozialen Verantwortungsbewußtsein und dem ebenso tief empfundenen Wunsch, sich ihren persönlichen Interessen zu widmen. Diese gegensätzlichen Neigungen können zu Konflikten innerhalb der Familie führen. So wohl diese Menschen sich in Gesellschaft ihrer Angehörigen auch fühlen, sie neigen dazu, stets die Kontrolle ausüben zu wollen. Die am 11. Dezember Geborenen fühlen sich oft zu Berufen hingezogen, die sie intellektuell herausfordern und unmittelbar mit der Verbesserung der Lebensbedingungen der Menschen in ihrem Umfeld, ja, der ganzen Menschheit zu tun haben. Viele interessieren sich für die Entwicklung gesellschaftlicher Systeme und fühlen sich zum Anwalt der Unterdrückten berufen, als Aktivisten in Bürgerrechtsbewegungen oder als Politiker vielleicht. Andere streben nach wissenschaftlichem Fortschritt zum Wohl der Menschheit, wollen im medizinischen Bereich oder in Notdiensten arbeiten, werden Mechaniker oder Ingenieure.

Ganz gleich, in welchem Beruf sie tätig sind, alle am 11. Dezember Geborenen wenden bemerkenswerte Energie und beachtlichen Einsatz für ihre Ziele auf. Perfektionisten, die sie sind, verlangen sie von ihren Mitmenschen ebenso viel Engagement wie sie selber zeigen und können über Irrtümer oder Fehlurteile nicht hinwegsehen. Solch intensiver Einsatz kann zwar zu bemerkenswerten Ergebnissen führen, sich aber auch gegen sie kehren oder alle Beteiligten geistig wie körperlich auslaugen. Doch trotz ihrer aufrichtigen Zuneigung und Sorge um das Wohl anderer können ihre hohen Maßstäbe und das zuweilen allzu energische Eintreten für die Verhaltens- und Moralprinzipen, die sie befürworten, gerade bei denjenigen Groll erregen, deren Interessen ihnen am meisten am Herzen liegen.

STÄRKEN: Die am 11. Dezember Geborenen sind stark auf ihre Mitmenschen ausgerichtet, sei es nun ihr unmittelbarer Freundes- und Familienkreis, ihre Kollegen oder das gesellschaftliche Umfeld, in dem sie sich bewegen. Ihre Sorge um das Wohl anderer bestimmt ihr Handeln und ihr Denken, und sie arbeiten mit bemerkenswerter Energie und Konzentration auf die Verwirklichung ihrer fortschrittlichen Ziele hin.
SCHWÄCHEN: Von solcher Unumstößlichkeit sind ihre Überzeugungen, daß die an diesem Tag Geborenen Gefahr laufen, ihr Bedürfnis nach Entspannung und Zeit für sich selbst zu vernachlässigen, ja sogar auch ihren Mitmenschen diese notwendigen Voraussetzungen emotionaler Harmonie zu verweigern – was zu innerem Ungleichgewicht und schließlich zu völliger Erschöpfung führen kann.
FAZIT: Für diese Menschen ist die Erkenntnis entscheidend, welche Bedeutung regelmäßigen Perioden des Abschaltens von der Arbeit zukommt, und zwar sowohl, um körperlich und geistig neue Kraft zu tanken, als auch auch um den eigenen Horizont zu erweitern.

An diesem Tag

Prominente Geburtstage: Papst Leo X (1475), Christian Dietrich Grabbe (1801), Hector Berlioz (1803), Alfred de Musset (1810), Robert Koch (1843), Fiorella Henry La Guardia (1882), Gilbert Roland (1905), Carlo Ponti (1913), Alexander Solschenizyn (1918), Kenneth MacMillian (1929), Rita Moreno (1931), Donna Mills (1943), Brenda Lee (1944), Teri Garr (1949), Christina Onassis (1950), Jermaine Jackson (1954), Rider Strong (1979)

Bedeutende Ereignisse und Jahrestage: Der 11. Dezember steht für mögliche Interessenkonflikte. Das zeigte sich, als die pro-katholischen Neigungen König Jakob II. zu seiner erzwungenen Abdankung zugunsten seiner protestantischen Tochter Maria und ihres Mannes Wilhelm von Oranien führten (1688) und als König Edward III. auf den britischen Thron verzichtete, um die geschiedene Amerikanerin Wallis Simpson zu heiraten (1937). Aber dieser Tag verspricht auch technische Neuerungen von allgemeinem Nutzen. So erhielt der britische Erfinder Edward Beran am 11. Dezember das Patent für seinen Entwurf der Jalousie (1769), und auf der ersten Automobilausstellung der Welt in Paris wurden die neuesten technischen Errungenschaften gezeigt (1894).

Planeteneinflüsse

Herrschender Planet: Jupiter.
Zweiter Dekan: Persönlicher Planet ist der Mars.

♃ ♂

Religiöse und kulturelle Bedeutung

In Italien feiern nicht-christliche Gruppen den Tag der Bruma.
Namenstag: Damasus I. (ca. 305–384), Daniel Stylites (von Konstantinopel, ca. 409–493).

Technischer und medizinischer Fortschritt ist ein besonderes Kennzeichen des 11. Dezember. So wurde an diesem Tag des Jahres 1844 zum ersten Mal eine Zahnoperation unter Narkose durchgeführt.

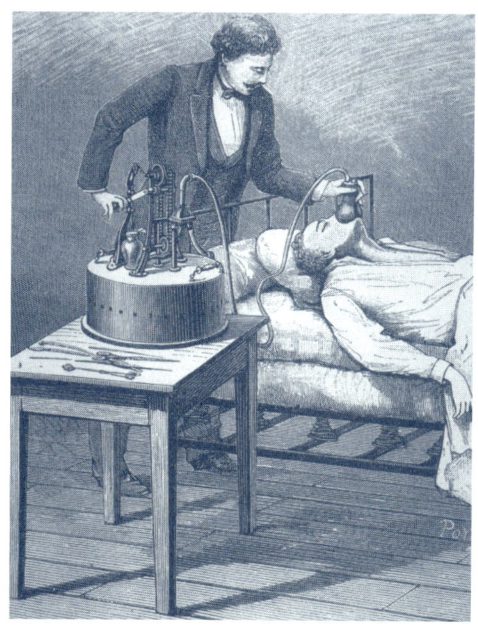

Planeteneinflüsse

Herrschender Planet: Jupiter.
Dritter Dekan: Persönlicher Planet ist die Sonne.

♃ ☉

Religiöse und kulturelle Bedeutung

Nationalfeiertag in Kenia; in Sada wird das Fest des Zoroastrischen Feuers abgehalten; in Mexiko findet das Fest zu Ehren Unserer lieben Frau von Guadelupe statt.
Namenstag: Konrad von Offida (1237–1306), Johanna Franziska von Chantal (1572–1641).

Den günstigen Einfluß dieses Tages auf Kommunikation und Technik nutzend, stellte Guglielmo Marconi am 12. Dezember 1896 sein Funkgerät vor.

12. DEZEMBER

Der vielleicht markanteste Charakterzug der am 12. Dezember Geborenen ist ihre Neigung, ihren Gefühlen und Überzeugungen in der Öffentlichkeit Ausdruck zu verleihen. Im allgemeinen geht es ihnen dabei aber nicht darum, Aufmerksamkeit um ihrer selbst willen zu erregen, sondern sie sind der Auffassung, daß sie der Welt Wichtiges mitzuteilen haben, das die Menschheit in ihrer Entwicklung voranbringt. Sie besitzen einen scharfen Verstand, eine ausgezeichnete Intuition und einen ausgeprägten Gerechtigkeitssinn. Daher reagieren sie heftig auf gesellschaftliche Mißstände. Mit Elan und unumstößlicher Entschlossenheit versuchen sie, diese zu beseitigen – auch und gerade im Angesicht des Widerstands. Als Lehrer sind sie begabt und beliebt, oft sind sie auch als Geschäftsleute im Marketing und Verkauf erfolgreich. Die Interessengebiete der am 12. Dezember Geborenen sind zwar uneinheitlich, alle aber haben das Bedürfnis, über ihre kommunikative Begabung ihre Mitwelt daran teilhaben zu lassen. Ob mit verbalen, literarischen, visuellen oder musikalischen Mitteln, sie besitzen die erfolgversprechende Fähigkeit, durch Schockierendes wie durch Erbauendes die Aufmerksamkeit des Publikums wachzuhalten. Viele sind sich sehr wohl bewußt, daß sie, wenn sie der Diskussion solche Kanäle öffnen, negative wie positive Reaktionen gleichermaßen hervorrufen, glauben aber, daß der Nutzen am Ende den Schaden überwiegen wird oder können zuweilen einfach nicht schweigend zusehen. Eine wirkliche Gefahr liegt jedoch darin, daß sie ihr Privatleben einbüßen – und damit auch das anderer Menschen beeinträchtigen, deren Liebe und Unterstützung für ihr Wohlbefinden so wichtig ist.

STÄRKEN: Das Denken und Handeln der an diesem Tag Geborenen stehen unter dem Einfluß ihres ausgeprägten Gemeinsinns und ihres Wunsches, einen merklichen Beitrag zur Verbesserung des Gemeinwohls zu leisten. Diese geistig wie körperlich aktiven Menschen können klar erkennen, was geändert werden muß, und es gelingt ihnen, ihre Verbesserungsvorschläge auf wahrhaft unvergeßliche Weise vorzutragen.
SCHWÄCHEN: Obwohl hinter ihrer Neigung, ihre Überzeugungen und Prinzipien in die Öffentlichkeit zu tragen, meist die löblichsten Absichten stecken, kann das im persönlichen Bereich zu unerwarteten Konsequenzen führen. Haben sie ihre Mitmenschen erst einmal auf ihre Ideen eingeschworen, können sie die gewünschte Distanz vielleicht nicht mehr herstellen und fühlen sich durch die unablässige Nähe und Bedürftigkeit der anderen frustriert.
FAZIT: Die am 12. Dezember Geborenen sind gut beraten, die Wirkung sorgfältig zu bedenken, wenn sie immer im Mittelpunkt stehen müssen, sobald sie ihre Meinung im größeren Kreise kundtun. Denn damit öffnen sie oft – bewußt oder unbewußt – Schleusentore, deren emotionale Fluten außerhalb ihrer Kontrolle liegen.

An diesem Tag

Prominente Geburtstage: Samuel Hood (1724), Erasmus Darwin (1731), Carl Maria von Weber (1786), Gustave Flaubert (1821), Edvard Munch (1863), Heinrich Vogeler (1872), Edward G. Robinson (1893), Fred Elizade (1907), Frank Sinatra (1915), Joe Williams (1918), Bob Barker (1923), John Osborne (1929), Connie Francis (1938), Dionne Warwick (1941), Cathy Rigby (1952), Sheila E. (1957), Tracy Austin (1962), Mädchen Amick (1970)

Bedeutende Ereignisse und Jahrestage: Der 12. Dezember steht für den Wunsch, im Interesse des Gemeinwohls zu handeln. Das zeigte sich, als Pennsylvania der Union der Vereinigten Staaten beitrat (1797) oder der ostafrikanische Staat Kenia seine Unabhängigkeit von Großbritannien erhielt (1963). Der 12. Dezember hat auch einen günstigen Einfluß auf kommunikative Fähigkeiten. So präsentierte der italienische Physiker Guglielmo Marconi an diesem Tag in London seinen „drahtlosen Funk" der Öffentlichkeit (1896) und stellte später die erste transatlantische Funkverbindung her (1901). Der Flugzeugbauer Hugo Junkers stellte an diesem Tag mit dem Jungfernflug seines Metallflugzeugs eine neue Technik vor (1915), und der britische Ingenieur Christopher Cockerell erhielt das Patent für sein Luftkissenfahrzeug (1955).

13. DEZEMBER

Neugierig und perfektionistisch wie sie sind, besitzen die an diesem Tag Geborenen die Fähigkeit, Weiterentwicklungen zu initiieren, die nicht nur bemerkenswert originell, sondern auch solide fundiert sind. Sie bedienen sich dabei ihres hochentwickelten Gespürs für Wissenslücken in Theorie und Praxis. Voller Elan und mit höchster Konzentration versuchen sie, diese Lücken zu schließen oder Fehlentwicklungen, die sie erkannt haben, zu korrigieren. Was sie auch tun, sie tun es mit Selbstvertrauen, Innovation, Durchhaltevermögen und großer Sorgfalt im Detail. Sie blühen in allen Berufen auf, in denen ihr Forschergeist und ihr Bedürfnis, aktiv tätig zu werden, gefordert sind. Viele aber brauchen eine klar strukturierte Arbeitsumgebung und fühlen sich daher besonders zu Buchhaltung, Ingenieurswesen, Naturwissenschaften und Jura hingezogen. Die am 13. Dezember Geborenen sind stark humanitär veranlagt, ihr natürlicher Gerechtigkeitssinn und ihr Mitgefühl für alle, die unter schwierigen Bedingungen leben müssen, wecken ihren Beschützerinstinkt. Auch ihre zwischenmenschlichen Beziehungen – zu Kollegen, Freunden, Partnern oder Kindern – sind von aufrichtigem Interesse und von Anteilnahme geprägt, besonders bei Frauen. Dabei zeigen sie ihre Gefühle aber nicht unbedingt offen. Sie sind sehr zuverlässige Menschen und erteilen meist durchdachten Rat, der auf einer scharfen Beobachtungsgabe fußt. Dabei können ihre wohlmeinenden Absichten von ihren Mitmenschen aber als Versuche, sie zu ändern oder zu kontrollieren, mißverstanden werden.

STÄRKEN: Die an diesem Tag Geborenen haben ein ausgeprägtes soziales Verantwortungsbewußtsein und bemühen sich, einen Beitrag zum Gemeinwohl zu leisten. Es sind optimistische, rationale und fröhliche Menschen mit beträchtlicher theoretischer und praktischer Begabung, die sie für geniale und doch höchst wirkungsvolle konzeptionelle oder technische Neuerungen einsetzen.

SCHWÄCHEN: Die am 13. Dezember Geborenen neigen dazu, sich in allem mit Leib und Seele zu engagieren, sowohl im Beruf als auch in ihren Beziehungen. Damit begeben sie sich in eine zweifache Gefahr: Zum einen könnten sie sich völlig verausgaben, wenn sie ihr Bedürfnis nach Erholung und Entspannung vernachlässigen, und zum anderen könnten ihre andauernden Versuche, die Probleme der Menschen in ihrer nächsten Umgebung zu lösen, als unerwünschte Einmischung aufgefaßt werden.

FAZIT: Es ist wichtig, daß diese Menschen sich in ihrer Neigung, die Probleme anderer zu lösen, etwas bremsen, denn vielleicht gehen die ja lieber nach eigenem Gutdünken vor. Sie sollten erkennen, daß Persönlichkeitsentwicklung (bei anderen wie bei ihnen selbst) nur dann stattfinden kann, wenn Verantwortung für das eigene Handeln übernommen wird und Gefühle zugelassen statt unterdrückt werden.

An diesem Tag

Prominente Geburtstage: William Hamilton (1730), Heinrich Heine (1797), Ernst Werner von Siemens (1816), Alvin Cullum York (1887), John Piper (1903), Laurens van der Post (1906), Archie Moore (1913), Curd Jürgens und Balthazar Johannes Vorster (1915), Dick van Dyke (1925), Christopher Plummer (1927), John Davidson (1941), Howard Brenton (1942), Ted Nugent (1948), Paula Wilcox (1949), John Francome (1952), Jim Davidson (1954)

Bedeutende Ereignisse und Jahrestage: Als ein Tag, der Erforschungen begünstigt, ist der 3. Dezember der Jahrestag des Aufbruchs des englischen Seefahrers Sir Francis Drake in seinem Schiff „Golden Hind" von Plymouth zu einer Reise, auf der er schließlich die ganze Welt umrunden sollte (1577), und der ersten Entdeckung Neuseelands durch den holländischen Seefahrer Abel Tasman (1642). Aber der 13. Dezember steht auch für bemerkenswert originelle technische Neuerungen. So erhielt der Erfinder Percy Everitt an diesem Tag das Patent auf die erste Waage der Welt, die auf Münzeinwurf funktionierte (1884), und der New Yorker Italo Marcone das Patent auf Waffelhörnchen für Speiseeis (1903).

Planeteneinflüsse

Herrschender Planet: Jupiter.
Dritter Dekan: Persönlicher Planet ist die Sonne.

♃ ☉

Religiöse und kulturelle Bedeutung

In Schweden St. Lucia-Tag.
Namenstag: Luzia (Lucia, ca. 286–304), Jodok (Jobst, Jost, Josse, ca. 620–ca. 668), Odilia (Ottilie, ca. 660–720).

An diesem Tag der Erkundungen und des Einfallsreichtums brach Sir Francis Drake 1577 zu seiner Weltumseglung auf.

Planeteneinflüsse

Herrschender Planet: Jupiter.
Dritter Dekan: Persönlicher Planet ist die Sonne.

♃ ☉

Religiöse und kulturelle Bedeutung

Namenstag: Nikasius von Reims († 407 oder 451), Venantius Fortunatus (536–ca. 610), Johannes vom Kreuz (1542–91), Franziska Schervier (1819–76).

Der Norweger Roald Amundsen (Abbildung unten) führte seine Expedition als erste Menschen in das letzte unberührte Gebiet der Welt, den Südpol. Am 14. Dezember 1911 gelang ihm diese bemerkenswerte Leistung. Sein Erfolg spiegelt die Disziplin und die Entschlossenheit wider, für die dieser Tag steht.

14. DEZEMBER

Man muß sie einfach bewundern, die Menschen, die an diesem Tag geboren sind: Sie umgibt eine Aura von kontrollierter Kraft, Kompetenz und Effektivität. Tatsächlich sind die am 14. Dezember Geborenen höchst aktive Leute, die es einfach nicht fertigbringen, tatenlos herumzustehen, wenn es Gebiete zu erforschen, Taten zu vollbringen und Fortschritt zu erzielen gilt. Sie besitzen einen kühlen und doch phantasievollen Intellekt, geistige wie körperliche Energie und eine große organisatorische Begabung und gehen alles, was sie tun, mit Enthusiasmus und Entschlossenheit an. Ihre Entscheidungssicherheit macht sie zu geborenen Führungskräften, und sie haben eine Begabung, andere mit fester doch wohlwollender Hand zu leiten, wobei sie ihre hohen Erwartungen oft durch einen Schuß Humor ausgleichen. Sie blühen in jedem Beruf auf, der ihnen den Handlungsspielraum bietet, ohne Einschränkungen durch die Anweisungen anderer auf ihre Ziele hinzuarbeiten (was nicht heißen soll, daß sie nicht äußerst diszipliniert sind – ganz im Gegenteil). Daher eignen sie sich am besten für ein Berufsfeld, in dem Forschung und Entwicklung eine wichtige Rolle spielen – im akademischen Bereich etwa, in der industriellen Produktion oder in der Pharmazie. Zwar sind sie umgängliche und ihrer Umwelt sehr zugetane Menschen, in vieler Hinsicht aber verschlossene, selbstsichere Charaktere, die Erfüllung in erster Linie in ihrem persönlichen Streben nach Entdeckungen und Fortschritt finden. Und obwohl andere sich oft ratsuchend an sie wenden – und nie abgewiesen werden –, fühlen sie sich hin- und hergerissen zwischen ihrem Verantwortungsgefühl für die Allgemeinheit und ihrem tiefen Wunsch, ohne Störungen durch ihre Mitmenschen ihren persönlichen Interessen nachgehen zu können. Es ist daher wichtig, daß ihre Freunde und Verwandten ihr Bedürfnis nach Freiraum und Zeit für sich selbst respektieren.

STÄRKEN: Die am 14. Dezember Geborenen besitzen einen scharfen Verstand und eine große Vorstellungskraft, was sie prädestiniert, ihre fortschrittlichen Ziele so direkt und effizient wie nur möglich zu erreichen. Sie verfügen über bemerkenswerte Energie und arbeiten mit Zielsicherheit und Entschlossenheit auf ihre Ziele hin.
SCHWÄCHEN: Die an diesem Tag Geborenen finden persönliche Erfüllung, wenn sie sich interessanten Herausforderungen stellen. Weil sie aber ein ausgesprochenes Talent zur Lösung von Problemen haben und durch ihr entschlossenes und optimistisches Vorgehen auf andere Menschen vertrauenerweckend wirken, neigen sie dazu, sich die Verantwortung für die Probleme und Schwierigkeiten ihrer Mitmenschen aufzubürden.
FAZIT: Damit es diesen Menschen emotional gut geht, ist entscheidend, daß sie ein funktionierendes Gleichgewicht finden zwischen der Einsamkeit, die sie brauchen, um ihren persönlichen Interessen nachzugehen, und ihrem davon oft völlig unabhängigen Bedürfnis, ihren Mitmenschen zu helfen. Sie sollten sich daher die Zeit nehmen, die Prioritäten zu finden, die ihnen im Hinblick auf ein erfülltes Leben am wichtigsten sind.

An diesem Tag

Prominente Geburtstage: Michel de Nostraedame („Nostradamus", 1503), Tycho Brahe (1546), Roger Fry (1866), John Christie (1882), König Georg VI. von Großbritannien (1895), Spike Jones (1911), Karl Carstens (1914), Shirley Jackson (1919), Clark Terry (1920), Charlie Rich (1932), Lee Remick (1935), Jeannette Scott (1938), Patty Duke, Michael Ovitz und Stan Smith (1946), James Horan (1954), Alain Loreieux (1957), Chelsea Noble (1964)

Bedeutende Ereignisse und Jahrestage: Dieser Tag steht für das hartnäckige Festhalten an ungewöhnlichen Visionen und ist somit der Jahrestag folgender Ereignisse: der Veröffentlichung der Quantentheorie durch den deutschen Physiker Max Planck, der jahrelange Arbeit zur Strahlungstheorie vorausging (1900), der Pionierleistung von vier norwegischen Entdeckern unter der Leitung von Roald Amundsen, die als erste den Südpol erreichten (1911), und der Übertragung der ersten detaillierten Bilder des Planeten Venus von der U.S.-Sonde „Mariner" zur Erde (1962).

15. DEZEMBER

Die an diesem Tag Geborenen sind vielschichtige Persönlichkeiten: Einerseits sind sie optimistisch, vital und voller Wohlwollen ihren Mitmenschen gegenüber, andererseits besitzen sie aber auch eine Neigung zu Kompromißlosigkeit, Kontrollzwang und Herrschsucht. Mit ihrem nüchternen Verstand – der sie befähigt, Fehler und Schwächen deutlich zu erkennen – und ihrem äußerst logischen Denken entwickeln sie klare Handlungspläne. Geistig und körperlich aktiv, ziehen sie sich nicht in den Elfenbeinturm zurück, sondern stehen gern führend in vorderster Reihe, versichern sich der Unterstützung ähnlich denkender Menschen und motivieren durch ihren großen persönlichen Charme. Tatsächlich wirken diese geborenen Führungskräfte durch ihren anregenden Enthusiasmus, ihre optimistische Haltung und ihr durchdachtes Vorgehen anziehend auf andere.

Viele an diesem Tag Geborene besitzen die Fähigkeit, sich auf den Gebieten, die sie interessieren, darunter Wirtschaft, Technik und Unternehmensmanagement, zu Experten heranzubilden. Doch für welchen Beruf sie sich auch entscheiden, ihr Ziel liegt immer darin, eine breitere Öffentlichkeit umfassend zu informieren, aufzuklären oder nachhaltig zu beeinflussen. Im Umgang mit anderen hegen sie daher die besten Absichten, sollten sich aber um jeden Preis hüten, ihre Mitmenschen zu kontrollieren, auch wenn sie das für gerechtfertigt erachten mögen. Ganz besonders gilt das für ihre persönlichen Beziehungen, denn wenn sie versuchen, Denken und Handeln der anderen zu bestimmen, unterdrücken sie unweigerlich deren Bedürfnis nach Selbstbestimmung und verlieren die Aufgeschlossenheit für neue Ideen und Perspektiven.

STÄRKEN: Am 15. Dezember geborene Menschen verfügen über einen scharfen, vorausschauenden Verstand, eine ungeheure Energie, enormen Antrieb und eine große praktische Begabung. Sie lieben Herausforderungen und besitzen das notwendige Charisma, andere von der Richtigkeit ihrer Ansichten und damit ihres Erfolgsstrebens zu überzeugen, sei es nun zugunsten des Gemeinwohls oder des persönlichen Gewinns.

SCHWÄCHEN: Die an diesem Tag Geborenen neigen nicht zu Saumseligkeit, Unentschlossenheit oder Untätigkeit. Und da sie in ihren Überzeugungen bemerkenswert fest sind, tendieren sie dazu, allen, die sich ihren Auffassungen und Vorgehensweisen nicht bereitwillig anschließen, mit Ungeduld, ja Intoleranz zu begegnen, eine Neigung, die sie im Berufsleben das Wohlwollen möglicher Verbündeter, im Privaten die Zuneigung der Menschen in ihrer unmittelbaren Umgebung kosten kann.

FAZIT: Diese Menschen sind zielstrebig und von dem Wunsch beseelt, ihre Umwelt positiv zu beeinflussen. Bei der Verwirklichung ihrer Ziele jedoch stoßen sie durch ihr selbstsicheres und kompromißloses Vorgehen gerade diejenigen ab, die sie überzeugen oder denen sie helfen wollen. Sie sollten deshalb versuchen, die Standpunkte anderer zu respektieren, anstatt sie rundweg abzulehnen.

An diesem Tag

Prominente Geburtstage: Nero (37 v. Chr.), George Romney (1734), Gustave Eiffel (1832), Antoine Henri Becquerel (1852), Lazarus Ludwig Zamenhof (1859), Rudolf von Laban (1879), Maxwell Anderson (1888), John Paul Getty (1892), Maurice Wilkins (1916), Ahmend Ben Bella (1918), Alan Freed (1922), Tim Conway (1933), Edna O'Brien (1936), Klaus Hänsch (1938), Dave Clark (1942), Don Johnson (1949), Helen Slater (1965)

Bedeutende Ereignisse und Jahrestage: Dieser Tag verspricht bahnbrechende technische Neuerungen, was am Beginn der gewerblichen Produktion von Nylon in einer Fabrik in Delaware (1939) ersichtlich ist oder am ersten Weltraumrendezvous zwischen den Raumkapseln „Gemini 6" und „Gemini 7" (1965). Darüber hinaus steht der 15. Dezember auch für die Durchsetzung kompromißloser Visionen. So wurde an diesem Tag der Sioux-Häuptling Sitting Bull erschossen, als er sich seiner Inhaftierung wegen Beteiligung am Freiheitskampf der Indianer widersetzte (1890).

Planeteneinflüsse

Herrschender Planet: Jupiter.
Dritter Dekan: Persönlicher Planet ist die Sonne.

♃ ☉

Religiöse und kulturelle Bedeutung

In Puerto Rico wird mit dem Fest Navidades das Christkind geehrt.
Namenstag: Christina (Nina, † ca. 330).

Der in Lancashire geborene britische Porträtmaler George Romney (Abbildung unten) zeigte die Entschlossenheit, für die der 15. Dezember, sein Geburtsdatum, steht. Er zog nach London und wurde berühmt für seine Studien von Lady Hamilton und anderen Angehörigen des britischen Adels.

16. DEZEMBER

Planeteneinflüsse
Herrschender Planet: Jupiter.
Dritter Dekan: Persönlicher Planet ist die Sonne.

♃ ☉

Religiöse und kulturelle Bedeutung
Bei den Hopi wird die Soyal-Zeremonie begangen; in Mexiko wird mit dem Fest Posadas das Christkind geehrt.
Namenstag: Adelheid (931–999).

Unter dem günstigen Einfluß der Weitsicht, der Selbstsicherheit und der Entschlossenheit, für die der 16. Dezember steht, wurde der englische Staatsmann und Stratege Oliver Cromwell, der entscheidend zur Niederlage der Royalisten im Bürgerkrieg beigetragen hatte, zum englischen Staatsoberhaupt ernannt. Er verkündete Reformen und religiöse Toleranz.

Die am 16. Dezember Geborenen sind mit großer Vorstellungskraft begabt und von dem Wunsch erfüllt, Konzepte auszuloten, die weniger visionäre Menschen als undurchführbar verwerfen würden. Sie besitzen ein profundes Denken und das Potential, Bleibendes zu schaffen. Dazu sind sie redegewandt und überzeugungskräftig und hinterlassen im allgemeinen einen einprägsamen ersten Eindruck. Ihr streng logischer und objektiver Umgang mit neuen Sachverhalten unterbindet jegliche Neigung, einer allzu lebhaften Phantasie freien Lauf zu lassen. Sie sind so aufgeschlossen, viele Auffassungen und Möglichkeiten in Erwägung zu ziehen, unterziehen die Vorstellungen, die ihnen interessant erscheinen, aber einer gründlichen Prüfung. Sind sie einmal von der Richtigkeit ihrer Thesen überzeugt, verfolgen sie ihre Ziele mit Elan, Konzentration und Hartnäckigkeit und lassen sich durch die Ablehnung, auf die sie dabei stoßen mögen, nur selten ablenken. In vieler Hinsicht sind sie daher einsam, denn sie besitzen zwar den Mut, für ihre Ziele einzutreten, stehen aber oft allein da, weil ihre Mitmenschen eigene Vorstellungen verfolgen möchten.

Die an diesem Tag Geborenen blühen auf, wenn sie durch gesellschaftliche Normen nicht eingeschränkt werden, und leiden sehr unter strikten Strukturen. Am besten eignen sie sich für Berufe in der akademischen oder wissenschaftlichen Forschung, auf dem Gebiet der Softwareentwicklung oder im Produktionsmanagement. Ihre Ziele sind meist selbstlos, und oft bewegen sie soziale Fragen, auch wenn das nicht auf den ersten Blick zu erkennen ist. Ihre tiefe Zuneigung für die Menschen, die ihnen nahestehen, scheint zuweilen unter ihrem Erfolgsdrang zu leiden, aber sie können loyale Beziehungen eingehen.

STÄRKEN: Durch ihre große Vorstellungskraft fühlen sich am 16. Dezember geborene Menschen besonders stark zu Ideen hingezogen, die so radikal sind, daß andere starke Zweifel an ihrer Durchführbarkeit hegen. Weil sie aber logisch denken und sorgfältig und entschlossen vorgehen, können sie weitreichende Neuerungen tatsächlich durchsetzen.
SCHWÄCHEN: Ihre ungewöhnlich fortschrittlichen Interessen und die zielstrebige Hartnäckigkeit, mit der sie ihre Visionen verfolgen, von deren Realisierbarkeit sie fest überzeugt sind, bergen aber auch die Gefahr, daß die an diesem Tag Geborenen sich von ihren Mitmenschen isolieren, damit sie ihren beruflichen Zielen oder ihren persönlichen Interessen unbeeinflußt und unberührt von Zweifeln oder Ansprüchen Dritter nachgehen können.
FAZIT: Ihre Visionen sollten sie nicht aufgeben, aber für diese Menschen ist entscheidend, daß sie ihr emotionales Gleichgewicht wahren und sich nicht völlig von der Gesellschaft der Menschen in ihrer nächsten Umgebung absondern, die sie bei der Verwirklichung ihrer Ziele unterstützen und ihnen ganz sicher eine bereichernde neue Dimension eröffnen könnten.

An diesem Tag

Prominente Geburtstage: Gebhard Berecht von Blücher (1742), Ludwig van Beethoven (1770), Jane Austen (1775), Johann Wilhelm Ritter (1776), König Leopold I. von Belgien (1790), Jack Hobbes und Zoltán Kodály (1882), Noël Coward (1899), Margret Mead (1901), Arthur C. Clarke (1917), Liv Ullmann (1938), Leslie Stahl (1941), Steven Bochco (1943), Benny Andersson (1946), Ben Cross (1947), Billy Gibbons (1949), Joel Garner (1953), William Perry und Melanie Smith (1962), Heike Drechsler (1964), Michael McCary (1971)

Bedeutende Ereignisse und Jahrestage: Sein Potential zur Verwirklichung radikaler Ziele machte der 16. Dezember auf vielen Gebieten deutlich. So z. B., als der puritanische Parlamentarier Oliver Cromwell zum Staatsoberhaupt von England ernannt wurde (1653) oder als eine Gruppe amerikanischer Kolonisten sich Mohikanerkostüme überstreifte und aus England importierten Tee im Hafen von Boston ins Meer warf, um gegen die Steuerpflicht ohne Stimmrecht zu protestieren, und damit den Weg für die nordamerikanischen Unabhängigkeit ebnete (1773). Die „Charlotte Jane", das erste britische Schiff, das Siedler nach Neuseeland brachte, kam in Lyttleton an (1850), und Marthinus Pretorius rief in der südafrikanischen Provinz Transvaal eine Burenrepublik aus (1856).

17. DEZEMBER

Ihr Wunsch, konkrete Ergebnisse und merkliche Fortschritte zu erzielen, ist vielleicht der hervorstechendste Charakterzug der am 17. Dezember Geborenen. Sie sind Draufgänger und haben wenig Geduld mit Menschen, die lange abwägen, statt eine Entscheidung zu treffen. Das soll aber nicht heißen, daß sie gedankenlose Naturen sind, die sich aus übergroßem Tatendrang impulsiv auf eine Aufgabe stürzen, ohne sie zuvor gründlich durchdacht zu haben. Ganz im Gegenteil – die an diesem Tag Geborenen besitzen die Fähigkeit, eine Situation rasch zu überblicken, ihre Komponenten zusammenzufassen und zu beurteilen und dann ebenso rasch klare Strategien zu entwickeln, wie am besten vorzugehen ist. Voller Elan, praktisch veranlagt und progressiv, tun sie nichts nur halbherzig. Diese kompromißlose Haltung beschreibt zugleich ihre bevorzugte Art des Umgangs in den zwischenmenschlichen Beziehungen – oft mit gemischtem Erfolg. Zwar besitzen diese geborenen Führungskräfte die Gabe, ihre Kollegen zu motivieren und anzuleiten, ihre Versuche aber, die Menschen in ihrer unmittelbaren Umgebung in eine Richtung zu dirigieren, die ihrer Überzeugung nach die beste ist, stößt nicht immer auf Gegenliebe. Es fällt ihnen schwer, sich auf neue Beziehungen einzulassen, da sie selten ihre Gefühle offen zeigen. Dabei sind sie gesellige, fröhliche Naturen. Doch trotz ihrer etwas rauhen Art fühlen sich die am 17. Dezember Geborenen ihren Familien, Freunden, Kollegen und anderen liebevoll verbunden und für sie verantwortlich. Ihren Angehörigen stehen sie jederzeit zur Seite und sind verläßliche Verbündete. Ihre Fähigkeit, Fehlentwicklungen in Situationen zu erkennen und zu beheben, kommt ihnen bei einer beruflichen Laufbahn im Management zugute. Vielleicht fühlen sie sich auch zur Wirtschaft hingezogen oder zu anderen Gebieten, auf denen sie Spuren hinterlassen können, die von einem breiten Publikum wahrgenommen werden.

STÄRKEN: Die am 17. Dezember Geborenen sind vital und energiegeladen. Mit ihrer Fähigkeit zu erkennen, was verbesserungsbedürftig ist, und ihrer Gabe, einen Handlungsplan zu entwickeln, können sie Bahnbrechendes bewirken. Ihre anziehende Persönlichkeit und ihre Ausrichtung auf andere machen sie zu den geborenen Führungspersönlichkeiten.
SCHWÄCHEN: Weil sie so entschlossen und aktiv sind, haben die an diesem Tag Geborenen die Neigung, sich in die Angelegenheiten anderer einzumischen und die Verantwortung für Menschen oder Situationen zu übernehmen, die sie für gefährdet oder richtungslos halten. Solche Tendenzen können den Groll ihrer Mitmenschen wecken.
FAZIT: Um harmonischer zwischenmenschlicher Beziehungen willen sollten sie ihren gut gemeinten Drang, das Denken und Handeln anderer kontrollieren zu wollen, etwas zügeln. Mehr Achtung und Toleranz gegenüber dem Recht ihrer Mitmenschen, ihrer Persönlichkeit individuell Ausdruck zu verleihen, machen Beziehungen glücklicher und entspannter.

An diesem Tag

Prominente Geburtstage: Prinz Rupert vom Rhein (1619), Domenico Cimarosa (1749), Humphry Davy (1778), Joseph Henry (1797), John Greenleaf Whittier (1807), Ford Madox Ford (1873), Mackenzie King (1874), Robertson Hare (1891), Arthur Fiedler (1894), Erskine Caldwell und Ray Noble (1903), Willard Frank Libby (1908), William Safire (1929), Bob Guccione (1930), Tommy Steele und Klaus Kinkel (1936), Kerry Parker (1937)

Bedeutende Ereignisse und Jahrestage: Der 17. Dezember steht insbesondere für Führungsqualitäten. So wurde an diesem Tag Zulfiqar Ali Bhutto, der Vorsitzende der Volkspartei, Pakistans erster Premierminister (1971), und Fernando Affonso Collor de Mello, Politiker der von ihm gegründeten Partido da Recontrução Nacional, wurde zum Präsidenten von Brasilien gewählt (1989). Die Verbindung des Tages zum Künstlerischen und Technischen zeigte sich, als die *Weihnachtsgeschichte* von Charles Dickens veröffentlicht wurde (1843), das Kaiserlich Russische Ballett die Premiere von Pjotr Iljitsch Tschaikowskys *Der Nußknacker* tanzte (1892) oder den Pionieren des Motorflugs Orville und Wilbur Wright der erste Flug in einem motorgetriebenen Flugzeug gelang (1903).

Planeteneinflüsse

Herrschender Planet: Jupiter.
Dritter Dekan: Persönlicher Planet ist die Sonne.

♃ ☉

Religiöse und kulturelle Bedeutung

Im Alten Rom wurde Saturn geehrt.
Namenstag: Lazarus von Bethanien (1. Jh.).

Im Jahr 1903 schrieben Orville und Wilbur Wright an diesem Tag der Pionierleistungen und des Draufgängertums Luftfahrtgeschichte. In den Kill Devil Hills im US-Bundesstaat North Carolina gelang ihnen der erste gesteuerte Motorflug. Der Flug dauerte 12 Sekunden. Ein weiterer Flug am selben Tag dauerte 53 Sekunden und ging über eine Distanz von 260 Metern.

18. DEZEMBER

Dank ihrer lebhaften Phantasie sind die am 18. Dezember Geborenen nicht nur fasziniert von Vorstellungen und Visionen, die weniger originelle Denker rundweg ablehnen würden, sondern auch entschlossen, ihre Träume in die Realität umzusetzen. Schon in der Kindheit entwickeln viele einen Spielplan ihres Lebens, aufgebaut um die besonderen Interessen herum, die ihre Aufmerksamkeit beanspruchen. Sie halten entschlossen an ihren Zielen fest, ungeachtet aller Wechselfälle des Lebens, aller verlockender Ablenkungen, die sich ihnen bieten könnten oder selbst der Zweifel derer, denen sie ihre Pläne anvertraut haben. Ihre Ziele immer fest vor Augen, arbeiten sie äußerst sorgfältig an der Umsetzung und zeigen dabei Einfallsreichtum, Genie und praktisches sowie organisatorisches Talent. Als rationale und klar denkende Persönlichkeiten haben sie zwar hohe, aber meist realistische Ziele, wenn zum Erfolg auch Konzentration und sehr viel harte Arbeit gehören. Sie blühen in jedem Beruf auf, der ihnen beim Umsetzen ihrer Leitbilder ihre Autonomie beläßt. Sie eignen sich daher am besten für eine Laufbahn, die derlei Unabhängigkeit ermöglicht, vielleicht auf dem Gebiet von Wissenschaft und Technik, in der Kunst oder im Sport. Von Natur aus ziehen sie nur ungern am selben Strang mit anderen, sind aber dennoch charismatische Führungspersönlichkeiten, eine Gabe, durch die sie sich – in Kombination mit ihrer Fähigkeit, den Überblick zu wahren – in bewundernswerter Weise zum Politiker eignen. Doch trotz der Achtung, die sie in anderen hervorrufen, erscheint die emotionale Seite ihrer Persönlichkeit all denen, die sich auf eine engere Beziehung mit den am 18. Dezember Geborenen einlassen möchten, oft unzugänglich.

STÄRKEN: Diese Menschen sind nicht nur visionäre Charaktere, die zielstrebig auf die Verwirklichung ihrer ehrgeizigen, langfristigen Pläne hinarbeiten, sondern auch äußerst praktisch und einfallsreich. Ihre Ideen fußen stets auf einem solide gebauten und gut organisierten Unterbau. Ihre technischen Fähigkeiten, Elan und Hartnäckigkeit kommen ihnen darüber hinaus sehr zugute. Ihr gelassenes Selbstvertrauen und ihr sonniges Gemüt macht sie sehr beliebt.

SCHWÄCHEN: Die an diesem Tag Geborenen sind so sehr darauf aus, ihre Ziele zu erreichen, daß sie weder Ablenkung noch abweichende Meinungen dulden können. Diese Neigung verspricht zwar einen erfolgreichen Abschluß ihrer Vorhaben, kann aber im Emotionalen eher negative Folgen haben, wenn sie die Pflege enger persönlicher Beziehungen für ihr Wohlbefinden für unwesentlich erachten.

FAZIT: Entscheidend ist, daß die am 18. Dezember Geborenen sich durch die intensive Beschäftigung mit ihrer Arbeit nicht emotional von den Menschen isolieren, die ihnen am nächsten stehen. Entspannung, die Fähigkeit, die kleinen Freuden des Lebens genießen und Liebe und Unterstützung von anderen annehmen wie geben zu können, verhelfen zu einem gesunden Gleichgewicht, verleihen dem Leben eine neue, bereichernde Dimension und führen auch im Beruf zu mehr Effektivität.

An diesem Tag

Prominente Geburtstage: Charles Wesley (1707), Joseph Grimaldi (1779), William Frederick Yeames (1835), Joseph John Thomson (1856), Francis Thompson (1859), Edward MacDowell und Lionel Monckton (1861), Hector Hugh Monroe, „Saki“ (1870), Paul Klee (1879), Ty Cobb (1886), Edward Howard Armstrong (1890), Christopher Fry (1907), Celia Johnson (1908), Jules Dassin (1911), Willy Brandt (1913), Betty Grable (1916), Ossie Davis (1917), Galt MacDermot (1928), Katja Behrens (1942), Keith Richards (1943), Steven Spielberg (1947), Leonard Maltin (1950), Brad Pitt (1964)

Bedeutende Ereignisse und Jahrestage: Der 18. Dezember ist günstig für die Verwirklichung fortschrittlicher Ideen. So trat z. B. an diesem Tag der Staat New Jersey der Union der Vereinigten Staaten bei (1787), und es wurde der 13. Zusatz zur Verfassung der Vereinigten Staaten ratifiziert, der Sklaverei für illegal erklärt (1865).

Planeteneinflüsse

Herrschender Planet: Jupiter.
Dritter Dekan: Persönlicher Planet ist die Sonne.

♃ ☉

Religiöse und kulturelle Bedeutung

In Lettland feiert man die Geburt des Dievs und die Wiedergeburt der Sonne. Im Alten Rom fand das Fest zu Ehren der Epona statt.
Namenstag: Gatianus (Gratianus, † 301), Wunibald (701–761).

Der Filmemacher Steven Spielberg verdeutlicht die Eigenschaften, für die dieser Tag steht, darunter eine reiche Phantasie, Mut und die Fähigkeit, die eigenen Vorstellungen anderen auch verständlich zu machen. Spielberg hat gleich mehrere Planeten im Schützen, was seine unkonventionellen Eigenschaften noch verstärkt. Seine Filme ziehen ein breites und treues Publikum an. Jäger des Verlorenen Schatzes *(1981),* E.T. *(1982);* Jurassic Park *(1993) und andere waren unvergleichlich erfolgreich. Im chinesischen Jahr des Schweins geboren, besitzt er die Kreativität und das Engagement dieses Zeichens.*

19. DEZEMBER

Als kompromißlos individualistische Persönlichkeiten sind die am 19. Dezember Geborenen typische Nonkonformisten, die sich weigern, sich von ihrem Empfinden nach nichtigen gesellschaftlichen Konventionen einengen zu lassen. Von allem Tiefgründigen und Originellen fühlen sie sich stark angezogen, mindestens ebenso stark abgestoßen, wenn nicht sogar angeekelt jedoch von Passivität, mangelnder Neugier oder Schwerfälligkeit. Da sie gesellschaftliche Normen ablehnen, die nicht mit ihren Überzeugungen im Einklang stehen, scheuen sie sich nicht, offen ihre Meinung zu sagen, ja sie genießen sogar die Kontroverse, die sie mit ihrer Unverblümtheit heraufbeschwören. Ihre Absichten rühren von ihrem Wunsch, die Auseinandersetzung anzuregen. Ihre Auffassungen vertreten sie mit Leidenschaft und Engagement. Zu ihren intellektuellen Stärken gehören Scharfsinn und ein gut entwickelter Gerechtigkeitssinn. Die am 19. Dezember Geborenen sind denkbar ungeeignet als Rädchen in einem großen Getriebe. Ihr Autonomiebedürfnis und ihr Forscherdrang sind gute Voraussetzungen für Erfolge als Künstler, Wissenschaftler oder Unternehmer, die Bahnbrechendes leisten. Weil viele am liebsten allein arbeiten, sind die bedingungslose Liebe und die Unterstützung derer, die ihnen am nächsten stehen, besonders wichtig. Große Zuneigung kennzeichnet ihre Beziehungen zu Freunden, Partnern und zur Familie; diese schätzen sie wiederum wegen ihrer Großzügigkeit und ihrer Loyalität.

STÄRKEN: Die unabhängigen und energiegeladenen Menschen, die an diesem Tag geboren sind, sind frei und originell in ihrem Denken. Es widerstrebt ihnen, Ideen oder Konventionen kritiklos zu übernehmen. Statt dessen hinterfragen und prüfen sie und entwickeln oft innovative alternative Konzepte. Dabei werden sie von dem Wunsch getrieben, die Menschen aufzuklären, ihr Wissen zu mehren oder den Fortschritt auf andere Weise zu fördern. Ihre Mitmenschen achten und bewundern ihre Integrität.

SCHWÄCHEN: Angesichts ihres durchaus kämpferischen Auftretens sind den am 19. Dezember Geborenen Auseinandersetzungen nicht fremd. Tatsächlich reizen sie andere viel lieber zum Nachdenken und zum Handeln, statt sich widerstandslos mit den Gegebenheiten abzufinden. Es besteht dabei jedoch die Gefahr, daß sie aus reiner Lust an der Opposition den Advocatus Diaboli spielen.

FAZIT: Wenn sie andere Menschen nicht verprellen und sich mögliche Verbündete oder die, deren Aufklärung ihnen am Herzen liegt, nicht entfremden wollen, ist entscheidend, daß diese Menschen ihre leicht aggressive Neigung, Überzeugungen in Frage zu stellen, die anderen lieb geworden sind, mäßigen und nur dort mit Nachdruck ihre Auffassung deutlich machen, wo es ihnen wirklich wichtig ist, sonst aber tragbare Kompromisse anstreben.

An diesem Tag

Prominente Geburtstage: William Edward Parry (1790), Albert Abraham Michelson (1852), Carter G. Woodson (1875), Grace Mildmay (1900), Ralph Richardson (1902), Leonid Iljitsch Breschnew (1906), Jean Genet (1910), Edith Piaf (1915), David Susskind (1920), Eamonn Andrews (1922), Gordon Jackson (1923), Bernhard Vogel (1932), Al Kaline (1934), Tim Reid (1944), Robert Urich (1947), Jennifer Beals (1963), Alyssa Milano (1973)

Bedeutende Ereignisse und Jahrestage: Dieser Tag steht für feste Standpunkte und die damit einhergehende Bereitschaft, sich denen entgegenzustellen, die gegenteiliger Auffassung sind. Das zeigte sich z. B., als Streitkräfte der Hugenotten und der Katholiken in der Schlacht von Dreux aufeinandertrafen und damit die französischen Religionskriege ankündigten (1562). Aber der 19. Dezember steht auch für die Wichtigkeit der pragmatischen Aussöhnung. So unterzeichneten an diesem Tag Vertreter des kommunistischen China und des damals konservativ regierten Großbritannien das Abkommen von Beijing (Peking), in dem Großbritannien sich bereit erklärte, Hongkong 1997 an sein „Vaterland" zurückzugeben, im Gegenzug verpflichtete sich China, die soziale und wirtschaftliche Freiheit der ehemaligen Kolonie zu wahren (1984).

Planeteneinflüsse

Herrschende Planeten: Jupiter und Saturn.
Dritter Dekan: Persönlicher Planet ist die Sonne.
Zweite Häuserspitze: Schütze mit Steinbocktendenzen.

♃ ♄ ☉

Religiöse und kulturelle Bedeutung

Im Alten Rom wurden die Sabiner geehrt und die Opalien gefeiert. Das Fest Pongol, die Sonnenwendfeier der Hindus, findet zu Ehren der Göttin Sankrant statt.
Namenstag: Urban V. (ca. 1310–70).

Das schillernde Hongkong und sein bemerkenswerter Hafen waren der Preis, um den sich China und Großbritannien jahrzehntelang stritten, bevor am 19. Dezember 1984 das Pekinger Abkommen geschlossen wurde. Die Übereinkunft demonstriert den günstigen Einfluß, den dieser Tag auf versöhnliche Tendenzen nimmt. Beide beteiligten Großmächte machten Zugeständnisse, die dem ordnungsgemäßen Übergang vom Status als britische Kolonie zur Wiederangliederung an das chinesische Festland dienten.

20. DEZEMBER

Die an diesem Tag Geborenen sind energiegeladene Persönlichkeiten, denen oft der gesellschaftliche Fortschritt am Herzen liegt. Dazu wollen sie Veränderungen herbeiführen, die einer breiten Öffentlichkeit zugute kommen. Diese sozial verantwortungsbewußten Menschen fühlen sich ihrer Mitwelt zutiefst verbunden und sind daher entschlossen, bestehende Fehlentwicklungen oder Mißstände zu beseitigen oder alternative politische oder philosophische Denkmodelle zu entwickeln, technische Neuerungen einzuführen oder ihre Mitmenschen auf andere Weise anzuregen, den Weg einzuschlagen, den sie für den besten halten. Die am 20. Dezember Geborenen können jede Situation exakt und realistisch einschätzen, besitzen die Fähigkeit, zu schnellem und effizientem Handeln anzuregen, und die Gabe, Probleme rasch zu lösen und die richtigen Entscheidungen zu treffen. Ihr scharfes und geradliniges Denken ergänzen sie durch eine reiche praktische Begabung und ihr bemerkenswertes Talent, andere zu motivieren und zu organisieren. Als geborene Führungspersönlichkeiten besitzen sie zugleich die Fähigkeit, ihre Absichten und Überzeugungen den Menschen zu vermitteln, deren Interessen ihnen so sehr am Herzen liegen. Das mildert ein wenig ihre hohen Anforderungen – die sie übrigens an sich selbst im selben Maß stellen wie an ihre Kollegen, Freunde und Familien. Ihre Neigung, mit gutem Beispiel voranzugehen, ihre technischen und konzeptionellen Fähigkeiten und ihre soziale Orientierung kommt den an diesem Tag Geborenen besonders in Berufen zugute, in denen sie eine beschützende oder leitende Rolle innehaben. Daher brillieren sie in so unterschiedlichen Berufsfeldern wie dem Lehramt, Politik, Kunst oder Wissenschaft. Menschen, die anderer Meinung sind als sie, können sie als übermäßig kontrollierend empfinden – eine Gefahr, die ihren Kindern sowie ihren Partnern große Probleme bereiten kann.

STÄRKEN: Die am 20. Dezember Geborenen besitzen eine rasche Auffassungsgabe und zugleich einen objektiven Blick und haben darüber hinaus ein lebendiges Interesse an gesellschaftlichen Abläufen. Das führt dazu, daß sie sich besonders berufen fühlen, soziale Mißstände aufzudecken, um dann beflissen auf die Verwirklichung ihrer fortschrittlichen Ziele hinzuarbeiten. Doch sie sind keine Einzelkämpfer, sondern der Auffassung, daß Veränderungen gemeinsam bewirkt werden müssen.

SCHWÄCHEN: Ihre aufrichtige Sorge um das Wohl ihrer Mitmenschen und ihre festen Überzeugungen können dazu führen, daß sie Zweifel oder Einwände anderer Menschen, was ihre Prinzipien oder Methoden anbelangt, als wenig hilfreich abtun oder als absichtliche Versuche mißverstehen, die Verbesserungen zu konterkarieren, die sie so erstreben. Diese abweisende Haltung kann sie um die Chance bringen, Menschen von ihren Ideen zu überzeugen oder Unterstützung und Freundschaften zu gewinnen.

FAZIT: Wollen sie die Ideen verwirklichen, die ihnen wichtig sind, und sich dabei die Zuneigung von Menschen erhalten, die wiederum selbst entschlossen sind, ihrer Persönlichkeit Ausdruck zu verleihen, sollten die am 20. Dezember Geborenen eine gelassenere Haltung und größere Toleranz gegenüber abweichenden Standpunkten entwickeln.

Planeteneinflüsse

Herrschende Planeten: Jupiter und Saturn.
Dritter Dekan: Persönlicher Planet ist die Sonne.
Zweite Häuserspitze: Schütze mit Steinbocktendenzen.

♃ ♄ ☉

Religiöse und kulturelle Bedeutung

Namenstag: Dominikus von Silos (ca. 1010–73).

Der Australier Robert Menzies, am 20. Dezember 1894 geboren, verfügte über das richtige Rüstzeug für seine beachtliche politische Karriere als Staatsmann und Premierminister. Mit seinem tiefempfundenen sozialen Verantwortungsgefühl gelang ihm der stete Aufstieg in das hohe Amt. Dabei zeigte er entscheidende Führungsqualitäten, als er Wirtschaftswachstum und Sicherheit seines Landes durch Bündnisse mit den Vereinigten Staaten festigte.

An diesem Tag

Prominente Geburtstage: Thomas Graham (1805), George Galvin „Dan Leno“ (1860), Harvey Firestone (1868), Yvonne Arnaud (1890), Robert Menzies (1894), George, Herzog von Kent (1902), Irene Dunne (1904), James Leasor (1923), Otto Graf Lambsdorf (1926), Noel Ferrier (1930), Uri Geller (1946), Jenny Agutter (1952), Billy Bragg (1958)

Bedeutende Ereignisse und Jahrestage: Der 20. Dezember ist ein Tag des aktiven Eingreifens. Das zeigte sich, als U.S.-Truppen während der Amtszeit von Präsident Bush in Panama einmarschierten und den Diktator und angeblichen Drogenhändler General Manuel Noriega gefangennahmen (1989). Die Ideologie beugte sich der Realität, als angesichts einer hoffnungslosen Notlage australische, neuseeländische und britische Truppen während des Ersten Weltkriegs aus Gelibolu evakuiert wurden (1915).

21. DEZEMBER

Die am 21. Dezember Geborenen sind entschlossene Persönlichkeiten, die insofern zu Extremen neigen, als sie ihre Ansichten um jeden Preis durchsetzen wollen, ungeachtet des emotionalen Schadens, den sie dabei anrichten mögen – bei sich selbst wie bei den Menschen, die ihnen im Wege stehen. Sie können daher eine Aura der Einschüchterung um sich verbreiten und wirken zuweilen dogmatisch, autoritär und egoistisch. Doch ihre Motive fußen oft auf ideologischen Konzepten, die dem Gemeinwohl reichen Nutzen bringen. Mit ihrem kühlen Verstand und ihrer raschen Auffassungsgabe erkennen sie Verbesserungsbedürftiges und bemühen sich, Probleme zu beheben. Gegner schlagen sie zuweilen durch Konfrontation zurück, zumeist aber verlassen sie sich auf ihre Willenskraft und ihren gewinnenden Charme. Kennt man diese willensstarken Persönlichkeiten erst näher, bewundert man unweigerlich ihre Großzügigkeit, Aufrichtigkeit und Integrität.

Am 21. Dezember Geborene findet man, meist in beherrschender Position, in so unterschiedlichen Berufsfeldern wie Handel, Wissenschaft, Sport und Kunst, aber im selben Maß besitzen sie die Fähigkeit zu politischen oder sozialen Reformen. Ihre Persönlichkeit weckt bei ihren Mitmenschen oft Respekt und Bewunderung, ihre zielgerichtete Strebsamkeit kann aber auch befremdlich wirken. Freunde und Verwandte, auf deren Liebe und Unterstützung sie zutiefst angewiesen sind (ob bewußt oder unbewußt), lehnen ihre autokratischen Neigungen oft ab.

STÄRKEN: Scharfsinn, Elan und der Wunsch, sich durch innovative Unternehmungen hervorzutun, verleihen den am 21. Dezember Geborenen die Fähigkeit, in führender Position Bahnbrechendes zu leisten. Mit bemerkenswertem Scharfblick sowie organisatorischen und praktischen Fähigkeiten arbeiten sie sehr einfallsreich und engagiert auf die Verwirklichung ihrer Ziele hin.

SCHWÄCHEN: Ihr Selbstvertrauen und ihr unerschütterlicher Glaube an die eigenen Auffassungen können ihren zwischenmenschlichen Beziehungen gefährlich werden, wenn sie sich gegenüber Menschen mit abweichender Meinung als besonders intolerant erweisen.

FAZIT: Die Unnachgiebigkeit, mit der sie ihre Ziele verfolgen, birgt die Gefahr, daß die an diesem Tag Geborenen die Unterstützung der Menschen verlieren, die ihrer Sache förderlich gewesen wären und darüber hinaus sich von denen, die sie lieben, intellektuell wie emotional isolieren. Ein etwas versöhnlicheres Vorgehen wäre wünschenswert.

An diesem Tag

Prominente Geburtstage: Benjamin Disraeli (1804), Josef Stalin (1879), Walter Hagen und Rebecca West (1892), Anthony Powell (1905), Heinrich Böll (1917), Kurt Waldheim (1918), Paul Winchell (1922), Phil Donahue (1935), Jane Fonda (1937), Greville Starkey (1938), Frank Zappa (1940), Reinhard Mey (1942), Michael Tilson Thomas (1944), Carl Wilson (1946), Samuel L. Jackson (1948), Chris Evert (1954), Kiefer Sutherland (1967)

Bedeutende Ereignisse und Jahrestage: Dieser Tag steht für den entschlossenen Einsatz für ideologische Überzeugungen. Das zeigte sich z. B., als die Pilgrim Fathers, eine Gruppe englischer Auswanderer, die die Freiheit der Religionsausübung suchten, im Hafen von Plymouth Rock von Bord der „Mayflower" gingen (1620) oder als Charles de Gaulle auf Bitten der Nationalversammlung sein Amt als französischer Staatspräsident antrat (1958). Aber dieser Tag verspricht auch bahnbrechende technische und künstlerische Erfolge, die breite Publikumsschichten informieren oder inspirieren sollen. So erschien die Erstausgabe der U.S.-Zeitung *The Boston Gazette* (1719), fand die Uraufführung des Stückes *Nora oder Ein Puppenheim* des norwegischen Dramatikers Henrik Ibsen statt (1879), erschien in der amerikanischen Zeitschrift *The New World* das erste Kreuzworträtsel der Welt (1913), feierte der Revolutionsfilm *Panzerkreuzer Potemkin* des russischen Regisseurs Sergei Eisenstein Premiere (1925) und wurde zum ersten Mal ein Zeichentrickfilm in Spielfilmlänge mit Ton und in Farbe gezeigt: Walt Disneys *Schneewittchen und die Sieben Zwerge* (1935).

Planeteneinflüsse

Herrschende Planeten: Jupiter und Saturn.
Dritter Dekan: Persönlicher Planet ist die Sonne.
Zweite Häuserspitze: Schütze mit Steinbocktendenzen.

♃ ♄ ☉

Religiöse und kulturelle Bedeutung

In den USA „Forefather's Day", im Wicca-Kult wird der Wintersonnenwendsabbat gefeiert.
Namenstag: Johannes Vincentius († ca. 1010), Dominikus Spadafora (1450–1521), Peter Friedhofen (1819–60).

Der große Charles de Gaulle brachte die Entschlußkraft, für die dieser Tag steht, in sein Amt als Präsident des Nachkriegsfrankreich, in das er am 21.12.1958 gewählt wurde, mit ein. Durch sein entschiedenes Eintreten für nationale Interessen, das sich auf unverrückbare Überzeugungen stützte, gewann dieser machtbewußte Staatsmann die Achtung selbst derer, die sein autokratisches Gehabe ablehnten.

STEINBOCK

♑

22. Dezember bis 19. Januar
Herrschender Planet: Saturn **Element:** Erde, kardinal
Polarität: Negativ (feminin)
Körperliche Entsprechungen: Knochen, Gelenke, Zähne und Knie
Edelsteine: Onyx, Beryll, weißer Saphir, schwarzer Diamant, Jet, Amethyst
Blumen: Huflattich, schwarzer Mohn, Stiefmütterchen
Farben: Indigo, Grau, Dunkelgrün

Dieses Sternbild trägt zwar den gehörnten Ziegenbock im Namen, wird aber im unteren Teil häufig mit einem Fischschwanz dargestellt. Das ungewöhnliche Mischwesen geht auf eine mesopotamische Gottheit zurück, die von den Sumerern mit dem Gott Enki und von den Babyloniern mit Ea bzw. Oannes, dem Herrn der Gewässer, gleichgesetzt wurde. Andere astrologische Schulen übernahmen ebenfalls die Symbolik des Ziegenfischs. Die Perser nannten die Konstellation *Vahik*, nach dem Gott der Meere, die alten Griechen *Aigokeros*, „der Gehörnte", und im Sanskrit der Hindus hieß sie *Makara*, dargestellt als im Meer lebendes Mischwesen. Einem alten griechisch-römischen Mythos zufolge, steht dieses Sternbild für Pan (Faunus), der dem schrecklichen Riesen Typhon entkam, indem er in den Nil sprang, wo sich seine Beine in einen Fischschwanz verwandelten. Manche glauben, daß in der Dualität des Ziegenfischs das Wasser – als Metapher des Unbewußten – und der gebirgige Lebensraum des Steinbocks als Symbol geistigen Strebens nebeneinander gestellt werden sollen. In den Einflußbereich des Sternbilds Steinbock fällt die Wintersonnenwende der nördlichen Hemisphäre. Die Sonnenwende wird sogar gelegentlich mit dem Symbol des Steinbocks dargestellt. Deshalb hieß dieses Zeichen in alter Zeit auch das „Tor der Götter", Janua coeli oder „Tor des Todes". Seine Verbindung zum Tod rührt von der Kälte des Winters und seinem planetarischen Herrscher Saturn her. Saturn entspricht dem griechischen Gott Kronos (griechisch zugleich „Zeit"), dessen Sichel ihn wiederum als „Vater der Zeit" oder „Schnitter Tod" kennzeichnet.

Zu den Charakteristika des Sternbilds Steinbock zählt der Wunsch nach materieller Sicherheit, der sich in konzentriertem Ehrgeiz, Beharrlichkeit und steter Zuverlässigkeit sowie in unerschütterlicher Treue und praktischer Begabung manifestiert – Gaben des Elements Erde, das dieses Zeichen beeinflußt. Zu den weniger günstigen Charakterzügen gehören eine Neigung zum Pessimismus (darin spiegelt sich der Einfluß des finsteren Herrschers Saturn) und die Tendenz, Karriereziele ernster zu nehmen als die Pflege tiefgehender emotionaler Beziehungen.

22. DEZEMBER

Die an diesem Tag Geborenen sind beharrlich und ehrgeizig. Sie handeln nach langfristigen, manchmal schon in der Kindheit gefaßten Plänen. Finanzielle Absicherung ist ihnen wichtig, mehr noch geht es ihnen aber darum, die hohen Ansprüche zu erfüllen, die sie an sich selbst stellen, oder die ideologischen Konzepte umzusetzen, die sie als gesellschaftlich vorteilhaft erachten. Die am 22. Dezember Geborenen blühen in Berufen förmlich auf, die ihnen völlige Autonomie lassen und greifbare Ergebnisse versprechen, so z. B. als Freiberufler oder selbständige Unternehmer. Als pragmatische Realisten erkennen sie, daß beständiger Fortschritt nicht über Nacht und nicht ohne Zusammenarbeit zu erreichen ist. So wissen sie um die Notwendigkeit sorgfältigster Vorbereitungen (insbesondere, wenn sie im chinesischen Jahr des Büffels geboren sind), verfügen über die nötige Geduld, den richtigen Moment abzuwarten, und arbeiten kontinuierlich, auch hinter den Kulissen, bis sie die Gelegenheit sehen, ihren Plan in die Tat umzusetzen. Ihre Fähigkeit, sich auf Fernziele zu konzentrieren ohne die Details aus den Augen zu verlieren, macht sie zu guten Vorgesetzten. Ihre Entschlossenheit und Kompetenz werden allgemein anerkannt. Aber den an diesem Tag Geborenen liegt weit mehr an der Verwirklichung ihrer Ziele als an der Pflege kollegialer Beziehungen. So entsteht der Eindruck, sie hielten sich ihren Mitmenschen fern. Eine ähnliche Haltung kennzeichnet ihre familiären Beziehungen, insbesondere die zu ihren Kindern, an die sie höchste Ansprüche stellen. Ihr Hang zur Kontrolle kann dem Wunsch entspringen, das Wohl der Familie zu schützen, stößt aber oft auf Ablehnung.

STÄRKEN: Die am 22. Dezember Geborenen haben eine klare Vorstellung von ihren Lebenszielen und arbeiten hartnäckig an deren Umsetzung. Ihr methodisches, organisiertes und praktisches Vorgehen schafft beste Voraussetzungen für ihren Erfolg.
SCHWÄCHEN: Das unerschütterliche Festhalten an ihren Zielen belohnt sie reichlich. Doch zuweilen entwickeln die an diesem Tag Geborenen Intoleranz gegenüber abweichenden Standpunkten und Methoden, was schließlich zu emotionaler Unausgeglichenheit und Engstirnigkeit führt.
FAZIT: Diese Menschen sollten erkennen, welche negativen Folgen ihr Leistungsstreben haben kann. Sie verwehren sich Entspannung, begrenzen ihre Interessen oder befremden Freunde und Familie, die ihre Ideale nicht teilen.

An diesem Tag

Prominente Geburtstage: Jean Baptiste Racine (1639), John Crome (1768), John Nevil Maskelyne (1839), Franck Billings Kellogg (1856), Giacomo Puccini (1858), Edwin Arlington Robinson (1869), Gustav Gründgens (1899), Peggy Ashcroft (1907), Patricia Hayes (1909), Claudia Alta „Lady Bird" Johnson (1912), Gene Rayburn (1917), Barbara Billingsey (1922), James Burke und Hector Elizondo (1936), Diane Sawyer (1945), Noel Edmonds (1948), Maurice und Robin Gibb (1949), Ralph Fiennes (1962)

Bedeutende Ereignisse und Jahrestage: Ausdauer und Hingabe können Bahnbrechendes bewirken. Dafür steht der 22. Dezember. So stellte der Schweizer Wissenschaftler Raoul Pictet den ersten flüssigen Sauerstoff her (1877), und der deutsche Physiker Wilhelm Röntgen machte die erste Röntgenaufnahme der Welt – von der Hand seiner Frau (1895). Durch einen Fischtrawlerfang eines Quastenflossers (Latimeria chalumnae) vor der afrikanischen Ostküste wurde der Weltöffentlichkeit bekannt gemacht, daß dieses bei uns seit dem Ende der Kreidezeit als ausgestorben geltende „lebende Fossil" noch existiert (1938). Zugleich wirft dieser Tag ein Schlaglicht auf den aktiven Einsatz für große Ideale – mit unterschiedlichem Erfolg. So unternahm James Edward Stuart 1715 den schließlich fehlgeschlagenen Versuch, durch den sogenannten Jakobitenaufstand in Schottland und England die männliche Linie des katholischen Hauses Stuart wieder auf den Thron zu bringen. Im amerikanischen Bürgerkrieg nahmen die Unionisten unter General William Tecumseh Sherman 1864 die Stadt Savannah in Georgia ein.

Planeteneinflüsse

Herrschende Planeten: Jupiter und Saturn.
Erster Dekan: Persönlicher Planet ist der Saturn.
Erste Häuserspitze: Steinbock mit Schützetendenzen.

♄♃

Religiöse und kulturelle Bedeutung

Namenstag: Francisca Xaviera Cabrini (1850 1917), Schutzheilige der Auswanderer.

Im öffentlichen wie privaten Leben bewies die amerikanische First Lady Claudia Alta Johnson (Lady Bird) die für ihr Geburtsdatum typischen Eigenschaften Integrität, Ausdauer und Engagement. Loyal unterstützte sie ihren Mann, Präsident Lyndon B. Johnson und sein soziales Reformprogramm „Great Society" und engagierte sich auch nach seinem Tod 1973 weiter in Umweltfragen und anderen Bereichen

23. DEZEMBER

Planeteneinflüsse

Herrschende Planeten: Saturn und Jupiter.
Erster Dekan: Persönlicher Planet ist der Saturn.
Erste Häuserspitze: Steinbock mit Schützetendenzen.

♄ ♃

Religiöse und kulturelle Bedeutung

In Rom wird die heidnische Laurentina-Zeremonie gefeiert, das Volk der Kalasch verehrt Balomain.
Namenstag: Frithebert (8. Jh.), Thorlak Thorhallson (113393), Johannes von Krakau (1390–1473), Schutzheiliger der Hochschuldozenten.

Dieser Tag verspricht Innovationen im Interesse des Gemeinwohls. Symbolisch dafür steht die Fertigstellung des World Trade Center des Architekten Minoru Yamasaki in New York City. Die Zwillingstürme dieses Wahrzeichens spiegeln die hochgesteckten Ziele, die charakteristisch sind für den 23. Dezember.

Glück verbindet sich für viele am 23. Dezember Geborene untrennbar mit dem Wohlergehen der Menschen in ihrem sozialen Umfeld – von Familie und Freunden über Nachbarn zu Landsleuten und sogar zur ganzen Menschheit. Manche entwickeln echte emotionale Bindungen, andere treibt die Erkenntnis, daß eine Gruppe oft mehr bewirken kann als ein einzelner. Alle aber erfüllt der gleiche Drang, ihre Mitmenschen auf den Weg zu führen, den sie für den aussichtsreichsten halten. Mit ihrer klaren Auffassungsgabe erkennen sie sofort, wo Verbesserungen nötig sind und entwickeln originelle, aber praktikable Lösungen. Die am 23. Dezember Geborenen sind wahre Organisationstalente und daher für Führungspositionen in der Politik, bei der Polizei oder in der Wirtschaft bestens geeignet. Die Individualisten unter ihnen könnten sich allerdings stärker zu Wissenschaft, Kunst oder Religion hingezogen fühlen.

Ihre Mitmenschen respektieren ihre Überzeugungskraft und Entschlossenheit, empfinden jedoch Unbehagen angesichts ihrer Neigung, auf Gefühle und Hoffnungen anderer keine Rücksicht zu nehmen und Menschen schlicht nach dem Grad ihrer Nützlichkeit zu beurteilen. Dieser Eindruck trifft nicht ganz zu, entsteht aber durch die Eindringlichkeit, mit der die an diesem Tag Geborenen (insbesondere Männer) an ihre Aufgaben herangehen. Mit Menschen, die ihre Auffassungen nicht teilen, können sie sehr ungeduldig werden. Dennoch gehen sie tiefe und loyale Beziehungen ein.

STÄRKEN: Die an diesem Tag Geborenen entwickeln ihren Mitmenschen gegenüber starke Bindungen und großes Verantwortungsgefühl. Ihre Neigung, ihnen Mittel und Wege zur Stärkung des Gemeinwohls zu zeigen, macht sie zu geborenen Führungspersönlichkeiten. Entschlußfreudig, organisiert und enorm aktiv, gehen sie mit Einfallsreichtum, Entschlossenheit und Zuverlässigkeit an die Realisierung ihrer Ziele.
SCHWÄCHEN: Das Gefühl, die Menschen, die ihnen am Herzen liegen, könnten ihre Motive anzweifeln, verletzt sie tief. Dennoch erleben gerade diejenigen, denen ihre Sorge gilt, die am 23. Dezember Geborenen als autoritäre Persönlichkeiten mit großem Macht- und Kontrollbedürfnis.
FAZIT: Diese Menschen müssen sich über die negativen Folgen ihrer absoluten, wenn auch gutgemeinten, Ansprüche an ihre Mitmenschen klar werden. Wo sie zuhören und – falls möglich – andere Ansichten übernehmen, wo sie das Recht auf Handlungs- und Gedankenfreiheit respektieren, gewinnen die am 23. Dezember Geborenen Freundschaft und Unterstützung und erschließen sich weitere Lebensperspektiven.

An diesem Tag

Prominente Geburtstage: Martin Opitz (1597), Richard Arkwright (1732), Zar Alexander I. von Rußland (1777), Jean François Champollion (1790), Joseph Smith (1805), Karl Richard Lepsius (1810), Samuel Smiles (1812), „Lord" George Sanger (1827), Connie Mack (1862), Sarah Breedlove (1867), Joseph Arthur Rank (1888), Yousuf Karsh (1908), Maurice Denham (1909), Jose Greco und Helmut Schmidt (1918), Harry Guardino (1925), Paul Hornung (1935), Harry Shearer (1943), Susan Lucci (1949), Corey Haim (1971)

Bedeutende Ereignisse und Jahrestage: Dieser Tag verspricht Innovationen von allgemeinem Nutzen. Das zeigte sich, als der britische Architekt Joseph Hansom seinen Hansom – einen Vorläufer des Taxis – patentieren ließ (1834). Aber der Tag steht auch für rücksichtsloses Handeln im vermeintlichen Interesse des Gemeinwohls; so wurden in Japan sieben prominente führende Politiker, darunter der ehemalige Premier Hideki Tojo, 1948 von den Alliierten wegen Kriegsverbrechen zum Tode verurteilt und gehängt. Lawrentij Berija, der politische Verbündete des kurz zuvor verstorbenen Josef Stalin und ehemaliger Leiter der Geheimpolizei des NKWD, wurde mit sechs weiteren Genossen auf Befehl der „gemeinsamen Führung" der UdSSR hingerichtet (1953), und im Iran erhöhte Reza Schah Pahlewi die Rohölexportpreise um 100 % (1973).

24. DEZEMBER

Die Zielstrebigkeit, mit der an diesem Tag Geborene ihre Visionen verfolgen, ist von ehrfurchtgebietender Intensität. Für sie liegt das Glück im Erreichen ihrer Ziele. Die einen streben nach persönlichem Fortkommen, andere setzen sich für die Gesellschaft ein, aber alle arbeiten mit bemerkenswerter Energie und Entschlossenheit an ihren Vorhaben. Viele haben schon früh ihre Ziele und Grundsätze festgelegt (möglicherweise schon in der Kindheit), dennoch sind sie keine kalten oder überrationalen Menschen – im Gegenteil, ihre Pläne sind meist eine intuitive Reaktion auf seelische oder körperliche Leiden ihrer Mitmenschen.

Die am 24. Dezember Geborenen fühlen sich zu Berufen hingezogen, in denen sie etwas bewegen können. Viele wirken als Neuerer in Wirtschaft, Technik, Politik oder Pädagogik oder gehen neue Wege in der Kunst. Nicht alle Kollegen können mit ihrem Einsatz mithalten, deshalb wirken sie in ihren beruflichen Kreisen oft isoliert. Dennoch sind sie positive, zuverlässige Menschen, die sich als treue Freunde, Partner und insbesondere Eltern hervortun, deren Zuneigung von Familie und Freunden erwidert wird.

STÄRKEN: Wenn sie Pläne zu raschem und effektivem Eingreifen entwerfen, können sich die an diesem Tag Geborenen auf ihren scharfen Verstand verlassen. Bei der Umsetzung ihrer Ziele zeigen sie enorme Energien und Einfallsreichtum sowie große Zielstrebigkeit – beste Voraussetzungen für ihren Erfolg.
SCHWÄCHEN: Weil die am 24. Dezember Geborenen so sehr von der Richtigkeit ihrer Ansichten überzeugt sind und so starr an der Erfüllung ihrer Ziele festhalten, tendieren sie dazu, sich ausschließlich auf die Themen und Vorhaben zu konzentrieren, die ihre Phantasie anregen – mit dem Ergebnis, daß alles andere ausgeklammert wird, einschließlich ihres Bedürfnisses nach körperlicher Entspannung und geistiger Abwechslung. In dem Beharren auf ihren Ansichten liegt die Gefahr der Intoleranz gegenüber abweichenden Meinungen.
FAZIT: Diese Menschen sollten erkennen, daß der volle Einsatz ihrer Energien für intellektuelle Interessen die Zeit und Aufmerksamkeit beschränkt, die sie ihrer Familie, deren Wohl ihnen so sehr am Herzen liegt, widmen können. Gemeinsam erlebte kleine Alltagsfreuden festigen nicht nur emotionale Bande, sondern verschaffen auch einen gelasseneren Blick für die richtigen Prioritäten.

An diesem Tag

Prominente Geburtstage: König Johann ohne Land (1167), Ignatius von Loyola (1491), George Crabble (1754), Augustin Eugène Scribe (1791), Kit Carson (1809), Henry Norris Russell (1812), James Prescott Joule (1818), Matthew Arnold (1822), Emanuel Lasker (1868), Michael Curtiz (1888), Harry Warren (1893), George Guynemer (1894), Howard Hughes (1905), Ava Gardner (1922), Jill Bennett (1931), Hans Eichel (1941)

Bedeutende Ereignisse und Jahrestage: Dieser Tag steht für technische Innovationen. So übermittelte der in Kanada geborene, amerikanische Physiker Reginald Fessenden als erster Nachrichten über ein Funktelefon von Brant Rock in Massachusetts zu Schiffen vor der amerikanischen Ostküste (1906). Die Festigkeit der Überzeugung, für die der Tag steht, findet ihre Entsprechung in der Kriegsführung. So ist der 24. Dezember der Jahrestag der Ernennung des amerikanischen Generals Dwight D. Eisenhower zum Oberkommandierenden des Alliierten Expeditionskorps während des Zweiten Weltkrieges (1943) und der Festigung der sowjetischen Vormachtstellung in Afghanistan durch die Hinrichtung von Premierminister Hafizulah Amin (1979). Ein deutscher Eindecker warf 1914 über Dover seine Ladung ab und war damit das erste Flugzeug, das Großbritannien bombardierte. Während des Zweiten Weltkriegs schossen deutsche Ingenieure in Peenemünde die Vergeltungswaffe „V1" ab, eine unbemannte Flugbombe – die erste Boden-Boden-Lenkwaffe (1942).

Planeteneinflüsse

Herrschende Planeten: Saturn und Jupiter.
Erster Dekan: Persönlicher Planet ist der Saturn.
Erste Häuserspitze: Steinbock mit Schützetendenzen.

♄ ♃

Religiöse und kulturelle Bedeutung

Im Christentum Heiligabend.
Namenstag: Adam und Eva, Stammeltern, Patrone der Schneider und Gärtner, Charbel Makhlouf (1828–98).

Dem Volksglauben nach versprechen am 24. Dezember geschlossene Verlobungen eine lange und glückliche Ehe. Das viktorianische Zeitalter kannte zahlreiche romantische Symbole einer solchen Verbindung wie Turteltauben, Blumen und Hufeisen.

25. DEZEMBER

Wer an diesem Tag im christlichen Kulturkreis geboren ist, mag sich schon früh als etwas Besonderes empfunden haben, hat aber auch gelernt, Kompromisse zu schließen: Die Feierlichkeiten an diesem Geburtstag gelten nie dem Geburtstagskind allein. Tatsächlich erhalten sie an ihrem Geburtstag weniger Aufmerksamkeit als ihre Geschwister und Freunde und haben das Gefühl, es entgeht ihnen etwas. Diese Ambivalenz empfinden am 25. Dezember Geborene oft ein Leben lang. Dabei setzen sie sich mit bemerkenswerter Entschlossenheit für ihre ehrgeizigen Ziele ein. Trotz ihres ihrer Objektivität spiegeln die Ideen, die sie beflügeln, eine phantasievolle und fortschrittliche Lebensauffassung wider. Ob sie sich nun zu Wissenschaft, Wirtschaft, Politik oder Kunst hingezogen fühlen, überall zeigen sie die Fähigkeit, praktische Begabung mit intellektuellem Verständnis zu verbinden.

Wenn sie auch Individualisten sind, empfinden die am 25. Dezember Geborenen doch soziale Verantwortung (besonders wenn sie im chinesischen Jahr der Schlange geboren sind). Daher verschaffen sie sich Unterstützung für Vorhaben, die die Menschen in ihrem Umfeld oder die Menschheit als Ganzes voranbringen sollen. Originalität, Einfallsreichtum und Charisma machen ihre Führungsqualitäten und ihre große Popularität aus. Doch ihr Ehrgeiz, ihre Überzeugungsstärke und ihre hohen Ansprüche setzen gerade die unter einen enormen Erwartungsdruck, deren Interessen ihnen am meisten am Herzen liegen.

STÄRKEN: Die am 25. Dezember Geborenen verfolgen idealistische Ziele und sind fest davon überzeugt, daß deren Umsetzung dem Gemeinwohl dient. Alle Vorhaben gehen sie mit Energie, Entschlossenheit und Organisationstalent an.
SCHWÄCHEN: Sie sind Perfektionisten, die nicht zur Ruhe kommen, bevor sie ihre Ziele erreicht haben. Auf Menschen, die ihren Anforderungen nicht standhalten können oder wollen, reagieren sie mit Ungeduld und verprellen so mögliche Verbündete
FAZIT: Wollen sie ihre Ziele erreichen und sich das Wohlwollen ihrer Mitmenschen erhalten, sollten sie sich nach der Weisheit der Redensart „Leben und leben lassen" richten. Versöhnlichkeit und Kompromißbereitschaft können zu mehr Gelassenheit beitragen, auch wenn sie mit den Prämissen anderer nicht konform gehen.

An diesem Tag

Prominente Geburtstage: Isaac Newton (1642), Williams Collins (1721), Dorothy Wordsworth (1771), Mohammed Ali Jinnah (1876), Charles Pathé und Maurice Utrillo (1883), Conrad Hilton (1887), Robert Ripley (1893), Humphrey Bogart (1899), Ernst Ruska (1906), Cab Calloway und Lew Grade (1907), Henri Nannen (1913), Mohammed Anwar El-Sadat (1918), Rod Serling (1924), Kenny Everett (1944), Jimmy Buffett (1946), Barbara Mandrell (1948), Sissy Spacek (1949), Annie Lennox (1954), Jilly Mack (1957)

Bedeutende Ereignisse und Jahrestage: Der 25. Dezember steht für außergewöhnliche Führungsqualitäten. So krönte Papst Leo III. in Rom den Frankenkönig Karl I., den Großen, zum ersten Kaiser des Heiligen Römischen Reiches (800), in London wurde in der Westminster Abbey die Krönung von Wilhelm dem Eroberer zum König von England vollzogen (1066), und der japanische Kaiser Hirohito bestieg den Thron (1926). Umgekehrt gemahnt dieser Tag daran, daß Führungspersönlichkeiten stürzen können, wenn sie ihre Anhängerschaft verlieren: Der kommunistische rumänische Diktator Nicolae Ceauşescu wurde mit seiner Frau Elena nach einem Staatsstreich hingerichtet (1989), und der sowjetische Präsident Michael Gorbatschow legte angesichts des Zerfalls der UdSSR sein Amt nieder (1990). Der 25. Dezember steht für Versöhnung. Das zeigte sich im Ersten Weltkrieg, als gegnerische britische und deutsche Truppen im Niemandsland ihren berühmten inoffiziellen Weihnachtswaffenstillstand schlossen (1914). Dieser Tag verspricht auch Innovationen jeglicher Art: So fand im Jahr 1176 in Cardigan Castle das erste Walisische Eisteddfod, ein bis heute jährlich gehaltenes Festival der Musiker und Barden, statt. Die Temperaturskala des schwedischen Astronomen Anders Celsius wurde zum ersten Mal in ein Thermometer integriert (1741).

Planeteneinflüsse

Herrschende Planeten: Saturn and Jupiter.
Erster Dekan: Persönlicher Planet ist der Saturn.
Erste Häuserspitze: Steinbock mit Schützetendenzen.

♄♃

Religiöse und kulturelle Bedeutung

Im Christentum der erste Weihnachtsfeiertag, im Alten Rom Geburt der Unbesiegbaren Sonne.
Namenstag: Anastasia von Sirmium († ca. 304), Algbert Chmielowski (1845–1916).

Über eine Milliarde Menschen auf der ganzen Welt feiern an diesem Tag mit einer Vielzahl von Riten und Bräuchen die Geburt Christi. In Europa gilt der immergrüne Christbaum als Symbol des ewigen Lebens, ebenso Stechpalmen- und Efeuzweige. Wie in Skandinavien der Julblock (ein großer brennender Holzklotz) versinnbildlichen im übrigen Europa Kerzen das herannahende Licht in der dunklen Jahreszeit.

26. DEZEMBER

An diesem Tag geborene Menschen sind so energiegeladen, daß es ihnen nicht genügt, von ihren visionären Zielen nur zu träumen. Sie wollen sie unbedingt in die Realität umsetzen. Sie besitzen großen Scharfsinn und zugleich tiefes Mitgefühl für die Opfer gesellschaftlicher Mißstände. Wo sie solche Fehlentwicklungen erkennen, helfen sie ihnen sofort ab. Mit diesen Eigenschaften suchen sie sich Tätigkeitsfelder, die mit menschlicher Entwicklung verbunden sind, z. B. die Durchsetzung intelligenterer politischer Systeme, die Entwicklung technischer Neuerungen, Sozialarbeit oder der kreativen Umgang mit den Medien. Sie wachsen an Herausforderungen, die ihnen viel abverlangen. Ihr oberstes Ziel bleibt aber, mit ihrer Arbeit dem Gemeinwohl zu dienen. Sie geben sich gern ernst und seriös und sind dabei verläßliche, treue Freunde, die wegen ihres hilfsbereiten und engagierten Auftretens geschätzt und bewundert werden. Tiefe Beziehungen jedoch entwickeln sie nur langsam, denn ihre hohen Ideale führen zuweilen zu unrealistischen Erwartungen.

Ihr soziales Verantwortungsgefühl schließt nicht aus, daß sie vehement für Gedanken- und Handlungsfreiheit eintreten. Haben sie das Gefühl, ihr Recht auf Selbstbestimmung würde beschnitten, oder handeln ihre Mitmenschen ihrer Überzeugung zuwider, können sie recht kämpferisch auftreten. Ihre Entschlossenheit und die Tatsache, daß sie selbst mit gutem Beispiel vorangehen, kennzeichnet sie zwar als dynamische Führungspersönlichkeiten, ihre mangelnde Bereitschaft jedoch, bei ihren Kollegen oder auch nur in der Familie abweichende Meinungen zuzulassen, kann die Harmonie empfindlich stören, die sie sich für die gemeinsame Sache wünschen.

STÄRKEN: Am 26. Dezember geborene Menschen sind scharfe, objektive Denker. Ihr Interesse gilt Themen, die weitreichende oder konkrete Verbesserungen bewirken können. Bei der Umsetzung ihrer Pläne sind sie ungewöhnlich zielstrebig und entschlossen. Dabei profitieren sie von ihrer geistigen und körperlichen Energie, ihren praktischen Begabungen und ihrem Einfallsreichtum.
SCHWÄCHEN: Die an diesem Tag Geborenen sind so fest entschlossen, ihre Ziele umzusetzen, die doch so oft auf Widerstand treffen, daß sie hilfreiche Alternativvorschläge mißachten. Manchmal halten sie an ihren ursprünglichen Plänen so krampfhaft fest, daß sie sich nur selbst damit schaden.
FAZIT: Wichtig ist, daß diese Menschen erkennen, wie sehr ihr entschiedenes Auftreten Menschen verprellen kann, die sie vielleicht hätten überzeugen können. So verschließen sie sich wertvollen Anregungen und Hilfestellungen. Mehr Toleranz und ein umgänglicheres Verhalten – insbesondere in ihren privaten Beziehungen – eröffnen ihnen intellektuell und emotional neue Perspektiven.

An diesem Tag

Prominente Geburtstage: Thomas Gray (1716), Ernst Moritz Arndt (1769), Dion Bouçicault (1822), Henry Valentine Miller (1891), Mao Zedong (1893), Richard Widmark (1914), Steve Allen (1921), Alan King (1927), Rohan Babulal Kanhai (1935), Fred Schepisi (1939), Phil Spector (1940), Carlton Fisk (1947), Jared Leto (1971)

Bedeutende Ereignisse und Jahrestage: Dieser Tag steht für Neuerungen im Interesse einer breiten Öffentlichkeit. Das zeigte sich z. B. als der erste Spielfilm der Welt, *The Story of the Kelly Gang*, im australischen Melbourne Premiere hatte (1906). In der wissenschaftlichen Forschung spiegelte sich der Pioniergeist, für den dieser Tag steht, in der Entdeckung der Radioaktivität durch Marie Curie in Paris (1898). An diesem Tag verfestigt sich die Bereitschaft, für Ideale zu kämpfen. So schlugen während der Napoleonischen Kriege die Truppen von Graf Bennigsen in der Schlacht bei Pultusk die Streitkräfte Napoleons zurück (1806). Der Faustkämpfer „Galveston Jack" Johnson erkämpfte sich als erster afroamerikanischer Boxer bei den Meisterschaftskämpfen in Sydney, Australien, mit dem Sieg über Tommy Burns, den Weltmeistertitel im Schwergewicht (1908).

Planeteneinflüsse

Herrschender Planet: Saturn.
Erster Dekan: Persönlicher Planet ist der Saturn.

♄

Religiöse und kulturelle Bedeutung

Zweiter Weihnachtsfeiertag.
Namenstag: Stephan, Erzmärtyrer, Schutzheiliger der Maurer, Steinhauer und gegen Kopfschmerzen († 40?), Vincentina López y Vicuña (1847–1890).

Mit den seinem Geburtstag entsprechenden Eigenschaften setzte der dynamische chinesische Führer Mao Zedong, geboren 1893, radikale Umwälzungen im bevölkerungsreichsten Land der Erde durch. Seine mit Waffengewalt vorangetriebene revolutionäre Machtpolitik formte China um den Preis vieler Menschenleben und einer jahrhundertealten Kultur zur Volksrepublik kommunistischer Prägung.

27. DEZEMBER

In der Persönlichkeit der am 27. Dezember Geborenen treten zwei Charakterzüge besonders hervor: Sie haben ein starkes soziales Verantwortungsgefühl und zeigen sich nach außen optimistisch und zuverlässig und, sind aber auch tiefe Denker, die Zeit und Raum für ihre eigenen Interessen brauchen. Diese Dualität birgt die Gefahr, daß sich an diesem Tag Geborene hin- und hergerissen fühlen zwischen ihren selbst auferlegten Pflichten und dem Freiraum, den sie zu ihrem persönlichen Glück brauchen. Solches Ungleichgewicht kann zu Frustration und völliger Erschöpfung führen. Weil es ihnen schwerfällt, Hilfesuchende abzuweisen, werden sie mit den Problemen anderer überlastet – dies gilt insbesondere für Frauen. Gelingt es ihnen, ihren Wunsch, anderen zu helfen, mit ihren eigenen Interessen zu vereinbaren, können sie Großes leisten. Sind sie emotional und seelisch ausgeglichen, gewinnen sie mit ihrer steten Zuverlässigkeit und Hilfsbereitschaft leicht Freunde. Gehen sie jedoch in ihrer Karriere oder in einem Hobby völlig auf, können sie unnahbar werden.

Die an diesem Tag Geborenen besitzen Intellekt und Intuition, einen klaren Verstand und Hartnäckigkeit. Sie suchen sich Berufe, in denen sie diese Eigenschaften gut einbringen können, z. B. in Wissenschaft, Technik, Wirtschaft, Sport oder Kunst. Ihre stark intellektuelle Ausrichtung isoliert sie aber oft, trotz ihrer Sorge um das Wohl anderer. Ihre emotionalen Bedürfnisse stillen sie eher in ihren privaten Beziehungen und erwidern Trost und Unterstützung ihrer Familie mit Zuneigung und Treue.

STÄRKEN: Mit ihrem klaren Verstand erkennen die an diesem Tag Geborenen Fehlentwicklungen sofort und entwerfen dann wirksame, oft bahnbrechende Strategien, um Abhilfe zu schaffen. Als Freunde, Partner und Eltern sind sie ausgesprochen liebevoll und aufmerksam.

SCHWÄCHEN: Die am 27. Dezember Geborenen sind gute Problemlöser und bleiben aus sozialem Verantwortungsgefühl nie untätig, wenn andere Hilfe benötigen. Zieht ihre Bereitschaft, sich mit den Problemen und Schwierigkeiten ihrer Mitmenschen auseinanderzusetzen, jedoch zu viele Energien für die Verfolgung eigener Interessen ab, werden sie unzufrieden und mürrisch.

FAZIT: Für das innere Gleichgewicht dieser Menschen ist der Ausgleich zwischen persönlichen Zielen und altruistischem Streben entscheidend. Bevor sie den Forderungen anderer nachgeben, sollten sie das Für und Wider abwägen und wenn nötig Ratsuchende ermutigen, eigene Lösungen zu entwickeln.

Planeteneinflüsse

Herrschender Planet: Saturn.
Erster Dekan: Persönlicher Planet ist der Saturn.

♄

Religiöse und kulturelle Bedeutung

Feier der Geburt der Freya, Göttin der Fruchtbarkeit.
Namenstag: Johannes der Evangelist († ca. 101) Schutzheiliger der Verleger, Theologen und Schriftsteller.

Die deutschstämmige Schauspielerin Marlene Dietrich, als weithin bewunderte Diva Inbegriff der Glanzzeit Hollywoods, besaß die Begabung und den Ehrgeiz, für die dieser Tag steht. 1901 in Berlin geboren, wurde sie mit Filmen wie Der blaue Engel *(1930) ein Star, trat im Zweiten Weltkrieg vor amerikanischen Soldaten auf und lehnte es ab, nach dem Ende der Naziherrschaft nach Deutschland zurückzukehren.*

An diesem Tag

Prominente Geburtstage: Johannes Kepler (1751), George Cayley (1773), Louis Pasteur (1822), Carl Zuckmeyer (1896), Marlene Dietrich (1901), Oscar Levant (1906), John Charles (1931), John Amos (1942), Gerard Depardieu (1948), Tovah Feldshuh (1952), Arthur Kent (1953), Gerina Dunwich (1959)

Bedeutende Ereignisse und Jahrestage: Dieser Tag steht für innovative Visionen zugunsten der Allgemeinheit. Der englische Naturforscher Charles Darwin stach auf dem Vermessungsschiff „Beagle" von Plymouth nach Südamerika in See – die erste Etappe einer Weltreise, zu deren Ergebnissen schließlich sein bahnbrechendes Werk *Die Entstehung der Arten durch natürliche Zuchtwahl* stehen sollte (1831). In London feierte *Peter Pan* Premiere, das vielgespielte Werk des schottischen Dramatikers J. M. Barrie (1904), in Dublin wurde mit dem irischen Abbey-Theater das erste staatlich subventionierte Theater eröffnet (1904), und am Broadway fand die Uraufführung des Musicals *Show Boat* von dem amerikanischen Komponisten Jerome Kern statt (1927). Am 27. Dezember finden sich oft praktische Lösungen für komplizierte Probleme. So wurde an diesem Tag in Washington, D. C., der Internationale Währungsfond (IMF) eingerichtet (1945).

28. DEZEMBER

Das Bild, das die am 28. Dezember Geborenen nach außen zeigen, ist gekennzeichnet von Selbstvertrauen, Zuverlässigkeit und Kompetenz. So sind sie anderen oft eine große Hilfe sowie wertvolle Ratgeber. Sie empfinden große soziale Verantwortung, was es ihnen schwer macht, Bitten um Hilfe auszuschlagen. Doch ihr kompetentes Auftreten verhüllt eine stete, tiefe Suche nach Erkenntnis und Wissen in Bereichen, die nicht unbedingt etwas mit den direkten Ansprüchen zu tun haben, die ihre Mitmenschen an sie stellen. Zwar empfinden es die am 28. Dezember Geborenen kurzfristig als durchaus befriedigend, wenn sie mit ihrer Energie und ihren Fähigkeiten die Probleme anderer lösen können, aber allzuleicht vernachlässigen sie dabei ihre eigenen Interessen, die sie glücklich machen. Doch gelingt die glückliche Verbindung zwischen Äußerem und Innerem – im Beruf etwa – entstehen dynamische Synergieeffekte mit hervorragendem Ergebnis.

Die Verbindung aus natürlichen Neigungen und praktischem wie technischem Verständnis versetzt diese Menschen in die beneidenswerte Lage, Berufe ergreifen zu können, die sowohl ihren privaten Interessen entsprechen als auch dem Wunsch, eine breitere Öffentlichkeit zu fördern, zu informieren, aufzuklären oder zu unterhalten. Dazu gehören Politik, Religion, Kommunikationswissenschaften und der ganze Kunstbereich. Bewundert für ihr Können und ihr Selbstvertrauen, laufen sie doch Gefahr, in erster Linie als kompetente Ratgeber angesehen zu werden – ein Bild, das sie unbewußt verstärken – deren eigene emotionale Bedürfnisse unbeachtet bleiben. Ihre Mitmenschen (besonders Freunde und Familie) müssen erkennen, daß auch die am 28. Dezember Geborenen verletzlich sind und den Rückhalt und die Zuneigung starker emotionaler Bindungen brauchen.

STÄRKEN: Die an diesem Tag Geborenen sind selbstbewußte Menschen. Ihre praktischen Fähigkeiten, ihr klares, aber einfühlsames Urteilsvermögen und ihr ehrliches Interesse an der Weiterentwicklung anderer tragen ihnen großes Vertrauen ein. Als echte und tiefgründige Denker, die immer bestrebt sind, ihr Wissen und ihre Erkenntnis zu erweitern, sind sie ausgewogene, moderne Persönlichkeiten mit ausgeprägt innovativem Potential.

SCHWÄCHEN: Die am 28. Dezember Geborenen sind anfällig für geistige und körperliche Erschöpfung. Sie haben so viele Interessen – und allen widmen sie gern volle Aufmerksamkeit – daß sie ihre Energien zu weit verstreuen und sich damit um die Möglichkeit bringen, auf einem Gebiet wirklich glücklich zu werden.

FAZIT: Diese Menschen sollten weder ihre persönlichen Neigungen noch ihr angeborenes soziales Verantwortungsgefühl ignorieren, doch sie sollten sich bewußt sein, daß auch sie nicht immer alles so perfekt zustande bringen, wie sie vielleicht möchten – es sei denn, sie wählen aus, was ihnen am wichtigsten ist und setzen Prioritäten. Das bedeutet dann aber auch, daß sie manche Bitte um Hilfe ablehnen müssen.

An diesem Tag

Prominente Geburtstage: Woodrow Wilson (1856), Wilson Steer (1860), Arthur Stanley Eddington (1882), Cliff Arquette und Earl „Fatha" Hines (1905), Lew Ayres (1908), Sam Levenson (1911), Hildegard Knef (1925), Simon Raven (1927), Maggie Smith (1934), Edgar Winter (1946), Denzel Washington (1954), Nigel Kennedy (1956), Chad Mac Queen (1960)

Bedeutende Ereignisse und Jahrestage: An diesem Tag, der für ein starkes Interesse am Gemeinwohl steht, trat der amerikanische Staat Iowa der Union der Vereinigten Staaten bei (1846). Der 28. Dezember wird von dem Element Erde beherrscht. Auf tragische Weise wurde das deutlich, als bei einem vernichtenden Erdbeben in der sizilianischen Stadt Medina über 75.000 Menschen ums Leben kamen (1909), auf glücklichere Weise, als in Großbritannien der Peak District zum ersten Nationalpark des Landes erklärt wurde (1950).

Planeteneinflüsse

Herrschender Planet: Saturn.
Erster Dekan: Persönlicher Planet ist der Saturn.

♄

Religiöse und kulturelle Bedeutung

In China wird das alljährliche Friedensfest begangen. Das Fest der Unschuldigen Kinder († 1. Jh.).

Der Schauspieler Denzel Washington arbeitete kontinuierlich auf die Ziele hin, die sein Geburtstag am 28. Dezember 1954 vorgibt. Er studierte an der Fordham University und erhielt ein Stipendium für das American Conservatory Theater. Zu seinen bekanntesten Filmen gehören Malcolm X *(1992) und* Philadelphia *(1993). Den Ausgleich zu seiner Karriere bilden sein stabiles Familienleben und sein starkes humanitäres Engagement.*

Planeteneinflüsse

Herrschender Planet: Saturn.
Erster Dekan: Persönlicher Planet ist der Saturn.

♄

Religiöse und kulturelle Bedeutung

Im Alten Griechenland der Tag der Nymphen.
Namenstag: Ebrulf von St. Evroult (617–706), Thomas Becket (118–70).

Das scheue Wesen der an diesem Tag Geborenen erinnert an die Nymphen, die Naturgeister der griechischen Mythologie. In der Antike fanden ihnen zu Ehren am 29. Dezember Feierlichkeiten statt. Dank ihrer Begabungen nehmen die an diesem Tag Geborenen oft Führungspositionen ein, aber ihr Privatleben ist ihnen heilig. Die Preisgabe ihrer Autonomie, selbst aus edelsten Motiven, bedeutet für sie den Verlust eines Teils ihrer Persönlichkeit.

29. DEZEMBER

Das freundliche und kompetente Auftreten der am 29. Dezember Geborenen weckt Bewunderung und Respekt, und so findet man sie häufig in Führungspositionen. Aufgrund ihres großen Verantwortungsbewußtseins erfüllen sie zwar alle Pflichten mit äußerster Sorgfalt, oft aber würden sie lieber unbelastet von den Erwartungen anderer eigenen Interessen nachgehen. Nur wenn sie äußere Ansprüche und innere Bedürfnisse miteinander in Einklang bringen, können sie wirklich glücklich werden. Daher wählen viele Berufe, in denen sie zugleich ihre Interessen ausleben und dem Gemeinwohl dienen können. Sie lieben logisches, geradliniges Denken, besitzen einen klaren Verstand und sind fortschrittlich orientiert. Im Zusammenspiel dieser Eigenschaften erkennen die am 29. Dezember Geborenen gesellschaftliche Fehlentwicklungen sofort. Energiegeladen und einfallsreich schlagen sie neue Wege ein und nutzen dabei ihr großes Organisationstalent.

Die an diesem Tag Geborenen sind immer dann erfolgreich, wenn sie in helfenden oder pädagogischen Berufen auf neue Herausforderungen stoßen. Besonders geeignet sind sie für Bereiche, in denen sie geistige Führung anbieten (z. B. als Eltern, Politiker oder Schriftsteller) oder Erkenntnis und Wohlstand mehren können (etwa als Wissenschaftler oder Ingenieure). Ihre Mitmenschen sprechen auf die Aura des Wohlwollens, die am 29. Dezember Geborene umgibt, stark an, doch diese Anziehungskraft kann in vielerlei Hinsicht zu ungewollten Komplikationen führen. Im Grunde sind sie zurückgezogene Menschen, die am glücklichsten sind, wenn sie für ihre eigenen Ziele arbeiten können. Liebe und Unterstützung ihrer Familie schenken ihnen Kraft und emotionalen Rückhalt.

STÄRKEN: Die an diesem Tag Geborenen sind vielseitig begabt: energiegeladen und hartnäckig, phantasievoll und scharfsinnig, dazu praktisch veranlagt. Ihre natürliche Begabung und die Sorge um das Wohl ihrer Mitmenschen sind klare Führungsqualitäten und versprechen bahnbrechende Erfolge.
SCHWÄCHEN: Weil sie dazu neigen, Verantwortung für die Probleme anderer zu übernehmen, fällt es am 29. Dezember Geborenen schwer, eine Bitte um Hilfe abzuschlagen. Damit ist die Gefahr verbunden, daß sie ihre eigenen Interessen und Ziele vernachlässigen und zu vieles auf einmal leisten wollen.
FAZIT: Wenn sie Überlastung und Überarbeitung vermeiden wollen, müssen diese Menschen sich auf diejenigen Bedürfnisse (die eigenen oder die anderer) konzentrieren, die ihnen am wichtigsten sind.

An diesem Tag

Prominente Geburtstage: Jeanne Antoinette (1721), Charles Macintosh (1766), Charles Goodyear (1800), Andrew Johnson (1808), William Gladstone (1809), Alexander Parkes (1813), Pablo Casals und Lionel Tertis (1876), Jess Willard (1881), Vera Brittain (1893), Emile Julius Klaus Fuchs (1911), Robert Ruark (1915), Viveca Lindfords (1920), Bernard Cribbens (1928), Mary Tyler Moore (1937), Brigitte Kronauer (1940), Marianne Faithfull (1946), Ted Danson (1947), Gesley Kirkland (1952), Ed Autry (1954), Jude Law (1972)

Bedeutende Ereignisse und Jahrestage: Dieser Tag steht für herausragende Führungsqualitäten. Das zeigte sich, als Sun Yatsen, Gründer der Kuomintang, nach der Revolution provisorischer Präsident Chinas wurde (1911) und der tschechische Dramatiker und Bürgerrechtler Vaclav Havel nach dem Fall der kommunistischen Regierung zum Präsident der Tschechoslowakei gewählt wurde (1989). Der 29. Dezember steht ebenso für die aktive Förderung gemeinsamer Ziele und ist daher der Jahrestag des Beitritts von Texas in die Union der Vereinigten Staaten (1845), des bewaffneten Einfalls des Briten Leander Jameson mit Freischärlern in Transvaal zum Sturz des Buren-Präsidenten Krüger („Jameson Raid", 1895), der Verabschiedung der Verfassung der Republik Irland und der Annahme des Namens Eire (1937). Die dem Tag eigenen Interessenkonflikte verdeutlicht die Ermordung von Thomas Becket, Erzbischof von Canterbury, am Altar seiner Kathedrale (1170).

30. DEZEMBER

Denken und Handeln der an diesem Tag Geborenen sind stark von ihrem Bedürfnis geprägt, Ordnung in verworrene Situationen und Konzepte – Bewegung in festgefahrene Situationen – zu bringen. Sie verfügen nicht nur über die Fähigkeit, verbesserungsbedürftige Bereiche zu erkennen, sondern auch über den Weitblick und die Vorstellungskraft, wirkungsvolle Veränderungen zu erzielen. Mit großem Organisationstalent und Einfallsreichtum sorgen sie für das Wohl von Familie und Freunden, Kollegen, Mitbürgern oder sogar der gesamten Menschheit. Die Fähigkeit, die Energien und Talente ihrer Mitmenschen zu bündeln, macht sie zu geborenen Führungspersönlichkeiten, die in materieller wie ideeller Hinsicht erfolgreich sind. Ihr gelegentlich verschlossenes Auftreten wird zuweilen mißverstanden, zwar neigen sie zum Pessimismus, sind aber gerade heraus und wissen Humor und die leichten Seiten des Lebens zu schätzen. Ideale Berufe für am 30. Dezember Geborene lassen ihnen innerhalb feststehender, doch flexibler Parameter Spielraum für Neuerungen und Verbesserungen, denn sie bauen lieber auf Bestehendes auf, als völlig neue Wege einzuschlagen. Ihre Begabungen und Neigungen kommen ihnen vornehmlich in Wirtschaft und Handel zugute (besonders wenn sie im chinesischen Jahr der Schlange geboren sind), aber auch in Politik und Diplomatie sowie in Positionen, die energisches Verhandlungsgeschick erfordern. Ihre entschiedene Haltung, Verantwortung für die Menschen zu übernehmen, denen sie helfen wollen, bewirkt oft Beeindruckendes, stößt aber auf Ablehnung, wo die Hilfe als Einschränkung der persönlichen Freiheit empfunden wird.

STÄRKEN: Die am 30. Dezember Geborenen reizt die Herausforderung, methodische Vorgehensweisen zu entwickeln. Zielstrebig schaffen sie Harmonie und Zusammenhalt. Ihre langfristigen Ziele immer vor Augen, kümmern sie sich doch auch um Einzelheiten und beweisen Organisationstalent. Trotz ihrer gelegentlich schroffen Art, stehen sie mit beiden Beinen fest auf der Erde und sind zuverlässige Freunde und Verbündete.
SCHWÄCHEN: Sie haben die Begabung, Probleme zu lösen, sind aber zugleich von ihren Ansichten und Methoden sehr überzeugt. Diese scheinbare Arroganz kann Menschen, die ihre Meinung nicht teilen, verärgern oder sogar verprellen.
FAZIT: Wollen Sie ihre Ziele nicht um den Preis des Wohlwollens ihrer Mitmenschen erreichen, sollten die an diesem Tag Geborenen verstehen lernen, daß nicht jeder mit ihren Vorschlägen einverstanden sein kann. Statt andere Meinungen abzulehnen und Streit zu schüren, sollten sie besonders in den persönlichen Beziehungen Versöhnlichkeit zeigen.

An diesem Tag

Prominente Geburtstage: André Messager (1853), Rudyard Kipling (1865), Stephen Leacock (1869), Albert Einstein (1879), L. P. Hartley (1895), Dimitri Kabalevsky (1904), Carol Reed (1906), Bert Parks (1914), Stan Tracey (1927), Bo Didley (1928), Jack Lord (1930), John Hillerman (1932), Barry Briggs und Russ Tamblyn (1934), Sandy Koufax (1935), Gordon Banks und Noel Paul Stookey (1937), Michael Nesmith (1942), Berti Vogts (1946), Tracy Ullman (1959), Tiger Woods (1975)

Bedeutende Ereignisse und Jahrestage: Der 30. Dezember steht für den Wunsch, richtungweisend zu wirken, und ist daher auch Jahrestag der Ermordung des russischen Mönchs Grigori Rasputin durch Angehörige der Hofgesellschaft, die – angeführt von Prinz Jusupow – empört waren über seine Ausschweifungen und seinen Einfluß auf Zarin Alexandra (1916). Der 30. Dezember symbolisiert auch die Entstehung neuer Organisationsformen. Dies zeigte sich in der Politik, als Transvaal in Südafrika sich unter Präsident Paul Krüger zur Republik erklärte (1880) und Rußland, Weißrußland, Transkaukasien und die Ukraine sich zur Sowjetunion zusammenschlossen (1922). Der Einfallsreichtum, für den dieser Tag steht, verspricht Neues in der Kunst. So hatten am 30. Dezember die komische Oper *The Pirates of Penzance* des britischen Gespanns W. S. Gilbert und Arthur Sullivan (1879) und Cole Porters Musical *Kiss Me Kate* (1948) Premiere.

Planeteneinflüsse

Herrschender Planet: Saturn.
Erster Dekan: Persönlicher Planet ist der Saturn.

♄

Religiöse und kulturelle Bedeutung

Namenstag: Egwin († 717).

In seinem Werk, für das er 1907 den Nobelpreis erhielt, brachte der englische Schriftsteller Rudyard Kipling seine Erfahrungen aus zwei Kulturen in Einklang. 1865 als Kind britischer Eltern in Indien geboren und in England erzogen, kehrte er als Journalist nach Indien zurück. Mit Phantasie und Energie – Eigenschaften vieler am 30. Dezember Geborener – schuf er Klassiker der indisch-englischen Literatur, darunter die beiden Dschungelbücher *(1894–95),* Soldatengeschichten *(1888) und* Kim *(1901).*

31. DEZEMBER

Die am 31. Dezember Geborenen sind Idealisten und Pragmatiker zugleich. Ihre progressiven Ziele wollen sie mit Perfektion verwirklichen, können aber persönliche und praktische Grenzen gut akzeptieren. Prinzipiell sind sie eher Reformer als Revolutionäre, besitzen Führungsqualitäten und selbständiges Denken. Ihr Talent, originelle Lösungsstrategien zu entwickeln, ist mit beharrlicher Entschlossenheit gepaart. Als Führungspersonen messen sie ihre Mitmenschen an hohen Maßstäben, doch sie fordern niemals mehr, als sie selber zu geben bereit sind. Freunde und Kollegen respektieren und bewundern sie wegen ihrer Vernunft und Gerechtigkeit.

Die am 31. Dezember Geborenen fühlen sich in Berufen wohl, in denen sie Harmonie schaffen und Hervorragendes leisten, vor allem aber ihre Mitarbeiter in eine Richtung lenken können, die allen zugute kommt. In Politik, Militär und Wirtschaft sind sie ausgezeichnete Teamleiter, die jeden Mitarbeiter zu Höchstleistungen motivieren können, vorausgesetzt sie wirken etwas weniger kontrollierend, sondern eher fördernd. Ihre Mitmenschen bewundern ihr Engagement, können jedoch ihren Überzeugungen und Methoden nicht immer folgen. Ihre persönlichen Beziehungen sind von Liebe und Fürsorge geprägt, aber sie müssen darauf achten, Freunde und Verwandte nicht an ihren hohen Maßstäben und Ansprüchen zu messen.

STÄRKEN: Die am 31. Dezember Geborenen besitzen einen klaren, rationalen Verstand und die Fähigkeit, bei aller Konzentration auf Projekte, die sie interessieren, die Details nicht aus den Augen zu verlieren. Ihrem Drang folgend, alle ihre Vorhaben systematisch und methodisch auszuführen, verfolgen sie ihre Ziele mit bemerkenswertem Elan und Einfallsreichtum.

SCHWÄCHEN: Sie arbeiten gern in geschlossenen, gut strukturierten Teams oder nach fortschrittlichen Methoden und sind dementsprechend fest von der Richtigkeit ihrer Ansichten und Ansätze überzeugt. Auf Einwände reagieren sie mit Ungeduld und verlieren deshalb oft die Unterstützung von Kollegen, Freunden und Gleichgesinnten.

FAZIT: Wollen die an diesem Tag Geborenen nicht engstirnig wirken, sollten sie ihre gelegentliche Prinzipienreiterei etwas zurücknehmen und die Menschen in ihrer Umgebung ermuntern, ihre Meinung zu äußern, auch wenn sie von der ihren abweicht.

Planeteneinflüsse

Herrschender Planet: Saturn.
Erster Dekan: Persönlicher Planet ist der Saturn.

♄

Religiöse und kulturelle Bedeutung

Silvester.
Namenstag: Silvester I. († 335).

Der französische Maler Henri Matisse verkörperte Unabhängigkeit und Selbständigkeit der am 31. Dezember Geborenen. Mit 20 Jahren brach er sein Jurastudium ab, um Malerei zu studieren. Von Kubismus und Impressionismus beeinflußt, wurde er zum führenden Künstler der „Fauves", wie die Kritik sie nannte. Sein meisterhafter flächig-ornamentaler Stil war wegweisend in der modernen Kunst.

An diesem Tag

Prominente Geburtstage: Jacques Cartier (1491), Charles Edward Stuart (1720), Charles Cornwallis (1738), George Gordon Meade (1815), John Taliaferro Thompson (1860), Henri Matisse (1869), Adolf Grimme (1889), Jule Styne (1905), Peter May (1929), Odetta (1930), Anthony Hopkins (1937), Sarah Miles (1941), John Denver und Ben Kingsley (1943), Barbara Carrera (1945), Patti Smith (1946), Tim Matheson und Donna Summer (1948), Jean Pierre Rives (1952), Val Kilmer (1968)

Bedeutende Ereignisse und Jahrestage: Der 31. Dezember steht für strukturierte Maßnahmen zur Verbesserung bestehender Systeme. So stach an diesem Tag eine Gruppe protestantischer Hugenotten zum Kap der Guten Hoffnung in See, um der religiösen Verfolgung in Frankreich zu entkommen und sich das Recht auf freie Religionsausübung zu erhalten (1687), die amerikanische Regierung richtete auf Ellis Island in New York eine Kontrollstelle für Einwanderer ein (1890), und im Ersten Weltkrieg rationierte die britische Regierung 1917 die Zuckerversorgung, damit die schwindenden Vorräte des Landes gleichmäßig verteilt werden konnten. Eine ähnlich praktische Neigung zeigte sich in zahlreichen technischen Neuerungen und Weiterentwicklungen: Zum ersten Mal übertrug die BBC das Läuten von Big Ben zur Feier des Neuen Jahres (1923), die Polizei von Indianapolis setzte das erste Atemalkoholbestimmungsgerät ein, eine Erfindung von Dr. R. N. Harger zur Bestimmung des Alkoholkonsums von Autofahrern (1938), und das sowjetische Überschallflugzeug „TU-44" hatte seinen Jungfernflug (1968).

1. JANUAR

Die an diesem Tag Geborenen zeichnen sich durch Eigenschaften aus, die Janus, den römischen Gott des Torbogens, den Schützer des Ein- und Ausgangs, zum Schutzpatron des ersten Monats im Jahr machten: intellektuelle Ausgeglichenheit, Fortschrittstreben, Freude an der Veränderung und die Fähigkeit, aus Fehlern der Vergangenheit zu lernen. Dennoch ist die Dualität des doppelgesichtigen Gottes wesentlicher Bestandteil ihres Wesens. Sie werden zwar wegen ihres freundlichen Charakters und ihrer Fähigkeit, rational und klar zu denken, geschätzt – besonders am Arbeitsplatz sind sie deshalb geachtete und beliebte Kollegen – unter bestimmtem Umständen jedoch kommen sie aus dem Gleichgewicht und schweifen überraschend völlig vom Thema ab. Diese Menschen sind bekannt für ihre Entschlossenheit, ihre Fähigkeit, hart zu arbeiten, ihr Organisationstalent und ihre starke Willenskraft. Liebgewonnene Vorhaben bringen sie trotz aller Hindernisse zu Ende, manchmal auf Kosten ihres Privatlebens. Zu ihnen passen alle Berufe, die ihren ausgezeichneten Intellekt fordern. Besonders erfolgreich sind sie als Lehrer, Anwälte und Analysten – Berufe, in denen sich ihr beneidenswertes Fachwissen als unschätzbar erweisen kann. Die am 1. Januar Geborenen werden gern um Rat gefragt – zum einen wegen ihrer Besonnenheit und ihres klaren Denkens, mehr noch aber wegen ihrer natürlichen Freundlichkeit und ihres Einfühlungsvermögens, die sie auch zu loyalen Freunden machen. Im Freundes- und Kollegenkreis hochgeschätzt, denken sie gern nur das Beste von ihren Mitmenschen und sind deshalb leicht zu täuschen. Solche Gutgläubigkeit trägt ihnen zwar Enttäuschungen ein, doch am 1. Januar Geborene lernen aus diesen niederschmetternden Erfahrungen und sind künftig wachsamer. Sie verfügen zudem über eine ausgeprägte Intuition, und wenn sie auf ihre innere Stimme hören, kommen Gefühl und Verstand wieder ins Gleichgewicht.

STÄRKEN: Am 1. Januar Geborene sind charmant und liebenswürdig und schließen daher tiefe und dauerhafte Freundschaften. Sie sind fair und rücksichtsvoll, würdigen ein Problem unvoreingenommen von allen Seiten und entwickeln praktikable Lösungen.
SCHWÄCHEN: Sind sie aufgewühlt oder werden sie wegen einer Sache angegriffen, die ihnen besonders am Herzen liegt, verlieren diese Menschen schnell ihre berühmte Gelassenheit und zeigen überraschende Temperamentsausbrüche. Ihre Leichtgläubigkeit kann sie zum Spielball skrupelloserer Naturen machen.
FAZIT: Die am 1. Januar Geborenen besitzen viele gute Eigenschaften – wie Gerechtigkeit, Freundlichkeit und Zielstrebigkeit – die ihnen bei all ihren Vorhaben nützlich sind und sie im Freundes- und Kollegenkreis beliebt machen. Ihr Temperament sollten sie allerdings etwas zügeln und sich vor zu großer Vertrauensseligkeit hüten.

An diesem Tag

Prominente Geburtstage: Lorenzo de Medici (1449), Paul Revere (1735), Betsy Ross (1752), James Frazer (1854), Pierre de Coubertin (1862), Alfred Stieglitz (1864), E. M. Forster und William Fox (1879), Martin Niemöller (1892), J. Edgar Hoover (1895), Dana Andrews (1909), Kim Philby (1912), J. D. Salinger (1919), Idi Amin Dada (1925), Joe Orton (1933)

Bedeutende Ereignisse und Jahrestage: Dieser Tag steht für Veränderungen. So gehörten Deutschland und die Schweiz zu den ersten Nationen, die den neuen Gregorianischen Kalender einführten (1583), und Samuel Pepys begann sein berühmtes Tagebuch (1660). Um den Lauf der Zeit dauerhaft festhalten und besser bewerten zu können, erschien die erste Ausgabe des *British Daily Universal Register* (*The Times*, 1788). Der fortschrittliche Einfluß des Tages wird deutlich in der Eröffnung der Iron Bridge, der ersten Eisenbrücke der Welt, im englischen Shropshire (1781) oder der Transsibirischen Eisenbahn in Rußland (1905). An diesem Tag fanden aber auch denkwürdige politische Ereignisse statt: Der Verkauf von Sklaven in die USA wurde verboten (1808), Königin Viktoria wurde Kaiserin von Indien (1887), die Europäische Wirtschaftsgemeinschaft (EWG) wurde gegründet (1958), und auf Kuba putschte Fidel Castro erfolgreich gegen die Batista-Diktatur (1959).

Planeteneinflüsse

Herrschender Planet: Saturn.
Zweiter Dekan: Persönlicher Planet ist die Venus.

♄ ♀

Religiöse und kulturelle Bedeutung

Neujahrstag des Gregorianischen Kalenders.
Namenstag: Hochfest der Gottesmutter Maria (1. Jh.), Schutzheilige der Mütter, Nonnen und Jungfrauen, Gregor von Nazianz der Ältere (ca. 280–374), Heinrich von Clairvaux († 1189).

Ein Soldat der Unionisten liest einer Sklavenfamilie die Emancipation Proclamation (Freilassungserklärung) vor. Diesen Erlaß verfügte Präsident Abraham Lincoln am 1. Januar 1863, einem Tag unter stark progressivem, humanitärem Vorzeichen.

2. JANUAR

Die am 2. Januar geborenen Menschen sind besonders stark empfänglich für Sinneseindrücke. Noch die feinsten Details, die weniger sinnlichen Menschen verschlossen sind, nehmen sie begierig in sich auf. Dank dieser Sensibilität sind sie hervorragende Künstler, denn ihr Wahrnehmungsvermögen drückt sich häufig über die Kunst aus. Auch in ihren persönlichen Beziehungen kommt es zum Ausdruck, mit dem Ergebnis, daß die am 2. Januar Geborenen die beinahe unheimliche Fähigkeit besitzen, sich ganz auf Wesen oder Stimmung ihrer Mitmenschen einzustellen. So sehr sie für ihre Ziele und Pläne auch engagiert sind, diese vorausschauend und objektiv denkenden Menschen besitzen auch eine deutlich kritische Ader, die in ihrer Arbeit oft zu erstaunlichen Ergebnissen führt. Weniger positiv ist allerdings, daß sie Gefahr laufen, Unmögliches von sich zu fordern oder an ihre persönlichen Beziehungen so strenge Maßstäbe anzulegen, daß sie am Ende emotional isoliert sind.

Diese Menschen sind äußerst motiviert und fleißig; sie verlangen sich und anderen alles ab. Sie sind wertvolle Mitarbeiter und strenge Vorgesetzte. Intuitiv erfassen sie alle Aspekte einer Situation und legen danach ihre Ziele fest. Die am 2. Januar Geborenen werden zwar von dem Wunsch nach Perfektion angetrieben, haben aber oft Angst, ihre hohen Ideale nicht erreichen zu können. Daher treffen sie nur ungern irreversible Entscheidungen und sichern sich lieber nach allen Seiten ab, anstatt Verpflichtungen einzugehen, deren Folgen sie nicht absehen können (besonders die Männer). Geben sie ihrer angeborenen Vorsicht jedoch nicht nach, sondern vertrauen statt dessen bereits im Entwicklungsstadium der Beziehung oder der Aufgabe auf ihre zweifellos vorhandene Intuition und Selbstdisziplin, ist das Ergebnis oft befriedigender.

STÄRKEN: Außergewöhnlicher Fleiß und Engagement ergänzen die hohe Sensibilität, Kreativität und Objektivität der am 2. Januar Geborenen. Eine wirkungsvolle Kombination, die häufig zu erstaunlichen Ergebnissen führt.
SCHWÄCHEN: Wenn diese Menschen spüren, daß andere – oder auch sie selbst – ihre hohen Ansprüche und Erwartungen nicht erfüllen können, ziehen sie sich gern in sich selbst zurück oder meiden alles, das nicht mit Sicherheit perfekte Ergebnisse bringt.
FAZIT: Diese Menschen können beruflich und privat außerordentlich erfolgreich sein, müssen jedoch darauf achten, daß sie sich durch die unrealistischen Ansprüche, die sie an sich und andere stellen, ihrem Glück nicht selbst im Weg stehen.

Planeteneinflüsse

Herrschender Planet: Saturn.
Zweiter Dekan: Persönlicher Planet ist die Venus.

♄ ♀

Religiöse und kulturelle Bedeutung

Die Sumerer feierten den Geburtstag von Inanna, Ankunft der Isis aus Phönizien.
Namenstag: Gregor von Nazianz der Jüngere (330–390), Basilius der Große (ca. 330–79), Dietmar († 983), Stephana Quinzani (1457–1530).

An diesem Tag

Prominente Geburtstage: Mily Alexejewitsch Badkirew (1837), Gilbert Murray (1866), Michael Tippett (1905), Isaac Asimov (1920), Roger Miller (1936), David Bailey (1938), Jim Bakker (1939), Cuba Gooding, Jr. (1968), Christy Turlington (1969), Andreas Wecker (1970)

Viele historische Ereignisse der Mondbeobachtung (hier eine Skizze von Galileo) fanden am 2. Januar statt, einem Tag, der in enger Verbindung zum Mond steht.

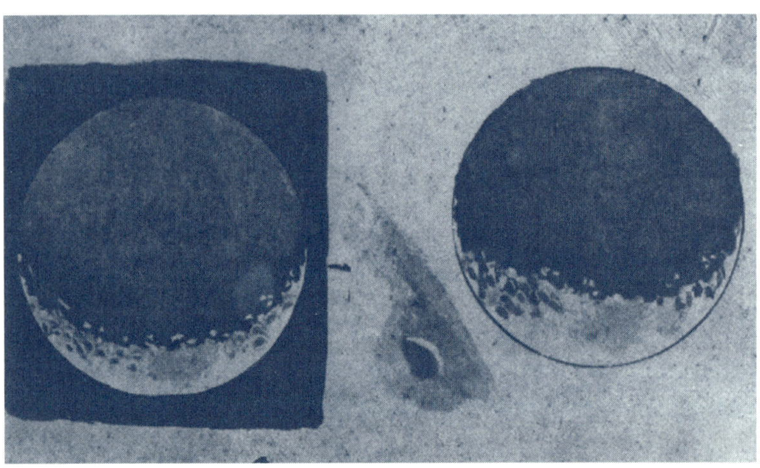

Bedeutende Ereignisse und Jahrestage: Der kreative Einfluß dieses Tages zeigt sich in der Gründung zweier bedeutender Einrichtungen: In Frankreich rief Cardinal Richélieu die Académie Française ins Leben (1635), und in Großbritannien wurde die Royal Academy of the Arts mit Sir Joshua Reynolds als Präsident eingerichtet (1769). Intuition – eine Eigenschaft die mit dem Mond in Zusammenhang gebracht wird – ist ebenfalls charakteristisch für diesen Tag, an dem der französische Photograph Louis Daguerre 1839 die erste Aufnahme vom Mond machte und das unbemannte sowjetische Raumfahrzeug „Luna I" 1959 zu seinem Vorbeiflug am Mond startete. Imperialistisches Denken trieb den britischen General Clive zum Sieg über den Nawab von Bengalen (1757), mit ähnlichen Zielen scheiterten jedoch die Russen, als sie Port Arthur (heute Dalian) in der Mandschurei den Japanern übergeben mußten (1905).

3. JANUAR

Hinter dem anziehenden Charme der am 3. Januar Geborenen verbirgt sich der zielstrebige Einsatz für ihre Ideale. Ist ihr Interesse erst einmal geweckt, tun sie alles Erdenkliche, um das Vorhaben auch umzusetzen. Nichts kann sie davon abbringen oder auch nur ablenken. Das freundliche, humorvolle und liebenswürdig kuriose Wesen dieser höchst individualistischen Charaktere zieht andere an, und diese Menschen verstehen es, sich diese Wirkung zunutze zu machen, um Unterstützung für ihre Lieblingsprojekte zu gewinnen. Besonders ausgeprägt ist diese Neigung, wenn sie im chinesischen Jahr des Drachen geboren sind. Mit dieser Verbindung aus Idealismus und manipulativen Fähigkeiten sind sie phantasievolle und fähige Teamleiter, die ohne Skrupel ein ganzes Arsenal an Taktiken einsetzen, damit ihre Mitarbeiter das gemeinsame Ziel erreichen. Dieses leidenschaftliche Engagement ist aber ein zweischneidiges Schwert, es kann inspirieren, aber auch zur Verzweiflung bringen. Die am 3. Januar Geborenen können obsessiv von der Richtigkeit ihres Vorgehens überzeugt sein und ignorieren dann abweichende Meinungen.

Loyalität ist die zentrale Komponente in der Persönlichkeitsstruktur der am 3. Januar Geborenen. Das gilt für ihr privates wie für ihr berufliches Umfeld – vorausgesetzt, Freunde und Familie passen sich ihnen an. Vertrauenswürdigkeit und Zuverlässigkeit sind weitere, verwandte Charakterzüge dieser Menschen. Das bedeutet, daß sie nicht nur alle Anforderungen erfüllen, die an sie gestellt werden, sondern auch ihrer Familie Stabilität geben. Zwar kann man sich auf sie immer verlassen, aber am 3. Januar Geborene sind tief enttäuscht, wenn ihre Loyalität nicht erwidert wird.

STÄRKEN: Die am 3. Januar geborenen Menschen haben in allen Lebensbereichen klare Ziele und den nötigen eisernen Willen, sie durchzusetzen. Sie wirken so anziehend, daß sie mühelos Freundschaft und Unterstützung finden.

SCHWÄCHEN: Ihre Willensstärke, ihr starkes Selbstvertrauen und ihr Erfolgsstreben können so überwältigend sein, daß sie andere verpellen und ihnen selbst den Blick für die Durchführbarkeit ihrer Vorhaben verstellen. Solche Hartnäckigkeit hat ihre Vorteile, ist zuweilen jedoch unangebracht.

FAZIT: Die am 3. Januar Geborenen sollten darauf achten, Meinungen, die sie nicht sofort teilen können, nicht gleich von der Hand zu weisen, sondern aufgeschlossen zu bleiben. So werden ihre bemerkenswerten Talente nicht fehlgeleitet, und sie vermeiden Enttäuschungen durch das Scheitern an unrealistischen Idealvorstellungen.

An diesem Tag

Prominente Geburtstage: Marcus Tullius Cicero (106 v. Chr.), Konrad Duden (1829), Clement Attlee (1883), Herbert Morrison (1888), Otis Mandelsthan (1891), J. R. R. Tolkien (1892), Ray Milland (1905), Victor Borge (1909), George Martin (1926), Dabney Coleman (1932), John Thaw (1942), Victoria Principal (1946), Stephen Stills (1945), Mel Gibson (1956)

Bedeutende Ereignisse und Jahrestage: Einige Ereignisse dieses Tages veranschaulichen die Konfliklastigkeit eines so ehrgeizigen Strebens nach Idealen und Zielen. Aus Zorn über die Glaubensauffassung Martin Luthers exkommunizierte ihn die katholische Kirche (1521). Im amerikanischen Unabhängigkeitskrieg besiegte George Washingtons Armee die britischen Streitkräfte in der Schlacht bei Princeton (1777), und die USA brachen die diplomatischen Beziehungen zu Kuba ab (1961). Andere Ereignisse veranschaulichen die Erfolge, die durch Beharrlichkeit zu erzielen sind. So entdeckte der britische Forscher Howard Carter im ägyptischen Tal der Könige das Grab von Tutanchamun (1924), und der Neuseeländer Edmund Hillary erreichte den Südpol (1958).

Planeteneinflüsse

Herrschender Planet: Saturn.
Zweiter Dekan: Persönlicher Planet ist die Venus.

♄ ♀

Religiöse und kulturelle Bedeutung

Die Pueblo-Indianer begehen das jährliche Fest der Hirschtänze, ein Fruchtbarkeitsritual, im Alten Griechenland Feier der Lenaien zu Ehren des Dionysos.
Namenstag: Geneviève († ca. 500).

Martin Luther schlägt seine Thesen an die Kirchentür in Wittenberg – sein Protest gegen den Ablaßhandel und eine verweltlichte, der christlichen Botschaft entfremdete Kirche. Wegen seines mutigen Einsatzes für Reformen wurde er am 3. Januar 1521 exkommuniziert. Das verdeutlicht den Konflikt zwischen Ideal und Glaube, der sich an diesem Tag historisch zuspitzt.

4. JANUAR

Die an diesem Tag Geborenen verstehen sich darauf, ihr beeindruckendes Organisationstalent in beruflichen und privaten Dingen mit bemerkenswerter geistiger Unabhängigkeit zu verbinden. So entwickeln sie häufig Ideen von überraschender Originalität, die sie dann mit höchster Sorgfalt ausführen. Ihr wacher, scharfer Verstand dringt schnell zum Kern eines Problems vor. Haben diese Menschen erst einmal eine Lösung entwickelt, halten sie unbeirrbar daran fest. Manchmal zeigen sie eine tiefe und ernste Sorge um das Wohl der Menschheit und engagieren sich, ihrer Überzeugung entsprechend, politisch. Im zwischenmenschlichen Bereich sind sie sensible, einfühlsame und hilfsbereite Freunde und Partner, im größeren Rahmen aufgrund ihres sozialen Verantwortungsgefühls und Erfindungsreichtums begabte Lehrer, karitative Mitarbeiter oder Sozialreformer. Da sie ihre innovativen Ideen mit einer soliden, effektiven Organisation untermauern können, sind diese Menschen auch in der Wirtschaft erfolgreich.

Die am 4. Januar Geborenen genießen zwar die schönen Dinge des Lebens und tun oft einfach nur, worauf sie Lust haben, doch Trivialitäten befriedigen sie nicht lange. Lieber konzentrieren sie ihre beträchtlichen Energien auf Aufgaben und Projekte, die sie wirklich ausfüllen. Doch können sie sich damit vielen neuen Erfahrungen und Freundschaften verschließen. Auch sollten sie erkennen, daß andere Meinungen nicht nur deshalb weniger wertvoll sind, weil sie mit ihren Zielen und Methoden nicht konform gehen, und daß Vielfalt, gleich welche Form sie konkret annehmen mag, eine Bereicherung ist.

STÄRKEN: Gemeinhin als „Alleskönner" bewundert, gelingt es den am 4. Januar Geborenen, ihren sozialen Idealismus mit ihrem kompromißlosen Pragmatismus in Einklang zu bringen – beste Voraussetzungen also für die Verwirklichung ihrer Visionen.
SCHWÄCHEN: Weil diese Menschen sowohl den Kern eines Problems als auch die möglichen Lösungswege schnell erkennen, reagieren sie ungeduldig, wenn Kollegen und Bekannte ihre klar festgelegten Überzeugungen nicht teilen.
FAZIT: Die am 4. Januar Geborenen können in allen Lebensbereichen erfolgreich sein. Sie müssen sich jedoch vergegenwärtigen, daß auch gegenteilige Meinungen den ihren gleichwertig sein können. Vor einer Neigung zu Intoleranz sollten sie sich schützen.

Planeteneinflüsse

Herrschender Planet: Saturn.
Zweiter Dekan: Persönlicher Planet ist die Venus.

♄ ♀

Religiöse und kulturelle Bedeutung

In Korea, Chilseong-je (Opfer an die sieben Sterne, Fest zur Verehrung des Großen Bären).
Namenstag: Angela von Foligno (1248–1309), Elisabeth Anna Bayley Seton (1774–1821).

Benjamin Rush, geboren am 4. Januar 1785, verband sein Fachwissen als Arzt mit einem entschiedenen Eintreten für die Abschaffung der Sklaverei und trug so zu sozialen und wirtschaftlichen Veränderungen bei. Als im chinesischen Jahr des Drachen Geborener besaß er dessen typische Eigenschaften Entschlossenheit, Fleiß und Beharrlichkeit.

An diesem Tag

Prominente Geburtstage: Jakob Grimm und Benjamin Rush (1785), Louis Braille (1809), Sir Isaac Pitman (1813), George Washington Carver (1861), Josef Suk (1874), Augustus John (1878), Johann Georg Elser (1903), Sterling Holloway (1905), Jane Wyman (1914), Floyd Patterson (1935), Dyan Cannon und Grace Bumbry (1937)

Bedeutende Ereignisse und Jahrestage: Dieser Tag steht für Problemlösungen. So erschien in der Londoner Zeitung *Bell's Life* die erste Schachkolumne (1835), und in Großbritannien wurde die „Fabian Society" gegründet, die versuchte, den Sozialismus in verfassungsgemäßer Evolution zu verwirklichen (1884). In Iowa führte Dr. Williams West Grant an der 22jährigen Mary Gartside die erste erfolgreich verlaufene Blinddarmoperation durch (1885). Der Konflikt, der häufig entsteht, wenn festgefügte Ansichten aufeinandertreffen, zeigt sich in drei Ereignissen dieses Tages: Gandhis National Congress in Indien wurde 1932 von den Briten für illegal erklärt, im Zweiten Weltkrieg griff die britische Fünfte Armee 1944 die italienische Stadt Montecassino an, und im Koreakrieg nahmen die Kommunisten 1951 das südkoreanische Seoul ein. Zu den zahlreichen politischen Errungenschaften des 4. Januars gehören die Aufnahme von Utah als 45. Bundesstaat der USA (1896), die Unabhängigkeit Burmas vom Commonwealth (1948) und die Berufung von Richterin Rose Heilbron als erste Frau an den Obersten Gerichtshof Großbritanniens (1972).

5. JANUAR

Die an diesem Tag geborenen Menschen sind die geborenen Abenteurer, deren Forschergeist die Faszination des Unbekannten geradezu magisch anzieht. Flatterhaft sind sie aber nicht, denn zu ihrer Selbständigkeit gehört auch die Neigung, Hindernisse auf ihren Entdeckungsreisen methodisch und pragmatisch anzugehen. So verlassen sie sich zwar auf ihre ausgeprägten Instinkte, verfolgen ihre geistigen Ziele jedoch mit logischer Sorgfalt und rigoroser Selbstdisziplin. Ihr Optimismus verleiht ihnen darüber hinaus beachtliches Durchhaltevermögen bei Rückschlägen. Mit diesen Charakterzügen können sie in jedem Beruf höchst erfolgreich sein, da sie aber oft ungewöhnliches künstlerisches Talent besitzen, erreichen die am 5. Januar Geborenen besonders in der kreativen oder darstellenden Kunst sowie in Politik und Wissenschaft Großes.

Wie so viele, die sich bei Entscheidungen und Beurteilungen weitgehend auf ihre Intuition verlassen, können sich die am 5. Januar Geborenen ungewöhnlich sensibel auf ihre Mitmenschen einstellen. Sie werden als einfühlsame und verständnisvolle Freunde geschätzt, sind jedoch nicht bereit, sich grenzenlos einzubringen und werden ungeduldig, wenn Hilfesuchende ihren Rat nicht annehmen. Wohlüberlegt entwickeln sie ihre Überzeugungen und bauen darauf entsprechende Vorgehensweisen auf, neigen jedoch dann dazu, strikt daran festzuhalten und sich anderen Ansätzen zu verschließen. Ihre Selbstsicherheit ist zumeist gerechtfertigt, sie sollten sich aber auch bewußt machen, wieviel Gewinn in zwischenmenschlichen Beziehungen und ständiger Neubewertung liegt.

STÄRKEN: Diese Menschen sind phantasievoll und unabhängig. Ihre vernünftige, bodenständige Art verhindert, daß sie unrealistischen Zielen nachhängen. Selbstsicher, doch empfindsam und von ihren Mitmenschen geachtet, sind sie ausgezeichnete Führungskräfte.
SCHWÄCHEN: Zu große Selbstsicherheit ist eine Gefahr, die den am 5. Januar Geborenen droht. Sie erkennen dann den Wert abweichender Meinungen nicht mehr.
FAZIT: Sie tragen alle Voraussetzungen zum Erfolg in sich, müssen aber darauf achten, Menschen abweichender Auffassung nicht aus ihrem Leben auszuschließen oder zu rigide an ihren Methoden festzuhalten. Aufgeschlossenheit und Toleranz sind für sie von größter Wichtigkeit.

Planeteneinflüsse

Herrschender Planet: Saturn.
Zweiter Dekan: Persönlicher Planet ist die Venus.

♄ ♀

Religiöse und kulturelle Bedeutung

Namenstag: Eduard von England (1003–66), Johannes Nepomuk Neumann (1811–60).

An diesem Tag

Prominente Geburtstage: Stephen Decatur (1779), John Burke (1787), Konrad Adenauer (1876), Kasimir Edschmid (1890), Jeane Dixon (1918), Arturo Benedetti Michelangeli (1920), Walter Mondale (1928), Zulfikar Ali Bhutto (1928), Alvin Ailey, Alfred Brendel und Robert Duvall (1931), König Juan Carlos I. von Spanien (1938), Maurizio Pollini (1942), Eusébio (1943), Diane Keaton (1946)

Bedeutende Ereignisse und Jahrestage: Zwei technische Neuerungen demonstrieren erfolgreich, wie sehr der 5. Januar für Problemlösungen steht: 1896 entdeckte Wilhelm von Röntgen die Röntgenstrahlung, und 1935 erfand der amerikanische Radiotechniker, Nachrichtendienstoffizier und spätere Universitätsprofessor Edwin H. Armstrong die Frequenzmodulation. Dieser Tag steht auch unter politischem Vorzeichen. So gründete Anton Drexler 1919 die Deutsche Arbeiterpartei (die spätere NSDAP), Alexander Dubcek wurde 1968 Vorsitzender der Kommunistischen Partei Polens, und mit der entschlossenen Nellie Taylor Ross aus Wyoming wurde 1925 zum ersten Mal eine Frau Gouverneurin eines US-Bundesstaates. Zum Zeichen von Versöhnung und Toleranz, deren Wert der 5. Januar betont, traf Papst Paul VI in Jerusalem mit dem Ökonomischen Patriarchen von Konstantinopel zusammen – seit fünf Jahrhunderten die erste Begegnung zwischen römisch-katholischer und orthodoxer Kirche (1964).

Jerusalem, die Heilige Stadt dreier Religionen, war Ort der historischen Begegnung zwischen den Oberhäuptern der römisch-katholischen und der orthodoxen Kirche am 5. Januar 1964, einem Tag, der für den besonderen Wert von Aufgeschlossenheit und Respekt gegenüber Mitmenschen steht.

6. JANUAR

Die Grundlage des Denkens und Handelns der am 6. Januar Geborenen bildet eine starke Verbindung zu den unsichtbaren Kräften, die die Welt beherrschen. Dieses Empfinden kann sich in Umweltschutzkampagnen oder im Religiösen ausdrücken. In jedem Fall entwickeln diese Menschen feste moralische Grundsätze und besitzen genügend Entschlossenheit, ihre angeborene Zurückhaltung zu überwinden, für ihre Überzeugungen einzustehen und ihr Anliegen zu vermitteln. Dabei hilft ihnen ihre Fähigkeit, sich mit anderen zusammenzuschließen und ihre Vorstellungen auf diese Weise in weiten Kreisen bekanntzumachen. Mit dieser vielversprechenden Verbindung von Überzeugungskraft und Verständigungsgeschick sind die an diesem Tag Geborenen begabte Lehrer, Politiker und Künstler. Erfolgreich sind sie überall da, wo sie unangefochten führen dürfen. Da sie sich so stark auf ihre Intuition verlassen, besteht allerdings die Gefahr, daß diese Menschen ausschließlich darauf vertrauen und abweichende Auffassungen höflich zurückweisen. Eltern von am 6. Januar Geborenen sollten ihre Kinder daher lehren, Ratschläge von außen ebenso zu schätzen wie die eigene Erfahrung.

Von Natur aus diszipliniert, hilfsbereit und idealistisch, zeigen diese Menschen bei der Erfüllung ihrer Aufgaben ein ungewöhnliches Maß an Beharrlichkeit und Entschlossenheit. Solcher Tatendrang ist lobenswert, doch sollten sich diese Menschen vor Augen halten, daß eine angestrebte totale Perfektion nur um den Preis erheblicher persönlicher Opfer zu erreichen ist.

Planeteneinflüsse

Herrschender Planet: Saturn.
Zweiter Dekan: Persönlicher Planet ist die Venus.

♄ ♀

Religiöse und kulturelle Bedeutung

Im Christentum Epiphanias.
Namenstag: Peter von Canterbury († 607).

Jeanne d'Arc, die entschlossene Kämpferin und Nationalheldin Frankreichs, wurde am 6. Januar 1412 geboren.

STÄRKEN: Die an diesem Tag Geborenen haben einen ausgeprägten Sinn für Gerechtigkeit und Moral sowie die Entschlossenheit und Begabung, ihre Ideale interessant zu vermitteln.

SCHWÄCHEN: Diese Menschen sind in solchem Maß von der Dringlichkeit ihrer Botschaft überzeugt, daß sie ihre ideologischen Ziele geradezu mit Besessenheit verfolgen und dabei ihre eigenen Bedürfnisse und persönlichen Beziehungen vernachlässigen.

FAZIT: Wollen die am 6. Januar Geborenen glücklich werden, so sollten sie sich bei all ihren Unternehmungen ein gewisses Maß an Objektivität und Aufgeschlossenheit bewahren und ihrem Privatleben ebenso viel Zeit widmen wie Beruf und ideellem Engagement.

An diesem Tag

Prominente Geburtstage: König Richard II. von England (1367), Jeanne d'Arc (1412), Heinrich Schliemann (1822), Max Bruch (1838), Karl Straube (1873), Carl Sandburg (1878), Loretta Young (1912), Danny Thomas (1914), Sun Myung Moon (1920), John De Lorean (1925), P. J. Kavanagh und E. L. Doctorow (1931), Bonnie Franklin und Henry Kravis (1944), Rowan Atkinson (1955), Kapil Dev (1959)

Bedeutende Ereignisse und Jahrestage: Der 6. Januar steht im Zeichen der Kommunikation. So stellte Samuel Morse seinen bahnbrechenden elektromagnetischen Schreibtelegraphen vor, der die Verständigung über weite Strecken revolutionierte (1838). Ein Ereignis unterstreicht besonders die tragische Konfliktlastigkeit einer starrköpfigen Art von Idealismus: In der verlustreichen Schlacht von Ashdown besiegte König Alfred von Wessex die Dänen (871). In der unerschütterlichen Überzeugung, das Recht auf den Thron zu besitzen, ließ sich Harold II. zum König von England krönen (1066), was den normannischen Eroberungsfeldzug nach sich zog. Und in dem Zwang, durch Söhne die Thronfolge zu sichern, ging König Heinrich VIII. von England voreilig die unglückliche Ehe mit Anna von Cleve ein (1540).

7. JANUAR

Den am 7. Januar Geborenen gelingt es problemlos, ihre Mitmenschen für sich zu gewinnen: Ihre Heiterkeit, liebevolle Art, Loyalität und Großzügigkeit im persönlichen Bereich – Eigenschaften, die besonders stark hervortreten, wenn sie im chinesischen Jahr des Hundes geboren sind – schätzen Freunde, Familie und Kollegen gleichermaßen. Diese Menschen können die Stimmung anderer intuitiv erfassen. Da sie außerdem sehr mitfühlend sind und anderen gern den Weg ebnen, sind sie sehr beliebt. Diese Eigenschaften prädestinieren sie für Berufe in der Sozialarbeit oder Medizin. Viele mag es überraschen, daß diese feinsinnigen Menschen trotz ihres Rufs als Quelle der Kraft häufig unter mangelndem Selbstbewußtsein leiden und deshalb ihr Selbstwertgefühl durch die Zuneigung und den Respekt ihrer Mitmenschen zu stärken suchen.

Persönliche Beziehungen sind deshalb für die an diesem Tag Geborenen sehr wichtig. Sie sind aber auch sehr naturverbunden und haben eine ausgeprägt mystische Seite, die ihre außergewöhnliche Phantasie anregt. Daher entwickeln diese Menschen eine Faszination für das Unerklärliche, die sie auch offen zeigen. Sie könnten sich zwar auf ihren Instinkt verlassen, tun es aber oft nicht, weil sie befürchten, dann als Spinner zu gelten. In Verbindung mit der Methodik und Disziplin der am 7. Januar Geborenen kann dieses originelle Denken jedoch zu höchst befriedigenden Ergebnissen führen.

STÄRKEN: Diese aufgeschlossenen, sensiblen Menschen sind von Natur aus um das Wohlergehen ihrer Mitmenschen besorgt und setzen ihre beträchtlichen Energien dafür ein. Sie sind phantasievoll, beharrlich und angenehm unkonventionell.
SCHWÄCHEN: Die am 7. Januar Geborenen laufen Gefahr, der Bestätigung durch andere zu große Bedeutung beizumessen. Häufig halten sie sogar aus Angst vor Befremden und Spott ihre eigentliche Meinung zurück.
FAZIT: Die an diesem Tag Geborenen sollten an der Stärkung ihres Selbstvertrauens arbeiten und akzeptieren, daß die Urteile ihrer Mitmenschen nicht das Wichtigste auf der Welt sind. Das eröffnet ihnen größeren persönlichen Spielraum, der für ihr emotionales Wohlergehen entscheidend ist.

Planeteneinflüsse

Herrschender Planet: Saturn.
Zweiter Dekan: Persönlicher Planet ist die Venus.

♄ ♀

Religiöse und kulturelle Bedeutung

Namenstag: Gaubald (ca. 700–761), Reinold (Reinhold) von Köln († 960?), Knud Lavard (1096–1131), Raimund von Peñafort (ca. 1175–1275), Schutzheiliger der Kanoniker, Maria Theresia Haze (1782–1876).

An diesem Tag

Prominente Geburtstage: Jacques Etienne Montgolfier (1745), Joseph Bonaparte (1768), Millard Fillmore (1800), St. Bernadette von Lourdes (1844), Charles Péguy und Adolf Zukor (1873), François Poulenc (1899), Zora Neale Hurston (1901), Charles Addams (1912), Vincent Gardenia und Jean Pierre Rampal (1922), Gerard Durrell (1925), Kenny Loggins (1948), Uwe Ochsenknecht (1956), Donna Rice (1958), Katie Couric (1957), Nicolas Cage (1964)

Bedeutende Ereignisse und Jahrestage: Folgende drei Persönlichkeiten galten als Exzentriker, verfolgten aber ihre Interessen mit beachtlichem Erfolg und wurden so zu Symbolen des wissenschaftlichen Durchbruchs, für den dieser Tag steht: Galileo Galilei, der bei der Beobachtung des Jupiter dessen vier Satelliten entdeckte und sie Europa, Io, Kallisto und Ganymed nannte (1610), und Dr. John Jeffries sowie Jean-Pierre Blanchard, die als erste den Ärmelkanal in einem Heißluftballon überquerten (1785). Diesen Tag kennzeichnet das Streben nach gesellschaftlicher Weiterentwicklung. So fanden in der noch jungen amerikanischen Demokratie am 7. Januar 1789 zum ersten Mal landesweite Wahlen statt. Kommunikation ist ein Kennzeichen dieses Tages, an dem 1927 die erste Telefonverbindung zwischen New York und London in Betrieb genommen wurde.

Galileo Galilei, der am 7. Januar 1610 die Satelliten des Jupiter entdeckte, erklärt den Senatoren von Venedig sein Teleskop. Der 7. Januar steht für wissenschaftliche Durchbrüche.

8. JANUAR

Außergewöhnlich zielstrebig und hochmotiviert verfügen die an diesem Tag Geborenen über beste Voraussetzungen für Erfolge auf jedem Gebiet. Sei es in der Kunst, wo sie ihrer kreativen Phantasie freien Lauf lassen, in der Wissenschaft, wo sie ihre beträchtlichen analytischen Fähigkeiten einsetzen, oder in der Arbeit mit Menschen, wo sie ihre Einfühlsamkeit wirkungsvoll zur Geltung bringen können. Die am 8. Januar Geborenen besitzen flammenden Ehrgeiz, sind zugleich aber pragmatische und in gewisser Hinsicht melancholische Persönlichkeiten. Daher ist ihnen bewußt, daß die Anerkennung, die sie sich wünschen, hart erarbeitet sein will. Zwar besitzen sie eine klare Vorstellung von ihren Zielen sowie die notwendige Entschlossenheit und den Elan, ihre Träume umzusetzen. Ihre Erfolge werden jedoch schal, wenn sie dafür ihre persönlichen Beziehungen opfern müssen.

Unter der Oberfläche der geradezu erschreckenden Gelassenheit und Selbstbeherrschung dieser Menschen liegen sehr lebendige Gefühle der Angst und Unsicherheit, die sie hinter einer Fassade kühler Zurückhaltung verstecken. Vielleicht glauben die am 8. Januar Geborenen, die Zuneigung ihrer Mitmenschen nur durch spektakuläre Erfolge gewinnen zu können, aber das ist weit gefehlt. Können sie sich von dieser Vorstellung nicht frei machen, drohen ihnen Einsamkeit und Verbitterung. Sie sollten sich daher aktiv um ehrliche und offene Beziehungen bemühen und sie pflegen, denn Liebe und Rückhalt aus solchen Verbindungen sind letztendlich der Schlüssel zu ihrem Glück.

STÄRKEN: Die am 8. Januar Geborenen zeigen ein ungewöhnliches Maß an Phantasie, Originalität, Selbstdisziplin und Motivation und können daher in ihrem Beruf Spitzenpositionen erreichen.

SCHWÄCHEN: Der Ehrgeiz dieser Menschen kann zwanghafte Formen annehmen. In extremen Fällen ziehen sie sich völlig aus der Gesellschaft zurück, werden obsessiv, leben eigenbrötlerisch und isoliert.

FAZIT: Die an diesem Tag Geborenen sollten sich vor Augen halten, daß beruflicher Erfolg allein nicht glücklich macht. Deshalb ist es wichtig, daß sie auch persönliche Kontakte pflegen.

Planeteneinflüsse

Herrschender Planet: Saturn.
Zweiter Dekan: Persönlicher Planet ist die Venus.

♄ ♀

Religiöse und kulturelle Bedeutung

Namenstag: Severin von Norikum (ca. 400–482), Erhard von Regensburg († 8. Jh.), Gudula († 712), Laurentius Giustiniani (1831–1455).

Stephen Hawking, einer der brillantesten und berühmtesten Wissenschaftler des 20. Jahrhunderts, wurde am 8. Januar 1942 geboren. Da sein Mond in der Jungfrau steht, ist Hawking besonders analytisch und logisch veranlagt, und sein chinesisches Sternzeichen, die Schlange, verstärkt seine rationale Orientierung noch.

An diesem Tag

Prominente Geburtstage: Wilkie Collins (1824), John Curtin (1885), Walther Bothe (1891), Solomon Bandaranaike (1899), Georgi Malenkov (1901), José Ferrer (1912), Ron Moody (1924), Charles Osgood (1933), Elvis Presley (1935), Shirley Bassey (1937), Yvette Mimieux (1939), Stephen Hawking (1942), David Bowie (1947), Calvin Smith (1961), Ami Dolenz (1969)

Bedeutende Ereignisse und Jahrestage: Dieser Tag steht für Mitgefühl; so wurde in London die erste Volksküche der Welt zur Versorgung der Armen eröffnet (1800). Gleichberechtigung und Harmonie ist in den Beziehungen zwischen Völkern genauso wichtig wie zwischen einzelnen. Diese Lektion mußten die Briten lernen, als sie in der Schlacht von New Orleans von U.S.-Streitkräften unter dem späteren Präsidenten Andrew Jackson besiegt wurden (1815). Und diesem Grundsatz folgte der Kongreß in Washington 1867 mit der Verabschiedung eines Gesetzes, das Afroamerikanern das Wahlrecht einräumte. Beharrlichkeit und Selbstvertrauen können Lorbeeren einbringen: Es ist der Tag der Fertigstellung und Eröffnung des Severn Railwail Tunnel (1886) – bis zum Bau des Eurotunnels in den 90er Jahren Großbritanniens längster Tunnel, der Patentierung des ersten (später von IBM vertriebenen) Computers für Dr. Herman Hollerith (1889) und der Ernennung von General Charles de Gaulle zum französischen Präsidenten (1959).

9. JANUAR

Mit ihrem scharfen, analytischen Verstand, großer Auffassungsgabe und enormen Energiereserven stellen die an diesem Tag Geborenen hohe Ansprüche an sich selbst wie an ihre Mitmenschen und geben sich nicht leicht geschlagen. Sie können äußerst ehrgeizig sein, was aber eher an ihrem Perfektionismus liegt – an dem Bedürfnis, eine Aufgabe bestmöglich zu erfüllen – als an dem Wunsch nach Beifall und Verehrung. Deshalb sind sie als Mitarbeiter sehr geschätzt. Wird ihnen die Verantwortung für ein Projekt übertragen, entwickeln sie rasch den optimalen Ablaufplan und setzen ihn dann mit der für sie typischen Energie und Konzentration um. Doch die am 9. Januar Geborenen sind keine Herdentiere, Gedanken-, Meinungs- und Bewegungsfreiheit sind ihnen wichtiger als das Regelwerk großer Organisationen, deshalb geht es ihnen als freien Mitarbeitern wesentlich besser. Die Familie ist den an diesem Tag geborenen Menschen besonders wichtig. Da sie ihren Kindern beste Voraussetzungen bieten möchten, arbeiten sie häufig bis spät in den Abend hinein, um die notwendigen finanziellen Mittel aufbringen zu können. Unweigerlich geht das aber auf Kosten der gemeinsamen Freizeit. An ihre Kinder und deren Leistungen stellen sie enorm hohe Erwartungen. Deshalb ist es wichtig, daß sie ihre Kinder nicht zu sehr unter Druck setzen, sondern ihre Eigenarten und Grenzen akzeptieren, sie so lieben und unterstützen, wie sie sind. Eine gelassenere Haltung ihrer Familie gegenüber kommt ihnen auch selbst zugute und schafft einen wichtigen Ausgleich zu dem Druck, unter dem sie im Beruf stehen.

STÄRKEN: Diese leistungsfähigen Menschen, die enormen Tatendrang, Entschlossenheit und Beharrlichkeit in sich vereinen, sind von Intellekt wie Naturell her in der Lage, Hindernisse, die sich ihnen in Beruf und Privatleben in den Weg stellen, auszuräumen.
SCHWÄCHEN: Es kann sein, daß die am 9. Januar Geborenen sich über ihrer Zielstrebigkeit die einfachen Freuden des Lebens versagen, insbesondere persönliche Entspannung und das zwanglose Zusammensein mit Freunden und Familie.
FAZIT: Sie sollten sich um Ausgleich, Kompromißbereitschaft und die Erkenntnis bemühen, daß allzu viel Schwergewicht auf intellektuellen und beruflichen Zielen auch schädlich sein kann und ihnen ein erfülltes Privatleben unmöglich macht.

An diesem Tag

Prominente Geburtstage: John Jervis, Graf von St. Vincent (1735), Jenny Jerome, Lady Randolph Churchill (1854), Karel Capek (1890), Gracie Fields (1898), Chic Young (1901), Rudolf Bing (1902), George Balanchine (1904), Simone de Beauvoir (1908), Richard Nixon (1913), Heiner Müller (1929), Joan Baez (1941), Jimmy Page (1944), Chrystal Gayle (1951)

Bedeutende Ereignisse und Jahrestage: Dieser Tag steht für Einfallsreichtum und Kompromißlosigkeit. So wurde am 9. Januar in Großbritannien die Einkommensteuer eingeführt (1799). Der für diesen Tag typische Verzicht auf persönliche Vorlieben zeigt sich etwa im New Yorker Verbot des Austauschs von Zärtlichkeiten in der Öffentlichkeit aus dem Jahr 1902. In Weißrußland hielt nach dem Sieg der Bolschewiken endgültig die kommunistische Ideologie der Sowjetunion Einzug (1920). Beharrlichkeit und Einfallsreichtum ermöglichten Alexander Fleming den Einsatz von Penicillin (1929) und dem Überschallflugzeug Concorde seinen Testflug vom englischen Bristol aus (1969).

Planeteneinflüsse

Herrschender Planet: Saturn.
Zweiter Dekan: Persönlicher Planet ist die Venus.

♄ ♀

Religiöse und kulturelle Bedeutung

Namenstag: Petrus von Sebaste († 392), Maria Theresia von Jesus (1576–1622).

Am 9. Januar 1920 gewannen die sowjetischen Kommunisten die Vorherrschaft über Weißrußland. Diese Leistung gelang an einem Tag, der von der Tendenz beherrscht wird, das persönliche Glück einem abstrakten Ziel zu opfern.

10. JANUAR

Als energiegeladene, realistische und geradezu unverblümt offene Menschen werden die am 10. Januar Geborenen von ihren Mitmenschen respektiert und nicht selten auch gefürchtet. Die treibenden Kräfte sind dabei ihr unstillbarer Wissensdurst, ihr tiefverwurzeltes Bedürfnis, eine Situation zu erfassen, zu beurteilen und Verbesserungen herbeizuführen. Dabei schrecken sie selbst vor Manipulationen nicht zurück, wenn sie der Sache dienlich sind. So mutig sind ihre Entscheidungen, daß sie häufig mit voller Überzeugung einen unerhört radikalen Lösungsweg für ein Problem vorschlagen, mit dem sie entweder auf sensationelle Art scheitern oder erfolgreich sind. Mit ihrer Selbstsicherheit, Originalität und Entscheidungsfreude sind sie die idealen Börsenspekulanten. Spekulationsgeschäfte kommen ihrer Risikobereitschaft entgegen und verschaffen ihnen die Anerkennung, die sie ihrer Meinung nach verdient haben. Als kleines Rädchen in einem großen Getriebe werden sie nicht glücklich – zu ihrer wahren Form finden sie erst, wenn sie ihre Eigenheiten und ihren Führungsanspruch ausleben dürfen. Dank ihres bemerkenswerten Charmes und einer ansteckenden Lebensfreude stehen die am 10. Januar Geborenen oft im Mittelpunkt, laufen aber Gefahr, ihre Mitmenschen durch ihre ehrlichen Bemerkungen zu verletzen. Sie sollten sich deshalb bewußt machen, daß sie ihre Ziele mit Besonnenheit und Takt leichter erreichen und sich darüber hinaus die bleibende Loyalität ihrer Freunde sichern können. Trotz des harten Gesichts, das sie nach außen zeigen, sind sie höchst sensibel. Es geht ihnen am besten, wenn sie in der Zuneigung und Wertschätzung von Freunden und Familie Rückhalt finden. Wenn sie sich aktiv um die Pflege ihrer Freundschaften bemühen, wird ihre Zuwendung auch erwidert.

Planeteneinflüsse

Herrschender Planet: Saturn.
Zweiter Dekan: Persönlicher Planet ist die Venus.

♄ ♀

Religiöse und kulturelle Bedeutung

Das Fest der Träume – Neujahrsfeier der Irokesen.
Namenstag: Agatho († 681), Gregor X. (1210–76), Franziska Salesia Leonie Aviat (1844–1914).

STÄRKEN: Die am 10. Januar Geborenen sind dynamisch, optimistisch und scharfsinnig und verfügen über das notwenige Selbstvertrauen und die Entscheidungsfreude, ihre Fähigkeiten auch einzusetzen. So können sie in allem, was sie tun, Großes leisten.

SCHWÄCHEN: Diese Menschen nehmen kein Blatt vor den Mund. In bestimmten Situationen ehrt sie das zweifellos, im Zwischenmenschlichen ist jedoch Zurückhaltung angebracht. Sie sollten ihre Neigung mäßigen, andere zu dominieren.

FAZIT: Die am 10. Januar Geborenen sind wahre Energiebündel, voll grenzenlosem Enthusiasmus und ansteckendem Optimismus. Wenn sie daran denken, ihre Mitmenschen so zu behandeln, wie sie selbst behandelt werden möchten, können sie es weit bringen.

In Großbritannien ist der 10. Januar der Jahrestag vieler wichtiger Neuerungen, darunter der Einführung indischen Tees im Jahr 1839.

An diesem Tag

Prominente Geburtstage: Annette von Droste-Hülshoff (1797), Jesse James (1847), Barbara Hepworth (1903), Ray Bolger (1904), Paul Henreid (1908), Galina Ulanova (1910), Gustav Husak (1913), Max Roach (1924), Giselle MacKenzie und Johnny Ray (1927), Sherrill Milnes (1935), Burnum Burnum (1936), Sal Mineo (1939), Rod Steward (1945), George Foreman (1949), Pat Benatar (1953)

Bedeutende Ereignisse und Jahrestage: Dieser Tag des Fortschritts ist Jahrestag vieler administrativer und technischer Neuerungen, darunter der Einführung der „Penny Post“ durch Sir Rowland Hill in Großbritannien (1840) und der Eröffnung der Londoner Untergrundbahn durch den britischen Premierminister William Gladstone (1863). Auch in der Politik wurden Fortschritte erzielt: Das amerikanische Repräsentantenhaus brachte die Verfassung einen großen Schritt voran, als es dem Frauenwahlrecht zustimmte (1918), und die Vollversammlung der Vereinten Nationen trat zum ersten Mal zusammen (1946). An diesem Tag wurden die Versailler Verträge ratifiziert und der Völkerbund gegründet (1920), und der britische Erfinder Sir Clive Sinclair stellte sein Elektroauto „C5“ vor (1985). Letztendlich erreichten aber weder die Verträge noch die Organisation, noch das Auto den gewünschten Erfolg – nicht immer also führt Entschlossenheit, für die dieser Tag steht, zum Ziel.

11. JANUAR

Die am 11. Januar Geborenen besitzen ein ungewöhnlich exaktes Wahrnehmungsvermögen, das sich mit ihrem scharfen Intellekt zu objektiver, durchdachter Urteilsfähigkeit und effektiver Entscheidungsfindung verbindet. Diesen Menschen entgeht nahezu nichts. Bei anstehenden Problemen können sie in beeindruckender Weise vorliegende Fakten ordnen, Vor- und Nachteile möglicher Lösungen abwägen und dann eine intelligente, in sich schlüssige Strategie entwickeln. Mit dieser Fähigkeit zur Objektivität und zu logischem Denken eignen sie sich insbesondere für Berufe in der akademischen Forschung oder in der Wirtschaft, also in Bereichen, in denen diese Eigenschaften – sowie die Tatsache, daß sie ihre Urteile nicht durch Gefühlsregungen trüben lassen – sehr geschätzt werden. Weil diese Menschen ein so hochentwickeltes Urteilsvermögen besitzen und darüber hinaus redegewandt und schlagfertig sind, sollten sie ihre Ansichten nicht allzu pointiert vertreten, um diejenigen nicht zu verletzen, die ihre Ansichten oder ihre Selbstsicherheit nicht teilen können.

Sind die am 11. Januar Geborenen erst einmal überzeugt, daß ein Mensch oder eine Sache ihre Zuwendung verdient, beweisen sie unerschütterliche Loyalität. Zwar scheinen sie bei flüchtiger Bekanntschaft unnahbar, sind aber tatsächlich unschätzbar gute Freunde und Partner. Besonders als Eltern sollten sie nicht zu stur und ungeduldig reagieren, wenn ihre Kinder sich ihrem Denken nicht sofort anschließen können. Wenn sie versuchen, ihre Mitmenschen nicht ausschließlich mit ihren eigenen strengen Maßstäben zu messen und die Förmlichkeit, die sie in ihren Beziehungen häufig wahren, etwas zu lockern, können sie ein erfülltes Privatleben genießen.

STÄRKEN: Mit besonnener Logik, außergewöhnlichem Scharfsinn, Verantwortungsbewußtsein und Zuverlässigkeit treffen die am 11. Januar Geborenen tadellos durchdachte Entscheidungen, die sie mit unfehlbarer Effektivität ausführen.
SCHWÄCHEN: Da diese Menschen auf ihre Fähigkeiten vertrauen, machen sie nur selten Zugeständnisse, wenn sie von der Richtigkeit ihres Vorgehens überzeugt sind. Sie laufen Gefahr, als arrogant und nicht kritikfähig eingestuft zu werden. Grund zur Sorge gibt auch, daß sie sich gern alle Eventualitäten einer Sache ausmalen und deshalb unnötige, festsitzende Ängste entwickeln – besonders, wenn sie im chinesischen Jahr der Ratte geboren sind.
FAZIT: Diese Menschen besitzen bewundernswerte geistige Kräfte, sollten sich jedoch vor Unflexibilität hüten und sich aktiv darum bemühen, unterschiedliche Meinungen und Methoden akzeptieren und mit strengen Urteilen nicht vorschnell zu sein.

An diesem Tag

Prominente Geburtstage: Daniel Dancer (1716), Alexander Hamilton (1757), Ezra Cornell (1807), Alexander MacDonald (1815), William James (1842), Christian Sinding (1856), Konstantin Fehrenbach (1852), George Nathaniel Curzon (1859), William Stephenson (1896), Alan Paton (1903), Ellery Queen und Tex Ritter (1907), Neville Duke (1922), Grant Tinker (1926), Rod Tayler (1929), Naomi Jud (1946), Ben Crenshaw (1952)

Bedeutende Ereignisse und Jahrestage: In England wurde die staatliche Lotterie eingeführt (1569), worin sich die ungewöhnliche Verbindung von Einfallsreichtum und Geschäftssinn spiegelt, für die dieser Tag steht. Im General Hospital in Toronto wurde der Kanadier Leonard Thompson als erster Mensch erfolgreich mit Insulin behandelt (1922), ein weiteres Beispiel für die Vorteile von Beharrlichkeit und geistiger Strenge, die sich auch in der medizinischen Leistung zeigt, mit der es in Kapstadt gelang, zum ersten Mal alle Kinder einer Sechslingsgeburt am Leben zu halten (1974). Joachim Murat, der König von Neapel, löste sich 1813 von Napoleon, verbündete sich mit der Koalition, und Zogu I., König von Albanien, wurde an diesem Tag entthront (1946), Zeugnis vielleicht des Starrsinns, der im unflexiblen Festhalten an überholten Ideologien liegt. In Australien wurde Colin Winshester, stellvertretender Polizeipräsident, erschossen (1989).

Planeteneinflüsse

Herrschender Planet: Saturn.
Dritter Dekan: Persönlicher Planet ist der Merkur.

♄ ☿

Religiöse und kulturelle Bedeutung

Im Alten Rom Feier der Carmentalien zu Ehren von Carmenta, der Titanin der Weisheit und Verehrung der Juturna, der Frau des Gottes Janus.
Namenstag: Theodosius (ca. 424- 529).

Alexander Hamilton, erster Schatzminister der USA (1789–95), hatte wesentlichen Anteil an der Schaffung der neuen Verfassung. Er besaß alle guten Eigenschaften der am 11. Januar Geborenen.

12. JANUAR

Planeteneinflüsse

Herrschender Planet: Saturn.
Dritter Dekan: Persönlicher Planet ist der Merkur.

♄ ☿

Religiöse und kulturelle Bedeutung

Im Hinduismus Fest der Makara-Sankranti.
Namenstag: Tatiana (Tania) von Rom († ca. 200), Valentinian von Chur (ca. 480–548), Margareta Bourgeoys († 1700), Antonius Pucci (1819–92).

Herausfordernd, unterhaltsam, scharfsinnig und selbstsicher bewegen sich diese Menschen auf einem schmalen Grat zwischen Innen- und Außenschau. Ihr scharfer Intellekt und ihre Neigung zu Kritik an anderen deuten auf eine ungewöhnlich ausgeprägte Selbstsicherheit. Dabei genießen sie durchaus die Aufmerksamkeit, die ihnen ihre Unverblümtheit und Unerschrockenheit eintragen und wissen ihren Auftritt zu inszenieren. Halbherzigkeit ist den am 12. Januar Geborenen fremd. Ist ihr lebhafter Verstand einmal für etwas entflammt, das sie fasziniert, verfolgen sie ihre Interessen mit geradezu obsessiver Intensität. Ihre Meinung vertreten sie unerschrocken, und sie lieben engagierte Auseinandersetzungen. Dabei versuchen sie aufs Äußerste, andere von ihren Ansichten zu überzeugen. Als Einzelgänger arbeiten sie am besten auf eigene Rechnung oder in einer Organisation, die ihnen vollständige Gedanken- und Handlungsfreiheit läßt. Wirklich ausgefüllt fühlen sie sich im Geschäftsleben – in Verkauf und Marketing etwa – wenn sie die Regeln nach ihrer Auffassung und zugunsten ihrer Ziele auslegen können.

In ihrem Privatleben zeigen die am 12. Januar Geborenen häufig das Bedürfnis, im Mittelpunkt zu stehen. Mangelnde Beachtung ist ihnen unerträglich. Oft provozieren sie aus reiner Freude an der aufgebrachten Reaktion und spielen mit dem größten Vergnügen den Advocatus Diaboli. Solch geradezu kampflustiges Verhalten ist jedoch nicht ganz ungefährlich. Diese Menschen sollten daher darauf achten, daß sie sich davon nicht allzu sehr mitreißen lassen und dann ihre weniger abgehärteten Mitmenschen verletzen – insbesondere ihre Familie, die sie mit ihrem Zynismus ungewollt vor den Kopf stoßen können.

STÄRKEN: Die am 12. Januar Geborenen sind geistig unabhängig, schlagfertig und selbstsicher, abenteuerlustig und intellektuell aufgeschlossen. Ihre zuweilen ungewöhnlichen Auffassungen vertreten sie mit Engagement – eine erfolgversprechende Verbindung.
SCHWÄCHEN: In Extremfällen kann sich die ausgeprägte Selbstsicherheit dieser Menschen zu Arroganz auswachsen. Bedienen sie sich dann noch der abwertenden, sarkastischen Sprache, zu der sie neigen, machen sie sich Feinde.
FAZIT: Die am 12. Januar Geborenen sollten ihrer angeborenen Ungeduld durch Feingefühl und Rücksichtnahme auf die Gefühle ihrer Mitmenschen entgegenwirken. Sie haben zweifellos viel zu geben, müssen aber ihren Umgangston etwas verfeinern, damit andere ihre guten Eigenschaften schätzen können und sich nicht abgestoßen fühlen.

An diesem Tag

Prominente Geburtstage: Charles Perrault (1628), Edmund Burke (1729), Johann Heinrich Pestalozzi (1746), Jean Joseph Etienne Lenoir (1822), Joseph Joffre (1852), John Singer Sargent (1856), Jack London (1876), Paul Hermann Muller (1899), Luise Rainer (1910), P. W. Botha und Ray Price (1926), Des O'Connor (1932), Long John Baldry (1941), Joe Frazier (1944), Ottmar Hitzfeld (1949), Howard Stern (1954), Kirstie Alley (1955)

Am 12. Januar 1970 fand der erste Transatlantikflug einer Boeing 747 statt – an einem Tag der Abenteuer und des Pioniergeistes also.

Bedeutende Ereignisse und Jahrestage: Dieser Tag steht im Zeichen ungewöhnlicher, vorausschauender Ideen, so z. B. der Gründung der Britischen Luftfahrtgesellschaft, noch bevor man die Möglichkeiten des Flugverkehrs voll erkannt hatte (1866), oder des Jungfernflugs der Boeing 747 von New York nach London (1970). Dieser Tag steht auch für potentielle Zusammenstöße; 1950 kostete die tragische Kollision des britischen Unterwasserboots „Truculent" mit einem schwedischen Schiff 65 Menschen das Leben. Der Boxsport ist vielleicht der deutlichste Ausdruck zwischenmenschlicher Auseinandersetzung. An diesem Tag besiegte Henry Cooper seinen Gegner Brian London und wurde Europameister im Schwergewichtsboxen (1959).

13. JANUAR

Es ist der Wunsch nach Verbesserung, der die am 13. Januar Geborenen antreibt, ja beflügelt. Sei es, daß sie sich persönlich materiell verbessern möchten oder daß sie ein globales Denkmodell entwickeln, um die Lebensbedingungen der Menschheit zu verbessern. Solche Ambitionen müssen keineswegs ein Wunschtraum bleiben, denn diese Menschen verfügen über die geistige Kapazität, Tatkraft und grenzenlose Energie, sie in die Tat umzusetzen. Wo sie auf Unzulänglichkeiten stoßen, sei es im Beruf oder in der Gesellschaft, entwickeln sie rasch eine Lösung und arbeiten dann hartnäckig an deren Umsetzung. Dabei räumen sie Hindernisse energisch aus dem Weg. Fasziniert sie etwas, so setzen sie sich rückhaltlos dafür ein, treffen dabei aber unvermeidlich auf Konfrontation und Widerstand, dem sie mit herablassender Verachtung begegnen. Soziale Reformen liegen den am 13. Januar Geborenen ganz besonders, aber dank ihres Einfallsreichtums und ihrer Zielstrebigkeit sind sie auf vielen Gebieten erfolgreich. Solch entschiedene Ausrichtung und klar umrissene Ziele sind zwar bewundernswert, lassen aber wenig Platz für zwischenmenschliche Begegnungen. Die an diesem Tag Geborenen tun gut daran, nicht zu vergessen, daß man über großen gesellschaftlichen Missionen leicht Familie und Freunde vernachlässigen kann – mit weitreichenden Konsequenzen. Diese Mahnung gilt besonders den Männern, deren Partnerinnen oder Kinder ihr Selbstwertgefühl zu verlieren drohen, wenn sie erleben müssen, daß ihre persönlichen Bedürfnisse mißachtet oder als zweitrangig betrachtet werden. Sie sollten sich mehr Entspannung und Freude an den einfachen Dingen des Lebens gönnen und ihre körperliche oder seelische Gesundheit nicht aufs Spiel setzen.

STÄRKEN: Die an diesem Tag Geborenen sind phantasievoll, entschlossen bis zur Besessenheit und stecken voller hoher Ideale. Sie lassen sich durch nichts von ihren Zielen abbringen und können weitreichende Veränderungen bewirken.
SCHWÄCHEN: Entschlossen, ihr Ziel zu erreichen, gehen sie zuweilen recht rabiat über andere hinweg. Sie sollten sich darüber klar werden, daß sie damit Befremden oder gar offene Feindschaft riskieren und deshalb das Für und Wider ihres Vorgehens gut abwägen.
FAZIT: Die am 13. Januar Geborenen sollten sich bei allem, was sie tun, um möglichst gleichmäßige Ausgewogenheit bemühen und damit gewährleisten, daß bei ihrem Kampf für eine bessere Welt nach ihren Vorstellungen weder ihre eigenen Bedürfnisse noch Freunde und Familie zu kurz kommen.

Planeteneinflüsse
Herrschender Planet: Saturn.
Dritter Dekan: Persönlicher Planet ist der Merkur.

♄ ☿

Religiöse und kulturelle Bedeutung
Braufest der Druiden.
Namenstag: Hilarius von Poitiers (ca. 315–367), Remigius von Reims (436–533).

An diesem Tag
Prominente Geburtstage: Karl Bleibtreu (1859), Peter Dawson (1882), Sophie Tucker (1884), Ted Willis (1918), Robert Stack (1919), Harry Worth (1920), Johannes Bjelke-Peterson (1921), Gwen Verdon (1925), Michael Bond (1926), Charles Nelson Reilly (1931), Richard Moll (1943)

Bedeutende Ereignisse und Jahrestage: Dieser Tag steht für ideologische und soziale Veränderungen. So gründete Keir Hardie die Independent British Labour Party (1893), Émile Zola veröffentlichte seinen offenen Brief „*J'accuse!*" in der französischen Zeitung *L'Aurore*, eine Verurteilung der antisemitischen Strömungen, wie sie in der Dreyfusaffäre zutage getreten waren (1898). Dr. Robert Weaver wurde von Präsident Lyndon B. Johnson als erstes afroamerikanisches Kabinettsmitglied an die Spitze des neu eingerichteten Ministeriums für sozialen Wohnungsbau und Städteentwicklung gestellt (1966). Im Zeichen kontinuierlicher Verbesserungen wurde zum ersten Mal eine Oper direkt aus der Metropolitan Opera in New York übertragen und Enrico Carusos Stimme damit einem breiteren Publikum bekannt (1910). Im Geiste der Gleichberechtigung wählte die NASA die ersten weiblichen Astronauten aus (1978). 1974 wurde der größte Flughafen der Welt in Dallas eröffnet.

Die erste direkt übertragene Radiosendung aus der Metropolitan Oper im Jahr 1910 war das Ergebnis jahrelanger, engagierter Forschung. Die Sterne des 13. Januar stehen für Fortschritt und Entschlossenheit.

14. JANUAR

Planeteneinflüsse

Herrschender Planet: Saturn.
Dritter Dekan: Persönlicher Planet ist der Merkur.

♄ ☿

Religiöse und kulturelle Bedeutung

Pongalfest in Indien.
Namenstag: Felix von Nola († ca. 260), Heilika von Köln († 12./13. Jh.).

Faye Dunaway ist eine schillernde, doch selbstbeherrschte Persönlichkeit, die weiß, was sie will und genau das auch erreicht – ganz ihrem Geburtstag am 14. Januar entsprechend. Mit der Venus im Schützen ist sie die geborene Schauspielerin, und der Einfluß ihres chinesischen Sternzeichens der Metallschlange verstärkt noch ihre ruhige Entschlossenheit, ihr Faible für Eleganz und ihre Liebe zur Kunst.

Die an diesem Tag Geborenen verkörpern eine faszinierende Mischung aus eisernem Willen und Genußsucht. Oft zeigt sich dies in der völligen Hingabe an alles Sinnliche und Exquisite. Tatsächlich aber verbirgt sich hinter ihrer Liebe zu Kunst und Musik, die besonders ausgeprägt ist, wenn sie im chinesischen Jahr der Schlange geboren wurden, und ihrem charmanten und anziehenden Äußeren ein aufrichtiges Interesse an sozialer Gerechtigkeit und der feste Entschluß, die Welt zu verbessern. Eine weitere Eigenart ihrer Persönlichkeit ist das Nebeneinander festgefügter ethischer Überzeugungen und des einerseits damit einhergehenden Wunsches, allgemeine Regeln für eine bessere Gesellschaft aufzustellen, und eines ausgeprägten Individualstrebens andererseits. Mit ihren klaren Begriffen von Recht und Unrecht und ihrer Fähigkeit, die Ursachen jedes Unrechts deutlich erkennen zu können, verteidigen sie ihre liebgewonnenen Standpunkte mit Vehemenz und Unbeirrbarkeit.

Ungewöhnlich für Menschen mit solch starken humanitären Interessen ist, daß sie oft eine tiefe Abneigung dagegen hegen, sich im Privatleben auf Verpflichtungen einzulassen. Das kann von dem Widerwillen herrühren, ihren intellektuellen Ambitionen Energie zu entziehen, aber auch von der Angst, eine falsche Entscheidung zu treffen. Wollen sie nicht einsam und isoliert leben, sollten sie Freunde und Partner nicht an ihren eigenen ethischen Idealen messen, sondern versuchen, die Menschen so anzunehmen, wie sie sind, und entsprechende Abstriche machen.

STÄRKEN: Als eine Art Wolf im Schafspelz besitzen die am 14. Januar geborenen Menschen einen starken Willen und meist auch die beneidenswerte Gewandtheit, ihre oft sehr radikalen Ziele auf äußerst charmante und überzeugende Weise zu vertreten und umzusetzen.
SCHWÄCHEN: Diese Menschen müssen sich vor falschem Starrsinn hüten, ein unvermeidliches Risiko ihrer großen Selbstsicherheit. Sie geraten leicht auf einen Weg, von dem sie nicht mehr zurück finden und verlieren dabei viele Freunde.
FAZIT: Die an diesem Tag Geborenen sollten sich bemühen, die Menschen, die ihre Ansichten und Meinungen nicht teilen, zu respektieren und ihnen ihren Freiraum zu lassen. Glück liegt in entspannten, harmonischen Beziehungen und nicht in heroisch durchgehaltener Einsamkeit.

An diesem Tag

Prominente Geburtstage: Benedict Arnold (1741), Ludwig von Köchel (1800), Henri Fantin-Latour (1836), Jean de Reszke (1850), Albert Schweitzer (1875), Hugh Lofting (1886), Hal Roach (1892), Cecil Beaton (1904), William Bendix (1906), Joseph Losey (1909), J. Skelly Wright (1911), Andy Rooney (1919), Yukio Mishima (1925), Tom Tryon und Warren Mitchell (1926), Richard Briers (1934), Jack Jones (1938), Trevor Nunn (1940), Faye Dunaway (1941), Andrea Fischer (1960)

Bedeutende Ereignisse und Jahrestage: Dieser Tag steht für die Liebe zur Kunst. So wurde in Rom Puccinis Oper *Tosca* uraufgeführt (1900), in den USA kam Walt Disneys Technicolor-Zeichentrickfilm in Spielfilmlänge *Schneewittchen und die sieben Zwerge* in die Kinos (1938), und an der britischen Covent Garden Opera in London fand die erste Aufführung, *Carmen*, statt (1947). Ausdauer und Entschlossenheit zahlten sich aus, als der schwedische König von Dänemark das heutige Norwegen erhielt (1814). Doch dieser Tag birgt auch die Gefahr ethischen oder religiösen Starrsinns. Dies zeigte die rituelle Verbrennung von Salman Rushdies umstrittenem Werk *Die satanischen Verse* durch aufgebrachte Muslims im englischen Bradford, die es für Blasphemie hielten (1989). Am 14. Januar ereigneten sich ungewöhnlich viele Naturkatastrophen, darunter das Erdbeben auf Jamaika, das über 1.000 Menschenleben forderte (1907).

15. JANUAR

Die am 15. Januar Geborenen streben nach Perfektion, dies jedoch nicht, weil sie beruflich an der Spitze stehen wollen (obwohl ihr Verhalten letztendlich dazu führen kann). In erster Linie treibt sie weder persönlicher noch materieller Ehrgeiz, sondern idealistische und ethische Belange. Sie bemühen sich sehr, ein moralisch vorbildliches Leben zu führen, wobei sie oft insgeheim oder auch offen hoffen, daß ihre Mitmenschen sich daran ein Beispiel nehmen. Schon in jungen Jahren zeigen diese Menschen ein sicheres Gespür für Recht und Unrecht. Daraus entwickeln sie jedoch leicht eine Neigung zu Schwarzweiß-Denken und wischen die vielen Grautöne dazwischen vom Tisch, ohne ihnen die erforderliche differenzierte Beachtung zu schenken. Diese Menschen reagieren besonders sensibel auf das Leid anderer. Weil sie aber einen scharfen analytisch-rationalen Verstand besitzen, können sie diese emotionalen Reaktionen in sorgfältig ausgearbeitete Handlungspläne zur Linderung von Unrecht oder Not kanalisieren. Am besten arbeiten sie innerhalb eines Teams, in dem sich alle gegenseitig unterstützen und Rückhalt bieten und in dem ihre festen Überzeugungen als Leitbild wirken können. Das befähigt die am 15. Januar Geborenen besonders für Pflegeberufe oder Notdienste, manche sind allerdings auch begabte Künstler. Sie kümmern sich hingebungsvoll um Freunde und Familie und möchten sie in erster Linie glücklich statt um jeden Preis erfolgreich sehen. Zwischen Privatleben und Beruf sollten sie eine klare Trennlinie ziehen, damit sie ihre Familie nicht mit dem Anspruch überfordern, ihren idealistischen Erwartungen gerecht werden zu müssen.

STÄRKEN: Liebevoll, mitfühlend und hochmotiviert sind diese Menschen, erfüllt von dem altruistischen Wunsch, die Welt zu verbessern. Sie reagieren stark emotional, sind aber zugleich gut strukturiert, entschlossen und vorausschauend, eine Kombination von Eigenschaften, mit der sie alles erreichen können, was sie sich vornehmen.
SCHWÄCHEN: Die am 15. Januar Geborenen neigen zu unumstößlichen, wenn auch höchst ethischen Überzeugungen, an denen sie in jeder Lebenslage beharrlich festhalten, selbst wenn die tatsächliche Entwicklung Zweifel an ihrer Richtigkeit aufkommen läßt. Sie müssen versuchen, den Überblick zu wahren und unter bestimmten Umständen Flexibilität zu zeigen.
FAZIT: Die an diesem Tag Geborenen sollten sich darum bemühen, ihre angeborene Neigung zum Idealismus zu mäßigen, einen gesunden Realismus und etwas mehr Aufgeschlossenheit zu entwickeln. So können sie zu einer weniger instinktiven, dafür aber pragmatischeren Lebensauffassung gelangen und sich selbst wie ihren Mitmenschen die bittere Enttäuschung ersparen, unerfüllbaren Erwartungen nicht genügen zu können.

An diesem Tag

Prominente Geburtstage: Jean Baptiste Poquelin (Molière, 1622), William Prout (1785), Pierre Joseph Proudhon (1809), Mary MacKillop (1842), Louis Terman (1887), Ivor Novello (1893), Edward Teller (1908), Gene Krupa (1909), Lloyd Bridges (1913), Gamal Nasser (1913), Martin Luther King (1929), Margaret O'Brien (1937), Michael Schanze (1947), Chad Lowe (1968)

Bedeutende Ereignisse und Jahrestage: Dieser Tag steht für die Liebe zur Kunst. So wurde das British Museum im Londoner Montague House eröffnet, eine der größten Bildungseinrichtungen der Welt (1759), und Tschaikowskys Ballett *Dornröschen* uraufgeführt (1890). Unverrückbare Überzeugungen treffen oft in Kriegen aufeinander. So warfen italienische Flugzeuge im türkisch-italienischen Krieg von 1911–12 zum ersten Mal Propagandaflugblätter ab (1912), und Präsident Nixon beendete die US-amerikanische Intervention in Vietnam, weil er erkannte, daß das martialische Kräftemessen nicht zu gewinnen war und nur noch Leid verursachte (1973). In Ägypten war mit der Eröffnung des Assuanhochdamms der Höhepunkt eines Projekts erreicht, von dem man sich vielfachen Nutzen versprach (1971).

Planeteneinflüsse

Herrschender Planet: Saturn.
Dritter Dekan: Persönlicher Planet ist der Merkur.

♄ ☿

Religiöse und kulturelle Bedeutung

Im Alten Rom das Fest des Esels, des Dieners der Göttin Vesta.
Namenstag: Paulus von Theben (ca. 228–ca. 341), Makarius der Ägypter (der Ältere, ca. 300–ca. 390), Arnold Jansen (1837–1909).

Martin Luther King, dessen idealistische, ums humanitäre Wohl bemühte Persönlichkeit und Redekunst die Welt bewegten, verkörperte die besten Eigenschaften der am 15. Januar Geborenen. Der Einfluß seines chinesischen Zeichens, des Drachen, verstärkte seine unerschütterliche Entschlossenheit und verlieh ihm außergewöhnliches Charisma.

Planeteneinflüsse

Herrschender Planet: Saturn und Uranus.
Dritter Dekan: Persönlicher Planet ist der Merkur.
Zweite Häuserspitze: Steinbock mit Wassermanntendenzen.

♄ ♅ ☿

Religiöse und kulturelle Bedeutung

In Indonesien wird Betoro Bromo verehrt.
Namenstag: Marcellus I. († 308?), Honoratus von Arles († ca. 429), Tozzo von Augsburg († 778?), Otho († 1220).

Unter zunehmendem Druck durch Aktivisten – unten ein Beispiel – wurde am 16. Januar 1919 in den USA der 18. Verfassungszusatz ratifiziert und damit die Prohibition eingeführt. Dieser Tag steht für ehrgeizige, oft auch umstrittene Pläne.

16. JANUAR

Den am 16. Januar Geborenen gelingt es, ein ungewöhnlich hohes Maß an Sensibilität mit einem messerscharfen analytischen Verstand zu vereinen. Diese Menschen können die undefinierbaren, erhebenden Elemente eines künstlerischen Meisterwerkes in sich aufnehmen und zugleich alle technischen Einzelheiten seiner Komposition bewußt beurteilen. Diese Vielschichtigkeit (eine Affinität zum Schönen neben der Fähigkeit zu kühler intellektueller Analyse) ist beste Voraussetzung für Berufe in Kulturadministration oder Pädagogik, um so mehr noch angesichts ihrer kommunikativen Begabung. Mit dem Talent, das Mystische und das Rationale wahrzunehmen und zu erfassen, entgeht ihnen fast nichts. Ihr Rat und ihre Meinung sind deshalb sehr gesucht. In der Wirtschaft sind sie als Managementberater oder Vermittler erfolgreich, weil man dort auch ihre diplomatischen Fähigkeiten zu würdigen weiß. So geschätzt diese Persönlichkeiten bei ihren Mitmenschen sind, kann ihre Sensibilität, wo sie sich mit ihrer tendenziell überstarken Selbstkritik verbindet, zu innerer Krise oder neurotischer Angst führen. Sobald Weitblick und Sensibilität zusammenwirken, entwickeln am 16. Januar Geborene Zukunftsangst oder das Gefühl, an ihren hohen Erwartungen scheitern zu müssen. Daher sind Respekt und Rückhalt durch Familie und Freunde wesentliche Elemente des liebevollen und stabilen Beziehungsgefüges, das die an diesem Tag Geborenen brauchen, besonders solange sie jung sind. Umgekehrt sollten sich die am 16. Januar Geborenen vor Augen halten, daß kaum etwas wichtiger ist als die Pflege persönlicher Beziehungen.

STÄRKEN: Mit Empfindsamkeit und Intuition, geistiger Klarheit und Weitblick besitzen diese Menschen die seltene Doppelbegabung, mit Gefühl und Verstand zugleich in Harmonie zu sein. Sie verstehen es, sich achtsam und taktvoll zu vermitteln.
SCHWÄCHEN: Diese Menschen haben eine angeborene Neigung zur Introspektion, die in ihrer negativsten Form zu erdrückenden, verzweifelten Minderwertigkeitsgefühlen führen kann, einem depressiven Zustand, der nur schwer zu überwinden ist.
FAZIT: Die am 16. Januar Geborenen sollten nicht zu sehr um sich selbst kreisen oder isoliert leben, sondern feste zwischenmenschliche Beziehungen aktiv pflegen, weil Zuneigung und Rückhalt ihnen guttun.

An diesem Tag

Prominente Geburtstage: Charles H. Davis (1807), Johnston Forbes-Robertson und André Michelin (1853), Robert William Service (1874), Laura Riding (1901), Diana Wynyard (1906), Alexander Knox (1907), Ethel Merman Zimmerman (1908), Lord Thomson von Monifieth (1921), Susan Sontag (1933), Gregor Gysi und John Carpenter (1948), Debbie Allen (1953), Sade (1960), Kate Moss (1974)

Bedeutende Ereignisse und Jahrestage: Der 16. Januar steht für visionäre Ziele. So erreichte der britische Entdecker Ernest Shackleton an diesem Tag den magnetischen Südpol (1909). In den USA wurde die Prohibition eingeführt, eine Politik, die, obwohl im Vorfeld sorgfältig durchdacht, sich doch als wirkungslos erwies (1919). Der kulturellen Bedeutung dieses Tages entsprechend, nahm Duke Ellington mit seiner Band *It Don't Mean a Thing* auf (1932), und in Liverpool wurde der berühmte „Cavern Club" eröffnet (1957). Der Tag steht auch im Zeichen diplomatischen Geschicks. So wurde General Dwight D. Eisenhower zum Oberbefehlshaber der Alliierten-Streitkräfte in Europa ernannt (1944). Seinen Erfolg verdankte er seinem Taktgefühl und seinen strategischen Fähigkeiten.

17. JANUAR

Die am 17. Januar Geborenen beeindrucken durch ihre energische Entschlossenheit und ihren Tatendrang. Da sie über die beneidenswerte Fähigkeit verfügen, eine Situation in allen Aspekten einzuschätzen und rasch die Spreu vom Weizen zu trennen, fassen sie schnell feste Überzeugungen, die sie dann mit unerschütterlicher Entschlossenheit vertreten. Beharrlich und willensstark, besitzen die an diesem Tag Geborenen das Selbstvertrauen, sich von böswilliger Kritik nicht beirren zu lassen. Solche Geradlinigkeit kennzeichnet Führungspersönlichkeiten, eine Rolle, die am 17. Januar Geborene gern akzeptieren – nicht aus Ehrgeiz, sondern weil sie vollkommen von der Richtigkeit ihres Handelns überzeugt sind, sind sie doch nach sorgfältigem Einsatz ihres ausgezeichneten Urteilsvermögens zu ihren Ansichten gelangt. Auch im Team können sie gut arbeiten, da sie von Natur aus gesellig sind und die Beiträge von Kollegen schätzen, vorausgesetzt selbstverständlich, man teilt ein gemeinsames Ziel. Ihnen liegen Berufe, in denen sie strategische Begabung mit Organisationstalent verbinden können, bei Militär oder Polizei etwa.

Solch großes Selbstvertrauen birgt allerdings die Gefahr, daß diese Menschen, werden ihre Pläne durchkreuzt, grob die Beherrschung verlieren. Sie sollten daher versuchen, die rationale Disziplin, die sie zweifellos besitzen, auch auf ihre Gefühle anzuwenden. So werden sie im Umgang mit ihren Mitmenschen ausgeglichener und geraten nicht gleich aus der Fassung, wenn sich ihnen unvermeidliche Hindernisse in den Weg stellen. Ihrer Familie sollten sie die Meinungsfreiheit zugestehen, sie nicht in allem kontrollieren wollen oder unnötig hohe Anforderungen stellen.

STÄRKEN: Unabhängig, selbstsicher und vorausschauend treffen diese Menschen ihre Entschlüsse und verfolgen sie mit zielstrebiger Beharrlichkeit. Ihre Mitmenschen bewundern ihre Originalität und Geradlinigkeit und lassen sich davon inspirieren.
SCHWÄCHEN: Die an diesem Tag Geborenen neigen zu Herrschsucht und möchten absolute Kontrolle über Situationen und Menschen in ihrer Umgebung haben. Stellt sich ihnen etwas in den Weg, verlieren sie leicht die Selbstbeherrschung und verderben sich mit ihrer Bockigkeit einen Großteil ihres sonst erworbenen Respekts.
FAZIT: Selbstvertrauen und Integrität sind ihre größten Stärken. Daran sollten am 17. Januar Geborene nicht rütteln lassen. Sie sollten aber den Wert von gegenseitigem Respekt und Hilfsbereitschaft bedenken und ihre Mitmenschen nicht beherrschen wollen. Das gilt ganz besonders für ihre persönlichen Beziehungen.

An diesem Tag

Prominente Geburtstage: Benjamin Franklin (1706), Anne Brontë (1820), David Lloyd George (1863), Mack Sennett (1884), Al Capone und Nevil Shute (1899), Betty White (1922), Eartha Kitt (1927), Vidal Sassoon (1928), Ita Buttrose und Muhammad Ali (1942), Larry Fortensky (1942), Paul Young (1956), Lutz Heßlich (1959), Jim Carrey (1962)

Bedeutende Ereignisse und Jahrestage: Dieser Tag steht für militärische Führungseigenschaften. So schlugen am 17. Januar die Anhänger des Stuart-Prätendenten Charles Edward in der Schlacht bei Falkirk die englischen Streitkräfte (1746), der große General Arthur Wellesley, Herzog von Wellington, wurde zum Oberbefehlshaber der Britischen Armee ernannt (1827), und nach der Invasion Kuwaits durch Saddam Hussein begann der eigentliche Golfkrieg mit den Luftangriffen der alliierten amerikanischen, britischen und saudi-arabischen Streitkräfte auf den Irak (1991). Mit der für diesen Tag typischen Beharrlichkeit erreichten Robert Falcon Scott und die überlebenden Mitglieder seiner verhängnisvollen Expedition nach unsäglichen Entbehrungen den Südpol (1912).

Planeteneinflüsse

Herrschender Planet: Saturn und Uranus.
Dritter Dekan: Persönlicher Planet ist der Merkur.
Zweite Häuserspitze: Steinbock mit Wassermanntendenzen.

♄ ♅ ☿

Religiöse und kulturelle Bedeutung

„Wassailing the Apple Trees“, überliefertes keltisches Trinkritual zur Segnung der Apfelbäume.
Namenstag: Antonius der Große (ca. 250–ca. 356) Schutzheiliger der Schweine und Korbmacher, Sulpicius II. von Bourges (615–647), Roselina (1263–1329).

Benjamin Franklin, geboren am 17. Januar 1706, war ein origineller Denker, der die Beharrlichkeit und Entschlossenheit ausstrahlte, die ihm sein Geburtstag vorherbestimmt.

18. JANUAR

Planeteneinflüsse

Herrschender Planet: Saturn und Uranus.
Dritter Dekan: Persönlicher Planet ist der Merkur.
Zweite Häuserspitze: Steinbock mit Wassermanntendenzen.

♄ ♅ ☿

Religiöse und kulturelle Bedeutung

In China wird Zao Jun verehrt.
Namenstag: Prisca (1. Jh.?), Regina Protmann (1552–1613).

Die Fröhlichkeit und grenzenlose Phantasie dieser Menschen üben große Faszination auf andere aus. Mit Forschergeist, wachem Verstand und dem Wunsch, alles zu erkunden, was die Welt zu bieten hat, heißen sie das Ungewöhnliche mit geradezu ansteckender Begeisterung willkommen. Da es ihnen im allgemeinen auch leicht fällt, ihre Vorstellungen zu vermitteln, haben sie oft ein hingerissenes Publikum. Fesselt sie ein Thema, verfolgen sie es entschlossen, mit beeindruckender Beharrlichkeit und unermüdlichem Interesse. Trotz ihrer Selbstdisziplin leiden am 18. Januar Geborene sehr unter auferlegten Regeln und Vorschriften, insbesondere, wenn sie deren Zweck nicht nachvollziehen können. Innerhalb einer streng strukturierten Organisation oder eines strikt geführten Teams fühlen sie sich nur wohl, wenn sie fest vom guten Zweck der Aufgabe überzeugt sind. Angesichts des hohen Werts, den sie geistiger Unabhängigkeit beimessen, und bei ihrer ausgeprägten Phantasie neigen an diesem Tag Geborene zu kreativen Tätigkeiten wie Schriftstellerei, Schauspielerei oder Malerei.

Diese Menschen brauchen jedoch Zeit, um das Metier zu finden, das ihren Begabungen und Neigungen entspricht. Auf widrige Umstände reagieren sie mit Ungeduld und kindischem Starrsinn oder dem völligen Rückzug ins Privatleben. Eltern finden solche Sturheit bei ihren Kindern oft besorgniserregend, aber diese Menschen besitzen so viel Einfallsreichtum, daß sie immer ein Tätigkeitsfeld finden, das sie intellektuell und emotional befriedigt. Am glücklichsten sind sie, wenn ihre Mitmenschen ihr Freiheitsbedürfnis respektieren, ihnen zugleich aber Stabilität und Rückhalt bieten.

STÄRKEN: Anregend, geistig unabhängig, unendlich wißbegierig und stark entschlossen, besitzen diese Menschen das Zeug zum großen Intellektuellen wie zum Schauspieler. Ihre enthusiastischen geistigen Höhenflüge und respektlosen Ansichten wirken inspirierend.
SCHWÄCHEN: Sie brauchen ein Thema, das sie dauerhaft interessiert, oder zumindest die Möglichkeit, eines zu suchen. Ist die nicht gegeben, reagieren sie schnell gelangweilt und enttäuscht und verwenden ihre beträchtlichen Energien entweder subversiv oder ziehen sich in eine Traumwelt zurück. Auf ungelöste Frustration reagieren sie mit Wutausbrüchen.
FAZIT: Die am 18. Januar Geborenen müssen lernen, realistisch zu sein, sich mit den Situationen auseinanderzusetzen, wie sie sind, und für ihre Neigungen und Interessen Alternativen zu finden, wenn das Ideale unerreichbar ist.

An diesem Tag

Prominente Geburtstage: Peter Mark Roget (1779), Daniel Webster (1782), Joseph Farwell Glidden (1813), Emmanuel Chabrier (1841), Ruben Dario (1867), A. A. Milne (1882), Arthur Ransome (1884), Thomas Sopwith (1888), Oliver Hardy (1892), Cary Grant (1904), Danny Kaye (1913), Arno Schmidt (1914), Raymond Briggs (1934), Bobby Goldsboro (1941), Paul Keating (1944), John Hughes (1950), Kevin Costner (1955)

Bedeutende Ereignisse und Jahrestage: Am 18. Januar verbinden sich Vision und Entschlossenheit. So entdeckte James Cook an diesem Tag Hawaii, das er „Sandwich Islands" nannte (1778). Ein geeintes Deutschland unter preußischer Führung sollte entstehen, als Wilhelm I. von Preußen in der märchenhaften Kulisse des Versailler Spiegelsaals zum Kaiser des Deutschen Reiches proklamiert wurde (1871). Ganz anders war das Erscheinen der Erstausgabe der britischen Jugendzeitschrift *Boy's Own Paper* motiviert (1879). Der Welt eine bessere Zukunft zu sichern, war Ziel der Versailler Friedenskonferenz (1919). Nach 16monatiger Belagerung durch die Deutschen befreite die sowjetische Armee in einem viele Menschenleben fordernden Kampf Leningrad – ein Beispiel für Entschlossenheit und Hartnäckigkeit (1943).

Führende Politiker bei der Friedenskonferenz von Versailles, die am 18. Januar 1919 eröffnet wurde. Dieser Tag steht für den entschlossenen Einsatz für Ideale.

19. JANUAR

Die am 19. Januar Geborenen haben eine latente Neigung zur Heftigkeit, die leicht in Extremismus umschlagen kann. Trotz ihres quicklebendigen, wißbegierigen Verstandes verfolgen sie ihre Interessen, – häufig tief mystische und etwas nebulöse Ideen – mit zielstrebiger Entschlossenheit und geradezu obsessiver Detailgenauigkeit. Erweist sich die Vision als kurzlebig oder ist sie rasch erschöpft, gelingt es ihnen dank ihres immensen Wissensdurstes, schon bald wieder ein neues Thema zu finden, das sie mit demselben Engagement erforschen. Dieser Tag steht für wahre Originalität. Es ist der Tag all derer, deren Eigenheiten von konventioneller denkenden Menschen mißverstanden und abgelehnt werden, doch deren Hartnäckigkeit nicht zuläßt, daß sie vom einmal gewählten Weg abweichen. Folglich können an diesem Tag Geborene am besten alleine arbeiten. Häufig ernten sie Anerkennung in Wissenschaft und Kunst, aber es braucht seine Zeit, bis ihre Mitmenschen ihre unbestrittenen Talente schätzen lernen und anerkennen. In ihrem Privatleben erweckt die ruhelose Dynamik dieser Menschen sprachlose Bewunderung, doch ihre angeborene Unkonventionalität erschreckt und befremdet alle, die weder den Mut noch den Weitblick besitzen, es längere Zeit in ihrer Nähe auszuhalten. Ohne die grundlegende Unterstützung verständnisvoller, gelassener Freunde und Verwandter sind am 19. Januar Geborene rasch isoliert. Fehlen jedoch intensive menschliche Kontakte, neigen sie zu Depressionen. Deshalb müssen sie sich um Ausgleich bemühen und dabei nicht nur ihre Energien gleichmäßig auf Arbeit und Entspannung verteilen, sondern auch den Meinungen und emotionalen Bedürfnissen ihrer Mitmenschen Beachtung schenken.

STÄRKEN: Die am 19. Januar Geborenen besitzen außergewöhnliche Konzentrationsfähigkeit, die, wo sie sich mit ihrem Tatendrang und Forschergeist verbindet, ihre Mitmenschen inspiriert und zugleich Wege zu wahrer Größe eröffnet. Sie zeigen deutliche Führungsqualitäten und hinterlassen einen bleibenden Eindruck.
SCHWÄCHEN: Inspiriert sie eine visionäre Idee, laufen diese Menschen Gefahr, jede realistische Perspektive zu verlieren. Sie stürzen sich mit solchem Engagement auf die Umsetzung ihres Zieles, daß sie alles andere vernachlässigen. Sie riskieren, ihre Mitmenschen damit einschüchtern und selbst isoliert und depressiv zu werden.
FAZIT: Diese Menschen müssen sich ernstlich darum bemühen, ihre ungestümen Neigungen zu bremsen und sich in liebevollen, von gegenseitiger Achtung getragenen Beziehungen festen Halt zu verschaffen. Ihre intellektuellen Begabungen kommen nur in einem stabilen emotionalen Rahmen richtig zur Geltung. Gerade weil ihnen die eigene Einsicht dazu fehlt, sollten sie diesen Rat unbedingt annehmen.

An diesem Tag

Prominente Geburtstage: König Franz II. von Frankreich (1544), James Watt (1736), Robert E. Lee (1807), Edgar Allan Poe (1809), Paul Cézanne (1839), Alexander Woollcott (1887), John Raitt (1917), Javier Pérez de Cuéllar (1920), Patricia Highsmith (1921), Jean Stapleton (1923), Phil Everly (1939), Michael Crawford (1942), Janis Joplin (1943), Dolly Parton (1946), Katharina Thalbach (1954)

Bedeutende Ereignisse und Jahrestage: Dieser Tag steht für die Neigung zu idealistischem oder politischem Extremismus. So verbrannte sich der Tscheche Jan Pallach auf dem Prager Wenzelsplatz aus Protest gegen die sowjetische Vorherrschaft (1969). Imperialistische Ambitionen führten zur Invasion Japans in Burma (1942) und den Luftangriffen deutscher Zeppeline auf England bei Great Yarmouth und King's Lynn (1915). Dieser Tag begünstigt die Kunst und ist daher der Jahrestag der Uraufführung von Guiseppe Verdis Oper *Der Troubadour* (1853) sowie der Premiere von Jules Massenets *Manon* (1884). Die Größe, für die dieser Tag steht, zeigte sich, als Indira Gandhi Premierministerin von Indien wurde und damit auf dem Gipfel ihres politischen Erfolges stand, für den sie mit unerschütterlicher Entschlossenheit gearbeitet hatte (1966).

Planeteneinflüsse

Herrschender Planet: Saturn und Uranus.
Dritter Dekan: Persönlicher Planet ist der Merkur.
Zweite Häuserspitze: Steinbock mit Wassermanntendenzen.

♄ ♅ ☿

Religiöse und kulturelle Bedeutung

Island Thorrablottar, (Tag des Ehemanns, ursprünglich zu Ehren des Gottes Thor).
Namenstag: Agritius von Trier (ca. 260?-ca. 332), Heinrich von Uppsala (ca. 1100?-ca. 1160).

Robert E. Lee, der größte General des amerikanischen Bürgerkriegs, wurde am 19. Januar 1807 geboren.

WASSERMANN

♒

20. Januar bis 18.Februar
Herrschender Planet: Uranus (früher: Saturn) **Element**: Luft, fest
Polarität: Positiv (maskulin)
Körperliche Entsprechungen: Blutgefäße, Unterschenkel, Fesseln und Fersen
Edelsteine: Saphir, Onyx, Amethyst, schwarze Perle, Hämatit
Blumen: Myrte, Rosmarin, Löwenzahn, Orchidee, Goldrute
Farben: Violett und Blau

Das Sternbild Wassermann wird oft auch „der Wasserträger" genannt und dann als Mensch personifiziert, der einen Wasserkrug trägt oder ausgießt. Diese Darstellung geht zurück auf die altägyptische Sage von Gott Hapi (dem Gott des Nils), der den heiligen Fluß mit lebenspendendem Wasser füllte, und den griechischen Mythos von Ganymed, dem schönen jungen Mann, den der in Liebe entflammte Zeus (Jupiter) in Gestalt eines Adlers in den Himmel erhob, damit er dort seinen Becher trüge. Andere astrologische Schulen stellen den Wassermann unpersönlich als ein Gefäß voll Wasser dar: In der Hindu-Astrologie z. B. heißt dieses Gefäß *Khumba*, nach mesopotamischem Glauben *Dul*, beide Begriffe bezeichnen ein Wassergefäß. Die Babylonier setzten dieses Zeichen der Göttin Gula gleich, der Gottheit, die über die Geburten wachte und die Gabe des Heilens besaß. Bevor 1781 der Planet Uranus entdeckt wurde, glaubte man, der Wassermann würde vom Saturn beherrscht (der griechische Kronos, einer der Titanen, der Vater von Hades, Poseidon, Hestia, Demeter, Hera und Zeus), da aber der griechische Gott Ouranos, nach dem der Uranus benannt ist, eine Himmelsgottheit war, sein Reich das Element Luft, das dieses Zeichen beeinflußt – und darüber hinaus der Gemahl der Erdgöttin Gaia (verbunden mit den fruchtbaren Kräften des Wassers) – ist daher die jüngere Zuordnung in vieler Hinsicht passender.

Kennzeichnend für die Wassermann-Geborenen ist ihre Unabhängigkeit, besonders deutlich in ihrer geistigen Originalität und ihrem fortschrittlichen Denken (das gleichfalls dem Uranus zugeschrieben wird). Das Wasser steht symbolisch für das Wasser des Wissens. Da dieses Zeichen aber vom Element Luft beherrscht wird – Sinnbild des Wunsches nach Gedanken- und Handlungsfreiheit, aber auch mangelnden Durchhaltevermögens – neigen die unter diesem Zeichen Geborenen sowohl zu Distanz als auch zu Impulsivität. Persönliche Beziehungen müssen oft hinter der Faszination für die Erforschung abstrakter Ideen zurücktreten, die für Wassermann-Geborene typisch ist.

20. JANUAR

Diese überschwenglichen Menschen genießen die Aufmerksamkeit, die ihre vielfältigen Interessen, ihre Kontaktfreude und ihre Lebenslust ihnen sichern. Sie sind liebenswürdig und humorvoll, und man hat sie gern zum Freund. Aber wenn sie nicht mit beiden Beinen fest auf dem Boden stehen und einen gewissen Pragmatismus entwickeln, kann ihnen die Bewunderung, die sie erregen, leicht zu Kopfe steigen. Wenn sie unterhalten wollen (dieser Tag steht in besonderem Maß für Humor), schießen sie leicht übers Ziel hinaus. Das heißt nicht, daß es den an diesem Tag geborenen Menschen an Disziplin fehlt; auf Langeweile oder Frustration reagieren sie jedoch entweder mit völligem Rückzug, Wutanfällen oder Clownerien, nur um wieder Bewegung in eine Sache zu bringen. Das Bedürfnis nach Anregung ist bei den am 20. Januar Geborenen allgegenwärtig. Erweckt jedoch etwas ihr ernsthaftes Interesse, zeigen sie oft eine ungewöhnliche Konzentrationsfähigkeit und Hartnäckigkeit und wenden sich von einem Vorhaben erst ab, wenn es abgeschlossen ist.

Verbunden mit den intellektuellen Fähigkeiten dieser Menschen sind jedoch auch ein bemerkenswertes Feingefühl und der Wunsch, ihrem Publikum zu gefallen. Damit sind sie prädestiniert als Bühnenkünstler. Besonders wenn sie im chinesischen Jahr der Schlange geboren sind, besitzen sie zugleich ein latentes Talent für Diplomatie und Politik, Gebiete, auf denen ihre Flexibilität, ihr Selbstvertrauen und ihre Begabung, Probleme zu lösen, zur Geltung kommen können. In ihren persönlichen Beziehungen sollten die an diesem Tag Geborenen sich um Geduld bemühen und versuchen, anderen, aber auch sich selbst gegenüber eine gelassenere, tolerantere Haltung einzunehmen.

STÄRKEN: Energiegeladen und neugierig, mit analytischem Verstand und einer beeindruckenden Arbeitskraft ausgestattet, können diese Menschen einen bleibenden Eindruck hinterlassen. Ihr persönlicher Charme und ihre Fähigkeit, sich auf die Stimmungslage ihrer Mitmenschen einzustellen, deuten darauf hin, daß sie eine rundum harmonische Persönlichkeit entwickeln können.
SCHWÄCHEN: Weil sie sehr selbstsicher sind und gern im Mittelpunkt stehen, neigen die am 20. Januar Geborenen zu Arroganz und Eitelkeit und dazu, ihre Umgebung beherrschen zu wollen.
FAZIT: An diesem Tag geborene Menschen sollten Gelassenheit entwickeln und sich nicht gleich ablenken lassen oder völlig zurückziehen, wenn sie etwas langweilt. Die Meinungen anderer sollten sie als gleichwertig achten.

An diesem Tag

Prominente Geburtstage: Theodor von Schön (1773), Johannes Jensen (1873), Mischa Elman (1891), George Burns (1896), Aristoteles Onassis (1906), Joy Adamson (1910), Federico Fellini (1920), Slim Whitman (1924), Patricia Neal (1926), Edwin „Buzz“ Aldrin (1930), Nalin Chandra Wickransinghe (1939), David Lynch (1946), Malcolm McLaren (1947), Lorenzo Lamas (1958)

Bedeutende Ereignisse und Jahrestage: Dieser Tag steht für die Fähigkeit, Probleme phantasievoll und systematisch zu lösen – eindeutig Führungseigenschaften. So trat an einem 20. Januar das erste englische Parlament zusammen (1265), und seit der zweiten Amtseinführung von Präsident Franklin Delano Roosevelt (1937) ist er traditionell der Tag der Amtseinführung der amerikanischen Präsidenten. Auch diplomatische Vorhaben stehen unter günstigem Einfluß. So bereitete 1841 die Konvention von Chuenpi die Abtretung Hongkongs von China an Großbritannien vor, und 1981 wurden aus der amerikanischen Botschaft in Teheran 52 amerikanische Geiseln befreit. In felsenfestem Glauben an die Sache stellte das englische Parlament unter Cromwell 1649 König Charles I. vor Gericht. Der Tag des Schutzheiligen der Sportler ist zugleich der Jahrestag des ersten Basketballspiels, das in Springfield, Massachusetts, stattfand (1862).

Planeteneinflüsse

Herrschender Planet: Uranus und Saturn.
Erster Dekan: Persönlicher Planet ist der Uranus.
Erste Häuserspitze: Wassermann mit Steinbocktendenzen.

♅ ♄

Religiöse und kulturelle Bedeutung

Im christlichen Glauben: Vorabend des Tages der Heiligen Agnes.
Namenstag: Fabianus († 250), Euthymius der Große (von Melitene, 377–473), Ursula Haider (1413–1498).

Berlins Wahrzeichen, die Gedächtniskirche vor ihrer teilweisen Zerstörung beim Bombenangriff am 20. Januar 1944. An diesem Tag geschahen viele Ereignisse von politischer, diplomatischer und militärisch-strategischer Bedeutung.

21. JANUAR

Die am 21. Januar Geborenen haben ein großes Bedürfnis nach ungehinderter Ausdrucksfreiheit und zugleich nach einem emotionalen Zufluchtsort, an den sie sich ungestört zurückziehen können. Diese Menschen werden nie glücklich, wenn man sie zwingt, sich widerspruchslos fremden Regeln zu beugen, denn ihr Drang, ihre natürlichen Neigungen auszuschöpfen, ist für sie so lebenswichtig wie ihr Element, die Luft. Wer verstehen will, was in diesen freiheitsliebenden Menschen vorgeht, muß ihr Bedürfnis nachvollziehen können, sich nur von ihrem Instinkt leiten zu lassen. Wichtig ist, daß sie ihre eigenen Entscheidungen treffen können, selbst wenn sie am Ende in die Irre führen. Aus eigenen Erfahrungen lernen sie schnell. Durch die Verbindung dieser beiden Eigenschaften, Sensibilität und Eigensinn, sowie eine ausgeprägte Sinnlichkeit können die an diesem Tag Geborenen in der Kunst besonders erfolgreich sein. Ihr eigenwilliges, unweigerlich unberechenbares Verhalten kann logischer und organisierter veranlagte Mitmenschen geradezu zur Verzweiflung bringen. Jeder Versuch, am 21. Januar Geborenen Regeln aufzuerlegen, führt zur Katastrophe. Man muß sie nehmen, wie sie sind. Zu ihrer Individualität gehört ihr Bedürfnis, gelegentlich allein zu sein, Zeit zum Nachdenken und für sich selbst zu haben, und auch das sollte man respektieren. Diese Menschen widersetzen sich jedem Zwang, achten dabei aber die persönliche Freiheit aller, so daß sie trotz ihrer großen Überredungskunst niemals dominieren wollen. Aus dem starken Wunsch heraus, andere glücklich zu machen, suchen sie oft nach humanitären Betätigungsfeldern.

Planeteneinflüsse

Herrschender Planet: Uranus und Saturn.
Erster Dekan: Persönlicher Planet ist der Uranus.
Erste Häuserspitze: Wassermann mit Steinbocktendenzen.

♅ ♄

Religiöse und kulturelle Bedeutung

Namenstag: Agnes († 304?).

Die Heilige Agnes – Liebenswürdigkeit und Mitgefühl kennzeichnen die an ihrem Tag Geborenen.

STÄRKEN: Die am 21. Januar Geborenen sind geistig unabhängig und mit ihren Gefühlen und Instinkten tief verbunden. Ihre selbstbewußte, originelle Persönlichkeit wirkt sehr anziehend. Idealistisch und liebevoll versuchen sie, die Lebensbedingungen ihrer Mitmenschen zu verbessern, ohne dafür materiellen Lohn zu erwarten.
SCHWÄCHEN: Weil sie so stark auf ihre Instinkte reagieren, können sich diese Menschen nur schwer auf eine einzige Sache konzentrieren und sogar in Unentschlossenheit verfallen. Kontrollieren sie ihre eskapistischen Neigungen nicht, kann das zur Isolation führen.
FAZIT: Es gibt Situationen, in denen einfach keine Alternative bleibt, als sich Begrenzungen anzupassen oder sie zumindest zu akzeptieren. Daher tut es an diesem Tag Geborenen in jeder Hinsicht gut, Durchhaltevermögen zu entwickeln.

An diesem Tag

Prominente Geburtstage: Thomas Jackson (1824), König Oscar II. von Schweden und Norwegen (1829), John Moses Browning (1855), Duncan Grant und Leadbelly (1885), Christian Dior (1905), Paul Scofield (1922), Telly Savalas (1924), Benny Hill (1925), Günther Lamprecht (1930), Jack Nicklaus (1940), Placido Domingo (1941), Martin Shaw (1945), Jill Eikenberry (1947), Robby Benson (1956), Geena Davis (1957), Michael Hutchence (1960), Emma Lee Bunton (1976)

Bedeutende Ereignisse und Jahrestage: Das innovative Potential dieses Tages zeigt sich darin, daß am 21. Januar die Erstausgabe der englischen Zeitung *Daily News*, herausgegeben von Charles Dickens, erschien (1846) und zum ersten Mal die Rallye von Monte Carlo stattfand (1911). Wie es sich für einen Wassermanntag gehört, stach die „Nautilus", das erste atomar getriebene U-Boot der Welt, 1954 in See. Und passend zu einem Tag, der vom Element Luft beherrscht wird, fand 1976 der Jungfernflug des britisch-französischen Überschallverkehrsflugzeugs Concorde von London nach Rio de Janeiro statt.

22. JANUAR

Die an diesem Tag geborenen Menschen brauchen immer neue Anregungen. Wenn es ihnen gelingt, ihre Interessen nicht nur oberflächlich zu entwickeln, besitzen sie die Fähigkeit zum Universalgenie. Weil sie geistesgegenwärtig und instinktiv richtig reagieren, können sie eine Situation schnell erfassen, bleiben dann aber oft bei ihrem ersten Eindruck stehen und vertiefen ihn nicht. Langeweile ist ihr größter Feind. Werden sie zu etwas gezwungen, das sie langweilt, arbeiten sie aus lauter Ungeduld hastig oder nachlässig oder lassen das Projekt sogar ganz fallen, wenn an anderer Stelle der Reiz des Neuen lockt. Sie blühen in jedem Beruf auf, in dem ihre Kreativität ungehindert zum Ausdruck kommen kann und nicht durch kleinliche Verfahrensvorschriften zunichte gemacht wird. Wie die meisten Wassermannmenschen werden auch die am 22. Januar Geborenen im allgemeinen nicht von persönlichem Ehrgeiz oder finanziellen Zielen getrieben, sondern von dem Wunsch nach Weiterentwicklung für sie selbst wie für die ganze Menschheit. Sie lieben die Natur sehr und werden aus Idealismus und persönlicher Neigung oft aktive Umweltschützer. Erfüllung finden an diesem Tag geborene Menschen nur, wenn sie versuchen, ihren Hang zu unüberlegtem und unbedachtem Handeln in den Griff zu bekommen und sich in stabilen, von gegenseitigem Respekt getragenen Beziehungen einen festen Halt zu verschaffen.

STÄRKEN: Die am 22. Januar Geborenen sind flexible, vielseitige Persönlichkeiten mit einem breiten Interessenspektrum. Mit ihrem ruhelosen Elan und ihrer natürlichen Begeisterungsfähigkeit können sie bei allem, was sie tun, außergewöhnlich erfolgreich sein.
SCHWÄCHEN: Diese Menschen langweilen sich schnell und sollten daher versuchen, ihre Neigung zur Oberflächlichkeit in den Griff zu bekommen. Geduld und Ausdauer tun ihnen gut. Werden sie enttäuscht, verlieren sie allzu leicht die Beherrschung.
FAZIT: Gelingt es diesen Menschen, ihre natürliche Impulsivität zu überwinden und zu erkennen, wie wichtig Details und die Konzentration auf eine Sache sind, können sie in allen Bereichen ihres Lebens Stabilität und Zufriedenheit finden.

Planeteneinflüsse

Herrschender Planet: Uranus und Saturn.
Erster Dekan: Persönlicher Planet ist der Uranus.
Erste Häuserspitze: Wassermann mit Steinbocktendenzen.

♅ ♄

Religiöse und kulturelle Bedeutung

In heidnischen Kulturen das Fest der Musen.
Namenstag: Vinzenz von Saragossa, Erzmärtyrer († 304), Theodelinde (Dietlinde, † 627), Anastasius der Perser (Magundat, ca. 600–628), Schutzheiliger der Goldschmiede.

Die Schlacht um Rorke's Drift, eine der wichtigsten Schlachten der Zulu-Kriege, war nur eine von vielen, die am 22. Januar ausgetragen wurden, und zeigt, wie sehr dieser Tag die Neigung zu impulsivem Handeln verstärkt.

An diesem Tag

Prominente Geburtstage: Iwan der Große (1440), Francis Bacon (1561), Gotthold Ephraim Lessing (1729) Lord Byron (1788), August Strindberg (1849), Beatrice Potter Webb (1858), Rasputin (1871), D. W. Griffith (1875), Charles Morgan (1894), Dixie Dean (1907), Sam Cooke (1931), Piper Laurie (1932), Bill Bixby (1934), John Hurt (1940), Linda Blair (1959)

Bedeutende Ereignisse und Jahrestage: Bricht sich die Tendenz zur Ungeduld, die dieser Tag noch verstärkt, vehement Bahn, kann das zur bewaffneten Auseinandersetzung führen. So fand z. B. in Südafrika an diesem Tag bei Rorke's Drift eine der entscheidenden Schlachten des Zulu-Krieges statt, die die Briten unter großen Verlusten gewannen (1879). 1905 schossen in St. Petersburg russische Soldaten am „Roten Sonntag" auf Demonstranten. Im Zweiten Weltkrieg begann mit der Landung der alliierten Truppen in Anzio die Invasion Italiens (1944). Guglielmo Marconi demonstrierte den Erfolgswillen dieses Tages, als er die erste Funkverbindung zwischen Cornwall und der Isle of White herstellte (1902).

23. JANUAR

Ihre festen Überzeugungen, ihr originelles Denken, ihre unzweifelhafte Integrität und ihre natürliche Stilsicherheit bringen den an diesem Tag Geborenen viel Verehrung ein. Für ihre Mitmenschen sind sie eine Inspiration. In die Rolle des Vorbilds lassen sie sich allerdings nur ungern drängen, denn dabei ist ihnen unwohl. Zwar versuchen sie durchaus gelegentlich, andere zu beeinflussen, ihre Motivation liegt jedoch in dem Wunsch, abstrakte Ideale zu verwirklichen und nicht in dem Verlangen nach Bewunderung. Doch gerade diese erfrischende Unempfänglichkeit für menschliche Eitelkeiten bei zugleich ausgeprägter Individualität finden ihre Mitmenschen so anziehend. Die intellektuellen Gaben der an diesem Tag geborenen Menschen (Neugier, Objektivität, Erfindungsreichtum und auch ein wenig Abenteuerlust) deuten auf wissenschaftliche und künstlerische Neigungen, soweit sie in der Kunst ihre natürliche Sensibilität mit ihrer Selbständigkeit verbinden können. Sie nehmen äußere Einflüsse bereitwillig auf und reisen leidenschaftlich gern. Neue Erfahrungen nehmen sie begierig auf und interpretieren sie dann auf ihre unnachahmliche, einmalige Weise.

Weil am 23. Januar Geborene oft völlig in intellektuellen Zielen aufgehen und sehr selbständig sind (besonders, wenn sie im chinesischen Jahr des Tigers geboren wurden), fühlen sich Freunde und Verwandte oft ausgeschlossen. Sie sind zwar aufmerksame und großzügige Partner und sehr gute Eltern, aber es gibt Zeiten, in denen sie sich aus lauter Begeisterung für ihre Ideen in ihre eigene Welt zurückziehen und ihre Mitmenschen vernachlässigen. Sie gewinnen viel mit der Erkenntnis, daß sie dem Gemeinwohl auch dienen können, ohne private Kontakte zu vernachlässigen.

STÄRKEN: Am 23. Januar geborene Menschen verbinden eine erfrischende Gleichgültigkeit gegenüber Konventionen mit höchst originellen Vorstellungen und stehen dennoch mit beiden Beinen fest auf dem Boden.
SCHWÄCHEN: Ihre kühle Zielstrebigkeit und ihre Neigung, sich in sich selbst zurückzuziehen, kann andere verletzen.
FAZIT: Wenn die an diesem Tag Geborenen dafür sorgen, daß ihre Beschäftigung mit abstrakten Ideen nicht mehr Raum einnimmt als ihre persönlichen Beziehungen, erschließt sich ihnen auch der so überaus wichtige emotionale Halt bewußt gelebter menschlicher Bindungen.

Planeteneinflüsse

Herrschender Planet: Uranus und Saturn.
Erster Dekan: Persönlicher Planet ist der Uranus.
Erste Häuserspitze: Wassermann mit Steinbocktendenzen.

♅ ♄

Religiöse und kulturelle Bedeutung

In Ägypten Tag der Göttin Hathor.
Namenstag: Johannes von Alexandria (der Almosengeber, ca. 550–ca. 619), Ildefons (ca. 606–667), Heinrich Seuse (1295–1366).

An diesem Tag

Prominente Geburtstage: John Hancock (1737), Muzio Clementi (1752), Marie Henri Beyle (Stendhal, 1783), Edouard Manet (1832), Katherine Tynan Hinkson (1861), David Hilbert (1862), Sergei Michailowitsch Eisenstein (1898), Humphrey Bogart (1899), Django Reinhardt (1910), Jeanne Moreau (1928), Chita Rivera (1933), Bill Gibb (1943), Rutger Hauer (1944), Richard Dean Anderson (1953), Prinzessin Caroline von Monaco (1957), Tyrone Power jun. (1959), Tiffani-Amber Thiesson (1974)

Bedeutende Ereignisse und Jahrestage: Dieser Tag steht im Zeichen der Naturwissenschaften. Auf tragische Weise zeigte sich das 1556, als bei einem Erdbeben in China 830.000 Menschen ums Leben kamen. An Exzentrik grenzende Originalität, zeigt sich in dem Tauchgang von Professor Piccard, der in seinem selbstentwickelten „Bathyskaph" namens „Trieste" 11.000 Meter tief ins Meer hinabstieg (1960). An diesem Tag der Verschwörungen wurden 16 amerikanische Erdölgesellschaften der Preisabsprache überführt (1938), und der britische Spion Kim Philby, dem seine politischen Vorstellungen über alles gingen, lief zur UdSSR über (1963).

Beim ägyptischen Fest zu Ehren von Hathor, der Göttin des Himmels, der Schönheit und der Liebe, das am 23. Januar stattfindet, wird Kuhmilch als Trankopfer in den Nil gegossen, begleitet von Gebeten an die Göttin.

24. JANUAR

Die an diesem Tag Geborenen haben eine extrem lebhafte Phantasie und sind fasziniert von Themen, die weniger unabhängig denkende Menschen rundweg ablehnen. Ihren Ruf als Exzentriker, den ihnen ihre höchst kreativen Ideen und Theorien eintragen, haben sie schon so sehr verinnerlicht, daß sie aus Angst vor Ablehnung und Verletzung oft gar nicht mehr darüber sprechen, was sie wirklich bewegt. Kurzfristig ist das sicher ein wirksamer Schutz, aber solches Verdrängen des wahren Ichs verursacht emotionale Schäden. Paradox ist, daß die am 24. Januar Geborenen zwar wegen ihrer Kreativität hoch geschätzt werden, aber selbst kaum glauben können, daß ihre Mitmenschen sie so mögen, wie sie sind. Wertschätzung können sie nur schwer annehmen, weil sie entweder Hintergedanken vermuten oder sich grundsätzlich unverstanden fühlen.

Aus Empfindsamkeit, Liebe zur Natur und in dem aufrichtigen Wunsch, Gutes zu tun, arbeiten viele am 24. Januar Geborene mit Tieren. Ihnen gegenüber entwickeln sie tiefes Mitgefühl und Vertrauen, das ihnen in ihren Beziehungen zu Menschen zuweilen fehlt. Am wohlsten fühlen sie sich in kleinen, persönlich geführten Unternehmen. Dort verspüren sie wenig Hemmungen und keinen Druck, sich anders geben zu müssen, als sie sind. Um ihre Fähigkeiten richtig ausschöpfen zu können, brauchen sie Liebe und Rückhalt von Freunden und Familie.

STÄRKEN: Durch ihr außergewöhnlich stark entwickeltes Mitgefühl, ihre Empfindsamkeit und ihre Kreativität ziehen die an diesem Tag Geborenen ihre Mitmenschen stark an. Weil das Ungewöhnliche sie sehr reizt und sie zugleich über enorme intellektuelle Fähigkeiten verfügen, können sie im Beruf Bahnbrechendes leisten.
SCHWÄCHEN: Diesen Menschen tut gut, wenn sie in ihren Beziehungen nicht übersensibel reagieren und angesichts fremder Erwartungen zu sich selber stehen können. Allzu schnell fühlen sie sich unverstanden und umgeben sich daher gern mit einer trügerischen Aura der Distanziertheit.
FAZIT: Am 24. Januar geborene Menschen verfügen über seltene Begabungen und Eigenschaften und können nur Erfüllung finden, wenn sie sich selbst treu bleiben. Sie sollten sich weniger in sich selbst zurückziehen und mehr Selbstvertrauen im Umgang mit anderen entwickeln.

An diesem Tag

Prominente Geburtstage: Hadrian (76), William Congreve (1670), Friedrich der Große, König von Preußen (1712), Pierre de Beaumarchais (1732), Charles James Fox (1749), E. T. A. Hoffmann (1776), Edith Wharton (1862), Vicki Baum und Ernst Heinkel (1888), Ann Todd (1909), Ernest Borgnine (1917), Oral Roberts (1918), Desmond Morris (1928), Joseph Vilsmaier (1939), Neil Diamond (1941), Michael Ontkean (1946), John Bekushi (1949), Yakow Smirnoff (1951), Natassja Kinski (1960), Mary Lou Reton (1968)

Bedeutende Ereignisse und Jahrestage: Dieser Tag steht für die Verbundenheit mit der Natur. So entdeckte James Marshall am 24. Januar 1848 Gold bei Sutter's Sawmill in Kalifornien und löste damit einen Goldrausch aus. 1966 erfüllte der Tod der Löwin Elsa Millionen Menschen mit Trauer, die sie seit dem Film *Frei Geboren – Die Königin der Wildnis* ins Herz geschlossen hatten. Dieser Tag steht unter dem Einfluß des Elements Luft und ist leider auch der Jahrestag zweier Unfälle in der Luft: ein amerikanischer „B-52"-Bomber brach mitten im Flug auseinander und riß drei Mannschaftsmitglieder in den Tod (1961), und ein sowjetischer Satellit schlug im kanadischen Northwest Territory auf der Erde auf (1978).

Planeteneinflüsse

Herrschender Planet: Uranus.
Erster Dekan: Persönlicher Planet ist der Uranus.

♅

Religiöse und kulturelle Bedeutung

Traditionelle Reinigungszeremonie, Segnung der Kerzen der Glücklichen Frauen in Ungarn.
Namenstag: Arno von Salzburg (nach 740–821), Franz von Sales (1567–1622), Schutzheiliger der Salesianerinnen, der katholischen Presse, der Schriftsteller, Bernhard Lehner (1930–44).

Goldwäscher in Kalifornien während des Goldrauschs von 1848, der an diesem Tag der Naturphänomene begann.

25. JANUAR

Planeteneinflüsse

Herrschender Planet: Uranus.
Erster Dekan: Persönlicher Planet ist der Uranus.

♅

Religiöse und kulturelle Bedeutung

In Schottland Burns Night, in Vietnam Fest zum Beginn des Neuen Mondjahres.
Namenstag: Die Bekehrung des Paulus († 62), Schutzheiliger der Missionarbischöfe, Poppo von Stabo (ca. 978–1048), Titus Maria Horten (1882–1936).

Weniger sensiblen Menschen sind die am 25. Januar Geborenen ein Rätsel. Ihre Persönlichkeit ist so komplex, daß sie ihre Mitmenschen im einen Augenblick noch humorvoll, geistreich und charismatisch unterhalten und sich schon im nächsten völlig hinter eine Mauer aus Introvertiertheit und Einsamkeit zurückziehen können. Diese Menschen neigen zu Extremen. Darin spiegeln sich ihre Neugier, ihr Bedürfnis nach Anregung und der Drang, die vielen Facetten ihrer Persönlichkeit zu erkunden und auszuleben. Ihr Verhalten, ihre Ziele und Stimmungen mögen zuweilen willkürlich erscheinen. Darunter aber verbirgt sich ein überwältigender Lebenshunger, der sich oft in einer Begeisterung fürs Reisen und der Aufgeschlossenheit für neue Erlebnisse zeigt. Am 25. Januar Geborene sind äußerst sensibel und sehr empfänglich für Gefühle. Verbunden mit ihrer raschen Auffassungsgabe und ihrem aufrichtigen Interesse am Wohl anderer, prädestiniert sie diese Begabung für alle Heil- und Pflegeberufe, in denen sie oft Hervorragendes leisten. Zuweilen aber fühlen sie sich von der Intensität ihres Mitgefühls fast überwältigt, was durch ihre ausgeprägte Neigung zum Fatalismus noch verstärkt werden kann. In solchen Fällen müssen sie sich aktiv um eine positive Grundhaltung bemühen. Die bedingungslose Liebe und Unterstützung von Familie und Freunden ist für das emotionale Wohlbefinden dieser Menschen entscheidend und wird von ihnen großzügig und aufrichtig erwidert.

STÄRKEN: Diese Menschen sind wißbegierig und lieben die Abwechslung. Ihre ungewöhnliche Dynamik fasziniert andere. Aber unter der vielfältig begabten Oberfläche liegen eine Neigung zur Melancholie, ein visionärer Blick und tief empfundenes Mitgefühl.
SCHWÄCHEN: Die an diesem Tag Geborenen sind so empfänglich für die Stimmungen ihrer Mitmenschen, daß die Gefahr einer Überidentifikation und damit des Verlusts des rationalen Denkvermögens besteht.
FAZIT: Am 25. Januar geborenen Menschen tut es gut, wenn sie zwischen ihren emotionalen und ihren intellektuellen Bedürfnissen, ein Gleichgewicht wahren.

An diesem Tag

Prominente Geburtstage: Edmund Campion (1540), Joseph Louis Lagrange (1736), Robert Burns (1759), Lord Lonsdale (1857), William Sommerset Maugham (1874), Elly Heuss-Knapp (1881), Virginia Woolf (1882), Wilhelm Furtwängler (1886), Pauol Henri Spaak (1899), Witold Lutoslawski (1913), Ernie Harwell (1918), Edwin Newman (1919), Edward Schewardnadse (1928), Corazon Aquino (1933), Leigh Taylor-Young (1944)

Michelangelos Darstellung der Bekehrung des Paulus, die sich an diesem Tag ereignet haben soll.

Bedeutende Ereignisse und Jahrestage: Typisch für einen Tag, der für ein solch breites Interessenspektrum steht, ist dieser Tag Jahrestag vieler Neuerungen. So versenkte die russische Marine an diesem Tag zum ersten Mal ein türkisches Dampfschiff durch einen Torpedoschuß (1878). Zwischen Wales und Irland fand das erste internationale Hockeyspiel statt (1895), die British Wireless Telegraph & Signal Company stellte die ersten kommerziellen Funkgeräte her (1899), und Reverend Florence Tim-Oi Lee empfing als erste Frau in der anglikanischen Kirche die Priesterweihe (1944). Der Tag steht aber auch für Weitsicht, was sich in der Politik am Erwerb der Jungferninseln durch die USA zum Kaufpreis von 25 Millionen US-Dollar zeigte (1917). Die britische Sozialdemokratische Partei hielt anläßlich ihrer Gründung eine Pressekonferenz ab (1981), was den sozialen Aspekt dieses Tages betont.

26. JANUAR

Durch ihre Energie, ihren Elan und den Nachdruck, mit dem sie ihre Überzeugungen vertreten, wirken viele am 26. Januar Geborene fast übermenschlich. Ihren Gefühlen und tiefsten Überzeugungen folgen sie auf typisch individuelle Weise. Diese Persönlichkeiten haben zwei Seiten: Einerseits sind sie energiegeladen, angriffslustig und vertrauen auf ihre Empfindungen und ihren Verstand, andererseits neigen sie dazu, ihren Instinkten und Überzeugungen mit unumstößlicher Entschlossenheit zu folgen. Dabei zeigen sie Organisationstalent und Durchhaltevermögen. Ihre hochentwickelte Intuition, ihre ehrgeizigen Pläne und ihre rasche Auffassungsgabe sowie ihre Bereitschaft zum Risiko, wenn das Ergebnis lohnt, prädestinieren sie für Berufe rund ums Geld. Doch trotz dieser Geschäftstüchtigkeit rinnt diesen Menschen ihr eigenes Geld oft wie Wasser durch die Finger.

Im Privatleben sollten sich diese Menschen hüten, dieselbe entschlossene Angriffstaktik anzuwenden, die ihnen im Beruf so oft dienlich ist. Zwar empfinden sie tiefe und aufrichtige Zuneigung für Familie und Freunde, verärgern sie aber unweigerlich, wenn sie ihre gutgemeinten Ratschläge zu forsch erteilen oder andere zu einer Vorgehensweise zwingen wollen, die nicht zu ihnen paßt. Sie sollten daher versuchen, weniger lenken zu wollen und Grenzen und abweichende Meinungen eher zu akzeptieren. Versuchen sie es im Persönlichen mit dieser Strategie, werden sie entdecken, daß sich mit etwas mehr Gelassenheit und Kompromißbereitschaft viel erreichen läßt.

STÄRKEN: Diese dynamischen, schlagfertigen, selbstbewußten Menschen kann man nicht ignorieren. Sie hinterlassen einen bleibenden Eindruck. Ihr hellwacher Verstand, gepaart mit einem feinfühligen Instinkt, ist ausgezeichnete Voraussetzung dafür, daß sie ihre Ziele erreichen und ihre Visionen verwirklichen können.

SCHWÄCHEN: Am 26. Januar Geborene haben feste Überzeugungen und scheuen sich nicht, dafür einzustehen. Dabei müssen sie aber darauf achten, andere nicht einzuschüchtern oder unter Druck zu setzen. Das mag zwar kurzfristig Erfolge bringen, bewirkt aber auf lange Sicht kaum Gutes.

FAZIT: Diese Menschen sollten ihr zweifellos vorhandenes Gespür für die Gefühle anderer aktivieren und empfänglicher für die Wünsche ihrer Familie und ihrer Arbeitskollegen werden. Keine Seite ihrer Persönlichkeit sollte die andere dominieren, damit stets ein Gleichgewicht gewahrt bleibt.

An diesem Tag

Prominente Geburtstage: Rudolf Alexander Schröder (1878), Henry Cotton (1907), Stéphane Grapelli (1908), Jimmy Van Heusen (1913), Michael Bentine (1922), Paul Newman (1925), Eartha Kitt und Roger Vadim (1928), Angela Davis (1944), Jacqueline du Pré (1945), Christopher Hampton (1946), Kim Hughes (1954), Eddie van Halen (1955), Anita Baker und Ellen DeGeneres (1958), Wayne Gretzky (1961)

Bedeutende Ereignisse und Jahrestage: Dieser Tag ist günstig für Pläne, deren Verwirklichung Durchhaltevermögen erfordert. So entdeckte Vicente Yáñez Pinzón Brasilien, das er für Portugal in Besitz nahm (1500), Michigan wurde der 26. Staat der USA (1837), Hongkong wurde zum ersten Mal zu britischem Hoheitsgebiet erklärt (1841), das erste Regiment rein afroamerikanischer Soldaten wurde eingerichtet (1863), und der deutsche Erfinder Karl Benz erhielt das Patent auf seinen dreirädrigen Motorwagen mit eingebautem Verbrennungsmotor (1886). 1931 wurde Mahatma Gandhi von den Briten aus der Haft entlassen, seither ist der 26. Januar in Indien Tag der Republik. Aber er steht auch für Konflikte. So wurde am 26. Januar der britische General Gordon in Khartum von Gefolgsleuten des Mahdi ermordet (1885), und im spanischen Bürgerkrieg nahmen Francos nationalistische Truppen Barcelona ein (1939).

Planeteneinflüsse

Herrschender Planet: Uranus.
Erster Dekan: Persönlicher Planet ist der Uranus.

♅

Religiöse und kulturelle Bedeutung

Nationalfeiertag in Australien, Tag der Republik in Indien.
Namenstag: Timotheus und Titus (1. Jh.), Paula von Rom (Paula Romana, 347–404), Notburga vom Klettgau (9. Jh.), Schutzheilige bei Mehrlingsgeburten, der Gebärenden.

Mahatma Gandhi – Identifikationsfigur der Unabhängigkeit Indiens.

27. JANUAR

Der hervorstechendste Charakterzug der am 27. Januar Geborenen ist vielleicht ihr angeborenes Bedürfnis nach Herausforderung und Anregung. Es zeigt sich oft in dem unstillbaren Verlangen, alles zu erfahren und zu meistern, was das Leben zu bieten hat. Neben einer ausgeprägten Zweckorientiertheit und einem starken Erfolgsdrang besitzen sie viel Mut. So können sie beharrlich und zuweilen scheinbar rücksichtslos neue Wege gehen, ohne sich dabei von ihrem Ziel ablenken zu lassen. Doch trotz ihres Wagemuts gehen die an diesem Tag Geborenen im allgemeinen nur Risiken ein, die sie gut einschätzen und deren Schwierigkeiten sie zuvor abwägen können. Zwar besitzen sie persönlichen Ehrgeiz, werden aber selten von dem Wunsch nach finanzieller Entlohnung getrieben, sondern wollen die eigenen Grenzen ausloten und sich beweisen. Bei ihren intellektuellen Begabungen, darunter ein scharfes Wahrnehmungsvermögen und Objektivität, eignen sie sich für fast alle Berufsfelder, solange sie für sie interessant sind und sie darin kreativ sein können.

Außerhalb der Arbeitszeit genießen diese Menschen die schönen Seiten des Lebens und können sich als leidenschaftliche Gourmets auf immer neue sinnliche Erfahrungen einlassen. Ungewöhnlich für diese aktiven Menschen ist, daß ihr Hang zum Luxus sie zum Müßiggang verführen kann, besonders wenn sie im chinesischen Jahr der Schlange geboren sind. Sie sind geradezu übertrieben großzügig und Familien und Freunden innig verbunden. Deren Glück ist ihnen wichtiger als alles andere. Sie selbst wiederum brauchen ein stabiles und sicheres Privatleben – vielleicht eine Folge ihrer intellektuellen Rastlosigkeit.

STÄRKEN: Mit ihrem Pioniergeist sprechen diese Menschen instinktiv auf Herausforderungen an und besitzen auch die notwendige Entschlossenheit, sich ihnen zu stellen. Sie pflegen einen freundlichen und gelassenen Umgang, schätzen Andersartigkeit und nehmen ihre Mitmenschen so, wie sie sind.
SCHWÄCHEN: Wird ihnen geistige Anregung verwehrt, ziehen sie sich frustriert zurück. Ihre Neigung zu Sensationslüsternheit und leiblichen Genüssen sollten sie kontrollieren.
FAZIT: Das innere Gleichgewicht ist für diese Menschen besonders wichtig. Ihre natürlichen Neigungen sollten sie nicht unterdrücken, wohl aber unterscheiden, wann sie sich dem Reiz sinnlicher Freuden hingeben dürfen und wann sie sich besser in Selbstdisziplin üben.

Planeteneinflüsse
Herrschender Planet: Uranus.
Erster Dekan: Persönlicher Planet ist der Uranus.

♅

Religiöse und kulturelle Bedeutung
Im alten Babylonien der Tag Ishtars.
Namenstag: Julianus von Le Mans († 3. Jh.), Angela Merici (1474–1540).

An diesem Tag
Prominente Geburtstage: Henry Greathead und Wolfgang Amadeus Mozart (1756), Lewis Carroll (Charles Lutwidge Dodgson, 1832), Kaiser Wilhelm II. (1859), William Randolphe Hearst (1863), Jerome Kern (1885), Willy Fritsch (1901), Skitch Henderson (1918), Donna Reed (1921), Sir Brian Rix (1924), Troy Donahue (1936), John Ogdon (1937), Mairead Corrigan-Maguire (1944), Mimi Rogers (1956), Bridget Fonda (1964)

Bedeutende Ereignisse und Jahrestage: An diesem Tag, der den Pioniergeist fördert, fand in Afrika die Begegnung der beiden berühmten Forschungsreisenden Sir Henry Morton Stanley und Dr. Livingstone statt (1868). Der Tag bietet beste Voraussetzungen, sich erfolgreich einer Herausforderung zu stellen: am 27. Januar erhielt Griechenland endgültig seine Unabhängigkeit von der Türkei (1822), John Logie Baird führte Mitgliedern der Royal Institution in London sein von ihm entwickeltes Fernsehgerät vor (1926), Francis Chichester wurde in Anerkennung seiner Weltumsegelung von Königin Elisabeth II. in den Adelsstand erhoben (1967), und im Vietnamkrieg wurde ein Waffenstillstand unterzeichnet (1973). Leider ist auch den Mutigen nicht immer Erfolg beschieden: Die U.S.-Astronauten Virgil „Gus“ Grisom, Ed White und Roger Chafee starben, als sich „Apollo I“ bei einem Test entzündete (1967).

Der 27. Januar steht für die Herausforderung und den Aufbruch zu neuen Horizonten. An diesem denkwürdigen Tag spürte Sir. H. M. Stanley den ehemaligen Missionar und Afrikaforscher Dr. Livingstone auf (1868).

28. JANUAR

Zwar haben diese Menschen sehr festgefügte Ansichten über Recht und Unrecht und schätzen eine anregende Auseinandersetzung sehr, aber diese Eigenschaften rühren bei ihnen eher von einem ausgeprägten Gerechtigkeitssinn her denn von dem Bedürfnis, anderen ihre Überzeugungen aufzuzwingen. Tatsächlich sind die am 28. Januar Geborenen bemerkenswert tolerant. Sie respektieren, was andere zu sagen haben, lassen aber nicht zu, daß ihre eigene Integrität davon berührt wird. Solche Eigenschaften kommen auf juristischem oder diplomatischem Parkett oder in der Politik am besten zum Einsatz, denn dort können diese Menschen versuchen, die humanitären Ziele voranzubringen, die ihnen wichtig sind, ohne zugleich andere Überzeugungen abzuweisen. Ihr Charme, ihre Fähigkeit zu tiefgründigem Denken und ihre Redegewandtheit leisten ihnen dabei gute Dienste. Sie sind zugleich sehr intuitiv, und wenn sie ihre kreativen Impulse pflegen, können sie in der Kunst unvergeßliche Erfolge erzielen. Wie sie im Berufsleben ihre Motivation aus humanitären Zielen schöpfen, stellen diese Menschen auch im Privaten Glück und Wohlergehen ihrer Familie über alles. Sie schätzen das Gefühl der Sicherheit sehr, das ihnen beständige, stabile Beziehungen schenken. Sie sind hochsensibel und hegen eine instinktive Abneigung gegen emotionale Konflikte. Daher tun sie ihr Äußerstes, um unangenehme Auseinandersetzungen mit ihrer Familie zu vermeiden. Das jedoch führt oft zu Verstimmungen, weil sie kritische Themen unter den Tisch zu kehren.

STÄRKEN: Das Mitgefühl und der Idealismus sowie das objektive Denken dieser Menschen werden oft bewundert. Dank ihres Realitätssinns, ihrer Toleranz und ihrer Überzeugungskraft sind sie begabte und geachtete Verhandlungspartner und gute Eltern.
SCHWÄCHEN: Diese intuitiv veranlagten Menschen laufen Gefahr, sich von dem Mitgefühl, das sie mit allen hegen, denen es weniger gut geht als ihnen selbst, überwältigen zu lassen. Sie sollten darauf achten, daß ihr Harmoniebedürfnis sie nicht von der persönlichen Weiterentwicklung oder von emotionaler Beteiligung abhält.
FAZIT: Am meisten wünschen sich die am 28. Januar Geborenen ein leichtes, kultiviertes Leben – für sich selbst wie für andere. Sie müssen jedoch erkennen, wie wichtig unvermeidliche Auseinandersetzungen sein können, wenn man vorwärtskommen will.

An diesem Tag

Prominente Geburtstage: König Heinrich VII. von England (1457), Charles Gordon (1833), Henry Morton Stanley (1841), José Marti (1853), William Burroughs (1855), Colette (1873), Artur Rubinstein (1887), Ernst Lubitsch (1892), Jackson Pollock (1912), Ronnie Scott (1927), James Callaghan (1928), Claes Oldenburg (1929), Kurt Biedenkopf (1930), Alan Alda (1936), Michail Barischnikow (1948), Nick Carter (1980), Elijah Wood (1981), Athina Onassis (1985)

Bedeutende Ereignisse und Jahrestage: Dieser Tag steht gleichermaßen für Toleranz wie für den Wunsch nach menschlicher Weiterentwicklung. So endete in Spanien am 28. Januar die Herrschaft des Diktators Miguel Primo de Rivera, und die Menschen hofften auf eine Demokratie (1930), während Island nach einem kontrovers diskutierten Beschluß als erstes Land Schwangerschaftsabbrüche straffrei machte (1935). Hoffnungen, das Wissen des Menschen über den Weltraum mehren zu können, wurden tragisch zerschlagen, als die U.S.-Raumfähre „Challenger" nach dem Start explodierte (1986).

Planeteneinflüsse

Herrschender Planet: Uranus.
Erster Dekan: Persönlicher Planet ist der Uranus.

♅

Religiöse und kulturelle Bedeutung

Auf den Shetlandinseln findet das „Up-Helly-Aa"-Festival statt.
Namenstag: Karl der Große (747?-814), Schutzheiliger der Lehrer und Makler, Thomas von Aquin (1225–74), Schutzheiliger der katholischen Hochschulen, der Studenten und Buchhändler, Joseph Freinademetz (1852–1908).

Michail Barischnikow, einer der vielen herausragenden Künstler, die am 28. Januar geboren wurden, tanzt mit Natalia Makarowa in Schwanensee. *Auf Barischnikows Perfektionismus und Disziplin weist sein Mond im Sternbild Jungfrau hin.*

29. JANUAR

Die starke Persönlichkeit und festen Überzeugungen der am 29. Januar Geborenen wecken bei ihren Mitmenschen häufig extrem unterschiedliche Gefühle: höchste Wertschätzung oder beißenden Spott. Man kann sie einfach nicht ignorieren – eine Eigenschaft, für die sie auch ihre Gegner insgeheim bewundern. Mit ihrem angeborenen Mitgefühl für das Leid anderer und ihrer raschen Auffassungsgabe fühlen sich die an diesem Tag Geborenen unweigerlich zum sozialen Themenkreis hingezogen. Aus einem natürlichen Gerechtigkeitsempfinden heraus kämpfen sie für Menschen, denen ihrer Auffassung nach Unrecht getan wurde. Mit der richtigen Inspiration werden sie zu exzellenten, entschlossenen Vorkämpfern, obwohl – oder vielleicht gerade weil – sie ihre Ziele für gewöhnlich lieber im vernünftigen Gespräch erreichen als durch gezielte Konfrontation. Solche Eigenschaften machen diese Menschen zu idealen Politikern oder Sozialreformern.

Die Kehrseite ihrer Sensibilität zeigt sich in der tiefen Verletzung, die Ablehnung oder Zurückweisung für sie bedeuten. Um so wichtiger ist der Rückhalt durch stabile persönliche Beziehungen. Liebe und Verständnis der Menschen, die sie schätzen, erhalten sie aufrecht. Ein glückliches Privatleben dämpft zugleich ihre obsessiven Neigungen zum Märtyrertum und zeigt ihnen Perspektiven auf.

STÄRKEN: Diese Menschen sind äußerst intelligent, willensstark und besessen von dem Wunsch, Fehlentwicklungen zu korrigieren. Der Elan, mit dem sie ihre Ideen vertreten, wirkt inspirierend und kann ihnen viel Unterstützung einbringen.

SCHWÄCHEN: Am 29. Januar Geborene sind oft so fest entschlossen, ihre idealistischen Ideen auch umzusetzen, daß jedes Gegenargument in ihnen Wut und Trotz hervorruft. Sie neigen auch dazu, sich zuviel aufzuladen, was zu körperlicher und emotionaler Erschöpfung führen kann.

FAZIT: Wollen sie ihre Ziele im vollen Umfang verwirklichen, müssen die an diesem Tag geborenen Menschen ihr Temperament gelegentlich etwas zügeln und einen pragmatischeren Umgangsstil entwickeln. Durch Kompromißbereitschaft und größere Verbindlichkeit können sie ihre Ziele leichter erreichen und gewinnen auch selbst dabei. Körperliche und geistige Entspannung ist für das Wohlbefinden dieser Menschen wichtig.

Planeteneinflüsse

Herrschender Planet: Uranus.
Erster Dekan: Persönlicher Planet ist der Uranus.

♅

Religiöse und kulturelle Bedeutung

In Vietnam Parade der Einhörner.
Namenstag: Julianus Hospitator (Daten unbekannt), Aquilinus (ca. 970–1015), Schutzheiliger der Gepäckträger.

An diesem Tag

Prominente Geburtstage: Emanuel Swedenborg (1688), Daniel Bernoulli (1700), Thomas Paine (1737), William McKinley (1843), Frederick Delius (1862), Vicente Blasco Ibáñez (1867), W. C. Fields (1880), Ernst Lubitsch (1892), Huddie „Leadbelly" Ledbetter (1885), Victor Mature (1916), John Forsythe (1918), Leslie Bricuse (1931), Sascha Distel (1933), Germaine Greer (1939), Tom Selleck (1945), Katharine Ross (1943), Jody Schecter (1950), Ann Jillian (1951), Oprah Winfrey (1954), Greg Louganis (1960)

Bedeutende Ereignisse und Jahrestage: Die Sensibilität widerspiegelnd, für die er steht, ist der 29. Januar der Jahrestag der Uraufführung von John Gays *Bettleroper* (1728). In Anerkennung der selbstlosen Tapferkeit einzelner Menschen in Kriegszeiten stiftete Königin Viktoria Englands höchsten Orden, das Viktoriakreuz (1856). Kansas schloß sich den Zielen der USA an und trat als 34. Staat der Union bei (1861). Dieser Tag kann Konflikte verstärken, z. B. als deutsche Zeppeline im Ersten Weltkrieg die ersten Bomben über Paris abwarfen (1916).

Dem Feingefühl entsprechend, für das der 29. Januar steht, schuf Königin Viktoria von England an diesem Tag des Jahres 1856 das Viktoriakreuz als Auszeichnung für militärische Tapferkeit.

30. JANUAR

Diese dynamischen Menschen sind von dem Wunsch beseelt, allem was sie tun, ihren Stempel aufzudrücken, so überzeugt sind sie von der absoluten Richtigkeit ihrer Auffassungen. Zwar gründen sie ihr Urteil auf analytische und praktische Überlegungen, lassen sich aber auch stark von ihrem Instinkt leiten. Tatsächlich rechtfertigen sie ihre zunächst emotionalen Reaktionen oft erst im Nachhinein durch rationale Argumente. Diese bemerkenswerte Fähigkeit, ihre Sensibilität durch den Verstand zu filtern und ihre Meinung dann klar und überzeugend darzulegen, ist selten und verschafft ihnen großes Ansehen – besonders in der Kunst, aber auch in der Politik oder beim Militär. Ganz gleich, welche berufliche Laufbahn sie einschlagen, diese Menschen müssen unabhängig handeln dürfen. In untergeordneter Position können sie weder privat noch beruflich viel leisten. Auf Beherrschungsversuche reagieren sie mit passiver Aggression.

Es besteht die Gefahr, daß diese große Selbstsicherheit, besonders wenn sie von außen noch bestätigt wird, zu grenzenlosem Egoismus führt. Darüber hinaus haben diese Menschen ein starkes Bedürfnis nach Bestätigung und verhalten sich gern opportunistisch. Dabei erfassen sie eine vorherrschende Stimmung intuitiv und spiegeln sie dann wider. In diesem Fall sollten sie sich zurückhalten, ihre Neigung zu impulsiven Reaktionen etwas mäßigen und sich selbst und ihrer eigenen Überzeugung treu bleiben. Von Familie und Freunden verlangen (und erhalten) sie bedingungslose Unterstützung. Dabei sollten sie sich aber vergegenwärtigen, daß abweichende Meinungen durchaus auch ein Gewinn sein können

STÄRKEN: Ihre Charakterstärke, ihre Überzeugungskunst und ihre Fähigkeit, Mitgefühl unmittelbar in die Tat umsetzen zu können, machen diese Menschen zu geborenen Führungspersönlichkeiten.
SCHWÄCHEN: Unvermeidliche Folge der Selbstsicherheit der am 30. Januar Geborenen ist ihre Neigung zur Eitelkeit. Sie müssen daher darauf achten, daß sie ihren eigenen Worten nicht auf den Leim gehen. Auch ihren Hang zur Ungeduld und zum Zynismus, wenn etwas nicht nach ihren Vorstellungen läuft, sollten sie kontrollieren.
FAZIT: Die an diesem Tag Geborenen sollten zwar den Weg, auf den ihre außerordentlichen Begabungen sie führen, stets zielstrebig weiterverfolgen, dabei jedoch lernen, Ansichten und Kritik anderer mit Aufgeschlossenheit zu begegnen. In Beziehungen, die auf Aufrichtigkeit und Vertrauen gründen, werden sie glücklich.

An diesem Tag

Prominente Geburtstage: Johann Balthasar Neumann (1687), William Jenner (1815), Anton Tschechow (1860), Franklin Delano Roosevelt (1882), Roy Eldridge (1911), Percy Thrower (1913), John Profumo (1915), Dorothy Malone (1925), Olof Palme (1927), Gene Hackman (1930), Tammy Grimes (1936), Vanessa Redgrave und Boris Spassky (1937), Z. Budapest (1940), Dick Cheney (1941), Marty Balin (1942), Phil Collins (1951), Brett Butler (1958)

Bedeutende Ereignisse und Jahrestage: Das künstlerische Potential dieses Tages zeigte sich, als Charles Hallé in Manchester sein Hallé-Orchester gründete (1858), Yves Saint-Laurent in Paris für Dior seine erste Kollektion vorführte (1958) und Archäologen in Luxor fünf prächtige Pharaonenstatuen entdeckten (1989). Führungswillen symbolisiert die Machtergreifung Hitlers und seine Ernennung zum deutschen Reichskanzler (1933). Hingegen fanden drei andere Führungspersönlichkeiten an diesem Tag aufgrund ihrer Überzeugungen den Tod: König Karl I. von England durch Hinrichtung (1649), der österreichische Kronprinz Rudolf (1889) und Mahatma Gandhi durch Attentat (1948). In England trauerte man über den Tod von Sir Winston Churchill, dessen Staatsbegräbnis 1965 stattfand. Die extreme Intoleranz, für die dieser Tag auch steht, zeigte sich in den tragischen Ereignissen des „Blutigen Sonntag", als britische Fallschirmjäger im nordirischen Londonderry 13 Menschen töteten (1972).

Planeteneinflüsse

Herrschender Planet: Uranus.
Erster Dekan: Persönlicher Planet ist der Uranus.

♅

Religiöse und kulturelle Bedeutung

Frühlingsfest im Alten Rom.
Namenstag: Martina von Rom († 230).

Franklin Delano Roosevelt, geboren am 30. Januar 1882, verkörperte die Eigenschaften, für die dieser Tag steht: Mut, innere Stärke und Führungskraft.

31. JANUAR

Planeteneinflüsse

Herrschender Planet: Uranus.
Erster Dekan: Persönlicher Planet ist der Uranus.

♅

Religiöse und kulturelle Bedeutung

Im Katmandu (Nepal) findet das Heilige Fest der Saravati statt.
Namenstag: Ludovica degli Albertoni (1474–1533), Johannes (Don) Bosco (1815–1888), Schutzheiliger der Jugend und der Jugendseelsorger.

Künstlerische Begabung und Originalität gehören zu den Eigenschaften der am 31. Januar Geborenen. Franz Schubert besaß beides reichlich.

Am 31. Januar geborene Menschen haben das unstillbare Bedürfnis, ernstgenommen zu werden und die Hochachtung ihrer Mitmenschen gerade aufgrund der Eigenschaften zu gewinnen, die sie an sich selbst am meisten schätzen: Originalität, Mitgefühl, Sensibilität und Voraussicht. Tatsächlich werden sie auch oft bewundert, aber – trotz allen Bemühens – wegen anderer, vielleicht oberflächlicherer Gründe: z. B. wegen ihres Charmes, wegen ihres guten Aussehens oder wegen ihres Talents zur Unterhaltung. Sicher senden diese Menschen in dem Versuch, ungeteilte Aufmerksamkeit zu erregen, mehrdeutige Signale aus. Oft unterschätzen sie aber auch ihre besondere Begabung, die andere so anziehend finden, und messen ihren tiefgründigeren Charakterzügen mehr Wert bei. Ihre große Sensibilität, ihre Begeisterung fürs Mystische und ihr angeborener Schönheitssinn drücken sich oft im Künstlerischen aus, aber auch ihr beachtlich scharfer Verstand trägt zu ihrem Erfolg bei.

Um im Kampf um die Anerkennung, die sie sich wünschen, zu bestehen, brauchen die am 31. Januar Geborenen ständige Zeichen der Unterstützung durch Freunde und Familie. Den Rückhalt, den sie von ihnen erhalten, geben sie vielfach zurück. Doch wie in allen anderen Bereichen des Lebens auch müssen die an diesem Tag Geborenen darauf achten, die Gutmütigkeit ihrer Mitmenschen nicht zu überfordern. Etwas mehr Gelassenheit, Pragmatismus und dafür etwas weniger hohe Ansprüche im Umgang mit anderen tun ihnen in jeder Hinsicht gut.

STÄRKEN: Mitfühlend, idealistisch und anziehend sind diese Menschen und damit geradezu magnetische Persönlichkeiten, deren ungewöhnliche Begabungen nicht nur viel Freude bereiten, sondern die Welt auch beeinflussen und inspirieren können.
SCHWÄCHEN: Sie neigen zu Übersensibilität. Aus dem Verhalten anderer lesen sie oft unbeabsichtigte Bedeutungen. Werden ihre Erwartungen enttäuscht, neigen sie aus Frustration zu abrupten Reaktionen. Entweder sie kapseln sich völlig ab und werden depressiv, oder sie stoßen ihre Mitmenschen mit ihrer Heftigkeit und Eigenwilligkeit vor den Kopf.
FAZIT: Am 31. Januar Geborene müssen lernen, die Anerkennung anderer dankend anzunehmen, auch wenn sie sie für unangemessen halten. Sie sollten versuchen, an sich selbst und andere etwas weniger hohe Anforderungen zu stellen und in ihren persönlichen Beziehungen etwas realistischer und weniger fordernd zu sein.

An diesem Tag

Prominente Geburtstage: Franz Schubert (1797), Zane Grey (1875), Irving Langmuir (1881), Anna Pawlowa (1882), Eddie Cantor (1892), Freya Stark (1893), Tallulah Bankhead und Lord Soper (1903), Jackie Robinson (1919), Mario Lanza (1921), Carol Channing und Norman Mailer (1923), Rudolf Mößbauer (1929), Jean Simmons (1929), Christopher Chataway (1931), Philip Glass und Suzanne Pleshette (1937), Königin Beatrix der Niederlande (1938), Richard Gephardt (1941), Nolan Ryan (1947), Johnny Rotten (1956)

Bedeutende Ereignisse und Jahrestage: An diesem Tag, der für herausragende, komplexe Leistungen in der Kunst besonders günstig ist, wurde Tschechows Stück *Die Möwe* uraufgeführt (1901), und RCA präsentierte den ersten Musiksynthesizer der Welt (1955). Weiter steht dieser Tag für Erfindungsgabe und Fortschritt; so lief am 31. Januar 1858 im englischen Midwall mit dreimonatiger Verzögerung endlich die „Great Eastern", das neuartige, fünfschlotige Dampfschiff von Isambard Kingdom Brunel und John Scott Russell, vom Stapel, das Repräsentantenhaus der Vereinigten Staaten verabschiedete den 13. Verfassungszusatz, mit dem die Sklaverei abgeschafft wurde (1865), der Bau der transiranischen Ölpipeline wurde vollendet (1957), und der „Explorer I" startete, der erste Satellit der NASA in der Erdumlaufbahn (1958). Aber auch Desillusionierung ist ein Merkmal dieses Tages, an dem Josef Stalin Leo Trotzki des Landes verwies, weil er die hohen Erwartungen des sowjetischen Staatschefs an seinen Konformismus enttäuscht hatte. Und schließlich trat an diesem Tag im Zeichen des Wasserträgers die Themse in ihrem Mündungsgebiet über die Ufer und riß 307 Menschen in den Tod (1953).

1. FEBRUAR

Die am 1. Februar Geborenen sind so vielseitig begabt, daß es ihnen oft schwerfällt, sich auf ein Talent zu konzentrieren. Der ständige Konflikt zwischen Herz und Verstand macht diese Entscheidung noch schwieriger. Diese Menschen haben eine sehr rasche Auffassungsgabe, verbunden mit der beneidenswerten Fähigkeit, eine Situation sofort einschätzen und einen Handlungsplan entwickeln zu können – oft geht es dabei um humanitäre Aktionen, entstanden aus einem natürlichen Gerechtigkeitsempfinden und dem Wunsch, Verbesserungen herbeizuführen. Ihre Begabungen und ihre Veranlagung kommen ihnen in politischen oder erzieherischen, aber auch medizinischen oder pflegenden Berufen zugute. Da sie zugleich sensibel und kommunikativ sind, können sie auch in der Kunst Erfolg haben. Wofür sie sich auch entscheiden, diese willensstarken Persönlichkeiten brauchen Handlungsfreiheit. Werden sie frustriert oder müssen sie eine Sache vertreten, an die sie nicht glauben, reagieren sie verstockt und unkooperativ. Ihr bodenständiges und umsichtiges Vorgehen, bedeutet nicht, daß diese Menschen stumpfsinnig oder träge wären. Ganz im Gegenteil, ihr Mitgefühl und ihre ausgeprägte Intuition können zu überraschend impulsivem Verhalten führen. Die am 1. Februar Geborenen sind oft äußerst sinnlich und gesellig und genießen mit Begeisterung die schönen Seiten des Lebens. Deshalb sind sie sehr beliebt und wirken anziehend. Man schätzt ihre Gesellschaft, weil das Leben mit ihnen heiter und aufregend erscheint. Kinder und Erwachsene mit wenig Selbstdisziplin können ihre eigenwillige Impulse und ihre Neigung zur Maßlosigkeit zuweilen nicht mehr kontrollieren, und äußere Einflüsse müssen dann regulierend wirken.

STÄRKEN: Am 1. Februar geborene Menschen sind vielseitig begabt und vereinen in sich einen wachen Verstand mit großer Sensibilität und Mitgefühl. Weiter besitzen sie eine außergewöhnliche kommunikative Begabung und große persönliche Anziehungskraft.
SCHWÄCHEN: Die an diesem Tag Geborenen neigen zum Trotz, wenn sie sich mit Einwänden auseinandersetzen müssen. Eine größere Kompromißbereitschaft tut ihnen gut. Ihre Neigung, stets offen ihre Meinung zu sagen, kann andere verärgern.
FAZIT: Dank ihrer Fähigkeiten und ihrer Bereitschaft, mutig neue Wege einzuschlagen, können diese Menschen wirklich Bahnbrechendes leisten. Besser geht es ihnen dabei jedoch, wenn sie im Umgang mit anderen mehr Geduld entwickeln. So erreichen sie ihre Ziele leichter.

An diesem Tag

Prominente Geburtstage: Clara Butt (1872), John Ford (1895), Clark Gable (1901), Langston Hughes (1902), S. J. Perelman (1904), George Pal (1908), Stanley Matthews (1915), Muriel Spark (1918), Renata Tebaldi (1922), Boris Jelzin (1931), Dieter Kühn (1935), Sherman Hemsley (1938), Prinzessin Stephanie von Monaco (1965), Lisa Marie Presley (1968)

Bedeutende Ereignisse und Jahrestage: Dieser Tag steht für Fortschritte in der Medizin. Das zeigt sich in der Einweihung des ersten zahnmedizinischen College der Welt in Baltimore, Maryland (1840). Die künstlerischen Elemente des Tages kommen in Folgendem zum Ausdruck: 1893 wurde das erste Filmstudio von Thomas Alva Edison in New Jersey errichtet, 1860 wurde Puccinis Oper *La Bohème* uaufgeführt und 1977 das Centre Pompidou in Paris eröffnet. Der natürliche Gerechtigkeitssinn, für den dieser Tag ebenso steht, zeigt sich in der ersten Sitzung des amerikanischen Obersten Gerichtshofs (1790) und der Verhaftung des britischen Posträubers Roald Biggs in Brasilien (1974).

Planeteneinflüsse

Herrschender Planet: Uranus.
Zweiter Dekan: Persönlicher Planet ist der Merkur.

♅ ☿

Religiöse und kulturelle Bedeutung

Im Alten Griechenland Feier der Niederen Eleusinischen Mysterien, in den Vereinigten Staaten erster Tag des „Black History Month".
Namenstag: Brigitta von Kildare (453–525), Schutzheilige der Wöchnerinnen und der Kinder, Katharina de Ricci (1522–90).

An diesem Tag, der für ein ausgeprägtes Gerechtigkeitsempfinden und humanitäre Interessen steht und an dem heute in den USA der „Black History Month" beginnt, demonstrierten 1960 Mitglieder der Bürgerrechtsbewegung in Greensboro in North Carolina zum ersten Mal mit einem Sit-in gegen die Rassentrennung.

2. FEBRUAR

Planeteneinflüsse

Herrschender Planet: Uranus.
Zweiter Dekan: Persönlicher Planet ist der Merkur.

♅ ☿

Religiöse und kulturelle Bedeutung

Namenstag: Mariä Lichtmeß zum Gedenken der Reinigung der Heiligen Jungfrau Maria (1. Jh.), der Schutzheiligen der Mütter, Nonnen und Jungfrauen, Laurentius von Canterbury (ca. 550–619), Johanna von Lestonnac (1556–1640).

Die unbefleckte Empfängnis *stellt die Reinigung der Heiligen Jungfrau Maria am Tag Mariä Lichtmeß dar.*

Am 2. Februar Geborene brauchen das Gefühl, in jeder Situation Herr der Lage zu sein. Dabei wollen sie zugleich ihre Gefühle, ihr Auftreten und ihre Wirkung auf andere unter Kontrolle haben. Es gibt viele Gründe für dieses elementare Bedürfnis, darunter der Wunsch, Schwächen zu verbergen, die Sehnsucht nach Vollkommenheit oder vielleicht das echte Verlangen, andere zu beherrschen. Diese Menschen pflegen oft eine kühle Verbindlichkeit oder einen betont logischen Umgang – gleich, welche persönlichen Gründe sie zu dieser Haltung bewegen mögen – und verschrecken ihre Mitmenschen durch scheinbar unerfüllbare Erwartungen. Doch man muß sich vor Augen halten, daß sich diese Menschen trotz ihres rauhen Äußeren nach Bestätigung und Bewunderung sehnen. Und tatsächlich verfügen sie über beträchtliche außergewöhnliche Begabungen.

An diesem Tag geborene Menschen besitzen die Fähigkeit, ein Problem kristallklar zu analysieren und unterschiedliche Vorgehensweisen unvoreingenommen abzuwägen. Was sie sich vorgenommen haben, gehen sie mit entschlossener Zielsicherheit an. Sie lieben die Konkurrenz: Wenn sie nicht beruflich ganz nach oben streben – sie sind glänzende Geschäftsleute, besonders im Verkauf – zählen sie oft im Sport oder in der Politik zu den Siegern. Besonders die Männer stoßen mit dieser Taktik im Privatleben jedoch auf wenig Gegenliebe, auch wenn sie jederzeit bereit sind, mit Rat und Tat zur Seite zu stehen. Ihre Angst, sich verletzlich zu zeigen, wird oft als schmerzliche Interesselosigkeit gedeutet.

STÄRKEN: Die am 2. Februar Geborenen sind dynamisch und aktiv und besitzen die Fähigkeit, direkt zum Kern einer Sache vorzudringen und eine logische, passende Lösung zu entwerfen. Sie besitzen die beneidenswerte Gabe, sowohl kleinste Details wie das große Ganze im Blick zu haben.

SCHWÄCHEN: Diese Menschen neigen dazu, ihre instinktiven Impulse zu unterdrücken und nach außen ein idealisiertes Bild von sich zu zeigen. Daher werden sie oft als kalt und gefühllos empfunden. In extremen Fällen betrachten sie gefühlsbetonte Reaktionen sogar als minderwertig gegenüber unpersönlicheren Eigenschaften wie Disziplin und rationale Klarheit.

FAZIT: Die an diesem Tag Geborenen sollten weniger um Anerkennung kämpfen, sondern sich bemühen, ihr zweifellos vorhandenes Mitgefühl stärker zu entwickeln, und sich mehr emotionalen Bedürfnissen zuwenden – ihren eigenen wie auch denen ihrer Mitmenschen. Können sie Fehler offen zugeben, werden sie nicht nur eher auf Verständnis und Wertschätzung treffen, sondern sind auch selbst zufriedener.

An diesem Tag

Prominente Geburtstage: Nell Gwyn (1650), Charles Maurice de Talleyrand-Périgord (1754), Jesse Boot (1850), Havelock Ellis (1859), Fritz Kreisler (1875), James Joyce (1882), Jascha Heifetz (1901), Jussi Börling (1911), Hughie Green (1920), Valéry Giscard d'Estaing (1926), Stan Getz und Elaine Strich (1927), Les Dawson (1933), Tommy Smothers (1937), David Jason (1940), Farrah Fawcett (1947), Christie Brinkley (1953), Kim Zimmer (1955)

Bedeutende Ereignisse und Jahrestage: Ansehen gilt besonders viel an diesem Tag, an dem Alexander Selkirk (der später Daniel Defoe als Romanvorlage für seinen *Robinson Crusoe* diente) von der „Wüsteninsel" Mas à Tierra gerettet wurde, auf der er fünf einsame Jahre verbracht hatte (1709), die Begräbnisfeier von Königin Viktoria abgehalten wurde (1901) und Liechtenstein den Frauen endlich das Wahlrecht zugestand (1986). Der Herrschaftsanspruch, für den der 2. Februar steht, spiegelt sich in der Kriegserklärung Griechenlands an die Türkei (1878) und in Generalmajor Idi Amins Erklärung zum Alleinherrscher über Uganda (1971).

3. FEBRUAR

Gelassen, zuvorkommend und freundlich gehen die am 3. Februar Geborenen mit Menschen um, die sie als verletzlich empfinden. Sie sind sehr beliebt, und ihr entspannter Umgang mit Beziehungen wirkt anziehend. Im allgemeinen genießen sie die Anziehungskraft, die sie auf andere ausüben, fühlen sich jedoch zuweilen durch die permanente Aufmerksamkeit eingeengt. Ihre größte Angst ist, daß der Wunsch ihrer Partner oder Freunde, sie mögen sich voll und ganz in die Beziehung einbringen, ihnen die Flügel stutzen und sie in ihrer Freiheit beschneiden könnte. Das soll nicht heißen, daß diese Menschen nicht zu tiefen und aufrichtigen Gefühlen in der Lage sind, aber sie brauchen einfach das Gefühl, ihre persönliche Freiheit, die ihnen so viel bedeutet, nicht opfern zu müssen. Diese Neigung ist bei den am 3. Februar geborenen Männern besonders ausgeprägt, zumal wenn sie im chinesischen Jahr des Pferdes geboren sind. Wer sich eine dauerhafte Beziehung mit ihnen wünscht, sollte akzeptieren, daß sie das Gefühl erstickender Nähe nicht ertragen können. Diese Menschen sind jedoch nicht flatterhaft und oberflächlich. Wenn sie etwas wirklich spannend finden, erkunden sie es bis ins kleinste Detail, getrieben von ihrer unstillbaren Neugier und dem festen Willen, anstehende Herausforderungen zu meistern. Ihre angeborene Sensibilität, Originalität und technische Begabung ergeben zusammen ideale Voraussetzungen für Erfolge im Bereich der Kunst – besonders vielversprechend in der Musik – oder in der Wissenschaft, wo ihre Bereitschaft, mutig Neues anzugehen, sie oft auf unbekannte Wege führt.

STÄRKEN: Charmant, abenteuerlustig und intelligent sind die an diesem Tag Geborenen. Ihre rasche Auffassungsgabe und ihr faszinierender Individualismus tragen ihnen viel Bewunderung ein. Fangen sie Feuer bei einem Thema oder einer Aufgabe, die sie interessiert, gehen sie ihr engagiert auf den Grund und erzielen oft aufregende Ergebnisse.
SCHWÄCHEN: Aus Angst, durch persönliches Engagement stark eingeengt zu werden, gelten sie oft als unzuverlässig. Es heißt, ihnen fehlten Ausdauer und emotionale Tiefe. Haben sie das Gefühl, mit einem Wunsch, der ihnen nicht behagt, unter Druck gesetzt zu werden, beenden sie unter Umständen eine Beziehung, geben ein Projekt auf oder reagieren sogar mit einem Wutanfall.
FAZIT: Die am 3. Februar Geborenen sollten ihre persönlichen Beziehungen etwas realistischer und pragmatischer angehen. So können sie erkennen, daß ihre Mitmenschen sie nicht in eine Falle locken wollen, wenn sie sich um ihre Aufmerksamkeit bemühen. Zurückhaltung, Pragmatismus und das Bemühen, nicht gar so heftig zu reagieren, wie sie das gern tun, sind ihnen in allen Lebensbereichen nützlich.

An diesem Tag

Prominente Geburtstage: Felix Mendelssohn (1809), Hugo Junkers (1859), Gertrude Stein (1874), Clarence E. Mulford (1883), Carl Theodore Dreyer (1889), Norman Rockwell (1894), Alvar Aalto (1898), James Michener (1907), Simone Weil (1909), Joey Bishop (1918), Hans-Jochen Vogel (1926), Frankie Vaughan (1928), Val Doonican (1929), Jeremy Kemp (1935), Blythe Danner (1943), Melanie (1948), Morgan Fairchild (1950)

Bedeutende Ereignisse und Jahrestage: Die Abenteuerlust, für die dieser Tag steht, spiegelte sich im Triumph des portugiesischen Seefahrers Bartholomäus Diaz, der am 3. Februar als erster Europäer in der Mossel Bay an der Ostseite des Kap der Guten Hoffnung anlegte (1488), und in der ersten gesteuerten Mondlandung durch das unbemannte sowjetische Raumschiff „Luna IX“ (1966). An diesem Tag des Einsatzes für die Freiheit wurde in USA der 15. Verfassungszusatz verabschiedet, wodurch afroamerikanischen Männern das Wahlrecht zugestanden wurde (1870), fand in Paris die erste Versammlung der Liga der Nationen statt (1919), und wurde in Australien mit der Exekution von Ronald Ryan zum letzten Mal ein Todesurteil vollstreckt (1967). Dieser Tag, der unter dem Einfluß des Elements Luft steht, ist der Jahrestag der berühmten Rede „Winds of Change“ des britischen Politikers Harold Macmillan vor dem südafrikanischen Parlament (1960).

Planeteneinflüsse

Herrschender Planet: Uranus.
Zweiter Dekan: Persönlicher Planet ist der Merkur.

♅ ☿

Religiöse und kulturelle Bedeutung

Im Christentum Segnung der Kehlen.
Namenstag: Blasius († 316), Ansgar (ca. 801–865), Margarete von England († 1192), Claudine Thévenet (1774–1837).

Diese Abbildung aus einem mittelalterlichen Stundenbuch versinnbildlicht Schutz und Hilfe für werdende Mütter. Der 3. Februar ist der Tag der Heiligen Margaret, der Schutzpatronin schwangerer Frauen.

4. FEBRUAR

Die an diesem Tag Geborenen verfügen über ein Maß an Originalität, Auffassungsgabe und unerschöpflicher Energie, mit dem andere nicht unbedingt mithalten können. Mit ihrer pfeilschnellen und zielsicheren Neugier und ihrem großen Tatendrang entfachen sie einen Wirbelwind an Aktivität. Konzentrieren sie diese Kräfte, können sie auf vielen Gebieten Neuland erschließen. Ohne Konzentration jedoch kann ihre Freude an Neuem und Unbekanntem dazu führen, daß sie sich immer wieder planlos für etwas begeistern und dabei oft große Geldsummen ausgeben. Langweilt sie etwas, erschöpft sich ihr Durchhaltevermögen schnell, und sie beenden ein Projekt oder eine Beziehung, die sie ihrer Aufmerksamkeit nicht mehr für wert halten. Sie sollten versuchen, diese Ungeduld abzubauen, besonders im Privatleben, wo sie wegen ihres flatterhaften Verhaltens oft für oberflächlich und wenig einfühlsam gehalten werden.

Doch trotz ihrer Unbeständigkeit können am 4. Februar Geborene sehr wohl tief empfinden. Ihr starkes Mitgefühl oder ihre ausgeprägten humanitären Ziele zeigen sich oft in einem zugleich trotzigen wie mutigen Beharren auf der eigenen Position. Sind sie wirklich für etwas Feuer und Flamme, setzen sie sich mit geradezu exzentrischer Energie und Hartnäckigkeit dafür ein. Besonders erfolgreich sind sie in der Kunst, wo man ihre eigenwillige Mischung aus Sensibilität und Originalität akzeptiert und schätzt. Bei ihrer vielseitigen Begabung können sie in fast jedem Beruf erfolgreich sein – vorausgesetzt, sie erkennen, wie wichtig Selbstdisziplin ist.

STÄRKEN: Diese zuversichtlichen, neugierigen und aufgeweckten Persönlichkeiten hinterlassen bei allem, was sie tun, einen unverwechselbaren Stempel ihrer Originalität. Ihre ungezügelte, überbordende Phantasie wirkt auf andere stimulierend und kann zu echten Innovationen führen.

SCHWÄCHEN: Ihr rasches Denkvermögen und ihr enormer Elan verleiten diese Menschen zu impulsivem Handeln ohne Überblick über die Konsequenzen. Sie lassen sich leicht und oft ablenken und werden dadurch unkonzentriert.

FAZIT: Die am 4. Februar Geborenen sollten sorgfältig abwägen, bevor sie sich mit der für sie typischen Begeisterung auf etwas stürzen. Mit etwas mehr Konzentration können sie, privat wie beruflich, ihr großes Potential voll ausschöpfen.

Planeteneinflüsse

Herrschender Planet: Uranus.
Zweiter Dekan: Persönlicher Planet ist der Merkur.

♅ ☿

Religiöse und kulturelle Bedeutung

In Japan Feier des Setsu-bun, eines Reinigungs- und Schutzfestes.
Namenstag: Veronika, Jüngerin Jesu, Schutzheilige der Pfarrhaushälterinnen, Gilbert von Sepringham (ca. 1085–1189), Johanna von Valois (von Frankreich, 1464–1505), Johannes Hector de Britto (1647–93).

An diesem Tag

Prominente Geburtstage: Tadeus Bonaventura Kosciusko (1746), Fernand Léger (1881), Raymond Arthur Dart (1893), Ludwig Erhard (1897), Charles Lindbergh (1902), Dietrich Bonhoeffer (1906), Bryon Nelson (1912), Alfred Andersch (1914), Norman Wisdom (1920), Betty Friedan (1921), David Brenner (1945), Dan Quayle (1947), Alice Cooper (1948), Lisa Eichhorn (1952), Lawrence Taylor (1959)

Bedeutende Ereignisse und Jahrestage: Der 4. Februar steht für eine Originalität an der Grenze zur Exzentrik und ist daher der Tag, an dem Pierre van Ryneveld und C. J. Quinton zu ihrem ersten Flug von England nach Kapstadt starteten (1920), Malcolm Campbell in Bluebird, Wales, mit über 280 km/h einen neuen Geschwindigkeitsrekord zu Lande aufstellte (1927) und an dem das größte Hovercraft der Welt in Cowes auf der Isle of White vom Stapel lief (1968). Hartnäckiges Festhalten an einer Idee ist ein weiteres Kennzeichen dieses Tages, an dem sich die amerikanischen Südstaaten zur Konföderation zusammenschlossen (1861) und die Alliierten bei der Konferenz von Jalta die bevorstehende Niederlage Hitlerdeutschlands und die unmittelbaren Folgen des Zweiten Weltkriegs diskutierten (1945). Die Extravaganz, für die dieser Tag auch steht, spiegelt sich in der Eröffnung des Konkursverfahrens gegen Rolls Royce (1971).

Aus dem Chaos des Weltkriegs heraus legte die Konferenz von Jalta, die 1945 an diesem Tag begann, das Fundament für den Sieg über den Nationalsozialismus und die Gründung der Vereinten Nationen.

5. FEBRUAR

Die am 5. Februar Geborenen ernten oft Bewunderung für ihr kompetentes Auftreten und ihre Fähigkeit, jede Aufgabe anscheinend mühelos erfüllen zu können. Doch auch für die an diesem Tag Geborenen ist das Leben nicht leichter als für andere – sie haben sich lediglich eine Maske der Ruhe und Effizienz geschaffen, um ihre inneren Schwierigkeiten zu verbergen. Die glatte Fassade, die sie nach außen zeigen, überdeckt eine tiefsitzende Unsicherheit. Besonders die Frauen versuchen, sie durch die Anerkennung von außen aufzulösen. Vollkommenheit jedoch ist dem Menschen von Natur aus nicht gegeben. Es ist nicht nur unmöglich, dieses Ideal zu verwirklichen, unrealistische Anforderungen oder einschüchternd hochtrabendes Verhalten schreckt auch ab. Ihre Übersensibilität eröffnet vielleicht einen Zugang zu den am 5. Februar Geborenen. Instinktiv reagieren sie auf die Stimmungen anderer. Die Verbindung von Intuition und geistiger Weitsicht kann zu starken Ängsten führen, die sie hinter einer Fassade scheinbarer Selbstkontrolle zu verstecken suchen. Ihr feines Gespür und der Wunsch, stets im besten Licht dazustehen, können dazu führen, daß sie praktische Hilfe anbieten, wo emotionale Unterstützung, nach der sie sich auch selbst sehnen, wichtiger wäre. Durch ihr ungewöhnlich breites Begabungsspektrum sind sie sehr vielseitig und können daher in der Kunst wie im akademischen oder wissenschaftlichen Bereich Erfolge feiern. Im allgemeinen arbeiten sie am besten in einem Team oder an einer gemeinschaftlichen Sache. Das kommt ihrem Kontaktbedürfnis entgegen und gibt ihnen die Möglichkeit, ihre Fähigkeiten in Organisation und Management einzusetzen.

STÄRKEN: Die am 5. Februar Geborenen haben sich stark unter Kontrolle und besitzen viel Selbstdisziplin. Sie beeindrucken durch Scharfblick und Kompetenz. Mit der ihnen eigenen ungewöhnlichen Verbindung aus Sensibilität und Organisationstalent können sie viel erreichen.

SCHWÄCHEN: Vielleicht sind diese Menschen zu sehr darauf bedacht, nach außen ein idealisiertes Bild zu präsentieren, um sich die Bewunderung und den Respekt zu verschaffen, die ihnen so viel bedeuten. Damit aber täuschen sie ihre Mitmenschen nicht nur über ihr wahres Wesen hinweg, sondern schrecken sie durch ihr abgehobenes Gehabe geradezu ab.

FAZIT: Die Menschen dieses Geburtsdatums gewinnen durch die Erkenntnis, daß ein äußerer Anschein, der ihrem inneren Naturell nicht entspricht, emotional schädlich wirkt. Sie sollten sich daher etwas öffnen, denn wenn andere sie richtig kennenlernen können, fühlen sie sich auch selbst wohler.

An diesem Tag

Prominente Geburtstage: Robert Peel (1788), Joris Karl Huysmans (1848), Adlai Ewning Stevenson (1900), John Carradine (1906), William Seward Burroughs (1914), Red Buttons und Andrea Papandreou (1919), Frank Muir (1920), John Pritchard (1921), Hank Aaron (1934), Susan Hill (1942), Bob Marley (1945), Charlotte Rampling (1946), Barbara Hershey (1948), Kurt Beck (1949), Jennifer Jason Leigh (1962)

Bedeutende Ereignisse und Jahrestage: Dieser Tag besitzt großes künstlerisches Potential. Er ist der Jahrestag der Uraufführung von Rossinis Oper *Der Barbier von Sevilla* (1816), der Entdeckung einer bis dahin unbekannten Mozartsymphonie im dänischen Odense (1983) und des Kinostarts von Walt Disneys *Peter Pan* (1953). Der Tag steht aber auch für außergewöhnliche – oft martialische – organisatorische Fähigkeiten. So beendete der dritte Friedensschluß von Nijmegen den Holländischen Krieg (1679), die Briten nahmen den Spaniern Menorca ab (1782), und die U.S.-Army drang im Zweiten Weltkrieg in Manila ein (1945). Der 5. Februar wird vom Element Luft beherrscht und ist der Jahrestag der Gründung des britischen Royal Air Force College in Cranwall (1920).

Planeteneinflüsse

Herrschender Planet: Uranus.
Zweiter Dekan: Persönlicher Planet ist der Merkur.

♅ ☿

Religiöse und kulturelle Bedeutung

Heidnisches Fest der Ia.
Namenstag: Agatha ca. 225–ca.250), Schutzheilige der Glockengießer, Feuerwehrleute, Krankenschwestern, der Insel Malta und bei Krankheiten der weiblichen Brust.

Florence Nightingale, eine der berühmtesten Krankenschwestern der Welt. Der 5. Februar ist der Tag der Heiligen Agatha, der Schutzpatronin der Krankenschwestern.

Planeteneinflüsse

Herrschender Planet: Uranus.
Zweiter Dekan: Persönlicher Planet ist der Merkur.

♅ ☿

Religiöse und kulturelle Bedeutung

Nationalfeiertag in Neuseeland (Jahrestag des Vertrags von Waitingi).
Namenstag: Dorothea (ca. 290–ca. 305), Schutzheilige der Gärtner und Blumenhändler, Amandus der Belgier (ca. 600–679), Paul Miki und Gefährten (ca. 1565–97), Maria Theresia (Aline) Bonzel (1830–1905).

Als Schauspieler wie als Staatsmann suchte Ronald Reagan, geboren am 6. Februar 1911, stets die Öffentlichkeit und gewann auch erfolgreich Sympathien. Eine Neigung, die durch die Geburt im chinesischen Jahr des Schweins noch verstärkt wird.

6. FEBRUAR

Wie die meisten Wassermannmenschen haben auch die am 6. Februar Geborenen ein starkes Freiheitsbedürfnis, nicht unbedingt im Sinn äußerer Freiheit – obwohl sie oft sehr umtriebig sind, viel Sport treiben und viel reisen. Entscheidend ist für sie geistige Freiheit und Freiheit im Umgang mit anderen. Sie lassen sich durch die Wünsche ihrer Mitmenschen nur ungern einengen und fühlen sich in straff geführten Organisationen oder in sehr engen Beziehungen, die zu viel von ihnen verlangen, selten wohl. Ist das geklärt, können sie sich aber mit bemerkenswerter Konzentration auf ein Thema oder einen Menschen einlassen, von dem sie beeindruckt sind. Dann erfaßt sie geradezu unwiderstehlicher Forscherdrang. Aus diesem Grund fühlen sie sich zu wissenschaftlicher Forschung besonders hingezogen, wo sie ihre Bereitschaft, sich auf das Unerwartete einzulassen und neue Zugänge zu Problemen zu finden, erfolgreich einbringen können. Die eher künstlerisch Veranlagten unter den am 6. Februar Geborenen werden in der Musik oder in der Literatur ähnlich glücklich.

Doch trotz ihrer beinahe abweisend wirkenden Unabhängigkeit brauchen die an diesem Tag Geborenen Anerkennung. Dieser Hang zur Popularität rührt meist nicht von dem Wunsch her, daß ihre Talente erkannt werden mögen, sondern von dem eher emotionalen Bedürfnis, die Liebe und Bewunderung ihrer Mitmenschen zu spüren. Mit ihrer guten Intuition nehmen sie die Stimmung der Menschen in ihrer Umgebung auf und spiegeln sie wider – eine Haltung, die sie zwar kurzfristig Freunde gewinnen läßt, ihnen aber auf lange Sicht den Ruf der Unbeständigkeit eintragen kann. Dennoch erfahren sie oft Zuneigung und Bewunderung von anderen und werden in Führungspositionen eingesetzt.

STÄRKEN: An diesem Tag geborene Menschen reagieren außerordentlich feinfühlig auf sensorische und geistige Reize. Selbst den erschreckendsten Herausforderungen begegnen sie mit Intelligenz und Originalität, sofern sie sie inspirierend finden. Die Verbindung aus Intuition und Neugier führt sie oft auf faszinierendes Neuland.
SCHWÄCHEN: Diese Menschen sollten versuchen, ihre Neigung zu Langeweile und Gereiztheit in wenig anregenden Situationen in den Griff zu bekommen. Fesselt sie etwas nicht dauerhaft, stehlen sie sich gern aus der Verantwortung und wenden sich neuen Ufern zu.
FAZIT: Am 6. Februar Geborene sollten sich vor Augen halten, daß ihr Liebesbedürfnis zu einem Verhalten führen kann, das ihnen emotional schadet. Sie sollten lernen, zu ihrer Unsicherheit zu stehen, und versuchen, sie aufzulösen. Wenn sie besser auf sich selbst achten und Geduld mit sich haben, werden sie auch emotional stabiler.

An diesem Tag

Prominente Geburtstage: Christopher Marlowe (1564), Sir Henry Irving (1838), Babe Ruth (1895), Claudio Arrau (1903), Wladislaw Gomulka (1905), Ronald Reagan (1911), Zsa Zsa Gabor (1915), Patrick McNee (1922), Keith Waterhouse (1929), Fred Trueman (1931), François Truffaut (1932), Leslie Crowther (1933), Hannsjörg Voth (1940), Natalie Cole (1950), Axl Rose (1962), Rick Astley (1966)

Bedeutende Ereignisse und Jahrestage: Der 6. Februar steht im Zeichen des Elements Luft und ist somit auch Jahrestag zweier denkwürdiger Ereignisse in der Luftfahrt: der Gründung der deutschen Luftfahrtgesellschaft Lufthansa (1926) und des Flugzeugabsturzes über München, bei dem 23 Menschen, darunter sieben Mitglieder der Fußballmannschaft von Manchester United, ums Leben kamen (1958). Popularität, für die dieser Tag auch steht, kann sich auch in Führungspositionen ausdrücken. So wurde an diesem Tag Robert E. Lee zum Oberbefehlshaber der Konföderiertenarmee ernannt (1865), Ramsey Mac Donald zum Vorsitzenden der britischen Labour Party gewählt und Prinzessin Elisabeth nach dem Tod ihres Vaters Georg IV. Königin von England (1952).

7. FEBRUAR

Die am 7. Februar Geborenen haben ein in gewisser Hinsicht recht naives Weltbild. Mit ihrem angeborenen Gerechtigkeitsempfinden reagieren sie zutiefst emotional auf soziale Mißstände. Ihre schnell entwickelten Lösungen wollen sie mit enthusiastischem Idealismus umsetzen. In ihrem Eifer aber haben sie ihre Pläne nur unzureichend durchdacht. Diese Menschen besitzen ein rasches und originelles Denkvermögen und darüber hinaus große kommunikative und rhetorische Begabung, die sie meist darauf verwenden, andere zu ihrer Unterstützung zu gewinnen. Mit derlei Fähigkeiten sind sie erfolgreiche Geschäftsleute, oft aber auch Sozialarbeiter, Journalisten oder Techniker.

Ein wichtiger Charakterzug dieser Menschen ist ihre instinktive Abneigung gegen Autorität. Dabei fehlt es ihnen ganz und gar nicht an Disziplin, sie ärgern sich einfach über Vorschriften, mit denen sie nicht einverstanden sind. Werden sie dennoch gezwungen, reagieren sie gewöhnlich subversiv. Darin zeigt sich ihre innere Unabhängigkeit. Sie erbringen die besten Leistungen, wenn sie Autonomie und Handlungsfreiheit genießen, das gilt für ihr Privat- ebenso wie für ihr Berufsleben. Ist diese entscheidende Voraussetzung gegeben, sind sie mitfühlende, ja zärtliche Partner und – da sie immer jung wirken und eher überzeugen als gebieten wollen – oft auch besonders gute Eltern.

STÄRKEN: Mit ihren humanitären Zielen, ihrem gewinnenden Optimismus und ihrer unerschöpflichen Energie können diese Menschen viel Gutes bewirken. Probleme lösen sie mit ihrem wachen und originellen Verstand ausgezeichnet.
SCHWÄCHEN: Weil sie so sensibel sind, reagieren am 7. Februar Geborene tief enttäuscht, wenn sich ihren fortschrittlichen Bestrebungen unüberwindliche Hindernisse entgegenstellen. Oft verbergen sie ihre Ernüchterung dann hinter einer abweisenden Maske des Zynismus.
FAZIT: Am 7. Februar Geborene müssen erkennen, daß das Leben zu kompliziert ist für Schwarzweiß-Denken und schnelle Lösungen. Sie sollten lernen, Meinungsvielfalt zu akzeptieren, im Hinblick auf ihre Mitmenschen größeren Realismus entwickeln und einsehen, daß sie andere nicht immer auf ihre Sicht der Dinge einschwören können.

Planeteneinflüsse
Herrschender Planet: Uranus.
Zweiter Dekan: Persönlicher Planet ist der Merkur.

♅ ☿

Religiöse und kulturelle Bedeutung
Li Chum, Frühlings- und Fruchtbarkeitsfest in China.
Namenstag: Richard von England († ca. 720) und seine Frau Wunna († ca. 700), Jakob Salès und Wilhelm Saultemouche (1556–1593), Pius IX. (1792–1878).

An diesem Tag
Prominente Geburtstage: Thomas Morus (1478), Philippe Buache (1700), Charles Dickens (1812), Frederick Douglas (1817), Laura Ingalls Wilder (1867), Alfred Adler (1870), James „Eubie“ Blake (1883), Sinclair Lewis (1885), Russel Drysdale (1912), Eddie Bracken (1920), Dora Bryan (1924), Peter Jay (1937), Rolf Bernischke (1955), Garth Brooks (1962), Claudia Nolte (1966)

Bedeutende Ereignisse und Jahrestage: Dieser Tag steht für Gedanken- und Handlungsfreiheit. So ist er der Jahrestag der Unabhängigkeit Granadas (1974) und der Zustimmung der KPdSU zu einer Änderung der sowjetischen Verfassung, nach der die Befugnisse der Regierung stark eingeschränkt wurden, und damit zur ersten Schritt zur Demokratie (1990). An diesem Tag eines natürlichen Gerechtigkeitsempfindens wurde „Baby Doc“ Duvalier, der Diktator von Haiti, abgesetzt und ins Exil nach Frankreich gezwungen (1986), und den Frauen in der Schweiz wurde das Wahlrecht zugestanden. Dieser Tag im Zeichen des Wasserträgers ist auch der tragische Jahrestag des Untergangs des britischen Schiffes „Orpheus“ vor der neuseeländischen Küste, wobei 185 Menschen ums Leben kamen (1863). Die Originalität, für die der 7. Februar steht, fand auf groteske Weise Ausdruck, als es im australischen Ipswich Sardinen „regnete“ (1989).

An diesem Tag ist alles möglich. So ließ ein heftiger Sturm am 7. Februar 1989 über Ipswich in Australien Sardinen vom Himmel „regnen“.

8. FEBRUAR

Den am 8. Februar Geborenen ist eine seltsame Mischung aus extremer Intuition und technischer Begabung eigen. Befinden sich beide Neigungen im Gleichgewicht, können diese Menschen in der Kunst außerordentlich erfolgreich sein, besonders wenn sie im chinesischen Jahr des Tigers geboren sind. In der Musik, der Kunst, am Theater oder in der Literatur können sie ihr Publikum dank ihrer lebhaften Phantasie, ihrer Fähigkeit, eine Situation instinktiv richtig einzuschätzen, und ihrer darstellerischen Begabung immer wieder verzaubern. Geistige Freiheit brauchen diese Menschen so sehr zum Leben wie ihr Element, die Luft. Aber sie fordern sie nicht nur für sich selbst, sondern finden auch andere Meinungen bedenkens- und beachtenswert. Da sie Auseinandersetzungen fürchten, legen sie Konflikte lieber durch einen Kompromiß bei.

Ihre große – zuweilen fast übersinnliche – Sensibilität treibt diese Menschen geradezu, in ihrer Umgebung Frieden und Harmonie zu verbreiten. Sie erfreuen ihre Mitmenschen mit ihrem Humor und ihrer erfrischenden Art, auch wenn sie selbst dabei reserviert bleiben und persönliche Gesprächsthemen meiden. Durch ihre Fähigkeit, sich mühelos auf die Stimmung ihrer Mitmenschen einzustellen, und ihre grenzenlose Phantasie können sie sich nicht nur sehr gut in die Lage anderer versetzen, sondern auch mögliche negative Auswirkungen für die Zukunft vorhersehen. Daher verbirgt ihr freundliches Gesicht oft tiefes Leid und Aufgewühltheit. Ihre Freunde und Partner sollten ihnen daher bedingungslose Unterstützung und Verständnis entgegenbringen und so die stabile, liebevolle Umgebung schaffen, die ihnen so wichtig ist.

STÄRKEN: Diese Menschen besitzen Kreativität und Intuition in Vollendung und damit die Begabung zu außergewöhnlichem Erfolg in jedem Beruf. Persönliche Freiheit schätzen sie sehr. In ihren zwischenmenschlichen Beziehungen versuchen sie, harmonisches Einvernehmen herzustellen.

SCHWÄCHEN: Die am 8. Februar Geborenen sind so sensibel, daß sie Angstgefühle und Depressionen entwickeln können, die sie nicht kontrollieren können und aus denen sie auch keinen Ausweg sehen. Sie neigen dazu, ihre wahren Gefühle und ihre Verletzlichkeit vor anderen zu verbergen, damit sie nicht verletzt werden.

FAZIT: Gegen Zynismus aus Enttäuschung, sollten sich diese Menschen unbedingt verwahren und versuchen, einen pragmatischeren Zugang zu allen Bereichen ihres Lebens zu entwickeln. Sie müssen darauf achten, sich nicht von ihren emotionalen Reaktionen überwältigen und verwirren zu lassen und ihrer Familie ihr wahres Gesicht zu zeigen.

Planeteneinflüsse

Herrschender Planet: Uranus.
Zweiter Dekan: Persönlicher Planet ist der Merkur.

♅ ☿

Religiöse und kulturelle Bedeutung

Namenstag: Elfleda (653–714), Cuthman († 8. Jh.), Jerome Emiliani (1481–1537).

James Dean, Schauspieler und Kultfigur, wurde am 8. Februar 1931 geboren. Sein Mond steht im Skorpion, daher dämpften Disziplin und Fleiß im Beruf seine Sensibilität und Verletzlichkeit etwas.

An diesem Tag

Prominente Geburtstage: John Ruskin (1819), William Tecumseh Sherman (1820), Jules Verne (1828), Dimitri Iwanowitsch Mendelejew (1834), Dame Edith Evans (1888), King Wallis Vidor (1894), Lyle Talbot (1902), Chester Floyd Carlson (1906), Lana Turner (1920), Jack Lemmon (1925), James Dean (1931), John Williams (1932), Manfred Krug (1937), Nick Nolte (1940), Robert Klein (1942), Gary Coleman (1968)

Bedeutende Ereignisse und Jahrestage: Der 8. Februar im Zeichen des Elements Luft ist der Jahrestag des Jungfernflugs der Boeing 747 (1969) und der Rückkehr der Astronauten Gerald Carr, Edward Gisbon und William Pogue zur Erde nach 85 Tagen in der Raumstation „Skylab" (1974). An diesem Tag besonderer künstlerischer Leistungen kamen die Beatles zu ihrer ersten USA-Tournee in New York an (1964), und die 18jährige Debi Thomas gewann als erste Afroamerikanerin die U.S.-Meisterschaften im Eiskunstlauf (1986). Es spiegelt die Abneigung vor direkter Auseinandersetzung, ein Charakterzug aller am 8. Februar Geborenen, daß Königin Elizabeth I. 1587 Maria Stuart auf Fotheringhay Castle wegen angeblichen Hochverrats enthaupten ließ, ohne ihre Kusine auch nur einmal persönlich gesprochen zu haben. In Rußland feierte man die Thronbesteigung Katharinas, die so viele gute Eigenschaften dieses Tages besaß, daß sie den Beinamen „die Große" erhielt (1725).

9. FEBRUAR

In den Augen ihrer engsten Freunde scheinen die am 9. Februar Geborenen zwei Gegensätze in ihrem Charakter zu vereinen: Bei der Auseinandersetzung mit den Problemen anderer sind sie von einem unerschütterlichen Optimismus beseelt, geht es jedoch um sie selbst, sehen sie oft übertrieben schwarz. Diese offensichtliche Unfähigkeit, ihre beträchtliche Begabung, anderen Mut zu machen, auch auf sich selbst anwenden zu können, hat viele Ursachen – vielleicht rührt sie von einem gewissen Fatalismus her, den diese Menschen nach einer Häufung unglücklicher Erfahrungen entwickelt haben, oder sie ist Ausdruck eines ungerechtfertigten Gefühls eigener Wertlosigkeit. Diese Menschen sind so energiegeladen und so neugierig auf das Leben, daß sie alles Mögliche erleben – mit positiven wie negativen Folgen – und dann aus ihrem reichen Erfahrungsschatz Rat für andere schöpfen können.

Die facettenreiche Persönlichkeit der am 9. Februar Geborenen, ist das Produkt ihrer Sensibilität, ihrer hochentwickelten Wahrnehmung und großen Phantasie. Praktisch veranlagt und dabei zugleich mitfühlend, sind sie gute Berater oder Eltern (besonders die Frauen). Sich selbst jedoch messen sie oft an unerreichbaren Idealen und entdecken dabei unweigerlich lauter Mängel an sich. Allein durch die Erwiderung der Liebe und des Rückhalts, die sie von den am 9. Februar Geborenen erhalten, können Familie und Freunde diesen Menschen die Stabilität und das Selbstbewußtsein geben, das sie brauchen, um glücklich zu sein.

STÄRKEN: Diese freundlichen, mitfühlenden Menschen haben hohe humanitäre Ideale und lassen sich nicht davon abbringen, ihre reichlichen Energien für eine gute Sache einzusetzen. Wegen ihrer sympathischen Art und der Weisheit, die sie aus der Erfahrung schöpfen, werden sie gern und oft um Rat gebeten.
SCHWÄCHEN: Die an diesem Tag Geborenen haben die liebenswürdige Neigung, von anderen immer nur das Beste zu denken, und müssen daher darauf achten, nicht ausgenutzt zu werden, weder im Privaten noch im Berufsleben. Sie sollten versuchen, ein besseres Selbstbild zu entwickeln und sich nicht gar so viel abzuverlangen.
FAZIT: Nur wenn die am 9. Februar Geborenen lernen, sich selbst ebenso sehr zu schätzen wie andere, können sie ihren Mitmenschen eine wirkliche Stütze sein. Ihr Sinn für Humor und ihre Fähigkeit, immer einen Ausweg zu entdecken, hilft ihnen, depressive Verstimmungen zu überwinden und stärkt ihr Selbstwertgefühl.

An diesem Tag

Prominente Geburtstage: William Harrison (1773), Anthony Hope (1863), Mrs. Patrick Campbell (1865), Alban Berg (1885), Ronald Colman (891), Jim Laker (1922), Brendan Behan (1923), Garret Fitzgerald (1926), Roger Mudd (1928), Janet Suzman (1939), Carole King (1942), Joe Pesci (1943), Alice Walker (1944), Mia Farrow (1945), Bernard Gallacher und Judith Light (1949), Dieter Baumann (1965), Amber Valetta (1974)

Bedeutende Ereignisse und Jahrestage: An diesem vom Element Luft beherrschten Tag wurde die sowjetische Fluggesellschaft „Aeroflot" gegründet (1923), und der Halleysche Komet erreichte erneut Erdnähe (1986). Am 9. Februar, der für Fortschrittlichkeit steht, rief Guiseppe Mazzini 1849 die Römische Republik aus (Februar bis Mai), weil er die Republik für die bestmögliche Staatsform hielt, und Nelson Mandela wurde als herausragendes Beispiel für eine Politik des Friedens und der Toleranz als erster Afrikaner in das Amt des Präsidenten Südafrikas eingeführt (1994).

Planeteneinflüsse

Herrschender Planet: Uranus.
Zweiter Dekan: Persönlicher Planet ist der Merkur.

♅ ☿

Religiöse und kulturelle Bedeutung

Sonnenumzug in Narvik, Norwegen.
Namenstag: Apollonia († ca. 249), Schutzheilige der Zahnärzte und gegen Zahnleiden, Alto († ca. 760?).

Der italienische Freiheitskämpfer Guiseppe Mazzini war einer der geistigen Führer der radikalrepublikanischen Richtung des Risorgimento. Am 9. Februar 1849 rief er zusammen mit Guiseppe Garibaldi in Rom die Republik aus, die jedoch noch im selben Jahr von einem Hilfskorps des Papstes erobert wurde.

10. FEBRUAR

Planeteneinflüsse

Herrschender Planet: Uranus.
Dritter Dekan: Persönlicher Planet ist die Venus.

♅ ♀

Religiöse und kulturelle Bedeutung

Neujahrsfeiern beim Stamm der Kebbawa in Nigeria.
Namenstag: Scholastica (ca. 480–542), Wilhelm von Malavalle (Wilhelm der Große, † 1157), Hugo von Fosses (ca. 1093–1164).

Mit der glücklichen Heirat zwischen Königin Viktoria und Prinz Albert an diesem Tag günstiger Allianzen wurde 1840 eine Verbindung besiegelt, die Großbritannien und der Königlichen Familie große Stabilität einbringen sollte.

Bei den am 10. Februar Geborenen dreht sich alles um Erfolg. Für sie gibt es nichts Wichtigeres als Anerkennung und Ansehen bei ihren Mitmenschen – wahrscheinlich als Folge einer leisen Unsicherheit. Und für gewöhnlich verwenden sie ihre beträchtlichen Begabungen nur darauf. Mit großer Entschlossenheit, Phantasie und dem festen Glauben an ihre Fähigkeiten prägen sie ihrer Umwelt gern ihren Stempel auf und hoffen dabei insgeheim, daß die Anerkennung durch andere ihr Selbstwertgefühl hebt. Doch so groß ihr Ehrgeiz auch sein mag, diese Menschen gehen auf ihrem Weg nach oben nicht kaltblütig über andere hinweg. Feinfühlig und freundlich wollen sie lediglich ihr Ziel erreichen und andere dabei nicht verletzen. Sie besitzen große Empathie und ein aufrichtiges Interesse am Fortschritt. Daher können sie hervorragend Probleme lösen und Spannungen schlichten. Dennoch setzen sie sich unweigerlich dem Wettbewerb aus, zumal sich viele zum Sport hingezogen fühlen. Weil es ihnen so wichtig ist, ihre Ziele zu erreichen, schenken diese Menschen dem Mitgefühl, zu dem sie sehr wohl in der Lage sind, zu wenig Beachtung. Dann vernachlässigen sie ihre Mitmenschen und geraten in die emotionale Isolation. Sie neigen dazu, ihre Sensibilität nach außen zu kehren. Dann nehmen sie die Stimmungen ihrer Mitwelt auf und spiegeln sie wider, um Anerkennung zu finden – eine Neigung, die ihnen in den darstellenden Künsten besonders zugute kommt. Doch obwohl sie einen Großteil ihrer Energie darauf verwenden, bei ihrer Mitwelt Beachtung und Bestätigung zu finden – ob sie sich dessen nun bewußt sind oder nicht – werden sie oft nur aus der Ferne bewundert, haben aber kaum enge Freunde, mit denen sie sich über ihren Erfolg freuen können.

STÄRKEN: Diese originellen, vielseitig begabten Menschen sind sich über ihre Ziele außergewöhnlich klar. Dynamisch und energiegeladen, besitzen sie die beneidenswerte Fähigkeit, ihre Energien gezielt einsetzen zu können.

SCHWÄCHEN: An diesem Tag Geborene müssen darauf achten, daß der Einsatz für ihre Ziele nicht zur Obsession wird. Sie sollten die wahren Motive ihres Ehrgeizes ergründen und sie nicht aus den Augen verlieren.

FAZIT: Den am 10. Februar Geborenen tut es gut, wenn sie ihren persönlichen Beziehungen ebenso viel Aufmerksamkeit widmen wie ihrer Karriere. Sie besitzen die Fähigkeit, ihre Ziele auch zu erreichen, aber die Freude darüber ist schal, wenn man sie mit niemandem teilen kann.

An diesem Tag

Prominente Geburtstage: William Congreve (1670), Charles Lamb (1775), Samuel Plimsoll (1824), William Pember Reeves (1857), Boris Pasternak (1890), Jimmy „Schnozzle" Durante (1893), Harold Macmillan (1894), Bertolt Brecht (1898), Joyce Grenfell (1910), Larry Adler (1914), Alex Comfort (1920), Leontyne Price (1927), Robert Wagner (1930), Roberta Flack (1940), Peter Allen (1944), Mark Spitz (1950), Greg Norman (1955), Laura Dern (1967)

Bedeutende Ereignisse und Jahrestage: Der Erfolg, zu dem der zielstrebige Ehrgeiz führen kann, für den dieser Tag steht, zeigte sich in der Beendigung des Siebenjährigen Krieges (britisch-französischer Kolonialkonflikt) mit der Unterzeichnung des Pariser Abkommens, wonach Frankreich Kanada an Großbritannien abtrat (1763), und der Vereinigung von Ober- und Unterkanada am gleichen Tag (1840). Dieser Tag verbindet einzigartige Originalität mit Hartnäckigkeit. So erprobte an diesem Tag im Zeichen des Wassermanns der britische Erfinder Andrew Becker seinen Tauchanzug in der Themse (1774). An diesem Tag heirateten Königin Viktoria und Prinz Albert (1840), eine Verbindung, die der Monarchin emotionalen Rückhalt bei der Erfüllung ihrer königlichen Pflichten gab. Glenn Miller erhielt für *Chattanooga Choo Choo* die erste Goldene Schallplatte der Musikgeschichte (1942).

11. FEBRUAR

Fortschrittsdrang ist ein wesentliches Element der Persönlichkeitsstruktur der am 11. Februar Geborenen. Ihr Bedürfnis nach geistiger Anregung und ihre angeborene Fähigkeit, Probleme zu lösen, ergänzen sich bestens. Daher sind sie ständig auf der Suche nach neuen Herausforderungen, auf die sie als eher häuslich veranlagte Charaktere auch zumeist in ihrem unmittelbaren Umfeld stoßen. Diese unbekümmert originellen, vielseitig begabten Menschen haben ein Talent für Erfindungen, und wenn sie dazu noch technisch begabt sind, ist es ihnen ein wahres Vergnügen, Verbesserungen an Haushaltsgeräten zu entwerfen und einzubauen oder Pläne zu entwickeln, wie man sich den Alltag erleichtern kann. Aber ihr Wunsch nach Verbesserungen beschränkt sich nicht nur auf ihren unmittelbaren Einflußbereich. So engagieren sich diese Menschen beruflich oder ehrenamtlich in karitativen Einrichtungen und entwickeln neue Methoden, um anderen effektiv helfen zu können.

Originalität und Optimismus, Freundlichkeit und Sinn für Humor der am 11. Februar Geborenen ziehen andere oft geradezu magisch an. Umgekehrt genießen diese zuweilen von Natur aus geselligen Menschen die Spannung eines intellektuellen Kräftemessens. Sie haben sehr gern Gäste, um die sie sich dann aufmerksam kümmern. Die Verbindung aus Geselligkeit und Begeisterung fürs Intellektuelle kann jedoch dazu führen, daß sie den emotionalen Bedürfnissen von Familie und Freunden nicht genug Aufmerksamkeit widmen. Daher sollten sie, besonders als Eltern, darauf achten, die weniger leicht greifbaren Bedürfnisse der Menschen in ihrer unmittelbaren Umgebung nicht zu vernachlässigen.

STÄRKEN: Diese Menschen sind kreativ, enthusiastisch und geradezu exzentrisch originell. Damit hinterlassen sie auf ihre ganz besondere, unnachahmliche Weise dauerhafte Spuren, können helfen und andere zugleich bezaubern.
SCHWÄCHEN: Wenn sie von etwas begeistert sind, lassen sie sich oft völlig davon vereinnahmen und vergessen, wie wichtig die Pflege der persönlichen Beziehungen ist. Sie sollten sich auch darüber klar sein, daß sie zwar gern viele Menschen um sich scharen, ihrer Familie diese ständigen „Tage der offenen Tür" aber auch als Übergriffe in ihre Privatsphäre lästig werden können.
FAZIT: Die am 11. Februar Geborenen müssen neben ihrer Phantasie und dem Wunsch, ihre Träume zu verwirklichen, auch die Realität in ihrem Leben zulassen. Ihre Kreativität und ihren Elan brauchen sie nicht zu bremsen, aber sie sollten sich stets das Gefühl für ein gesundes Gleichgewicht bewahren.

An diesem Tag

Prominente Geburtstage: William Henry Fox Talbot (1800), Auguste Edouard Mariette (1821), Josiah Willard Gibbs (1839), Thomas Alva Edison (1847), Hans-Georg Gadamer (1900), Joseph L. Mankiewicz (1909), Sidney Sheldon (1917), König Faruk I. von Ägypten (1920), Eva Gabor (1921), Kim Stanley (1925), Leslie Nielsen (1926), Tina Louise, Mary Quant und John Surtees (1934), Burt Reynolds (1936), Bill Lawry (1937), Manuel Noriega (1940), Sergio Mendes (1941), Sheryl Crow (1963), Jennifer Aniston (1969)

Bedeutende Ereignisse und Jahrestage: Dieser Tag steht für praktische Neuerungen. So veröffentlichte der Britische Wetterdienst am 11. Februar 1878 zum ersten Mal seinen fortan wöchentlich erscheinenden Wetterbericht. 1975 ging Margaret Thatcher als erste weibliche Vorsitzende der Konservativen Partei in die Annalen der Geschichte ein, und 1986 folgte Joan Child als erste Sprecherin des australischen Repräsentantenhauses ihrem Vorbild. Ferner unterstützt der 11. Februar Selbständigkeit: Honduras wurde unabhängig (1922), und in den Lateranverträgen wurde der Vatikan zum souveränen Staat unter Führung des Papstes erklärt (1929). Das Mitgefühl, für das dieser Tag ebenso steht, kommt unter anderem in der Freilassung Nelson Mandelas aus der Gefangenschaft zum Ausdruck (1990).

Planeteneinflüsse

Herrschender Planet: Uranus.
Dritter Dekan: Persönlicher Planet ist die Venus.

♅ ♀

Religiöse und kulturelle Bedeutung

Jahrestag der Meiji-Verfassung in Japan, Pilgerfahrt zum Schrein Unserer Lieben Frau von Lourdes in Frankreich.
Namenstag: Gregor II. (669–731), Benedikt von Aniane (ca. 750–821), Maria Fidelis Weiß (1882–1923), Theodor Babilon (1899–1945).

Thomas Alva Edison, am 11. Februar 1847 geboren, gehört zu den vielseitigsten und genialsten Erfindern der Geschichte. Der Autodidakt (mit nur dreimonatiger Schulbildung) vereinte in sich ein Maximum an Elan, Kreativität und Originalität, wie es für am 11. Februar Geborene typisch ist und erzielte damit phänomenale Erfolge.

Planeteneinflüsse

Herrschender Planet: Uranus.
Dritter Dekan: Persönlicher Planet ist die Venus.

♅ ♀

Religiöse und kulturelle Bedeutung

Namenstag: Humbeliana († ca. 1130), Ludanus († 1202).

Charles Darwin, wie Abraham Lincoln am 12. Februar 1809 geboren, teilte mit ihm auch einige wichtige Eigenschaften, für die der 12. Februar steht, darunter ein klares, originelles Denkvermögen, Mut zur Auseinandersetzung und große Energiereserven.

12. FEBRUAR

Wegen ihrer inspirierenden Art und ihres sozialen Gerechtigkeitssinns werden diese Menschen oft bewundert und in Führungspositionen eingesetzt. Zwar empfinden sie echtes Mitgefühl für die Nöte ihrer Mitmenschen, was sie aber antreibt, ist weniger Empathie als der brennende Wunsch, Unrecht zu beseitigen und aufklärend zu wirken. Treten Probleme auf, die eine Lösung erfordern, so können sie die verfügbaren Fakten mit beneidenswertem Geschick einordnen, objektiv beurteilen und einen effektiven Handlungsplan entwerfen. Dabei sind sie von der Richtigkeit ihrer ethischen Urteile so sehr überzeugt, daß sie sich kaum vom einmal eingeschlagenen Weg abbringen lassen und mit Selbstvertrauen und Hartnäckigkeit auf ihr Ziel hinarbeiten. Diese Eigenschaften sind ideale Voraussetzungen für Führungspositionen in Militär oder Politik, besonders wenn sie im chinesischen Jahr des Drachen geboren sind. Doch diese Menschen sind auch höchst sinnlich und wissen das Schöne im Leben zu schätzen: Kunst, kulinarische Genüsse und anregende Gesellschaft. Die meisten sind sich bewußt, daß die Pflege ihrer hedonistischen Seite den notwendigen Ausgleich zu dem Druck schafft, dem sie im Beruf oder bei der Verwirklichung ihrer intellektuellen Ziele ausgesetzt sind. Als Eltern und Partner sind sie liebevoll und aufmerksam, dabei sollten sie jedoch darauf achten, nicht zu richtungsweisend aufzutreten und besonders ihren Kindern zu gestatten, eigene Wege zu gehen.

STÄRKEN: Am 12. Februar Geborene haben feste Überzeugungen, die sie sich mit großer Objektivität, klarer Auffassungsgabe und originellem Denken erarbeitet haben. Ihre Triebfeder ist der Wunsch, aktiv zum Fortschritt beizutragen, für manche geradezu eine Mission.

SCHWÄCHEN: Weil sie Schwarzweiß-Denken bequem finden und sich ihre Meinung nach einem eingehenden Prozeß sorgfältigen Abwägens bilden, fällt es diesen Menschen schwer, ihre festgefügten Auffassungen zu revidieren.

FAZIT: An diesem Tag geborene Menschen haben viele gute Eigenschaften, darunter Mut, Elan und den Wunsch, für Harmonie zu sorgen. Da sie aber von ihren Zielen so felsenfest überzeugt sind, müssen sie darauf achten, sich anderen Sichtweisen nicht zu verschließen.

An diesem Tag

Prominente Geburtstage: Thomas Campion (1567), John Winthrop (1588), Jan Swammerdam (1637), Cotton Mather (1663), Charles Darwin und Abraham Lincoln (1809), George Meredith (1828), Marie Lloyd (1870), Omar Bradley (1893), Roy Harris (1898), Rudolf Platte (1904), Lorne Green (1915), Dom Di Maggio (1917), Franco Zeffirelli (1923), Joe Garagiola (1926), Bill Russell (1934), Judy Blume (1938), Simon Mac Corkindale (1953), Joanna Kerns (1955), Arsenio Hall (1958), Sigrid Thorton (1959), Christina Ricci (1980)

Bedeutende Ereignisse und Jahrestage: Dieser Tag steht für soziale Gerechtigkeit. So erlangte Chile am 12. Februar seine Unabhängigkeit (1818), in den USA wurde die NAACP (National Association for the Advancement of Colored People) gegründet (1909), nach dem Ende der Mandschu-Dynastie wurde China Republik (1912), Ernie Bridge wurde als erster Aborigine in der Geschichte Australiens Minister im Kabinett (1986), und Dr. Carmen Lawrence wurde als erste Frau Premierministerin eines australischen Bundesstaates (1990). Auch das oft intolerante Beharren auf einem Standpunkt ist ein Kennzeichen des 12. Februar. So wurde an diesem Tag Lady Jane Grey nach nur neuntägiger Regentschaft als Königin von England auf Veranlassung von Maria Tudor, die ihr Hochverrat vorwarf, enthauptet (1554). Der Fortschritt, für den dieser Tag auch steht, spiegelt sich in der Vorführung von Alexander Graham Bells erstem „Verbindungstelefon“ mit einem Telefonat von Boston nach Salem (1887).

13. FEBRUAR

Am 13. Februar Geborene sind von Natur aus extrovertierte Menschen. Sie quellen über vor Energie, sind sensationshungrig und in allem, was sie tun, aufgeschlossen und unvoreingenommen. Man kann sie einfach nicht ignorieren, und sie genießen es, im Mittelpunkt zu stehen. Ihre lebendige Phantasie und ihr unwiderstehlicher Drang, neue Wege zu gehen, dazu eine gewisse Dreistigkeit und ein Hang zum Exhibitionismus sorgen dafür, daß diese Menschen oft als Trendsetter gelten, besonders in der Kunst. Tatsächlich suchen sie den zwischenmenschlichen Kontakt und blühen förmlich auf, wenn sie vor Publikum stehen. In einem Beruf, der ihnen kleinliche Regeln und Vorschriften aufzwingt, kommen sie nicht zur Geltung, einsame Ziele, für die bei anderen keine Anerkennung zu erwarten ist, füllen sie nicht aus. Trotz ihres Bedürfnisses nach intellektueller Anregung und ihrer Liebe zu allem Neuen, fühlen sich diese gutherzigen Menschen Familie und Freunden tief verbunden und wünschen nichts mehr als deren Glück und Wohlergehen. Umgekehrt fordern sie sehr viel Liebe und starken emotionalen Rückhalt und verlangen damit unbewußt von denen, die sie lieben, einen Teil ihrer Gedanken- und Handlungsfreiheit aufzugeben. Zwar schätzen sie materielle Annehmlichkeiten und umgeben sich gern mit etwas Luxus, aber dieser Wunsch rührt weniger vom Verlangen nach Reichtum her, sondern von der reinen, sinnlichen Freude an Schönheit und Wohlstand.

STÄRKEN: Am 13. Februar Geborene sind überschwenglich, kontaktfreudig, originell und mutig. Ihr scharfer Intellekt und ihre unerschöpfliche Energie werden ausgeglichen durch eine angeborene Empfänglichkeit für das Sinnliche.
SCHWÄCHEN: Diese energiegeladenen Menschen genießen die Aufregung, die ihr Auftritt auf der Bühne des Lebens mit sich bringt, und lassen sich dann nur vom Gefühl und nicht vom Verstand leiten. Ihr Selbstbewußtsein und ihre Neigung, kein Blatt vor den Mund zu nehmen, führen dazu, daß sich zartere Gemüter verletzt oder ausgeschlossen fühlen.
FAZIT: Es tut diesen Menschen gut, alles im Leben ein wenig gelassener anzugehen und sich die Folgen ihres Handelns in Ruhe vor Augen zu führen, bevor sie ihrem impulsiven Verhaltensmuster folgen. Ihren Mitmenschen sollten sie eigene Ideen zugestehen und ihre Meinung respektieren.

An diesem Tag

Prominente Geburtstage: Hartmann Schedel (1440), Feodor Iwanowitsch Schaljapin (1873), Bess Truman (1885), Georges Simenon (1903), Rosa Parks (1913), Tennessee Ernie Ford (1919), Kim Novak (1933), George Segal (1934), Oliver Reed (1938), Stockard Channing (1944), Peter Gabriel (1950)

Bedeutende Ereignisse und Jahrestage: An diesem Tag der Dreistigkeit und des Exhibitionismus verübte die berüchtigte James-Younger-Bande in Liberty, Missouri, ihren ersten Bankraub (1866), und die niederländische Tänzerin Mata Hari wurde von den französischen Behörden wegen Spionageverdachts verhaftet (1917). Dieser Tag steht für ein Handeln aus dem Glauben an sich selbst. Dies zeigte sich auf tragische Weise in dem Massaker, das die Truppen von John Campbell in Glencoe am schottischen MacDonald-Clan verübten (1692). Als unmittelbare Folge seines unabhängigen Denkens wurde der sowjetische Dissident Alexander Solschenizyn aus der Sowjetunion ausgewiesen (1974).

Planeteneinflüsse

Herrschender Planet: Uranus.
Dritter Dekan: Persönlicher Planet ist die Venus.

♅ ♀

Religiöse und kulturelle Bedeutung

Im Alten Rom beging man die Parentalien.
Namenstag: Wiho, Gosbert und Adolf (Bischöfe von Osnabrück), Kastor von Karden († ca. 400), Jordan von Sachsen († 1237), Christina von Spoleto (Augustina Camozzi, ca. 1435–56), Eustochia von Padua (1444–69).

Der 13. Februar ist ein Tag gewaltsamen Handelns, zu erkennen an den Folgen des Bombenangriffs der Alliierten auf Dresden am 13. Februar 1945.

14. FEBRUAR

Am 14. Februar Geborene besitzen ein rasches, analytisches Denken und eine prägnante, oft pointierte Ausdrucksweise. Sie sind sehr fortschrittlich, wollen selbst immer weiter und höher kommen und die Welt ins Lot bringen. Die zielgerichtete und wohldurchdachte Weise, mit der sie ihre beträchtlichen Energien einsetzen, trägt ihnen Bewunderung ein, die Ungeduld mit denjenigen hingegen, die nicht so schnell denken und handeln, wirkt oft einschüchternd und abstoßend. Darüber hinaus kann ihr beißender Humor, zumal in Verbindung mit ihrer großen Ausdruckskraft, eine verletzende Waffe sein. Sie sollten sich die Empfindlichkeiten ihrer Mitmenschen, besonders in ihrer unmittelbaren Umgebung, vor Augen halten und die Folgen ihrer oft impulsiv gewählten Worte einschätzen lernen, so befriedigend die starke Wirkung zunächst auch sein mag, die sie hinterlassen.

Aber diese Menschen sind nicht nur vom Verstand gelenkt. Sie haben eine sehr gute Verbindung zu ihren Instinkten und sind sehr empfänglich für sinnliche Eindrücke. Sie sind so vielseitig begabt, daß sie in der Kunst wie in der Wissenschaft gleichermaßen erfolgreich sein können, aber ihr Tatendrang läßt sie für Berufe in der Produktion besonders geeignet erscheinen. Sie freuen sich über ein gutes Einkommen, hauptsächlich aber, um sich mit schönen Dingen umgeben zu können.

STÄRKEN: Am 14. Februar Geborene verfügen über einen scharfen, wißbegierigen Verstand und zugleich hochentwickelte kommunikative Fähigkeiten. Damit können sie ihre Ziele mit beneidenswerter Leichtigkeit erreichen. Neben ihren praktischen Begabungen verfügen sie über eine zutiefst sinnliche Seite und schätzen den Luxus.

SCHWÄCHEN: Sie müssen sich davor hüten, mit Ungeduld auf alle zu reagieren, die ihren Anforderungen nicht genügen können oder wollen. Sie neigen dazu, ihrer Enttäuschung durch Angriffe Ausdruck zu verleihen, entweder verbal oder durch einen spektakulären Wutausbruch.

FAZIT: An diesem Tag geborene Menschen sollten darauf achten, ihre zahlreichen Begabungen gut einzusetzen und Widrigkeiten gelassen und freundlich zu begegnen. Lassen sie sich dazu hinreißen, ihren destruktiven Impulsen nachzugeben, verlieren sie rasch die Unterstützung ihrer Mitmenschen.

Planeteneinflüsse

Herrschender Planet: Uranus.
Dritter Dekan: Persönlicher Planet ist die Venus.

♅ ♀

Religiöse und kulturelle Bedeutung

Im Alten Rom Fest der Juno Lucina.
Namenstag: Valentin von Terni († 268?), Schutzheiliger der Jugend, für eine gute Heirat, Cyrillus (826–69) und Methodius (ca. 815–85), Schutzheilige von Europa und aller slawischen Völker, Johannes Baptist von der Empfängnis (1561–1613).

An diesem Tag

Prominente Geburtstage: Francesco Cavalli (1602), Thomas Robert Malthus (1766), Christopher Latham Scholes (1819), Jack Benny (1894), John Longden (1907), Juan Pujol Garcia (1912), Hugh Downs (1921), Vic Morrow (1932), Florence Henderson (1934), Alan Parker (1944), Gregory Hines (1946), Kevin Keegan (1951), Meg Tilly (1960)

Bedeutende Ereignisse und Jahrestage: Dieser Tag steht für den geschickten Umgang mit Worten. So hatte am 14. Februar 1895 das Stück *Ernst sein! (Bunbury)* von Oscar Wilde, bekannt für seinen Wortwitz, Premiere (1895), Nikita Chruschtschow leitete auf dem XX. Parteitag der KPdSU die Entstalinisierung ein (1956), und im Iran verhängte Ayatollah Khomeini eine Fatwa über Salam Rushdie, weil dieser mit seinen *Satanischen Versen* den Islam beleidigt habe (1989). Innovation und Fortschritt, gleichfalls Attribute dieses Tages, zeigen sich in der Eröffnung des Kinderkrankenhauses Great Ormond Street in London (1852), der Inbetriebnahme des IBM-Computers an der Universität Pennsylvania (1946) und der Einführung von „Skyphone“, des ersten Satellitentelefons, auf Transatlantikflügen der British Airways (1989). Ironie des Schicksals: An diesem Tag der Liebe wurden beim sogenannten Valentinstag-Massaker in Chicago sieben Gangster von einer rivalisierenden Bande erschossen.

Karten und Blumen schenken sich Verliebte am 14. Februar zum Zeichen ihrer Zuneigung.

15. FEBRUAR

Der hervorstechendste Charakterzug der am 15. Februar Geborenen ist vielleicht ihr Bedürfnis nach Anregung und die damit verbundene Begeisterung für neue Interessengebiete sowohl im Intellektuellen als auch im eher Körperlichen, da diese energiegeladenen Menschen sich der Natur oft sehr verbunden fühlen. Im Umgang mit anderen verlassen sie sich auf ihren hochentwickelten Instinkt. Sie stellen sich auf die Stimmung ihrer Mitmenschen ein und reagieren freundlich und höflich. Getrieben von dem Wunsch, die Menschen in ihrem engeren und weiteren Umfeld glücklich zu machen, verwenden sie ihre kommunikativen und diplomatischen Fähigkeiten gern darauf, Spannungen abzubauen. Daher schätzen Freunde und Familie sie sehr, fühlen sich jedoch gelegentlich verunsichert von der Eigenwilligkeit und Abneigung, mit der am 15. Februar Geborene auf Vorgaben von anderen reagieren, durch die sie sich eingeengt fühlen.

Aufgrund ihrer vielseitigen Begabung können die an diesem Tag Geborenen auf vielen Gebieten erfolgreich sein – in Wissenschaft, Kunst, im Sport und im Geschäftsleben – läßt man sie nur ihre eigenen Wege gehen. Fühlen sie sich durch äußere Reglementierungen eingeschränkt, haben sie die ausgeprägte Neigung, sich in die angenehmere Welt der Sinne zurückzuziehen. So kompensieren sie ihre Frustration durch ihre Liebe zur leichten Muse, zu Geselligkeit und schönem Leben, besonders wenn sie zugleich im chinesischen Jahr des Hasen geboren sind.

STÄRKEN: Diese charmanten, enthusiastischen und mitfühlenden Menschen haben den aufrichtigen Wunsch, anderen Glück und Fröhlichkeit zu bringen und verfügen über die notwendige Originalität, aber auch über die intellektuellen Fähigkeiten, für humanitären Fortschritt zu sorgen.

SCHWÄCHEN: Weil sie sich geistige und körperliche Anregung so sehr wünschen, fehlt ihnen oft Disziplin, und sie geben nur ihren Instinkten nach. So wollen sie schwierige Situationen umgehen, die sie als frustrierend empfinden.

FAZIT: Die am 15. Februar Geborenen müssen die Verantwortung erkennen und ihr Rechnung tragen, der man sich im Leben nun einmal nicht entziehen kann. Daher sollten sie mit ihrer oft im Verborgenen schlummernden Konzentrationsfähigkeit ihr Augenmerk auf die Bereiche ihres Lebens richten, die sie als unangenehm oder profan empfinden.

An diesem Tag

Prominente Geburtstage: Pedro Menendez de Aviles (1519), Galileo Galilei (1564), König Ludwig XV. von Frankreich(1710), Jeremy Bentham (1748), Cyrus Hall McCormick (1809), Charles Lewis Tiffany (1812), Susan Brownell Anthony (1820), Elihu Root (1845), Sir Ernest Henry Shackleton (1874), John Barrymore (1882), Cesar Romero (1907), Harvey Korman (1927), Norman Graham Hill (1929), Claire Bloom (1931), Melissa Manchester und Jane Seymour (1951), Matt Groening (1954), Jens Fiedler (1970)

Bedeutende Ereignisse und Jahrestage: Dieser Tag steht für stark humanitäre Neigungen – den Wunsch, die Menschen glücklich zu machen und zu ihrer Weiterentwicklung beizutragen, der viele Formen annehmen kann. Und so wurde denn auch auf der „S. S. Dunedin“ die erste Ladung tiefgefrorenes Fleisch von Neuseeland nach Großbritannien verschifft (1882), die USA entsandten das Kriegsschiff „Maine“ in versöhnlicher Mission nach Kuba (1898), und in Den Haag trat der Internationale Gerichtshof zu seiner ersten Sitzung zusammen (1922). Die Veränderungen, die dieser Tag bewirken kann, zeigten sich in der offiziellen Ablösung des Union Jack als Kanadas Flagge durch das Ahornblatt (1956) und der Einführung des dezimalen Währungssystems in Großbritannien (1971).

Planeteneinflüsse

Herrschender Planet: Uranus und Neptun.
Dritter Dekan: Persönlicher Planet ist die Venus.
Zweite Häuserspitze: Wassermann mit Fischetendenzen.

♅ ♆ ♀

Religiöse und kulturelle Bedeutung

Im Alten Rom Feier der Luperkalien.
Namenstag: Siegfried von Schweden († ca. 1045).

Die exzentrische Susan B. Anthony, 1820 an diesem Tag der Originalität geboren, lehnte die traditionelle Rolle in Ehe und Familie ab und kämpfte statt dessen für das Frauenwahlrecht.

16. FEBRUAR

Die am 16. Februar Geborenen achten das Leben in allen seinen Formen. Soziale Ungerechtigkeiten berühren sie tief. Instinktiv empfinden sie Mitgefühl und hegen den brennenden Wunsch, Verbesserungen herbeizuführen. Zwar lassen sich diese Menschen von Intuition und Mitgefühl leiten, handeln aber selten impulsiv, sondern gehen ein Problem lieber mit ihrem hochentwickelten analytischen Verstand und weiser Voraussicht an. Darüber hinaus besitzen sie einen beeindruckenden Realismus sowohl in der Beurteilung ihrer Mitmenschen als auch in der Einschätzung eigener Ziele – vielleicht, weil sie so einfühlsam sind. Mit diesen Eigenschaften, ihrer Energie und Originalität haben sie besonders gute Erfolgsaussichten im Geschäftsleben, besonders wenn sie Verantwortung übernehmen können. Da diese Menschen aber auch ein feines Gespür für das Intuitive und Schöne in der Kunst haben, liegen ihnen auch Berufe in der Kunst- oder Unterhaltungsbranche. Viele am 16. Februar Geborene kontrollieren ihre Neigung zu extremer Sensibilität ganz bewußt. Wie zum Selbstschutz entwickeln sie unbewußt ein rationales Kontrollsystem für ihre emotionalen Reaktionen. Tatsächlich liegt ihnen das Wohl anderer so sehr am Herzen, daß sie befürchten, Traurigkeit und Besorgnis könnten sie überwältigen, wenn sie nicht einen gewissen emotionalen Abstand wahren. Sie neigen dazu, ihre tiefsten Empfindungen im Innersten zu vergraben und finden daher nur schwer wieder Zugang dazu. Zugleich läßt ihre gut entwickelte Voraussicht es ihnen oft ratsam erscheinen, emotionales Engagement zu vermeiden. Die Partner dieser sensiblen Menschen sollten daher Geduld mit ihnen haben.

STÄRKEN: Am 16. Februar Geborene besitzen einen kritischen, unvoreingenommenen Verstand. Da sie aber Mitgefühl und den Wunsch haben, die Lebensbedingungen der Menschen zu verbessern, wollen sie ihre vielfältigen Begabungen selbstlos einsetzen.

SCHWÄCHEN: Ihre Sensibilität und ihr kritisches Urteilsvermögen führen zuweilen dazu, daß diese Menschen eine Neigung zu Pessimismus, Depressionen und Selbstzweifeln entwickeln. Ihre Fähigkeit, viele mögliche Entwicklungen vorherzusehen, kann Angstzustände und Unentschlossenheit bewirken.

FAZIT: Die an diesem Tag Geborenen sollten darauf achten, daß ihr emotionales und intellektuelles Gleichgewicht nicht gestört wird. Weder sollten sie zu rational werden und damit ihre Instinkte übergehen, noch sollten sie sich durch emotionale Reaktionen von dem Wunsch abhalten lassen, Gutes zu bewirken.

Planeteneinflüsse

Herrschender Planet: Uranus und Neptun.
Dritter Dekan: Persönlicher Planet ist die Venus.
Zweite Häuserspitze: Wassermann mit Fischetendenzen.

♅ ♆ ♀

Religiöse und kulturelle Bedeutung

Namenstag: Juliana von Nikomedien (ca. 285–ca. 304).

John McEnroe, geboren am 16. Februar 1959, besitzt die sensible und zugleich impulsive Persönlichkeit, die für dieses Geburtsdatum typisch ist. Sein Mond in den Zwillingen mildert diese Eigenschaften jedoch durch Entschlossenheit und Zielstrebigkeit, und so brachte er es in seiner anspruchsvollen Tenniskarriere zu hohen Ehren.

An diesem Tag

Prominente Geburtstage: Philipp Melanchthon (1497), Kurfürst Friedrich Wilhelm (1620), Henry Brookes Adams (1838), Charles T. Russell (1852), George Macaulay Trevelyan (1876), Robert Flaherty (1884), Hugh Beaumont (1909), Patty Andrews (1920), Geraint Llewellyn Evans (1922), John Schlesinger (1926), Barry Humphries (1934), Sonny Bono (1935), Anthony Dowell (1943), William Katt (1955), LeVar Burton (1957), Ice-T (1958), John McEnroe (1959)

Bedeutende Ereignisse und Jahrestage: Dieser Tag steht für Freiheit und soziale Gerechtigkeit. So bezeichnet er Amnestie und Freilassung von 25.000 indischen Gefangenen zur Feier des Geburtstags von Königin Viktoria von England (1887), die Rettung von 299 britischen Kriegsgefangenen an Bord des deutschen Schiffes „Altmark" in einem norwegischen Fjord durch ein Enterkommando der „Cossack" (1940), die Einnahme des japanisch besetzten Bataan auf den Philippinen durch die USA (1945) und die Eröffnung des Prozesses gegen John Demanjanuk in Israel wegen der Greueltaten, die er im Konzentrationslager Treblinka verübt hatte (1987): An diesem Wassermann-Tag stach das US-amerikanische Atom-U-Boot „Triton" zur ersten Weltumrundung unter Wasser in See (1960). Auch der Wunsch nach Annehmlichkeiten kennzeichnet den 16. Februar, an dem die Erstausgabe des Ladies Home Journal erschien (1883) und in England der erste Scheck unterzeichnet wurde (1659).

17. FEBRUAR

Diese Menschen sind außergewöhnlich sensible Persönlichkeiten, denen keine Einzelheit, keine Nuance und kein Unterton entgeht. Ihre Empfindsamkeit, ihr weiches Herz und ihre tiefe empathische Identifikation mit den Schwachen und Schutzlosen sind wertvolle Eigenschaften, tragen den am 17. Februar Geborenen aber oft emotionale Schwierigkeiten ein. Als Kinder verletzt sie unbedachtes Verhalten oft tief. Ihre Eltern sollten diese Neigung erkennen und ihnen durch Freundlichkeit und Achtsamkeit den Rücken stärken. Mit dem Heranwachsen entwickeln sie Strategien zum Selbstschutz und verbergen ihre Verletzlichkeit hinter forschem Auftreten. Aber auch wenn sie nach außen eine harte Fassade zeigen, bleibt ihre Sensibilität immer integraler Bestandteil ihrer Persönlichkeit.

Die Welt lebenswerter zu machen, bedeutet den an diesem Tag Geborenen viel. Der Wunsch, Verbesserungen herbeizuführen, zeigt sich je nach Begabung unterschiedlich. Sie sind zwar nicht unbedingt klar strukturierte Persönlichkeiten, setzen sich aber meist in typisch entschlossener Weise für nationale, soziale, wissenschaftliche oder technische Ideale ein. Weil ihnen die persönliche Freiheit so viel bedeutet und sie als Freigeister unter einem phantasielosen Regelwerk, das ihnen aufgezwungen wird, kaum atmen können, sind sie unglücklich (und wohl auch unsicher), wenn sie nicht selbständig oder zumindest innerhalb eines losen, aufgeklärten Gefüges arbeiten können.

STÄRKEN: Diese Menschen kennzeichnet ihre Sensibilität. Sie empfinden tiefes Mitgefühl mit Unterdrückten und setzen daher ihre beachtliche Vitalität im Kampf für die Menschen ein, denen es weniger gut geht.
SCHWÄCHEN: Ihre Persönlichkeitsstruktur verleitet die am 17. Februar Geborenen zu Extremen: Entweder sie gehorchen einzig und allein ihren Gefühlen und leben damit in ständigem innerem Aufruhr, oder sie schaffen sich eine undurchdringliche Fassade, damit sie nicht verletzt werden können. Bei ihrem Kampf für Toleranz kann es allerdings geschehen, daß sie selbst starrsinnig werden.
FAZIT: Für die emotionale Gesundheit dieser Menschen ist wichtig, daß sie ihre starke Neigung, sich einzig und allein auf ihre Instinkte zu verlassen, kontrollieren. Dabei sollten sie aber darauf achten, daß sie nicht unüberwindliche Barrieren errichten und sich so von ihren Mitmenschen völlig absondern.

An diesem Tag

Prominente Geburtstage: Horace Bénédict de Saussure (1740), René Laënnec (1781), Frederick Eugene Ives (1856), Andrew Barton „Banjo" Paterson (1864), André Maginot (1877), Marion Anderson (1902), John Allegro (1923), Hal Holbrook (1925), Yassir Arafat (1929), Ruth Rendell (1930), Alan Bates (1934), Jim Brown (1936), Rita Süssmuth (1937), Rene Russo (1954), Lou Diamond Phillips (1962), Michael Jordan (1963), Jerry O'Connell (1974)

Bedeutende Ereignisse und Jahrestage: Der Feuereifer im Einsatz für ein besseres Gesellschaftssystem, für den dieser Tag steht, führt oft zu Konflikten. So z. B. als radikale russische Anti-Imperialisten in der Absicht, die autokratische Herrschaft von Zar Alexander II. zu beenden, das Winterpalais in St. Petersburg bombardierten (1880). Die Bereitschaft zu außergewöhnlicher Leistung zeigt sich im Triumph des Skifahrer Jean-Claude Killy, der bei den Olympischen Winterspielen in Grenoble drei Goldmedaillen gewann (1968). Auch technische Neuerungen sind ein Kennzeichen dieses Tages. So erhielt Baron Karl von Drais de Sauerbrunn 1818 das Patent für sein Laufrad, die Draisine, 1833 ließ M. A. Ashwell aus London seine „Frei"- und „Besetzt"-Zeichen für öffentliche Toiletten eintragen, und 1972 brach der VW-Käfer mit dem Verkauf von 15.007.034 Fahrzeugen den Rekord des „T-Modells" von Ford.

Planeteneinflüsse

Herrschender Planet: Uranus und Neptun.
Dritter Dekan: Persönlicher Planet ist die Venus.
Zweite Häuserspitze: Wassermann mit Fischetendenzen.

Religiöse und kulturelle Bedeutung

Hindus feiern den Geburtstag der Kali.
Namenstag: Evermod von Ratzeburg (ca. 100–78), Lukas Belludi (Lukas von Padua, ca. 1200–85), die sieben Stifter des Servitenordens († 13. und 14. Jh.), Franz Regis Clet (1748–1820).

Kali, die mächtigste Göttin des hinduistischen Pantheons, deren Geburtstag am 17. Februar begangen wird, wird oft wie auf dem Bild unten dargestellt: Sie tanzt auf dem liegenden Gott Shiva.

18. FEBRUAR

Ihre festen Überzeugungen – oftmals eher gefühls- als verstandesgeleitet – vermitteln den am 18. Februar Geborenen ein eigenwilliges, optimistisches Weltbild, das zwar altruistisch, aber nicht ganz realistisch ist. Diese sensiblen Menschen haben einen Blick für Bereiche, in denen menschliche Verbesserungen notwendig sind. Idealistisch und entschlossen setzen sie ihre Begabungen dafür ein. Sie sind getrieben von dem Wunsch, ihre zuweilen grandiosen Utopien zu verwirklichen und reagieren höchst ungeduldig, wenn sie durch Kleinigkeiten bei der Umsetzung ihrer wichtigen Ziele gestört werden. So erzielen sie oft bemerkenswerte Erfolge. Zwar empfinden sie tiefe Zuneigung zu ihrer Familie und brauchen deren Unterstützung und Rückhalt sehr, aber oft vernachlässigen sie sie unabsichtlich zugunsten des Einsatzes für ihre Pläne.

Trotz ihrer Neigung, ihre Ziele mit unerschöpflicher Energie und Hartnäckigkeit zu verfolgen, sind diese Menschen ihren instinktiven Reaktionen nicht völlig ausgeliefert. Sie überprüfen ihre Vorlieben gern rational und beziehen ihre Selbstsicherheit aus dem Bewußtsein, sie mit ihren analytischen Fähigkeiten kontrolliert zu haben. Mehr noch, sie holen die Meinung anderer ein und können einzelne Punkte übernehmen, wenn sie von deren Richtigkeit überzeugt sind. Als charismatische und inspirierende Persönlichkeiten ziehen sie in Führungspositionen oft andere Menschen an. Diese vielseitig begabten Persönlichkeiten blühen in jedem Beruf auf, in dem sie ihre eigenen Wege gehen können.

STÄRKEN: Diese eigenwilligen Menschen haben große Visionen, enormes Durchhaltevermögen und eine fortschrittliche Haltung. Sie lassen sich gern vom Gefühl leiten, besitzen jedoch auch die Fähigkeit, ihre inneren Impulse rational zu analysieren.
SCHWÄCHEN: Am 18. Februar Geborene neigen dazu, sich ausschließlich einem bestimmten Interessengebiet zuzuwenden. So können sie sich den Menschen entfremden, die sie zu ihrer emotionalen Stabilität brauchen.
FAZIT: Diese Menschen sollten versuchen, fest in der realen Welt verankert zu bleiben und Freunden und Familie genauso viel Zeit und Zuwendung zu schenken wie der Sache, die ihnen am Herzen liegt. Erfüllung finden sie im Gleichgewicht zwischen privatem und beruflichem Leben.

Planeteneinflüsse

Herrschender Planet: Uranus und Neptun.
Dritter Dekan: Persönlicher Planet ist die Venus.
Zweite Häuserspitze: Wassermann mit Fischetendenzen.

♅ ♆ ♀

Religiöse und kulturelle Bedeutung

Persisches Fest Spenta Armaiti.
Namenstag: Simon, „Bruder des Herrn" († ca. 107), Fra Angelico (Giovanni da Fiesole, 1387–1455).

Sinnbildlich für die fehlgeleiteten Überzeugungen, die dieser Tag symbolisiert, steht die Amtseinführung von Jefferson Davis, Präsident der Konföderierten Staaten von Amerika, eines kurzlebigen Staatsgebildes, das entstand, weil die Südstaaten sich der geplanten Abschaffung der Sklaverei widersetzten.

An diesem Tag

Prominente Geburtstage: Graf Alessandro Volta (1745), Nicolo Paganini (1782), Ernst Mach (1838), Andres Segovia (1894), André Breton (1896), Enzo Ferrari (1898), Heinz Fischer (1912), Phyllis Calvert (1915), Jack Palance (1920), George Kennedy (1925), Len Deighton (1929), Toni Morrison und Ned Sherrin (1931), Milos Forman (1932), Yoko Ono und Bobby Robson (1933), Beatrice Faust (1939), Cybill Shepherd (1950), John Travolta (1954), Vanna White (1957), Matt Dillon (1964), Molly Ringwald (1968)

Bedeutende Ereignisse und Jahrestage: An diesem Tag, der für einen zum Religiösen tendierenden Idealismus steht, wurde *Die Pilgerreise* von John Bunyan veröffentlicht (1678). Die christliche Allegorie gehört zu den erfolgreichsten Büchern der englischen Literatur. Eher praktischen Fortschritt spiegeln die Inbetriebnahme der ersten direkten Telegraphenverbindung zwischen Großbritannien und Neuseeland (1876) und die Einrichtung des ersten Luftpostdienstes der Welt von Allahabad zum Verkehrsknotenpunkt Naini durch Henri Pecquet (1911). Zum beherrschenden Element Luft paßt es, daß Clyde Tombaugh vom U.S.-amerikanischen Lowell Observatorium am 18. Februar 1930 am Nachthimmel den Planeten Pluto entdeckte.

FISCHE

♓

19. Februar bis 20. März

Herrschender Planet: Neptun (früher Jupiter) **Element:** Wasser, veränderlich

Polarität: Negativ (feminin)

Körperliche Entsprechung: Füße

Edelsteine: Koralle, Jaspis, Blutstein (Hämatit), weißer Opal, Perle, Amethyst, Mondstein

Blumen: Mohn, Seerose, Nelke, Thymian

Farben: Weiß, Mauve, Rot

Viele astrologische Systeme stellen dieses Sternbild in Gestalt eines Meerwesens dar: Im Alten Griechenland und in Persien sah man das Sternbild als einzelnen Fisch und nannte es *Ichtys* beziehungsweise *Mahik*. Auch die Hindu-Astrologen nennen es *Mina*, „der Fisch“, und verbinden damit den *Avatar* (die vollkommene Verkörperung) des Gottes Vishnu in Fischgestalt, Matsya. Die Babylonier verstanden die Konstellation zum ersten Mal als Fischepaar, *die Kun* oder „zwei Schwänze“, deren einer die Göttin Simmah („die Schwalbe“) und der andere Anunitum („die Göttin“) darstellte. Ein alter griechisch-römischer Mythos erzählt, Aphrodite (Venus) und ihr Sohn Eros (Cupido) hätten dem schrecklichen Riesen Typhon, nur entkommen können, indem sie sich in Fische verwandelten und davonschwammen. Da Aphrodite aus dem Meer geboren war und dieses Zeichen vom Meergott Neptun beherrscht wird, erscheint es auch passend, daß ihm das Element Wasser zugeordnet ist. Der zweite Himmelskörper, der symbolisch weiblichen Gottheiten geweiht ist, ist der Mond, dessen Einwirkung auf die Gezeiten ihn eindeutig mit dem Meer verbindet. Die beiden Bögen des Fischesymbols stellen die Sicheln des zu- und abnehmenden Mondes dar. Diese Dualität spiegelt sich auch im Kreislauf der Natur, denn der Einflußbereich des Zeichens Fische erstreckt sich auf den letzten Monat des Winters. Es bietet damit zugleich einen Rückblick auf das vergangene landwirtschaftliche Jahr wie einen Ausblick auf das kommende.

Die Fische stehen für Dualität, psychologisch symbolisieren sie die oft widersprüchlichen Bedürfnisse der geistigen und der materiellen Welt. Die Persönlichkeit der Fischegeborenen könnte man mit einem Fisch vergleichen, der auf der Suche nach Erleuchtung das Wasser durchschwimmt (der Einfluß des Neptun deutet darauf hin, daß die Fischegeborenen sich stark zum Spirituellen und Mystischen hingezogen fühlen), wobei das Bild auch für ziellose Unruhe und emotionale Instabilität steht. Auf vielen Abbildungen sind die Fische durch den *Nodus* verbunden, die Silberschnur, die die Verbindung zur geistigen Welt schafft, ein Hinweis auf die verträumte Natur der „Fische“.

19. FEBRUAR

Planeteneinflüsse

Herrschender Planet: Neptun und Uranus.
Erster Dekan: Persönliche Planeten sind der Neptun und der Jupiter.
Erste Häuserspitze: Fische mit Wassermanntendenzen.

♅ ♆ ♃

Religiöse und kulturelle Bedeutung

In der griechisch-römischen Mythologie Geburtstag der Athene (Minerva).
Namenstag: Barbatus (ca. 612–682), Bonifatius von Lausanne (ca. 1180–1260).

Am 19. Februar 1897 patentierte Thomas Edison seinen Phonographen und verschönte so durch die Musik „lange, dunkle Winterabende". Den Tag kennzeichnet der Wunsch nach Verbesserung der Lebensqualität.

Die am 19. Februar Geborenen schätzen Gedanken- und Handlungsfreiheit, und viele haben den geradezu zwanghaften Drang, allem, was sie tun, ihren unverwechselbaren Stempel aufzudrücken. Zwar sind sie für die Bedürfnisse anderer durchaus aufgeschlossen, zumeist richtet sich ihr Blick jedoch eher auf die Menschheit als Ganzes denn auf einzelne. Wie ihr eher allgemein ausgerichtetes Mitgefühl steht auch ihre Auffassungsgabe deutlich im Zeichen ihrer Vorliebe fürs Rationale, daher pflegen sie ihr Image von Unparteilichkeit. Die am 19. Februar Geborenen hegen den starken Wunsch, Fortschritte herbeiführen und zum Gemeinwohl beitragen zu können. Daher sind sie hervorragende Sozialarbeiter oder Pflegekräfte, die sich nicht durch Überidentifikation mit ihren Klienten lähmen lassen. Die eher künstlerisch Veranlagten – viele haben eine mystische Seite – besitzen das beneidenswerte Talent, ihre Mitmenschen durch Ausdruck und Kraft ihres Auftritts zu unterhalten und zu inspirieren.

Weil sie ein Gleichgewicht zwischen Mitgefühl und rationalem Idealismus wahren können, strahlen diese Menschen Stabilität aus. Als Eltern sind sie verantwortungsbewußt und hilfreich – besonders die Frauen. Ihre natürliche Autorität und ihre Achtung vor der Meinungsfreiheit wirken anziehend. Andererseits gehen sie aus Wissensdurst und Lust an der Herausforderung, gestärkt durch ihr Selbstbewußtsein und den Glauben an ihre Fähigkeiten, oft erschreckende Risiken ein.

STÄRKEN: An diesem Tag Geborene sind extrem scharfsinnig und verstehen es ausgezeichnet, praktische Lösungen für menschliche Probleme zu entwickeln. Diese energiegeladenen und originellen Denker lieben die Herausforderung und testen mit Begeisterung ihre Grenzen.
SCHWÄCHEN: Diese Menschen sollten darauf achten, daß ihre Begeisterung für alles Neue und Individuelle nicht zur Sucht wird. Sie neigen auch dazu, ihre natürlichen Instinkte zu unterdrücken.

FAZIT: Am 19. Februar Geborene tun gut daran, ihre rationalen und emotionalen Neigungen ins Gleichgewicht zu bringen. Sie sollten aber auch darauf achten, beim Einsatz ihrer fast unerschöpflichen Energien für intellektuelle Fortschritte ihre ruhigere, nachdenklichere Seite nicht völlig aus den Augen zu verlieren – etwas Sammlung und Ruhe bringen wichtige Reserven.

An diesem Tag

Prominente Geburtstage: Nikolaus Kopernikus (1473), David Garrick (1717), Luigi Rodolfo Boccherini (1743), Adelina Pati (1843), Cedric Webster Hardwicke (1893), Merle Oberon (1911), Stan Newcomb Kenton (1912), Carson McCullers (1917), Lee Marvin (1924), Smokey Robinson (1940), Cass Elliot (1943), Peter Hudson (1946), Steven Nichols (1951), Jeff Daniels und Margaux Hemingway (1955, Prinz Andrew von Großbritannien und Holly Johnson (1960), Justine Bateman (1966)

Bedeutende Ereignisse und Jahrestage: Vielleicht paßt es ja zu einem Tag im Zeichen der Fische, daß Island im „Kabeljaukrieg" um die Fischereirechte die diplomatischen Beziehungen zu Großbritannien abbrach (1976). Dieser Tag steht für Autonomie, Autorität und den Glauben an sich selbst. So erklärte sich Napoleon Bonaparte zum ersten Konsul – de facto Diktator – Frankreichs (1800), und ein Abkommen zwischen Großbritannien, der Türkei und Griechenland sicherte Zypern die Unabhängigkeit (1959). Das Interesse am kollektiven Schicksal der Menschheit zeigt sich in der Gründung des „Women's Institute" im kanadischen Ontario (1897) und in der Eröffnung der Panafrikanischen Konferenz im Grand Hotel in Paris mit 57 Delegierten aus 16 Ländern und Kolonien (1919). 1897 patentierte Thomas Alva Edison seinen Phonographen, womit er auf einmal sehr vielen Menschen ermöglichte, aufgezeichnete Musik zu hören.

20. FEBRUAR

Es ist wohl Ironie des Schicksals, daß die an diesem Tag Geborenen, so aufmerksam und altruistisch veranlagt sie sind, zuweilen gerade die verletzen, die sich zu ihnen hingezogen fühlen. Das Wohl ihrer Mitmenschen liegt ihnen zwar generell am Herzen, Selbstsicherheit schöpfen sie aber nur aus der Anerkennung und Wertschätzung, die ihnen ihre Zeitgenossen entgegenbringen. Wo sie diese Anerkennung suchen, können sie Empfindlichkeiten übersehen. Diese Menschen besitzen intuitiven Scharfsinn und erfassen Stimmungen in ihrer Umgebung schnell. Ihre Reaktionen passen sie dann entsprechend an. Sie verfügen über beträchtlichen Charme, den sie gelegentlich bewußt einsetzen, um andere zugunsten ihrer Ziele zu manipulieren. Mit diesen Eigenschaften können sie in allen Sozialberufen sehr erfolgreich sein. Besondere Erfolge feiern sie aber im Bereich der Kunst, wo sie Sensibilität und Energie vollauf einsetzen können und die Aufmerksamkeit und den Applaus ernten, nach dem sie sich so sehr sehnen. Mit dieser Sehnsucht nach Wertschätzung verbindet sich das Bedürfnis nach Stimulation, nach Neuem und Aufregendem. Am 20. Februar Geborene haben einen Drang zu reisen. Oft arbeiten sie deshalb in der Tourismusbranche, wo sie ihre Abenteuerlust befriedigen und zugleich persönliche Kontakte pflegen können, die ihnen so wichtig sind. Diese Ruhelosigkeit kann jedoch Schwierigkeiten im Privatleben mit sich bringen, besonders da sie Angst davor haben, sich ganz auf eine Beziehung einzulassen.

STÄRKEN: Dynamisch, charismatisch und sehr empfänglich für das emotionale Wohlergehen ihrer Mitmenschen, sind am 20. Februar Geborene zugleich höchst ehrgeizig und wollen sich von anderen abheben – die nötige Originalität und Energie dazu besitzen sie.
SCHWÄCHEN: Diese Menschen müssen darauf achten, ihre instinktive Fähigkeit, Beziehungen aufzubauen, nicht lediglich zur Verwirklichung ihrer Ziele zu benutzen. Sie brauchen ihre Freunde mehr, als ihnen bewußt ist, und nutzen sie vielleicht doch nur aus.
FAZIT: Die an diesem Tag Geborenen sollten alles, was sie tun, rationaler und überlegter angehen. Sie dürfen sich nicht nur von Gefühlen und Instinkten leiten lassen. Auch ihr Bedürfnis nach Anregung von außen sollten sie mäßigen und Halt in stabilen persönlichen Beziehungen suchen.

Planeteneinflüsse

Herrschender Planet: Neptun und Uranus.
Erster Dekan: Persönliche Planeten sind der Neptun und der Jupiter.
Erste Häuserspitze: Fische mit Wassermanntendenzen.

♆ ♅ ♃

Religiöse und kulturelle Bedeutung

Namenstag: Eucherius von Orléans (ca. 694–738), Jordan Mai (1866–1922).

An diesem Tag

Prominente Geburtstage: Karl Czerny (1791), William Prescott (1796), Honoré Daumier (1808), Marie Rambert (1888), Alexei Nikolajewitsch Kossygin (1904), Sidney Poitier und Gloria Vanderbilt (1924), Hans Christian Blech und Robert Altman (1925), Buffy Sainte-Marie (1941), Peter Strauss (1947), Jennifer O'Neill (1948), Ivana Trump (1949), Patty Hearst (1954), Kelsey Grammar (1955), Cindy Crawford (1966), Kurt Cobain und Andrew Shue (1967)

Bedeutende Ereignisse und Jahrestage: Die Unruhe dieses Tages spiegelt sich in den schweren Stürmen, die in England die Chichester Cathedral umstießen (1861) und – an einem Tag im Zeichen des Elements Wasser – in den ungewöhnlich heftigen Regenfällen, die 1988 im brasilianischen Rio de Janeiro etwa 500 Menschen das Leben kosteten. Der Tag steht auch für den Wunsch nach Prestige und Anerkennung, und so stiegen zwei Persönlichkeiten in prominente Position auf: Lord Mountbatten wurde zum letzten Vizekönig Indiens ernannt (1947), und Idi Amin machte sich selbst zum Staatspräsidenten von Uganda (1971). Das Erfolgspotential dieses Tages symbolisiert John Glenn, der als erster die Erde dreimal umrundete, und zwar in seiner Mercury-Weltraumkapsel „Friendship 7" (1962).

Sintflutartige Regenfälle und Sturm verursachte 1988 an diesem unruhigen Tag in Rio de Janeiro eine Überschwemmung, die über 500 Menschenleben forderte und schwere Zerstörungen anrichtete.

21. FEBRUAR

Planeteneinflüsse

Herrschender Planet: Neptun und Uranus.
Erster Dekan: Persönliche Planeten sind der Neptun und der Jupiter.
Erste Häuserspitze: Fische mit Wassermanntendenzen.

♆ ♅ ♃

Religiöse und kulturelle Bedeutung

Feralien im Alten Rom.
Namenstag: Germanus von Münster-Granfelden (und Randoald, ca. 610–675).

Der englische Dichter W. H. Auden, verkörperte sowohl die Sensibilität und Intuition seines Geburtsdatums am 21. Februar 1907 als auch die Phantasie und Kreativität seines chinesischen Zeichens, der Feuerziege. Seine Werke sind Zeugnis seines leidenschaftlichen Einsatzes für seine pazifistischen Überzeugungen, umfassen aber auch emotionale und religiöse Themen. Er experimentierte mit verschiedenen Stilen – ein Zeichen seiner typischen Freude an Abenteuer und Veränderung.

Tiefe Sensibilität ist das Erkennungsmerkmal der am 21. Februar Geborenen, auch wenn das Menschen, die sie nicht gut kennen, zunächst nicht auffällt, denn zum Schutz vor Schmerz umgeben sie sich mit einer harten Schale. Diese arglosen und vertrauensvollen Naturen denken instinktiv nur das Beste von ihren Mitmenschen, ein liebenswürdiger Charakterzug, der aber leider auch bedeutet, daß skrupellose Charaktere leichtes Spiel haben, ihr Vertrauen zu mißbrauchen und sie auszunutzen. Müssen die an diesem Tag Geborenen derlei Enttäuschungen erleiden, geben sie sich nach außen immer härter und bilden damit einen Schutzwall um ihren weichen Kern. Besonders die Männer müssen jedoch darauf achten, mit dieser Strategie keinen übertriebenen Zynismus zu entwickeln, denn ihre Gefühle liegen tief im Kern ihres Wesens.

Gelingt es ihnen jedoch, ihre intuitiven und emotionalen Bedürfnisse mit ihrem rationalen Bewußtsein ins Gleichgewicht zu bringen, können diese höchst originellen Menschen hervorragende Künstler und besonders Kunsthandwerker werden. Ihre intellektuelle Neugier, ihre Neigung zu sorgfältigem Abwägen und ihre angeborene Abenteuerlust deuten auch auf Erfolge in Wissenschaft, Wirtschaft und Forschung hin. Dabei sollten sie jedoch darauf achten, daß ihre innere Unruhe und ihre Angst, sich vollständig auf einen anderen Menschen einzulassen, ihnen nicht den Weg zum Glück einer tiefen persönlichen Beziehung versperren, das ihnen so wichtig ist.

STÄRKEN: Die am 21. Februar Geborenen sind außergewöhnlich intuitiv, liebevoll und einfühlsam. Sie wissen, daß sie ihre unpersönlichen rationalen Fähigkeiten weiter entwickeln müssen, um zu ihrer wahren Form zu finden.
SCHWÄCHEN: Aus dem Bedürfnis heraus, sich vor Verletzungen zu schützen, umgeben sich diese Menschen mit einem stahlharten Äußeren. Das geht so weit, daß sie andere über ihre wahre Natur hinwegtäuschen oder sogar ihr eigentliches Wesen vollständig unterdrücken.
FAZIT: Wichtig ist, daß diese Menschen über ihre Selbstschutzmechanismen ihre innersten Gefühle nicht völlig verschließen – vor sich und vor anderen. Ganz besonders gilt das für Freunde und Familie. Sie sollten einsehen, daß sie ihrer Psyche schaden, wenn sie ihre wahren Gefühle und Bedürfnisse unterdrücken.

An diesem Tag

Prominente Geburtstage: Zar Peter III. von Rußland (1728) Antonio López de Santa Anna (1794), Kardinal John Newman (1801), Léo Delibes (1836), August von Wassermann (1866), Gertie Millar (1879), Anaïs Nin und Madelaine Renaud (1903), W. H. Auden (1907), Robert Gabriel Mugabe (1924), Nina Simone (1933), Rue McClanahan (1936), Jilly Cooper (1937), Walter Momper (1945), Alan Trammell (1958), Christopher Atkins (1961), Jennifer Love Hewitt (1979)

Bedeutende Ereignisse und Jahrestage: Der 21. Februar steht für das Bedürfnis nach Selbstschutz. So installierte Edwin T. Holmes aus Boston, Massachusetts, den ersten elektrischen Einbruchmelder (1858), mit dem Angriff deutscher Truppen auf französische Befestigungen begann die Schlacht von Verdun (1916), über einem israelischen Militärflugplatz schoß das israelische Militär ein libysches Verkehrsflugzeug mit 74 Passagieren ab (1973), und im südafrikanischen Soweto wurden zwei Leibwächter von Winnie Mandela wegen Mordes verurteilt (1989). Der Tag steht auch für humanitäre wissenschaftliche Entwicklungen. So führte der britische Ingenieur Richard Trevithick den ersten Dampfmotor auf Schienen vor (1804), König Hassan von Marokko ließ ein Gerät zur Funktionsüberwachung des Herzens patentieren (1969), und die erste Polaroidkamera nach Edwin Land wurde vorgestellt (1947). Ausdruck der Originalität dieses Tages sind Nixons Besuch in China als erster amerikanischer Präsident (1972) und der Abschluß des Zahnmedizinstudiums der ersten Frau (1866).

22. FEBRUAR

Die am 22. Februar Geborenen stecken voller Willenskraft und Entschlossenheit und werden von hohen humanitären Idealen angetrieben, auf deren Verwirklichung sie ihre beträchtliche Geisteskraft und Energie verwenden. Diese sensiblen Menschen empfinden starkes Mitgefühl mit allen, denen es weniger gut geht. In dem Wunsch, ihnen ein besseres Leben zu ermöglichen, entwickeln sie wohldurchdachte Handlungspläne, die sie dann mit typischer Beharrlichkeit umsetzen. Zwar sind sie mit ihren Instinkten gut verbunden, lassen sich aber deshalb nicht von der Verwirklichung ihrer Ziele mit rein rationalen Mitteln abbringen. Die Kombination dieser Eigenschaften ist besonders wirkungsvoll und kommt ihnen in vielen Berufen zugute, darunter wissenschaftliche Forschung – besonders, wenn sie auch noch im chinesischen Jahr des Hahns geboren sind – in Militär und Politik, aber auch in der darstellenden Kunst.

Es sind charakterfeste und verantwortungsbewußte Menschen, auf deren Rat und Rückhalt sich Freunde und Familie gern verlassen. Weil sie aber zumeist auch sehr selbstsicher sind und ihre Familie vor Ängsten schützen möchten, teilen sie ihre Sorgen mit niemandem und versagen sich damit selbst Trost und Erleichterung. Ihre hohen Ansprüche bergen außerdem die Gefahr der Enttäuschung, wenn ihre Mitmenschen ihren Erwartungen nicht entsprechen, ein Gefühl, das sie nur schwer verbergen können.

STÄRKEN: Die am 22. Februar Geborenen besitzen einen wachen, deutlich beherrschenden Intellekt, Leidenschaft, moralische Integrität und den flammenden Wunsch, anderen zu helfen. Dazu verfügen sie über alle Energie, Konzentrationsfähigkeit und Tatkraft, die sie zur Verwirklichung ihrer Ziele brauchen.
SCHWÄCHEN: Als Folgeerscheinung ihrer humanitären Ideale und des Pflichtgefühls ihren Mitmenschen gegenüber neigen diese Menschen dazu, sich die Verantwortung für alles Leid der Welt aufzubürden, was sie zuweilen überfordert und ihnen schließlich auch emotional schadet.
FAZIT: Für diese Menschen ist es ganz entscheidend, daß sie mehr Nachsicht und Verständnis für alle entwickeln, die ihren hohen Erwartungen nicht entsprechen – ja, gar nicht entsprechen können. Sich selbst dürfen sie darin ruhig mit einschließen. Auch ihren Beruf sollten sie gelassener und weniger leidenschaftlich angehen. Das wirkt ihrer Neigung zu Depressionen und Pessimismus entgegen.

An diesem Tag

Prominente Geburtstage: George Washington (1732), Arthur Schopenhauer (1788), August Bebel (1840), Eric Gill (1872), Luis Buñuel (1900), Robert Young (1907), John Mills und H. E. Todd (1908), Sybil Leek (1917), Kenneth Williams (1926), Edward Kennedy (1932), Sheila Hannock und Katherine Worsley (1933), Niki Lauda (1949), Julius Erving und Julie Walters (1950), Michael Chang (1972), Drew Barrymore (1975)

Bedeutende Ereignisse und Jahrestage: Das Interesse an der Menschheit als Ganzes, für das der 22. Februar steht, kann sich in patriotischem Eifer äußern. So erlebte an diesem Tag Großbritannien 1797 seine letzte Invasion, als 1.400 Franzosen im walisischen Fishguard landeten, 1819 nahmen die USA den Spaniern Florida ab, und in der Schlacht bei Buena Vista schlugen amerikanische Truppen 1847 ihre mexikanischen Gegner. Viele Eigenschaften, für die dieser Tag steht, gelten als Führungsqualitäten. So wurde im tibetischen Lhasa der fünfjährige Tenzin Gyatso zum 14. Dalai Lama bestimmt (1940) und Harold Washington zum ersten afroamerikanischen Bürgermeister von Chicago gewählt (1983). In dem Wunsch, der Menschheit durch medizinischen Fortschritt zu helfen, publizierte Dr. Selman Abraham Waksman seine Entdeckung des Streptomycin (1946). Nicht so altruistisch motiviert, aber nichtsdestoweniger erfolgreich war die Eröffnung des ersten Ladens von Frank Winfield Woolworth in Utica, New York, (1879), während die Londoner Times die ersten Kleinanzeigen der Welt druckte (1886).

Planeteneinflüsse

Herrschender Planet: Neptun und Uranus.
Erster Dekan: Persönliche Planeten sind der Neptun und der Jupiter.
Erste Häuserspitze: Fische mit Wassermanntendenzen.

♆ ♅ ♃

Religiöse und kulturelle Bedeutung

Namenstag: Margareta von Cortona (1247–1297), Schutzheilige der Büßerinnen.

Zunächst engagierter und erfahrener General, dann der erste Präsident der Vereinigten Staaten: George Washington verkörperte die besten Eigenschaften der am 22. Februar Geborenen: Weitblick, Pflichtgefühl, Integrität und Tatkraft.

23. FEBRUAR

Obwohl ihre heitere, praktische Einstellung zum Leben anziehend wirkt, sind die am 23. Februar Geborenen unter ihrem selbstbewußten Auftreten doch wesentlich weniger optimistisch und selbstsicher als sie nach außen wirken. Sie besitzen gute analytische Fähigkeiten und Beharrlichkeit. Ein Problem zu entwirren befriedigt sie tief. Dabei betrachten sie es aus jedem Winkel und überdenken alle möglichen Schrittfolgen und Konsequenzen einer Lösung. Ihr Selbstbewußtsein gründet sich auf das Wissen um ihre Begabungen und auch um den Respekt und die Zuneigung, die sie bei ihren Mitmenschen wecken. Mit diesen Eigenschaften sind sie besonders im Geschäftsleben erfolgreich, wo sie wegen ihres freundlichen Umgangs und ihrer Geselligkeit bei Kollegen sehr beliebt sind. Da ihren intellektuellen Fähigkeiten eine große Sensibilität gegenübersteht, können sie auch als Künstler, Schriftsteller oder Schauspieler bleibenden Eindruck hinterlassen.

Sie haben sich zum Ziel gesetzt, anderen den Weg zu ebnen. Spüren sie dabei jedoch nicht bedingungslose Liebe und Rückhalt von Freunden und Familie, kann sich ihre Sensibilität in negativen Gefühlen äußern. Haben sie den Eindruck, daß ihre Bemühungen nicht geschätzt werden, fühlen sie sich ausgebeutet und nehmen das ihren Mitmenschen übel. Ein weiterer Nachteil dieser Kombination aus scharfem Verstand, Phantasie und Intuition liegt darin, daß sie sich nicht nur verschiedene Varianten einer Situation lebhaft bildlich vor Augen führen können, sondern auch eine angeborene Neigung besitzen, sich auf die weniger guten zu versteifen.

Planeteneinflüsse

Herrschender Planet: Neptun.
Erster Dekan: Persönliche Planeten sind der Neptun und der Jupiter.

♆ ♃

Religiöse und kulturelle Bedeutung

Im Alten Rom Feier der Terminalien.
Namenstag: Polykarp von Smyrna (70–155), Romana († 4. Jh.), Willigis von Mainz († 1011)

Gedenkmarke an die Eroberung der japanischen Insel Iwo Jima.

STÄRKEN: Neben scharfem Verstand, Rationalität und Entschlußkraft besitzen die an diesem Tag Geborenen Menschen auch natürliches Mitgefühl. Sie fühlen sich verpflichtet, ihren Mitmenschen auf wohldurchdachte, konkrete Art und Weise zu helfen.
SCHWÄCHEN: Diese Menschen brauchen das Gefühl, daß geschätzt wird, was sie für andere tun. Haben sie den Eindruck, sie werden ausgenutzt, reagieren sie entweder gekränkt oder verbergen ihre Verletztheit hinter einer Märtyrermine.
FAZIT: In einer beruflichen Situation, die rasches Handeln erfordert, gehen am 23. Februar Geborene pragmatisch vor. Solchen Realismus sollten sie auch im Privatleben anwenden. Sie sollten erkennen, wie wichtig es ist, die Menschen so zu nehmen wie sie sind – mit allen Einschränkungen.

An diesem Tag

Prominente Geburtstage: Samuel Pepys (1633), Georg Friedrich Händel (1685), Meyer Amschel Rothschild (1743), Sir George Frederick Watts (1817), Eduard von Hartmann (1842), Victor Fleming (1883), Erich Kästner (1899), Leslie Halliwell (1929), Sylvia Chase (1938), Peter Fonda (1939), Johnny Winter (1944), Howard Jones (1955)

Bedeutende Ereignisse und Jahrestage: 1832 hatte Händels Oratorium *Esther* am 47. Geburtstag des Komponisten in London Premiere. Dieser Tag zeigt, daß gutgemeintes Handeln nicht immer die Anerkennung bekommt, die es verdient. So wurde Émile Zola wegen seiner Schrift *J'accuse!*, in der er den französischen Antisemitismus scharf kritisierte, verhaftet (1898). Im Zeichen des Selbstvertrauens, für das der Tag steht, hißten amerikanische Soldaten nach dem Sieg über die japanischen Streitkräfte auf der Insel Iwo Jima die U.S.-Flagge (1945). In der Absicht, so glaubten jedenfalls ihre Anführer, in ihrem jeweiligen Land ein besseres politisches System zu errichten, begann in Rußland die Februarrevolution (1917). Wesentlich praktischer orientierten Motiven folgte hingegen die Gründung des Rotary Club in Chicago im Jahr 1905.

24. FEBRUAR

Die am 24. Februar Geborenen sind oft Ansprechpartner für Menschen, die Hilfe brauchen – ganz gleich, ob praktische oder emotionale Unterstützung – denn sie weisen niemanden ab, sondern schenken engagierte und mitfühlende Anteilnahme. Es ist den an diesem Tag Geborenen ein echtes Anliegen, ihre Energien für ihre Mitmenschen einzusetzen. Die Gründe können variieren. Vielleicht haben sie selbst gelitten – besonders in der Kindheit – und möchten anderen ähnliche Qualen ersparen, viele glauben an die Macht des Karma und sind der Ansicht, ihre Selbstlosigkeit werde ihnen spirituellen Lohn eintragen, andere haben wirkliche humanitäre Ideale, während wieder andere sich dem Martyrium der Selbstaufopferung hingeben.

Diese Menschen fühlen sich beispielsweise beim Militär oder der Polizei wohl oder aber in medizinischen und sozialen Berufen, wo sie das Gefühl haben können, aktiv Gutes zu leisten. Das Mitgefühl, das ihr Handeln prägt, ist Ausdruck ihrer großen Sensibilität. Aber diese Menschen sind nicht geistesabwesend – ganz im Gegenteil, sie sind resolut und praktisch veranlagt und zügeln ihre intuitiven Neigungen mit beeindruckender Selbstdisziplin und klarem Blick. Dieser Einsatz für ihre Mitmenschen birgt jedoch zwei Gefahren: Die nicht weniger dringenden Bedürfnisse von Familie und Freunden werden zugunsten des Gemeinwohls vernachlässigt, oder ihre eigenen – deshalb nicht weniger wichtigen – Bedürfnisse werden verdrängt.

STÄRKEN: Am 24. Februar Geborene verspüren den Drang, ihre beachtlichen Begabungen und Energien in den Dienst ihrer Mitmenschen zu stellen. Es gelingt ihnen, ihr großes Mitgefühl praktisch umzusetzen und ihre Ziele mit Beharrlichkeit zu erreichen.
SCHWÄCHEN: Ihre humanitären Ideale sind zwar höchst löblich, aber diese Menschen stürzen sich mit solchem Elan auf ihre Aufgabe, daß sie vergessen, daß auch Familie und Freunde Zuwendung brauchen. Sie sollten auch darauf achten, nicht in Schwarzweiß-Denken zu verfallen.
FAZIT: Diese Menschen sollten darauf achten, daß die zielstrebige Konzentration auf ihre visionären Ziele ihnen nicht gleichsam Scheuklappen anlegt und sie aus dem Gleichgewicht bringt. Unterhaltung und Entspannung dürfen nicht zu kurz kommen. Auch Familie und Freunde brauchen Zuwendung, und das Privatleben sollte dem Beruf nicht zum Opfer fallen.

An diesem Tag

Prominente Geburtstage: Don Juan de Austria (1545), Samuel Wesley (1766), Wilhelm Grimm (1786), George Moore (1852), Arnold Dolmetsch (1858), Chester Nimitz (1885), Friedrich Spielhagen (1829), Michel Legrand (1932), Renata Scotto (1935), James Farentino (1938), Dennis Law (1940), Paul Jones (1942), Barry Bostwick (1945), Edward James Olmos (1947), Alain Prost (1955)

Bedeutende Ereignisse und Jahrestage: Der 24. Februar bringt Hoffnung auf die Weiterentwicklung der Menschheit, so ist er z. B. der Jahrestag der Antrittsrede von Nancy Astor, die als erste Frau ins britische Parlament gewählt wurde, vor dem House of Commons (1920). In Bluebird, Daytona Beach, brach Malcom Campbell mit 408,88 km/h seinen eigenen Geschwindigkeitsrekord auf dem Land (1932), und in New Jersey wurde der Vertrieb des ersten Nylonproduktes der Welt – einer Zahnbürste – aufgenommen (1938). In der Behandlung der Unfruchtbarkeit wurde mit der Geburt des ersten in-vitro-gezeugten Retortenbabys der Welt in London ein wichtiger Durchbruch erzielt (1988).

Planeteneinflüsse

Herrschender Planet: Neptun.
Erster Dekan: Persönliche Planeten sind der Neptun und der Jupiter.

♆ ♃

Religiöse und kulturelle Bedeutung

Im Hindiusmus wird Shivaratri verehrt.
Namenstag: Matthias († ca. 63).

Zu den bemerkenswerten Errungenschaften des 24. Februar gehört der neue Geschwindigkeitsrekord auf dem Land, den Malcolm Campbell 1932 aufstellte.

25. FEBRUAR

Am 25. Februar Geborene halten leidenschaftlich an ihren Überzeugungen und Idealen fest, Weltanschauungen, die geprägt sind von ihrer emotionalen Reaktion auf soziale Ungerechtigkeiten und Machtmißbrauch. Mit verwundbaren Wesen haben sie tiefes Mitgefühl – oft gilt ihr Mitleid den Tieren, die ihre starken Beschützerinstinkte ansprechen und den brennenden Wunsch entstehen lassen, ihre Lage zu verbessern. Diese Menschen sind zwar beharrlich, scharfsinnig und weitblickend, lassen sich aber eher von ihren Emotionen leiten als von kühlem Verstand. Sie handeln oft impulsiv und sabotieren daher durch voreiligen und überstürzten Enthusiasmus ihre eigenen Anstrengungen. Mehr noch, da sie fest davon überzeugt sind, ihr Vorgehen sei das einzig richtige, weisen sie Vorbehalte verächtlich zurück und erachten es nicht der Mühe wert, ihre Mitmenschen mit Geduld und Vernunft zu überzeugen. Besonders ausgeprägt ist diese verächtliche Haltung während der Pubertät. Ihre Energie und ihr leidenschaftliches Engagement werden oft bewundert. Sie gelten aber als geradezu exzentrisch radikal, wenn sie aus Enttäuschung zu neuen Kreuzzügen aufbrechen. Freunde und Familie sollten mit Toleranz und Geduld reagieren und sich dabei stets die wirklich edlen Motive vor Augen halten, die diese Menschen hegen. Vermögen die am 25. Februar Geborenen aber einzusehen, daß nun einmal alles seine Grenzen hat und entwickeln sie größeren Realismus und Selbstdisziplin, können sie ihr enormes Potential gewinnbringend in der wissenschaftlichen Forschung oder auch in der Kunst einsetzen.

STÄRKEN: Diese Menschen sind tatkräftig und mitfühlend. Sie brennen darauf, soziale Ungerechtigkeiten auszugleichen und verfolgen selbstlos ihre Ideale. Trotz ihres zweifellos scharfen Verstandes folgen sie lieber ihrem Gefühl als ihrem Kopf.
SCHWÄCHEN: Weil die am 25. Februar Geborenen einen ausgeprägten Gerechtigkeitssinn haben und zugleich heftig auf ihre Emotionen reagieren, neigen sie dazu, für eine gute Sache loszupreschen, ohne sich zuvor Gedanken über die Folgen ihres Handelns zu machen.
FAZIT: Sie sollten versuchen, ihr Tempo ein wenig zu zügeln, wenn sie sich wieder einmal mit vollem Elan in eine Sache stürzen wollen. Und sie müssen sich darin üben, die Meinungen anderer Menschen zu achten und zu respektieren, besonders wenn sie eine instinktive Abneigung gegen sie hegen.

Planeteneinflüsse

Herrschender Planet: Neptun.
Erster Dekan: Persönliche Planeten sind der Neptun und der Jupiter.

♆ ♃

Religiöse und kulturelle Bedeutung

Fastnacht im christlichen Kulturkreis.
Namenstag: Walburga (ca. 710–779), Luigi Versiglia (* 1873) und Don Callisto Caravario (*1903, bde. † 1930).

An diesem Tag

Prominente Geburtstage: Carlo Goldoni (1707), José de San Martin (1778), Pierre Auguste Renoir (1841), Karl May (1842), Enrico Caruso (1873), Zeppo Marx (1901), Jim Backus und Gerd Fröbe (1913), Leslie Thomas und John Arlott (1914), Anthony Burgess (1917), Tommy Newsom (1929), Tom Courtenay (1937), Herb Elliot (1938), David Puttnam (1941), George Harrison (1943)

Bedeutende Ereignisse und Jahrestage: Intoleranz, die aus der völligen Hingabe an eine Idee oder Sache erwächst – ein Merkmal dieses Tages – zeigt sich in der Exkommunikation von Königin Elisabeth I. durch Papst Pius V. aufgrund ihrer Weigerung, sich vom Protestantismus loszusagen (1570). Der Tag steht für impulsives Verhalten. So wurde der amerikanische Prediger Jimmy Swaggart durch den Ältestenrat seiner Kirche vom Dienst suspendiert, weil er eine Beziehung zu einer Prostituierten unterhielt (1988). Den Erfolg, den beharrliches Verfolgen einer Idee krönen kann, illustriert die Vorführung des ersten dreidimensionalen Films vor der Pariser Akademie der Wissenschaften durch Louis Lumière (1935). Im Zeichen der Auseinandersetzung, für die dieser Tag auch steht, besiegte Cassius Clay (Muhammad Ali) 1964 Sonny Liston und wurde damit Boxweltmeister im Schwergewicht.

Das Frühstück der Ruderer *von Pierre Auguste Renoir. Renoirs Sensibilität, Eigenwilligkeit und Intuition sind typisch für die am 25. Februar Geborenen, deren originelle Perspektive sie zu idealen Künstlern macht.*

26. FEBRUAR

Das respekteinflößende, fast unbeteiligte Bild, das diese Menschen oft nach außen zeigen, überdeckt eine zutiefst sensible, fürsorgliche Persönlichkeit. Wo ihre Mitmenschen das unpersönliche, fast rauhe Image bewundern, verbirgt sich hinter der Fassade ein intuitives, einfühlsames Wesen. Ihr angeborener Scharfsinn und ihre moralische Festigkeit wecken in den am 26. Februar Geborenen den Wunsch, die Welt um sie herum ein wenig besser zu gestalten. Doch statt sich impulsiv auf ihre Aufgabe zu stürzen, bleiben sie lieber im Hintergrund, erwägen kühl die Vorteile einer Strategie und arbeiten dann still, aber beharrlich an deren Umsetzung. Persönliche Unabhängigkeit ist für an diesem Tag Geborene lebenswichtig, und sie müssen ihrem Gewissen folgen können. Das angeborene Mitgefühl, das alles bewußte Handeln dieser Menschen prägt, bleibt ihr Leitmotiv. Mit der ihnen eigenen Verbindung aus Humanitarismus, klugem Pragmatismus und Originalität sind sie ideale Richter oder auch Künstler. Besonders in der Kunst verpacken sie ihre Botschaft meist in eine scheinbar leicht verdauliche – tatsächlich aber subversive – Form. Im Privatleben sind sie zuverlässig und fürsorglich, neigen aber zu autoritärem Verhalten und einer scharfen Zunge, wenn Familie und Freunde von dem Pfad abweichen wollen, den sie für richtig halten.

STÄRKEN: Die am 26. Februar Geborenen besitzen die seltene Fähigkeit, ihr Mitgefühl außerordentlich wirkungsvoll mit ihrer intellektuellen Neigung zu vernünftiger Überlegung und ihrer geistigen Unabhängigkeit zu verbinden.
SCHWÄCHEN: Weil sie so sehr von der Richtigkeit ihrer Auffassungen überzeugt sind, neigen diese Menschen dazu, jedes Verhalten zu verdammen, das ihren hohen Idealen nicht entspricht. Sie sollten daher darauf achten, daß sie keine allzu große moralische Strenge entwickeln und sich damit unnötigerweise von ihren Mitmenschen abkapseln.
FAZIT: Die an diesem Tag Geborenen verfügen über eine Vielzahl an Begabungen, die meist gut gegeneinander gewichtet sind. Ihre hohen Ansprüche sollten sie jedoch gelegentlich etwas herunterschrauben und sich auch selbst nicht gar so wichtig nehmen.

An diesem Tag

Prominente Geburtstage: Victor Hugo (1802), Honoré Daumier (1808), „Buffalo Bill" Cody (1846), Emile Coué (1857), Hans Böckler (1875), Lotte Lehmann (1888), Richard Gatling und Orde Wingate (1903), Tony Randall (1920), Betty Hutton (1921), „Fats" Domino (1928), Johnny Cash (1932), Sandie Shaw (1947), Michael Bolton (1953)

Bedeutende Ereignisse und Jahrestage: Einfallsreichtum und Unabhängigkeit, für die der 26. Februar steht, zeigen sich ganz unterschiedlich. 1815 floh Napoleon Bonaparte aus seinem Exil auf Elba, wohin er nach seiner Niederlage bei Waterloo verbannt worden war, in Frankreich wurde 1848 die Zweite Republik ausgerufen, und im englischen Daventry stellte Robert Watson-Watt 1935 sein Radargerät vor. Auch Gerechtigkeit kennzeichnet diesen Tag. So wurden Chi-hsui und Cheng-yu exekutiert, die Anführer des chinesischen Boxeraufstandes (1901), und Ferdinando Marcos, der korrupte Präsident der Philippinen, abgesetzt (1986). Im Zeichen des Elements Wasser ist der 26. Februar Jahrestag zweier tragischer Zwischenfälle zur See: des Untergangs des britischen Truppentransporters „Birkenhead" vor der südafrikanischen Simon's Bay (1852) und der Versenkung des französischen Schiffes „Provence II" bei einem Angriff der deutschen Marine (1916).

Planeteneinflüsse

Herrschender Planet: Neptun.
Erster Dekan: Persönliche Planeten sind der Neptun und der Jupiter.

♆ ♃

Religiöse und kulturelle Bedeutung

Namenstag: Dionysius von Augsburg († 4. Jh.), Edigna von Puch († 1109).

„Buffalo Bill" Cody, geboren am 26. Februar 1846, schuf sich dank seines originellen Denkens und seiner pragmatischen Ader (beides typisch für diesen Tag) eine wirklich einzigartige Karriere.

27. FEBRUAR

Zuversichtlich und zielstrebig kommen diese pragmatischen und charismatischen Menschen im Berufsleben rasch voran. Ihre Selbstsicherheit und Entschlossenheit werden oft bewundert. Dabei fragen sich ihre Mitmenschen allerdings, warum im Privatleben der am 27. Februar Geborenen so vieles drunter und drüber geht. Die Antwort darauf lautet, weil diese Menschen stark auf ihre meist heftigen Gefühle reagieren. Gelingt es ihnen in neutralen Situationen, ihren Impuls, nur ihrem Gefühl zu folgen, zu beherrschen, ist ihnen das doch im Umgang mit Freunden und Familie nahezu unmöglich – in Beziehungen immerhin, die schließlich auf leidenschaftlichen Gefühlen basieren. Erschwerend kommt hinzu, daß sie zwar für sich selbst völlige Gedanken- und Handlungsfreiheit fordern, von anderen aber bedingungslosen Einsatz und Rückhalt erwarten. Wer also mit am 27. Februar Geborenen eine feste Beziehung eingehen möchte, sollte sich dieses Widerspruchs bewußt sein und die offene Konfrontation zugunsten subtilerer Umgangsformen vermeiden. Neigen sie „nach Feierabend" zu extrem impulsivem Verhalten, so zeigen diese Menschen im Beruf äußerste Konzentration. Bei den an diesem Tag Geborenen gehen Sensibilität und Scharfsinn Hand in Hand. Sie erfassen mit Leichtigkeit alle Aspekte einer Situation und entwickeln dann einen geeigneten Handlungsplan. Besonders erfolgreich sind sie in der Wirtschaft, wo ihnen ihr Mitgefühl für andere sehr zugute kommt, wenn sie im Team arbeiten. Am glücklichsten werden sie aber wahrscheinlich in der Welt der Kunst, wo sie ihre Intuition nach außen tragen und ihre Mitmenschen informieren oder unterhalten können.

Planeteneinflüsse

Herrschender Planet: Neptun.
Erster Dekan: Persönliche Planeten sind der Neptun und der Jupiter.

♆ ♃

Religiöse und kulturelle Bedeutung

Namenstag: Baldomer (ca. 600–661), Markward von Prüm († 853).

Das UNO-Gebäude in New York, Symbol der leidenschaftlichen Ideale und des Optimismus dieses Tages. Am 27. Februar 1952 fand dort zum ersten Mal eine Sitzung statt.

STÄRKEN: Unabhängig, tatkräftig und scharfsinnig sind diese Menschen, vor allem stehen sie unter dem Einfluß ihrer Gefühle. Wenn sie Selbstdisziplin entwickeln können, ist ihr reiches Innenleben eine Inspiration für ihre Mitmenschen.

SCHWÄCHEN: Am 27. Februar Geborene lassen sich durch ihr ständiges Bedürfnis nach Anregung leicht ablenken. Sie verweilen nie lange genug, um einen Menschen oder eine Situation wirklich kennenzulernen.

FAZIT: Die an diesem Tag Geborenen sollten sich intensiv darum bemühen, ihre Selbstdisziplin stärker zu entwickeln. Von ihren Mitmenschen sollten sie nicht zuviel verlangen und selbst stets nach Ausgeglichenheit streben.

An diesem Tag

Prominente Geburtstage: Henry Wadsworth Longfellow (1807), Ellen Terry (1847), Hubert Parry (1848), Rudolf Steiner (1861), Charles Herbert Best (1899), John Steinbeck (1902), Grethe Weiser (1903), Elizabeth Welch (1908), Lawrence Durrell (1912), Joanne Woodward (1930), Elizabeth Taylor (1932), Ralph Nader (1934), Antoinette Sibley (1939), Paddy Ashdown und Howard Hesseman (1940), Mary Frann (1943), Robert de Castella (1957), Chelsea Clinton (1980)

Bedeutende Ereignisse und Jahrestage: Ein Aspekt dieses Tages ist die Konfrontation, zu der konträre emotionale Ideale führen können. So ist der 27. Februar der Jahrestag zweier Schlachten zwischen den Briten und den Buren in Südafrika: der Schlacht von Majuba, in der die Buren siegten (1881), und der Schlacht von Paardenberg, aus der die Briten als Sieger hervorgingen (1900). In Berlin brannte der Reichstag ab, was den Nazis als „den Rettern des Vaterlandes" einen enormen Popularitätsschub eintrug (1933). In der Tschechoslowakei trat Präsident Beneš nach der Machtübernahme der Kommunisten zurück (1948), und der Golfkrieg endete mit dem Rückzug der irakischen Truppen aus Kuwait (1991). Eher positive Erwartungen begleiteten die Gründung der britischen Labour Party (1900) und die erste Versammlung der Vereinten Nationen in ihrem neuen Gebäude in New York (1952).

28. FEBRUAR

Die am 28. Februar Geborenen sind Abenteurer. Enthusiastisch folgen sie auf ihrer Suche nach Neuem und Aufregendem ihren Impulsen. Diese sehr intuitiven Menschen verspüren den fast unwiderstehlichen Drang, sich von ihren Instinkten leiten zu lassen. Meist hyperaktiv und hypersensibel, stürzen sie sich mit atemberaubender Geschwindigkeit von einer Begeisterung in die nächste, besonders wenn sie im chinesischen Jahr des Pferdes geboren sind. Diese Sensationslust rührt von ihrer angeborenen Angst vor Stillstand und Langeweile her. Bedächtigere Menschen fühlen sich wegen des sinnenfrohen Wirbels, den die an diesem Tag Geborenen um sich verbreiten, zwar oft zu ihnen hingezogen, können aber mit ihrem unberechenbaren Tempo nicht mithalten. Von ihren Mitmenschen erfahren die am 28. Februar Geborenen tiefe Zuneigung, weil sie andere in einem positiven Licht sehen, ihre Umgebung glücklich machen wollen und besonders weil sie keine Hintergedanken haben. Beständigkeit in den persönlichen Beziehungen fällt ihnen jedoch schwer.

Diese liebenswerten Menschen sollten unbedingt mehr Selbstbeherrschung lernen, sonst rasen sie mit halsbrecherischer Geschwindigkeit auf den Weg in die Selbstzerstörung. Eltern versuchen, ihren am 28. Februar geborenen Kindern schon in jungen Jahren Sinn für Realismus und Verständnis für Ursache und Wirkung zu vermitteln. Erfolgreich sind die an diesem Tag Geborenen in allen Berufen, in denen sie ihren Elan und ihre angeborene Neugier in geregelte Bahnen lenken können. Der Tourismus ist besonders vielversprechend. Kunst und Sport kommen ihrem Bedürfnis nach sinnlicher Erfahrung und Aktion entgegen. Den Finanzbereich sollten sie meiden, denn mit ihrem Geld gehen sie gern genauso extravagant um wie mit ihren Gefühlen.

STÄRKEN: Charmant, originell und außerordentlich tatkräftig, suchen die an diesem Tag Geborenen mit Vorliebe stets neue, anregende Begegnungen. Gelingt es ihnen, diesen Impuls in ruhige, intellektuelle Bahnen zu lenken, können sie Pionierleistungen vollbringen.
SCHWÄCHEN: Am 28. Februar Geborene erliegen nur allzu leicht dem Zwang, ihren Impulsen nachzugeben und jede Sensation auszukosten, die das Leben zu bieten hat. Selbstdisziplin ist ihnen ein Greuel, daher reagieren sie oft unkontrolliert. Weil sie von anderen immer nur das Beste denken, können sie ausgenutzt werden.
FAZIT: Diese Menschen müssen sich darum bemühen, ihre übergroße Neigung zu impulsivem Handeln zu beherrschen und zu überwinden. Ihre angeborene Neugier und ihre reichlich vorhandene Energie sollten sie nicht unterdrücken, aber mäßigen. Sie sollten erst denken und dann handeln und sich die Konsequenzen ihres Handelns klar machen.

Planeteneinflüsse

Herrschender Planet: Neptun.
Erster Dekan: Persönliche Planeten sind der Neptun und der Jupiter.

♆ ♃

Religiöse und kulturelle Bedeutung

Heidnische Feiern zu Ehren der Erdgöttin.
Namenstag: Silvana († ca. 304), Sirin (Sira,† ca. 520–559), Daniel Brottier (1876–1936).

An diesem Tag

Prominente Geburtstage: Michel Eyquem de Montaigne (1533), René Réaumur (1683), John Tenniel (1820), Charles Blondin (1824), Ben Hecht (1894), Philip Showalter Hench (1896), Linus Pauling (1901), Stephen Spender (1909), Vincente Minelli (1910), Zero Mostel (1915), Peter Alliss (1931), Tommy Tune (1939), Mario Andretti (1940), Brian Jones (1942), Sepp Maier (1944), Bernadette Peters (1948), Barry McGuigan (1951)

Bedeutende Ereignisse und Jahrestage: Dieser Tag der Abenteurer ist Jahrestag des ersten Fallschirmsprungs der Welt, unternommen von Albert Berry über Missouri (1912). Finanzielles Geschick ist nicht gerade Merkmal dieses Tages, wie der Bankrott des berühmten Liverpooler Cavern Club (1966) zeigt. Die Unkontrolliertheit, für die der Tag steht, illustriert der schwere Auffahrunfall eines Londoner U-Bahn-Zuges im Bahnhof Moorgate (1975). Mit Emotionalität läßt sich auch Politik machen – so gründete Oswald Mosley in Großbritannien die faschistische New Party (1931).

An diesem Tag des Abenteuers und der Pionierleistungen unternahm Albert Berry im Jahr 1912 den ersten Fallschirmsprung.

29. FEBRUAR

Von frühester Kindheit an haben diese Menschen das Gefühl, anders zu sein als andere. Und das sind sie auch, weil sie ihren Geburtstag eigentlich nur alle vier Jahre feiern können. Als eine weitere Folge dieser Besonderheit im Kalender lernen sie früh den Wert von Pragmatismus und Kompromißbereitschaft schätzen, da sie ein Alternativdatum wählen müssen, an dem sie den Lauf der Jahre messen. Zu den positiven Nebenwirkungen ihres ungewöhnlichen Geburtstages gehört ferner, daß sie, wenn sie es rein rechnerisch betrachten wollten, sich in mittleren Jahren immer noch als Kinder und im Alter als Jugendliche bezeichnen können. Ihre jugendliche Ausstrahlung, ihr Optimismus und ihre Risikobereitschaft sowie die Entschlossenheit, alles zu erfahren, was das Leben zu bieten hat, scheint diesen jugendlichen Geist zu bestätigen.

Ihre angeborene Neigung zum Hedonistischen wird in späteren Jahren durch eine fundierte rationale Lebensauffassung etwas gemäßigt, obwohl die am 29. Februar Geborenen sich eine gewisse innere Unruhe und Neugier bewahren, verstärkt durch eine gehörige Portion Mut. Ihre Überzeugung, etwas Besonderes zu sein, zeigt sich in ihrem Selbstvertrauen und in dem Drang, bei ihren Mitmenschen Bewunderung für ihre einzigartigen Eigenschaften zu wecken. Daher liegt besonders den Männern jeder Beruf, bei dem sie im Wettbewerb stehen und ihre Instinkte, ihren Realismus und ihr Geltungsbedürfnis für sich einspannen können. Im Privatleben sollten sie jedoch versuchen, ihre aggressiven Neigungen etwas zu zügeln, und erkennen, daß sie bereits so akzeptiert werden wie sie sind.

STÄRKEN: Am 29. Februar Geborene sind individualistisch und originell, zugleich höchst pragmatisch und rational veranlagt. Zwar sind sie mit ihren Instinkten eng verbunden, können sie aber zügeln, wo dies nötig ist.

SCHWÄCHEN: Die an diesem ungewöhnlichen Tag Geborenen haben manchmal das Gefühl, nicht im selben Rhythmus zu leben wie ihre Zeitgenossen. Sie verspüren dann den Drang, ihre selbst empfundene Einzigartigkeit aggressiv herauszustellen.

FAZIT: Diese Menschen besitzen eine seltene Verbindung aus emotionalen und rationalen Eigenschaften. Kommt Selbstvertrauen hinzu, dann besitzen sie ausgezeichnete Voraussetzungen, innovative Neuerungen zu bewirken. Sie sollten andere jedoch nicht durch übertriebene Geltungssucht abschrecken.

Planeteneinflüsse

Herrschender Planet: Neptun.
Erster Dekan: Persönliche Planeten sind der Neptun und der Jupiter.

♆ ♃

Religiöse und kulturelle Bedeutung

Der 29. Februar ist ein Schalttag, der alle vier Jahre eingeschoben wird, damit das Kalenderjahr wieder mit dem Sonnenjahr übereinstimmt (das 365,242199 Tage hat).
Namenstag: Oswald von York und Worcester († 992), Antonia von Florenz (1401–72).

Mit diesem Tag verbinden sich unerklärliche Assoziationen. So wurden am 29. Februar 1692 Haftbefehle gegen drei Frauen ausgestellt, denen man Hexerei vorwarf. Damit begannen die berüchtigten Hexenprozesse von Salem in Massachusetts.

An diesem Tag

Prominente Geburtstage: Marquis de Montcalm Gezan de Saint Véran (1712), Ann Lee (1736), Gioacchino Rossini (1792), John Phillip Holland (1840), Herman Hollerith (1860), Herbert Ihering (1888), Ranchodji Maroaji Desai und William Wellman (1896), Jimmy Dorsey (1904)

Bedeutende Ereignisse und Jahrestage: Dieser Tag steht für Selbstbewußtsein. So sprengte die radikal-zionistische Stern Gang einen Zug auf der Strecke Kairo-Haifa, wobei 27 britische Soldaten ums Leben kamen (1948), und Pakistan wurde offiziell Islamische Republik (1956). Der 29. Februar steht auch für Innovationen. Der St. Gotthart-Tunnel zwischen der Schweiz und Italien wurde fertiggestellt (1880), niederländische Wissenschaftler stellten reines Helium her (1908), und in der Wissenschaftszeitschrift *Nature* veröffentlichte Dr. Jocelyn Burnell von der Universität Cambridge ihre Entdeckung des ersten Pulsars (1968). Hedonismus und Pionierleistung fügen sich hübsch zusammen in der Eröffnung des ersten Playboy Clubs von Hugh Heffner in Chicago (1960). Nach der Überlieferung wird der Schalttag mit den rätselhaften Fähigkeiten von Frauen verbunden, den Gang der Dinge durch ihren Willen zu beeinflussen. Und so wurden in Salem, Massachusetts, gegen drei Frauen Haftbefehle wegen Hexerei ausgestellt (1692), womit die berüchtigten Hexenverfolgungen begannen.

1. MÄRZ

Der charmanten und freundlichen Art der am 1. März Geborenen liegt eine aufrichtige und tief empfundene Sorge um das Wohlergehen anderer zugrunde. Daher rührt ihr Interesse an sozialen Themen und humanitären Belangen. Diese Menschen sind äußerst sensibel, erkennen aber instinktiv, daß impulsives Handeln oder ein Offenlegen ihrer oft stürmischen Gefühle verhängnisvolle Konsequenzen haben kann. Sie kontrollieren ihre sprunghaft wechselnden Bedürfnisse, die sie in ausweglose Situationen bringen könnten, stark und pflegen einen ruhigen und verbindlichen Umgang. So wecken sie ein Vertrauen, das sie zu sich selbst nicht unbedingt besitzen. Unüberwindlich erscheinende Probleme versetzen die an diesem Tag Geborenen so sehr in Panik, daß sie sich von der Situation völlig abwenden und in einer Strategie Trost suchen, bei der sie sich von der belastenden Sache vollständig lösen, d. h. sie ignorieren oder sich anderem zuwenden.

Trotz ihrer Neigung zu Selbstzweifeln und Depressionen, die von ihrer Sensibilität herrührt, besitzen diese Menschen bemerkenswert positive Eigenschaften. Sie verfügen über starke persönliche Anziehungskraft, intellektuelle Originalität und einen Optimismus, der durch ihre Begeisterung für alles Neue und Anregende noch verstärkt wird. Im Berufsleben finden sie meist Erfüllung als Künstler oder selbständige Unternehmer, die unabhängig von befremdenden Anweisungen handeln und ihre phantasievollen Konzepte gewinnbringend umsetzen können. Trifft der finanzielle Lohn ein, über den sie sich ohne falsche Scham freuen können, teilen sie die Früchte ihrer Arbeit großzügig mit allen, deren unermüdliche Unterstützung und Zuneigung so entscheidend zu diesem Erfolg beigetragen haben.

STÄRKEN: Am 1. März Geborene sind phantasievoll, selbständig und mit einem sicheren Instinkt begabt – Eigenschaften, die von ihrer großen Sensibilität herrühren. Sie besitzen die Klugheit, extreme Gefühle zu mildern und sie durch rationales Handeln zu zügeln.
SCHWÄCHEN: Werden sie von ihren intuitiven Reaktionen überwältigt, neigen die an diesem Tag Geborenen zu Angstzuständen und der Befürchtung, aus diesem Kreislauf nicht mehr herauszufinden. Dann neigen sie dazu, sich den Problemen der realen Welt zu entziehen und weniger aufwühlenden Phantasiebildern zuzuwenden.
FAZIT: Diese Menschen haben die Fähigkeit, die emotionalen Extreme, zu denen sie neigen, durch rationales Handeln auszugleichen. Entscheidend für ihr Wohlergehen ist ein stabiles persönliches Umfeld, das ihnen hilft, sprunghafte Impulse abzuschwächen und ihnen die Sicherheit vermittelt, die sie brauchen, um sich frei entwickeln zu können.

An diesem Tag

Prominente Geburtstage: Frédéric Chopin (1810), Lytton Strachey (1880), Heinz Hilpert (1890), Glenn Miller (1904), David Niven (1910), Robert Lowell und Dinah Shore (1917), Yitzhak Rabin (1922), Harry Belafonte (1927), Robert Conrad (1935), David Broome (1940), David Scott Cowper (1942), Roger Daltrey (1944), Alan Thicke (1947), Leigh Matthews (1952), Catherine Bach und Ron Howard (1954), Nik Kershaw (1958)

Bedeutende Ereignisse und Jahrestage: Der Tag steht für gesellschaftliche Entwicklung. So schaffte Pennsylvania als erster U.S.-Bundesstaat die Sklaverei ab (1780) und mit der Ratifizierung der „Articles of Confederation" schlossen sich die Staaten der USA zum Staatenbund zusammen (1781). Ein Beispiel für extremes Verhalten und persönliche Bereicherung ist ebenso wie die Ablehnung direkter Auseinandersetzung ein Kennzeichen dieses Tages. So entführte Bruno Hauptmann des Lösegeldes wegen Charles Lindberghs Sohn (1932). Der „Braune Bomber" Joe Lewis, US-Meister im Schwergewicht, zog sich vom Boxen zurück (1949), und das unbemannte sowjetische Raumschiff „Venera 3" landete auf der Venus – dem nach der römischen Liebesgöttin benannten Planeten (1966). An diesem Tag künstlerischer Erfolge erhielt Vivien Leigh einen Oscar für ihre Verkörperung der Scarlett O'Hara in *Vom Winde verweht* (1940).

Planeteneinflüsse

Herrschender Planet: Neptun.
Zweiter Dekan: Persönlicher Planet ist der Mond.

♆ ☾

Religiöse und kulturelle Bedeutung

Das heilige Feuer im Vestatempel wurde an diesem Tag zur Feier des altrömischen Neujahrsfestes neu entfacht. In Bulgarien feiert man den Großmuttertag.
Namenstag: David, Schutzpatron von Wales († 601 oder 589), Johanna Maria Bonomo (1606–70), Theresia Verzeri (1801–52).

Naturschutz war eine noch recht neue Vorstellung – besonders im weiten Westen Amerikas – als der Kongreß der Vereinigten Staaten 1872 Yellowstone zum ersten Nationalpark erklärte – ein visionärer Akt an diesem Tag der gesellschaftlichen Entwicklung.

2. MÄRZ

Planeteneinflüsse

Herrschender Planet: Neptun.
Zweiter Dekan: Persönlicher Planet ist der Mond.

♆ ☾

Religiöse und kulturelle Bedeutung

Namenstag: Agnes von Böhmen († 1282), Engelmar Unzeitig „der Engel von Dachau" (1911–1945 KZ Dachau).

Der amerikanische Staatsmann Sam Houston wurde am 2. März 1793 geboren. Seine politische Karriere zeichnete sich durch Loyalität, Engagement und Einsatz für den Fortschritt zugunsten des Gemeinwohls aus – Eigenschaften, für die sein Geburtsdatum steht. Als Jugendlicher hatte Houston bei den Cherokee gelebt und ihre Sprache und Kultur kennengelernt, eine Erfahrung, die ihm eine für seine Zeit ganz außergewöhnliche Feinfühligkeit im Umgang mit den autochthonen Stammesgemeinschaften vermittelte.

Stille Wasser sind tief, weiß das Sprichwort. Das gilt besonders für die am 2. März Geborenen. Sie sind höchst intuitiv und würden meist lieber ihre innere Gedanken- und Traumwelt ergründen als sich mit den Herausforderungen der realen Welt auseinanderzusetzen. Diese sanften Menschen hegen zwar oft ein lebendiges Interesse an sozialen Themen, verabscheuen aber direkte Auseinandersetzungen, die sie innerlich aufwühlen und tun ihr Äußerstes, um Probleme friedlich zu lösen, wenn sie sie denn nicht von vornherein umgehen können. Es versteht sich daher, daß am 2. März Geborene eher Künstlernaturen und dem Konkurrenzdruck in der Geschäftswelt nicht gewachsen sind. In der Politik oder sozialen Berufen hingegen können sie erfolgreich sein, weil sie dort das Gefühl haben, daß ihre Arbeit unmittelbar zum Wohl ihrer Mitmenschen beiträgt.

Trotz – oder vielmehr gerade wegen – ihrer eher introvertierten Persönlichkeit, sehnen sich diese Menschen nach dem sicheren Halt einer glücklichen, stabilen Beziehung. Die bedingungslose Liebe von Familie und Freunden brauchen und erwidern sie intensiv. Die völlige Ergebenheit, ja kritiklose Bewunderung, mit der sie ihre Partner, ihre Kinder oder Vorbilder gern überschütten, kann das Objekt ihrer Zuneigung jedoch nahezu ersticken. Diese Menschen sollten daher versuchen, in ihren persönlichen Beziehungen etwas mehr loszulassen. Eine etwas unabhängigere Haltung kommt ihnen in allen Lebensbereichen zugute.

STÄRKEN: Aufgrund ihrer enormen Sensibilität und ihres großen Mitgefühls sehnen sich diese Menschen nach Harmonie in der Welt wie in ihrer näheren Umgebung. Dank ihrer ausgeprägten Intuition und unerschütterlichen Loyalität zu allem, an das sie glauben, können sie viel Gutes bewirken.

SCHWÄCHEN: Wenn sie einen Menschen oder eine Sache wirklich liebgewonnen haben, dann setzen sie sich so nachdrücklich und unerschütterlich dafür ein, daß sie jegliche kritische Objektivität zu verlieren drohen. Mehr noch, ihre Intensität und ihre unausgesprochene Forderung nach ebensolchem Engagement bei anderen, können abschreckend wirken.

FAZIT: Ihre Sanftheit brauchen diese Menschen nicht zu unterdrücken, sollten aber etwas realistischer werden, etwas mehr Pragmatismus entwickeln und ihre Konfliktscheu ablegen. Mit etwas mehr Gelassenheit und Standfestigkeit schützen sie sich nicht nur eher vor Verletzungen, sondern können die Fülle des Lebens besser ausschöpfen.

An diesem Tag

Prominente Geburtstage: Franz von Sickingen (1481), Bedrich Smetana (1824), Kurt Weill (1900), Theodore Geisel (Dr. Seuss, 1904), Desi Arnaz (1917), Jennifer Jones (1919), Cardinal Basil Hume (1923), Michail Gorbatschow und Tom Wolfe (1931), George Benson (1943), Lou Reed (1944), Naomi Jones (1949), Karen Carpenter (1950), Laraine Newman (952), Ian Woosnam (1958), Jon Bon Jovi (1962), Suzette Charles (1963)

Bedeutende Ereignisse und Jahrestage: Dieser Tag steht für hervorragende künstlerische Leistungen. Am 2. März fand die Premiere des ersten Balletts in England statt: *The Loves of Mars and Venus* von John Weaver (1717). Die für diesen Tag typische Konfliktscheu spiegelt sich in Folgendem: Rutherford Birchard Hayes wurde als einziger U.S.-Präsident durch eine Wahlkommission gewählt, um Zweifel am Wahlergebnis zu zerstreuen (1877), und in Großbritannien schlossen sich sozialdemokratische und liberale Partei zusammen, statt sich weiter zu bekämpfen (1988). Die Verwirklichung visionärer Träume, auch ein Kennzeichen dieses Tages, illustrieren der erfolgreiche Abschluß des ersten Nonstopfluges um die Welt durch Captain James Gallagher und seine Crew der U.S. Air Force (1949), die Vorstellung des revolutionären Flügeltelegraphen (Semaphor) in Paris (1791) oder die erfolgreiche Durchquerung des Südpols auf dem Landweg durch die Expedition des britischen Forschers Sir Vivian Ernest Fuchs (1958). Dieser Tag steht im Zeichen des Elements Wasser und ist Jahrestag einer dramatischen Überschwemmung im Norden und Westen Australiens (1955).

3. MÄRZ

Wer sie nicht gut kennt, den mag es überraschen, daß sich hinter dem selbstbewußten, direkten Auftreten der am 3. März Geborenen hochsensible, nachdenkliche Wesen verbergen. Tatsächlich umgeben sich manche mit einem barschen Äußeren – als Schutzschild sozusagen für ihre Verletzlichkeit und ihre unbegründete Unsicherheit. Meist jedoch verbinden sie lieber ihren beachtlichen Scharfsinn mit ihren instinktiven Gefühlen. Ihre angeborene Fähigkeit, Mitgefühl und kühle Vernunft zu vereinen, ist eine seltene Gabe. Berufe auf karitativem oder sozialem Gebiet erscheinen aussichtsreich. Dort können sie durch sorgfältig durchdachte, logische Aktionspläne zur Verbesserung der Lebensbedingungen der Menschen beitragen. Mit der Verbindung aus Sensibilität und Disziplin können an diesem Tag Geborene auch in der Kunst viel erreichen. Diese mitfühlenden, aufmerksamen Menschen sind loyale, liebevolle Partner und Eltern, die das richtige Maß an emotionalem Rückhalt und häuslicher Disziplin zu vermitteln wissen. Dabei ist jedoch wichtig, daß sie ihrer Neigung zu intellektueller Kritik nicht allzu sehr nachgeben. Denn diese Menschen sind – ob sie es wissen oder nicht – stark gefühlsgesteuert. Die Auffassungen, zu denen sie intuitiv neigen, untermauern sie gern mit überzeugenden Argumenten. Einwände und gegenteilige Meinungen entkräften sie durch Unterwanderung.

STÄRKEN: Die sanfteren Eigenschaften dieser Menschen, Sensibilität, Einfühlungsvermögen und humanitäres Interesse, werden ergänzt durch praktische Begabungen wie Scharfsinn, Selbstdisziplin, professionelle Kompetenz und Beharrlichkeit. Ihr Engagement trägt daher ungewöhnlich pragmatische Züge, was es doppelt erfolgreich macht.
SCHWÄCHEN: Weil sie sich bei ihrer Meinungsbildung in erster Linie von ihren Gefühlen leiten lassen, neigen die an diesem Tag Geborenen dazu, Auffassungen, die ihnen unbequem sind, ohne vorherige objektive Betrachtung instinktiv abzulehnen. Ihre Überzeugungen stützen sich gewöhnlich auf edelste Motive. Gerade das kann jedoch dazu führen, daß sich diese Menschen neuen Ansätzen verschließen.
FAZIT: Zwar erfassen die am 3. März Geborenen intuitiv, wie wichtig es ist, in allen Aspekten ihrer Persönlichkeit ein Gleichgewicht zu bewahren, finden es aber oft nur schwer. Sie sollten darauf achten, ihre Gefühlsseite nicht zu ersticken, indem sie sich zu sehr auf ihre rationalen Fähigkeiten verlassen.

An diesem Tag

Prominente Geburtstage: William Godwin (1756), Georg Cantor und George Mortimer Pullman (1831), Alexander Graham Bell (1847), Henry Wood (1869), Edward Thomas (1878), Jean Harlow (1911), Heiner Geißler (1930), John Irving (1942), Fatima Whitbread (1961), Jackie Joyner-Kersee und Herschel Walker (1962)

Bedeutende Ereignisse und Jahrestage: Der 3. März steht für großes künstlerisches Können. Zugleich unter dem Einfluß des Mondes stehend, ist er der Jahrestag der Veröffentlichung von Beethovens *Mondscheinsonate* (1802), der Premiere von George Bizets Oper *Carmen* (1875) und des Kinoklassikers *King Kong* (1933). Die „Apollo 9" wurde 1969 zum Test der Mondsonde in die Erdatmosphäre entsandt, ein wichtiger Schritt auf dem Weg zur ersten Mondlandung. Humanitäre Visionen können nationalistische Gestalt annehmen. So schaffte Kemal Atatürk im Rahmen seiner Modernisierung und Liberalisierung der Türkei das Kalifat und den Islam als Staatsreligion ab (1924), *The Star-Spangled-Banner* wurde als Hymne an Freiheit und Gerechtigkeit die Nationalhymne der Vereinigten Staaten (1931), Angriffe der Alliierten auf die japanische Marine beendeten die Schlacht in der Bismarcksee (1943), Florida wurde als 27. Staat in die Union aufgenommen (1845) und Lettland und Estland entschieden sich in Volksabstimmungen für den Austritt aus der UdSSR (1991). Die humanitäre Seite dieses Tages verkörpert die Einrichtung des „Freedman's Bureau" zur Unterstützung verarmter Schwarzer und Weißer in den amerikanischen Südstaaten (1865).

Planeteneinflüsse

Herrschender Planet: Neptun.
Zweiter Dekan: Persönlicher Planet ist der Mond.

♆ ☾

Religiöse und kulturelle Bedeutung

Nationalfeiertag in Marokko.
Namenstag: Friedrich von Mariengaarde (ca. 1100–75), Liberat Weiß (1675–1716), Columba Schonath (1730–1787), Petrus Renatus Rogue (1758–96), Innozenz von Berzo (1844–90).

Alexander Graham Bell, am 3. März 1847 geboren, ist auch heute noch berühmt für seine Erfindung des Telefons, das er 1876 patentieren ließ. Seine Sensibilität und seine humanitären Interessen waren jedoch nicht minder ausgeprägt als sein Intellekt. Das zeigt sein Engagement für den Unterricht tauber Menschen und die Entwicklung einer ersten Form der Zeichensprache.

4. MÄRZ

Planeteneinflüsse
Herrschender Planet: Neptun.
Zweiter Dekan: Persönlicher Planet ist der Mond.

♆ ☽

Religiöse und kulturelle Bedeutung
Namenstag: Petrus I. von La Cava (ca. 1040–1123), Kasimir von Polen (1458–84), Placida Viel (1815–77).

Am 4. März Geborene sind meist selbstgenügsame Menschen, deren reiche Phantasie und große Sensibilität keiner äußeren Anregungen bedürfen. Die an diesem Tag Geborenen faszinieren abstrakte Ideen, und ihr Drang, diese zu erforschen, äußert sich mit bemerkenswerter Beharrlichkeit – zuweilen sogar unter Ausschluß alles anderen. Doch trotz ihrer ausgeprägten intellektuellen Begabungen, großer Konzentrationsfähigkeit und Wißbegierde, lassen sich diese intuitiv und humanitär veranlagten Menschen eher vom Gefühl als vom Verstand leiten. Dabei reagieren sie nicht nur auf Gefühlsimpulse, sondern empfinden echtes Mitleid im Hinblick auf die Probleme ihrer Mitmenschen. Wenn sie sich also auch der Welt verschließen, solange sie einer Idee nachgehen, die ihre ganze Aufmerksamkeit fordert, verlieren sie doch ihre reale Umgebung nie ganz aus den Augen.

Es sind sanfte Menschen, die Konflikte verabscheuen und sich schon beim ersten Anzeichen von Dissonanz in sich selbst zurückziehen. Verbunden mit ihren übrigen Eigenschaften bedeutet dies, daß sie sich in beruflichen Konkurrenzsituationen nicht wohl fühlen, aber förmlich aufblühen, wenn sie sich innerhalb selbstgeschaffener Parameter bewegen können. Besonderen Erfolg haben sie als Maler, Musiker oder Schriftsteller. Sie sind aber auch begabte Lehrer, deren ansteckende Begeisterung für ihr Fach auf ihre Schüler überspringt. Der emotionale Rückhalt durch Freunde und Familie ist für das Wohlbefinden dieser Menschen von entscheidender Bedeutung. Umgekehrt aber kann es geschehen, daß sie ihr engstes Umfeld unbewußt vernachlässigen, wenn ein Interessengebiet sie fasziniert.

STÄRKEN: Diese sensiblen Menschen sind stark introvertiert. Ihre Interessen richten sich eher nach innen als nach außen, und doch empfinden sie tiefes Mitgefühl mit anderen. Aufgeschlossen für innovative Ideen und selbst im Besitz eines originellen, oft visionären Geistes, können sie ihre Mitmenschen inspirieren, wenn sie sich nur ein wenig öffnen.
SCHWÄCHEN: Weil die am 4. März Geborenen sich intellektuell wie emotional selbst genüge sind, ziehen sie sich gern aus der Gesellschaft ihrer Mitmenschen zurück, besonders, wenn eine schwierige Situation bevorsteht.
FAZIT: Die an diesem Tag Geborenen müssen sehr darauf achten, ihre Selbstgenügsamkeit nicht zu weit zu treiben. Sie sollten mehr am Alltagsleben teilhaben und den Bedürfnissen ihrer Mitmenschen mehr Beachtung schenken, damit sie nicht völlig von der Realität abgeschnitten werden.

An diesem Tag

Prominente Geburtstage: Heinrich der Seefahrer (1394), Antonio Vivaldi (1678), Bernhard Kellermann (1879), Patrick Moore und Allan Sillitoe (1928), Bernard Haitink (1929), Miriam Makeba (1931), Jim Clark (1936), Paula Prentiss (1939), Chris Squire (1948), Kenny Dalglish (1951), Kay Lenz (1953), Chastity Bono (1969)

Die Forth Bridge, Großbritanniens längste Brücke und eine wichtige technische Errungenschaft ihrer Zeit, wurde an diesem Tag, der so eng mit dem Wasser verbunden ist, eröffnet.

Bedeutende Ereignisse und Jahrestage: Dieser Tag steht für das beharrliche Festhalten an einer Vision, eine Eigenschaft, die Erfolge nach sich zieht. So rief Lenin am 4. März nach Jahren des politischen Kampfes die Kommunistische Internationale (Komintern) ins Leben (1919). Die Kunst, wesentliches Element dieses Tages, ist repräsentiert in der Premiere des Balletts *Schwanensee* (1877), in der Veröffentlichung des Songs *Happy Birthday to You* von Clayton F. Summy (1924) und der Erhebung des Filmkomikers Charlie Chaplin in den Ritterstand durch Königin Elisabeth II. von England in Anerkennung seiner herausragenden Verdienste um die Filmwelt (1975). Der Tag im Zeichen des Elements Wasser ist auch Jahrestag folgender Ereignisse: die Eröffnung der Forth Bridge, Großbritanniens längster Brücke, (1890), die erste erfolgeiche Nordpolunterquerung durch das U.S.-Atom-U-Boot „Nautilus“ (1958) und der Transport des ersten Erdgases aus der Nordsee in einer Pipeline nach Großbritannien (1967).

5. MÄRZ

Wie das Wasser, in dessen Zeichen der 5. März steht, erscheinen die an diesem Tag Geborenen oft in einem Moment noch ruhig und gelassen, um schon im nächsten spektakuläre Wellen zu schlagen. Unter dem attraktiven Äußeren dieser Menschen fließt eine starke emotionale Unterströmung. Und da sie sensibel sind und heftig auf ihre Instinkte reagieren, fühlen sie sich den Kräften, die sie in wechselnde Richtungen ziehen, oft wehrlos ausgesetzt. In glücklichen und stabilen Perioden können sie charmante, verständnisvolle Zeitgenossen sein, die ihr Äußerstes tun, damit ihre Mitmenschen sich wohlfühlen. Wenn sie jedoch aus dem Gleichgewicht geraten, dann kann sich ihre Frustration auch in leidenschaftlichen Temperamentsausbrüchen äußern. In Anbetracht der emotionalen Extreme, zu denen diese Menschen neigen, brauchen sie bedingungsloses Verständnis und Rückhalt von Freunden und Familie, die man in vieler Hinsicht mit Häfen im Sturm vergleichen könnte.

Das Mitgefühl, das sie ihren Mitmenschen so reichich entgegenbringen, manifestiert sich häufig in dem Wunsch, für das Wohl der Menschheit zu arbeiten. Daher suchen sie sich Berufe oder Ehrenämter, in denen sie dieses Ziel verfolgen können, etwa in der Sozialarbeit. Aber hinter der selbstsicheren und geselligen Fassade, die diese Menschen nach außen tragen, verbirgt sich eine eher nachdenkliche Natur, die den gelegentlichen Rückzug vom Getriebe des Alltags und Zeit für Einsamkeit und Kontemplation braucht – das Kennzeichen des Künstlers. Sie besitzen großen Scharfsinn und ein ausgezeichnetes analytisches Denkvermögen und können, wo sie beides mit ihrem Mitgefühl verbinden, beachtliche Erfolge erzielen.

Planeteneinflüsse

Herrschender Planet: Neptun.
Zweiter Dekan: Persönlicher Planet ist der Mond.

♆ ☾

Religiöse und kulturelle Bedeutung

In Nordafrika, Rom und Ägypten Verehrung der Göttin Isis.
Namenstag: Olivia (2. Jh.), Lucius I. († 254), Konrad Scheuber (1481–1559).

STÄRKEN: Die am 5. März Geborenen empfinden tiefes Mitgefühl, weshalb sie sich sehr gut auf die Gefühle ihrer Mitmenschen einstellen und sich mit Bedürftigen identifizieren können. Ebenso verfügen sie über ein gutes Urteilsvermögen und Scharfsinn, Eigenschaften, die ihnen viele Erfolge eintragen, wenn sie emotional stabil sind.
SCHWÄCHEN: Diese Menschen sind so sensibel, daß sie Gefahr laufen, zwanghaft ihren Instinkten zu folgen und sich dann nicht nur irrational und impulsiv zu verhalten, sondern die ohnehin schon geringe Kontrolle über ihre Gefühle vollständig zu verlieren – was gefährlich werden kann.
FAZIT: In allen Aspekten ihres Lebens Ausgeglichenheit zu wahren ist für das Glück der an diesem Tag Geborenen entscheidend. Sie sollten eine Methode entwickeln, mit der sie ihre innersten Gedanken und Gefühle steuern können.

Das berüchtigte Blutbad von Boston im Jahr 1770, bei dem britische Soldaten das Feuer auf eine Gruppe Amerikaner eröffneten, gehört zu einer ganzen Reihe extremer, verhängnisvoller Ereignisse, die sich an diesem Tag der Gewaltbereitschaft abspielten.

An diesem Tag

Prominente Geburtstage: Heinrich II. von England (1133), Gerhardus Mercator (1512), William Oughtred (1575), Giovanni Battista Tiepolo (1696), James Madison (1751), Augusta Gregory (1852) Rosa Luxemburg (1871), William Beveridge (1879), Heitor Villa-Lobos (1887), Rex Harrison (1908), James Noble (1922), James B. Sikking (1934), Dean Stockwell (1936), Samantha Eggar (1939), Friedrich Bohl (1945), Elaine Page (1952), Andy Gibb (1958), Niki Taylor (1975)

Bedeutende Ereignisse und Jahrestage: Diesen Tag kennzeichnet impulsives, oft extremes Verhalten. So schossen in Boston im heutigen U.S.-Bundesstaat Massachusetts britische Soldaten auf eine aufgebrachte Menge und töteten dabei fünf Menschen, eine panische Tat, die als das „Blutbad von Boston" in die Geschichte einging (1770). Der Kontrollverlust über Gefühle zeigt sich in der abrupt beendeten Armeelaufbahn von Elvis Presley (1960) und dem dramatischen Zusammenbruch von John Belushi, der an einer Überdosis Drogen starb (1982). Scharfsinn, für den dieser Tag ebenso steht, bewies der ehemalige britische Premierminister Winston Churchill mit seiner berühmten Rede „Der Eiserne Vorhang", mit der er 1946 in Fulton, Missouri, vor der sowjetischen Politik eines zunehmenden Isolationismus warnte.

6. MÄRZ

Die an diesem Tag Geborenen sind Idealisten, aber ihr Perfektionismus richtet sich nicht auf streng intellektuelle Ziele, sondern auf die Freude und Zufriedenheit, die man nach ausgezeichneten Leistungen empfindet. Welche Richtung dieser alles beherrschende Ehrgeiz nimmt, entscheiden die persönlichen Interessengebiete. Da diese äußerst sensiblen Menschen aber alle eine tiefe Liebe zur Kunst hegen, ist ihnen diese Sphäre besonders wichtig. Ob sie aus ihrer großen Phantasie nun tatsächlich Musik, Malerei, Skulpturen oder Gedichte schöpfen oder nicht, ästhetische Schönheit stimuliert und erhebt die an diesem Tag Geborenen. Manche möchten aber auch leidenschaftlich gern ideale politische oder soziale Gesellschaftssysteme schaffen. Ob in Wirtschaft, Kunst oder im sozialen Sektor, diese Menschen verwenden ihre beträchtlichen Energien und ihren Scharfsinn überall auf die Verwirklichung ihrer hohen Ideale. Der Nachteil dieser Liebe zum Herausragenden – und das gilt besonders für die am 6. März geborenen Männer – liegt jedoch darin, daß niemand ihren hohen Ansprüchen genügen kann. Besonders im Privatleben reagieren diese Menschen oft zutiefst enttäuscht, wenn sie erleben, daß das Objekt ihrer Zuneigung Fehler hat. Daher fällt es ihnen schwer, sich auf emotionale Bindungen einzulassen und sie aufrechtzuerhalten. Sie sollten versuchen, den Menschen in ihrer Umgebung gegenüber realistischer und weniger anspruchsvoll zu sein.

STÄRKEN: Am 6. März Geborene treibt vor allem ihr Perfektionismus an. Unaufhörlich versuchen sie, ein oft unerreichbares Ideal Wirklichkeit werden zu lassen. Diese Menschen sind außergewöhnlich sensibel und haben eine besonders fein ausgebildete emotionale und sinnliche Wahrnehmung, dazu Beharrlichkeit und Intelligenz, sie effektiv einzusetzen.

SCHWÄCHEN: Leider aber ist Perfektion kein natürlicher oder von allen erreichbarer Zustand. Daher kann der geradezu zwanghafte Perfektionismus dieser Menschen zu tiefer Enttäuschung und Entfremdung von ihren Mitmenschen führen.

FAZIT: Sie müssen lernen, das Durchschnittliche und Alltägliche im Leben nicht zu verachten oder gar zu verunglimpfen. So löblich es ist, Vollkommenheit anzustreben, es darf nicht verhindern, daß man Menschen und Dinge so akzeptieren kann, wie sie sind.

Planeteneinflüsse

Herrschender Planet: Neptun.
Zweiter Dekan: Persönlicher Planet ist der Mond.

♆ ☾

Religiöse und kulturelle Bedeutung

Nationalfeiertag in Ghana
Namenstag: Quiriacus († 4. Jh.), Fridolin von Säckingen († 538), Chrodegang von Metz († 766), Rosa von Viterbo (1233–52), Coletta Boillet (1341–1447), Franziska Streitel (1844–1911).

Michelangelo verkörpert die herausragende ästhetische Sensibilität der am 6. März Geborenen. Seine Delphinische Sibylle *ist Teil der Deckenfresken in der Sixtinischen Kapelle, eines der bekanntesten Kunstwerke der Welt.*

An diesem Tag

Prominente Geburtstage: Michelangelo Buonarotti (1475), Cyrano de Bergerac (1619), Elizabeth Barrett Browning (1806), Philip Henry Sheridan (1831), George du Maurier (1834) Oscar Strauss (1870), Therese Giehse (1898), Lou Costello (1908), Ed McMahon (1923), Andrzej Wajda (1926), Marion Barry (1936), Valentina Nikolajewa-Tereschkowa (1937), Kiri Te Kanawa und Mary Wilson (1944), Rob Reiner (1945), Tom Arnold (1959), Shaquille O'Neal (1972)

Bedeutende Ereignisse und Jahrestage: Die künstlerische Meisterleistung, die dieser Tag verspricht, spiegelt sich in der Uraufführung von Verdis Oper *La Traviata* (1853). Die für den 6. März typische Beharrlichkeit bei der Verwirklichung eines Ideals kann vielfältige Erfolge bringen, etwa die Patentierung von Aspirin – „eines Wundermittels" – für Felix Hoffman (1899) und den Vertrieb der ersten Tiefkühlkost durch die Firma „Bird's Eye" in Springfield, Massachusetts, (1930). Davy Crockett und Colonel James Bowie verfehlten ihr Ziel und wurden am Ende der Schlacht bei Alamo mit 200 weiteren Texanern von 3.000 Mexikanern erschossen (1836). An diesem Tag im Zeichen des Elementes Wasser stellte der Australier Christopher Massey mit 230,36 km/h einen neuen Geschwindigkeitsrekord im Wasserski auf (1983), und vor dem belgischen Hafen Seebrügge kenterte tragischerweise die „Herald of Free Enterprise" (1987). Das organisatorische Element des Tages zeigte sich 1902 in der Schaffung des Amtes für Statistik durch den U.S.-Kongreß und 1834 in der Umbenennung von York in Oberkanada in Toronto.

7. MÄRZ

Zwar können sie ungeheuer praktisch und dank ihrer Sensibilität auch sehr mitfühlend sein, am liebsten aber beschäftigen sich die am 7. März Geborenen mit dem, was sie wirklich fasziniert – die Ideen und Ideale, die aus ihrer regen Phantasie erwachsen. Diese Menschen besitzen eine außerordentliche Vorstellungskraft. Meist beobachten sie ihre Umgebung scharf, analysieren Stärken und Schwächen und entwickeln daraus eine Idealsituation, die sie dann beharrlich zu realisieren versuchen. Es kommt zwar vor, daß sie ein bestimmtes Ziel in seinen Bann schlägt, da sie aber für viele emotionale und intellektuelle Anregungen aufgeschlossen sind, können sich ihr klarer Blick und ihr Tatendrang auf mehreren Gebieten gleichzeitig äußern. Wofür sie sich beruflich entscheiden – sei es die Kunst, zu der sie eine natürliche Affinität haben, Politik oder Sport – meist führen sie einen entschlossenen, gut organisierten Kampf um ein Ziel, das sie dann auch erreichen.

Ihr starkes Interesse an Sachthemen birgt jedoch die Gefahr, daß die an diesem Tag Geborenen die Bedürfnisse von Freunden und Familie vernachlässigen. Diese wiederum können nur schwer akzeptieren, wieviel Zeit zum Alleinsein und Nachdenken diese Menschen brauchen oder wieviel Begeisterung und Engagement sie für eine Sache aufbringen können, die noch in weiter Ferne liegt. Kompromißbereitschaft ist für das innere Gleichgewicht dieser Menschen besonders wichtig.

STÄRKEN: Am 7. März Geborene haben einen angeborenen Drang, visionäre Ziele zu entwickeln, zu propagieren und schließlich auch umzusetzen. Dabei kommen ihnen Intuition und Intelligenz zugute.
SCHWÄCHEN: Diese Menschen haben ein breit gefächertes Interessenspektrum, und es fällt ihnen schwer, Prioritäten zu setzen. Haben sie jedoch erst einmal ein Ziel definiert, widmen sie ihm ihre ganze Aufmerksamkeit und vernachlässigen dabei oft weniger anspruchsvolle – aber nicht weniger wichtige – Bereiche des Lebens.
FAZIT: Diese vielseitig begabten Menschen verfolgen ihre Ziele instinktiv unter Einsatz ihrer emotionalen und rationalen Fähigkeiten, sollten sich aber auch ihres zweifellos vorhandenen Mitgefühls besinnen, damit sie die Bedürfnisse der Menschen in ihrer unmittelbaren Umgebung nicht vernachlässigen.

An diesem Tag

Prominente Geburtstage: Joseph Nicéphore Niepce (1765), Alessandro Manzoni (1785), John Herschel (1792), Edwin Landseer (1802), Luther Burbank (1849), Thomas Garrigue Masaryk (1850), Piet Mondrian (1872), Maurice Ravel (1875), Ernest Bevin (1881), Willard Scott (1934), Rudi Dutschke (1940), Tammy Faye Bakker (1942), John Heard (1947), Viv Richards (1952), Rik Mayall (1958), Ivan Lendl (1960)

Bedeutende Ereignisse und Jahrestage: Der 7. März steht für künstlerisches Können. So gab an diesem Tag die legendäre „schwedische Nachtigall" Jenny Lind in Stockholm ihr Debüt in Webers Oper *Der Freischütz* (1938), und Nick La Rocca und seine Original Dixieland Jazz Band nahmen bei der amerikanischen Victor Company die erste Jazzplatte der Welt auf, darauf Titel wie „The Dixie Jazz Band One-step" und „Livery Stable Blues" (1917). Dieser Tag symbolisiert die praktische Umsetzung eines Ideals, und so nannten sich die Bolschewiken fortan Kommunistische Partei Rußlands, um sich von ihrer radikalen Vergangenheit zu distanzieren (1918). Zielstrebiges Hinarbeiten auf ein Ziel führt meist zum Erfolg. Das zeigt sich in der Patentierung des ersten Telefons der Welt für Alexander Graham Bell (1876) und im ersten Nonstopflug von Paris nach London des Franzosen Henri Seimet (1912). Der Einsatz für visionäre Ziele, typisch für den 7. März, kommt im Ergebnis der Schweizer Volksabstimmung von 1971 (nur Männer) zum Ausdruck, die Frauen das aktive und passive Wahlrecht verschaffte. Emotionalen Nachdruck besitzt die Erklärung von König Heinrich VIII., mit der er sich zum Oberhaupt der anglikanischen Kirche machte (1530).

Planeteneinflüsse

Herrschender Planet: Neptun.
Zweiter Dekan: Persönlicher Planet ist der Mond.

♆ ☾

Religiöse und kulturelle Bedeutung

Namenstag: Perpetua und Felicitas († 202/3?), Volker († ca. 1135).

Jenny Lind, wegen ihrer außergewöhnlich klaren, schönen Stimme „die schwedische Nachtigall" genannt, gab 1838 an diesem Tag, der eine enge Verbindung zur Kunst hat, ihr Debüt an der Stockholmer Oper.

8. MÄRZ

Planeteneinflüsse

Herrschender Planet: Neptun.
Zweiter Dekan: Persönlicher Planet ist der Mond.

♆ ☾

Religiöse und kulturelle Bedeutung

In China Feier zu Ehren von Mutter Erde.
Namenstag: Julianus von Toledo (ca. 652–690), Gerhard von Clairvaux († 1177), Johannes von Gott (1495–1550), Schutzheiliger der Buchhändler, Buchdrucker, Kranken, Herzpatienten, Krankenhäuser und Krankenpfleger.

Die Schauspielerin und Tänzerin Cyd Charisse wurde berühmt durch ihre Rolle in Singing in the Rain. *Sie war immer Individualistin – ein typischer Charakterzug der am 8. März Geborenen. Ihr chinesisches Zeichen – das Schwein – schenkt Kreativität und Charme, beides im Film nicht zu verkennen.*

Hinter der liebenswürdigen Freundlichkeit, die sie nach außen zeigen, pflegen die am 8. März Geborenen eine stolze Unabhängigkeit. Auch wenn es so scheint, als beugten sie sich gesellschaftlichen Normen, arbeiten sie in Wirklichkeit eher an der Unterminierung von Konventionen. Diese leichte Subversivität entwickeln sie jedoch nicht um der reinen Auflehnung willen – obwohl diese Freigeister einen natürlichen Widerwillen gegen engstirnige Regeln hegen –, sondern weil es ihnen leichtfällt, Fehler und Widersprüche in bisher nicht hinterfragten Regeln bloßzulegen und Verbesserungsvorschläge zu formulieren. Diese Menschen besitzen die Intelligenz, Dinge in Frage zu stellen und die Fähigkeit zum Querdenken, dazu eine angeborene Sensibilität und Mitgefühl. Das prädestiniert sie als große Reformer oder Wegbereiter, besonders auf akademischem, wissenschaftlichem, künstlerischem oder sozialem Gebiet.

Als Kindern erteilt das Leben den am 8. März Geborenen die harte Lektion, daß die Gesellschaft die Einhaltung bestimmter Regeln fordert. Respektieren ihre Eltern aber ihre Individualität und leiten sie verständnisvoll und mit Liebe an, so können sie dabei lernen, ihre Begabungen in positive Bahnen zu lenken. Andernfalls besteht die Gefahr, daß sich die Zwänge dieser Menschen negative Ventile suchen oder daß sie sich völlig von ihren Mitmenschen abkapseln.

STÄRKEN: Die an diesem Tag Geborenen besitzen Intuition und Wißbegierde, der sie auf ihre ganz eigene, zuweilen hochoriginelle Weise nachgeben. Scharfsinnig und individualistisch stehen sie zu sich selbst und unterwerfen sich nicht den Regeln von Systemen, mit denen sie nicht einverstanden sind.
SCHWÄCHEN: Ihr Bedürfnis nach Gedanken- und Handlungsfreiheit ist so stark, daß sie oft allein auf weiter Flur stehen. Dann haben sie sich durch ein Verhalten, das Familie und Freunde als starrsinnig und radikal empfinden, von eher konventionell denkenden Mitmenschen isoliert.
FAZIT: Ihre Unabhängigkeit brauchen sie keinesfalls zu unterdrücken, aber die am 8. März Geborenen sollten nicht aus den Augen verlieren, daß es Kompromisse im Interesse des Gemeinwohls sind, die die menschliche Gemeinschaft im Innersten zusammenhalten. Wenn sie ihre Unkonventionalität etwas zurücknehmen und sich in stabilen Beziehungen zu Freunden und Familie Rückhalt verschaffen, werden sie in allem ausgeglichener.

An diesem Tag

Prominente Geburtstage: Friederike Caroline Neuber (1697), Carl Philipp Emanuel Bach (1714), Karl Ferdinand von Graefe (1787), Ruggiero Leoncavallo (1858), Kenneth Grahame (1859), Otto Hahn (1879), Eric Linklater (1899), Douglas Hurd (1930), Lynn Seymour (1939), Susan Clark (1940), Lynn Redgrave (1943), David Wilkie (1955), Gary Numan (1958), Aidan Quinn (1959), Katy Ireland (1963)

Bedeutende Ereignisse und Jahrestage: Die Verbindung aus Innovation und Unabhängigkeit, ein wichtiges Kennzeichen dieses Tages, zeigt sich in dem gewagten Experiment, zum ersten Mal ein künstliches Herz einzusetzen (1952). Zwei Fliegerinnen erhielten die ersten Flugscheine der Welt: J. T. C. Moore-Brabazon aus Großbritannien und Elise de Laroche aus Frankreich (1910). Die Mißachtung gesellschaftlicher Normen zugunsten eigener Pläne, ebenso typisch für diesen Tag, demonstrieren die Ermordung von George Cornell durch Ronnie Kray im Londoner East End (1966), die Anklage gegen Paul McCartney wegen Marihuanaanbaus auf seinem Besitz in Schottland (1973) und der Eintrag von John McPherson ins Guinness-Buch der Rekorde, weil er in acht Stunden mehr als 4.000 Frauen küßte (1985). Auch die Fähigkeit, gemeinsam überkommene Regeln zu ändern, kennzeichnet den Tag. So traten 1988 in den USA die Fernsehautoren für bessere Vertragsbedingungen in den Streik. Im selben Jahr wurden in Indien 3.000 Menschen unter Arrest gestellt, weil sie gegen ein Sittlichkeitsgebot der Verehrung einer Hindu-Gottheit verstoßen hatten.

9. MÄRZ

Die an diesem Tag Geborenen sind in jeder Hinsicht kompromißlos individualistisch. Ihre Energie wird befeuert von dem brennenden Drang, die Wahrheit über einen Sachverhalt selbst herauszufinden, statt der Interpretation anderer zu folgen. Und weil sie darüber hinaus außergewöhnlich phantasievoll sind, führt sie ihre Neugier in die unterschiedlichsten Richtungen. Ihre Ergebnisse begutachten sie objektiv, bevor sie sie auf ihre einmalige Weise offiziell formulieren. Am 9. März Geborene haben hohe immaterielle Ideale – Ergebnis ihres Weitblicks wie ihrer Sensibilität. Weil sie sich Harmonie im Leben wünschen und weil ihnen ihr Mitgefühl einen natürlichen Gerechtigkeitssinn vermittelt, sind diese Menschen ideale Sozialreformer. Zu welchem Beruf sie ihre Interessen auch führen – sei es zu Kunst, Politik oder Sport – nie werden ihnen aufregende Entdeckungen wichtiger als humanitäre Belange.

Weil sie sich die Verbundenheit zu ihren Mitmenschen bewahren, besonders wenn sie im chinesischen Jahr des Pferdes geboren sind, begeben sich die am 9. März Geborenen kaum aus dieser Welt in die Einsamkeit eines Elfenbeinturms. Das bedeutet aber nicht, daß sich diese tiefsinnigen Denker nicht gelegentlich aus der Gesellschaft zurückziehen, um über ein faszinierendes Projekt nachzusinnen. Familie und Freunde sollten daher akzeptieren, daß gelegentliches Alleinsein diesen sonst geselligen Menschen wichtig ist.

STÄRKEN: Ihr originelles und mutiges Denken, aber auch ihr Mitgefühl und der Rückhalt, den sie geben, weckt bei ihren Mitmenschen viel Bewunderung. Die Verbindung solcher Eigenschaften ist eine seltene Gabe, und diese Menschen besitzen die Intelligenz und den Enthusiasmus, sie ganz auszuschöpfen.

SCHWÄCHEN: Die an diesem Tag Geborenen sind für intellektuelle wie emotionale Reize sehr empfänglich. Wird diese Neigung nicht gut kontrolliert, kann sie zu einer verwirrenden Interessenstreuung und damit zwangsläufig auch emotionaler Instabilität führen.

FAZIT: Zwar gelingt es den am 9. März Geborenen meist, ihre introvertierte und ihre extrovertierte Seite im Gleichgewicht zu halten, sie sollten aber darauf achten, daß keine die Oberhand gewinnt. Sonst werden sie entweder von widersprüchlichen Gefühlen überwältigt oder verdrängen ihre Gefühle zugunsten der zielstrebigen Umsetzung einer Idee.

An diesem Tag

Prominente Geburtstage: Amerigo Vespucci (1454), William Cobbett (1763), Emil Warburg (1846), Vita Sackville-West (1892), Samuel Barber (1910), André Courrèges (1913), Micky Spillane (1918), Irene Pappas (1926), Keely Smith (1932), Juri Alexejewitsch Gagarin (1934), Micky Gilley (1936), Raul Julia (1940), Bobby Fisher und Trish Van Devere (1943), Micky Dolenz (1945), Bill Beaumont (1952), Linda Fiorentino (1960), Emmanuel Lewis (1971)

Bedeutende Ereignisse und Jahrestage: Der 9. März steht für die Versöhnung von Gefühl und Verstand auf gesellschaftlicher Ebene. Diese Fähigkeit zeichnet oft nationale, militärische oder politische Führungspersönlichkeiten aus. So wurde PuYi, der letzte chinesische Kaiser, 1932 von Japan als Regent des Vasallenstaates Mandschuko eingesetzt, im amerikanischen Bürgerkrieg wurde General Ulysses Grant 1864 zum Oberkommandierenden der Unionisten ernannt, und Eamon de Valera wurde 1932 Ministerpräsident von Irland. Dieser Tag ist auch günstig für Innovationen und daher Gründungstag der Französischen Fremdenlegion (1831). Unabhängigkeit im Denken und Handeln sind weitere Kennzeichen dieses Tages, an dem Stalins Tochter Swetlana Allilujewa (verh. Lana Peters) in die USA emigrierte (1967). Wie unrealistisch die Folgen intellektueller Erwägungen auf Kosten emotionaler Ausdrucksfreiheit sein mögen, zeigt eine Verordnung aus Neapel aus dem Jahr 1562, wonach mit dem Tod bestraft wurde, wer sich in der Öffentlichkeit küßte.

Planeteneinflüsse

Herrschender Planet: Neptun.
Zweiter Dekan: Persönlicher Planet ist der Mond.

Religiöse und kulturelle Bedeutung

Butterlampenfest in Tibet.
Namenstag: Die Vierzig Märtyrer von Sebaste († 320), Gregor von Nyssa (ca. 340–ca. 394), Konstantin (Geburts- und Todesdatum unbekannt), Boso (7./8. Jh.), Franziska Romana (1384–1440), Schutzheilige der Autofahrer, Dominikus Savio (1842–57).

Beim Butterlampenfest, das im tibetischen Buddhismus am 9. März gefeiert wird, werden Figuren aus Yakbutter in einer Prozession durch die Straßen getragen und dann in einem Fluß versenkt. Mit diesem jährlichen Ritual soll das Wohlwollen der Götter erhalten werden.

10. MÄRZ

Planeteneinflüsse

Herrschender Planet: Neptun.
Zweiter Dekan: Persönlicher Planet ist der Mond.

♆ ☾

Religiöse und kulturelle Bedeutung

Namenstag: Gustav (ca. 810–890), Johannes Ogilvie (ca. 1580–1615).

Dieser religiöse Tag bezeichnet die Vollendung des Wiederaufbaus des Tempels von Jerusalem nach der Rückkehr der Juden aus der Babylonischen Gefangenschaft. In Dorés Darstellung (Abbildung unten) erstrahlen die Tempelruinen im Göttlichen Licht – Symbol der Hoffnung.

Zwar verfügen sie über Geistesgaben wie Objektivität und Differenzierungsvermögen, sowie praktisches und organisatorisches Talent, in erster Linie aber kennzeichnet und beschäftigt die am 10. März Geborenen ihre innere Welt der Phantasien und Ideale. Es sind hochsensible, tiefsinnige Menschen, deren tief empfundenes Mitleid mit allen, denen es weniger gut geht, in ihnen den brennenden Wunsch weckt, deren Lage zu verbessern. Und weil sie zugleich innovativ und realistisch denken können, entwickeln sie oft visionäre, aber pragmatische Handlungspläne. Die meisten sind glücklich, wenn sie dem Gemeinwohl dienen können. Daher liegen ihnen besonders Berufe in Sozialarbeit oder Medizin oder in Bereichen, in denen sie ihre beachtlichen Begabungen einsetzen und ihre Mitmenschen in nicht ganz so direktem Kontakt glücklich machen können, wie etwa in der Kunst.

Trotz ihres humanitären Interesses und des Wertes, den sie dem Familienleben beimessen, sind diese Menschen eher einsame Naturen, die sich immer wieder zum Nachdenken in sich selbst zurückziehen müssen. Ihre Sensibilität bewirkt darüber hinaus eine angeborene Konfliktscheu. Sind sie aufgebracht, oder fühlen sie sich unter Druck, wenden sie sich nach innen, statt sich der unangenehmen Situation zu stellen. Besonders ausgeprägt ist dies bei am 10. März geborenen Männern. Daher brauchen sie, wenn es ihnen wirklich gut gehen soll, häufige Zeichen der bedingungslosen Liebe und des Rückhalts von Freunden und Familie.

STÄRKEN: Am 10. März Geborene empfinden extremes Mitgefühl mit ihren Mitmenschen und verwenden ihren beachtlichen Scharfsinn, ihr logisches und originelles Denken zumeist auf die Behebung sozialer Fehlentwicklungen.
SCHWÄCHEN: Als Idealisten mit altruistischen Motiven neigen diese Menschen dazu, von anderen nur das Beste zu denken und zugleich ähnlich intensives Engagement zu erwarten, wie sie es selbst zeigen. So nett das ist, werden sie doch unweigerlich enttäuscht oder verletzt und suchen dann Trost im völligen Rückzug in ihre innere Phantasiewelt.
FAZIT: Diese liebevollen, nachdenklichen und visionären Menschen müssen darauf achten, nicht Opfer ihrer Sensibilität und anderen guten Eigenschaften zu werden. Sie sollten sich daher sehr darum bemühen, ihre eigenen und die Fehler ihrer Mitmenschen gelassener hinzunehmen.

An diesem Tag

Prominente Geburtstage: Marcello Malpghi (1628), Lorenzo da Ponte (1749), Joseph Freiherr von Eichendorff (1788), Henry Watson Fowler (1858), Tamara Platonowa Karsawna (1885), Arthur Honneger und Eva Turner (1892), Bix Beiderbecke (1903), Gerard Croiset (1909), Charles Groves (1915), Pamela Mason (1922), Chuck Norris (1942), Katherine Houghton (1945), Shannon Tweed (1957), Sharon Stone (1958), Prinz Edward von England (1964)

Bedeutende Ereignisse und Jahrestage: Das Streben nach Weiterentwicklung in der Gemeinschaft und im Religiösen sind Kennzeichen dieses Tages, an dem die Juden 512 v. Chr. nach ihrer Rückkehr aus der Babylonischen Gefangenschaft den Wiederaufbau des von Nebukadnezar zerstörten Tempels in Jerusalem vollendeten. In ihrem Eifer, mehr Gleichberechtigung für Frauen zu erreichen, zerstörte die britische Suffragette Polly Richardson mit einer Axt Velázquez' Bild *Venus mit dem Spiegel* in der Londoner National Gallery (1914). Genugtuung empfanden viele in ihrer Trauer um Dr. Martin Luther King, als James Earl Ray den Mord gestand (1969). Der 10. März steht im Zeichen des Elements Wasser. So kamen 1968 beim Untergang einer Autofähre vor Wellington in Neuseeland 200 Menschen auf tragische Weise ums Leben, und Prinz Charles entrann bei einem Lawinenunglück in den Schweizer Alpen nur knapp dem Tod (1988).

11. MÄRZ

Wie alle Fische-Geborenen verfügen auch die Menschen dieses Tages über eine gut ausgebildete Intuition. Bei ihnen ist sie jedoch weniger statisch-kontemplativ, sie verwenden sie vielmehr eher zur Informationsgewinnung und, wo nötig, auch zur Manipulation. Tatsächlich sind sie ausgezeichnete Menschenkenner, teils instinktiv, teils weil sie distanziert beobachten können. Auch ihre hohen Ambitionen sind im allgemeinen eher persönlicher als allgemeiner Natur und darüber hinaus sehr realistisch. Diese Menschen wollen erfolgreich sein, besonders im Beruf. Dafür arbeiten sie unermüdlich, nicht nur um selbst die oberste Sprosse der Karriereleiter zu erklimmen, sondern auch um ihrer Firma eine Spitzenstellung zu verschaffen. Weil sie zugleich phantasievolle, optimistische Menschen sind und persönliche Differenzen zugunsten eines dynamischen Teams zurückstellen können, feiern sie meist in der Unternehmensleitung oder als Manager komplexer Projekte Erfolge – ganz besonders wenn sie zugleich im chinesischen Jahr des Affen oder der Schlange geboren sind.

Häusliche Harmonie ist den am 11. März Geborenen wichtig. Ihre Privatsphäre betrachten sie als Rückzugsmöglichkeit aus dem Tumult des Berufslebens. Hier können sie sich entspannen und zu sich selbst finden. Sie sind hingebungsvolle Partner, Eltern und Freunde, obwohl besonders die Männer gelegentlich auch bei Familie und Freunden ein gewisses selbstherrliches Gehabe zeigen, das sie sonst im Beruf an den Tag legen. Darüber hinaus erwarten sie bedingungslose Loyalität und Rückhalt ihrer Familie. Dissens darüber führt zu spektakulären Wutausbrüchen.

STÄRKEN: Diese enthusiastischen und energiegeladenen Menschen verfolgen ihre Ziele mit klarem Überblick. Da sie zudem ihren Scharfsinn, ihre zwischenmenschlichen Fähigkeiten, ihren Elan und ihre Phantasie sinnvoll einsetzen können, erreichen sie ihre Ziele auch tatsächlich.

SCHWÄCHEN: Diese Menschen neigen dazu – wenn auch mit viel Charme –, andere absichtlich zu manipulieren, um ihre Unterstützung zu gewinnen. Müssen sie andauernden Widerstand erfahren, frustriert sie das extrem. Sie sollten daher unbedingt größeren Respekt vor der Meinungsfreiheit ihrer Mitmenschen entwickeln.

FAZIT: Auf ihrem Weg nach oben dürfen diese Menschen ihr Mitgefühl nicht verlieren. Sie sollten sich bewußt werden, wie kostbar einfache menschliche Werte sind und sich immer wieder Zeit zum Rückzug und zur Besinnung auf sich selbst sowie zu intensiver Selbstreflexion geben.

An diesem Tag

Prominente Geburtstage: Torquato Tasso (1544), Urbain Jean Joseph Leverrier (1811), Marius Petipa und Henry Tate (1819), Malcolm Campbell (1885), Raoul Walsh (1892), Dorothy Gish (1898), Lawrence Welk (1903), Jessie Matthews (1907), Harold Wilson (1916), Joachim Fuchsberger (1927), Rupert Murdoch (1931), Nigel Lawson (1932), Sam Donaldson (1934), Douglas Adams (1952)

Bedeutende Ereignisse und Jahrestage: Dieser Tag steht für Geschäftssinn. Er ist der Jahrestag der Eröffnung des Londoner Theaters in der Drury Lane (1794), der Verabschiedung der Lend-Lease-Bill durch den U.S.-Kongreß, wonach die USA im Zweiten Weltkrieg Großbritannien mit Waffen belieferten und im Gegenzug britische Militärstützpunkte nutzen konnten (1941), und des Erwerbs des berühmten Londoner Kaufhauses „Harrod's" durch die Brüder Al Fayed (1985). Das Zerstörerische dieses Aspekts zeigte sich in der Bombardierung der Fabrikanlage von Krupps durch die Alliierten (1941). Der Tag steht für Führungsqualitäten. So wurde Michail Gorbatschow der jüngste Generalsekretär der KPdSU (1985). Den 11. März beherrscht das Element Wasser, und so lief im englischen Sheffield ein Wasserreservoir über – eine Katastrophe, die rund 250 Menschenleben forderte (1864).

Planeteneinflüsse

Herrschender Planet: Neptun.
Dritter Dekan: Persönliche Planeten sind der Mars und der Pluto.

♆ ♂ ♇

Religiöse und kulturelle Bedeutung

Namenstag: Rosina (Daten unbekannt), Heinrich Hahn (1800–82).

Die Fähigkeit zur erfolgreichen Verwirklichung ehrgeiziger Ziele gehörte zu den wichtigsten Eigenschaften von Ralph Abernathy, einem führenden Kopf der amerikanischen Bürgerrechtsbewegung (unten links, Photo aus dem Jahr 1956), der am 11. März 1926 geboren wurde. Sein chinesisches Zeichen, der Tiger, verstärkte seine Führungsqualitäten noch, und er zeigte alle Qualitäten des kraftvollen, magnetisch anziehenden, leidenschaftlichen Feuertigers.

12. MÄRZ

Planeteneinflüsse
Herrschender Planet: Neptun.
Dritter Dekan: Persönliche Planeten sind der Mars und der Pluto.

♆ ♂ ♇

Religiöse und kulturelle Bedeutung
In Babylon Fest des Marduk.
Namenstag: Innozenz I. († 417), Theophanes Confessor (ca. 756–817), Simeon der Neue Theologe (949–1022), Fina (1238–53), Justina Francucci Bezzoli († 1319).

Marduk, Gründer und König Babylons, wurde in der Antike am 12. März verehrt. Die unten abgebildete Schnitzerei zeigt ihn als Wächter über das Wasser, einen Drachen an seiner Seite.

Wesentliches Charaktermerkmal der an diesem Tag Geborenen ist ihr Drang, so viel wie nur möglich vom Leben kennenzulernen: um ihr Wissen zu erweitern, neue Erfahrungen zu sammeln oder sich an schwierigen Herausforderungen zu messen. In Anbetracht ihrer Abenteuerlust überrascht es nicht, daß am 12. März Geborene ebenso tatkräftige und mutige Menschen sind, deren Enthusiasmus weniger Energiegeladene mitreißt, die selbst nicht den Mut zu solch spontanen oder weitreichenden Entscheidungen aufbringen würden. Zuweilen gelten sie als rücksichtslos – und gelegentlich sind sie das auch – im allgemeinen wägen sie die Risiken und Chancen ihrer Unterfangen aber bereits im Vorfeld sorgfältig ab. Erfolg haben sie als Börsenmakler und Spekulanten. Doch nicht nur äußere Reize sprechen die an diesem Tag Geborenen an: Sie besitzen auch Originalität und Phantasie – und Begeisterung fürs Metaphysische – in einem überreichen Ausmaß, was ihnen Erfolge auf so unterschiedlichen Gebieten wie Politik oder Kunst verspricht.

Sie schätzen Konkurrenz – eher allerdings, wenn andere sich an ihnen messen als umgekehrt. Doch am 12. März Geborene verspüren keineswegs den Drang, immer wieder Siege über ihre Mitmenschen erringen zu müssen. Sie sind verständnisvoll und mitfühlend und haben keineswegs das Bedürfnis, auf Kosten anderer Erfolge zu erringen. Mehr noch, sie brauchen den Halt eines emotional stabilen und glücklichen Privatlebens. Manchmal fällt es ihnen schwer, den kontinuierlichen, bedingungslosen Rückhalt, nach dem sie sich bei Freunden und Familie sehnen, zu erwidern. Das allerdings rührt von ihrer geistigen Ruhelosigkeit her.

STÄRKEN: Am 12. März Geborene zeichnen sich durch ihre Neugier und ihre Neigung zu radikalen Zielen aus – sie wollen wissen, wohin das Leben sie führt, und sich an den Herausforderungen messen, die sich ihnen dabei stellen. Aber sie verfügen auch über eine zutiefst intuitive, nachdenkliche Seite, auch wenn sie sich kaum darauf einlassen, diese wirklich auszuleben.
SCHWÄCHEN: Geistigen wie körperlichen Herausforderungen stellen sich diese Menschen mit solchem Enthusiasmus und solchem Vergnügen, daß sie zu extremem, sensationshungrigem Verhalten neigen, das sogar zur Sucht werden kann.
FAZIT: Die an diesem Tag Geborenen sind nicht nur aufgeschlossen für Neues und Aufregendes, sondern sehnen es geradezu herbei. Verbindet sich diese Eigenschaft mit ihrem ansteckenden Enthusiasmus, können sie ihre Mitmenschen in völlig neue Richtungen führen. Sie sollten aber denken, bevor sie handeln, damit sie nicht in eine Sackgasse steuern.

An diesem Tag

Prominente Geburtstage: Johann Jacob Christoffel von Grimmelshausen (1621), John Daniell (1790), Gustav Robert Kirchoff (1824), William Henry Perkin (1838), Gabriele d'Annunzio (1863), Stuart Edward White (1873), Kemal Atatürk (1881), Vaclav Nijinski (1890), Joseoph Meyer (1894), Max Wall (1908), Googie Withers (1917), Jack Kerouac (1922), Edward Albee (1928), Andrew Young (1932), Al Jarreau (1940), Barbara Feldon (1941), Paul Katner (1942), Liza Minnelli (1946), James Taylor (1948), Daryl Strawberry (1962)

Bedeutende Ereignisse und Jahrestage: Dieser Tag steht für Charakterbildung und ist damit der Jahrestag der Gründung der amerikanischen „Girl Guides" durch Juliette Gordon Low, die exakt dieses Ziel verfolgen (1912). An diesem Tag begann Mahatma Gandhi seinen 320 Kilometer langen „Salzmarsch" zum Zeichen des Protestes gegen die britischen Salzsteuern (1930). Radikales Verhalten, ein weiterer Aspekt des Tages, demonstrierten russische Truppen mit ihrer Meuterei zur Unterstützung der Februarrevolution (1917) und Großbritannien mit dem Verbot aller Reisen von und nach Irland und Nordirland (1944). Die geistige Klarheit des Tages fand ihre Entsprechung in der Natur, als De Beers einen spektakulären Diamanten präsentierte, mit 599 Karat der zweitgrößte, der je gefunden wurde (1988).

13. MÄRZ

Am 13. März Geborene haben ein ausgeprägtes Interesse am Metaphysischen und Paranormalen. Instinktiv faszinieren sie Ideen und Ideale, die weniger Phantasievolle bestenfalls als abstrus oder naiv, schlimmstenfalls als haarsträubend unglaubwürdig bezeichnen. Die Welt des Übersinnlichen ist für sie so normal und konventionelle „Wahrheiten" so fragwürdig, daß sie als Kinder ihre Eltern mit Fragen nach dem Wie und Warum des Lebens bis an die Grenzen strapazieren. In die richtigen Bahnen gelenkt, können ihre Neugier und ihr ungebundener Geist, verbunden mit der Beharrlichkeit, mit der sie an ihren Interessen festhalten, zu bemerkenswerten Erfolgen führen. Beruflich werden die an diesem Tag Geborenen in starren Laufbahnen nicht glücklich, in großen Organisationen ersticken sie geradezu. Ihre vielseitigen Begabungen kommen am besten zur Geltung, wenn sie eigene Wege gehen dürfen. Daher liegen ihnen Berufe im akademischen, künstlerischen oder sportlichen Bereich, wo sie sich relativ ungezwungen bewegen können.

Die Ablehnung, auf die ihr Weltbild in ihrer Umwelt stößt, kann diese zutiefst sensiblen Menschen sehr verletzen. Entweder sie bemühen sich dann um Anpassung an eine weniger originelle Norm und verbergen ihr wahres Wesen, oder sie geben der Versuchung nach, sich völlig von der konventionellen Gesellschaft zu lösen. Deshalb ist wichtig, daß Familie und Freunde sie in ihrem Selbstbewußtsein stärken und sanft wieder auf Kurs bringen, wenn sie aus dem Gleichgewicht geraten.

STÄRKEN: Am 13. März Geborene sind höchst originelle Denker. Intuitiv erkennen sie, daß es zwischen Himmel und Erde mehr gibt, als wir bis jetzt wissen, und streben mit Enthusiasmus nach der Erkenntnis verborgener Wahrheiten. Sie besitzen die Fähigkeit und den Mut, ihre Mitmenschen auf zuvor unbegangene Wege zu führen.
SCHWÄCHEN: Diese Menschen sind außergewöhnlich sensibel, eine Eigenschaft, die ihr Denken und Handeln weitgehend prägt, sie aber auch verletzlich macht bei Ablehnung oder Spott von anderen. Sie sollten lernen, gelegentlich Kompromisse einzugehen, sich dabei aber nicht etwa wegen mangelnden Selbstbewußtseins selbst verleugnen.
FAZIT: Ihren Drang, das Abstrakte und Übersinnliche zu erforschen, brauchen sie nicht zu zügeln, wohl aber sollten sich die an diesem Tag Geborenen fest in dieser Welt verankern. Eine etwas pragmatischere Haltung zum Leben hilft ihnen, ihre visionären Neigungen mit der Realität des Alltags zu versöhnen.

An diesem Tag

Prominente Geburtstage: Joseph Priestley (1773), Daniel Lambert (1770), Percival Lowell (1855), Hugo Wolf (1860), Hugh Walpole (1884), Henry Hathaway (1898), Oscar Nemon (1906), Ron Hubbard (1911), William Casey (1913), Tessie O'Shea (1918), Neil Sekada (1939), Joe Bugner (1950), Deborah Raffin (1953), Adrian Zmed (1954), Franziska Schenk (1974)

Bedeutende Ereignisse und Jahrestage: Weitblick und Vorstellungskraft können zu bahnbrechenden Entdeckungen führen. So fand William Herschel am 13. März den Planeten Uranus (1781), und es startete die sowjetische Weltraumrakete „Sojus T-15", die später an der Weltraumstation „Mir" ankoppelte, dem ersten Außenposten des Menschen im Weltraum (1986). Der Einsatz für radikale Ideen kann auf Kosten des Lebens einzelner Menschen gehen. So forderte an diesem Tag der amerikanische Revolutionskrieg mit William French sein erstes Opfer (1775), Zar Alexander II. von Rußland erlag den Verletzungen infolge eines Bombenanschlags (1881). Dieser Tag steht im Zeichen des Elements Wasser. Tragisch demonstrierte es seine Kraft bei einem Dammbruch nahe Los Angeles, infolgedessen rund 450 Menschen starben (1928). Das Streben nach Erkenntnis und Wahrheit, ein Kennzeichen dieses Tages, reflektierend, erhielt die Harvard University ihren Namen (1639), der Pioniergeist zeigt sich in der Gründung der ersten dauerhaften Siedlung in Shikai-o, dem heutigen Chicago (1773).

Planeteneinflüsse

Herrschender Planet: Neptun.
Dritter Dekan: Persönliche Planeten sind der Mars und der Pluto.

♆ ♂ ♇

Religiöse und kulturelle Bedeutung

Heidnisches Feuerfest Burgonndeg.
Namenstag: Leander von Sevilla (ca. 540–600), Gerald von Mayo (ca. 642–732).

William French (auf dem Foto unten sein Grab in Westminster im amerikanischen Vermont) war der erste Gefallene des Revolutionskriegs. Der 22jährige opferte sein Leben im Dienst einer großen Sache, ein Beispiel der radikalen, doch gefahrvollen Aspekte des 13. März.

14. MÄRZ

Planeteneinflüsse

Herrschender Planet: Neptun.
Dritter Dekan: Persönliche Planeten sind der Mars und der Pluto.

♆ ♂ ♇

Religiöse und kulturelle Bedeutung

In Ghana Neujahrsfeiern, in Ägypten Verehrung der Uta Zit.
Namenstag: Mathilde (Mechthild, 895-968), Königin und Mutter von Kaiser Otto I.

Die Unfähigkeit der am 14. März Geborenen, eine Entscheidung zu treffen und dabei zu bleiben, kann ihre Mitmenschen zur Verzweiflung bringen. Doch diese Unentschlossenheit ist nicht Folge mangelnder Erkenntnis oder Überzeugung – ganz im Gegenteil, diese sensiblen Menschen sind äußerst scharfsinnig und haben strenge Prinzipien. Weil sie aber die Fähigkeit besitzen, eine Situation einschätzen und viele Entwicklungen vorhersehen zu können, fällt es ihnen schwer, sich auf einen bestimmten Handlungsplan festzulegen, wenn die Alternativen ähnlich gangbar oder schwierig erscheinen. Da sie darüber hinaus vielen Blickwinkeln gegenüber aufgeschlossen und für die Gefühle ihrer Mitmenschen höchst empfänglich sind, scheuen sie sich vor Borniertheit und Intoleranz. Genau diese Mischung aus Aufgeschlossenheit, Mitgefühl und Abscheu vor Ungerechtigkeiten prägt auch ihr stark humanitäres Interesse.

Menschliche Gesellschaft ist ihnen wichtig. Die fröhliche Liebenswürdigkeit dieser Menschen, ihr Mitgefühl und ihre ansteckende Originalität wirken anziehend. Sie sind gute Freunde und auch außergewöhnlich tolerante, vorurteilslose Eltern, wie in allem fällt es ihnen aber schwer, sich für einen einzigen Partner zu entscheiden. Beruflich fühlen sie sich in einem kleinen Team am wohlsten, da sie instinktiv gegen die starren Strukturen großer Organisationen rebellieren. Besonders vielversprechend ist die Kunst, weil darin ihre Phantasie und ihre Sinnlichkeit förmlich aufblühen.

STÄRKEN: Wie ihr astrologisches Element, das Wasser, lassen sich diese Menschen nicht in künstliche Grenzen zwängen. Sie sind immer auf der Suche nach neuen Erfahrungen, die sie begierig aufnehmen. Dank ihrer Toleranz und ihres Scharfsinns können sie viel Gutes bewirken.
SCHWÄCHEN: Aus jeder Quelle – im intellektuellen wie emotionalen oder sinnlichen Bereich – schöpfen die an diesem Tag Geborenen so viele Informationen, daß sie zuweilen die Fülle ihrer Wahlmöglichkeiten in Verwirrung stürzt. Sie können sich dann einfach nicht entscheiden.
FAZIT: Wollen sie weiterkommen, müssen die an diesem Tag Geborenen ihren Hang zum intellektuellen Stillstand überwinden, der wiederum von ihrer angeborenen Abneigung rührt, einen Plan oder ein Prinzip von vorneherein zu verwerfen. Zuweilen ist es eben durchaus ratsam, sich an einen bestimmten Standpunkt zu halten und danach zu handeln –, selbst wenn das bedeutet, einen anderen aufzugeben oder sich gegen hergebrachte Erkenntnis zu stellen.

Der Nobelpreisträger Albert Einstein, am 14. März 1879 geboren, gilt als eines der größten Genies in der Geschichte der Wissenschaft. Er formulierte die „allgemeine Relativitätstheorie" und demonstrierte damit die außergewöhnliche Originalität, für die der 14. März steht. Er war auch ein freimütiger Kritiker von Intoleranz und Ungerechtigkeit.

An diesem Tag

Prominente Geburtstage: Georg Philipp Telemann (1681), Johann Strauß Vater (1804), König Victor Emmanuel II. von Italien (1820), Giovanni Viginio Schiaparelli (1835), Isabella Beeton (1836), Paul Ehrlich (1854), Maxim Gorki (1868), Albert Einstein (1879), Hank Ketcham (1920), Frank Borman (1928), Michael Caine und Quincy Jones (1933), Wolfgang Petersen (1941), Rita Tushingham (1943), Jasper Carrott und Steve Kanaly (1946), Billy Crystal (1947), Tesa Sanderson (1957), Taylor Hanson (1983)

Bedeutende Ereignisse und Jahrestage: Die künstlerischen Fähigkeiten, für die dieser Tag steht, spiegeln sich in der Uraufführung der komischen Oper *Der Mikado* von Gilbert und Sullivan im Londoner Savoy Theater (885). An diesem Tag im Zeichen des Wassers wurden zum ersten Mal Telefonkabel unter dem Ärmelkanal verlegt (1891), der englische Entdecker Samuel White Baker sah als erster Europäer den Albert-Nyanza-See, durch den der Nil fließt (1864), und der deutsche Kreuzer „Dresden" sank (1915). Einen Schritt zu größerer Aufgeschlossenheit bedeutet die Veröffentlichung der *New English Bible* (1961). Der Tag steht für Promiskuität – intellektueller Art auf jeden Fall, wenn auch nicht unbedingt körperlicher. Fünf Löwinnen im Zoo von Singapur erhielten Kontrazeptiva, weil die Löwenpopulation dort nicht überhand nehmen sollte (1985).

15. MÄRZ

Die Abenteuerlust der am 15. März Geborenen kann vielerlei Gestalt annehmen: Sie sind unerschrockene Reisende, furchtlose Sportler, dynamische Geschäftsleute, visionäre Wissenschaftler oder inspirierende Künstler. Für welche Laufbahn sie sich auch entscheiden, schneller Erfolg ist ihnen gewiß. Dafür sorgen ihr Entdeckerdrang und ihre Risikobereitschaft. Die an diesem Tag Geborenen suchen zwar unaufhörlich neue Erfahrungen, aber sie begeben sich nicht blind auf Entdeckungsreise, denn sie besitzen einen klaren, scharfen Verstand und die Fähigkeit zu großer Konzentration bei der Verfolgung ihrer Ziele. Diese Menschen informieren sich zunächst über eine bestimmte Situation und begutachten dann unvoreingenommen alternative Vorgehensweisen, bevor sie sich mit typischer Begeisterung und Energie auf eine neue Herausforderung stürzen.

Die an diesem Tag Geborenen kennzeichnet das Bedürfnis nach Gedanken- und Handlungsfreiheit. Entschlossenheit und natürliche Anziehungskraft verleihen ihnen Charisma und ausgeprägte Führungsqualitäten. Trotz ihres zweifellos vorhandenen Mitgefühls werden sie schnell ungeduldig mit Menschen, die ihren Weitblick und ihre Risikobereitschaft nicht teilen und lehnen sie als stumpfsinnig oder stur ab. Sie sollten sich daher keinesfalls durch mangelnde Akzeptanz weniger unerschrockener Ansichten und Vorgehensweisen von ihren Mitmenschen, insbesondere von Familie und Freunden, isolieren.

STÄRKEN: Die am 15. März Geborenen sind scharfsinnig, in jeder Hinsicht unabhängig und mutig genug, sich auf Abenteuer einzulassen, die anderen gefährlich erscheinen. Originalität und Mut dieser Führungspersönlichkeiten setzen Zeichen.
SCHWÄCHEN: Diese Menschen neigen dazu, andere mit ihrer unerschöpflichen Energie und ihrem ausgeprägten Entdeckerdrang zu überfordern. Wer ihnen nicht folgen kann, den verachten oder ignorieren sie, wer ihnen folgt, den beherrschen sie.
FAZIT: Wichtig ist, daß diese Menschen ihren Hunger nach Action und Abenteuer bändigen und sich in einem entsprechenden beruflichen oder privaten Rahmen festen Halt verschaffen. So kommen sie in ein Gleichgewicht von Denken und Fühlen und empfinden sich persönlich als erfüllter.

Planeteneinflüsse

Herrschender Planet: Neptun.
Dritter Dekan: Persönliche Planeten sind der Mars und der Pluto.

♆ ♂ ♇

Religiöse und kulturelle Bedeutung

Die Iden des März, im Alten Rom das Fest von Attis und Cybele.
Namenstag: Louise de Marillac (1591–1660), Klemens Maria Hofbauer (1751–1820), Pius Keller (1825–1904), Placidus Riccardi (1844–1915).

An diesem Tag

Prominente Geburtstage: Andrew Jackson (1767), William Lamb (1779), John Snow (1813), Eduard Strauss (1835), Emil von Behring (1854), Leslie Stuart (1866), Berthold von Stauffenberg (1905), Harry James (1916), Judd Hirsch (1935), Phil Lesh (1940), Mike Love (1941), Sylvester Stallone (1944), David Wall (1946), Fabio und Terence Trent d'Arby (1961)

Bedeutende Ereignisse und Jahrestage: Der 15. März steht für Führungsqualitäten, die unkontrolliert allerdings zur Tyrannei werden können. So töteten 44 v. Chr. Anhänger der Republikaner Julius Cäsar, russische Revolutionäre zwangen Zar Nikolaus II. 1917 zum Abdanken, und Adolf Hitler proklamierte das Dritte Reich (1933). Die Energien des 15. März sind im Sport vielversprechend umzusetzen. So wurden die Cincinnati Red Stockings an diesem Tag zum ersten Baseballteam mit professionellen Mitgliedern (1869), und es fand das erste Freundschaftsspiel zwischen einer englischen und einer australischen Cricketmannschaft statt (1877). Der Tag steht zugleich für Innovationen jeder Art. In Finnland wurden zum ersten Mal Frauen ins Parlament gewählt (1907), in London eröffnete G. S. Selfridge Englands erstes Kaufhaus (1909), und in den USA wurde die erste zentrale Blutbank eingerichtet (1937).

An den Iden des März im Jahr 44 v. Chr. wurde Julius Cäsar ermordet, wie es ihm seine astrologischen Berater vorhergesagt hatten.

16. MÄRZ

Ihren Mitmenschen erscheinen die am 16. März Geborenen meist außergewöhnlich ausgeglichen. Irgendwie gelingt es ihnen wohl, Phantasie und Fröhlichkeit mit Beständigkeit und Pragmatismus zu versöhnen. Diese Menschen besitzen einen sehr scharfen Verstand, Logik und exakten Weitblick. Mit Hilfe aller drei Eigenschaften formulieren sie höchst effektive Pläne zur Verwirklichung ihrer Ziele. Oft werden sie von persönlichem Ehrgeiz getrieben und freuen sich an den Insignien materiellen Erfolges aufgrund ihrer sensiblen Natur, doch kommt es ihnen mehr darauf an, Anerkennung und Freundschaft zu gewinnen. Sie blühen in Berufen auf, in denen sie ein Team leiten und inspirieren können und eignen sich daher besonders als Lehrer oder Geschäftsleute. Diese Menschen besitzen ein so originelles Denkvermögen, daß sie unzufrieden sind, solange sie nicht allem, was sie tun, ihren Stempel aufdrücken können, besonders wenn sie zugleich im chinesischen Jahr des Drachen geboren sind. Im Privatleben sind sie aktiv und organisieren ein schwungvolles gesellschaftliches Ereignis ebenso kompetent wie einen erholsamen Ausflug. Können ihre Mitmenschen ihre Begeisterung jedoch nicht teilen, sind sie schnell beleidigt. So erweisen sie sich auch unter Freunden und in der Familie als großzügig und gesellig, neigen aber zu allzu autoritärem Auftreten, besonders ihren Kindern gegenüber.

STÄRKEN: Diese vielseitig begabten Menschen verfügen über die bemerkenswerte Fähigkeit, ihre Phantasie und ihren Scharfsinn auf zugleich visionäre wie realistische Weise einsetzen zu können. Damit eröffnen sie sich viele Möglichkeiten. Doch trotz ihrer intellektuellen Ausrichtung verlernen sie nie, die schönen Seiten des Lebens zu genießen.
SCHWÄCHEN: Selbstvertrauen und Selbstsicherheit der an diesem Tag Geborenen sind enorm. Unhinterfragt können sie deshalb dazu führen, daß diese Menschen andere, die ihre Auffassung nicht teilen, kraß ablehnen oder mißachten.
FAZIT: Dank ihrer Fähigkeit, ein stabiles emotionales und intellektuelles Gleichgewicht zu wahren, können am 16. März Geborene auf jedem beliebigen Gebiet erfolgreich sein. Sie sollten jedoch ihre Neigung zu Herrschsucht und Zynismus zügeln und sich den Wert der Meinungsvielfalt vor Augen halten.

An diesem Tag

Prominente Geburtstage: James Madison (1751), Matthew Flinders (1774), Georg Simon Ohm (1787), William Henry Monk (1823), René Prudhomme (1839), Emile Cammaerts (1878), Thelma Catherin „Pat" Nixon (1912), Leo McKern (1920), Jerry Lewis (1926), Karlheinz Böhm (1928), Bernardo Bertolucci (1940), J. Z. Knight (1946), Erik Estrada (1949), Kate Nelligan (1951), Isabelle Huppert (1955)

Bedeutende Ereignisse und Jahrestage: Dieser Tag steht für Führungsqualitäten. So wurde am 16. März die amerikanische Offiziersakademie West Point eingerichtet (1802), und Wilhelm I. wurde König der Niederlande (1815). Ein weiteres Kennzeichen des 16. März ist profunde Selbstsicherheit, die jedoch auch negative Konsequenzen haben kann. Das zeigt sich in Adolf Hitlers Aufkündigung des Versailler Vertrags, der das Verbot der deutschen Wiederbewaffnung vorsah, und der Einführung der Wehrpflicht (1935) und in dem Massaker an 175 Einwohnern des vietnamesischen Dorfs My Lai durch amerikanische Soldaten (1968). Weitblick und Organisationstalent verbinden sich an diesem Jahrestag des ersten Meisterschaftsfinalspiels der English Football Association in London (1872), des Erscheinens der Erstausgabe des *Freedom's Journal*, der ersten afroamerikanischen Zeitung (1827), und der Bekanntgabe der Ausgrabung der Stadt Knossos auf Kreta durch den Archäologen Sir Arthur Evans (1900), im Start der ersten Rakete mit einem Treibstoffgemisch aus Benzin und flüssigem Sauerstoff in Massachusetts, entwickelt von Dr. Robert Goddard (1926), und in der offiziellen Eröffnung der neu erbauten London Bridge durch Königin Elisabeth II. (1973). Die materiellen Interessen des Tages spiegelt der erste Kauf eines Automobils, eines Benz, durch Emile Roger aus Paris (1888).

Planeteneinflüsse

Herrschender Planet: Neptun.
Dritter Dekan: Persönliche Planeten sind der Mars und der Pluto.

♆ ♂ ♇

Religiöse und kulturelle Bedeutung

Im indischen Hinduismus Fest der Holi.
Namenstag: Abraham von Kiduna und Maria die Büßerin (4. Jh.), Heribert von Köln (ca. 970–1021).

Thelma Catherine Ryan wurde am 16. März 1912 geboren und erhielt den Spitznamen „Pat", weil ihr Geburtstag der Vorabend des Tages des Heiligen Patrick, des irischen Nationalheiligen ist. Nach ihrer Heirat hieß sie schlicht Pat Nixon. Das Auftreten dieser selbstbewußten, charismatischen Frau als First Lady demonstriert die Eigenschaften der am 16. März Geborenen. Die Verbindung ihres astrologischen Wasserzeichens, der Fische, mit ihrem chinesischen Element Wasser und ihrem chinesischen Zeichen, der Ratte, verlieh ihr große Loyalität und Mitgefühl mit den Menschen, für die sie sich einsetzte.

17. MÄRZ

Die Persönlichkeit der am 17. März Geborenen könnte man mit ihrem Element, dem Wasser, vergleichen, denn sie lassen sich gern von Interessengebiet zu Interessengebiet treiben. Hindernisse halten sie nicht auf – sie umgehen sie einfach. Dieses Verhaltensmuster kann viele Ursachen haben, etwa Neugier und Fortschrittssehnsucht, Konfliktscheu oder – und das ist es häufig – eine tiefe Verunsicherung und mangelndes Selbstwertgefühl, wodurch diesen Menschen der Mut zur Standfestigkeit fehlt. Was der Grund für ihre innere Unruhe und ihren Wankelmut auch sein mag, die an diesem Tag Geborenen eignen sich nicht für Berufslaufbahnen mit starren Strukturen, in denen sie äußerer Kontrolle und fremden Regeln unterworfen sind. Sie brauchen Gedanken- und Handlungsfreiheit. Ihre Begabungen kommen am besten in Handwerk, Design und Kunst zur Geltung, wo sie ihre sensiblen Interpretationen des Schönen vermitteln können, das sie inspiriert.

Sie hegen ein flammendes Interesse an humanitären Belangen und können Unglück bei anderen kaum ertragen, dennoch verletzen besonders die Männer unabsichtlich die Menschen, die ihnen am nächsten stehen, durch ihre angeborene Abneigung gegen enge Beziehungen und die Beschränkungen des häuslichen Lebens. Sie gründen nur ungern eine Familie und entziehen sich oft der Verantwortung. Sie brauchen daher tolerante Partner, die ihr Freiheitsbedürfnis achten.

STÄRKEN: Die an diesem Tag Geborenen sind phantasievoll, intuitiv und optimistisch, getrieben von ihrer Neugier und Entdeckerfreude. In die richtigen Bahnen gelenkt, versprechen diese Eigenschaften aufregende Erfolge und Bewunderung.
SCHWÄCHEN: Diese Menschen umgehen gern widerspenstige Probleme. Lieber lassen sie ein Projekt fallen oder beenden eine Beziehung, als daß sie sich mit deren Problemen auseinandersetzen. Das kann ihnen den Ruf der Unzuverlässigkeit eintragen.
FAZIT: Die am 17. März Geborenen sollten sich um größere Zielstrebigkeit und Beharrlichkeit bemühen und über unangenehme oder schwierige Themen nicht einfach hinweggehen oder vor ihnen davon laufen. Erfolge, die trotz Schwierigkeiten errungen wurden, sind wesentlich befriedigender als das bequeme, aber ziellose Treiben im Meer des Lebens.

An diesem Tag

Prominente Geburtstage: Edmund Kean (1787), Gottlieb Wilhelm Daimler (1834), Kate Greenaway (1846), Margaret Grace Bondfield (1873), Eileen J. Garrett (1895), Shemp Howard (1895), Anna Jensen Shufet (1901), Patrick Hamilton (1904), Mercedes McCambridge (1918), Nat „King“ Cole (1919), Siegried Lenz (1926), Rudolf Hametowitsch Nurejew (1939), John Sebastian (1944), Patrick Duffy (1949), Kurt Russell (1951) Lesley-Ann Downe (1954), Gary Sinise (955), Rob Lowe (1964)

Bedeutende Ereignisse und Jahrestage: Dieser Tag steht für Flexibilität. Sie spiegelt sich exakt – wenn auch prosaisch – in der Patentierung des Gummibands für den Londoner Stephen Perry (1845). Das künstlerische Potential des Tages unterstreichen die Veröffentlichung des berühmten neapolitanischen Liedes *O Sole Mio!*, Text von G. Capuro und Musik von E. di Campa (1899), und die Eröffnung der Bastille-Oper in Paris (1990). In dem Versuch, den unausbleiblichen Folgen der Neigungen zu Sinnlichkeit und Impulsivität, für die dieser Tag steht, zu begegnen, eröffnete Marie Stopes die Londoner „Mother's Clinic“, eine neuartige Klinik zur Geburtenkontrolle (1921). Der 17. März steht auch für Konfliktscheu und ist damit Jahrestag einer riesigen Demonstration gegen den Vietnamkrieg vor der amerikanischen Botschaft in London, die paradoxerweise gewalttätig endete (1968). An diesem Tag im Zeichen des Wassers soll Noah mit seiner Familie und den Tieren die Arche bestiegen haben, als die Sintflut einsetzte, und vor der bretonischen Küste lief der Tanker Amoco Cadiz auf Grund, 220.000 Tonnen auslaufendes Rohöl verursachten eine riesige Umweltkatastrophe (1978). Die Fortschrittlichkeit des Tages zeigte sich in der Wahl Golda Meirs zur israelischen Premierministerin (1969).

Planeteneinflüsse

Herrschender Planet: Neptun und Mars.
Dritter Dekan: Persönliche Planeten sind der Mars und der Pluto.
Zweite Häuserspitze: Fische mit Widdertendenzen.

♆ ♂ ♇

Religiöse und kulturelle Bedeutung

In der religiösen Überlieferung der Tag, an dem die Sintflut einsetzte und Noah die Arche bestieg.
Namenstag: Patrick (ca. 385-ca. 461), Schutzheiliger von Irland, Gertrud von Nivelles (626-59), Schutzheilige der Frischverstorbenen, Withburga († ca. 743).

Der 17. März ist der Tag des Heiligen Patrick, des Nationalheiligen von Irland.

18. MÄRZ

Die am 18. März Geborenen treibt ein ständiger Fortschrittsdrang, der Wunsch, die nächste Stufe zu erklimmen. Das kann sich in persönlichem Ehrgeiz äußern, bei diesen mitfühlenden Menschen äußert es sich meist aber in dem globaleren Bemühen, die Lebensbedingungen der gesamten Menschheit zu verbessern. Sie haben das große Ganze vor Augen. Dank ihres Weitblicks sehen sie, wie die Dinge sind und wie sie sein sollten. Zu dieser Fähigkeit verhelfen ihnen in erster Linie ihr Scharfsinn und ihr ausgeprägtes Gerechtigkeitsempfinden. In Verbindung mit ihrem typischen Enthusiasmus können sie außerordentliche Erfolge erzielen, er kann aber auch dazu führen, daß sie die nur scheinbar marginalen Details einer Sache übersehen, ganz besonders dann, wenn diese Details unangenehm oder umstritten sind und sie sich daher ohnehin lieber nicht damit auseinandersetzen.

Ihre Konfliktscheu kann dazu führen, daß sie mit beträchtlichem diplomatischem Geschick Problemlösungen finden oder aber wenig ratsame Zugeständnisse oder gar Ausflüchte machen. Beruflich eignen sie sich ganz besonders als mitfühlende Betreuer oder als Künstler, weil sie in der Kunst nicht gezwungen sind, ihre Prinzipien aufzugeben, und mit ihren Begabungen ein breites Publikum ansprechen können. Auch in ihren persönlichen Beziehungen geht es ihnen am besten, wenn sie nicht gedrängt werden, sich einem Lebensstil anzupassen oder emotionale Bedürfnisse zu erfüllen, die ihnen fremd sind.

STÄRKEN: Sensibel, mitfühlend und an humanitären Verbesserungen interessiert, kennzeichnet diese Menschen der Wunsch, zur menschlichen Weiterentwicklung beizutragen.
SCHWÄCHEN: Diese Menschen lehnen Auseinandersetzungen jeder Art so sehr ab, daß sie Beträchtliches in Kauf nehmen, um sie zu vermeiden. Das kann bewirken, daß ein Problem ignoriert wird, das angesprochen werden müßte, oder daß sie ihre Überzeugungen Kompromissen opfern.
FAZIT: Am 18. März Geborene sollten versuchen, ihre Neigung zu Ausweichmanövern in unangenehmen Situationen zu überwinden, und erkennen, daß der Weg zum Erfolg nicht immer eben sein kann.

Planeteneinflüsse

Herrschender Planet: Neptun und Mars.
Dritter Dekan: Persönliche Planeten sind der Mars und der Pluto.
Zweite Häuserspitze: Fische mit Widdertendenzen.

♆ ♂ ♇

Religiöse und kulturelle Bedeutung

In Irland Verehrung der heidnischen Fruchtbarkeitsgöttin Sheela-na-gig.
Namenstag: Narcissus und Felix von Gerona († 307?), Cyrill von Jerusalem (ca. 315–386), Eduard von England (963–78), Salvator von Horta (1520–67).

An diesem Tag

Prominente Geburtstage: König Friedrich III. von Dänemark und Norwegen (1609), Stephen Grover Cleveland (1837), Stéphane Mallarmé (1842), Nikolai Rimski-Korsakow (1844), Rudolf Diesel (1858), Neville Chamberlain (1869), Edgar Cayce (1877), Lawrenti Pawlowitsch Beria (1889), Wilfred Owen (1893), Christa Wolf (1929), John Updike (1932), Frederik Willem de Klerk (1936), Charlie Pride (1938), Wilson Puickett (1941), Alex „Hurricane" Higgins (1949), Pat Eddery (1952), Eine Cara (1959), Vanessa Williams (1963), Queen Latifah (1970)

Bedeutende Ereignisse und Jahrestage: Der 18. März steht für den Wunsch nach humanitären Verbesserungen. Das zeigte sich im technischen Fortschritt mit der Einführung des ersten öffentlichen Busverkehrs in Paris (1662), der Vorstellung des ersten benzingetriebenen Busses im deutschen Rheinland (1895), der Produktion der ersten elektrischen Rasierapparate durch die Firma Schick in Connecticut (1931), der Eröffnung der Sydney Harbour Bridge (1932) und dem Weltraumspaziergang des sowjetischen Kosmonauten Alexej Archipowitsch Leanor von der „Wostok II" aus (1965). Der Tag steht für Kompromißbereitschaft. So fanden sich die westlichen Militärmächte 1949 zur Gründung der NATO zusammen. Das Element des 18. März ist das Wasser: An diesem Tag lief vor Land's End in England der Öltanker „Torrey Canyon" auf Grund – was tragische Folgen für die Umwelt hatte (1967).

Die Eröffnung der Harbour Bridge, eines Wahrzeichens von Sydney, gehört zu den zahlreichen technischen und baulichen Errungenschaften dieses Tages des Fortschritts und der Weiterentwicklung.

19. MÄRZ

Den Charakter der am 19. März Geborenen kennzeichnet eine kuriose Mischung aus Phantasie, ja Phantasterei, und einer unverblümten Zielstrebigkeit, die sich von kaum etwas abbringen läßt. In die richtigen Bahnen gelenkt, eröffnet die Verbindung von visionärem Idealismus und zielstrebiger Entschlossenheit ihnen die Möglichkeit zu verblüffendem Erfolg, solange sie sich auf ein realistisch erreichbares Ziel konzentrieren. Diese Menschen treibt der aufrichtige Wunsch nach sozialen Verbesserungen an. Weil sie aber höchst originelle Denker sind, sträuben sich andere oft gegen ihre scheinbar radikalen Lösungsvorschläge. Haben die an diesem Tag Geborenen jedoch erst einmal ein Ziel ausgemacht, das den Einsatz ihrer reichen Energien lohnt, arbeiten sie mit beträchtlichem Organisationstalent und großer Ausdauer unbeirrbar auf seine Verwirklichung hin.

Infolge dieser Eigenschaften fühlen sich am 19. März Geborene am wohlsten, wenn sie in Bereichen arbeiten können, die ihnen den Eindruck vermitteln, daß sie aktiv Gutes leisten. Dieses Erfordernis erfüllen viele Berufe, etwa in Politik, Wissenschaft, Militär, im sozialen Bereich und natürlich in der Kunst. Weil ihre Vorstellungen oft auf Ablehnung stoßen, ist der stabile, bedingungslose Rückhalt von Familie und Freunden für das emotionale Wohlbefinden dieser Menschen besonders wichtig. So wird ihr Zuhause zu einer Insel der Sicherheit, auf der sie sich vom Lebenskampf ausruhen und einfach sie selbst sein können.

STÄRKEN: Die am 19. März Geborenen treibt der brennende Wunsch, die Welt zu verbessern, soziale Fehlentwicklungen zu erkennen und dann zu beheben. Dieses Ziel rührt zwar von ihrer Sensibilität her, ihrem Mitgefühl und angeborenen Gerechtigkeitsempfinden, bei seiner Umsetzung jedoch bedienen sie sich streng rationaler Methoden.
SCHWÄCHEN: Der große Idealismus dieser Menschen bedingt eine Neigung, entweder die Durchsetzbarkeit ihrer Ziele oder die Möglichkeit, daß ihre Mitmenschen damit nicht einverstanden sein könnten, aus den Augen zu verlieren. Sind sie von etwas begeistert, verfolgen sie es geradezu obsessiv und verschließen sich anderen Ansichten.
FAZIT: Diese Menschen sollten unbedingt mehr Pragmatismus entwickeln und anerkennen lernen, daß ihre Mitmenschen ein Recht auf eine eigene Meinung haben. Sie sollten sie sogar noch zur Meinungsäußerung ermuntern und nicht rücksichtslos über sie hinweggehen. Durch Zuhören können sie wesentlich mehr lernen als durch starrsinniges Festhalten am eigenen Weltbild.

An diesem Tag

Prominente Geburtstage: George de la Tour (1593), Tobias George Smollett (1721), David Livingstone (1813), Richard Burton (1821) Wyatt Earp (1848), Alfred von Tirpitz (1849), Sergei Pawlowitsch Diaghilew (1872), Max Reger (1873), Jean Joliot-Curie (1900), Adolf Eichmann (1906), Hans Wimmer (1907), Smoky Dawson (1913), Patrick Mc Goohan (1928), Ornette Coleman (1930), Philip Roth (1933), Phyllis Newman (1935), Ursula Andress (1936), Glenn Close (1947), Bruce Willis (1955), Courtney Pine (1964)

Bedeutende Ereignisse und Jahrestage: Der 19. März ist ein Tag des Weitblicks. Das verdeutlichen zwei astronomische Ereignisse: Babylonische Sternforscher zeichneten die erste Sonnenfinsternis auf (721 v. Chr.), und in „Madame Tussauds", dem Londoner Wachsfigurenkabinett, wurde 1958 das erste Planetarium in Großbritannien eröffnet. An diesem Tag bröckeln Fassaden: Der amerikanische Fernsehprediger Jim Bakker mußte nach einem Sex- und Korruptionsskandal 1987 sein Amt räumen. Dieser Tag steht auch für den Wunsch, soziale Fehlentwicklungen und Unannehmlichkeiten zu beheben: Französisch- und englischstämmige Siedler in Kanada erhielten gleiche Rechte (1791), und der Vertrieb von Alka Seltzer wurde aufgenommen (1931). Entschlossenheit, ein Merkmal dieses Tages, zeigt sich oft in Politik und Militär: 1920 beschloß der amerikanische Senat, dem Völkerbund nicht beizutreten und seine isolationistische Position beizubehalten, und 1969 marschierten britische Truppen auf der Karibikinsel Anguilla ein, um einen Aufstand gegen St. Christopher Nevis niederzuschlagen.

Planeteneinflüsse

Herrschender Planet: Neptun und Mars.
Dritter Dekan: Persönliche Planeten sind der Mars und der Pluto.
Zweite Häuserspitze: Fische mit Widdertendenzen.

♆ ♂ ♇

Religiöse und kulturelle Bedeutung

Akitu, babylonisches Neujahrsfest, in Indien Verehrung von Stala im Rahmen der hinduistischen Neujahrsfeiern.
Namenstag: Joseph von Nazaret († 1. Jh.), Schutzheiliger der Schatzmeister, der Zimmerleute, der Sterbenden, der Väter, für einen guten Tod, der Verwalter und der Handwerker, Marcel Callo (1921–45, KZ Mauthausen).

An diesem Tag des Scharfblicks hielten babylonische Astronomen im Jahr 721 v. Chr. zum ersten Mal das Ereignis einer Sonnenfinsternis fest.

20. MÄRZ

Planeteneinflüsse

Herrschender Planet: Neptun und Mars.
Dritter Dekan: Persönliche Planeten sind der Mars und der Pluto.
Zweite Häuserspitze: Fische mit Widdertendenzen.

♆ ♂ ♇

Religiöse und kulturelle Bedeutung

Nach der Überlieferung der letzte Tag des Winters und das Ende des astrologischen Jahres. Neujahrsfeiern der Rosenkreuzer, im alten Ägypten Frühlingserntefest.
Namenstag: Cuthbert (Gisbert) von Lindisfarne (ca. 634–87), Schutzheiliger der Hirten, Wulfram († 720?), Irmgard (ca. 800?–851).

Die an diesem Tag Geborenen besitzen eine solche Fülle an Eigenschaften, daß es schwer ist, eine einzelne als Erkennungsmerkmal herauszustellen. Aber hinter ihrem Scharfsinn, ihrer Beharrlichkeit, ihrer Vorstellungskraft und ihrem Idealismus steckt eine große Sensibilität, eine Gabe, die für am 20. März Geborene gute wie schlechte Folgen haben kann. Zwar sind sie dank ihrer angeborenen Fähigkeit, freundlich und einfühlsam auf andere zuzugehen, als Freunde und Kollegen geschätzt, fühlen sich aber zuweilen von der Heftigkeit ihres Mitgefühls auch überwältigt. Besonders Frauen neigen daher angesichts menschlichen Leids zu Depressionen. Doch diese Menschen sind von Natur aus Optimisten. Solange sie ihre enthusiastische Entschlossenheit, die Welt zu verbessern, aufrecht hält, folgen sie intuitiv einem klaren, logischen, wohl abgewogenen Handlungsplan.

Eine weitere Eigenschaft, die von der Nächstenliebe der am 20. März Geborenen herrührt, ist ihre liebenswürdige Neigung, von ihren Mitmenschen nur das Beste zu denken. Leider können sie deshalb von skrupellosen Zeitgenossen leicht ausgenutzt werden. Ein solcher Vertrauensmißbrauch verletzt sie tief. Für das emotionale Gleichgewicht dieser Menschen ist daher ein stabiler familiärer Rückhalt wichtig, denn sie müssen sich der Liebe von Freunden und Familie sicher fühlen und erwidern sie auch unermüdlich. Am besten – und wohl auch am ungefährlichsten – können sie ihre Sensibilität in der Kunst oder im Dienstleistungssektor einbringen.

STÄRKEN: Die an diesem Tag Geborenen sind vielseitig begabt und besitzen eine ausgeprägte Intuition, Mitgefühl und Weitblick. Weil sie pragmatisch und idealistisch zugleich sind, können sie ihre Träume auch verwirklichen.
SCHWÄCHEN: Diese Menschen fallen leicht ihren empatischen Eigenschaften zum Opfer. Sie fühlen sich so sehr in das emotionale Durcheinander ihrer Mitmenschen ein, daß sie Verwirrung bis zur Stagnation erfaßt.
FAZIT: Die am 20. März Geborenen müssen versuchen, in allen Lebensbereichen emotional robuster zu werden. Dabei dürfen sie aber ihre Sensibilität, einer ihrer größten Vorzüge, nicht unterdrücken. Begegnen sie den Forderungen ihrer Mitmenschen pragmatischer und objektiver, bewahren sie sich damit nicht nur ihr eigenes emotionales Wohlbefinden, sondern können auch effektiver Gutes tun.

Im alten Ägypten wurde an diesem Tag des Frühlingserntefestes die Göttin Isis verehrt. Im Gebiet des heutigen Nahen Osten waren die heißen, trockenen Sommermonate die Zeit der Brache auf den Feldern. Die Saat wurde Anfang des Winters zur Ernte im Frühjahr ausgebracht.

An diesem Tag

Prominente Geburtstage: Ovid (43 v. Chr.), Henrik Ibsen (1828), Beniamino Gigli und Lauritz Melchior (1890), B. F. Skinner (1904), Ozzie Nelson (1907), Michael Redgrave (1908), Sviatoslav Richter (1915), Vera Lynn (1917), Carl Reiner (1922), Fred Rogers (1928), Hal Linden (1931), David Malouf (1934), Brian Mulroney (1939), Pat Riley (1945), William Hurt (1950), Spike Lee (1957), Holly Hunter (1958)

Bedeutende Ereignisse und Jahrestage: Dieser Tag verspricht die Realisierung von Visionen: 1780 stellte James Watt das erste Vervielfältigungsgerät her, der afroamerikanische Erfinder Jan Ernst Matzeliger erhielt 1883 das Patent für den ersten automatischen Leisten zur Endfertigung von Schuhen, und im Kieler Hafen wurde 1934 ein deutsches Radarsystem vorgestellt. Das große künstlerische und soziale Potential dieses Tages zeigt die Veröffentlichung von Harriet Beecher Stowes Klassiker *Onkel Toms Hütte* (1852). An einem Tag, an dem Polizei und Passanten die versuchte Entführung von Prinzessin Anne von England vereitelten (1974), wurde die Zeitungserbin Patty Hearst der Beihilfe zum bewaffneten Raubüberfall ihrer Entführer überführt (1976), Beispiel der zuweilen fehlgeleiteten Neigung zur Identifikation mit anderen.

WEITERE GEBURTSEINFLÜSSE

Zahllose mystisch geprägte Glaubenssysteme sind an astrologischen Prinzipien orientiert. Von entscheidendem Einfluß sind dabei meist die sieben traditionellen „Planeten“: Die Sonne und der Mond (die strikt naturwissenschaftlich betrachtet nicht als Planeten, sondern als Leuchtkörper bezeichnet werden sollten), der Merkur, die Venus, der Mars, der Jupiter und der Saturn. Ihre Bedeutung ist zum Teil auf die zentrale Rolle zurückzuführen, welche den Planeten und ihren Konstellationen bei der Regulierung des Universums und all seiner Bestandteile zugeschrieben wird.

Eine fast ebenso bedeutsame Verbindung zwischen Astrologie und Okkultismus besteht in der archetypischen Symbolhaftigkeit sowohl der Planeten als auch der Tierkreiszeichen – ein Aspekt, der vor allem heutzutage auf großes Interesse stößt, da astrologisch Interessierte eher zur Erforschung innerer Bewußtseinsebenen streben als die Außenwelt wirklich materiell zu beeinflussen versuchen.

Viele esoterische Bereiche könnten auf mögliche Geburtseinflüsse untersucht werden, doch hier konzentrieren wir uns auf die vier wichtigsten und dauerhaftesten unter ihnen: Numerologie, Tarot, die Kabbala und Alchimie. Sie alle sind miteinander in gewisser Weise verbundene Traditionen, deren Studium – sowohl als eigene Disziplinen als auch im größeren Zusammenhang – uns hilft, mehr über die „kosmischen Schwingungen“ und die in unseren Namen und Geburtsdaten verborgenen Bedeutungen zu erfahren.

NUMEROLOGIE

Obwohl die meisten frühen Kulturen den Zahlen mystische Bedeutung zuschrieben, wobei die Verbindung zu ihren Gottheiten besonders wichtig war, geht die westliche Lehre von den Zahlen als Trägern kosmischer Kräfte doch auf Pythagoras (ca. 570–500 v. Chr.) zurück. Er war der Ansicht, daß solch unterschiedliche Systeme wie die Musik, Geometrie und Astrologie durch mathematische Gesetze bestimmbar sind. Er erkannte den speziellen Einfluß der einziffrigen Zahlen von 1 bis 9, denen er jeweils eine symbolische kosmische Deutung beimaß. Auch Kabbalisten setzen Zahlen ein, um mystische Botschaften besser deuten zu können, etwa mittels eines Zahlensystems wie der Gematrie, bei der jedem Buchstaben des hebräischen Alphabets eine numerische Entsprechung zugeordnet ist. Die der Numerologie als Geburtseinfluß zugrundeliegende Theorie besagt, daß den Namen und Geburtsdaten der Menschen kosmische „Schwingungen" innewohnen. Daher könnten ihre Persönlichkeitsmerkmale, vielleicht sogar ihre Zukunft, durch eine Zahlenanalyse entschlüsselt werden.

Die Onomantie befaßt sich mit der Übertragung der einzelnen Buchstaben von Namen und Worten in ihre numerischen Äquivalente. Die „Namens-" oder „Entwicklungszahl" eines Menschen wird nach folgender Norm errechnet:

1	2	3	4	5	6	7	8	9
A	B	C	D	E	F	G	H	I
J	K	L	M	N	O	P	Q	R
S	T	U	V	W	X	Y	Z	

Wenn die korrekte Ziffer für jeden Buchstaben feststeht (Umlaute zählen als ae, oe, ue), werden sie alle zusammengezählt, und aus der entstehenden Summe wird wieder die Quersumme gebildet, bis nur noch eine einziffrige Zahl übrig bleibt. Die Zahl ist die zu deutende Namenszahl. Ist der Name also beispielsweise Sara Hunt, wird so gerechnet: S = 1, A = 1, R = 9, A = 1, H = 8, U = 3, N = 5 und T = 2. Als Summe entsteht die 30, und 3 + 0 beträgt 3, was nicht weiter reduziert werden kann. Die 3 also ist die Namenszahl. Als bedeutsamste Zahl zur Charakterisierung der individuellen Persönlichkeit gilt die Geburtszahl, die ganz ähnlich bestimmt wird. Den Monaten des Jahres werde ihre Zahlenwerte so zugeschrieben: Januar = 1, Februar = 2, März = 3, April = 4, Mai = 5, Juni = 6, Juli = 7, August = 8, September = 9, Oktober = 1 (1 + 0 = 1), November = 2 (1 + 1 = 2), Dezember = 3 (1 + 2 = 3). Wenn z. B. das Geburtsdatum 1. August 1964 gedeutet werden soll, kommt heraus: 8 + 1 + 1 + 9 + 6 + 4 = 29, 2 + 9 = 11 und 1 + 1 = 2. Die 2 also ist die Geburtszahl

In der Numerologie besitzen alle Zahlen von 1 bis 9 entweder maskuline und aktive Wertigkeit (ungerade Zahlen) oder feminine und passive (gerade Zahlen). Da diese einziffrigen Werte stets am bedeutsamsten sind, reduzieren Numerologen größere Zahlen durch Quersummenbildung auf je eine Ziffer:

1: Einheit und kreatives Erneuerungspotential.
Aktive, entschlossene Persönlichkeiten.

2: Dualität, doch inhärente Ausgewogenheit.
Möglicherweise unentschlossene, doch ausgeglichene Menschen.

3 Harmonische Triplizität und dynamische Schaffenskraft.Energische, selbstbewußte Charaktere.

4: Stabilität, Ordnung und Gesamtheit.
Ruhige und praktisch denkende Menschen.

5: Die „goldene Zahl" der Menschheit.
Ruhelose, suchende Persönlichkeiten.

6: Schönheit und Harmonie.
Gut eingebundene, positiv denkende Menschen.

7: Die Zahl des mystischen Wissens und der Schöpfung.
Idealistische, tiefgründige Denker.

8: Materielles und geistiges Gleichgewicht.
Progressive Perfektionisten.

9: Harmonische Versöhnung einzelner Bestandteile.
Intellektuell entschlossene Persönlichkeiten.

Diese einfachen Grundsätze kommen in vielerlei Variation in den verwandten Bereichen des Tarot, der Kabbalasymbolik und der Alchimie zur Anwendung.

TAROT

Das Wort „Tarot" läßt sich vermutlich auf das italienische *tarocchi* („Trümpfe") zurückführen. Obwohl die wahren Ursprünge dieses Weissagungssystems nicht eindeutig bekannt sind – der französische Mystiker Antoine Court de Gebelin (18. Jahrhundert) war beispielsweise der Ansicht, daß es aus dem Alten Ägypten stamme –, wissen wir doch, daß die ersten Tarotkarten, wie wir sie heute kennen, im Italien des 15. Jahrhunderts hergestellt wurden.

Der Tarotkartensatz besteht aus insgesamt 78 Karten, die in zwei Hauptkategorien unterteilt sind: Erstens die 22 ursprünglich nicht numerierten Karten der Großen Arkana – von denen der französische Okkultist Eliphas Levi (19. Jahrhundert) glaubte, sie seien symbolisch mit den 22 Buchstaben des hebräischen Alphabets verbunden. Und zweitens die 56 Karten der Kleinen Arkana, die wiederum in vier Abteilungen oder Farben unterteilt werden: Die Stäbe (welche für das Element Feuer, Vitalität und Tatkraft stehen), die Schwerter (Element Luft, Zerstörungskraft und Intelligenz), die Kelche (Element Wasser, Fruchtbarkeit und Intuition) und die Münzen (Element Erde, materielle Belange). Die Kleinen Arkana besitzen eine Verbindung zur Kabbala, da man die vier Farben als Korrespondenz der vier kabbalistischen Welten verstehen kann. Von den zahlreichen Versionen des Tarotdecks, die heute verwendet werden, basieren die meisten auf dem sogenannten „Rider-Waite-Spiel", das Arthur Waite und Pamela Colman Smith 1910 entwarfen.

Auch mit astrologischen Persönlichkeitsmerkmalen, so glauben viele, stehen die Tarotkarten in Verbindung, wobei die Zahlen der Großen Arkana mit den Gradzahlen der Tierkreiszeichen gleichgesetzt werden. Wenn jemand also beispielsweise im ersten Grad des Wassermanns geboren ist (am 20. Januar), könnte man schließen, er zeige die Merkmale des Magiers (1), also Eigensinn und Egoismus. Der 22. Grad wird mit dem Narren (0) gleichgesetzt, und die Grade 23 bis 30 werden auf ihre Quersummenwerte reduziert, also etwa 2 + 3 = 5 für den Hohepriester oder Hierophanten (5).

Tarotkarten können in vielfältigen Mustern zur Deutung ausgelegt werden. Zu den bekanntesten gehören das Keltische Kreuz, der Kreis, das Quadrat oder das Hufeisen-Orakel. In jedem Fall müssen die Karten vor dem Auslegen gründlich gemischt werden. Wenn auch die Kleinen Arkana eine bestimmte Deutung zulassen, sind die Großen Arkana doch wesentlich entscheidender, da sie archetypische Symbole und gleichzeitig die Entwicklungsstufen zur Erleuchtung repräsentieren. Knapp zusammengefaßt bedeuten sie folgendes:

0. **(oder ohne Zahl) Der Narr:** das Unbewußte.
1. **Der Magier:** der Wille.
2. **Die Hohepriesterin:** weibliche Weisheit und Intuition.
3. **Die Herrscherin:** Fruchtbarkeit und Nahrung.
4. **Der Herrscher:** männliche Macht und Entschlossenheit.
5. **Der Hohepriester oder Hierophant:** spirituelle Weisheit in Verbindung mit Autorität.
6. **Die Liebenden:** die Notwendigkeit der Wahl.
7. **Der Wagen:** bewußt kontrollierter Fortschritt.
8. **Die Gerechtigkeit:** unvoreingenommene Urteile.
9. **Der Eremit:** Innenschau und Selbsterkenntnis.
10. **Das Rad des Schicksals:** Wandel und Gelegenheit.
11. **Die Kraft:** intellektuelle und moralische Macht.
12. **Der Gehängte:** Opfer des Ichs.
13. **Der Tod:** Übergang und Neubeginn.
14. **Die Mäßigkeit:** Ausgleich und Harmonie.
15. **Der Teufel:** die Notwendigkeit, der Versuchung zu widerstehen.
16. **Der Turm:** Freiheit durch unerwartete Herausforderungen.
17. **Der Stern:** Erneuerung und Zukunftsverheißung.
18. **Der Mond:** die Notwendigkeit, emotionale Verwirrung zu überwinden.
19. **Die Sonne:** Leistung und Zuversicht.
20. **Das Gericht:** Bewertung und Erneuerung.
21. **Die Welt:** Ganzheit, Erfüllung und Einheit.

Jede der Tarotkarten hat eine negative Umkehrdeutung, wenn die Karte umgekehrt fällt. Ausnahme ist nur die Sonne, die, in beide Richtungen gelesen, Glück verheißt.

DIE KABBALA

Die jüdische Mystik und religionsphilosophische Geheimlehre Kabbala (hebräisch für „Überlieferung") wurde ursprünglich nur mündlich weitergegeben – zu Beginn, so heißt es, von Gott selbst an den Engel Raziel, dann an Adam und von ihm aus an die jüdischen Weisen. Schließlich wurde sie auch einer größeren Interessentenschaft bekannt gemacht, vor allem durch die Arbeiten von Solomon Ibn Gabirol (1021–ca. 1070), des ersten jüdischen Philosophen des Abendlandes in der Blütezeit der jüdischen Gelehrtengemeinden in Frankreich und Spanien. Die Grundsätze der Kabbala sind vor allem in drei Hauptwerken aus verschiedenen Epochen festgehalten: dem Buch Bahir (hebr. „hell, klar"), das angeblich im 1. Jahrhundert verfaßt wurde, dem Buch Jezirah, das aus dem 3. Jahrhundert stammen soll, und dem Buch Sohar (hebr. „Lichtglanz"), gegen Ende des 13. Jahrhunderts anonym verfaßt. Nach der Vertreibung der Juden aus Spanien 1492 verbreitete sich der Kabbalismus in ganz Europa.

Die Prinzipien der Kabbala, die nach der Vereinigung mit Gott strebt, umfassen grob skizziert folgendes: Gott steht als Allschöpfer an der Spitze eines Systems kosmischer Herrschaft und vergibt bestimmte Macht und Verantwortlichkeit an die Engel, die Planetenkonstellationen und die materielle Welt. Der Gotteskopf *en sof* („endlos") ist in allen Dingen gegenwärtig, und die Menschen müssen versuchen, die verschiedenen Bestandteile der göttlichen Macht zu vereinen, um Erleuchtung zu finden. Zu den wichtigsten kabbalistischen Symbolen gehören die 22 Buchstaben des hebräischen Alphabets (vielen esoterischen Lehren wie der Gematrie zugrundeliegend) und die Zahlen 1 bis 10 (die kollektiv als *Sephiroth* bezeichnet werden, individuell als *Sephira*). Als Gesamtheit wirkend, bilden diese Zahlen die symbolische Struktur der Wirklichkeit, während die Buchstaben die Grundlage aller materiellen Dinge ausmachen. Im Buch Jezirah heißt es, daß Gott das Universum erschuf, indem er diese 32 Pfade der Weisheit sandte.

Die Bedeutung der Zahlen 1 bis 10 erschließt sich in kabbalistischen Symbolen wie dem Lebensbaum, den zehn Sphären und dem zehnarmigen Leuchter (angelehnt an die siebenarmige Menora). In jedem dieser Symbole sind die zehn *Sephiroth* in untrennbarer Verbindung integriert. Im Lebensbaum werden sie beispielsweise als Stamm mit zwei Zweigen wiedergegeben: der „Säule des Gleichgewichts" mit der linken „Säule der Strenge des Urteils" und der rechten „Säule der Gnade". Von links nach rechts betrachtet, erkennt man in der Säule der Strenge des Urteils, die für das männliche Prinzip steht, folgende Bestandteile: 3: *Binah* (Intelligenz), 5: *Gevurah* (Strenge) und 8: *Hod* (Glanz). Die Säule des Gleichgewichts umfaßt: 1: *Kether* (die Krone), 6: *Tifereth* oder *Rahamin* (Schönheit), 9: *Jesod* (die Grundlage) und 10: *Malkuth* (das Königreich). Die Säule der Gnade (für die weiblichen Qualitäten) enthält: 2: *Hokhmah* (Weisheit), 4: *Hesed* (Liebe) und 7: *Nezah* (Sieg).

Der Lebensbaum symbolisiert zusätzlich auch die vier Welten, denn die Anordnung der *Sephiroth* 1, 2 und 3 erfolgt in einem aufwärts gerichteten Dreieck, das dem Konzept der Spiritualität und den Archetypen entspricht. 4, 5 und 6 sind als abwärts weisendes Dreieck angeordnet, das für die Schöpfung steht. Und 7, 8 und 9, wiederum ein umgekehrtes Dreieck, steht für die Welt der Formen. Der vierte Quadrant bildet das Zeichen für die materielle Welt

Die Kabbalisten glauben, daß der Lebensbaum den mystischen Gottesnamen Tetragrammaton oder YHWH enthält, und jede der vier beschriebenen Welten bezieht sich auf einen dieser vier Buchstaben sowie auf je drei Tierkreiszeichen: Y = Widder, Stier und Zwillinge; H = Krebs, Löwe und Jungfrau; W = Waage, Skorpion und Schütze; und H = Steinbock, Wassermann und Fische.

Dem Okkultisten Athanasius Kircher und seiner Schrift *Oedipus Aegyptiacus* (1642) zufolge beziehen sich sieben *Sephiroth* auf Planeten und Himmelskörper ebenso wie auf die Engel Gottes. So schließt sich die Verbindung der kabbalistischen *Sephiroth* zu astrologischen Grundsätzen (ähnlich der planetaren Bezugnahme der sieben Menora-Arme). Ein weiteres wichtiges Kabbalasymbol, das aus den Lehren von Isaac Luria (1543–72) stammt, ist der kosmische Mensch Adam Kadmon (s. Abb. auf S. 14).

ALCHIMIE

Zwei große Traditionen sind für alchimistische Lehren entscheidend: die fernöstliche (chinesische), die aus dem 3. Jahrhundert v. Chr. stammen soll, und die westliche Ausprägung, deren Ursprünge im Alten Ägypten vermutet werden. Beide Richtungen wurden stark von astrologischen Vorstellungen und anderen mystischen Glaubenssystemen beeinflußt. Chinesische Alchimisten bezogen beispielsweise vieles von den dualistischen taoistischen Prinzipien des Yin und Yang und aus dem *I Ging* ebenso wie aus der Fünf-Elementen-Lehre *Wu-hsing*. Die westliche Alchimie nahm altägyptische, hermetische, neuplatonische, gnostische und christliche Elemente auf – ebenso wie Frühformen der naturwissenschaftlichen Chemie und Metallurgie.

Ziel beider Traditionen ist es, die spirituelle Erleuchtung und letztlich vollkommene Perfektion zu erreichen, wenn die östliche Richtung sich auch primär auf die Erlangung der Unsterblichkeit konzentriert. Während in der volkstümlichen Vorstellung also die Alchimisten mit ihrem Versuch, unedle Metalle in Gold – oder in China Zinnober – zu verwandeln, vor allem materielle Bereicherung bezwecken, kann ihre Suche tatsächlich eher als Metapher für das menschliche Streben nach spiritueller und intellektueller Verfeinerung betrachtet werden. Das gilt vor allem für die chinesische Alchimie, bei der zwei komplementäre Prinzipien ineinandergreifen: *Wai Tan*, das durch Versuche mit chemischen Stoffen physische Unsterblichkeit zu bewerkstelligen versuchte, und *Nei Tan*, die spirituelle Alchimie, bei der es darum geht, die drei Aspekte der Lebensenergie *Chi* durch Meditation und Yoga zu lenken und zu reinigen. Auf ähnliche Weise wurde in der westlichen Alchimie versucht, das Unreine zu wandeln und bis zur Perfektion in seine Bestandteile zu trennen, wobei alle „unedlen" Minerale, Chemikalien oder Metalle des *magnum opus* („Großen Werks") für eine bestimmte menschliche Eigenschaft stehen. Das alte alchimistische Ziel, den „Stein der Weisen" oder das „Lebenselixier" zu finden, ist von inneren wie auch von äußeren Beweggründen motiviert: das Elixier steht symbolisch für das „reine" und unverderbliche Metall Gold, an sich das bildliche spirituelle Ideal der Unsterblichkeit.

Der Psychologe C. G. Jung vergleicht in seiner Studie zum alchimistischen Symbolismus die Alchimie mit der Suche nach psychologischer Individuation, wobei Symbole wie das *rebis* (der Hermaphrodit) den im menschlichen Unterbewußtsein schlummernden Archetypen entsprechen.

Der westlich alchimistischen Schule zufolge besteht alles im Universum aus der *materia prima* („Ursprungsmaterie"), die in verschiedenen Kombinationen die vier Elemente Luft (*aeris*), Feuer (*ignis*), Wasser (*aqua*) und Erde (*terra*) enthält. Aus diesen vier, so heißt es, sollte ein fünftes perfektes Element destilliert werden können, die Quintessenz Äther. Außerdem gibt es die drei „philosophischen Elemente" Schwefel (bildhaft für den Willen und die Kräfte der Sonne und des Mannes), Quecksilber (für den Geist und die Kräfte des Mondes und der Frau) und Salz (für den Intellekt). Indem man diese Komponenten in ihre Bestandteile spaltet und in einer perfekten Form wieder vereint, so hoffte man, könne das Lebenselixier gewonnen werden.

Auch die Astrologie spielt für die Alchimie eine wichtige Rolle. Jeder Planet wird mit einer Gottheit, einem Metall und einer Farbe gleichgesetzt: Sonne = Apollo oder Sol, Gold und Rot, der Mond = Diana oder Luna, Silber und Blau, Merkur = Merkur, Quecksilber und Weiß, Venus = Venus, Kupfer und Grün, Mars = Mars, Eisen und Orange, Jupiter = Jupiter, Zinn und Violett, Saturn = Saturn, Blei und Schwarz. Das *magnum opus* kann erst beginnen, wenn die Sonne im Widder, Stier oder den Zwillingen steht, die Verbindung von Seele und Geist geschieht, wenn der Löwe im Aufsteigen begriffen ist usw. Das *opus* vollzieht sich in zwölf Schritten: (1) *calcinatio* (Kalzination), (2) *solutio* (Auflösung), (3) *elementorum separatio* (Trennung), (4) *coniunctio* (Zusammentreffen), (5) *putrefactio* (Verwesung), (6) *coagulatio* (Gerinnung), (7) *cibatio* (Zibation), (8) *sublimatio* (Sublimation), (9) *fermentatio* (Fermentation), (10) *exaltatio* (Jubel), (11) *augmentatio* (Vermehrung) und (12) *proiectio* (Projektion).

Jedem dieser Schritte ist eines der zwölf Tierkreiszeichen zugeordnet. Alternativ werden sieben Stufen des *opus* mit den sieben Planeten in Verbindung gebracht.

BEZIEHUNGEN ZWISCHEN DEN WESTLICHEN TIERKREISZEICHEN

		21. März–31. März	1. April–10. April	11. April–20. April	21. April–30. April	1. Mai–11. Mai	12. Mai–20. Mai	21. Mai–31. Mai	1. Juni–10. Juni	11. Juni–21. Juni	22. Juni–30. Juni	1. Juli–11. Juli	12. Juli–22. Juli	23. Juli–31. Juli	1. Aug.–10. Aug.	11. Aug.–22. Aug.	23. Aug.–31. Aug.	1. Sept.–11. Sept.	12. Sept.–22. Sept.
		Widder			Stier			Zwillinge			Krebs			Löwe			Jungfrau		
Widder	21. März–31. März	10	11	12	4	5	6	10	11	12	19	20	21	4	5	6	10	11	12
	1. April–10. April	11	10	12	5	4	6	11	10	12	20	19	21	5	4	6	11	10	12
	11. April–20. April	12	11	10	6	5	4	12	11	10	21	20	19	6	5	4	12	11	10
Stier	21. April–30. April	7	8	9	7	8	9	16	17	18	10	11	12	1	2	3	7	8	9
	1. Mai–11. Mai	8	7	9	8	7	9	17	16	18	11	10	12	2	1	3	8	7	9
	12. Mai–20. Mai	9	8	7	9	8	7	18	17	16	12	11	10	3	2	1	9	8	7
Zwillinge	21. Mai–31. Mai	10	11	12	13	14	15	13	14	13	19	20	21	7	8	9	16	17	18
	1. Juni–10. Juni	11	10	12	14	13	15	14	13	15	20	19	21	8	7	9	17	16	18
	11. Juni–21. Juni	12	11	10	15	14	13	15	14	13	21	20	19	9	8	7	18	17	16
Krebs	22. Juni–30. Juni	16	17	18	7	8	9	19	20	21	4	5	6	16	17	18	10	11	12
	1. Juli–11. Juli	17	16	18	8	7	9	20	19	21	5	4	6	17	16	18	11	10	12
	12. Juli–22. Juli	18	17	16	9	8	7	21	20	19	6	5	4	18	17	16	12	11	10
Löwe	23. Juli–31. Juli	10	11	12	4	5	6	1	2	3	4	5	6	16	17	18	16	17	18
	1. Aug.–10. Aug.	11	10	12	5	4	6	2	1	3	5	4	6	17	16	18	17	16	18
	11. Aug.–22. Aug.	12	11	10	6	5	4	3	2	1	6	5	4	18	17	16	18	17	16
Jungfrau	23. Aug.–31. Aug.	19	20	21	7	8	9	4	5	6	13	14	15	18	14	15	16	17	18
	1. Sept.–11. Sept.	20	19	21	8	7	9	5	4	6	14	13	15	14	13	15	17	16	18
	12. Sept.–22. Sept.	21	20	19	9	8	7	6	5	4	15	14	13	15	14	13	18	17	16
Waage	23. Sept.–30. Sept.	13	14	15	4	5	6	4	5	6	13	14	15	7	8	9	16	17	18
	1. Okt.–11. Okt.	14	13	15	5	4	6	5	4	6	14	13	15	8	7	9	17	16	18
	12. Okt.–22. Okt.	15	14	13	6	5	4	6	5	4	15	14	13	9	8	7	18	17	16
Skorpion	23. Okt.–31. Okt.	7	8	9	10	11	12	16	17	18	4	5	6	7	8	9	7	8	9
	1. Nov.–11. Nov.	8	7	9	11	10	12	17	16	18	5	4	6	8	7	9	8	7	9
	12. Nov.–21. Nov.	9	8	7	12	11	10	18	17	16	6	5	4	9	8	7	9	8	7
Schütze	22. Nov. – 30. Nov.	1	2	3	13	14	15	10	11	12	16	17	18	7	8	9	7	8	9
	1. Dez. – 11. Dez.	2	1	3	14	13	15	11	10	12	17	16	18	8	7	9	8	7	9
	12. Dez. –21. Dez.	3	2	1	15	14	13	12	11	10	18	17	16	9	8	7	9	8	7
Steinbock	22. Dez. –31. Dez.	10	11	12	10	11	12	16	17	18	4	5	6	16	17	18	13	14	15
	1. Jan.–10. Jan.	11	10	12	11	10	12	17	16	18	5	4	6	17	16	18	14	13	15
	11. Jan.– 19. Jan.	12	11	10	12	11	10	18	17	16	6	5	4	18	17	16	15	14	13
Wassermann	20. Jan.–31. Jan.	7	8	9	13	14	15	13	14	15	16	17	18	7	8	9	16	17	18
	1. Feb.– 9. Feb.	8	7	9	14	13	15	14	13	15	17	16	18	8	7	9	17	16	18
	10. Feb.–18. Feb.	9	8	7	15	14	13	15	14	13	18	17	16	9	8	7	18	17	16
Fische	19. Feb.–29. Feb.	13	14	15	4	5	6	10	11	12	7	8	9	7	8	9	10	11	12
	1. März–10. März	14	13	15	5	4	6	11	10	12	8	7	9	8	7	9	11	10	12
	11. März–20. März	15	14	13	6	5	4	12	11	10	9	8	7	9	8	7	12	11	10

BEZIEHUNGEN ZWISCHEN DEN WESTLICHEN TIERKREISZEICHEN

23. Sept-30. Sept.	1. Okt.-11. Okt.	12. Okt.-22. Okt.	23. Okt.-31. Okt.	1. Nov.-11. Nov.	12. Nov.-21. Nov.	22. Nov.-30. Nov.	1. Dez.-11. Dez.	12. Dez.-21. Dez.	22. Dez.-31. Dez.	1. Jan.-10. Jan.	11. Jan.-19. Jan.	20. Jan.-31. Jan.	1. Feb.-9. Feb.	10. Feb.-18. Feb.	19. Feb.-29. Feb.	1. März-10. März	11. März-20. März
Waage			Skorpion			Schütze			Steinbock			Wassermann			Fische		
4	5	6	1	2	3	7	8	9	7	8	9	10	11	12	19	20	21
5	4	6	2	1	3	8	7	9	8	7	9	11	10	12	20	19	21
6	5	4	3	2	1	9	8	7	9	8	7	12	11	10	21	20	19
4	5	6	7	8	9	19	20	21	4	5	6	4	5	6	7	8	9
5	4	6	8	7	9	20	19	21	5	4	6	5	4	6	8	7	9
6	5	4	9	8	7	21	20	19	6	5	4	6	5	4	9	8	7
1	2	3	10	11	12	10	11	12	16	17	18	13	14	15	19	20	21
2	1	3	11	10	12	11	10	12	17	16	18	14	13	15	20	19	21
3	2	1	12	11	10	12	11	10	18	17	16	15	14	13	21	20	19
16	17	18	19	20	21	13	14	15	7	8	9	16	17	18	19	20	21
17	16	18	20	19	21	14	13	15	8	7	9	17	16	18	20	19	21
18	17	16	21	20	19	15	14	13	9	8	7	18	17	16	21	20	19
7	8	9	10	11	12	7	8	9	16	17	18	13	14	15	16	17	18
8	7	9	11	10	12	8	7	9	17	16	18	14	13	15	17	16	18
9	8	7	12	11	10	9	8	7	18	17	16	15	14	13	18	17	16
13	14	15	4	5	6	10	11	12	7	8	9	16	17	18	1	2	3
14	13	15	5	4	6	11	10	12	8	7	9	17	16	18	2	1	3
15	14	13	6	5	4	12	11	10	9	8	7	18	17	16	3	2	1
16	17	18	10	11	12	10	11	12	19	20	21	1	2	3	7	8	9
17	16	18	11	10	12	11	10	12	20	19	21	2	1	3	8	7	9
18	17	16	12	11	10	12	11	10	21	20	19	3	2	1	9	8	7
7	8	9	16	17	18	13	14	15	7	8	9	13	14	15	1	2	3
8	7	9	17	16	18	14	13	15	8	7	9	14	13	15	2	1	3
9	8	7	18	17	16	15	14	13	9	8	7	15	14	13	3	2	1
7	8	9	19	20	21	7	8	9	19	20	21	16	17	18	16	17	18
8	7	9	20	19	21	8	7	9	20	19	21	17	16	18	17	16	18
9	8	7	21	20	19	9	8	7	21	20	19	18	17	16	18	17	16
16	17	18	4	5	6	19	20	21	4	5	6	1	2	3	4	5	6
17	16	18	5	4	6	20	19	21	5	4	6	1	1	3	5	4	6
18	17	16	6	5	4	21	20	19	6	5	4	3	2	1	6	5	4
1	2	3	13	14	15	10	11	12	13	14	15	4	5	6	16	17	18
2	1	3	14	13	15	11	10	12	14	13	15	5	4	6	17	16	18
3	2	1	15	14	13	12	11	10	15	14	13	6	5	4	18	17	16
4	5	6	7	8	9	16	17	18	4	5	6	16	17	18	1	2	3
5	4	6	8	7	9	17	16	18	5	4	6	17	16	18	2	1	3
6	5	4	9	8	7	18	17	16	6	5	4	18	17	16	3	2	1

Diese und die folgenden Tabellen zeigen, wie vereinbar die einzelnen Tierkreiszeichen bei ihren persönlichen Beziehungen sind. Die Tabelle links befaßt sich mit den Zeichen der westlichen Astrologie, die folgenden auf S. 426–429 mit dem chinesischen System. Mit Hilfe der Auflistung der Mondjahre auf S. 424– 425 kann man sein eigenes chinesisches Tierkeiszeichen und das seines Partners oder seiner Partnerin bestimmen. Das zuständige chinesische Element läßt sich, wie auf S. 32 beschrieben, feststellen.

In der westlichen Zeichentabelle steht die senkrechte Spalte für den männlichen Einfluß in einer Beziehung und die waagerechte Zeile für den weiblichen. Im chinesischen Diagramm repräsentiert die senkrechte Spalte diejenigen, die die Tabelle zu Rate ziehen, die waagerechte hingegen diejenigen, an denen sie interessiert sind.

Die „Punkte" sind folgendermaßen vergeben worden: Im westlichen System gelten die Werte 1–21, wobei die 1 eine Beziehung anzeigt, die allerbeste Voraussetzungen bietet und 21 eine echte Herausforderung darstellt. In den chinesischen Tabellen stehen 2–12 für die glückverheißendsten (2) bis ausgleichsbedürftigsten (12) Beziehungen. Leser aus dem westlichen Kulturkreis überrascht oft, daß die 2 und nicht die 1 als höchster Wert fungiert, doch das spiegelt nur die *Yin/ Yang*-Theorie wider, nach der es wahre Harmonie nur bei Ausgewogenheit beider Komponenten geben kann.

CHINESISCHE MONDJAHRE

MONDJAHR			ZEICHEN	POLARITÄT	ELEMENT
31. Januar 1900	bis	18. Februar 1901	Ratte	Positiv/Yang	Metall
19. Februar 1901	bis	7. Februar 1902	Büffel	Negativ/Yin	Metall
8. Februar 1902	bis	28. Januar 1903	Tiger	Positiv/Yang	Wasser
29. Januar 1903	bis	15. Februar 1904	Hase	Negativ/Yin	Wasser
16. Februar 1904	bis	3. Februar 1905	Drache	Positiv/Yang	Holz
4. Februar 1905	bis	24. Januar 1906	Schlange	Negativ/Yin	Holz
25. Januar 1906	bis	12. Februar 1907	Pferd	Positiv/Yang	Feuer
13. Februar 1907	bis	1. Februar 1908	Ziege	Negativ/Yin	Feuer
2. Februar 1908	bis	21. Januar 1909	Affe	Positiv/Yang	Erde
22. Januar 1909	bis	9. Februar 1910	Hahn	Negativ/Yin	Erde
10. Februar 1910	bis	29. Januar 1911	Hund	Positiv/Yang	Metall
30. Januar 1911	bis	17. Februar 1912	Schwein	Negativ/Yin	Metall
18. Februar 1912	bis	5. Februar 1913	Ratte	Positiv/Yang	Wasser
6. Februar 1913	bis	25. Januar 1914	Büffel	Negativ/Yin	Wasser
26. Januar 1914	bis	13. Februar 1915	Tiger	Positiv/Yang	Holz
14. Februar 1915	bis	2. Februar 1916	Hase	Negativ/Yin	Holz
3. Februar 1916	bis	22. Januar 1917	Drache	Positiv/Yang	Feuer
23. Januar 1917	bis	10. Februar 1918	Schlange	Negativ/Yin	Feuer
11. Februar 1918	bis	31. Januar 1919	Pferd	Positiv/Yang	Erde
1. Februar 1919	bis	19. Februar 1920	Ziege	Negativ/Yin	Erde
20. Februar 1920	bis	7. Februar 1921	Affe	Positiv/Yang	Metall
8. Februar 1921	bis	27. Januar 1922	Hahn	Negativ/Yin	Metall
28. Januar 1922	bis	15. Februar 1923	Hund	Positiv/Yang	Wasser
16. Februar 1923	bis	4. Februar 1924	Schwein	Negativ/Yin	Wasser
5. Februar 1924	bis	24. Januar 1925	Ratte	Positiv/Yang	Holz
25. Januar 1925	bis	12. Februar 1926	Büffel	Negativ/Yin	Holz
13. Februar 1926	bis	1. Februar 1927	Tiger	Positiv/Yang	Feuer
2. Februar 1927	bis	22. Januar 1928	Hase	Negativ/Yin	Feuer
23. Januar 1928	bis	9. Februar 1929	Drache	Positiv/Yang	Erde
10. Februar 1929	bis	29. Januar 1930	Schlange	Negativ/Yin	Erde
30. Januar 1930	bis	16. Februar 1931	Pferd	Positiv/Yang	Metall
17. Februar 1931	bis	5. Februar 1932	Ziege	Negativ/Yin	Metall
6. Februar 1932	bis	25. Januar 1933	Affe	Positiv/Yang	Wasser
26. Januar 1933	bis	13. Februar 1934	Hahn	Negativ/Yin	Wasser
14. Februar 1934	bis	3. Februar 1935	Hund	Positiv/Yang	Holz
4. Februar 1935	bis	23. Januar 1936	Schwein	Negativ/Yin	Holz
1936 Januar 24.	bis	10. Februar 1937	Ratte	Positiv/Yang	Feuer
11. Februar 1937	bis	30. Januar 1938	Büffel	Negativ/Yin	Feuer
31. Januar 1938	bis	18. Februar 1939	Tiger	Positiv/Yang	Erde
19. Februar 1939	bis	7. Februar 1940	Hase	Negativ/Yin	Erde
8. Februar 1940	bis	26. Januar 1941	Drache	Positiv/Yang	Metall
27. Januar 1941	bis	14. Februar 1942	Schlange	Negativ/Yin	Metall
15. Februar 1942	bis	4. Februar 1943	Pferd	Positiv/Yang	Wasser
5. Februar 1943	bis	24. Januar 1944	Ziege	Negativ/Yin	Wasser
25. Januar 1944	bis	13. Februar 1945	Affe	Positiv/Yang	Holz
14. Februar 1945	bis	1. Februar 1946	Hahn	Negativ/Yin	Holz
2. Februar 1946	bis	21. Januar 1947	Hund	Positiv/Yang	Feuer
22. Januar 1947	bis	9. Februar 1948	Schwein	Negativ/Yin	Feuer
10. Februar 1948	bis	28. Januar 1949	Ratte	Positiv/Yang	Erde
29. Januar 1949	bis	16. Februar 1950	Büffel	Negativ/Yin	Erde
17. Februar 1950	bis	5. Februar 1951	Tiger	Positiv/Yang	Metall
6. Februar 1951	bis	26. Januar 1952	Hase	Negativ/Yin	Metall
27. Januar 1952	bis	13. Februar 1953	Drache	Positiv/Yang	Wasser
14. Februar 1953	bis	2. Februar 1954	Schlange	Negativ/Yin	Wasser

CHINESISCHE MONDJAHRE

MONDJAHR			ZEICHEN	POLARITÄT	ELEMENT
3. Februar 1954	bis	23. Januar 1955	Pferd	Positiv/Yang	Holz
24. Januar 1955	bis	11. Februar 1956	Ziege	Negativ/Yin	Holz
12. Februar 1956	bis	30. Januar 1957	Affe	Positiv/Yang	Feuer
31. Januar 1957	bis	17. Februar 1958	Hahn	Negativ/Yin	Feuer
18. Februar 1958	bis	7. Februar 1959	Hund	Positiv/Yang	Erde
8. Februar 1959	bis	27. Januar 1960	Schwein	Negativ/Yin	Erde
28. Januar 1960	bis	14. Februar 1961	Ratte	Positiv/Yang	Metall
15. Februar 1961	bis	4. Februar 1962	Büffel	Negativ/Yin	Metall
5. Februar 1962	bis	24. Januar 1963	Tiger	Positiv/Yang	Wasser
25. Januar 1963	bis	12. Februar 1964	Hase	Negativ/Yin	Wasser
13. Februar 1964	bis	1. Februar 1965	Drache	Positiv/Yang	Holz
2. Februar 1965	bis	20. Januar 1966	Schlange	Negativ/Yin	Holz
21. Januar 1966	bis	8. Februar 1967	Pferd	Positiv/Yang	Feuer
9. Februar 1967	bis	29. Januar 1968	Ziege	Negativ/Yin	Feuer
30. Januar 1968	bis	16. Februar 1969	Affe	Positiv/Yang	Erde
17. Februar 1969	bis	5. Februar 1970	Hahn	Negativ/Yin	Erde
6. Februar 1970	bis	26. Januar 1971	Hund	Positiv/Yang	Metall
27. Januar 1971	bis	15. Januar 1972	Schwein	Negativ/Yin	Metall
16. Januar 1972	bis	2. Februar 1973	Ratte	Positiv/Yang	Wasser
3. Februar 1973	bis	22. Januar 1974	Büffel	Negativ/Yin	Wasser
23. Januar 1974	bis	10. Februar 1975	Tiger	Positiv/Yang	Holz
11. Februar 1975	bis	30. Januar 1976	Hase	Negativ/Yin	Holz
31. Januar 1976	bis	17. Februar 1977	Drache	Positiv/Yang	Feuer
18. Februar 1977	bis	6. Februar 1978	Schlange	Negativ/Yin	Feuer
7. Februar 1978	bis	27. Januar 1979	Pferd	Positiv/Yang	Erde
28. Januar 1979	bis	15. Februar 1980	Ziege	Negativ/Yin	Erde
16. Februar 1980	bis	4. Februar 1981	Affe	Positiv/Yang	Metall
5. Februar 1981	bis	24. Januar 1982	Hahn	Negativ/Yin	Metall
25. Januar 1982	bis	12. Februar 1983	Hund	Positiv/Yang	Wasser
13. Februar 1983	bis	1. Februar 1984	Schwein	Negativ/Yin	Wasser
2. Februar 1984	bis	19. Februar 1985	Ratte	Positiv/Yang	Holz
20. Februar 1985	bis	8. Februar 1986	Büffel	Negativ/Yin	Holz
9. Februar 1986	bis	28. Januar 1987	Tiger	Positiv/Yang	Feuer
29. Januar 1987	bis	16. Februar 1988	Hase	Negativ/Yin	Feuer
17. Februar 1988	bis	5. Februar 1989	Drache	Positiv/Yang	Erde
6. Februar 1989	bis	26. Januar 1990	Schlange	Negativ/Yin	Erde
27. Januar 1990	bis	14. Februar 1991	Pferd	Positiv/Yang	Metall
15. Februar 1991	bis	3. Februar 1992	Ziege	Negativ/Yin	Metall
4. Februar 1992	bis	22. Januar 1993	Affe	Positiv/Yang	Wasser
23. Januar 1993	bis	9. Februar 1994	Hahn	Negativ/Yin	Wasser
10. Februar 1994	bis	30. Januar 1995	Hund	Positiv/Yang	Holz
31. Januar 1995	bis	18. Februar 1996	Schwein	Negativ/Yin	Holz
19. Februar 1996	bis	7. Februar 1997	Ratte	Positiv/Yang	Feuer
8. Februar 1997	bis	27. Januar 1998	Büffel	Negativ/Yin	Feuer
28. Januar 1998	bis	5. Februar 1999	Tiger	Positiv/Yang	Erde
6. Februar 1999	bis	27. Januar 2000	Hase	Negativ/Yin	Erde
28. Januar 2000	bis	23. Januar 2001	Drache	Positiv/Yang	Metall
24. Januar 2001	bis	11. Februar 2002	Schlange	Negativ/Yin	Metall
12. Februar 2002	bis	31. Januar 2003	Pferd	Positiv/Yang	Wasser
1. Februar 2003	bis	21. Januar 2004	Ziege	Negativ/Yin	Wasser
22. Januar 2004	bis	8. Februar 2005	Affe	Positiv/Yang	Holz
9. Februar 2005	bis	28. Januar 2006	Hahn	Negativ/Yin	Holz
29. Januar 2006	bis	17. Februar 2007	Hund	Positiv/Yang	Feuer
18. Februar 2007	bis	6. Februar 2008	Schwein	Negativ/Yin	Feuer

BEZIEHUNGEN ZWISCHEN DEN CHINESISCHEN TIERKREISZEICHEN

		Ratte					Büffel					Tiger					Hase					Drache					Schlange				
		METALLRATTE	WASSERRATTE	HOLZRATTE	FEUERRATTE	ERDRATTE	METALLBÜFFEL	WASSERBÜFFEL	HOLZBÜFFEL	FEUERBÜFFEL	ERDBÜFFEL	METALLTIGER	WASSERTIGER	HOLZTIGER	FEUERTIGER	ERDTIGER	METALLHASE	WASSERHASE	HOLZHASE	FEUERHASE	ERDHASE	METALLDRACHE	WASSERDRACHE	HOLZDRACHE	FEUERDRACHE	ERDDRACHE	METALLSCHLANGE	WASSERSCHLANGE	HOLZSCHLANGE	FEUERSCHLANGE	ERDSCHLANGE
Ratte	METALLRATTE	4	3	3	6	5	4	3	3	6	5	7	6	6	9	8	5	4	4	7	6	3	2	2	5	4	5	4	4	7	6
	WASSERRATTE	5	4	3	3	6	5	4	3	3	6	8	7	6	6	9	6	5	4	4	7	4	3	2	2	5	6	5	4	4	7
	HOLZRATTE	6	3	4	5	3	6	3	4	5	3	9	6	7	8	6	7	4	5	6	4	5	2	3	4	2	7	4	5	6	4
	FEUERRATTE	3	6	3	4	5	3	6	3	4	5	6	9	6	7	8	4	7	4	5	6	2	5	2	3	4	4	7	4	5	6
	ERDRATTE	3	3	6	5	4	3	3	6	5	4	6	6	9	8	7	4	4	7	6	5	2	2	5	4	3	4	4	7	6	5
Büffel	METALLBÜFFEL	4	3	3	6	5	5	4	4	7	6	8	7	7	10	9	5	4	4	7	6	5	4	4	7	6	3	2	2	5	4
	WASSERBÜFFEL	5	4	3	3	6	6	5	4	4	7	9	8	7	7	10	6	5	4	4	7	6	5	4	4	7	4	3	2	2	5
	HOLZBÜFFEL	6	3	4	5	3	7	4	5	6	4	10	7	8	9	7	7	4	5	6	4	7	4	5	6	4	5	2	3	4	2
	FEUERBÜFFEL	3	6	3	4	5	4	7	4	5	6	7	10	7	8	9	4	7	4	5	6	4	7	4	5	6	2	5	2	3	4
	ERDBÜFFEL	3	3	6	5	4	4	4	7	6	5	7	7	10	9	8	4	4	7	6	5	4	4	7	6	5	2	2	5	4	3
Tiger	METALLTIGER	7	6	6	9	8	8	7	7	10	9	5	4	4	7	6	7	6	6	9	8	5	4	4	7	6	8	7	7	10	9
	WASSERTIGER	8	7	6	6	9	9	8	7	7	10	6	5	4	4	7	8	7	6	6	9	6	5	4	4	7	9	8	7	7	10
	HOLZTIGER	9	6	7	8	6	10	7	8	9	7	7	4	5	6	4	9	6	7	8	6	7	4	5	6	4	10	7	8	9	7
	FEUERTIGER	6	9	6	7	8	7	10	7	8	9	4	7	4	5	6	6	9	6	7	8	4	7	4	5	6	7	10	7	8	9
	ERDTIGER	6	6	9	8	7	7	7	10	9	8	4	4	7	6	5	6	6	9	8	7	4	4	7	6	5	7	7	10	9	8
Hase	METALLHASE	5	4	4	7	6	5	4	4	7	6	7	6	6	9	8	4	3	3	6	5	5	4	4	7	6	5	4	4	7	6
	WASSERHASE	6	5	4	4	7	6	5	4	4	7	8	7	6	6	9	5	4	3	3	6	6	5	4	4	7	6	5	4	4	7
	HOLZHASE	7	4	5	6	4	7	4	5	6	4	9	6	7	8	6	6	3	4	5	3	7	4	5	6	4	7	4	5	6	4
	FEUERHASE	4	7	4	5	6	4	7	4	5	6	6	9	6	7	8	3	6	3	4	5	4	7	4	5	6	4	7	4	5	6
	ERDHASE	4	4	7	6	5	4	4	7	6	5	6	6	9	8	7	3	3	6	5	4	4	4	7	6	5	4	4	7	6	5
Drache	METALLDRACHE	3	2	2	5	4	3	4	4	7	6	5	4	4	7	6	5	4	4	7	6	4	3	3	6	5	4	3	3	6	5
	WASSERDRACHE	4	3	2	2	5	6	5	4	4	7	6	5	4	4	7	6	5	4	4	7	5	4	3	3	6	5	4	3	3	6
	HOLZDRACHE	5	2	3	4	2	7	4	5	6	4	7	4	5	6	4	7	4	5	6	4	6	3	4	5	3	6	3	4	5	3
	FEUERDRACHE	2	5	2	3	4	4	7	4	5	6	4	7	4	5	6	4	7	4	5	6	3	6	3	4	5	3	6	3	4	5
	ERDDRACHE	2	2	5	4	3	4	4	7	6	5	4	4	7	6	5	4	4	7	6	5	3	3	6	5	4	3	3	6	5	4
Schlange	METALLSCHLANGE	5	4	4	7	6	3	2	2	5	4	8	7	7	10	9	5	4	4	7	6	4	3	3	6	5	4	3	3	6	5
	WASSERSCHLANGE	6	5	4	4	7	4	3	2	2	5	9	8	7	7	10	6	5	4	4	7	5	4	3	3	6	5	4	3	6	6
	HOLZSCHLANGE	7	4	5	6	4	5	2	3	4	2	10	7	8	9	7	7	4	5	6	4	6	3	4	5	3	6	3	4	3	3
	FEUERSCHLANGE	4	7	4	5	6	2	5	2	3	4	7	10	7	8	9	4	7	4	5	6	3	6	3	4	6	3	6	3	4	5
	ERDSCHLANGE	4	4	7	6	5	2	2	5	4	3	7	7	10	9	8	4	4	7	6	5	3	3	6	5	4	3	3	6	5	4

BEZIEHUNGEN ZWISCHEN DEN CHINESISCHEN TIERKREISZEICHEN

		Pferd					Ziege					Affe					Hahn					Hund					Schwein				
		METALLPFERD	WASSERPFERD	HOLZPFERD	FEUERPFERD	ERDPFERD	METALLZIEGE	WASSERZIEGE	HOLZZIEGE	FEUERZIEGE	ERDZIEGE	METALLAFFE	WASSERAFFE	HOLZAFFE	FEUERAFFE	ERDAFFE	METALLHAHN	WASSERHAHN	HOLZHAHN	FEUERHAHN	ERDHAHN	METALLHUND	WASSERHUND	HOLZHUND	FEUERHUND	ERDHUND	METALLSCHWEIN	WASSERSCHWEIN	HOLZSCHWEIN	FEUERSCHWEIN	ERDSCHWEIN
Ratte	METALLRATTE	10	9	9	12	11	7	6	6	9	8	3	2	2	5	4	6	5	5	8	7	5	4	4	7	6	5	4	4	7	6
	WASSERRATTE	11	10	9	9	12	8	7	6	6	9	4	3	2	2	5	7	6	5	5	8	6	5	4	4	7	6	5	4	4	7
	HOLZRATTE	12	9	10	11	9	9	6	7	8	6	5	2	3	4	2	8	5	6	7	5	7	4	5	6	4	7	4	5	6	4
	FEUERRATTE	9	12	9	10	11	6	9	6	7	8	2	5	2	3	4	5	8	5	6	7	4	7	4	5	6	4	7	4	5	6
	ERDRATTE	9	9	12	11	10	6	6	9	8	7	2	2	5	4	3	5	5	8	7	6	4	4	7	6	5	4	4	7	6	5
Büffel	METALLBÜFFEL	6	5	5	8	7	10	9	9	12	11	7	6	6	9	8	3	2	2	5	4	8	7	7	10	9	6	5	5	8	7
	WASSERBÜFFEL	7	6	5	5	8	11	10	9	9	12	8	7	6	6	9	4	3	2	2	5	9	8	7	7	10	7	6	5	5	8
	HOLZBÜFFEL	8	5	6	7	5	12	9	10	11	9	9	6	7	8	6	5	2	3	4	2	10	7	8	9	7	8	5	6	7	5
	FEUERBÜFFEL	5	8	5	6	7	9	12	9	10	11	6	9	6	7	8	2	5	2	3	4	7	10	7	8	9	5	8	5	6	7
	ERDBÜFFEL	5	5	8	7	6	9	9	12	11	10	6	6	9	8	7	2	2	5	4	3	7	7	10	9	8	5	5	8	7	6
Tiger	METALLTIGER	3	2	2	5	4	7	6	6	9	8	10	9	9	12	11	6	5	5	8	7	3	2	2	5	4	4	3	3	6	5
	WASSERTIGER	4	3	2	2	5	8	7	6	6	9	11	10	9	9	12	7	6	5	5	8	4	3	2	2	5	5	4	3	3	6
	HOLZTIGER	5	2	3	4	2	9	6	7	8	6	12	9	10	11	9	8	5	6	7	5	5	2	3	4	2	6	3	4	5	3
	FEUERTIGER	2	5	2	3	4	6	9	6	7	8	9	12	9	10	11	5	8	5	6	7	2	5	2	3	4	3	6	3	4	5
	ERDTIGER	2	2	5	4	3	6	6	9	8	7	9	9	12	11	10	5	5	8	7	6	2	2	5	4	3	3	3	6	5	4
Hase	METALLHASE	8	7	7	10	9	3	2	2	5	4	6	5	5	8	7	10	9	9	12	11	4	3	3	6	5	3	2	2	5	4
	WASSERHASE	9	8	7	7	10	4	3	2	2	5	7	6	5	5	8	11	10	9	9	12	5	4	3	3	6	4	3	2	2	5
	HOLZHASE	10	7	8	9	7	5	2	3	4	2	8	5	6	7	5	12	9	10	11	9	6	3	4	5	3	5	2	3	4	2
	FEUERHASE	7	10	7	8	9	2	5	2	3	4	5	8	5	6	7	9	12	9	10	11	3	6	3	4	5	2	5	2	3	4
	ERDHASE	7	7	10	9	8	2	2	5	4	3	5	5	8	7	6	9	9	12	11	10	3	3	6	5	4	2	2	5	4	3
Drache	METALLDRACHE	5	4	4	7	6	5	4	4	7	6	3	2	2	5	4	4	3	3	6	5	10	9	9	12	11	5	4	4	7	6
	WASSERDRACHE	6	5	4	4	7	6	5	4	4	7	4	3	2	2	5	5	4	3	3	6	11	10	9	9	12	6	5	4	4	7
	HOLZDRACHE	7	4	5	6	4	7	4	5	6	4	5	2	3	4	2	6	3	4	5	3	12	9	10	11	9	7	4	5	6	4
	FEUERDRACHE	4	7	4	5	6	4	7	4	5	6	2	5	2	3	4	3	6	3	4	5	9	12	9	10	11	4	7	4	5	6
	ERDDRACHE	4	4	7	6	5	4	4	7	6	5	2	2	5	4	3	3	3	6	5	4	9	9	12	11	10	4	4	7	6	5
Schlange	METALLSCHLANGE	8	7	7	10	9	7	6	6	9	8	8	7	7	10	9	3	2	2	5	4	5	4	4	7	6	10	9	9	12	11
	WASSERSCHLANGE	9	8	7	7	10	8	7	6	6	9	9	8	7	7	10	4	3	2	2	5	6	5	4	4	7	11	10	9	9	12
	HOLZSCHLANGE	10	7	8	9	7	9	6	7	8	6	10	7	8	9	7	5	2	3	4	2	7	4	5	6	4	12	9	10	11	9
	FEUERSCHLANGE	7	10	7	8	9	6	9	6	7	8	7	10	7	8	9	2	5	2	3	4	4	7	4	5	6	9	12	9	10	11
	ERDSCHLANGE	7	7	10	9	8	6	6	9	8	7	7	7	10	9	8	2	2	5	4	3	4	4	7	6	5	9	9	12	11	10

BEZIEHUNGEN ZWISCHEN DEN CHINESISCHEN TIERKREISZEICHEN

		Ratte					Büffel					Tiger					Hase					Drache					Schlange				
		METALLRATTE	WASSERRATTE	HOLZRATTE	FEUERRATTE	ERDRATTE	METALLBÜFFEL	WASSERBÜFFEL	HOLZBÜFFEL	FEUERBÜFFEL	ERDBÜFFEL	METALLTIGER	WASSERTIGER	HOLZTIGER	FEUERTIGER	ERDTIGER	METALLHASE	WASSERHASE	HOLZHASE	FEUERHASE	ERDHASE	METALLDRACHE	WASSERDRACHE	HOLZDRACHE	FEUERDRACHE	ERDDRACHE	METALLSCHLANGE	WASSERSCHLANGE	HOLZSCHLANGE	FEUERSCHLANGE	ERDSCHLANGE
Pferd	METALLPFERD	10	9	9	12	11	6	5	5	8	7	3	2	2	5	4	8	7	7	10	9	5	4	4	7	6	8	7	7	10	9
	WASSERPFERD	11	10	9	9	12	7	6	5	5	8	4	3	2	2	5	9	8	7	7	10	6	5	4	4	7	9	8	7	7	10
	HOLZPFERD	12	9	10	11	9	8	5	6	7	5	5	2	3	4	2	10	7	8	9	7	7	4	5	6	4	10	7	8	9	7
	FEUERPFERD	9	12	9	10	11	5	8	5	6	7	2	5	2	3	4	7	10	7	8	9	4	7	4	5	6	7	10	7	8	9
	ERDPFERD	9	9	12	11	10	5	5	8	7	6	2	2	5	4	3	7	7	10	9	8	4	4	7	6	5	7	7	10	9	8
Ziege	METALLZIEGE	7	6	6	9	8	10	9	9	12	11	7	6	6	9	8	3	2	2	5	4	5	4	4	7	6	7	6	6	9	8
	WASSERZIEGE	8	7	6	6	9	11	10	9	9	12	8	7	6	6	9	4	3	2	2	5	6	5	4	4	7	8	7	6	6	9
	HOLZZIEGE	9	6	7	8	6	12	9	10	11	9	9	6	7	8	6	5	2	3	4	2	7	4	5	6	4	9	6	7	8	6
	FEUERZIEGE	6	9	6	7	8	9	12	9	10	11	6	9	6	7	8	2	5	2	3	4	4	7	4	5	6	6	9	6	7	8
	ERDZIEGE	6	6	9	8	7	9	9	12	11	10	6	6	9	8	7	2	2	5	4	3	4	4	7	6	5	6	6	9	8	7
Affe	METALLAFFE	3	2	2	5	4	7	6	6	9	8	10	9	9	12	11	6	5	5	8	7	3	2	2	5	4	8	7	7	10	9
	WASSERAFFE	4	3	2	2	5	8	7	6	6	9	11	10	9	9	12	7	6	5	5	8	4	3	2	2	5	9	8	7	7	10
	HOLZAFFE	5	2	3	4	2	9	6	7	8	6	12	9	10	11	9	8	5	6	7	5	5	2	3	4	2	10	7	8	9	7
	FEUERAFFE	2	5	2	3	4	6	9	6	7	8	9	12	9	10	11	5	8	5	6	7	2	5	2	3	4	7	10	7	8	9
	ERDAFFE	2	2	5	4	3	6	6	9	8	7	9	9	12	11	10	5	5	8	7	6	2	2	5	4	3	7	7	10	9	8
Hahn	METALLHAHN	6	5	5	8	7	3	2	2	5	4	6	5	5	8	7	10	9	9	12	11	4	3	3	6	5	3	2	2	5	4
	WASSERHAHN	7	6	5	5	8	4	3	2	2	5	7	6	5	5	8	11	10	9	9	12	5	4	3	3	6	4	3	2	2	5
	HOLZHAHN	8	5	6	7	5	5	2	3	4	2	8	5	6	7	5	12	9	10	11	9	6	3	4	5	3	5	2	3	4	2
	FEUERHAHN	5	8	5	6	7	2	5	2	3	4	5	8	5	6	7	9	12	9	10	11	3	6	3	4	5	2	5	2	3	4
	ERDHAHN	5	5	8	7	6	2	2	5	4	3	5	5	8	7	6	9	9	12	11	10	3	3	6	5	4	2	2	5	4	3
Hund	METALLHUND	5	4	4	7	6	8	7	7	10	9	3	2	2	5	4	4	3	3	6	5	10	9	9	12	11	5	4	4	7	6
	WASSERHUND	6	5	4	4	7	9	8	7	7	10	4	3	2	2	5	5	4	3	3	6	11	10	9	9	12	6	5	4	4	7
	HOLZHUND	7	4	5	6	4	10	7	8	9	7	5	2	3	4	2	6	3	4	5	3	12	9	10	11	9	7	4	5	6	4
	FEUERHUND	4	7	4	5	6	7	10	7	8	9	2	5	2	3	4	3	6	3	4	5	9	12	9	10	11	4	7	4	5	6
	ERDHUND	4	4	7	6	5	7	7	10	9	8	2	2	5	4	3	3	3	6	5	4	9	9	12	11	10	4	4	7	6	3
Schwein	METALLSCHWEIN	5	4	4	7	6	6	5	5	8	7	4	3	3	6	5	3	2	2	5	4	5	4	4	7	8	10	9	9	12	11
	WASSERSCHWEIN	6	5	4	4	7	7	6	5	5	8	5	4	3	3	6	4	3	2	2	5	6	5	4	4	7	11	10	9	9	12
	HOLZSCHWEIN	7	4	5	6	4	8	5	6	7	5	6	3	4	5	3	5	2	3	4	2	7	4	3	6	4	12	9	10	11	9
	FEUERSCHWEIN	4	7	4	5	6	5	8	5	6	7	3	6	3	4	5	2	5	2	3	4	4	7	4	5	6	9	12	9	10	12
	ERDSCHWEIN	4	4	7	6	5	5	5	8	7	6	3	3	6	5	4	2	2	5	4	3	4	4	7	6	5	9	9	12	11	10

BEZIEHUNGEN ZWISCHEN DEN CHINESISCHEN TIERKREISZEICHEN

Pferd					Ziege					Affe					Hahn					Hund					Schwein						
METALLPFERD	WASSERPFERD	HOLZPFERD	FEUERPFERD	ERDPFERD	METALLZIEGE	WASSERZIEGE	HOLZZIEGE	FEUERZIEGE	ERDZIEGE	METALLAFFE	WASSERAFFE	HOLZAFFE	FEUERAFFE	ERDAFFE	METALLHAHN	WASSERHAHN	HOLZHAHN	FEUERHAHN	ERDHAHN	METALLHUND	WASSERHUND	HOLZHUND	FEUERHUND	ERDHUND	METALLSCHWEIN	WASSERSCHWEIN	HOLZSCHWEIN	FEUERSCHWEIN	ERDSCHWEIN		
4	3	3	6	5	4	3	3	6	5	7	6	6	9	8	6	5	5	8	7	3	2	2	5	4	5	4	4	7	6	METALLPFERD	Pferd
5	4	3	3	6	5	4	3	3	6	8	7	6	6	9	7	6	5	5	8	4	3	2	2	5	6	5	4	4	7	WASSERPFERD	
6	3	4	5	3	6	3	4	5	3	9	6	7	8	6	8	5	6	7	5	5	2	3	4	2	7	4	5	6	4	HOLZPFERD	
3	6	3	4	5	3	6	3	4	5	6	9	6	7	8	5	8	5	6	7	2	5	2	3	4	4	7	4	5	6	FEUERPFERD	
3	3	6	5	4	3	3	6	5	4	6	6	9	8	7	5	5	8	7	6	2	2	5	4	3	4	4	7	6	5	ERDPFERD	
4	3	3	6	5	4	3	3	6	5	7	6	6	9	8	7	6	6	9	8	8	7	7	10	9	3	2	2	5	4	METALLZIEGE	Ziege
5	4	3	3	6	5	4	3	3	6	8	7	6	6	9	8	7	6	6	9	9	8	7	7	10	4	3	2	2	5	WASSERZIEGE	
6	3	4	5	3	6	3	4	5	3	9	6	7	8	6	9	6	7	8	6	10	7	8	9	7	5	2	3	4	2	HOLZZIEGE	
3	6	3	4	5	3	6	3	4	5	6	9	6	7	8	6	9	6	7	8	7	10	7	8	9	2	5	2	3	4	FEUERZIEGE	
3	3	6	5	4	3	3	6	5	4	6	6	9	8	7	6	6	9	8	7	7	7	10	9	8	2	2	5	4	3	ERDZIEGE	
7	6	6	9	8	7	6	6	9	8	4	3	3	6	5	7	6	6	9	8	5	4	4	7	6	5	4	4	7	6	METALLAFFE	Affe
8	7	6	6	9	8	7	6	6	9	5	4	3	3	6	8	7	6	6	9	6	5	4	4	7	6	5	4	4	7	WASSERAFFE	
9	6	7	8	6	9	6	7	8	6	6	3	4	5	3	9	6	7	8	6	7	4	5	6	4	7	4	5	6	4	HOLZAFFE	
6	9	6	7	8	6	9	6	7	8	3	6	3	4	5	6	9	6	7	8	4	7	4	5	6	4	7	4	5	6	FEUERAFFE	
6	6	9	8	7	6	6	9	8	7	3	3	6	5	4	6	6	9	8	7	4	4	7	6	5	4	4	7	6	5	ERDAFFE	
6	5	5	8	7	7	6	6	9	8	7	6	6	9	8	8	7	7	10	9	7	6	6	9	8	7	6	6	9	8	METALLHAHN	Hahn
7	6	5	5	8	8	7	6	6	9	8	7	6	6	9	9	8	7	7	10	8	7	6	6	9	8	7	6	6	9	WASSERHAHN	
8	5	6	7	5	9	6	7	8	6	9	6	7	8	6	10	7	8	9	7	9	6	7	8	6	9	6	7	8	6	HOLZHAHN	
5	8	5	6	7	6	9	6	7	8	6	9	6	7	8	7	10	7	8	9	6	9	6	7	8	6	9	6	7	8	FEUERHAHN	
5	5	8	7	6	6	6	9	8	7	6	6	9	8	7	7	7	10	9	8	6	6	9	8	7	6	6	9	8	7	ERDHAHN	
3	2	2	5	4	8	7	7	10	9	5	4	4	7	6	7	6	6	9	8	5	4	4	7	6	5	4	4	7	6	METALLHUND	Hund
4	3	2	2	5	9	8	7	7	10	6	5	4	4	7	8	7	6	6	9	6	5	4	4	7	6	5	4	4	7	WASSERHUND	
5	2	3	4	2	10	7	8	9	7	7	4	5	6	4	9	6	7	8	6	7	4	5	6	4	7	4	5	6	4	HOLZHUND	
2	5	2	3	4	7	10	7	8	9	4	7	4	5	6	6	9	6	7	8	4	7	4	5	6	4	7	4	5	6	FEUERHUND	
2	2	5	4	3	7	7	10	9	8	4	4	7	6	5	6	6	9	8	7	4	6	7	6	5	4	4	7	6	5	ERDHUND	
5	4	4	7	6	8	2	2	5	4	5	4	4	7	6	7	6	6	9	8	5	4	4	7	6	5	4	4	7	6	METALLSCHWEIN	Schwein
6	5	4	4	7	4	3	2	2	5	6	5	4	4	7	8	7	6	6	9	6	5	4	4	7	6	5	4	4	7	WASSERSCHWEIN	
7	4	5	6	4	5	2	3	4	2	7	4	5	6	4	9	6	7	8	6	7	4	5	6	4	7	4	5	6	4	HOLZSCHWEIN	
4	7	4	5	6	2	5	2	3	4	4	7	4	5	6	6	9	6	7	8	4	7	4	5	6	4	7	4	5	6	FEUERSCHWEIN	
4	4	7	6	5	2	2	5	4	3	4	4	7	6	5	6	6	9	8	7	4	4	7	6	5	4	4	7	6	5	ERDSCHWEIN	

REGISTER

Fett gedruckte Seitenzahlen beziehen sich auf Abbildungen.

LITERATUR

Becker, Udo, *Lexikon der Symbole*, 2000

Bowker, John (Hg.), *Das Oxford-Lexikon der Weltreligionen*, 1999

Biedermann, Hans, *Knaurs Lexikon der Symbole*, 1998

Crawford, Saffi und Geraldine Sullivan, *Das große astrologische Hausbuch für jedes Geburtsdatum. Sterne, Geburtstage, Schicksalszahlen*, 1999

Dunwich, Gerina, *Das 1x1 der Hexenkunst. Alles über Kräuter, Träume und Magie für die Hexe von heute*, 1999

Fenton, Sahsa, *Im Zeichen des Mondes. Emotionale Kräfte im Zeichen des Horoskopes*, 1991

Goodman, Linda, *Astrologie - sonnenklar. Was die Sterne über unsere Männer, Frauen, Liebsten, Kinder, Vorgesetzten, Angestellten und über uns selbst zum Vorschein bringen*, 1969

Hamaker-Zondag, Karen M., *Stundenastrologie. Das Stundenhoroskop - Praktische Entscheidungshilfe für aktuelle Fragen*, 1999

Lau, Theodora, *Chinesische Astrologie. Wie der Mond Charakter und Schicksal in den verschiedenen Tierkreiszeichen prägt*, 1999

Lewis, Bernard (Hg.), *Der Atem Allahs. Die islamische Welt und der Westen: Kampf der Kulturen?*, 1994

Parker, Julia und Derek Parker, *Welt der Astrologie. Eine praktische Einführung in die Astrologie*, 1998

Reid, Lori, *Das große Buch des chinesischen Horoskops*, 1998

Roob, Alexander, *Alchemie und Mystik. Das hermetische Museum*, 1997

Walker, Barbara, *Die geheimen Symbole der Frauen. Lexikon der weiblichen Spiritualität*, 2000

Walters, Derek, *Das chinesische Liebeshoroskop*, 1999

BILDQUELLENNACHWEIS

Für ihre Unterstützung bei der Vorbereitung dieses Buchs geht unser Dank an: Sam Crompton, Gina Gillies, Mike Haworth-Maden, Neil Henderson, Maureen Hunt, Jeanette Limondjian, Bebe Obermiller, Simon Shelmerdine, Kathryn Sutton, Lisa Vazquez. Wir danken auch den untenstehend aufgeführten Institutionen für ihre freundliche Genehmigung des Abdrucks der aufgelisteten Illustrationen. Sollte uns bei der Identifizierung der Rechteinhaber ein Irrtum unterlaufen sein, möchten wir uns entschuldigen – die korrekten Hinweise werden in diesem Fall bei späteren Auflagen berücksichtigt.

© Richard Freer: 59; **© Balthazar Korab:** 121; **© David Rago:** 397; **© Michael Tincher:** 27; **© Jack Vartoogian:** 200, 363; **© Charles J. Ziga:** 106, 140, 168, 186, 405; **AKG, London:** 38; **Archives d'Architecture Moderne Bruxelles:** 70, 103; **Bildarchiv Foto Marburg:** 355; **Corbis:** 47 (© Bryn Colton), 48 (© Mitchell Gerber), 61 (© Ira Nowinski), 66 (© John Garrett), 80 (Library of Congress), 90 (© Paul A. Souders), 110 (© Neal Preston), 133 (© Kurt Krieger), 145 (© Corbis), 162 (© Paul Velasco), 176 (© Mitchell Gerber), 187 (© Paul Almasy), 190 (© Mitchell Gerber), 192 (© Mitchell Gerber), 194 (© Françoise de Mulder), 217 (© The National Gallery, London), 232 (© Miroslav Zajíc), 244 (© Peter Turnley), 246 (© Philip Gould), 250 (© Oscar White), 252 (© David Reed), 269 (Mitchell Gerber), 280 (© Owen Franken), 290 (© Mitchell Gerber), 320 (© Mitchell Gerber), 331 (© Mitchell Gerber), 382 (© Jean-Yves Ruszniewski), 388 (© Jerry Cooke), 414 (© Mroton Beebe-S.F.); **Corbis-Bettmann:** 53, 73, 84, 1171, 193, 215, 350, 410; **CorelDraw:** 11, 17t, 20, 29, 41, 49, 95, 109, 117, 130, 134, 139, 143, 157, 158, 163, 188, 235, 236, 259, 268, 270, 299, 321, 326, 339, 358, 375, 387, 394, 416; **Digital Vision Ltd:** 353; **Gerald R. Ford Library:** 58; **Historical Picture Archive/ Corbis-Bettmann:** 72; **Hulton Deutsch Collection/ Corbis-Bettmann:** 67, 69, 124, 209, 218, 263, 273, 322, 144, 404; **John Fitzgerald Kennedy Library:** 173 (by Mark Shaw, White House); **Library of Congress Prints and Photographs Division:** 6, 13, 42, 46, 50, 62, 63, 64, 68, 75, 76, 79, 83, 88, 89, 99, 111, 128, 132, 136, 137, 141, 146, 148, 151, 155, 161, 172, 175, 178, 179, 180, 189, 195, 196, 197, 201, 202, 203, 206, 207, 208, 211, 212, 214, 221, 224, 228, 230, 233, 234, 242, 247, 248, 249, 251, 253, 256, 257, 258, 260, 261, 267, 278, 283, 279, 295, 301, 303, 305, 310, 312, 317, 325, 334, 335, 337, 338, 345, 347, 351, 359, 365, 366, 372, 377, 381, 389, 395, 398, 403, 408, 409, 415; **London Illustrated News:** 45, 52, 56, 65, 85, 86, 87, 92, 93, 101, 104, 112, 113, 114, 119, 122, 126, 131, 142, 147, 150, 152, 153, 160, 164, 170, 174, 182, 184, 185, 220, 223, 226, 227, 239, 240, 245, 255, 264, 265, 266, 274, 276, 277, 282, 284, 288, 291, 302, 311, 314, 316, 319, 323, 329, 330, 333, 344, 352, 357, 361, 362, 364, 370, 371, 376, 384, 386, 391, 399, 400; **Mendelianum Museum Moraviae, Brnu:** 166; **National Archives:** 118, 181, 238, 346; **National Archives/Corbis-Bettmann:** 77; **Nixon Presidential Materials/National Archives and Records Administration:** 412; **Planet Art:** 18b, 44, 51, 74, 91, 94, 96, 97, 107, 120, 138, 149, 154, 156, 159, 210, 216, 222, 229, 237, 241, 243, 271, 272, 281, 285, 292, 296, 304, 307, 309, 313, 327, 328, 332, 343, 360, 368, 369, 373, 380, 390, 392, 402, 406; **Reuters/Corbis-Bettmann:** 177, 298; **Sächsische Landesbibliothek:** 379; **Saraband Image Library:** 8, 12, 14, 15, 16, 17b, 18t, 19, 23, 24, 31, 55, 78, 81, 82, 105, 115, 123, 183, 219, 225, 254, 289, 294, 300, 308, 336, 340, 341, 356, 378, 383, 411, 413; **Scottish National Portrait Gallery:** 287; **Springer/Corbis-Bettmann:** 54, 125; **UPI/ Corbis-Bettmann:** 40, 43, 57, 60, 98, 100, 108, 127, 141, 165, 191, 204, 205, 286, 348, 349, 367, 374, 407; **Wildside Press:** 116, 198, 213, 275, 306, 315, 318, 396, 401; **Zaanstad Gemeentearchief:** 297.